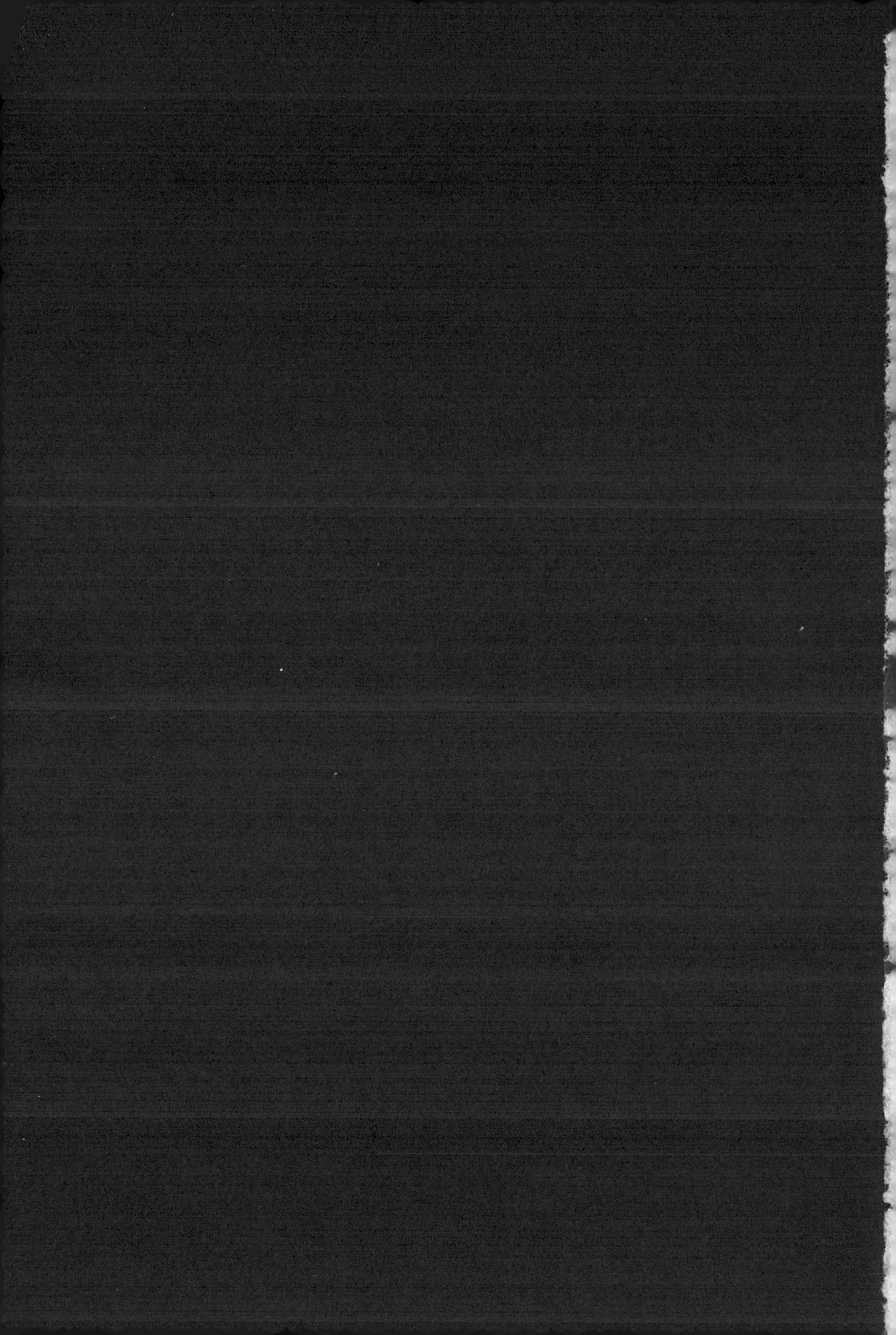

Lotus Notes Domino 8/8.5-Administration

Band 1

Für Tom A.
Für Fiete.

Glücklich ist nicht, wer anderen so vorkommt,
sondern wer sich selbst dafür hält.
(Seneca)

Nadin Ebel

Lotus Notes Domino 8/8.5-Administration

Lotus Groupware installieren, betreiben und verwalten

Mit Unterstützung durch Iris Ruhnke und Helmut Corsten als Co-Autoren

Band 1

An imprint of Pearson Education

München • Boston • San Francisco • Harlow, England
Don Mills, Ontario • Sydney • Mexico City
Madrid • Amsterdam

Bibliografische Information Der Deutschen Nationalbibliothek

Die Deutsche Nationalbibliothek verzeichnet diese Publikation in der Deutschen Nationalbibliografie; detaillierte bibliografische Daten sind im Internet über *http://dnb.d-nb.de* abrufbar.

Umwelthinweis:
Dieses Buch wurde auf chlor- und säurefreiem PEFC-zertifiziertem Papier gedruckt.
Die Einschrumpffolie – zum Schutz vor Verschmutzung – ist aus umweltverträglichem und recyclingfähigem PE-Material.

10 9 8 7 6 5 4 3 2 1

12 11 10

ISBN 978-3-8273-2726-0

Lektorat:	Boris Karnikowski, bkarnikowski@pearson.de
Fachlektorat:	Barbara Galinsky, Carsten Mewes, Lars Stockhausen, Dirk Baumann
Korrektorat:	Friederike Daenecke, Zülpich
	Marita Böhm, München
Umschlaggestaltung:	Barbara Thoben, Köln
Herstellung:	Martha Kürzl-Harrison, mkuerzl@pearson.de
Satz und Layout:	mediaService, Siegen (www.media-service.tv)
Druck und Verarbeitung:	Kösel, Krugzell (www.KoeselBuch.de)

Printed in Germany

Inhaltsübersicht

Band 1

Band 2

Inhaltsverzeichnis

Band 1

Band 2

V Vorwort I

IBM Lotus Notes/Domino wird in den Tagen des Erscheinens dieses Buches 20 Jahre alt. Schon häufig wurde es – insbesondere natürlich vom Wettbewerb – für tot erklärt, und doch sind die Ideen und Konzepte heute aktueller denn je. Matt Cain von der *Gartner Group* hat kürzlich anerkennend geschrieben „Die Zukunft von E-Mail ist ... Gedankenpause ... Lotus Notes?" Das ist aus Sicht langjähriger Notes-Anwender schlicht zu kurz gesprungen, denn Notes/Domino ist weit mehr als E-Mail, auch wenn das IBM-Marketing sich leider lange Zeit auf genau diese Positionierung beschränkt hat. Notes und Domino verfügen insbesondere auch über eine Entwicklungs- und Ausführungsumgebung, mit der sich äußerst schnell Applikationen entwickeln und in die bestehende Systemlandschaft integrieren lassen. Unter dem Lotus-Dach versammeln sich inzwischen eine ganze Reihe von Web 2.0-Lösungen (z.B. *Connections* oder *Quickr*), für die Notes 8.x die geeignete Integrationsplattform bildet. Die historisch gewachsenen Notes-Anwendungen werden dabei nicht vernachlässigt, sondern können meist völlig unverändert weiterlaufen. Hat man erst einmal das Prinzip des *Shared Knowledge* verstanden, das standortunabhängig zur Verfügung steht, dann lässt einen dieser Ansatz nicht mehr los, weil er zu unglaublich höherer Produktivität in einer Organisation führt.

Wozu schreibt man heute noch ein Buch zu einer neuen Programmversion, noch dazu ein so umfangreiches? Die Frage korrespondiert mit der, die mir einmal ein Anwender gestellt hat: „Wozu sollte ich Mitglied in einer User Group werden, alle Informationen stehen doch inzwischen im Internet? Da brauche ich keine Konferenz zum Erfahrungsaustausch." Nun, vordergründig betrachtet, ist das erstmal richtig. In der Tat finde ich mit mehr oder weniger Aufwand meist das, was ich suche. Aber auch genau das und nicht mehr. In einem Buch oder bei einer Veranstaltung erhalte ich darüber hinaus zusätzliche Informationen, nach denen ich wahrscheinlich gar nicht gesucht hätte. Und natürlich hat gerade dieses Buch auch einen nicht zu unterschätzenden Vorteil: im Gegensatz zu den meisten Informationen im Internet ist es in Deutsch geschrieben. Trotz aller Globalisierung und der Tatsache, dass gerade im IT-Umfeld das Verständnis von Englisch schlicht vorausgesetzt wird, erfahre ich immer wieder, dass sich die meisten Leute in ihrer Muttersprache doch viel leichter tun. So können also Informationen viel schneller und präziser transportiert werden. Dafür gebührt Nadin Ebel besonderer Dank.

Ambuj Goyal, der damalige General Manager von IBM Lotus, hat bei der DNUG-Frühjahrstagung 2005 in Hannover die künftige Richtung für Lotus Notes vorgestellt. Konsequenterweise erhielt die Entwicklungsversion von Notes 8 den Codenamen „Hanover". Was Ambuj Goyal dort vorgestellt hat, waren zunächst prinzipiell nichts anderes als Ideen für eine neue, benutzerfreundlichere und attraktive Oberfläche, auf Präsentationsfolien gebannt. Dahinter verbarg sich aber ein Paradigmenwechsel bei IBM Lotus. Zunächst mal war es eine Auszeichnung für die DNUG, die als weltweit größte User Group in den Genuss kam, eine so weit reichende Ankündigung für ihre Mitglieder als erste zu erfahren. Das war sicher auch eine Anerkennung für die langjährige intensive Zusammenarbeit der DNUG mit der Lotus-Führungsmannschaft, denn üblicherweise wäre die *Lotusphere* in Orlando als Plattform für eine solche Neuigkeit gewählt worden. Die wichtigste Änderung fand aber unter der Oberfläche statt. Ich meine damit nicht, dass *Eclipse* dort als Entwicklungsplattform zugrunde gelegt wurde, sondern dass sich IBM plötzlich von der Strategie abwandte, Entwicklungen nach der Meinung von Analysten voranzutreiben, sondern bewusst die Anwender in den Entwicklungsprozess einbezog. Es wurde noch bei der Frühjahrstagung Feedback zu dem neuen Design eingeholt, das in die weitere Diskussion einfloss. Im folgenden Jahr entwickelte sich das zu einem kompletten Design Partner-Programm weiter, in dem sich sowohl Business Partner als auch Anwender weltweit einbringen konnten. Heute ist das zu einer Selbstverständlichkeit geworden, wobei sich über Web 2.0-Technologien inzwischen nahezu jeder Interessierte zu den geplanten Dingen äußern kann.

Seit der Version 6 arbeitet Lotus abwechselnd an Server- bzw. Client-orientierten Versionen. War Notes 8.0.x primär eine Clientversion (auch wenn zugegebenermaßen durch den Lotus-internen Teamwettstreit bestimmte Features in 8.0.2 eingeflossen sind, die erst für 8.5 geplant waren), so erfahren wir bei 8.5 neben einer erhöhten Performance grundlegende Änderungen und Verbesserungen, die den Anwendern die Arbeit mit dem System erleichtern und die *Total Cost of Ownership* (TCO) senken. Ich denke da insbesondere an den ID-Vault oder den *Domino Attachment Object Store* (DAOS), um bei Beispielen für Systemadministratoren zu bleiben, für die dieses Buch ja primär gedacht ist. Bedenkt man, dass Notes 8.0 im August 2007 freigegeben wurde, und sieht man, dass der weitaus überwiegende Anteil der Anwender sich noch frustriert mit Notes 6.5 oder 7 begnügen muss, dann muss man sich nicht wundern, dass Notes/Domino immer noch nicht die ihm gebührende Anerkennung gefunden hat. Die Zukunft der Entwicklung ist zumindest sichergestellt. Im Frühjahr dieses Jahres konnten Interessierte bereits die Ideen für die nächsten vier bis fünf Jahre mit den Lotus-Entwicklern diskutieren. Das ist in unserer schnelllebigen Branche eine Ewigkeit. Notes/Domino lebt und wird sich nahtlos in die Web 2.0 Welt einfügen.

Jürgen Zirke

Mitglied des Vorstands, DNUG e.V.

V Vorwort II

Mit den Versionen 8 und 8.5 der Groupware-Plattform *Lotus Notes/Domino* hat IBM bewiesen, dass nichts beständiger sein kann als der Wandel.

Schon sehr lange im Vorfeld der ersten Beta-Versionen gab es hitzige Debatten darüber, welche neuen Funktionen es geben könnte, welche neuen Wege man gehen wird. Erste Neuerungen, beispielsweise hinsichtlich der *Eclipse*-Basis, wurden bekannt und in Fachkreisen intensiv diskutiert. Erste Lager bildeten sich, es gab Befürworter, fast schon euphorisch wurde die neue Version erwartet, aber auch kritische Stimmen wurden laut: „Kann das wirklich funktionieren?“ Jetzt, mit der Version 8.5, wissen wir: „Ja, es kann!“ – und die Visionen entwickeln sich gerade erst zu dieser Zeit. Noch ist im Markt nicht angekommen, welche Möglichkeiten uns nun offenstehen, noch schöpft auch IBM das selbst geschaffene Potenzial nicht komplett aus. Ob man es wohl in Redmond erkannt hat?

Zahlreiche Erweiterungen in der neuen Lotus Notes/Domino-Version kennzeichnen die Verschmelzung von zwei Welten: einerseits die Portal-Welt und andererseits die Rich-Client-Welt. Beide Welten haben ihre Verfechter und Kritiker, haben ihre Vor- und Nachteile, die über etliche Jahre hinweg gepflegt und diskutiert wurden. Fast schon klammheimlich wurde also ein Hype geschaffen, der eigentlich gar keiner ist. Die hier von IBM verfolgte Verschmelzung könnte Verfechter und Kritiker an einen Tisch bringen, könnte die Diskussionen um den Thin- und Fat-Client, um die Browser-basierten Portale und die Rich Clients für längere Zeit beenden. Ich bin gespannt, ob IBM dieses Kunststück gelingen wird. Die Technik sowie auch wir Administratoren und Entwickler wären bereit für diesen Wandel!

Gleichzeitig ist dieser Wandel Herausforderung und Chance zugleich für die Kunden und die Ökonomie rund um Lotus Notes/Domino. Es wird sich zeigen, ob das Potenzial der neuen Version ausgeschöpft werden kann. Dazu müssen sich aber die Partner, aber auch die IT-Abteilungen der Kunden anders weiterentwickeln, als sie es bisher getan haben, denn das Nutzungsspektrum ist plötzlich ein viel größeres, als es bisher der Fall war. Die gestiegenen Anforderungen von Kunden und Fachbereichen sollten in dem Zusammenhang ebenso erwähnt werden wie die von IBM weiterverfolgte tiefere Integration von Lotus Notes/Domino mit der weiteren Produktpalette wie *Lotus Quickr* und *Lotus Connections*.

Aber auch die Integration von *Lotus Symphony* als möglicher kosteneffizienter Ersatz eines Standard-Office-Produkts und auch die weiter voranschreitende Einbindung von mobilen Geräten stellt höhere Anforderungen an die IT-Abteilungen.

Allerdings besteht auch die Gefahr, dass bei all den technischen Möglichkeiten und erhöhter Integration die IT zum Selbstzweck verkommt. Stärker als bisher muss darauf geachtet werden, dass Lösungen einen kalkulierbaren Mehrwert für den Kunden bieten, gilt es, dass technisch effiziente und vom Betrieb einfach pflegbare Lösungen geschaffen werden.

Bisherige Lotus Notes/Domino-Kollegen und -Kolleginnen haben die Möglichkeit, sich ein größeres Spektrum zu erschließen, ohne ihren Erfahrungsschatz aufgeben zu müssen. Entwickler anderer Plattformen und Sprachen haben die Möglichkeit, sich die Neuerungen zu eigen machen zu können.

Spannend wird auch die Antwort auf die Frage sein, wie sich die bisherige Business-Partner-Ökonomie verändern wird. Auf einmal ist es möglich, auf einfachere Art und Weise beispielsweise Erweiterungen zu schaffen für die neue Entwickler-IDE, wie wäre es mit einer besseren Unterstützung von Entwicklern? Warum sollte man Source-Code und Designelemente nicht im CVS ablegen? Dieselben Entwicklungstools für existierende Lotus Notes-Applikationen als auch für Eclipse-Plug-Ins? Anbieter von Tools für die Java-Entwicklung könnten den Lotus Notes Client entdecken und Anbieter aus dem Lotus-Umfeld könnten sich ebenso neue Bereiche, neue Märkte erschließen? Die Auswahl an Tools für ähnliche Einsatzzwecke dürfte sich dadurch auch erheblich vergrößern und der Wettbewerb zunehmen.

Oder auch für den Nutzer, man denke nur an Möglichkeiten zur besseren Kopplung von Anwendungen, zum einfacheren kontextbezogenen Austausch von Daten zwischen den Applikationen untereinander.

Auch Open Source ist nicht mehr nur ein Schlagwort auf einer Werbebroschüre, sondern plötzlich greifbar und eine wunderbare sowie technisch einfache Möglichkeit, um den *Lotus Notes Client* nützlich zu erweitern. Beispielsweise die Einbindung von *BIRT* als Tool zur Unterstützung der Reporting-Bedürfnisse der Anwender.

Das neue Fundament bietet also eine enorme Fülle an Möglichkeiten, angefangen von den angeführten Beispielen bis hin zu neuen Strategien, sowohl bei den Kunden als auch den Dienstleistern, die neue Herangehensweisen und neue Wege finden müssen.

Diese Optionen, die dieser technische Fortschritt bietet, müssen von uns Administratoren und Entwicklern allerdings erst umgesetzt werden können, Entscheider müssen überzeugt und gewonnen, die Möglichkeiten erkannt werden können. Erst dann können neue Einsatzszenarien, neue Entwicklungen realisiert, können neue Kunden, neue Benutzer gewonnen werden. Wie wäre es beispielsweise, wenn alle Rich-Client-Anwendungen innerhalb des Lotus Notes Clients nutzbar wären? Nur EIN Managed-Client für alle Nichtstandardanwendungen? Eigentlich ein Traum für jeden CIO, oder?

Nebenbei bemerkt, den SAP-Zugriff machen wir dank *Alloy* auch gleich noch mit.

Um ein konkretes Beispiel zu nennen: Bei einem Kunden wurden bisher Rich-Client-Anwendungen in Java auf der Basis Eclipse entwickelt, einschließlich jeweils Techniken für Rollen- und Benutzerverwaltung sowie der Bereitstellung an die Benutzer über die Softwareverteilung. Sicherlich gab es auch schon Bestrebungen, gewisse wiederkehrende Anforderungen zu standardisieren und zu konsolidieren, beispielsweise die Techniken zur Authentifizierung oder auch zur Benutzerverwaltung.

Mit *Lotus Notes/Domino 8.5* hat der Kunde nun die Möglichkeit, die dedizierten Rich-Client-Anwendungen auf *Expeditor*-Basis umzustellen und im Lotus Notes Client für die Benutzer anzubieten. Damit stehen den Java-Entwicklern alle grundlegenden und absolut notwendigen Mechanismen für die Verwaltung und Verteilung, für den kompletten Life-Cycle einer Anwendung zur Verfügung. Der Entwickler muss sich also keine Gedanken mehr um die Authentifizierung, Benutzerverwaltung oder um das Deployment machen.

Neben den technischen Faktoren und dem Coolness-Faktor gibt es noch ganz andere, ebenfalls entscheidende Gründe für die Nutzung solcher Funktionalitäten: Einsparung von Kosten bei der Entwicklung, Wartung und Migration von Anwendungen!

Damit ändern sich aber auch die Anforderungen an die Administratoren, jetzt gibt es nicht mehr nur normale Lotus Notes-Applikationen, sondern noch *Composite-Applications*, Eclipse-Plug-Ins und anderes. Durch diese Erweiterung auf der Client-Seite, aber auch durch die deutlichen Erweiterungen auf der Server-Seite werden auch im Bereich des System-Managements neue Konzepte notwendig.

Neben den technischen Aspekten, die die neue Version mit sich bringt, ergeben sich allerdings auch organisatorische Chancen z.B. durch Synergieeffekte und Zusammenarbeit der Administratoren und Entwicklern aus den unterschiedlichen Wissensgebieten wie *Lotus Notes/Domino*, *IBM Websphere* und *Java/Eclipse* untereinander. War beispielsweise die Gestaltung der Lotus Notes/Domino-Welt in der IT-Landschaft eines Unternehmens allerdings bisher einem dedizierten Bereich innerhalb der IT-Abteilung vorbehalten, so können jetzt auch andere Bereiche eingebunden werden, sollten andere und neue Einsatzszenarien als auch Entscheidungswege gefunden werden.

Um den besonderen und erweiterten Anforderungen aufseiten der Administration zu begegnen, wurde eine neue erweiterte Auflage der bewährten Reihe *Lotus Notes/Domino Administration* von Nadin Ebel aufgelegt. Dieses Buch soll Ihnen beim Umgang mit den neuen Funktionen, bei der Entwicklung von neuen Einsatzszenarien, aber auch im Administrationsalltag umfangreiche Hilfestellung bieten.

Schon in der ersten Auflage für die Version 6.x bot das Buch von Nadin Ebel die Inhalte, um von vielen erfahrenen Kollegen und Einsteigern als das Standardwerk im Segment betrachtet zu werden. Auch die neue Auflage für die Version 8.x wurde in bewährter Manier intensiv und sorgfältig geschrieben, sodass es den sicherlich gestiegenen Ansprüchen begegnen und gerecht werden kann.

Ich hoffe daher, dass dieses Buch auch Ihre Erwartungen erfüllen kann und Sie genauso viel Freude an dieser neuen Auflage haben werden wie ich.

Herzlichst,

Ihr

Markus Lachnit

Freiberuflicher Senior-Consultant und Lotus Notes-Evangelist seit Version 3.x. Zuletzt als Teilprojekt- und Teamleiter verantwortlich für den Infrastruktur- und Betriebsaufbau einer zentralen Lotus Notes-Infrastruktur für 200.000 Mailboxen.

E Groupware, Communication Collaboration ...

IT-Services, Prozesse, Anwendungen und Programme sind kein Selbstzweck. Sie bieten einen Mehrwert und unterstützen Businessziele und damit sowohl Kunden als auch Anwender. Dabei sind die Themen Zusammenarbeit, Interaktion und Kommunikation überaus wichtige Schlagworte und in ihrer Umsetzung entscheidend für den Erfolg eines Unternehmens. Das beste Produkt nutzt einer Firma überhaupt nichts, wenn Abläufe und Kommunikationswege nicht darauf ausgerichtet sind, schnellstmöglich auf Kundenanfragen zu reagieren. Bestellungen, die nicht in der richtigen Abteilung einlaufen oder korrekt weitergeleitet werden, können nicht bearbeitet werden. Und das ist schlecht für das Unternehmen.

Deswegen gilt: Die Kommunikation, die sowohl intern als auch extern das Unternehmen durchläuft, ist ein kritischer Faktor für den Unternehmenserfolg. Auch die Zusammenarbeit (abteilungs,- organisations- und unternehmensweit) und das effiziente Management von Informationen (Stichwort Knowledge-Management) spielen eine wichtige Rolle für ein Unternehmen.

Daher erscheint es logisch, dass den drei Kenngrößen *Kommunikation, Zusammenarbeit* und *Informationsmanagement* in Zukunft eine noch stärkere Gewichtung zukommen wird und dass sich der Fokus darauf verschärfen wird. An dieser Stelle rückt das Produktportfolio *Lotus Notes Domino* als Unternehmensanwendung immer wieder ins Rampenlicht. Denn diese Produkte wurden entworfen, um dieses Kundenbedürfnis zu stillen, und haben sich im Laufe der Zeit auch genau in diese Richtung entwickelt.

> *"Hannover" will deliver a world class user experience in mail, calendar and contact management, and new capabilities such as activity management and composite applications…" (Ankündigung vom 14. Juni 2005 auf der DNUG-Konference in Hannover)*

Der zu den Anfangszeiten gebräuchliche Begriff *Groupware* (Software zur Unterstützung von Gruppenarbeit bzw. „teamübergreifender Arbeit") ist der moderneren Vokabel *Collaboration* gewichen. Das hat nicht direkt etwas mit dem deutschen Begriff der „Kollaboration" (Zusammenarbeit mit dem Feind oder einer Besatzungsmacht) zu tun, lehnt sich aber an das französische Wort „collaboration" (Mitarbeit) an. Und darum geht es: Zusammenarbeit und Interaktion (im Team). IBM und die Produkte aus dem Lotus-Branding sind für die aktuellen und zukünftigen Anforderungen der Unternehmen gewappnet.

Bei der Auseinandersetzung mit der Thematik sogenannter Groupware-Anwendungen ist es nicht zu vermeiden, dass Sie auf Notes Domino treffen. Schließlich ist Lotus der dominierende Anbieter von Enterprise-Messaging-Lösungen (kurz: Mailing). Wegen seiner vielfältigen Einsatzmöglichkeiten und weil es nicht nur ein reines Mail-Tool darstellt, wird Lotus Notes Domino nicht nur von Konzernen mit einigen tausend Mitarbeitern und weltweit verteilten Standorten eingesetzt. Auch Firmen kleiner und mittlerer Größenordnung setzen es ein.

Und der Erfolg spricht für das Produkt: Domino ist nicht nur einfach ein Produkt mit einem ständigen Feature-Zuwachs von Release zu Release, sondern ein Produkt, dessen Funktionsumfang in seltensten Fällen richtig erkannt und erschöpfend umgesetzt wird. Lotus Notes Domino zählt zu den ältesten am Markt erhältlichen kommerziellen Groupware-Plattformen und stellt insbesondere im Bereich Workflow, Kommunikation und Informationsmanagement umfangreiche Möglichkeiten zur Verfügung. Das Ziel von Lotus Notes Domino ist die umfassende Unterstützung von Gruppenprozessen und der Arbeit im Team. Lotus ist der Marktführer im Bereich Collaboration-Software.

Die Umsetzung des Konzeptes Groupware ist eine sehr komplexe Aufgabe. Aufgrund der Dynamik des Einsatzgebietes rechnergestützter Gruppenarbeit ist es sehr schwer, alle denkbaren Einsatzbedingungen und Anwenderansprüche zu unterstützen. Eine Lösung dieser Problematik besteht in der Ausstattung des Groupware-Systems mit größtmöglicher Flexibilität. Das Groupware-System sollte also möglichst wenige Entscheidungen vorgeben, welche Anwendungsfunktionen wann, wie und wo vom Benutzer eingesetzt werden können. Die Firma Lotus, seit den 80er-Jahren ein Branding der IBM, hat mit ihrem Groupware-System Lotus Notes Domino diesen Weg beschritten.

E.1 Lotus Notes Domino und seine Geschichte

Anfang der 70er-Jahre entwickelte das Team des CERL (Computer Education Research Laboratory) der University of Illinois eine Message-Board-Anwendung, die klassische Notizzettel elektronisch nachbildete. Sie nannten das System *Notes*. 1976 wurde die erste Version des *PLATO Group Notes* veröffentlicht. Der Grundgedanke basierte darauf, Bug-Reports versenden und mit Notizen bzw. Kommentaren versehen zurücksenden zu können. Tim Halvorsen, Ray Ozzie und Leonhard Kawell wirkten am PLATO-System der CERL mit. Halvorsen und Kawell arbeiteten später an einer Notes-Lösung bei DEC.

1984 wurde Iris Associates von Ray Ozzie gegründet. Tim Halvorsen, Leonhard Kawell und Steven Beckhardt stießen später zu Ozzie dazu

Die Idee zu Notes entstand bereits in den 70er-Jahren aus den Ansätzen von PLATO Notes. Die Überlegung ging davon aus, dass der bekannte und vielfach begangene Weg, Informationen per E-Mail zu verbreiten, nicht der optimale war. Ein Empfänger schickt eine Nachricht an einige Personen. Dabei wird immer irgendjemand vergessen bzw. irgendjemand kommt auf die Idee, dass die in der E-Mail enthaltenen Informationen auch noch für zehn weitere Kollegen von Interesse sein könnten, und leitet sie entsprechend weiter. Dieses Send-Prinzip führt zu dem, was Sie unter dem Begriff „Informationsüberflutung“ kennen und was Sie auch immer noch in Ihrer Mailbox vorfinden. Raymond Ozzie hatte eine andere Idee. Begeistert von der Kommunikation über Mailboxen und Newsgroups, nahm er diese als Anregung, um eine Lösung auf Basis des Share-Prinzips zu entwickeln, aus der später Notes hervorging. Dieses System ermöglicht es, in Sekundenschnelle Informationen auszutauschen, und das bei höchsten Sicherheitsstandards. Auch heute ist dieser Gedanke Basis der eigentlichen Groupware-Anwendungen auf Basis von Lotus Notes Domino.

In Mitch Kapor, dem Gründer der Firma Lotus, fand Ozzie einen verständnisvollen Förderer. Dieser glückliche Umstand trug sicherlich wesentlich zum Erfolg von Notes bei. Im Gegenzug erhielt Lotus das exklusive Vorkaufsrecht für Notes. Lotus kaufte Notes dann 1988 und sechs Jahre später im Mai 1994 die gesamte Firma Iris Associates. In der Folge stieß Alan Eldridge von DEC zum Iris-Team und brachte sich vor allem im Bereich Datenbanken und Sicherheit ein.

Mitch Kapor benannte sein Unternehmen Lotus, das er mit seinem Partner Jonathan Sachs 1982 gründete, nach dem Lotussitz (Padmasana).

Ende der 80er-Jahre wurde Ray Ozzies Lösung als *replicated document management in a group communication system* beschrieben. Die erste offizielle Version von Lotus Notes wurde im Dezember 1989 veröffentlicht. Diese wurde allerdings aufgrund der hohen Sicherheitsstandards zunächst mit einem Exportverbot versehen. Notes hatte fünf Jahre Entwicklungszeit hinter sich und genau einen Kunden: Sheldon Laube, damals CIO von Price Waterhouse. 1991 erschien Notes 2.0 erstmals auch in Europa. Implementiert wurden die Möglichkeiten zur Textformatierung, Einbindung von Grafiken, Versand von Attachments per E-Mail, Antworthierarchien, Clients für zahlreiche Betriebssysteme und die Möglichkeit des Datenabgleichs (Replikation) über LAN und Modem.

Der Durchbruch gelang aber erst mit der Version 3 im Jahre 1993. Diese setzte sich aufgrund einer besseren Entwicklungsumgebung und fortschrittlicher Administrierbarkeit in vielen Unternehmen durch. Hinzu kamen die proprietäre Programmierschnittstelle über die Notes-Formelsprache, das erweiterte Angebot des Servers für weitere Betriebssysteme neben OS/2 und die Erweiterung der Protokolle. Zu diesem Zeitpunkt setzten bereits mehr als 2.000 Unternehmen und fast 500.000 Endanwender auf Lotus Notes. Seit 1994 operierte Iris Associates als hundertprozentige Tochtergesellschaft von Lotus.

Im Juli 1995 schluckte IBM Lotus. Obwohl Notes während des Siegeszuges des Internets schnell totgesagt wurde, erwies sich der Entwurf der Iris-Gründer als robust und erweiterbar. Nach und nach wurde die Software an alle gängigen Protokolle angepasst. Mit der Version 4 (Januar 1996) wurde zudem neben der attraktiveren Oberfläche LotusScript eingeführt und u. a. der Web-Publisher zur Übersetzung von Notes-Dokumenten nach HTML angepasst.

Im November 1995 kündigte Lotus eine neue Unternehmensstrategie an. Als Reaktion auf die Möglichkeiten des Internets in Hinsicht auf offene Standards, globale Reichweite und billige Übertragungswege beschloss Lotus, die Internet-Standards für Notes zu übernehmen. Um den „umfassenden Internet-Funktionalitäten" der neuen Version gerecht zu werden, wurde der Lotus Notes Server ab der folgenden Version 4.5 mit dem neuen Namenszusatz *Domino* versehen.

1999 ging die Version 5 (kurz R5) an den Start. Das Ziel der Entwicklung von Lotus Notes R5 war es, eine produktivitätsfördernde Umgebung zu schaffen, und zwar durch eine einheitliche Gestaltung der Zugangsmöglichkeiten zu den Informationsquellen, aus denen Sie und Ihre Anwender bei Ihrer täglichen Arbeit schöpfen. Anders als einige Konkurrenzprodukte ist Lotus Notes R5 kein Konglomerat von Anwendungen. Mit einer hochgradigen Integration, die ihresgleichen sucht, bietet dieser Client dem Kunden eine Kombination ausgesuchter Funktionen in einer stimmig und bedienerfreundlich gestalteten E-Mail-, Termin- und Projektplanungs- sowie Weboberfläche. Mit der Version 5 schritt zudem die Webintegration weiter voran.

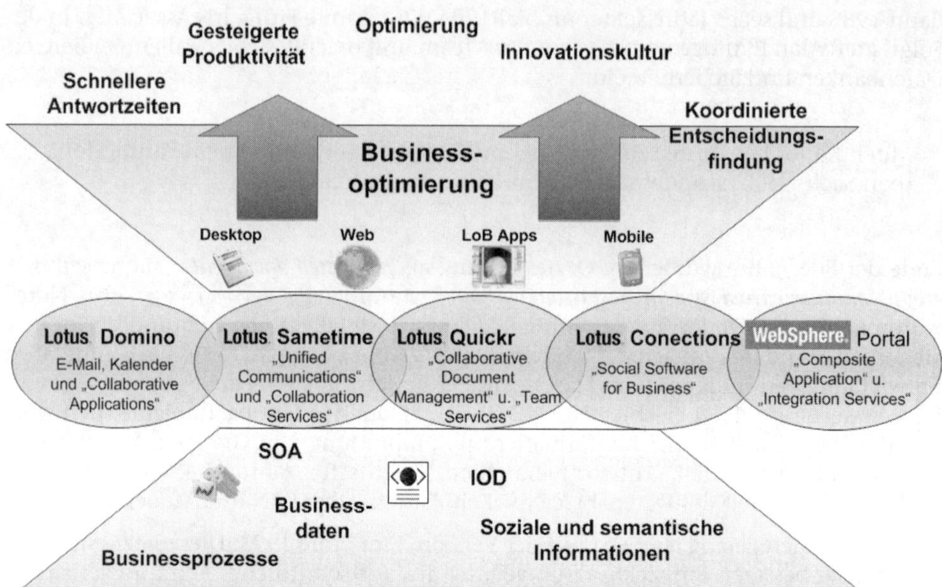

Abbildung E.1: Technologie-Erweiterungen bezüglich Lotus Notes Domino: IBMs Collaboration-Strategie

Die mobilen Einsatzmöglichkeiten waren von Anfang an einer der Hauptvorteile von Lotus Notes. Wo immer Sie sich befinden, Sie können auf eine Vielzahl von Informationen zugreifen und damit arbeiten. In Lotus Notes R5 geben Ihnen zusätzliche Offline-Möglichkeiten noch bessere Kontrolle über die bearbeiteten und gemeinsam genutzten Informationen – ob E-Mail oder Webseiten, bei der nächsten Verbindungsaufnahme werden sie aktualisiert und auf den neuesten Stand gebracht.

IBM kümmerte sich bereits zu diesem Zeitpunkt intensiv um den Aufbau eines breiteren Produktportfolios für Lotus Notes Domino: Messaging und Collaboration, Knowledge Management sowie E-Learning. Im ersten Bereich finden sich neben Notes Domino vor allem eine webbasierte Teamware mit dem Namen *QuickPlace* (heute unter dem Namen *Lotus Quickr*) und die Instant-Messaging-Software *Sametime*. Der Bereich Knowledge-Management umfasst alle Software-Lösungen für den Bereich des Wissensmanagements. Gleiches gilt für die Verwaltung von Dokumenten via *Domino Document Manager* (Domino.Doc). E-Learning schließt Software wie *Lotus Learningspace*, aber auch die *IBM Mindspan Solutions* ein, die den Kunden eine Rundumbetreuung für die Entwicklung und den Betrieb von Lernumgebungen anbietet.

Die Integration von Lotus in IBM schritt im Laufe der Jahre fort. Die Lotus-Tochterfirma Iris Associates wurde 2001 als selbstständige Einheit aufgelöst. Die speziellen Internet-Angebote aus dem Hause Iris, wie etwa die Webseite *notes.net* oder die Online-Publikation *Iris Today* wurden erst einmal in der ursprünglichen Form fortgeführt. Mittlerweile sind die Seiten an die Corporate Identity von IBM angepasst worden, und *notes.net* wurde als *developerWorks* vollständig in das IBM-Angebot integriert.

Als Lotus von IBM übernommen wurde, gab es über zwei Millionen Notes-Anwender. IBM setzte sich zum Ziel, bis zum Jahr 2000 fünfzig Millionen Lizenzen zu verkaufen. Das Ziel wurde übererfüllt. Derzeit sind es mehr als 130 Millionen Anwender. Die Nutzungszahlen von IBM-Lotus-Software ist in den letzten elf Quartalen kontinuierlich zweistellig gewachsen. IBM begründet den heutigen Erfolg des Lotus-Produktportfolios durch folgende Argumente:

- Keine Messaging-Lösung ist für mehr Plattformen verfügbar: *Notes Client* (Win, MAC, Linux), *Domino Server* (Win, AIX, Linux, Solaris, iSeries, z/OS, z/Linux).
- Der Zugriff auf Domino ist mit verschiedensten Clients möglich (Notes, Browser, Mobile, MS Outlook, POP3/IMAP4, RSS-Reader).
- Lotus Notes Domino gilt als die sicherste Plattform. Diverse Militärs, die UNO und die Weltbank nutzen Lotus Notes Domino.
- Lotus Notes bietet die beste Offline-Fähigkeit am Markt: Nicht nur Mail/Kalender, ebenso Anwendungen und deren Logik können offline genommen werden.
- Offene Standards und Web 2.0-Plattform (SOA, ODF, iCAL, Blogs, Wikis, Eqlipse, RSS, XML, Webservices etc.)
- Rapid Application Development-Plattform: Auf keiner anderen Plattform kann man schneller entwickeln (Script/Java); Tausende Partnerlösungen sind vorhanden.
- *Instant Messaging* und *Workflow* sind ohne Mehrkosten integriert.
- Ein vollständiges Office-Paket (*Symphony* auf Basis von OpenOffice) ist ohne Mehrkosten integriert. Es unterstützt ODF und MS-Formate (ab Version 8.0).
- RSS-Feed-Reader
- Ein direkter Zugriff auf SAP-Funktionen ist ohne Mehrkosten integriert.
- Modernste Technologie, z.B. Composite Applications (Mash-ups), Activities (vorgangsbezogen arbeiten), Notes auf USB-Stick
- Mobiler Zugriff von allen Handhelds (nicht nur von Windows-Mobile-Geräten)
- Notes Client basiert auf Eclipse Framework und ist somit einfach erweiterbar und veränderbar.

67 der Fortune-100-Unternehmen nutzen Lotus Notes Domino; 14 der 20 Top-Chemieunternehmen (VCI) nutzen Lotus Notes Domino, und 21 der 30 DAX-Unternehmen nutzen Lotus-Technologie.

Mit der Einführung von Lotus Notes Domino 6 im Oktober 2002 wurde der erfolgreiche Weg fortgesetzt. Dem Server wurden eine automatische Reparaturfunktion für Unix- und Windows-Systeme sowie neue Sicherheitsoptionen spendiert. Ferner gehörte ein neues *Domino Java Setup* und *Domino Remote Setup* sowie ein überarbeiteter Web-Administrator-Client zum Lieferumfang. In den Protokollen lassen sich erweiterte Zugangskontrollen für alle LDAP-Operationen ausführen, wobei die LDAP-Konfiguration verbessert wurde. Lotus Notes Domino 6 vereinigte alle Vorteile der Vorgängerversionen in sich und baute auf dem bewährten Kern der weltweit führenden Messaging- und Groupware-Plattform auf. Des Weiteren entstammen dieser Version wichtige Technologien wie Lotus Sametime, QuickPlace, iNotes Web Access und Mobile Notes.

IBM kündigte an, Anfang 2003 ein sogenanntes *Maintenance Release 6.0.1* nachzuliefern, das einige Funktionen bereitstellte, die eigentlich bereits unter der Version 6.0 zur Verfügung stehen sollten. So wurde seitdem unter anderem „wandernden" Benutzern (z.B. Außendienstmitarbeitern) als *Roaming User* ermöglicht, sich von verschiedenen Rechnern aus in Notes einzuloggen und sodann ihre gewohnte Umgebung zu erhalten. Auch das Prinzip des *Single Copy Template*, das die Größe von *Notes Templates* deutlich verringerte, hatte hier seinen Ursprung.

Im Jahre 2003 führte IBM Lotus-Software für viele bestehende Produkte neue Namen ein, da Studien gezeigt hatten, dass sich die Kunden eine einfachere und leichter erkennbare Produktbezeichnung wünschten. Ausgewählte Produkte erhielten statt der von Lotus festgelegten Handelsnamen generische Bezeichnungen, die ihre Funktion beschreiben. Beispielsweise wurde aus „IBM Lotus Sametime Instant Messaging" *IBM Lotus Instant Messaging*. Beim Lotus-Produktportfolio an sich gab es keine großen Veränderungen – nur bei den Namen, unter denen bestimmte Produkte vermarktet werden. Die neuen Namen werden weiterhin „IBM" als übergeordnete Marke und „Lotus" als Softwaremarke enthalten, gefolgt von einfachen, beschreibenden Namen für jedes spezifische Produkt.

2005 warf IBM das Verwirr-Karussel in Sachen Namensgebung und Produktbezeichnungen erneut an. Diesmal ging es aber einen Schritt zurück. *QuickPlace* und *Sametime* erhielten ihre alten Namen zurück, wurden die neueren Bezeichnungen doch sowieso eher gemieden. Produkttitel wie „IBM Lotus Instant Messaging and Web Conferencing" oder „IBM Lotus Team Workplace" gingen im Gegensatz zu den beiden knackigen und sprechenden Namen *Sametime* und *QuickPlace* doch eher schwer über die Lippen. Mittlerweile wird *QuickPlace* unter dem Namen *Quickr* geführt und hat eine Rundum-Erneuerung erfahren.

Die Einbindung von Instant-Messaging-Funktionen in die Version 6.5 erfolgte durch die Verschmelzung des Clients für „IBM Lotus Instant Messaging and Web Conferencing" (*Sametime*) mit Lotus Notes. Anwender können seitdem via Instant Messaging (IM) miteinander kommunizieren, ohne ihre Mail-Datenbank oder ihre bereits geöffneten Anwendungen verlassen zu müssen und ohne eine eigene Anwendung (wie den *Sametime Connect Client* unter Lotus R5) starten zu müssen. Am stärksten dürfte den Anwendern unter Lotus Notes ab der Version 6.5 die allgegenwärtige *Presence Awareness* auffallen, die bei allen auftretenden Personennamen (Absender von Mails, Kontakte im Adressbuch, Teilnehmer an Besprechungen bzw. allgemein gesprochen in Dokumenten, Masken und Ansichten der Mail-Datenbank und des Kalenders) anzeigt, ob die jeweilige Person erreichbar ist. Nachdem IBM die Benutzerfreundlichkeit von Lotus Notes über lange Zeit nicht als oberstes Ziel verfolgte, fand sich eine Änderung dieser Einstellung in vielen Verbesserungen des Clients seit der nunmehr vorletzten Notes-Version, wenn auch anscheinend unter dem Eindruck der Outlook-Konkurrenz.

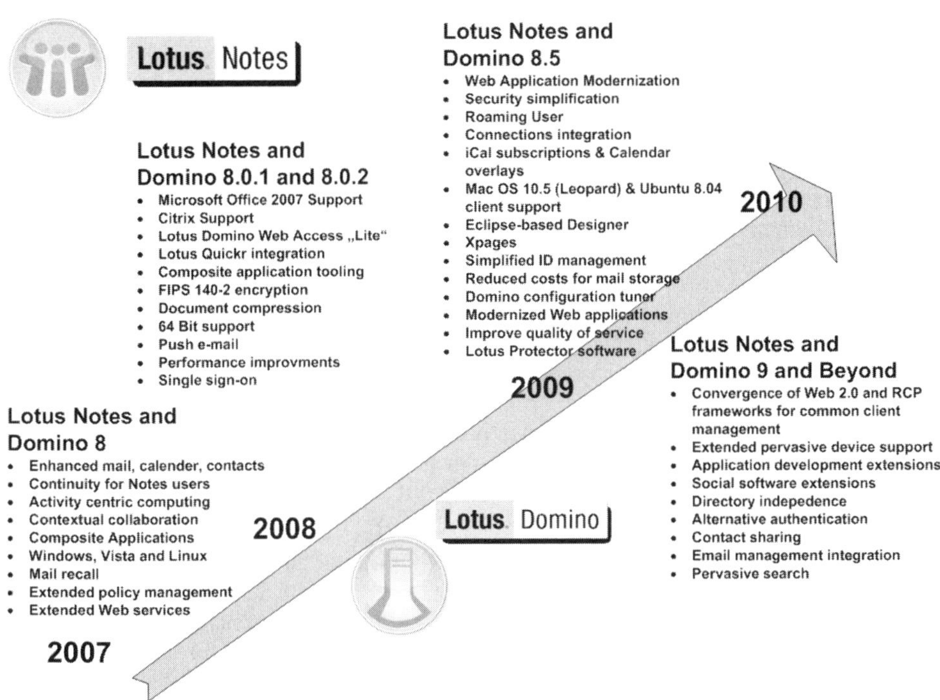

Abbildung E.2: Die Entwicklung von Lotus Notes Domino 8.x und darüber hinaus

Lotus Notes Domino Version 7 brachte unter anderem mehr Transparenz und ein weiteres Dateiformat als Ablagemöglichkeit in Bezug auf die Datenbankwelt mit sich: NSFDB2. Als wichtigstes Entwicklungsziel wurde die Kosteneinsparung durch Performance-Steigerung definiert. Die Spanne in Sachen Performance-Gewinn reichte von 25 % unter Windows bis zu fast 500 % unter Linux. Die Zahlen erscheinen ein bisschen weit hergeholt; auf Messen und Workshops bestätigten sie aber vor allem Hosting-Unternehmer und andere Consultants. Bei der Server-Version 7 wurde so durch die Harmonisierung von Programmcode und Betriebssystem der Performance-Gewinn überdeutlich. Davon profitierte das jüngste und damit bisher am wenigsten optimierte System Linux, da hier die systemeigene Arbeitsweise stärker berücksichtigt wurde.

Außerdem wurde die Administration des Servers überarbeitet. Das damals noch neue Domino Domain Monitoring stützte sich auf zahlreiche eingebaute Überprüfungen (Probes) und half bei der Fehlerbehebung mit konkreten Empfehlungen (Standardfehlerbehebung), mit denen die eigentliche Ursache eines Problems abgestellt werden kann (Stichwort: *IBM Automatic Computing*). Ein weiteres Richtliniendokument für Mail-Einstellungen und das Unterbinden von Änderungen von Richtlinieneinstellungen für die Anwender brachten dem Administrator weitere Vorteile, die in der Version 8.x noch weiter ausgebaut wurden.

Die Version 8 ist das Ergebnis einer erstmals angewandten social-networking-orientierten Softwareentwicklung unter Einbindung einer Vielzahl von Kunden und Einzelpersonen. Sie konnten sich über Designpartnerschaften, Gesprächskreise, Foren und Blogs aktiv an der Entwicklung beteiligen. Weltweit haben mehr als 25.000 Unternehmen die Beta-Versionen von Lotus Notes und Domino 8 getestet. Damit ist diese Version das Ergebnis eines der umfangreichsten Beta-Programme in der Geschichte von Lotus.

Die unter dem Codenamen „Hanover" (angekündigt auf der DNUG in Hannover im Juni 2005) entwickelte neue Version von Lotus Notes/Domino sorgte zunächst für einiges Aufsehen. Denn mit der Version 8, die im August 2007 veröffentlicht wurde, hat sich das technische Konzept des Lotus-Notes Clients grundlegend verändert. Dabei integrierte IBM Lotus Notes/Domino in den Eclipse-basierenden Rich-Client der ehemaligen Workplace-Produktfamilie. So wurde der bisherige proprietäre Unterbau abgelöst. Eclipse ist eine Open-Source-Programmierumgebung, die auf Java basiert und gilt als der Nachfolger von *IBM Visual Age for Java 4.0*.

Auch wenn die Verschränkung von klassischem Client mit dem Eclipse-Framework als die wesentliche Neuerung der aktuellen Version gilt, so erlaubt sie auch weiterhin alternativ die Installation des herkömmlichen Notes (als „Basic"-Variante bezeichnet). IBM will trotz Nutzung einer Eclipse-Plattform die Bedienung, Funktionen und Übersichtlichkeit des E-Mail-Clients für den Anwender beibehalten. Daher bettet der „full" Client (Standard) den bekannten Groupware-Client vollständig in die von IBM um Verwaltungsfunktionen erweiterte und „Expeditor" genannte Technologie des Eclipse-Frameworks ein. Dessen Java-basierende Benutzerschnittstelle ermöglicht dem Notes 8 Client die gleichzeitige Nutzung von bestehenden Notes-Anwendungen und neu entwickelten Java-Komponenten. Anwendungsentwickler können Eclipse-basierte Plug-Ins hinzufügen und neue Anwendungen entwickeln, die die Umgebungen der Benutzer erweitern und anpassen.

Inzwischen ist klar, dass sich für den Endanwender nicht viel ändern muss, wohl aber viel ändern kann – je nachdem, ob ein Unternehmen für die Endanwender einen Basic- oder einen Standard-Notes Client vorsieht oder nicht.

Workplace? IBM Workplace!

Die IBM Software Group entwickelte neben der Lotus Domino-Linie ein J2EE-basiertes Produktportfolio: *IBM Workplace*. Diese setzt Funktionen für eine Zusammenarbeit auf der Technologiebasis des *WebSphere*-Portals mit einer durchgängigen Oberfläche und sich ergänzenden (und nicht überlappenden) Funktionen um. Die Architektur ruht(e) auf zwei Säulen. Zum einen entwickelte IBM eine Client-Plattform, die auf dem Eclipse-Framework basiert, zum anderen eine Middleware aus allen Bereichen der IBM Software Group mit dem WebSphere-Portal als führendem System.

Kauderwelsch? Sehr stark vereinfacht dargestellt bedeutet das: *IBM Workplace* bietet die gleichen Funktionen wie *Lotus Domino* mit Messaging, Dokumentenmanagement, Contentverwaltung, Collaboration und Learning Services. Diese Suite besitzt nicht nur eine ganz andere Architektur (WebSphere Application Server, WebSphere Portal Server, Workplace Server, ein Datenbankmanagementsystem wie DB2 plus Verzeichnisdienst mit LDAP), sondern basiert auf einer ganz anderen Technologie: J2EE. Sie macht also fast das Gleiche wie Lotus Domino, sieht aber anders aus, hat eine andere Technologie und deswegen eine andere Administrationsweise. „Und wozu? Haben wir doch alles ...", werden Sie sich fragen. Genau das ist eine Frage, die viele IBM-Kunden bewegt oder bewegt hat. Mittlerweile hat die IBM eingesehen, dass die Akzeptanz von Kundenseite und der Mehrwert für einen solchen Weg nicht gegeben ist.

Die integrative Schnittstelle „Lotus Expeditor" wurde u.a. bereits als Basis für den *IBM Lotus Sametime Connect Client* (seit Version 7.5) genutzt. IBM bietet den Expeditor auch als separate Entwicklungs- und Runtime-Umgebung an. Diese Schnittstelle ist sehr flexibel und ermöglicht die Integration und Verkettung (composite application) von Anwendungen unterschiedlicher Programmsprachen und Hersteller (Service Oriented Architecture, SOA). Eine serviceorientierte Architektur (SOA) beruht auf der losen Kopplung wiederverwendbarer Softwarebausteine (Services), die bestimmte Standards erfüllen.

Da Eclipse auf verschiedenen Plattformen angeboten wird, ist auch die Portierung des Lotus Notes 8 Client gewährleistet. Weitere technische Neuerungen beziehen sich auf:

- Integration einer Suite von „Produktivitätswerkzeugen" auf Basis der *IBM Lotus SmartSuite*-Technologie, um eine Vielzahl von Dateitypen zu erstellen, zu editieren und gemeinsam zu bearbeiten, zum Beispiel Textverarbeitungsdokumente, Tabellenkalkulationen und Präsentationen. Die IBM Produktivitätswerkzeuge bieten Unterstützung für das *OpenDocument Format* (ODF); sie können Microsoft Office-Dokumente importieren, bearbeiten und speichern oder diese Dokumente nach ODF exportieren, um sie gemeinsam mit ODF-kompatiblen Anwendungen und Lösungen zu nutzen (PDF).
- Durch die Integration von Instant Messaging und Anwesenheitsanzeige können Sie in Echtzeit Know-how austauschen. Sie können die Zahl der E-Mails und der Telefonanrufe verringern, indem Sie schnell und einfach mit Kollegen und anderen Projektteilnehmern innerhalb und außerhalb Ihres Unternehmens online zusammenarbeiten – über eine einzige Benutzeroberfläche.
- Lotus Notes 8 zeichnet sich durch eine überarbeitete, intuitivere Oberfläche aus, die den Benutzer nicht auf eine bestimmte Arbeitsweise festlegt. Sie können an einem Ort auf E-Mails, Dokumente und Geschäftsanwendungen zugreifen – Sie benötigen nur ein Kennwort, um alles zu verwalten. Durch die (vertikale oder horizontale) Nachrichtenvorschau und die Zusammenstellung und Anzeige von E-Mails als Threads finden Sie schnell die benötigten Informationen.
- Modulare Anwendungen: Sie können Komponenten von Anwendungen schnell zu speziellen *Mash-ups* – modularen Anwendungen – zusammenfügen, ohne umfangreichen Code zu schreiben. Lotus Domino unterstützt eine offene Anwendungsinfrastruktur für die Bereitstellung und Einrichtung modularer Anwendungen in Lotus Notes 8.

Bei einem näheren Blick auf den Notes Client, in dem sich im Gegensatz zur Version 7 die meisten Neuerungen finden, wird eine Annäherung der Begrifflichkeiten und eine Erweiterung der Funktionalitäten in Richtung Microsoft offensichtlich. Das persönliche Adressbuch wird als „Kontakte" bezeichnet, Datenbanken heißen nun „Anwendungen", und es besteht inzwischen die Möglichkeit, E-Mails zurückzurufen. Weitere Neuerungen der Client-Oberfläche beziehen sich beispielsweise auf folgende Bereiche und Funktionen:

- Neue ÖFFNEN-Schaltfläche für schnellen Zugriff auf die wichtigsten Anwendungen
- Kontextabhängige Symbolleisten und anpassbare Ansichteinstellungen
- Allgegenwärtiges Suchcenter für E-Mail, Kalender, das Web und Ihren Desktop
- Collaborationprotokoll – Anzeige Ihrer Konversationshistorie mit bestimmten Personen
- Erweiterte Webservices ermöglichen Lotus Domino-Anwendungen den Aufruf anderer Webservices.
- Unterstützung für aktivitätsorientiertes Computing (Activities)

Vier Ziele für Notes 8

- Zentrale Nutzeranwendung mit intuitiven Oberflächen und exzellentem Design
- Innovative und zukunftsweisende Form der Zusammenarbeit
- Erweitern der Möglichkeiten im Bereich der Anwendungsentwicklung und -integration
- Niedrige Gesamtbetriebskosten und kurze Implementierungszeiten

Notes ist in der Version 8 erstmals zeitgleich für Windows XP/Vista und für Linux verfügbar. IBM beschränkt sich bei seiner offiziellen Distributionsunterstützung wie auch beim vorherigen Linux-Client 7.0.1 auf *Suse Linux Enterprise Desktop (SLED) 10* sowie *Red Hat Enterprise Linux (RHEL) 5* (ohne Unterstützung für *Aiglx* und *Selinux*). Für Notes 8.01 gab es Erweiterungen hinsichtlich:

- Anzeige der Mail-Quota (maximale Größe der Mail-Datenbank)
- Neues Design für ToDos
- Zweite Zeitzone im Kalender
- Nachfrage beim Löschen von Kalendereinträgen
- Bessere Integration von *Quickr* in die Sidebar
- *Awareness/Chat* basiert nun auf *Sametime 8.0*
- *Citrix Presentation Server 4.5*-Support
- Connections-Plug-In in Deutsch (*Connections 1.0.2*)
- File/Send-Mail-Funktion in *Symphony* (Productivity Tools)
- Kalender *Meeting* nun mit Auswahl *Sametime Unyte-Meetings*
- Kalender-Cleanup
- Neue Gestaltungsmöglichkeiten durch den Enduser mittels Widgets, Gadgets und LiveText

Lotus Notes 8.5 ist als Public Beta-Version seit dem 30. Mai 2008 verfügbar. Das endgültige Release erschien Mitte Januar 2009. In dieser Version wurden weitere Verbesserungen umgesetzt wie beispielsweise:

- Drag&Drop zwischen Rich-Text-Feldern in Notes, Verschieben von Sametime-Kontakte/Gruppen in Notes-Namen- und Rich-Text-Felder oder Verschieben von Namen von anderen Anwendungen zu Notes.
- *Type-ahead* beinhaltet alle E-Mail-Adressen aus dem persönlichen Adressbuch; eine alternative E-Mail-Adresse kann nun direkt ausgewählt werden.
- Eine neue Spalte in der Ansicht ALL DOCUMENTS zeigt, in welchem Ordner sich das Dokument befindet.

Sie können nun über Ihren Kalender Einträge aus einem Google-Kalender, anderen Notes-Kalendern oder iCal Feeds zum eigenen Kalender hinzufügen. Diese Einträge werden automatisch aktualisiert, sobald Sie die Ansicht öffnen. Darüber hinaus besteht die Möglichkeit, Kalendereinträge „offline" zu nehmen, um beispielsweise eine Synchronisation (z.B. Blackberry) durchzuführen. Alle Termine 45 Tage vor/nach dem aktuellen Datum werden dabei erfasst.

Kontakte können Sie im vCard-Format weiterleiten, indem Sie den entsprechenden Kontakt auswählen und „weiterleiten". Dies erinnert stark an das Weiterleiten von Kontakten via SMS vom eigenen Handy an eine andere Person. Darüber hinaus ist ein zweites Alphabet mit speziellem Zeichensatz (*Greek, Hebrew, Arabic, Thai, Vietnamese, Japanese* oder Kyrillisch) verfügbar. Weitere Neuerungen finden sich ebenfalls für die Themengebiete Web Access (iNotes) und den Domino Designer, der nun vollständig auf Eclipse basiert, mit neuen Java-Klassen und Methoden.

Mit Lotus Domino 8.5 hat sich IBM neue Ziele gesetzt. Dazu gehört es, die *Total Cost of Ownership* (TCO) weiter zu verbessern. Dazu soll eine Vereinfachung des Notes-ID-Managements, die Senkung des Speicherbedarfs (Stichwort Storage Reduction – Attachment and Object Service, DAOS) und auch eine Verbesserung in der Administration beitragen – unter der Prämisse, die Kompabilität zu bestehenden Anwendungen und zur existierenden Infrastruktur zu bewahren.

E.2 Motivation

IBM geht mit der Weiterentwicklung der Marke Lotus und seiner Produkte einen Weg, der deutlich macht, dass Lotus Notes Domino seine Positionierung am Markt weiter ausbauen soll. IBM macht in all seinen Präsentationen zum Produkt-Launch deutlich, dass es bei der neuen Version ganz klar um die Vorteile der Unternehmen durch einen Release-Wechsel geht:

- Intuitiver zu bedienende Oberfläche
- Anpassung der Bezeichnungen in Richtung Microsoft
- Die in die Jahre gekommene Notes-Benutzeroberfläche sollte auf der Basis der Technik von *IBM Workplace Client* einen zeitgemäßen Anstrich bekommen.
- Verringerung der TCO
- Schnellere Kommunikationswege, besserer Überblick in der Mailbox und dadurch ein verbessertes Antwortverhalten
- Investitionsschutz durch Rückwärtskompatibilität

Lotus Notes Domino ist als Produkt an sich und natürlich auch im Hinblick auf die weitere Lotus-Produktpalette sehr komplex. Entsprechend umfangreich ist in der Regel die Arbeit eines Systemadministrators. Hier reicht das Aufgabenspektrum vom Anwender- und Client-Support über die Datenbankadministration bis hin zur Konzeption, Planung und Umsetzung ganzer Lotus Domino Server-Landschaften.

Neben *Lotus Domino Server* und *Notes Client* können Ihre Tätigkeitsgebiete als AdministratorIn in vielen Fällen auch weitere Bereiche berühren. Dazu zählen neben den allgemeinen Themen wie Intra- und Internet, Sicherheit und Verzeichnisverwaltung auch *Lotus Sametime, Lotus Quickr, iNotes/Domino Web Access* und *DOLS* (Domino Offline Services). Die Lösung Lotus Sametime rückt weiter durch die wachsende Integration ins Blickfeld. Mit Version 7 kam auf den Administrator neben einer detaillierten Auseinandersetzung mit dem Themenbereich Verzeichnisverwaltung und LDAP das Datenbankmanagementprogramm DB2 als optionaler Datenspeicher neben NSF mit ins Spiel. Diese Inhalte finden auch in diesem Buch ihren Platz. Eine Ausnahme ist das Thema DB2, das in diesem Buch nicht behandelt wird. Der Grund dafür ist die fehlende Akzeptanz für DB2 als Repository in den Unternehmen und immer wieder auftauchende Probleme beim Thema Backup und Restore. Die Migration zur Version 8.x und Details zu den neuen Client-Versionen werden detailliert beschrieben.

Für den Domino-Administrator bedeutet dies neben der Auseinandersetzung mit weiteren Produktdetails eine höhere Anforderung an sein Know-how und seine Arbeitsweise. Dieses Administrationshandbuch soll Ihnen dabei helfen, das komplexe System rund um Lotus Notes Domino zu verstehen. Dabei spielt es keine Rolle, ob Ihnen dieses Buch als Nachschlagewerk dienen soll oder ob Sie es benutzen möchten, um sich in die Welt von Lotus Domino einzuarbeiten.

Dieses Buch stellt eine umfassende, aber auch wie immer nur zusammenfassende Darstellung des Systems Lotus Domino/Lotus Notes speziell für Administratoren dar. Neben der Vermittlung der Grundlagen in puncto Lotus Notes Domino-Installation, -Konfiguration und Administration habe ich mich bemüht, Ihnen zusätzliche Informationen in Form von spezifischen Tipps und Tricks sowie FAQ-Listen zu liefern und Tools und Applikationen vorzustellen, die mit Lotus Notes Domino in Verbindung stehen. Trotzdem wird dieses Buch nicht die notwendige Praxis und die entsprechende Live-Umgebung eines Domino-Systems ersetzen können, um entsprechende Erfahrungen zu sammeln.

An dieser Stelle möchte ich mich in Bezug auf die fachliche Unterstützung als Co-Autoren bei Iris Ruhnke, Helmut Corsten und Lars Stockhausen bedanken. Spezieller Dank gebührt für die Unterstützung in Bezug auf die Bearbeitung der Grafiken André Rickert. Vielen Dank für das Fachlektorat an Carsten Mewes, Barbara Galinsky und Dirk Baumann – sowie an meinen Lektor bei Addison-Wesley Boris Karnikowski. Danke auch an die ACT AG für die Bereitstellung der Testumgebung.

Außerdem viele, viele Grüße an Markus, Roman und Karen, Tim und Sandra mit Fiete, Speedy und Wiebke, Billy, Sven, Lisa und Olli, Kah und Basti mit Paulina, Patta, Herbes, Patrizia T., Tom Felix, an meinen Bruder Holger & Beate mit Tom – sowie an Per Kall, Ludger Koslowski, Dieter Kraß und Marion Eichinger von Materna.

Achtung

In diesem Buch wird teilweise mit deutschen, hauptsächlich aber mit englischen Sprachversionen gearbeitet. Aus diesem Grund gibt es zu Menüpunkten, Schaltflächen, Optionen, Feldbezeichnungen etc. vielfach die deutsche und die englische Bezeichnung. Dies stellt also kein Versehen dar, sondern wurde von mir mit Absicht so gewählt und entspricht gängiger Praxis. Ob eine deutsche oder eine englische Clientversion zum Einsatz kommt, ist nicht immer eine Entscheidung auf Basis der Vorlieben einer Administratorin oder eines Administrators, sondern kann auch eine strategische Entscheidung des jeweiligen Unternehmens darstellen.

In diesem Buch werden folgende unterschiedliche Absatz-, Listing-, Aufzählungs- und Zeichenformatierungen verwendet:

1. Schritt-für-Schritt-Anleitungen

- Aufzählungen

Beschriftungen von Schaltflächen (SAVE & CLOSE), Feldern (ANSCHLUSS/PORT) und anderen Objekten (wie etwa die Ansicht ENTWÜRFE/DRAFTS), die Ihnen auf der Oberfläche der jeweiligen Anwendungen begegnen, erscheinen in KAPITÄLCHEN. Auszüge aus Befehlszeilen, Konfigurationsdateien und Konsolenein- und -ausgaben werden in der folgenden Schrift kenntlich gemacht: `POP3CLIENTDEBUG=1`.

Angaben zu URLs (wie etwa *http://www-136.ibm.com/developerworks/lotus*) und Verweise auf andere Stellen oder Kapitel in diesem Buch (z.B. ...weitere Informationen diesbezüglich finden Sie in *Kapitel 20.2.3, Kapitelname*) werden extra hervorgehoben. Zitate, Dateinamen (*names.nsf*) oder Pfadangaben (*D:\Notes\Data*) werden *kursiv* dargestellt.

Für Kritik, Feedback und Anregungen erreichen Sie mich über die E-Mail-Adresse *info@nell-it.de*.

Nadin Ebel

1 Lotus Notes Domino

Lotus Notes Domino stellt ein System für das Management und die Verarbeitung auch wenig strukturierter Informationen in elektronischer Form dar. Die Verarbeitung erfolgt mittels dokumentenbasierter Datenbanken. Das System richtet sich an einen heterogenen Anwenderkreis. Diese Definition ist eng mit dem Begriff *Collaboration* bzw. *Groupware* verknüpft. Beide Begriffe stehen für Software, die gruppenorientiertes Arbeiten, also Teamarbeit, computerbasiert ermöglicht und unterstützt, und zwar unabhängig davon, wo sich die einzelnen Mitglieder des Teams aufhalten, und wann sie verfügbar sind.

Lotus Notes Domino verbindet die Funktionalität des Daten- und Nachrichtenaustauschs mit dem einfachen Zugriff auf alle benötigten Informationen in Form von nicht-relationalen Datenbanken, unabhängig davon, um was für Informationen es sich handelt. Die Daten und die Gestaltung einer Anwendung werden in einer gemeinsamen Datenbank gespeichert. Alle Inhalte dieser Datenbank (Design und Daten) werden in sogenannten Dokumenten gespeichert, daher auch der Name „Notes" für „Dokumente". Diese Eigenschaft ist eine der markantesten, da für das Lotus Notes Domino-System unterschiedliche Objekte oder Einträge wie Mails, Kalendereinträge, Aufgaben, Bestellungen, Kontaktdaten eines Anwenders oder ein Unterkapitel in einem Handbuch Dokumente darstellen.

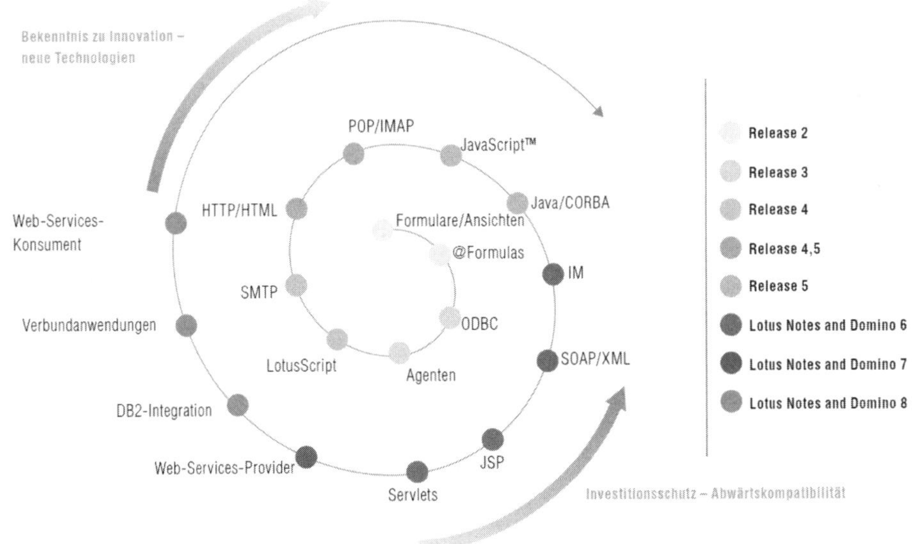

Abbildung 1.1: Jedes Release von Lotus Notes und Domino stellt neue Leistungsmerkmale bereit.

Lotus Notes-Anwendungen sind Client-Server-Anwendungen. Dabei werden die Daten auf dem *Lotus Domino Server* abgelegt und die Benutzerinteraktionen auf dem *Lotus Notes Client* durchgeführt. Ein Lotus Notes Client kommuniziert mit einem Lotus Domino Server über NRPC (Notes RPC), eine Variante von Remote Procedure Call (RPC). NRPC kann über TCP/IP, NETBIOS und andere Protokolle geroutet werden. Da Lotus Domino alle wichtigen Internet-Standards wie TCP/IP, HTTP, HTTPS, SMTP, LDAP, POP3, IMAP4, HTML, SMNP, JavaScript oder Java unterstützt, arbeitet der Server nicht nur mit Lotus Notes Clients zusammen, sondern mit allen gängigen Internet-Browsern.

1.1 Stärken und Schwächen von Lotus Notes Domino

Zu den Stärken von Lotus Notes Domino zählen:

- Plattformunabhängigkeit von Server und Client: Der Lotus Notes Client läuft auf den Plattformen Mac OS 9/X, Windows und Linux. Der Domino Server offeriert auch einen HTTP-Task, über den die Datenbanken auch für die Verwendung im Browser zur Verfügung stehen. Der Domino Server kann auf Microsoft Windows, Linux, Sun Solaris oder IBM AIX laufen.
- Portabilität: Notes-Anwendungen respektive Notes-Datenbanken sind hochgradig portabel, solange keine Technologien wie clientseitiges Java oder andere spezifische Techniken bei der Erstellung der Datenbank verwendet werden.
- Skalierbarkeit durch eine offene Topologie, Unterstützung zahlreicher Betriebssysteme für Lotus Domino Server (s.o.): Zudem bietet Server-Clustering eine hohe Ausfallsicherheit. Das darunterliegende Betriebssystem spielt dabei keine Rolle. So ist es möglich, dass ein Domino Server auf Windows mit einem anderen Domino Server auf AIX einen Domino Cluster bildet.
- Verarbeitung sowohl strukturierter als auch unstrukturierter Daten, wobei Letzteres eher im Fokus liegt. In Dokumenten können (je nach Definition der Felder in einem Dokument) formatierter Text, Datei-Anhänge oder eingebettete Objekte (Bilder, OLE-Objekte) gespeichert werden.

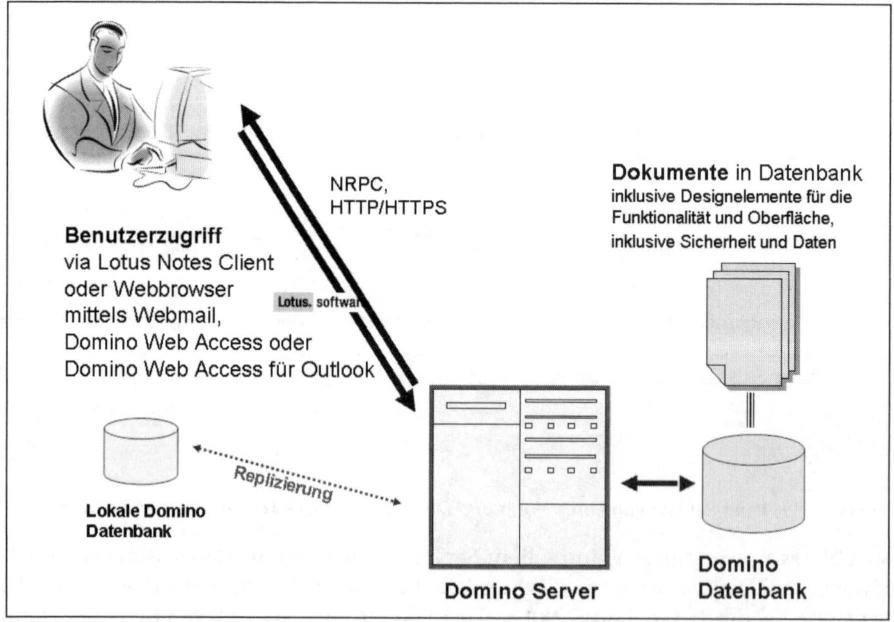

Abbildung 1.2: Interaktion zwischen Server und Client in der Domino-Infrastruktur

- Vereinfachte und übersichtliche Darstellung von zusammenhängenden Daten (zum Beispiel Versionskontrolle, Vorgänge, Threads)
- Mannigfaltige Möglichkeiten der Sortierung und Kategorisierung
- Unterstützung mobiler Anwender (Synchronisationsmöglichkeiten von Daten für PDAs) und Büros ohne LAN/WAN-Anbindung
- Arbeiten „offline“: Nicht nur diesbezüglich erweist sich der sehr ausgereifte Replikationsmechanismus von Lotus Notes Domino als überaus nützlich und ausgefeilt. Dies funktioniert zwischen Servern über verschiedenste Protokolle sowie als Replikation von Notes-Datenbanken zwischen einem lokalen Notes Client und einem Domino Server: Dabei werden die verschiedenen Instanzen einer verteilten Datenbank automatisch und definiert abgeglichen.
- Volltextsuche über mehrere Datenbanken hinweg
- Umfangreiches und differenziertes Sicherheitskonzept inklusive integrierter Public-Key-Infrastruktur (PKI). Das Sicherheitsmodell bezieht sich zum einen auf die Interaktion innerhalb der Server-Client-Infrastruktur und zum anderen auf die Sicherheitsoptionen in Bezug auf die verfügbaren Datenbanken und Objekte des Systems.
- Eingebaute E-Mail-Umgebung mit Aufgaben-, Kalender- und Terminverwaltung, auch als *Personal Information Management* (PIM) bezeichnet
- Integrierte Workflow-Funktionalitäten
- Schnelle Entwicklung eigener Anwendungen über *Rapid Application Development & Deployment* (RADD) mittels *Lotus Domino Designer* möglich: Durch den Einsatz von Programmiersprachen der 4. Generation (4GL) können Anwendungen mit geringem Aufwand entwickelt und gewartet werden. Verschiedene Sprachen können für die Anwendungsentwicklung eingesetzt werden. Wichtigste Sprachen sind die Lotus Notes-Makrosprache (mit ihren @-Funktionen und @-Commands) *LotusScript* sowie *Java*. Hinzu kommt eine quasi objektorientierte, in der Komplexität abgestufte Entwicklungsumgebung.
- Volle Unterstützung von Java, HTML und JavaScript (Thema Web)

Lotus Notes Domino weist folgende Schwächen auf:

- Bei hohem Aufkommen harter Daten (wie etwa 100.000 Stammartikel-Einträgen) bieten traditionelle relationale Datenbanken eine bessere Performance und umfangreichere Abfragemöglichkeiten. Um die Vorteile beider Welten nutzen zu können, wird das relationale Datenbanksystem DB2 als optionaler Datenspeicher in der neuen Version 7 angeboten.
- Zeitweise kommt es zu Dateninkonsistenz zwischen Repliken einer Datenbank. Die Replizierung findet in der Regel zeitgesteuert statt. Hinzu kommt eine gewisse Datenredundanz (Mehrfachaufkommen) bei verteilten Repliken einer Datenbank auf mehreren Servern.
- Eingeschränkte Druckfunktionalität von Dokumenten. Notes ist für den vorwiegend elektronischen Einsatz gedacht.
- Um alle Funktionen voll nutzen zu können, ist eine Schulung meist unumgänglich, da es sich um ein überaus komplexes Produkt handelt, das über zahlreiche „Hebel“ und Einstellungen verfügt, die nicht nur an einer Stelle zu finden sind.

1.2 Die Produktfamilie

Lotus Notes Domino ist aufgrund seiner komplexen Funktionalität und seiner offenen Architektur mit über 130 Millionen Anwendern (Angabe lt. IBM, 2008) Marktführer in Sachen Collaboration Software.

Das Hauptkonkurrenzprodukt, *Microsoft Exchange*, wurde mit der Version 4.0 unter Windows NT ins Leben gerufen. Die Client-Seite dieses Produkts mit dem bekannten Namen *Outlook* existiert seit der Exchange/Outlook-Version 97. Obwohl es von vielen als Groupware-Produkt betitelt wird, liefert Microsoft mit Exchange und Outlook nicht die Funktionalität in Sachen Collaboration, die mittels Lotus Notes Domino auf vergleichbare, aber einfachere Art zur Verfügung steht. Das primäre Ziel von Exchange und Outlook ist die E-Mail-Funktionalität. Microsofts Vorteil liegt in der Akzeptanz seines Client-Produkts, das in Bezug auf die Verwaltung von Mails, Kontakten, Aufgaben (kurz PIM – Personal Information Management), Notizen und Adressbüchern einen sehr guten Ruf bei den Anwendern, vor allem im Homebereich genießt.

Lotus Notes Domino ist ein sehr komplexes Produkt, das durch seine Komplexität und Flexibilität und die damit zusammenhängenden Konfigurationsmöglichkeiten für eine Fülle von Anwendungsszenarien geeignet ist. Mit dazu gehören aber auch weitergehende Aspekte, die damit zusammenhängen. Das fängt beim Thema Security an, geht über Synchronisationsmöglichkeiten und die Anbindung mobiler Benutzer und reicht bis hin zu Backup & Restore und Archivierungslösungen.

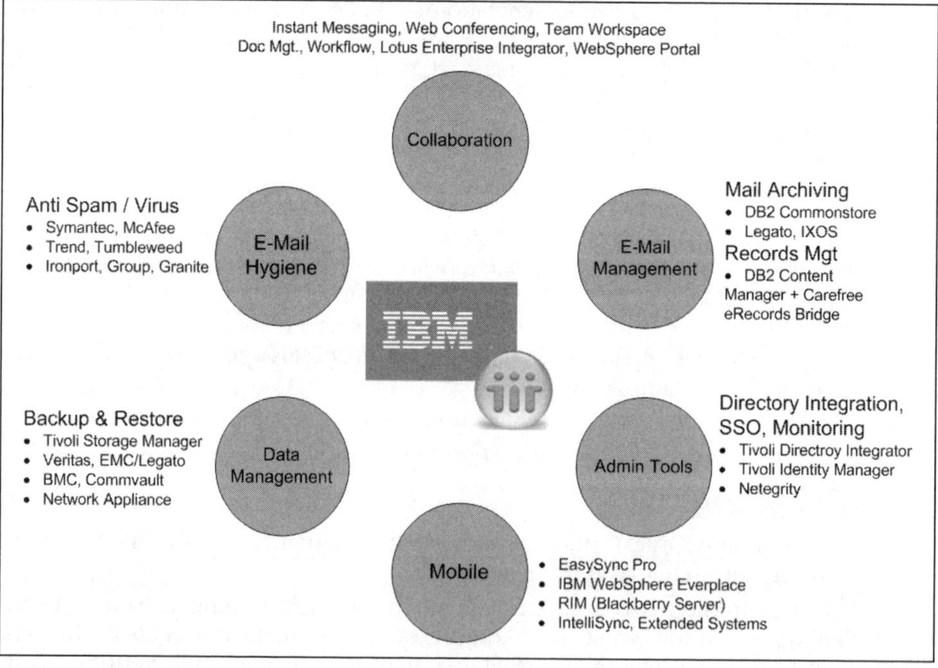

Abbildung 1.3: Rund um Lotus

Bei dem Markennamen Lotus geht es darüber hinaus nicht nur um Lotus Notes Domino an sich, auch wenn diese zusammen mit *Domino Web Access* (vormals *iNotes*) und *Domino*

Web Access für Outlook die „Core"-Produkte bilden (siehe *Abbildung 1.3*). Darüber hinaus bietet Lotus noch ein weiteres Produktportfolio unter dem Namen *Extended Products*:

- *Lotus Sametime* für Instant Messaging und Web Conferencing plus Shared Whiteboard, Audio, Video und Bildschirmübernahme
- *Lotus Quickr* alias *QuickPlace* als virtueller Teamarbeitsplatz für Projektgruppen
- *Lotus Domino Document Manager* für das Dokumentenmanagement
- *Lotus Workflow*
- *Lotus Enterprise Integrator for Domino* (LEI) als eine Art Datenpumpe z.B. zur Übernahme von Daten aus SAP

All diese Produkte können neben weiteren IBM-Produkten und Drittanbieter-Anwendungen in Koexistenz und Zusammenarbeit in Ihrer Umgebung betrieben werden.

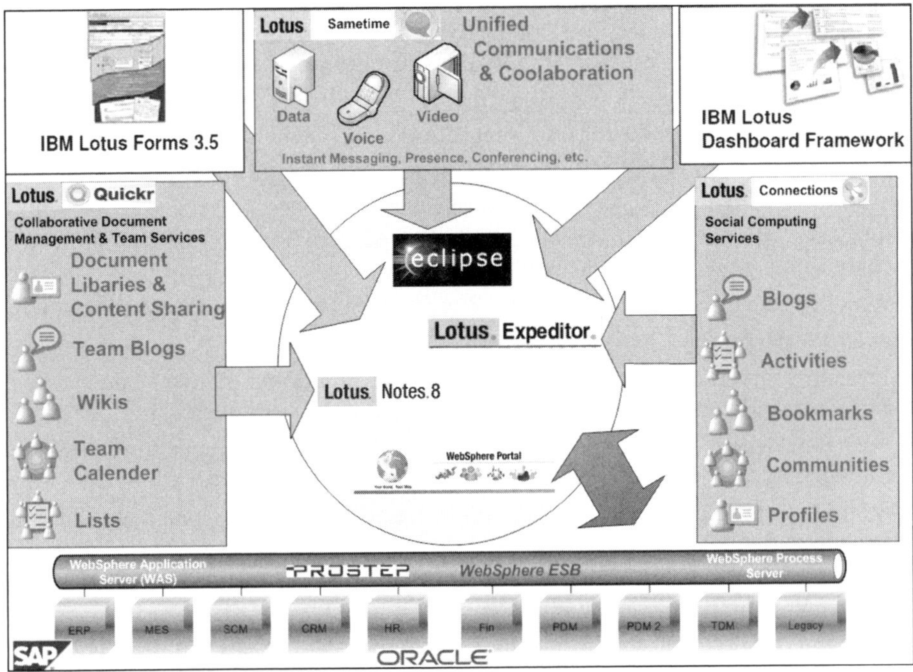

Abbildung 1.4: Das Produktportfolio in Sachen Zusammenarbeit

1.3 Die Serversicht – Lotus Domino

Lotus Domino stellt die Plattform für die jeweiligen Anwendungen zur Verfügung. Eine Domino-Anwendungsplattform ist in der Lage, Domino-spezifische Datenbanken und Mail-Dienste bereitzustellen und/oder als Webserver zu agieren, um nur einige mögliche Funktionen zu nennen. Dies funktioniert aufgrund der vom Domino Server bereitgestellten Serverdienste und den damit zusammenhängenden Funktionen (HTTP, SMTP, Routing von Mails etc.). Das System ähnelt einem Baukasten, wobei je nach Bedarf und Ressourcen benötigte Dienste aktiviert werden.

So ist es möglich, einen Domino Server zu betreiben, der für das Mail-Routing zuständig ist, einen weiteren als Applikationsserver, auf dem einem breiten Anwenderkreis Datenbanken zur Verfügung gestellt werden, oder einen Server, der im Intra- oder Internet Datenbanken und Dienste zur Verfügung stellt und so als Webserver fungiert. Ein Domino-System besteht aus diversen Komponenten, deren Zusammenwirken die Funktionalität und die Aufgabenspezifizierung von Domino ausmacht. Ein reiner Domino Mail-Server benötigt andere Komponenten als ein reiner Domino-Applikationsserver. Ein Webanwendungsserver benötigt Komponenten, die über das hinausgehen, was ein Domino-Applikationsserver benötigt, auf den nur über Notes Clients zugegriffen wird.

1.3.1 Domino Server-Versionen

Vor dem Installieren und Konfigurieren des ersten Domino Servers sollten Sie Überlegungen zu den Funktionen und dem physischen Standort der für Ihr Unternehmen erforderlichen Server anstellen und festlegen, wie Sie die Server miteinander verbinden. Bei diesen Überlegungen müssen Sie die aktuelle Konfiguration Ihrer Netzwerkinfrastruktur einbeziehen.

Bestimmen Sie, welche Server für Ihr Unternehmen erforderlich sind:

- Server, die Notes- und/oder Browser-Benutzern den Zugriff auf Anwendungen ermöglichen
- Hub-Server, die die Kommunikation zwischen Servern steuern, die sich an unterschiedlichen geografischen Orten befinden
- Webserver, die Browser-Benutzern den Zugriff auf Webanwendungen ermöglichen
- Server, die Messaging-Dienste verwalten
- Verzeichnisserver, die Benutzern und Servern Informationen darüber bereitstellen, wie sie mit anderen Benutzern und Servern kommunizieren sollen
- Durchgangsserver, die Benutzern und Servern den Zugriff auf einen einzelnen Server ermöglichen, über den auf andere Server zugegriffen werden kann
- Server für die Domänensuche, die es Benutzern ermöglichen, alle Server einer Domino-Domäne zu durchsuchen
- Cluster-Server, die Benutzern den dauerhaften Zugriff auf Daten ermöglichen und Lastverteilung und Failover bereitstellen
- Partitionierte Server, die es ermöglichen, mehrere Instanzen des Domino Servers auf einer Maschine auszuführen
- xSP-Server, die Benutzern den Internet-Zugriff auf bestimmte Domino-Anwendungen ermöglichen

Anhand dieser Überlegungen können Sie festlegen, welche Server für Ihr Unternehmen erforderlich sind. Je nach Unternehmensgröße und Einsatzgebieten des Domino Servers existieren unterschiedliche Serverlizenzen. Mit der Freigabe von Domino 6 führte IBM ein neues Lizenzmodell ein. Seitdem werden die Server-Lizenzkosten pro CPU und nicht mehr je Server berechnet. Die Server-Preise sind nach *Value Unit* (Prozessorkerne) kalkuliert. Je nach Einsatz von Single-, Dual- oder Quad-Core wird hier in der Regel mit dem Umrechnungsfaktor 100 oder 50 multipliziert. Aber Lizenzen sind nicht nur in Bezug auf Ihre Domino Server relevant. Bei den Usern wie z. B. Anwendern von *Notes Collaboration*-Lösungen aus dem Hause Lotus wird pro User/ID lizenziert. Üblicherweise sind in einer Notes/Domino-Umgebung zumindest User- und Server-Lizenzen notwendig.

Lizenztyp	**Funktion**
Domino Messaging Server	Der Messaging Server unterstützt E-Mail und Collaborative Applications wie Diskussionsdatenbanken, TeamRooms und persönliche Datenbanken inklusive der Möglichkeit, partitionierte Server einzusetzen.
Domino Utility Server	Der Utility Server ist ein reiner Collaborative Server ohne Messaging-Funktionalität. Es stehen die Funktionen für Clustering und Partitionierung zur Verfügung plus Lotus Workflow und Lotus Document Manager.
Domino Enterprise Server	Der Enterprise Server enthält die volle Funktionalität des Messaging Servers plus die Bereitstellung für Collaborative Applications. Außerdem unterstützt er auch selbst erstellte Anwendungen. Es stehen die Funktionen für Clustering und Partitionierung zur Verfügung.

Zusätzlich gibt es noch die Lizenztypen *Utility Server Express, Lotus Domino Messaging Express* und *Utility Server Express* für Umgebungen mit weniger als 1.000 Benutzern (Express-Lizenzen). Lotus Domino Utility Server Express ist das entsprechende Pendant zur Enterprise-Lizenz und wird pro CPU berechnet. Bei den Express-Lizenzen wird also nach Usern lizenziert. Der Server mit eingeschränkten Funktionalitäten ist in der User-Lizenz enthalten, allerdings ohne Clustering/Partitioning, ohne Zugriff auf den *Websphere Application Server* und ohne Nutzung der *zSeries*-Plattform. Express-Lizenzen sind auf die Bedürfnisse von kleinen und mittelständischen Unternehmen zugeschnittene Softwarepakete und bieten entsprechende Funktionalität. Jedes Express-Softwareprodukt stellt ein vollständiges, integriertes Paket mit allen für eine erfolgreiche Implementierung benötigten Komponenten, Tools und Informationen dar.

Passport Advantage Programm

IBM Passport Advantage ist auf den flexiblen Erwerb von Lizenzen und Maintenance (Software-Wartung und technische Unterstützung) zu allen Software-Brands der IBM (Lotus, Tivoli, Information Management, WebSphere und Rational) ausgerichtet und gilt für alle verfügbaren Plattformen, Versionen und Sprachen. Dieses Programm bietet weltweit einheitliche Servicemerkmale und Preise. Passport Advantage vereinfacht die Softwarebeschaffung und die Bereitstellung von technischer Unterstützung. Die IBM Software-Lizenzierung umfasst zwei Programmoptionen: zum einen *Passport Advantage* (PA) und zum anderen *Passport Advantage Express* (PAX) für kleinere und mittlere Unternehmen. Für beide Programme existieren eine gemeinsame Produktliste, Produktoptionen sowie einheitliche Bedingungen der Software Maintenance.

Die Domino Server-Version 8.5 unterstützt folgende 32-Bit-Betriebssysteme:

- Microsoft Windows 2003 Server Standard Edition, Microsoft Windows 2003 Server Enterprise Edition (Service Pack 2), Microsoft Windows 2003 Server x64 Edition, Microsoft Windows Server 2008 Standard Edition, Microsoft Windows Server 2008 Enterprise Edition, Microsoft Windows Server 2008 x64 Standard Edition, Microsoft Windows Server 2008 x64 Enterprise Edition

- Novell SUSE Linux Enterprise Server (SLES) 10 x86 (32 Bit), Novell SUSE Linux Enterprise Server (SLES) 10 x86_64 (64 Bit), Red Hat Enterprise Linux (RHEL) 5.0 und 5.1 (32 Bit) mit deaktiviertem XGL und SELinux, Red Hat Enterprise Linux (RHEL) 5.0 und 5.1 (64 Bit) mit deaktiviertem XGL und SELinux
- Sun Solaris 10 (64-Bit-Kernel), Patch Cluster-Stand März 2006 oder höher
- IBM AIX 5.3 (64-Bit-Kernel), minimaler Patch Level TL7, 0815 (5300-07-04-0815)
- IBM AIX 6.1 (64-Bit-Kernel), Service Pack 4, APAR IZ10223, APAR IZ09961, APAR IZ10284, APAR IZ08022

Bei den 64-Bit-Betriebssystemen werden folgende Plattformen unterstützt:

- Microsoft Windows 2003 Server x64 Edition (Service Pack 2), Microsoft Windows Server 2008 Standard Edition, Microsoft Windows Server 2008 Enterprise Edition
- 64-Bit IBM AIX 5.3, TL7 0815 (5300-07-04-0815) und 64-Bit IBM AIX 6.1, Service Pack 4, APAR IZ10223, APAR IZ09961, APAR IZ10284, APAR IZ08022
- Novell SUSE Linux Enterprise Server (SLES) 10 auf System z (64 Bit) und Red Hat Enterprise Linux (RHEL) 5 auf System z (64 Bit) mit deaktiviertem XGL und SELinux

Weitere Informationen zu den unterstützten Betriebssystemen und die entsprechenden Systemanforderungen finden Sie unter *http://www-01.ibm.com/support/docview.wss?uid=swg27013072*. Diesbezügliche Informationen zur Domino Version 8.x finden Sie in den Release Notes unter *http://www.ibm.com/developerworks/lotus/documentation/releasenotes/*.

Jede Software-Lizenz hat eine Gültigkeit auf Lebenszeit. Falls die zugehörige Wartungsverlängerung nicht abgeschlossen wird, entfällt das Anrecht auf Aktualisierung sowie auf Support seitens IBM. Die Gültigkeit der Lizenz bleibt aber nach wie vor erhalten.

Wartung und Lizenzen

Beim Neuerwerb einer Lizenz ist im Kaufpreis bereits ein Jahr Maintenance inbegriffen. Eine sogenannte *Renewal-Lizenz* ist eine Verlängerung der Maintenance (Wartung) einer bereits erworbenen Lizenz. Sie berechtigt den Benutzer, die aktuellsten Versionen der im Einsatz befindlichen Software zu verwenden sowie Supportdienstleistungen seitens IBM in Anspruch zu nehmen. Diese Berechtigung kann im Normalfall mittels Renewal um jeweils ein Jahr verlängert werden.

Falls die Maintenance (Wartung) für ein Softwareprodukt inaktiv bzw. abgelaufen ist, Sie jedoch Wartung für das Produkt benötigen, ist ein *Maintenance Reinstatement* durchzuführen. Die Kosten für ein Maintenance Reinstatement liegen allerdings höher als die Kosten für ein Maintenace Renewal (jährliche Wartungsverlägerung).

Darüber hinaus exitistieren sogenannte *Trade Ups*. Sie stellen spezielle Lizenzen dar, die dann einzusetzen sind, wenn ein Upgrade von einem bereits erworbenen Produkt auf ein Produkt mit größerem Funktionsumfang erfolgen soll (Trade Up). Eine andere Einsatzmöglichkeit für Trade Ups ist der Wechsel von einem Softwareprodukt eines anderen Herstellers auf IBM-Lizenzprodukte (*Trade Up from Competitor Software*).

1.3.2 Domino im Web

Domino stellt einen integrierten Domino Webanwendungsserver als Dienst zur Verfügung. Als Webanwendungsserver kann Domino als Host für Websites fungieren, auf die sowohl Internet- als auch Intranet-Clients zugreifen können, und kann Seiten bedienen, die entweder im Dateisystem oder in einer Domino-Datenbank gespeichert sind.

Wenn ein Webbrowser eine Seite in einer Domino-Datenbank anfordert, konvertiert Domino das Dokument in HTML. Wenn ein Webbrowser eine Seite in einer HTML-Datei anfordert, liest Domino die Datei direkt aus dem Dateisystem. Anschließend verwendet der Webserver das HTTP-Protokoll, um die Informationen an den Webbrowser zu übermitteln. Das Speichern von Webseiten als Dokumente in einer Datenbank bietet im Vergleich zu statischen HTML-Seiten einen entscheidenden Vorteil. Mithilfe von Domino wird jede Änderung an einer Datenbank automatisch auch auf dem Webserver wirksam.

Jede Domino-Anwendung kann auch eine Webanwendung sein. Vor dem Erstellen einer Webanwendung sollten Sie sich mit den Domino-Funktionen vertraut machen, die in HTML übersetzt werden können und festlegen, ob Benutzer von Webbrowsern, Notes Clients oder beide auf die Anwendung zugreifen werden. Anhand der Notes-Formelsprache können Sie jeweils ermitteln, welcher Benutzertyp auf die Anwendung zugreift, und auf Grundlage des Benutzertyps können Sie die Anzeige der Informationen entsprechend variieren.

Eine Domino-Website kann aus einer einzigen oder mehreren Datenbanken bestehen, die untereinander verknüpft sind. Darüber hinaus können Sie einen virtuellen Server einrichten, der auf einem einzigen Computer als Host für mehrere Websites fungiert, und unterschiedliche Host-Namen für den Zugriff auf den Server verwenden.

Der *Domino Webserver* überprüft die URL in der ankommenden Anforderung und erkennt, ob die Anforderung ein Objekt in einer Domino-Datenbank betrifft oder eine HTML-Datei im Dateisystem. Gilt die Anforderung einer HTML-Datei, funktioniert Domino wie ein normaler Webserver und liefert die Datei an den Webclient. Gilt die Anforderung einem Objekt in einer Domino-Datenbank, arbeitet Domino mit der Datenbank zusammen, um die Informationen für den Webclient bereitzustellen oder die Daten vom Webclient in die Domino-Datenbank zu übertragen.

Datenbankinhalte werden beim Zugriff über das Internet quasi in Echtzeit direkt in HTML-Code umgewandelt. Es müssen also keine zusätzlichen Internet-Seiten per HTML erstellt werden. Dies spart Mitarbeiterschulungen und reduziert Kosten. Mittels Notes Domino publizierte Informationen lassen sich sehr einfach verwalten: Aktualisierungen, Umstrukturierungen und Layoutveränderungen nimmt man in der vertrauten Notes-Umgebung direkt an den Datenbanken selbst vor. Die Verwaltung der Inhalte ist auch über einen einfachen Internet-Browser möglich.

Falls Notes für die interne Firmen-Kommunikation schon eingesetzt wird, können bereits existierende Dokumente direkt und ohne Entwicklungsaufwand veröffentlicht werden.

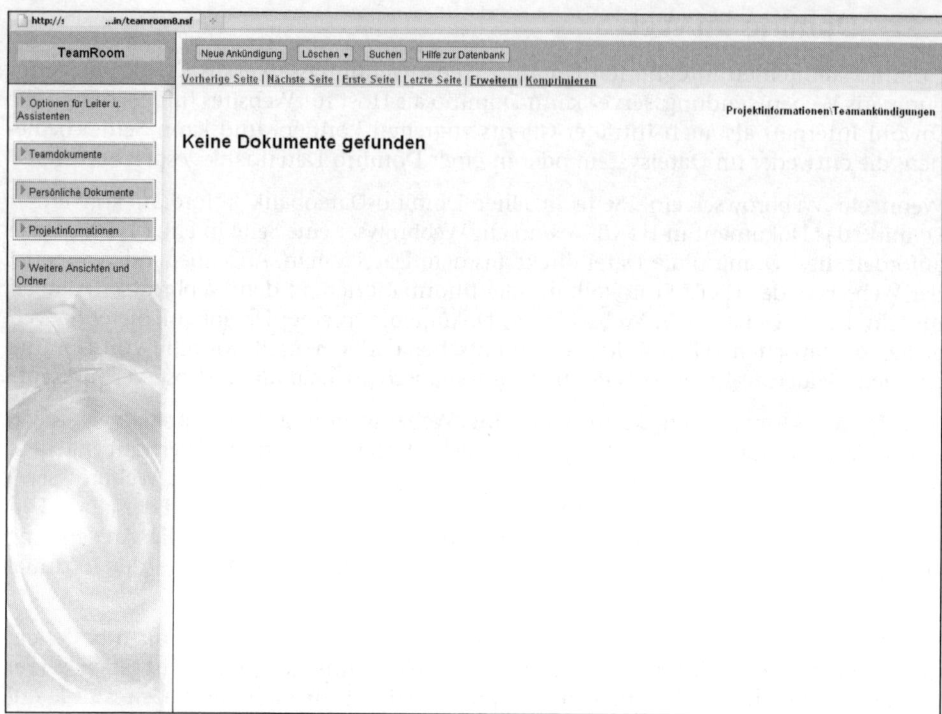

Abbildung 1.5: Eine Datenbank wird über einen HTTP-Server zur Verfügung gestellt.

1.4 Client-Zugriff

Lotus Notes stellt im Gegensatz zu *Lotus Domino* die Client-Seite dar. Der *Notes Client* ist für die grafische Aufbereitung der Daten zuständig und verwaltet die Benutzeroberfläche.

Der neue Notes 8 Client hat alle Funktionen, um den gesamten Arbeitsalltag von Mitarbeitern zu begleiten, ohne dass in andere Anwendungen gewechselt werden muss. E-Mail, Kalender und ToDos sind Kernfunktionen, Instant Messaging ist integriert, ebenso Editoren zur Bearbeitung von Dokumenten und ein Feed-Reader. Der Standard-Browser des jeweiligen Betriebssystems wird ebenfalls mit eingebunden und kann nicht nur Webanwendungen, sondern auch Portale anzeigen.

Notes Clients interagieren mit Mail-Dateien und anderen Datenbanken (seit Notes 8 *Anwendungen* genannt) auf dem Domino Server in unterschiedlicher Weise. Sie haben dabei die Möglichkeit, mit einem Notes Client zu arbeiten oder über einen Webbrowser wie z. B. Mozilla Firefox oder den Internet Explorer zu arbeiten. Dabei existiert allerdings die Voraussetzung, dass die Datenbank, auf die Sie zugreifen möchten, z. B. Ihre Mail-Datenbank, auf einem Domino Server liegt, der als Webserver agiert (siehe *Kapitel 11, Domino im Web*).

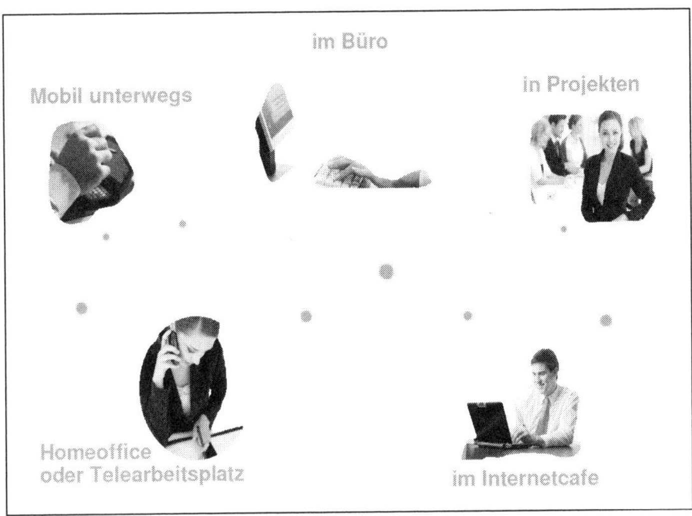

Abbildung 1.6: Nicht nur für die MitarbeiterInnen ist Flexibilität und Mobilität ein Thema.

Sie können die folgenden Client-Typen mit dem Domino Mail-Server verwenden:

- Lotus Notes Clients

  Ein Notes Client kommuniziert mit einem Domino Server entweder über Notes-Protokolle (NRPC) oder über Internet-Protokolle (z. B. IMAP, POP3 und SMTP). Der Anwender greift auf die Datenbanken zu, auf die er zugriffsberechtigt ist. Diese Datenbanken werden dann als Datenbanksymbole (*Kacheln* genannt) auf seinem Arbeitsbereich im Notes Client abgelegt (siehe *Abbildung 1.7*).

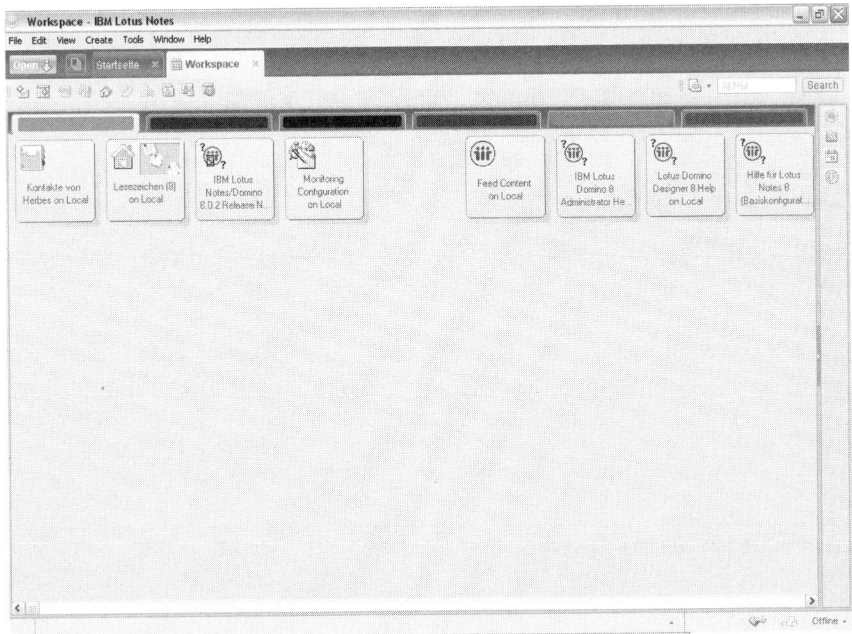

Abbildung 1.7: Arbeitsbereich des Notes Clients

Notes Clients greifen auf das Domino-Verzeichnis, als Adressbuch für die jeweilige Domino-Umgebung, entweder über Notes-Protokolle oder über das LDAP (Lightweight Directory Access Protocol) zu. Benutzer sind in der Lage, eine lokale Replik (dynamische Kopie) und eine vollständige Mail-Datei auf einem Domino Server zu verwenden. Mit Notes können Benutzer offline arbeiten und bei Bedarf eine Verbindung zu ihrem Server herstellen, um Änderungen an Dokumenten zu replizieren und um Mail zu senden.

- IMAP-Clients z. B. MS Outlook Express oder Mozilla Thunderbird

  Benutzer mit IMAP-Clients können Mails in eine lokale Mail-Datei herunterladen oder Mails direkt auf einem Domino Server verwalten, der den IMAP-Dienst ausführt. Sie verwenden das IMAP-Protokoll zum Lesen und Verwalten von Mail, SMTP zum Senden von Mail und LDAP für den Zugriff auf das Domino-Verzeichnis.

- POP3-Clients, z. B. Netscape Messenger

  Benutzer mit POP3-Clients können Mail in eine lokale Mail-Datei herunterladen und dort mit ihr interagieren, oder sie können eine Kopie der Mail in ihrer Datei auf dem Domino Server ablegen. POP3-Clients rufen Mail von einem Domino Server ab, der den POP3-Dienst ausführt, verwenden SMTP zum Senden von Mail und LDAP zum Zugriff auf das Domino-Verzeichnis.

- *Webmail* bzw. *Domino Web Access*, das in der Version 8.5 auch (wieder) *iNotes* genannt wird:

  Benutzer mit Mail-Dateien auf einem Domino Server, auf dem der HTTP-Dienst ausgeführt wird, können Mail über einen Webbrowser abrufen und senden. Alle mailrelevanten Aktivitäten und Aktionen werden über HTTP an den Server übertragen und vom Server ausgeführt.

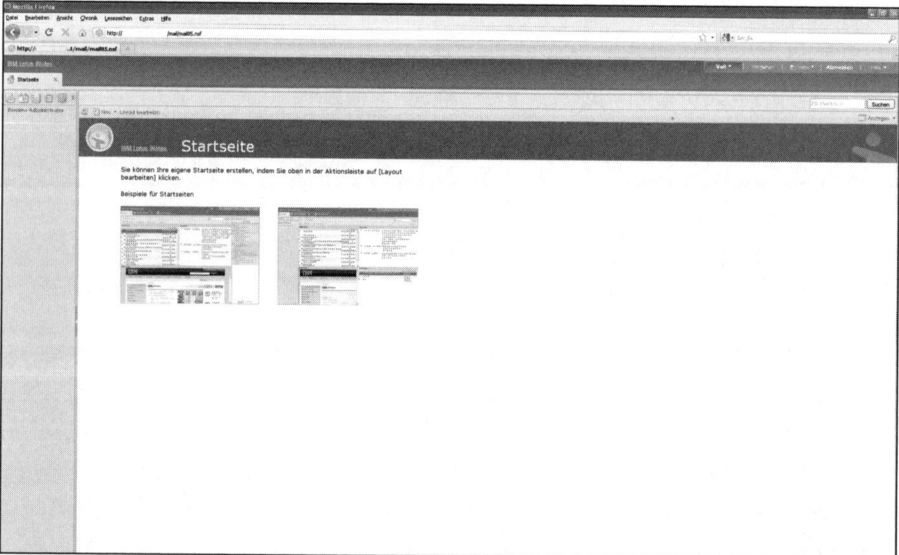

Abbildung 1.8: Domino Web Access/iNotes

Wo es vor Lotus Notes Domino 8 zwei Schablonen für den Zugriff via Webbrowser gab – zum einen die *Standard-Mail-Schablone* (*mail7.ntf*) und zum anderen die *Domino Web Access Schablone* (*dwa7.ntf*) – existiert heute nur noch eine Schablone (*mail8.ntf* bzw. *mail85.ntf*).

Ab *Lotus Domino Web Access 8.0.1* besteht die Möglichkeit einen *Lite-Modus* mit einer gestrafften Benutzeroberfläche für den Zugriff auf Mail und Kontakte zu nutzen. Der Lite-Modus eignet sich besonders für das schnelle und effiziente Lesen und Beantworten von Mail. Er ist für Umgebungen mit eingeschränkter Bandbreite optimiert. Der Light-Modus umfasst nur Mail und Kontakte und stellt nicht alle Optionen zur Verfügung. Der Kalender ist nur als Sidebar nutzbar.

Benutzer, deren Mail-Dateien auf der *Domino Web Access Schablone* basieren und die den Internet Explorer als Webbrowser verwenden, können iNotes einsetzen (siehe *Abbildung 1.8*). Damit können Anwender auch offline arbeiten.

- *Domino Access für Microsoft Outlook Clients:*

  Domino Access für Microsoft Outlook kommuniziert mit dem Server über einen Notes-MAPI-Service-Provider. Bei der Installation von Domino Access für Outlook auf dem Client wird automatisch ein MAPI-Profil erstellt und konfiguriert, das dem Domino Server und der Mail-Datei des Benutzers zugeordnet wird. Für die Datenübermittlung zwischen dem Client und dem Server werden die Notes-Routing-Protokolle verwendet. Benutzer können Mail mithilfe von Outlook senden und empfangen sowie Einträge in der Kalenderansicht der Mail-Datei unter Verwendung der Kalender- und Planungsfunktionen des Outlook-Clients erstellen und aktualisieren.

  Wenn Benutzer mit Domino Access für Microsoft Outlook arbeiten, werden ihre Domino-Daten in der lokalen *.pst*-Datei von Outlook gespeichert, die mit der Domino-Mail-Datei auf dem Server synchronisiert wird. Domino Access für Microsoft Outlook kann auch offline verwendet werden. Alle Änderungen an der Offline-*.pst*-Datei werden auf den Server repliziert und synchronisiert, sobald der Benutzer das nächste Mal eine Verbindung herstellt.

Mehr zum Thema alternative Client-Auswahl und Domino Web Access erfahren Sie in *Kapitel 11.6, Lotus iNotes/Domino Web Access und DOLS*. Weitere Optionen bestehen beispielsweise in der Nutzung von *Lotus Notes Traveler* für den PDA oder anderer PDA-Optionen.

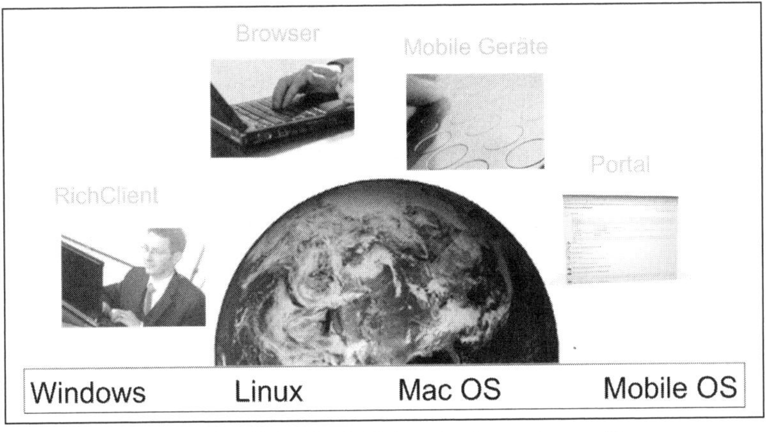

Abbildung 1.9: Unterschiedliche Möglichkeiten des Anwenderzugriffs

Welche Anforderungen stellen Unternehmen an eine Client-Infrastruktur?

- Rollenbasierter, personalisierter Arbeitsplatz
- Integration von Personen, Prozessen, Anwendungen und Informationen
- Unterstützung von verschiedenen Client-Plattformen (Desktops, Laptops, Kiosks, PDAs, Smartphones usw.)
- Multiplattform-Support (Linux, Windows, Mobile Devices, ...)
- Offene Standards und Wiederverwendbarkeit
- Herstellerübergreifender modularer Anwendungsaufbau (*composite applications*)
- Ausführung von Anwendungen im Online/Offline-Modus
- Lokale Datenhaltung
- Synchronisation von Daten
- Serververwaltung (Server-Managed-Client)
- Kostenreduzierung durch Softwareverteilung/Wartung (Provisioning von Anwendungen)
- Anpassung/Personalisierung des UI
- Security bei Anwendungen, Daten Single Sign-On
- Erweiterbare Plug-In-Architektur

1.4.1 Lotus Notes Client-Versionen

Unter Windows stehen erstmals zwei Client-Varianten zur Auswahl: *Standard* und *Basic*. Während sich mit der Standard-Variante auf der Basis der Open-Source-Eclipse-*Rich Client Platform* (RCP) die eigentlichen Neuerungen auf dem Bildschirm präsentieren, bietet der Basic-Client in traditioneller Bauart die Möglichkeit, einen Fuß in der „alten" Notes-Welt zu behalten. Die beiden Lotus Notes Client-Versionen unterscheiden sich weiterhin durch

- Basic Notes Client
  - ohne Eclipse, quasi "wie gehabt" ohne große Neuerungen. Neue Funktionen und ein neues GUI sind nur eingeschränkt vorhanden.
  - Win 32-basiert
  - 75 MByte RAM notwendig
  - Schlanker und dadurch performanter
  - 200 MByte Speicherbedarf der Downloaddatei (inklusive Notes/Designer und Admin-Client)

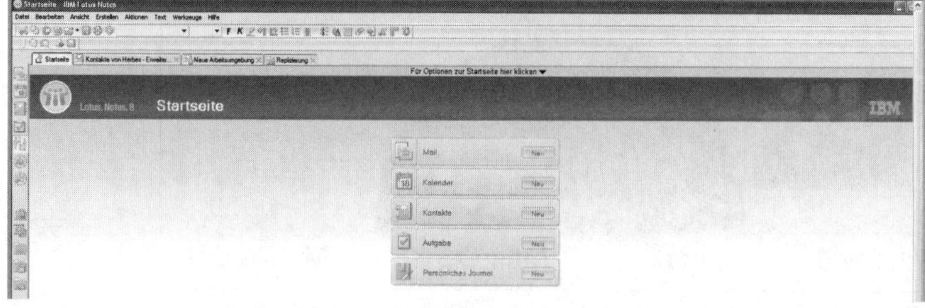

Abbildung 1.10: Oberfläche des Basic Notes Clients

- Full Notes Client (Standard)
  - Notes-"Standard" – mit Eclipse mit allen neuen Features
  - Eclipse-basiert
  - Mindestens 180 MByte RAM
  - Subjektiv langsamer (*Startup time*)
  - Circa 500 MByte Downloaddateigröße

Lotus Notes 8 baut auf *Lotus Expeditor* auf, der wiederum auf der Eclipse-*Rich Client Platform* (RCP) beruht (siehe *Kapitel 2.1, Lotus Expeditor*). Dies bedeutet, dass beispielsweise neue Features oder Möglichkeiten in der Sidebar eingebaut werden können, ohne dass komplizierte Applikationsprogrammierschnittstellen verwendet werden müssen. Dies können Aktivitäten sein, integrierte Instant-Messaging-Funktionen oder News-Feeds, die alle Eclipse-Plug-Ins darstellen.

Über die Verwendung von *Server Managed Provisioning* können diese Plug-Ins automatisch vom Lotus Domino 8 Server auf die Lotus Notes 8-Anwender-Arbeitsplatz verteilt werden.

Das Eclipse-Framework dient als Basis für die Definition von:

- Titelleiste, Menüleiste
- Symbolleiste
- Starter und Register
- Ansichten für PIM-Anwendungen (Mail, Kalenderkontakte)
- Statusleiste
- Seitenleiste

Darüber hinaus werden die allgemeinen Funktionen von *Mail, Kalender* und *Kontakte* erweitert. Viele der neuen Funktionen der Notes-Version 8 sind nur im Standard-Client verfügbar.

Der Einsatz der beiden unterschiedlichen Notes Client-Ausprägungen kann für verschiedene Szenarien durchaus sinnvoll sein. Ein Grund sind zum Beispiel die Hardwareanforderungen des stark Java-angereicherten Standard-Clients: IBM empfiehlt einen Arbeitsspeicherausbau von mindestens 1 GByte für Windows XP und Linux. Unter Windows Vista sollten es sogar 1,5 GByte RAM sein.

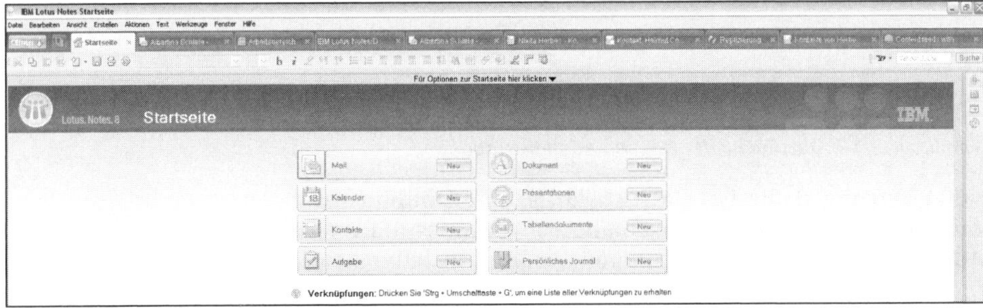

Abbildung 1.11: Oberfläche des Standard-Notes Clients (Full Client)

Neben dem Lotus Notes Client, der die Bedürfnisse des Anwenders abdeckt, existieren als native Anwendungen noch zwei weitere Client-Typen. Diese sind speziell auf die Bedürfnisse von Administratoren und Anwendungsentwicklern zugeschnitten.

Der Client für den Administrationsbereich wird *Domino Administrator* genannt. Über diese Oberfläche können so gut wie alle Aufgaben im administrativen Bereich bewältigt werden. So werden an zentraler Stelle allen relevanten Servern Informationen zur Verfügung gestellt und können von dort verwaltet, konfiguriert, verändert oder angepasst werden.

Hinweis

Das Nutzungsrecht des Domino Administrators ist immer in den Server-Lizenzen erhalten. Ein Domino Administrator muss und kann nicht separat erworben werden.

Der Domino Administrator bietet Ihnen zahlreiche Konfigurationsmöglichkeiten in Verbindung mit den passenden Werkzeugen für die tägliche Arbeit. Beispielsweise ist es auf diese Weise möglich, Status-Informationen von Servern grafisch darzustellen und zu überwachen. Das ist aber nicht alles. Der Domino Administrator ermöglicht außer der Administration der gesamten Serverlandschaft auch die Verwaltung von Personen und Gruppen sowie des Mail-Verkehrs, des Datenaustauschs und der sicherheitsrelevanten Einstellungen.

Abbildung 1.12: Oberfläche des Domino Administrator

Voraussetzung dafür ist die Installation des Domino Administrators am jeweiligen Arbeitsplatz. Während des Installationsprozesses wird Ihnen die Option angeboten, den Administrator Client zu installieren. Auf den Installationsprozess wird in *Kapitel 3.5.1, Installation des Domino Administrators,* explizit eingegangen. Dieser Client-Typ und auch der Domino Designer sollen allerdings nur auf 32-Bit-Windows-Maschinen installiert werden.

Der *Domino Designer* ist die Entwicklungsumgebung für den Notes-Entwickler. Auch in Bezug auf diesen speziellen Aufgabenbereich gilt, dass die entsprechenden Rechte einen Anwender nicht mehr dazu qualifizieren, zusätzliche Aufgaben zu übernehmen. Selbst wenn dieser über zusätzliche Rechte an einer Datenbank verfügt, ist er ohne einen installierten Designer-Client – auch *Domino Designer* genannt – nicht in der Lage, Änderungen an der Gestaltung einer Datenbank vorzunehmen. Ausnahmen sind die Ansichten und die Agenten. Findige Anwender können beispielsweise über ANSICHT/VIEW > AGENTEN/AGENTS auf diesen Bereich der Datenbankgestaltung zugreifen und, mit entsprechenden Rechten versehen, neue Agenten erstellen oder bestehende Elemente ändern.

Ein Zugang zu den Gestaltungselementen, die das Design einer Datenbank ausmachen, ist in der Regel über den Domino Designer möglich. Während des Installationsprozesses erhalten Sie die Auswahlmöglichkeit zur Installation des Designer-Clients. In Domino Designer werden die Gestaltungselemente einer Datenbank dargestellt.

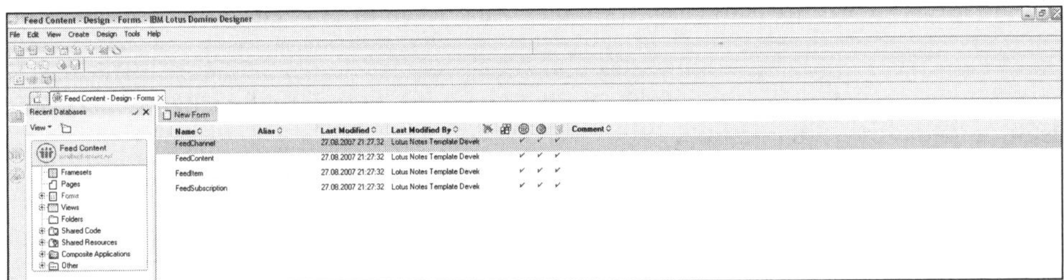

Abbildung 1.13: Die Oberfläche des Domino Designer

Einzelne Datenbanken werden auf diese Art und Weise in Domino Designer dargestellt, sodass sich für alle Datenbanken die gleiche Gliederung ergibt. Die Ansicht der Gestaltungselemente im linken Bereich des Fensters unter ZULETZT VERWENDET lässt sich über das Kontextmenü auf- oder zuklappen.

Oberhalb der Titelzeile finden Sie die Schaltflächen zum Anlegen eines neuen Elements der aktuellen Gestaltungskategorie.

1.4.2 Lotus Notes 8 in der Praxis

Nach der Installation und der Konfiguration der Client-Software kann der im Lotus Domino-System registrierte Anwender seine Arbeit aufnehmen. Es gibt eine Reihe von user-spezifischen Dateien, die während der Arbeit mit dem Client Veränderungen unterworfen sind: Das Adressbuch (*names.nsf*) wird gefüllt, die Benutzer-ID wird erweitert, oder dem Notes-Desktop (*desktop6.ndk*) werden Verknüpfungen hinzugefügt. Diese Dateien nehmen Einfluss auf das Layout des Clients und die Arbeitsmöglichkeiten des Anwenders. Dies sollten Sie bei einer Migration oder einem Umzug der spezifischen Anwender-Laufwerke beachten. Zu diesen Dateien gehören die Benutzer-ID (**.id*), das persönliche Adressbuch (*names.nsf*), *bookmark.nsf*, *desktop6.ndk* und die *notes.ini*. Alle diese Dateien sollten üblicherweise im *Data-Verzeichnis* des Anwenders abgelegt sein, wobei die *notes.ini* allerdings per Default nach der Installation im Programmverzeichnis abgelegt wird. Das Data- und das Programmverzeichnis werden während der Installation des Clients definiert.

Oberfläche und Elemente der Arbeitsoberfläche

Mit dem Start des Notes Client wird die Anwendung mit der *Startseite* (vor Notes 8: *Willkommensseite*) gestartet.

Standardmäßig können Sie über die Startseite auf Ihre Mail, Ihren Kalender, das persönliche Journal, Ihre Kontakte (aus dem persönlichen Adressbuch), die Aufgabenlisten und die Produktivitätstools zugreifen (siehe *Abbildung 1.14*).

Lotus Symphony: Textverarbeitung, Tabellenkalkulation und Präsentationen

Lotus Notes 8.x beinhaltet mit den *Lotus Productivity Tools* basierend auf OpenOffice (Symphony) ohne zusätzliche Lizenzkosten alle relevanten Programme zur Textverarbeitung, Tabellenkalkulation und Präsentationserstellung im ISO-Standard ODF. Natürlich können die klassischen MS Office-Formate im- und exportiert und Lotus Smartsuite Files gelesen werden. Außerdem ist ein PDF-Writer enthalten.

Der Aufbau der Startseite ist in *Abbildung 1.14* und das Aussehen der Client-Oberfläche ist in *Abbildung 1.15* dargestellt.

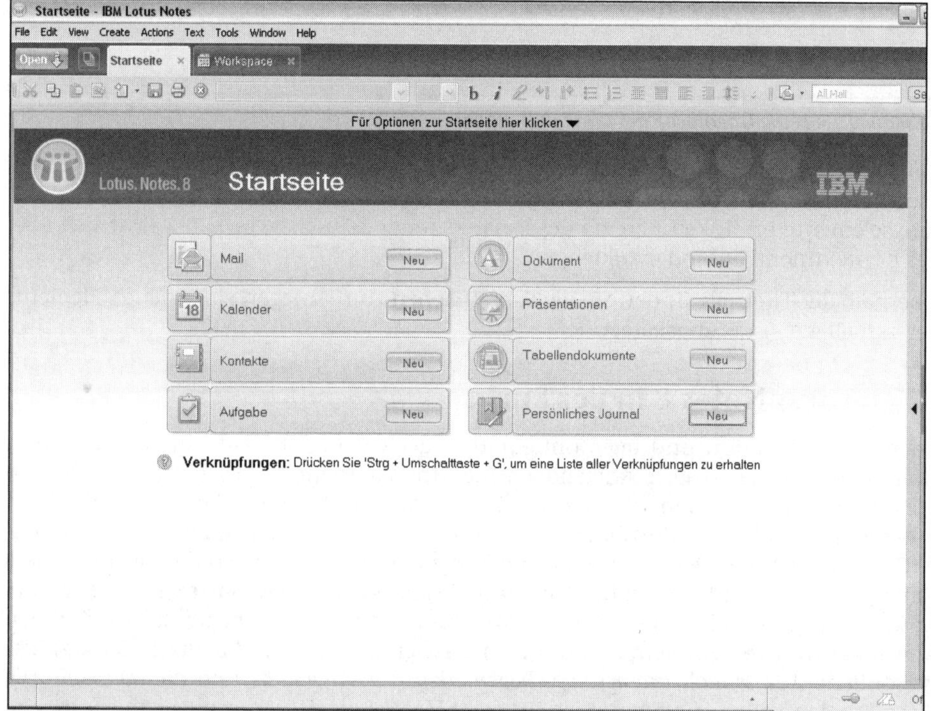

Abbildung 1.14: Die Startseite

- *Startseite*: Die Startseite (wurde früher als *Willkommensseite* oder *Einführungsseite* bezeichnet) ist das erste Element, das angezeigt wird, wenn Sie für den Start von Lotus Notes noch keine Ansicht festgelegt haben. Die Vorgabestartseite bietet Ihnen eine zentrale Stelle, von der aus Sie auf Ihre Mail, Ihren Kalender, Ihre Kontakte, Ihre Aufgabenliste und Ihr persönliches Journal zugreifen können.

- *Menüleiste* (ähnlich anderer Windows-Anwendungen): In der Menüleiste werden Menüoptionen angezeigt, die sich auf eine Anwendung oder ein Dokument beziehen. Es gibt Standardmenüs sowie optionale Menüs, die sich je nach Anwendung ändern. Es gibt zudem erweiterte Menüs, die Sie aktivieren können (ANSICHT/VIEW > ERWEITERTE MENÜS/ADVANCED MENUS). Kontextmenüs werden angezeigt, wenn Sie mit der rechten Maustaste auf ein Objekt (z.B. eine Nachricht) oder einen Bereich klicken.
- *Symbolleisten*: Symbolleisten bestehen aus Schaltflächen (Symbolen). Sie können Vorgaben für Symbolleisten festlegen, um anzugeben, welche Symbolleisten angezeigt werden sollen, und Sie können jeder Symbolleiste Schaltflächen hinzufügen oder diese daraus entfernen. Wenn Sie die Beschreibung eines Symbols (früher *SmartIcons* genannt) sehen möchten, bewegen Sie den Mauszeiger über das Symbol.

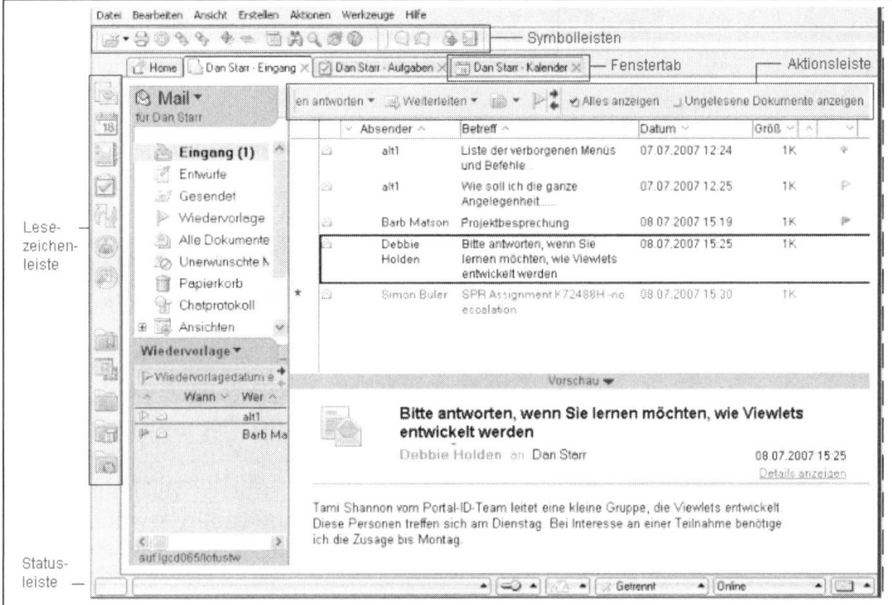

Abbildung 1.15: Elemente der Benutzeroberfläche bei geöffneter Mail-Datenbank

- *Fenstertab*, auch *Fensterleiste* genannt: Hier werden alle geöffneten Notes-Fenster angezeigt. In jedem Tab wird eine Seite angezeigt. Bei Ihrer Arbeit können Sie mehrere Registerseiten öffnen. Wenn die Zeile der Tabs die Breite des Bildschirms überschreitet, werden Bildlaufsymbole angezeigt, mit deren Hilfe Sie auf diese Tabs zugreifen können. Per Drag&Drop können Sie die Tabs nach Belieben anordnen.
- *Aktionsleiste*: Jeder Fenstertab enthält optional eine Aktionsleiste, die spezifisch für das Dokument oder die Anwendung ist, das bzw. die aktuell im Fenstertab geöffnet ist. Aktionsleisten können Symbole und Text enthalten oder nur aus Text bestehen. Elemente in der Aktionsleiste sind auch im Menü AKTION/ACTIONS verfügbar.
- Anzeige von System- und Servermeldungen in der Statusleiste
- ÖFFNEN-Liste (im Standards Notes Client oben links angesiedelt): Über die ÖFFNEN/OPEN-Liste haben Sie nicht nur Zugriff auf Ihre Standardfunktioen wie Mail, Kalender, Kontakte und Aufgaben, sondern können auch über Lesezeichen und Lesezeichenordner auf weitere Elemente zugreifen.

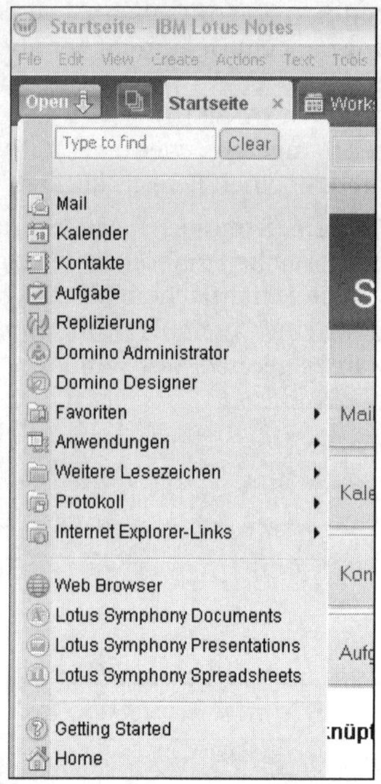

Abbildung 1.16:
Lesezeichen in der Öffnen-Liste des Standard Notes Clients

- *Lesezeichen* sind Links, die auf Lotus Notes- oder Internetelemente verweisen, z.B. Anwendungen, Ansichten, Dokumente, Webseiten und Newsgroups. Standardlesezeichen verweisen auf Anwendungen wie Mail, Kalender, Persönliches Adressbuch oder Aufgaben.
- *Arbeitsbereich*: Der Arbeitsbereich, d. h. die bereits aus früheren Versionen bekannte Benutzeroberfläche für Lotus Notes, zeigt Seiten mit Anwendungssymbolen an (*siehe Abbildung 1.7*). Der Arbeitsbereich ist weiterhin verfügbar und über einen Ordner in der Lesezeichenleiste erreichbar.
- Jede Arbeitsumgebung besitzt ein *Arbeitsumgebungsdokument*, in dem die essenziellen Konfigurationsdaten Ihres Notes Clients definiert werden (Name des Home-Servers, Dateiname der Mail-Datenbank etc.). Die Arbeitsumgebungsdokumente sind im persönlichen Adressbuch (Kontakte, *names.nsf*) des Anwenders abgelegt.
- *Hilfe* (kontextsensitiv): Wenn Sie die Taste [F1] drücken, erhalten Sie zudem eine kontextsensitive Hilfe, die sich auf die Aufgabe bezieht, die Sie gerade ausführen.
- *Notes Minder*: Notes Minder ist eine Funktion, mit der Ihre Mail-Nachrichten geprüft und Ihre Kalenderalarme überwacht werden, wenn Lotus Notes nicht ausgeführt wird. Wenn Notes Minder aktiv ist, wird das Notes Minder-Symbol in der Taskleiste von Windows angezeigt.

Zur Oberfläche des Notes Clients in der Standardausprägung zählen weitere Elemente wie z. B. Widgets.

Lotus Notes Client-Lizenzen

Neben der Serversicht existieren auch für die Nutzung eines Clients unterschiedliche Optionen:

- *Lotus Notes for Messaging* mit E-Mail-, Kalender- und Zeitplanungsfunktionen, Diskussionsdatenbanken, integriertem Instant Messaging und mehr
- *Lotus Notes for Collaboration* zur Übermittlung von E-Mails mit zusätzlichen Kooperationswerkzeugen und Zugriff auf Individual- oder Standardsoftware

Darüber hinaus bietet IBM die Software *IBM Lotus Domino Web Access* als browserbasierte Client-Option, mit der Sie die Messaging- und Collaboration-Funktionen von IBM Lotus Domino online und offline verwenden können:

- *Domino Web Access Collaboration (iNotes)* bietet nur über den Browser Zugriff auf die Server. Dies gilt für Messaging/Groupware-Dienste und Domino/Notes-Webapplikationen.
- *Domino Web Access Messaging* gestattet als ein Webclient über den Browser Zugriff auf die Server. Es erlaubt Messaging/Groupware-Dienste, Domino/Notes-Webapplikationen dürfen nicht ausgeführt werden.

Es existiert zudem noch die Option *limited Use* ohne die integrierte *Sametime*-Funktionalität.

Lotus Notes for Collaboration und *Lotus Notes for Messaging* berechtigen auch zur Nutzung der korrespondierenden *Web Access Clients* und des *DAMO* (Domino Access for Microsoft Outlook). Auch die Web Access Clients berechtigen zur Nutzung des DAMO. DAMO kann nur über einen der vier genannten Clients erworben werden.

1.4.3 Kommunikation und E-Mail

Die Kommunikation mithilfe von elektronischen Nachrichten ist bei zahlreichen Firmen der Hauptgrund für die Verwendung von Lotus Notes Domino. Mit *Notes Mail* können Sie sowohl mit anderen Notes-Benutzern als auch mit Benutzern anderer E-Mail-Produkte auf elektronischem Weg kommunizieren. E-Mails werden vom Anwender aus seiner persönlichen Mail-Datenbank heraus verschickt, bearbeitet und empfangen. Eine Notes-E-Mail-Nachricht unterscheidet sich nicht von anderen Notes-Dokumenten. Sie können darin zum Beispiel Schriften und Farben ändern, Dateianhänge hinzufügen sowie Tabellen, Grafiken und Verknüpfungen einfügen. Jeder Notes-Benutzer verfügt über eine Mail-Datenbank, in der die E-Mail-Nachrichten abgelegt werden.

Der Anwender öffnet seine Mail-Datenbank über ein entsprechendes Symbol auf der Startseite, die ÖFFNEN/OPEN-Liste von Lotus Notes oder geht über das Menü DATEI/FILE > ÖFFNEN/OPEN > LOTUS NOTES ANWENDUNG/LOTUS NOTES APPLICATION, um dann seine Mail-Datenbank im entsprechenden Verzeichnis seines Mail-Servers zu öffnen. Gleichzeitig mit dem Öffnen einer Datenbank wird die jeweilige Kachel auf der gerade aktuellen Arbeitsbereichsseite abgelegt. Das Fenster der Mail-Datei wird in zwei Hälften geteilt. Im linken Bereich befinden sich die Ordner und Ansichten, die standardmäßig von Notes und vom jeweiligen Anwender angelegt wurden. Auf der rechten Seite werden die Inhalte der links ausgewählten Elemente angezeigt.

- *Navigator*: Der Navigator zeigt die Ansichten und Ordner an, die in der aktuell geöffneten Anwendung verfügbar sind. In Ihrem Kalender können Sie beispielsweise aus mehreren Ansichten wählen, z.B. EIN TAG/ONE DAY oder EINE WOCHE/ONE WEEK. Zum Organisieren Ihrer Nachrichten in Ihrer Mail-Anwendung können Sie Ordner erstellen.
- *Ansichtsfenster*: Im Ansichtsfenster wird der Inhalt der Auswahl im Navigator angezeigt.
- *Ansichten*: In Ansichten werden die für eine Anwendung spezifischen Dokumente angezeigt. Beispiel: Ihre Mail-Anwendung verfügt über eine Ansicht „Alle Dokumente“, in der alle Dokumente angezeigt werden, und über eine Ansicht „Gesendet“, in der nur bereits gesendete Dokumente angezeigt werden.
- *Dokumentvorschau*: In der Dokumentvorschau wird eine Vorschau ausgewählter Nachrichten oder Kalendereinträge angezeigt. Sie können die Dokumentvorschau aber auch ausblenden.
- *Inhaltsumschalter*: Mit dem Pfeil oben im Navigator greifen Sie auf den Inhaltsumschalter zu. Mithilfe dieses Menüs können Sie zu einer anderen Anwendung wechseln, z.B. von *Mail* zu *Aufgaben*.
- Eine *Miniaturansicht* kann Ihnen (je nach Auswahl) Nachrichten, die Sie auf Wiedervorlage gesetzt haben, Kalenderbenachrichtigungen oder Aufgaben anzeigen.

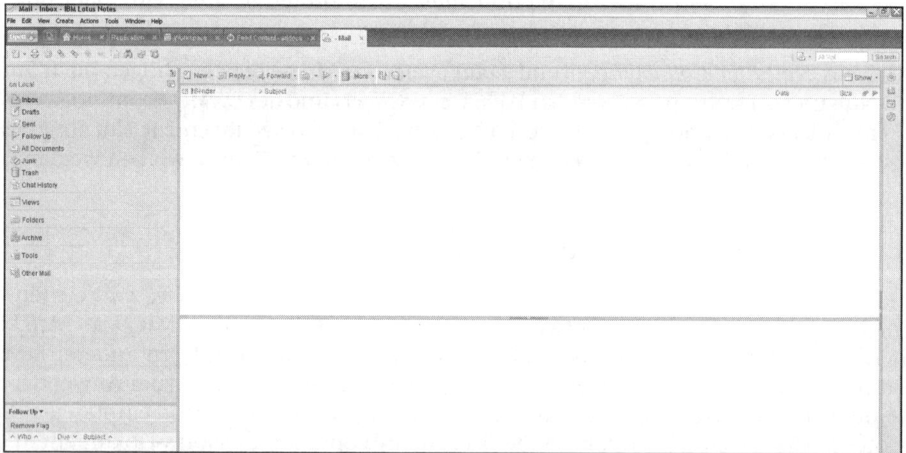

Abbildung 1.17: Die Oberfläche einer Mail-Datenbank

Notes Mail verfügt über die folgenden vorgegebenen Ordner und Ansichten (siehe *Abbildung 1.17*):

Ordner oder Ansicht	Beschreibung
Ordner EINGANG/INBOX	In diesem Ordner werden alle eingegangenen Nachrichten abgelegt. Die Nachrichten verbleiben so lange im Eingang, bis sie in einen anderen Ordner verschoben oder gelöscht werden.
Ansicht ENTWÜRFE/DRAFTS	In dieser Ansicht werden alle Nachrichten abgelegt, die Sie speichern, ohne sie zu senden. Sie können diese Nachrichten erneut öffnen, bearbeiten und später senden.
Ansicht GESENDET/SENT	In dieser Ansicht werden alle Nachrichten abgelegt, die Sie gesendet und gespeichert haben.

Ordner oder Ansicht	Beschreibung
NACHFASSEN/ FOLLOW UP	Diese Ansicht zeigt alle Dokumente an, die Sie für eine Nachfassaktion („Wiedervorlage") markiert haben.
Ordner UNERWÜNSCHTE MAILS/ JUNK MAILS	In diesem Ordner werden alle Nachrichten abgelegt, die vom Anwender aufgrund bestimmter Kriterien (Absendername, Subjekt etc.) als unerwünschte Nachrichten eingeordnet wurden.
Ansicht ALLE DOKUMENTE/ ALL DOCUMENTS	In dieser Ansicht werden alle Nachrichten abgelegt, die sich zurzeit in Ihrer Mail-Datenbank befinden.
Ansicht MAIL-VERLAUF/ MAIL THREAD	Zeigt Nachrichten als Diskussionsthread im hierarchischen Zusammenhang von Absemder und Empfänger an, um den gesamten Weg einer Kommunikation nachhalten zu können.
Ansicht CHAT-MITSCHRIFTEN/ CHAT HISTORY	Zeigt die Textprotokolle von Chats an. Instant Messaging bietet jedem Chat-Teilnehmer die Möglichkeit, eine Chat-Mitschrift in ihrer Mail in dieser Ansicht zu speichern.
Ordner PAPIERKORB/ TRASH	In diesem Ordner werden alle Nachrichten abgelegt, die Sie in Ihrer Mail zum Löschen markiert haben.
Ordner REGELN/ RULES	In diesem Ordner werden alle Regeln abgelegt, die Sie zum Filtern neuer Nachrichten erstellen.
Ordner VORLAGE/ STATIONERY	In diesem Ordner werden alle Vorlagen abgelegt, die Sie zum Versenden von Nachrichten erstellen.

An dieser Stelle muss betont werden, dass das Design und die Funktionalität von den hier beschriebenen Features abweichen können. Der Grund dafür ist, dass in vielen Firmen eine angepasste Mail-Schablone verwendet wird. In ihr sind dann Design und Funktionalität implementiert.

Abbildung 1.18: Schaltflächen in der Mail-Datenbank

Über die vorgegebenen Schaltflächen (siehe *Abbildung 1.18*) und Tastaturbefehle können Sie Nachrichten erstellen, empfangen, antworten, löschen und organisieren. In Ordnern können Sie zusammengehörige Dokumente speichern und verwalten. Ordner sind außerdem praktisch, weil Sie in ihnen Dokumente sammeln und auf diese doppelklicken können, um den Inhalt einzusehen.

Eine Nachricht ist nur einmal vorhanden. Wenn Sie sie in einem Ordner oder in einer Ansicht löschen, löschen Sie sie auch aus allen anderen Ordnern und Ansichten. Aus den meisten Ansichten können keine Nachrichten verschoben werden (dazu zählen z. B. ENTWÜRFE oder ALLE DOKUMENTE; eine Ausnahme ist hier der GESENDET-Ordner), weil die darin enthaltenen Nachrichten automatisch ausgewählt sind. Sie können nur Nachrichten aus Ansichten zu Ordnern hinzufügen. Wenn eine Nachricht in der Ansicht ALLE DOKUMENTE nicht mehr erscheinen soll, können Sie sie löschen. Sie löschen sie dadurch aber auch aus allen anderen Ansichten oder Ordnern, in denen sie angezeigt wird. Wenn eine Nachricht in der Ansicht ENTWÜRFE nicht mehr erscheinen soll, senden Sie die Nachricht.

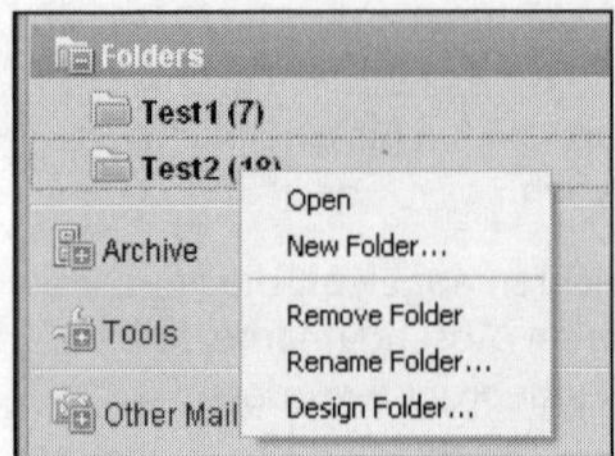

Abbildung 1.19: Arbeiten mit Ordnern

Unter Lotus Notes haben die Anwender die Möglichkeit, ihre Mail-Umgebung mit weiteren Optionen nach ihren Wünschen einzurichten. Über die Vorgaben, die Sie über die Schaltfläche MEHR/MORE erreichen, können Sie die entsprechenden Einstellungen vornehmen.

Sie können Notes so konfigurieren, dass Nachrichten, die während Ihrer Abwesenheit eingehen, automatisch beantwortet werden. Notes führt einen Agenten auf Ihrem Mail-Server aus, der den Absendern der an Sie adressierten Mails Nachrichten sendet. Diese informieren den Absender über Ihre Abwesenheit und den Zeitpunkt Ihrer Rückkehr (Auto-Responder/-Abwesenheitsnachrichten).

Sie können Text oder eine Grafik als *Mailfooter* mit Absenderinformationen unterhalb der Nachrichten einfügen, die Sie senden. Bei einer solchen *Signatur* kann es sich um Ihren Namen in Verbindung mit einer Grafik oder um Angaben zu Ihrer Abteilung handeln, die im Textteil einer E-Mail-Nachricht angezeigt werden. Dieser Signaturtyp ist nicht identisch mit einer digitalen Signatur. Eine digitale Signatur stellt eine Sicherheitsmaßnahme dar, durch die der Empfänger sicher sein kann, dass die Nachricht wirklich von Ihnen erstellt wurde.

Mithilfe von Mail-Regeln können Sie veranlassen, dass Notes automatisch Aktionen für neu eingehende Nachrichten ausführt, die bestimmte Bedingungen erfüllen. Beispielsweise könnten Sie eine Regel erstellen, die Nachrichten eines bestimmten Absenders oder mit einem bestimmten Thema prüft und diese automatisch in einen bestimmten Ordner ablegt, Kopien dieser Nachrichten an eine Person sendet oder unerwünschte Nachrichten löscht, bevor sie in Ihrem Eingang angezeigt werden. Notes speichert die von Ihnen erstellten Mail-Regeln im Ordner REGELN Ihrer Mail-Datenbank.

Weitere Anpassungen für das Versenden von E-Mails

Weitere Anpassungen für Ihre Mail-Datenbank und das Versenden von E-Mails können Sie über die Benutzervorgaben vornehmen, die Sie im Basic Client unter DATEI > VORGABEN > BENUTZERVORGABEN finden. Notes kann beispielsweise so eingestellt werden, dass neue Nachrichten nach einem von Ihnen festgelegten Zeitraum angekündigt werden, ohne dass Notes dazu aktiv sein muss. Sie können entweder eine sichtbare Benachrichtigung (ein Dialogfeld) auswählen oder einen bestimmten Klang festlegen.

Sie können über weitere vorhandene Schaltflächen Mails zum Nachfassen markieren, sogenannte *QuickRules* erstellen oder Ihre persönlichen Einstellungen zum Spam-Schutz pflegen.

1.4.4 Kalender und Terminplanung

Kalender und *Aufgaben* sind Ansichten in der Mail-Datenbank, mit denen Sie Ihre Zeit verwalten sowie Besprechungen und Aufgaben nachvollziehen können.

Der Kalender unter Lotus Notes

Mail- und Kalenderansichten befinden sich in der gleichen Datenbank. Bei vielen Anwendern führt dies zur Verwirrung, da der Kalender auch über das entsprechende Symbol in der Lesezeichenleiste geöffnet werden kann. Alternativ klicken Sie in Ihrer Mail-Datenbank auf den Nach-unten-Pfeil neben dem Mail- oder Aufgabenmenü (Inhaltsumschalter) und wählen im Menü die Option ZUM KALENDER WECHSELN. Sie können zwischen Ihrer eigenen und der Kalender-, Mail- und Aufgabendatenbank einer anderen Person wechseln, indem Sie das entsprechende Menü verwenden.

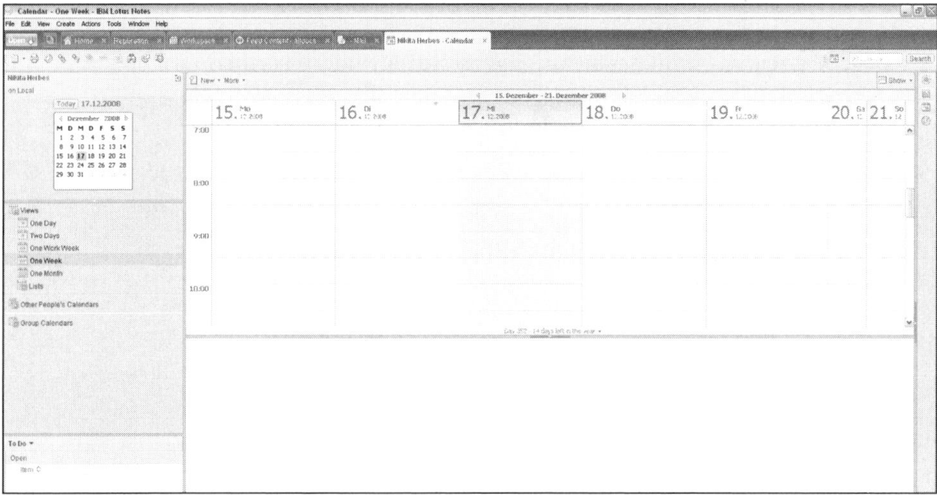

Abbildung 1.20: Der Notes-Kalender

Über die Schaltflächen in der Kalenderansicht und über das Menü ANSICHT haben Sie die Möglichkeit, nach Wunsch in Ihrem Kalender zu navigieren.

Über den Kalender können Sie Termine, Jahrestage, Erinnerungen oder ganztägige Veranstaltungen erstellen. Öffnen Sie dazu Ihren Kalender, klicken Sie auf NEU/NEW, wählen Sie TERMIN/MEETING, JAHRESTAG/ANNIVERSARY, ERINNERUNG/REMINDER, EVENT ANNOUNCEMENT oder VERANSTALTUNG/ALL DAY EVENT, und nehmen Sie weitere Eintragungen vor. Dazu gehören die Zeitangaben und das Thema. Sie können Termine auch als wiederkehrend kennzeichnen. Als weitere Optionen stehen Ihnen zur Verfügung:

Option	Beschreibung
VORMERKEN	Wählen Sie diese Option, um den Zeitraum in Ihrer Zeitplanung freizuhalten.
ALS 'PRIVAT' MARKIEREN	Wählen Sie diese Option, um zu verhindern, dass Benutzer, die Zugriff auf Ihren Kalender haben, den Eintrag lesen können. Benutzer, die Ihren Kalender verwalten können, sehen die Uhrzeit, jedoch nicht den Inhalt verborgener Kalendereinträge.

Option	Beschreibung
ICH MÖCHTE BENACHRICHTIGT WERDEN	Wählen Sie diese Option, um einen Alarm für den Eintrag festzulegen. Geben Sie anschließend Alarmoptionen an, und klicken Sie auf OK.
KATEGORISIEREN	Geben Sie eine Kategorie ein, oder wählen Sie eine passende Kategorie aus.

Über Ihren Kalender können Sie zudem auch Einladungen zu Besprechungen versenden. Wenn Sie eine Besprechung mit dem Notes-Kalender planen, können Sie die Zeitpläne anderer Personen prüfen, ihnen Besprechungseinladungen senden, ihre Antworten verfolgen und Räume und Ressourcen für die Besprechung reservieren. Um beispielsweise eine vorhandene Besprechung in einen anderen Kalendereintragstyp zu ändern, wählen Sie die Besprechung in der Kalenderansicht aus und wählen AKTIONEN/ACTIONS > MEHR/MORE > KOPIEREN IN/COPY INTO NEW > NEUER KALENDEREINTRAG/CALENDAR ENTRY. Alle ursprünglichen Informationen, einschließlich der eingeladenen Personen, werden in eine neue Maske kopiert, in der Sie die Eigenschaften ändern können.

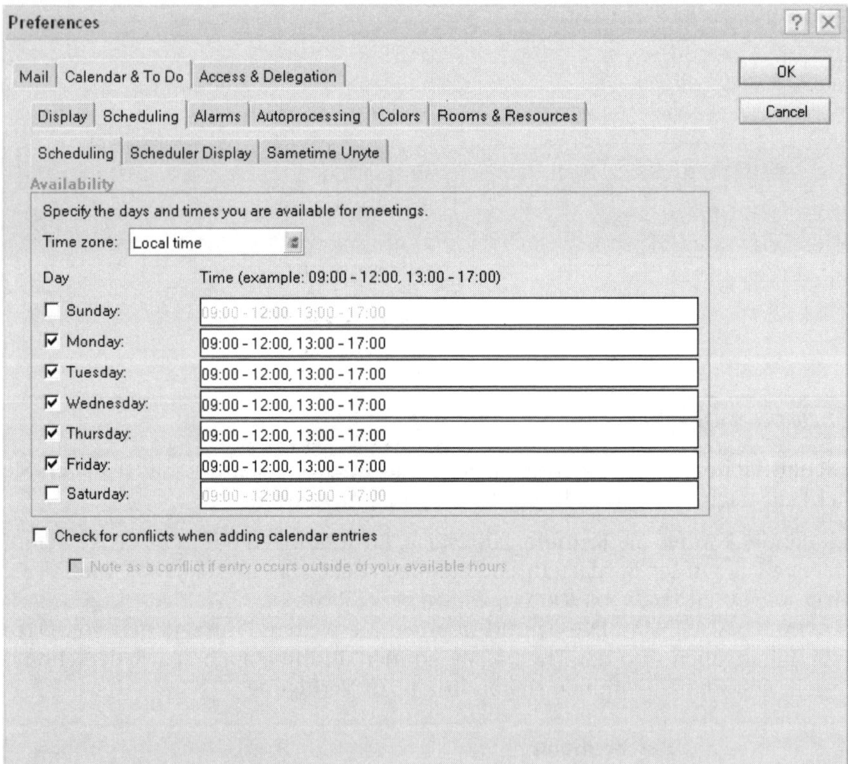

Abbildung 1.21: Die Zeitplanung einrichten

Ihre Zeitplanung liefert Informationen darüber, an welchen Wochentagen und zu welchen Zeiten Sie für Besprechungen zur Verfügung stehen. Notes markiert diese Zeitspannen als frei (d. h. für Besprechungen verfügbar), markiert alle anderen Uhrzeiten als belegt (für Besprechungen nicht verfügbar) und speichert diese Informationen in der Datenbank mit freier Zeit auf Ihrem Mail-Server. Wenn Sie einen Eintrag zu Ihrem Kalender hinzufügen, der während einer dieser Zeitspannen stattfindet, markiert Notes die Zeit des Eintrags ebenfalls als belegt (es sei denn, Sie haben für den Eintrag die Zeit als frei verbucht gewählt). Auf diese Weise können andere Benutzer nach freier Zeit suchen und feststellen, ob Sie für eine Besprechung zur Verfügung stehen, bevor sie Sie einladen.

Die Zeiten, zu denen Sie nicht für Besprechungen verfügbar sind, basieren auf den Einstellungen, die Sie in Ihrer Zeitplanung vorgenommen haben, auch wenn Sie beispielsweise Ihre Abwesenheit als „belegte" Zeiten definiert haben. Dort können Sie etwa angeben, dass Sie nur an bestimmten Tagen oder zu bestimmten Tageszeiten für Besprechungen zur Verfügung stehen. Für die Zeit, in der Sie als verplant angegeben sind, wird ein Konflikt angezeigt, wenn z. B. eine andere Besprechung zur selben Zeit angesetzt ist.

Ihre Notes-Mail-Datenbank enthält ein Alarmsystem, mit dem Sie Alarme für Kalender- und Aufgabeneinträge einstellen können (Kalender und Aufgaben sind Bestandteil Ihrer Mail-Datenbank). Sie können Notes auch anweisen, beim Auslösen eines Alarms einen bestimmten Klang wiederzugeben oder ein Symbol in der Taskleiste des Betriebssystems anzuzeigen.

Aufgaben unter Lotus Notes

Aufgaben öffnen und einsehen können Sie, indem Sie in der Lesezeichenleiste auf die Schaltfläche AUFGABEN/TODOS klicken. Die Aufgabenliste ist wie der Kalender eine spezielle Ansicht in Ihrer Mail-Datenbank. Mithilfe der Aufgabenliste können Sie Aufgaben bequem erstellen, anzeigen und organisieren. Außerdem können Sie Gruppenaufgaben erstellen. Sie können Aufgaben auch in der Kalenderansicht anzeigen.

Eine *persönliche Aufgabe* ist eine Aufgabe, die nur Sie betrifft (im Gegensatz zur *Gruppenaufgabe*, die auch andere Personen betrifft).

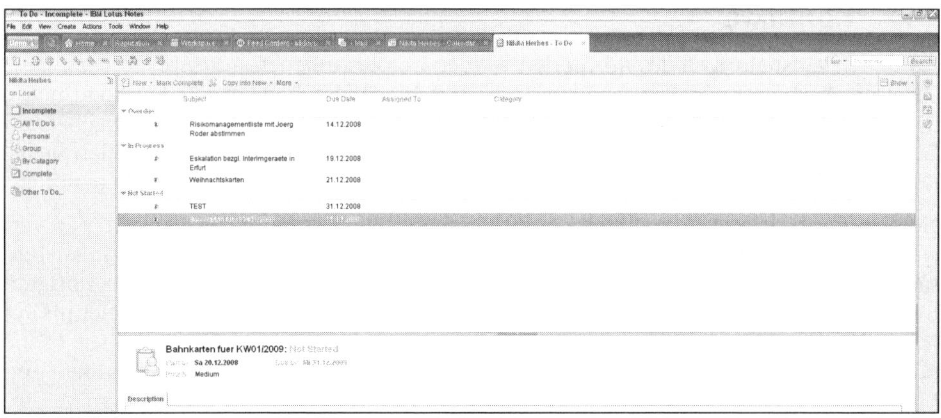

Abbildung 1.22: Aufgabenansicht

Sie können einen Aufgabeneintrag für sich selbst erstellen bzw. eine Aufgabenanforderung erstellen und diese an andere Benutzer senden. Wenn Sie einen Aufgabeneintrag für sich selbst erstellen, fügt Notes diesen Ihrer Aufgabenliste hinzu. Wenn Sie eine Aufgabenanforderung für andere Benutzer erstellen, fügt Notes Ihrer Aufgabenliste einen Eintrag hinzu und sendet an alle angegebenen Benutzer eine E-Mail-Nachricht.

Wenn Sie eine Gruppenaufgabe erstellen, können Sie diese einer oder mehreren Personen zuweisen und diesen Personen eine entsprechende Benachrichtigung senden. Wie bei Besprechungseinladungen können die Empfänger mithilfe integrierter Antwortoptionen (ANNEHMEN/ACCEPT, ABLEHNEN/DENY, DELEGIEREN/DELEGATE, NEUES DATUM VORSCHLAGEN/ PROPOSE NEW TIME etc.) auf die Benachrichtigung antworten.

Wenn Sie selbst eine Benachrichtigung für eine wiederkehrende Gruppenaufgabe erhalten und Sie nur einige der Instanzen annehmen möchten, müssen Sie zunächst die Benachrichtigung annehmen (Notes fügt alle Instanzen zur Aufgabenliste hinzu), anschließend die Instanzen öffnen, die Sie nicht annehmen möchten, und dann diese Instanzen ablehnen.

Wenn Sie einen Aufgabeneintrag als abgeschlossen markieren, zeigt Notes den Eintrag in der Kategorie ABGESCHLOSSEN/COMPLETE an. Bei Auswahl einer Priorität (KEINE, HOCH, MITTEL oder NIEDRIG) für einen Aufgabeneintrag zeigt Notes neben der Aktivität eine der Priorität entsprechende Nummer (keine, 1, 2 oder 3) an. Um die Darstellung der Aufgabenliste zu ändern, klicken Sie auf NACH KATEGORIE/BY CATEGORY oder auf NICHT ABGESCHLOSSEN/INCOMPLETE BZW. AUF ABGESCHLOSSEN/COMPLETE.

Wenn Sie einen wiederkehrenden Eintrag erstellen und nach dem Speichern des Eintrags feststellen, dass er doch nicht wiederholt werden soll, müssen Sie einen neuen Eintrag erstellen. Sie können den Originaleintrag nicht ändern. Wählen Sie den Eintrag in der Aufgabenansicht aus und wählen Sie anschließend AKTIONEN/ ACTIONS > MEHR/MORE > KOPIEREN IN/COPY INTO NEW > NEUE AUFGABE/TODO. Alle ursprünglichen Informationen werden in eine neue Maske kopiert, in der Sie die Eigenschaften ändern und den Eintrag speichern können.

1.4.5 Kontakte

Zahlreiche Einstellungen des Anwenders werden im persönlichen Adressbuch (*names.nsf*) abgelegt. Auch wenn das persönliche Adressbuch seit der Version 8.0 Kontakte heißt, bedeutet dies nicht, dass sich hier nur Kontaktinformationen mit den entsprechenden Details finden und verwalten lassen. Über den Eintrag ERWEITERT/ADVANCED finden Sie die Daten und Informationen, die Ihr Notes Client als grundlegende Einstellungen benötigt.

Notes sucht in Ihrem Adressbuch nach Informationen, die beim Senden von Mail verwendet werden. Wenn Sie beispielsweise eine Nachricht an eine Person adressieren, sucht Notes in Ihrem Adressbuch nach der Mail-Adresse der Person. Falls die benötigten Informationen dort nicht gefunden werden, wird die Suche im Domino-Verzeichnis auf Ihrem Mail-Server fortgesetzt, wenn Sie dies entsprechend konfiguriert haben (siehe *Kapitel 3.2.1, Arbeitsumgebungsdokument*). Sie können Informationen über Kontakte und Mail-Listen in Ihrem Adressbuch speichern, um die Adressierung von Mail zu vereinfachen. Darüber hinaus speichert Notes Informationen zu den Arbeitsumgebungen, in denen Sie Notes verwenden, sowie zu den Domino Servern, zu denen Sie eine Verbindung herstellen, und zu den Internet-Benutzerkonten in Ihrem Adressbuch.

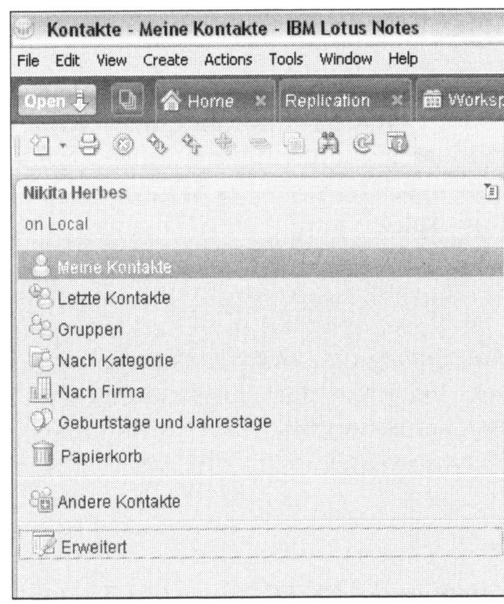

Abbildung 1.23: Ansichten unter KONTAKTE (persönliches Adressbuch)

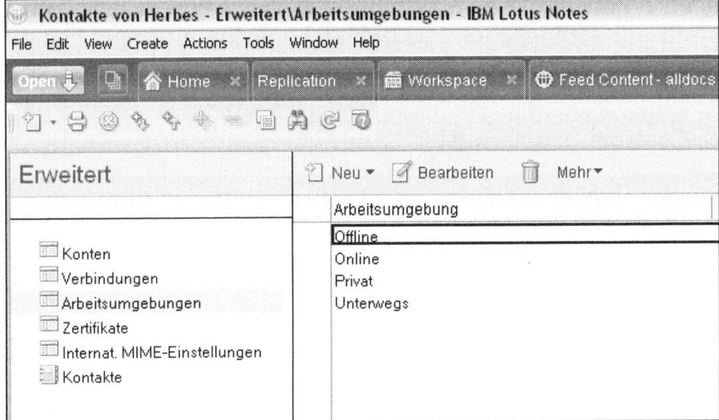

Abbildung 1.24: Die Ansicht ERWEITERT/ADVANCED unter KONTAKTE/CONTACTS

In der Ansicht KONTAKTE/CONTACTS Ihres Adressbuchs können Sie Informationen über Personen speichern, persönliche Gruppen erstellen und viele weitere Aktivitäten in Bezug auf die Verwaltung Ihrer Kontakte vornehmen. Wenn Sie die Mail-Adresse einer Person speichern, können Sie eine Nachricht adressieren, indem Sie beim Erstellen der Nachricht anstatt der gesamten Mail-Adresse den Namen der Person eingeben. Notes speichert Informationen über Personen in Kontaktdokumenten in Ihrem Adressbuch. Sie können Mails an Personen aus Ihrem Adressbuch senden und sie zu Besprechungen einladen.

1.5 Lotus Domino-Anwendungen

Lotus Notes und die damit verbundene Kommunikationsvielfalt lebt durch seine Datenbanken, die seit der Version 8 *Anwendungen* genannt werden. Informationen werden unter Lotus Domino mit Ausnahmen der Programmdateien und einiger Konfigurationsdaten in Form von Datenbanken hinterlegt, die als *nsf*-Dateien (Notes Storage Facility) gespeichert werden. Notes-Datenbanken stellen physikalisch jeweils eine Datei dar.

Achtung

Innerhalb dieses Buches werden die Begriffe *Anwendung* und *Datenbank* synonym verwendet. Offiziell heißen Datenbanken seit der Version 8 aber „Anwendungen", was sich auch an zahlreichen Stellen des Notes Clients und des Domino Administrators widerspiegelt. Allerdings ist dies Änderung von Lotus nicht konsistent umgesetzt worden.

Eine Notes-Datenbank enthält alle Daten und Informationen. Die Datenstruktur, Funktionalität und die Oberfläche werden durch das Design festgelegt und verleihen so den Datenbanken eine immense Flexibilität (siehe *Abbildung 1.25*). Durch diese Eigenschaften sind Domino-Datenbanken mit Aktenschränken oder Aktenordnern zu vergleichen. In Aktenordnern können Sie Papier einheften – egal, ob das Papier kariert oder liniert, gelb oder weiß ist, ob darauf Bilder oder andere Materialien aufgeklebt sind oder ob das Papier bedruckt oder mit handschriftlichen Notizen versehen wurde.

Eine Datenbankdatei ist ein Container für die Anwendung. In diesem Container, der sogenannten *Notes Storage Facility* (NSF), sind sowohl die Gestaltungselemente als auch die Daten der Anwendung abgelegt.

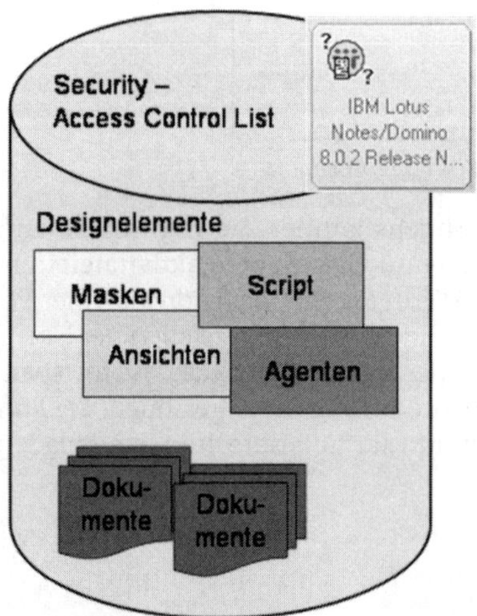

Abbildung 1.25: Elemente einer Datenbank (Anwendung)

Notes-Datenbanken unterscheiden sich jedoch bereits im Ansatz von Datenbanken der relationalen Ordnung. Relationale Datenbanksysteme sind für die Arbeit mit sogenannten strukturierten Daten vorgesehen, deren Aufbau bereits im Vorhinein rigide festgelegt wurde. Aus diesem Grund eignen sich relationale Datenbanksysteme hervorragend zur Aufnahme einheitlicher Datenmengen. Für klassische Datenbankmanagementsysteme (DBMS) ist es typisch, dass sie eine zentrale Datenquelle besitzen. So wird beispielsweise ermöglicht, dass eine Just-in-time-Aktualisierung vorgenommen wird und die Datenintegrität sichergestellt wird sowie Redundanz und Dateninkonsistenz vermieden werden. Die Stärken dieser Systeme liegen u. a. in der Bewältigung transaktionsintensiver Aufgaben oder der Bearbeitung großer Datenmengen, die untereinander aufwendig verknüpft sein können.

Lotus Notes Domino verfolgt ein ganz anderes Konzept, da seine Hauptaufgabe in der Verarbeitung von semi- oder unstrukturierten Daten liegt. Mit Lotus Notes-Datenbanken werden Dokumente erstellt, abgelegt, verwaltet, verarbeitet und weitergeleitet, ähnlich wie in der Papierwelt. Das Dokument bildet die Grundeinheit der Informationen, entsprechend einem Datensatz in einer relationalen Datenbank. In ein Notes-Dokument können dabei sowohl strukturierte als auch unstrukturierte Daten aufgenommen werden (Containerfunktionalität). Die Informationen, die im Büroumfeld anfallen, lassen sich nämlich nur selten in eine starre Struktur pressen. Beispiele sind Berichte, Protokolle, Bemerkungen oder Notizen. Hier kann in sogenannten Rich-Text-Feldern jede erdenkliche Information – angefangen von Texten und Bildern über Tabellen, Grafiken bis hin zu OLE-Objekten oder sogar ganzen Dateien – abgelegt werden. Diese Daten erfordern andere Datenbankstrukturen, als relationale Systeme bieten. In Notes-Dokumenten existieren daher keine festen Feldlängen.

Domino-Datenbanken basieren nicht auf Tabellen oder anderen starren Objekten. Jeder Datensatz verbraucht nur den Platz, den der Inhalt wirklich belegt. Vermeintliche Schwächen anderer Systeme sind Stärken von Lotus Domino. Lotus Domino ist ein Groupware-Produkt, das die Arbeit im Team, das sich auf unterschiedliche Standorte verteilen kann, von seinem konzeptionellen Ansatz her unterstützt. Deswegen ist es selbstverständlich, dass absolute Datenkonsistenz und damit verbundene Möglichkeiten wie eine Datensatzsperre keine Ziele sind, die Lotus diesbezüglich verfolgen kann.

1.5.1 Datenbankarchitektur

Lotus Notes-Datenbanken werden auf dem Server in Form einer sogenannten *nsf*-Datei (Notes Storage Facility) abgelegt. Schon der Name weist auf die Aufgabe der Notes-Datenbanken hin: Notes Storage Facility – also die Möglichkeit, Notizen aufzunehmen. Die Notes – oder besser gesagt, die Dokumente oder Datensätze – enthalten Felder, die mit den Daten oder Informationen gefüllt sind.

Dokumente bestehen aus Feldern, Text, Zahlen, Grafiken etc. Die Daten können von einem Benutzer eingegeben, von Formeln automatisch berechnet, von anderen Anwendungen importiert oder mit einer anderen Anwendung verknüpft und dynamisch aktualisiert werden.

Datenbankdesign

Notes-Datenbanken werden auf dem Client durch eine sogenannte *Kachel* im Arbeitsbereich (siehe *Abbildung 1.26*) oder durch einen Eintrag in den Lesezeichenordnern angezeigt.

Abbildung 1.26: Datenbankkachel im Arbeitsbereich

Auf der Kachel im Arbeitsbereich des Notes Clients wird der Titel der Datenbank angegeben. Dieser Titel dient nur zur Orientierung und kann frei vergeben werden. Über den Dateinamen wie etwa *nebel.nsf* lässt sich eine Datenbank leichter identifizieren. Ältere Datenbanken können auch die Endung *ns3, ns4* oder *ns5* tragen. Jeder Dateiname darf in einem Verzeichnis nur einmal vorkommen.

Das Aussehen und die Funktion einer Datenbank werden durch ihr Design bestimmt. Das Design kann in einem Template (Schablone) hinterlegt werden. Diese Schablone ist eine Vorlage, die Sie als Grundlage für eine neue Datenbank verwenden können. Eine Schablone ist normalerweise dadurch gekennzeichnet, dass sie die spezifische Endung *ntf* trägt. Dies ist in etwa vergleichbar mit einer Word-Vorlage mit der spezifischen Dateiendung *dot*.

Eine Schablone kann ebenfalls über ihre Eigenschaft als Master-Schablone definiert werden. Dabei wird der Datenbank ein Schablonenname zugewiesen. Dieser Name wird nicht direkt auf der Kachel angezeigt. Mit dieser Eigenschaft kann die Schablone Gestaltungsänderungen automatisch an Datenbanken verteilen, die mit ihr erstellt werden. Der Schablonenname steht nämlich wiederum in den Eigenschaften der Datenbanken, die ihre Gestaltungen aus einer Schablone übernommen haben. Sie erhalten Änderungen an der Schablone durch einen (meist je nach Konfiguration nächtlich) ausgeführten Server-Task (Designer) oder durch manuelles Ersetzen der Datenbankgestaltung (siehe *Kapitel 12.3.3, Anwendungsdesignaktualisierung*).

Dem Anwender stehen zahlreiche Standardschablonen aus dem Hause Lotus zur Verfügung, wie etwa für Mail-Datenbanken, Log-Dateien und Adressbücher. Es besteht aber darüber hinaus die Möglichkeit, eigene Anforderungen in selbst entwickelten Datenbanken zu verwirklichen.

Dokumente

Notes-Dokumente können Mails, Journal- und Kalendereinträge, Entwürfe oder Diskussionsdatenbank-Postings sein. Sie können von Texten, Grafiken und Schaltflächen bis hin zu Hotspots, Objekten und Tabellen nahezu alles in ein Dokument eingeben. Auch diese in einer Datenbank enthaltenen Datensätze sind eindeutig identifizierbar. Sie besitzen eine UNID (universelle Dokument-ID). Diese können Sie über die Eigenschaften eines Dokuments einsehen.

Die UNID besteht aus 32 Zeichen. Mit ihrer Hilfe ist es möglich, ein Dokument in einer Fülle von vorliegenden Repliken einer Datenbank zu finden. UNIDs sind über alle Repliken hinweg eindeutig. Bestandteil der UNID ist eine Versionsnummer, die Notes gemäß den Änderungen aktualisiert. Mittels dieser Versionsnummer kann Notes feststellen, welches das aktuellste Dokument ist. So wird die Frage des Vorrangs in Bezug auf die Replizierung geregelt. Besitzen zwei Dokumente die gleiche UNID, so sind sie Dokumente unterschiedlicher Repliken. Anhand dieser eindeutigen ID kann ein Dokument in verschiedenen Datenbankrepliken gesucht werden.

Abbildung 1.27: Angaben zum Dokument

Das Dokument als Informationseinheit besitzt noch weitere Elemente, über die es identifiziert werden kann. Dazu gehört eine Note-ID (zu Deutsch: Dokument-ID). Die Dokument-ID steht am Ende des ID-Feldes und beginnt mit NT und acht folgenden Stellen, beispielsweise NT00000EDE (siehe *Abbildung 1.27*). Sie können alle Nullen zwischen NT und der ID-Nummer auslassen; im gewählten Beispiel ist dies also NTEDE. Sie liefert den RRV (*Record Relocation Vector*) der als Zeiger auf diese Note in der Datenbank verweist. Die Note-ID ist auf ein Dokument in einer Datenbank bezogen. Dokumente in Datenbanken, die als Repliken vorliegen, besitzen unterschiedliche Note-IDs.

Datenbanken enthalten Dokumente, die wiederum Felder enthalten. Ein Feld ist der Teil einer Anwendung, in dem Daten erfasst werden. Felder werden in Masken, Teilmasken oder Layoutbereichen erstellt. In jedem Feld werden Informationen eines bestimmten Typs gespeichert. Der Typ eines Felds definiert die Art der Informationen, die in ein Feld eingegeben werden können, z. B. Text, Zahlen, Daten oder Namen.

1.5.2 Datenbankreplizierung

Unter Lotus Notes gibt es zwei Arten von Datenbankkopien.

Die *Kopie einer Datenbank* wird zu einem bestimmten Zeitpunkt von einer Original-Datenbank erstellt. Danach sind diese beiden Kopien jede für sich autonom und dienen als Container für Dokumente. Die Kopie enthält zwar die Dokumente, die auch das Original zum Zeitpunkt des Kopiervorgangs beinhaltete, aber eine weitere Verbindung existiert nicht. Ändert sich das Original oder dessen Inhalte, bleibt die Kopie davon gänzlich unberührt. Werden Änderungen an der Kopie vorgenommen, beeinflusst dies das Original ebenso wenig. Die Kopie einer Datenbank erstellt man, nachdem man die Originaldatei markiert hat, über das Menü DATEI/FILE > ANWENDUNG/APPLICATION > NEUE KOPIE/NEW COPY bzw. über das Kontextmenü.

Die *Replik einer Datenbank* ist vereinfacht gesagt eine dynamische Kopie. Dynamisch diesbezüglich, dass die beiden Datenbanken in Verbindung stehen – sie können sich unterhalten. Repliken sind zueinander gleichberechtigt. Es gibt kein Original und keine Kopie, sondern lediglich zwei oder mehr gleichwertige Repliken. Aufgrund ihrer Eigenschaft als Repliken sind diese in der Lage, ihre Inhalte abzugleichen und zu synchronisieren. Nach einer Replikation besitzen beide Datenbanken den gleichen Datenbestand. Repliken besitzen eine Eigenschaft, die eine eindeutige Zuordnung ermöglicht: die Replik-ID (siehe *Abbildung 1.28*).

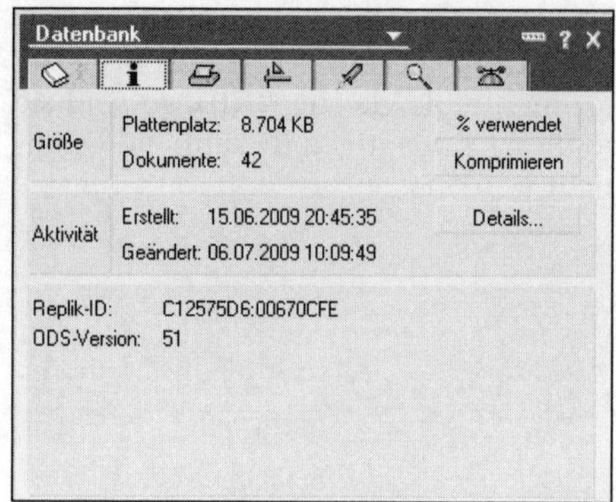

***Abbildung 1.28:** Angaben zu einer Datenbank; unten steht die Replik-ID.*

Diese ermöglicht es, alle Repliken einer Datenbank eindeutig zu identifizieren. Haben zwei oder mehr Datenbanken diese ID gemeinsam, so können sie miteinander replizieren. Die Replizierung umfasst als Methode das Neuanlegen, Ändern oder Löschen von Dokumenten. Natürlich ist es möglich, mehr als zwei Repliken in einer Domino-Umgebung zu verteilen.

Die Replik einer Datenbank erstellt man, nachdem man die Datei markiert hat, von der eine Replik erzeugt werden soll, über das Menü DATEI/FILE > REPLIZIERUNG/REPLICATION > NEUE REPLIK/NEW REPLICA bzw. über das Kontextmenü. Wie oft eine Replizierung stattfindet, wird in den Verbindungsdokumenten festgelegt. Ein Anstoßen der Replizierung ist jedoch auch ad hoc über die Serverkonsole oder über den Arbeitsbereich möglich.

Der Befehl für die Serverkonsole lautet `Replicate Servername [Datenbankdateiname]`, zum Beispiel: `repl DUS001/D/Server/DMK datenbank.nsf`.

Die Datenbankreplizierung ist eines der Features, die diesem Produkt zu seinem Erfolg verholfen hat. Sie wurde im Laufe der Entwicklungsgeschichte von Lotus Domino Notes immer weiter verfeinert. Außer beim Anlegen einer neuen Replik geschieht ein Abgleich lediglich auf der Feldebene der Dokumente.

Der Vorteil dieser Methode liegt auf der Hand: Mitarbeitern in geografisch unterschiedlichen Lokationen ist es so möglich, ihre Informationen auf der Replik einer Datenbank ihres Standortes zu verarbeiten und diese Daten Mitarbeitern in einer anderen Lokation zur Verfügung zu stellen und anders herum. So wird gewährleistet, dass alle Mitglieder eines Teams über denselben Stand der Dinge verfügen – egal, ob Sie in Berlin, Düsseldorf oder München tätig sind oder im Zug sitzen und mit Ihrer lokalen Replik arbeiten. So müssen Daten beim Zugriff auf einen weiter entfernten Server nicht bei jedem Anwender-Zugriff über schmale WAN-Leitungen übertragen werden, sondern der Benutzer kann auf dem nächstgelegenen Server arbeiten.

Für den Home-Office- oder Notebook-Anwender ist es möglich, sogenannte lokale Repliken anzulegen. Diese liegen dann beispielsweise auf der lokalen Festplatte des Notebooks und können bei Bedarf und bestehender Verbindung zum Server abgeglichen werden. Genauso ist es möglich, dass ein Außendienstmitarbeiter, der normalerweise in London sitzt und dort seine Mail-Datenbank abgelegt hat, auf Dienstreisen relativ losgelöst von seinem Heimatstandort arbeiten kann. Er repliziert beispielsweise seine lokale Replik der Mail-Datenbank, bevor er seine Reise startet, arbeitet im Zug seine E-Mails ohne Verbindung zum Server ab und bereitet die entsprechenden Antworten vor. Kommt er im Hotel seines Zielortes an, kann er einen erneuten Abgleich anstoßen, um die E-Mails an die Adressaten zu versenden. Am nächsten Morgen macht er sich auf den Weg zu der Zweigstelle und kann auf dem Server vor Ort seine E-Mails bearbeiten, da ihm vor Reisebeginn dort eine Replik seiner Mail-Datenbank aus London abgelegt wurde.

Kommt es bei Änderungen von Dokumenten auf einer oder unterschiedlichen Repliken zu Widersprüchen, spricht man von *Speicher- und Replizierkonflikten*. Lotus bietet Möglichkeiten, das Auftreten solcher Probleme zu minimieren und sie im Bedarfsfall zu beseitigen.

1.5.3 Sicherheit von Datenbanken

Die Steuerung des Zugriffs auf eine Datenbank gliedert sich in das Sicherheitsschalenkonzept von Lotus ein. Nur wer auf Netzwerkebene die Berechtigung besitzt, darf auf einen Domino Server zugreifen und dann erst auf die Datenbank. Ob ein Anwender dies darf, hängt von der Zugriffskontrollliste (ACL – Access Control List) der Datenbank ab. Diese Kontrollinstanz legt fest, welcher Anwender und welcher Server welche Aktionen durchführen darf bzw. ob er überhaupt Zugriffsrechte besitzt.

Um die ACL für eine Datenbank aufzurufen, öffnen Sie die Datenbank und wählen DATEI/FILE > ANWENDUNG/APPLICATION > ZUGRIFFSKONTROLLE/ACCESS CONTROL. Wählen Sie eine Person oder einen Server aus der Liste aus, um die zugewiesene Zugriffsebene anzuzeigen (siehe *Abbildung 1.29*). Um alle Personen oder Server anzuzeigen, die einer bestimmten Ebene in der ACL zugewiesen sind, wählen Sie die gewünschte Ebene aus dem Dropdown-Listenfeld PERSONEN/PERSON, SERVER, GRUPPEN (Personen-/Servergruppe oder gemischte Gruppe) aus.

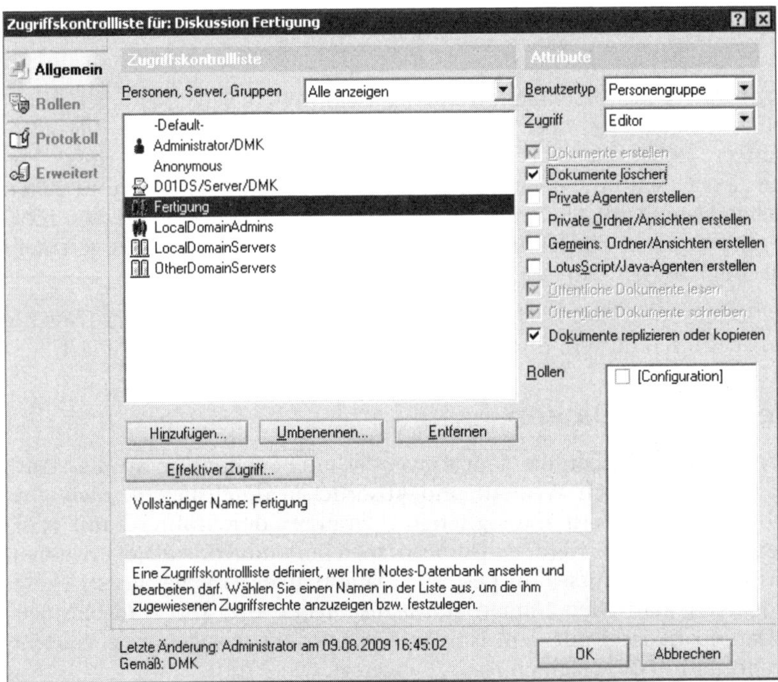

Abbildung 1.29: Eine Zugriffskontrollliste

Gewähren Sie den Zugriff auf Datenbanken, die einem Personenkreis zur Verfügung gestellt werden, stets über Gruppen, denen die Benutzer zugeordnet werden, und nicht über einzelne Personen! So laufen Sie nicht Gefahr, sich von einer langen Zugriffsliste verwirren zu lassen, und haben ein sauberes Konzept im Hintergrund. Die Zuordnung von Personen in Gruppen findet im *Domino Directory* statt. Dies ist die zentrale Datenbank, früher auch *öffentliches Adressbuch* genannt, in der u. a. auch die serverrelevanten Konfigurationsdaten hinterlegt sind, wie etwa Server, Gruppen und andere Einheiten.

Das Hinzufügen, Entfernen oder Umbenennen von Einträgen in der ACL nehmen Sie über die entsprechenden Buttons vor. Um die Zugriffsliste zu modifizieren, benötigen Sie Managerrechte auf die entsprechende Anwendung!

Der Benutzertyp gibt an, ob der Name in einer ACL der Name eines Benutzers, eines Servers oder einer Gruppe ist. Es stehen die Typen PERSON, SERVER, GEMISCHTE GRUPPE/MIIXED GROUP, PERSONENGRUPPE/PERSON GROUP, SERVERGRUPPE/SERVER GROUP und UNBESTIMMT/UNSPECIFIED zur Verfügung. Der Gruppenname –DEFAULT – wird immer mit dem Benutzertyp UNBESTIMMT/UNSPECIFIED angegeben. Wenn Sie einem Namen einen Benutzertyp zuweisen, geben Sie damit die Art der ID an, die für den Zugriff auf die Datenbank mit diesem Namen erforderlich ist. Den Benutzertypen können Sie Zugriffsrechte zuordnen. Folgende Zugriffsrechte werden Ihnen angeboten:

- MANAGER
- ENTWICKLER/DESIGNER
- EDITOR
- AUTOR/AUTHOR
- LESER/READER
- EINLIEFERER/DEPOSITOR
- KEIN ZUGRIFF/NO ACCESS

Der Zugriff kann erweitert oder beschränkt werden, indem weitere Berechtigungen innerhalb einer Zugriffsebene aktiviert oder deaktiviert werden. Dies erfolgt über die optionalen Berechtigungen. Rollen dienen ebenfalls einer Aufschlüsselung der Zugriffsrechte, basieren aber auf den Gestaltungselementen, die Informationen darstellen und gelten nur für die jeweilige Datenbank. Sie haben in Bezug auf die Zugriffssteuerung die Möglichkeit, die vorgenommenen Einstellungen noch weiter zu verfeinern. Dies geschieht über die Schaltfläche ERWEITERT/ADVANCED.

Weitere Informationen zum Thema Datenbanksicherheit, z. B. welche Zugriffsrechte welche Aktionen ausführen dürfen, finden Sie in *Kapitel 5.12, Datenbanksicherheit.*

1.5.4 Indizierung von Datenbanken

Mithilfe einer Volltextsuche geben Sie dem Anwender eine Suchoption an die Hand, mit der er eine Datenbank nach Wörtern und Ausdrücken durchsuchen sowie eine komplexere Suche mit Platzhaltern und logischen Operatoren durchführen kann. Dazu muss ein Volltextindex erstellt werden. Domino speichert die Indexdatei in einem Unterverzeichnis des Verzeichnisses, in dem die Datenbankdatei abgelegt ist. Dieser Ordner besitzt den schematischen Namen *datenbankdateiname.ft*, also wird beispielsweise zu einer Datenbankdatei mit dem Namen *nebel.nsf* der dazugehörige Volltextindex in einem Ordner mit dem Namen *nebel.ft* abgelegt.

Der Volltextindex

Ein Volltextindex kann (je nach der Textmenge in der Datenbank) etwa 20 % der Größe einer Datenbank in Bytes ausmachen.

Um einen Volltextindex erstellen, löschen oder aktualisieren zu können, benötigen Sie mindestens Entwicklerzugriff. Wollen Sie einen Volltextindex erstellen, stellt Ihnen Lotus folgende Möglichkeiten zur Verfügung:

Option	Beschreibung
ANGEHÄNGTE DATEIEN INDIZIEREN/ INDEX ATTACHED FILES	Indiziert Anhänge. Sie können eine Suche mit oder ohne Konvertierungsfilter durchführen. Ohne Filter durchsucht Notes nur den ASCII-Text der Anhänge und findet möglicherweise nicht alle Textstellen. Mit Filtern kann Notes auch andere Teile der Dateien durchsuchen. Die erste Methode ist schneller als die zweite, jedoch weniger umfassend. Text in Anhängen wird nicht hervorgehoben.
VERSCHLÜSSELTE FELDER INDIZIEREN/ INDEX ENCRYPTED FIELDS*	Indiziert Text in verschlüsselten Feldern.
SATZ- UND ABSATZWEISE INDIZIEREN/ INDEX SENTENCE AND PARAGRAPH BREAKS	Indiziert nicht nur wortweise, sondern auch satz- und absatzweise.
GROSS-/KLEINSCHREIBUNG BEACHTEN/ ENABLE CASE-SENSITIVE SEARCHES	Die Groß- und Kleinschreibung wird bei Suchvorgängen berücksichtigt. Beispiel: Wenn Sie `Verwalten` im Suchfeld eingeben, wird das Wort `verwalten` nicht gefunden. Wenn Sie diese Option auswählen, erhöht sich die Größe eines Volltextindex um 5 bis 10 %.

* Wird die Option VERSCHLÜSSELTE FELDER INDIZIEREN/INDEX ENCRYPTED FIELDS gewählt, so vergrößert sich der Index entsprechend der in den verschlüsselten Feldern enthaltenen Textmenge. Diese Option kann sich auf die Systemsicherheit auswirken.

Die Suchergebnisse zeigen möglicherweise eine Liste aller Dokumente an, die bestimmte Wörter oder Sätze enthalten, selbst wenn diese in verschlüsselten Feldern vorkommen. Der Benutzer kann die Felder zwar nicht lesen, weiß jedoch, dass das Dokument das Wort oder den Ausdruck enthält. So enthält zum Beispiel die Maske MITARBEITER in der Datenbank PERSONAL das verschlüsselte Feld GEHALT. Alle Benutzer können den Volltextindex nach 50.000 durchsuchen, und Dokumente, in denen diese Zahl enthalten ist, werden zurückgegeben. Ohne den Verschlüsselungsschlüssel kann der Benutzer jedoch den Inhalt des Feldes nicht lesen.

Volltextindex und Sicherheit

Eine Volltextindexdatei liegt als unverschlüsselter einfacher Text vor, sodass Benutzer mit Zugriff auf den Server und das entsprechende Verzeichnis diese Datei lesen können. Ein Benutzer kann möglicherweise so Text lesen, der zuvor verschlüsselt war. Das Thema *Betriebssystem-Hardening* sollte (nicht nur) daher für den Domino-Administrator einen Teil seines Aufgabengebietes darstellen, mit dem er sich auskennt.

Um Volltext-Suchindizes auf dem aktuellen Stand zu halten, wählen Sie eine entsprechende Option für das Aktualisierungsintervall des Index aus. Um festzustellen, ob der Index aktualisiert werden muss, lassen Sie die Anzahl nicht indizierter Dokumente in einer Datenbank anzeigen, indem Sie auf die Schaltfläche NICHTINDIZIERTE DOKUMENTE ZÄHLEN/COUNT UNINDEXED DOCUMENTS auf der entsprechenden Registerkarte der Datenbankeigenschaften klicken. Wählen Sie die Option TÄGLICH/DAILY, um die tägliche Indexaktualisierung einer sehr großen Datenbank für 2:00 Uhr (der Server-Task *Updall* wird standardmäßig zu diesem Zeitpunkt ausgeführt) zu planen, da die Aktualisierung eines großen Index einige Zeit in Anspruch nehmen kann. Um eine andere Uhrzeit für die Aktualisierung eines Datenbankindex durch Updall festzulegen, wählen Sie die Option PERIODISCH/SCHEDULED und erstellen ein Programmdokument im Domino-Verzeichnis/Domino Directory. Mithilfe eines Programmdokuments bestimmt Domino den Zeitpunkt für die Ausführung festgelegter Server-Tasks. Wenn Sie die Option PERIODISCH/SCHEDULED wählen, aber kein Programmdokument für Updall erstellen, werden die periodischen Aktualisierungen nicht durchgeführt. Wenn die Datenbank nicht besonders groß ist, wählen Sie als Aktualisierungsoption SOFORT/IMMEDIATE oder STÜNDLICH/HOURLY und überwachen dann die Leistung der Datenbank und des Servers. Für beide Optionen gilt, dass Sie den Index seltener aktualisieren sollten, wenn die Leistung von Datenbank und Server nachlässt.

Planen Sie die Einstellungen für den Volltextindex mit Bedacht, da diese erhebliche Auswirkungen in Bezug auf Ressourcen und Performance des Servers nach sich ziehen können!

1.5.5 Eigenschaften einer Datenbank

Über die Eigenschaften einer Datenbank finden Sie globale Einstellungen, die Sie an dieser Stelle zum Teil auch verändern können. Die Eigenschaften haben Einfluss auf das Verhalten der Datenbank. Sie erreichen das Fenster zur Einstellung der Datenbankeigenschaften über das Menü DATEI/FILE > ANWENDUNG/APPLICATION > EIGENSCHAFTEN/PROPERTIES oder über das Kontextmenü (siehe *Abbildung 1.30*).

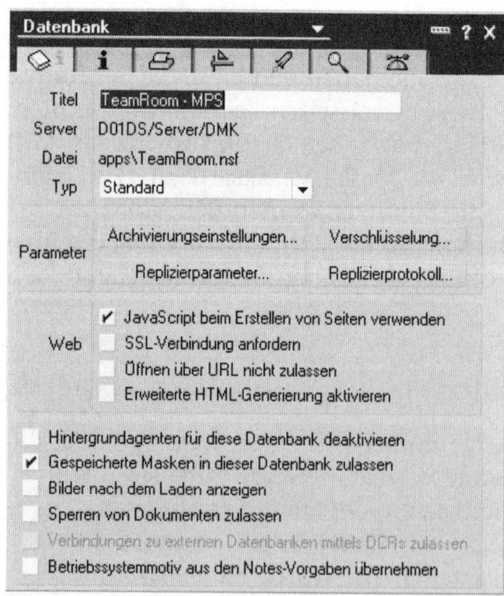

Abbildung 1.30: Datenbankeigenschaften

Mit richtig eingestellten Datenbankeigenschaften können Sie die Leistung einer aktiven Datenbank verbessern. Wenn Sie leistungsbeeinflussende Eigenschaften auf vielen Datenbanken oder auf einer großen aktiven Datenbank einstellen, können Sie auch die Serverleistung verbessern. Außerdem kann die Datenbankgröße auch durch einige dieser Eigenschaftsparameter reduziert werden.

Das Eigenschaften-Fenster ist in Registerkarten aufgeteilt.

Allgemein

Allgemeine Informationen werden auf der ersten Registerkarte dargestellt. Dazu zählen:

- TITEL/TITLE – Er kann an dieser Stelle verändert werden.
- ABLAGEORT/SERVER – wobei alles, was sich nicht unterhalb des *Data*-Verzeichnisses eines Domino Servers oder Notes Clients befindet, von Notes als lokal deklariert wird.
- DATEI/FILENAME (Dateiname)
- TYP/TYPE – Er stellt gegebenenfalls dar, welche Standard-Schablone verwendet wurde.
- ARCHIVIERUNGSEINSTELLUNGEN/ARCHIVE SETTINGS zur automatischen oder manuellen Archivierung von Dokumenten, die bestimmten Eckdaten zugeordnet werden, wie dem Alter von Dokumenten. Sie können Datenbanken manuell archivieren oder in regelmäßigen Abständen automatisch archivieren lassen. Sie können auch Dokumente in Datenbanken anhand von Einstellungen, die Sie festlegen, automatisch archivieren lassen. Darüber hinaus können Sie jederzeit ein oder mehrere Dokumente auswählen, um sie sofort zu archivieren. Um eine Datenbank oder ein Dokument archivieren zu können, müssen Sie zuerst einige Archivierungseinstellungen einrichten.
- REPLIZIERPARAMETER/REPLICATION SETTINGS zur selektiven Replizierung
- REPLIZIERPROTOKOLL/REPLICATION HISTORY – es zeigt Replizierungen an, die stattgefunden haben.
- VERSCHLÜSSELUNGSART/ENCYPTION SETTINGS

Weitere Optionen auf dieser Registerkarte im Bereich WEBZUGRIFF/WEB ACCESS sind:

- JAVASCRIPT BEIM ERSTELLEN VON SEITEN VERWENDEN/USE JAVASCRIPT WHEN GENERATING PAGES

  Wenn diese Option aktiv ist, wird die Datenbank JavaScript nutzen, wenn Sie über einen Browser auf sie zugreifen.
- SSL-VERBINDUNG ANFORDERN/REQUIRE SSL CONNECTION

  Beim Zugriff über einen Browser gibt es unterschiedliche Authentifizierungsmethoden. Eine davon ist der Zugriff auf eine Notes-Datenbank über eine SSL-Verbindung. Aus Sicherheitsgründen können Sie an dieser Stelle festlegen, dass ein Zugriff über das Internet auf diese Datenbank nur über eine solche SSL-Verbindung stattfinden darf.
- ÖFFNEN ÜBER URL NICHT ZULASSEN/DON'T ALLOW URL OPEN

  Sie können die Browser-Benutzer daran hindern, URL-Befehle zu verwenden, um die Masken und Ansichten in Ihrer Anwendung zu öffnen. Sie können Ihre Anwendung beispielsweise so einrichten, dass ein Servlet, das Masken oder Ansichten verwendet, diese nur mithilfe von URL-Befehlen verwendet. Wenn Sie die Option ÖFFNEN ÜBER URL NICHT ZULASSEN aktivieren, können Browser-Benutzer diese Anwendungskomponenten mithilfe von Domino URL-Befehlen nicht ändern.

Weitere Optionen:

- HINTERGRUND-AGENTEN FÜR DIESE DATENBANK DEAKTIVIEREN/DISABLE BACKGROUND AGENTS FOR THIS DATABASE

  Ein Agent läuft im Hintergrund, wenn er periodisch ist oder durch ein Ereignis ausgelöst wird (z. B. wenn Dokumente geändert werden). Wenn ein Agent im Hintergrund läuft, überprüft Domino die Sicherheitsbeschränkungen.

- GESPEICHERTE MASKEN IN DIESER DATENBANK ZULASSEN/ALLOW USE OF STORED FORMS IN THIS DATABASE

  Um zu gewährleisten, dass ein Dokument immer richtig angezeigt wird, können Sie die Maske zusammen mit dem Dokument speichern. Allerdings belegt das Speichern einer Maske mit einem Dokument Arbeitsspeicher und unter Umständen sogar 20-mal mehr Festplattenspeicher. Wenn Sie System- und Festplattenspeicher sparen möchten, sollten Sie keine gespeicherten Masken verwenden – insbesondere dann nicht, wenn die Benutzer beim Lesen von Dokumenten Probleme mit der Systemleistung haben. Um die Verwendung von gespeicherten Masken zu verhindern, deaktivieren Sie diesen Punkt. Bevor Sie die Verwendung gespeicherter Masken verhindern, müssen Sie wissen, wie diese Gestaltungsfunktion funktioniert und von der Datenbank verwendet wird.

- BILDER NACH DEM LADEN ANZEIGEN/DISPLAY IMAGES AFTER LOADING

  Die Aktivierung dieses Punktes bewirkt, dass Dokumente, die Grafiken enthalten, unmittelbar anzeigt werden. Die Benutzer von Notes können den Text dann lesen, während die Grafiken geladen werden. Wenn Sie keine Bilder nach dem Text laden, lädt Notes die Grafiken in der Reihenfolge, in der sie in einem Dokument angezeigt werden. Wenn eine Grafik zuerst angezeigt wird, wird sie zunächst geladen. Erst danach wird der Text angezeigt. Bei großen Grafiken oder langsamen Verbindungen kann der Bildaufbau des Dokuments aufgrund des Ladens von Grafiken in der vorgegebenen Reihenfolge langsamer sein. Diese Einstellung wird nur verwendet, wenn Sie zur Datenbankansicht Notes verwenden. Die Webbrowser-Einstellungen steuern die Ansicht von Grafiken für Webbrowser-Benutzer.

- SPERREN VON DOKUMENTEN ZULASSEN/ALLOW DOCUMENT BLOCKING

  Wenn Anwender über Autorzugriff oder über höherwertige Zugriffsrechte auf ein Dokument verfügen und die Dokumentsperre für die Datenbank aktiviert ist, können diese Anwender das Dokument in jeder Replik sperren, während sie daran arbeiten. Mit dem Sperren eines Dokuments können sie verhindern, dass andere Benutzer, die über Bearbeitungszugriff verfügen, das Dokument gleichzeitig bearbeiten, und zwar auch dann, wenn diese mit einer anderen Replik arbeiten. Hiermit wird verhindert, dass zwei oder mehr Personen gleichzeitig Änderungen an einem Dokument vornehmen und diese speichern, wodurch Replizier- und Speicherkonflikte verursacht würden, da Notes nicht weiß, welche Bearbeitungen gespeichert werden sollen. Selbst Manager einer Datenbank können keine gesperrten Dokumente bearbeiten. Manager können jedoch gesperrte Dokumente entsperren. Außerdem muss in der Zugriffskontrollliste (ACL) ein Administrationsserver definiert sein. Ist in der ACL kein Administrationsserver definiert, gibt Notes einen Fehler aus.

- VERBINDUNGEN ZU EXTERNEN DATENBANKEN MITTELS DCRS ZULASSEN/ALLOW CONNECTIONS TO EXTERNAL DATABASES USING DCRS

  Datenverbindungsressourcen (*Data Connection Resources*, DCRs) erweitern Designer um die Technologie der *Domino Enterprise Connector Services* (DECS), sodass Sie eine Verbindung mit einer externen Datenquelle, beispielsweise einer relationalen Datenbank, definieren und diese Verbindung verwenden können, um die Felder einer Maske mit Feldern der externen Quelle zu verknüpfen. DCRs können in derselben Anwendung mehrmals und in mehreren Anwendungen gemeinsam verwendet werden. Sie können mit DCR-Technologie auf Daten in einem Unternehmenssystem zugreifen und anschließend die Leistungsfähigkeit einer Domino-Anwendung nutzen, um die Daten zu replizieren, gemeinsam zu nutzen, zu sichern und zu verwalten.

  Zur Erstellung einer externen Verbindung müssen Sie zunächst die DECS-Serversoftware auf Ihrem Domino Server installieren. Die Client-Software für die Anwendung, mit der Sie eine Verbindung herstellen, etwa DB2 oder ODBC, muss ebenfalls auf dem Domino Server installiert sein. Sie können eine Anwendung lokal entwickeln, können jedoch bei der Entwicklung Ihrer Anwendung die externen Metadaten nicht durchsuchen.

Info

Die zweite Registerkarte zeigt Informationen zur Datenbank an.

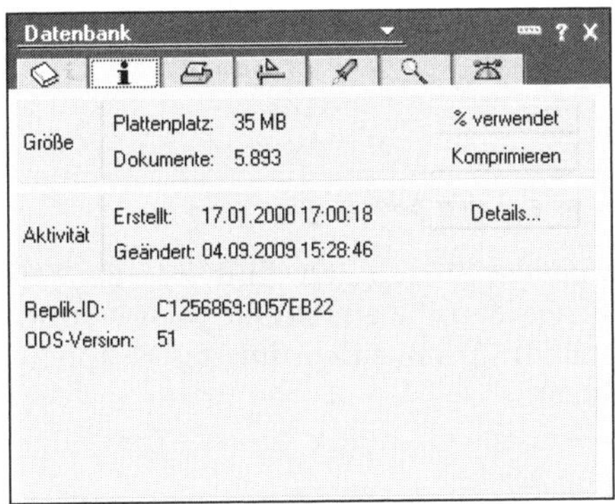

Abbildung 1.31: Registerkarte INFO der Datenbankeigenschaften

Dazu gehören der Plattenplatz, den die Datenbank belegt, die Anzahl der abgelegten Dokumente und die Prozentangabe des verwendeten Plattenplatzes (siehe *Abbildung 1.31*). Letztere hat jedoch nichts mit der Auslastung der Datenbank bezüglich einer möglichen Beschränkung zu tun, sondern sagt lediglich aus, wie viel Prozent des angegebenen Plattenplatzes tatsächlich belegt sind. Durch Löschen oder Archivieren entstehen die sogenannten *White Spaces*, die wie Löcher im Schweizer Käse anmuten. Wurden über einen längeren Zeitraum Dokumente aus der Datenbank entfernt, ohne eine Komprimierung durchzuführen, sinkt die Auslastung des Plattenplatzes. Eine Prozentzahl um die 99 % entspricht dabei einer fast idealen Auslastung. Ist die Prozentzahl geringer, ist eine Komprimierung empfehlenswert. Zudem wird hierdurch auch die Dateigröße verringert. Lassen Sie sich also nicht von den Beteuerungen eines Anwenders irritieren, der Ihnen versichert, etliche Dokumente gelöscht zu haben, sondern überprüfen Sie den Komprimierungsgrad der Datenbank über den Button % VERWENDET/% USED!

Der zweite Abschnitt dieser Registerkarte befasst sich mit den Aktivitäten, die an dieser Datenbank vorgenommen wurden. Dazu gehört auch die Angabe des Erstelldatums und der letzten Änderung. Über DETAILS können Sie die Benutzeraktivitäten an dieser Datenbank ablesen, exportieren und bestimmen. Sind beide Häkchen aktiviert, kann nur der Manager der Datenbank die Aktivitäten einsehen.

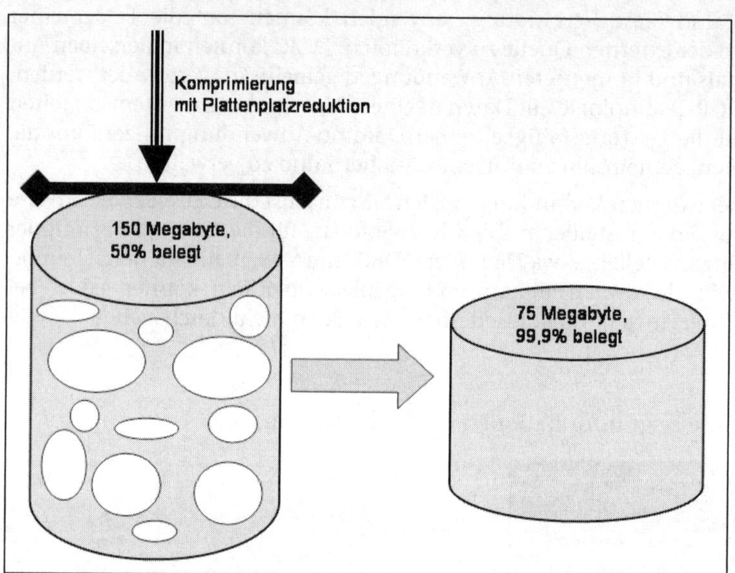

Abbildung 1.32: Größenreduzierung einer Datenbank mit vielen White Spaces

Die Replik-ID ist wie schon in *Kapitel 1.5.2, Datenbankreplizierung,* erwähnt, eine eindeutige Kennung, die eine Datenbank und ihre Repliken identifiziert. ODS (On-Disk-Structure) ist das Format, in dem eine Notes-Datenbank physikalisch auf der Festplatte gespeichert ist. Es wird auch *Datenbankformat* genannt.

ODS-Version	Lotus Notes Domino Release
ODS51	Notes 8.5
ODS48	Notes 8
ODS43	Release 6 und 7
ODS41	Release 5
ODS21	Release 4.6

Drucken

Die Registerkarte DRUCKEN/PRINTING bezieht sich auf Formatierungsangaben zum Ausdruck von Dokumenten aus dieser Datenbank (siehe *Abbildung 1.33*).

Hier können Sie Inhalte der Kopf- und Fußzeilen festlegen oder das allgemeine Zeichenformat bestimmen. Diese Einstellungen überschreiben bereits an Dokumenten vorgenommene Einstellungen.

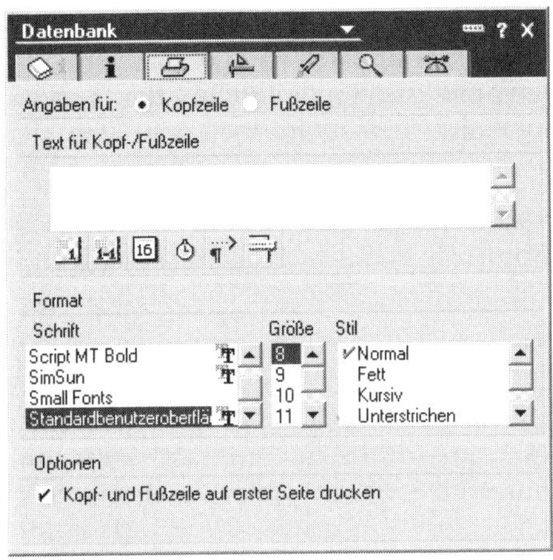

Abbildung 1.33:
Registerkarte DRUCKEN/PRINTING der Datenbankeigenschaften

Gestaltung

Die Registerkarte mit den Gestaltungsoptionen der Datenbankeigenschaften ist in drei Bereiche unterteilt. Im Bereich OPTIONEN/OPTIONS können Sie z. B. festlegen, ob Sie das SPERREN DER GESTALTUNG ZULASSEN/ALLOW DESIGN LOCKING aktivieren möchten (siehe *Abbildung 1.34*).

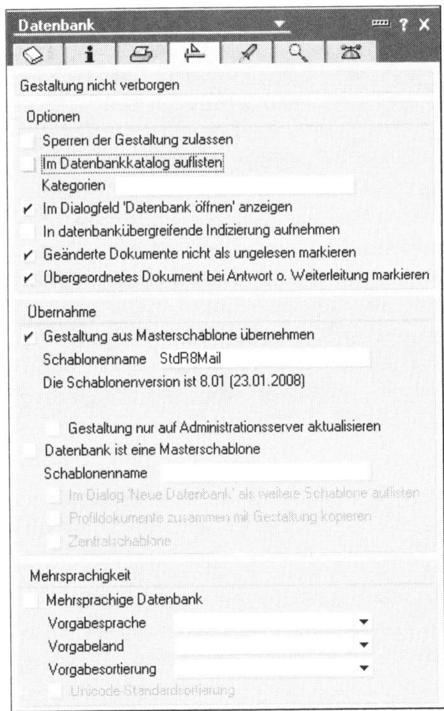

Abbildung 1.34:
Registerkarte GESTALTUNG der Datenbankeigenschaften

Mit dem nächsten Eintrag können Sie festlegen, ob die Datenbank im Datenbankkatalog aufgeführt werden soll – und wenn ja, unter welcher Kategorie. Der Datenbankkatalog enthält eine zentrale Liste aller Datenbanken einer Organisation. Kataloge enthalten hilfreiche Informationen zu Datenbanken. Kataloge enthalten Ansichten, in denen Datenbanken nach Kategorie, Manager, Replik-ID, Server und Titel aufgeführt sind. Für jede Datenbank in einer Ansicht stellt ein Datenbankkatalogdokument den Servernamen, den Dateinamen, die Replik-ID, die Namen aller Server, Gruppen oder Benutzer mit Managerzugriff für die Datenbank und weitere Informationen zur Verfügung.

Bei Auswahl der Option Im Dialogfeld Datenbank öffnen anzeigen/Show in 'Open Database' dialog wird die Datenbank angezeigt, wenn die Benutzer auf dem Server Datei/File > Öffnen/Open > Lotus Notes Anwendung/Lotus Notes Application wählen.

Mit der nachfolgenden Option In datenbankübergreifende Indizierung aufnehmen/Include in multi-database indexing kann die Datenbank in den Abfragebereich einer Site-Abfrage-Datenbank eingeschlossen werden. Mit der Domänensuche können Sie eine Domäne von Domino-Datenbanken für Dokumente, Dokumentenanhänge und Dateien in einem Dateisystem indizieren und durchsuchen. Eine Domino Domäne ist eine Gruppe von Domino Servern, die ein gemeinsames Domino-Verzeichnis (Domino Directory) verwenden.

Wenn die Benutzer die Markierung geänderter, ungelesener Dokumente nicht benötigen oder die Datenbank auf einem Server abgelegt ist, auf den die Benutzer keinen direkten Zugriff haben, deaktivieren Sie die Markierung für die Option Geänderte Dokumente nicht als Ungelesen markieren/Do not mark modified documents as unread und verkürzen somit die Zugriffszeiten. Diese Einstellung wirkt sich auf alle Ansichten in der Datenbank aus. Benutzer sehen nur neue Dokumente als ungelesen; geänderte Dokumente erscheinen nicht als ungelesen.

Die Optionen im Bereich Übernahme/Inheritance definieren, ob und aus welcher Schablone die aktuelle Datenbank automatische Gestaltungsänderungen erfahren soll. Dazu aktivieren Sie das Häkchen vor Gestaltung aus Master-Schablone übernehmen/Inherit design from master template und legen den Schablonennamen fest. Dieser Name entspricht nicht dem Titel einer Datenbank, den Sie sonst auf der Kachel sehen, sondern dient lediglich dazu, eine Verbindung zwischen Datenbank und Template zu erstellen. Stellen Sie sicher, dass Schablonennamen eindeutig sind und nicht mehrfach vorkommen. Legen Sie diese Informationen an zentraler Stelle am besten in digitaler Form ab, um Verwirrung zu vermeiden, und halten Sie diese Liste über Schablonen und damit verbundene Datenbanken stets auf dem neuesten Stand! Wählen Sie die Option Gestaltung nur auf Administrationsserver aktualisieren/Refresh design on admin server only, wenn die Aktualisierung der Gestaltung nur auf dem Administrationsserver für die Datenbank erfolgen soll.

Der Punkt Datenbank ist eine Master-Schablone/Database file is a master template ist für das Template vorgesehen. Hier können Sie den Schablonennamen vergeben. Logischerweise sollten die Angaben im Template und in der entsprechenden Datenbank identisch sein.

Wenn die vorliegende Datenbank für mehrere Sprachen gestaltet wurde, können Sie im unteren Bereich der Registerkarte mit der Option Mehrsprachige Datenbank/Multilingual Database die Sprache und das Land (Kontinent und Staat) auswählen, die in der Datenbank verwendet werden sollen.

Start

In der fünften Registerkarte sind Informationen zum Starten der Datenbank hinterlegt (siehe *Abbildung 1.35*).

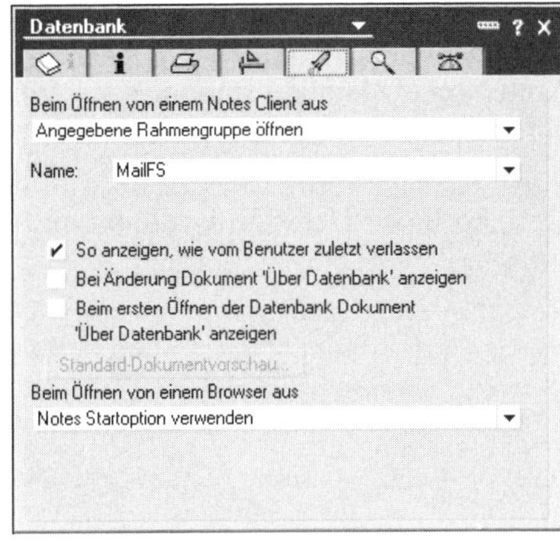

Abbildung 1.35:* *Die Registerkarte START/LAUNCH der Datenbankeigenschaften

Hier können Sie nur für die Datenbank Starteigenschaften auswählen und ändern, wenn Sie mindestens über Entwicklerzugriff verfügen. So können Sie über die Datenbankeigenschaften steuern, was einem Benutzer angezeigt wird, wenn die Datenbank geöffnet wird. Sie können z. B. festlegen, dass alle Benutzer von einer Anwendungs-Homepage oder einer Registrierungsseite starten. Oder Sie könnten einen Hauptnavigator anzeigen, der Benutzer zu verschiedenen Bereichen der Anwendung führt. Sie können eine Option für eine Anwendung angeben, wenn sie auf einem Notes Client läuft, und eine andere Option für die Anwendung, wenn sie im Web ausgeführt wird. Wenn die Datenbank auf einem Notes Client geöffnet wird, können Sie Folgendes anzeigen:

- Eine von Ihnen angegebene Rahmengruppe oder ein von Ihnen angegebener Navigator
- Ein Navigator in einem eigenen Fenster
- Das Dokument ÜBER DIESE DATENBANK/ABOUT APPLICATION für die Datenbank oder der erste Anhang im Dokument ÜBER DIESE DATENBANK
- Die erste Dokumentverknüpfung im Dokument ÜBER DIESE DATENBANK. Wenn Sie hier eine Verknüpfung hinzufügen, können die Benutzer aus einer Domino-Anwendung auf Informationen in einer anderen Anwendung zugreifen. Um beispielsweise Arbeitsblattdaten für die Nutzung in der Anwendung zu sammeln, starten Sie eine Verbindung zu einer Arbeitsblattanwendung, damit Benutzern sofort das Arbeitsblatt angezeigt wird, sobald sie die Datenbank öffnen. Daten, die ins Arbeitsblatt eingegeben werden, können dazu verwendet werden, Felder in der Anwendung auszufüllen.

Wenn die Datenbank auf einem Webbrowser geöffnet wird, können Sie Folgendes anzeigen:

- Notes-Startoptionen verwenden
- Das Dokument ÜBER DIESE DATENBANK oder eine von Ihnen angegebene Rahmengruppe
- Eine Seite, die Sie festlegen, oder ein Navigator in einem eigenen Fenster
- Die erste Dokumentverknüpfung im Dokument ÜBER DIESE DATENBANK oder eine von Ihnen angegebene Dokumentverknüpfung oder das erste Dokument in einer Ansicht

Sie können automatisch eine Dokumentvorschau anzeigen, die den Inhalt des markierten Dokuments in einer Datenbankansicht anzeigt, bevor der Benutzer das Dokument öffnet. Dadurch erhalten Benutzer einen Überblick über den Datenbankinhalt, ohne jedes Dokument öffnen und schließen zu müssen. Wenn Sie die Dokumentvorschau nicht automatisch anzeigen, wählen Benutzer Ansicht/View > Dokumentvorschau/Preview Pane Default, um auf die Dokumentvorschau zuzugreifen. Diese Option ist nicht verfügbar, wenn Sie eine Rahmengruppe vom Notes Client aus starten.

Volltext

In der vorletzten Registerkarte können Sie festlegen, ob Sie die Datenbank volltext-indizieren möchten (siehe *Abbildung 1.36*).

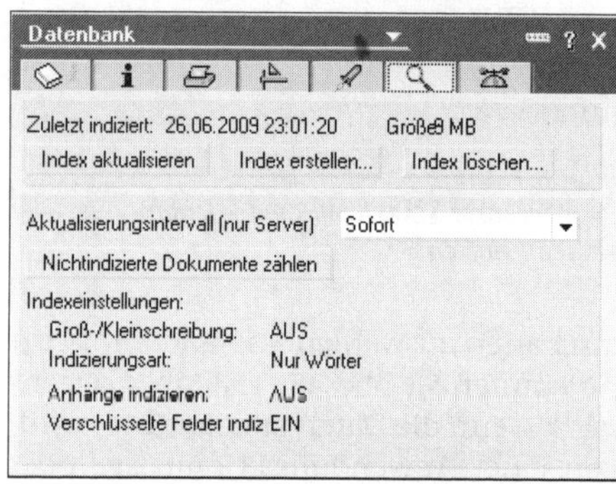

Abbildung 1.36:
Die Registerkarte Volltext/Full text der Datenbankeigenschaften

Mit einem Volltextindex (siehe auch *Kapitel 1.5.4, Indizierung von Datenbanken*) wird die Beantwortung von Suchanfragen in der Datenbank beschleunigt. Um einen Volltextindex erstellen, löschen oder aktualisieren zu können, benötigen Sie mindestens Entwicklerzugriff. An dieser Stelle können Sie den Index erstellen, aktualisieren oder löschen. Bei der Erstellung des Index können Sie festlegen, wie detailliert die Inhalte der Datenbank durchsucht werden können und welchen Aktualisierungsintervallen der Index unterliegt. Sie können die Suchergebnisse einer Volltextsuche in einer Ansicht durchsuchen.

Erweiterte Eigenschaften

In der letzten Registerkarte finden sich die sogenannten erweiterten Eigenschaften (siehe *Abbildung 1.37*).

Darunter fallen die folgenden Optionen:

- Keine Ungelesen-Markierungen verwalten/Don't maintain unread marks

  Die Verwaltung von Ungelesen-Markierungen in einer Datenbank benötigt Systemressourcen und kann die Datenbankleistung erheblich verlangsamen. Bei einigen Datenbanken sind Ungelesen-Markierungen nicht sinnvoll, beispielsweise bei Referenzdatenbanken (wie der mit Domino mitgelieferten Hilfedatenbank), bei Administrationsdatenbanken (wie dem Domino Directory) oder bei Datenbanken, die ständig aktualisiert werden (wie die Protokolldatei (*log.nsf*)). Um Ungelesen-Markierungen zu deaktivieren, wählen Sie die Datenbankeigenschaft Keine Ungelesen-Markierungen verwalten/Don't maintain unread marks.

  Wenn Sie die Eigenschaft Ungelesen-Markierungen verwalten aktivieren oder deaktivieren, müssen Sie die Datenbank komprimieren, damit die Einstellung wirksam wird.

- UNGELESEN-MARKIERUNGEN REPLIZIEREN/REPLICATE UNREAD MARKS

  Die Ungelesen-Markierungen können seit der Version Lotus Notes Domino 6.5 zwischen Repliken von Datenbanken repliziert werden. Bei stark frequentierten Anwendungsdatenbanken wird aus Performance-Gründen davon abgeraten, diese Option zu aktivieren. Die Replikation der Ungelesen-Markierungen erfolgt erst nach der Aktivierung dieser Option, d.h. vor der Aktivierung sollten die Ungelesen-Markierungen zwischen den Repliken manuell abgeglichen werden.

  Bei der Aktivierung bzw. Deaktivierung der Ungelesen-Markierungen können Sie auswählen, ob Sie diese nie, nur zwischen Servern in einem Cluster oder zwischen allen Servern replizieren möchten.

- DOKUMENTENTABELLE IN ANSICHTEN OPTIMIEREN/OPTIMIZE DOCUMENT TABLE MAP

  Beim Aktualisieren einer Ansicht verweist Domino auf Tabellen mit Dokumentinformationen. Diese Tabellen sind in der Datenbank gespeichert. Domino durchsucht während der Aktualisierung und dem Neuaufbau von Ansichten jede Tabelle nach Dokumenten, die in der aktualisierten Ansicht angezeigt werden.

  Sind Dokumenttabellen zur Ansichtsaktualisierung mit Masken verknüpft, geht dieser Vorgang schneller vonstatten. Domino durchsucht dann während der Aktualisierung einer Ansicht nur die Tabellen, die mit den Masken verknüpft sind, die von den Dokumenten in der aktualisierten Ansicht verwendet werden. Dadurch wird die Leistung der Aktualisierung von Ansichten erheblich gesteigert, insbesondere das Aktualisieren kleiner Ansichten in großen Datenbanken, etwa die Ansicht VERBINDUNGEN/CONNECTIONS im Domino Directory. Wenn Sie die Eigenschaft DOKUMENTENTABELLE IN ANSICHTEN OPTIMIEREN aktivieren oder deaktivieren, müssen Sie die Datenbank komprimieren, damit die Einstellung wirksam wird.

- FREIEN PLATZ NICHT ÜBERSCHREIBEN /DON'T OVERWRITE FREE SPACE

  Wenn Daten aus Datenbanken gelöscht werden, überschreibt Domino die gelöschten Daten auf dem Datenträger standardmäßig mit einem Muster. Durch dieses Muster wird ein nicht autorisierter Benutzer daran gehindert, ein Dienstprogramm für den Zugriff auf die Daten zu verwenden. Dieses Überschreiben erfordert Festplattenzugriffe und kann die Datenbankleistung beeinträchtigen.

  In den folgenden Fällen ist das Überschreiben von gelöschten Daten angemessen:

  - Die Daten sind bereits gesichert.
  - Der gelöschte Speicherplatz in der Datenbank wird ständig neu zugewiesen, zum Beispiel in einer Systemdatenbank wie *mail.box*.

- DOKUMENTEIGENSCHAFT ZUGRIFF IN DATEI NICHT VERWALTEN/MAINTAIN LAST ACCESSED PROPERTY

  Die Info-Box EIGENSCHAFTEN: DOKUMENT/DOCUMENT PROPERTIES enthält die Eigenschaft ZUGRIFF IN DATEI, die das Datum anzeigt, an dem ein Dokument zuletzt geändert oder gelesen wurde. Durch die Datenbankeigenschaft LASTACCESSED-EIGENSCHAFT VERWALTEN wird gesteuert, ob das Feld ZUGRIFF IN DATEI aktualisiert wird, wenn es sich bei dem letzten Dokumentzugriff um einen Lesezugriff handelte. Wenn Sie die Eigenschaft ZUGRIFF IN DATEI FÜR LESEZUGRIFF beibehalten, führt dies zu Festplattenzugriffen, die andernfalls nicht auftreten würden.

  Die Datenbankeigenschaft LASTACCESSED-EIGENSCHAFT VERWALTEN ist standardmäßig nicht ausgewählt, d.h., die Eigenschaft ZUGRIFF IN DATEI wird nicht aktualisiert, wenn es sich bei dem letzten Dokumentzugriff um einen Lesezugriff handelte. Sie wird nur dann aktualisiert, wenn beim letzten Zugriff ein Dokument bearbeitet wurde. Ändern Sie die Vorgabe, indem Sie LASTACCESSED-EIGENSCHAFT VERWALTEN auswählen.

Sie sollten LASTACCESSED-EIGENSCHAFT VERWALTEN auswählen, wenn Sie das Archivierwerkzeug im Feld EIGENSCHAFTEN: DATENBANK verwenden, um Dokumente basierend auf den Tagen der Inaktivität zu löschen.

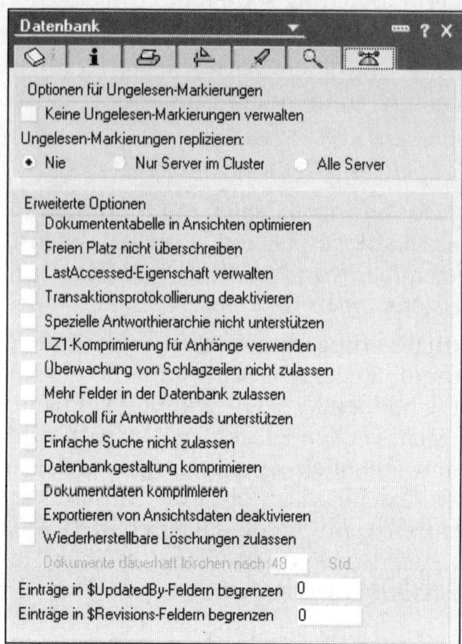

Abbildung 1.37: Die Registerkarte ERWEITERT/ADVANCED der Datenbankeigenschaften

- TRANSAKTIONSPROTOKOLLIERUNG DEAKTIVIEREN/DISABLE TRANSACTION LOGGING

Domino führt die Transaktionsprotokollierung für die Wiederherstellung durch, indem es Datenbankänderungen erfasst und diese in einem Transaktionsprotokoll speichert. Bei Ausfall eines Systems oder eines Speichermediums können Sie Ihre Datenbanken mithilfe dieses Transaktionsprotokolls und eines Backup-Dienstprogramms eines Fremdanbieters wiederherstellen.

Eine einzelne Transaktion umfasst eine Reihe von Änderungen, die an einer Datenbank auf einem Server vorgenommen wurden. Beispielsweise kann eine Transaktion das Öffnen eines neuen Dokuments, das Hinzufügen von Text und das Speichern des Dokuments umfassen. Bei der Transaktionsprotokollierung seit R5 wird eine erfolgreiche Transaktion im Transaktionsprotokoll aufgezeichnet, jedoch nicht unbedingt auf die Festplatte geschrieben. Durch diesen Unterschied wird Verarbeitungszeit gespart, da Domino die Möglichkeit hat, das Schreiben von Datenbankaktualisierungen auf die Festplatte im Falle hoher Serverauslastung zu verzögern. Transaktionen werden sequenziell in den Protokolldateien aufgezeichnet. Dieses Verfahren spart mehr Zeit, als Daten in verschiedenen, nicht aufeinanderfolgenden Festplattenbereichen zu schreiben.

Wenn diese Option deaktiviert ist, wird die Protokollierung aller Transaktionen für alle Domino API-Funktionen ausgeschaltet. Außerdem werden die vollständige Datenbankintegrität und das Ersetzen von Datenbank-Fixup beim System-Neustart mit beschleunigtem *Transaction Roll Forward/Rollback* aus Transaktionsprotokollen sowie die Unterstützung für Sicherungs- und Wiederherstellungs-APIs ausgeschaltet.

- SPEZIELLE ANTWORT-HIERARCHIEINFORMATIONEN DEAKTIVIEREN/DON'T SUPPORT SPECIALIZED RESPONSE HIERARCHY

  Jedes Dokument speichert standardmäßig Informationen, durch die es mit einem Hauptdokument oder einem Antwortdokument verknüpft wird. Diese gespeicherten Informationen werden nur von den @-Funktionen *@AllChildren* und *@AllDescendants* verwendet, die häufig in Ansichtsauswahl- und Replizierformeln angewendet werden. Das Verwalten dieser Informationen hat eine erhebliche negative Auswirkung auf die Datenbankleistung. Wenn Sie die Datenbankleistung verbessern möchten, deaktivieren Sie die Antwort-Hierarchieinformationen in den Datenbanken, die diese @-Funktionen nicht verwenden.

  Wenn Sie die Eigenschaft SPEZIELLE ANTWORTHIERARCHIE NICHT UNTERSTÜTZEN aktivieren oder deaktivieren, müssen Sie die Datenbank komprimieren, damit die Einstellung wirksam wird.

- LZ1 KOMPRIMIERUNG FÜR ANHÄNGE VERWENDEN/USE LZ1 COMPRESSION FOR ATTACHEMENTS

  Seit Lotus Notes Domino 6 können Sie Anhänge mithilfe des adaptiven Algorithmus *Lempel-Zev class 1 (LZ1)* anstelle des Huffman-Algorithmus komprimieren. Da bei der LZ1-Komprimierung beträchtlicher Speicherplatz eingespart wird, wird er der Huffman-Methode vorgezogen. Wenn Sie jedoch in einer Umgebung mit unterschiedlichen Versionen der Client- und Serversoftware arbeiten und Sie diese Option wählen, sollten Sie beachten, dass die Anhänge auf dem Server automatisch mit dem Huffman-Algorithmus neu komprimiert werden. Diese erneute Komprimierung der Anhänge kann den Verarbeitungsprozess erheblich verlängern.

- ÜBERWACHUNG VON SCHLAGZEILEN NICHT ZULASSEN/DON'T ALLOW HEADLINE MONITORING

  Benutzer können die Überwachung von Schlagzeilen einrichten, damit die Datenbank automatisch auf Informationen hin überwacht wird, die für Sie von Interesse sind. Diese Art der Datenbanküberwachung beeinträchtigt die Leistung – vor allem dann, wenn viele Benutzer diese Möglichkeit nutzen. Wenn Sie nicht zulassen möchten, dass Benutzer eine Datenbank überwachen, wählen Sie im Register ERWEITERT/ADVANCED die Datenbankeigenschaft ÜBERWACHUNG VON SCHLAGZEILEN NICHT ZULASSEN.

  Administratoren können auch den Abschnitt SICHERHEIT/SECURITY eines Serverdokuments im Domino-Verzeichnis verwenden, um die Überwachung von Schlagzeilen auf Serverebene zu steuern.

- MEHR FELDER IN DER DATENBANK ZULASSEN/ALLOW MORE FIELDS IN A DATABASE

  Für Datenbanken aus Version 5 können Sie die erweiterte Datenbankeigenschaft MEHR FELDER IN EINER DATENBANK ZULASSEN auswählen, die bis zu 64.000 Felder für die Datenbank zulässt. Es gibt allerdings für die Auswahl dieser Option auch Einschränkungen. Zum Beispiel kann es sein, dass die Volltextindizierung nicht ordnungsgemäß funktioniert.

  Wenn diese Option deaktiviert ist, dürfen bei einer Datenbank der Version 4 oder 5 alle Feldnamen zusammen 64 Kilobyte nicht überschreiten. Dies führt zu einer Beschränkung der Datenbank auf ca. 3.000 Felder.

- EINFACHE SUCHE NICHT ZULASSEN/DON'T ALLOW SIMPLE SEARCH

  Diese Datenbankeigenschaft trägt zu einer gesteigerten Server-Performance bei, da sie verhindert, dass ein Anwender diese Datenbank durchsuchen kann, wenn kein Volltextindex erstellt wurde.

- DATENBANKGESTALTUNG KOMPRIMIEREN/ALLOW COMPRESSION OF DATABASE DESIGN

  Die Eigenschaft ALLOW COMPRESSION OF DATABASE DESIGN trägt zu einer TCO-Reduzierung bei, indem sie die Größe der Designelemente durch Komprimierung reduziert. Dies funktioniert allerdings nur für Datenbanken mit dem Format ODS48. Für das Template der Notes Client-Mail-Datenbank (*mail8.ntf*) ist die Eigenschaft standardmäßig aktiviert, sodass das Design komprimiert wird, sobald die Mail-Datenbank angelegt wird. Für alle anderen Datenbanken muss diese Eigenschaft von Hand (oder über eine programmierte Lösung) umgesetzt werden, um danach die Copy Style-Komprimierung (siehe *Kapitel 5.3.1, Server-Tasks*) über die Datenbank laufen zu lassen.

- DOKUMENTDATEN KOMPRIMIEREN/COMPRESS DOCUMENT DATA

  Die Dokumentkomprimierung betrifft die Komprimierung nicht zusammengefasster (Haupttext)-Daten in Notes-Dokumenten. Durch Komprimieren nicht zusammengefasster Daten wird die Größe auf der Festplatte für alle Rich-Text-Elemente in Dokumenten verringert. Die Einsparung von Festplattenspeicher kann beträchtlich sein, insbesondere wenn eine Datenbank lange Dokumente mit großen Grafikdateien enthält.

- EXPORTIEREN VON ANSICHTSDATEN DEAKTIVIEREN/DISABLE EXPORT OF VIEW DATA

  Ist diese Option deaktiviert, können die Anwender keine Daten in eine Ansicht exportieren. Daher ist in einem solchen Fall ist die Funktion DATEI/FILE > EXPORTIEREN/EXPORT nicht verfügbar.

- WIEDERHERSTELLBARE LÖSCHUNGEN ZULASSEN/ALLOW SOFT DELETIONS

  Mithilfe der Eigenschaft WIEDERHERSTELLBARE LÖSCHUNGEN ZULASSEN können gelöschte Dokumente in der Datenbank beibehalten werden. Sie werden erst nach einer bestimmten Anzahl an Stunden endgültig entfernt. Die Stundenzahl wird vom Datenbankmanager im Register ERWEITERT/ADVANCED der Info-Box für die Datenbankeigenschaften festgelegt. Nach Ablauf der Zeit wird das Dokument dauerhaft aus der Datenbank gelöscht.

- ABLAUFZEIT FÜR WIEDERHERSTELLBARE LÖSCHUNGEN (IN STD.) /PERMANENTLY DELETE DOCUMENTS AFTER N HOURS

  Diese Option bietet Ihnen die Möglichkeit, den Zeitraum zu begrenzen, in dem Benutzer gelöschte Dokumente wiederherstellen können, indem sie in einem speziellen Ansichtstyp darauf zugreifen. Durch das Aktivieren der Datenbankoption WIEDERHERSTELLBARE LÖSCHUNGEN ZULASSEN und das Erstellen dieser Ansicht können versehentlich gelöschte Dokumente einfach und schnell wiederhergestellt werden.

- GRÖSSE VON $UPDATEDBY-FELDERN REDUZIEREN/LIMITING ENTRIES IN $UPDATEDBY FIELDS

  Jedes Dokument enthält ein $UPDATEDBY-Feld, das standardmäßig den Namen des Benutzers oder Servers speichert, der ein Dokument in einer Arbeitssitzung bearbeitet. Wenn ein vollständiges Bearbeitungsprotokoll gespeichert wird, wird Speicherplatz belegt und die Aktualisierung von Ansichten sowie die Replizierung verlangsamt. Um Speicherplatz einzusparen und die Datenbankleistung zu verbessern, verwenden Sie im Register ERWEITERT die Datenbankeigenschaft EINTRÄGE IN $UPDATEDBY-FELDER BE-

GRENZEN. Hier können Sie die Anzahl an Einträgen angeben, die das $UPDATEDBY-Feld enthalten darf. Wenn das $UPDATEDBY-Feld diesen Wert erreicht, wird der älteste Eintrag entfernt, um Platz für den aktuellsten Eintrag zu schaffen.

- GRÖSSE VON $REVISIONS-FELDERN REDUZIEREN/LIMITING ENTRIES IN $ REVISIONSBY FIELDS

  Jedes Dokument enthält ein $REVISIONS-Feld, das standardmäßig das Datum und die Uhrzeit aller Arbeitssitzungen speichert, in denen Dokumente bearbeitet werden. Domino verwendet dieses Feld, um die Replizierungs- oder Speicherkonflikte zu lösen, die auftreten, wenn zwei Benutzer zwischen zwei Replizierungen dasselbe Dokument auf einer Replik oder auf unterschiedlichen Repliken bearbeiten. Das $REVISIONS-Feld speichert standardmäßig ein Protokoll von bis zu 500 Bearbeitungssitzungen, von denen jede 8 Byte Speicherplatz benötigt. Im Laufe der Zeit können die $REVISIONS-Felder sehr groß werden und viel Speicherplatz belegen und dadurch die Aktualisierung von Ansichten und die Replizierung verlangsamen. Um Speicherplatz einzusparen und die Datenbankleistung zu verbessern, verwenden Sie im Register ERWEITERT/ADVANCED die Datenbankeigenschaft EINTRÄGE IN $REVISIONS-FELDER BEGRENZEN. Hier geben Sie die Anzahl an Einträgee an, die das $REVISIONS-Feld enthalten darf. Wenn das $REVISIONS-Feld diesen Wert erreicht, wird der älteste Eintrag entfernt, um Platz für den aktuellsten Eintrag zu schaffen.

  Sie sollten die Einträge in den $REVISIONS-Feldern einer Datenbank begrenzen, wenn diese die folgenden Eigenschaften hat:

  - Die Datenbank enthält viele Dokumente.
  - Die Datenbank repliziert häufig oder hat keine Repliken.
  - Die Datenbank enthält Dokumente, die nicht oft bearbeitet werden.

  Die vorgeschlagene Beschränkung liegt bei 10 Einträgen. Wenn Sie einen Wert unter 10 festlegen, besteht die Gefahr erhöhter Replizier- und Speicherkonflikte.

1.6 Lotus Notes Domino-Anwendungsbereiche

Lotus Notes Domino ist vielen nur als Messaging-System bekannt. Doch es ist viel mehr. Aufgrund seiner Plattformunabhängigkeit und vor allem wegen seiner integrativen Fähigkeiten ist es eine überaus leistungsfähige Plattform für jegliche Groupware-, Workflow- und Knowledge-Management-Anwendungen geworden. Im Gegensatz zu einer reinen Messaging-Plattform bietet Notes Domino eine Vielzahl von Funktionen, die allerdings erst dann ihren vollen Nutzen entfalten können, wenn sie in entsprechende Lösungen eingebettet sind.

Weil es nicht möglich ist, für jedes spezielle Bedürfnis eine vom Hersteller vorgegebene Anwendung zu bieten, sah Lotus schon früh Entwicklungswerkzeuge vor. So lassen sich auf die Anforderung zugeschnittene Lösungen erarbeiten. Diese Lösungen werden aber nicht von IBM selbst bereitgestellt. Diese Aufgabe kommt von jeher den Partnerunternehmen der IBM zu, die unterschiedliche Anwendungen entwickelt haben und am Markt anbieten. Wenn Sie nicht auf diese Drittanbieter-Lösungen der sogenannten *Independent Software Vendors* (ISV) zurückgreifen möchten, können Sie Anwendungen und Datenbanken auch selbat entwickeln, vorausgesetzt, das entsprechende Entwickler-Know-how ist vorhanden.

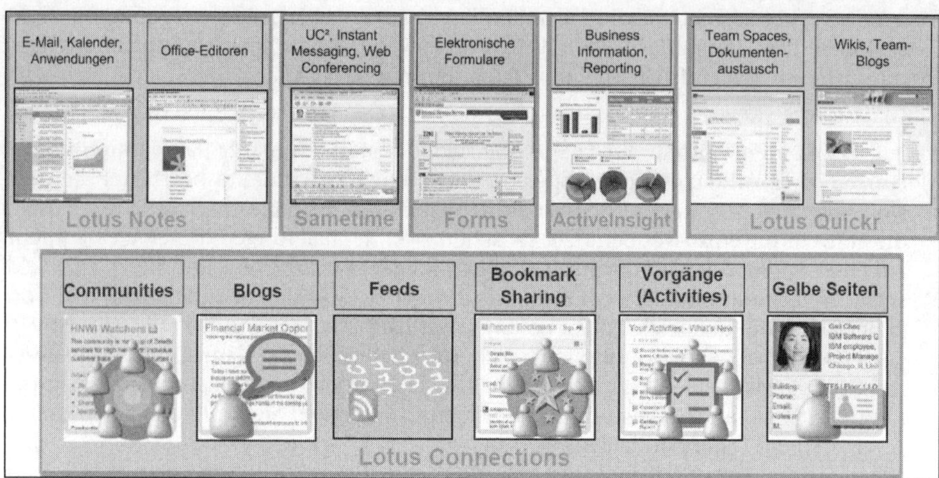

Abbildung 1.38: Mitarbeiter benötigen unterschiedliche Kommunikations- und Collaboration-Funktionen.

1.6.1 Kommunikation

Mit *Notes Mail* können Sie sowohl mit anderen Notes-Benutzern als auch mit Benutzern anderer E-Mail-Produkte auf elektronischem Wege kommunizieren. Sie können Nachrichten mit Personen in demselben Netzwerk austauschen, oder Sie können, falls Sie nicht an ein Netzwerk angeschlossen sind (zum Beispiel von Zuhause oder einem Hotel aus), über ein Modem und ein Telefon auf Ihre E-Mail zugreifen. Mit Notes Mail können Sie Domino Notes Mail, POP3- und SMTP-Mail sowie IMAP-Mail senden und empfangen.

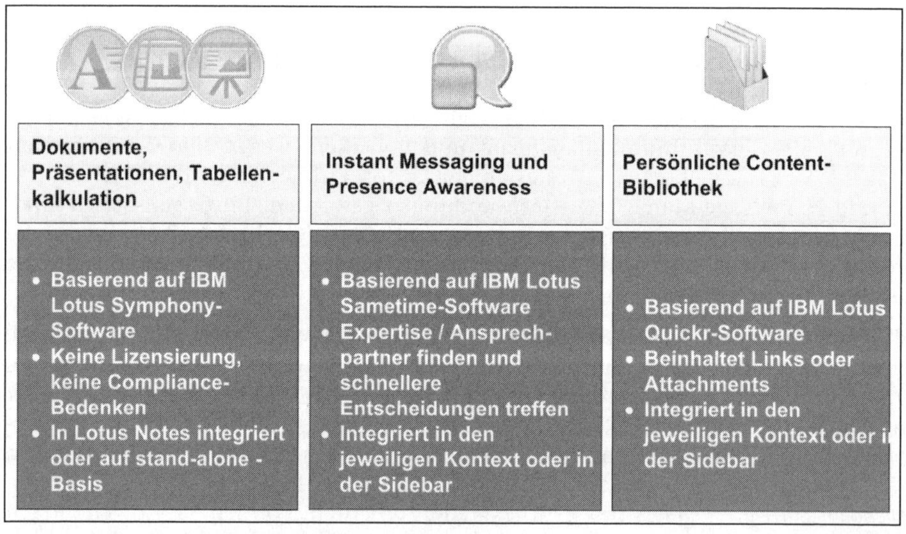

Abbildung 1.39: Lotus bietet mehr als nur die Inbox.

Eine Notes-E-Mail-Nachricht unterscheidet sich nicht von anderen Notes-Dokumenten. Sie können darin zum Beispiel Schriften und Farben ändern, Dateianhänge hinzufügen sowie Tabellen, Grafiken und Verknüpfungen einfügen. Jeder Notes-Benutzer verfügt über eine Mail-Datenbank, in der die E-Mail-Nachrichten abgelegt werden. *Kalender* und *Aufgaben* sind Ansichten in Ihrer Mail-Datenbank, mit denen Sie Ihre Zeit verwalten sowie Besprechungen und Aufgaben nachvollziehen können. Daneben können Sie weitere persönliche Informationen in Ihren *Kontakten* (früher persönliches Adressbuch genannt) verwalten.

Neben einer personalisierten Mail-Datenbank besteht auch die Möglichkeit, sogenannte Mail-In-Datenbanken einzurichten, die einem größeren Personenkreis zur Verfügung gestellt werden können. Eine Mail-In-Datenbank ist für den Empfang von Mail vorgesehen, ohne einer spezifischen Person zugewiesen zu sein. Sie ähnelt also eher einer Art „Gruppen-Mail-Datenbank". Auf die Mail-In-Datenbank können dann eine oder mehrere Personen zugreifen, wenn sie über die entsprechenden Berechtigungen verfügen. Wenn beispielsweise mehrere Benutzer auf einer Mailingliste bestimmte Mails lesen können sollen, können diese Mails an eine Mail-In-Datenbank statt an alle einzelnen Benutzer gesendet werden. Diese Benutzer können dann die Datenbank öffnen und die Mails lesen.

1.6.2 Team- und Projektarbeit

Als Klassiker von Groupware-Software unterstützt Lotus Notes die verschiedensten Formen der Teamarbeit im Offline- und Online-Modus (Abbildung von Diskussionen, Unterstützung von nicht-textbasierter Information (Formeln, Grafiken), Versionskontrolle, Archivierung, Volltextindizierung). Die Erfolgsgeschichte von Notes ging mit der Dezentralisierung von Unternehmen in den 90er-Jahren einher. Tools wie Notes halfen, Abteilungs- und Niederlassungsgrenzen aufzuweichen und Informationen im gesamten Enterprise zu verbreiten. Lotus stellt sowohl mit der Kern- als auch mit der Extended-Produktpalette umfangreiche Möglichkeiten zur Kommunikation, zur Informationsverteilung und zur gemeinsamen Informationserstellung und -verwaltung bereit. So bietet Lotus eine Plattform zur Unterstützung von Gruppenprozessen und dient als Grundlage für weitere Entwicklungen für derartige Anwendungen.

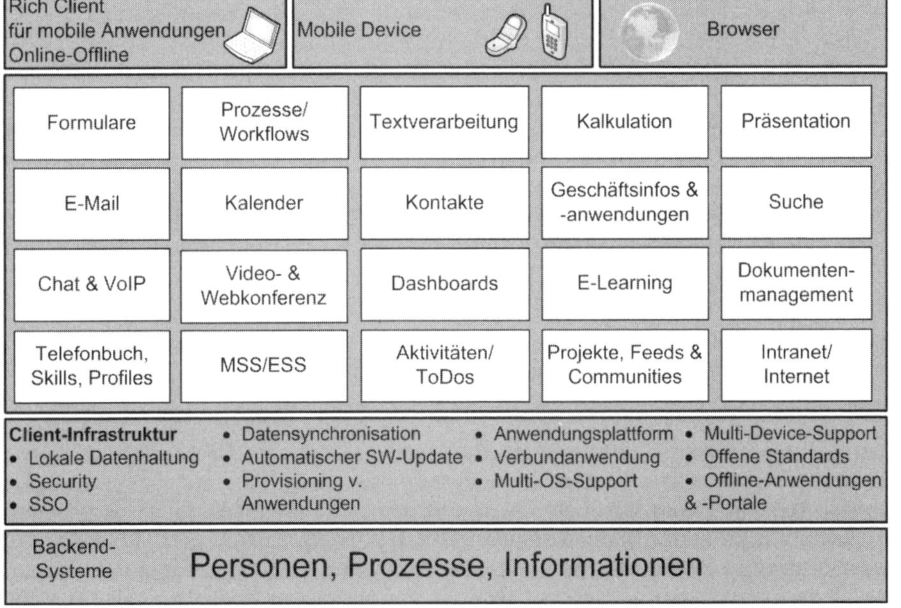

Abbildung 1.40: Ein moderner Arbeitsplatz mit all seinen Aspekten und Anforderungen

Unternehmen, die Lotus Software-Lösungen einsetzen, sind in der Lage, das Wissen, die Informationen und die Expertise ihrer Mitarbeiter auf Basis von modernen Collaboration-Technologien auszutauschen. Der interne Informationsfluss im Unternehmen und die Geschäftstransaktionen mit Kunden, Partnern und Lieferanten müssen nicht auf unterschiedliche Medien oder Systeme umgebrochen werden und bleiben so nachvollziehbar. Diese Argumente sprechen nicht nur in Bezug auf eine externe Kommunikation für Lotus. Denn auch innerhalb der Unternehmen spielt Collaboration eine große Rolle. Immer komplexere Aufgabenstellungen erfordern die Zusammenarbeit von Mitarbeitern. Der Anteil des intellektuellen Kapitals an der Wertschöpfung steigt damit kontinuierlich an. Projektteams – als temporäre und zeitlich befristete Organisationsform zur Lösung individueller Probleme – finden sich in weiten Teilen von Unternehmen. Die Zahl der in Projektteams involvierten Mitarbeiter hat dadurch deutlich zugenommen.

Teamarbeit ist gekennzeichnet durch Kommunikation, Kooperation und Koordination der Teammitglieder. Für teambasierte Wissensarbeit rückt zusätzlich die Versorgung der Projektmitglieder mit projektinternem, aber auch projektexternem Wissen in den Vordergrund. Wissen kann dabei zum einen dokumentiert oder zum anderen an Personen gebunden vorliegen. Insbesondere Groupware-Systeme und Portale sind Grundlagen des verteilten Zugriffs und der personalisierten Nutzung von Wissensressourcen in informationslogistischen Anwendungen. Groupware-Systeme zur Ermöglichung von Kommunikation sind Mail, Videokonferenzsysteme, Chat-Tools, Dokumentensysteme und Diskussionsforen. Kooperation wird insbesondere durch gemeinsame Arbeitsbereiche ermöglicht, mit denen ein Zugriff auf eine Vielfalt von Informationsressourcen wie auch eine Ablage von Informationen von unterschiedlichen Orten aus ermöglicht wird. Aber auch sogenannte *Whiteboards*, mit denen Mitarbeitern an unterschiedlichen Orten eine gemeinsame Zeichen- oder Darstellungsfläche als Ersatz für eine Tafel zur Verfügung gestellt wird, bieten Hilfe für die Kooperation von Mitarbeitern. Die Koordination kann verbessert werden durch Gruppenterminkalender, die die Einberufung von Besprechungen vereinfachen und Transparenz über die Terminplanung der Kollegen schaffen, sowie durch Meeting-Support-Systeme, die eine Sitzungsunterstützung und damit eine effizientere Gestaltung des Entscheidungsfindungsprozesses ermöglichen. Viele neue und bewährte Features von Lotus leisten genau das. Hinzu kommt, dass jede Domino-Anwendung auch eine Webanwendung sein kann. Dadurch können Informationen jeglicher Art im Internet festgelegten Personenkreisen zur Verfügung gestellt werden. Das Sicherheitssystem verhindert den unberechtigten Zugriff, sodass nur festgelegte Mitarbeiter die Informationen in der abgelegten Form einsehen und bearbeiten dürfen. Dadurch entfällt die Abhängigkeit von einem installierten Notes Client, und die Anwender besitzen die Möglichkeit, benötigte Applikationen von jedem Webbrowser aus abzurufen. Dies erhöht die Flexibilität erheblich.

Diskussionsdatenbank

Die Grundlage von Diskussionsdatenbanken sind die zur Verfügung gestellten Antworthierarchien von Dokumenten.

Eine Diskussionsdatenbank kann von praktisch jeder Gruppe eingesetzt werden, deren Teilnehmer untereinander Informationen austauschen möchten. Zunächst kann der Benutzer einfach die Diskussionsbeiträge und -antworten anderer Benutzer durchlesen. Dies ist besonders für neue Mitglieder einer Arbeitsgruppe nützlich, die sich über aktuelle Diskussionsthemen informieren möchten, um schnell auf dem neuesten Stand zu sein. Der Diskussionsverlauf dieser Themen wird in der Diskussionsdatenbank der Gruppe gespeichert.

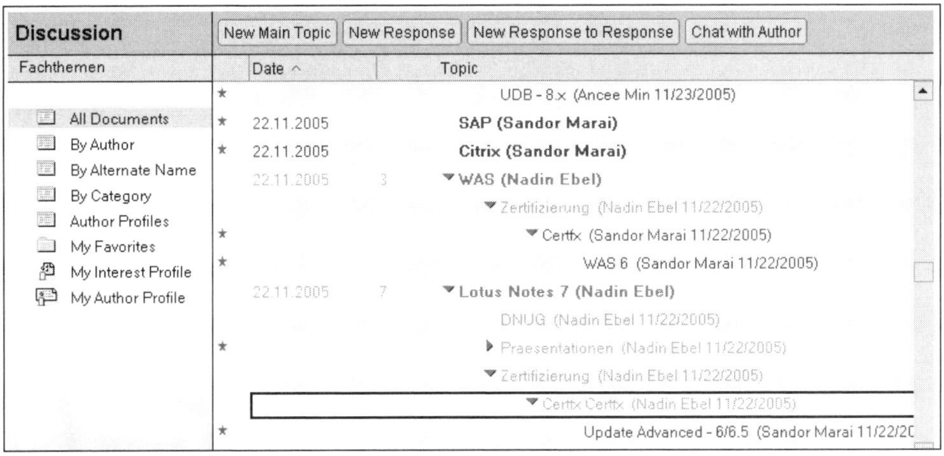

Abbildung 1.41: Die Oberfläche einer Diskussionsdatenbank mit zahlreichen Threads

Ein Benutzer kann auch eine aktive Rolle in der Diskussion übernehmen und seine eigenen Antworten beisteuern sowie neue Hauptthemen für die Diskussion vorschlagen.

Sie können sich eine Diskussionsdatenbank als Treffpunkt für formlose Zusammenkünfte vorstellen, wo die Mitglieder einer Arbeitsgruppe Ideen und Kommentare austauschen. Ähnlich wie bei einer echten Besprechung erfahren die Mitglieder, was andere zu sagen haben, und bringen ihre eigenen Gedanken ein. Anders als bei einer echten Besprechung müssen sie sich für diesen Informationsaustausch nicht zur selben Zeit im selben Raum befinden. Sie können die Zeit ihrer Teilnahme selbst bestimmen, und gerade weil dies sehr einfach ist, melden sie sich früher oder später auch zu Wort.

TeamRoom

Die Lotus Domino-Anwendung *TeamRoom* unterstützt Prozesse, die die Zusammenarbeit von Menschen erleichtern. Die Software ist ein Werkzeug; sie kann nicht das Gefühl für gemeinsame Ziele vermitteln, nicht die gemeinsame Sprache und auch nicht den Blick auf das gemeinsame Ziel und die Motivation, die nötig sind, damit Teams effektiv und produktiv arbeiten können. Mit seinen Schablonen für viele grundlegende Praktiken zur guten Zusammenarbeit erleichtert TeamRoom aber das Aufsetzen und Weiterentwickeln von Prozessen für leistungsfähige Teams.

TeamRoom ist ein effektives Instrument zum Informationsaustausch und zur Zusammenarbeit. Jedoch unterscheidet sich die Arbeit eines von TeamRoom unterstützten Teams nicht grundlegend von der eines Teams, das keine Groupware einsetzt. Beim Einrichten einer gemeinsamen Arbeitsumgebung für das Team macht TeamRoom das, was viele gute Tools tun: Es bietet Spielraum, sowohl für den Einzelnen als auch für das Team als Ganzes. Weil diese Technologie auf einer gemeinsamen Domino Groupware-Plattform aufbaut, ist die Arbeitsumgebung vielfältiger und der Spielraum größer, als das zum Beispiel mit reinen Sendewerkzeugen wie E-Mail der Fall wäre. Mit Domino als Grundlage kann TeamRoom außerdem Teams unterstützen, deren Mitglieder an verschiedenen Orten arbeiten und nicht immer mit ihrem Computer-Netzwerk verbunden sein können.

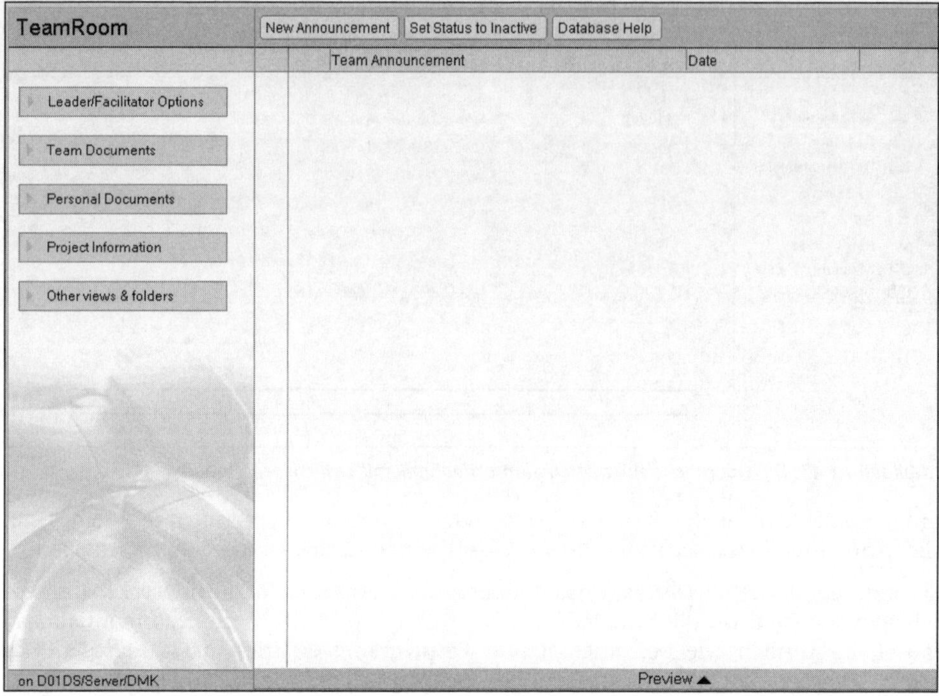

Abbildung 1.42: TeamRoom-Anwendung

Zu den Aufgaben, die mit TeamRoom einfacher und effizienter erledigt werden können, zählen:

- Themen einbringen und zur Diskussion stellen
- Das Erstellen gemeinsamer Dokumente: Memos, Präsentationen usw.
- Brainstorming und sich daraus ergebende Beschlüsse und Aktionen
- Vorbereitung auf Besprechungen: Im TeamRoom können Informationen vorab ausgetauscht werden, sodass man sich während der Besprechung darauf konzentrieren kann, Entscheidungen zu treffen.
- Das Verfolgen von Beschlüssen und der sich daraus ergebenden Aktionen

Teams werden am besten zu guten Leistungen motiviert, wenn die gemeinsame Zielsetzung klar umrissen ist und die Vorgehensweise für die Arbeit als Einzelpersonen und als Team eindeutig vorgegeben ist.

Exkurs: Quickr

IBM Lotus Quickr ist eine Software für Teamworkspaces und Dokumentenmanagement, die es Ihnen ermöglicht, Inhalte gemeinsam zu nutzen, zusammenzuarbeiten und online schneller mit Ihren Teams zu arbeiten – innerhalb oder außerhalb von Firewalls. Quickr stellt Funktionen bereit wie z. B. Dokumentenmanagement (Check-in/out, Metadaten, Versionierung etc.), Basis-Workflows, Wikis/Blogs, Foren, Diskussionen und Teamkalender.

Quickr ist eine Mischung aus Teamspaces und Dokumentenmanagement, und es bietet eine Benutzeroberfläche auf Basis von Web 2.0.

Der Name Quickr ist ein Kunstwort, das von dem Namen der populären Online-Fotoverwaltung *Flickr* und *Quickplace* abgeleitet wurde. Letztendlich verbirgt sich hinter dem Produkt eine stark überarbeitete Version von *Quickplace*, einem Tool, das unter die Kategorie Instant Collaboration fällt. Die Umbenennung rechtfertigt IBM mit zahlreichen neuen Funktionen. IBM bezeichnet Quickr als *Collaborative Content Platform*.

Unter der neuen Web 2.0-Oberfläche findet sich vieles aus der Quickplace-Vergangenheit wieder. Dazu gehören einerseits die von Quickplace bekannten Teamfunktionen wie etwa Dokumentenablagen, Diskussionsforen und einfaches Projekt-Management. Eine Reihe von Anwendungsschablonen soll dem Konzept der Instant Collaboration treu bleiben. Zum anderen beerbt die Software die Dokumentenmanagement-Komponente von Workplace. IBM Produkt-Manager Marc Pagnier bezeichnete Quickr in dieser Hinsicht als die nächste Version des *Portal Document Manager*. Entsprechend bietet Quickr gegenüber Quickplace umfangreiche DMS-Funktionen wie Check-in und Check-out sowie eine wesentlich mächtigere Workflow-Engine. Als Enterprise 2.0-Anwendung bietet Quickr auch Unterstützung für Blogs, Wikis und RSS/Atom.

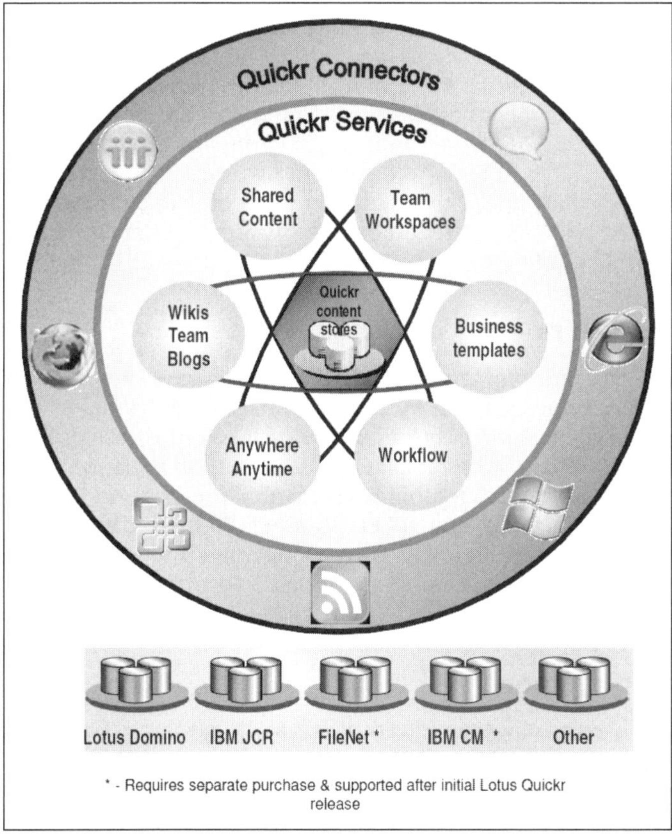

Abbildung 1.43: Lotus Quickr

Angeblich soll Quickr künftig das einzige Dokumentenmanagement-Tool im Lotus-Portfolio sein. Damit stellt es die Zukunft des Veteranen *Domino Document Manager* (früher *Domino.Doc*) infrage. Die technische Verschmelzung der beiden Produkte scheint bereits beschlossen. Das gilt etwa für die neuen Konnektoren für Desktop-Anwendungen, eine der wesentlichen Neuerungen von Quickr. Sie stellen aus Autorenwerkzeugen oder Mail-Clients via Webservices die Verbindung mit dem Server her. Zudem erlauben sie eine Form der *Contextual Collaboration*, indem sie die Quickr-Funktionen in MS Office, Lotus Notes oder den Windows Explorer einbetten. Dadurch lassen sich direkt aus diesen Anwendungen Dokumente in das Repository übertragen oder Anträge im Rahmen dokumentenbasierender Workflows genehmigen.

Content-bezogene Zusammenarbeit bezieht sich nicht nur auf Dokumente, die von Projektbeteiligten in Teamräume hochgeladen werden. Als DMS-Frontend soll Quickr auch den Zugriff auf Content-Repositories gewähren. Unterstützung von NSF-Datenbanken sowie Adapter für SharePoint- und FileNet-Speicher sind Bestandteil des Produktes. (FileNet wurde als *Enterprise Content Management*-(ECM-)Anbieter von IBM aufgekauft. Die Software bietet eine Reihe von Lösungen auf Basis der offenen, standardbasierten J2EE-Architektur an.)

Die technischen Grundlagen von Quickr setzen den Kurs in Richtung Java und SQL-Datenbank fort und kommen gleichzeitig den Wünschen der traditionellen Notes-Anwender entgegen. Die Software erscheint in zwei Varianten: Eine beruht auf Domino, die andere auf dem *Websphere Portal Server.* Die Domino-Variante lässt sich auf Basis einer mitgelieferten Laufzeitumgebung installieren oder alternativ auf vorhandenen Domino-Servern ab der Version 6.5. Sie hat gegenüber der Portal-Server-Variante den Vorteil, dass sie ffline-fähig ist. Dafür ist eine Technik verantwortlich, die bereits vor Jahren unter der Bezeichnung *Domino Offline Services* eingeführt wurde und die Basis für *Domino Web Access* (alias *iNotes*) bildet. Sie erweitert die Webanwendung um eine lokale Datenbank und den von Notes bekannten Replikationsmechanismus.

1.6.3 Workflow-Anwendungen

Workflow-Management ist nicht nur ein aktuelles Schlagwort, sondern eine Funktionalität mit weitreichenden Konsequenzen. Ein Workflow-Management-System ist das, was man auch unter dem einfachen Namen *Vorgangsbearbeitung* kennt. Hierbei geht es um die Abbildung definierter Geschäftsprozessabläufe, auch Workflows genannt. Lotus Domino ist eine für diese Anwendungen prädestinierte Plattform. Vorgänge und Prozesse in der Arbeitswelt können so nachgebildet und genutzt werden. Beispiele dafür gibt es zahlreiche: Umzüge, Bestellprozesse oder Rundschreiben. Durch die Erweiterbarkeit von Standard-Datenbanken oder eigenen Entwicklungen können selbst spezielle Prozesse nachgebildet und genutzt werden.

1.6.4 Knowledge Management

Knowledge Management (Wissensmanagement) verwaltet das Wissen über Geschäftsobjekte. Täglich gehen in Unternehmen Aufträge verloren, weil Wissen nicht verfügbar ist. Es entstehen Ausfallzeiten in der Produktion, weil das entscheidende Wissen eines Mitarbeiters oder einer anderen Quelle nicht verfügbar ist. Mitarbeiter verlassen Ihr Unternehmen oder fallen aus, Technik versagt, und Dokumentationen sind nicht vorhanden. Der Wissensfluss ist unterbrochen. Die dadurch entstandenen Wissenslücken müssen mit großem finanziellem und zeitlichem Aufwand geschlossen werden. Deshalb muss das im Unternehmen vorhandene Wissen gesichert und zur richtigen Zeit den richtigen Mitarbeitern verfügbar gemacht werden. Auch diese Aufgabe kann Lotus Domino voll unterstützen.

Mit Lotus Notes-Datenbanken werden Dokumente erstellt, abgelegt, verwaltet, verarbeitet und weitergeleitet, ähnlich wie in der Papierwelt. Das Dokument bildet die Grundeinheit der Informationen, entsprechend einem Datensatz in einer relationalen Datenbank. In ein Notes-Dokument können dabei sowohl strukturierte als auch unstrukturierte Daten aufgenommen werden.

Die Informationen, die im Büroumfeld anfallen, lassen sich nur selten in starre Formen pressen. Beispiele sind Berichte, Protokolle, Bemerkungen oder Notizen. Diese weichen Daten erfordern andere Datenbankstrukturen. In Notes-Dokumenten existieren daher keine festen Feldlängen. Auch kann dort in sogenannte Rich-Text-Felder jede erdenkliche Information – angefangen von Texten und Bildern über Tabellen, Grafiken bis hin zu OLE-Objekten oder ganzen Dateien – abgelegt werden.

So können Sie auf zahlreiche Wissensquellen in einem System verweisen oder diese Ressourcen in einer Datenbank ablegen, um Informationen zu einer Thematik festzuhalten.

1.6.5 Web 2.0

Web 2.0 ist ein viel verwendeter Begriff, bezeichnet aber keine bestimmte Technologie. Er definiert keine einzelne Software oder einen konkret fassbaren Vorgang, sondern beschreibt eine Veränderung der Internetkultur hin zu mehr Beteiligung der Internetnutzer an der Gestaltung von Inhalten, zu mehr Vernetzung, zu neuen Kommunikations- und Arbeitsformen. Der Begriff wird dem Verleger Tim O'Reilly zugeschrieben, der ihn im Jahr 2004 prägte. Im Herbst 2004 fand die erste *Web 2.0 Conference* in San Francisco statt. Seitdem findet die Konferenz jährlich im Oktober statt.

Web 2.0 bezeichnet eine Art von „Mitmach"-Ideologie. Web-Content wird beispielsweise nicht länger nur zentralisiert von Unternehmen erstellt. Stattdessen vernetzt sich eine Vielzahl von Einzelpersonen mithilfe „sozialer Software" untereinander. Aus dem passiven Nutzer wird ein aktiver Gestalter. Dieser erzeugt nicht nur selbstständig eigene multimediale Inhalte. Er vernetzt sich mit anderen Anwendern und erzeugt gemeinsam mit diesen Personen Inhalte und Informationen, deren Qualität und Reichweite von einem Einzelnen gar nicht zu erbringen wäre. Typische Beispiele dafür sind RSS-Feeds, Wikis, Blogs, Podcasts, Foto- und Video-Portale (wie Flickr und YouTube), soziale Online-Netzwerke (wie MySpace oder Xing) sowie Social-Bookmarking-Portale (wie Del.icio.us oder Mister Wong).

Die ursprünglich im privaten Bereich eingesetzten neuen Technologien wie Blogs haben den Sprung in die Unternehmen geschafft. Das Marktforschungsunternehmen *Berlecon Research* belegte bereits Anfang 2007 in seiner Studie „Web 2.0 in Unternehmen", dass der nutzergesteuerte Informationsaustausch und die vernetzten Wissensstrukturen, die durch Web 2.0-Techniken und -Anwendungen möglich werden, allmählich Einzug in die innerbetrieblichen Prozesse von Unternehmen hielten. Blogs, Wikis und Co. erhöhen die Produktivität der Unternehmen. Auch einer Studie aus dem Sommer 2008 zufolge haben Web 2.0-Anwendungen ihren festen Platz in den Arbeitsabläufen gefunden. Die Studie führte der Branchenverbands *Bitkom* in Zusammenarbeit mit *Oracle* durch, wobei über 400 Unternehmen aus den unterschiedlichsten Branchen befragt wurden. Mehr als

80 Prozent der Unternehmen meinen laut Studie, dass Web 2.0-Technologien weiter an Bedeutung gewinnen werden. Schließlich geht es darum, das bisher versteckte Wissen der Vielen im Unternehmen zu nutzen.

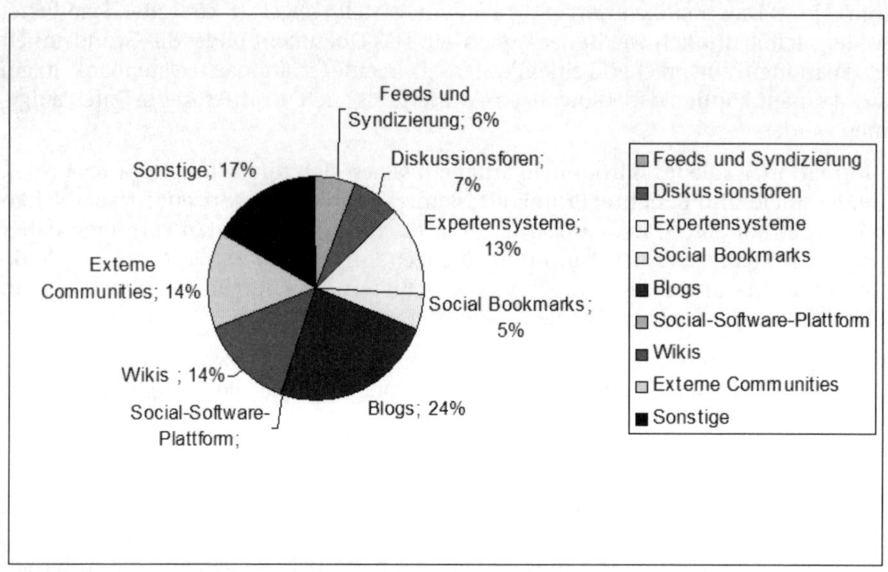

Abbildung 1.44: Eingesetzte Web 2.0-Anwendungen (Quelle: Gartner 2007)

Wikis

Wikis gehören zu den ersten Web 2.0-Anwendungen, die in Unternehmen auch mit den entsprechenden kollaborativen Eigenschaften aufgenommen wurden. Wikis eignen sich für die gemeinsame Arbeit an Dokumentationen oder den Aufbau einer Wissensdatenbank. Es kann Wissen gesammelt und gespeichert, ständig aktualisiert und allen Mitarbeitern zugänglich gemacht werden.

Ein Wiki ist eine Website, die von den Besucherinnen und Besuchern nicht nur gelesen, sondern – in der Regel erst nach Registrierung beim Betreiber des Wikis – auch verändert werden kann. Änderungen einer Seite werden protokolliert, sodass auch im Nachhinein noch die Entstehungsgeschichte eines Textes nachvollzogen werden kann, da man sieht, wer wann was auf der Seite verändert hat. Die einzelnen Seiten können mit Hyperlinks vernetzt werden, sodass sich Wikis beispielsweise dafür eignen, Informationen zu einem komplexen Thema zusammenzutragen. Bekanntestes Wiki ist die freie Online-Enzyklopädie *Wikipedia*.

Definition für den Begriff „Wiki" aus Wikipedia

„Ein Wiki (Hawaiisch für „schnell"), seltener auch WikiWiki oder WikiWeb genannt, ist eine Software und Sammlung von Webseiten, die von den Benutzern nicht nur gelesen, sondern auch direkt online geändert werden können. Wikis ermöglichen es verschiedenen Autoren, gemeinschaftlich an Texten zu arbeiten. Ziel eines Wiki ist es im Allgemeinen, die Erfahrung und den Wissensschatz der Autoren kollaborativ in Texten auszudrücken."

Vor allem die Animation zum Mitmachen, zum Hinzufügen und Verbessern von Inhalten steht im Mittelpunkt der Wiki-Philosophie. Dazu sind Wikis als offene Systeme konzipiert, die es den Nutzern erlauben, auf die Inhalte zuzugreifen und diese auch zu modifizieren. Auch der Erfolg eines Unternehmenswikis beruht auf dem Engagement der Mitarbeiter, kulturellen Gepflogenheiten des Unternehmens (Wie ist der Wissensaustausch im Unternehmen verankert, und wie wird er gefördert?) und dem richtigen Maß an Struktur und Freiheiten.

Wikis sind ideal für:

- Ideensammlung und Diskussionen zu konkreten Projekten (Requirement Specs, Produktdokumentation, Übersiedlungen)
- Instruktionen, Handbücher (How-Tos, Standard Operation Procedures)
- Verzeichnisse aller Art (Zuständigkeiten, Kontakte, Glossare, FAQs)
- Herkömmliche Dokumentmanagementsysteme planen und steuern die Praxis; Wikis erzeugen Information aus der Praxis für die Praxis.

IBM Lotus Connections

IBM Lotus Connections wurde von IBM als Social Software angekündigt und enthält Profile für Personen, Wikis, Weblogs, Social Bookmarks und den *Activity Explorer*. IBM Lotus Connections ist *Social Software* für Unternehmen, um soziale Netzwerke von Kollegen, Partnern und Kunden zu nutzen. Mit Funktionen wie Social Bookmarking, Blogs, dem innovativen Aktivitätenmanagement-Konzept und der modernen Oberfläche knüpft es an aktuelle Entwicklungen der Web 2.0-Mentalität an.

Profiles
Quickly find the people you need by searching across your organization on skills or contacts, create a network of colleagues, and interact socially

Communities
Create, find, join, and work with communities of people who share a common interest, responsibility, or area of expertise

Blogs
Use a weblog to present your idea and get feedback from others; learn from the expertise and experience of others who blog

Dogear
Save, organize and share bookmarks; discover bookmarks that have been qualified by others with similar interests & expertise

Activities
Organize your work, plan next steps, and easily tap your expanding professional network to help execute your everyday deliverables, faster

Home Page
Manage your attention by viewing relevant social data aggregated from across your subscriptions, notifications and network colleagues

Abbildung 1.45: Lotus Connection Services

Connections ist eine Java-Anwendung auf Basis des *Websphere Application Servers* und benötigt im Gegensatz zu anderen Collaboration-Tools im IBM-Portfolio kein Portal. Sie kann für die Erstellung von Benutzerlisten auf diverse LDAP-konforme Verzeichnisse zugreifen. Als Standard-Client dient ein Ajax-getriebenes Web-Frontend. Zusätzlich klinkt IBM Connections auch in den Kontext anderer Desktop-Anwendungen ein. So zeigt ein Popup-Fenster über den Einträgen der *Sametime*-Kontakte nicht nur den

Online-Status der betreffenden Personen an, sondern auch die Titel der letzten Blog-Postings oder die kürzlich gespeicherten Bookmarks. Zusätzlich sollen die Konnektoren von *Quickr* die Möglichkeit bieten, Dokumente nicht nur in ein Content-Repository zu speichern, sondern beispielsweise dafür auch ein Lesezeichen in *Dogear* zu hinterlegen. Somit verknüpft IBM eine ganze Reihe von Möglichkeiten und Anwendungen, die das Unternehmen auch bereits intern eingesetzt hat:

- *Profiles* sind die Profile und Kontaktinformationen von Mitarbeitern. Bei IBM sind seit Jahren die sogenannten *Blue Pages*, ein Online-Verzeichnis aller Mitarbeiter, im Einsatz. Der Name leitet sich von den Yellow Pages (Gelben Seiten) ab, wobei „blue" von der Farbe des IBM-Logos herrührt. („Big Blue" ist ein Synonym für das Unternehmen IBM.) Hier finden sich allerdings nicht nur Kontaktdaten und Angaben zur Unternehmens- bzw. Abteilungszugehörigkeit, sondern auch Angaben zu Fähigkeiten und Erfahrungen der Mitarbeiter.
- *Communities* ist eine Komponente aus dem Knowledge-Management. Sie soll die Bildung sogenannter *Communities of Practice* unterstützen.
- *Blogs* sind auch aus dem Lotus Notes Domino-Bereich der *DeveloperWorks*-Blogs bekannt und gehen auf eine Roller-Implementierung zurück.
- *Bookmarks* basiert auf *Dogear* (Eselsohr), einer IBM-Software, die Ähnlichkeiten zu *del.icio.us* aufweist.
- *Activities*, auch im Zusammenhang mit dem sogenannten *Activity Centric Computing* bekannt, gehen auf Werner Geyers Arbeiten zurück. Dadurch hat der Anwender die Möglichkeit, ganz unterschiedliche Dokumente bzw. Kommunikationsverläufe (seien es E-Mail, Chat-Transskripte oder auch Dokumente) in Aktivitäten zu ordnen bzw. zu konsolidieren. Diese Komponente von Lotus Connections wird auch im Notes 8 Client genutzt, um Mail-Verläufe einem Kommunikationspartner oder einem Themenbereich zuzuordnen.

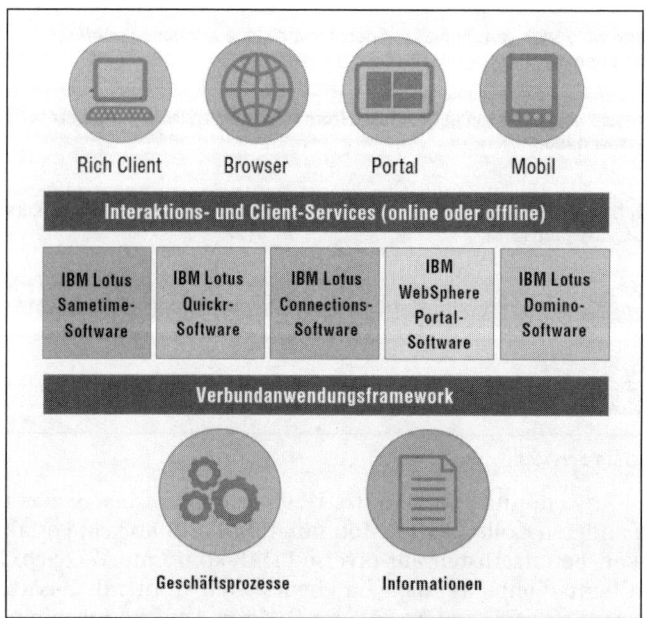

Abbildung 1.46: Zusammenspiel der unterschiedlichen Client- und Framework-Aspekte

Zudem besteht die Möglichkeit, *Tag Clouds* zu generieren. Eine Tag Cloud zeigt die auf der Profilseite eines Mitarbeiters am häufigsten vergebenen Schlagwörter („Tags") an. Lotus Connections extrahiert sie aus den Lesezeichen, die eine Person in Dogear hinterlegt hat, oder aus ihrem Blog, wo Tags den Inhalt von Einträgen beschreiben sollen.

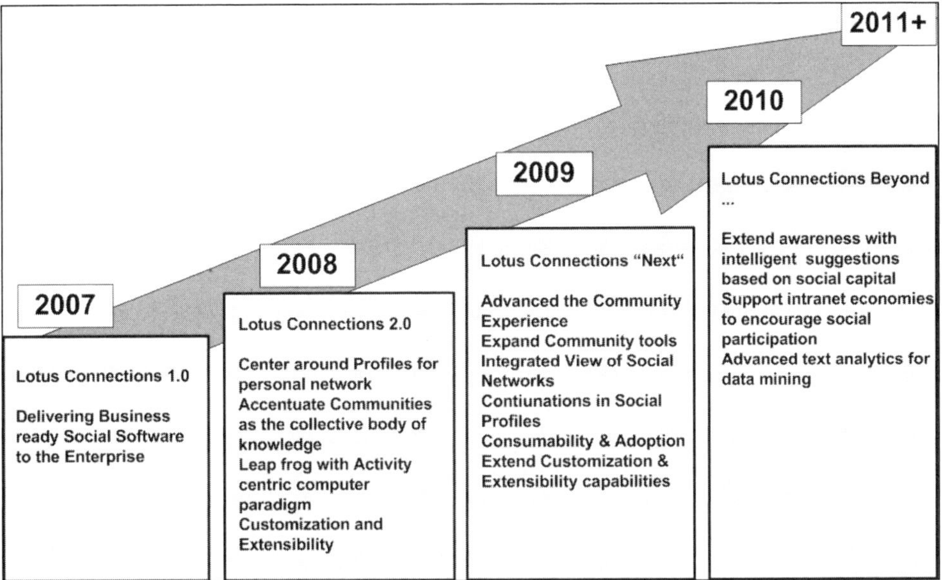

Abbildung 1.47: Lotus Connections Roadmap

Weblogs

Weblogs stehen für eine Art von Tagebuch oder Protokoll (engl. „log") auf einer Webseite, das in regelmäßigen Abständen mit aktuellen Daten und Informationen versehen wird. Sie stellen eine Möglichkeit dar, um mehr oder minder spezifische Informationen zu strukturieren und zu kommentieren. Auf der Blog-Webseite steht dem Besucher eine leicht zu bedienende Kommentierungsmöglichkeit zur Verfügung, über die er mitdiskutieren kann.

Derjenige, der sein Internet-Tagebuch (Internet-Jargon: Blog), mit Informationen füllt, wird als Blogger bezeichnet. Er bietet seinen Lesern Informationen zu Erlebnissen, Meinungen, Wissenswertem, anderen Seiten in Form von Links und seinen Kommentaren. Doch nicht (nur) private Themen und Kuriositäten werden aufgegriffen, sondern auch Fachspezifisches. In den sogenannten Fach-Weblogs werden Artikel und Daten zu bestimmten Themen veröffentlicht, beispielsweise rund um Marketing, Lehre und Forschung, Recht, IT, Bildung, E-Learning, Finanzen oder Presse.

Die ersten Weblogs starteten Anfang des neuen Jahrtausends, eroberten das Internet und tragen mittlerweile deutlich zur Meinungsbildung in den Weiten des WWW bei. Heute existieren über 30 Millionen Blogs in unterschiedlichen Ausprägungen. Viele Privatpersonen nutzen dieses Instrument, um kurze Berichte und Erfahrungen weiterzugeben, doch längst haben sich bekannte Namen unter den Bloggern eingefunden. Weblogs sind mittlerweile Bestandteil des Internets – überall auf der Welt.

Im Gegensatz zu reinen Online-Pressetexten oder gar dem Printbereich greifen Weblogs Trends, Meldungen und Themen sehr viel schneller auf. Je nach Fachgebiet und der Besuchsfrequenz bekommen Sie als Leser oft vorab Tipps und Anregungen, die auf herkömmlichem Wege nicht so schnell ihr Ziel erreicht hätten. Aktuelle Informationen werden auf der jeweiligen Internetseite stets aktuell und chronologisch als Schlagzeile oben auf der Seite angezeigt, ältere Einträge rutschen auf der Seite nach unten. Auf Einträge, die weiter in der Vergangenheit liegen, können Sie fast immer über ein auf der Seite verankertes Blog-Archiv zugreifen.

Weblogs stellen ein Profilierungswerkzeug dar, das auf unterschiedliche Art und Weise von Unternehmen, Agenturen und Freiberuflern genutzt werden kann. Gerade Internetseiten von Firmen fehlt es häufig an Aktualität und Präsenz zu aktuellen Fachthemen, oder sie zeugen von einer fehlenden Kompetenz im Internet. Das Redesign der Firmenpräsenz ist zumeist ein langwieriges und kostenintensives Unterfangen. Weblogs können als Erweiterung des Webauftritts einen Mehrwert zu bestehenden Internetseiten bieten.

Blogs kommen jedoch nicht nur im Internet zum Einsatz. Aufgrund ihrer Vielseitigkeit eignen sie sich für die unterschiedlichsten Anwendungen. Vom innerbetrieblichen Einsatz als Kommunikationstool im Sinne eines Schwarzen Bretts für Abteilungen oder Projektgruppen bis hin zum Einsatz als E-Learning-Werkzeug ist vieles möglich.

Es existiert eine Reihe von kostenpflichtiger oder freier Weblog-Software (eine Art Content-Management-System) zur Verwaltung der Blog-Inhalte, die mehr oder weniger schnell installiert und an das eigene Layout (Corporate Design) angepasst werden kann. Auch IBM Lotus Notes bietet Ihnen die Möglichkeit, Ihre persönlichen Weblogs (Blogs) zu erstellen. Mithilfe der *Blogschablone* (*dominoblog.ntf*) können Sie eine Bloganwendung erstellen, die Sie anschließend wie jede andere NSF-Datei in Notes öffnen können. In Ihrer Bloganwendung können Sie Inhalt und Blogdiskussionen erstellen und verwalten.

Obwohl Sie zum Hinzufügen und Verwalten von Bloginhalten Notes verwenden können, können Sie den Inhalt auch über einen Webbrowser hinzufügen und Ihren Blog mit einem Standard-Webbrowser-Client, z.B. Microsoft Internet Explorer oder Mozilla Firefox, verwalten. Sie sind damit in der Lage, Links, Texte und Bilder über Ihr System einzupflegen und zu präsentieren. Diese Beiträge können mit der Zeit von anderen thematisch verwandten Weblogs im Internet zitiert oder gelistet werden. Ihr Weblog wird in diesem Fall als Quelle angegeben und verlinkt. Voraussetzung ist, dass Sie nützliche, aktuelle und fachbezogene Beiträge anbieten, die für den Leser einen Mehrwert bieten. Engagement und relevante Informationen werden mit Interesse und neuen Kontakten honoriert.

Im technischen Zusammenhang mit Blogs stehen RSS-Feeds (Rich Site Summaries) als reine Texte ohne Layouts oder Design, die mithilfe einer Zusatzsoftware (RSS-Reader oder RSS-Aggregator) gesammelt und aufbereitet werden. Die gesammelten Neuigkeiten lassen sich dann auf einen Blick überschauen. Achtung: Die Abkürzung RSS hat je nach technischer Spezifikation eine andere Bedeutung, z. B. als *Rich Site Summary* in den RSS-Versionen 0.9x oder als *Really Simple Syndication* in RSS 2.0.

Unterstützung für Feeds

Die Blogschablone (*dominoblog.ntf*) unterstützt die Vergabe von Tags und bietet unter Verwendung der von Ihnen angegebenen Tags einen automatischen Feed zu Sites wie Technorati. Die Schablone unterstützt zudem Audio- und Video-Feeds mithilfe von RSS (Really Simple Syndication), einem speziellen XML-Format für das Syndizieren von Webinhalt.

Sie können RSS-Feeds für alle Podcasts und Inhalte verfügbar machen, einschließlich kategorisiertem Inhalt, sodass Blogleser die Bereiche auswählen können, die sie abonnieren möchten. Sie können den RSS-Feed für alle Kommentare verfügbar machen, die dem Blog hinzugefügt werden, sodass Benutzer die für sie interessanten Threads verfolgen können.

Darüber hinaus gibt es ab der Version 8 auch die Möglichkeit, RSS-Feeds zu Domino-Datenbanken anzubieten. Dafür gibt es mit dem Template *rss_generator.ntf* eine neue Vorlage, um die dafür notwendigen Agenten und Skript-Bibliotheken bereitzustellen und die Erstellung solcher RSS-Feeds von Domino-Datenbanken zu realisieren. Diese Feeds können innerhalb von Lotus Notes/Domino an vielen Stellen verwendet werden, beispielsweise mit Diskussionen oder Kontakt-Datenbanken. Die Datenbanken, die auf Basis der Vorlage erstellt werden, sorgen dafür, dass Felder in Domino-Datenbanken auf die RSS-XML-Elemente abgebildet werden. Außerdem erzeugen sie die RSS-Feeds und kündigen die Feeds an. Die so gestalteten Datenbanken können nur auf dem Domino Server eingesetzt werden, wobei sie als weitere Einschränkung nur RSS-Feeds für Datenbanken bereitstellen, die sich auf dem gleichen Server befinden. Der Zugriff erfolgt meist anonym oder beispielsweise über die Basis-Authentifizierung, um bei Bedarf die RSS-Feeds entsprechend zu schützen.

Die Akzeptanz eines Blogs hängt stark vom Blogger selber ab. Der Autor eines Weblogs muss die Bereitschaft zur Auseinandersetzung mit dem Internet und den spezifischen Themenbereichen ebenso mitbringen wie eine angemessene Sprache, die sich in prägnanten und treffenden Texten widerspiegelt.

Auf diese Weise bilden sich temporeiche und effiziente Wissensnetzwerke, deren Gesamtheit auch als *Blogosphäre* bezeichnet wird. Leser erfahren hier bei gleichartiger Zielrichtung zum jeweiligen Blog nicht nur von der Existenz eines bisher unbekannten Dokuments. Sie erhalten zudem in der Regel eine kurze Analyse oder andere Zusatzinformationen, wie beispielsweise die Bezugsquelle oder andere Metainformationen. Weblogs schaffen Zusatzdaten und Platz für thematische Zwischenräume, bieten Interpretationen der dargestellten Informationen und Zusammenhänge für die Leserschaft im Internet.

Das Template für die Erstellung neuer Blogs heißt IBM BLOG und ist in der Liste der erweiterten Vorlagen zu finden. Da auf Blogs über das Web zugegriffen wird, muss das Blog auf einem Webserver angelegt werden. Es empfiehlt sich, einen Volltextindex zu erstellen, um effizienter in großen Blogs suchen zu können.

Das Template *dominoblog.ntf* enthält Assistenten, die Sie beim Einrichten und Verwalten Ihres Blogs unterstützen (siehe *Abbildung 1.48*). Wenn Sie Ihren Blog erstellen, wird das Aktionsmenü des Assistenten angezeigt.

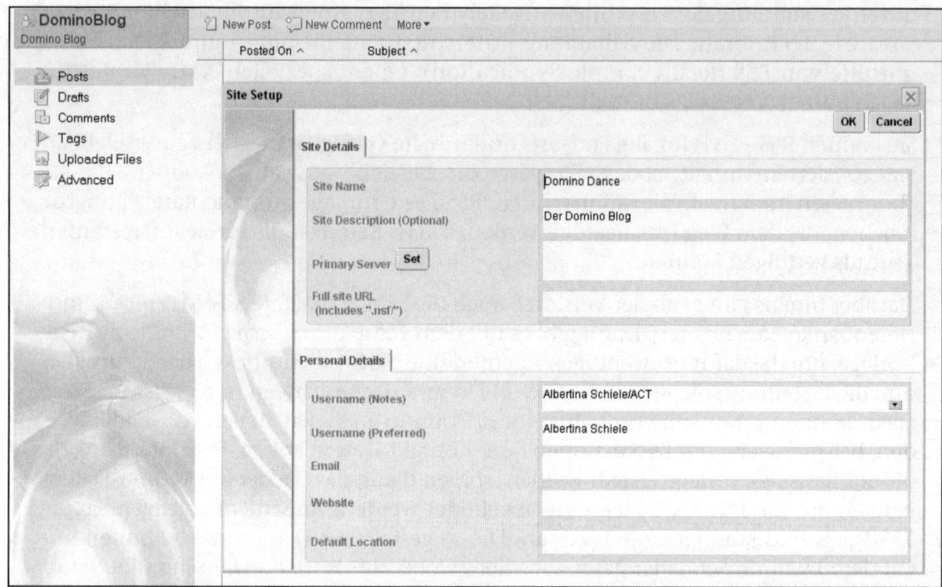

Abbildung 1.48: Ansicht auf einen Blog auf Basis der Domino-Blogschablone

Exkurs: Bloggen im Kleinformat

Micro-Blogging ist eine Form des Bloggens und unterscheidet sich vom herkömmlichen Bloggen darin, dass nur kurze Texte, SMS-ähnlich und auch häufiger (oft mehrmals über den Tag verteilt) verfasst werden. Immer häufiger machen sich Unternehmen und Personen diese Form der Kommunikation zunutze.

Eine der bekanntesten Websites mit Micro-Blogging-Dienst ist *Twitter.com*. Zuerst in Amerika sehr erfolgreich, wird das Twittern auch im deutschsprachigen Raum immer bekannter. Dabei kann sich jeder einen kostenfreien Account anlegen und ein Netzwerk aufbauen, indem ein Benutzer Beiträge anderer als *Follower* verfolgt und natürlich selbst möglichst viele *Follower* hat.

2 Lotus Notes-Installation und -Konfiguration

Bereits beim Blick auf das Beta-Release von Lotus Notes Domino 8 wurde deutlich, dass die Neuerungen dieser Version im Gegensatz zu den Release-Erweiterungen unter Lotus Notes Domino 7 sehr viel stärker den Client betreffen würden. Nach dem eher serverlastigen Release 7 wollte IBM in der Version 8 den Fokus wieder mehr auf den Notes Client legen. Erfahrungsgemäß setzen die Releases mit geraden Versionsnummern wie z.B. Notes 6 und auch Notes 8 sehr viel stärker auf eine Erweiterung der Clientseite als die ungeraden Versionen (Notes 5 oder 7).

Der Notes Client repräsentiert die Seite der Anwender, die Lotus Notes als ein Arbeitsmittel nutzen, als ein Tool zur Unterstützung ihrer Aktivitäten im Tagesgeschäft. IBM bedient – korrespondierend zu den unterschiedlichen Anforderungen der Benutzerseite – innerhalb seiner strategischen Ausrichtung in Bezug auf die Anwendungsplattformen Wünsche nach verschiedenen Arten von Clients. Reine Browser-Strategien reichen nicht aus, „fette" Clients sind andererseits unter dem Aspekt von Rollout und Verwaltung mit entsprechendem Aufwand verbunden.

Die Client-Funktionalität für den Anwender kann über unterschiedliche Anwendungen bereitgestellt werden, wie beispielsweise *Domino Web Access* über einen Webbrowser (iNotes) oder einen Notes Client auf dem Arbeitsplatzrechner des Anwenders.

In der Version 8 existiert die relativ schlanke Basis-Version, die immer noch stark an den Client der Version 7 erinnert, neben einer Standard-Version (Full), die auf Eclipse und dem *Lotus Expeditor*-Unterbau basiert (siehe *Kapitel 2.1, Lotus Expeditor* und *Kapitel 1.4.1, Lotus Notes Client-Versionen*). Viele der neuen Funktionen sind nur in der Full-Variante verfügbar.

Domino Designer und *Domino Administrator Client* stellen eine Erweiterung des Notes Clients dar. Für den Administrator existiert diese Möglichkeit, um die Infrastruktur zu betreiben oder den webbasierten Zugriff über den Web-Administrator via Browser zu realisieren. Zum Abdecken aller Aufgaben sollten Sie jedoch zudem den *Designer Client* installieren. Obwohl er als Entwicklungswerkzeug gilt, ist er auch für den Administrator unerlässlich.

Seit Version 5 werden der Domino Server und alle Notes Clients (einschließlich des Domino Administrator Clients) getrennt installiert. Es ist dringend davon abzuraten, einen Notes Client gleichzeitig auf Ihrem Domino Server zu benutzen. Um Ihren Server optimal zu administrieren, verwalten Sie ihn von einem anderen Computer aus.

Standardmäßig verwenden Sie den Administrator Client von einem anderen Rechner aus, um Ihre(n) Server und die Domino-Umgebung zu verwalten.

2.1 Lotus Expeditor

Das Herzstück von Lotus Notes 8 bildet IBMs Version der *Eclipse Rich Client Platform*-Technologie (RCP), die eine neue standard-basierte SOA mit sich bringt. Viele der neuen Features und Funktionen der aktuellen Version (z.B. Sametime-Integration oder RSS-Feed-Integration) lassen sich direkt aus dieser Neuerung ableiten. Lotus Expeditor ist die Basisplattform für Lotus „Rich"-Clients wie beispielsweise *Notes 8 Standard* und *Sametime 7.5*.

Die Client-Plattform mit dem Namen *Lotus Expeditor* aus dem Hause der blauen Mutter (vorher bekannt als *WebSphere Everyplace Deployment* oder WED) erweitet die *Eclipse Rich Client*-Plattform um einige Extras wie z.B. Sicherheit, Synchronisation, Deployment etc. Der Lotus Expeditor gilt als ein neues Entwicklungswerkzeug für IBM Lotus Notes. Das Tool liegt in der Version 6.x vor und unterstützt eine Reihe von Anwendungstypen. Der Lotus Expeditor deckt den gesamten Zyklus einer Anwendung ab. Er enthält Entwicklungswerkzeuge und bietet eine Laufzeitumgebung.

Im Kern steht dabei das Konzept des *Managed Clients*, also einer Anwendung, die von zentraler Stelle verteilt werden kann. Das Konzept des Managed Clients spielt bei IBM eine zentrale Rolle, wobei die wichtigsten Plattformen für die Ausführung solcher Clients einerseits Eclipse und andererseits der IBM Workplace als Portal-Server sind.

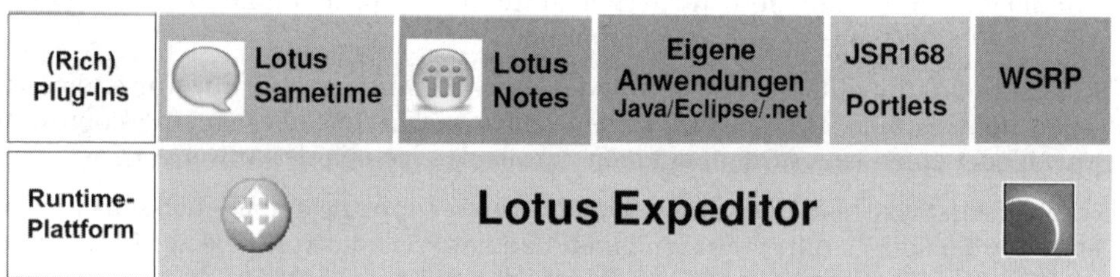

Abbildung 2.1: Lotus Expeditor

Managed Applications, also verwaltete Anwendungen, sind für die *Managed Clients* gedacht, also Desktop-Systeme, die zentral verwaltet und auf denen Applikationen lokal ausgeführt werden. Die Rechner sind dabei eng mit einem zentralen Server gekoppelt, der Aktualisierungen und Konfigurationsanpassungen durchführt. Gleichzeitig profitieren die Anwendungen von der Performance und der Leistungsfähigkeit der Benutzerschnittstellen einer lokal betriebenen Software. Wenn man so möchte, stehen die Managed Clients also zwischen den *Thin Clients* auf der einen und den *Fat Clients* auf der anderen Seite.

Beim Lotus Expeditor ist zwischen drei Komponenten zu unterscheiden:

- Die *Serverkomponente* sorgt für die Verteilung von Anwendungen. Sie kann unter anderem mit dem WebSphere Portal Server und dem Workplace als einer anwendungsorientierten Erweiterung des Portal-Servers eingesetzt werden.
- Der *Lotus Expeditor Client* ist für die aktuellen Windows- und Linux-Versionen, aber auch für mobile Endgeräte verfügbar. Er stellt die Dienste für das Management und den Betrieb von Anwendungen auf dem Desktop bereit: die *Managed Client Services* für die stabile Ausführung lokaler Komponenten in einer Java Virtual Machine, das *Platform Management* für die Verwaltung von Anwendungen, die *Access Services* für

das Zusammenspiel zwischen lokalen und auf dem Server liegenden Komponenten und die *Interaction Services* für die Realisierung leistungsfähiger Benutzerschnittstellen. Der Client muss bei Bedarf installiert werden.

- Das *Lotus Expeditor Toolkit* ist eine Entwicklungsumgebung für die Erstellung von Anwendungen, die in verschiedenen Konstellationen genutzt werden kann. Die Grundlage bildet das *Eclipse-Framework*, für die Basisfunktionen wird zudem das *Web Tool Project* (WTP) benötigt. Beide Komponenten lassen sich über das *IBM Callisto Simultaneous Release Project* als Paket herunterladen. Für komplexe Anforderungen bei der Software-Entwicklung kann das Toolkit auch gemeinsam mit dem *WebSphere Application Server Toolkit*, mit dem *Rational Software Architect* oder dem *Rational Application Developer* eingesetzt werden.

Ein wichtiges Merkmal des Lotus Expeditor ist der Ansatz, Komponenten gezielt vom Server auf den Client zu übernehmen und dabei dennoch die Verwaltbarkeit der Applikation sicherzustellen. Damit kann die Performance von Anwendungen ebenso wie die Leistungsfähigkeit der Anwendungsschnittstellen optimiert werden, ohne die Kontrolle über die Anwendungen zu verlieren oder aufwendige *Client Lifecycle Management*-Lösungen nutzen zu müssen. Über Lotus Expeditor besteht allerdings nicht nur die Möglichkeit, *Composite Applications* zu erzeugen, sondern es besteht auch die Möglichkeit, einen lokalen Datastore für Credentials und Applikationsdaten aufzubauen, rollenbasiertes Provisioning für erweiterte Sicherheitslösungen anzubieten oder Offline-Arbeitsmöglichkeiten anzubieten.

Mit dem Toolkit können Anwendungen für eine ganze Reihe verschiedener Umgebungen erstellt werden. Zu diesen gehören neben den Programmen, die auf Eclipse aufsetzen, auch Webanwendungen mit Portalintegration und Applikationen für Lotus Notes 8 sowie Lotus Sametime 7.5.1 und höher. Bei den beiden letztgenannten Gruppen handelt es sich um *Composite Applications*, die einerseits spezifische Funktionen von Lotus Notes/Sametime und andererseits beispielsweise Webservices nutzen können. Insgesamt ist es möglich, NSF-Komponenten, Eclipse-Komponenten und *Lotus Component Designer*-Komponenten miteinander zu verbinden. Composite Applications verbinden so verschiedene Komponenten aus verschiedenen Applikationen für aufgabenbezogenes Arbeiten. Eine Notes-Komponente stellt einen Link auf eine Page, ein Frameset, eine Ansicht, ein Dokument oder eine andere Design-Komponente dar. Voraussetzung für die Composite Applications sind *Lotus Domino 8*, *WebSphere Portal Server* und *WebSphere Portal Server 6* für lokale Komponenten bzw. NSF-Komponenten, Eclipse-Komponenten und *Lotus Component Designer*-Komponenten.

Das erlaubt die Realisierung SOA-basierter Anwendungen (Service Oriented Architecture). Für den Datenaustausch werden Webservices verwendet. Zum Datenaustausch kommen *Web Services Description Language*-(WSDL-)Files (XML Files) zur Anwendung.

Im Grunde genommen bietet Lotus Expeditor alle Vorteile eines Rich Clients, aber auch die Vorteile einer webbasierten Applikation, da dieser zentral verwaltet werden kann. Auch die Beschreibung eines lokalen Portals passt hierzu, da zum Erstellen der Composite Applications Inhalte wie etwa Notes/Domino 8-Komponenten, JSR-168-gemäße Portlets, SWING- und AWT-Applikationen verwendet werden können – ohne ständige Verbindung zum Netzwerk. Lotus Expeditor setzt dies über einen clientseitigen Container um, der über einen lokal implementierten proprietären Broker kommuniziert. Dies kann auch einen Vorteil in Bezug auf die Ausführungsgeschwindigkeit mit sich bringen. Solange der Code innerhalb der Lotus Expeditor-Plattform verbleibt, haben Netzwerk- und Backend-System-Latenzen keine größeren Auswirkungen auf die Composite Applications. Auch den Anforderungen hinsichtlich Stabilität und Ausfallsicherheit kommt diese lokale Datenablage und -verwaltung zugute. Arbeiten Anwender offline, hält die Applikation Transaktionen in der lokalen Datenablage. Erfolgt die Verbindung zum Firmen-Netzwerk, kann Lotus Expeditor die Transaktionen in Richtung Host-Applikation synchronisieren oder Updates bezüglich der Applikation herunterladen.

2.2 Anforderungen an den Notes Client

Lotus Notes ist in der Version 8 erstmals zeitgleich für Windows XP/Vista und für Linux verfügbar. IBM beschränkt sich bei seiner offiziellen Distributionsunterstützung wie auch beim vorherigen Linux-Client 7.0.1 auf *Suse Linux Enterprise Desktop (SLED) 10* sowie *Red Hat Enterprise Linux (RHEL) 5* (ohne Unterstützung für *Aiglx* und *Selinux*). Mac OS X folgte mit der Version Notes 8.5.

Im Einzelnen bedeutet dies, dass folgende Plattformen für Lotus Notes 8.0.x unterstützt werden:

- Microsoft Windows XP Professional, Service Pack 2
- Microsoft Windows XP Tablet Edition
- Microsoft Windows Vista Ultimate with Aero™
- Microsoft Windows Vista Ultimate Tablet Edition

Für Windows XP sind mindestens 512 MByte RAM notwendig, empfohlen werden 1 GByte RAM oder mehr. Für Windows Vista ist mindestens 1 GByte RAM notwendig, empfohlen werden 1,5 GByte RAM oder mehr.

Die unterstützten Linux-Plattformen für Lotus Notes 8 sind Novell SUSE Linux Enterprise Desktop (SLED) 10 XGL und RedHat Enterprise Linux (RHEL) 5 Desktop. XGL und SELinux müssen Sie dabei deaktivieren. Für Linux sind mindestens 512 MByte RAM notwendig, empfohlen werden 1 GByte RAM oder mehr.

Domino 8 Designer und *Domino 8 Administrator* laufen allerdings nur auf *Microsoft Windows XP Professional, Service Pack 2* oder *Microsoft Windows Vista Ultimate* (mit *Aero*). Unter *Windows XP* sind mindestens 512 MByte RAM notwendig, empfohlen werden 1 GByte RAM oder mehr. Unter Windows Vista ist mindestens 1 GByte RAM notwendig, empfohlen werden 1,5 GByte RAM oder mehr.

Domino Web Administrator 8 unterstützt folgende Plattformen:

- Microsoft Windows: Internet Explorer 6 und 7 bzw. Mozilla Firefox 1.4.x, 1.5.x, 2.0.x oder später
- Linux: Mozilla Firefox 1.4.x, 1.5.x, 2.0.x oder später

Für die aktuelle Version 8.5 gibt es einige Änderungen. Neu seit der Version 8.5 ist der Support für *Max OS X* und auf der Linux-Seite für *Ubuntu 8.04 LTS Desktop Edition*. Die Notes 8.5-Installation auf Linux ist als *RPM* oder *DEB Install Kit* verfügbar. Das *ISMP Install Kit* ist nicht länger verfügbar. Außerdem unterstützt Notes 8.5 die Installation und die Verwendung über Citrix. Dies gilt für den *Notes Standard Client* auf einem *Citrix Presentation Server 4.5* auf *Windows 2003 Server* (32- und 64-Bit-Version), unter Verwendung des *Citrix ICA*-(Independent Computing Architecture-)Clients. Die Version 8.5 beansprucht mindestens 900 MByte auf Ihrer Festplatte. Weitere Informationen zu den unterstützten Betriebssystemen und den korrespondierenden Anforderungen finden Sie unter *http://www-01.ibm.com/support/docview.wss?uid=swg27013074*.

Es existieren drei unterschiedliche Packages (z.B. auf den Download-Seiten von IBM Lotus): das *Notes Basic Installationskit*, das *Notes Standard Kit* und das *AllClient Kit* (Notes Client, Administrator Client und Designer), wobei Letzteres ab der Version 8.5 nur noch für die Standardvariante des Clients verfügbar ist.

2.3 Lotus Notes 8-Installation (Version 8.0.x)

Bei der Installation des Notes Clients stehen Ihnen mehrere Optionen offen. Voraussetzung für die abschließende Konfiguration des Clients sind allerdings ein im Lotus Domino-System registrierter Benutzer sowie die erforderlichen Rechte auf den Laufwerken und dem Client-System.

- **Einzelplatzinstallation:** Diese Art der Installation wird entweder von CD oder aus einem Netzlaufwerk heraus gestartet.
- **Multi-User-Installation:** Diese Option ist nur für Notes Clients verfügbar. Für den Domino Designer und/oder den Domino Administrator Client ist diese Installationsart nicht verfügbar.

Dabei müssen Sie Folgendes in Bezug auf die Rechte bei der Administration beachten:

- Um Lotus Notes erfolgreich installieren, aktualisieren und verwenden zu können, müssen die Benutzer über die Berechtigungen *Schreiben* und *Ändern* für das Programmverzeichnis, das Data-Verzeichnis sowie alle zugeordneten Unterverzeichnisse verfügen. Weisen Sie Ihren Notes Client-Benutzern entsprechende Zugriffsrechte zu.
- Sie müssen hierzu als Benutzer mit Administratorrechten angemeldet sein bzw. als Root-Benutzer, der über administrative Rechte für das System verfügt.
- Windows-Benutzer müssen sich mit Administratorrechten auf ihren Computern anmelden, um Lotus Notes installieren oder aktualisieren zu können. Wenn eine Anmeldung mit Administratorrechten nicht möglich ist, aktivieren Sie die Einstellung IMMER MIT ERHÖHTEN RECHTEN INSTALLIEREN. Die Einstellung IMMER MIT ERHÖHTEN RECHTEN INSTALLIEREN ist eine Microsoft Windows-Einstellung, die zu den Benutzerrichtlinien gehört. Weitere Informationen hierzu finden Sie in der Microsoft Windows-Dokumentation.
- Optionen für die Installation des Lotus Notes Clients auf eingeschränkten oder Standard/Hauptbenutzer-Computern werden in der Dokumentation zu Microsoft Windows Installer erläutert. Lesen Sie nach Bedarf in der *Microsoft Windows Installer*-Dokumentation nach.
- Wenn Sie Lotus Notes auf einem Macintosh OS X-Client aktualisieren, deaktivieren Sie alle Optionen im Register GEMEINSAME NUTZUNG VON ANWENDUNGEN des Kontrollfelds für gemeinsame Systemeinstellungen, um Fehler zu vermeiden.

2.3.1 Einzelplatzinstallation

Sie können die Installation des Clients per AutoRun, InstallShield oder direkt von der Installations-CD ausführen. Dabei besteht natürlich auch die Möglichkeit, die Inhalte der CD auf einem Dateiserver abzulegen und die anschließende Installation des Arbeitsplatzes von dort aus zu starten. Lotus Notes ist es egal, wo die Installationsdaten liegen.

Installationsschritte

Starten Sie die Installation über den von Ihnen gewählten Weg.

Bei Einlegen der Original-Installations-CD bekommen Sie bereits im Vorfeld die Möglichkeit, den zu installierenden Client-Typ auszuwählen. In vorherigen Notes-Versionen wurde die Auswahlmöglichkeit erst im Laufe des Installationsvorgangs angezeigt.

Die Installation beginnt, nachdem Sie Ihre Installation(en) ausgewählt haben.

- NOTES CLIENT für den normalen Anwender
- DOMINO DESIGNER für Notes Anwendungsentwickler – Es werden also sowohl der Notes Client als auch als Erweiterung der Domino Designer installiert.
- DOMINO ADMINISTRATOR für Administratoren – Es werden also sowohl der Notes Client als auch als Erweiterung der Domino Administrator installiert.

Installieren Sie alle Clients für Benutzer (über das *AllClient Installation Kit*), die sich sowohl mit der Entwicklung von Notes-Anwendungen als auch mit der Domino-Administration beschäftigen. Wenn Sie als Domino-Administrator arbeiten, empfiehlt sich die Installation aller Clients, da Sie sich auch als Domino-Administrator in den meisten Fällen mit den Gestaltungselementen von Notes-Datenbanken auseinandersetzen müssen. Starten Sie die Setup-Routine, um die Clients zu installieren.

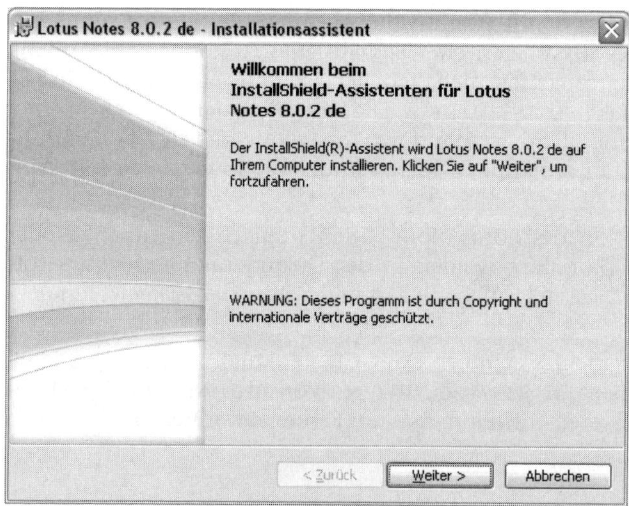

Abbildung 2.2: Der Begrüßungsbildschirm der Notes Client-Installation

Klicken Sie auf WEITER/NEXT, um die Installation zu starten (siehe *Abbildung 2.2*). Bestätigen Sie die Vereinbarung des Lizenzvertrags. Geben Sie im nächsten Dialogfenster die gewünschten Daten zu auf Personenname und Firma an.

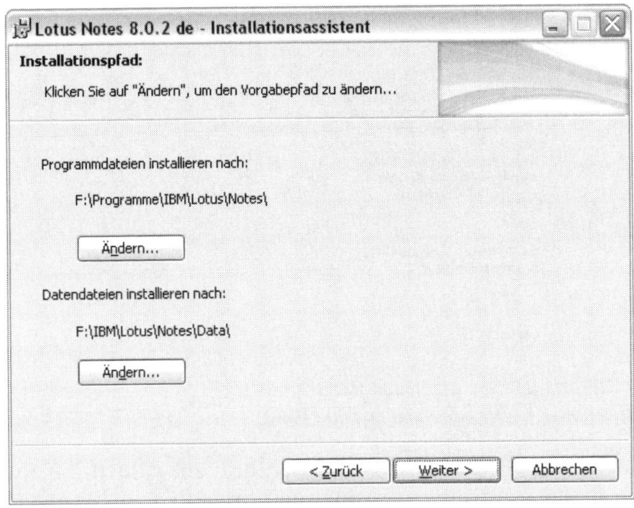

Abbildung 2.3: Angaben zum Programm- und Datenverzeichnis

Im nächsten Dialogfenster (siehe *Abbildung 2.3*) werden Sie nach dem gewünschten Ablageort des Programm- und Datenverzeichnisses gefragt. Die Vorgabeinstallationsverzeichnisse für eine neue Einzelbenutzerinstallation unter Windows lauten:

- Lotus Notes 8 Produkt- und Binärdateiinstallationsverzeichnis: *C:\Programme\IBM\Lotus\Notes*
- Data-Verzeichnis: *C:\Programme\IBM\Lotus\Notes\data*
- Arbeitsbereichverzeichnis: *C:\Programme\IBM\Lotus\Notes\data\workspace*
- Lotus Notes 8 Java-Code-Installationsverzeichnis: *C:\Programme\IBM\Lotus\Notes\framework*

Splitten Sie die Ablageorte von Programm und Daten auf. Legen Sie das Data-Verzeichnis so ab, dass die Backup-Routinen die Daten sichern.

Wenn Sie Notes als Einzelplatzinstallation in das Default-Verzeichnis (*C:\Program Files\IBM\Lotus\Notes*) oder ein Unterverzeichnis von *C:\Program Files* installieren, müssen Sie die Notes-Installation als Anwender mit administrativen Rechten ausführen (Notes as an administrative user). Dies gilt für alle Anwendungen, die in dieses Unterverzeichnis installiert werden (Windows Vista- und Windows XP SP2-Sicherheitsaspekte). Möchten Sie die Vergabe der administrativen Privilegien umgehen, installieren Sie Notes nicht in ein Unterverzeichnis von *C:\Program Files*. Das von IBM vorgeschlagene Verzeichnis lautet *C:\IBM\Lotus\Notes*.

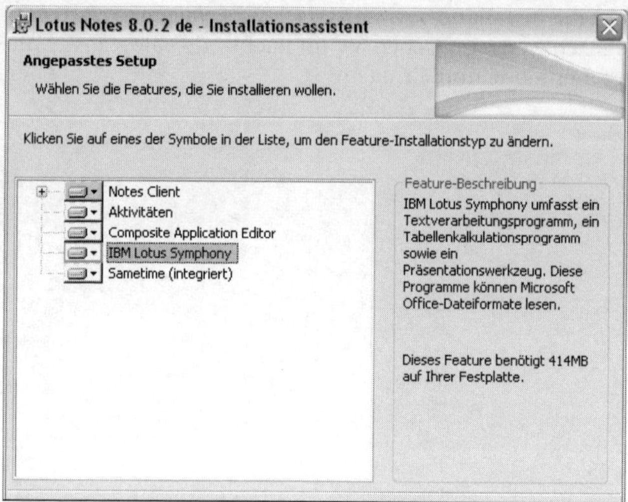

Abbildung 2.4: Anpassung der zu installierenden Komponenten (Full Client)

Sie können die Installation nach Ihren Bedürfnissen anpassen und auswählen, ob Sie bestimmte Daten nicht in den Installationsprozess aufnehmen möchten (siehe *Abbildung 2.4*).

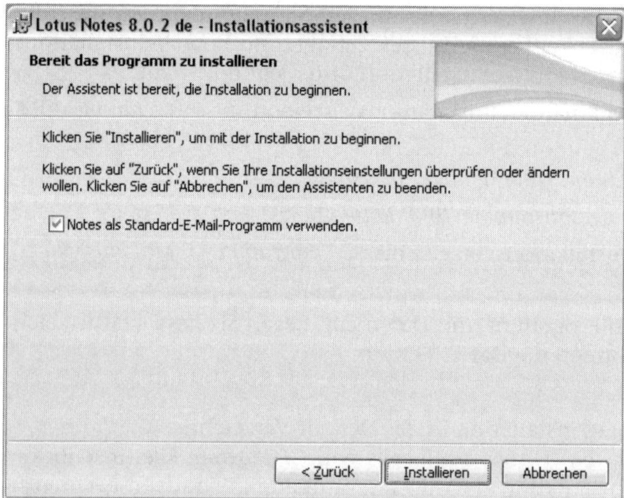

Abbildung 2.5: Abschluss der Dateneingabe zur Installation

Danach kann der Installationsvorgang beginnen (siehe *Abbildung 2.5*). Sie haben keine Möglichkeit mehr, festzulegen, wo und unter welchem Namen Sie die Notes-Verknüpfungen im Startmenü der Workstation einbetten möchten. Normalerweise tauchen diese unter dem Ordner mit dem Namen LOTUS-ANWENDUNGEN/LOTUS APPLICATIONS auf. Dann werden die für den Notes Client erforderlichen Daten entsprechend Ihrer gewählten Vorgaben kopiert.

Wenn Sie einen Full Client auf Eclipse-Basis installieren, bekommen Sie bereits während des Installationsvorgangs eine Ahnung von der Vielzahl der Plug-Ins (siehe *Abbildung 2.6*), die auf der Eclipse-Basis ihren Ursprung haben.

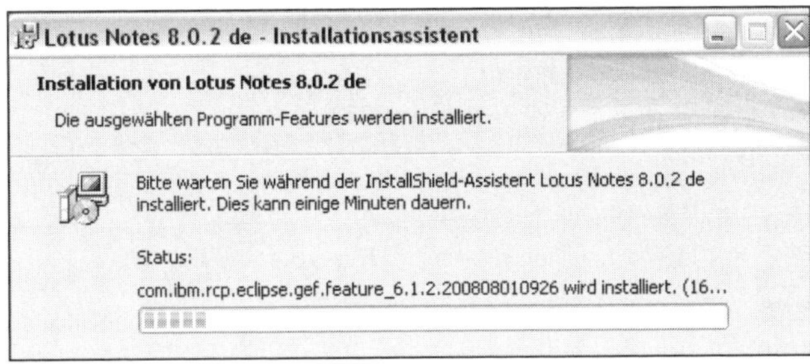

Abbildung 2.6: Installation einer Vielzahl von Plug-Ins beim Full Client

Das letzte Fenster im Installationsvorgang informiert Sie lediglich über den erfolgreichen Abschluss der Installation.

InstallType

Ein Eintrag in der *notes.ini* zeigt Ihnen an, welcher Client-Typ installiert wurde:

- 0 steht für Designer Client.
- 1 steht für Administrator Client.
- 2 steht für Designer und Administrator Client.

Um nach einer Installation des Standard-Clients die Auswahl zu haben, ob Sie den Client in der Basis- oder der Standard-Variante starten möchten, können Sie mit unterschiedlichen Optionen beim Aufruf der Anwendung arbeiten. Um Notes 8 (Basic Konfiguration) zu starten, legen Sie einen Shortcut auf Ihrem Desktop an und verweisen dabei auf die Datei *nlnotes.exe* in Ihrem Notes-Programmverzeichnis oder klicken einfach doppelt auf die Datei *nlnotes.exe*, um sie zu starten. Zusätzlich können Sie eine Verknüpfung anlegen und auf die Datei *notes.exe* innerhalb des Notes-Programmverzeichnisses verweisen. Dabei verwenden Sie allerdings zusätzlich zwei Optionen als Kommandozeilenoption: `-sa` oder `-basic`; zum Beispiel `D:\Programme\IBM\Lotus\Notes\notes.exe -basic`.

Um im Zweifelsfall sehen zu können, mit welchem Clienttyp Sie gerade arbeiten, können Sie über das Menü HILFE/HELP > INFO ÜBER IBM LOTUS NOTES/ABOUT IBM LOTUS NOTES gehen. Die Infobox zeigt Ihnen, welcher Client gerade aktiv ist.

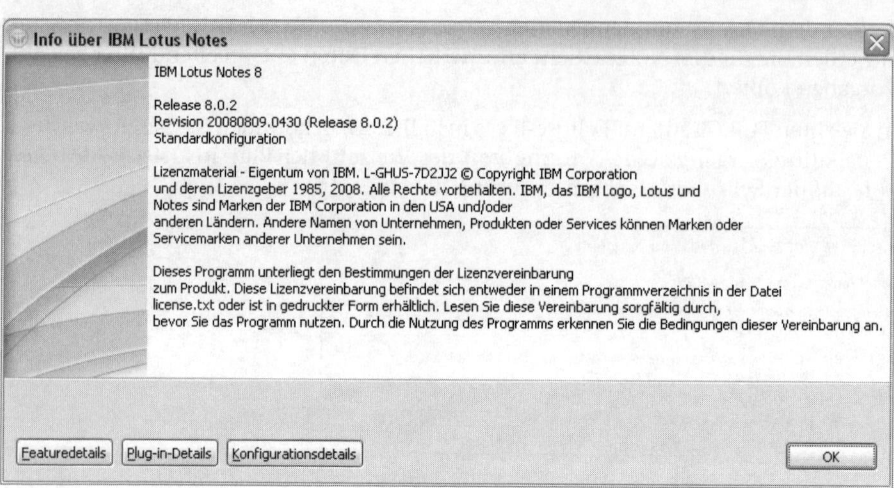

Abbildung 2.7: Informationen über den aktiven Clienttyp

Die nachfolgende Liste zeigt Ihnen einige der Unterschiede zwischen der Basis- und der Standard-Konfiguration auf. Dem Nutzer des Full oder Standard Clients werden auf den ersten Blick die Unterschiede in Hinblick auf die Benutzeroberfläche auffallen. Die nachfolgenden Unterschiede zwischen den Notes Client-Formen der Version 8.0.x bzw. 8.5 betreffen den *Full*, nicht aber den *Basic Client*:

- Zugriff auf die Notes GETTING STARTED-Seite via HELP > GETTING STARTED PAGE.
- Miniatur-Icons/Ansichten in der Sidebar für den Zugriff auf *Sametime Instant*-Kontakte, Feed Reader, Kalender and Activities
- Angepasste Möglichkeit zum Aufruf der Vorgaben („consolidated“)
- Auswahl zur Anzeige der Vorschau (neben oder unter von Mails oder Kalender)
- „OPEN“-Liste zum schnellen Zugriff auf Anwendungen, Verknüpfungen oder Favoriten
- Möglichkeiten zum Anpassen der Fensterregisterkarten in den Benutzervorgaben
- Eingebetteter Webbrowser mit der Option, diesen als Default-Browser zu setzen
- Aufruf der Verbindungsdokumente zur Bearbeitung über die konsolidierten Vorgaben. Über dieses Dialogfenster können Sie die Vorgaben an zentraler Stelle definieren.
- Verbesserung des Hilfeaufrufs und Anzeige des Hilfefensters
- In der Notes 8 Basic-Konfiguration wird zwar die integrierte Funktionalität aus den Versionen 6.5/7 angeboten, aber nicht die Instant-Messaging-Funktionalität auf der Basis von *Lotus Sametime Connect 7.5*.
- Die Startseite mit Verknüpfungen zu den *IBM Lotus Productivity Tools* (Documents, Spreadsheets, Presentations). Um die Tools über die Buttons aufrufen zu können, müssen diese installiert worden sein (Auswahl und Aktivierung im Installationsprozess).
- Anzeige der Collaboration-Historie in Bezug auf einen Benutzer. Sie kann z.B. aus Mail-Korrespondenz, gespeicherten Chat-Mitschriften und gemeinsamen Dokumenten bestehen.
- Neues zentralisiertes Such-Interface für Abfragen und deren Ergebnisse (Domain-Suche, Finden von Personen, Finden von Applikationen, Web/Intranet-Suche)

- Neue Suchmöglichkeiten in der Hilfe, die alle Quellen des Hilfe-Systems verwendet wie z.B. die Lotus Notes-Hilfe oder die Activities-Hilfe.
- Optionale Desktop-Suche, die über das Kontextmenü eines *Live names* aktiviert werden kann und auch über das Dropdown-Menü der Suche verfügbar ist.
- *Composite Applications*, die es dem Anwender ermöglichen, eine Sammlung von unterschiedlichen Applikationen zur Adressierung einer Geschäftsanforderung zusammenzustellen.

Einige weitere Unterschiede stellt die nachfolgende Tabelle dar.

Notes 8 Eclipse-basierte („Standard", „Full") Konfiguration	Notes 8 „Standard"- UND „Basic"-Konfiguration
Mail	**Mail**
Verbesserte Auswahl für ALLEN ANTWORTEN, NACHRICHTENVERLAUF und MIT ATTACHEMENT Mail Threads und ihre Darstellung in der Darstellung innerhalb der Mail-Datenbank Verarbeiten eines gesamten Threads, z.B. über das Kontextmenü (Löschen oder Verschieben eines gesamten Threads) Anzeige aller Nachrichten aus einem Thread	Nachrichtenrückruf Automatische Rechtschreibprüfung (In-line) *Out of Office*-Verbesserungen Erweiterte Menüs *Make available offline* zum Anlegen von lokalen Repliken *Multilevel Undo* *Resilient mail threads* Anzeige von "Schattenterminen" (unprocessed) Anzeige von abgelehnten Einladungen Darstellung der freien Zeit für eine Untergruppe der Eingeladenen Hinzufügen von persönlichen Notizen zu einer Besprechungseinladung
Kontakte	**Kontakte**
Ansicht LETZTE KONTAKTE/ RECENT CONTACTS, in Bezug auf die Kontakte, mit denen ein Anwender zuletzt kommuniziert hat, z.B. via E-Mail oder Chat	Änderungen an der Maske KONTAKTE Die Ansicht LETZTE KONTAKTE/ RECENT CONTACTS ist in der Basis-Konfiguration nicht verfügbar, obwohl die Funktion beim Adressieren einer E-Mail genutzt wird. Diese Informationen werden durch die Replizierung synchronisiert.

Mehr Informationen zu den Erweiterungen der Version 8.0.x und 8.5 finden Sie in *Kapitel 3.4, Neuerungen des Lotus Notes 8.x Clients*.

2.3.2 Mehrbenutzerinstallation

In einer Mehrbenutzerumgebung können sich theoretisch mehrere Benutzer nacheinander auf demselben Computer anmelden und ein gemeinsames Lotus Notes-Installationsverzeichnis mit einem eigenen Lotus Notes-Data-Verzeichnis verwenden. Als Administrator könnten Sie den Anwendern eine Netzwerkinstallation zur Verfügung stellen. Alle Programmdaten werden dabei auf einem Netzlaufwerk installiert, wogegen die Daten des Anwenders lokal im Datenverzeichnis abgelegt werden.

Achtung

In einer gemeinsamen Installation sind die Benutzer von der Verfügbarkeit der gemeinsamen Netzlaufwerke abhängig. Wenn das dafür vorgesehene Netzlaufwerk nicht verfügbar ist, können die Anwender den Notes Client nicht starten. Dies ist wahrscheinlich auch ein Grund dafür, warum diese Installationsform nur eingeschränkt unterstützt wird – und zwar in der Basisvariante des Clients (*Shared network install is not supported in Notes 8.0 standard configuration even though release notes indicate otherwise*, siehe Technote #1288632).

Die Mehrbenutzerinstallation unterscheidet sich per Definition von einer gemeinsamen Installation dadurch, dass sich die Programmdateien bei einer Mehrbenutzerinstallation auf dem lokalen System befinden.

Sie müssen als Benutzer mit Administratorrechten angemeldet sein, um die Mehrbenutzerversion von Lotus Notes installieren zu können. Als Administrator können Sie den Anwendern eine Netzwerkinstallation nur für den Basis Notes Client zur Verfügung stellen. Alle Programmdaten werden dabei auf einem Netzlaufwerk installiert, wogegen die Daten des Anwenders lokal im Datenverzeichnis abgelegt werden. Bei Mehrbenutzerinstallationen wird der Datenpfad für die einzelnen Benutzer auf Grundlage des Verzeichnisses *Dokumente und Einstellungen* erstellt. Es ist bei einer Mehrbenutzerinstallation nicht erforderlich, das Data-Verzeichnis anzugeben, da das Installationsprogramm dieses nicht verwenden würde. Sie werden daher nicht mehr zur Angabe dieser Information aufgefordert.

Der Unterschied dieser Installationsform zu einer Einzelplatzinstallation besteht darin, dass Sie im Installationsvorgang nach dem Akzeptieren der Lizenzvereinbarungsbedingungen nicht nur Benutzernamen und Organisation angeben, sondern zudem die Einstellung MEHRBENUTZERINSTALLATION auswählen. Klicken Sie anschließend auf WEITER/NEXT. Akzeptieren Sie danach das Vorgabeinstallationsverzeichnis, oder geben Sie ein anderes Installationsverzeichnis an.

Achtung

Auch wenn diese Installationsform von IBM für den Notes Basic Client unterstützt wird, ist die Nutzung mit einem beträchtlichen Risiko verbunden, das mit der Verfügbarkeit der Netzlaufwerke und Abhängigkeiten und Auswirkungen von Störungen auf den Betrieb zu tun hat. Stellen Sie sich vor, welche Auswirkungen eine Netzstörung oder die Störung eines File-Servers in einer Umgebung mit 10.000 Notes Clients oder mehr haben kann (unabhängig von den eigentlichen Auswirkungen eines solchen Ausfalls).

Oft ist es so, dass Auswirkungen oder Schwankungen im Netzwerkbereich von den Anwendern nicht differenziert hinsichtlich ihrer Auswirkungen betrachtet werden, sodass es lediglich heißt, dass Notes nicht funktioniert – unabhängig davon, wo die Fehlerursache liegt.

Folgende Vorgabeinstallationsverzeichnisse für eine Mehrbenutzerinstallation unter Windows sind gegeben:

- Lotus Notes 8 Produkt- und Binärdateiinstallationsverzeichnis: *C:\Programme\IBM\Lotus\Notes*
- Data-Verzeichnis für jeden Benutzer: *C:\Dokumente und Einstellungen\<Benutzer>\Lokale Einstellungen\Anwendungsdaten\Lotus\Notes\data*
- Arbeitsbereichsverzeichnis für jeden Benutzer: *C:\Dokumente und Einstellungen\<Benutzer>\Lokale Einstellungen\Anwendungsdaten\Lotus\Notes\data\workspace*
- Lotus Notes 8 Java-Code-Installationsverzeichnis: *C:\Programme\IBM\Lotus\Notes\framework*

Nach der Installation finden Sie die IBM Lotus-Produktivitätswerkzeuge-Symbole, sofern installiert, indem Sie auf START > ALLE PROGRAMME klicken. Desktop-Verknüpfungen für alle Benutzer wurden unter *C:\Dokumente und Einstellungen\All Users\Desktop* erstellt.

Ein gemeinsames Data-Verzeichnis wurde am folgenden Speicherort erstellt:

- Microsoft Windows XP: *C:\Dokumente und Einstellungen\All Users\Lokale Einstellungen\Anwendungsdaten\Lotus\Notes\Data*
- Microsoft Windows Vista: *C:\Windows\system32\config\systemprofile\AppData\Local\Lotus\Notes\data*

Ein Data-Verzeichnis und Arbeitsbereichsverzeichnis wird für jeden Benutzer am folgenden Speicherort erstellt:

- Microsoft Windows XP:

  C:\Dokumente und Einstellungen\<Benutzer>\Lokale Einstellungen\Anwendungsdaten\Lotus\Notes\data

  C:\Dokumente und Einstellungen\<Benutzer>\Lokale Einstellungen\Anwendungsdaten\Lotus\Notes\Data\workspace
- Microsoft Windows Vista:

  C:\users\<Benutzer>\AppData\Local\Lotus\Notes\Data

  C:\users\<Benutzer>\AppData\Local\Lotus\Notes\data\workspace

Die *Notes Classic*-Dateien sind in *<install_dir>* installiert. Die *Core-IBM Lotus Expeditor*-Dateien werden in *<install_dir>\framework\rcp* installiert. Die *Core Eclipse*-Dateien sind in *<install_dir>\framework\eclipse* installiert.

Mehrbenutzerinstallationen auf mehrsprachigen Notes Clients

Sie können mehrere Kopien des Notes Clients in mehreren Sprachen auf einem Betriebssystem installieren. Die Sprachdateien werden in das entsprechende Mehrbenutzerinstallationsverzeichnis für die jeweilige Sprache installiert. Wenn Sie in einer Mehrbenutzerinstallation beispielsweise zuerst einen französischen Notes Client und anschließend einen japanischen Notes Client installieren, werden die Dateien für die Benutzeroberfläche (UI) in die folgenden separaten Verzeichnisse installiert:

- *\Programme\IBM\Lotus\Notes\MUI\fr*
- *\Programme\IBM\Lotus\Notes\MUI\ja*

Die Schablonen- und Hilfedateien werden in den folgenden Verzeichnissen installiert:

- *\Dokumente und Einstellungen\All Users\Anwendungsdaten\Lotus\Data\Shared\mui\fr*
- *\Dokumente und Einstellungen\Alle Benutzer\Anwendungsdaten\Lotus\Data\Shared\mui\ja*

Wenn ein Benutzer den Notes Client zum ersten Mal startet, wird die UI- und Datenbanksprache anhand der Ländereinstellung des Benutzers ermittelt. Wenn die Ländereinstellung im Verzeichnis *\mui* nicht gefunden wird, wird die englische Benutzeroberfläche verwendet, und zum Einrichten des Notes Clients werden englische Datenbanken erstellt.

2.4 Lotus Notes 8-Installation (Version 8.5.x)

Das *Notes Basic AllClient Install Kit* (inklusive Administrator und Designer) steht nicht mehr zur Verfügung. Sie können lediglich für Ihre Anwender die Basis-Ausführung des Clients über das *Notes-only Basic Configuration Install Kit* installieren. Für die Anwendungsentwickler und Administratoren in Ihrem Unternehmen können Sie für den Domino Adminstrator und Domino Designer Client auf den *Standard Notes Client* (Full Client) über das Notes Standard Configuration Allclient Install Kit zurückgreifen. Neu ist seit der Version 8.5 auch der Support für die *Notes Standard Configuration*-Installation und für die Apple Mac OS-Plattform.

Bis auf ein zusätzliches Dialogfenster, das zum Ende der Installationssequenz auftaucht, unterscheidet sich die Installation und Konfiguration zwischen den Notes Clients der Versionen 8.0.2 und 8.5 nicht. Neu ist hierbei das Setzen des Default-Kalenders und der Default-Kontakte.

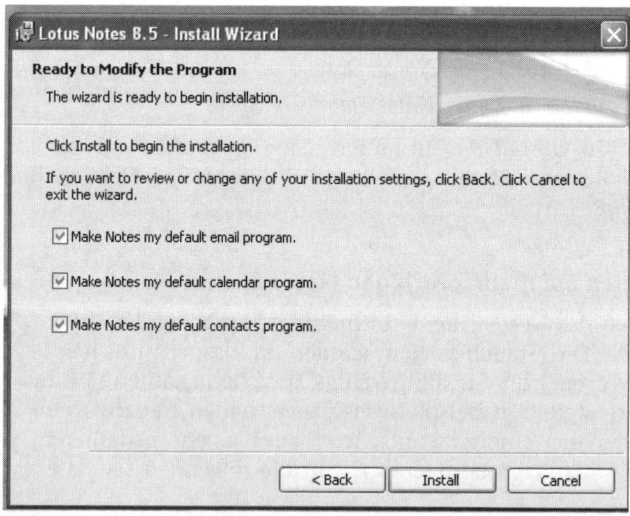

Abbildung 2.8: Neue Auswahlmöglichkeit in der Notes 8.5 Client-Installation

Hinweis

Die bereits in *Kapitel 2.3.1, Einzelplatzinstallation,* beschriebenen Optionen der Kommandozeile, `-sa` oder `-basic`, können Sie auch bei der Version 8.5 verwenden. So müssen Sie nicht bei Ihrer alltäglichen Arbeit die ressourcenhungrige Standard-Variante starten. Allerdings können Sie mit der Option `-basic` den Designer Client nicht mehr starten, da dieser in der Version 8.5 auch Eclipse-basiert ist.

2.5 Anpassungsmöglichkeiten der Lotus Notes-Installation

Sie wählen nicht nur zwischen einer Einzelplatzinstallation und einer Mehrbenutzerinstallation, sondern können die folgende Auswahl für die Installation des Notes Clients treffen:

- Client-Installationen mithilfe einer automatischen Installation automatisieren – Diese Option kann mit oder ohne Umwandlungsdateien ausgeführt werden, abhängig davon, ob Sie die automatische Installation anpassen möchten oder nicht.
- Client-Installationen mithilfe des InstallShield Tuners oder eines anderen Tools anpassen – Diese Option verwendet die Umwandlungsdatei, um den Installationsvorgang anzupassen.
- Notes-Installationen mithilfe des Installationsmanifests anpassen – Mithilfe dieser Option können Sie steuern, welche Funktionen installiert werden und welche Funktionen im Funktionsinstallationsfenster dargestellt werden.
- Batch-Datei für das Installieren der Clients zur Verfügung stellen – Diese Option ermöglicht es Benutzern, die Client-Installation auszuführen, indem sie eine von Ihnen erstellte Batch-Datei ausführen.
- Befehlszeilen-Dienstprogramme für die Installation zur Verfügung stellen – Diese Option ermöglicht es Benutzern, die Clients mit einem von Ihnen zur Verfügung gestellten Befehlszeilen-Dienstprogramm zu installieren.
- Notes mit einer scriptbasierten Konfiguration einrichten – Diese Option verwendet eine Einstellung in der *notes.ini*-Datei, um dem Client-Setup-Assistenten Informationen zur Verfügung zu stellen.
- Den IBM Lotus Notes Client auf einem USB-Laufwerk installieren und ausführen – Installieren Sie den IBM Lotus Notes Client auf einem USB 2.0-Laufwerk. Die Endbenutzer des Lotus Notes Clients können sich dann auf diesem USB-Laufwerk anmelden und den Notes Client ausführen, ohne ihn auf ihrem Computer installieren zu müssen. Die Installation von Lotus Notes 8 (Full Client) von einem USB-Laufwerk aus wird in Lotus Notes 8 nicht unterstützt. Die Installation der Lotus Notes 8 Basic-Konfiguration von einem USB-Laufwerk aus ist weiterhin möglich.
- Domino-Clients in einem gemeinsamen Netzwerkverzeichnis installieren – Diese Option (ist für den Basis Client nicht unterstützt!) installiert alle Programmdateien auf einen Dateiserver, während die Datendateien des Benutzers auf den lokalen Workstations gespeichert werden. Diese Option ist aufgrund der großen Abhängigkeit vom Themenbereich Netzwerk nicht uneingeschränkt empfehlenswert.

Wer sich für die unterschiedlichen Installationsoptionen interessiert, dem sei das Redpaper REDP-3693 „Distributing Notes Clients Automatically“ (*http://www.redbooks.ibm.com/redpapers/pdfs/redp3693.pdf*) empfohlen. Wie Sie ein „stilles Upgrade“ (Silent Installation) by Mail für Windows umsetzen, erfahren Sie im Lotus Software Knowledge Base-Dokument “How to perform a silent upgrade by mail” (*http://www.ibm.com/support/docview.wss?rs=203&uid=swg21164125*).

Die Lotus Notes Client-Installation kann weiterhin mithilfe einer ausführbaren Datei oder Binärdatei, mithilfe von Smart Upgrade oder einer scriptbasierten Installation erfolgen, doch Notes befindet sich nun oberhalb der Lotus Expeditor-Architektur, basierend auf Eclipse, und aktiviert die zusätzliche Erweiterung von mitgelieferten und benutzerdefinierten Funktionen.

Trotz der unterschiedlichen Optionen, die Lotus Notes Ihnen für die Konfiguration bietet, lässt sich ganz allgemein sagen, dass mittlerweile eigentlich 98 % der Konfiguration über Domino-Richtlinien (Policies) konfiguriert und umgesetzt werden können. Mehr zum Thema Richtlinien erfahren Sie in *Kapitel 10.2, Richtlinien für Benutzer.*

2.5.1 Installation des Notes Clients über Batch-Dateien

Benutzer können den Notes Client installieren, indem sie die Batch-Datei ausführen, sodass die Installation im Hintergrund umgesetzt wird.

Führen Sie die folgenden Schritte aus, um eine Batch-Datei zu erstellen:

1. Öffnen Sie einen Texteditor.
2. Geben Sie im Bearbeitungsfenster die gewünschte Befehlssyntax für die Installation im Hintergrund ein, z.B. `setup /S /V"/qn"`
3. Speichern Sie die Datei mit der Dateiendung *.bat*, z.B. *notes-install-85.bat*. Speichern Sie die Datei im selben Verzeichnis wie das Installations-Image (das Verzeichnis, in dem sich die Datei *setup.exe* oder *setup.sh* für die Lotus Notes-Installation befindet).

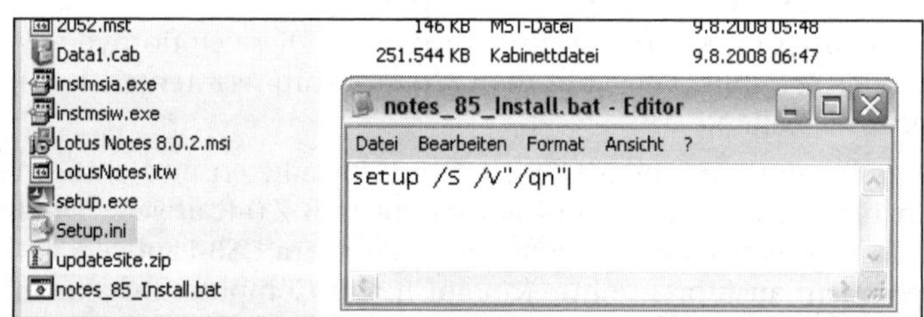

Abbildung 2.9: Erstellen einer Batch-Datei

Führen Sie anschließend die folgenden Schritte aus, um im Hintergrund Lotus Notes mithilfe einer Batch-Datei zu installieren.

1. Navigieren Sie zum Verzeichnis mit dem Installations-Image (das Verzeichnis, in dem sich die *setup.exe*- oder *setup.sh*-Datei für Lotus Notes befindet).
2. Suchen Sie die Batch-Datei, z.B. *notes-install-85.bat,* und führen Sie die Batch-Datei aus, indem Sie auf den Namen der BAT-Datei doppelklicken.

Weitere Optionen für die Inhalte von Batch-Dateien und auch für die Befehlszeilen-Dienstprogramme für die Installation sind beispielsweise (siehe auch *Kapitel 6.2, Konfiguration des ersten Domino Servers*):

Beipieloption	Befehlszeilen-Eingabe oder Batch-Datei-Inhalt
Installation mithilfe von Umwandlungsdateien	`msiexec /i "Lotus Notes 8.0.msi" TRANSFORMS="custom.mst"`
Automatische Installation mithilfe von Umwandlungsdateien	`msiexec /i "Lotus Notes 8.0.msi" /qn TmüRANSFORMS="custom.mst"`
Automatische Installation mit Eingabeaufforderung bei Fehlschlag bzw. Erfolg	`msiexec /i "Lotus Notes 8.0.msi" /qn+`
Automatische Installation	`setup.exe /s /v"/qn"`
Ausführliche Protokollierung	`setup.exe /v"/L*v c:\temp\install.log`

Batch-Dateien können Sie übrigens nicht nur für die Installation des Notes Clients nutzen, sondern Sie können auch weitere automatisierte Tasks darüber abwickeln. Dazu gehört beispielsweise eine Zusammenstellung unterschiedlicher Pflege-Tasks für die Daten des Notes Clients. Den Lotus Notes Client sollten Sie dazu allerdings schließen.

```
@echo off
call %SYSTEMROOT%\..\Programme\lotus\notes\nfixup -FY
pause
call %SYSTEMROOT%\..\Programme\lotus\notes\ncompact -c
pause
call %SYSTEMROOT%\..\Programme\lotus\notes\nupdall -R
pause
@echo off
```

Bei lokal verschlüsselten Dateien wird nach dem Notes-Kennwort gefragt.

2.5.2 Scriptbasierte Konfiguration

Die scriptbasierte Installationsoption verwendet eine Einstellung in der *notes.ini*-Datei, um dem Client-Setup-Assistenten Informationen zur Verfügung zu stellen. Während der Installation zeigt der Assistent nur die notwendigsten Fenster an, die der Benutzer benötigt, um die Client-Installation abzuschließen. Die *notes.ini*-Einstellung `ConfigFile=` zeigt auf eine Textdatei (*.txt*), die die für den Assistenten erforderlichen Parameter enthält. Der Assistent liest die Textdatei und führt die Konfiguration aus.

HInweis

Die Textdatei muss dabei allerdings für jeden Benutzer individuell angepasst sein, wenn nur noch das Passwort nach der Installation abgefragt werden soll.

Die in der Textdatei (z.B. *install_n85.txt*) verwendbaren Einstellungen und Parameter sind in der folgenden Tabelle aufgelistet:

Einstellung	Beschreibung
`Username`	Der hierarchische Name des Benutzers, z.B. `Helmut Becker/Materna`
`KeyFileName`	Verzeichnis, das die ID-Datei des Benutzers enthält, z.B. *c:\program files\lotus\notes\data\hbecker.id*
`Domino.Name`	IBM Lotus Domino-Server in derselben Domäne wie der Benutzername. Sie müssen keinen hierarchischen Namen eingeben.
`Domino.Address`	Eine Adresse für den IBM Lotus Domino-Server, z.B. die IP-Adresse des Servers, falls sie für die Verbindung zum Server erforderlich ist. Beispielsweise *server.dmk.com* oder *123.124.68.12*
`Domino.Port`	Port-Typ, z.B. `TCPIP`
`Domino.Server`	`1` für die Verbindung zum Domino-Server, `0` für keine Verbindung
`AdditionalServices`	`1` erzwingt die Anzeige des Dialogfeldes ZUSÄTZLICHE SERVICES, selbst wenn ausreichende Informationen für diese Services verfügbar sind. Im Dialogfeld ZUSÄTZLICHE SERVICES werden Internet-, Proxy- und Replizierparameter angezeigt.
`AdditionalServices.NetworkDial`	Um eine Netzwerkwählverbindung zu Internet-Konten zu konfigurieren, die über das Dialogfeld ZUSÄTZLICHE SERVICES erstellt wurden
`Mail.Incoming.Name`	Ein ausführlicher Name für das Konto für eingehende Mail
`Mail.Incoming.Server`	Name des Servers für eingehende Mail (`POP` oder `IMAP`)
`Mail.Incoming.Protocol`	`1` für POP, `2` für IMAP
`Mail.Incoming.Username`	Benutzer- oder Anmeldename für das Mail-Konto
`Mail.Incoming.Password`	Kennwort für das Mail-Konto
`Mail.Incoming.SSL`	Mit `0` deaktivieren, mit `1` aktivieren Sie das SSL-Protokoll für eingehende Internet-Mail
`Mail.Outgoing.Name`	Ein ausführlicher Name für das Konto für ausgehende Mail
`Mail.Outgoing.Server`	Name des Servers für ausgehende Mail (SMTP)
`Mail.Outgoing.Address`	Die Internet-Mail-Adresse des Benutzers, z.B. *benutzer@memphis.com*
`Mail.InternetDomain`	Name der Internet-Mail-Domäne, z.B. *isp.com*
`Directory.Name`	Ein ausführlicher Name für das Verzeichniskonto
`Directory.Server`	Name des Verzeichnisservers (LDAP)
`News.Name`	Ein ausführlicher Name für das Nachrichtenkonto
`News.Server`	Name des Nachrichtenservers (NNTP)

Einstellung	Beschreibung
NetworkDial.EntryName	Name des Telefonbucheintrags im Remote-Netzwerk
NetworkDial.Phonenumber	Rufnummer für die Wählverbindung
NetworkDial.Username	Benutzername für Remote-Netzwerk
NetworkDial.Password	Kennwort für Remote-Netzwerk
NetworkDial.Domain	Remote-Netzwerkdomäne
DirectDial.Phonenumber	Rufnummer des Domino-Servers
DirectDial.Prefix	Rufnummernpräfix, falls erforderlich. Beispielsweise 9 für den Zugriff auf eine Amtsleitung.
DirectDial.Port	COM-Port, an den das Modem angeschlossen ist
DirectDial.Modem	Dateispezifikation der Modemdatei
Proxy.HTTP	HTTP-Proxy-Server und -Port, z.B. *proxy.memphis.com:8080*
Proxy.FTP	FTP-Proxy-Server und -Port, z.B. *proxy.memphis.com:8080*
Proxy.Gopher	Gopher-Proxy-Server und -Port, z.B. *proxy.memphis.com:8080*
Proxy.SSL	SSL-Proxy-Server und -Port, z.B. *proxy.memphis.com:8080*
Proxy.HTTPTunnel	HTTP-Tunnel-Proxy-Server und -Port, z.B. *proxy.memphis.com:8080*
Proxy.SOCKS	Socks-Proxy-Server und -Port, z.B. *proxy.memphis.com:8080*
Proxy.None	Kein Proxy für folgende Hosts und Domänen
Proxy.UseHTTP	Verwendet HTTP-Proxy für den FTP-, Gopher- und SSL-Security-Proxy
Proxy.Username	Benutzername, wenn eine Anmeldung erforderlich ist
Proxy.Password	Benutzerkennwort
Replication.Threshold	Ausgehende Mail übertragen, wenn sich folgende Anzahl von Nachrichten in der lokalen Mailbox befindet
Replication.Schedule	Aktiviert den Replizierungszeitplan.
IM.Server	Der Name des IBM Lotus Instant-Messaging-Servers ist erforderlich, es sei denn, die *notes.ini*-Variable IM_NO_SETUP= ist auf 1 gesetzt. Um diese Variable verwenden zu können, müssen Sie *InstallShield Tuner* installieren, das sich auf der Notes/Domino-CD befindet. Wenn diese Variable auf 1 gesetzt ist, wird das Dialogfeld zur Instant-Messaging-Konfiguration während der Konfiguration eines neuen Clients oder während einer Client-Aktualisierung nicht angezeigt, und alle IM-Variablen in einer scriptbasierten Client-Konfiguration werden ignoriert. Wenn IM konfiguriert werden soll, kann die *notes.ini*-Variable aus der *notes.ini* entfernt oder auf 0 gesetzt werden (IM_NO_SETUP=0).

Einstellung	Beschreibung
IM.Port	Der Port des IBM Lotus Instant-Messaging-Servers (beliebige positive Zahl)
IM.ConnectWhen	(Optionale Einstellung) Legt fest, wann die Verbindung zu IBM Lotus Instant Messaging hergestellt werden soll: 0 – Bei Notes-Anmeldung (Vorgabe) 2 – Manuell
IM.Protocol	Wählen Sie eine der folgenden Einstellungen: 0 – Direkt mit dem IBM Lotus Instant-Messaging-Server verbinden 1 – Direkt mit dem IBM Lotus Instant-Messaging-Server unter Verwendung des HTTP-Protokolls verbinden 2 – Direkt mit dem IBM Lotus Instant-Messaging-Server unter Verwendung der HTTP-Einstellungen verbinden 3 – Einen Proxy verwenden
IM.ProxyType	Erforderlich, wenn IM.Protocol auf 3 gesetzt ist. Wählen Sie eine der folgenden Einstellungen: 0 – SOCKS4-Proxy 1 – SOCKS5-Proxy 2 – HTTPS-Proxy 3 – HTTP-Proxy
IM.ProxyServer	Erforderlich, wenn IM.Protocol auf 3 gesetzt ist: der Name des IBM Lotus Instant-Messaging-Proxy-Servers.
IM.ProxyPort	Erforderlich, wenn IM.Protocol auf 3 gesetzt ist: der Port des IBM Lotus Instant-Messaging-Proxy-Servers (beliebige positive Zahl).
IM.ServerNameResolve	Wird nur verwendet, wenn IM.ProxyType auf 1 gesetzt ist (SOCKS5), ist aber nicht erforderlich. Verwenden Sie einen der folgenden Werte: 0 – IM.ServerNameResolve deaktivieren 1 – IM.ServerNameResolve aktivieren
IM.ProxyUsername	Erforderlich, wenn IM.Protocol auf 3 gesetzt und IM.ProxyType nicht SOCKS4 ist.

2.5.3 Automatisierte Client-Installationen über MST-Dateien

Durch die Umstellung auf das MSI-Format (Microsoft Installer) ist die standardisierte Installation von Notes Clients seit der Version 6 einfacher geworden. Installationen lassen sich auch mit Client-Management-Software von Drittherstellern, die MSI in der Regel unterstützt, einrichten. Die spezifische Anpassung erfolgt über MST-Dateien (*Microsoft Transformations*, zu Deutsch: Umwandlungsdateien). Bei der Installation kann eine MSI-Datei über eine MST-Datei angepasst werden.

IBM bietet für den Lotus Notes Client den sogenannten *InstallShield Tuner*, mit dem Sie MST-Dateien für die Lotus Notes-Installation definieren können. Die Anwendung kann auf der CD mit dem Lotus Notes Client installiert oder von der IBM-Webseite (*Passport Advantage*) heruntergeladen werden. Eine weitere Möglichkeit besteht in der Verwendung von *Ocra* (siehe *http://support.microsoft.com/kb/255905*). Der Orca-Datenbank-Editor ist ein im *Windows Installer SKD* verfügbares Tabellenbearbeitungsprogramm und kann verwendet werden, um *.msi*-Dateien zu bearbeiten. Weitere Optionen beziehen sich auf Mergemoduldateien (*.msm*-Dateien), *Internal Consistency Evaluator*-Dateien (*.cub*-Dateien) und Patch-Erstellungsdateien (*.pcp*-Dateien).

Der Lotus Notes InstallShield Tuner

Der *Notes InstallShield Tuner* unterstützt die unbeaufsichtigte Installation von Lotus Notes, da er die dazu notwendigen MST-Dateien erstellt. So sind Sie in der Lage, die sogenannte Umwandlungsdatei zum Anpassen des Installationsvorgangs zu erstellen. Mithilfe der Umwandlungsdateien können Sie beispielsweise Optionen deaktivieren, die standardmäßig nicht installiert werden sollen. Beispielsweise können Sie so vorgeben, dass das Notes Data-Verzeichnis nicht auf einem gemappten Netzwerklaufwerk liegen soll.

Sie können die Umwandlungsdateien auch verwenden, um Optionen zu verbergen, die Benutzer nicht ändern sollen, unabhängig davon, ob Sie eine bestimmte Option installieren möchten. Ändern Sie die Einstellungen SICHTBAR und ANFÄNGLICHER STATUS für jede Installationsoption, die Sie verbergen oder nicht verbergen möchten.

Den InstallShield Tuner können Sie bei Bedarf explizit von den IBM-Webseiten herunterladen. Sie finden ihn aber auch im Verzeichnis *pps\ISTunerForLotusNotes* auf der CD mit den Lotus Notes Client-Sourcen. Nach dem Start der Datei *Installshieldtuner_7x_80x_w32_c84t5na.exe* können Sie die Option CUSTOM oder COMPLETE wählen. Der einzige Unterschied zwischen den beiden Varianten ist, dass Sie bei CUSTOM den Installationsort angeben können.

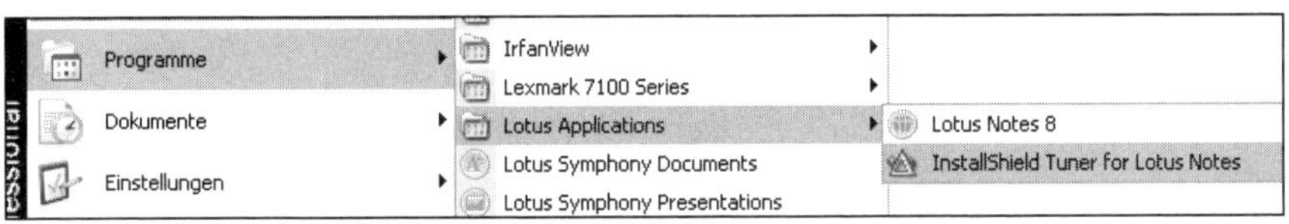

Abbildung 2.10: Aufruf des Lotus InstallShield Tuner

Nach dem Start der Anwendung werden Sie aufgefordert, eine *itw*-Datei (InstallShield Tuner Configuration) anzugegeben. Während der Installationsroutine hat Lotus Notes die Installationsdaten in definierten Verzeichnissen abgelegt. Wählen Sie diese Daten aus einem der entsprechenden Verzeichnisse aus, falls Sie diese nicht vorab an eine andere Stelle kopiert haben, was zu empfehlen ist:

- Vor Notes Client Version 8: Die Original-Daten liegen unter *C:\Dokumente und Einstellungen\User\Lokale Einstellungen\Temp*.
- Notes Client Version 8: Die Original-Daten liegen unter *C:\Dokumente und Einstellungen\User\Lokale Einstellungen\Temp\1*.
- Ab Notes Client Version 8.0.1: Die Original-Daten liegen unter *C:\Temp* bzw. das Verzeichnis kann frei bestimmt werden.

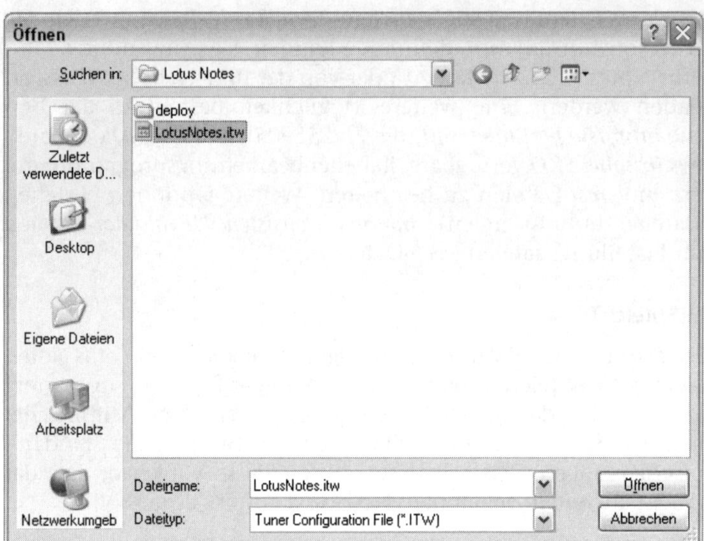

Abbildung 2.11: Die itw-Datei finden Sie im Setup-Verzeichnis der Client-Installation.

Danach startet der Tuner. Wählen Sie die gewünschten *.msi*- und *.mst*-Dateien aus, und klicken Sie auf OPEN. Danach verändert sich ggf. das Fenster, und Sie bekommen eine Vielzahl von Funktionen angezeigt (siehe *Abbildung 2.12*).

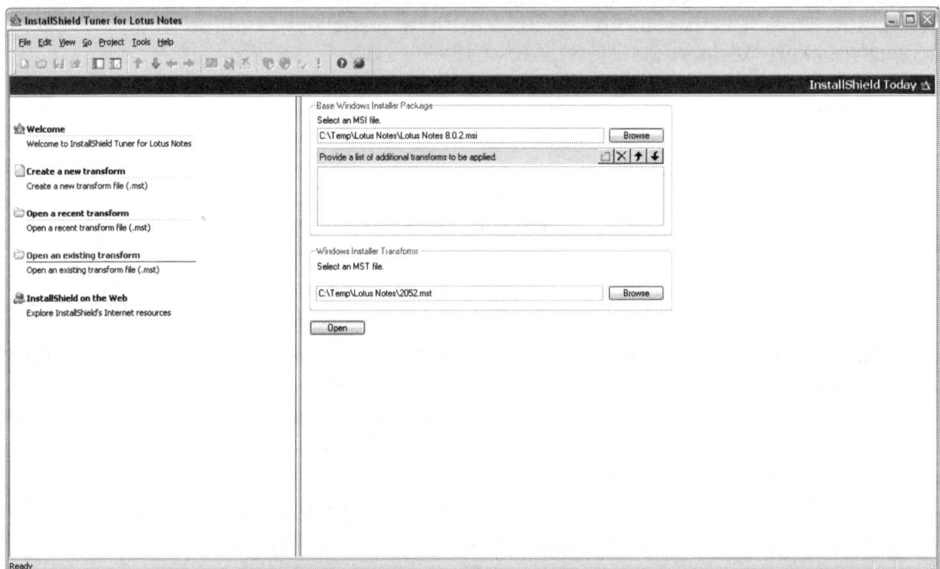

Abbildung 2.12: Auswahl einer bestehenden .msi-Datei

Wenn Sie eine PREVALIDATION der MSI-Datei ausführen, sollten Sie sich von den Warnungen und Fehlermeldungen nicht abschrecken lassen. Dieser Schritt ist eher für selbst entwickelte MSI-Dateien vorgesehen. Der wichtigste Konfigurationsschritt für die MST-Dateien ist die Auswahl der zu installierenden Funktionen unter ORGANIZATION >

FEATURES. Hierüber lassen sich aus einer Liste von Funktionen die für die Installation gewünschten Optionen auswählen. Der Status von Installationsoptionen ist an der Eigenschaft VISIBLE zu erkennen. Bei sichtbaren Funktionen gibt es darüber hinaus auch noch die Eigenschaft INITIAL STATE, die Informationen zu der Voreinstellung in der MSI-Datei enthält.

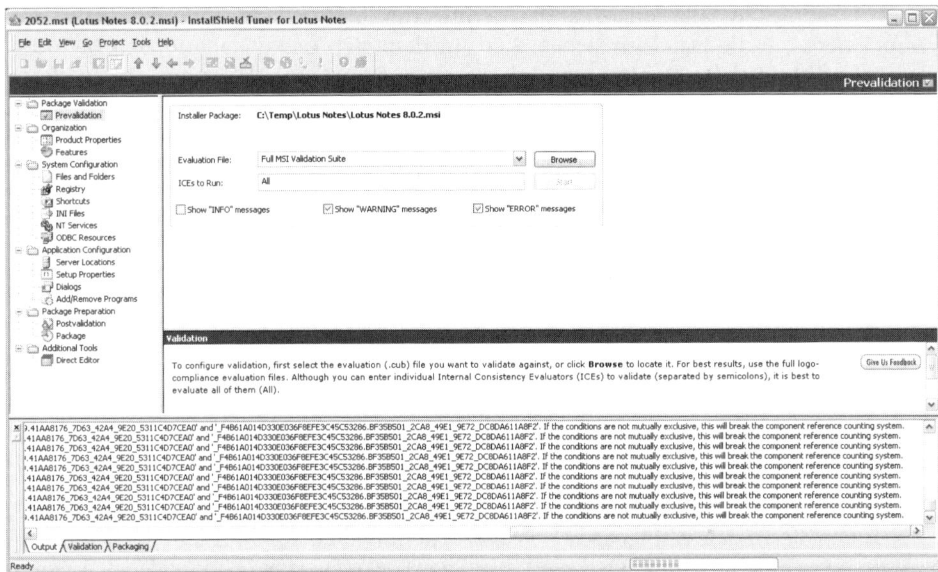

Abbildung 2.13: Prevalidation

Machen Sie sich mit den Funktionen und Möglichkeiten des Tuners vertraut, und testen Sie die unterschiedlichen Einstellungsmöglichkeiten. An dieser Stelle ist Mut zur Lücke sowie *Trial and Error* die Devise. Es existiert keine Dokumentation zu diesem Thema, sondern es gibt einige TechNotes, um z.B. *notes.ini*-Einträge einzubinden.

Anpassung der *.msi*-Dateien

Starten Sie *InstallShield Tuner*, und suchen Sie die Konfigurationsdatei mit der Dateinamenserweiterung .ITW. Die *.itw*-Konfigurationsdatei befindet sich im selben Verzeichnis wie die zu konfigurierende Notes-Installation.

- CDM
- CPInstLog
- eclipse
- fontconfig
- hsperfdata_nebel
- hsperfdata_SYSTEM
- iss3A2.tmp
- IXP000.TMP
- Lotus Notes
  - deploy
  - Data1.cab
  - updateSite.zip

Name	Größe	Typ	Geändert
1046.mst	131 KB	MST-Datei	9.8.2008 05:48
1055.mst	128 KB	MST-Datei	9.8.2008 05:48
2052.mst	146 KB	MST-Datei	9.8.2008 05:48
Data1.cab	251.544 KB	Kabinettdatei	9.8.2008 06:47
instmsia.exe	1.669 KB	Anwendung	16.5.2006 12:58
instmsiw.exe	1.780 KB	Anwendung	16.5.2006 12:58
Lotus Notes 8.0.2.msi	3.572 KB	Windows Installer-P...	9.8.2008 06:47
LotusNotes.itw	48 KB	ITW-Datei	9.8.2008 07:07
setup.exe	294 KB	Anwendung	9.8.2008 06:47
Setup.ini	3 KB	Konfigurationseinst...	9.8.2008 05:48
updateSite.zip	247.316 KB	ZIP-komprimierter O...	9.8.2008 06:53

Abbildung 2.14: Die .itw-Datei im Installationsverzeichnis, hier: C:\ Temp

1. Klicken Sie im InstallShield Tuner auf die Option zum Erstellen einer neuen Umwandlungsdatei.
2. Wählen Sie im Feld zum Auswählen einer MSI-Datei für das Microsoft Windows-Installationspaket die MSI-Datei aus (z.B. *Lotus Notes 8.5.msi*).
3. Geben Sie im Feld für den neuen Projektnamen und den Speicherort für das Microsoft Windows-Installationspaket den benutzerdefinierten Umwandlungsnamen ein. Speichern Sie die Datei im selben Pfad, in dem sich das Installationskit befindet. Dazu wählen Sie im rechten Menü den Eintrag FILES AND FOLDERS aus, im mittleren Fenster korrespondierend dazu SOURCE COMPUTER'S DIRECTORY TREE, um dann den Speicherort der erstellten *install85.txt* anzugeben. Unter DESTINATION COMPUTER'S FOLDERS öffnen Sie das Data-Verzeichnis. Kopieren Sie dann die *.txt*-Datei in das Data-Verzeichnis.

   In der *notes.ini* setzen Sie den `ConfigFile`-Parameter, indem Sie diesen in *c:\Programme\IBM\Lotus\notes\install85.txt* ändern. Vor der Version 8 hieß das Verzeichnis *c:\Programme\Lotus\notes\setup.txt.* Gegebenenfalls müssen Sie im linken Fenster unter ADDITIONAL TOOLS > DIRECT EDITOR auswählen und dann im mittleren Fenster den Eintrag INIFILE wählen und den Eintrag CST_COMPONENT ändern, z.B. in CST_COMPONENT1. Die letzte Aktivität ist nur dann notwendig, wenn unter COMPONENT keine neue CST_COMPONENT1 erstellt wird. Legen Sie dann einen entsprechenden INIFILE an, nehmen Sie die beschriebenen Einstellungen vor, und löschen Sie dann den INIFILE wieder.
4. Klicken Sie auf ERSTELLEN/CREATE.
5. Nehmen Sie an den verfügbaren Vorgabeeinstellungen die gewünschten Änderungen vor. Diese finden Sie unter ORGANIZATION > FEATURES. Hierüber können Sie definieren, welche Optionen installiert werden.
6. Klicken Sie auf SPEICHERN/SAVE.

Danach können Sie diese Datei für Endbenutzer-Client-Installationen verwenden.

Verwendung einer Umwandlungsdatei

Die Umwandlungsdatei können Sie für die Installation mit einer Benutzeroberfläche (UI) verwenden, d.h. eine Installation, die über eine Benutzeroberfläche ausgeführt wird.

In diesem Beispiel werden die Parameter `progdir` und `datadir` für das Programm- und Data-Verzeichnis des Notes Clients verwendet, um die Vorgabeeinstellungen der Umwandlungsdatei zu überschreiben.

1. Suchen Sie das Installationsverzeichnis, das sowohl die Lotus Notes 8.x.msi-Dateien als auch die Umwandlungsdateien (**.mst*) enthält.
2. Sie können beispielsweise die folgenden Optionen verwenden:
   - Um die Dateien in die vorgegebenen Programm- und Data-Verzeichnisse zu installieren, geben Sie den folgenden Befehl in die Befehlszeile ein:
     ```
     msiexec /i "Lotus Notes 8.0.msi" TRANSFORMS="custom.mst"
     ```
   - Um die vorgegebenen Programm- und Data-Verzeichnisse mit den angegebenen Verzeichnissen zu überschreiben, geben Sie den folgenden Befehl ein:
     ```
     msiexec /i "Lotus Notes 8.0.msi" PROGDIR=C:\Test DATADIR=C:\Test\Data TRANS-
     FORMS="custom.mst"
     ```

3. Um Umwandlungsdateien für die automatische Installation zu verwenden, wechseln Sie in das Installationsverzeichnis, das sowohl die Lotus Notes 8.x.msi- als auch die Umwandlungsdateien (**.mst*) enthält.
4. Folgende Optionen sind beispielsweise möglich:
   - Um die Dateien in die vorgegebenen Programm- und Data-Verzeichnisse zu installieren, geben Sie den folgenden Befehl in die Befehlszeile ein:
     `msiexec /i "Lotus Notes 8.0.msi" /qn TmüRANSFORMS="custom.mst"`
   - Um die vorgegebenen Programm- und Data-Verzeichnisse mit den angegebenen Verzeichnissen zu überschreiben, geben Sie den folgenden Befehl in die Befehlszeile ein:
     `msiexec /i "Lotus Notes 8.0.msi" /qn PROGDIR=C:\Test DATADIR=C:\Test\Data TRANS-FORMS="custom.mst"`
     Achtung: Die Option `/qn` funktioniert nicht bei einer Multi-User-Installation!

Eine Umwandlungsdatei dient im Bedarfsfall aber auch zur Verwendung einer automatischen Installation. Dabei wird die Verwendung der Umwandlungsdatei durch eine Anpassung der *setup.ini*-Datei beim Start der Datei *setup.exe* erzwungen. So wird dem Anwender im Installationsvorgang keine Benutzeroberfläche angezeigt, und er wird auch nicht zu etwaigen Aktionen aufgefordert. Dies funktioniert mithilfe der *setup.ini*-Datei-Einstellung. Ändern Sie die Befehlszeile in der *setup.ini*-Datei folgendermaßen:

```
CmdLine+/l*v %TEMP%\notes8.log TRANSFORMS=custom.mst
```

Sie können darüber hinaus auch eine Batch-Datei erstellen, die der Benutzer für das Starten des Befehls verwendet.

Hinweis

Üben Sie in puncto Anpassung ein wenig Zurückhaltung, und testen Sie Ihre Einstellung ausführlich. Wenn Sie Installationseinstellungen für Systemfunktionen modifizieren, die nicht im Rahmen der grafischen Installation ausgewählt werden können, kann es schnell zu Fehlern kommen.

2.5.4 Automatisierte Client-Installationen über Kommandozeilenoptionen

Während der automatischen Notes-Installation unter Windows können Befehlszeilenoptionen angegeben werden. Im Anschluss finden Sie einige Beispiele dazu. Diese Beispiele gelten allerdings nicht bei der Verwendung einer Umwandlungsdatei.

Um eine automatische Client-Installation über Optionen des `setup`-Befehls aufzurufen, müssen Sie als Benutzer mit Administratorrechten angemeldet sein oder über erhöhte Rechte verfügen. Gehen Sie folgendermaßen vor:

1. Öffnen Sie ein Kommandozeilenfenster.
2. Wechseln Sie zu dem Ordner, in dem sich die Datei *setup.exe* des Lotus Notes-Installationsmedienkits befindet.

3. Geben Sie einen der folgenden Befehle für die automatische Installation ein.
   - Der folgende Befehl installiert Notes im automatischen Modus mit den Vorgabewerten ohne Fortschrittsanzeige; beispielsweise im Standardverzeichnis für Einzelbenutzer *C:\Programme\IBM\Lotus\Notes* und die Notes-Datenordner und -dateien im Verzeichnis *C:\Programme\IBM\Lotus\Notes\data*.

     ```
     setup.exe /s /v"/qn"
     ```

     Wenn die Installation abgeschlossen ist, wird das Verknüpfungssymbol auf dem Desktop angezeigt.
   - Der folgende Befehl führt dazu, dass eine Nachricht angezeigt wird, sobald die Installation abgeschlossen oder fehlgeschlagen ist:

     ```
     setup.exe /s /v"/qn+"
     ```

   - Der folgende Befehl führt dazu, dass während der Installation eine Fortschrittsanzeige angezeigt wird:

     ```
     setup.exe /s /v"/qb+"
     ```

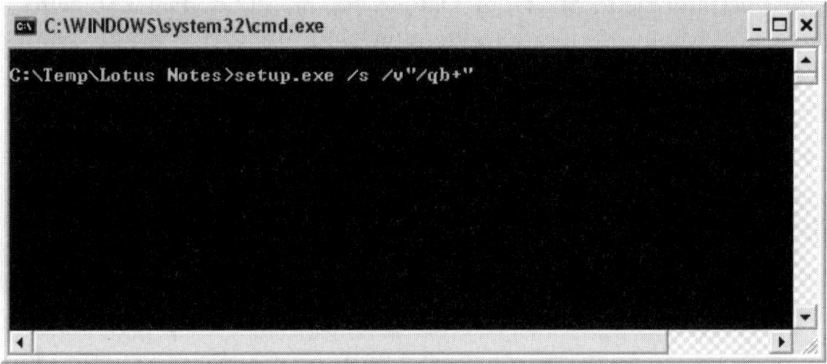

Abbildung 2.15: Installationsaufruf über die Kommandozeile

Stille(s) Mehrbenutzer-Installation/Upgrade

Vor der Notes-Version 8.0.2 war in Bezug auf eine stille Installation und eine Mehrbenutzer-Option eine Anpassung notwendig. In den Versionen 8.0.2 und 8.5 gibt es eine neue Kommandozeilenoption, die dies überflüssig macht (`SETMULTIUSER=1`). Allerdings gibt es diese Möglichkeit nicht für Linux oder Mac OS.

```
msiexec /i "Lotus Notes 8.0.2.msi" SETMULTIUSER=1 /qb"
```

   - Mit dem folgenden Format können Sie in der Befehlszeile die zu installierenden Installationsmanifest-Funktionen angeben. Übernehmen Sie die „installfeature"-ID-Syntax aus dem Lotus Notes-Installationsmanifest (*deploy\install.xml*). Wenn Sie einige dieser Funktionen installieren möchten, fügen Sie den ID-Wert der Funktion auf der Befehlszeile in die Eigenschaft `SELECTINSTALLFEATURES` ein, wie unten gezeigt wird. Trennen Sie die Namen der Funktionen durch Komma voneinander, und setzen Sie sie in Anführungszeichen. So können Sie auch einen Parameter übergeben, der Leerzeichen enthält, wie beispielsweise einen Verzeichnispfad. Beachten Sie die Position der Anführungszeichen, des Gleichheitszeichens und der Leerzeichen.

```
setup /s /v"SELECTINSTALLFEATURES=Activities,Sametime,Editors,CAE /qn"
```

Alle Funktionen des Lotus Notes-Installationsmanifests, deren Attribut `required` auf „true" gesetzt ist, werden installiert. Dies gilt unabhängig davon, ob dies in der Befehlszeile in der Anweisung `SELECTINSTALLFEATURES` angegeben wurde oder nicht. In der Befehlszeile können beliebig viele Funktions-IDs angegeben werden.

2.5.5 Installationsmanifeste

Standardmäßige Eclipse-Funktionen, wie die *Lotus Productivity Tools* und der *Composite Application Editor,* sowie benutzerdefinierte oder Fremdanbieterfunktionen können während der Lotus Notes-Installation im Funktionsinstallationsfenster angefordert werden. Eclipse-Funktionen werden im bereitgestellten Installationsmanifest für die Installation angegeben. Das Installationsmanifest und die Inhalte der *updatesite.zip*-Datei geben vor, welche Funktionen für die Installation und Aktualisierung von Lotus Notes sowie für das Entfernen von Funktionen zur Verfügung stehen. Eine Eclipse-Aktualisierungssite fungiert dabei als ein Repository für Funktionen und Plug-Ins in einem Standardformat. Das Notes-Installationsprogramm verwendet die *updatesite.zip*-Datei des Aktualisierungssiteverzeichnisses, das ein Funktionen- und Plug-Ins-Unterverzeichnis sowie eine *site.xml*-Registrierung enthält. In der *site.xml*-Registrierung sind alle Funktionen aufgelistet, die von der Aktualisierungssite veröffentlicht werden.

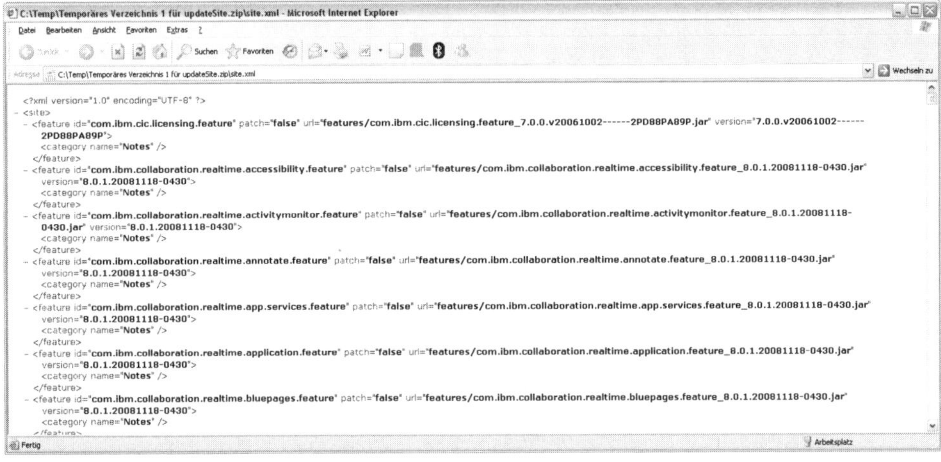

Abbildung 2.16: Inhalt der Datei site.xml

Sie können das IBM Lotus Notes-Installationsmanifest *install.xml* bearbeiten, um zu steuern, welche Funktionen für die Installation verfügbar sind und was der Benutzer im Funktionsinstallationsfenster angezeigt bekommt. Wenn Sie die *install.xml*-Datei für bereitgestellte Funktionen anpassen, konzentrieren Sie sich nur auf das „installfeature"-Element, nicht auf das untergeordnete „feature"-Element. Sie können das Installationsmanifest mithilfe eines XML-Editors oder Texteditors bearbeiten, aber überprüfen Sie den XML-Code, bevor Sie zum nächsten Schritt im Anpassungsprozess weitergehen.

Weitere Informationen zum Installationsmanifest finden Sie in der IBM Lotus Expeditor-Hilfe unter *http://publib.boulder.ibm.com/infocenter/ledoc/v6r1/topic/com.ibm.rcp.tools.doc.admin/optionalfeatures.html*.

Die Optionen, ob die Eclipse-Erweiterungen wie *Activities, Composite Application Editor, Sametime* und *Symphony* installiert werden, werden über eine XML-Datei gesteuert.

Die *install.xml* liegt in dem Ordner *„deploy"*. Das heißt, wenn Notes nach *C:\Temp* entpackt wurde, dann lautet der Pfad zum Ordner *„deploy" c:\Temp\deploy*. Sie können die *install.xml* mit einem Editor öffnen oder ein anderes Tool anschauen. Die Zeilen für die Eclipse-Erweiterungen sehen wie folgt aus:

```
<installfeature default="false"
description="%Activities.description" id="Activities"
name="%Activities.name" required="false" show="true"
version="8.0.0.20080227.0917">
```

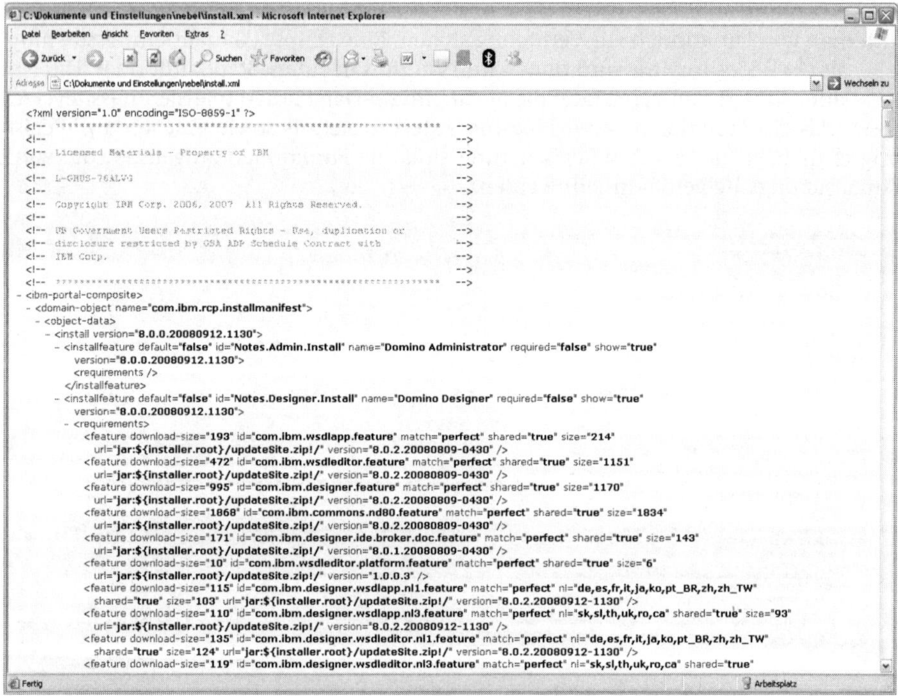

Abbildung 2.17: Die Datei install.xml

2.6 Upgrade von Notes 7 auf Notes 8.x

In Lotus Notes 8.x stehen die folgenden Möglichkeiten zum Aktualisieren von Notes Clients zur Verfügung:

- Manuelle Installation von CD oder aus dem Netzwerk
- Smart Upgrade – Dieses Feature arbeitet mit Richtlinien (Policies) und Einstellungen, die dazu dienen, ein Upgrade für die Anwender auszurollen, die dann eine entsprechende Upgrade-Benachrichtigung erhalten. Es ist nur möglich, Notes Clients mit einer Version 6 oder höher zu aktualisieren.
- Upgrade by mail – Dieses Feature schickt eine E-Mail-Benachrichtigung an definierte Anwender, um den Notes Client zu upgraden und optional das Mail-Template auszutauschen. Hierzu muss die Setup-Datei zentral verfügbar sein!
- Administrative Installation – Diese Funktion des Microsoft Windows Installers kopiert das Installationskit auf einen File-Server, sodass die Anwender über eine Netzwerkverbindung darauf zugreifen und ein Upgrade ihres lokalen Notes Clients anstoßen können.

Während eines Upgrades wird der aktuelle Installationspfad der Registry-Variable `\HKEY_LOCAL_MACHINE\SOFTWARE\Lotus\Notes` ausgelesen. Wenn Sie Lotus Notes 8.x für einen Einzelbenutzer auf einem System installieren, auf dem Lotus Notes 6.5 oder 7.x bereits installiert ist, wird der bisherige Lotus Notes-Teil des Produktes aktualisiert und im selben Verzeichnis installiert, in dem sich die vorhandenen Lotus Notes-Binärdateien befinden, beispielsweise *C:\Lotus\Notes*.

Wenn Sie den Notes Client in einen anderen Pfad installieren möchten, empfiehlt IBM, den vorhandenen Client zu deinstallieren und danach erst die neue Version zu installieren.

Wenn Sie ein Update vornehmen, sollten Sie bei einer Einzelplatzinstallation folgendermaßen vorgehen:

1. Vergewissern Sie sich, dass ein Backup aller wichtigen Notes Client-Dateien erstellt wurde.
2. Führen Sie *setup.exe* aus. Befolgen Sie die Aufforderungen in den Setup-Bildschirmen, um die Software ordnungsgemäß zu installieren. Wählen Sie den Client-Typ, für den Sie eine Lizenz erworben haben.
3. Starten Sie Notes.

Wenn Sie Notes 8 im selben Verzeichnis wie die vorherige Notes-Version installieren, wird die Software automatisch konfiguriert und aktualisiert.

Notes-Versionen 5 und höher konvertieren Ihren Arbeitsbereich automatisch in Lesezeichen. Sie können zwar weiterhin auf den Arbeitsbereich zugreifen – durch das neue Navigationsmodell und die bequeme Verwendung von Lesezeichen wird dies jedoch in den meisten Fällen unnötig. Ihre Arbeitsbereichseiten werden in Lesezeichen in Form von Schaltflächen konvertiert und auf der linken Seite des Client-Bildschirms angezeigt.

Weitere Informationen zu Client-Updates und -Upgrades erhalten Sie in *Kapitel 12.1.4, Vorüberlegungen für Notes-Upgrades*.

Backup von Notes Client-Dateien

Erstellen Sie für den Fall, dass während der Aktualisierung ein Fehler auftritt, ein Backup von wichtigen Notes Client-Dateien. Im Falle eines Problems können Sie dann diese Dateien anhand der Backupdateien wiederherstellen. Erstellen Sie für jeden Notes Client ein Backup der folgenden Dateien:

Dateiname	Ort	Kommentare
bookmark.nsf	Notes Data-Verzeichnis	Enthält Ihre gespeicherten Lesezeichen und Informationen zur Einführungsseite.
desktop6.ndk	Notes Data-Verzeichnis	Dies ist der Arbeitsbereich, der Ihren Lesezeichen entspricht.
names.nsf	Notes Data-Verzeichnis	Enthält Kontakte, Verbindungen, Arbeitsumgebungen, Zertifikate und Informationen aus Ihrem persönlichen Adressbuch.
notes.ini	Notes Programmverzeichnis	Enthält Informationen, die Sie beim Konfigurieren von Notes zur Verfügung stellen, einschließlich der in den Benutzervorgaben gewählten Optionen. Kann auch vom Administrator erstellte Informationen enthalten. Beim Deinstallieren von Notes wird diese Datei gelöscht.
user.dic	Notes Data-Verzeichnis	Enthält alle Wörter, die Sie Ihrem persönlichen Wörterbuch mithilfe der Option ZUM WÖRTERBUCH HINZUFÜGEN bei der Rechtschreibprüfung hinzugefügt haben.
**.nsf*	Notes Data-Verzeichnis	Von Ihnen erstellte lokale Datenbanken werden im Data-Verzeichnis gespeichert.
<IhrName>.id	Notes Data-Verzeichnis	Dies ist Ihre Benutzer-ID-Datei, die Sie für den Zugriff auf Notes benötigen.

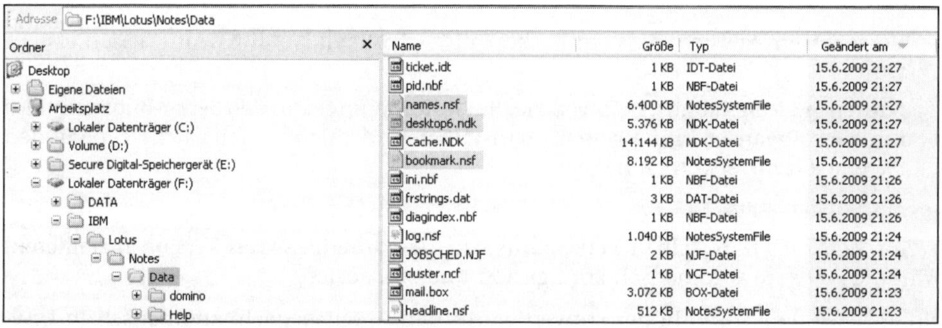

Abbildung 2.18: Ansicht der Dateien im Data-Verzeichnis

2.7 Lotus Notes 8.x-Konfiguration

Die Konfiguration des Notes Clients schließt die vorangegangene Installation ab. Während des Konfigurationsvorgangs, der auf unterschiedliche Weise angestoßen werden kann, werden dem Client essenzielle Informationen zur Verfügung gestellt, die dem Client überhaupt erst die Arbeit ermöglichen.

- Die *notes.ini* wird mit den entsprechenden Variablen und Werten gefüllt.
- Die ID-Datei des Anwenders wird in das Datenverzeichnis des Anwenders kopiert, falls sich diese Datei dort noch nicht befindet.
- Spezifische Notes-Datenbanken werden erstellt, wie etwa:
  - das persönliche Adressbuch (*names.nsf*)
  - eine Protokolldatei (*log,nsf*)
  - eine Schlagzeilendatenbank (*headline.nsf*)
  - eine Abonnentendatenbank (*subscriptions.nsf*)
  - die Desktop-Konfigurationsdatei (*desktop6.ndk*)
  - die Cache-Datei (*cache.ndk*)
  - eine Einführungsseite (*bookmark.nsf*)
- Das Arbeitsumgebungsdokument im persönlichen Adressbuch wird mit den entsprechenden Informationen gefüllt,
- Falls nötig, werden Verbindungsdokumente erstellt.
- Es wird eine Verbindung zum Mail-Server des Anwenders aufgebaut.
- Die Workstation-ECL wird erstellt.

Alle Datenbanken, die erstellt werden, erhalten das aktuelle Design der entsprechenden Lotus Notes-Version.

2.7.1 Manuelle Konfiguration

Bei der Erstkonfiguration von Notes richten Sie mit dem *Notes Assistenten für die Client-Konfiguration* alle Notes-Verbindungen ein. Dieser Assistent startet, wenn Sie eine Ihrer Notes-Anwendungen aus Ihrem Startmenü oder vom Desktop starten. Wenn Sie Notes zum ersten Mal starten, wird Ihnen eine Reihe von Konfigurationsfragen gestellt. Mithilfe Ihrer Antworten auf diese Fragen richtet Notes automatisch Ihre Verbindungen zu Notes-Datenbanken, zu Ihrer Mail und zum Internet ein.

Hinweis

Die manuelle Konfiguration kann mit einem *Scriptable Setup* umgangen werden!

Der ursprüngliche Assistent für die Client-Konfiguration wird nur bei der Erstkonfiguration von Notes ausgeführt.

Sie können den Konfigurationsvorgang jederzeit über den *Reconfiguration Wizard* wiederholen, indem Sie DATEI/FILE > VORGABEN/PREFERENCES > BASIC NOTES CLIENT CONFIGURATION > ASSISTENT ZUR CLIENT-NEUKONFIGURATION/CLIENT RECONFIGURATION WIZARD wählen. Notes aktualisiert dann durch einen erneuten Konfigurationsdurchlauf Ihre Konfigurationen und erstellt oder ändert alle notwendigen Dokumente in Ihrem persönlichen Adressbuch.

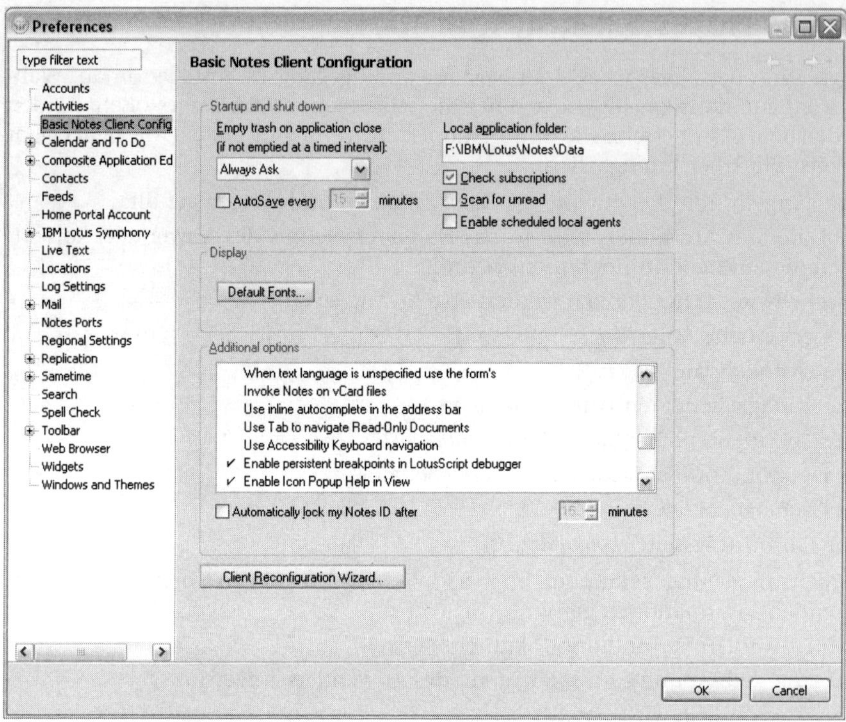

Abbildung 2.19: Möglichkeit zur Client-Neukonfiguration über die Schaltfläche* CLIENT RECONFIGURATION WIZARD *im Full Client

Hinweis

Für den Full Client lautet die Auswahl WERKZEUGE/TOOLS > ASSISTENT ZUR CLIENT-NEUKONFIGURATION/CLIENT RECONFIGURATION WIZARD.

Die meisten Benutzer verwenden Notes hauptsächlich in einem LAN. Sie haben jedoch mehrere Möglichkeiten, eine Verbindung herzustellen, wenn Sie nicht im Netzwerk Ihrer Organisation arbeiten. Sie können auch offline arbeiten, wenn Sie vom Netzwerk getrennt sind, und mithilfe der Replizierung Ihre Informationen mit Servern synchronisieren, wenn Sie das nächste Mal eine Verbindung herstellen.

Um Verbindungen herstellen zu können, muss eine der folgenden physischen Verbindungen vorhanden sein:

- Ein LAN (lokales Netzwerk)
- Ein Wählmodem, das mit Ihrem Betriebssystem kompatibel ist, sowie eine analoge Direktwahl-Telefonleitung
- Ein Kabelmodem und ein digitaler Kabeldienst (wird auch als Breitbanddienst bezeichnet)
- Ein DSL-Modem, eine DSL-Telefonleitung und die erforderliche Verbindungs-Hardware für die Kombination

Außerdem benötigen Sie bestimmte Informationen für das Herstellen der Verbindung zu Mail, anderen Notes-Datenbanken und dem Internet, die davon abhängig sind, welchen physischen Verbindungstyp und welchen Mail-Typ Sie verwenden möchten. Sie werden gefragt, ob Sie Folgendes durchführen möchten:

1. Verbindung mit einem Domino Server herstellen
2. Verbindung mit einem Remote-Netzwerkserver herstellen
3. Verbindung über Telefon oder LAN herstellen
4. Notes zum Empfang von E-Mail-Nachrichten von einem anderen Internet-Mail-Benutzerkonto verwenden

Nach Abschluss dieses Vorgangs wird entsprechend Ihrer Antworten automatisch eine Verbindung hergestellt.

Für diese Verbindung bzw. diesen Service ...	... benötigen Sie folgende Angaben
Verbindung mit einem Domino Server über ein LAN	Name Ihres Home-(Mail-)Servers, Ihre Notes ID und Ihr Kennwort
Verbindung mit einem Domino Server über eine Telefonleitung	Server-Telefonnummer, Ihre Notes ID, Kennwort und möglicherweise einen Durchgangsserver oder einen Sammelanschluss
Internet-Mail-Benutzerkonto	ISP-Login-Name, Kennwort, POP- und SMTP-Adresse oder IMAP-Adresse
News-Server für Usenet-Newsgroups	Adresse des ISP-News-Servers (NNTP)
Verzeichnisserver (LDAP)	Adresse des Verzeichnisservers

Eine andere Option zur Neukonfiguration nutzen Sie, wenn Sie die *notes.ini* weitgehend leeren und durch bestimmte Schlüssel in dieser Datei eine Neukonfiguration anstoßen:

1. Beenden Sie Notes.
2. Erstellen Sie eine Sicherungskopie der Datei *notes.ini*.
3. Löschen Sie mittels des Windows-Editors oder eines anderen Texteditors in der Datei *notes.ini* bis auf die ersten drei Zeilen sämtliche Einträge. In der ersten Zeile der Datei muss `[NOTES]`, in der zweiten Zeile `Directory=` mit dem Pfadnamen zu Ihrem Notes Data-Verzeichnis und in der dritten Zeile `KitType=1` (für eine Notes Workstation) eingetragen sein.

```
[Notes]
KitType=1
Directory=e:\notes\data
```

4. Speichern Sie die Datei.
5. Starten Sie Notes neu.

Der Assistent für die Client-Konfiguration wird gestartet. Er fordert Sie zur Eingabe der Verbindungsinformationen auf.

Dieser Assistent wird gestartet, da der *notes.ini* des Anwenders Informationen fehlen. Im Assistenten treffen Sie eine bestimmte Auswahl, und die daraus resultierenden Daten werden dann für die Konfiguration verwendet. Diese Konfiguration unterscheidet sich nicht wesentlich von der manuellen Konfiguration des Notes Clients, die sich an den Installationsvorgang anschließt.

Die Konfiguration startet mit einem Willkommensbildschirm. An dieser Stelle brauchen Sie lediglich auf WEITER zu klicken, wenn Sie mit der Konfiguration fortfahren möchten. Anschließend wird Ihr Name und der Domino Server zum Verbindungsaufbau erfragt.

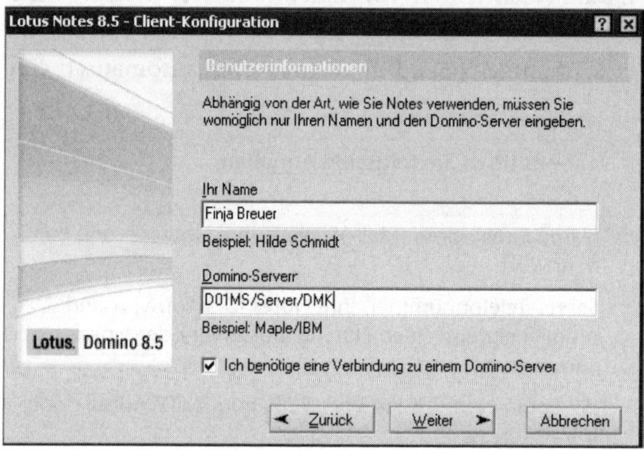

Abbildung 2.20: Verbindung zum Domino Server anfordern

Übernehmen Sie die Empfehlung für die Verbindungsanforderung zu einem Domino Server. Geben Sie den Namen Ihres Mail-Servers als hierarchischen Namen an, wie etwa `D01MS/DMK`.

- Wenn Sie in einem LAN arbeiten, verwaltet Notes Ihre Verbindungen zu Notes-Datenbanken.
- Wenn Sie die Verbindung über eine Wählleitung herstellen, müssen Sie die Namen der Domino Server kennen, auf die Sie zugreifen möchten. Wenn Ihre Organisation über keinen Netzwerk-, Durchgangs- oder Sammelanschluss-Server verfügt, benötigen Sie möglicherweise auch Telefonnummern für die einzelnen Domino Server. Bei Verwendung eines Netzwerkservers können Sie mit einem Anruf eine Verbindung zu allen Domino Servern und – sofern Ihre Organisation dies zulässt – auch zum Internet herstellen. Bei Verwendung eines Durchgangs- oder Sammelanschluss-Servers können Sie mit einem Anruf eine Verbindung zu Gruppen von Domino Servern herstellen.
- Wenn Sie die Verbindung über einen Kabelanschluss oder DSL herstellen, müssen Sie die Namen der Domino Server kennen, auf die Sie zugreifen möchten.

In manchen Fällen werden zusätzliche Informationen zum Mail-Server des Anwenders abgefragt, um eine Verbindung herstellen zu können. Geben Sie dazu entweder die IP-Adresse oder den Host-Namen des Servers an. Dann wird die Verbindung zum angegebenen Domino Mail-Server hergestellt.

Wurde die ID-Datei beim Anlegen des Benutzers nicht im Domino Directory abgelegt, fragt der Assistent nach dem Ablageort der ID-Datei. Liegt die Datei nicht in dem Verzeichnis, das bei der Installation angegeben wurde, fragt der Assistent, ob die ID-Datei aus dem aktuellen Verzeichnis in das Notes-Data-Verzeichnis kopiert werden soll. Bestätigen Sie diese Frage mit JA.

Hinweis

Falls Sie unter Lotus Notes Domino 8.5 ID-Vaults verwenden und dem Anwender bei der Registrierung eine Vault für seine User-ID über ein Security-Richtliniendokument zugewiesen haben, wird er seine ID bei der ersten Anmeldung aus dem Vault herunterladen. Nähere Informationen zum Thema ID-Vault erhalten Sie in *Kapitel 10.4, Notes-ID-Vault.*

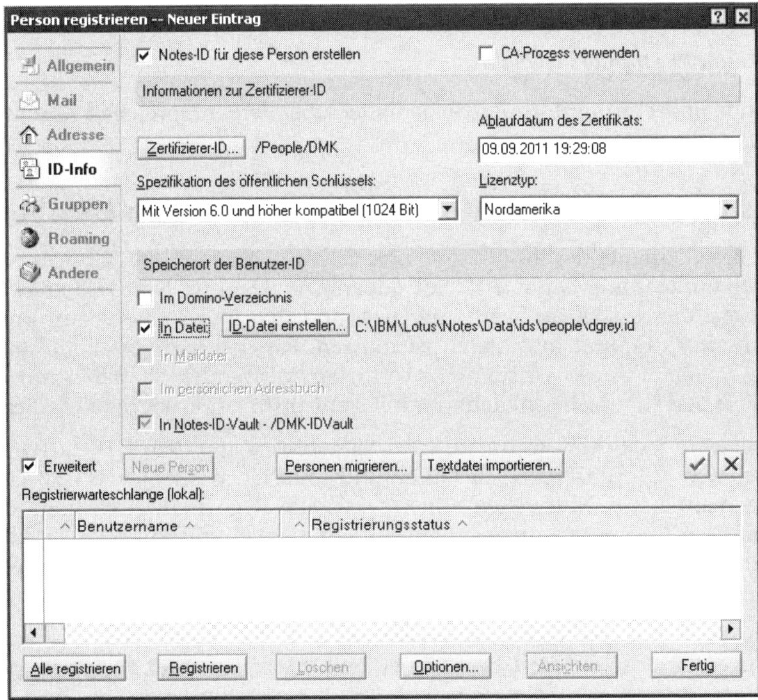

Abbildung 2.21: Nutzung der ID-Vault bei der Benutzer-Registrierung

Danach müssen Sie Ihr Kennwort für die angegebene ID angeben. Im weiteren Verlauf der Konfiguration können Sie zudem angeben, ob Sie eine Verbindung zu einem Instant-Messaging-Server aufbauen möchten und ob Sie

- ein Internet-Konto benötigen,
- Verbindung zu einem Newsserver, Internet-Verzeichnisserver (LDAP) oder einem Proxyserver herstellen möchten und auf welche Weise Sie sich mit dem Internet verbinden möchten und ob Sie außerdem
- die Replizierparameter zum Senden und Empfangen von E-Mails konfigurieren möchten.

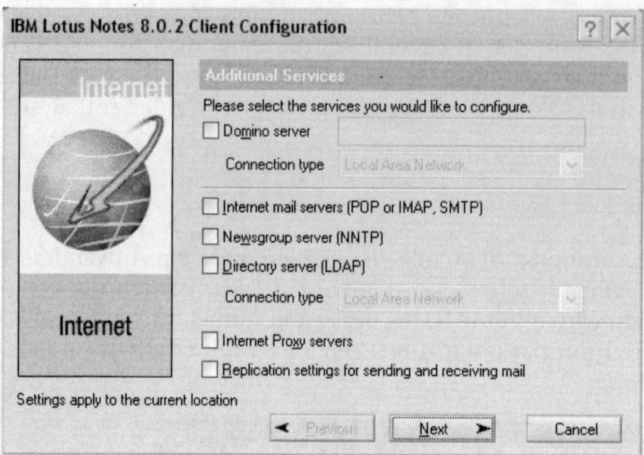

Abbildung 2.22: Zusätzliche Dienste konfigurieren.

Der abschließende Bildschirm informiert Sie lediglich über den erfolgreichen Abschluss der Konfiguration.

2.7.2 Notes-Installation und -Konfiguration auf einem USB-Stick

Sie können die Basis-Variante des IBM Lotus Notes Clients auf einem USB 2.0-Laufwerk installieren (auch für Roaming-Benutzer). Die Endbenutzer des Lotus Notes Clients können sich dann auf dieses USB-Laufwerk zugreifen und den Notes Client ausführen, ohne ihn auf ihrem Computer installieren zu müssen. Für den *Domino Administrator Client* oder den *Domino Designer* ist sie nicht verfügbar. Verwenden Sie daher nur das Installationskit für den Notes Client, nicht das AllClient-Installationskit für alle Clients.

Der Notes Client wird jedes Mal, wenn Sie das USB-Laufwerk mit dem USB-Anschluss verbinden, durch den Autorun-Prozess installiert und gestartet. Wenn Sie das USB-Laufwerk entfernen, wird Lotus Notes deinstalliert, und alle Registrierungseinträge und Dateien, die auf dem Computer hinzugefügt wurden, werden entfernt. Die Desktop-Verknüpfung, das temporäre Verzeichnis und von Ihnen verwendete Anhänge werden ebenfalls entfernt.

Bevor Sie beginnen, benötigen Sie den Notes-Installationscode für Clients. Entpacken Sie den Notes-Installationscode für Clients in einen Ordner auf Ihrer Festplatte oder legen Sie den entpackten Code auf einem gemeinsam genutzten Laufwerk ab, damit andere Benutzer darauf zugreifen können.

Führen Sie die folgenden Schritte aus, um den IBM Lotus Notes Client auf einem USB-Laufwerk zu installieren:

1. Verbinden Sie das USB-Laufwerk mit Ihrem Rechner.
2. Merken Sie sich den Laufwerksbuchstaben, der dem USB-Laufwerk zugewiesen wird, da diese Zuweisung dynamisch erfolgt und sich der Laufwerksbuchstabe bei einer erneuten Verwendung desselben USB-Anschlusses zu einem späteren Zeitpunkt ändert.

3. Öffnen Sie ein Eingabeaufforderungsfenster, und wechseln Sie zu dem Ordner oder Verzeichnis, in dem die Notes-Installationsdateien liegen.
4. Geben Sie in einem Eingabeaufforderungsfenster den folgenden Befehl ein, um Lotus Notes auf dem USB-Laufwerk (hier Laufwerk *F:*) zu installieren:

```
setup /a /v"NOMAD=1 TARGETDIR=F:\ /qb+"
```

Die Parameter `/qb+` ermöglichen die Anzeige der grundlegenden Benutzeroberfläche und eines Meldungsfelds am Ende der Installation.

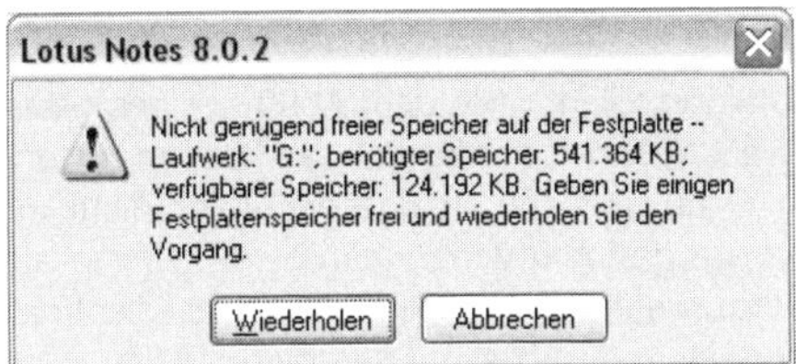

***Abbildung 2.23:** Sie benötigen allerdings ausreichend Platz auf dem USB-Medium.*

Es werden Programm- und Datendateien installiert, und eine Initialisierungsdatei, *autorun.ini*, wird erstellt. Außerdem wird eine Programmdatei, *autorun.exe*, erstellt und im Stammverzeichnis des Installationsbereichs auf dem USB-Laufwerk gespeichert. Es werden noch weitere Dateien installiert.

5. Führen Sie nach Abschluss des Installationsvorgangs vom Stammverzeichnis des USB-Laufwerks aus den Befehl *autorun.exe* aus, indem Sie auf den Dateinamen doppelklicken oder den Befehl in die Befehlszeile eingeben.

   Durch die Verwendung des Befehls wird ein optimierter Installationsvorgang ausgeführt. Während dieses Installationsvorgangs wird der Buchstabe des USB-Laufwerks ermittelt, *autorun.ini* wird gelesen, standardmäßige Notes-Registrierungsschlüssel werden festgelegt und es wird eine Desktop-Verknüpfung erstellt. Es wird außerdem ein temporäres Verzeichnis erstellt, in dem die Notes Client-Dateien gespeichert werden.
6. Der Lotus Notes Client ist installiert und wird automatisch gestartet. Führen Sie den Notes-Konfigurationsvorgang wie gewohnt durch.

Die Datei *autorun.ini*, die erstellt wird, gleicht der folgenden Beispieldatei.

```
[Autorun]
MSI_LOCATION=G:\Lotus Notes 8.5.msi
MSI_COMMANDLINE=/qb PROGDIR="G:\Programme\Lotus\notes\" DATADIR="G:\Programme\
Lotus\notes\Data\"
AUTOLAUNCH_NOTES=Yes
AUTORUN_MODE=Yes
TMP_DIR=g:\tmp
```

Die Einstellungen in der Datei *autorun.ini* werden in der folgenden Tabelle beschrieben:

autorun.ini-Variable	Beschreibung
`MSI_LOCATION=`	Legt den Pfad auf dem USB-Laufwerk zu der MSI-Datei fest, die zur Durchführung der Installation nach dem Anschließen des USB-Laufwerks verwendet wird. Der Laufwerksbuchstabe wird zur Laufzeit dynamisch gesetzt.
`MSI_COMMANDLINE=`	Gibt die Befehlszeile an, die an die Datei *msiexec.exe* übergeben wird, die die Installation ausführt.
`AUTOLAUNCH_NOTES=`	Legt fest, dass der Lotus Notes Client nach dem Abschluss der Installation auf dem USB-Laufwerk geöffnet werden soll. Sie können diesen Wert auf `NLNOTES` setzen, wenn Sie möchten, dass der Notes Client auch dann vom USB-Laufwerk aus gestartet wird, wenn bereits eine lokale Version des Notes Clients ausgeführt wird. Wenn der Notes Client nicht automatisch gestartet werden soll, setzen Sie den Wert auf `NO`.
`AUTORUN_MODE=`	Legt fest, dass ein Prozess ausgeführt werden soll, solange der Benutzer angemeldet ist. Wenn sich der Benutzer abmeldet oder das System neu startet, wird der Prozess beendet, und *autorun.exe* muss erneut ausgeführt werden. Der Autorun-Prozess bewirkt, dass die Notes-Installation automatisch ausgeführt wird, wenn das USB-Laufwerk erneut angeschlossen wird.
`TMP_DIR=`	Gibt den Pfad für das temporäre Verzeichnis an, in dem die Notes Client-Dateien und Anhänge als temporäre Dateien gespeichert werden. Diese werden folglich zusammen mit diesem Verzeichnis gelöscht, wenn das USB-Laufwerk entfernt wird. Der Laufwerksbuchstabe kann sich ändern, muss das aber nicht tun, und ggf. ist eine Konfiguration über den Device Manager notwendig.

2.8 Smart Upgrade

Mit dem *Automatic Client Upgrade* (ACU) über das *Smart Upgrade* lassen sich Client-Versionen wesentlich einfacher installieren. Es handelt sich im Grunde genommen um eine Möglichkeit des Client-Upgrade mit Notes-Bordmitteln.

Smart Upgrade teilt den Benutzern mit, dass sie ihre Notes Clients (verfügbar ab der Notes-Version 6) auf höhere Versionen aktualisieren können, und verwendet Richtlinien- und Einstellungsdokumente, die die Durchführung der Aktualisierungen vereinfachen. Das Einstellungsdokument für Desktop-Richtlinien wurde um ein Smart Upgrade-Register für die Smart Upgrade-Einstellungen erweitert. Es umfasst auch Felder zum Erzwingen der Smart Upgrade-Verfolgung (Tracking).

Wenn Sie Smart Upgrade als Möglichkeit zum Upgrade von Notes Clients verwenden möchten, müssen die folgenden Voraussetzungen erfüllt sein:

- Der Notes Client ist bereits installiert.
- Es besteht eine Verbindung zu einem Domino Server.

- Eine Smart Upgrade-Datenbank wurde erstellt, konfiguriert, eingesetzt und aktiviert.
- Im Register SERVER der Arbeitsumgebungsdokumente der Benutzer muss der richtige Home-Server angegeben sein. Wenn der falsche Home-Server angegeben ist, wird der Upgrade-Prozess von Smart Upgrade nicht gestartet.

Die Datenbank für Smart Upgrade-Verfolgungsberichte dient als Ablage für Smart Upgrade-Verfolgungsberichte, die detaillierte Informationen zu demm Status aller Versuche enthalten, Smart Upgrade innerhalb einer Domäne für Notes Clients auszuführen.

Beim ersten Start erzeugt Domino eine Mail-In-Datenbank namens *Lotus Notes Domino Smart Upgrade Tracking Reports* (*lndsutr.nsf*), die auf der Datenbankschablone *lndsutr.ntf* basiert (siehe *Abbildung 2.24*). Außerdem erzeugt Domino das entsprechende Mail-In-Datenbankdokument für die Datenbank für Smart Upgrade-Verfolgungsberichte. Notes erstellt jedes Mal automatisch einen Smart Upgrade-Verfolgungsbericht, wenn Smart Upgrade auf einem Client einer Domäne ausgeführt wird.

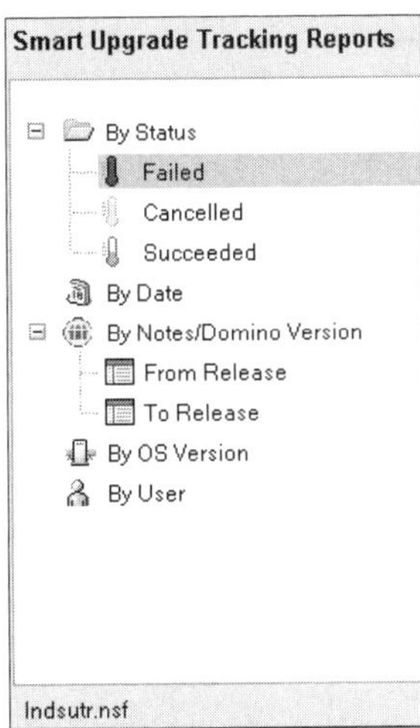

Abbildung 2.24:* *Smart Upgrade-Datenbank

Wenn Sie Smart Upgrade für die Updates in Ihrer Umgebung verwenden möchten, gehen Sie wie folgt vor:

1. Überprüfen Sie vorab, ob auf Ihren Servern bereits eine Datenbank existiert, die als Host für die Notes Client-Update-Kits fungieren soll. Diese Datenbank beruht auf der Smart Upgrade Kits-Schablone (*smupgrad.ntf*).
2. Aktualisieren Sie das Konfigurationsdokument im Domino-Verzeichnis mit einer Verknüpfung zur *Lotus Notes Smart Upgrade*-Datenbank. Fügen Sie im Register SMART UPGRADE des Konfigurationsdokuments die vorher erstellte Datenbankverknüpfung im Feld VERKNÜPFUNG ZU SMART UPGRADE-DATABASE ein (siehe *Abbildung 2.25*).

Datenbank- und Dokumentverknüpfungen

Um eine Datenbankverknüpfung zu erstellen, öffnen Sie die Datenbank und wählen BEARBEITEN > ALS VERKNÜPFUNG KOPIEREN > DATENBANKVERKNÜPFUNG. Mehr zu diesem Thema erfahren Sie in *Kapitel 12.3.5, Umleitungen, Verzeichnis- und Datenbankverknüpfungen*.

Lotus Notes Smart Upgrade sucht die *Lotus Notes Smart Upgrade*-Datenbankverknüpfung zuerst im Konfigurationsdokument des Home-Servers, der im Arbeitsumgebungsdokument des Notes Clients angegeben ist. Deswegen ist es wichtig, dass die Angabe an dieser Stelle korrekt ist. Wenn dieses Konfigurationsdokument keine Lotus Notes Smart Upgrade-Datenbankverknüpfung enthält, sucht Lotus Notes Smart Upgrade als Nächstes im Konfigurationsdokument für alle Server nach der Datenbankverknüpfung.

Configuration Settings : ACTHub01/Server/ACTIT

Basics | Smart Upgrade | Router/SMTP | MIME | NOTES.INI Settings | Domino Web Access | IMAP | SNMP | Activity Logging

Smart Upgrade

Smart Upgrade Database link:

Smart Upgrade Governor

Limit Concurrent Smart Upgrade:	Enabled
Maximum Concurrent Downloads:	15

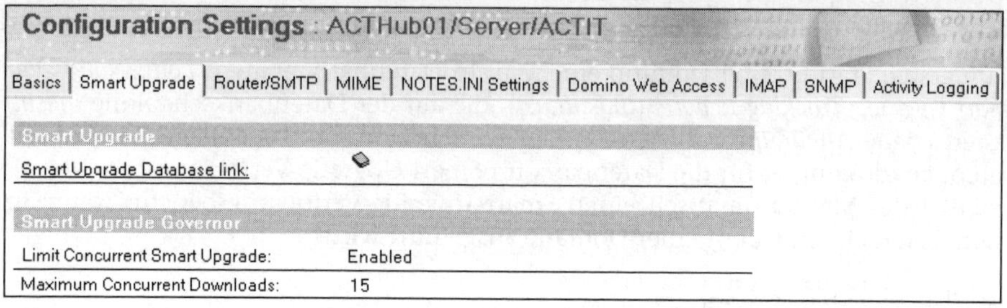

Abbildung 2.25: Konfiguration für die Smart Upgrade-Datenbank und die entsprechenden Optionen

3. Laden Sie ein Update-Kit, das auch als inkrementelles Installationsprogramm bezeichnet wird, von der *Lotus Developer Domain*-Website (Bereich *Updates, fixes, and utilities*) herunter (*http://www.lotus.com/ldd/smartupgrade*).
4. Erstellen Sie in der *Lotus Notes Smart Upgrade*-Datenbank ein *Kit*-Dokument, und hängen Sie an dieses ein Notes Client-Kit oder ein Kit für alle Clients an. Alternativ können Sie im Kit-Dokument auch ein freigegebenes Netzlaufwerk angeben.
5. Passen Sie ein Einstellungsdokument für Desktop-Richtlinien (Einstellungsdokument) entsprechend Ihrem geplanten Upgrade an. Dies bezieht sich auf die zu implementierende aktualisierte Version sowie auf das Datum, an dem die Nachfrist für die Aktualisierung eines Notes Clients endet.
6. Erstellen oder ändern Sie eine Masterrichtlinie, der Sie die zuvor getätigten Einstellungen zum Desktop-Richtliniendokument zuweisen. Diese Masterrichtlinie können Sie dann als explizite oder Organisationsrichtlinie den vorgesehenen Benutzern oder Gruppen zuordnen.

Die Einrichtung einer neuen Client-Version kann automatisiert und über zentrale Deployment-Server gesteuert werden. Dort werden die sogenannten *Upgrade Kits* (früher *Incremental Installer*) in einer eigenen Datenbank verwaltet. Wenn der Smart Upgrade-Timer auf dem Notes Client abläuft, führt Lotus Notes Smart Upgrade bei der nächsten Anmeldung der Benutzer auf ihren Domino Home-Servern oder den entsprechenden Cluster-Servern Folgendes aus:

1. Es vergleicht die Versionsnummer des Notes Clients des Benutzers mit der Versionsnummer, die im Kit-Dokument im Feld für die Quellversion in der *Lotus Notes Smart Upgrade*-Datenbank angegeben ist. Der Notes Client sendet ein Übereinstimmungsmuster an den Server, das die aktuelle Version des Notes Clients, die Plattform und die Lokalisierung enthält. Seit Domino Notes Version 6.5.5 wird außerdem die Installationsart übertragen. Der Server sucht anschließend nach einem entsprechenden Kit.

   Wenn das Feld ZU INSTALLIERENDE CLIENT-VERSION im Einstellungsdokument für Desktop-Richtlinien eine Versionsnummer enthält, vergleicht Notes diese Versionsnummer mit der Versionsnummer im Feld für die Zielversionsnummer des Kit-Dokuments. Die Angabe der Versionsnummer des Update-Kits im Feld ZU INSTALLIERENDE CLIENT-VER-

SION des Einstellungsdokuments für Desktop-Richtlinien ist optional. Wenn das Feld keinen Eintrag enthält, jedoch ein Update-Kit zur Verfügung steht, überspringt Lotus Notes Smart Upgrade diesen Schritt und setzt die Aktualisierung unter Verwendung der Versionsnummer des Update-Kits fort.

2. Wenn eine Übereinstimmung gefunden wird und Benutzer angegeben oder Mitglieder einer angegebenen Gruppe sind, zeigt Lotus Notes Smart Upgrade ein Dialogfeld an, in dem die Benutzer zum Aktualisieren ihrer Notes Clients aufgefordert werden.
3. Die Benutzer können ihre Clients direkt bei Aufforderung aktualisieren oder den Vorgang um einen vorgegebenen Zeitraum verschieben. Wenn ein Benutzer über eine Richtlinie mit einer Frist für das Upgrade verfügt und diese Frist verstrichen ist, wird das Smart Upgrade-Dialogfeld mit der Schaltfläche JETZT AKTUALISIEREN angezeigt, die den Benutzer zur Aktualisierung des Notes Clients zwingt, ohne dass eine weitere Verzögerung möglich ist. Wenn die Einstellung MICH STÜNDLICH DARAN ERINNERN, NACHDEM DIE 'FRIST FÜR DAS UPGRADE' ABGELAUFEN IST im Richtliniendokument aktiviert ist, können Benutzer das Smart Upgrade um jeweils eine Stunde herauszögern, bevor sie erneut benachrichtigt werden.

Da sich Smart Upgrade nur für Notes ab Version 6 eignet, bleibt als automatisierter Weg zu einem Upgrade über den Notes Client von Notes 4.6 und R5 nur das Verfahren *Upgrade-by-Mail*.

2.9 Parallelinstallationen des Clients

Als Administrator oder Entwickler wird Ihnen in den seltensten Fällen die Installation eines Clients auf Ihrem Rechner reichen. Auch als Service-Desk-Mitarbeiter brauchen Sie oft mehr als einen Notes Client, auch wenn hier vielfach der „normale" Client ausreicht. Gründe für die Parallelinstallation gibt es jedoch viele:

- Tests für verschiedene Versionen der neu zu entwickelnden Datenbanken
- Kundenanforderungen, da diese selbst in unterschiedlichen Niederlassungen mit unterschiedlichen Versionen oder Sprachen arbeiten
- Während einer Client-Migration, um die neue und die alte Client-Version zu unterstützen
- Internationales Benutzerumfeld mit deutschen und englischen Clients
- Und natürlich zum Testen der neuen Funktionen einer neuen Client-Version. Hierbei sollten Sie sich streng an die Regeln des jeweiligen Unternehmens halten. Beim Zugriff auf produktive Datenbanken mit einer höheren Version kann es zu unerwünschten Nebenwirkungen kommen.

Behalten Sie im Hinterkopf, dass Sie um so mehr Arbeitsspeicher und ggf. auch I/O-Ressourcen benötigen, je mehr Anwendungen auf Ihrem Rechner laufen.

Achtung

Die Installation mehrerer Clients auf einer Betriebssysteminstanz wird von IBM nicht unterstützt!

Um die Parallelinstallation realisieren zu können, stehen Ihnen unterschiedliche Optionen zur Verfügung. Zum einen können Sie Virtualisierungslösungen unterschiedlicher Hersteller nutzen. So schaffen Sie es, über das bereits bestehende Betriebssystem weitere OS-Instanzen zu starten, in die Sie dann je nach Bedarf einen Notes Clients installieren können (siehe *Kapitel 2.9.2, Notes Client-Koexistenz*).

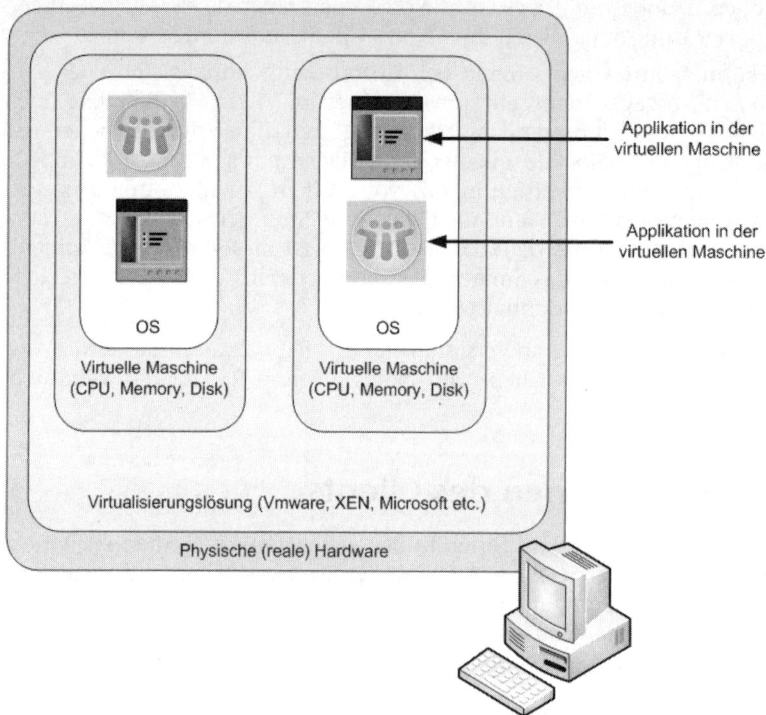

Abbildung 2.26: Ein möglicher Virtualisierungsansatz

2.9.1 Nutzung von Virtualisierungslösungen

Virtualisierung ist bereits seit einiger Zeit ein sehr aktueller und weiterhin aufmerksam beobachteter Themenkomplex, der zunehmende Verbreitung findet. Doch was steckt genau hinter diesem Begriff? Diverse Organisationen, Personen und Unternehmen haben bereits versucht, diese Frage zu beantworten. Virtualisierung bezeichnet Methoden, die es erlauben, Ressourcen eines Rechners aufzuteilen und zu verwalten.

Eine Möglichkeit besteht in der Nutzung des *VMware Players* oder des *VMware Servers*, um über diesen Weg unterschiedliche Client-Typen starten bzw. nutzen zu können. Als wohl bekanntester Anbieter hat VMware (*http://www.vmware.com/de*) die Virtualisierung auf breiter Front etabliert. Der seit Januar 2004 zum EMC-Konzern gehörende Hersteller gilt als unbestrittener Marktführer in der Virtualisierung von Intel-kompatiblen Server-Systemen. Begonnen hat der Siegeszug am Virtualisierungsmarkt mit folgenden Produkten:

- *VMware Workstation* war das erste VMware-Produkt und ist für den professionellen Entwickler gedacht. Es ist stets eine Generation weiter in den Möglichkeiten als die Server-Varianten. Das Produkt bietet spezielle Funktionen für Entwickler, wie *Visual Studio* und *Eclipse*-Integration.

- Der kostenlose *VMware Player* ist eine reine Laufzeitumgebung für den Kunden, der keine VMware-Produkte im Einsatz hat, aber eine Appliance nutzen möchte.
- Der kostenlose *VMware Server* (vormals *VMware GSX*) adressiert die kleinen Unternehmen, semiprofessionelle Endkunden und Testumgebungen. Support kann bei VMware zusätzlich eingekauft werden.

Darüber hinaus hat VMware es mit seinem *ESX* bzw. *ESXi Server* geschafft, einen Quasistandard zur Servervirtualisierung zu etablieren: Im Laufe der sechs Jahre und drei Produktgenerationen seit seiner Freigabe hat sich der VMware ESX Server zu einem der führenden Produkte der Branche entwickelt.

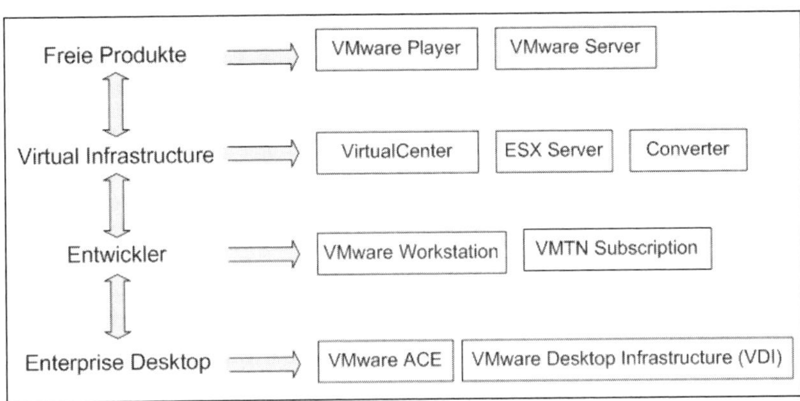

***Abbildung 2.27:** VMware-Produktportfolio (Version 3.5)*

VMware Workstation

VMware Workstation war das erste Produkt von VMware und wurde bereits millionenfach verkauft. VMware Workstation 6 macht es einfach, mehrere virtuelle Maschinen auf Ihrem Desktop- oder Laptop-Computer zu erstellen und auszuführen. Man kann einen vorhandenen physischen PC in eine virtuelle VMware-Maschine konvertieren oder eine neue virtuelle Maschine erstellen. Jede virtuelle Maschine stellt einen vollständigen PC dar, mit Prozessor, Arbeitsspeicher, Netzwerkverbindungen und Peripherie-Ports. Zu den Vorteilen gehören unter anderem:

- Hosting von Legacy-Anwendungen und Überwinden von Problemen bei der Plattformmigration
- Konfigurieren und Testen neuer Software oder Patches in einer isolierten Umgebung
- Automatisieren von Aufgaben für Software- Entwicklung und -Tests
- Demonstrieren von Multi-Tier- Konfigurationen auf einem einzigen PC

Die neue Version der VMware Workstation 6 bringt interessante Neuerungen: mehrere Bildschirme, mehr als 4 Gbyte RAM, USB 2.0, Windows Vista als Host und Gast und einiges mehr. Weitere Informationen zu diesen Produkten finden Sie unter *http://www.vmware.com/de/products/ws/* und unter *http://vg01.met.vgwort.de/na/ba3f54300c789423e00c1029b8944c?l=http://www.vmaschinen.de/content/vmware_workstation6.pdf*.

VMware Player

Mit VMware Player können virtuelle Maschinen auf einem Windows- oder Linux-PC ausgeführt werden. Diese kostenlose Software zur Desktop-Virtualisierung macht es möglich, jede beliebige virtuelle Maschine, die von VMware Workstation, VMware Server oder VMware ESX Server erstellt wurde, ebenso wie virtuelle Microsoft-Maschinen und *Symantec LiveState Recovery*-Disks zu betreiben. Weitere Informationen zu diesem Produkt finden Sie unter *http://www.vmware.com/de/products/player/*.

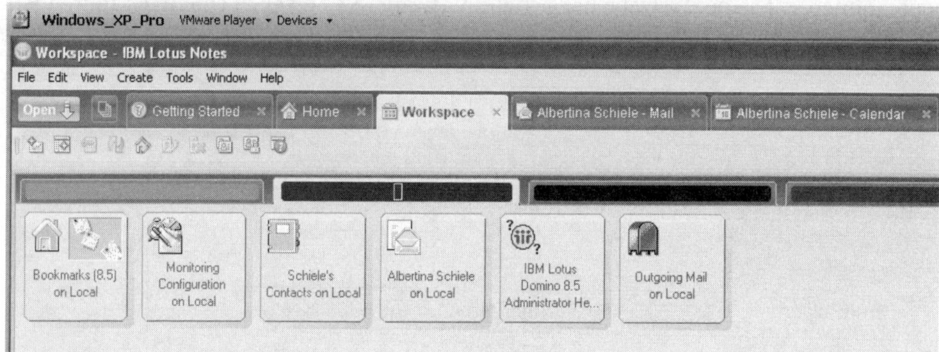

Abbildung 2.28: Nutzung des VMware Players

VMware Server

Der VMware Server, das kostenlose Folgeprodukt der 2001 eingeführten Software VMware GSX Server, stellt eine Einstiegslösung dar, für die keine dezidierte zertifizierte Hardware benötigt wird, mit dem aber sehr einfach Serverpartitionierung betrieben werden kann. Daneben ist das Produkt für das Testen und die Pilotierung geeignet. Mit *VMware Virtual-Center für VMware Server* steht eine kostenpflichtige zentrale Verwaltungsplattform zur Verfügung. Für den VMware Server kann bei VMware der Support für das Produkt dazugekauft werden.

VMware Server isoliert jeden virtuellen Computer. Andere Maschinen werden durch den Absturz eines einzelnen virtuellen Rechners nicht beeinträchtigt. Die Daten einer virtuellen Maschine sind von den Daten einer anderen vollständig getrennt – ein Datenaustausch ist ausschließlich über konfigurierte Netzwerkverbindungen möglich. Dazu kommt die Fähigkeit, jederzeit per Knopfdruck den kompletten Zustand einer virtuellen Maschine zu erfassen und ein Rollback durchzuführen. VMware Server wird wie eine Applikation schnell und einfach mit Unterstützung durch einen Installationsassistenten installiert. VMware Server ist auf Standard-x86-Hardware lauffähig. Er unterstützt 64-Bit-Gast-Betriebssysteme, darunter Linux, Windows, NetWare und Solaris.

Durch die Abhängigkeit von einem Wirtssystem fehlen Hosted-Produkten wie dem VMware Server einige wichtige Features für ausfallsichere und einfach skalierbare Produktionsumgebungen. Dazu gehört die Eigenschaft, dass VMware Server durch das Hostsystem als Zwischenschicht eine etwas schlechtere Performance als eine Bare-Metal-Virtualisierungslösung (die direkt auf der Hardware aufsetzt) wie ESX Server liefert. Dadurch können unter VMware Server weniger virtuelle Maschinen (VM) pro Host laufen. Besonders für ressourcenhungrige Gäste kann die Grenze von 3,6 Gbyte RAM und zwei virtuellen CPUs pro VM unzureichend sein. Darüber hinaus kann VMware Server aufgrund seiner Abhängigkeit vom Wirtssystem keine eigenen Redundanzfunktionen von Netzwerkadaptern oder von HBAs (Host Bus Adapter) zur Speicheranbindung integrieren. Solche Funktionen müssen die Treiber des Host-Betriebssystems liefern; oft ist dazu Zusatzsoftware und Konfigurationsaufwand notwendig. Der gemeinsame Zugriff aller Hosts auf einen zentralen Speicher (Shared Storage) ist mit VMware Server nicht möglich, da die Dateisysteme der gängigen Wirtsbetriebssysteme eine Partition immer für sich allein beanspruchen. Dadurch können alle virtuellen Maschinen einer Partition immer nur auf dem gleichen Host laufen. Ein flexibles Umverteilen aller Gäste zwischen mehreren Hosts ist unter VMware Server nicht möglich. Dadurch fehlen integrierte Funktionen zum Lastausgleich und zur Hochverfügbarkeit. Der VMware Server integriert zudem keine detaillierte Ressourcenverwaltung, um die vorhandene Leistung aller Hosts flexibel den Gästen zuzuteilen oder um bestimmten Gästen Leistung fest zuzusichern bzw. einige Gäste auf Maximalwerte zu begrenzen. Um diese Probleme im produktiven Praxisbetrieb zu lösen, wurde mit *Virtual Infrastructure 3* eine Virtualisierungslösung für höhere Ansprüche im Unternehmen entwickelt.

Trotz der genannten Einschränkungen des kostenlosen VMware Server gibt es eine Reihe von sinnvollen Anwendungsmöglichkeiten:

- Rationalisierung der Entwicklung und Erprobung von Software, da Entwickler mehrere Systemumgebungen mit verschiedenen Betriebssystemen auf demselben Server realisieren können
- Vereinfachung der IT-Tests von Patches, neuen Anwendungen und Betriebssystemen, da die Systemadministratoren Systeme in einer sicheren VM-Umgebung testen und über Snapshots zum ursprünglichen Status zurückkehren können
- Nutzung von vordefinierten, sofort einsatzbereiten virtuellen Appliances, die virtuelle Hardware, das Betriebssystem und die Anwendungsumgebung umfassen. Virtuelle Appliances für Web-, Datei-, Druck-, DNS-, E-Mail-, Proxy- und andere Infrastruktur-Services können vom *VMware Technology Network* (unter *http://vam.vmware.com/*) heruntergeladen werden.

VMware Server 2.0

Anwender, die VMware Server bisher als kostenlose Alternative zur VMware Workstation betrachtet haben, etwa um Testumgebungen aufzubauen oder Probier-VMs auf dem Laptop oder PC zu betreiben, werden wahrscheinlich enttäuscht sein. Es heißt Abschied zu nehmen von der gewohnten, sehr gelungenen Oberfläche der *Server Console*, die bisher stark der Workstation ähnelte. Die Console wird jetzt durch ein Web-Interface oder durch den *Virtual Infrastructure Client 2.5* ersetzt.

Wer dagegen VMware Server wirklich als Server verwendet, entweder als Einstiegslösung oder als preiswerte Ergänzung zum ESX Server (z.B. auf nicht ESX-kompatibler Hardware), der darf sich freuen – nicht zuletzt über die mögliche Anbindung externen NAS- bzw. CIFS-Speichers. Das Aussehen und die Logik des kostenlosen Servers sind an den ESX angelehnt, beispielsweise die Handhabung des Netzwerkes und die Speicheranbindung.

VMware Server 2.0 präsentiert sich demnach eher als eine Art Hosted-Version des ESX Servers. Er eignet sich nur noch bedingt als Desktop-Produkt (siehe auch die Release Notes unter *http://www.vmware.com/support/server2/doc/releasenotes_vmserver2.html*).

Weitere Virtualisierungslösungen

Neben VMware als Unternehmen gibt es weitere Anbieter auf dem Virtualisierungsmarkt, deren Produkte eine Basis für die Installation unterschiedlicher Notes Clients darstellen können.

Virtual PC 2007 läuft unter Windows Vista Business, Enterprise und Ultimate, Windows Server 2003, Windows XP Professional sowie Tablet PC Edition. Gleiches gilt für die jeweiligen 64-Bit-Versionen. Als Gast-Betriebssysteme unterstützt die Software Windows 98, 98 SE, ME, 2000 sowie die oben genannten Vista-Versionen (also nur die Windows-Welt). Andere x86-Betriebssysteme wie DOS, Linux oder Windows 95 sind lauffähig, werden aber nicht offiziell unterstützt. Die Software kann kostenfrei heruntergeladen und genutzt werden.

Tipp

Einen ausführlichen, wenn auch einen älteren Vergleich zwischen VMware Workstation 4.5 und MS Virtual PC 2004 mit allgemeinen Grundlagen und Nutzungsbeispielen zum Thema finden Sie unter *http://www.vmaschinen.de/download/vmware_vpc_vergleich_ausfuehrlich.pdf*.

Sun xVM VirtualBox ist eine weitere Virtualisierungslösung, die sich in letzter Zeit gesteigerter Beliebtheit erfreut. VirtualBox unterstützt Rechner mit einem 32-Bit-Windows-Hostsystem und als Gastsysteme unter anderem Windows NT 4, 2000, XP, 2003 und Vista ebenso wie OS/2 Warp sowie Linux-Distributionen ab Kernel 2.4 und auch OpenBSD. 64-Bit-Gastsysteme laufen nur unter einem 64-Bit-Hostsystem. Die Einstellungen werden bei VirtualBox als XML-Datei gespeichert, sodass diese leicht zu exportieren sind. Neben der Unterstützung der Hardware und der Netzwerkfähigkeit des Hostsystems für das Gastsystem bietet das Programm auch Unterstützung für USB und Shared Folders. VirtualBox ist für Testzwecke und den privaten Gebrauch kostenlos. Die Open Source-Linux-Edition steht unter der GNU-Lizenz. Weitere Informationen finden Sie unter *http://www.sun.com/software/products/virtualbox/get.jsp*.

Parallels Workstation stellt eine weitere Lösung zur Virtualisierung Ihres Arbeitsplatzrechners dar, die allerdings nicht kostenlos zur Verfügung steht. Über Parallels Workstation können Sie unter Windows, Linux und Mac OS X (Intel-Version) mehrere virtuelle PCs einrichten, um dort Ihre Notes Clients zu installieren. Als Gastsysteme sind beispielsweise alle Windows-Versionen (seit 3.1), die Linux-Distributionen Debian, Fedora Core, Mandriva, Red Hat und Suse oder FreeBSD oder möglich. 20 MByte auf der Festplatte benötigt die Grundinstallation. Jedes Gastsystem braucht zusätzlichen Platz. Bis zu vier serielle, drei parallele und zwei USB-1.1-Anschlüsse etc. werden in der virtuellen Maschine unterstützt. Ein real existierendes WLAN-Modul kann ebenfalls in dem virtuellen PC benutzt werden. Zur Installation eines Gastsystems greift Parallels Workstation auf physikalisch vorhandene Geräte wie DVD- und Diskettenlaufwerk oder ein beliebiges vorhandenes Image zu. Weitere Informationen finden Sie unter *http://www.parallels.com/*.

2.9.2 Notes Client-Koexistenz

Seit der Version 6 basiert die Installation von Lotus Notes auf dem Installer von Microsoft. Damit ist es nicht mehr so einfach, Parallelinstallationen auf derselben Maschine durchzuführen. Es existieren mehrere Problemfelder:

- Die Einträge in der Registry müssen ggf. so gesetzt sein, dass ein bestimmter Client („Preferred Version") aufgerufen wird, wenn zum Beispiel im Browser ein MAILTO-Link angeklickt wird. In einem solchen Fall sollte sich dieser Notes Client öffnen und die dort angegebene Mail-Adresse in ein neues Memo setzen. Dies kann natürlich nur funktionieren, wenn Sie Notes als Ihre Standard-Mail-Anwendung definiert haben. Dies ist bei Bedarf entsprechend zu konfigurieren.
- Der Installer entfernt bei der Neuinstallation eine eventuell gefundene frühere Version.
- Die Notes-Installation verhindert in fast allen Fällen, dass die Installationspfade bei der Installation einer anderen Version neu gesetzt werden. Der ÄNDERN/CHANGE-Button ist ausgegraut, und Sie sehen lediglich die bereits vorhandenen Pfade einer existierenden Notes Client-Version (siehe *Abbildung 2.29*).

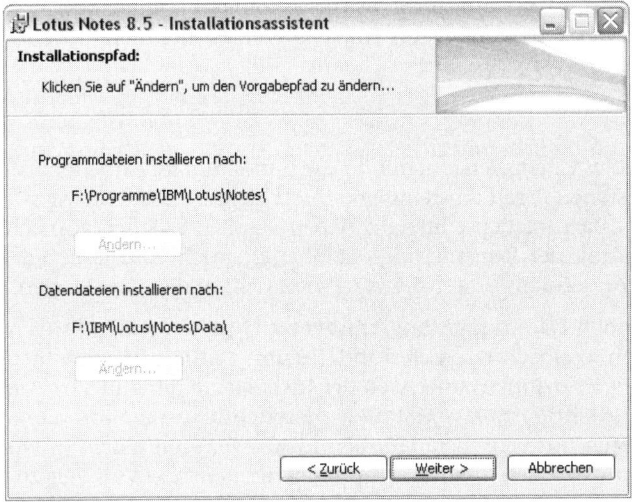

Abbildung 2.29: Die Pfade für die Programm- und Datendateien können nicht definiert werden.

Tipps & Tricks

Es gibt auch Kollegen, die ihre (bereits woanders installierten) Clients, d.h. das Programm- und Datenverzeichnis, einfach auf den gewünschten Rechner kopieren. Wenn dann noch gewünscht ist, dass *mailto*-Funktionalität gegeben ist, sollte es reichen, die *notesw32.reg* (aus den jeweiligen Programmverzeichnissen) auszuführen.

Auch die Installation von einer USB-Festplatte wird gern genutzt:

```
[Autorun]
MSI_LOCATION=C:\Daten\Notes 7.0.3\Lotus Notes 7.0.3 de.msi
MSI_COMMANDLINE=/qb PROGDIR="C:\Daten\Notes 7.0.3\program files\Lotus\notes\" DATA-
DIR="C:\Daten\Notes 7.0.3\program files\Lotus\notes\Data\"
```

Auch zum Installieren ist nicht immer ein USB-Stick notwendig. Hier leistet der Befehl `subst` gute Dienste. Damit lassen sich beispielsweise Ordner auf virtuelle Laufwerke mappen (siehe auch *http://www.winhelpline.info/daten/dos/subst.php*), z.B:

```
c:\Temp
subst v: c:\temp
```

Achtung

IBM Lotus selbst rät von Szenarien ab, in denen Sie mehrere bzw. unterschiedliche Notes Clients auf demselben Betriebssystem installieren und verwenden.

Auch wenn es eine nicht unterstützte Konfiguration darstellt, zwei unterschiedliche Notes Clients auf einem Rechner laufen zu lassen, kann dieses Szenario umgesetzt werden. Das Installationsprogramm von Lotus Notes 8 wird automatisch einen bestehenden Notes Client aktualisieren, wenn Sie vorab keine Anpassungen vornehmen, die dies verhindern.

„Was tun?", sprach Zeus

Generell gilt, dass Sie die Notes Client-Version, mit der Sie standardmäßig arbeiten wollen, zuletzt installieren. Damit stehen deren Einstellungen in der Registry. Alternativ lässt sich natürlich auch die Registry nachträglich editieren. Haben Sie diesbezüglich ausreichend Erfahrung und eine Sicherung der Registrierungsdatenbank, spricht nichts gegen eine nachträgliche Anpassung. Andernfalls sollten Sie von dieser Option die Finger lassen.

Möchten Sie Ihre bestehenden Daten- und Programmverzeichnisse vor den Fängen der Installer-Aktionen schützen, bleibt Ihnen nichts anderes übrig, als die gesamte Installation wegzukopieren (oder wegzuzippen) und nach der Installation der anderen Version wieder zurückzukopieren. Wichtig ist, dass MSI diese bestehende Installation nicht findet. Da viele Administratoren mehrere Installationen lokal vollzogen haben (inklusive der Datenverzeichnisse auf der lokalen Platte) empfiehlt sich sowieso von Zeit zu Zeit eine Sicherung der Daten.

Um die Probleme zu umgehen bzw. zu lösen, die Ihnen bei einer Parallelinstallation drohen, gibt es noch eine aufwendigere Möglichkeit: Sie ändern den Pfad für die Neuinstallation. Der Pfad lässt sich vor der Installation nur dann definieren, wenn Sie den Pfad der beiden Verzeichnisse in der Registry ändern. Auch hier nochmals der Hinweis: Bevor Sie die Registry modifizieren, sollten Sie eine Sicherung der Registrierungsdatenbank anfertigen und/ oder ein Image der Maschine anfertigen:

- Programmverzeichnis: `HKEY_LOCAL_MACHINE\SOFTWARE\Lotus\Notes\Path`
- Datenverzeichnis: `HKEY_LOCAL_MACHINE\SOFTWARE\Lotus\Notes\DataPath` (siehe *Abbildung 2.30*)

In den Hinweisen der Release-Notes zu Notes 8 wird empfohlen, den gesamten Notes Key `HKEY_LOCAL_MACHINE\SOFTWARE\Lotus\Notes` umzubenennen, beispielsweise in `HKEY_LOCAL_MACHINE\SOFTWARE\Lotus\Notes6`. Dort wird darüber hinaus empfohlen, den Installer-Key auch umzubenennen: von `HKEY_CURRENT_USER\SOFTWARE\Lotus\Notes\Installer` beispielsweise in `HKEY_CURRENT_USER\SOFTWARE\Lotus\ Notes6\Installer`. Unterhalb des Notes Key existieren weitere versionsspezifische Einträge, die aber bei der Installation ignoriert werden.

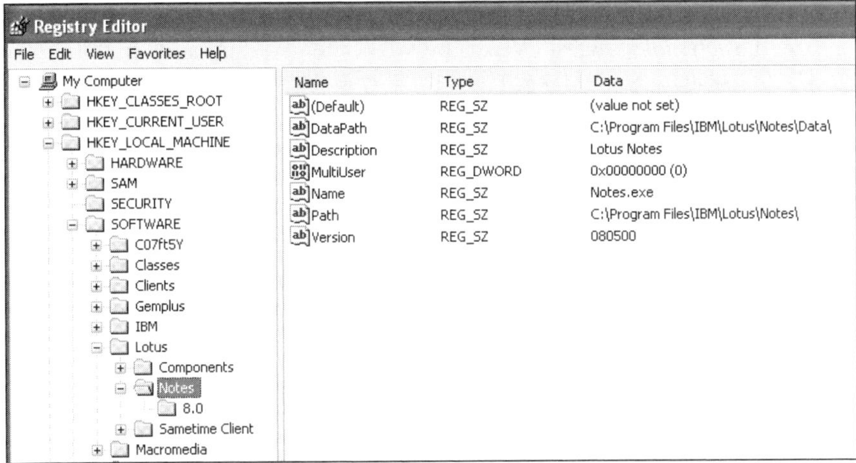

Abbildung 2.30: Die Notes Keys in der Registrierungsdatenbank

Etwaige Fehlermeldungen können mit OK weggeklickt werden. Die Installation sollte ohne weitere Probleme durchlaufen.

Je nachdem, welche Anpassungen und Veränderungen Sie vorgenommen haben, können Sie nach der Installation des neuen Clients die weggesicherten Daten wieder zurückkopieren. Allenfalls lohnt es sich, die Registry-Keys den spezifischen lokalen Bedürfnissen anzupassen. Haben Sie beispielsweise eine aktuelle Betaversion als jüngste Client-Version installiert, empfiehlt sich eine Anpassung. Der zuletzt installierte Client wird schließlich als aktueller Client („preferred version“) angesehen. In Bezug auf eine Betaversion stellt dies keinen Idealzustand im produktiven Umfeld dar.

Anpassung für mehrere Datenverzeichnisse

Um verschiedene Datenverzeichnisse bei einem Client oder mehreren Clients zu verwenden, gehen Sie wie folgt vor:

1. Überlegen Sie sich vorab, welche Verzeichnisse zu welchen Client-Versionen gehören und welche Daten (wie *names.nsf*, ID-Dateien etc.) in welches Datenverzeichnis gehören.
2. Schließen Sie alle Notes-Anwendungen.
3. Zuerst konfigurieren Sie die bestehende erste Konfiguration.
4. Verschieben Sie die *notes.ini* vom entsprechenden Programm- in das korrespondierende Datenverzeichnis, und passen Sie die Pfade in der *notes.ini* ggf. an.

5. Passen Sie die bestehende Verknüpfung auf dem Desktop an, und achten Sie auf den korrekten Pfad der verschobenen *notes.ini*-Datei.
6. Im Folgenden geht es darum, ein paralleles Datenverzeichnis anzulegen und alle Verknüpfungen und Konfigurationen so zu setzen, dass Sie neben der bestehenden Client-Installation mit der Parallelinstallation arbeiten können.
7. Erstellen Sie ein neues Datenverzeichnis, und kopieren Sie die gewünschten Dateien dorthin.
8. Kopieren Sie die *notes.ini* vom Data-Verzeichnis der ersten Konfiguration in Ihr neues/anderes Datenverzeichnis, und passen Sie die Pfade in der *notes.ini* diesbezüglich an.
9. Legen Sie eine Kopie einer bestehenden Verknüpfung auf dem Desktop an, und ändern Sie die Angaben der Verknüpfung über das Shortcut-Icon auf dem Desktop, oder legen Sie sich eine ganz neue Verknüpfung für Ihre Notes-Anwendung an.
10. Starten Sie die neue Konfiguration über das Icon auf dem Desktop.
11. Sollte es Probleme geben, überprüfen Sie die Einstellungen in der *notes.ini* und in der Desktop-Verknüpfung! Gegebenenfalls können Sie über eine fast leere *notes.ini* bestehende Fehler eliminieren und eine Neukonfiguration anstoßen (siehe *Kapitel 2.7.1, Manuelle Konfiguration*):

```
[Notes]
Directory=e:\notes\data
KitType=1
```

3 Lotus Notes Clients

Auch wenn Sie als ServeradministratorIn arbeiten, sollten Sie sich mit der Funktionalität des Clients und den damit möglicherweise auftretenden Problemen auseinandersetzen. Mittlerweile können in den Unternehmen unterschiedliche Arten von Clients zum Einsatz kommen, sei es der *Notes Full Client (Standard)* auf Basis von *Eclipse*, der *Basis Client*, die unterschiedlichen Zugriffsmöglichkeiten via Browser oder Handheld plus die mannigfaltigen Synchronisationsmöglichkeiten von Devices wie PDAs oder Handys in puncto *Lotus Notes*. Auch zusätzliche Produkte, die unter Notes eingebunden werden können, wie z.B. *Quickr* oder *Sametime*, erweitern das Produktportfolio, das Sie möglicherweise implementieren oder betreiben.

Nicht nur durch die Integration der Instant-Messaging-Dienste im Notes Client wurde ab der Version Notes 6.5 die Funktionalität diesbezüglich stark erweitert. Die Ausrichtung hinsichtlich der gewünschten Synergie und der Integration von Notes Client und Sametime Client sowie ein Verschmelzen der Funktionsoptionen ist mehr als offensichtlich. Dem Anwender soll nicht nur eine Anwendung an die Hand gegeben werden, um den reinen Datenbankzugriff auf Mail-Datenbanken und Domino-Applikationen zu realisieren, sondern ein weitaus komplexeres tägliches Arbeitsmittel, um mit den Kollegen zu kommunizieren. Dazu gehört auch das Thema Online-Awareness: „Wie sehe ich, wer meiner Kollegen online ist und wie kann ich mit ihm am schnellsten und einfachsten kommunizieren und so für mich relevante Informationen austauschen?“ Gerade wegen aller dieser Möglichkeiten, Konfigurationsoptionen und Schnittstellen ist der Notes Client das Tor für den Anwender in Richtung *Lotus Domino* und *Collaboration-Anwendungen*.

3.1 Die Oberfläche des Notes Clients

Ein Doppelklick auf das Notes-Symbol auf Ihrem Desktop oder auf den Eintrag unter START > PROGRAMME startet die Notes-Anwendung. Um den Client erfolgreich starten zu können, ist die Eingabe des auf die angezeigte Notes-ID bzw. den Benutzernamen passenden Passworts erforderlich.

Seit der Version 8.5 wurde die Startsequnz des Clients angepasst, sodass der Anwender sein Passwort im Anmeldedialog eingeben muss, bevor die Arbeitsoberfläche des Clients geladen wird. Die neue *notes.ini*-Einstellung `ENABLE_EARLY_AUTHENTICATION`, die defaultmäßig auf `1` gesetzt ist macht dies möglich. Möchten Sie die vorgegebene Startreihenfolge für Ihre Notes 8.5 Clients nicht verwenden, setzen Sie den Wert auf `0`. Dann startet der Client auf die früher übliche Weise, wie Sie es aus den Versionen vor dem Release 8.5 kennen. Wenn Sie dies (`0`) tun, ist es allerdings nicht möglich, die neue Roaming-Anwender-Funktionalität zur Performance-Verbesserung aus der Version 8.5 zu nutzen (*File-Server-Roaming* und *Lotus Domino Server-Roaming* für die Standardkonfiguration des Notes Clients).

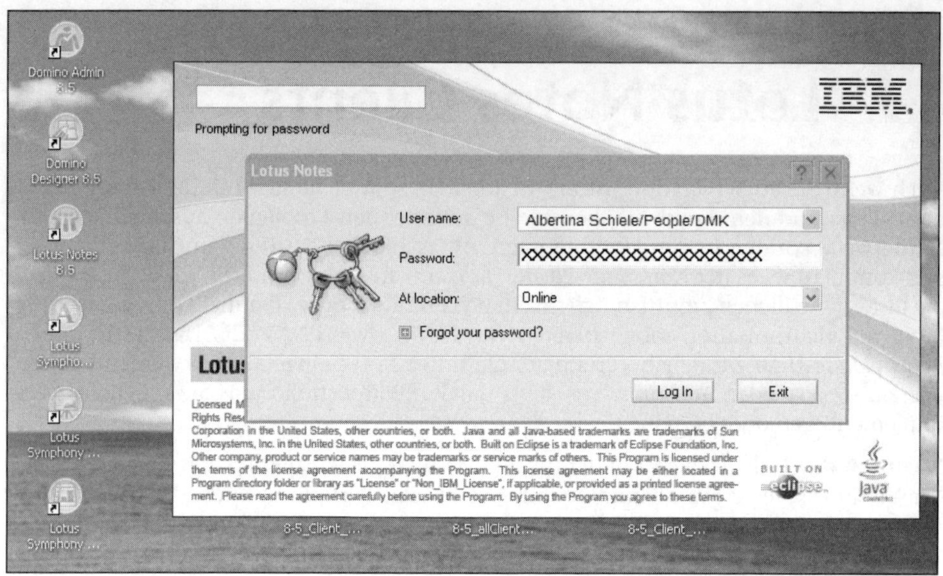

Abbildung 3.1: Symbole auf dem Desktop und Anmeldebildschirm (AllClient/Full Client Standard 8.5)

3.1.1 Notes-Arbeitsbereich

Der Arbeitsbereich (als Standard früher Lotus Notes-Versionen) dient der Darstellung und Ordnung von Datenbanken wie Kacheln und stellt die Benutzeroberfläche für Notes dar, auch Notes-Desktop genannt. Er sollte eigentlich durch die Einführung der Lesezeichenordner mit den darin abgelegten Verknüpfungen auf die Datenbanken des Anwenders nach und nach an Relevanz verlieren. Doch weit gefehlt. Der Arbeitsbereich ist nach wie vor verfügbar, und es kann mithilfe einer Verknüpfung (Workspace) auf der Lesezeichenleiste darauf zugegriffen werden.

Der Arbeitsbereich enthält oben einen Ordner mit Registern sowie als Standard fünf weitere Arbeitsbereichsordner, die mit einem Register versehen sind. Jede Arbeitsbereichsseite kann Datenbanksymbole enthalten. Über diese Symbole greift der Anwender auf die entsprechende Datenbank zu. Um eine neue Arbeitsbereichsseite zu erstellen, gehen Sie wie folgt vor:

1. Klicken Sie mit der rechten Maustaste auf ein Arbeitsbereichsregister.
2. Wählen Sie ERSTELLEN/CREATE > ARBEITSBEREICHSSEITE/WORKSPACE.
3. Klicken Sie gegebenenfalls auf JA/YES, um die Arbeitsbereichsseite hinzuzufügen und Ihre Desktop-Datei zu aktualisieren, oder klicken Sie auf NEIN/NO, um das Hinzufügen der Seite abzubrechen.

Notes fügt die neue Arbeitsbereichsseite links neben die ausgewählte Arbeitsbereichsseite ein. Wenn Sie zuvor noch keine Arbeitsbereichsseite hinzugefügt haben, fragt Notes Sie, ob die Desktop-Datei aktualisiert werden soll. Es sind maximal 32 Arbeitsbereichsseiten zulässig.

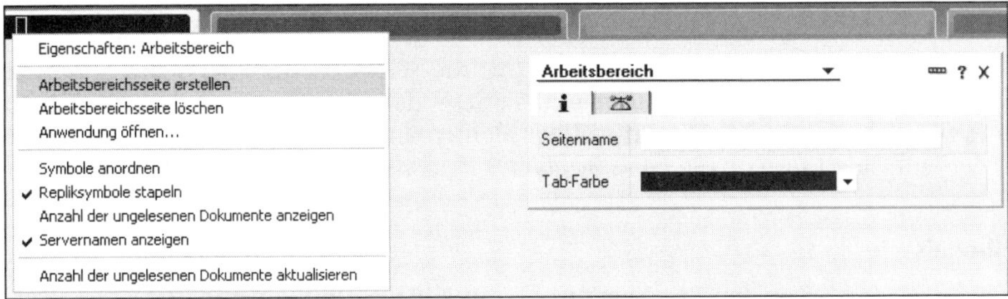

Abbildung 3.2: Eigenschaften und Erweiterung des Arbeitsbereichs

Über einen Klick mit der rechten Maustaste auf einen freien Bereich auf der Arbeitsbereichsseite öffnen Sie das Kontextmenü. Auch über einen Doppelklick auf den jeweiligen Registerkopf gelangen Sie dorthin. So haben Sie die Möglichkeit, Ihre Arbeitsbereichsseite zu löschen, eine neue Seite zu erstellen oder die Seite über die Eigenschaften zu bearbeiten. Wählen Sie dazu einfach den entsprechenden Eintrag im Kontextmenü aus (siehe *Abbildung 3.2*). Die Farbe der Registerkarte sowie den Namen bestimmen Sie über die Eigenschaften der jeweiligen Arbeitsbereichsseite.

Auf der zweiten Registerkarte des Eigenschaftenfensters können Sie sich anzeigen lassen, wie groß die Konfigurationsdatei für das Design Ihres gesamten Arbeitsbereichs ist (*desktop6.ndk*). Nach dem Löschen und Neuanlegen zahlreicher Datenbankkacheln auf dieser Oberfläche oder ähnlichen Aktionen für Ihre Arbeitsbereichsseiten sollten Sie diese Konfigurationsdatei (bzw. diese Datenbank mit angepassten Designelementen) von Zeit zu Zeit komprimieren. Hierdurch wird ungenutzter Platz wieder freigegeben, da Verweise auf nicht mehr im Arbeitsbereich hinterlegte Datenbanken entfernt werden.

Damit die temporäre Auslagerungsdatei von Lotus Notes, *cache.ndk*, während der Arbeit möglichst klein bleibt, wählen Sie unter LOKAL MAXIMAL N MB/USE NO MORE THAN N BYTE LOCALLY FOR für serverbasierte Gestaltungselemente, wie sie von Masken und Teilmasken verwendet werden, die Anzahl Megabyte (zwischen 1 und 16) aus, auf die die Größe der Datei *cache.ndk* begrenzt werden soll. Wenn Sie die Größe der Datei *cache.ndk* begrenzen, entfernt Notes ältere, ungenutzte Gestaltungselemente aus dem Cache, um Platz für neue zu schaffen.

Tipp

Bei Fehlermeldungen des Default-Debuggers (sei es *qnc* oder *nsd*, siehe auch *Kapitel 13.4.2, NSD und Memcheck*, oder *Kapitel 12.1.3, NSD als „Clean-Up"-Service des Notes Clients*) und anderen nicht erklärbaren Problemen, die am Client hinsichtlich der Arbeit mit Datenbanken auftreten, sollte nach vorherigem Ausschluss einer regulären Fehlerquelle stets der Ansatz sein,

1. den Notes Client zu schließen,
2. die *cache.ndk* zu löschen,
3. den Client neu zu starten,
4. die *desktop6.ndk* zu komprimieren.

Letzteres wird durchgeführt, indem Sie die Eigenschaften einer Arbeitsbereichsseite aufrufen und auf der zweiten Registerkarte den Button KOMPRIMIEREN/COMPACT drücken.

3.1.2 Startseite

Dem alten Notes-Desktop aus Version 4.x wurde seit R5 eine anpassbare Startseite vorgeschoben. Diese kann auch durch ein Frameset dargestellt werden, das aus einigen Frames (Bereichen) besteht. Die Anzahl der Elemente ist abhängig davon, ob der Basis oder der Full Client und ob die *Lotus Symphony Productivity Tools* installiert wurden.

Hinweis

Die Startseite hieß in den Versionen vor Lotus Notes 8 Willkommensseite.

Die Startseite ist das erste Element, das normalerweise angezeigt wird. Notes verfügt über eine vorgegebene Willkommensseite. Sie können auch Ihre eigene Startseite erstellen, auf der für Sie wichtige Informationen bezüglich Notes und des Web zusammengestellt sind. Je nach Auswahl des Seitentyps und den entsprechenden Optionen bieten sich zahlreiche Gestaltungsmöglichkeiten an. Diese Frames können durch die gewählte Struktur mit Inhalten gefüllt werden. So ist eine individuelle Anpassung möglich.

Die *Desktop-Verwaltung*, die bereits unter Lotus Notes R5 eingeführt wurde, findet sich in einem bekannten Assistent für die Startseite wieder, die Sie bereits aus dem Lotus Notes Client ab der Version 6.5 kennen könnten. Bestehende Einstellungen aus dieser Version in Bezug auf die Welcome-Page können Sie in die neue Version 8 bei einem Update übernehmen. Über die Konfiguration dieser Seite können Sie Verweise auf Webseiten, Arbeitsbereiche, ein Logo und weitere Anzeigeoptionen definieren. Die Startseite kann so an die jeweiligen Bedürfnisse angepasst werden.

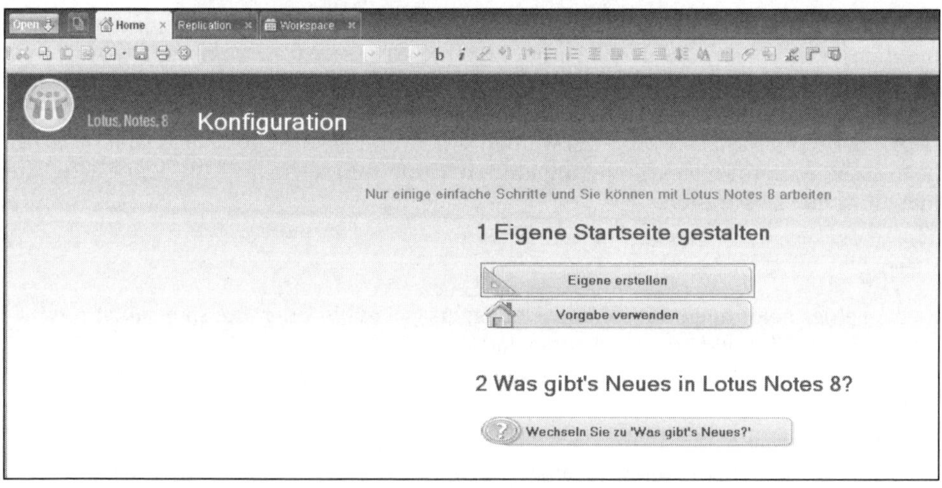

Abbildung 3.3: Gestaltungsmöglichkeiten der Startseite

Implementierung unternehmensweiter Startseiten

Viele Unternehmen nutzen so die Möglichkeit, dem Anwender Links zu Standarddatenbanken wie Telefonbuch oder aktuelle Informationen in Textform anzubieten. Schließlich sind nicht immer individuelle Anpassungen innerhalb eines Unternehmens oder einer Firma gewünscht. Da die Startseite der Schablone *bookmark.ntf* zugrunde liegt, wird diese in vielen Fällen an das jeweilige Corporate Design und die vorgegebenen Richtlinien angepasst.

Sie können seit Notes Domino 6 unternehmensweite Startseiten erstellen und automatisch an sämtliche Benutzer im Unternehmen verteilen. Dazu erstellen Sie eine unternehmenseigene Datenbank, die eine oder mehrere Startseiten enthält, und verknüpfen diese Datenbank mit dem Desktop-Richtliniendokument im Lotus Domino-Verzeichnis (siehe *Kapitel 10.2.2, Richtlinieneinstellungen*). Sie können festlegen, welche Startseite verwendet wird und ob die Benutzer ihre Startseite ändern dürfen.

3.1.3 Lesezeichen und Lesezeichenordner

Seit der Notes-Version 5 übernehmen Lesezeichen die Funktion der Datenbanksymbole, die sich in vorherigen Notes-Versionen auf der Arbeitsbereichsseite befanden. Die Funktionalität von Lesezeichen ist jedoch weitaus umfangreicher als die der Datenbanksymbole. Genauso wie in einem Browser können Sie ein Lesezeichen erstellen, allerdings kann dieses Lesezeichen sowohl auf Notes- als auch auf Internetelemente (einschließlich Datenbanken, Ansichten, Dokumenten, Webseiten und Blogs) verweisen. Sie können ein Lesezeichen einfach erstellen, indem Sie z.B. eine Dokumentverknüpfung oder eine Aktivitätsschaltfläche auf die Lesezeichenleiste ziehen.

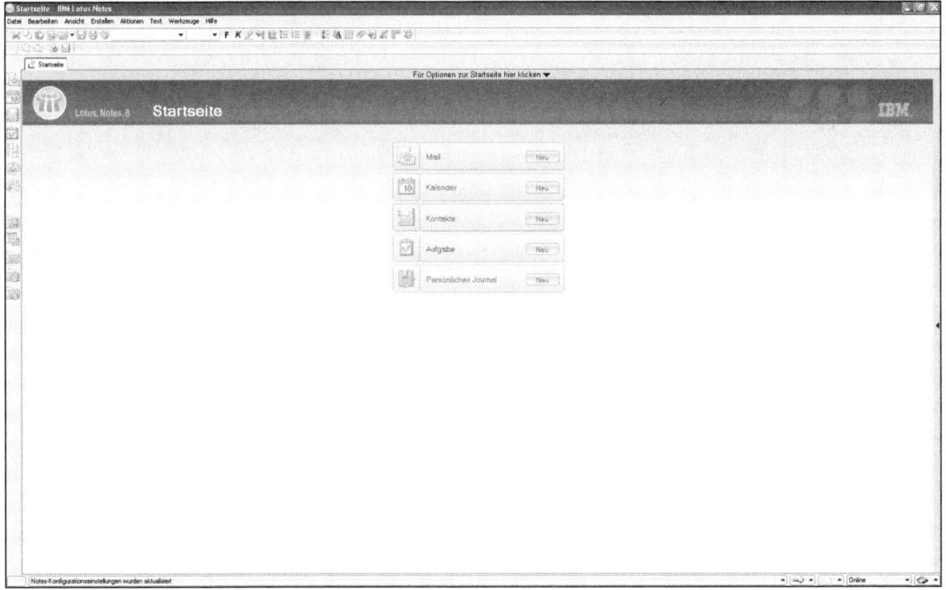

Abbildung 3.4: Lesezeichenleiste (links) im Basis Client

Die Lesezeichenleiste zeigt die Lesezeichen und Lesezeichenordner an. Um die Liste zu öffnen, klicken Sie in der Lesezeichenleiste auf ein Ordnersymbol. Um die Liste geöffnet zu halten, klicken Sie auf das Pin-Symbol. Zum Schließen der Liste klicken Sie auf eine beliebige Stelle im Notes-Fenster oder auf das X-Symbol.

Hinweis

Da die Oberfläche des Basis und des Standard Notes Clients Unterschiede aufweisen, ist auch die Lesezeichenleiste anders gestaltet. Im Standard (Full) Client sind die Lesezeichen und die Lesezeichenordner über den ÖFFNEN/OPEN-Dialog aufrufbar. Im Basis Client finden Sie Lesezeichen und Lesezeichenleiste vertikal im rechten Bereich der Client-Oberfläche angeordnet.

Diejenigen, die auch unter R4 und R5 bevorzugt mit dem Arbeitsbereich und den sogenannten Kacheln arbeiten, haben auch unter der Version 8.x die Möglichkeit, den Arbeitsbereich anzeigen zu lassen und darauf zuzugreifen. Dies können Sie im Standard Client im ÖFFNEN/OPEN-Dialog über ANWENDUNGEN/APPLICATIONS > ARBEITSBEREICH/WORKSPACE oder über die Anpassung der TOOLBAR in den EINSTELLUNGEN/PREFERENCES bewerkstelligen.

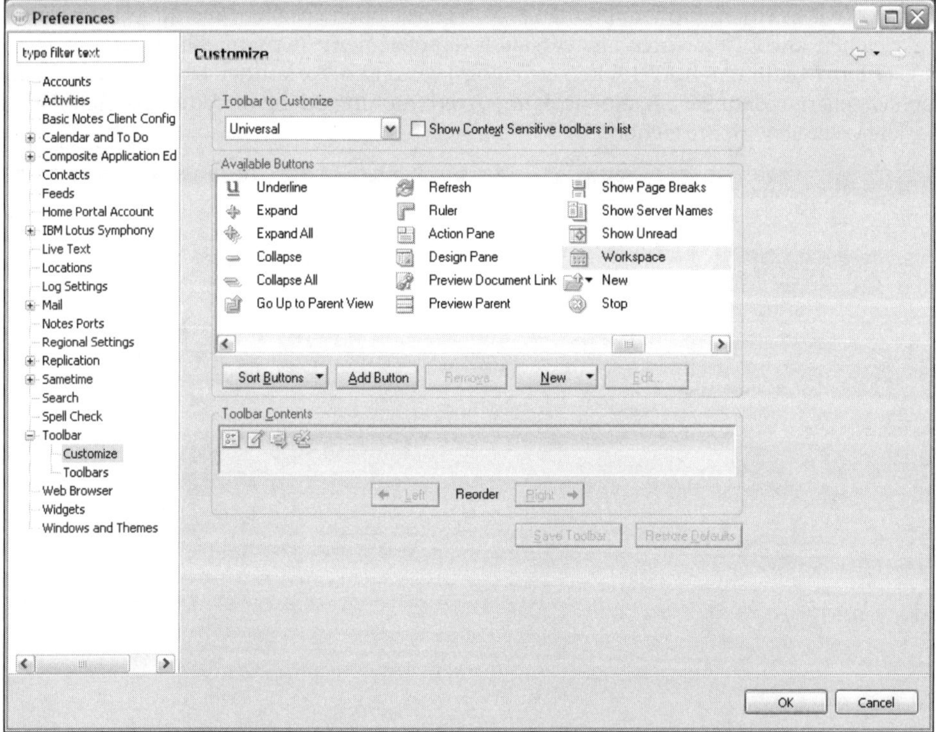

Abbildung 3.5: Anpassung der Toolbar über die Vorgaben (Full Client)

Diese und weitere Informationen werden in der Datei *bookmark.nsf* (Lesezeichen) gehalten. Wenn Sie eine Datenbank, ein Dokument oder eine Webseite mit einem Lesezeichen versehen haben, können Sie Notes so einrichten, dass das Lesezeichen beim

Starten von Notes automatisch geöffnet wird. Die Datei *bookmark.nsf* wird aus der Schablone *bookmark.ntf* automatisch neu erstellt, wenn Sie den Client schließen, die Datei *bookmark.nsf* löschen und neu starten.

So legen Sie ein Lesezeichen als Homepage fest:

1. Klicken Sie mit der rechten Maustaste auf ein beliebiges Lesezeichen.
2. Wählen Sie LESEZEICHEN ALS HOMEPAGE FESTLEGEN.
3. Klicken Sie im Dialogfeld HOMEPAGE FESTLEGEN auf OK.

Wenn für die gewünschte Datenbank kein Lesezeichen verfügbar ist, ziehen Sie die Aktivitätsschaltfläche der geöffneten Datenbank auf die Lesezeichenleiste.

Sie können die vorgegebene Einführungsseite als Homepage verwenden.

1. Öffnen Sie den Ordner FAVORITEN auf der Lesezeichenleiste.
2. Klicken Sie mit der rechten Maustaste auf das Lesezeichen VORGABESTARTSEITE/DEFAULT HOME PAGE.
3. Wählen Sie LESEZEICHEN ALS HOMEPAGE FESTLEGEN.
4. Klicken Sie im Dialogfeld HOMEPAGE FESTLEGEN auf OK.

Im Bereich der Lesezeichen steht neben den Favoriten ein History-Verzeichnis, das Protokoll, zur Verfügung. Hier werden, genau wie bei einem Browser, die zuletzt besuchten Inhalte von Webseiten, die zuletzt verwendeten Datenbanken und Ansichten gelistet.

Startup-Ordner können innerhalb des Datenbankordners erstellt werden. Damit können Sie Datenbanken, Webseiten und andere Programme, die Sie automatisch beim Start von Lotus Notes ausführen möchten, mit Lesezeichen markieren. Bei Lotus Notes-Datenbanken bedeutet dies, dass Lotus Notes ein Fensterregister öffnet und zur Verbesserung der Leistung dieses Element erst startet, wenn Sie auf das Fensterregister klicken.

Lesezeichen unterstützen jetzt die volle Funktionalität von Drag&Drop. Sie können Elemente aus dem Dateisystem – *Lotus Freelance Graphics*-Dateien, *Microsoft Word*-Dokumente, sogar Systemordner – mit Lesezeichen markieren. In jedem Lesezeichenordner können Sie die Lesezeichen nach Standort oder nach Titel sortieren. Die Ansichtsoptionen für Lesezeichen (Symbolgröße, Anzahl der ungelesenen Dokumente, Servernamen usw.) wurden in ein eigenes Ansichtsmenü versetzt. Außerdem gibt es jetzt Symbole für das Erstellen neuer Lesezeichenordner und zum Durchsuchen des Lesezeichenordners (oder Sie verwenden die Tastenkombination [Strg]+[S] zum Suchen).

3.1.4 Weitere Elemente der Benutzeroberfläche

Neben den Notes-spezifischen Besonderheiten der Client-Oberfläche gibt es aber auch einige Elemente, die Sie auch in ähnlicher Art und Weise aus anderen Anwendungen kennen, wie z.B. Menüleiste oder Symbole in der Symbolleiste. Allerdings hat Notes noch eine ganze Reihe weiterer spezifischer Elemente der Benutzeroberfläche zu bieten.

Achtung

Nicht nur in Bezug auf die Oberfläche, sondern auch bezüglich der Funktionalität können Richtlinien Funktionen deaktivieren und sperren.

Menüleiste

Notes enthält fünf Menüs, die stets verfügbar sind (siehe *Abbildung 3.6*), und je nach Kontext zwei zusätzliche Menüs, die, je nachdem, was Sie auswählen, mit unterschiedlichen Titeln angezeigt werden.

Abbildung 3.6: Menüleiste von Lotus Notes

Verwenden Sie das Menü Datei/File, um Tätigkeiten Ihrerseits an einem Dokument oder an einer Datenbank auszuführen, beispielsweise das Speichern oder Schließen eines Dokuments oder das Erstellen, Kopieren oder Löschen einer Datenbank. Über die Einträge im Menü Datei können Sie folgende Aufgaben umsetzen: Datenbanken replizieren, Mobilbenutzung von Notes verwalten, mit Dateien arbeiten, die nicht in der Datenbank enthalten sind (d.h. Importieren, Exportieren, Anhängen von Dateien), Datenbanken oder Dokumente drucken, Ihre Benutzervorgaben, Sicherheitseinstellungen und Domino Server (falls Sie über Administratorrechte verfügen) verwalten, *LotusScript* debuggen und Notes schließen.

Über das Menü Bearbeiten/Edit können Sie ausgewählte Elemente eines Dokuments oder einer Datenbank mit den Befehlen Ausschneiden, Kopieren, Löschen oder Einfügen bearbeiten. Mit dem Menü Bearbeiten/Edit können Sie ferner Folgendes tun: Text suchen und ersetzen, eine Rechtschreibprüfung durchführen und Ungelesen-Markierungen für die aktuelle Datenbank verwalten.

Verwenden Sie das Menü Ansicht/View, um Anzeigeelemente in folgenden Bereichen zu verwalten:

- Arbeitsbereich (Informationen auf Symbolen wie beispielsweise Servernamen oder die Anzeige der Anzahl der ungelesenen Dokumente aktivieren; zu Ansichtsagenten, der Datenbankgestaltung oder zu bestimmten Ansichten wechseln).
- Aktuelle Ansicht (Suchleiste, horizontale Bildlaufleiste, Anzeige bestimmter Dokumente, Ebenen komprimieren/erweitern, Dokumentvorschau; zwischen Agenten, Ordnern oder Ansichten wechseln).
- Aktuelles Dokument (Lineal, Seitenumbrüche, verborgene Zeichen, horizontale Bildlaufleiste, Feldhilfe, Dokumentvorschau, Abschnitte komprimieren/erweitern; zwischen Masken wechseln).

Verwenden Sie das Menü Erstellen, um der aktuellen Datenbank Elemente, z.B. Ansichten, Masken, Lesezeichen, Ordner oder Agenten, hinzuzufügen oder um das aktuelle Dokument um bestimmte Objekte zu erweitern, z.B. Tabellen, Bilder oder Hotspots.

Verwenden Sie das Menü Aktionen, um Aufgaben an ausgewählten Elementen auszuführen. Wenn beispielsweise ein Dokument geöffnet ist, verwenden Sie dieses Menü, um das Dokument zu kategorisieren oder in einen Ordner zu verschieben.

Verwenden Sie das Hilfemenü, um Informationen zu Ihrer aktuellen Aktivität aufzurufen. Öffnen Sie die Hilfedatenbank zum Aufrufen von detaillierten Informationen. Wählen Sie Hilfe > Über diese Anwendung und Hilfe > Benutzen dieser Anwendung für die aktuelle Datenbank (Anwendung) und Über Notes für Versionsinformationen zu Ihrer Notes-Installation.

Symbolleisten und SmartIcons

Lotus besitzt für seine Symbole in den konfigurierbaren Symbolleisten seit Anbeginn einen eigenen Namen: *SmartIcons*. Seit Lotus Notes 6 wird statt des Begriffs SmartIcons die Benennung Symbolleisten bzw. Symbole verwendet. Symbolleisten sind keine externen Dateien, sondern Teil der Lesezeichendatenbankdatei (*bookmark.nsf*), wodurch sie z.B. beim standortunabhängigen Zugriff auf jedem Rechner verwendet werden können. Notes enthält Folgendes:

- über 150 vordefinierte Symbolleistenschaltflächen einschließlich Symbole für die meisten Notes-Menübefehle
- über ein Dutzend benutzerdefinierte Symbolleistenschaltflächen, denen Sie Ihre eigenen Makros zuweisen können

Symbolleisten funktionieren in allen Datenbanken in Ihrem Arbeitsbereich. Standardmäßig werden die Symbolleisten oben im Anwendungsfenster unter der Hauptmenüleiste angezeigt. Sie können die Symbolleisten jedoch an jede gewünschte Stelle innerhalb des Anwendungsfensters ziehen. Symbolleisten sind außerdem standardmäßig kontextsensitiv. Das bedeutet, dass die Symbolleisten sich ändern, abhängig davon, welche Arbeiten Sie gerade in Notes ausführen. Wenn Sie beispielsweise ein Dokument bearbeiten, kann Notes automatisch eine Symbolleiste anzeigen, die Sie zum Bearbeiten verwenden können. Sie können diese kontextsensitive Funktion in den Vorgaben für die Symbolleiste ändern.

Mithilfe der Vorgaben für Symbolleisten können Sie das Erscheinungsbild und den Bereich Ihrer Symbolleisten ändern. Wählen Sie dazu (beim Full Client) DATEI/FILE > VORGABEN/PREFERENCES > SYMBOLLEISTE/TOOLBAR PREFERENCES.

Fensterregister und -menü (Fenstertabs)

In Lotus Notes R5 boten die neuen Fensterregister im oberen Bildschirmbereich Zugang zu allen offenen Fenstern. Mithilfe von Fenstertabs können Sie zwischen geöffneten Dokumenten oder Anwendungen wechseln. Sie können festlegen, wie Lotus Notes Fenstertabs öffnet. Bei jedem Öffnen eines Dokuments oder einer Anwendung wird unterhalb der Symbolleiste (oder unterhalb des Hauptmenüs, wenn die Symbolleiste ausgeblendet ist) ein neuer Fenstertab angezeigt. Seit der Lotus Notes-Version 6 können Sie diese Register nach Bedarf umordnen, indem Sie sie mit der Maus anklicken, festhalten und an die gewünschte Position ziehen.

Wenn Sie mehrere Lotus Notes-Fenster offen haben (z.B. die Notes Hilfe oder wenn Sie mit der rechten Maustaste auf ein Fensterregister klicken und IN NEUEM FENSTER ÖFFNEN/OPEN IN NEW WINDOW wählen), können Sie mithilfe des Fenstermenüs alle offenen Fenster überlappend oder nebeneinander anzeigen. Wenn diese Option aktiviert ist, wird das Menü FENSTER zwischen den Menüs AKTIONEN und HILFE angezeigt. Die Aktivierung erfolgt über die allgemeinen Benutzervorgaben in den zusätzlichen Optionen. Beim Beenden des Clients kommt es zu dem Hinweis, ob der Benutzer Lotus Notes wirklich beenden möchte. Diese Meldung lässt sich dann zukünftig unterdrücken oder über die Benutzervorgaben anpassen.

Beim Schließen des Notes Clients über diesen Weg wird ein Popup-Fenster geöffnet, über das Sie das beabsichtigte Schließen der Notes-Anwendung bestätigen können („prompt on close"). So wird verhindert, dass Notes direkt beim Schließen einer Anwendung beendet wird. Möchten Sie diesen Bestätigungsdialog nicht verwenden, können Sie diesen deaktivieren.

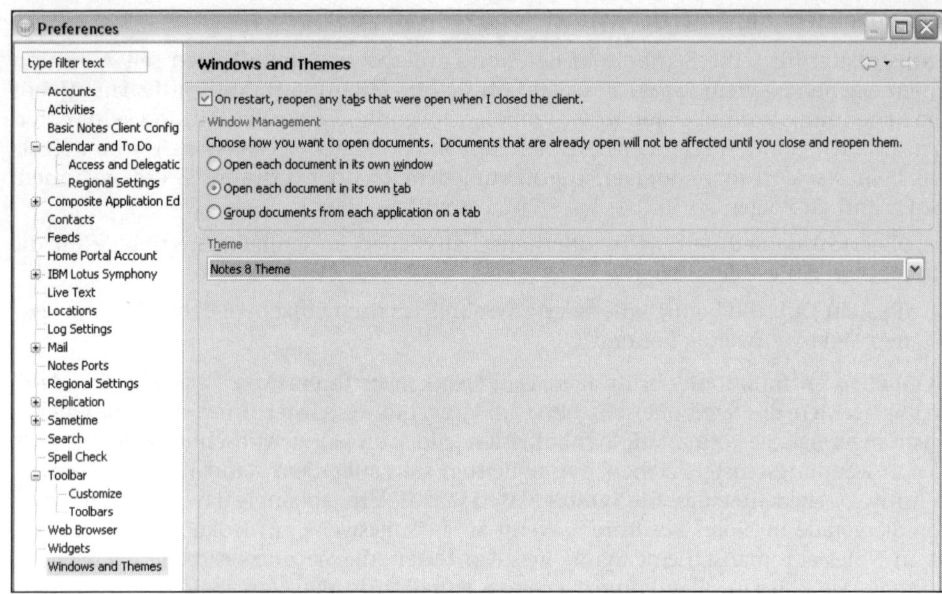

Abbildung 3.7: Festlegen der Fenster-Optionen (Full Client, Lotus Notes 8.0.2)

Sie können in den Benutzervorgaben festlegen, den Status der Fenstertabs beim Schließen von Notes zu speichern, damit beim nächsten Start von Lotus Notes dieselben Fenstertabs geöffnet werden, welche beim letzten Beenden von Lotus Notes offen waren. Wenn Sie in Lotus Notes jedes Mal dieselben Fenstertabs verwenden, klicken Sie im Basis Client auf DATEI > FENSTERSTATUS SPEICHERN, um den Fensterstatus dauerhaft zu speichern. Beim Full Client klicken Sie auf DATEI/FILE > VORGABEN/PREFERENCES > FENSTER UND MOTIVE/ WINDOWS AND THEMES, um dort über die Option BEIM NEUSTART ALLE REGISTER ÖFFNEN, DIE BEIM SCHLIESSEN DES CLIENTS GEÖFFNET WAREN/ON RESTART, REOPEN ANY TABS THAT WERE OPEN WHEN I CLOSED THE CLIENT den Fensterstatus dauerhaft zu speichern.

In beiden Fällen speichert Lotus Notes die geöffneten Fenster als Lesezeichen unter WEITERE LESEZEICHEN/MORE BOOKMARKS im Ordner LETZTER STATUS/LASTSTATE. Wenn Sie bereits Lesezeichen in den Startordner gezogen haben, hat der Inhalt des Startordners beim Starten von Lotus Notes Vorrang vor dem Ordner LASTSTATE. Die Register werden allerdings nicht in anderen Lotus Notes-Instanzen gespeichert, die mit dem Befehl IN NEUEM FENSTER ÖFFNEN aufgerufen werden.

Hinweis

Wenn Sie zusätzlich beim Start von Notes eine Anwendung öffnen möchten, klicken Sie mit der rechten Maustaste auf das Lesezeichen. Wählen Sie im Full Client die Option FÜR SYSTEMSTART HINZUFÜGEN. Möchten Sie diese Option wieder rückgängig machen, öffnen Sie den Unterordner WEITERE LESEZEICHEN/MORE BOOKMARKS > START/STARTUP und wählen ENTFERNEN/REMOVE im Kontextmenü aus.

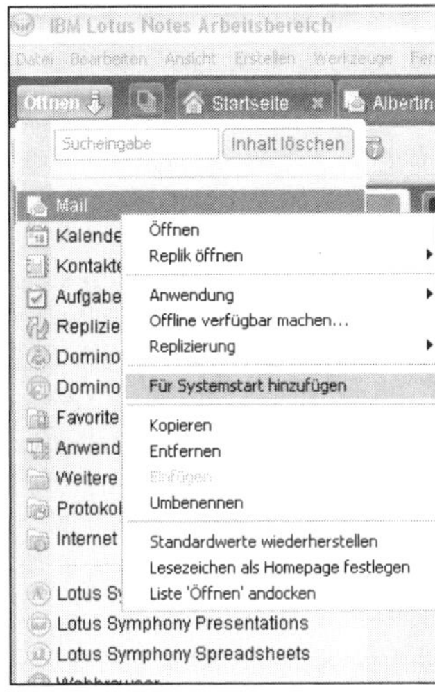

***Abbildung 3.8:* Anwendungen automatisch beim Start des Standard Clients starten**

Statusleiste

Die Statusleiste wird unten im Notes-Hauptfenster angezeigt. Während Ihrer Arbeit in Notes werden in der Statusleiste Systemmeldungen und -funktionen angezeigt. Die in der Statusleiste angezeigten Meldungen und Funktionen sind abhängig von der Aufgabe, die Sie gerade ausführen, und davon, an welcher Stelle Sie in Notes arbeiten.

Mithilfe der Statusleiste können Sie Folgendes tun:

- feststellen, ob Notes auf das Netzwerk zugreift (ein Blitzsymbol wird angezeigt).
- Liste der zuletzt angezeigten Meldungen aufrufen.
- den Fortschritt der von Notes im Hintergrund ausgeführten Aufgaben prüfen (z.B. das Speichern von Anhängen oder das Replizieren von Datenbanken).
- Ihre Zugriffsebene für die geöffnete Datenbank anzeigen, indem Sie auf das Schlüsselsymbol klicken.
- die aktuelle Arbeitsumgebung anzeigen und zwischen Arbeitsumgebungen wechseln (z.B. zwischen BÜRO und PRIVAT).
- ein Popup-Menü (Schnellauswahl) verwenden, um allgemeine Mail-Aufgaben, etwa das Erstellen einer Nachricht oder das Suchen nach ungelesenen Mails, auszuführen.

Über die Vorgaben können Sie die Statusleiste ändern. Sie können Elemente hinzufügen oder entfernen und die Reihenfolge ändern, in der die Elemente in der Statusleiste angezeigt werden. Sie können die Vorgaben für die Statusleiste öffnen, indem Sie mit der rechten Maustaste auf eine beliebige Stelle in der Statusleiste klicken und (unten) STATUSLEISTE... wählen.

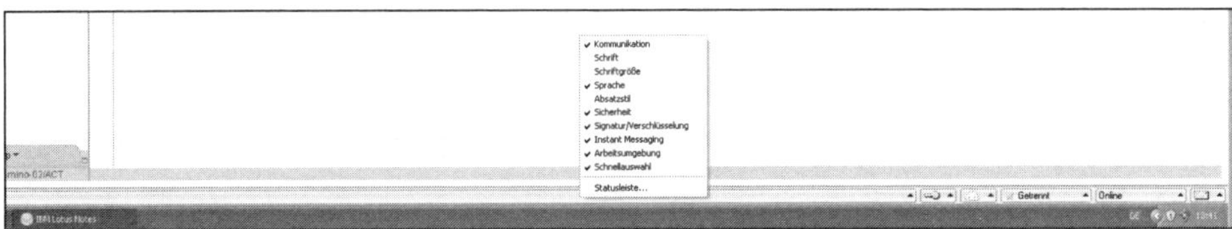

***Abbildung 3.9:* Anpassungsmöglichkeiten der Statusleiste**

Tipp

Mit der *notes.ini*-Einstellung `LOGSTATUSBAR=1` können Sie die Protokollierung von Statusleistenmeldungen in die lokale Protokolldatei *log.nsf* erzwingen. Die Meldungen der Statuszeile werden dort in der Ansicht VERSCHIEDENE EREIGNISSE/MISCELLANEOUS EVENTS angezeigt. Meldungen aus der Statusleiste wird der Suffix STATUS MSG beigefügt, um diese kenntlich zu machen. Diese Meldungen können sich bei der Fehlersuche am Client als überaus nützlich erweisen und sind so auch nach dem nächsten Client-Neustart noch verfügbar. Um die Meldungen der Statusleiste in eine andere externe Datei zu schreiben, verwenden Sie die Einstellung `Debug_Outfile=<Dateipfad>` zusammen mit der Option `LOGSTATUSBAR=1` in der *notes.ini* des Clients.

Replikatorseite

Auf der Replikatorseite (siehe *Abbildung 3.10*) können Sie beispielsweise ausgehende Lotus Mail (wenn Sie mit einer lokalen Replik der Mail-Datenbank arbeiten) oder Internet-Mails senden oder Ihre lokal abgelegten Anwendungen mit anderen Anwendungen auf einem Server synchronisieren.

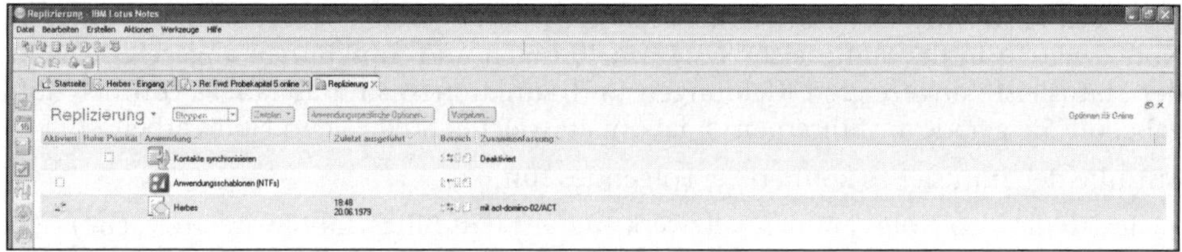

Abbildung 3.10: Die Replikatorseite (im Basis Client über das fünfte Symbol von oben der Lesezeichen zu starten)

In Notes können Sie mehrere (dynamische) Instanzen einer einzigen Datei (Anwendung/Datenbank), die als Repliken bezeichnet werden, auf mehreren Servern oder Workstations ablegen. Diese Repliken sind aufgrund einer gemeinsamen Replik-ID, die beim Anlegen vergeben wird, in der Lage, ihren Datenbestand abzugleichen. Auf diese Weise können Benutzer in verschiedenen Netzwerken an mehreren Orten und auch ohne Verbindung zum Netzwerk dieselben Informationen gemeinsam nutzen. Der Unterschied zwischen einer Replik und einer Kopie einer Datei besteht darin, dass die Originaldatei und die zugehörige Replik dieselbe Replik-ID aufweisen. Eine Datenbankkopie besitzt keinen Bezug mehr zur Originaldatei.

Bei der Replizierung werden Änderungen zwischen Repliken zur gemeinsamen Nutzung ausgetauscht. Beim Replizieren aktualisiert Notes die Repliken, indem Änderungen von einer Replik in die andere übertragen werden. Schließlich sind alle Repliken identisch. Sie können die Replizierung so einrichten, dass beide Repliken Aktualisierungen austauschen oder dass nur eine Replik von der anderen Änderungen übernimmt.

Wenn Sie Notes nicht in Ihrem Büro bzw. im entsprechenden Netzwerk benutzen, kann der Replikator, bei entsprechender Konfiguration Ihres Clients, jeden Server automatisch anrufen, mit dem Sie replizieren möchten. Wenn Sie einen Durchgangsserver oder einen Remote-LAN-Server verwenden, kann der Replikator einen einzigen Anruf durchführen und alle lokalen Datenbanken gleichzeitig replizieren, selbst wenn diese auf verschiedenen Servern verteilt sind.

Die Replikatorseite enthält Einstellungen für die aktuelle Arbeitsumgebung:

- Einen Eintrag für jedes Element (Datenbankeintrag, Eintrag für Anruf, Eintrag für die Verbindungstrennung) oder für Elementgruppen (Eintrag für Ordner), die repliziert werden sollen. Ein Eintrag nimmt jeweils eine Zeile auf der Replikatorseite ein. Die Einträge legen die Reihenfolge fest, in der Datenbanken repliziert werden. Sie können die Einträge an eine andere Position ziehen, sodass sie in einer anderen Reihenfolge repliziert werden, und jeden Eintrag anpassen, sodass unterschiedliche Datenbanken auf unterschiedliche Art und Weise repliziert werden. Außerdem können Sie Einträge löschen, um das Replizieren von Datenbanken zu verhindern.
- Schaltflächen für das Aktivieren der Arbeitsumgebung, in der die Replizierung ausgeführt werden soll, und für das Festlegen eines Zeitplans für die aktuelle Arbeitsumgebung. So können Sie einen Replizierzeitplan angeben und die Replizierung nach Plan aktivieren.
- Einen Bereich, der den Fortschritt nach jedem Eintrag in der Liste während der Replizierung und den Status jedes Eintrags nach der Replizierung anzeigt.

Der Replikator enthält außerdem automatisch folgende Elemente:

- DATENBANKSCHABLONEN: Mit diesem Eintrag können Sie die Gestaltung von auf Schablonen basierten Datenbanken auffrischen. Dieser Eintrag kann nicht gelöscht werden.
- AUSGEHENDE MAILS SENDEN: Dieser Eintrag wird angezeigt, wenn Sie eine Remote-Arbeitsumgebung wählen, wie z.B. PRIVAT oder UNTERWEGS. Mit diesem Eintrag können Sie alle ausstehenden Nachrichten aus Ihrer lokalen Datenbank *mail.box* senden. Dieser Eintrag kann nicht gelöscht werden.

Sie können für jede Ihrer Arbeitsumgebungen eine andere Replikatorseite einrichten. Auf diese Weise müssen Sie die Replizierparameter nicht jedes Mal ändern, wenn Sie in einer anderen Arbeitsumgebung arbeiten. Darüber hinaus können Sie die von Ihnen genutzten lokalen Repliksymbole auch auf der Replikatorseite über Ordner strukturieren (siehe *Abbildung 3.11*).

Tipp

Sie können bei Bedarf Ihre lokalen Repliken auch in einer Ordnerstruktur gruppieren, um mit einer dedizierten Replikenordnung zu arbeiten.

Abbildung 3.11: Ordnerstruktur für Ihre lokalen Repliken auf der Replikatorseite

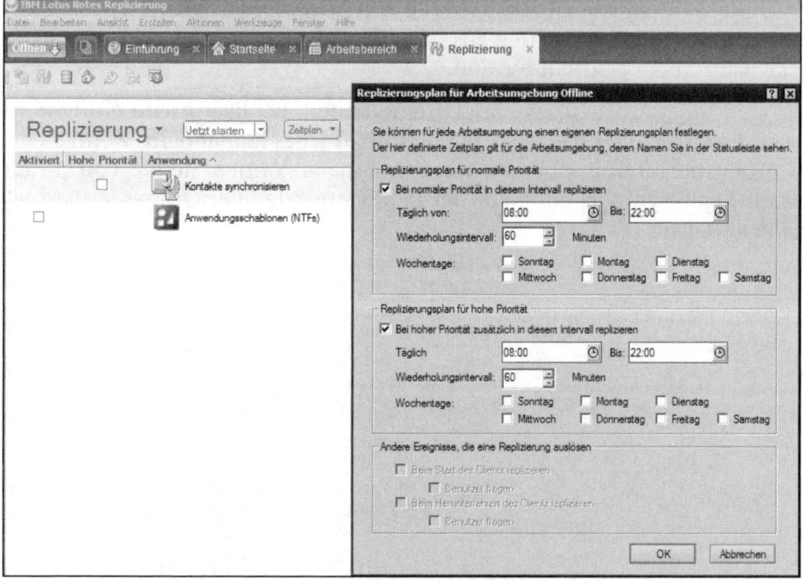

Abbildung 3.12: Beispielhafte Inhalte des Replizierzeitplans. Im Full Client lässt sich die Replikatorseite über den ÖFFNEN*-Dialog und den Aufruf des Sync-Symbols öffnen.*

Mit einem Replizierzeitplan können Sie lokale Daten automatisch in regelmäßigen Abständen replizieren (siehe *Abbildung 3.12*). Replizierzeitpläne werden in den Arbeitsumgebungsdokumenten in Ihrem persönlichen Adressbuch angegeben. Auf diese Weise können Sie verschiedene Replizierzeitpläne für die verschiedenen Arbeitsumgebungen einrichten, in denen Sie arbeiten.

Notes 8.5 ist gegenüber 8.0 kein revolutionär neuer Client, bringt aber viele Einzelverbesserungen. Dazu gehört z.B. Drag&Drop, das Anwender aus anderen Programmen kennen und in Lotus Notes bei diversen Aktionen schon lange vermisst haben.

3.2 Kontakte/persönliches Adressbuch

Mit der Anwendung KONTAKTE/CONTACTS können Anwender Informationen zu Personen oder Gruppen speichern und Mailinglisten erstellen. Das bisherige persönliche Adressbuch in Notes und Domino heißt allerdings erst seit der Version 8 KONTAKTE. Neue Funktionen bestehen neben der Umbenennung der Anwendung an sich beispielsweise in den Möglichkeiten, Fotos in Kontaktdokumente hinzuzufügen, oder allgemein in Verbesserungen an den Kontakt-, Gruppen- und Vorschaumasken sowie an der Vorgaben-Benutzeroberfläche. Gelöschte Kontakteinträge werden nun für einen definierten Zeitraum (aus den Benutzervorgaben) im Papierkorb aufgehoben, bevor sie endgültig gelöscht werden. Als Schablone für das persönliche Adressbuch dient die Datei *pernames.ntf*.

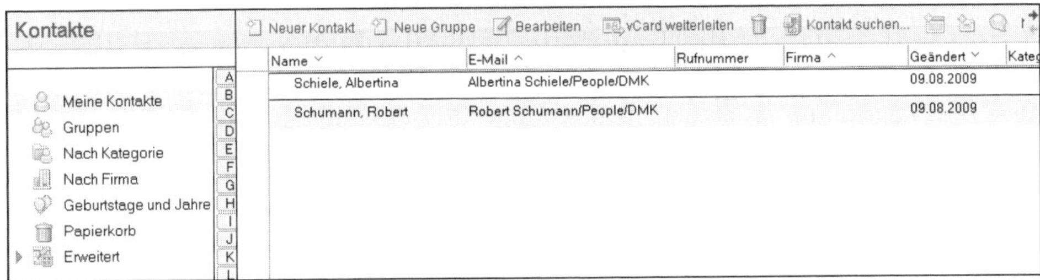

Abbildung 3.13: Das persönliche Adressbuch/Kontakte

Wie Sie im Laufe dieses Kapitels merken, werden zahlreiche Einstellungen des Anwenders im persönlichen Adressbuch abgelegt. Hier speichert Notes Informationen zu den Arbeitsumgebungen, in denen Sie Notes verwenden, zu den Servern, zu denen Sie mithilfe von Notes eine Verbindung herstellen, und zu den Internet-Benutzerkonten in Ihrem Adressbuch. Aber auch die Verbindungsdokumente, persönliche Kontakte und selbst erstellte Gruppen für den Mail-Versand (Verteilergruppen) werden im persönlichen Adressbuch hinterlegt (siehe *Abbildung 3.13*). Das persönliche Adressbuch (*names.nsf*) trägt den Standardtitel NACHNAME'S KONTAKTE. Mehr Informationen zu den Neuerungen des persönlichen Adressbuches finden Sie in Kapitel *3.4.3, Kontakte*.

3.2.1 Arbeitsumgebungsdokument

Während der Installation erstellt Notes automatisch vier Typen von Arbeitsumgebungsdokumenten: Offline, Online, Unterwegs/Travel und Privat. Diese Dokumente enthalten alle Variablen des jeweiligen Arbeitsumgebungsdokuments. Sie werden in der Anwendung Kontakte/Contcts (im Persönlichen Adressbuch, *names.nsf*) des Anwenders abgelegt. Das Arbeitsumgebungsdokument teilt dem Client mit, auf welche Weise eine Verbindung hergestellt wird, wo die jeweilige Mail-Datei liegt, welcher Browser integriert wird sowie weitere spezifische Einstellungen. Bevor Sie Notes remote benutzen können, müssen Sie die entsprechenden Arbeitsumgebungsdokumente bearbeiten (bzw. eigene erstellen) und das Arbeitsumgebungsdokument auswählen, das die entsprechenden Einstellungen für Ihre jeweilige Arbeitsumgebung enthält.

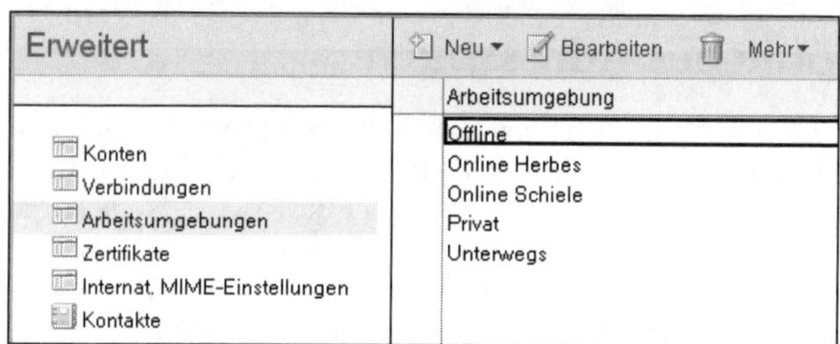

Abbildung 3.14: Auf Ihre Arbeitsumgebungsdokumente können Sie über die Ansicht Erweitert/Advanced in der Anwendung Kontakte/Contacts zugreifen. Nach dem Klick auf Erweitert öffnet sich ein neues Fenster. Über einen Klick auf Kontakte gelangen Sie zurück zu Ihren eigenen Kontakten und Gruppen.

Wählen Sie Datei/File > Arbeitsumgebungen/Locations. Notes öffnet die Auswahl der möglichen Aktivitäten in puncto Arbeitsumgebungen (Wechseln, Bearbeiten). Die erstellten Arbeitsumgebungen sind Teil Ihres persönlichen Adressbuches. Ein schneller Weg zum Zugriff auf das aktuelle Arbeitsumgebungsdokument führt entweder für den Notes Full Client über die Vorgaben oder für beide Client-Typen über das Symbol unten rechts in Ihrem Notes Client über dem jeweiligen Namen der Arbeitsumgebung (siehe *Abbildung 3.15*).

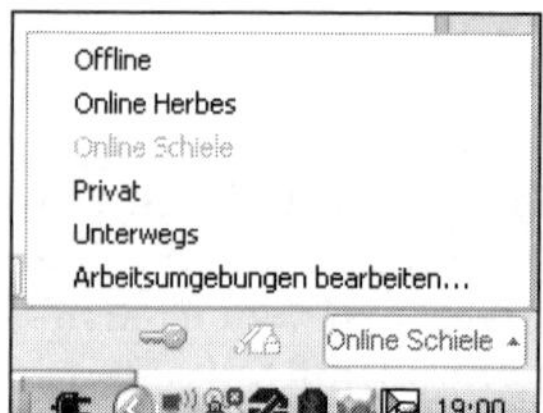

Abbildung 3.15: Die Auswahl der Arbeitsumgebung über die Notes-Oberfläche

Hier können Sie die Arbeitsumgebung wechseln oder die aktive Arbeitsumgebung bearbeiten, indem Sie auf Aktuelle bearbeiten/Edit Current klicken.

Arbeitsumgebungsdokumente erstellen und anpassen

1. Wählen Sie Datei/File > Arbeitsumgebungen/Locations > Arbeitsumgebungen verwalten/Manage Locations. Notes öffnet die Ansicht Arbeitsumgebungen/Locations Ihres persönlichen Adressbuches (Basis Client) oder die Vorgaben Ihres Notes Clients (Full Client).

2. Führen Sie einen der folgenden Schritte aus:
   1. Zum Erstellen eines Arbeitsumgebungsdokuments klicken Sie auf Neu/New (Full Client) bzw. auf Neu/New > Arbeitsumgebung/Location (Basis Client).
   2. Zum Bearbeiten eines Arbeitsumgebungsdokuments wählen Sie die Arbeitsumgebung aus und klicken auf Arbeitsumgebung bearbeiten/Edit Locations.
3. Klicken Sie auf das Register Allgemein/Basic.
4. Geben Sie in das Feld Name der Arbeitsumgebung/Location Name den Namen dieser Arbeitsumgebung ein.
5. Führen Sie im Feld Arbeitsumgebungstyp/Location type einen der folgenden Schritte aus:
   - Wählen Sie für die Netzwerkverwendung Lokales Netzwerk/Local Area Network.
   - Wählen Sie für die Remote-Verwendung Notes Direktwählverbindung/Notes Direct Dialup oder Netzwerkwählverbindung/Network Dialup.
   - Wählen Sie für eine Arbeitsumgebung, die mehrere Verbindungsmethoden unterstützt, Benutzerdefiniert/Custom aus.
   - Wählen Sie für eine Arbeitsumgebung ohne Verbindungen Keine Verbindung/No Connection.

   Notes zeigt je nach gewähltem Arbeitsumgebungstyp verschiedene Optionen an.
6. Wählen Sie im Feld Abfrage nach Uhrzeit/Datum/Telefon bzw. Prompt for time/date/phone die Option Ja/Yes, wenn Notes nach arbeitsumgebungsspezifischen Informationen fragen soll, wenn Sie die Arbeitsumgebung verwenden.
7. Geben Sie im Feld Proxy Optionen für die Herstellung einer Verbindung mit dem Internet über einen Proxyserver an, falls dies notwendig ist.
8. Klicken Sie auf das Register Internet-Browser/Internet Browser und wählen Sie einen Browser aus, der in dieser Arbeitsumgebung verwendet werden soll: Notes mit Internet Explorer, Netscape Navigator, Firefox, Microsoft Internet Explorer oder Anderer. Wenn Sie Anderer/Other wählen, klicken Sie auf Durchsuchen, um die Position der Anwendung in Ihrem Betriebssystem anzugeben. Die Vorgabe lautet Notes mit Internet Explorer.
9. Klicken Sie auf das Register Server/Servers.
   1. Geben Sie im Feld Mail-/Home-Server den Namen Ihres Mail-Servers an.
   2. Geben Sie im Feld Durchgangsserver/Passthru Server einen Durchgangsserver für die Arbeitsumgebung an, falls notwendig.
   3. Geben Sie im Feld Katalog/Domänensuchserver einen Domänenserver für die Arbeitsumgebung an, falls notwendig.
   4. Geben Sie im Feld Domino-Verzeichnisserver/Domino directory server den hierarchischen Namen Ihres Domino-Verzeichnisservers an, falls notwendig.
   5. Geben Sie im Feld IBM Lotus Sametime Server (Basic Client) den hierarchischen Namen Ihres Sametime Servers an, falls notwendig. Hier sehen Sie eine Auswirkung der Produktnamenstrategie von IBM: Im Full Client finden Sie die Angaben zum Sametime Server in den Vorgaben unter Sametime. Der Instant-Messaging-Server heißt seit Lotus Notes Domino 7 wieder Sametime Server.

10. Klicken Sie auf PORTS und wählen Sie einen der von Notes angezeigten aktivierten Anschlüsse aus. Sie können zusätzliche Anschlüsse mit DATEI/FILE > VORGABEN/FILE > BENUTZERVORGABEN/USER PREFERENCES (Basis Client) oder DATEI/FILE > VORGABEN/ PREFERENCES (Full Client) aktivieren.
11. Klicken Sie in der Arbeitsumgebung auf das Register MAIL und geben Sie Mail-Optionen für die Arbeitsumgebung an.

Feld	Einzugebende Informationen
SPEICHERORT DER MAIL-DATEI/ MAIL FILE LOCATION	Wählen Sie AUF SERVER/ON SERVER, um Ihre Mail-Datei direkt auf einem Server in der Arbeitsumgebung zu verwenden, oder wählen Sie LOKAL, um eine lokale Replik Ihrer Mail-Datei in der Arbeitsumgebung zu verwenden.
MAIL-DATEI/MAIL FILE	Der Pfad zu Ihrer Mail-Datei.
DOMINO MAIL-DOMÄNE/ DOMINO MAIL DOMAIN	Die Domäne der Mail-Datei.
INTERNET-DOMÄNE FÜR NOTES ADRESSEN, WENN DIREKTE VERBINDUNG ZUM INTERNET BESTEHT/ INTERNET DOMAIN FOR NOTES ADDRESSES WHEN CONNECTING DIRECTLY TO THE INTERNET	Die zu verwendende Internet-Domäne, wenn Sie ein Internet-Mail-Konto eingerichtet haben.
SCHNELLADRESSIERUNG AKTIVIEREN/ ACTIVATE RECIPIENT NAME TYPE-AHEAD	Wählen Sie BEI JEDEM ZEICHEN/ON EACH CHARACTER, damit Notes bei jedem eingegebenen Buchstaben nach einem Namen sucht (es wird z.B. nach Reimann gesucht, wenn Sie Rei eingeben), oder wählen Sie BEI TRENNZEICHEN/ON DELIMITER, wenn Notes erst nach dem Namen suchen soll, nachdem Sie diesen vollständig eingegeben haben.
EMPFÄNGER NACHSCHLAGEN/ RECIPIENT NAME LOOKUP	Wählen Sie STOP nach der ersten Übereinstimmung, damit Notes nur den ersten Namen sucht, der mit dem Namen des Empfängers übereinstimmt, wenn Sie Mail aus der Arbeitsumgebung versenden. Wählen Sie ALLE ADRESSBÜCHER DURCHSUCHEN, damit Notes alle Namen sucht, die mit dem Namen des Empfängers übereinstimmen, und abfragt, welcher Name verwendet werden soll.
AUSGEHENDE MAIL SENDEN/ SEND OUTGOING MAIL	Wählen Sie DOMINO SERVER, um Mail über Ihren Mail-Server zu senden. Wählen Sie DIREKT INS INTERNET/DIRECTLY TO INTERNET, um Mail direkt über ein Internet-Benutzerkonto zu senden.
FORMAT FÜR NACHRICHTEN AN INTERNETADRESSEN/ FORMAT FOR MESSAGE ADDRESSED TO INTERNET ADDRESSES	Wählen Sie Notes RICH-TEXT-FORMAT oder MIME-FORMAT.

Sind die Angaben an dieser Stelle und in Bezug auf den Mail-Server nicht korrekt, kann es zu Fehlermeldungen kommen. Dies bezieht sich beispielsweise auf die Weiterleitung von E-Mails. Dies kann relevant werden, weil weitergeleitete Mails stets im Gesendet-Ordner der jeweils agierenden Person und bei nicht ausreichenden Rechten nicht im Gesendet-Ordner der entsprechenden Datenbank abgespeichert werden. Andere Probleme bei falschen Angaben zeigen sich, wenn der Anwender versucht, über die Verknüpfungen auf der Standard- oder einer angepassten Willkommensseite auf seine Mails oder seinen Kalender zuzugreifen.

Die Empfehlung lautet, MIME zu wählen, um dem Server die CD2MIME-Umwandlung zu sparen.

12. Klicken Sie auf das Register REPLIZIERUNG/REPLICATION und aktivieren bzw. deaktivieren Sie Ihren Replizierungsplan für diese Arbeitsumgebung. Die Replizierung ist standardmäßig deaktiviert.

13. Klicken Sie auf das Register ERWEITERT/ADVANCED, um weitere Einstellungen vorzunehmen (siehe *Abbildung 3.16*).

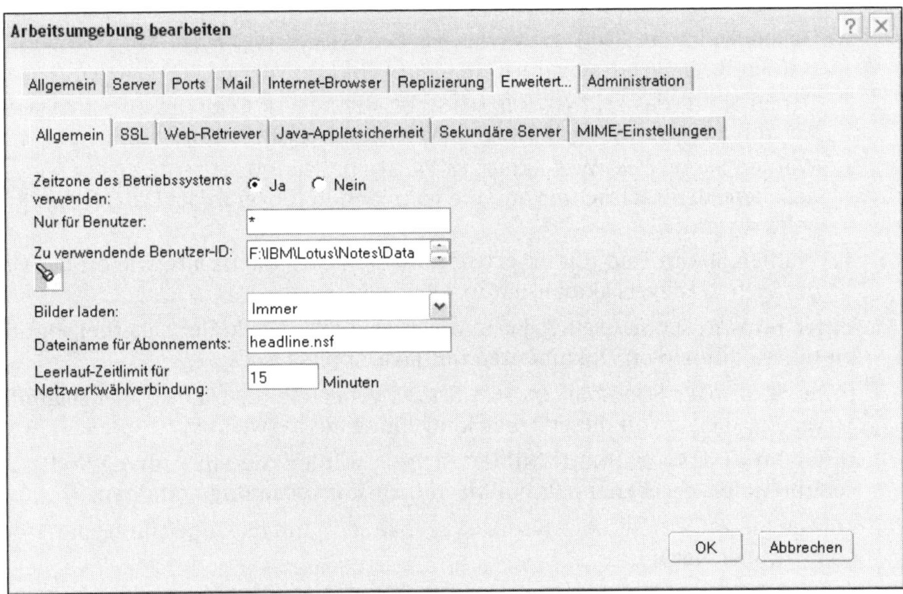

Abbildung 3.16: Erweiterte Einstellungsmöglichkeiten

14. Unter ALLGEMEIN/BASICS:
    1. Wenn Sie neben ZEITZONE DES BETRIEBSSYSTEMS VERWENDEN/USE OPERATING SYSTEM'S TIME ZONE SETTINGS die Option NEIN wählen, müssen Sie im Feld LOKALE ZEITZONE/LOCAL TIME ZONE eine Zeitzone für die Arbeitsumgebung auswählen.
    2. Geben Sie in das Feld NUR FÜR BENUTZER/ONLY FOR USER einen Benutzernamen ein, falls die Workstation von mehreren Benutzern verwendet wird.
    3. Geben Sie in das Feld ZU VERWENDENDE BENUTZER-ID/USE ID TO SWITCH TO den Namen der Benutzer-ID ein, die Sie in dieser Arbeitsumgebung verwenden möchten.
    4. Wählen Sie im Feld BILDER LADEN/LOAD IMAGES eine Option für die Anzeige von Bildern auf Webseiten aus.

5. Geben Sie in das Feld ABONNEMENTS/SUBSCRIPTIONS FILENAME den Namen Ihrer Abonnement-Datenbank ein (die Vorgabe ist *headline.nsf*).
6. Geben Sie in das Feld LEERLAUF-ZEITLIMIT FÜR NETZWERKWÄHLVERBINDUNG die Dauer der Inaktivität in Minuten ein, bevor Notes den Anruf abbricht.

15. Unter SSL:

    Wenn Sie Notes als Browser verwenden, können Sie vertrauliche Informationen, wie z.B. Kreditkartendaten, mit Websites auf Servern austauschen, die Secure Sockets Layer (SSL) einsetzen. SSL schützt die Verbindung zwischen Notes und diesen Webservern. Sie erkennen durch SSL geschützte Websites an dem Protokollpräfix *https://* in der URL. Zum sicheren Datenaustausch mit einer Website, die SSL verwendet, benötigen Sie ein Internet-Gegenzertifikat. Wenn Sie auf eine Website zugreifen, die SSL verwendet, gibt die Site ein Zertifikat aus, und Sie werden aufgefordert, ein Gegenzertifikat zu erstellen. Wenn Sie das Gegenzertifikat erstellt haben, ist die Verbindung sicher. Alle mit dem Server ausgetauschten Daten werden verschlüsselt und können nur vom berechtigten Empfänger entschlüsselt werden.

16. Unter WEB-RETRIEVER/WEB RETRIEVER:
    1. Geben Sie in das Feld WEB NAVIGATOR-DATENBANK/WEB NAVIGATOR DATABASE den Namen Ihrer Web Navigator-Datenbank ein (die Vorgabe ist *perweb.nsf*).
    2. Geben Sie in das Feld GLEICHZEITIGE WEB-RETRIEVER/CONCURRENT RETRIEVERS die Anzahl der gleichzeitig zulässigen Web-Abrufvorgänge ein.
    3. Wählen Sie im Feld WEB-RETRIEVER-PROTOKOLLIERUNGSSTUFE/RETRIEVER LOG LEVEL die Ebene der Nachrichten aus, die vom Web-Retriever in der Datei *log.nsf* protokolliert werden.
    4. Wählen Sie im Feld CACHE AKTUALISIEREN/UPDATE CACHE aus, wie oft der Cache des Web-Retrievers aktualisiert werden soll.

17. Unter JAVA-APPLET-SICHERHEIT/JAVA APPLET SECURITY legen Sie Sicherheitsoptionen für die Annahme von Dokumenten mit Java-Applets fest.
18. Unter SEKUNDÄRE SERVER/SECONDARY SERVER geben Sie die Namen aller sekundären Server ein, die Sie von dieser Arbeitsumgebung aus verwenden.
19. Unter MIME-EINSTELLUNGEN/MIME SETTINGS wählen Sie ein Anhang-Kodierungsverfahren und gegebenenfalls ein Macintosh-Konvertierungsverfahren.
20. Klicken Sie auf SPEICHERN UND SCHLIESSEN bzw. OK, um das Arbeitsumgebungsdokument zu speichern.

Replizieroptionen für eine Arbeitsumgebung

Sie können im Register REPLIZIERUNG/REPLICATION eines Arbeitsumgebungsdokuments einen Replizierzeitplan für eine Arbeitsumgebung angeben. Ist eine Arbeitsumgebung aktuell, so können Sie mit der Arbeitsbereichsseite REPLIKATOR/REPLICATION Datenbanken auswählen und diese dem Zeitplan entsprechend replizieren (siehe *Abbildung 3.12*). Wenn Notes eine geplante Replizierung nicht ausführen kann, wird der Versuch jede Minute wiederholt, bis er erfolgreich ist.

Wenn Sie bestimmten Datenbanken eine hohe Priorität zuweisen, repliziert Notes sie nach einem zusätzlichen, häufiger ausgeführten Zeitplan als andere Datenbanken. Sie können beispielsweise Ihrer Mail-Datenbank eine hohe Priorität zuweisen. Anschließend geben Sie das zusätzliche Intervall für Ihre Mail-Datenbank als Teil des gesamten

Zeitplans an. Wenn die meisten Datenbanken beispielsweise stündlich repliziert werden, könnten Sie festlegen, dass die Datenbank mit der hohen Priorität alle 30 Minuten repliziert werden soll.

Auf der Replikatorseite werden Datenbankeinträge mit einer hohen Priorität mit einem doppelten Uhrsymbol angezeigt.

1. Klicken Sie in der Replikatorseite auf ZEITPLAN/SCHEDULE. Wählen Sie PERIODISCHE REPLIZIERUNG AKTIVIEREN/ENABLE SCHEDULED REPLICATION.

   Sie können die Repliziereinstellungen für alle Repliken im Register REPLIZIERUNG des aktuellen Arbeitsumgebungsdokuments in Ihrem persönlichen Adressbuch (bzw. im Full Client über die Vorgaben) oder über den Button ZEITPLAN auf der Replikatorseite festlegen.

2. (Optional) Wenn die Replizierung sofort stattfinden soll, wenn Sie Ihre Einrichtung beendet haben, wählen Sie auf der Replikatorseite die Schaltfläche JETZT STARTEN/START NOW.

3. Wählen Sie für die Einstellungen der zeitgesteuerten Replizierung ZEITPLAN/SCHEDULE > REPLIZIERUNGSPLAN FESTLEGEN/SET REPLICATION SCHEDULE.

4. Aktivieren Sie unter REPLIZIERUNGSINTERVALL FÜR NORMALE PRIORITÄT/NORMAL-PRIORITY REPLICATION SCHEDULE die Option BEI NORMALER PRIORITÄT IN DIESEM INTERVALL REPLIZIEREN/REPLICATE AT THIS INTERVAL FOR NORMAL PRIORITY und geben Sie den primären Zeitplan an:

   - Geben Sie im Feld TÄGLICH VON/DAILY FROM den Start- und den Endzeitpunkt für den Zeitraum des Tages an, in dem die Replizierung erfolgen soll.
   - Geben Sie im Feld WIEDERHOLUNGSINTERVALL/REPEAT EVERY (MINUTES) die Anzahl der Minuten an, die zwischen den Repliziersitzungen liegen sollen.

     Angenommen, Sie haben von Montag bis Freitag in einem Abstand von 360 Minuten (6 Stunden) eine Replizierung für 8.00 bis 18.00 Uhr geplant. Wenn Sie Notes am Dienstag um 9.00 Uhr starten, führt Notes die Replizierung sofort und 6 Stunden später noch einmal durch.
   - Geben Sie im Feld WOCHENTAGE/DAYS OF THE WEEK die Tage an, an denen eine Replizierung erfolgen soll.

5. (Optional) Aktivieren Sie bei Bedarf unter REPLIZIERUNGSINTERVALL FÜR HOHE PRIORITÄT//HIGH-PRIORITY REPLICATION SCHEDULE die Option BEI HOHER PRIORITÄT ZUSÄTZLICH IN DIESEM INTERVALL REPLIZIEREN/REPLICATE AT THIS ADDITIONAL INTERVAL FOR HIGH PRIORITY und nehmen Sie diesbezüglich Ihre spezifischen Einstellungen vor.

6. (Optional) Wählen Sie BEIM START DES CLIENTS REPLIZIEREN/REPLICATE WHEN I START THE CLIENT. Mit dieser Einstellung fordert Notes Sie beim Starten auf, die Replizierung zu beginnen, sodass Sie die Möglichkeit haben, die Replizierung auch abzubrechen. Wählen Sie BENUTZER FRAGEN/PROMPT ME, wenn Notes beim Start die Replizierung durchführen soll, ohne dass Sie sie abbrechen können. Korrespondierend dazu können Sie die Replizierung beim Herunterfahren des Clients aktivieren.

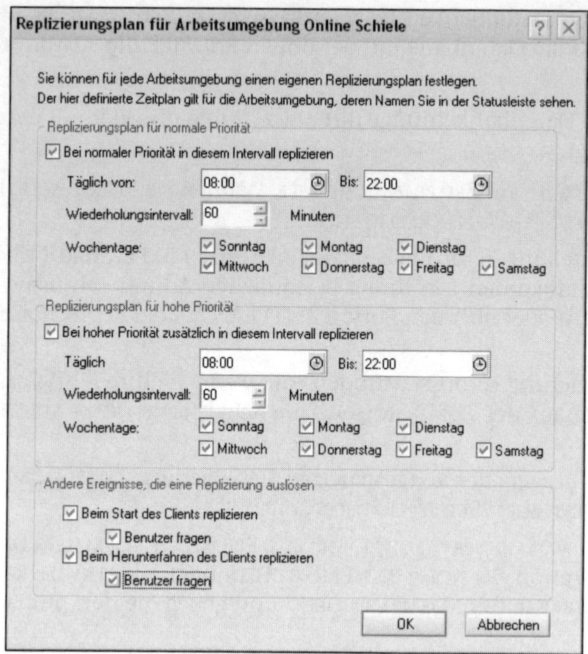

Abbildung 3.17: Einstellungen des Replizierungszeitplans

7. Klicken Sie auf OK, um die Einstellungen für diese Arbeitsumgebung zu speichern.

Für den Anwender ist die Erstellung einer Replik ein wenig einfacher geworden. Statt sich mit komplizierten Fachbegriffen auseinandersetzen zu müssen, die in der Vergangenheit (gerade für Notes-Neulinge) oft zu Verwirrungen geführt hat. Anwender klicken in einer geöffneten Anwendung auf DATEI/FILE > OFFLINE VERFÜGBAR MACHEN/MAKE AVAILABLE OFFLINE. Das gleiche Ziel lässt sich über einen Rechtsklick auf die Kachel der Datenbank über den Arbeitsbereich erreichen. Wenn diese eine Replik erstellt haben, wird im Register REPLIZIERUNG/REPLICATION automatisch ein neuer Eintrag für die Replik angelegt.

3.2.2 Verbindungsdokumente

Serververbindungsdokumente in Ihrem persönlichen Adressbuch enthalten Informationen, die Notes zum Herstellen einer Verbindung zu einem Server verwendet.

Während der Konfiguration erstellt Notes ein Verbindungsdokument für Ihren Home-Server. Verbindungsdokumente sind in Ihrem persönlichen Adressbuch abgelegt und enthalten Informationen, die Notes zum Zugreifen auf einen Server benötigt, wie beispielsweise den vollständigen Domino-Namen oder die Internetadresse. Für einen Server kann es mehrere Verbindungsdokumente geben, falls Sie auf verschiedene Weise auf den Server zugreifen, z.B. im Büro über das LAN und via Internet von zu Hause aus.

Bestimmte Typen von Arbeitsumgebungsdokumenten benötigen zugeordnete Verbindungsdokumente, um eine Verbindung herstellen zu können. Sie können jederzeit DATEI/FILE > VORGABEN/PREFERENCES > ASSISTENT ZUR CLIENT-NEUKONFIGURATION/CLIENT RECON-

FIGURATION WIZARD wählen, um ein Verbindungsdokument für den Typ der angeforderten Verbindung zu erstellen. Alternativ können Sie ein vorhandenes Arbeitsumgebungsdokument öffnen und mithilfe des Assistenten für die Verbindungskonfiguration automatisch ein Verbindungsdokument für einen Server aus dem Arbeitsumgebungsdokument erstellen.

Abbildung 3.18: Verbindungsdokumente des Clients

Abhängig davon, welche Verbindungsmethode Sie im Assistenten angefordert haben, erstellt Notes verschiedene Typen von Verbindungsdokumenten. Bei funktionierender Namensauflösung sind allerdings keine Verbindungsdokumente notwendig.

Von Notes verwendeter Verbindungsdokumenttyp	Verbindungsmethode
LOKALES NETZWERK	LAN, Kabelanschluss oder DSL.
NOTES DIREKTWÄHLVERBINDUNG	Wählmodem, das einen einzelnen Domino Server direkt anwählt (Durchgangs- oder Sammelanschluss-server)
NETZWERKWÄHLVERBINDUNG	Wählmodem, das einen der folgenden Empfänger anruft: ▶ einen Netzwerkserver in Ihrer Organisation, der die Verbindung mit dem LAN Ihrer Organisation über RAS-Software (Remote Access Service) herstellt ▶ einen Internet Service Provider (ISP)
DURCHGANGSSERVER	Durchgangsserver ist ein Domino Server, der eine Verbindung zu anderen Domino Servern herstellt, wenn keine direkte Verbindung möglich ist.
SAMMELANSCHLUSS	Bei einem Sammelanschluss handelt es sich um eine Gruppe von Telefonleitungen, auf die Sie über eine einzige Telefonnummer zugreifen können. Die Telefonleitungen, aus denen dieser Sammelanschluss besteht, können mit mehreren Durchgangsservern verbunden werden. Wenn Sie einen Server anrufen, entscheidet der Sammelanschluss, welche Telefonleitung den Anruf entgegennehmen soll, stellt die Verbindung mit einem Durchgangsserver und schließlich mit dem gewünschten Zielserver her.

Mit dem Assistenten zur Verbindungskonfiguration können Sie Serververbindungsdokumente automatisch erstellen.

3.2.3 Browser-Integration

Um dem Anwender die Einbindung eines Webbrowsers zu ermöglichen, muss das Arbeitsumgebungsdokument bearbeitet werden. Dazu öffnen Sie das entsprechende Arbeitsumgebungsdokument und wählen die Registerkarte INTERNET BROWSER. An dieser Stelle können Sie den Notes Client in Bezug auf die Zusammenarbeit mit einem Webbrowser konfigurieren. Beispielsweise ist es so möglich, festzulegen, ob und welcher Browser integriert werden soll. Die angezeigte Auswahl richtet sich ggf. nach den auf dem Rechner installierten Browsern.

Notes Minder

Notes umfasst darüber hinaus eine kleine Anwendung mit der Bezeichnung *Notes Minder*, die Sie benachrichtigt, dass Sie neue Mail haben.

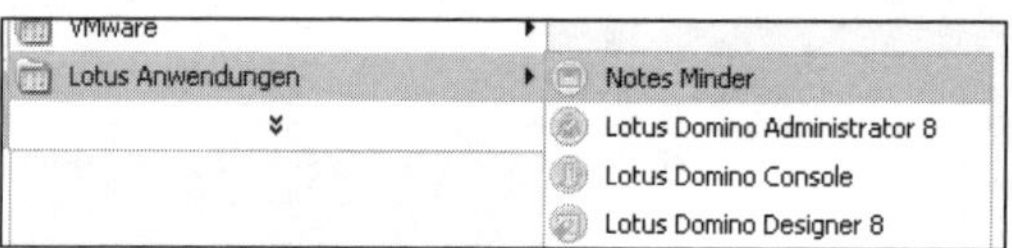

Abbildung 3.19: Aufruf Notes Minder

Dieses Dienstprogramm wird automatisch in die Systemleiste geladen und meldet akustisch oder optisch (blinkendes Symbol, Dialogfeld) die Ankunft neuer Nachrichten. Sie können den Nachrichtenkopf anzeigen lassen und auf Wunsch wird Lotus Notes gestartet. Um Notes Minder nutzen zu können, muss das Verzeichnis, in dem sich die *notes.ini* befindet, in der Variablen PATH eingetragen sein.

3.2.4 Einstellungen zur Benutzersicherheit

Unter dem Punkt DATEI/FILE > SICHERHEIT/SECURITY finden Sie die Informationen zur BENUTZERSICHERHEIT/USER SECURITY (siehe *Abbildung 3.20*).

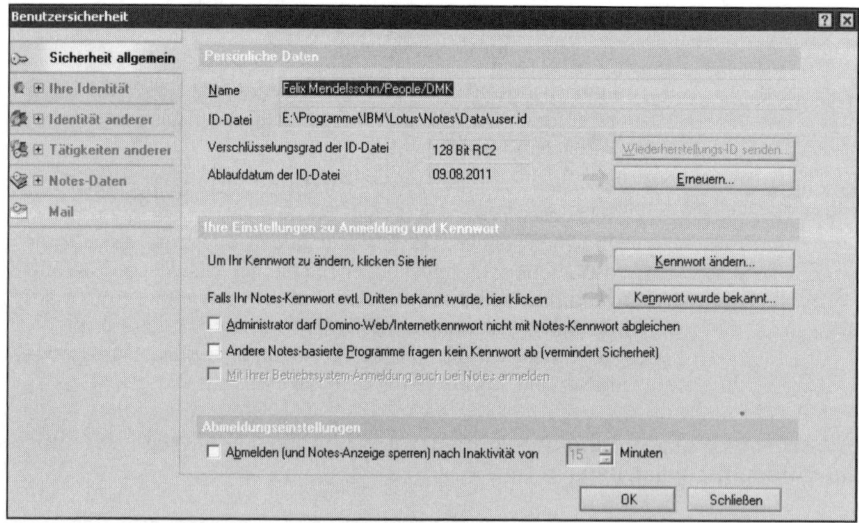

Abbildung 3.20: Dialogfenster zur Benutzersicherheit

Notes-Sicherheit ermöglicht es Ihnen, Ihren Arbeitsbereich und Ihre Daten immer zu schützen, sodass nur Sie und die von Ihnen bestimmten Personen Zugriff auf Ihre Daten haben.

Notes bietet unter anderem folgende Sicherheitsfunktionen: Synchronisieren Ihres Notes-Kennworts mit Ihrem Windows-Kennwort, Sperren des Lotus Notes-Bildschirms oder Anfordern eines neuen Benutzernamens (IHRE IDENTITÄT/YOUR IDENTITY > IHRE NAMEN/YOUR NAMES unter IHRE NOTES-NAMEN/YOUR NOTES NAMES auf NAMENSÄNDERUNG/NAME CHANGES), z.B. wenn Sie geheiratet haben.

In Mails können Sie Notes- und Internet-Zertifikate zur Verschlüsselung verwenden, um zu verhindern, dass andere Benutzer abgefangene Mail-Nachrichten lesen, während diese übertragen werden. Wenn Sie digitale Signaturen verwenden, die von einer öffentlichen Zertifizierungsstelle bestätigt wurden und mindestens Class 2 entsprechen (siehe auch *http://www.bsi.bund.de/literat/faltbl/F10ElektronischeSignatur.htm*), kann der Empfänger Ihrer Mail-Nachricht sicher sein, dass die Nachricht von Ihnen und nicht von einer unberechtigten Person gesendet wurde.

Sie können Notes so konfigurieren, dass alle neuen Repliken von Datenbanken, die Sie erstellen, lokal verschlüsselt werden. Sie können Dokumente verschlüsseln, sodass nur Personen, denen Sie den Schlüssel senden, diese Dokumente lesen können. Sie können Beschränkungen hinsichtlich der Operationen festlegen, die andere Benutzer in Ihrem Client ausführen können, und Sie können eine Zugriffskontrolle für von Ihnen verwaltete Datenbanken einrichten. Zusätzlich zu diesen Funktionen stehen Ihnen mit Notes-Sicherheit viele weitere Möglichkeiten offen.

Benutzer-IDs

Alle Benutzer-IDs enthalten die folgenden Elemente:

- Name des Besitzers der ID
- Notes-Lizenznummer
- Zertifikate zur Überprüfung ihrer Identität
- Schlüssel zur Ver- und Entschlüsselung von Daten

Die Anwender haben an dieser Stelle die Möglichkeit, das Kennwort zu ihrer Benutzer-ID zu verändern, Zertifikate und Gegenzertifikate anzufordern, Schlüssel und IDs zu verwalten. Im Menüpunkt SICHERHEIT haben Anwender daneben die Möglichkeit,

- die aktuell gewählte Benutzer-ID bzw. den Notes-Bildschirm zu sperren und
- die ID zu wechseln.

3.3 Vorgaben

Sie können Notes so anpassen, dass das Programm Ihren Wünschen entsprechend ausgeführt und angezeigt wird. Mithilfe der Vorgaben können Sie sowohl Status- und Symbolleisten, Benutzervorgaben, Sametime-Konfiguration und Ihre aktuelle Arbeitsumgebung anpassen und den Assistenten zur Client-Neukonfiguration aufrufen – und vieles mehr.

Seit der Version 8 sind für den Full Client alle Vorgaben konsolidiert worden und können zentral verwaltet werden. Dazu zählen auch die Vorgaben zu Composite Applications, Aktivitäten, Eclipse-Konfiguration und vieles mehr. Auch die Vorgaben für Mail und Kalender, die Sie in früheren Versionen nur über die geöffnete Mail-Datenbank erreichen konnten, sind nun zentral in den Vorgaben zu finden. Die Vorgaben zum Notes Basis Client weisen keine großen Überraschungen auf, sondern präsentieren sich ähnlich zu den Möglichkeiten der vorhergehenden Version.

Ist mit dem Notes Client gleichzeitig der Administrator Client auf der gleichen Maschine installiert, können Sie über diesen Weg auch die Administrationsvorgaben auswählen und konfigurieren.

3.3.1 Die Vorgaben des Notes Basis Clients

Sie können im Basis Client über den Aufruf DATEI/FILE > VORGABEN/PREFERENCES dediziert entscheiden, für welche der Vorgaben Sie Ihre Einstellungen vornehmen möchten.

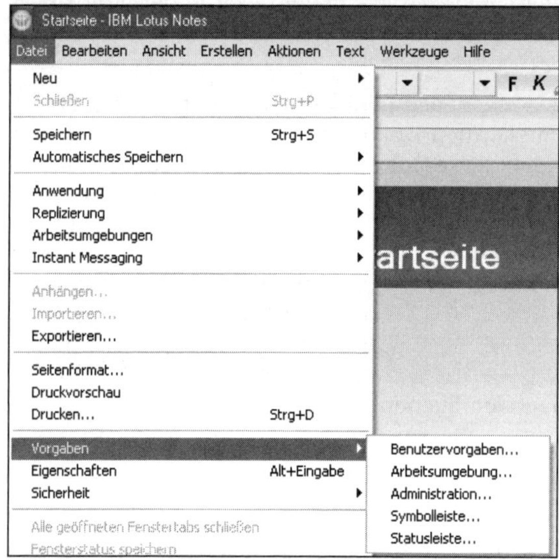

Abbildung 3.21: Aufruf der unterschiedlichen Vorgaben im Basis Client

Benutzervorgaben

Auf die Notes-Benutzervorgaben können Sie über DATEI/FILE > VORGABEN/PREFERENCES > BENUTZERVORGABEN/USER PREFERENCES zugreifen. Zu den Benutzervorgaben gehören Mail-Einstellungen, z.B. die Art der Benachrichtigung beim Eingehen einer neuen Mail, internationale Einstellungen, z.B. die Zeitzone, die Schrift betreffende Einstellungen, Replizierparameter, den Anschluss betreffende Einstellungen usw. Es existiert eine Vielzahl von Optionen, die Ihnen die Arbeit mit Lotus Notes erleichtern oder einfach notwendig sind.

Beachten Sie, dass einige der Benutzervorgaben erst wirksam werden, wenn Sie Notes erneut starten. In Notes wird eine Warnmeldung angezeigt, wenn Sie Änderungen an den Vorgaben vornehmen, für die ein Neustart erforderlich ist.

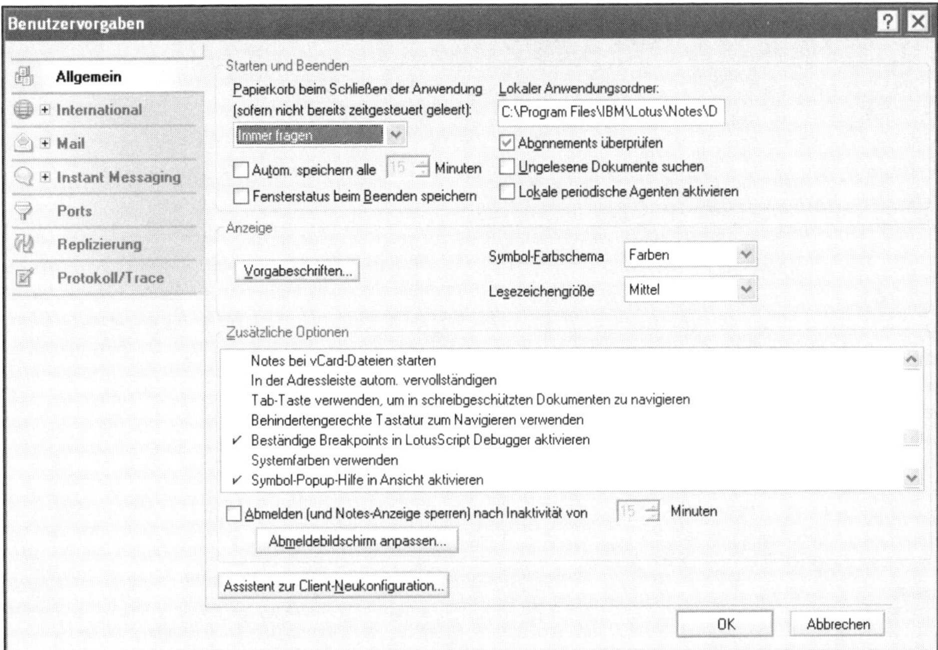

Abbildung 3.22: Benutzervorgaben des Basis Clients

Auf der ersten Registerkarte ALLGEMEIN/BASICS können Sie neben den zahlreichen zusätzlichen Optionen im unteren Teil des Dialogfensters beispielsweise den bereits angesprochenen ASSISTENTEN ZUR CLIENT-NEUKONFIGURATION/CLIENT RECONFIGURATION WIZARD starten.

Darüber hinaus haben Sie in diesem Bereich die Möglichkeit, die Autosave-Funktion zu aktivieren, die per Default deaktiviert ist. Dokumente werden so automatisch während ihrer Erstellung (in einer lokalen Datenbank) zwischengespeichert.

Diese AutoSave-Funktion wird in Masken aktiviert und funktioniert bei Nichtverfügbarkeit des Servers oder einem Client-Absturz. Dies ähnelt der Funktion, wie Sie sie bereits aus der Microsoft-Welt kennen, und bezieht sich auf die verwendete Maske. So gehen beispielsweise Mails bei Fehlern oder beim Verlassen von Notes nicht verloren, sondern werden lokal in einer verschlüsselten Datenbank *as_NAME.nsf* (Schablone: *autosave.ntf*) abgelegt. Für die Mail-Datenbanken der Anwender ist diese Funktion bereits integriert.

Damit Anwender diese Funktion für andere Datenbanken nutzen können, müssen Sie in der gewünschten Maske der spezifischen Datenbank über den Domino Designer die Masken-Eigenschaft AUTOMATISCHES SPEICHERN ZULASSEN/ALLOW AUTOSAVE aktivieren (siehe *Abbildung 3.23*). Öffnen Sie die Maske und rufen Sie die Eigenschaften unter der Registerkarte MASKE INFO auf, wo Sie die Option setzen können. Speichern Sie danach die Maske. Nur Dokumente mit der Maske, die die AutoSave-Funktion besitzen, können automatisch gespeichert werden. Testen Sie vorher sorgfältig, ob sich diese Option für Ihre Anwendung eignet (Stichwort Save- und Post-Save-Ereignisse). Zudem haben Sie noch die Option $DONTAUTOSAVE, um diese Aktion für ein Dokument zu deaktivieren.

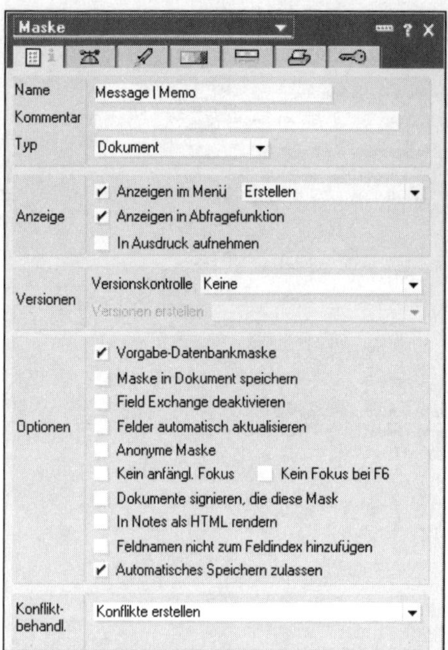

Abbildung 3.23: Aktivieren der AutoSave-Funktion über die Masken-Eigenschaften

Diese Benutzereinstellungen korrespondieren mit drei *notes.ini*-Einstellungen des Clients:

- AUTO_SAVE_ENABLE=n: für n=1 ist die Funktion aktiviert, bei 0 deaktiviert.
- AUTO_SAVE_Interval=<min> bezüglich des AutoSave-Intervalls.
- AUTO_SAVE_User,<Abbreviated UserName>=<Datenbankname realativ zum Data-Verzeichnis> wie beispielsweise AUTO_SAVE_USER,Phillip Roth/User/ACT=as_ phroth.nsf. Dieser Eintrag ermöglicht, dass mehrere Notes Client-Benutzer gleichzeitig dasselbe Data-Verzeichnis verwenden können. Damit mehrere Benutzer auf ein lokales Data-Verzeichnis zugreifen können, erstellt Domino so für jeden definierten Benutzer eine eindeutige Datenbank für die automatische Speicherung. Namenskonflikte und Überschreibungen werden dadurch verhindert.

Die Anwender bemerken die Funktion, die „seamless" im Hintergrund aktiv ist, meist gar nicht, sind aber um so dankbarer, im Fehlerfall oder nach einem Absturz auf die Ergebnisse der automatischen Speicherung zurückgreifen zu können. Passend dazu wird in der Client-Statusleiste das automatische Speichern angezeigt. Die Anwender haben aber die Möglichkeit, die Speicherung selber zu initiieren. Sobald ein Anwender ein entsprechendes Dokument bearbeitet, wird ein Timer gestartet, der nach dem angegebenen Zeitraum die Speicherung in der lokalen Datenbank anstößt. Dies läuft im Hintergrund ab und ist lediglich als Statusmeldung abzulesen. Das Dokument wird mit einigen zusätzlichen Feldern versehen, um die Zuordnung und Wiederherstellung zu ermöglichen, wie etwa $AutosaveDatabase (woher das Dokument stammt) oder $AutosaveNotedID.

Benutzer können automatisch gespeicherte Dokumente sofort beim Start oder zu einem beliebigen Zeitpunkt wiederherstellen. Bei einem Start nach einem Absturz oder einem Stromausfall wird der Benutzer nach seiner Authentifizierung gefragt, ob er seine nicht gespeicherten Dokumente wiederherstellen möchte, indem die folgende Meldung angezeigt wird: SIE HABEN X NICHT GESPEICHERTE DOKUMENT(E). SOLLEN DIESE DOKUMENTE JETZT WIEDERHERGESTELLT WERDEN? (siehe *Abbildung 3.24*).

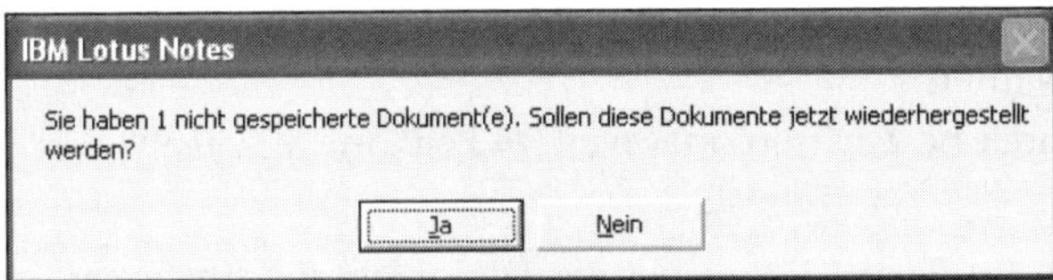

Abbildung 3.24: Meldung nach einem Client-Absturz

Wenn der Benutzer auf JA klickt, wird das Dialogfeld NICHT GESPEICHERTE DOKUMENTE WIEDERHERSTELLEN geöffnet, in dem die wiederherstellbaren Dokumente aufgeführt sind. Hier werden dem Anwender vier Optionen angeboten, um entweder ein oder alle Dokumente wiederherzustellen oder diese (eines oder alle) aus der lokalen Datenbank zu entfernen.

Zu einem späteren Zeitpunkt können Sie Dokumente über DATE/FILE > AUTOMATISCH SPEICHERN/AUTOSAVE > AUTOMATISCH GESPEICHERTE DOKUMENTE WIEDERHERSTELLEN/RECOVER AUTOSAVED DOCUMENTS wiederherstellen. Sobald ein Dokument aus der Datenbank für die automatische Speicherung wiederhergestellt wurde, wird es automatisch aus dieser Datenbank entfernt. Dokumente, deren Bearbeitung Sie abbrechen, die Sie mailen oder speichern, werden ebenfalls aus der lokalen Datenbank entfernt.

Die Einstellungen zur AutoSave-Funktion sind für den Administrator über die Desktop-Policyeinstellungen konfigurierbar. Unter der Registerkarte ALLGEMEIN/BASICS können Sie definieren, ob die AutoSave-Option überhaupt zur Verfügung gestellt wird und in welchem Minutenintervall die automatische Speicherung erfolgen soll. So können Sie sichergehen, dass alle Anwender die gleichen Einstellungen besitzen.

In den allgemeinen Benutzervorgaben haben Sie zudem die Möglichkeit, festzulegen, dass der Fensterstatus beim Beenden von Notes gespeichert wird. Oder Sie legen fest, wie der Papierkorb geleert werden soll.

In den anderen Bereichen der Benutzervorgaben können Sie u.a. folgende Optionen festlegen:

- International
  - Länderprofil und Maßeinheit ändern
  - Sprache des Inhalts angeben
  - andere Sortiersprache verwenden
  - Sprache des alternativen Namens angeben
  - Verfahren zur Umsetzung von Zeichen beim Import und Export durch Notes ändern
- Rechtschreibprüfung
  - Wörterbuch für eine andere Sprache oder ein zusätzliches Wörterbuch auswählen
  - Wörterbuch installieren oder Benutzerwörterbuch bearbeiten

- Kalender
  - Tag ändern, an dem die Kalenderansicht, der Datumswähler oder der Popup-Kalender gestartet wird
  - Datumsanzeige im Datumswähler oder im Popup-Kalender ändern
  - sekundären Kalender auswählen
  - primäre Zeitzone im Kalender beschriften oder weitere Zeitzone anzeigen

Einige Notes-Vorgaben werden im Basis Client über das Dialogfeld BENUTZERVORGABEN/USER PREFERENCES festgelegt, andere in den Vorgaben der Mail-Datenbank. Dazu öffnen Sie Ihre Mail-Datenbank und wählen AKTIONEN/ACTIONS > MEHR/MORE > VORGABEN/PREFERENCES.

In den Benutzervorgaben im Bereich MAIL legen Sie folgende Konfigurationseinstellungen fest:

- Anderes persönliches Adressbuch oder mehr als ein Adressbuch verwenden. Diesbezüglich können Sie auch die *notes.ini* direkt bearbeiten, um beispielsweise ein Teamadressbuch, das auf einem Domino Server liegt, einzubinden, wie etwa `NAMES=names.nsf, CN=D01DS/OU=D/OU=Server/O=DMK!!apps\vertrieb.nsf`. Dies ist entsprechend nur dann relevant, falls der Anwender (aus welchen Gründen auch immer) keine lokale Replik dieses Adressbuches auf seinem Rechner abgelegt hat.
- Verfahren zum Speichern der gesendeten Mail ändern
- Aus Sicherheitsgründen eine digitale Signatur zur ausgehenden Mail-Nachricht hinzufügen
- Ausgehende Mails aus Sicherheitsgründen verschlüsseln
- Weiterleitungspräfixe bei weiterzuleitenden E-Mail-Nachrichten aktivieren
- Häufigkeit der Suche nach neuer Mail und Verhalten bei Eingang neuer Mails ändern
- Mail-Eingang aktualisieren und seit Öffnen von Notes eingegangene Nachrichten anzeigen

Mithilfe der Internet-Vorgaben von Notes können Sie das Format Ihrer Internet-Mails (einschließlich Übersetzung Ihrer Mails in andere Sprachen), von Internet-News und aller Antwort-Mails (Notes und Internet) festlegen.

- Internet-Mail oder -Nachrichten im HTML-Format, als einfacher Text oder in beiden Formaten senden
- Markierungszeichen und Zeilenlänge für Internet-Antwort-Mails angeben

Instant Messaging (IM) ist in die Notes Client-Installation integriert. Als Administrator können Sie IM mit in den Single-Sign-On-Mechanismus von Lotus Notes einbinden und dies für den Anwender durch eine entsprechende Variable festlegen: `IM_ENABLE_SSO`. Wird diese Variable auf den Wert 1 gesetzt, wird Single Sign-On mit IM aktiviert. Diese Einstellung kann auch über die Benutzervorgaben gesetzt werden (siehe *Abbildung 3.25*). Seit Lotus Notes 6.5 existiert die Registerkarte INSTANT MESSAGING in den Benutzervorgaben. Viele Einstellungen in Bezug auf das Instant Messaging können auch über sogenannte Richtlinien vorgenommen werden, wie etwa den Sametime Server-Namen aus dem Arbeitsumgebungsdokument.

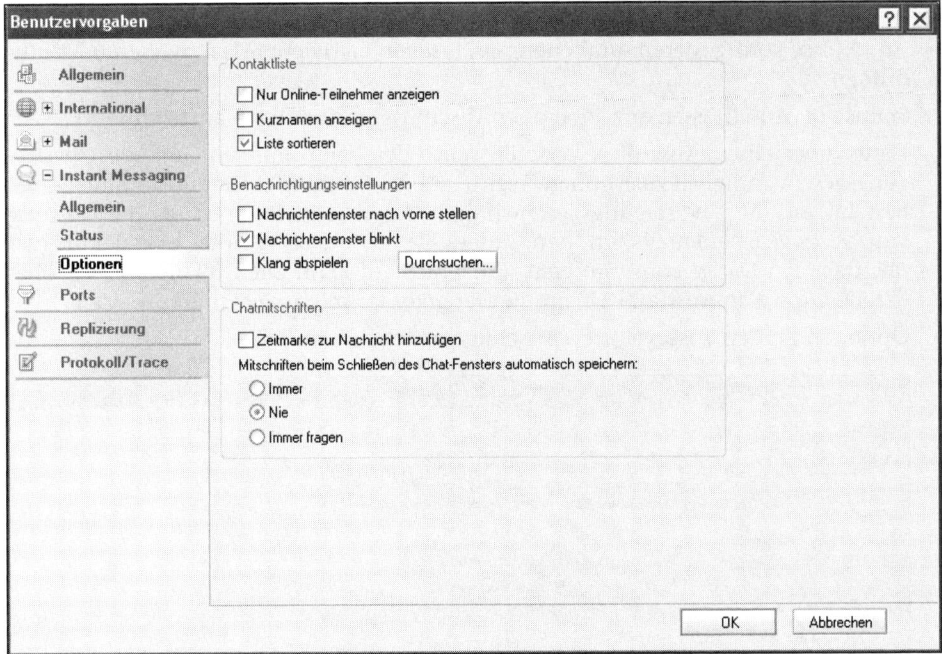

Abbildung 3.25: Konfiguration der allgemeinen Sametime-Features über die Benutzervorgaben (Vorgaben Basis Client)

Eine wichtige Benutzervorgabe, über die sich die Administratoren bewusst sein sollten, ist die Option USE CANONICAL NAME FOR INSTANT MESSAGING STATUS LOOKUP. Bei Aktivierung dieser Einstellung können Sie die Online Awareness nur verwenden, wenn der IBM Lotus Instant-Messaging-Server so konfiguriert wurde, dass Notes nach Namen in der kanonischen hierarchischen Form (wie etwa `CN=Sebastian Hermes/O=HECS`) anstatt in der abgekürzten hierarchischen Form (wie etwa `Sebastian Hermes/HECS`) sucht.

Dem Anwender steht über die Vorgaben der Statusmeldungen die Möglichkeit zur Verfügung, die seinen Kollegen angezeigten Statusanzeigen anzupassen und dementsprechende Nachrichten zu setzen.

Bei der Erstinstallation von Notes geben Sie bei der Konfiguration ein lokales Netzwerk (oder eine Breitbandverbindung) oder eine Wählverbindung für den Mail-Datenverkehr an. Wenn Sie einen Anschluss hinzufügen, wird dieser von Notes standardmäßig aktiviert. Außerdem können Sie die Arbeitsumgebung (BÜRO, ZU HAUSE usw.) angeben, in der Sie die Anschlüsse verwenden möchten. Beim Hinzufügen eines Anschlusses können Sie bestimmte Treiberoptionen festlegen und dem Anschluss einen benutzerdefinierten Namen zuweisen. Für eine Internet-Verbindung müssen Sie einen Anschluss für TCP/IP konfigurieren. Treten Probleme beim Herstellen einer Verbindung zu einem Server auf, so können Sie in Notes eine Netzwerkverbindung aufzeichnen.

Um einen Notes Client als POP3-, IMAP-, LDAP-, NNTP- oder SMTP-Internet-Client ausführen zu können, muss der TCP/IP-Anschluss über Notes aktiviert sein.

In diesem Unterpunkt der Benutzervorgaben können Sie

- Anschlüsse konfigurieren, umbenennen, löschen, aktivieren/deaktivieren oder umordnen
- Status von Anschlüssen anzeigen oder Anschlussverbindungen aufzeichnen
- Daten über einen Anschluss verschlüsseln oder komprimieren, um die Übertragungsgeschwindigkeit zu erhöhen. Wenn eine Verbindung zu einem Domino Server besteht und die Übertragungsgeschwindigkeit gering ist, können Sie die Leistung von Notes gegebenenfalls erhöhen, indem Sie die zwischen Notes und dem Server übertragenen Daten komprimieren. Entsprechend kann auch für den Server über den Domino Administrator Client die Datenkomprimierung aktiviert werden.
- Optionen für den ausgewählten Anschluss angeben

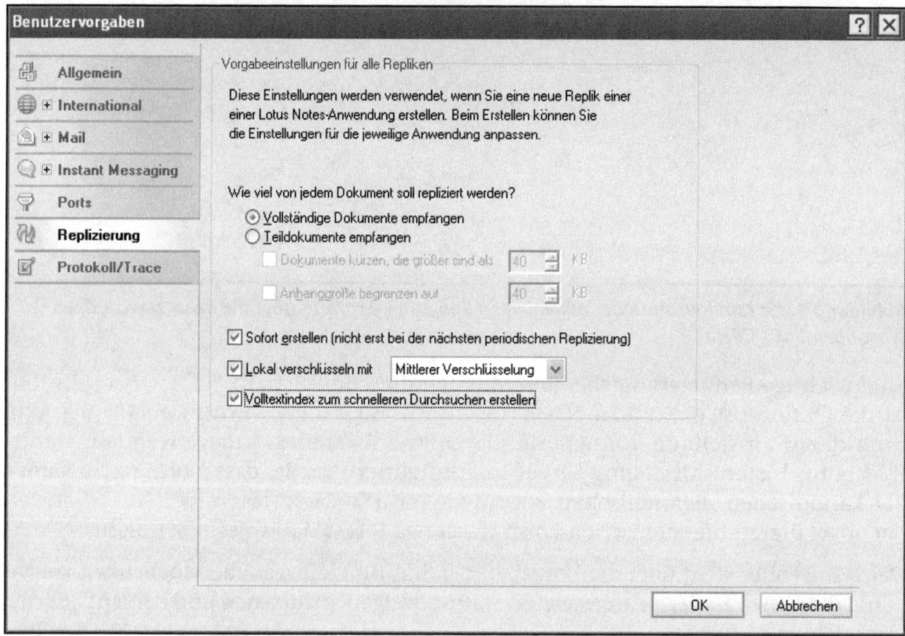

Abbildung 3.26: Replizierungsoptionen

Über die Benutzervorgaben der Registerkarte REPLIZIERUNG/REPLICATION können die Anwender allgemeine Einstellungen zur Replikation vorgeben (siehe *Abbildung 3.26*). Die datenbankspezifischen Einstellungen zur Replikation gehen auf der Replikatorseite vonstatten.

Über den Bereich PROTOKOLL/TRACE definieren Sie, ob Notes Statusnachrichten und Fehler in eine Textdatei auf dem System schreibt. Falls die Protokollierung aktiviert ist und der Notes Client abstürzt, sammelt ein automatisches Diagnosewerkzeug Daten, darunter auch diese Protokolldatei, und sendet sie an eine Mail-Anwendung, wenn der Client neu startet. Die Protokolldatei ist außerdem nützlich für Diagnosezwecke.

Statusleiste

Die Statusleiste wird unten im Notes-Hauptfenster angezeigt. Während Ihrer Arbeit in Notes werden in der Statusleiste Systemmeldungen und -funktionen angezeigt. Die Statusleiste ist kontextsensitiv. Die in der Statusleiste angezeigten Meldungen und Funktionen sind abhängig von der Aufgabe, die Sie gerade ausführen, und davon, an welcher Stelle Sie in Notes arbeiten.

Sie können jetzt die Statusleiste (den Satz von Elementen unten im Lotus Notes-Fenster) über das Menü DATEI/FILE > VORGABEN/PREFERENCES > STATUSLEISTE/STATUS BAR anpassen (Basis Client, siehe *Abbildung 3.27*). So können Sie die Elemente wählen, die in der Statusleiste angezeigt werden, deren Platzierung und deren Größe (je nach Element entweder die Breite oder die Höhe).

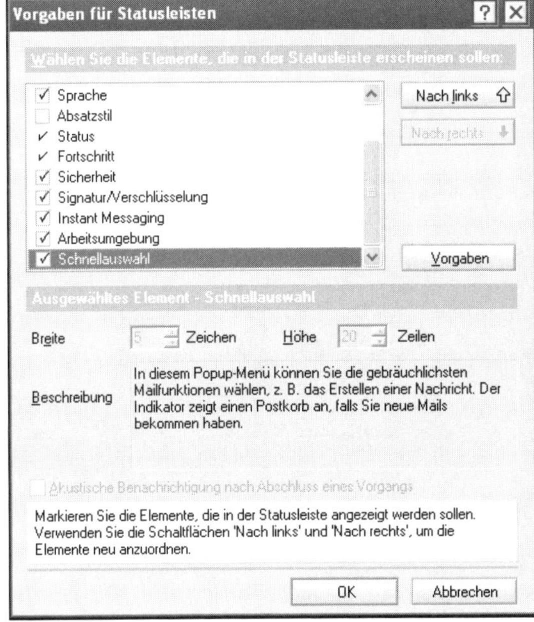

Abbildung 3.27: Vorgaben zur Statusleiste

Zusätzlich zu dem Element SPRACHE/LANGUAGE in der Statuszeile können Sie auch die Fortschrittsanzeige sehen. Dieser Indikator zeigt Tasks an, die Lotus Notes im Hintergrund ausführt, beispielsweise das Speichern von Dateianhängen oder die Replikation von Datenbanken. Läuft mehr als ein Vorgang gleichzeitig ab, können Sie darauf klicken, um den Status all dieser Aktivitäten anzuzeigen. Weitere Optionen für die Statusleitse beziehen sich z.B. auf die Sicherheit, Instant Messaging oder die Schnellauswahl.

Symbolleisten

Die Werkzeugleisten lassen sich über das Menü DATEI/FILE > VORGABEN/PREFERENCES > SYMBOLLEISTE/TOOLBAR in erweitertem Maße anpassen und SmartIcons (Symbole) definieren. Diese flexiblen Werkzeugleisten kennen Sie auch aus anderen Windows-Anwendungen. Sie lassen sich beliebig, auch freischwebend, auf dem Bildschirm positionieren und mithilfe des Kontextmenüs über die rechte Maustaste konfigurieren. Das SmartIcon für den Arbeitsbereich (graue Gridfläche) ist standardmäßig nicht in der Symbolleiste vorhanden und muss erst der Symbolleiste hinzugefügt werden.

Sie können Ihre Werkzeugleisten per Drag&Drop praktisch an jede beliebige Stelle im Lotus Notes-Fenster ziehen. Bestimmte Werkzeugleisten können angezeigt oder verborgen werden. Für die Vorgaben der Werkzeugleisten greifen Sie mit rechtem Mausklick auf eine beliebige Werkzeugleiste zu. Sie können eine Größe für die Schaltflächen auf den Werkzeugleisten wählen und festlegen, ob die Schaltflächen Symbole, Text oder beides enthalten. Des Weiteren können Sie neue Werkzeugleisten erstellen bzw. bestehende anpassen. Ihre vorhandenen angepassten SmartIcons werden beim Upgrade konvertiert.

3.3.2 Die Vorgaben des Notes Full Clients

Arbeiten die Anwender mit einem Full Client, erscheinen die Vorgaben für die Benutzer nicht in der üblichen Ansicht wie im vorhergehenden Unterkapitel beschrieben, sondern in einer konsolidierten Ansicht (Unified Preferences). Diese können Sie über DATEI/FILE > VORGABEN/PREFERENCES aufrufen. Sie haben über das FILTER-Feld die Möglichkeit, die Vorgaben anzeigen zu lassen, die auf den Filtertext passen (siehe *Abbildung 3.28*).

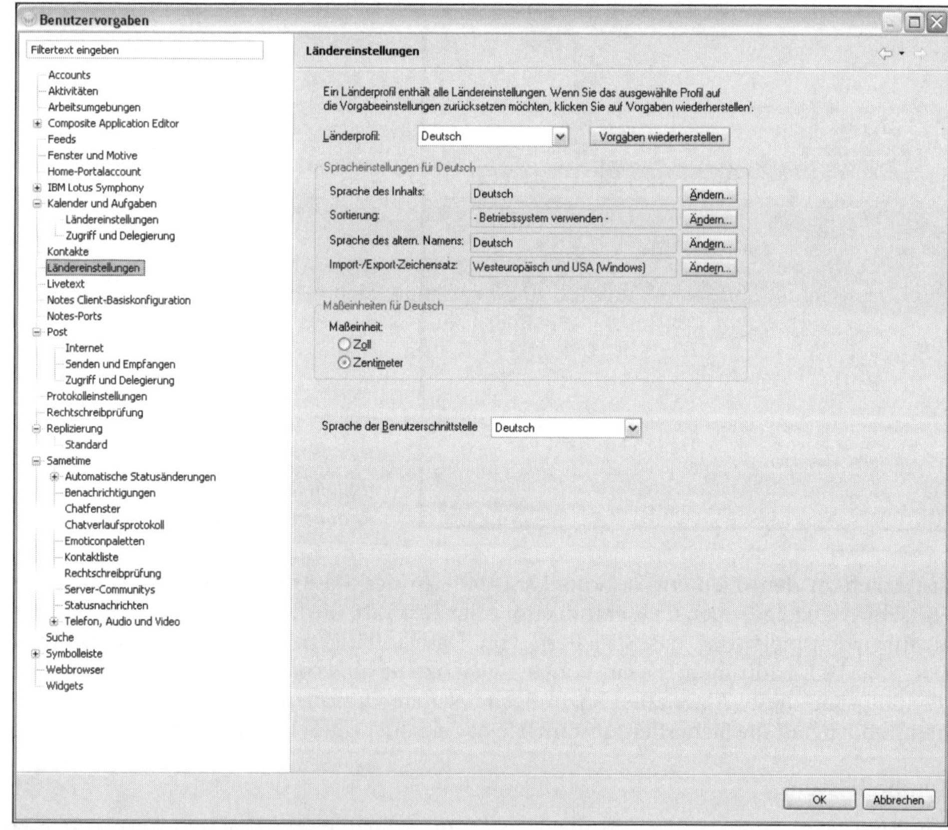

Abbildung 3.28: Vorgaben des Full Clients

Neben den bekannten Vorgaben zu den Ländereinstellungen, Ports oder Replizierung finden sich aufgrund des Eclipse-Bestandteils eine ganze Reihe von neuen Optionen über die Vorgaben. Neu ist auch, dass Sie die Einstellungen für Mail, Kalender und die

Dokumente aus dem persönlichen Adressbuch (Kontakte) wie z.B. die Arbeitsumgebungsdokumente oder die Darstellung der Kontakte anpassen können.

Haben Sie die neuen Productivity Tools (IBM Lotus Symphony) installiert, können Sie über die Vorgaben die entsprechenden Einstellungen zu jedem dieser Features vornehmen. Auch die Composite Applications, Feeds, Widgets (ab 8.0.1) und Aktivitäten werden berücksichtigt. Widgets und Livetext werden ab der Version 8.5 erstmals auch unter Mac OS X unterstützt. Vormals waren diese nur unter Windows und Linux nutzbar.

Widgets

Unter der Bezeichnung *Widgets* lassen sich Komponenten wie z.B. Google Gadgets (*http://desktop.google.com/plugins/?hl=de*), Feeds und auch Webseiten subsumieren. Es sind kleine Zusatzprogramme („Helferlein"), die nicht eigenständig ihre volle Funktionalität entfalten, sondern durch die Einbettung in einer Benutzeroberfläche wie z.B. unter Lotus Notes einen zusätzlichen Nutzen für den Benutzer transportieren (Anzeige der Uhrzeit, Wetter, Taschenrechner, RSS-Newsfeeds o.Ä.). Der Widgets- und Livetext-Code wurde mit der Version 8.5 vom Client in den Lotus Expeditor-Layer verschoben.

Anwender unter Lotus Notes erhalten mit MY WIDGETS die Option, die Oberfläche um eine Leiste (Sidebar) dieser „Minianwendungen" zu erweitern. Widgets können zum einen in einer Bibliotheks-Datenbank gespeichert und von dort geladen werden. Der Anwender kann zum anderen Widgets mittels eines Assistenten selbst erstellen.

Dabei kommt die Technik *Livetext* zum Einsatz. Hierdurch ist es möglich, Muster und Begriffe in Notes-Dokumenten zu erkennen und mit bestimmten Aktionen und Widgets verbinden zu lassen. Live Names (siehe *Abbildung 3.29*) sind in Ansichten, Masken, Kontakten und in der Schnelladressierung über den Notes Client verfügbar.

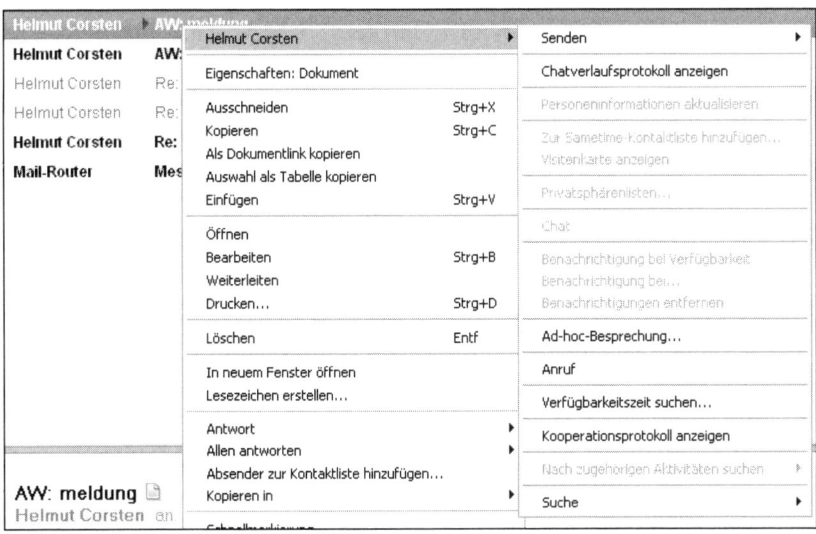

Abbildung 3.29: Konsistente Live Names

3.4 Neuerungen des Lotus Notes 8.x Clients

Zahlreiche Kernfunktionen von Lotus Notes bieten neue und produktivere Möglichkeiten zur Anzeige und Bearbeitung von Informationen – gerade für die Onlinezusammenarbeit. Dazu gehören funktionale Erweiterungen an E-Mail, Kalender und Kontakten, mit denen Benutzer Informationen schneller und mit permanentem Zugriff auf Werkzeuge für die Onlinezusammenarbeit im jeweiligen Kontext suchen und verarbeiten können.

Der Lotus Notes Client der Version 8 hat neben all den anderen Veränderungen auf der Clientseite einige Basis- und Begriffsanpassungen erlebt. Dies bedeutet beispielsweise, dass sich im Vergleich der Versionen 7 und 8 des Notes Clients einige begriffliche Überarbeitungen ergeben haben (siehe nachfolgende Tabelle).

Notes 7 Client	Notes 8.x Client
Bookmarks	Öffnen-Liste
Persönliches Adressbuch	Kontakte
Willkommensseite	Startseite
Datenbank	Notes-Anwendung (Applikation)

3.4.1 Allgemeinen Änderungen

Neben Veränderungen, Neuerungen und Erweiterungen, die sich auf spezifische Bereiche wie Mail-Funktionen, Inhalte der Mailschablone oder den Kontakten beziehen, gibt es auch Neuheiten, die umfassender sind. Dazu gehört beispielsweise die Tatsache, dass bei der Angabe einer URL nun mehr als 250 Zeichen möglich sind.

Markieren von Dokumenten

Zu diesen allgemeinen Neuerungen zählt auch die Auswahl von Dokumenten. In früheren Notes-Versionen erschien ein Auswahlhaken („Check Mark") vor den markierten Dokumenten.

In der aktuellen Version unterstützt Notes Systemkommandos und Mausklicks, z.B. den Einsatz der [⇧]-Taste, um mehrere hintereinanderliegende Dokumente zu markieren (siehe *Abbildung 3.30*), oder die [Strg]-Taste für das Markieren einzelner Dokumente. Diese Arbeitsweise funktioniert auch im Kalender und in den Kontakten.

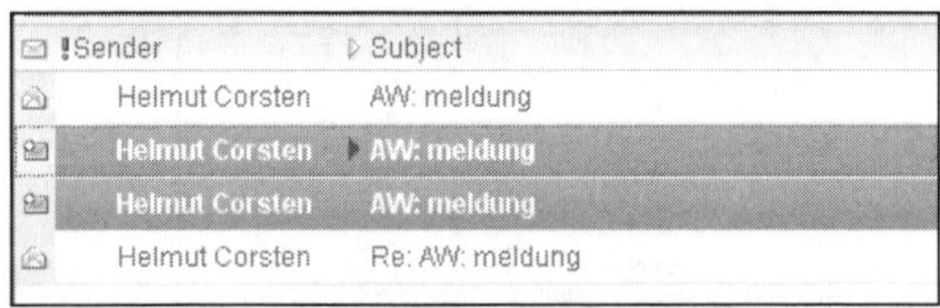

Abbildung 3.30: Markierte Dokumente

Seit der Version 8 gibt es keine „Nebenwirkungen" mehr zwischen der Taste [F5] und [F9]. In früheren Versionen sperrte ein Betätigen der [F5]-Taste den Notes-Bildschirm, was für alle Windows-affinen Anwender zu häufigen Ärgernissen führte. Die Shortcuts sind nun deutlich an die Betriebssystem-Tastenkürzel angeglichen, was die Arbeit zumindest in manchen Bereichen des Notes Clients stressfreier macht.

3.4.2 Veränderungen an der Benutzeroberfläche

Neben den Namensänderungen hat auch eine Vielzahl von Menüpunkten eine Überarbeitung erfahren. Zum Teil sind die Änderungen auch so konzipiert worden, dass die Anwender ein paar Klicks weniger durchführen müssen (nicht immer!). Andere Änderungen in den Menüs tragen aber nur den neuen Begriffen Rechnung. Eine komplette (lange) Liste dieser Menüanpassungen finden Sie unter *http://www-01.ibm.com/support/docview.wss?uid=swg21256781 - Back%20to%20top*. Nachfolgend finden Sie der Vollständigkeit halber lediglich eine kleine Auswahl der Veränderungen an den Menüs.

Ebene	Notes 7 Client	Notes 8.x Client
DATEI/FILE (Ansicht)	FILE > DATABASE > OPEN	FILE > APPLICATION > LOTUS NOTES APPLICATION
DATEI/FILE (Dokument)	FILE > INSTANT MESSAGING > START INSTANT CHAT MEETING	TOOLS > MEETINGS > INVITE TO INSTANT MEETING
DATEI/FILE (Dokument)	FILE > TOOLS > JAVA DEBUGGING PREFERENCES	TOOLS > JAVA DEBUGGING PREFERENCES*
BEARBEITEN/EDIT (Ansicht)	EDIT > CHECK SPELLING	TOOLS > SPELL CHECK
AKTIONEN/ACTIONS (Dokument)	ACTIONS > ADD RECIPIENTS TO NEW GROUP CALENDAR ENTRY	ACTIONS > MORE > ADD RECIPIENTS TO NEW GROUP CALENDAR
AKTIONEN/ACTIONS (Dokument)	ACTIONS > UPGRADE FOLDER DESIGN	ACTIONS > FOLDER > UPGRADE FOLDER DESIGN
AKTIONEN/ACTIONS (Dokument)	ACTIONS > TOOLS > OUT OF OFFICE	ACTIONS > MORE > OUT OF OFFICE
AKTIONEN/ACTIONS (Dokument)	ACTIONS > TOOLS > ADD SENDER TO ADDRESS BOOK	ACTIONS > MORE > ADD SENDER TO CONTACTS
HILFE/HELP	HELP > ABOUT THIS DATABASE	HELP > ABOUT THIS APPLICATION

Für den erfahrenen Benutzer stehen außerdem sogenannte erweiterte Menüs (ADVANCED MENUES) zur Verfügung. Die Optionen in den erweiterten Menüs sind eher für Systemadministratoren oder Entwickler vorgesehen und enthalten Menüs für Aufgaben wie das Archivieren oder Löschen von Lotus Notes-Anwendungen, das Erstellen eingebetteter Elemente oder Debugging-Werkzeuge. Sie finden die gewünschte Menüoption, wenn Sie die erweiterten Menüs über ANSICHT/VIEW > ERWEITERTE MENÜS/ADVANCED MENUES aktivieren.

Hinweis

Obwohl viele dieser Änderungen folgerichtig sind und für Sie als Administrator wahrscheinlich keine größeren Schwierigkeiten mit sich bringen, müssen sich die Benutzer erfahrungsgemäß doch umstellen. Dieses Bedürfnis sollten Sie (v.a. nach einem Versionswechsel auf das Release 8.x) nicht vernachlässigen und bei der Rollout-Planung für Notes 8 berücksichtigen. Schulungen für die Benutzer (egal in welcher Form) tragen dem Rechnung und erhöhen die Akzeptanz der Anwender.

Auf den ersten Blick fällt im Standard Client die neue Suchfunktion auf, die überall verankert zu sein scheint. Beispielsweise können Sie über den oberen Bereich der Client-Oberfläche in längeren Menüs auch nach Inhalten suchen. Sind Sie z.B. in Ihrer Mail-Datenbank, können Sie die Suche ebenfalls verwenden, allerdings ohne auf den Volltextindex zuzugreifen. Sie haben an dieser Stelle allerdings die Möglichkeit, die Suche auf Ihren Kalender und Ihre Kontakte auszuweiten.

Auch in anderen Bereichen wird Ihnen die kleine Suchleiste immer wieder begegnen. Bei Bedarf können Sie die Suchergebnisse abspeichern. Die Aktivierung erfolgt im Standard Client über DATEI/FILE > VORGABEN/PREFERENCES unter der Auswahl SUCHE/SEARCH. Hier aktivieren Sie die Option SUCHPROTOKOLL AKTIVIEREN/ENABLE HISTORY.

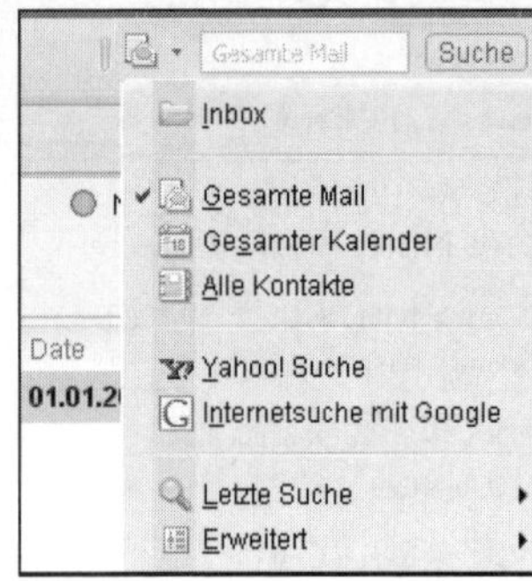

Abbildung 3.31:
Die Suche als Toolbar

Die zweite auffällige Neuerung bei der Oberfläche von Lotus Notes 8 ist die Sidebar am rechten Rand. Der Notes 8 Client stellt wichtige Funktionen direkt in der Sidebar zur Verfügung (siehe *Abbildung 3.32*). Anpassen lassen sich diese über das Kontextmenü oder über den Menüeintrag ANSICHT/VIEW > RECHTE SEITENLEISTE/RIGHT SIDEBAR PANEL oder ANSICHT/VIEW > FENSTER IN DER RECHTEN SEITENLEISTE/RIGHT SIDEBAR PANEL. Dort finden sich standardmäßig fünf Funktionen:

- Die SAMETIME-KONTAKTE enthalten die Liste der Kontakte, mit denen Sie direkt über Sametime als Instant-Messaging-Dienste kommunizieren können. Voraussetzung ist dabei, dass eine entsprechende Sametime-Infrastruktur vorhanden ist, auf die die Benutzer zugreifen und die sie nutzen können. Eine eingeschränkte Gruppe bildet der Eintrag PRIMÄRE KONTAKTE IN SAMETIME ab.

Abbildung 3.32:
Elemente der neuen Sidebar

- Die AKTIVITÄTEN wurden bereits mit dem *IBM Lotus Workplace* und den dazugehörigen Services eingeführt und haben nun auch Eingang in den Lotus Notes Client gefunden. Dahinter steckt ein Konzept, das sich in ähnlicher Weise bei *Microsoft Groove* oder dem *Collanos Workplace* findet.

- Über TAG AUF EINEN BLICK/DAY AT-A-GLANCE finden Sie die für Sie wichtigsten Informationen über den aktuellen Tag auf einen Blick. Diese stammen insbesondere aus dem Kalender und lassen sich wie die anderen hier aufgeführten Funktionen auch über das Kontextmenü konfigurieren.
- Über die RSS-FEEDS lassen sich Abonnements von Websites konfigurieren.

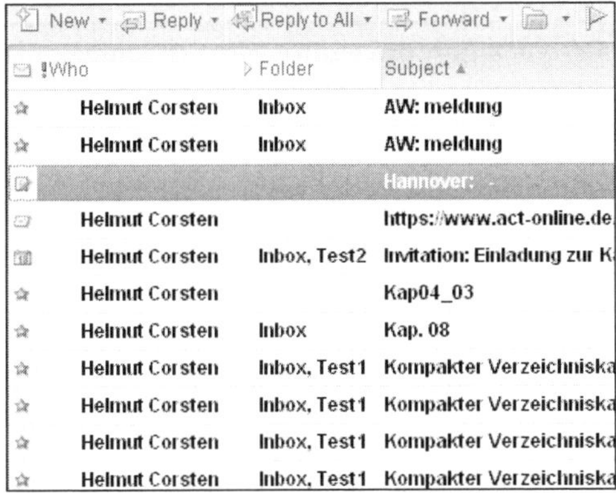

***Abbildung 3.33:** Die neue Spalte ORDNER/FOLDER in der Ansicht ALLE DOKUMENTE/ ALL DOCUMENTS zeigt, in welchem Ordner sich ein Mail-Dokument befindet.*

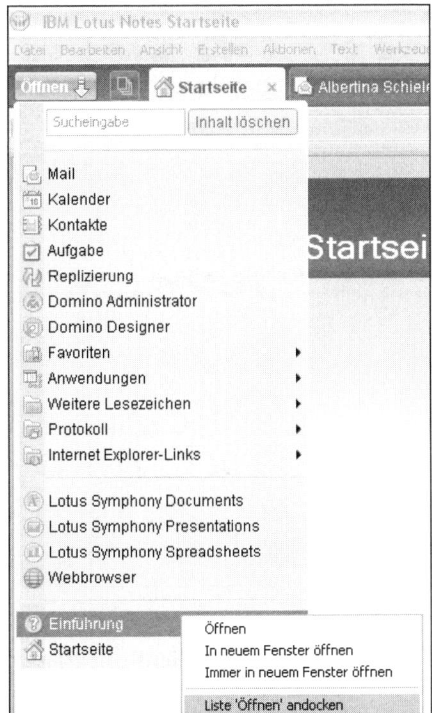

***Abbildung 3.34:** Über einen Klick mit der rechten Maustaste auf den ÖFFNEN-Dialog können Sie diesen auch dauerhaft auf der linken Seite der Notes-Oberfläche „anheften". So erhalten Sie eine Art Bookmark-Leiste ähnlich wie bei Lotus Notes 7 oder der Notes 8.x-Basiskonfiguration.*

Der OPEN-Button im Full Client bietet Zugriff auf die Elemente der Oberfläche, Zugriff auf Lesezeichen und Anwendungen. Er enthält die Lesezeichenleiste und weitere Verweise, die am ehesten mit den Favoriten bei einem Browser zu vergleichen sind. Sobald Sie die Leiste über einen Klick auf ÖFFNEN/OPEN öffnen, können Sie einerseits auf die Standardfunktionen wie Mail, Kalender oder Kontakte sowie die Lesezeichen (Bookmarks) zugreifen. Zum anderen können Sie aber je nach installierter Funktionalität auch andere Anwendungen wie den Domino Administrator oder die *IBM Applications* (*Lotus Symphony*) nutzen, die unter anderem einen Texteditor, ein Präsentationsprogramm und eine Tabellenkalkulation umfassen.

Rechts neben dem ÖFFNEN-Pfeil befindet sich ein Thumbnail-Symbol, über das Sie in einem Fenster mit Piktogrammen zwischen den geöffneten Elementen wählen können – ähnlich wie unter Windows durch die Kombination der Tasten [ALT]+[⇆]. Auch hier haben Sie die Möglichkeit zur Suche.

Hilfe und Support

Zu den vielen kleinen und größeren Veränderungen passt die Überarbeitung der Hilfe, die deutlich angenehmer zu nutzen ist, schneller reagiert und sehr an die Hilfe anderer großer Softwareanbieter erinnert. Davon zeugen die deutlich anders aufbereiteten Informationen, vor allem wenn Sie beispielsweise aus einer Lotus Notes-Anwendung heraus [F1] betätigen, um die kontextsensitive Hilfe aufzurufen. So besteht auch die Möglichkeit, diese am Rand des Anwendungsfensters geöffnet zu lassen, um parallel zur Arbeit im Notes Client mit der Hilfe zu arbeiten.

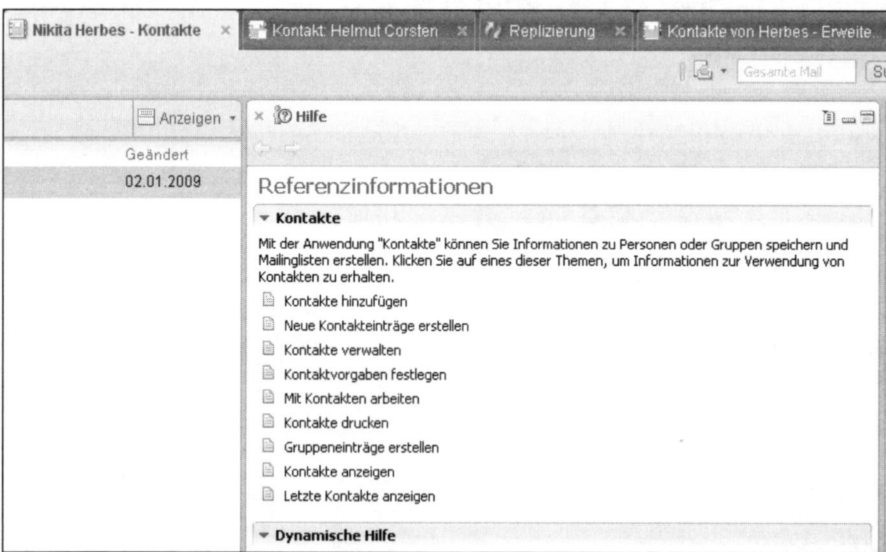

Abbildung 3.35: Die neue Hilfe

IBM hat zudem den IBM Support-Assistenten in den Lotus Notes Client integriert. Dieser steht Ihnen über das Menü HELP > SUPPORT > IBM SUPPORT ASSISTANT zur Verfügung. Der Assistent bietet Ressourcen zur Selbsthilfe, die zur Identifizierung, Bewertung und Bewältigung von Problemen dienen sollen, ohne dass der IBM-Support direkt involviert wird. Sollte es allerdings notwendig erscheinen, den Support zu kontaktieren, leistet der

Assistent Unterstützung dabei, um beispielsweise Problemreports zu übermitteln und automatisch eine Sammlung von Diagnosedaten anzustoßen (siehe auch *http://www.ibm.com/software/support/isa/*).

3.4.3 Kontakte

Das persönliche Adressbuch heißt nun Kontakte und hat eine deutliche Überarbeitung erfahren. Das beginnt damit, dass Sie nun weitere Informationen bis hin zu Fotos bei den einzelnen Kontakten pflegen können (siehe *Abbildung 3.36*). Nicht genutzte Felder werden nach dem Speichern nicht angezeigt. Kontakte können in unterschiedlichen Formaten dargestellt werden und Sie haben zudem die Möglichkeit, die Feldnamen anzupassen.

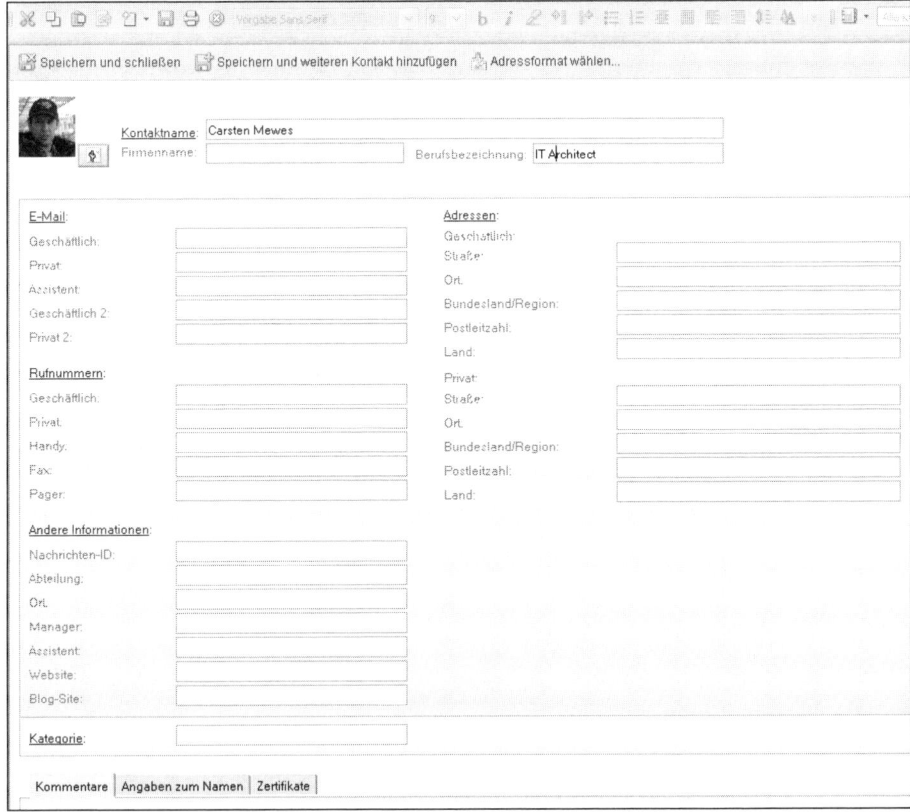

Abbildung 3.36: Erweiterte Möglichkeiten zu den personenspezifischen Angaben

Auch die Standardansichten für Kontakte wurden erweitert. Dabei ist insbesondere LETZTE KONTAKTE/RECENT CONTACTS zu erwähnen. Hier werden die Kontakte aufgeführt, mit denen Sie zuletzt zu tun hatten (in Bezug auf die Zusammenarbeit Lotus Notes in Form von Chats oder Mail-Kontakten). Gerade an dieser Stelle wird das generelle Bemühen von IBM Lotus deutlich, die Nutzung des Produkts stärker kontextsensitiv zu gestalten und dazu beispielsweise zu analysieren, welche Anforderungen die Anwender an ein Produkt wie Lotus Notes stellen. Gelöschte Kontakteinträge werden nun im Papierkorb eine bestimmte Zeit aufgehoben, bevor sie endgültig gelöscht werden.

Die Kontakte können auch in einer Visitenkartenansicht dargestellt werden. Über den Button ANZEIGEN/DISPLAY können Sie die Darstellung wechseln. Außerdem besteht die Option, den Zugriff auf die Anwendung KONTAKTE an einen anderen Benutzer zu delegieren. Hierzu wird eine Kopie Ihrer Kontaktdatei in Ihrer Mail-Datei auf einem Server gespeichert. Die kann über die Kontaktvorgaben aktiviert und über die Replikatorseite gesteuert werden.

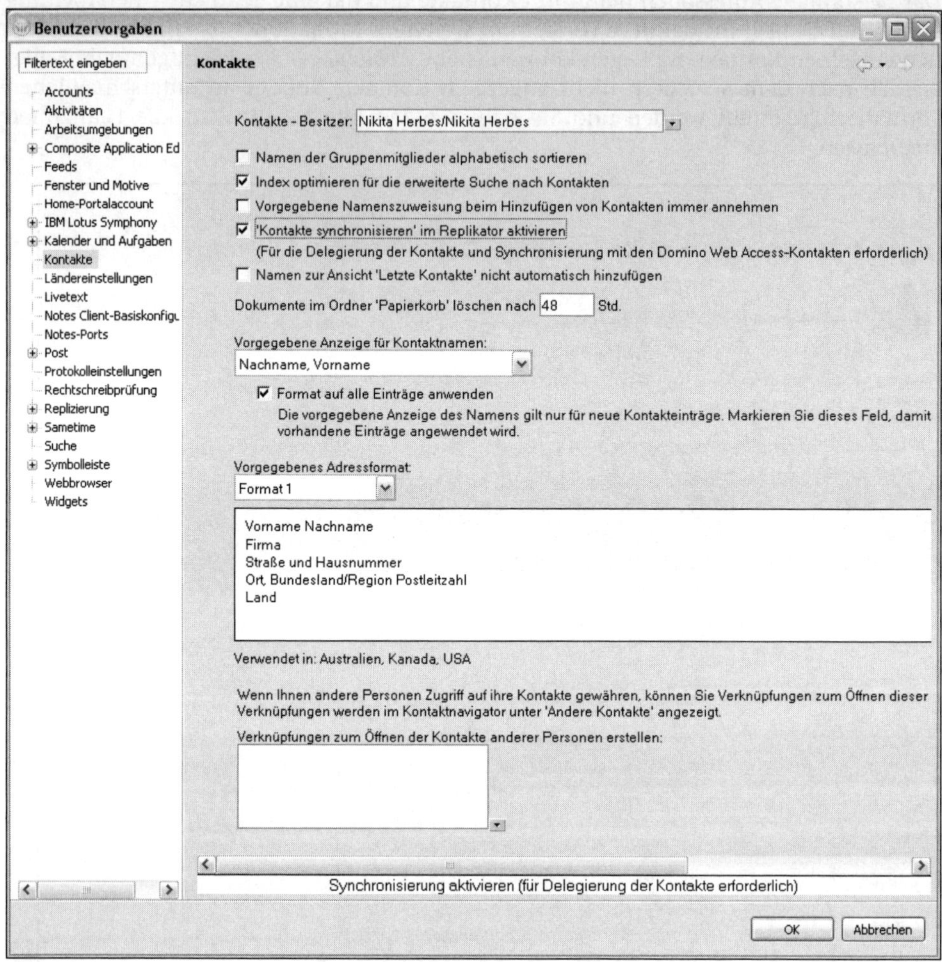

Abbildung 3.37: Vorgaben für die Kontakte im Standard Client

Eine andere Neuerung bezieht sich auf das Thema *Dynamic Personal Address Book* (DPAB). Dabei werden aus der Ansicht RECENT CONTACTS des persönlichen Adressbuches des Anwenders die letzten Kontakte ausgelesen.

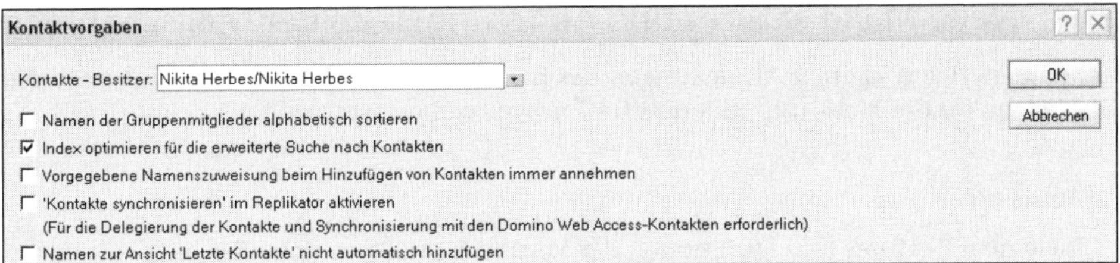

Abbildung 3.38: Möchten die Anwender nicht, dass Kontaktinformationen zu der Ansicht hinzugefügt werden, müssen sie dies über die Vorgaben in der Anwendung Kontakte (persönliches Adressbuch) aktivieren.

Die maximale Anzahl an „Recent Contacts" ist 3000. Sie können als Administrator diese maximal mögliche Anzahl, die dem Anwender zur Verfügung steht, weiter begrenzen. Dabei kommt Ihnen der *notes.ini*-Parameter `DPAB_MAX_DIP_TABLE_SIZE` zugute.

Hinweis

Zur Erläuterung des Parameters `MAX_DIP_TABLE_SIZE` dient die folgende Darstellung:

- DPAB (Dynamic Personal Address Book) ist ein Repository aller kürzlich vom Anwender betrachteten mit einem hohen „Wert" versehenen Kontakte (siehe Ansicht RECENT CONTACTS im persönlichen Adressbuch, neu: KONTAKTE).
- DIP (Dynamic Interest Profiler) steuert die Gewichtung, die die Reihenfolge der Schnelladressierungsauswahlliste der lokalen Kontakte oder der Verzeichnissuche festlegt. Diese Gewichtung repräsentiert die Beziehung des Anwenders zu einer Person. Sie basiert auf der Anzahl der Mails, die der Anwender von dieser Person erhält oder zu ihr sendet, der Häufigkeit der Verwendung im AN- oder KOPIE-Feld beim Nachrichtenaustausch. Diese DIP-Gewichtung ist nicht sichtbar für den Anwender.

DPAB- bzw. DIP-Aktivitäten laufen im Hintergrund, wenn der Anwender beispielsweise eine E-Mail öffnet und wieder schließt. Wichtig ist, dass die Mails als gelesen gelten, also dann gerade nicht, wenn der Anwender Mails in der Vorschau betrachtet und diese weiterhin als nicht gelesen gekennzeichnet sind. Auch wenn der Anwender Mails sendet, laufen diese Aktionen. Für neue Namen wird ein neuer Eintrag erzeugt, und die dazugehörigen Informationen zu diesem Namen werden vom Server abgerufen. Ist der Server nicht verfügbar, werden lediglich die vorhandenen Informationen aus der E-Mail verwendet. Informationen in den Recent Contacts werden einmal in sieben Tagen auf Basis der Kontaktinformationen auf dem Server aktualisiert. Bei Gruppen wird eine spezielle Verfahrensweise hinzugezogen. Der dafür vorgesehene Eintrag (Group Recent Contact) wird lediglich als Stumpf ohne Mitglieder angelegt. Die Mitglieder der Gruppe werden erst aus dem Gruppeneintrag des Servers gelesen, sobald dies notwendig ist.

Sie können keine Recent Contacts hinzufügen oder editieren. Wenn Sie einen solchen Eintrag aber trotzdem bearbeiten wollen, können Sie den entsprechenden Eintrag zu der Ansicht MEINE KONTAKTE hinzufügen. Es ist allerdings nicht möglich, die Gewichtung eines Kontakts manuell weiter nach oben zu stufen.

3.4.4 Neue Mail-Features und Änderungen an der Mailschablone

Neben den vielen kleinen Anpassungen der Benutzeroberfläche fällt auf, dass auch die Oberfläche für die Mail- und Kalenderfunktionen verbessert wurde.

Achtung

Viele neue Features und Funktionen der Version 8 beziehen sich allerdings nur auf den Standard Client (Full). Darüber hinaus sind zahlreiche Funktionen (z.B. bezogen auf Kontakte, Mail oder Kalender) in den Unternehmen durch eine Anpassung der Mailschablone für die Anwender gar nicht oder anders dargestellt. Die nachfolgenden Ausführungen beziehen sich auf die Standardmailschablone *mail8.ntf* und *mail85.ntf* von IBM Lotus aus dem Umfang der mitgelieferten Installationsdateien.

Änderungen an der Oberfläche

Neu ist im Full Client auch das Anzeigen/Show-Menü im oberen linken Bereich der Oberfläche in der Mail-Datenbank. Hierüber können Sie einstellen, wie der Client die Dokumente anzeigen soll, z.B. in Bezug auf die Vorschau und die Aufteilung der Fenster (siehe *Abbildung 3.39*). Es besteht die Möglichkeit, die Vorschau auf das ausgewählte Dokument rechts oder unten anzeigen zu lassen.

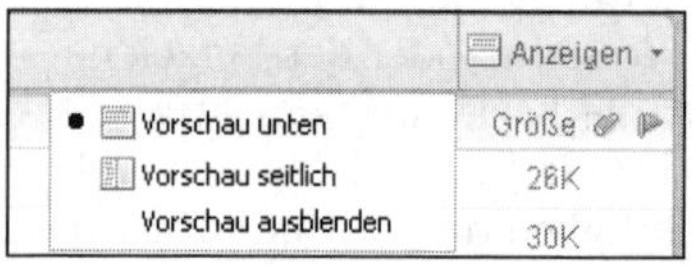

Abbildung 3.39: Vorschau in der Mail-Datenbank (oder im Kalender) anpassen

Auch die Einstellungen für Mail (sowie Kalender und Aufgaben) lassen sich nun einfacher setzen. Dies über die allgemeinen Vorgaben über Datei/File > Vorgaben/Preferences im Client vorzunehmen, funktioniert allerdings nur für den Standard Client (siehe *Kapitel 3.3 Vorgaben*). Ansonsten erreichen Sie für beide Client-Typen die Vorgaben über einen Klick auf die Schaltfläche Mehr/More > Vorgaben/Preferences in Ihrer geöffneten Mail-Datenbank (Aktionsschaltfläche).

Als eine Erweiterung taucht in der Navigation ganz unten der Eintrag Other Mail auf, über den Sie auf eine mit entsprechenden Zugriffsrechten versehene Mail-Datenbank einer anderen Person zugreifen können („integrated delegation").

Out of Office

Bei den Mail-Funktionen sind einerseits die Anzeige von Mail-Threads, also zusammengehörigen Nachrichten, und andererseits der verbesserte Out-of-Office-Dialog erwähnenswert. Dies gilt sowohl für die Typen Basis und Standard Client als auch für Domino Web Access. Bei diesem sollen zukünftig auch die Abwesenheiten stundengenau angegeben werden können, was erst seit der Version 8.5 über den Abwesenheitsservicefunktioniert (siehe *Abbildung 3.40*). Neben den Neuerungen auf Clientseite gibt es auch Neuheiten in Bezug auf die Abwesenheitsbenachrichtigung aufseiten des Domino Servers.

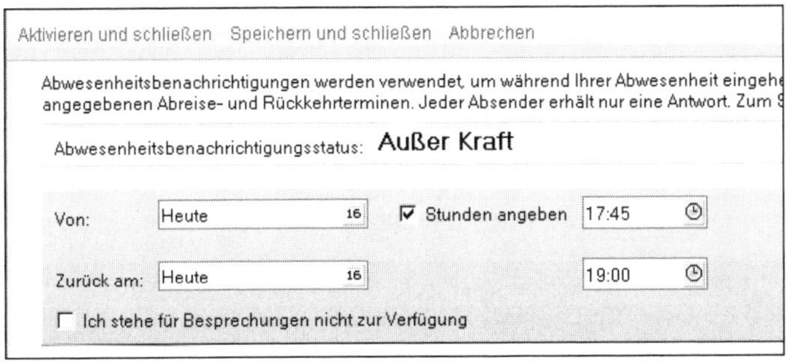

Abbildung 3.40: Stundengenaue Abwesenheitseinstellungen sind möglich. Sie können auch angeben, ob die Abwesenheitsbenachrichtigung nur einmal an den Absender einer Nachricht versendet wird oder bei jeder neuen Nachricht des Absenders.

Abhängig von der Serverkonfiguration Ihrer Organisation deaktiviert der Lotus Notes Client am angegebenen Rückkehrdatum die Abwesenheitsbenachrichtigung automatisch oder Sie müssen dies nach Ihrer Rückkehr manuell vornehmen. Ist Letzteres der Fall, werden Sie per E-Mail täglich daran erinnert, die Abwesenheitsbenachrichtigung zu deaktivieren.

Konfigurieren können Sie dies über den Abwesenheitsservicetyp (SERVICE) im Konfigurationsdokument des Mail-Servers. Mehr dazu erfahren Sie in *Kapitel 12.1.1, Out-of-Office: Abwesenheitsservice.*

Mail-Threads und Konversationen

Eine Sammlung von zusammenhängenden E-Mails aus einer Mail-Nachricht und den darauf erfolgten Antworten wird Thread genannt. In Lotus Notes 7 war es bereits möglich, den Mail-Thread im Header einer E-Mail zu sehen. Notes 8 als Standard Client baut auf dieser Funktionalität auf Basis eines Domino 8 Servers auf. Sie können nun im Full Client der neuen Version diese Option nutzen.

Defaultmäßig wird eine markierte Nachricht in der Inbox mit einem kleinen Dreieck (Twistie) vor dem Thema der Mail dargestellt – wenn die Mail aus einem Mail-Thread stammt und als Antwort auf eine Antwort oder Ähnliches versandt wurde. Um den gesamten Mail-Verlauf anzuzeigen, klicken Sie auf das kleine Dreieck. Die Mails werden dann als Thread mit der ersten Zeile des Mail-Textes angezeigt und nicht mit der Subject-Zeile, was in vielen Fällen das Finden der gesuchten Mail oder Informationen erleichtern kann. Sie können auch im Navigationsfenster der Mail-Anwendung oben links auf den Button ANSICHTEN und anschließend auf MAIL-THREADS klicken, um alle Nachrichten mit den dazugehörigen Antworten zusammen gruppiert in einer Liste anzuzeigen (siehe *Abbildung 3.41*). Über ANSICHTEN oder über das Klicken auf das Twistie-Symbol können Sie zwischen den Darstellungen hin und her wechseln. Die Anzeige des gesamten Mail-Threads funktioniert unabhängig davon, in welchem Ordner sich die entsprechenden Mails befinden. Der Ablageort der Mails wird ebenfalls angezeigt.

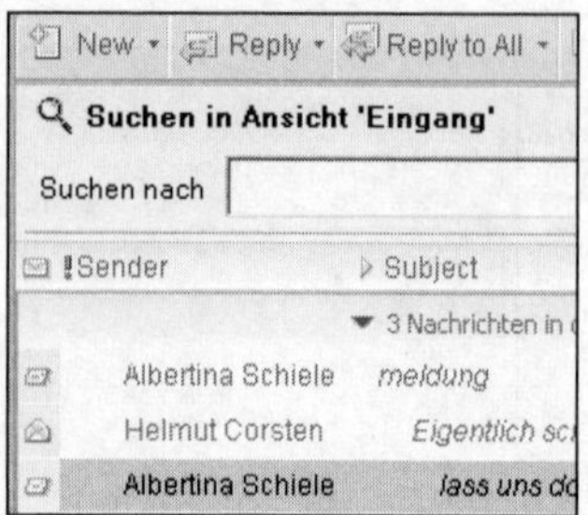

Abbildung 3.41: Anzeige eines Mail-Threads

An die neue Mail-Thread-Darstellung schließt sich die Anzeige der Mails in der Inbox als „Conversation"-View für den Standard Client an. Dabei werden alle Mails ihren Threads zugeordnet und jeweils mit einem vorangestellten Twistie vor dem jüngsten Dokument dargestellt. Auch die Anzahl der zu einer Konversation zugehörigen E-Mails können Sie sehen. So erscheint die Inbox aufgeräumter. Um zwischen dieser Ansicht und der Anzeige der „individuell geordneten" Mails hin und her zu wechseln, gehen Sie links oben über die Schaltfläche ANZEIGEN und wechseln von CONVERSATIONS auf INDIVIDUAL MESSAGES.

Bei Bedarf können Sie auch Aktionen auf Basis einer Mail-Konversation umsetzen wie z.B. das Löschen des gesamten Mail-Threads oder das Verschieben in einen Ordner. Um zu verhindern, dass das Löschen eines gesamten Threads unabsichtlich passiert, erscheint eine entsprechende Warnmeldung (siehe *Abbildung 3.42*). Dies funktioniert allerdings nur, wenn die Mail-Konversationen angezeigt werden.

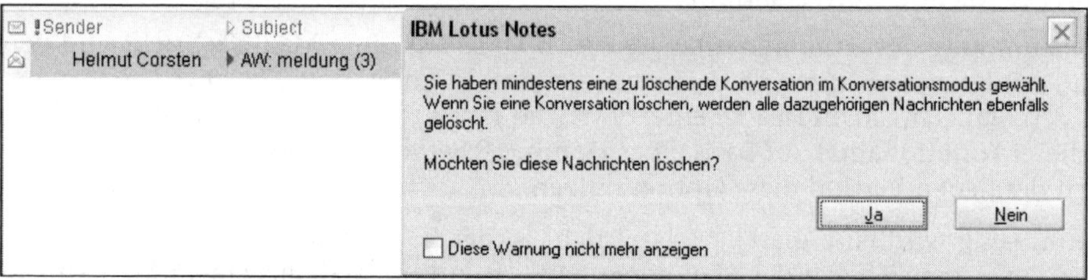

Abbildung 3.42: Rückfrage zum Löschen einer Konversation

Suchen und Finden aus der Version 7

Seit der Version 7 ist es bereits möglich, darzustellen, in welchem inhaltlichen und zeitlichen Zusammenhang eine Mail steht. Irgendwann ist bei dem einen oder anderen Anwender der Wunsch aufgekommen, die gesamte Vor- und Nachgeschichte, also die Gesamthistorie eines Mail-Threads, einzusehen (siehe *Abbildung 3.43*). Dies ist über den Button VERLAUF ANZEIGEN in einem geöffneten Mail-Dokument möglich.

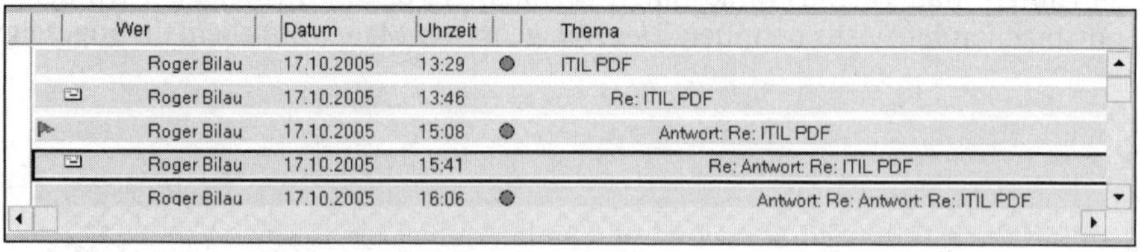

Wer	Datum	Uhrzeit	Thema
Roger Bilau	17.10.2005	13:29	ITIL PDF
Roger Bilau	17.10.2005	13:46	Re: ITIL PDF
Roger Bilau	17.10.2005	15:08	Antwort: Re: ITIL PDF
Roger Bilau	17.10.2005	15:41	Re: Antwort: Re: ITIL PDF
Roger Bilau	17.10.2005	16:06	Antwort: Re: Antwort: Re: ITIL PDF

Abbildung 3.43: Dokumentation eines Mail-Threads

Oft geht es auch um die Frage, wo eine Mail-Nachricht abgelegt wurde (hier hilft die Discover-Funktion). Sie zeigt dem Anwender an, z.B. aus der Ansicht ALLE DOKUMENTE heraus, in welchem Ordner sich eine ausgewählte E-Mail befindet. Markieren Sie das Mail-Dokument und betätigen Sie die Schaltfläche ORDNER/FOLDER > ORDNER SUCHEN/DISCOVER FOLDER. Im folgenden Dialogfeld wird der Ordner angezeigt, in dem die Mail abgelegt wurde.

Überarbeitete Mail-Maske: Mail-Header-Optionen und Mail-Adressierung

Seit der Version 8 können Anwender selbst definieren, welche Mail-Header-Optionen Ihnen direkt im Kopf des Mail-Dokuments angezeigt werden. *Abbildung 3.44* zeigt alle verfügbaren Optionen. Um diese einzuschränken, klicken Sie auf die Schaltfläche ANZEIGEN/DISPLAY und wählen die gewünschten Optionen aus. Der Eintrag ADDITIONAL MAIL OPTIONS zeigt Ihnen die zusätzlichen Optionen an. Sie können bei Bedarf alle Einträge mit Ausnahme von AN:/TO:, KOPIE:/CC: und THEMA:/SUBJECT: ausblenden.

Für vertrauliche Nachrichten aktivieren Sie die Option MARK SUBJECT CONFIDENTIAL. Neu ist, dass in einem solchen Fall der Text `*Confidential` in die Subject-Zeile eingefügt wird.

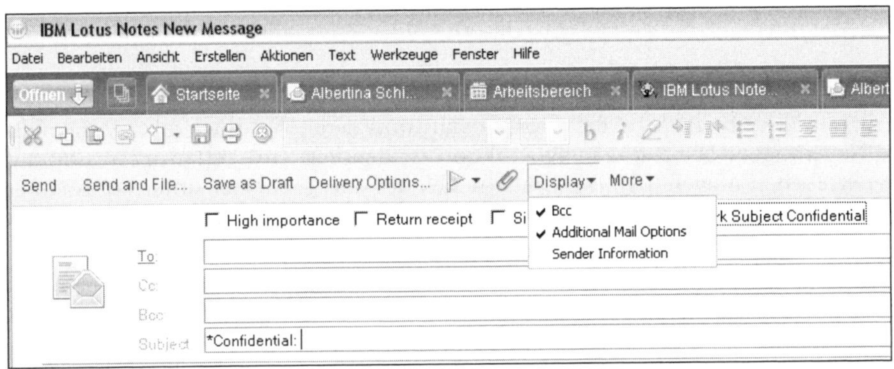

Abbildung 3.44: Möchten Sie die zusätzlichen Mail-Optionen nicht angezeigt bekommen, deaktivieren Sie das Häkchen vor dem Eintrag ADDITIONAL MAIL OPTIONS.

Zu den Anpassungen an der „Mail Form" gehört beispielsweise die Anpassung der Aktionsschaltflächen („action bar"), die sowohl im Standard Client als auch im Basis Client umgesetzt wurde. Falls es für jemanden nicht einsichtig ist, was die Symbole der Schaltflächen bedeuten, wird beim Zeigen mit dem Mauszeiger über das Symbol ein Infotext angezeigt.

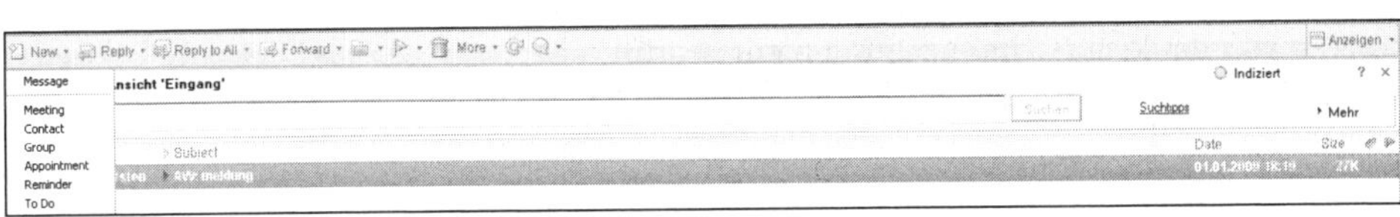

Abbildung 3.45: Über die Pfeile neben den Symbolen lassen sich die gewünschten Aktivitäten auswählen.

Standardmäßig ist Notes so eingerichtet, dass bei der Eingabe von Namen die Schnelladressierung verwendet wird, bei der Notes nach Eingabe der ersten Buchstaben automatisch den Namen anzeigt, vorausgesetzt, es findet einen Treffer in einem der definierten Adressbücher. Neu ist dabei allerdings das sogenannte „Type down"-Feature.

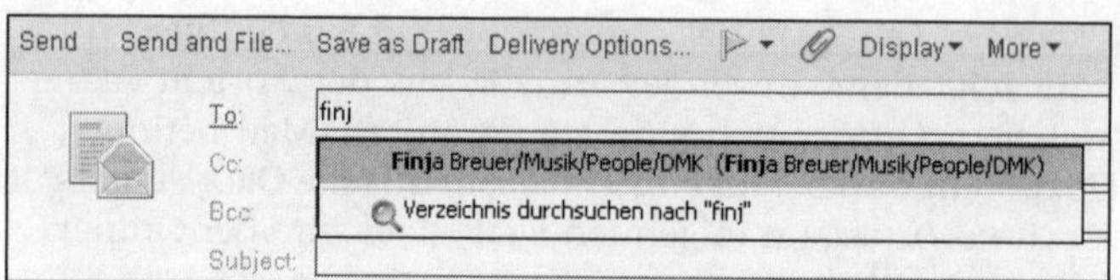

Abbildung 3.46: Type down-Feature bei der manuellen Adressierung

Wenn Sie einen Namen eingeben, macht Notes Ihnen Vorschläge aus Ihren Kontakten (siehe *Abbildung 3.46*). Die Vorschläge erfolgen nicht direkt nach alphabetischer Reihenfolge, sondern nach Häufigkeit. Bei Bedarf können Sie zudem den Eintrag VERZEICHNIS DURCHSUCHEN NACH auswählen. Wenn Sie den vorgeschlagenen Namen übernehmen möchten, drücken Sie die [↵]-Taste und geben den nächsten Namen oder die nächste Adresse ein. Wenn Sie den vorgeschlagenen Namen nicht übernehmen möchten, fahren Sie mit der Eingabe des Namens oder der Adresse fort. Daneben gibt es auch neue Briefköpfe, die Sie in den Vorgaben auswählen können.

In E-Mails, die Sie erhalten, sind nur die „wichtigsten" Informationen dargestellt, die bekannte Maske und die Felder TO:, CC: etc. erscheinen verborgen. Erst beim Doppelklick in die Mail, um diese in den Editiermodus zu versetzen, erscheint die gewohnte Maske. Alternativ können Sie rechts in der Mail auf DETAILS ANZEIGEN/SHOW DETAILS klicken.

Verfassen und Drucken von E-Mails

In Bezug auf das Thema Schreiben von E-Mails und deren Ausdruck gibt es ebenfalls einige Neuerungen. Die Rückgängig-Funktion ist deutlich erweitert worden und auf mehreren Ebenen anwendbar. Dies bezieht sich auf alle Textfelder unter Lotus Notes und nicht nur für Felder in E-Mails. Bis zu 50 Ebenen werden dabei berücksichtigt („Multilevel Undo"). Zusätzliche Rückgängig-Funktionen existieren für Tabellen.

Notes zeigt in der neuen Version Rechtschreibfehler direkt bei der Eingabe an (siehe *Abbildung 3.47*). Aktivieren können Sie dieses Features, indem Sie in einem neuen Dokument auf EXTRAS klicken und sicherstellen, dass AUTOMATISCHE RECHTSCHREIBPRÜFUNG ausgewählt ist. Klicken Sie mit der rechten Maustaste auf die mit einer gewellten roten Linie unterstrichenen Wörter, um diese durch einen Rechtschreibvorschlag zu ersetzen oder zu Ihrem Benutzerwörterbuch hinzuzufügen. Haben Sie die automatische Rechtschreibprüfung aktiviert, ist sie für alle Notes-Dokumente aktiv. Die Rechtschreibprüfung prüft unter Verwendung des Hauptwörterbuches und des anpassbaren Benutzerwörterbuchs (Ihrem persönlichen Wörterbuch) auf Schreibfehler. Die Rechtschreibprüfung sucht darüber hinaus nach Wortwiederholungen. Aus einem Buchstaben bestehende Wörter (z.B. „a"), Text ohne Buchstaben (z.B. 75 % oder 23) oder Wörter mit mehr als 64 Zeichen werden von der Rechtschreibprüfung nicht geprüft.

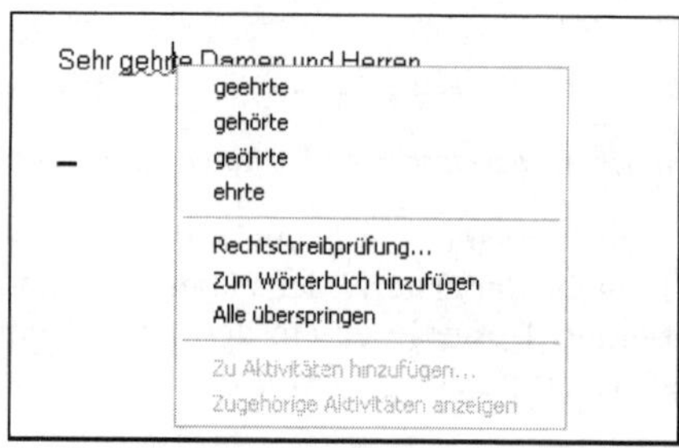

Abbildung 3.47: Automatische Rechtschreibprüfung

Sie haben die Möglichkeit, das SENT TO- und das COPIED TO–Feld in erhaltenen oder bereits gesendeten Mails sortiert anzeigen zu lassen (siehe *Abbildung 3.48*). So können Sie schneller sehen, wer die Nachricht erhalten hat bzw. wer in der Liste steht, auch wenn die Mail ursprünglich die Namen nicht in alphabetischer Reihenfolge enthält. Die Sortierung erfolgt auf Basis des Vornamens und es wird zwischen hierarchischen Mail-Adressen (Notes) und E-Mail-Adressen (Internet) unterschieden.

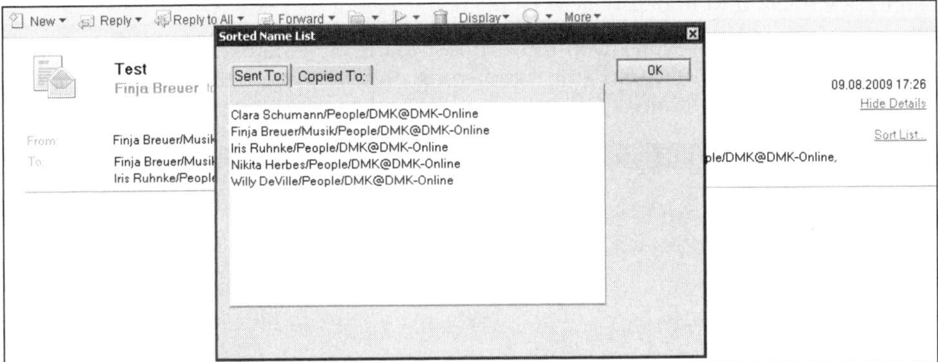

Abbildung 3.48: Anzeigen einer sortierten Namensliste aus einer bereits gesendeten Mail

In Bezug auf das Thema Drucken, das unter Notes in vielen Fällen Anpassungen über das Design, aber in jedem Fall besondere Beachtung verdient, hat es Neuerungen gegeben. Drucken von Registerbeschriftungen beim Drucken einer Tabelle mit Registern oder separates Drucken jedes Registers von Tabellen mit Registern ist seit der Version 8.0.2 möglich.

Kooperationsprotokoll („Recent Collaboration")

Eine weitere Neuerung bezieht sich auf die Möglichkeit, alle Aktivitäten, die mit einer Person zusammenhängen – seien es Mails, Kalendereinträge, Chatmitschriften oder andere Aktivitäten –, anzeigen zu lassen. Klicken Sie mit der rechten Maustaste auf eine E-Mail und wählen Sie im Kontextmenü oben den Namen der entsprechenden Person und gehen Sie dann auf KOOPERATIONSPROTOKOLL AUSWÄHLEN. In einem neuen Fenster werden die entsprechenden Einträge aufgelistet (siehe *Abbildung 3.49*). Von dort aus können Sie die Dokumente auswählen und öffnen.

Helmut Corsten - Kooperationsprotokoll - IBM Lotus Notes

Name	Typ	Datum
meldung	Mail	01.01
Re: AW: meldung	Mail	04.01
Re: AW: meldung	Mail	04.01

Abbildung 3.49: „Recent Collaboration" – der TYP gibt jeweils an, ob es sich um E-Mails, Chatmitschriften oder andere Aktivitäten handelt.

Rückruf von Mails

Innerhalb einer Domino-Infrastruktur gibt es seit Version 8.x die Möglichkeit zum Rückruf von Mails. Diese Funktion ist hilfreich, wenn ein Lotus Notes Client-Benutzer versehentlich auf SENDEN geklickt hat und anschließend die Nachricht widerrufen möchte, um beispielsweise den Nachrichteninhalt zu vervollständigen oder zu ändern (oder um das Senden der Nachricht rückgängig zu machen). Diese Option gilt für bereits gesendete und in der Ansicht GESENDET gespeicherte E-Mails.

Das setzt allerdings eine Notes/Domino 8-Infrastruktur, eine Mailschablone des Release 8 (*mail8.ntf* bzw. *mail85.ntf*) und eine Aktivierung dieser Funktionalität (siehe *Abbildung 3.50*) voraus. Außerdem muss dies in der entsprechenden Mail-Policy konfiguriert sein.

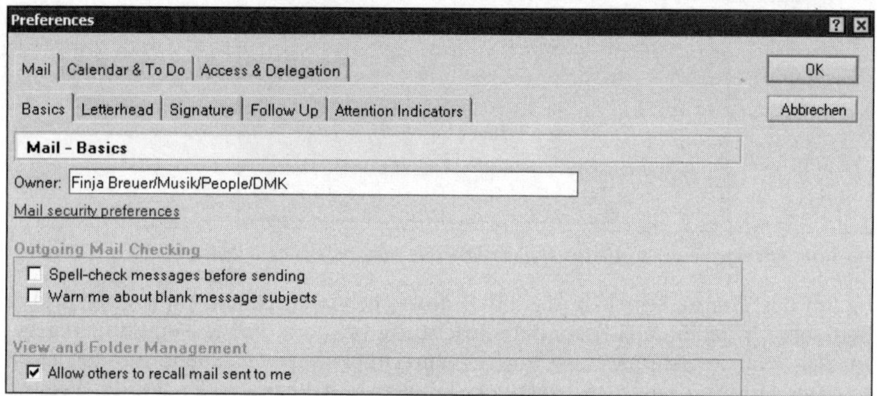

Abbildung 3.50: Der Nachrichtenempfänger muss zur Durchführung eines Mail-Rückrufs durch den Absender die allgemeine Mail-Vorgabe ZULASSEN, DASS ANDERE PERSONEN MAIL-NACHRICHTEN ZURÜCKRUFEN DÜRFEN, DIE AN MICH GESENDET WERDEN aktivieren.

Um eine Nachricht zurückzurufen, gehen Sie folgendermaßen vor:

1. Wechseln Sie in Ihrer Mail-Anwendung in die Ansicht GESENDET/SENT.
2. Markieren Sie die Nachricht, die Sie zurückrufen möchten.
3. Klicken Sie oberhalb der Nachrichtenliste auf NACHRICHT ZURÜCKRUFEN/RECALL MESSAGE. Wenn diese Schaltfläche nicht angezeigt wird, wurde diese Funktion deaktiviert. Kontrollieren Sie die Einstellung in der Mail-Policy.
4. Wenn die Nachricht an mehrere Empfänger gesendet wurde, wählen Sie die Empfänger aus, von denen die Nachricht zurückgerufen werden soll.

   Sie können bei Bedarf die Nachricht auch dann zurückrufen, wenn ein Empfänger sie bereits geöffnet oder in der Vorschau betrachtet hat, indem Sie die Option NACHRICHT AUCH DANN ZURÜCKRUFEN, WENN SIE BEREITS GELESEN WURDE aktivieren. Wenn Rückrufstatusberichte unterdrückt werden sollen, deaktivieren Sie MIR EINEN RÜCKRUFSTATUSBERICHT FÜR JEDEN EMPFÄNGER SENDEN. Aus Rückrufstatusberichten wird ersichtlich, ob eine Nachricht erfolgreich zurückgerufen wurde.
5. Klicken Sie auf OK.

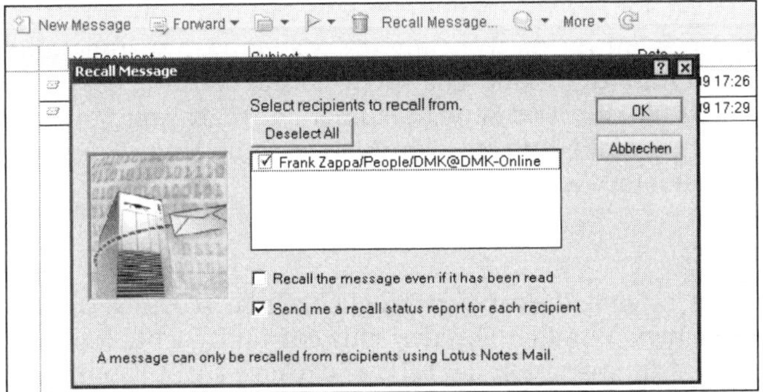

***Abbildung 3.51:* Recall Message*-Dialogbox nach dem Klick auf den Button* Recall Message**

Inbox Cleanup

Diese neue Funktionalität können Sie über Richtlinien für Ihre Anwender aktivieren. Die Funktion Wartung des Mail-Eingangs/Mail Inbox Maintenance verringert die Größe des Mail-Eingangs in Mail-Dateien und trägt somit zu einer verbesserten Serverleistung bei. Damit dies funktioniert, müssen Sie diese Funktion über das Serverdokument aktivieren. Entsprechend führt der Administrationsprozess regelmäßig den Agenten (enthalten in der Mailschablone ab *mail8.ntf*) für die Wartung des Mail-Eingangs auf dem Home-Server des Benutzers aus. Entsprechend der Einstellungen, die Sie im Serverdokument oder im Einstellungsdokument für Mail-Richtlinien (siehe *Abbildung 3.52*) definiert haben, entfernt dieser Agent Dokumente aus dem Eingangsordner der Anwender-Mail-Datei. Die im Serverdokument festgelegten Einstellungen überschreiben dabei die Einstellungen für die Wartung des Mail-Eingangs im Einstellungsdokument für Mail-Richtlinien.

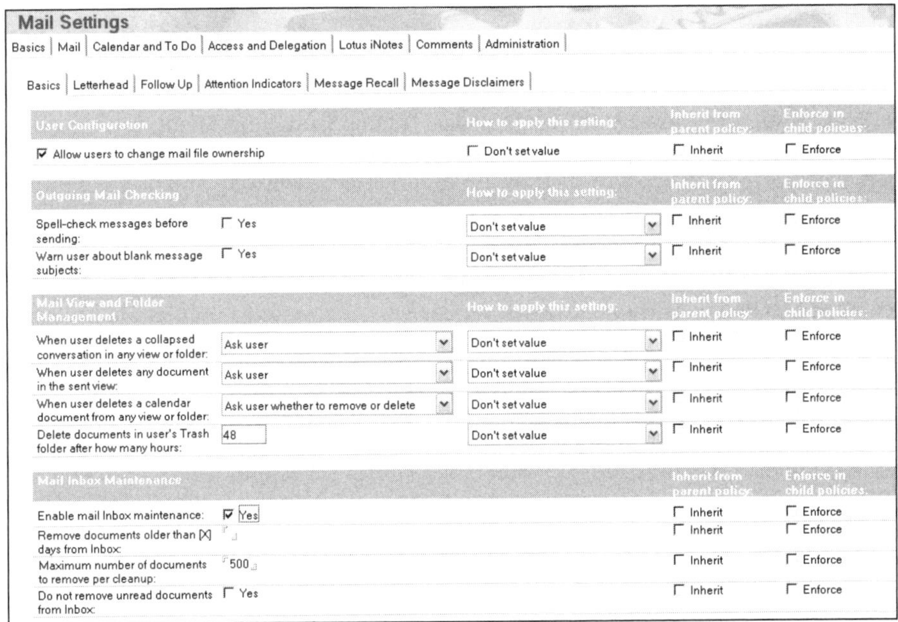

***Abbildung 3.52:* Einstellungen für die Maintenance im Mail-Richtlinien-Einstellungsdokument (unterer Abschnitt Mail Inbox Maintenance)**

Sie können beispielsweise einen oder mehrere Wochentage und die entsprechende Uhrzeit angeben, an dem/denen der Agent für die Wartung des Mail-Eingangs ausgeführt werden soll. Sind keine Angaben hinterlegt, läuft der Agent für die Wartung des Mail-Eingangs zur Vorgabezeit von 01.00 Uhr. Das Serverdokument enthält weiterhin die Einstellungen, die steuern, welche Dokumente aus dem Mail-Eingang eines Benutzers durch den Agenten entfernt werden und wann dies geschieht.

Mail-Handling und Spam

Seit Lotus Notes Domino 6 gibt es eine Vielzahl an Möglichkeiten in Bezug auf die Abwehr von Spams und dergleichen. Wirklich einfach, effizient und nachhaltig sind diese Methoden für eine zentrale Administration der Server-Seite aber nicht. Domänen, Hosts oder Absender, von denen keine E-Mails empfangen werden sollen, müssen in unsortierte Listen eingetragen sowie „unerwünschte" Textstrings oder ganze Wörter permanent in den „Mail-Rules" gepflegt werden. Lotus Notes Domino 7.0 ging bezüglich Spam-Abwehr und DNS Blacklists einen Schritt weiter, wobei neben der Verwendung von DNS-Blacklisten drei Varianten angeboten wurden (siehe *Abbildung 3.53*):

- Private Blacklist-Filter (IP-Adressen, Hosts und/oder Domain-Namen)
- Private Whitelist-Filter (IP-Adressen, Hosts und/oder Domain-Namen) sind Ausnahmen von der DNS- oder privaten Blacklist
- DNS-Whitelist-Filter sind offizielle Listen im Internet, die möglichen Einträgen in Blacklists widersprechen.

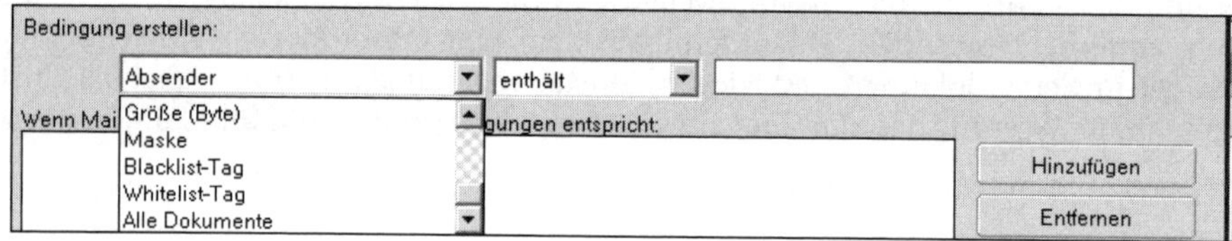

Abbildung 3.53: Spam-Regeln

Lotus Notes 8 führt dies fort und platziert das Thema Spam und Spam-Abwehr auch weiterhin auf der Client- und der Server-Seite – auch wenn es einem Kampf gegen Windmühlen gleicht (und oft vergeblich ist), wenn es serverseitig keine Spam-Lösung gibt.

Bei Spam-Nachrichten können Anwender mithilfe von Kriterien, z.B. Betreffzeile und Nachrichteninhalt, Filtervorgänge durchführen, da Absender von Spam-Nachrichten in der Regel die Absenderinformationen in ihren Mailings ändern, damit sie nicht blockiert werden. Ihnen stehen dabei zwei Optionen für das Verwalten unerwünschter Mail zur Verfügung: Mail vom Absender blockieren oder unerwünschte Mail mit QuickRules verwalten.

Gelegentlich werden Nachrichten unbeabsichtigt als unerwünschte Mail gefiltert. Im Ordner JUNK können Benutzer als unerwünscht markierte Nachrichten anzeigen und diejenigen wiederherstellen, die sie beibehalten möchten. Im Ordner JUNK finden Anwender zudem Werkzeuge zum Verwalten blockierter Adressen. Nachrichten im Ordner JUNK werden nicht automatisch gelöscht. Anwender müssen diese Nachrichten manuell löschen.

Relevante *notes.ini*-Einträge

Dokumente, die über ein Script oder ein Programm gesendet wurden, erhalten in den Dokumenteigenschaften den Eintrag `$AssistMail`, der auf `1` gesetzt wird. Bei spezifischen Dokumentabfragen kann diese Option abgefragt werden.

Es besteht allerdings die gesetzliche Forderung, Anwender über das Blocken oder Festhalten von Mail-Nachrichten zu informieren. Zumindest muss eine E-Mail-Quarantäne-Datenbank eingerichtet werden, die Mails temporär festhält, falls Benutzer einzelne E-Mails verifizieren möchten. Diese Möglichkeit wird ab Domino 7 neben den Server- auch über Client-Mail-Rules angeboten. Sie definieren als Administrator eine entsprechende Regel, dass Mails, die einen Blacklist-Flag zugewiesen bekommen haben, in die entsprechende Quarantäne-Datenbank geleitet werden. Als weitere Neuerung wird die Option STOP PROCESSING angeboten. Dies kommt einer OR-Verknüpfung bei der Verifizierung gegen mehrere Regeln gleich. Bei Eintreffen einer bestimmten Bedingung wird direkt die entsprechend deklarierte Aktion vorgenommen, ohne dass das Mail-Dokument weitere Regeln durchlaufen muss.

3.4.5 Neue Kalender-Features

Auch in Bezug auf die Kalenderfunktionen gibt es einiges an Neuerungen.

Änderungen an der Benutzeroberfläche

Ähnlich wie bei der Mailschablone hat auch die Aktionsschaltfläche innerhalb der Mail-Datenbank eine Überarbeitung erfahren. Über einen Klick auf den ANTWORTEN/RESPOND-Button können die Anwender jetzt direkt die gewünschte Aktion auswählen. Benutzer können nun auch links über einen Navigator die gewünschte Ansicht ihres Kalenders auswählen – je nachdem, wie viele Tage in der Darstellung angezeigt werden sollen.

Ganztägige Veranstaltungen werden jetzt über den ganzen Tag angezeigt statt nur im oberen Bereich. Dies gilt auch für Geburtstage.

Einladungen

Einladungen, auf die Benutzer weder mit Ablehnen oder Annehmen reagiert haben („unprocessed“, sogenannte „Schattentermine“), werden trotzdem im Kalender angezeigt. Dabei wird eine andere Farbe (Weiß mit einem Briefumschlag-Symbol am oberen rechten Rand) als die eingetragenen Meetings (Standard: Blau mit einem Männchen am oberen rechten Rand) genutzt. So können Benutzer erst einmal auf den entsprechenden Tag klicken, sich anschauen, welche anderen Termine anstehen, und sich dann entscheiden, ob sie die Einladung annehmen möchten oder nicht. Standardmäßig aktiviert ist die Handhabung der „nicht verarbeiteten Meetings“ nicht. Aktivieren Sie sie bei Bedarf über die Vorgaben des Kalenders (siehe *Abbildung 3.54*).

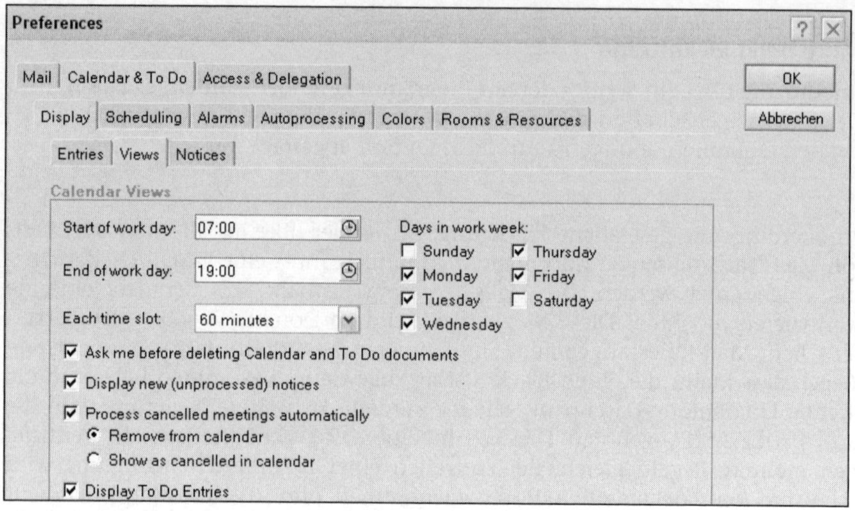

Abbildung 3.54: Handling von neuen Terminen und abgesagten Meetings

Und auch abgesagte Meetings werden nun bei Bedarf durch eine besser erkennbare Farbe in (standardmäßig) Braun dargestellt (siehe *Abbildung 3.55*). So sehen Sie, welche Besprechungseinladungen Sie abgelehnt haben. Auch diese Option können Sie über die Vorgaben des Kalenders aktivieren.

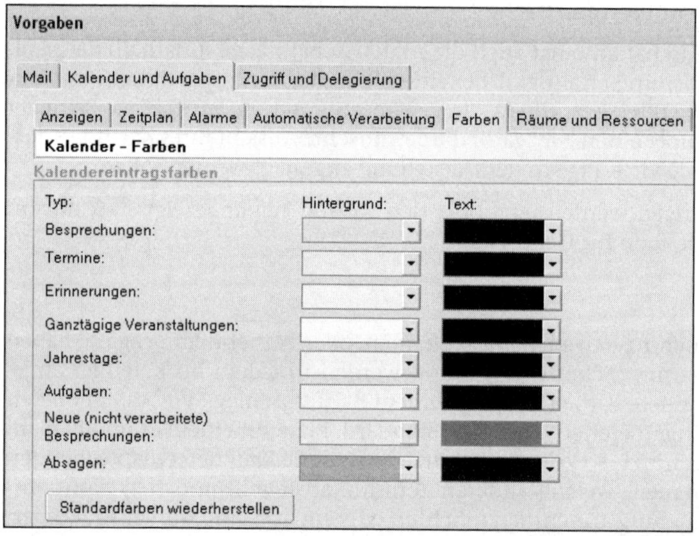

Abbildung 3.55: Festlegen der Farben für die Darstellung in den Kalenderansichten

Bereits seit der Version 6 sollte deutlich geworden sein, dass die Standard-Mail-Datenbank und damit auch der Kalender bunt geworden ist. Es gab in dieser Version beispielsweise bereits für E-Mails die Möglichkeit, Indexfarben für die jeweiligen Absender zu setzen.

Wenn Sie selbst Einladungen versenden, können Sie über einen Klick auf den CHECK SCHEDULE-Button Ihre eigene Zeitplanung an dem entsprechenden Tag über ein Extrafenster im Auge behalten. Sie haben aber auch die Möglichkeit, die Zeitplanung der Eingeladenen einzugrenzen und sich beispielsweise nur die Zeitplanung der notwendig Anwesenden anzuschauen. So können Einladungen über das Aktivieren und Deaktivieren der entsprechenden Checkboxen vor den Personennamen relativ dynamisch in Bezug auf den Teilnehmerkreis von Ihnen verändert werden.

Einträge mit sehr kurzer Zeitdauer werden etwas größer und damit leserlich angezeigt, z.B. werden Einträge mit nur einer Minute Dauer als Viertelstunde angezeigt.

Anzeige mehrerer Kalender

Der Notes-Kalender kann ab der Version 8.5, d.h., das Mail-File ist mit einer entsprechenden Mailschablone ausgestattet, auch andere Zeitplaner in eingebetteter Form (*Kalender-Overlay*) anzeigen. Zur Auswahl stehen derzeit die Kalender von Notes, *Teamroom* und *Google Calendar, iCalendar*-Feeds sowie Kalenderansichten beliebiger anderer Notes-Applikationen. Der Anwender hat die Wahl, ob ein eingebetteter Kalender auch offline oder für den Zugriff über mobile Geräte verfügbar sein soll.

3.4.6 Sametime und Sametime-Integration

Sametime als Instant-Messaging-Komponente der Lotus-Familie kann optional als integrierte Anwendung innerhalb des Notes Clients laufen. Features und Funktionen des Sametime Clients verändern sich dadurch nicht. Die Anwendung selbst ist lediglich als Plug-In eingebettet in die Client-Oberfläche und erscheint in der Sidebar (siehe *Abbildung 3.56*). Die Instant-Messaging-Integration erfolgt auf Basis von IBM Lotus Sametime Connect in der Version 7.5.1.

Abbildung 3.56:
Sametime-Integration im Notes 8 Client

Lotus Sametime Standard 8.0 entspricht demnach im Umfang in etwa der Version 7.5.1 und enthält wichtige Erweiterungen hinsichtlich Plattform-, Macintosh- und VMWare-Support, Verbesserungen bezüglich Sametime Gateway und Performance sowie Microsoft Office 2007-Integration und Erweiterung der unterstützten Endgeräte für *Sametime Mobile*. Erst ab der Version 8.5 erfährt das Instant Messaging eine tief greifende Änderung.

Installieren von Anwendungen und Plug-Ins

Standardmäßig wird nur Englisch als Sprache für die Rechtschreibprüfung im Sametime Client installiert. Möchten Sie aber die deutsche Rechtschreibprüfung nutzen und wird diese nicht über ein zentrales Provisioning gesteuert, sind Sie in der Lage, die entsprechende Sprache manuell nachzuinstallieren. Für Benutzer des integrierten Sametime Clients in Notes 8 Standard muss vorab das Installieren von Plug-Ins/Applikationen freigeschaltet werden.

Über eine Desktop-Policy können Sie als Administrator die manuelle Installation von Plug-Ins ermöglichen. Standardmäßig ist die Option ALLOW USER INITIATED UPDATES deaktiviert. Wenn Sie die Option aktivieren, ist der Anwender in der Lage, die nun sichtbare Möglichkeit zum Installieren zu nutzen. Arbeiten Sie nicht mit Richtlinien, können Sie dies auch über den Eintrag unter `com.ibm.notes.branding/enable.update.ui=true` im Programmverzeichnis, z.B. via *F:\Programme\IBM\Lotus\Notes\framework\rcp\plugin_customization.ini*, sichtbar machen. Zusätzlich muss der Anwender Zugriff auf das Installationspaket haben, in dem sich der zu installierende Inhalt befindet.

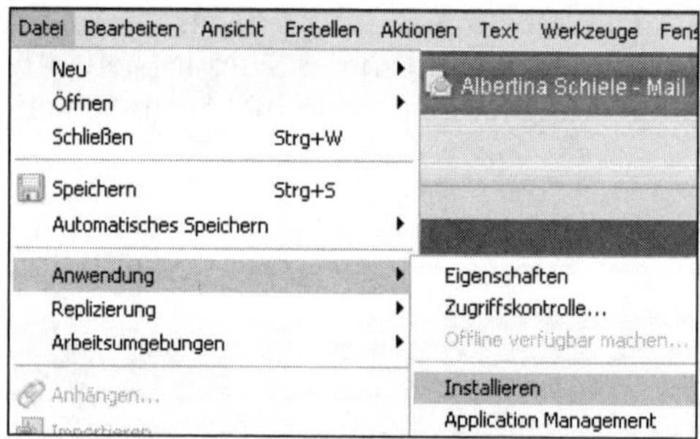

Abbildung 3.57: Ist die Option zum manuellen Installieren von Plug-Ins aktiviert, können Sie die deutsche Rechtschreibprüfung installieren

Startet der Anwender anschließend den Notes 8 Client neu, ist die Funktion zum Installieren via DATEI/FILE > ANWENDUNG/APPLICATION > INSTALLIEREN/INSTALL sichtbar und kann genutzt werden (siehe *Abbildung 3.57*). Wählen Sie diese Möglichkeit und dann beispielsweise im Dialogfenster die Option SEARCH FOR NEW FEATURES TO INSTALL/NACH NEU ZU INSTALLIERENDEN FEATURES SUCHEN. Anschließend betätigen Sie die Schaltfläche ADD FOLDER LOCATION/ORDNERPOSITION HINZUFÜGEN. Im nächsten Dialogfenster bestätigen Sie die Auswahl auf den zuvor ausgewählten Installationsordner.

Das integrierte Instant Messaging bietet Ihnen die „Presence awareness" innerhalb von Lotus Notes Mail, Kalender, Kontakten und Datenbanktemplates. Über einen Klick auf das hinter dem entsprechenden Namen ("Live Name") auftauchende Piktogramm können Sie die gewünschten Aktionen wie z.B. den Chat auswählen. Weiterhin können Sie Rich Text verwenden, die Rechtschreibprüfung, das Abspeichern der Chathistorie und Screen Capturing nutzen. Auch die Integration der Kontaktliste in die Lotus Notes Client-Sidebar (inklusive dem Hinzufügen und Löschen von Kontakten oder Gruppen) ist gegeben.

Achtung

Falls Sie unter Notes 8 die integrierte Sametime-Funktionalität nutzen möchten und Sametime (in den Versionen 6.5 oder 7) bereits über eine vorhandene Installation nutzen, kann es zu unerwünschten Seiteneffekten kommen (doppelte Icons, erfolglose Startversuche etc.). Sie können, um die doppelten Schnittstellen zu vermeiden, die entsprechenden Einstellungen aus dem Arbeitsumgebungsdokument entfernen. Dies können Sie über FILE > SAMETIME > LOG IN TO SAMETIME oder das Sametime Contacts Sidebar-Menü umsetzen.

3.4.7 Productivity Tools – Lotus Symphony

Die neuen Produktivitätstools basieren auf der IBM Symphony-Produktpalette und bieten vielfältige Möglichkeiten, Textdokumente, Charts und Präsentationen zu erstellen, anzuzeigen und zu bearbeiten. Seit Juni 2008 und einer intensiven Beta-Testphase mit rund einer Million Nutzern in 24 Sprachen im eigenen Haus ist Lotus Symphony verfügbar. Lotus Symphony ist eine Suite von freien, auf Open Document Format (ODF) setzenden Software-Tools für die Erstellung und das gemeinsame Bearbeiten von Dokumenten, Tabellenkalkulationen und Präsentationen. IBM Symphony-Tools basieren auf OpenOffice 1.1.4 und gelten als „kontextuelle" Applikationen. In diesem Zusammenhang werden sie als eingebettete Editoren bezeichnet, die je nach Zusammenhang der Business-Anwendungen für die Erstellung und Bearbeitung von Inhalten – egal ob Tabellen, Dokumenten oder Präsentationen – nahtlos verwendet werden können.

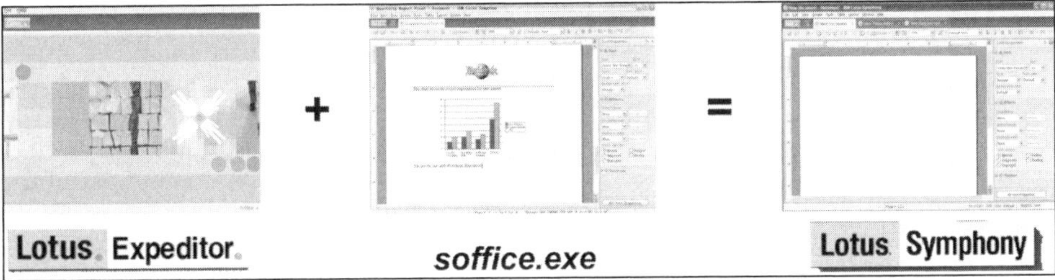

Abbildung 3.58: Lotus Expeditor ist die Basis für Lotus Symphony

Open Document Format (ODF)

Open Document Format (ODF) wurde durch die Organisation OASIS spezifiziert und als ein dejure-Standard von der International Organization for Standardization (ISO) 2006 als internationale Norm ISO/IEC 26300 anerkannt. Es beschreibt ein offenes Austauschformat für Dateien von Office-Programmen und gilt als Alternative zu kommerziellen Office-Dokumentformaten. Dazu zählen Textdokumente, Tabellenkalkulationsdaten, Präsentationsdokumente oder Zeichnungen, wobei die Spezifikation auch andere Dateninhalte ermöglicht. Es wird unter anderem von *OpenOffice.org* unterstützt, Microsoft besitzt zwar die Eigenentwicklung OOXML (ebenfalls ein ISO-Standard), wird aber die Implementierung in ODF per Service Pack in Office 2007 nachrüsten, da das Unternehmen die Zahl der durch Office 2007 unterstützten Formate erhöhen möchte.

Mehr Details zu ODF und seiner Geschichte können Sie hier nachlesen: *http://www.documanager.de/magazin/artikel_1280-539_oasis_open-document-format_office-open-xml.html.*

Lotus Symphony können Sie aber auch ohne Lotus Notes kostenlos aus dem Internet herunterladen (*http://symphony.lotus.com/software/lotus/symphony/*) und als Microsoft Office-Alternative nutzen. IBM bietet einen kostenfreien moderierten Online-Support. Darüber hinaus offeriert IBM optional auch kostenpflichtige Services, insbesondere für die Bedürfnisse in größeren Unternehmen, die dem technischen Support auf dem Niveau anderer IBM-Softwareprodukte gleichkommen.

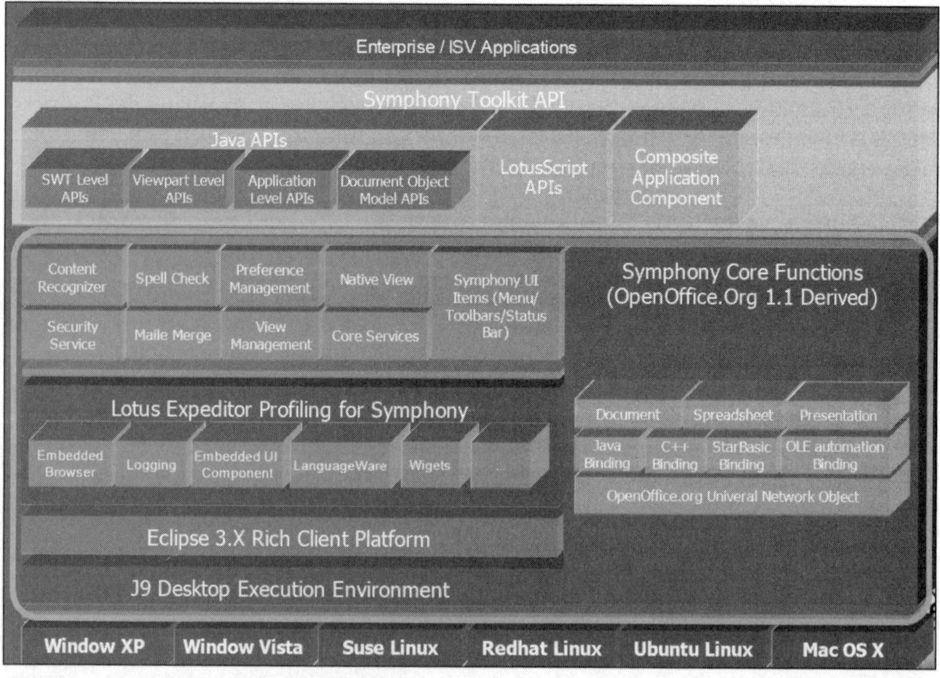

Abbildung 3.59: Lotus Symphony-Architektur

Lotus Symphony-Produkte gelten als weitestgehend kompatibel zu *Microsoft Office*-Dateitypen (*Excel, Word, PowerPoint*) und *Lotus Smartsuite*-Daten (*Lotus 123, Word Pro, Freelance Graphics*, allerdings nur lesend) und bieten die typische Funktionalität von Texteditoren, Präsentationseditoren und Spreadsheet-Editoren mit einer entsprechend zu bedienenden Oberfläche, wie sie auch aus *StarOffice* oder *OpenOffice* bekannt sein dürfte.

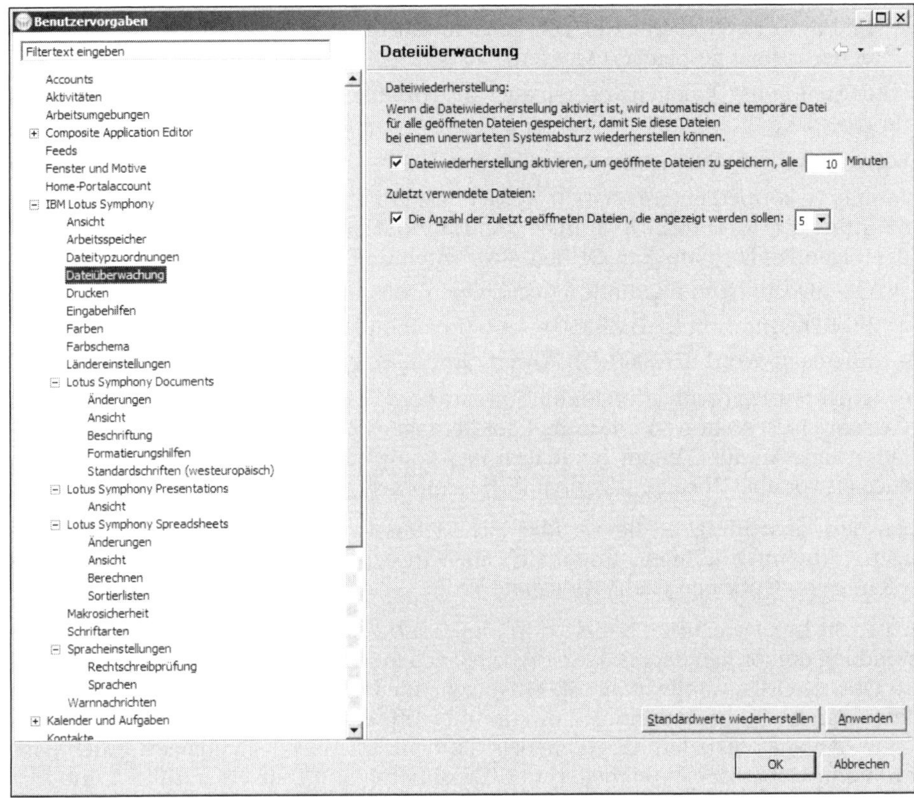

Abbildung 3.60: Benutzervorgaben für Lotus Symphony-Tools in den Vorgaben des Full Clients

Durch die Integration der Productivity Tools ist das Öffnen von Anhängen im Lotus Notes 8.x Client direkt für die folgenden Anwendungen möglich:

- Lotus Symphony Documents. Verarbeitet werden die folgenden Formate:
  - OpenDocument Text (*.odt*), OpenDocument Text Template (*.ott*)
  - IBM Word Processing Document (*.sxw*), IBM Word Processing Document Template (*.stw*)
  - Microsoft Word 97/2000/XP Document (*.doc*), Word 97/2000/XP Template (*.dot*)
  - Lotus Word Pro document (*.lwp*), Lotus Word Pro template (*.mwp*)
  - Microsoft Rich Text Format (*.rtf*)
  - Text (*.txt*)
  - Microsoft Word 2003 (*.xml*, nur Öffnen, muss nach der Editierung in einem anderen Format gespeichert werden)

  Lotus Symphony-Dokumente können auch als Portable Document Format (PDF) exportiert werden.

- Lotus Symphony-Spreadsheets. Verarbeitet werden die folgenden Formate:
  - OpenDocument Spreadsheet (*.ods*), OpenDocument Spreadsheet Template (*.ots*)
  - IBM Spreadsheet (*.sxc*), IBM Spreadsheet Template (*.stc*)
  - Microsoft Excel 97/2000/XP Spreadsheet (*.xls*), Spreadsheet Template (*.xlt*)
  - Comma-Separated Text (*.csv*)
  - Microsoft Excel 2003 (*.xml*, nur Öffnen, muss nach der Editierung in einem anderen Format gespeichert werden)

  Lotus Symphony-Tabellen können auch als Portable Document Format (PDF) exportiert werden.
- Lotus Symphony Presentations

  Templates können ebenso erstellt werden wie Effekte und Übergänge, auch die Veröffentlichung als HTML-Dokument oder Handout sind möglich. Unterstützt werden die folgenden Formate zum Öffnen, Bearbeiten und Speichern:
  - OpenDocument Presentation (*.odp*), OpenDocument Presentation Template (*.otp*)
  - IBM Presentation (*.sxi*), IBM Presentation Template (*.sti*)
  - Microsoft Word 97/2000/XP PowerPoint (*.ppt*), PowerPoint Template (*.pot*)

  Geöffnet werden darüber hinaus die Formate Lotus Freelance Presentation (*.prz*), Lotus Freelance Presentation SmartMaster Look Template (*.mas*) oder Lotus Freelance Presentation SmartMaster Content Template (*.smc*). Lotus Symphony-Präsentationen können auch als Portable Document Format (PDF) exportiert werden.

Neben den Einstellungen, die Sie über die Menüs in den Lotus Symphony-Anwendungen vornehmen können, findet sich auch in den Vorgaben des Standard Clients eine Reihe von Optionen (siehe *Abbildung 3.60*).

Möchten Sie Ihre Datei unter Lotus Symphony bearbeiten, öffnen Sie entweder zuerst die Anwendung und öffnen daraus dann die entsprechende Datei oder Sie gehen über DATEI/FILE > ÖFFNEN/OPEN, wählen dann die entsprechende Datei; diese wird dann automatisch in der passenden Lotus Symphony-Anwendung geöffnet (siehe *Abbildung 3.62*). Wenn Sie das eine Zeit lang praktiziert haben, merken Sie vielleicht, dass es durchaus angenehm ist, nur mit einer Oberfläche zu arbeiten und Dokumente und Dateien zu öffnen und sich keine Gedanken darüber machen zu müssen, welche Anwendung Sie zuerst starten – entsprechend der Alternative, eine Datei über den Doppelklick mit der Maus zu starten. Was allerdings nicht funktioniert: das geöffnete Anwendungsfenster über die [ESC]-Taste zu schließen. Die Tools können Sie bei einem nicht-aktiven Notes Client auch über START > PROGRAMME oder die entsprechenden Desktop-Symbole starten.

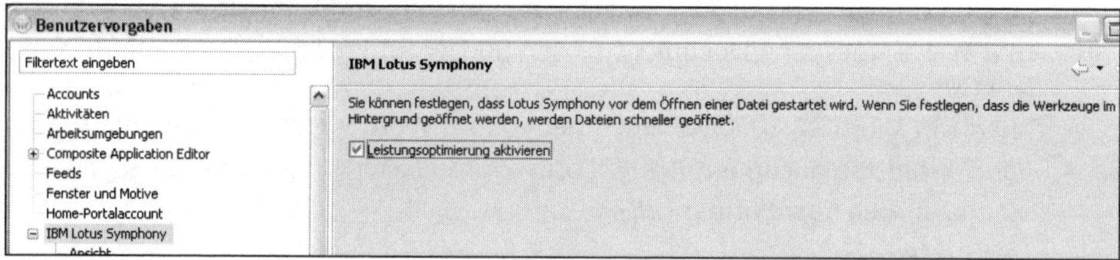

Abbildung 3.61: Diese Einstellung lädt die Anwendung soffice.exe im Hintergrund, sodass die Tools schneller starten.

Die Benutzeroberfläche der Tools besteht, wenn Sie Ihre Office-Dateien direkt aus Notes heraus öffnen, aus der Notes-Menüleiste, dem „Launcher“, der Symbolleiste (Toolbar), der Side Shell und der Statusleiste.

Extensions

Zu Lotus Symphony gibt es eine ganze Reihe von Extensions, wie z.B.

- *Lotus Quickr connector plug-in*
- *Websphere Translation Server plug-in*
- *Database connection plug-in*

Weitere verfügbare Extensions finden Sie unter *http://symphony.lotus.com/software/lotus/symphony/plugin.nsf/home*.

Als Domino-Administrator können Sie darüber hinaus Richtlinien verwenden, um den Einsatz der Productivity Tools beim Anwender zu steuern, z.B. in Bezug auf die Frage, welche Dokumenttypen über die Tools geöffnet werden sollen.

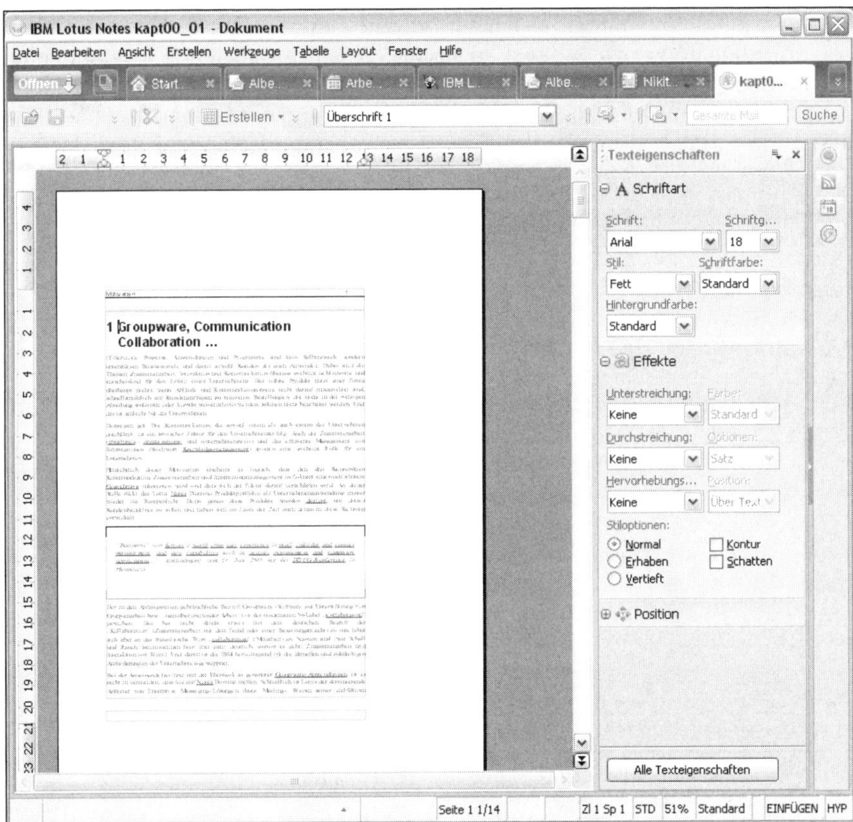

Abbildung 3.62: Geöffnetes Dokument unter Lotus Symphoy Documents

Lotus Symphony weist weitaus kürzere Releasezyklen auf. So wird für Lotus Notes 8 die Version 1.2 subsummiert, während Notes 8.5.1 Lotus Symphony 1.3 installiert und verwendet.

3.5 Domino Administrator 8.x

Lotus Domino Version 8 umfasst eine Reihe neuer Verwaltungsfunktionen und führt das Konzept *Domino Domain Monitoring (DDM)* fort, das die zentralisierte Kontrolle über Lotus Domino ausweitet und Ihnen einen zentralen Anlaufpunkt für Ihre administrativen Aufgaben bietet. Dieser Mechanismus stellt eine Schnittstelle im Administrations-Client dar. Der *Domino Administrator* ist der Administrations-Client für Notes und Domino. Sie können den Domino Administrator für die meisten Administrationsaufgaben verwenden. Mehr zum Thema DDM erfahren Sie in *Kapitel 3.9, Domino Domain Monitoring*.

Der Designer Client ist eine integrierte Umgebung zur Entwicklung von Anwendungen, mithilfe derer Entwickler und Website-Designer Anwendungen für den Domino Server erstellen, erweitern, verwalten und einsetzen können. Aber er ist auch für den Administrator ein nicht zu vernachlässigendes Werkzeug. Die Unterschiede der beiden Werkzeuge zum normalen Anwender-Client wurden bereits in *Kapitel 1.4.1, Lotus Notes Client-Versionen* erläutert.

3.5.1 Installation des Domino Administrators

Sowohl der Domino Administrator als auch der Domino Designer können (je nach Clienttyp) im Client-Installationsprozess direkt zu Beginn als zu installierende Komponenten ausgewählt werden (siehe *Abbildung 3.63*). Beides sind lediglich Aufsätze zum Notes Client, die nicht auf einem Domino Server zu installieren sind. Sie sind auf der Workstation des Domino Administrators, Datenbankadministrators oder des Datenbankentwicklers zu installieren.

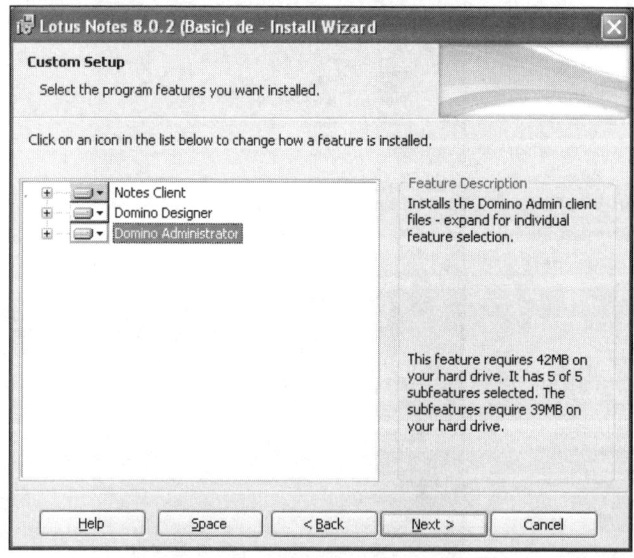

Abbildung 3.63: Auswahl von Domino Designer und Domino Administrator im Installationsprozess

3.5.2 Konfiguration des Domino Administrators

Der Domino Administrator bietet unter seiner Oberfläche Serverinformationen und Administrationsmöglichkeiten der Infrastruktur an zentraler Stelle an – nicht nur über das Domino Domain Monitoring-Konzept. Mithilfe dieses Client-Aufsatzes können Sie beispielsweise Benutzer einrichten, Server registrieren und konfigurieren, mittels einer grafischen Aufbereitung Server überwachen und den Status spezifischer Tasks abfragen. Es gibt unterschiedliche Möglichkeiten, den Domino Administrator aufzurufen:

- auf Ihrem Desktop auf das Symbol DOMINO ADMINISTRATOR klicken
- im Basis Notes Client auf das Lesezeichen DOMINO ADMINISTRATOR klicken
- im Standard Notes Client über die ÖFFNEN-Leiste auf das Lesezeichen DOMINO ADMINISTRATOR klicken
- im Notes Client (Basis und Standard) den Menüeintrag WERKZEUGE/TOOLS > SERVER-ADMINISTRATION/SERVER ADMINISTRATION wählen

Nachdem Sie den Domino Administrator aufgerufen haben, wird das Administrationsfenster angezeigt. Das Administrationsfenster ist in drei Hauptbereiche unterteilt: Serverliste, Register und Werkzeuge. Das Register lässt sich allerdings noch in den Task- und den Result-Bereich unterteilen. Bevor Sie den Administrator Client für Ihre Lotus Notes Domino-Umgebung allerdings verwenden können, müssen Sie ihn diesbezüglich erst einmal einrichten.

Um den Administrations-Client zu konfigurieren und Ihre Domino Server zu administrieren, richten Sie diese über die Administrationsvorgaben ein. Wählen Sie dazu DATEI/FILE > VORGABEN/PREFERENCES > ADMINISTRATION/ADMINISTRATION PREFERENCES (Basis Client). Wenn Sie vom Standard Client aus den Domino Administrator zum ersten Mal starten, wird ein Konfigurationsassistent angezeigt. Wenn Sie die Fragen des Konfigurationsassistenten beantwortet haben, wird der Domino Administrator Client automatisch geöffnet (siehe *Abbildung 3.64*). Ist der Domino Administrator erst einmal geöffnet, finden Sie die Vorgaben für den Administrator Client der Standard-Variante ebenfalls unter DATEI/FILE > VORGABEN/PREFERENCES > ADMINISTRATION/ADMINISTRATION PREFERENCES.

Das entsprechende Dialogfenster wird in fünf Bereiche aufgeteilt:

- ALLGEMEIN/BASICS: Hier können Sie mehr als eine Domäne zur Verwaltung auswählen. Jede Domäne, die Sie über den Domino Administrator verwalten möchten, müssen Sie hier einrichten. Jede Domäne bekommt in der Administrationsansicht ein eigenes Symbol.

  Klicken Sie auf NEU/NEW, um eine Domäne hinzuzufügen, oder klicken Sie auf BEARBEITEN/EDIT, um eine bereits vorhandene Domäne zu bearbeiten.

  - Geben Sie den Namen der Domäne in das Feld DOMÄNENNAME/DOMAIN NAME ein.
  - Geben Sie in das Feld VERZEICHNISSERVER FÜR DIESE DOMÄNE/DOMINO DIRECTORY SERVER FOR THIS DOMAIN einen oder mehrere Verzeichnisserver, getrennt durch Kommata, ein.
  - Wenn Sie bei der Auswahl einer Domäne automatisch die Arbeitsumgebung wechseln möchten, klicken Sie auf ZU DIESER ARBEITSUMGEBUNG WECHSELN/WHAT LOCATION SETTINGS DO YOU WANT TO USE FOR THIS DOMAIN? und wählen Sie eine Arbeitsumgebung aus.
  - Klicken Sie auf OK.

Zudem können Sie definieren, ob und mit welchem Server der Administrations-Client sich beim Start verbinden soll, ob Sie die Administrator-Einführungsseite anzeigen lassen und Serverlesezeichen beim Start aktualisieren möchten. Markieren Sie dieses Feld, um die Lesezeichen des Servers bei jedem Start von Domino Administrator zu aktualisieren. Wenn Sie Domino mit DB2 verwenden, aktivieren Sie das Kontrollkästchen, da die Serverlesezeichen immer aktuell sein müssen, damit die Domino- und DB2-Funktionen ordnungsgemäß arbeiten.

Neu ist die Möglichkeit, die Live-Konsole automatisch zu starten und eine bestimmte Datenbank oder mehrere Datenbanken zu öffnen. Über das Feld DATENBANK(EN) können Sie den Namen der Datenbank angeben. Dieses Feld enthält standardmäßig den Namen der Datenbankdatei für die Datenbank DOMINO-DOMÄNENÜBERWACHUNG (*ddm.nsf*). Wenn Sie zusätzliche Datenbanken hinzufügen möchten, geben Sie die Datenbankdateinamen ein, getrennt durch Kommata.

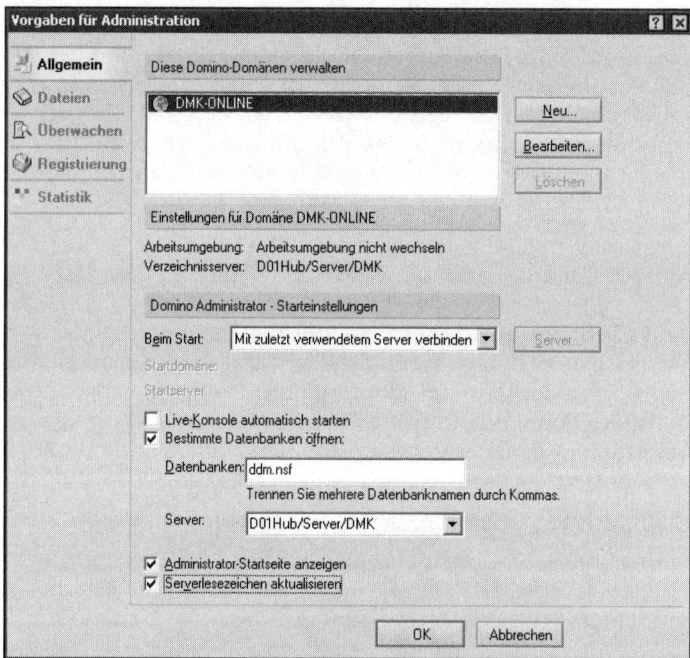

Abbildung 3.64: Konfiguration des Domino Administrators

- DATEIEN/FILES: An dieser Stelle können Sie das Erscheinungsbild der Spalten unter der Registerkarte DATEIEN/FILES beeinflussen.
  - Als Spaltentitel stehen zahlreiche Eigenschaften von Datenbanken zur Verfügung.
  - An dieser Stelle können Sie nicht nur die angezeigten Spalten angeben, sondern auch deren Reihenfolge.
  - Eine optionale Anzeige ist für *.nsf*, *.ntf* und *.box*-Dateien möglich

- ÜBERWACHUNG/MONITORING: Der Servermonitor wird in diesem Bereich der Dialogbox konfiguriert (siehe *Abbildung 3.65*). Folgende Optionen stehen Ihnen dabei zur Verfügung:

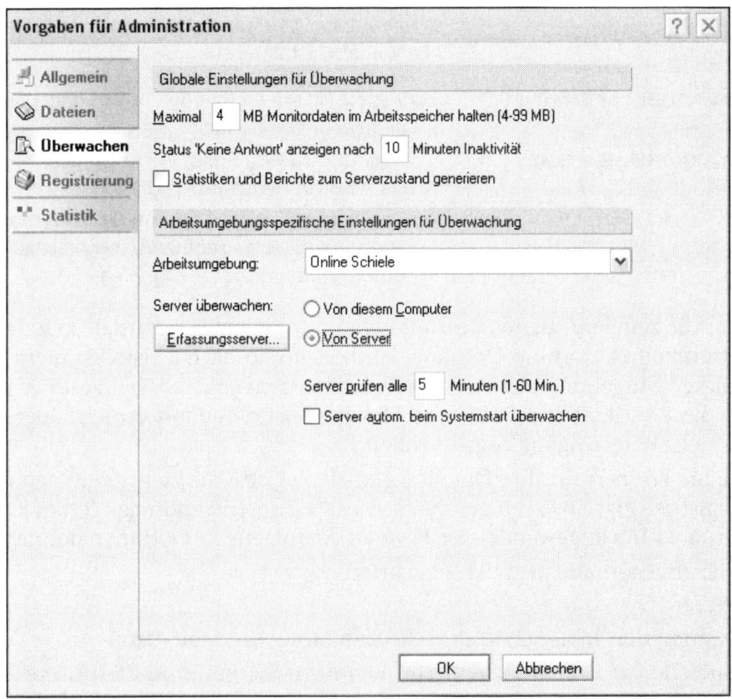

Abbildung 3.65: Globale Überwachungseinstellungen für den Administrator Client

Feld	Eingabe
MAXIMAL XXX MEGABYTE MONITORDATEN IM ARBEITSSPEICHER HALTEN (4 - 99 MEGABYTE)/ DO NOT KEEP MORE THAN <N> MEGABYTE OF MONITORING DATA IN MEMORY (4 – 99MB)	Eine Zahl zwischen 4 und 99, die die maximale Größe des virtuellen Speichers in Megabyte darstellt, die zum Speichern von Überwachungsdaten verwendet werden soll.
STATUS „KEINE ANTWORT" ANZEIGEN NACH <N> MINUTEN INAKTIVITÄT/ NOT RESPONDING STATUS DISPLAYED AFTER <N> MINUTES OF INACTIVITY	Zeitfenster, nach dem ein Server den Status NOT RESPONDING bekommt. Der Standardwert beträgt 10 Minuten.
STATISTIKEN UND BERICHTE ZUM SERVERZUSTAND GENERIEREN/ GENERATE SERVER STATISTICS AND REPORTING	Wählen Sie diese Option, damit Statistiken und Berichte zum Serverzustand generiert werden.
ARBEITSUMGEBUNG/ WHEN USING THIS LOCATION	Wählen Sie das Arbeitsumgebungsdokument.
SERVER ÜBERWACHEN/ MONITOR SERVERS	Wählen Sie einen der folgenden Werte aus: ▸ Von diesem Computer ▸ Von Server

Feld	Eingabe
SERVER PRÜFEN ALLE X MINUTEN (1-60 MINUTEN)/ POLL SERVER EVERY <N> MINUTES (1-60 MINUTES)	Das Abfrageintervall des Servers. Ist VON DIESEM COMPUTER ausgewählt, lautet die Vorgabe 1 Minute. Ist VON SERVER ausgewählt, so lautet die Vorgabe 5 Minuten.
SERVER AUTOMATISCH BEIM SYSTEMSTART ÜBERWACHEN/ AUTOMATICALLY MONITOR SERVERS AT STARTUP	Führen Sie eine der folgenden Anweisungen aus: ▶ Aktivieren Sie das Feld, um die Serverüberwachung zu beginnen, wenn Sie auf Domino Administrator zugreifen. ▶ Deaktivieren Sie das Feld, um die Serverüberwachung nicht zu beginnen, wenn Sie auf Domino Administrator zugreifen.

Wählen Sie hier die zeitgebundenen Einstellungen mit Bedacht. Arbeiten Sie in einer großen Umgebung einer Domino-Domäne, kann es vorkommen, dass Sie nicht auf jeden Server dieser Umgebung zugreifen dürfen. In einem solchen Fall kann es passieren, dass Sie das Protokoll dieser Server in Minutenabständen mit Fehlern über den Versuch eines nicht berechtigten Zugriffs füllen.

- REGISTRIERUNG: Sie können für Ihre Domäne globale Registrierungseinstellungen festlegen. Diese Registrierungseinstellungen werden beim Registrieren neuer Zertifizierer-, Server- und Benutzer-IDs angewendet. Sie können die folgenden Optionen definieren:
  - die Registrierungsdomäne und den Registrierungsserver
  - die Zertifizierer-ID
  - das Mail-System, den Mail-Server und die Schablone der Mail-Datei
  - den Dateispeicherort zum Speichern von Benutzer-, Server- und Zertifizierer-IDs
  - die Ebene der Kennwortqualität für Benutzer-, Server oder Zertifizierer-IDs
  - Richtlinien (Policies) bzw. Benutzerkonfigurationsprofil (veraltet)
  - die Internet-Domäne
  - Während der Registrierung und Zertifizierung haben Sie die Möglichkeit, beliebige festgelegte Einstellungen zu ändern.

Feld	Eingabe
REGISTRIERUNGSDOMÄNE/ REGISTRATION DOMAIN	Wählen Sie eine verfügbare Domäne aus der Liste aus. Diese Domäne ist für die Registrierung neuer Benutzer und Server zu verwenden.
NOTES IDS FÜR NEUE BENUTZER ERSTELLEN/ CREATE NOTES IDS FOR NEW USERS	Aktivieren Sie diese Option, wenn Sie möchten, dass für jeden neu anzulegenden Anwender während der Registrierung eine neue Notes ID angelegt wird.
ZERTIFIZIERER-ID/ CERTIFIER ID	Wählen Sie: ▶ CERTIFIER ID, um die Zertifizierer-ID und das Passwort zu benutzen. Klicken Sie auf die Schaltfläche und wählen Sie die ID, die Sie zur Certifier-, Anwender- und Serverregistrierung verwenden möchten. ▶ USE CA PROCESS, um den Domino-serverbasierten CA-Prozess zu verwenden.

Feld	Eingabe
REGISTRIERUNGSSERVER/ REGISTRATION SERVER	Klicken Sie auf die Schaltfläche REGISTRIERUNGSSERVER, wählen Sie den neuen Server aus und klicken Sie auf OK, um den Registrierungsserver auszuwählen, der in neuen Zertifizierer-, Server- bzw. Benutzer-IDs verwendet wird.
EXPLIZITE RICHTLINIEN/ EXPLICIT POLICY	Wählen Sie eine explizite Richtlinie aus, falls Sie bereits vorab Richtlinien erstellt haben. Wenn Sie noch keine expliziten Richtlinien erstellt haben, erscheint in diesem Feld der Wert (NONE AVAILABLE).
BENUTZER-KONFIGURATIONSPROFIL/ USER SETUP PROFILE:	Wählen Sie in der Liste ein Profil für die Benutzer aus. Die Vorgabe ist KEIN. Sie können entweder eine Richtlinie oder ein Konfigurationsprofil auswählen, aber nicht beides für den gleichen Benutzer.
MAIL-OPTIONEN/ MAIL OPTIONS	Klicken Sie auf die Schaltfläche MAIL-OPTIONEN und gehen Sie wie folgt vor: 1. Wählen Sie ein Mail-System aus der Liste aus. Die Vorgabe lautet LOTUS NOTES. Weiterhin stehen zur Verfügung: – POP – IMAP – DOMINO WEB ACCESS – ANDERE INTERNET-MAIL/OTHER INTERNET – ANDERE/OTHER – KEIN/NONE Wenn Sie LOTUS NOTES, POP oder IMAP auswählen, wird die Internetadresse automatisch generiert. Wenn Sie OTHER INTERNET, POP oder IMAP auswählen, wird das Internet-Passwort automatisch gesetzt. Wenn Sie DOMINO WEB ACCESS auswählen, können Sie die anderen Registrierungseinstellungen automatisch setzen lassen, wenn Sie die nach der Auswahl erscheinende Frage bejahen. 2. Um den Mail-Server auszuwählen, klicken Sie auf die Schaltfläche MAIL-SERVER und wählen einen Server aus. Der Registrierungsserver ist standardmäßig vorgegeben. 3. Geben Sie an, ob Sie möchten, dass die Mail-Datenbank unmittelbar (CREATE FILE NOW) bei der Registrierung der Anwender angelegt werden soll (zeitaufwendig) oder Sie dies durch den Administrationsprozess erledigen lassen möchten (CREATE FILE IN BACKGROUND).

Feld	Eingabe
	4. Um die für die Registrierung neuer Benutzer verwendete Schablone für die Mail-Datei auszuwählen, treffen Sie eine Auswahl in der Schablone für die Mail-Datei. Die vorgegebene Mailschablone lautet MAIL. 5. Über den Button INTERNET ADDRESS können Sie das Format für die Internetadresse festlegen (Internet-Domänennamen, Trennzeichen und Personenteil). 6. In den erweiterten Mail-Optionen können Sie festlegen, welchen Zugriff Anwender auf ihre Mail-Datenbank erhalten sollen, ob und welche Größenbeschränkungen und Warnungsschwellenwerte gesetzt werden, ob und auf welchem/welchen Server(n) Repliken der Mail-Datenbank erzeugt werden sollen und ob ein Volltextindex erstellt wird.
BENUTZER-ID-/KENNWORT-OPTIONEN/ USER ID/PASSWORD OPTIONS	Klicken Sie auf die Schaltfläche USER ID/PASSWORD OPTIONS SETTINGS, um das Verzeichnis der ID-Datei, die Spezifikation des öffentlichen Schlüssels und den Lizenztyp anzugeben sowie eine neue Kennwortqualität für diese IDs (Vorgabe: 8) auszuwählen. Die Spezifikation des öffentlichen Schlüssels wirkt sich auf den Zeitpunkt aus, zu dem der Schlüsselaustausch ausgelöst wird. Beim Schlüsselaustausch werden die öffentlichen und privaten Notes-Schlüssel aktualisiert, die in Benutzer- und Server-ID-Dateien gespeichert sind. Wählen Sie einen der folgenden Werte aus: *Mit allen Versionen kompatibel (630 Bit)*, *Mit Release 6 und höher kompatibel (1024 Bit)*, *Mit Release 7 und höher kompatibel (2048 Bit)*, wobei Letzteres einen Teil der neuen Unterstützung für lange Schlüssel darstellt, in diesem Fall 2048-Bit-Schlüssel für Endbenutzer.
ERWEITERTE OPTIONEN/ ADVANCED OPTIONS	Klicken Sie auf die Schaltfläche ADVANCED PERSON REGISTRATION OPTIONS und geben Sie an, wie Sie die Registrierung bei Unregelmäßigkeiten handhaben möchten.
SERVER-/ZERTIFIZIERER-REGISTRIERUNG/ SERVER/CERTIFIER REGISTRATION	In der Dialogbox EINSTELLUNGEN FÜR DIE SERVER-/ZERTIFIZIERER-ID-DATEI können Sie den Ablageort definieren, an dem Zertifizierer-IDs und Server-IDs abgelegt werden, und die dazugehörige Kennwortqualität. Hier zeigt sich die neue Unterstützung für lange Schlüssel. Domino unterstützt hier 4096-Bit-Schlüssel für Zertifizierungsstellen (siehe *Abbildung 3.66*).

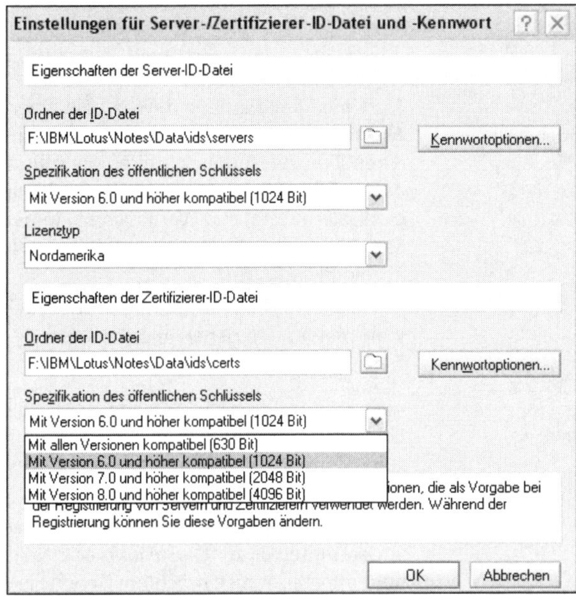

Abbildung 3.66: Angaben zur Server-/Zertifizierer-Registrierung

- STATISTIKEN/STATISTICS: Sie setzen an dieser Stelle die entsprechenden Einstellungen, um Berichte und Darstellungen zu den Statistiken zu aktivieren. Ebenso werden hier die zeitlichen Abstände definiert, an denen die Server abgefragt werden. Sie können auch Statistikwarnmeldungen aktivieren. Diese arbeiten mit den Statistikereignisgeneratoren zusammen.

Feld	Aktion
BEIM ÜBERWACHEN/DARSTELLEN VON STATISTIKEN BERICHTE GENERIEREN/ GENERATE STATISTIC REPORTS WHILE MONITORING OR CHARTING STATISTICS	Wählen Sie: - Aktivieren Sie dieses Feld und hinterlegen Sie (in Minuten), wie oft Statistikberichte (statistics reports) in der Monitoring Results-Datenbank (*statrep.nsf*) erzeugt werden sollen. Der Defaultwert beträgt 45 Minuten. Der Wert muss größer sein als das Monitoring-Abfrageintervall, das in den Einstellungen zum Monitoring hinterlegt wurde (s. o.). - Deaktivieren Sie dieses Feld, wenn Sie keine Statistikberichte oder Schaubilder erstellen wollen.

Feld	Aktion
BEIM ÜBERWACHEN/DARSTELLEN STATISTIKEN ALARME PRÜFEN/ CHECK STATISTIC ALARMS WHILE MONITORING OR CHARTING STATISTICS	Wählen Sie: ▶ Aktivieren Sie dieses Feld, wenn Sie einen Alarm anzeigen wollen, sobald eine Statistik einen Grenzwert überschreitet. Sie müssen dieses Feld aktivieren, um einen Statistikereignisalarm (Statistic Events Alarm) in der Monitoring Results-Datenbank (*statrep.nsf*) anzeigen zu lassen. ▶ Deaktivieren Sie diese Option, wenn Sie keine Warnmeldungen generieren möchten.
ÜBERWACHUNGS-ABFRAGEINTERVALL AUCH FÜR DIAGRAMME VERWENDEN/ STATISTIC USING SAME POLL INTERVAL AS MONITORING	Wählen Sie: ▶ Aktivieren Sie dieses Feld, wenn Sie das gleiche Abfrageintervall, das in den Einstellungen zum Monitoring hinterlegt wurde, nutzen wollen. ▶ Deaktivieren Sie diese Option, wenn Sie ein anderes Intervall zur Darstellung als das Abfrageintervall nutzen möchten. Geben Sie ein Intervall an, um sich Statistiken anzeigen zu lassen. Der Defaultwert beträgt 20 Sekunden.

Das System erstellt automatisch eine Serverliste, wenn Sie Domino Administrator zum ersten Mal aufrufen. Wenn Sie Ihre Serverliste(n) aktualisieren möchten, wählen Sie ADMINISTRATION > SERVERLISTE AKTUALISIEREN/REFRESH SERVER LIST. Hier können Sie wählen, ob Sie alle Domänen oder nur die aktuelle Domäne aktualisieren möchten.

Wenn Sie im Domino Administrator Client einen Server verwalten möchten, müssen Sie ihn aus einer Serverliste auswählen. Mehrere Serverlisten können zu Ihrer Verfügung stehen, von denen jede durch eine Schaltfläche bzw. ein entsprechendes Symbol dargestellt wird. Wenn Sie einen Server ausgewählt haben, werden Informationen zu diesem Server auf allen Registern angezeigt.

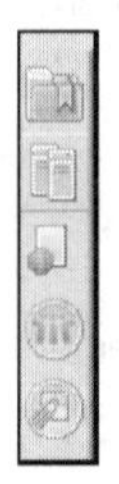

Abbildung 3.67:
Symbole in der Leiste des Administrator Clients, auch für den Aufruf der Favoriten für die eingerichteten Domänen (zweites Piktogramm von oben)

Schaltflächen	Beschreibung
Favoriten	Listet Ihre bevorzugten, d.h. die am häufigsten verwalteten, Server auf. Wählen Sie ADMINISTRATION > SERVER ZU FAVORITEN HINZUFÜGEN/ADD SERVER TO FAVORITES, um einen Server den Favoriten hinzuzufügen.
Domäne	Listet alle Server einer Domäne auf. Sie können Server auch nach Hierarchie oder Netzwerken sortiert anzeigen. Für jede verwaltete Domäne wird eine Schaltfläche angezeigt.

Schaltflächen	Beschreibung
Webadministrations-server	Mithilfe der Lesezeichen für Webadministrationsserver können Sie Verbindungen zu Remote-Administrationskonsolen herstellen, um von einer einzigen Administrationsschnittstelle aus bestimmte Server zu verwalten. Dies gilt beispielsweise für WebSphere und WebSphere Portal Server, Lotus Quickr, Sametime Server oder andere. Um dies umzusetzen, geben Sie eine URL für jede Administrationskonsole an, auf die Sie zugreifen möchten. Der Browser, der die entsprechende URL darstellt, wird in ein Register eingebettet im Client angezeigt.

Hinweis

Im Gegenzug zur Einbettung einer Remote-Administrationskonsole (z.B. zu einem WebSphere Portal Server oder einem Sametime Server) können Sie die neue sogenannte föderierte Administration für Domino Server und Portal Server nutzen. Dabei verknüpfen Sie die Benutzerschnittstelle des Domino Web Administrator Clients mit der Benutzerschnittstelle des Portaladministrators. So sind Sie in der Lage, in der Administrations-Benutzerschnittstelle (UI) des Portal Servers die Domino Web Administrator-Benutzerschnittstelle in die Benutzerschnittstelle des Portaladministrators einzubetten. Beide Servertypen werden dabei über eine einzige Benutzerschnittstelle des Portaladministrators verwaltet.

Über die Funktion LESEZEICHEN FÜR WEBADMINISTRATIONSSERVER können Sie ebenfalls Integrationspunkte für die ICAS-Webadministrationskonsole und die ICAS-Konfigurationsdatenbank setzen. ICAS ist die Abkürzung für die Anwendung *IBM CommonStore Archive Services*. Dies stellt eine Archivierungsfunktion bereit, die unter Domino seit der Version 8.0.2 integriert wurde. Binden Sie einen der beiden möglichen Integrationspunkte über die Lesezeichenfunktion ein, wird die Webadministrationskonsole von ICAS in den Domino Administrator Client integriert, wodurch Sie unter Verwendung des Clients auf die ICAS-Konfigurationen zugreifen können. Sie können das gesamte ICAS-System vom Domino Administrator Client aus verwalten und Funktionen wie z.B. eDiscovery und Suche nutzen. Die ICAS-Konfigurationsdatenbank wird während des ICAS-Installationsvorgangs auf dem Domino Server installiert. Sie können die Datenbank und ihre Ansichten anzeigen, indem Sie auf das Register KONFIGURATION im Domino Administrations-Client klicken.

Die Register

Der Domino Administrator hat eine aufgabenorientierte Oberfläche, über die Sie mit einem Klick zwischen Ihren administrativen Aufgaben wechseln können.

Abbildung 3.68: Register im Domino Administrator

Allgemeine Administrationsaufgaben werden mithilfe der Register organisiert, die in der folgenden Tabelle beschrieben sind. Klicken Sie auf ein Register, um seinen Inhalt anzuzeigen, oder verwenden Sie das Menü ADMINISTRATION, um zwischen den Registern zu wechseln.

Register	Verwaltete Elemente
PERSONEN UND GRUPPEN/ PEOPLE & GROUPS	Personenbezogene Elemente aus Domino-Verzeichnissen wie Personendokumente, Gruppen, Mail-In-Datenbanken, Richtlinien, Zertifikaten und weiteren Einstellungen.
DATEIEN/ FILES	Datenbanken, Schablonen, Datenbankverknüpfungen und alle anderen Dateien im Data-Verzeichnis des Servers.
SERVER/ SERVER...	Aktivität und Aufgaben des aktuellen Servers. Dieses Register verfügt über fünf Unterregister: Status, Analyse, Überwachung, Statistiken und Leistung.
NACHRICHTEN/ MESSAGING...	Mit Mail zusammenhängende Informationen. Dieses Register verfügt über zwei Unterregister: Mail und Mail-Verfolgung.
REPLIZIERUNG/ REPLICATION	Replizierzeitplan, Topologie und Ereignisse.
KONFIGURATION/ CONFIGURATION	Alle Dokumente zur Serverkonfiguration, beispielsweise das Serverdokument, Nachrichten- und Replizierungsverbindungen und Dokumente zur Webkonfiguration.

Die Werkzeuge

Viele der Register enthalten Werkzeuge, die in Domino Administrator rechts angezeigt werden. Abhängig vom Register, auf das Sie klicken, sind unterschiedliche Werkzeuge verfügbar. Klicken Sie beispielsweise auf das Register DATEIEN/FILES, werden folgende Werkzeuge angezeigt: FESTPLATTENINFO/DISK SPACE, VERZEICHNIS/FOLDER und DATENBANK/DATABASE.

Wenn Sie ein Werkzeug auswählen möchten, klicken Sie auf das Dreieck (Twistie), um die einzelnen Werkzeugsätze zu erweitern oder zu komprimieren.

In den jeweiligen Registern können Sie die Werkzeuge ausblenden oder anzeigen, indem Sie auf die Schaltfläche WERKZEUGE/TOOLS klicken (siehe *Abbildung 3.69*). Durch das Verbergen der Werkzeuge in einem Register werden jedoch nicht automatisch die Werkzeuge in den anderen Registern ausgeblendet. Sie können auch folgendermaßen auf Werkzeuge zugreifen:

- Mit der rechten Maustaste auf bestimmte Objekte klicken. Sie können beispielsweise im Register PERSONEN UND GRUPPEN/PEOPLE & GROUPS mit der rechten Maustaste auf ein Personendokument klicken, um auf das Werkzeug PERSONEN/PEOPLE zuzugreifen.
- Menüs aufrufen. Für Register mit Werkzeugen wird das entsprechende Werkzeugmenü in der Menüleiste angezeigt. Klicken Sie beispielsweise auf das Register DATEIEN/FILES, wird das Menü DATEIEN/FILES angezeigt.

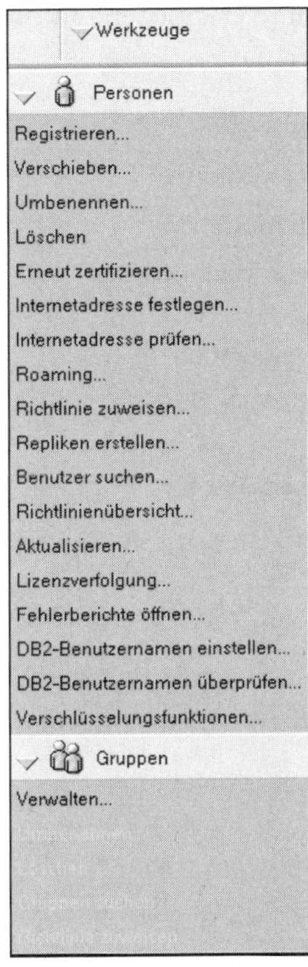

Abbildung 3.69:
Werkzeuge unter der Registerkarte PERSONEN UND GRUPPEN

3.6 Die Arbeit mit dem Domino Administrator

Der Domino Administrator Client bietet neben den Funktionen über die Administrations-GUI die Domino-Domänenüberwachung (Domino Domain Monitoring, DDM), mit der Sie den Status mehrerer Server aus einer oder mehreren Domänen anzeigen können. DDM stellt aber lediglich ein Productivity-Add-On dar, das als Synapse von Meldungen und möglichen Kausalketten fungiert. Ohne den Domino Administrator, der Ihnen auch die Sicht auf und die Bordmittel für die Nutzung des DDM bereitstellt, können Sie nicht als Administrator arbeiten.

3.6.1 Serverinformationen sammeln

Die InfoBox EIGENSCHAFTEN: SERVER in Domino Administrator enthält spezifische Informationen zu jedem Server. Sie haben zwei Möglichkeiten, die InfoBox EIGENSCHAFTEN: SERVER/SERVER PROPERTIES anzuzeigen:

- Klicken Sie mit der rechten Maustaste auf einen Server in einer Serverliste und wählen Sie EIGENSCHAFTEN: SERVER/SERVER PROPERTIES.
- Klicken Sie auf das SmartIcon EIGENSCHAFTEN/PROPERTIES.

Verwenden Sie die Register der InfoBox EIGENSCHAFTEN: SERVER, um verschiedene Informationen anzuzeigen:

Register	Eigenschaften
ALLGEMEIN/BASICS	Servername, Betriebssystem, Hardware und Mailboxen
FESTPLATTEN/DISCS	Serverfestplatten, Größe und freier Festplattenspeicher
CLUSTER/CLUSTER	Cluster-Informationen, wenn sich der Server in einem Cluster befindet
ANSCHLÜSSE/PORTS	Zugriff auf Anschlussinformationen und -konfiguration
ERWEITERT/ADVANCED	Statistiken zu Transaktionen, Benutzern und Arbeitsspeicher

3.6.2 Register PERSONEN UND GRUPPEN/PEOPLE & GROUPS

Zum Verwalten von Benutzern stehen Ihnen u.a. folgende Möglichkeiten zur Verfügung:

- Personen registrieren und suchen, Richtlinien zuordnen
- allgemeine Namen und Notes-Benutzernamen ändern oder löschen
- Mail-Datei eines Benutzers verschieben oder Repliken einer Mail-Datenbank anlegen
- Benutzer in eine andere Namenshierarchie einer Organisation verschieben
- Internetadressen setzen oder prüfen
- Benutzer-IDs erneut zertifizieren
- Richtlinien zuweisen oder die Verschlüsselungsfunktion nutzen
- DB2-Benutzernamen einstellen oder prüfen

Sie können für die Anzeige der eingerichteten Personen in Ihrer Organisation zwischen der Ansicht NACH ORGANISATION/BY ORGANIZATION und NACH CLIENT-VERSIONEN/BY CLIENT VERSION wählen. Die letztgenannte Ansicht (ist neu und) verschafft Ihnen die Möglichkeit, relativ schnell sehen zu können, welche Versionen des Notes Clients für die Benutzer in Ihren Domänen im Einsatz sind.

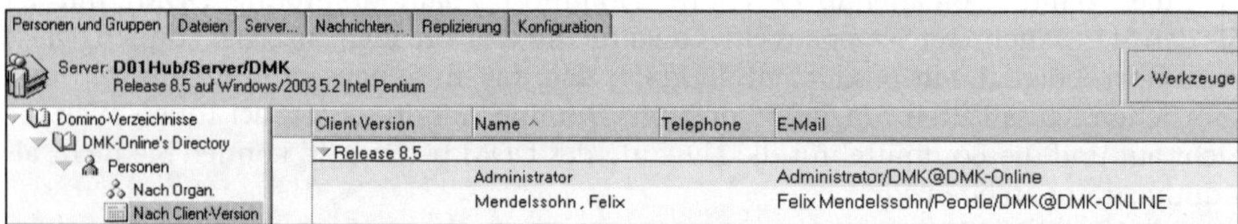

Abbildung 3.70: Ansicht CLIENT-VERSION im Domino-Verzeichnis

Sie können über die Optionen, die Sie unterhalb der Registerkarte PERSONEN UND GRUPPEN/PEOPLE & GROUPS im Domino Administrator Client finden, nicht nur Personen, sondern auch Gruppen verwalten. Eine Gruppe ist eine Liste von Benutzern, Gruppen und Servern, die gemeinsame Eigenschaften aufweisen. Gruppen sind z.B. nützlich für Verteilerlisten und Zugriffskontrolllisten. Durch Gruppen werden die Administrationsaufgaben einfacher. Wenn Sie beispielsweise eine Gruppe mit dem Namen AUSGESCHIEDEN anlegen, in der alle ehemaligen Mitarbeiter aufgeführt sind, können Sie im Feld KEIN SERVERZUGRIFF/NOT ACCESS SERVER der einzelnen Serverdokumente AUSGESCHIEDEN eintragen, um den Zugriff aller Mitglieder dieser Gruppe zu unterbinden. Wenn ein Mitarbeiter aus einer Organisation ausscheidet, fügen Sie den Namen des Mitarbeiters der Gruppe AUSGESCHIE-

DEN hinzu. Damit ersparen Sie sich, die Namen einzelner Mitarbeiter den Serverdokumenten hinzuzufügen, wenn Mitarbeiter ausscheiden. Zum Verwalten von Gruppen stehen Ihnen folgende Möglichkeiten zur Verfügung:

- Gruppen bearbeiten oder löschen
- Gruppenmitglieder mit dem Gruppenverwaltungswerkzeug hinzufügen und entfernen
- Gruppenmitglieder suchen oder Richtlinien zuordnen

Unter MAIL-IN-DATENBANKEN UND RESSOURCEN/MAIL-IN DATABASES/RESOURCES können Sie den Ablageort und die Eigenschaften für Mail-In-Datenbanken vornehmen sowie Dokumente für Ressource-Reservierungsdatenbanken anlegen und verwalten. Wenn eine Datenbank für den Empfang von Mail ausgelegt ist, müssen Sie ein Mail-In-Datenbankdokument im Domino-Verzeichnis erstellen. Die Datenbank kann erst dann Mail empfangen, wenn Sie dieses Dokument erstellt haben.

Mit der Ressourcenreservierungsdatenbank können Benutzer Ressourcen für Besprechungen einplanen und verwalten, sobald die nötigen Voraussetzungen (Einstellungen und Freigaben) erfolgt sind. Als Ressourcen gelten u.a. auch Konferenzräume und Geräte wie Beamer und Videogeräte. Um eine Ressource zu reservieren, kann ein Benutzer entweder ein Reservierungsdokument in einer Ressource-Reservation-Datenbank erstellen oder die Ressource einer Besprechungseinladung hinzufügen. Ersteres sollte nur in Ausnahmefällen erfolgen, da es immer wieder zu Problemen führt, wenn Personen direkt in die Ressourcendatenbanken schreiben.

Unter den Zertifikaten finden sich die Auflistungen für Internet-Zertifikate, Notes Zertifikate und Gegenzertifikate. Mehr zu diesem Thema erfahren Sie in *Kapitel 5.2.3, Zertifikate*.

Bedenken Sie,...

...die Namens-/Gruppenliste der Benutzer, die auf einen Server keinen Zugriff haben, ist unter der Ansicht GRUPPEN/GROUPS im Domino Directory nicht zu sehen. Die sogenannte Negativliste (GRUPPEN OHNE ZUGRIFF) sehen Sie lediglich unter der Ansicht SERVER. Verwenden Sie diese Option zum Hinzufügen eines Benutzers zur Gruppe Negativliste, für die der Serverzugriff verweigert wird! Es trägt zur Sicherheit Ihrer Domino-Infrastruktur bei.

Sie können Personendokumente mit Dokumenten des Typs ALTERNATIVE SPRACHE/ALTERNATE LANGUAGE verbinden. Wenn z.B. das Feld VORNAME im Personendokument `Stefan` lautet, können Sie ein Dokument des Typs ALTERNATIVE SPRACHE erstellen, das `Etienne` als Wert für das französische Unterattribut verwendet. Domino speichert diese Dokumente in der Ansicht ALTERNATIVE SPRACHE/ALT LANGUAGE INFO des Domino-Verzeichnisses. Mit der alternativen Namensfunktion können Sie einem Benutzer zwei Namen zuweisen: einen primären und einen alternativen Namen. Der primäre Name ist international, der alternative Name in der Muttersprache des Benutzers.

Bei den beiden Ansichten RICHTLINIEN/POLICIES und EINSTELLUNGEN/SETTINGS geht es um die Richtlinien (Policies) und deren Einstellungen. Eine Richtlinie stellt eine Sammlung von Einstellungen für eine Klasse von Endanwendern dar, die entweder bei der Registrierung der Benutzer oder auch nachträglich festgelegt werden. Sie können Richtlinien für Registrierung, Setup (Konfiguration), Archivierung, Mail, Desktop, Sicherheit, Activities (Aktivitäten) und Productivity Tools (Produktivitätswerkzeuge) einrichten und verwalten.

- KONFIGURATION: Die Setup-Einstellungen enthalten Festlegungen zu den Grundeinstellungen für einen Benutzer wie z.B. die Willkommensseite, die Festlegung für Arbeitsumgebungsdokument und Benutzervorgaben.
- SECURITY: Mit den Security-Policies können beispielsweise die Kennwortverwaltung und die Verwendung der ECL-Felder kontrolliert werden.
- REGISTRATION: Die Registration-Policies umfassen Festlegungen für die Registrierung von Benutzern wie Kennwortinformationen, Festlegungen zu den Internetadressen und Zertifikaten oder Gruppenzuordnungen sowie Angaben zum Roaming-User-Status, Mail-Server und Schablone. Zum Registrieren von Benutzern wählen Sie Zeinfach die angemessenen Registrierungsrichtlinien, um sämtliche Richtlinienoptionen für den Benutzer zu übernehmen.
- DESKTOP: Die Einstellungen der Setup-Policies finden sich auch hier wieder. Der Unterschied besteht darin, dass die Setup-Einstellungen nach der Installation eines Notes Clients, die Desktop-Einstellungen dagegen auf bestehende Installationen angewandt werden.

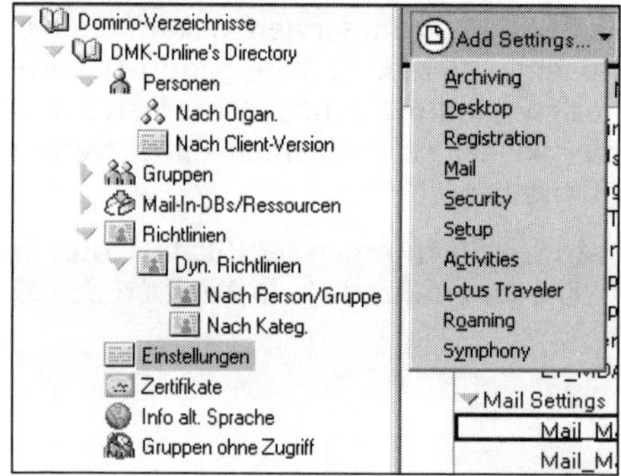

Abbildung 3.71: Erstellen der Dokumente für die Richtlinieneinstellungen

- ARCHIVING: Durch die Archiving Policies lässt sich die Archivierung von Daten steuern.
- MAIL: Mit den Mail-Richtlinieneinstellungen legen Sie die Client-Einstellungen und Vorgaben für Mail und für die Kalender- und Terminplanung fest.
- ACTIVITIES: Über ein Einstellungsdokument für Activities-Richtlinien können Sie den Activities-Server und Port eines Benutzers definieren. Darüber hinaus können Sie festlegen, ob die Benutzernamen, Kennwörter und Activities-Daten mit SSL verschlüsselt werden sollen.
- PRODUCTIVITY TOOLS: Als Administrator können Sie für die Benutzer eines Standard Clients und bei installierten Tools der Symphony-Produktpalette bestimmen, ob Benutzer diese Tools benutzen können. Darüber hinaus bestimmen Sie beispielsweise, welche Dateien und Schablonen sie verwenden können.
- LOTUS TRAVELER: Bezüglich der Push-Funktionalität für Mail, Kalender, Aufgaben, Notizen und Kontakte sind spezifische und allgemeine Vorgaben möglich, die Sie als Administrator zentral steuern können.

Policies lassen sich einzelnen Benutzern (explizit) oder Organisationseinheiten zuweisen. Weitere Informationen zu diesem Thema erhalten Sie in *Kapitel 10.2, Richtlinien für Benutzer.*

3.6.3 Register DATEIEN/FILES

Mit dem Register DATEIEN/FILES können Sie im Domino Administrator Client Dateien im und unterhalb des Domino Data-Ordners verwalten. Im Register DATEIEN können Sie:

- Dateiinformationen anzeigen
- Datenbanken verwalten, z.B. Datenbanken komprimieren und ACLs verwalten
- Ordner und Verknüpfungen verwalten und Speicherplatzinformationen anzeigen

Um das Register DATEIEN/FILES anzupassen, können Sie:

- die angezeigten Dateien auswählen
- den angezeigten Ordnerinhalt auswählen
- die Spaltenansicht anpassen

Um den Inhalt des Registers DATEIEN für einen Server oder auch den lokalen Client anzuzeigen, wählen Sie in Domino Administrator einen Server im linken Teil des Serverfensters aus. Um das Serverfenster zu erweitern, klicken Sie auf das Serversymbol und dann auf das Register DATEIEN/FILES. Um eine bestimmte Datenbank oder Schablone zu öffnen, wählen Sie im mittleren Fenster des Registers DATEIEN/FILES die Datenbank oder Schablone aus und doppelklicken darauf.

Im Register DATEIEN können Sie vorgegebene Dateitypen auswählen, die Sie unterhalb des Registers angezeigt bekommen (siehe *Abbildung 3.72*). Dies ist vor allem dann nützlich, wenn Sie nicht nur Datenbanken, sondern auch Schablonen oder andere Dateien bearbeiten möchten:

1. Wählen Sie in Domino Administrator das Register DATEIEN/FILES aus.

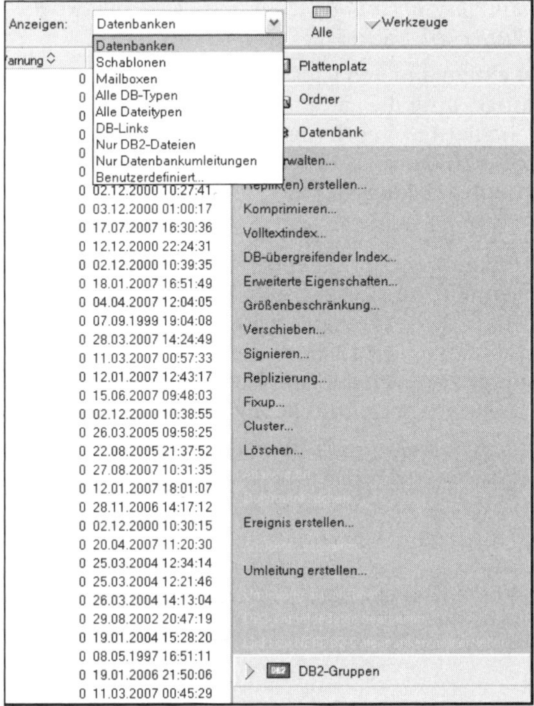

Abbildung 3.72:
Auswahl der anzuzeigenden Dateien (rechts die WERKZEUGE)

2. Wählen Sie im Dropdown-Listenfeld mit dem Titel ANZEIGEN/SHOW ME eine der folgenden Optionen aus, um zu steuern, welche Dateitypen im mittleren Fenster angezeigt werden:
   - DATENBANKEN/DATABASES: Zeigt Datenbanken, jedoch keine Schablonen an.
   - SCHABLONEN/TEMPLATES: Zeigt Schablonen und Datenbanken an, die als Schablonen verwendet werden.
   - MAILBOXEN/MAILBOXES: Zeigt nur *mail.box*-Datenbanken für Administratoren an (zum Überwachen von Mails).
   - ALLE DATENBANKTYPEN/ALL DATABASES TYPES: Zeigt alle Datenbanken und Schablonen an.
   - ALLE DATEITYPEN/ALL FILE TYPES: Zeigt alle Dateitypen an.
   - DB-LINKS/DB LINKS: Zeigt alle Verknüpfungen an
   - NUR DATENBANKUMLEITUNGEN/DATABASE REDIRECTS ONLY: Zeigt nur Datenbankverknüpfungen an.
   - NUR DB2-DATEIEN/DB2 FILES ONLY: Zeigt alle Dateien im DB2-Format an.

Datenbankumleitungsfunktion

In früheren Versionen von Lotus Notes Domino gestaltete es sich als umständlich und zeitaufwendig, wenn eine Datenbank (Anwendung) auf dem Domino Server verschoben oder gelöscht wurde und dies auf dem Client gleichzuziehen. Die Anpassungen auf dem Notes Client gleichzeitig nachzuziehen war notwendig, um den Anwender vor Fehlern zu bewahren, da die Datenbank nicht mehr gefunden wurde. Händisches Anpassen oder der Einsatz eines Tools (wie z.B. *Client Genie* oder der *Marvell Client*) waren notwendig. In manchen Fällen half auch das *dsktool* von IBM (siehe *http://www-01.ibm.com/support/docview.wss?rs=475&context=SSKTWP&dc=D400&uid=swg24004260&loc=en_US&cs=UTF-8&lang=en*).

Gab es wenigstens eine Replik auf einem anderen Cluster-Server, wurde der Notes Client dorthin umgeleitet, allerdings ohne die „alte" Datenbankkachel oder das Datenbanksymbol in der Lesezeichenleiste zu entfernen. Um dafür eine adäquate Lösung anzubieten, bietet IBM Lotus ab der Version 8 ein Feature namens *Datenbankumleitung/Database Redirect* (siehe *Abbildung 3.73*).

Wenn ein Notes Client versucht, eine nicht mehr existierende Datenbankinstanz zu öffnen, verwendet er die Informationen zur Datenbankumleitung, um Referenzen auf dem Client zu entfernen oder zu aktualisieren. Die Datenbankumleitung benachrichtigt den Client, dass die Datenbank gelöscht oder verschoben wurde. Clientreferenzen auf Datenbanken und Server befinden sich in vielen Bereichen, und Datenbankumleitungen werden auf dem Desktop oder im Arbeitsbereich des Benutzers, in Lesezeichen und auch vom Replikator verwendet.

Löschen oder verschieben Sie eine Datenbank über den Domino Administrator, wird Ihnen im jeweiligen Dialogfenster die Möglichkeit geboten, eine Datenbankumleitung auf einem anderen Server zu definieren. Darüber hinaus existiert auch noch die Option, festzulegen, welche Anwender auf die Datenbankreplik zugreifen dürfen. Somit ist auch eine Art „Lastverteilung" möglich, wenn Sie die Datenbankumleitungen auf verschiedene Server zeigen lassen.

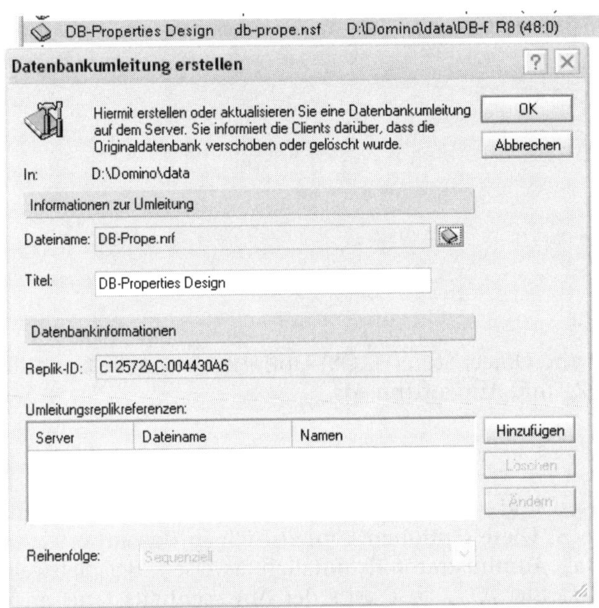

***Abbildung 3.73:** Neu ist die Option, Ausweichmöglichkeiten für die Datenbanken zu definieren.*

Wenn Sie eine Kombination von Dateien anzeigen möchten, wählen Sie in der Dropdown-Liste die Option BENUTZERDEFINIERT/CUSTOM..., dann eine oder mehrere der folgenden Optionen, und klicken Sie anschließend auf OK.

- DATENBANKEN/DATABASES
- SCHABLONEN/TEMPLATES: Zeigt alle Schablonen, jedoch nicht die erweiterten Schablonen an
- ERWEITERTE SCHABLONEN/ADVANCED TEMPLATES: Zeigt erweiterte Schablonen an
- DATENBANKLINKS/DATABASE LINKS
- MAILBOXEN/MAIL BOXES
- ID-DATEIEN/ID FILES
- MODEMDATEIEN/MODEM FILES
- DB2-DATEIEN/DB2 FILES ONLY
- DATENBANKUMLEITUNGEN/DATABASE REDIRECTS

Oder geben Sie eine oder mehrere benutzerdefinierte Dateierweiterungen ein. Durch diese Option werden Dateien mit den angegebenen Erweiterungen angezeigt, z.B. *txt* oder *bmp*.

Im mittleren Fenster des Registers DATEIEN/FILES in Domino Administrator werden u.a. die folgenden Spalten in der angegebenen Reihenfolge standardmäßig angezeigt:

- TITEL/TITLE
- DATEINAME/FILE NAME
- PHYSISCHER PFAD/PHYSICAL PATH
- DATEIFORMAT/FILE FORMAT

- GRÖSSE/SIZE (als absolute Größe)
- MAX. GRÖSSE/MAX SIZE
- GRÖSSENBESCHRÄNKUNG/QUOTA
- WARNUNG/WARNING
- ERSTELLT/CREATED
- LETZTES FIXUP/LAST FIXUP
- PROTOKOLLIERT/IS LOGGED
- SCHABLONE/TEMPLATE
- ABWESENHEIT/OUT OF OFFICE

und die Domino Attachment and Object Store(DAOS)-Optionen sowie die Gestaltungs- und Datenkomprimierung, LZ1 und Antwortthreads.

Hinweis

Einige der genannten Spalten sind sowohl im Domino als auch im Web Administrator neu seit der Version 8. Diese Optionen können sich in den unterschiedlichen Situationen für Sie als Administrator als nützlich erweisen. Beispielsweise wird über die Spalte ABWESENHEIT/OUT OF OFFICE der Abwesenheitsstatus angezeigt. So können Sie auf einen Blick sehen, welche Anwender den Abwesenheitsservice nutzen und gerade abwesend sind. Ist dies der Fall, wird in der Spalte ABWESENHEIT ein JA angezeigt. Über die Angabe SCHABLONE/TEMPLATE können Sie beispielsweise prüfen, ob die Mail-Datenbanken der Anwender ein einheitliches Design (dieselbe Schablone) verwenden.

Anpassungen bezüglich der angezeigten Spalten können Sie über die ADMINISTRATIONSVORGABEN/ADMINISTRATION PREFERENCES vornehmen. Zu diesen Vorgaben gelangen Sie über das Menü DATEI/FILE > VORGABEN/PREFERENCES > ADMINISTRATION/ADMINISTRATION PREFERENCES.

Neu

Das Register DATEIEN im Domino Administrator Client enthält eine Spalte ABWESENHEIT, in der Sie den Abwesenheitsstatus sehen können. Für die Benutzer, die den Abwesenheitsservice verwenden und gegenwärtig nicht anwesend sind, wird in dieser Spalte ein JA angezeigt.

3.6.4 Werkzeuge zur Datenbankverwaltung

Der Domino Administrator ist ein mächtiges Werkzeug, das Ihnen in der täglichen Arbeit stets zur Seite stehen kann. Gerade bei der Einrichtung und Verwaltung von Datenbanken spart Ihnen das Tool eine Menge Zeit und Arbeit.

Wählen Sie rechts im Werkzeugfenster die Option DATENBANK/DATABASE und dann eines der in der nachfolgenden Tabelle beschriebenen Werkzeuge aus. Sie können die ausgewählte(n) Datenbank(en) auch auf das gewünschte Werkzeug ziehen.

Datenbankwerkzeug	Beschreibung
ACL VERWALTEN/ MANAGE ACL	Verwaltet Zugriffskontrolllisten
REPLIK ERSTELLEN/ CREATE REPLICA	Erstellt mithilfe des Administrationsprozesses Datenbankrepliken
KOMPRIMIEREN/ COMPACT	Datenbanken komprimieren
VOLLTEXTINDEX/ FULL TEXT INDEX	Verwaltet Volltextindizes
DATENBANKÜBERGREIFENDER INDEX/ MULTI-DATABASE INDEX	Aktiviert und deaktiviert die datenbankübergreifende Indizierung für Datenbanken
ERWEITERTE EIGENSCHAFTEN/ ADVANCED PROPERTIES	Legt erweiterte Datenbankeigenschaften fest
GRÖSSENBESCHRÄNKUNGEN/ QUOTA	Legt Größenbeschränkungen für Datenbanken fest
VERSCHIEBEN/ MOVE	Verschiebt Datenbanken mithilfe des Administrationsprozesses
SIGNIEREN/ SIGN	Signiert Datenbanken mit Signaturen, die zur Datensicherheit auf Workstations verwendet werden können
REPLIZIERUNG/ REPLICATION	Aktiviert und deaktiviert die Replizierung von Datenbanken
FIXUP/ FIXUP	Behebt Fehler in beschädigten Datenbanken
CLUSTER/ CLUSTER	Verwaltet Datenbanken in einem Cluster
LÖSCHEN/ DELETE	Löscht eine oder mehrere Datenbanken
ANALYSE/ ANALYZE	Führt eine Datenbankanalyse durch
DOKUMENT SUCHEN/ FIND NOTE	Findet ein Dokument auf der Grundlage der Dokument-ID oder UNID und zeigt die Eigenschaften zwecks Fehlersuche an
EREIGNIS ERSTELLEN/ CREATE EVENT	Überwacht eine Datenbank basierend auf verschiedenen Kriterien
ANSICHTEN VERWALTEN/ MANAGE VIEWS	Setzt Speicherplatz frei, der von Ansichtsindizes verwendet wird

Datenbankwerkzeug	Beschreibung
UMLEITUNG ERSTELLEN/ CREATE REDIRECT	Über die Datenbankumleitungsfunktion ist es möglich, Referenzen von gelöschten oder verschobenen Datenbanken in eine Datenbankreplik umzuleiten, die Sie festlegen können. Wenn ein Notes Client versucht, eine nicht mehr existierende Datenbankinstanz zu öffnen, verwendet er die Informationen zur Datenbankumleitung, um Referenzen auf dem Client zu entfernen oder zu aktualisieren. Die Datenbankumleitung benachrichtigt den Client, dass die Datenbank gelöscht oder verschoben wurde.
UMLEITUNG AKTUALISIEREN/ UPDATE REDIRECT	Wenn ein Client versucht, eine Datenbankumleitung zu nutzen, und keine der Referenzen für den Benutzer des Clients bestimmt sind, verhält sich die Umleitung, als würde die Umleitung keine Referenzen enthalten. Dies kann dazu führen, dass der Client seine Referenzen auf die Originaldatenbank entfernt. Wenn Sie Umleitungen begrenzen und die Möglichkeit vermeiden möchten, dass bei einigen Benutzern irrtümlich ihre Referenzen auf die Datenbank entfernt werden, können Sie eine Referenz hinzufügen, die auf alle Benutzer zutrifft.
DB2-ANMELDEDATEN VERWALTEN/ EDIT DB2 LOGIN INFORMATION	Dient der Konfiguration der Anmeldedaten.
LINKS ZU NSFDB2-DATENBANKEN NEU ERSTELLEN/ RECREATE LINKS TO NSFDB2 DATABASES	Über diesen Weg werden DB2 Universal Database Enterprise Server Edition-fähigen Domino-Datenbanken in einem Tabellenbereich mit dem Domino-Katalog neu verbunden und eine Linkdatei für jede DB2-fähige Notes-Datenbank im angegebenen Tabellenbereich erstellt. Das Werkzeug aktualisiert die Gruppentabelle und überprüft, dass die Einträge im Domino-Katalog auch im angegebenen Tabellenbereich existieren. Einträge werden aus dem Domino-Katalog entfernt, wenn sie nicht im wiederhergestellten Tabellenbereich existieren.
IN DESIGNER ÖFFNEN/ OPEN IN DESIGNER	Öffnet die Datenbank im Notes Designer. Diese Option finden Sie auch, wenn Sie mit der rechten Maustaste auf die Datenbankkachel klicken.

Möchten Sie statt auf Datenbanken zuzugreifen, die entsprechenden Ordner verwalten, wählen Sie im Werkzeugfenster rechts ORDNER/FOLDER und dann eine der folgenden Optionen:

- NEU/NEW
- NEUE VERKNÜPFUNG/NEW LINK
- VERKNÜPFUNG AKTUALISIEREN/UPDATE LINK
- LÖSCHEN/DELETE
- ACL VERWALTEN/MANAGE ACL

Das Tagesgeschäft rund um Domino-Datenbanken mithilfe des Domino Administrators

Ohne den Einsatz des Domino Administrators wären Sie nur auf sehr umständlichem Weg in der Lage, Ihr Tagesgeschäft zu bewältigen. Der Client bietet Ihnen zahlreiche Aktionen auf seiner Oberfläche, die Sie im Laufe der Zeit tagtäglich nutzen werden.

ACL verwalten

Verwalten Sie die ACL (Zugriffskontrollliste) einer oder mehrerer Datenbanken mithilfe des Werkzeugs ACL VERWALTEN/MANAGE ACL. Damit Sie Einträge in einer ACL bearbeiten, löschen und umbenennen können, benötigen Sie in der Datenbank-ACL Managerzugriff oder ADMINISTRATION MIT VOLLER BERECHTIGUNG/FULLACCESS (siehe *Abbildung 3.74*). Mehr dazu erfahren Sie in *Kapitel 5.12, Datenbanksicherheit.*

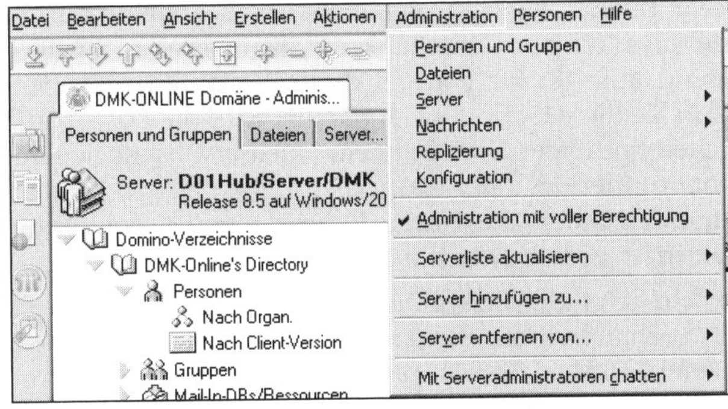

Abbildung 3.74: Administration mit voller Berechtigung in Anspruch nehmen

Praktisch sind die Möglichkeiten, die sich im Kontextmenü zu markierten Datenbanken aufklappen lassen. An dieser Stelle sind Sie in der Lage, Zugriffslisten ebenso wie über die Datenbankwerkzeuge (ACL VERWALTEN) zu verwalten, können aber zudem noch Zugriffe kopieren und einfügen (siehe *Abbildung 3.75*). Vor allem diese Option kann Ihnen eine Menge Zeit sparen.

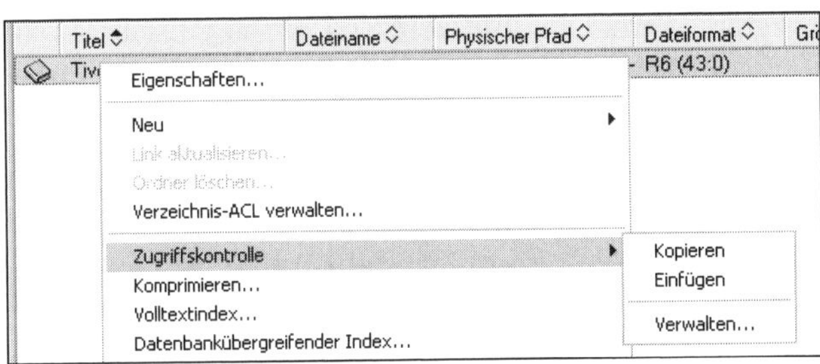

Abbildung 3.75: Eine Zugriffskontrollliste bearbeiten

Repliken erstellen

1. Wählen Sie im Dateifenster eine oder mehrere Datenbanken aus, von denen Sie Repliken erstellen möchten.
2. Wählen Sie im Werkzeugfenster rechts die Option DATENBANK/DATABASE > REPLIK ERSTELLEN/CREATE REPLICA(S). Sie können die ausgewählte(n) Datenbank(en) auch auf das Werkzeug REPLIK ERSTELLEN ziehen.
   - Wenn die aktuelle Domäne einen Cluster enthält, klicken Sie auf NUR CLUSTER-MITGLIEDER ANZEIGEN/SHOW ME ONLY CLUSTER MEMBERS, um nur die Zielserver anzuzeigen, die Mitglieder des Server-Clusters auf dem Quellserver sind.
   - Wählen Sie einen oder mehrere Zielserver. Um einen Server zu wählen, der nicht in der Liste angezeigt wird, klicken Sie auf ANDERE/OTHER, geben den hierarchischen Servernamen an und klicken dann auf OK.
   - Wählen Sie einen Zielserver und klicken Sie auf Dateinamen, um einen benutzerdefinierten Pfad auf dem Zielserver für jede Datenbank, die Sie replizieren, anzugeben. Klicken Sie anschließend auf OK. Sie können dieses Verfahren für jeden Zielserver wiederholen. Wenn Sie diese Option nicht wählen, wird die Datenbank auf dem Zielserver im gleichen Speicherort wie auf dem Quellserver gespeichert. Um die Replik in einen Unterordner des *Data*-Ordners zu stellen, geben Sie den Ordnernamen, Backslash und den Dateinamen ein, z.B. *apps\manuals*. Wenn der angegebene Ordner nicht existiert, erstellt Domino diesen Ordner für Sie.

   Klicken Sie auf OK. Ein Dialogfeld zeigt die Anzahl der verarbeiteten Datenbanken sowie die Zahl der Fehler (falls vorhanden) an. Weitere Informationen entnehmen Sie der Statusleiste. Statt den Befehl DATENBANK/DATABASE > REPLIK ERSTELLEN/CREATE REPLICA(S) zu wählen, können Sie die Datenbank auf einen Zielserver ziehen. Wenn Sie diese Methode verwenden, müssen Sie alle Repliken in einem auf dem Zielserver bereits vorhandenen Ordner speichern. Bei dieser Methode wird auch der Administrationsprozess eingesetzt, um das Erstellen von Repliken zu automatisieren.
3. Wählen Sie im Dateifenster eine oder mehrere Datenbanken aus, von denen Sie Repliken erstellen möchten.
4. Ziehen Sie die ausgewählten Datenbanken auf einen Zielserver links im Serverfenster.
5. Wählen Sie dann im angezeigten Dialogfeld REPLIK ERSTELLEN/CREATE REPLICA(S), wählen Sie einen Ordner auf dem Zielserver, in dem die Replik(en) gespeichert werden soll(en), und klicken Sie auf OK.

Tipp

Sollten Sie eine Freundin oder ein Freund von Konsolenbefehlen sein, werden Sie vielleicht Freude an einigen seit der Domino-Version 4.x existierenden Domino-Konsolenbefehle finden, die nicht dokumentiert sind und Ihre Arbeit in Bezug auf das Erstellen von Kopien oder Repliken erleichtern könnten. Diese Befehle lassen sich durch den Parameter `CLUSTER_ADMIN_ON=1` in der Datei *notes.ini* des Domino Servers aktivieren. Synonym funktioniert dies im laufenden Betrieb des Domino Servers durch die Anweisung `set config CLUSTER_ADMIN_ON=1` an der Serverkonsole. Dabei ist es nicht relevant, ob der Server Mitglied eines Clusters ist, auch wenn der Befehl bzw. die Einstellung danach klingen mag.

Danach stehen Ihnen die folgenden Befehle zur Eingabe an der Serverkonsole zur Verfügung: `CL COPY sourcedb targetdb [REPLICA | TEMPLATE ]`.

- `CL copy serverA!!db1.nsf serverB!!db2.nsf`: erstellt eine Kopie der Datenbank *db1.nsf* des SERVERA als Datenbank *db2.nsf* auf SERVERB (keine Replik!).
- `CL copy serverA!!db1.nsf serverB!!db2.nsf REPLICA`: erstellt eine Replik der Datenbank *db1.nsf* des SERVERA als Datenbank *db2.nsf* auf SERVERB.
- `CL copy serverA!!db1.nsf serverB!!db2.nsf TEMPLATE`: erstellt eine „Template-Kopie" (keine Dokumente, nur Design) der Datenbank *db1.nsf* des SERVERA als Datenbank *db2.nsf* auf SERVERB.
- `CL copy db1.nsf db2.nsf`: erstellt eine Kopie der Datenbank *db1.nsf* mit Dateiname *db2.nsf* auf demselben lokalen Server.

3.6.5 Register SERVER

Die fünf Unterregisterkarten STATUS, ANALYSE/ANALYSIS, ÜBERWACHUNG/MONITORING, STATISTIK/STATISTICS und LEISTUNG/PERFORMANCE unter der Registerkarte SERVER geben Ihnen die Möglichkeit, Ihre Server zu beobachten und diesbezügliche Daten zu untersuchen (siehe *Abbildung 3.76*). In Bezug auf die fünf Bereiche, die durch die Einteilung der Registerkarten widergespiegelt werden, werden jeweils die folgenden Optionen geboten:

- Im Register STATUS können Sie folgende Aufgaben ausführen:
  - Aktuelle Server-Tasks anzeigen, anhalten oder neu starten
  - Benutzer, die mit dem Server verbunden sind, anzeigen
  - Notes-Datenbanken anzeigen, die sich gerade im Zugriff befinden
  - Auf die Konsole des Servers zugreifen
  - Zeitplan von Programmen, DDM, Agenten sowie für Mail-Routing und Replizierung anzeigen

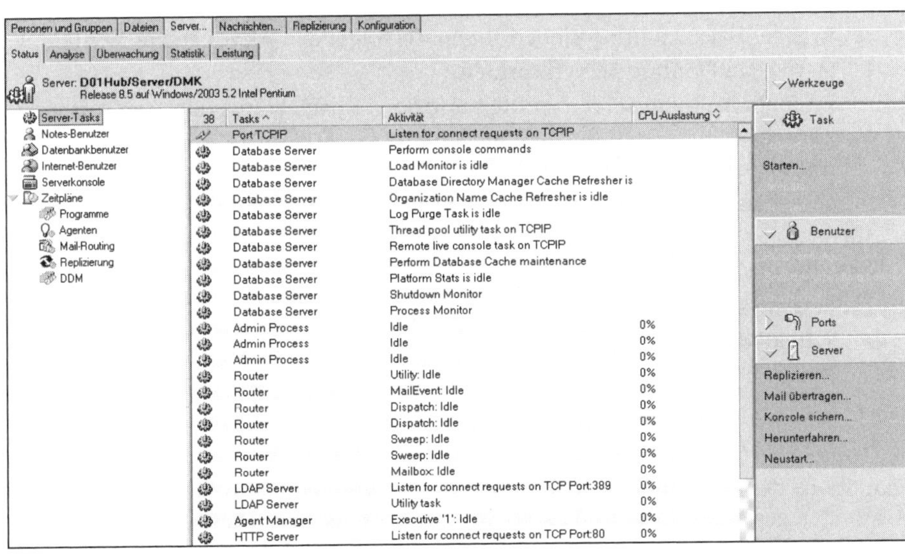

Abbildung 3.76: Registerkarte SERVER

- Im Register ANALYSE können Sie die folgenden Aufgaben ausführen (siehe *Abbildung 3.77*):
  - Auf die Protokolldatei (*log.nsf*) und die Webprotokolldatei zugreifen und nach Fehlern suchen und diese analysieren
  - Auf den Domänenkatalog und auf die Datenbank für Statistic Reports (*statrep.nsf*) zugreifen
  - Activity Trends verwenden und die Domino-Domänenüberwachung nutzen
  - Administrationsanforderungen verwalten

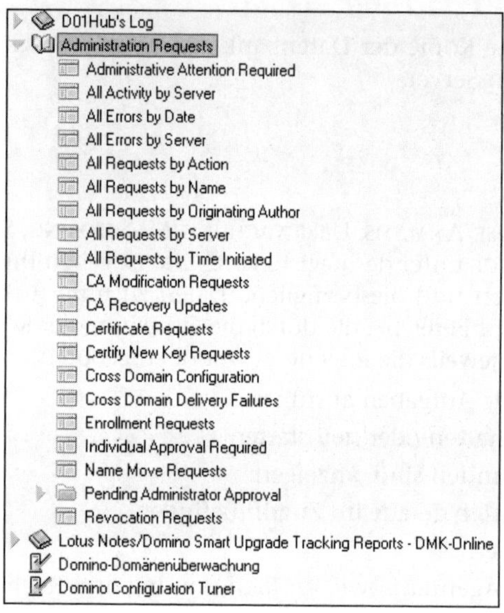

Abbildung 3.77: Registerkarte ANALYSE

- Im Register ÜBERWACHUNG stehen Ihnen die folgenden Aktionen zur Verfügung:
  - Status von Domino Servern prüfen
  - Verfügbarkeit von Servern prüfen und Server nach Status oder Zeit sortieren
  - Aktuellen Status der auf den einzelnen Servern ausgeführten Tasks und ausgewählte Statistiken anzeigen
  - Serverzustand anzeigen und Serverzustandsberichte überwachen
- Im Register STATISTIK können Sie Statistiken zum aktuellen Status des Domino-Systems in Echtzeit anzeigen.
- Im Register LEISTUNG stehen Ihnen die folgenden Aktionen zur Verfügung:
  - Statistikdiagramme zur Serverleistung in Echtzeit anzeigen
  - Diagramme zur Serverleistung für einen bestimmten Zeitraum erstellen
  - Serveraktivitätstrends verwalten
  - Ressourcenbelastung auf verschiedene Server verteilen

Den Status des von Ihnen ausgewählten Servers können Sie in Bezug auf verbundene Anwender, gestartete Tasks und aktive Anschlüsse einsehen. Dies entspricht den Befehlen `SHOW TASKS` und `SHOW USERS` auf der Serverkonsole (siehe *Abbildung 3.78*). Wenn Sie den Server lieber über die Konsole administrieren möchten, können Sie unter dieser Unterregisterkarte die Konsole starten. Klicken Sie dazu auf die Ansicht KONSOLE/SERVER CONSOLE. In dieser Ansicht haben Sie die Möglichkeit, die Konsole zu starten, anzuhalten und zu stoppen, die Aufteilung des Fensters zu ändern bzw. die entsprechenden Konsolenkommandos abzusetzen und das Ergebnis zu sehen.

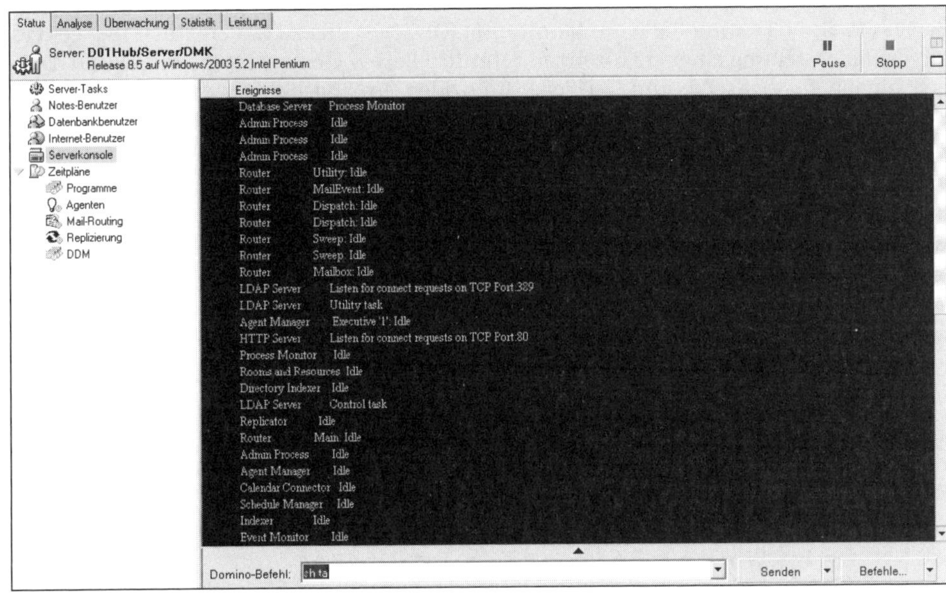

Abbildung 3.78: Ansicht auf die Administrator-Konsole

Neu

Der Befehl `Set config Console_Log_Mirroring` (Aktivieren des *notes.ini*-Parameters) schreibt die Ausgabe des Domino Servers in eine Textdatei.

Sie können je nach Aufgabe auf die entsprechenden Ansichten wechseln. Dort haben Sie die jeweiligen Werkzeuge zur Auswahl, die Ihnen die Eingabe erleichtern sollen. Wählen Sie das Kommando aus und ergänzen Sie es um die entsprechenden Optionen.

Seit Lotus Domino Version 6 gibt es einen separaten Java-basierten Domino Controller, mit dem Sie den Lotus Domino Server entweder von der Administrator-Serverkonsole aus (remote) oder von einer separaten Java-basierten Konsole namens Lotus Domino Console aus steuern können. Diese Architektur erlaubt die Steuerung des Lotus Domino Servers direkt über die Live-Serverkonsole und ermöglicht es, einen Befehl für mehrere Server in mehreren Domänen auszugeben. In der Live-Serverkonsole auf der Statusseite von Lotus Domino Administrator können Sie Statusnachrichten für bestimmte Statusebenen filtern und Stopps setzen, sodass kritische Informationen auf dem Konsolenbildschirm pausieren.

Mehr Informationen erhalten Sie in *Kapitel 13.5.5, Domino Serverkonsole und Administratorkonsole.*

Unterhalb der Registerkarte ANALYSIS vereinigen sich unterschiedliche Serverinformationen an einer Stelle. Dies schließt Daten aus einer Reihe von Ansichten aus der Log-Datei (*log.nsf*), dem Datenbankkatalog (*catalog.nsf*) und den Administrationsanforderungen (*admin4.nsf*) ein. Sie haben hier eine Stelle in Domino Administrator, von der aus Sie agieren können, um beispielsweise nach der Ursache eines Servercrashs zu suchen. Auch das bereits erwähnte Domino Domain Monitoring (DDM) ist hier zu finden. Auch hier geht es um die Bereitstellung einer ergänzenden Schnittstelle, wo Elemente angeordnet und darüber hinaus thematische und zeitliche Koinzidenzen angeboten werden („correlated events"), um einen möglichen Lösungsweg anbieten zu können. Mehr zum Thema DDM erfahren Sie in *Kapitel 13.6, Domino Domain Monitoring in der Praxis* und *3.9, Domino Domain Monitoring*.

Unter der Registerkarte ÜBERWACHUNG/MONITORING überwachen Sie ausgewählte Server. So können Sie – auch mithilfe der Optionen, die Sie über das Menü steuern können – Server-spezifische Tasks und andere spezifische Statistiken überwachen (siehe *Abbildung 3.79*). Und Sie sehen beispielsweise auf einen Blick, ob all Ihre Server verfügbar sind, wie viel Anwender gerade darauf zugreifen und ob sich Mail-Router-Probleme abzeichnen, weil sich in den Mailboxen eines Servers Mails sammeln.

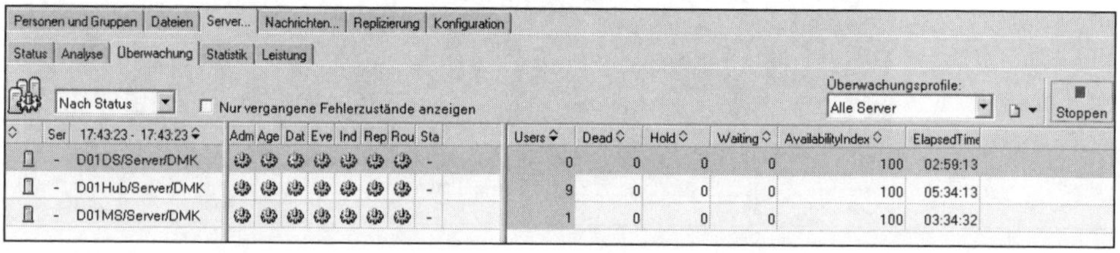

Abbildung 3.79: Server in der Überwachung

Unter der Registerkarte STATISTIK/STATISTICS sehen Sie einen Snapshot der Werte aus der Serverstatistik. Das Kommando `SHOW STAT` in der Serverkonsole zeigt die gleichen Ergebnisse.

An dieser Stelle bietet die Tivoli Autonomic Monitoring Engine (TAME) Unterstützung. Diese stellt ein zentrales Element in der On-Demand-Strategie von IBM in Form einer Event-Reporting-Schnittstelle (z.B. *Tivoli Enterprise Console*) dar. Gleichzeitig stellt sie ein Framework für Drittanbieter-Resource Module-Plug-Ins bereit, um Domino- und Betriebssystem-Ressourcen zu evaluieren und entsprechende Reports zu erstellen. Dazu gehören auch die *Domino Resource Modules* (für *Domino TAME*) mit Berichten über CPU, Speicher, Festplatte und Netzwerkauslastung. Die Resource Modules werden über DDM konfiguriert und berichten über die entsprechenden DDM-Schnittstellen und zur Tivoli Enterprise Console. Ein weiteres Thema sind Aktivitätstrends und die als Basis fungierende Tivoli-Funktion des *Tivoli Analyzer*. In der neuen Version ist keine Software extra zu installieren, zu konfigurieren und zu lizenzieren. Der Administrator muss dieses Werkzeug zur Kapazitätsplanung und Ressourcenverteilung in Lotus Domino-Domänen lediglich aktivieren.

Die Registerkarte LEISTUNG/PERFORMANCE umfasst die Anzeige zur grafischen Darstellung der Statistiken (realtime und historisch) sowie die Anzeige der Activity Trends und Angaben zur Ressourcenverwaltung (Ressourcenauslastung). Activity Trends sammeln Lotus Domino-Aktivitätsdaten und werten sie aus. Daraus resultierend ergeben sich dann Vorschläge wie etwa die Verteilung der Last über mehrere Server durch Verschieben von Datenbanken auf andere Server (siehe *Abbildung 3.80*). Domino bedient sich dabei patentierter heuristischer Methoden und visueller Analysewerkzeuge, die gerne als *Selbstheilung*, *-optimierung* und *-konfiguration* deklariert werden. Mittelpunkt der letztendlichen Aktion ist ein automatisiertes Change Management mit voller Einbindung des Administrators.

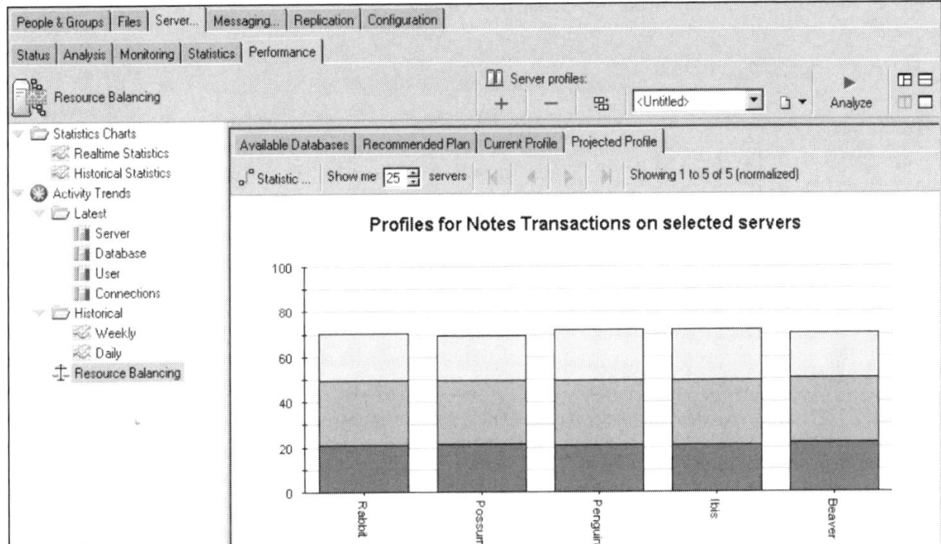

Abbildung 3.80: Ergebnis einer Umschichtung der Last

Zu diesem Zweck können Sie Statistikprofile definieren. Auf diese Weise können Sie Statistiken verfolgen und grafisch aufbereitet für den momentanen Zeitrahmen oder historisch gesehen anzeigen lassen. Historische Charts ziehen ihre Daten aus der Monitoring Results-Datenbank (*statrep.nsf*).

Um die Statistikcharts zu erstellen, müssen Sie das Feld BEIM ÜBERWACHEN/DARSTELLEN VON STATISTIKEN BERICHTE GENERIEREN bzw. GENERATE STATISTIC REPORTS WHILE MONITORING OR CHARTING STATISTICS in Administrationsvorgaben aktivieren und der Domino Server Monitor muss aktiv sein. Wenn Sie sich Statistiken anzeigen lassen wollen, wählen Sie den Server und die gewünschten Statistiken aus. Nutzen Sie so folgende Möglichkeiten:

- Erzeugen und Bearbeiten von Statistikprofilen bzw. Entfernen oder Kombinieren von bestehenden Statistikprofilen.
- Sammeln Sie historische Statistiken über einen bestimmten Zeitraum und sehen Sie Details zu jeder Statistik ein.
- Starten und stoppen Sie Realtime-Anzeigen dynamisch.

Die grafische Anzeige von Statistiken ist nicht über den Web Administrator verfügbar.

3.6.6 Register NACHRICHTEN/MESSAGING

Die Daten, die Sie unterhalb der Registerkarte NACHRICHTEN/MESSAGING in den beiden Unterregisterkarten MAIL und MAIL-VERFOLGUNG/TRACKING CENTER finden, unterstützen Sie bei der Überwachung, Verwaltung und Problemlösung rund um den Mail-Verkehr auf Ihren Servern (siehe *Abbildung 3.81*).

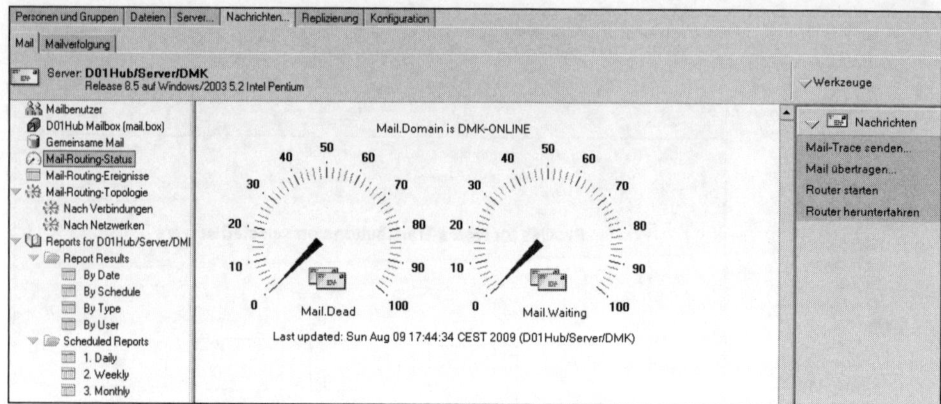

Abbildung 3.81: Unterregisterkarten der Registerkarte NACHRICHTEN

Die folgenden Informationen sind Teil der Registerkarte MAIL:

- MAIL-BENUTZER/MAIL USERS:

  Die dort aufgeführten hierarchischen Anwendernamen mit ihren Mail-Datenbanken sind nach ihren Mail-Servern angeordnet. Diese Ansicht entspricht der Ansicht MAIL USERS im Domino Directory.

- MAILBOX (hier: D01HUB/SERVER/DMK)
  - Der Inhalt der aufgeführten Mailboxen wird angezeigt. Dies entspricht dem Öffnen der einzelnen Mailboxen (*mail1.box, mail2.box* ...) über den Notes Client.
  - Bei mehreren über das Domino Directory konfigurierten Mailboxen wird entsprechend eine Liste der Mailboxen pro Server aufgeführt. So sind Sie in der Lage, zu überprüfen, ob sich tote Nachrichten in den Mailboxen befinden, und ein gegebenenfalls vorliegendes Problem aufzudecken und zu lösen. Um sich den Inhalt der Mailboxen anzeigen zu lassen, benötigen Sie mindestens Lesezugriff. Andernfalls wird Ihnen der (Default) Zugriff des Einlieferers zugewiesen, mit dem Sie nicht in der Lage sind, die Inhalte der Mailboxen einzusehen.
- GEMEINSAME MAIL/SHARED MAIL: An dieser Stelle werden Ihnen die SHARED MAIL USAGE REPORTS aus der Log-Datei (*log.nsf*) angezeigt.
- MAIL-ROUTING-STATUS: Diese Ansicht zeigt Ihnen tote Mails und Nachrichten, die noch auf ihre Zustellung warten, als eine Art Instrumententafel an.
- MAIL-ROUTING-EREIGNISSE/MAIL ROUTING EVENTS: Diese Ansicht stellt Ihnen die Ansicht MAIL ROUTING EVENTS aus der Log-Datei (*log.nsf*) dar.
- MAIL-ROUTING-TOPOLOGIE/MAIL ROUTING TOPOLOGY

  Mail-Routing-Topologie-Karten sind für die Verfolgung von Mail-Routing-Problemen zwischen Servern hilfreich. Sie müssen den Task *Topologiekarten (MAPS)* laden, bevor Sie eine Topologiekarte anzeigen können.

Sie haben unter der Mail-Routing-Topologie zwei Ansicht-Modi zur Auswahl: NACH VERBINDUNGEN/BY CONNECTIONS oder NACH NETZWERKEN/BY NAMED NETWORKS. Diese Teilung wird deswegen vorgenommen, weil zwei unterschiedliche Ansätze zur Konfiguration des Mail-Verkehrs existieren. Zum einen bedient man sich der sogenannten Verbindungsdokumente. Zum anderen ordnet man den Notes Network Ports der Server, die konstant in einer Domino-Domäne über das gleiche Netzwerkprotokoll miteinander verbunden sind, den gleichen (sprechenden) Namen zu (Default: NETWORK1). Innerhalb des gleichen Notes Named Networks verläuft das Mail-Routing automatisch und sofort.

- REPORTS: Zeigt Ihnen Informationen aus der Report-Datenbank des Servers bezüglich der Mail-Nutzung an.

Mithilfe der Registerkarte MAIL-VERFOLGUNG/MAIL-TRACKING können Sie verlorenen Mail-Nachrichten nachgehen. Bevor Sie Mail-Verfolgungsdaten für die Verfolgung oder Berichterstellung einsetzen können, müssen diese Daten in der Datenbank *Mail Tracker Store (mtstore.nsf)* erfasst werden. Nähere Informationen zu dieser Thematik erhalten Sie in *Kapitel 13.5.7, Mail-Überwachung und Fehlersuche.*

3.6.7 Register REPLIZIERUNG/REPLICATION

Verwenden Sie den Domino Administrator, um eine grafische Darstellung der einzelnen Serverreplizierpläne zu erhalten (siehe *Abbildung 3.82*). Die Replizierzeitpläne werden für einzelne Server angezeigt, auch wenn Server zu einer Gruppe gehören, die in einem Verbindungsdokument im Feld ZIELSERVER/DESTINATION SERVER aufgeführt ist.

Unter der Ansicht REPLIZIERERETGNISSE/REPLICATION EVENTS greifen Sie auf Informationen aus der Log-Datei (*log.nsf*) zu.

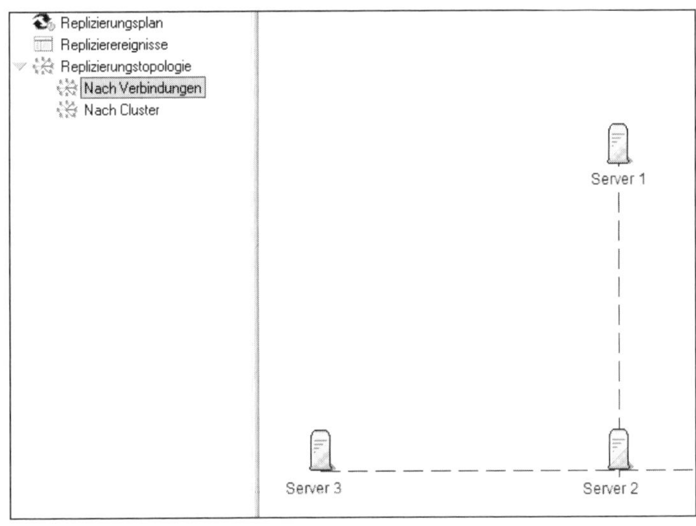

Abbildung 3.82: Ansichten unter Registerkarte REPLIZIERUNG

Darüber hinaus können Sie eine grafische Darstellung Ihrer Repliziertopologie anzeigen lassen. Abbildungen der Repliziertopologie sind für eine schnelle Überprüfung sehr hilfreich. Somit können Sie die einzelnen Verbindungen zwischen den Servern problemlos verfolgen. Server, Netzwerke, Cluster und ccMail Post Office werden durch individuelle

Symbole dargestellt. Jede Replizierungsverbindung wird durch eine eigene Linie dargestellt. Eine Replizierungsverbindung zwischen zwei Servern erscheint als gestrichelte rote Linie. Mehrfachverbindungen zwischen Servern erscheinen als überlagerte Linien.

- Um die Verbindungen zwischen dem oben ausgewählten Server und allen Servern, die durch Verbindungsdokumente oder Cluster verbunden sind, anzeigen zu lassen, klicken Sie auf REPLIZIERUNGSTOPOLOGIE/REPLICATION TOPOLOGY > NACH VERBINDUNGEN/BY CONNECTIONS.
- Um alle Cluster und die mit ihnen verbundenen Server anzeigen zu lassen, klicken Sie auf REPLIZIERUNGSTOPOLOGIE/REPLICATION TOPOLOGY > NACH CLUSTER/BY CLUSTERS.
  - Doppelklicken Sie auf einen Server in der Topologie, um ihn zum Zentrum der Abbildung zu machen.
  - Doppelklicken Sie auf eine Verbindung, um das entsprechende Verbindungsdokument im Domino-Verzeichnis zu öffnen.

Mit Tastaturbefehlen und über das Kontextmenü können Sie sich in der Topologie bewegen. Beispielsweise können Sie über das Kontextmenü die Darstellung der Topologie vergrößern bzw. verkleinern.

3.6.8 Register KONFIGURATION/CONFIGURATION

Verwenden Sie das Register KONFIGURATION/CONFIGURATION in Domino Administrator, um alle Serveroptionen und -einstellungen sowie Konfigurationen für verschiedene Subsysteme einzurichten, z.B.: Sicherheit, Überwachung, Verbindungen (Replizierung und Routing), Richtlinien, Verzeichnis- und Offline-Dienste. Folgende Punkte mit Inhalten stehen Ihnen dabei zur Verfügung:

- SERVER
  - Alle Serverdokumente und das aktuelle Serverdokument
  - Konfigurationsdokumente
  - Verbindungs- und Programmdokumente
  - Netzwerkinformationen für externe Domänen
- NACHRICHTEN/MESSAGING
  - Einrichten des Mail-Routings für den Mail-Verkehr
  - Konfigurationen zum Erstellen eines Konfigurationsdokuments zum Aktivieren von SMTP-Routing, zum Einstellen von Beschränkungen für alle Mail-Routings und zum Anpassen des Mail-Systems
  - Domänen zum Erstellen von benachbarten Domänen, nicht benachbarten Domänen, fremden Domänen und fremden SMTP-Domänen
  - Verbindungen zum Erstellen von Verbindungen für Notes-Routing
  - Erstellen und Konfigurieren von Internet-Sites (Konfigurieren und Verwalten von Internetprotokollen) sowie Informationen zu Datei-Identifikationen
- REPLIZIERUNG/REPLICATION
  - Verbindungsdokumente für die Server-zu-Server-Replizierung verwalten
- VERZEICHNIS/DIRECTORY
  - Konfigurationsdokument eines Verzeichniskatalogs oder eines erweiterten Verzeichniskatalogs erstellen bzw. verwalten

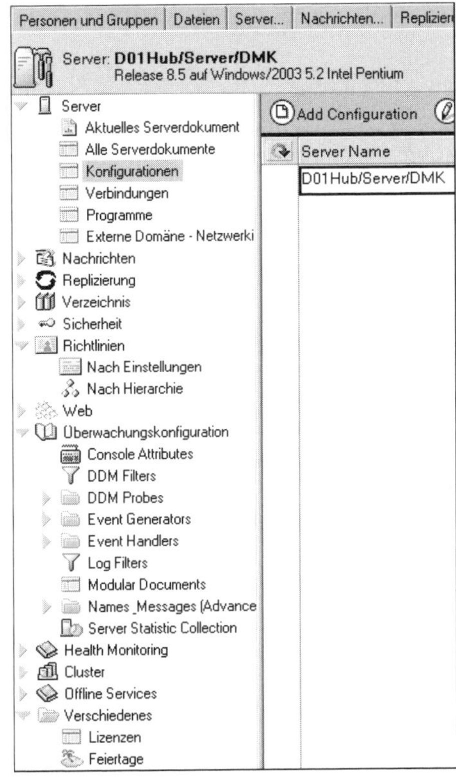

Abbildung 3.83:
***Ansichten und Werkzeuge unter der Registerkarte* KONFIGURATION**

- SICHERHEIT/SECURITY
  - ZERTIFIKATE/CERTIFICATES
  - ID-VAULTS
- RICHTLINIEN/POLICIES
  - Einsicht in die Richtlinien bezüglich der Einstellungen (NACH EINSTELLUNGEN/BY SETTINGS) bzw. nach Hierarchie (NACH HIERARCHIE/BY HIERACHY)
- WEB
  - Internet-Site-Dokumente
  - Dateischutzdokumente, Dokumente des Typs Web-Realm, Dokumente des Typs Zuordnung/Umleitung oder Dokumente des Typs Virtueller Server (alle veraltet) über die Webserver-Konfiguration (siehe *Kapitel 11, Domino im Web*). Mittlerweile haben Internet-Site-Dokumente diese Optionen ersetzt.
  - Datei-Identifikationen
- ÜBERWACHUNGSKONFIGURATION/MONITORING CONFIGURATION
  - Konsolenattribute: Sie können jetzt für die Konsole Text und Farben wählen und Attribute für die lokale und die Live-Serverkonsole einstellen. So lassen sich die angezeigten Informationen leichter lesen und interpretieren.
  - DDM Probes und Filter für das Sammeln von Überwachungsdaten
  - Event Generators, Event Handlers oder Log Filters
  - Names & Messages (Advanced) und die Server Statistic Collection

- HEALTH MONITORING
  - Index Threshold als Empfehlung
  - Serverkomponenten wie CPU oder Server Response
- CLUSTER
  - Cluster erstellen oder einen Server einem Cluster hinzufügen bzw. entfernen
  - Zugriff auf das Cluster-Datenbankverzeichnis oder Cluster-Replizierung für eine Datenbank deaktivieren
- VERSCHIEDENES/MISCELLANEOUS
  - Feiertage
  - Lizenzen

Sie merken spätestens an dieser Stelle, was für ein mächtiges Werkzeug der Domino Administrator ist. Im Grunde genommen ist dies auch eine elegante Möglichkeit, das Domino Directory zu konfigurieren. Aber es werden auch Informationen aus dem Directory Catalog, der Directory Assistance(DA)-Datenbank, den Statistiken und der DECS Administrator-Datenbank zur Verfügung gestellt.

3.7 Der Web Administrator

Nicht nur der native Lotus Notes Client bietet Optionen für die Arbeit und den Zugriff im Browser. Die Alternative zum Domino Administrator ist der Web Administrator. Der Web Administrator verwendet die Datenbank WEB ADMINISTRATOR (*webadmin.nsf*). Wenn der HTTP-Task auf einem Webserver zum ersten Mal gestartet wird, erstellt Domino diese Datenbank automatisch im Domino Data-Verzeichnis.

Web Administrator unterscheidet sich von Domino Administrator nur durch wenige Merkmale (siehe *Abbildung 3.84*). Die Benutzeroberfläche ist identisch, ebenso wie die meisten Menübefehle, Dialogfelder und InfoBoxen. In Web Administrator werden jedoch manchmal zusätzliche Informationen angezeigt. Im Register MAIL von Web Administrator werden beispielsweise zusätzliche mailspezifische Daten angezeigt, z.B. der Mail-Routing-Plan, Mail-Routing-Statistiken und Daten zum Abrufen von Mail.

Voraussetzung für die Arbeit mit dem Web Administrator ist auf der Server-Seite ein Domino Server (als Webserver) mit aktiviertem HTTP-Task. Nur dann können Sie mithilfe eines Browsers darauf zugreifen. Auf diesem Server muss der Administrationsprozess (AdminP) ausgeführt werden, und auf dem Domino 8 Server, auf dem sich die Datenbank LISTE DER AUSGESTELLTEN ZERTIFIKATE für die Registrierung von Benutzern oder Servern befindet, muss der CA-Prozess ausgeführt werden, wenn Sie neue Benutzer registrieren wollen.

Stellen Sie sicher, dass die jeweiligen Administratoren den adäquaten Zugriff auf die Datenbank WEB ADMINISTRATOR besitzen. Beim ersten Erstellen der Datenbank WEB ADMINISTRATOR legt Domino automatisch standardmäßige Sicherheitseinstellungen fest. Dies bedeutet, dass allen Namen, die in den Feldern ADMINISTRATOREN MIT VOLLER BERECHTIGUNG oder ADMINISTRATOREN des Serverdokuments aufgeführt sind, Managerzugriff mit allen Rollen für die Datenbank WEB ADMINISTRATOR zugewiesen wird. Darüber hinaus aktualisiert den HTTP-Server-Task regelmäßig (ca. alle 20 Minuten) die ACL der Datenbank mit Namen, die den Feldern ADMINISTRATOREN MIT VOLLER BERECHTIGUNG oder ADMINISTRATOREN im Serverdokument hinzugefügt wurden, sofern diese nicht bereits in der ACL enthalten sind.

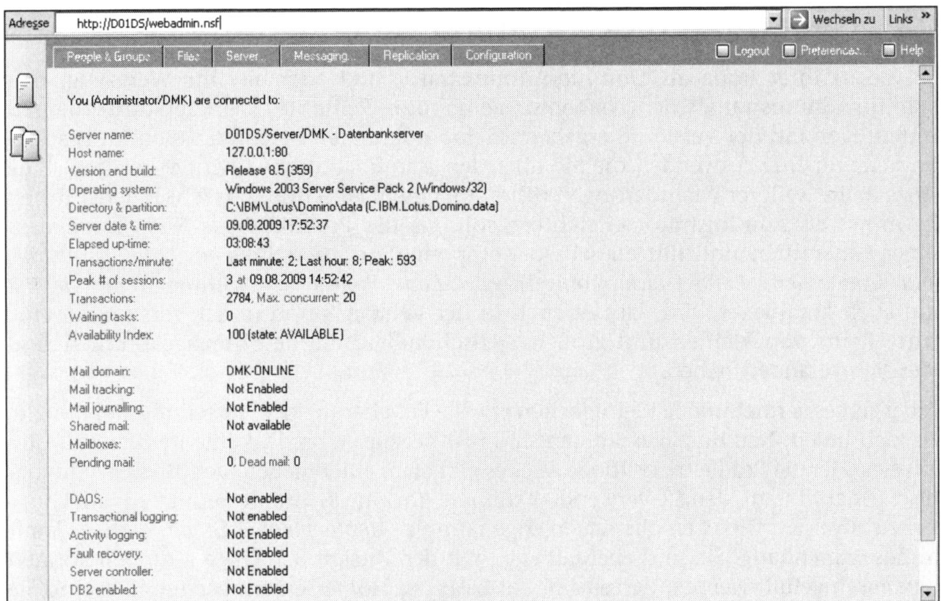

Abbildung 3.84: Die Oberfläche des Web Administrators

Standardmäßig wird den Benutzern in der ACL Managerzugriff mit allen Rollen zugewiesen, die in den beiden Feldern bezgl. der Administrationsrechte des Serverdokuments angegeben sind. Sie können den Zugriff von Web Administratoren auf bestimmte Teile des Domino Administrator beschränken, indem Sie den Benutzern weniger Rollen zuweisen. Für jede Rolle gibt es ein eigenes Register und zugehörige Befehle. Das Beschränken von Zugriffsrechten hat somit Auswirkungen darauf, welche Register in Web Administrator angezeigt werden. Wenn Sie einem Web Administrator beispielsweise nur die Rolle PEOPLE&GROUPS zuweisen, wird nur das Register PERSONEN UND GRUPPEN in Web Administrator angezeigt, wenn der entsprechende Administrator diese Anwendung ausführt. Die folgende Tabelle enthält die in Domino Web Administrator vordefinierten Rollen.

Rolle	Register
Files	DATEIEN
People&Groups	PERSONEN UND GRUPPEN
Replication	REPLIZIERUNG
Configuration	KONFIGURATION
Mail	NACHRICHTEN > MAIL
MsgTracking	NACHRICHTEN > MAIL-VERFOLGUNG
ServerStatus	SERVER > STATUS
ServerAnalysis	SERVER > ANALYSE
ServerStatistic	SERVER > STATISTIK

Tabelle 3.1: Rollen für die Beschränkung der Registerkartennutzung im Web Administrator

3.8 Neuerungen des Domino Administrators 8.x

Für Sie in Ihrer Rolle als Domino-Administrator und auch für Ihr Werkzeug, den Domino Administrator Client, haben sich eine ganze Reihe von kleineren und größeren Änderungen mit der Version 8 ergeben. Viele Änderungen begründen sich im Feature-Zuwachs für Ihre Anwender, die Sie über den Administrations-Client verwalten. Eine ganze Reihe weiterer Veränderungen rührt von einem Funktionszuwachs her, der Ihnen die Arbeit als Administrator erleichtern soll. Da das Produkt *Lotus Notes Domino* in seiner Gesamtheit und mit all seinen Komponenten (*Lotus Domino, Lotus Sametime, Lotus Connections, Lotus Quickr, Lotus Traveler, Lotus Protector* etc.) immer weiterwächst und auch komplexer wird, gibt es auch in der Version 8 und in der Version 8.5 eine ganze Reihe von kleinen und großen Stellschrauben, die neu hinzugekommen sind oder sich verändert haben.

Dabei gibt es vermeintliche Kleinigkeiten wie die Erweiterung der Einstellungsdokumente der Richtlinien. Neu hinzugekommen sind hier beispielsweise Dokumente für den Notes Traveler oder die Productivity Tools. Aber es gibt auch einen neuen Richtlinientyp (dynamische Richtlinien), den Sie verwenden können, um eine Richtlinie Benutzern und Gruppen zuzuweisen. Die ebenfalls neuen sogenannten *Auto-populated Groups* stehen damit im Zusammenhang. Sie sind ebenfalls neu seit der Version 8.5. Diese Gruppen können dynamisch gefüllt werden, derzeit nur auf Basis des Home-Servers. Letztendlich sind Sie so in der Lage, Richtlinien auf Basis des Home-Servers der Benutzer zuzuweisen. Analog dazu gibt es auch einen neuen Server-Task (`tell autopop process`), der für das Erzwingen einer Aktualisierung dieser Gruppen sorgt.

Abbildung 3.85: Eine Auto-populated Group

Mehr zum Thema Benutzerverwaltung und den weiteren neuen Features und Veränderungen in diesem Bereich (z.B. *ID-Vault, Lotus Notes Shared Login* oder *Lotus Notes Roaming Users*) erfahren Sie in *Kapitel 10, Benutzerverwaltung*.

Ein Schwerpunkt der neuen Serverversion liegt im Bereich Performance. Hard-Disk Usage, I/O Rate und I/O Bandwith sind hier wichtige Schlagworte und auch die Themen Usability/Servicability bleiben davon nicht unberührt. Zu diesem Themenbereich passen auch der Domino Attachment and Object Service (DAOS) als „Ablösung für Shared Mail" und die unterschiedlichen Möglichkeiten zur Datenbankkomprimierung:

- LZ1 Compression (Domino 6.5+)
- Design Compression (Domino 8.0+)
- Data Compression (Domino 8.0.1+)
- Domino Attachment and Object Service (Domino 8.5+)

DAOS fungiert im Grunde genommen als großer Speicher für Domino-Daten, sodass die Inhalte außerhalb der Domino-Anwendungen gespeichert werden und DAOS als konsolidierter Speicher für Anhänge aller Benutzer eines Domino Servers dient. Die Anhänge der Mails aus den Mail-Datenbanken der unterschiedlichen Benutzer werden dabei nur ein Mal gespeichert, wobei DAOS die Referenzen auf die Objekte (DAOSCatalog) verwaltet. Weitere Benutzer bekommen nur einen Link. Der Zugriff auf die Objekte erfolgt transparent für Domino Server, Anwendungen, Benutzer und Agenten. Voraussetzungen für DAOS beziehen sich auf das Vorhandensein der Domino Server-Version 8.5, Transaktionsprotokollierung, ODS51 (`Create_R85_Databases=1`) und die entsprechende Aktivierung in Datenbankeigenschaften. Die Vorteile liegen in der Harddisk-Platzersparnis (30–70 %), I/O-Bandbreiten-Einsparungen, der Entlastung der Serverprozesse wie z.B. Compact, Indexer, reduzierten Backupzeiten (kleinere NSF, statischere Attachments). Allerdings sind Sie nicht gezwungen, alle Ihre Server innerhalb der Domäne auf DAOS umzustellen, selbst innerhalb eines Clusters müssen Sie DAOS nicht konsistent umsetzen. Zu den Bestandteilen von DAOS gehören:

- DAOS-Manager: Interagiert mit dem Server und benötigt ODS51 und Transaktionsprotokollierung.
- NLO-Dateien (Anhangsdateien): Format, in dem alle Anhänge im Dateisystem abgelegt werden.
- Tickets: Referenzen aus dem Body-Bereich der Dokumente auf die NLO-Dateien.
- DAOS-Katalog/DAOSCatalog: Datenbank mit der Liste der NLO-Dateien und Referenzen.

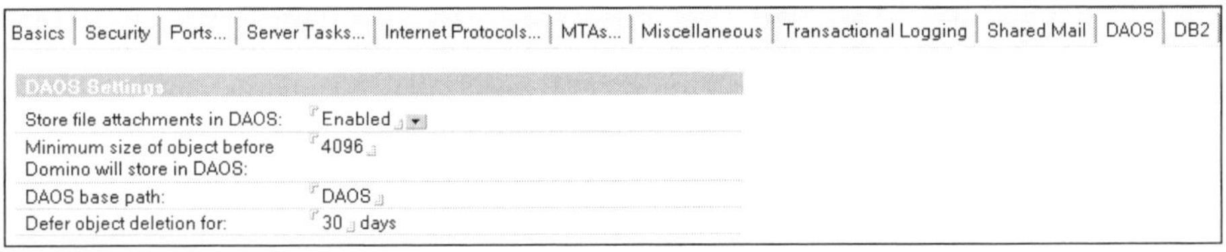

Basics | Security | Ports... | Server Tasks... | Internet Protocols... | MTAs... | Miscellaneous | Transactional Logging | Shared Mail | DAOS | DB2

DAOS Settings

Store file attachments in DAOS:	Enabled
Minimum size of object before Domino will store in DAOS:	4096
DAOS base path:	DAOS
Defer object deletion for:	30 days

Abbildung 3.86: Aktivierung der DAOS-Funktion im Serverdokument

Mehr zum Thema DAOS erfahren Sie in *Kapitel 4.8, Domino Attachment and Object Service (DAOS).*

Configuration Tuner (DCT)

Auf Basis der Datenbankinhalte und -funktionen des Domino Configuration Tuner (DCT) können Administratoren die Einstellungen ihrer Domino-Infrastruktur bzw. einer Domino-Domäne auf Basis von Best Practices prüfen. Hierzu zieht der DCT sowohl die Werte in der *notes.ini,* der Datenbankeigenschaften als auch die Serverdokumente der Server heran und gibt Hinweise auf mögliche Konfigurationsprobleme, äußert Empfehlungen und verweist auf Publikationen. Aktuelle Informationen findet man nun im Tuner-Blog der Entwickler unter *http://www.bleedyellow.com/blogs/DCT/* sowie unter *http://www.lotus.com/ldd/dominowiki.nsf/dx/domino-configuration-tuner.*

Sie können DCT für Server ab der Version 7 nutzen. Die Implementierung erfolgt über das Datenbanktemplate *dct.ntf,* die frei verfügbar und dem Domino Administrator zuzurechnen ist.

Unter Lotus Domino 8 erfahren die aus der Version 7 bereits bekannten Erweiterungen hinsichtlich DB2 und der in der Version 7 eingeführten Managementfunktionen wie Domino Domain Monitoring (DDM) weitere Neuerungen.

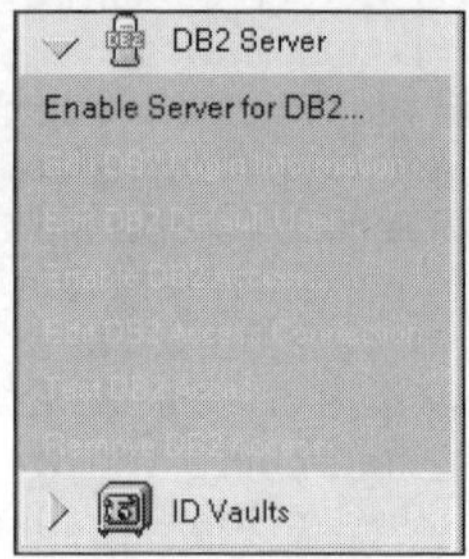

Abbildung 3.87: DB2 innerhalb der Oberfläche des Domino Administrators

Sie können IBM Lotus Domino für die Ausführung mit DB2-Datenbanken und Notes-Datenbanken (seit der Version 7) konfigurieren. Sie können sowohl auf die in Notes als auch in DB2-Datenbanken gespeicherten Daten zugreifen und sich diese ansehen. DB2NSF wird eine Datenbank genannt, die „DB2 enabled" wurde. Allerdings ist eine Aktivierung nicht für alle Datenbanken möglich (Ausnahme sind z.B. *admin4.nsf*, *events4.nsf* oder *mail.box*).

Zu den DB2-Erweiterungen in der Version 8 und 8.5 zählen die Option, Standard-DB2-Benutzernamen einzustellen oder zu löschen, DB2-Container zu verschieben oder auch DB2-Gruppen zu komprimieren. Neu ist auch das Datenbankwerkzeug, um Links zu DB2-fähigen Notes-Datenbanken neu zu erstellen. Zu den Neuerungen zählen auch zusätzliche DB2-Serverbefehle wie etwa DB2 Access, DB2 Catalog, DB2 Group und andere. Ebenso haben die Administrationsanforderungen Zuwachs hinsichtlich DB2 bekommen: DB2-Zugriffsverbindung ändern, DB2-Kennwort in ID-Datei des Servers festlegen und DB2-Informationen im Serverdokument speichern stehen als Aufgaben für den Server im Zusammenspiel mit einer bestehenden DB2-Verbindung an.

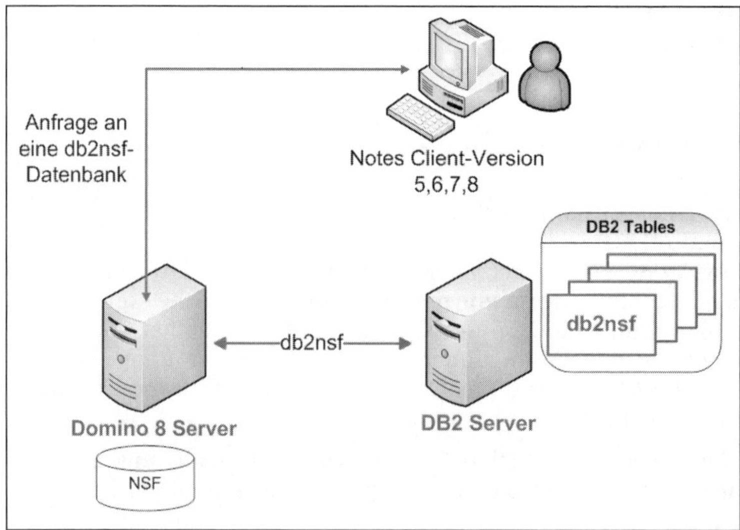

Abbildung 3.88: DB2NSF-Übersicht

In Sachen DDM hat sich einiges getan. Neu ist ein *WebSphere-Services-Test*. Über diesen Test-Subtyp können Sie überwachen, ob Protokollanforderungen für WebSphere-Services verarbeitet werden. Dies ist natürlich nur relevant für Sie, wenn Sie in einer Umgebung arbeiten, in der auch WebSphere Server und ihre Administrationen inklusive der darauf befindlichen Applikationen zu Ihrem Aufgabenbereich zählen und Sie diese Aufgaben zum Teil über den Domino Administrator Client abwickeln möchten. Der Verzeichnistest vom Subtyp LDAP-SUCHANTWORTTEST wurde erweitert. Dieser Verzeichnistest überwacht die durchschnittliche Antwortzeit des Servers bei LDAP-Suchen. Hierüber sind Sie beispielsweise in der Lage, die Suchvorgänge, die am längsten laufen, zu überwachen. So erhalten Sie zusätzliche Informationen, sodass Sie Problemfälle identifizieren und beheben können. Weitere Erweiterungen im Bereich DDM seit der Version 8.02 lauten:

- Testtyp ADMINISTRATION und Subtyp AUTOMATISCHES SCHLIESSEN VON BERICHTEN. Letzteres hilft Ihnen beim Schließen von Berichten, wenn Sie Ereignisberichte schließen möchten, die eine angegebene Zeit geöffnet waren, während dieser Zeit jedoch inaktiv waren.
- Neue Schaltfläche ALLGEMEINE AKTIONEN/COMMON ACTIONS im Ereignisdokument.
- Neue Rolle EXECUTE CA für den Zugriff auf einen Korrekturtext und den der Korrektur zugeordneten Link.
- Neue modulare Dokumente als Referenzdokumente für die Anweisungen WAHRSCHEINLICHER GRUND, MÖGLICHE LÖSUNG und KORREKTUR.
- Server- und Add-in-Task-Ereignisdokumente enthalten Lotus-Einträge, benutzerdefinierte Einträge oder Standardeinträge.

Beschrieben werden diese Neuerungen und auch der Themenbereich DDM in *Kapitel 3.9, Domino Domain Monitoring* und *13.6, Domino Domain Monitoring in der Praxis*.

In Bezug auf das Thema Administrationsanforderungen bietet Lotus Notes seit der Version 8.0.2 eine Reihe von Neuerungen. Dazu gehören die Möglichkeiten, Anforderungen aus dem Administrationsprozess direkt in der Datenbank ADMINISTRATIONSANFORDERUNGEN (*admin4.nsf*) abzulegen, spezielle Threads für bestimmte Anforderungen zu definieren oder die Zeitintervallvorgaben für Administrationsanforderungen neu zu definieren. Mehr dazu erfahren Sie in *Kapitel 4.4.2, Wichtige Datenbanken*. Seit Lotus Notes Domino 8.5 generiert der Administrationsprozess Statistiken zur Abarbeitung der Anforderungen, um den Abarbeitungsstatus und den Fortschritt der einzelnen Aktivitäten zu überwachen.

Daneben existieren ein paar neue Server-Tasks, was aber eher mit den Neuerungen auf Server-, denn auf Administrator Client-Seite zu tun hat. Dagegen erscheinen die weiteren Änderungen eher unscheinbar, z.B. hinsichtlich des Richtlinienmanagements, das neue Richtliniendokumente zu den Roaming- (neu seit 8.5), Activities-, Lotus Symphony- und Lotus Traveler-Einstellungen und zudem Erweiterungen in den Einstellungsdokumenten selbst anbietet, wie z.B. in Bezug auf Lotus iNotes in den Mail-Richtlinien. Mehr zu diesem Thema erfahren Sie in *Kapitel 10.2, Richtlinien für Benutzer*.

Achtung

Shared Mail wird ab der Version 8.5 nicht mehr unterstützt (auch wenn sich an einigen Stellen immer noch Spuren dieser Funktion finden lassen).

3.9 Domino Domain Monitoring

Seit der Version Lotus Notes Domino 7 hat das altbekannte Administrationstool einen Zuwachs mit der Bezeichnung *Domino Domain Monitoring (DDM)* erfahren. Dies gestaltet sich als spezialisierte Überwachungsbenutzeroberfläche, unter der sich mehrere Server besser als bisher überwachen lassen. Es handelt sich also nicht um eine grundlegende Änderung der Anwendungsstruktur, sondern um die Ergänzung durch die DDM-Schnittstelle.

Diese stellt auf dem Domino Administrator Client einen Speicherort zur Verfügung, den Sie verwenden können, um den Status mehrerer Server aus einer oder mehreren Domänen anzuzeigen, um anschließend mithilfe der DDM-Daten Probleme schnell lösen zu können. Die DDM übt dabei folgende Funktionen aus:

- Zeitgesteuerte Überwachung von Domino Servern auch in mehreren Domänen. DDM verwendet mehr als 50 neue Tests mit flexibel konfigurierbaren Zeitplänen, Inhalten und Zielen.
- Schnelle Erkennung kritischer Server- und Client-Probleme. DDM ermittelt mögliche Ursachen in mehreren Funktionsbereichen. Sie erkennt kritische Server- und Client-Fehler innerhalb von Minuten und protokolliert diese.
- Einfache, strukturierte Ansicht des Status von Domänen: Sie bietet eine funktionsorientierte und selektierbare Ansicht des Domänenstatus.
- Automatische Problemerkennung und Analyse möglicher Ursachen in verschiedenen Funktionsbereichen. Sie bietet Abhilfe schaffende Maßnahmen und Verknüpfungen zu Datenbanken, um die erkannten Probleme zu beheben. Dazu gehören auch automatisierte Lösungsvorschläge und Korrekturautomatismen.
- Grafische Anzeige für Probleme mit Indikatoren, die erkennen lassen, welche Probleme am kritischsten, welche behoben und welche noch nicht behoben sind.
- Sie bietet Vorgabeeinstellungen, die die Testkonfiguration vereinfachen.

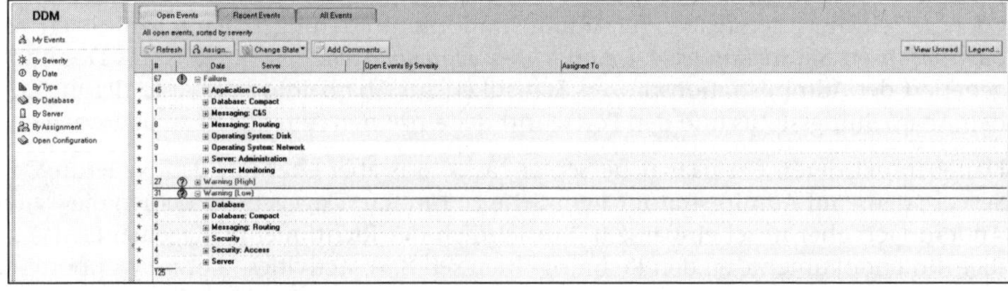

Abbildung 3.89: Die Oberfläche der Event Resolution Center Database (ddm.nsf)

Mit dem Domino Domain Monitoring (DDM) werden die Überwachungsfunktionen für Domino Server weiter ausgebaut. Die Zielsetzung ist ein zentraler Überblick über den Status von Servern in einer oder mehreren Domino-Domänen. Dabei kommen ähnlich wie bei iSpy Probes zum Einsatz. Das sind regelmäßige Stichproben für die Serverfunktion. Die DDM verwendet konfigurierbare Probes (auch Tests genannt), um Informationen zu mehreren Servern zu sammeln. Die Probes erscheinen als konfigurierbare Schnittstellen. Sie analysieren die Serverlandschaft in Bezug auf unterschiedliche Aspekte wie Verzeichnis, SMTP und Sicherheit. Diese Überprüfungen laufen im Hintergrund und sind für die Ausführung auf einem oder mehreren Servern, Datenbanken und Diensten konfiguriert. Anschließend werden die Daten aus den Probes konsolidiert und auf speziell festgelegten Erfassungsservern in der Datenbank DOMINO-DOMÄNENÜBERWACHUNG (*ddm.nsf*) protokolliert. Diese nimmt den DDM-Output auf und stellt so eine zentrale Schnittstelle für die Überwachung und Analyse der Domino-Infrastrukturen dar.

Zum Sammeln und Protokollieren von Informationen über mehrere Server und Domänen hinweg verwendet die DDM eine Erfassungshierarchie, die aus Servern besteht, die Informationen von anderen Servern sammeln, sowie aus Knotenservern, von denen die Informationen abgerufen werden. Oder anders: Die Daten werden von den Probes an einen DDM Collection Server (auch Erfassungsserver genannt) gegeben. Sie können dann wiederum von weiteren Collection Servern konsolidiert werden. So lassen sich hierarchische Strukturen für das Management von Servern aufbauen, in denen es beispielsweise einen Collection Server pro Domäne und darauf basierend dann wiederum einen zentralen Collection Server über alle Domino-Domänen hinweg gibt (siehe *Abbildung 3.90*).

Dabei wird bei der Erfassung zwischen erweiterten und einfachen Ereignissen in Bezug auf die Klasse von Ereignisinformationen unterschieden. Optisch können Sie dies in einem geöffneten Ereignisdokument, das in der oberen rechten Ecke ein Klassentypfeld zeigt, erkennen. Erweiterte Ereignisse umfassen Ereignisse, die von einem DDM-Testdokument oder von einem Domino-Ereignisgenerator erstellt wurden, und alle Ereignisse mit bestimmten Zielinformationen, die im DDM-Ereignisbericht angezeigt werden. Zu den Zielinformationen gehören Server, Datenbanken, Agenten oder benutzerdefinierte Ziele. Ein einfaches Ereignis ist ein Ereignis, das weder mit bestimmten Zielinformationen verknüpft ist noch diese enthält. Die meisten Ereignisse, die auf der Domino Server-Ereigniskonsole aufgezeichnet werden, sind einfache Ereignisse.

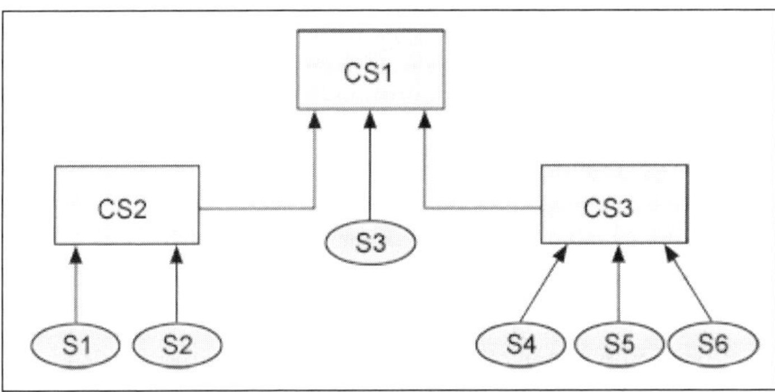

Abbildung 3.90: Prinzip der Erfassungshierarchie über Server (S) und Collection Server (CS), wobei die DDM-Probes in einer Konfigurationsschnittstelle der Datenbank ÜBERWACHUNGSKONFIGURATION (events4.nsf) erstellt und geändert werden.

Hinweis

Stellen Sie beim Einrichten oder Verwalten von Tests sicher, dass Sie einen Domino 7 Server oder höher verwenden, dessen Domino-Verzeichnis bereits auf eine Version 7 oder höher migriert wurde.

3.10 Domino Designer 8.x

Zum Erstellen und Anpassen einer Anwendung benötigen Sie das richtige Werkzeug. Betrachten Sie den Designer Client als eine Art Werkstatt – er enthält die Werkzeuge, die zum Entwerfen oder Bearbeiten einer Anwendung notwendig sind. Über diese Anwendung haben Sie die Möglichkeit, auf die unterschiedlichen Designbausteine einer Anwendung zuzugreifen. Sie haben zwei Möglichkeiten, den Designer Client nach dem Start des Notes Clients aufzurufen:

- Über das Designer-Symbol: Klicken Sie auf das Designer-Symbol in der Lesezeichenleiste links im Lesezeichenfenster (Basis Client) oder auf das Symbol in der ÖFFNEN-Liste im Full Client.
- Aus dem Domino Administrator IN DESIGNER ÖFFNEN
- Über eine Anwendung im Notes Client:
  - Ihnen muss in der ACL Entwickler- oder Managerzugriff zugewiesen sein. Öffnen Sie die Datenbank und wählen Sie ANSICHT/VIEW > GESTALTUNG/DESIGN.
  - Klicken Sie mit der rechten Maustaste auf das Datenbanksymbol in der Lesezeichenleiste und wählen Sie IN DESIGNER ÖFFNEN/OPEN IN DESIGNER.

Nachdem Sie den Designer gestartet haben, können Sie eine vorhandene Datenbank öffnen oder eine neue Datenbank erstellen. Sobald Sie eine Datenbank geöffnet haben (unabhängig davon, ob es sich um eine neue oder eine vorhandene handelt), befinden Sie sich im Arbeitsbereich des Domino Designer Clients. Wenn Sie bereits eine Datenbank zur Verfügung haben, können Sie den Designer Client direkt von der Datenbank aus starten.

3.10.1 Handhabung Domino Designer 8

Bevor Sie mit der Arbeit beginnen, sollten Sie einen Blick auf den Arbeitsbereich des Domino Designers werfen (siehe *Abbildung 3.91*) und sich mit den grundlegenden Funktionen vertraut machen.

Element	Zweck
Menüleiste	Enthält kontextabhängige Menüs der Designer-Befehle.
Vorschau-Schaltflächen	Starten den Browser Ihrer Wahl, um eine Vorschau Ihrer Arbeit anzuzeigen.
Fensterregister	Navigieren zwischen offenen Fenstern in Ihrem Arbeitsbereich.
Aktionsschaltflächen	Führen Aktionen wie beispielsweise das Erstellen von Elementen, Speichern und Schließen aus.
InfoBox-Schaltfläche	Öffnet die InfoBox für das aktive Gestaltungselement.
Gestaltungsfenster	Enthält Gestaltungs-Lesezeichensymbole und die Gestaltungsliste.
Lesezeichen	Öffnet Listen von Anwendungen, die mit Lesezeichen versehen sind.
Gestaltungsliste	Führt zum Arbeitsfenster des Gestaltungselements oder der Ressource.
Arbeitsfenster	Listet alle Datenbankelemente für das derzeit ausgewählte Gestaltungselement in der Hauptansicht in der Datenbank auf. Wenn ein Element geöffnet ist, wird das Arbeitsfenster zum Arbeitsbereich für das Element.

Tabelle 3.2: Elemente der Oberfläche Domino Designer 8.0.x

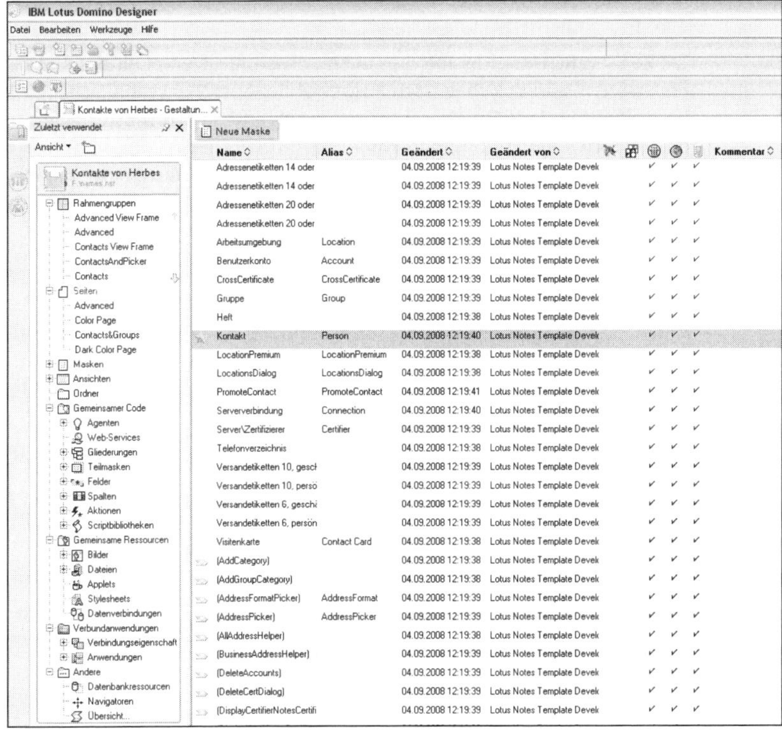

Abbildung 3.91: Arbeitsbereich in Domino Designer 8 (Version 8)

Wenn Sie ein Gestaltungselement, z.B. eine Seite oder eine Maske, öffnen, befinden Sie sich im Arbeitsbereich des Gestaltungselements. Neben den Elementen im Designer-Arbeitsbereich wird das Programmierfenster angezeigt (siehe *Abbildung 3.92*).

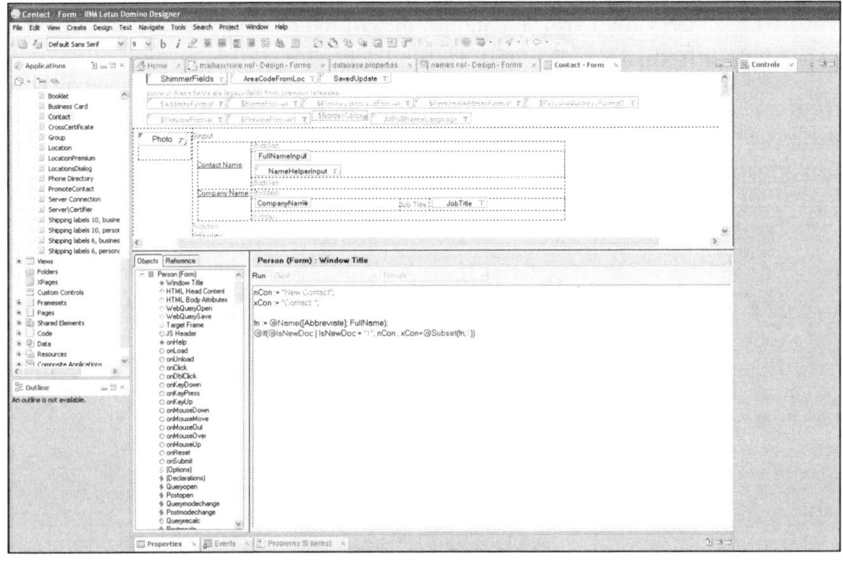

Abbildung 3.92: Arbeitsbereich eines Gestaltungselements

Element	Zweck
Register REFERENZ/ REFERENCE	Das Register REFERENZ der Infoliste ist sprachsensitiv. Der Inhalt des Registers REFERENZ ändert sich je nach ausgewählter Sprache. Wenn Sie eine Bearbeitung in der Formelsprache ausführen, enthält das Fenster @Befehle, @Funktionen und Felder. Wenn Sie Änderungen in LotusScript vornehmen, enthält das Fenster Informationen bezüglich LotusScript. Wenn Sie Änderungen in JavaScript vornehmen, enthält das Fenster Informationen über das Dokumenten-Objektmodell. Wenn Sie Änderungen in Java vornehmen, enthält das Fenster Informationen bezüglich Java.
Register OBJEKTE/ OBEJECTS	Mithilfe des Registers OBJEKTE der Infoliste können Sie zwischen Objekten und Ereignissen im Programmierfenster navigieren. Wählen Sie ein Objekt aus, um es zu bearbeiten und die dazugehörige Liste der Eigenschaften und Ereignisse zu erweitern. Wenn Sie eine Eigenschaft oder ein Ereignis auswählen, ändert sich der Scriptbereich des Programmierfensters, um den dazugehörigen Code anzuzeigen. Bereits programmierte Ereignisse und Eigenschaften werden in einer dunkleren Farbe angezeigt. Im Register sehen Sie die sogenannte Infoliste. In diesem Fenster können Sie durch die Informationen zu den Objekten und Codierungsreferenzen für die aktuell im Arbeitsbereich angezeigten Gestaltungselemente blättern.
SCRIPTBEREICH	Geben Sie in den Scriptbereich Formeln ein. Formeln können in der Formelsprache, LotusScript, JavaScript oder einfachen Aktionen geschrieben werden.

InfoBoxen sind Werkzeuge, um die verschiedenen Elemente Ihrer Anwendung zu bearbeiten. Hier werden die Eigenschaften des ausgewählten Elements angezeigt (siehe *Abbildung 3.93*). Mit ihrer Hilfe können Sie die Einstellungen für das Element, mit dem Sie gerade arbeiten, auswählen und ändern. Dies gilt nicht nur für Designelemente wie Felder und Masken, sondern auch für Datenbanken. InfoBoxen enthalten Fenster mit Registern, und mit jedem Fenster erhalten Sie Zugriff auf verschiedene Attribute bzw. Optionen. In den meisten Fällen können Sie mit einem Rechtsklick die InfoBox für das Gestaltungselement öffnen. Des Weiteren können Sie GESTALTUNG > EIGENSCHAFTEN: <ELEMENT> im Menü wählen. Über den Twistie im Kopf der InfoBox können Sie auf die über- und untergeordneten Objekte und deren Eigenschaften zugreifen, z.B. von einem Dokument auf die Datenbank, von einer Maske auf die Unterbereiche wie Felder, Texte und Tabellen oder als übergeordnetes Objekt auf die Datenbank.

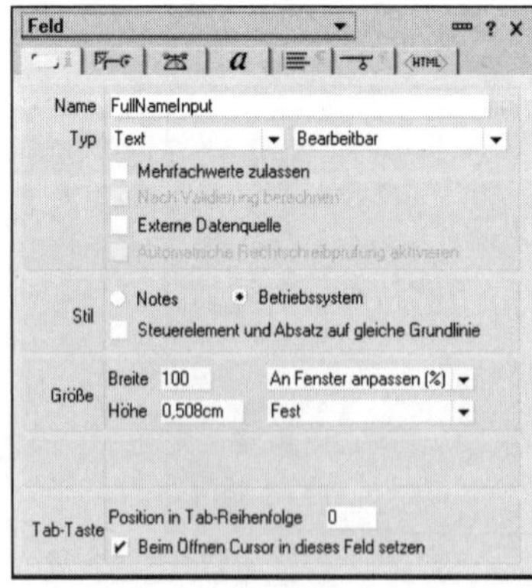

Abbildung 3.93: Eigenschaften eines Feldes

InfoBoxen sind vom Kontext abhängig, d.h., Sie können sie im Arbeitsbereich geöffnet lassen, und Änderungen an dem bearbeiteten Element werden widergespiegelt. Eine InfoBox können Sie komprimieren, indem Sie auf den oberen Rand doppelklicken.

> Bei der Arbeit mit dem Domino Designer für den Domino Administrator geht es nicht nur um die reine Handhabung mit der Anwendung an sich, sondern vielmehr um Verwaltung, Anpassungen und Fehlersuche in Bezug auf Designelemente wie Agentenlauffehler. Hier ist natürlich das Wissen um die unterschiedlichen Objekte in einer Datenbank gefragt. Mehr Informationen zu den einzelnen Designelementen erhalten Sie in *Kapitel 12.5, Exkurs: Grundlagen Datenbankdesign.*

3.10.2 Handhabung Domino Designer 8.5

Neu sind Property Panels anstelle der InfoBox, um ein einfacheres Kopieren und Einfügen zu ermöglichen. Der Zugriff erfolgt über die Auswahl APPLICATION PROPERTIES in der Navigationsleiste. Die Application Properties haben somit einen eigenen Editor bekommen. Öffnen Sie allerdings ein Gestaltungselement, finden Sie die InfoBoxen vor (siehe *Abbildung 3.94*).

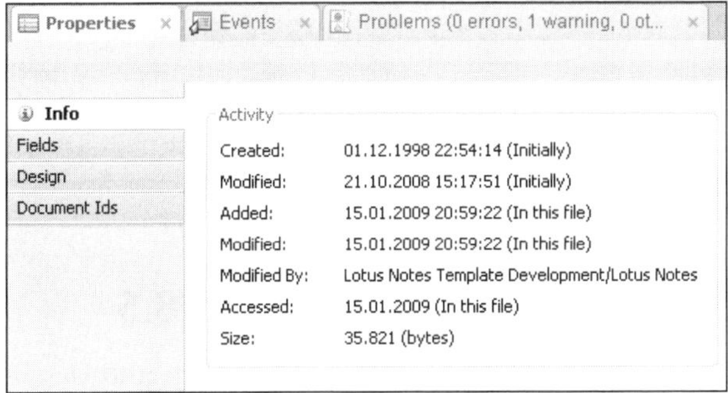

Abbildung 3.94: Die neuen Property Panels ersetzen InfoBoxen

Die größte Neuerung dürfte die Tatsache darstellen, dass der Domino Designer in der Version 8.5 auf der Eclipse-Plattform basiert. Die NSF-Datei präsentiert sich dabei (wie bereits erwähnt) als virtuelles File-System, sodass jede Applikation (Datenbank) als Eclipse-Projekt anzusehen ist. So bieten sich für die Notes-Designelemente Eclipse-Funktionalitäten wie Suchen oder Vergleichen an.

Dies ist auf den Wunsch zurückzuführen, den Designer Client auf der gleichen Basis laufen zu lassen wie den Notes 8 Standard Client. Über die Verwendung der Eclipse-Plattform können beispielsweise auch andere Tools unter dem Gedanken einer offenen Plattform integriert werden. Dies gilt vor allem hinsichtlich der unterschiedlichen Tool Plug-Ins. Eclipse betrachtet eine NSF-Datenbank via Virtual File System und jede Datenbank gilt für Eclipse als ein Projekt. Im Domino Designer können Eclipse-Basisfunktionalitäten genutzt werden, wie z.B. Suchen/Ersetzen/Vergleichen. Diese basieren jedoch auf DXL (Domino XML). Hier ist allerdings Vorsicht geboten, da kein Full DXL Round-Trip der Designelemente umgesetzt werden kann (Änderungen können zu Verlusten führen!).

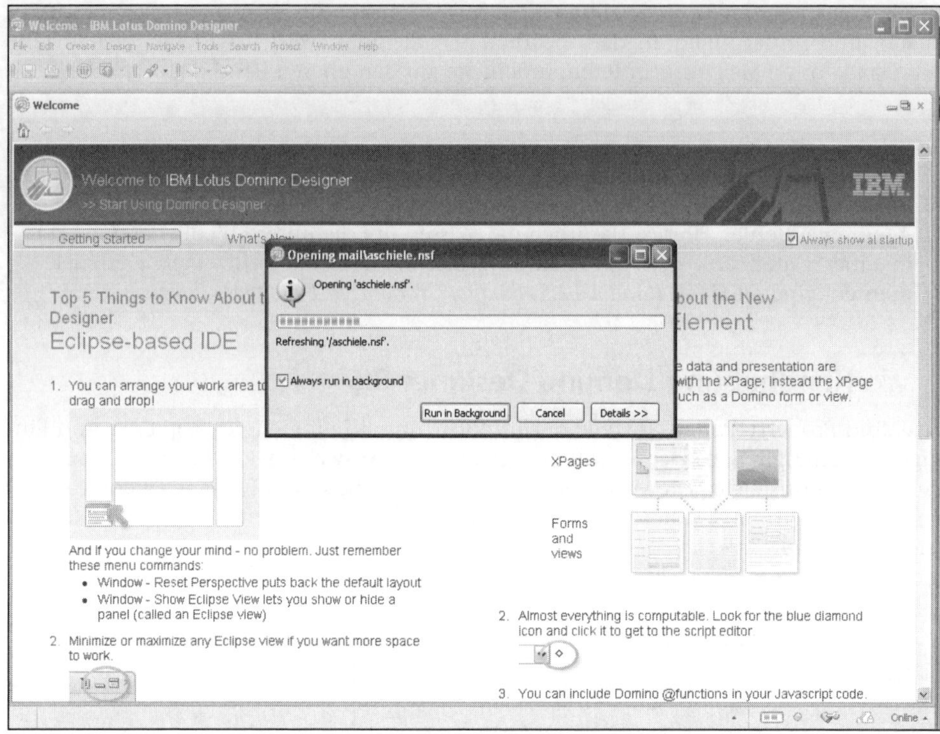

Abbildung 3.95: Öffnen einer Mail-Datenbank im Designer der Version 8.5

3.11 Neuerungen des Domino Designer 8 und 8.5

Der Domino Designer 8 blieb nicht unberührt von einigen Erweiterungen und Detailverbesserungen. Dabei ist zu beachten, dass der Domino Designer 8 noch keine Eclipse-Anwendung darstellt. Zu diesem Zeitpunkt war das Entwicklerwerkzeug vom Grundkonzept her weitgehend unverändert, aber funktional um einige wichtige Bereiche erweitert worden. Dazu gehört auch die Unterstützung für die sogenannten *Composite Applications*.

Bei dieser Art von Applikationen können Komponenten von Domino-Anwendungen mit anderen Komponenten, die beispielsweise auf der Eclipse-Plattform oder im *Lotus Component Designer* entwickelt wurden, kombiniert werden.

Mit diesem Konzept der zusammengesetzten Anwendungen aus verschiedenen Komponenten erweitert Lotus die Möglichkeiten für die Gestaltung von Notes/Domino-Anwendungen deutlich. Auch die Composite Applications haben ihren Platz im Lotus Designer 8 gefunden. Dazu gehört beispielsweise der *Composite Application Editor*.

Damit schreitet IBM mit Lotus Notes Domino den Weg eines offenen Systems weiter voran, um mehr als die reine Groupware-Funktionalität aus dem eigenen Haus anbieten zu können und Anwendungen zu entwickeln, wie z.B. OLE-Schnittstellen (Integration mit Windows-Anwendungen), die es bereits seit der Version 5 gibt, Skripts und die Java-Schnittstellen, mit denen sich auch externe Java-Klassen einbinden lassen. Gerade Letzteres hat in den letzten Jahren zunehmend an Bedeutung gewonnen. Aber Composite

Applications gehen noch einen Schritt weiter und wenden sich dem Themenkomplex Webservices zu. Bei diesen Anwendungen lassen sich unterschiedliche Webservices nach Belieben zusammenfassen. Dabei können Sie sowohl Eclipse-Komponenten als auch im Domino Designer realisierte NSF-Komponenten verwenden, die entsprechende Webservices bereitstellen. Auf diese Weise integrieren Sie die neuen Möglichkeiten von Eclipse und die spezifischen Funktionen, die Notes/Domino bietet. Die Composite Applications könnte man also auch als die Umsetzung des *SOA-Konzepts* (*Service Oriented Architecture*) für Notes/Domino bezeichnen – die Verbindung von Komponenten über Services in einer flexiblen Weise, wodurch die Wiederverwendbarkeit von Komponenten und die Modularität von Anwendungen erhöht werden.

Um diese Composite Applications im Domino Designer realisieren zu können, ist die Webservice-Unterstützung erweitert worden; so sind Webservices für die Verknüpfung der Anwendungsmodule möglich. Mehr dazu erfahren Sie in Kapitel *12.5.3, SOA und Webservices*. Da Webservices das Bindeglied der Composite Applications unter Lotus Domino darstellen, hat IBM auch in diesem Bereich wesentliche Änderungen integriert. Neben der bisherigen Unterstützung eines Webservice-Providers – also der Bereitstellung von Webservices – kann ab der Version 8 auch ein *Web Service Consumer* realisiert werden, ohne dazu mit Java auf externe Klassen zugreifen zu müssen. Darüber hinaus existieren viele weitere Verbesserungen bei der Nutzung von Webservices im Domino Designer. Eine besonders wichtige Funktion ist der Preview von Webservices in der Entwicklungsumgebung, bevor diese freigegeben werden. Das entspricht im Konzept den Preview-Funktionen, die es beispielsweise auch für Masken gibt.

Neu sind auch spezielle Formen von Ansichten, mit denen die Informationen einerseits in vertikaler statt horizontaler Ausrichtung und andererseits als Kacheln – kleine, neben- und untereinander platzierte Informationsobjekte – angezeigt werden. Diese neuen Varianten von Ansichten stehen allerdings nur in den Composite Applications zur Verfügung. Außerdem gibt es eine Reihe von HTML-Formatierungsoptionen. Mit diesen können Sie beispielsweise erreichen, dass Tabellen in anderer Form dargestellt werden oder Rich-Text-Felder generell vollständig sichtbar erscheinen. So existieren auch für die Verarbeitung der Umsetzung von Masken und Feldern in HTML beim Domino Designer 8 deutlich mehr Steuerungsmöglichkeiten. Diese Optionen lassen sich bei den Eigenschaften von Feldern oder auf der Ebene von Masken setzen. Bei einer Maske werden sie im Feld `$$HTMLOptions` konfiguriert. Falls mehrere HTML-Optionen genutzt werden sollen, ist dieses Feld so anzupassen, dass mehrere Werte zulässig sind. Die Optionen werden immer in der Form `Name=Wert` angegeben. Folgende Optionen sind zulässig:

- DISABLEPASSTHRUHTML: Deaktiviert die Verwendung von Passthru-HTML, das nicht modifiziert wird. HTML wird in diesem Fall als reiner Text verarbeitet.
- FORCESECTIONEXPAND: Erzwingt die Anzeige aller Abschnitte im Dokument.
- FORCEOUTLINEEXPAND: Erzwingt die Anzeige aller Inhalte von Gliederungen.
- ROWATATIMETABLEALT: Erzwingt eine veränderte Formatierung von Tabellen mit sogenannten tabbed Abschnitten. Diese werden alle gleichzeitig untereinander angezeigt.
- TEXTEXACTSPACING: Behält zusätzliche Leerzeichen innerhalb von Zeilen bei. Das kann für die optische Darstellung wichtig sein.

Ein ganz neuer Feldtyp hat unter Notes/Domino 8 Einzug gehalten. Diese Variante der Rich-Text-Felder trägt den Namen Rich Text Lite (siehe *Abbildung 3.96*), in denen auch größere Mengen an formatiertem Text, eingefügte Objekte und Attachements verwaltet werden können. Über ein solches Feld können die Objektklassen, die zulässig sind, ausgewählt werden, was zu einer Einschränkung der möglichen Inhalte führt. So können Sie steuern, welche Informationen in einem solchen Feld aufgenommen werden, und erreichen, dass sich der Code für die automatische Verarbeitung der Feldinhalte deutlich einfacher gestalten lässt. Die neuen Felder verfügen über ein zusätzliches Symbol. Über einen Klick darauf können Sie Feldinhalte einfügen. Benutzer können genau die in einer Dropdown-Liste vorgegebenen Inhalte in dieses Feld aufnehmen. Andernfalls wird eine Fehlermeldung angezeigt.

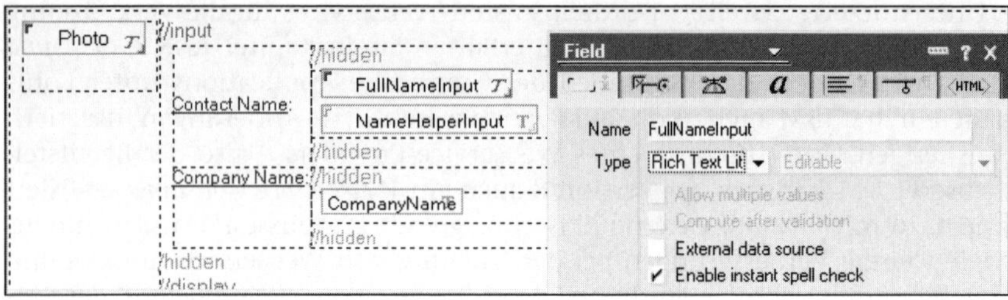

Abbildung 3.96: Rich Text Lite-Feld

Ebensolche kleineren Änderungen wie z.B. die Option DEFER INDEX CREATION UNTIL FIRST USE in den Eigenschaften einer Spalte für eine Ansicht tragen zu mehr Komfort und besseren Laufzeiten bei. Für die Laufzeit ist besonders wichtig, dass die Erstellung von Indizes in Ansichten verzögert werden kann, bis diese tatsächlich erstmals verwendet werden, wozu die Aktivierung dieser Option beiträgt.

Änderungen haben sich auch bei den LotusScript- und Java-Klassen ergeben. Dazu gehören unter anderem die folgenden neuen Klassen:

- NotesDirectory: Gibt die Verzeichnisse von Notes an, die sich auf einem Server befinden.
- NotesDirectoryNavigator: Damit kann eine einfache Navigation durch diese Verzeichnisstrukturen erfolgen.
- NotesProperty: Gibt eine einzelne Eigenschaft in einer zusammengesetzten Anwendung an. Diese Eigenschaften werden für die Kommunikation zwischen Komponenten in solchen Anwendungen benötigt.
- NotesPropertyBroker: Die übergeordnete Klasse für den Property-Broker, der diese Kommunikation steuert.

Auch die Formelsprache hat eine Erweiterung erfahren. Die Formel `@URLQueryString` erlaubt nun dynamische DB2 Query Views. Bei `@UserRoles` gibt es keine Einschränkungen mehr für den Standort der Datenbanken. Mit dem @Command `CopySelectedAsTable` lassen sich Informationen als Tabelle kopieren. Außerdem gibt es ein weiteres neues @Command. Mit `OpenInNewWindow` kann ein neues Fenster für die Ausgabe von Informationen geöffnet werden.

Änderungen des Domino Designer 8.5

Mit der Version 8.5 hielten etliche kleinere und größere Neuerungen Einzug unter das Dach des Domino Designers. In der Version 8.5 ist es beispielsweise nun möglich, Designelemente miteinander zu vergleichen. Diese Möglichkeit wird über das Kontextmenü bereitgestellt (siehe *Abbildung 3.97*).

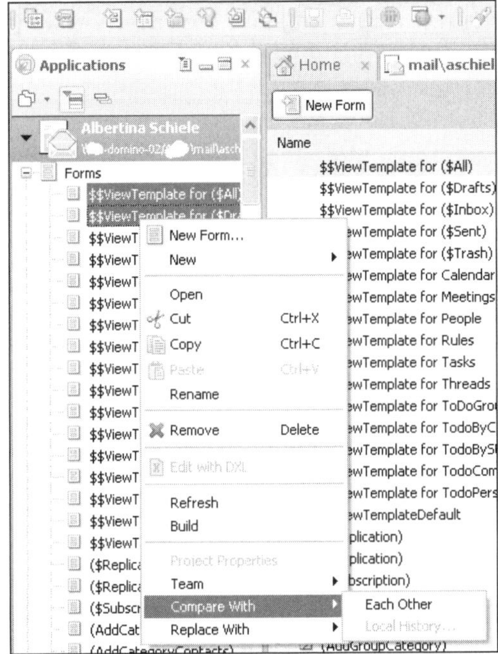

Abbildung 3.97: Designelemente können auf DXL-Ebene verglichen werden.

Notes 8.5 bietet durch diese neue, auf dem Eclipse-Framework basierende Architektur die Basis für die Realisierung der zusammengesetzten Anwendungen. So können Anwendungen neu realisiert und insbesondere auch Funktionen bestehender Notes-Anwendungen als Komponenten mit entsprechenden Services definiert werden. Somit lassen sich beispielsweise einfach neue Anwendungen unter Nutzung von Funktionen aus verschiedenen Systemen realisieren. Dazu können Notes-Anwendungen, Eclipse-Anwendungen mit Zugriff auf Notes-Funktionen oder Notes-Anwendungen, die Notes- und Eclipse-Funktionen integrieren, gehören. Dies führt zu deutlich mehr Flexibilität in der Anwendungsentwicklung.

Auch dem Ansatz hinsichtlich besserer Weblösungen, die mit dem neuen Domino Designer erstellt werden können, trägt der neue Designer Client Rechnung. Sie können so für das Web Code in HTML oder XML, JavaScript oder Style Sheets anpassen. Besser noch: Für JavaScript, HTML, XML und CSS warten neue, verbesserte Editoren auf Sie.

Zu den allgemeinen Webverbesserungen zählen JavaScript Control zum Bearbeiten von Rich Text (DoJo 1.1.1 control – "dijit.Editor"), eine verbesserte HTML-Generierung und die Unterstützung von Themes – ein weiteres neues Designelement neben den XPages und Custom Controls.

Ein weiterer Schritt in der Domino-Entwicklung, die sich auch in der Oberfläche des Domino Designers widerspiegelt, sind XPages. *XPages* stammen aus der Welt der Anwendungsserver. Eine XPage ist technisch eine (erweiterte) Java Server Face-Anwendung. Die Entwicklung und Anpassung der XPages erfolgt im Domino Designer 8.5.

Java Server Faces

Java Server Faces stellen ein standardisiertes serverseitiges Framework dar, das die Entwicklung der Präsentationsschicht von Webanwendungen vereinfachen soll. JSF sorgt so für eine klare Trennung zwischen der Anwendungslogik und der Darstellung der Benutzeroberfläche. Einfacher ausgedrückt: Mithilfe dieses Frameworks lassen sich Bedienoberflächen für Webanwendungen aus vorgefertigten Komponenten zusammenbauen. Swing leistet als Werkzeug ähnliches für Desktop-Applikationen. Die Java Server Faces bieten für den Entwickler dabei eine Reihe von Standardbedienelementen und Mechanismen für die Kopplung mit der eigenen Server-Software. Den HTML-Code für den Browser generiert das Framework dabei selbstständig.

Weiterführende Informationen erhalten Sie unter *http://java.sun.com/javaee/javaserverfaces/*, *http://www.laliluna.de/first-java-server-faces-tutorial_de.html* oder *http://www.jsf-forum.de/forum/pages/general/home.jsf.*

Daneben gibt es eine ganze Reihe kleinerer Änderungen, die zwar nicht ganz so herausragend erscheinen, für den Entwickler aber einen großen Komfortgewinn bedeuten können. Dazu zählt beispielsweise eine neue Darstellung, die Sie auswählen können, die sogenannten *Working Sets*. Diese sollen Ihnen helfen, die zu bearbeitenden Datenbanken zu organisieren. Über den Applications Navigator können Sie die Working Sets nutzen, um die Anzahl an dargestellten Applikationen zu beschränken (siehe *Abbildung 3.98*). Nur die dem Working Set ausgewählten Ressourcen und Unterressourcen werden angezeigt. Diese Working Sets und das verstärkte Angebot, den Navigator zu nutzen, ist ein Ansatz, um die Bookmarks unter dem Domino Designer abzulösen. Nachdem Sie die Work Sets zusammengestellt haben, führt der Navigator eine entsprechende Filterung durch.

Abbildung 3.98: Working Sets zur Gruppierung zusammengehörender oder anders in Beziehung zueinander stehender Anwendungen

Auch ein Eclipse Search Service ist für den Entwickler nutzbar.

Ausblick Lotus Domino Designer 8.5.1

Unter der Version 8.5.1 soll es einen neuen Eclipse-basierten LotusScript-Editor geben. Über ihn haben Sie die Möglichkeit, auch fehlerbehafteten Code abzuspeichern, wenn Sie dies möchten. Eine weitere Option besteht darin, die gesamte Library zu betrachten oder nur Funktion für Funktion durch die Anwendung zu gehen. Klassen-Browser, Content-Assistent und Fehler-Reporting sind nur einige Features, die dieser Editor bieten soll.

Darüber hinaus hat IBM angekündigt, dass es einen Eclipse-basierten Java-Editor geben soll. Über ihn sind Sie in der Lage, neue Java-Klassen in Ihrer Library anzulegen. Zudem wird das Thema XPages und Widgets ausgeweitet.

3.12 Exkurs: Flexible Client-Wahl

Der Zugriff des Anwenders für die Arbeit mit Datenbanken und Dokumenten auf den Domino Server und lokal ist nicht auf den nativen Notes Client beschränkt. Neben den beiden Notes Client-Formen (Standard und Basic) bieten *iNotes* (vormals Domino Web Access, DWA, jetzt wieder unter dem neuen alten Namen iNotes) und andere Formen wie *Domino Web Access für Outlook* oder mobile Clients ansprechende und effiziente Zugriffsmöglichkeiten für den Anwender. Dazu gehören auch Zugriffs- und Synchronisationsmöglichkeiten für PDAs und andere Devices. Insgesamt ist deutlich abzulesen, dass eine Angleichung der Client-Funktionen stattgefunden hat. Wo früher ein hoher Performance- und Komfortverlust beim Wechsel auf einen mobilen Client verzeichnet wurde, sind heute Zugriffsmöglichkeiten via *BlackBerry* oder andere mobile Lösungen nicht mehr ganz so unkomfortabel wie in früheren Releases. Lotus trägt den Anforderungen an mehr Mobilität und Flexibilität der Anwender durchaus Rechnung. So sind heute die Arbeit im Home Office, der Remote-Zugriff aus einer Kundenlokation und Bedürfnisse aus einem Wechsel zwischen Online- und Offline-Modus übliche Szenarien im Arbeitsalltag vieler Menschen. IBM macht mit seinen eigenen Angestellten in Kundensituationen dieselben Erfahrungen wie viele andere Unternehmen auch und kennt die Anforderungen aus dem Arbeitsalltag aus erster Hand.

Auch die technische Basis trägt den Bedürfnissen der Unternehmen und Organisationen Rechnung: neue Devices und Möglichkeiten, unterschiedliche Lösungen aus dem Netzwerkbereich, um Informationen auszutauschen, ein rasanter Anstieg der Unified Messaging-Verbreitung und -Anwendung sowie neue Collaboration-Lösungen.

Grob lassen sich folgende drei Ansätze in Bezug auf die Client-Wahl unterscheiden:

- IBM Lotus Notes als Rich Client in den unterschiedlichen Ausprägungen Basis und Standard sowie den spezifischen Funktionserweiterungen wie den Domino Administrator oder den Domino Designer.
- IBM Lotus iNotes als Webclient. Daneben gibt es noch IBM Lotus iNotes ultralite zum Zugriff auf Mails/PIM-Daten für das *Apple iPhone*. So ist auch über Steve Jobs „Das muss ich auch haben“-Gerät ein Echtzeitzugriff auf Mail-, Kalender- und Kontaktdaten über den Browser des iPhones möglich.
- IBM Lotus Notes Traveler und IBM Lotus Sametime Mobile als Mobile Clients.

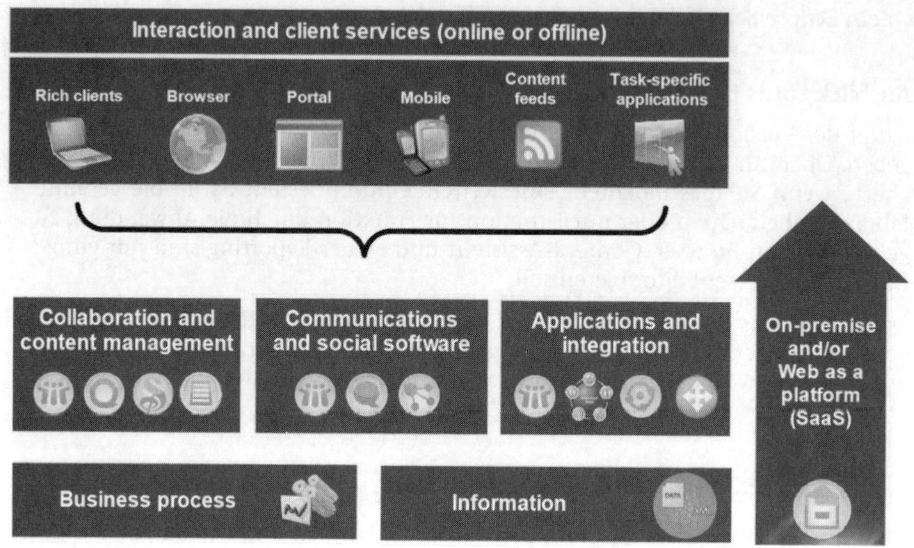

Abbildung 3.99: Multi-Client- und Collaboration-Strategie

Darüber hinaus existieren zahlreiche Softwarelösungen, die eine Synchronisierung der Daten auf PDAs und Handhelds ermöglichen. Dazu zählen beispielsweise:

- *IBM Lotus EasySync Pro* zur Synchronication von E-Mails, Kalender, Aufgaben, Kontakten und dem Journal mit dem Handheld. Ein Filtern bereits synchronisierter Informationen ist möglich, wobei die Anwendung einen bidirektionalen oder jeweils unidirektionalen Synchronisationsvorgang für die definierte Informationskategorie ermöglicht. Unterstützt werden Palm OS, Windows Mobile, Nokia, Sony Ericsson.
- *IBM Lotus Connections for BlackBerry* als "Business-Ready"-Social-Software-Plattform für mobile Geräte mit Zugriff auf Funktionen wie Profilen, Dogear und Contentzugriff.
- *Lotus Mobile Connect* (das Nachfolgerelease von *IBM WebSphere Everyplace Connection Manager*) erstellt ein mobiles virtuelles privates Netz (VPN), das Daten bei potenziell angreifbaren drahtlosen LAN- und drahtlosen WAN-Verbindungen verschlüsselt. Sie integriert viele gebräuchliche drahtlose Trägernetze (mit und ohne IP), Server-Hardware, Gerätebetriebssysteme und Sicherheitsprotokolle für Mobilbetrieb.

Darüber hinaus können Sie Lösungen wie beispielsweise *IBM WebSphere Everyplace Mobile Portal* nutzen.

3.12.1 Der Weg über den Browser: iNotes

IBM Lotus iNotes (aka Domino Web Access, DWA) hat nicht nur einen neuen alten Namen, sondern ist als eine der Option Full, Lite oder Ultralite zu nutzen. Dabei kommt nur eine Schablone zum Einsatz, die auch beim Notes Client verwendet wird. Neu sind die beiden erstgenannten Modi seit der Version 8.0.1. Ein Wechsel zwischen den drei Modi ist möglich.

Der Full-Modus, der sich an die Oberfläche und den Funktionen des Notes Clients anlehnt, unterstützt Funktionen wie die Nutzung von Tastaturkürzeln, Dokumentenvorschau, Änderung der Spaltenbreiten, unterschiedliche Kalenderansichten, die Nutzung von Kontextmenüs und das Doppelklicken zum Öffnen. Die Inhalte werden an die jeweilige Größe des Browsers angepasst und sind so sehr nahe an der Arbeitsweise mit dem Notes Client. Zudem wird durch eine automatische Synchronisation zwischen Lotus Notes-ID und Lotus iNotes-Internetkennwörtern der Verwaltungsaufwand reduziert.

Es gibt eigene funktionale Bereiche für Mail, Kalender, Kontakte und Journal. Eine Quickr- und eine Sametime-Integration wurden vollzogen. Darüber hinaus sind nun auch über den Browser eine lokale Archivierung und ein Offline-Zugriff möglich. Die Anwendung von Mail Rules, die Nutzung von Vorlagen und Feed Actions sind weitere Neuerungen der Version 8.5. Auch das Versenden von signierten und verschlüsselten Nachrichten ist möglich.

Der Lite-Modus ist kein Kind der aktuellen Version, sondern wurde bereits in der Version Domino 8.0.1 eingeführt, um auch mit geringen Bandbreiten arbeiten zu können. Kurze Ladezeiten, auch mit leerem Cache, tragen dem Rechnung. Eine Navigation über Tabs für Mail, Kontakte und Kalender ist möglich, ebenso wie eine Anzeige der Quota und die Nutzung der Vorgaben sowie der Out of Office-Funktionalität.

Der Ultralite-Modus kommt seit der Version 8.0.2 und 8.5 zum Einsatz. Neu hinzugekommen ist in der Version 8.5 der Support für Mozilla Firefox 2 (und 3) auf Microsoft Windows. Der Zugriff auf Mail, Kalender und die Kontakte sind im Ultralite-Modus möglich, der speziell auf die mobilen Geräte mit einer schwächeren CPU, hohen Latenzzeiten, einer schmalen Bandbreite und beschränkter Displaygröße abzielt. Ursprünglich wurde er für Apple iPhone/iPod Touch konzipiert und lehnt auch seine Designkriterien an die Designrichtlinien von Apple an, um so auf die besonderen Anforderungen des iPhones einzugehen wie beispielsweise die Displaygröße oder die unterschiedlichen Aktionen, die der Benutzer auf ein Bildschirmelement anwenden kann (Ziehen, Schieben, Doppelklick, Vergrößern, Drehen o.Ä.).

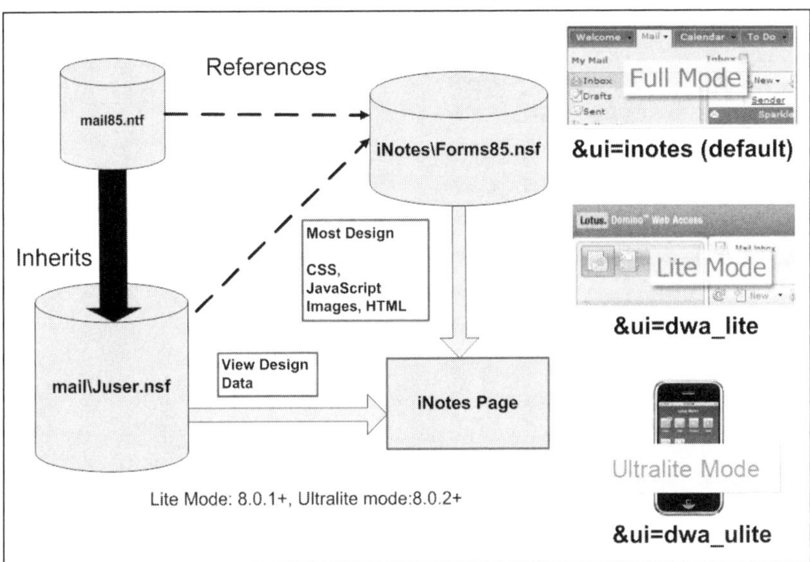

Abbildung 3.100: Lotus iNotes-Architektur, Template und Maskenangaben

Mehr Informationen zum Thema Lotus Notes Domino im Web finden Sie in *Kapitel 11, Domino im Web.*

3.12.2 Mobile Anwenderunterstützung

Notes bietet dem Anwender an, mit unterschiedlichen und an die Bedürfnisse anpassbaren Arbeitsumgebungsdokumenten zu arbeiten. Es besteht vielfach die Anforderung, den Client nicht nur im „Office" zu nutzen, sondern dem Nutzer die Möglichkeit zu bieten, sich entweder von zu Hause oder von unterwegs aus mit dem Server zu verbinden und einen Datenabgleich zu vollziehen oder offline zu arbeiten.

Sie können Notes in einer Reihe von Remote-Arbeitsumgebungen einsetzen, indem Sie über eine LAN-/DSL-Verbindung eine Verbindung mit Domino Servern herstellen. Auf diese Weise können Sie auf Ihren Domino Servern mit Datenbanken arbeiten, während Ihre Workstation oder Ihr Client nicht mit einem lokalen Netzwerk verbunden ist. Oder Sie können mit einem Notebook eine Verbindung herstellen, wenn Sie zu Hause oder unterwegs arbeiten. Sie können Notes auch so konfigurieren, dass eine Verbindung über einen Remote-Zugriffs-Server (RAS) hergestellt wird.

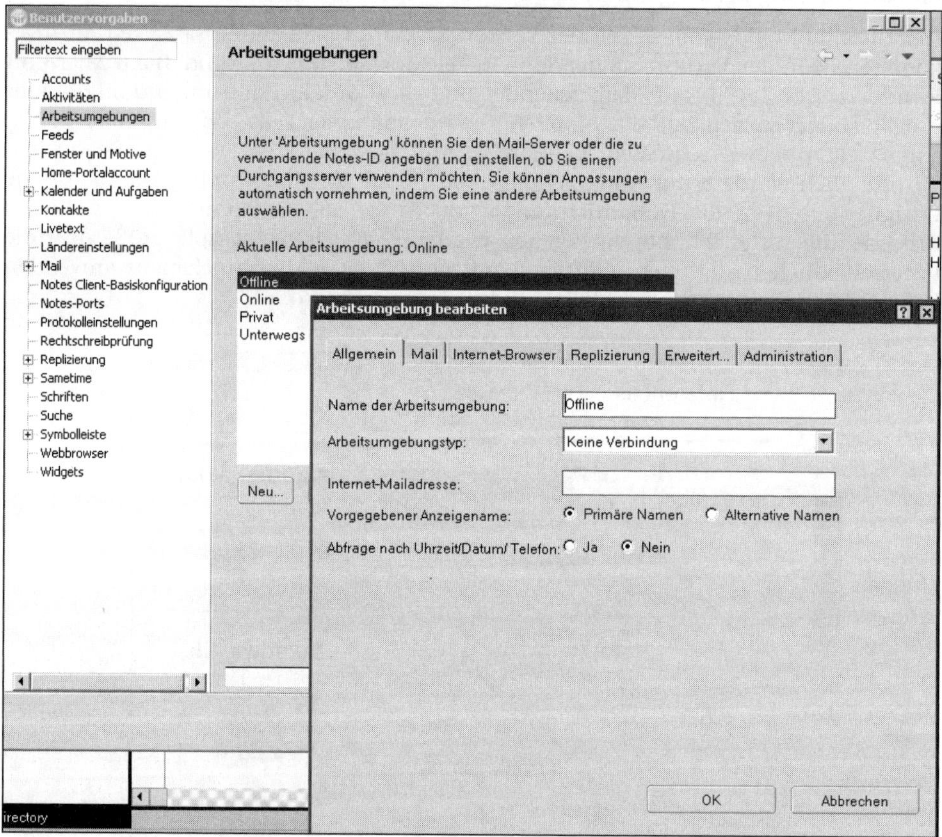

Abbildung 3.101: Erstellung des Offline-Arbeitsumgebungsdokuments

Hier geht es um eine allgemeine Konfiguration der Arbeitsumgebungsdokumente und der Mail-Datenbank des Anwenders als lokale Replik, unabhängig davon, wie der Anwender die Verbindung herstellt. Die Arbeitsumgebung BÜRO/OFFICE für die Arbeit auf dem Domino Server am Arbeitsplatz des Anwenders muss so eingerichtet werden, dass eine regelmäßige Replizierung zwischen der zu erstellenden lokalen Replik und der

Mail-Datenbank auf dem Domino Server stattfindet. Mit dieser lokalen Replik wird der Anwender auf seinem Notebook arbeiten, wenn keine Verbindung zum Domino Server besteht. Aktivieren Sie unter der Registerkarte REPLIZIERUNG/REPLICATION den Datenabgleich. Sie können die Replizierung auch manuell über die Replikatorseite anstoßen, solange Sie eine Verbindung zum Domino Server besitzen. Ein Eintrag auf der Replikatorseite wird automatisch erstellt, sobald Sie über DATEI/FILE > REPLIZIERUNG/REPLICATION > NEUE REPLIK/NEW REPLICA eine neue lokale Replik erstellen. Der Dateiname der lokalen Replik muss später mit der Angabe im Arbeitsumgebungsdokument übereinstimmen.

Wichtig ist (je nach Vorgabe des Unternehmens) ein Arbeitsumgebungsdokument für die Offline-Funktionalität. Die Angabe bezieht sich vor allem auf die Verbindungsart unter der Registerkarte ALLGEMEIN/BASICS und auf die Angaben zur lokalen Replik unter der Registerkarte MAIL.

Weiterhin ist es empfehlenswert, unter der Registerkarte ERWEITERT/ADVANCED den lokalen Ablageort der ID-Datei anzugeben.

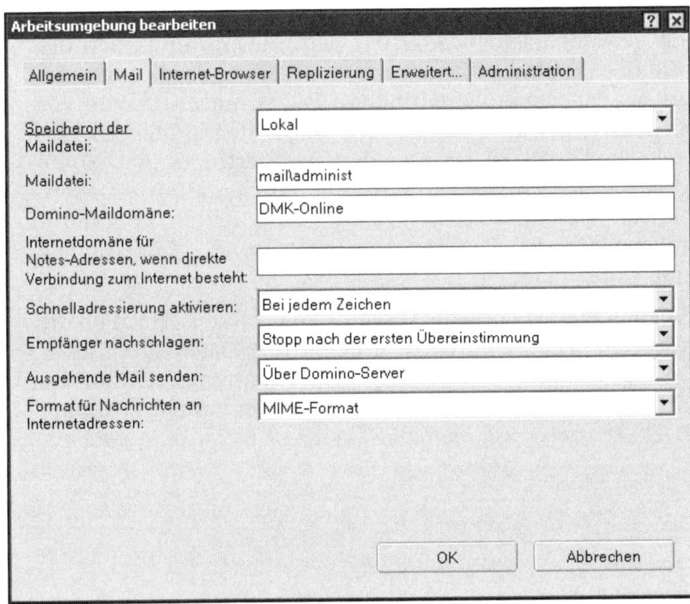

Abbildung 3.102: Angaben zur lokalen Replik

Um zu verhindern, dass der Anwender eine Replik des kompletten Domino-Verzeichnisses für den Remotezugriff auf dem Notebook ablegt, verwenden Sie einen mobilen Verzeichniskatalog (siehe *Kapitel 7.3.1, Kompakter Verzeichniskatalog/Condensed Directory Catalog*) für die Adressierung von Personen, Gruppen und Mail-In-Datenbanken. Erstellen Sie auch zu dieser Datenbank eine lokale Replik. Tragen Sie diese Replik im Basis Client als zusätzliches Adressbuch unter DATEI/FILE > VORGABEN/PREFERENCES >MAIL UND NEWS/MAIL AND NEWS > ALLGEMEIN/BASICS > LOKALE ADRESSBÜCHER/LOCAL ADRESS BOOKS ein. Um dem Anwender bereits beim Start des Notes Clients die Möglichkeit zu geben, die benötigte Arbeitsumgebung auszuwählen, aktivieren Sie in den Benutzervorgaben die Option DATEI/FILE > VORGABEN/PREFERENCES > ALLGEMEIN/BASICS > ZUSÄTZLICHE OPTIONEN/ADDITIONAL OPTIONS > BEIM STARTEN ARBEITSUMGEBUNG ABFRAGEN/PROMPT FOR LOCATION ON STARTUP.

Roaming

Ein bisschen anders funktioniert die Nutzung des Notes Clients als sogenannter Roaming-Anwender. Basis ist der Notes Client in der Basis-Variante. Der Anwender ist allerdings unabhängig von dem Arbeitsplatz, an dem er sitzt, in der Lage, mit seinen spezifischen Daten und persönlichen Einstellungen zu arbeiten. Die Daten dieser Roaming-Benutzer werden zwischen dem Rechner des Benutzers und einem Roaming-Server repliziert, auf dem diese Dateien gespeichert werden.

Wenn ein Roaming-Benutzer sich das erste Mal bei einem Computer anmeldet, werden alle Datenbanken, die auf dem Roaming-Server im Unterverzeichnis dieses Benutzers vorhanden sind, in die drei Datenbanken (*names.nsf, bookmark.nsf, journal.nsf/notebook.nsf*) aufgenommen, die Notes (bis einschließlich Version 8.0.2) standardmäßig repliziert. Um weitere Datenbanken hinzuzufügen, erstellen Sie auf dem Roaming-Server im Verzeichnis des Roaming-Benutzers jeweils eine Replik dieser Datenbanken.

Wenn Sie diese Option gewählt haben, damit das persönliche Adressbuch des Benutzers repliziert werden kann, kann dieses auch die ID sowie das Wörterbuch des Roaming-Benutzers als Dateianhänge enthalten. Die Benutzer-ID wird vor dem Anhängen aus Sicherheitsgründen doppelt verschlüsselt. Die meisten Einstellungen im Dialogfeld BENUTZERVORGABEN werden repliziert. Eine Ausnahme bilden die Einstellungen, die sich auf die Betriebssystemkonfiguration beziehen. Vorgaben, die nicht repliziert werden, sind beispielsweise Schriftarten, Kommunikationsports, Einstellungen für das Drucken im Hintergrund, bidirektionale Spracheinstellungen und Dateipfade.

Ab der Version 8.5 werden neben den drei bisherigen Datenbanken zusätzlich die Datenbanken *roamingdata.nsf* (Eclipse-Plug-Ins- und Settings-Datenbank), *localfeedcontent.nsf* (Feeds Subscriptions), *notebook.nsf* (Umbenennung, statt bisher *journal.nsf*) berücksichtigt. Damit bezieht sich das Dateiserver-basierte Roaming auf die Dateien *names.nsf, bookmark.nsf, journal.nsf/notebook.nsf, roamingdata.nsf, localfeedcontent.nsf.*

3.12.3 BlackBerry

BlackBerry bezeichnet ein Technologiepaket von mobilen Endgeräten (Handhelds) in Verbindung mit Kommunikationssoftware, die es ermöglicht, jederzeit und überall E-Mails über das Mobilfunknetz zu empfangen und zu versenden, ohne dass eine direkte Verbindung zum Mail-Account aufgebaut werden muss. Das Besondere an BlackBerry ist der Push-Dienst, mit dem ankommende E-Mails direkt nach Eintreffen auf dem Mail-Server ohne weiteres Zutun an den Benutzer weitergeleitet werden und sich auf dem Endgerät per Signalton oder Vibrationsalarm (ähnlich wie bei SMS) bemerkbar machen. Weiterhin ist in der Lösung sowohl die Endgerätefrage als auch die Sicherheit inbegriffen.

Bisher wurden E-Mails immer nach dem Pull-Prinzip zugestellt, d.h., der Nutzer bzw. das Mail-Programm des Nutzers musste den Mail-Server in bestimmten Zeitabständen kontaktieren und eventuell vorhandene Nachrichten per Befehl abholen.

Die kanadische Firma Research In Motion (RIM) hat den Push-Dienst entwickelt und ihn mit den entsprechenden Endgeräten (BlackBerrys) 1999 auf den Markt gebracht. Der Durchbruch kam 2003. Die an Taschenrechner erinnernden unterschiedlichen

Gerätetypen verfügen über eine QWERTZ-Tastatur, die von ihrer Anordnung auf die Bedienung mit zwei Daumen ausgelegt ist. Mit integriertem Telefon, Internet-Browser, SMS-Funktion und den Organizer-Anwendungen wickelt man den gesamten Daten- und Informationsaustausch auf einem einzigen Gerät ab. Neben E-Mails können Kontaktdaten, Termine und Aufgabenlisten über das Mobilfunknetz zwischen BlackBerry-Endgerät und Server synchronisiert werden.

Hinweis

BlackBerrys gibt es nur von RIM selbst. Allerdings können auch andere Geräte BlackBerry-enabled werden, indem dort ein dafür verfügbarer Software-Client installiert wird. Ein solches Gerät verfügt dann aber im Vergleich zu einem BlackBerry über einen reduzierten Funktionsumfang, z.B. die Policy-Administration durch BES ist nicht möglich.

Auch Dateianhänge in gängigen Formaten wie MS Word, Excel, PowerPoint, HTML und PDF können geöffnet werden. Allerdings werden diese nicht automatisch mit der Mail mitgeschickt, sondern können per Knopfdruck vom Benutzer abgerufen werden. Der BlackBerry-Server konvertiert sie dann vor dem Weiterleiten in das proprietäre Universal-Content-Stream-Format (UCS), um das zu übertragende Datenvolumen in Grenzen zu halten.

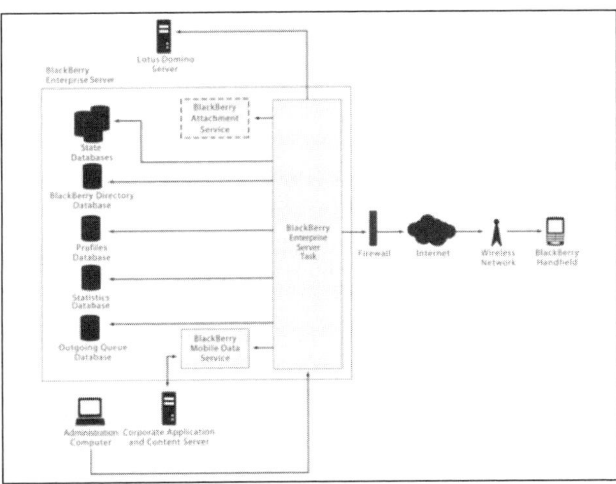

Abbildung 3.103: BlackBerry-Komponenten

Funktionsweise

Der Push-Dienst wird entweder durch einen BlackBerry Enterprise Server (BES) bereitgestellt, der mit dem firmeneigenen Mail-Server verbunden ist, oder für Privatkunden, die keinen eigenen Mail-Server haben, durch den entsprechenden Mobilfunkbetreiber. Für den Einsatz in Firmennetzwerken bietet BlackBerry Schnittstellen zu *Novell Groupwise, Microsoft Exchange* und Lotus Domino an.

Der BlackBerry Enterprise Server überwacht die Mailbox des Benutzers auf eingehende Mails und leitet sie an das Network Operation Center (NOC) von RIM weiter. Die Mails werden auf dem BlackBerry Enterprise Server verschlüsselt und an den Mobilfunkprovider geschickt, der diese dann verschlüsselt über GPRS, EDGE oder 3G an das Endgerät überträgt. Erst auf dem Endgerät werden die Mails wieder entschlüsselt. Auf dem gleichen Wege funktioniert die Übertragung von Kalendereinträgen, Adressen und Notizen. Werden Einträge auf dem BlackBerry erfasst oder E-Mails geschrieben, erfolgt die Datenübertragung in umgekehrte Richtung auf das Groupware-System und wird von dort an den Empfänger versandt.

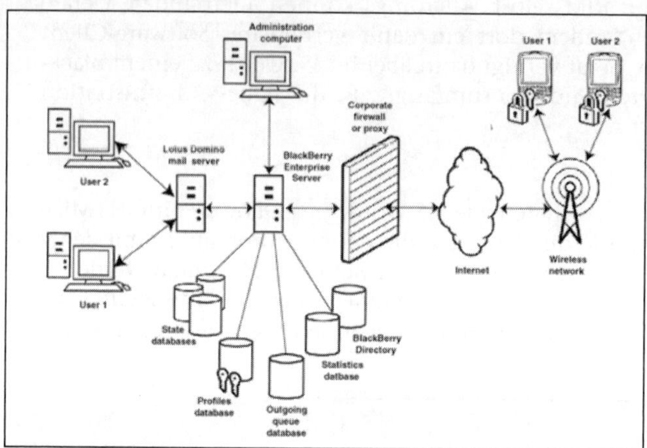

Abbildung 3.104: BlackBerry und Lotus Domino

Zu den einzelnen Komponenten zählen beispielsweise:

- BB Messaging Agent als Domino Add-In-Task für den Zugriff auf Mail-DB und PIM, der die Domino-Verbindungen handhabt und für Adress LookUps zuständig ist.
- BB-Dispatcher fungiert als Single point of encryption/decryption und als Komprimierungsstelle für alle BlackBerry-Daten. Er schleust die Daten über den BlackBerry-Router zum und vom Wirless Network.
- BB-Router stellt die Verbindung zum Wireless Network her und routet Daten zu den Handhelds, die über den BlackBerry Handheld Manager verbunden sind. Eine Auslagerung auf andere Maschinen ist möglich (z.B. aus Sicherheitsgründen in eine DMZ).
- State-Datenbanken auf dem Domino Server verknüpfen pro User sämtliche Transaktionsdaten, die in Bezug auf die Mail-Datenbank zum oder vom Handheld verlaufen.
- Die Speicherung der Anwenderkonfigurationsdaten geschieht in der Profiles-Datenbank (auf dem Lotus Domino Server) und in der Konfigurationsdatenbank (SQL-Datenbank). Die gesamten BlackBerry-Konfigurationsinformationen (wie z.B. SRP-Details, Benutzerliste, PIN-to-E-Mail-Mapping für Mobile Data Service, Kopie des Anwendersicherheitsschlüssels (read only) sind zentral in der Konfigurationsdatenbank (standardmäßig BESMgmt) gespeichert.

- BB Controller überwacht kritische Komponenten wie Dispatcher und Messaging Agent und rebooted automatisch gecrashte Tasks/Services.
- BB Policy Service ist zuständig für die Versendung der IT Policies, Wireless Security-Kommandos wie KILL und LOCK sowie für das Wireless Service Books Provisioning.
- BB Admin User Interface greift auf die Konfigurationsdatenbank (SQL-RDB) & Profile-Databases (NSF) zu. Die Synchronisation der Profil- und Konfigurationsdatenbank erfolgt mittels Data Sync Task.

BlackBerry und Lotus Domino

Für die Zusammenarbeit zwischen BlackBerry-Komponenten und Lotus Domino sind *Abbildung 3.103* und *Abbildung 3.104* exemplarisch. Wichtig ist, dass in der aktuellen Version keine Serviceredundanz erreicht werden kann, da BES nicht clusterfähig in Bezug auf den Domino Server ist.

Sie können den BES nicht in einer DMZ aufstellen, wohl aber den BlackBerry-Router, der die Verbindungen zur BlackBerry-Infrastruktur zur Verfügung stellt und so auf den BES zugreift. Es wird nicht empfohlen, den BES direkt in der DMZ aufzustellen. Das klassische Szenario sieht eine zweistufige Installation vor, in der der BES im Intranet und der Router in die DMZ platziert wird. Dieser stellt dann die Verbindung zur BlackBerry-Infrastruktur und zum BES her.

Der BlackBerry Enterprise Server wird standardmäßig auf einem Domino Server mit einem Primary Domino Directory installiert, der Mitglied der Gruppe LOCALDOMAINSERVER ist und über das Recht RUN UNRESTRICTED METHODS AND OPERATIONS im Serverdokument verfügt. Wichtig ist die Gruppe *BlackBerryAdmins*, die im Domino-Verzeichnis anzulegen ist, deren Mitglied die Gruppe *LocalDomainServer* darstellt. Die Berechtigungen in der Zugriffskontrollliste können an die individuellen Gegebenheiten angepasst werden, wobei die ursprünglich geforderten Berechtigungen gegeben sein müssen.

Auf folgendem Weg erhält ein Anwender eine Mail über sein Handheld:

1. Eine neue Nachricht wird versendet und erreicht über den Router-Task des Domino Servers die Mail-Datenbank des Anwenders. Der Messaging Agent fragt die Mail-Datenbank ab und entdeckt die neue Nachricht (Polling-Intervall: 20 Sekunden).
2. Die gesetzten Filter kommen zum Einsatz: Der Messaging Agent prüft die Felder gegen global definierte Regeln und filtert die Nachrichten entsprechend. Nachdem die globalen Filter abgearbeitet wurden, greifen vom Anwender gesetzte Filter.
3. Ein Eintrag in die State-Datenbank wird durch den Messaging Agent vorgenommen. Der Eintrag bietet die Möglichkeit, den Übertragungsstatus (beispielsweise gefiltert oder gesendet) nachzuverfolgen und die UNID der Notes-Nachricht mit einer zufällig erzeugten Reference-ID (Identifikation zwischen BES und Handheld) und einer weiteren Markierung (Identifikation zwischen BES und Wireless Network) zu versehen. Wenn es sich bei der Nachricht um eine Einladung oder ein anderes Kalenderobjekt handelt, hängt der Messaging Agent die relevanten Kalenderinformationen an.

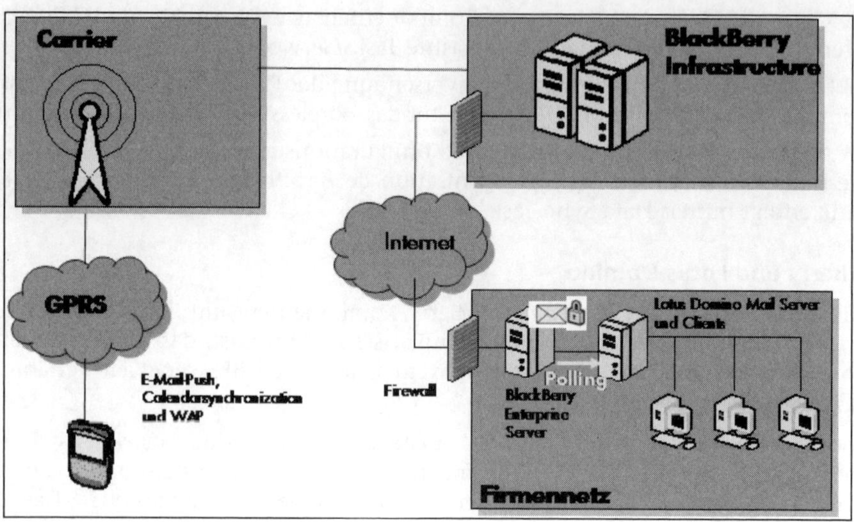

Abbildung 3.105: Mail-Versand

4. Der Messaging Agent sendet die ersten beiden Kilobyte der Nachricht an den BlackBerry-Dispatcher.
5. Komprimierung und Verschlüsselung (mit dem Verschlüsselungsschlüssel des Anwenders) der ersten Portion der Nachricht erfolgen über den BlackBerry-Dispatcher. Danach erfolgt der Versand über den BlackBerry-Router zum Handheld. Die State-Datenbank zeigt den Status der Nachricht an.

Sicherheit

Das BSI hatte in einem internen Bericht bemängelt, dass der gesamte E-Mail-Verkehr der Bundeswehr mit BlackBerry über ein Rechenzentrum in Großbritannien geleitet werde und die britischen Sicherheitsbehörden und Geheimdienste Zugang zu allen Verbindungsdaten und Inhalten erhalten und somit Wirtschaftsspionage betreiben könnten. Alle Nachrichten zwischen BES und Handheld werden mit Triple-DES (112 Bit) oder AES (bei der aktuellen Version 256 Bit) verschlüsselt. Zumindest AES mit 256 Bit entspricht dem aktuellen Stand der Technik und lässt sich nach allgemeiner Einschätzung derzeit nicht knacken.

Der Hersteller versichert, dass keine Generalschlüssel existieren. Der zur Entschlüsselung notwendige private Schlüssel verbleibe ausschließlich in der Umgebung der Kunden, also dem Handheld-Gerät des Anwenders und dem Enterprise Server innerhalb der Unternehmens-IT. Es gäbe keinen Mechanismus, den privaten Schlüssel vom BlackBerry Enterprise Server zu erlangen. Somit könne RIM die Daten der Kunden nicht mitlesen.

6. Versand zum Wireless-Netzwerk über den BlackBerry-Router via Port 3101, der verifiziert, dass die PIN zu einem gültigen Handheld gehört, das im Wireless Network registriert ist.

7. Das Wireless-Netzwerk lokalisiert das Handheld und überträgt die Nachricht. Das Handheld überträgt eine Übertragungsbestätigung an den BlackBerry-Dispatcher, der diese an den Messaging Agent übergibt. Dieser aktualisiert den Eintrag in der State-Datenbank.
8. Das Handheld entschlüsselt und dekomprimiert die Nachricht, sodass der Anwender diese lesen kann, und informiert den Anwender über die eingetroffene neue Nachricht.

3.12.4 Lotus Notes Traveler

Es gibt mit dem *Traveler* ab der Version 8.0.1 ein eigenes Lotus-Produkt für das Arbeiten mit mobilen Geräten, das *Windows Mobile* und Nokia-Geräte unterstützt. Die Synchronisation für iPhone erfolgte allerdings mit der Notes-Version 8.5.1. Lotus Notes Traveler ermöglicht die Echtzeitsynchronisation von E-Mail- und PIM-Daten in Lotus Domino auf einem mobilen Endgerät mit Microsoft Windows Mobile 5 oder 6 (Smartphone oder Pocket PC). Traveler stellt damit ein Angebot für Kunden dar, die Lösungen neben *RIM BlackBerry, Motorola Good* oder *Nokia IntelliSync* anschaffen wollen. Für lizenzierte Kunden von Notes 8.0.1+ ist Notes Traveler kostenlos nutzbar, der als separater Download und Installation mit ca. 120 Megabyte verfügbar ist.

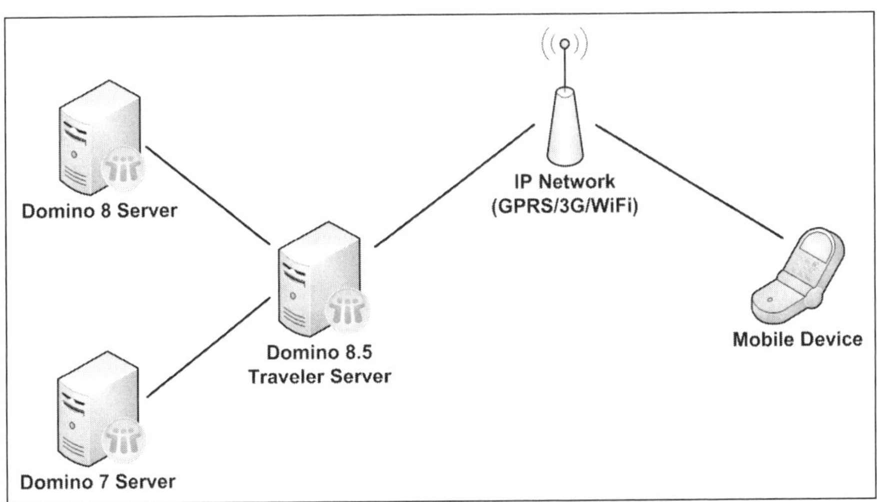

Abbildung 3.106: Architektur um den Notes Traveler

Die Übertragung der Daten verläuft dabei als bidirektionale OTA-Synchronisation (OTA = Over The Air) zwischen Domino Servern und ausgewählten mobilen Endgeräten. Die Konfiguration erfolgt über Richtlinien. Es ist keine besondere Aktivierung eines Benutzers erforderlich, sondern alle registrierten Benutzer sind potenzielle Traveler-Benutzer.

Lotus Notes Traveler

Andy Brunner hat während der Veranstaltung *AdminCamp 2008* einen ausführlichen Vortrag zum Lotus Notes Traveler gehalten. Die Folien finden Sie im Internet, wenn Sie danach googeln, bzw. auf seiner Webseite *http://www.abdata.ch/ABData/Homepage.nsf*.

Der Domino-Server erhält einen zusätzlichen Task, der via TCP/IP kommuniziert, basierend auf *SyncML*, und bei Bedarf Mails, Aufgaben, Kalendereinträge und Adressen auf das mobile Endgerät synchronisiert, wobei auch VPN und Lotus Mobile Connect unterstützt werden. Alle Daten stammen aus der Mail-Datenbank des Benutzers. Zu Administrationszwecken existiert im Serverdokument eine eigene Registerkarte TRAVELER, um den Dienst zu konfigurieren.

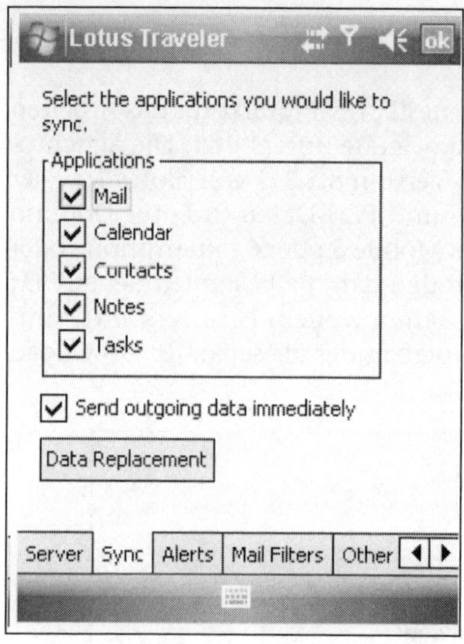

Abbildung 3.107: Konfiguration des Travelers im PDA

Der Funktionsumfang sowie die Architektur gleichen nicht umsonst weitgehend dem von Microsoft für Exchange gelieferten *ActiveSync*. Genau diese Technologie wird auch verwendet, um die Synchronisation durchzuführen. Dies bedeutet für Lotus Notes Traveler die folgende Funktionsbereitstellung:

- Lesen und Versenden von verschlüsselten Mails.
- Lesen von Rich-Text-Mails.
- Alle Attachments werden unterstützt.
- Rechtschreibprüfung und das Einfügen von Text Phrases.
- Der Rest der Meldung kann nachgeladen werden (Truncated Messages).
- Ordner (Folders) können synchronisiert werden.

Die Authentifizierung funktioniert über Benutzername und Internet-Passwort (Personendokument). Bei Diebstahl oder Verlust ist (ähnlich wie beim BlackBerry) eine Bereinigung des Geräts über Fernzugriff möglich.

4 Lotus Domino intern

Der Lotus Domino Server stellt das Herzstück Ihrer Lotus Notes Domino-Infrastruktur dar. Er stellt die Dienste und Funktionen bereit, von denen die Benutzer, die via Notes Client oder Browser auf die gewünschten Daten zugreifen, profitieren. Der Server bietet sowohl integrierte Messaging- und Verzeichnisdienste als auch die Plattform zur Entwicklung von Datenbanken.

Auch wenn sich viele Stimmen auf den Begriff E-Mail konzentrieren, wenn sie von Lotus Notes Domino sprechen, tun sie Lotus als integrierter Collaboration-Plattform damit unrecht, da sie viel mehr bietet.

4.1 Domino-Infrastruktur

Eine Domino-Infrastruktur lässt sich anhand dreier Begriffe deklarieren:

- Domino-Domäne
- Domino-Netzwerk
- Organisation

Eine *Domino-Domäne* ist eine Gruppe von Domino Servern, die ein gemeinsames Domino-Verzeichnis (Domino Directory) verwenden. Jeder Domino Server ist Bestandteil genau einer Domino-Domäne und einer Organisation. Letztere wird durch das hierarchische Namenssystem von Lotus Notes Domino bestimmt. Ein *Domino-Netzwerk* (auch Notes Network genannt) beinhaltet alle Server in einer Domino-Domäne mit dem gleichen Netzwerkprotokoll, die über eine Netzwerkverbindung eine konstante Verbindung zueinander besitzen. Dies ist vor allem für den Mail-Verkehr wichtig.

4.1.1 Domino-Domäne

Alle Server in einer Domino-Domäne (auch Notes-Domäne) besitzen das gleiche primäre Domino Directory. Dieses besitzt immer den Dateinamen *names.nsf* und basiert auf der Schablone des öffentlichen Adressbuchs *pubnames.ntf*. Jeder Server in Ihrer Domäne besitzt im Domino Directory einen Eintrag. Dieser Eintrag wird durch das Serverdokument repräsentiert.

Das *Serverdokument* enthält viele der Einstellungen, die den Server und seine Benutzer identifizieren und seine Funktionsweise definieren. Das Serverdokument gibt beispielsweise den Notes-Namen des Servers, die IP-Adresse, den vollständig qualifizierten Internet-Hostnamen, die Domino-Domäne, die Domino-Netzwerke, zu denen er gehört, die verfügbaren Internet-Ports und -Services, seine Sicherheitseinstellungen usw. an. Außerdem verwenden Sie das Serverdokument, um die Transaktionsprotokollierung, den Wiederanlauf nach Ausfällen und andere Services und Funktionen zu aktivieren.

Achtung

Wenn Sie Änderungen am Serverdokument vornehmen, werden diese Änderungen gecacht. Lassen Sie dem Server Zeit, diese umzusetzen. In manchen Fällen kann dies bis zu 30 Minuten in Anspruch nehmen.

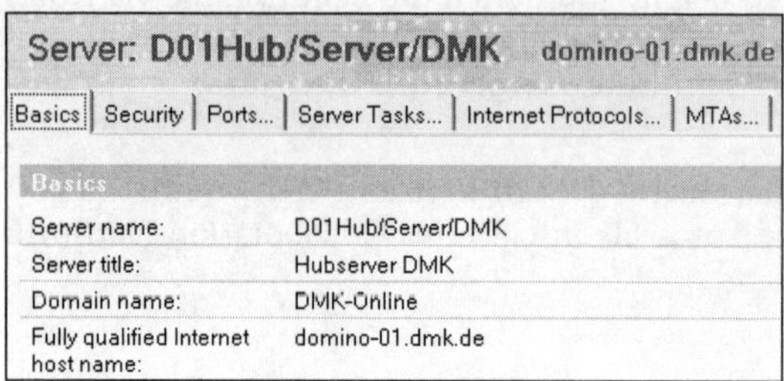

Abbildung 4.1: Eintrag der Domäne im Serverdokument

Server in einer Domäne können unterschiedliche Aufgaben besitzen. Sie arbeiten u.a. als Mail-Server, Applikationsserver und/oder als Server, auf den Anwender über einen Browser zugreifen können (Intranet- oder Internet-Server).

Domäne oder Domäne?

Der Begriff Domäne in Bezug auf Windows-Betriebssysteme ist nicht identisch mit der Definition einer Domino-Domäne.

4.1.2 Domino-Netzwerk

Server, die folgende Kriterien gemeinsam haben, können Mitglieder eines Domino-Netzwerks (*Domino-Named Network*, DNN) sein:

- Bestandteil der gleichen Domino-Domäne
- Implementierung des gleichen Netzwerkprotokolls (LAN)
- Konstante Verbindung im lokalen Netzwerk (LAN) oder eine konstante WAN-Verbindung, die über einen Router oder eine Bridge realisiert wurde

Domino unterstützt IPv6 und IPv4. Wenn ein IPv6-fähiger Domino Server eine IP-Adresse im IPv4-Format ermittelt, kann der Domino Server die Verbindung zu dieser Adresse trotzdem herstellen. Um IPv6 für Notes und Domino 7 zu aktivieren, fügen Sie die Einstellung `TCP_ENABLEIPV6=1` zur *notes.ini*-Datei auf dem Notes Client und dem Domino Server hinzu. Da IPv6 noch nicht besonders verbreitet ist und auch die Unterstützung für IPv6 durch das Internet sowie durch Hersteller von Hardware und Betriebssystemen noch in den ersten Anfängen steckt, ist dieses Feature nicht von großem Interesse.

Das Mail-Routing zwischen den Servern in einem DNN erfolgt automatisch und direkt. Sie benötigen keine Verbindungsdokumente für das Mail-Routing, um das Versenden von Nachrichten zu steuern. Notes Mail-Routing kann über die Grenzen eines DNN nur dann stattfinden, wenn Sie Verbindungsdokumente erstellt und richtig konfiguriert haben. Trotzdem empfiehlt es sich in einigen Fällen, Server unterschiedlichen DNNs zuzuordnen.

- Sie möchten kontrollieren, wann das Mail-Routing zwischen Servern erfolgen soll, anstatt Mails automatisch und direkt zustellen zu lassen.
- Sie möchten den Netzwerkverkehr zwischen unterschiedlichen Regionen in Ihrer Domäne reduzieren. So sind Sie in der Lage, den Benutzern nur die definierten Server zuzuordnen.
- Ein Anwender sieht beispielsweise über den ANWENDUNG ÖFFNEN-Dialog im Feld SERVER all die Domino Server, die mit seinem Home-Mail-Server in einem DNN liegen. Auch um die Anwender nicht mit einer zu langen Serverauswahlliste zu konfrontieren, kann es in der Praxis vorkommen, dass DNNs gebildet werden.
- Struktur der Netze, wie z.B. die Einrichtung und Nutzung demilitarisierter Zonen (DMZ) speziell im Hinblick auf die Mail-Kommunikation mit dem Internet

Festlegen des DNN

Mithilfe des DNN bilden Sie Ihre Domino-Infrastruktur auf das bestehende physikalische Netzwerk ab. Jeder Server liegt mit einer Netzwerkkarte in einem DNN, das über die Port-Zuordnung in Notes definiert wird. Falls Ihr Server mehrere Netzwerk-Interfaces aufweist, empfiehlt es sich, pro vorgesehenen Kommunikationskreis (z.B. einen für den Benutzerzugriff, einen für die Cluster-Replikation und einen für das Backup) unterschiedliche DNNs zu konfigurieren, um die Zugriffslast besser zu verteilen. Unter der Serveransicht können Sie unter NETZWERKE/NETWORKS sehen, welche DNNs diesem Server zugeordnet sind (siehe *Abbildung 4.2*).

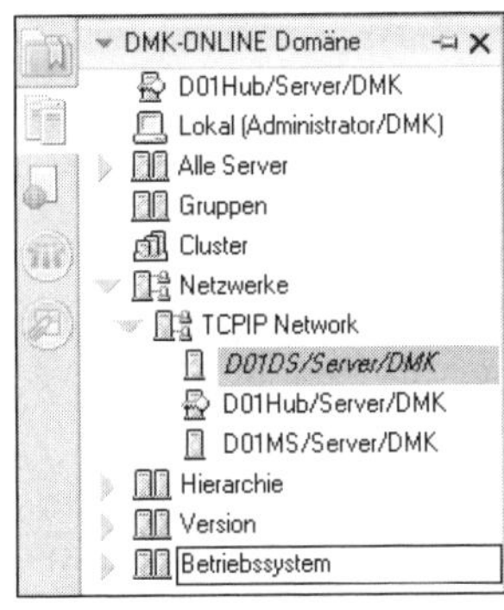

Abbildung 4.2: Alle verfügbaren DNNs

Um die vollständige Anschlusskonfiguration vorzunehmen oder zu kontrollieren, gehen Sie wie folgt vor:

1. Klicken Sie in Domino Administrator auf das Register SERVER und wählen Sie im Serverfenster den Server aus, auf dem Sie arbeiten möchten.
2. Wählen Sie im Werkzeugfenster die Option SERVER > ANSCHLÜSSE/PORTS > KONFIGURIEREN/SETUP.

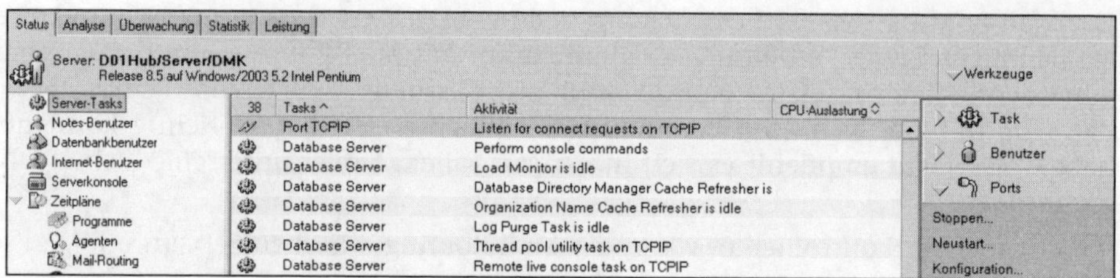

Abbildung 4.3: Konfiguration der Anschlüsse über den Domino Administrator

3. Führen Sie eine der beiden oder beide nachfolgenden Schritte für den Eintrag KOMMUNIKATIONSANSCHLÜSSE/COMMUNICATION PORTS aus:
   - Nehmen Sie die vorgegebenen Anschlussnamen an.
   - Klicken Sie auf NEU/NEW, um neue Anschlussnamen zu erstellen, z.B. LAN1 oder TCP. Verwenden Sie keine Leerzeichen oder einen Punkt (.) im Namen. Geben Sie beim Erstellen neuer Anschlussnamen eine möglichst sprechende Bezeichnung an, indem Sie den zu verwendenden Treiber angeben, und klicken Sie auf OK.
4. Wählen Sie ANSCHLUSS AKTIVIERT/PORT ENABLED und klicken Sie auf OK.

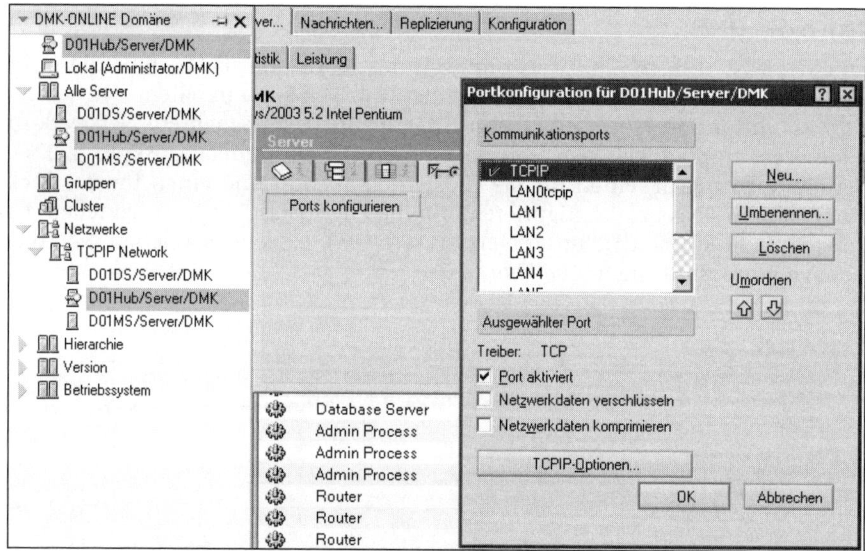

Abbildung 4.4: Definition der Konfigurationsanschlüsse

Damit haben Sie den Port grundsätzlich konfiguriert und er ist auf dem Server aktiv. Anschließend weisen Sie den NRPC-Anschlüssen die vorgesehenen IP-Adressen zu und binden so jeden Anschluss an eine Adresse.

5. Klicken Sie auf das Register KONFIGURATION/CONFIGURATION und anschließend auf SERVER > ALLE SERVERDOKUMENTE/ALL SERVER DOCUMENTS.
6. Öffnen Sie das entsprechende Serverdokument und klicken Sie auf SERVER BEARBEITEN/EDIT SERVER.
7. Klicken Sie auf das Register ANSCHLÜSSE/PORTS > NOTES-NETZWERKANSCHLÜSSE/NOTES NETWORK PORTS, geben Sie Werte in die Felder ein und klicken Sie auf SPEICHERN UND SCHLIESSEN/SAVE & CLOSE (siehe *Abbildung 4.5*).

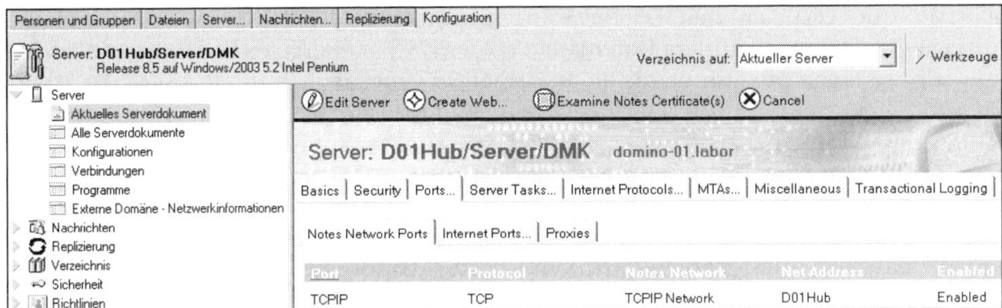

Abbildung 4.5: Notes-Porteinstellungen im Serverdokument

Feld	Eingabe
ANSCHLUSS/ PORT	Der Name, den Sie beim Einrichten des Anschlusses zugewiesen haben.
NOTES-NETZWERK/ NOTES NETWORK	Geben Sie den Namen des Domino-Named Networks für die entsprechende Gruppe von Domino Servern ein. Leerzeichen sind erlaubt.
NETZADRESSE/ NET ADRESS	Der Netzwerkname des Serveranschlusses. Bei dieser Adresse kann es sich um den Servernamen oder, entsprechend den Bedingungen des Netzwerkprotokolls, eine speziellere Adressangabe handeln. Diese Adresse legt die Adresse fest, die andere Server für den Zugriff auf diesen Server verwenden müssen. Wenn Sie dieses Feld leer lassen, erstellt Domino eine vorgegebene Adresse.
DEAKTIVIERT/AKTIVIERT DISABLED/ENABLED	Wählen Sie AKTIVIERT/ENABLED. Wenn Sie den Anschluss nicht aktivieren, können Sie ihn auch nicht verwenden.

Die konfigurierten Anschlüsse sehen Sie dann ebenfalls in Domino Administrator.

Der korrespondierende Eintrag in der *notes.ini* lautet `Ports=`*`portname(s)`*.

4.2 Hierarchisches Namenssystem

Hierarchische Namen liefern eindeutige Bezeichnungen für die Server und Benutzer in Ihrer Organisation. Das hierarchische Namenssystem, das unter Lotus Notes Domino zum Einsatz kommt, basiert auf dem X.500-Standard. Das eingesetzte hierarchische Namenssystem garantiert Ihnen in der geplanten oder aktuellen Umgebung die Eindeutigkeit von Server- und Benutzerbezeichnungen.

X.500 ist der *OSI Directory Standard*, definiert durch ISO (International Organization for Standardization) und ITU (International Telecommunication Union). Die Empfehlung von X.500 besteht aus zehn Dokumenten. Alle sind auch unter ISO 9594-1...10 als Standard von der ISO aufgenommen worden.

Der X.500-Verzeichnisdienst ist ein verteiltes System, lokale Daten liegen in einzelnen Teilsystemen, den Directory System Agents (DSA). Die Gesamtheit aller DSA-Daten bildet die *Directory Information Base (DIB)* und stellt sich den Clients, auch *Directory User Agents (DUA)* genannt, als ein homogenes logisches System dar. Jeder DSA verfügt nur über die dort gespeicherten Daten. Sollte ein Eintrag nicht bekannt sein, wird die Anfrage des Clients an andere Datenbanken (der DSA) weitergeleitet. Dieser Mechanismus wird so lange wiederholt, bis die Information gefunden ist. In der logischen Struktur von X.500 werden Informationen zu Objekten (Rechnern, Personen) in Form von Einträgen zusammengefasst. Diese Einträge sind in einer baumartigen Hierarchie angeordnet, die auch *Directory Information Tree (DIT)* genannt wird. Um die Einträge im DIT einheitlich zu strukturieren, werden jedem Eintrag bestimmte Objektklassen zugeordnet. Die Klasse beschreibt die jeweilige Art des Objekts, z.B. Land, Organisation, Person. Die Objekte selbst bestehen aus Attributen. Ein Attribut wiederum besteht aus einem Attributtyp und einem oder mehreren Attributwerten. Jeder Eintrag im Directory wird durch einen eindeutigen Namen, den *Distinguished Name (DN)*, referenziert.

Bisher dienten Verzeichnisdienste vornehmlich der Benutzerverwaltung. Verzeichnisdienste nach dem X.500-Standard ermöglichen durch ein standardisiertes Protokoll die Speicherung nahezu beliebiger Objekte. Alle Informationen über einen Anwender, also auch Schlüsselzertifikate, können in einem einzigen zentralen Verzeichnis abgelegt sein, auf das alle anderen Systeme zugreifen. Als weiterer Schritt können Informationen über andere Objekte wie Rechner, Netze und Peripheriegeräte hinzugefügt werden.

Die Gestaltung des Namenssystems richtet sich nach der Implementierung der Domino-Sicherheit und auch nach der Struktur in Ihrer Organisation (siehe *Abbildung 4.6*). Wenn Sie neue Server und Benutzer registrieren, steuern die hierarchischen Namen deren Zertifizierung und somit den Systemzugriff. Bevor Sie das hierarchische Namenssystem erstellen, sollten Sie zunächst die einzelnen Komponenten des Namens verstehen. Nachdem Sie das Namenssystem erstellt haben, erstellen Sie Zertifizierer-IDs, mit denen Sie die Namensstruktur implementieren und ein sicheres System gewährleisten.

4.2.1 Komponenten des hierarchischen Namens

Server-, Organisations-, Unterorganisations- und Benutzernamen können Groß- und Kleinbuchstaben (A – Z), Zahlen (0 – 9), EtZeichen (&), Bindestriche (-), Punkte (.), Leerzeichen ( ) und Unterstriche (_) enthalten.

Hierarchische Namen bestehen aus:

Komponente	Beschreibung	Zulässige Zeichen
Allgemeiner Name (CN)	Server- oder Benutzername. Verwenden Sie für Benutzernamen den vollständigen Vor- und Nachnamen – beispielsweise PETER KRAEMER. Diese Eingabe ist erforderlich.	Maximal 80
Name der Unterorganisation (OU)	Name der Abteilung oder des Standorts – beispielsweise OST/DMK. In einem hierarchischen Namen sind maximal vier Unterorganisationen zulässig. Es wird aber empfohlen, nicht mehr als drei zu verwenden. Bei mehreren OUs folgen die Namen von links nach rechts absteigend. Die Angabe des Namens für die Unterorganisation ist optional.	32 pro Unterorganisation

Komponente	Beschreibung	Zulässige Zeichen
Name der Organisation (O)	Der Name der Firma, der Einrichtung oder Schule – beispielsweise DMK. Die Eingabe des Namens der Organisation ist erforderlich.	3 bis 62 Wenn der Name eine Landeskennung enthält, kann er aus 2 Zeichen bestehen.
Land (C)	Abkürzung für das Land – beispielsweise DE. Die Angabe des Landes ist optional.	0 oder 2

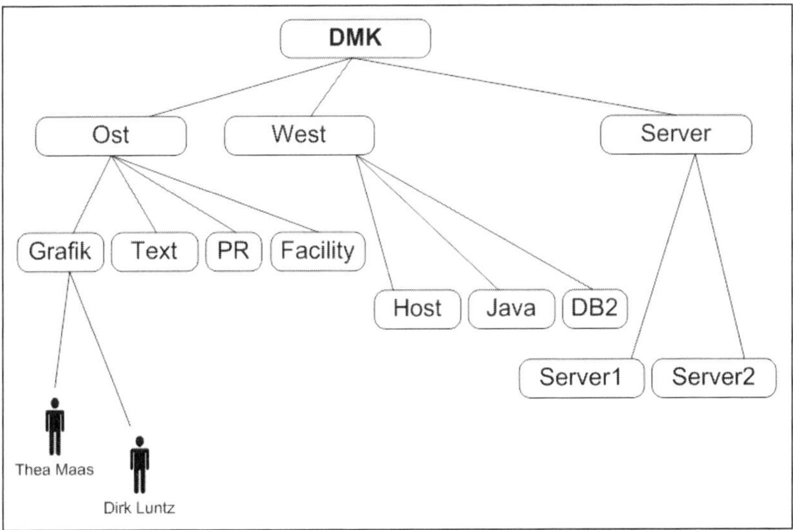

Abbildung 4.6: Beispielhafte Namenshierarchie

Ein hierarchischer Name mit allen möglichen Komponenten ist z.B.:

- Thea Wegmann/Grafik/Ost/DMK/DE

In der Regel werden die Namen in ihrem abgekürzten Format eingegeben und angezeigt und intern im kanonischen Format gespeichert, einem Format, das den Namen und die zugehörigen Komponenten enthält:

- `CN=Thea Wegmann/OU2=Grafik/OU1=Ost/O=DMK/C=DE.`

Bevor Sie Servern oder Benutzern hierarchische Namen zuweisen, müssen Sie das Namenssystem der Organisation entwerfen.

Namenssystem der Organisation planen

Für die Implementierung von hierarchischen Namen sollten Sie ein Diagramm mit der Organisationsstruktur Ihrer Firma anlegen (Organigramm). Anhand dieses Diagramms können Sie dann eine sinnvolle Namenssystematik ableiten. Bei einem hierarchischen Namenssystem können Sie eine Baumstruktur verwenden, die den tatsächlichen Aufbau Ihres Unternehmens widerspiegelt. An der Spitze des Baums steht der Name der

Organisation. Darunter befinden sich die Unterorganisationen, die Sie entsprechend Ihrer Firmenstruktur erstellen können, z.B. nach geografischer Lage oder nach Abteilungen oder beidem.

Ihre gesamte Organisation ist Teil einer Notes-Domäne. Gegebenenfalls möchten Sie die Organisation in zwei oder mehr Domänen aufteilen. Dies geschieht aber in der Regel vorwiegend aufgrund der Aufgabentrennung innerhalb der Infrastruktur (Kommunikationsbereich zu Partnern, SMTP etc.), zur Steuerung des Mail-Routings oder von Sicherheitsaspekten. Das Arbeiten mit mehreren Domänen bringt zusätzlichen Verwaltungsaufwand mit sich und setzt ein geeignetes System für ihre Verwaltung voraus.

- Tipps zur OU-Namensvergabe:
  - Versuchen Sie, die Namensstruktur Ihrer Organisation möglichst übersichtlich und damit flach zu halten.
  - Vergeben Sie OU, wenn notwendig, an Einheiten, die eine gewisse Dauerhaftigkeit besitzen, um so zu vermeiden, dass dauernde Umbenennungen von Anwendern anstehen.
  - Server sollten eine eigene OU besitzen: DOMINO-01/SERVER/DMK. Dies erleichtert eine übersichtliche Administration in Bezug auf das Erzeugen, Verwalten und Gegenzertifizieren. Anwender sollten ebenso eigene OUs besitzen.
  - Servern neue OUs zuzuweisen ist deutlich schwieriger, als diesen Vorgang bei Ihren Anwendern vorzunehmen. Verschaffen Sie sich zuerst Klarheit über das hierarchische Namenskonzept Ihrer Server.
  - Konzerne, die an unterschiedlichen Standorten vertreten sind, nutzen die OU1 in den meisten Fällen für eine Kennzeichnung der Lokation: DOMINO-01/SERVER/NYC/DMK. Andere Unternehmen oder Einrichtungen verwenden diese für eine Kennzeichnung der Abteilungszugehörigkeit: DOMINO-01/SERVER/VERTRIEB/DMK.
- Tipps zur Namensvergabe
  - Der Name der Organisation, die OU-Namen und Servernamen sollten keine Leerzeichen enthalten. Das macht die Administration, vor allem die Eingabe von Befehlen an der Konsole, einfacher.
  - Länderkürzel müssen der ISO-Norm entsprechen.
  - Als Standard vergibt Domino den gleichen Namen für Ihre Domäne und Ihre Organisation. Erwägen Sie eine getrennte Namensvergabe.
  - Servernamen sollten nur einmal in der Organisation vergeben werden.
  - Anwendernamen werden wie die wirklichen Namen vergeben.
  - Achten Sie auf eine konsistente Vergabe von Namen.
- Zusammenhang zwischen Domino-Domänen und Organisationen

  Technisch gesehen gibt es keinen Zusammenhang zwischen Ihrer Organisation und Ihrer Domino-Domäne. Sie dienen unterschiedlichen Zwecken und existieren unabhängig voneinander. Dabei existieren diverse Szenarios. Ein Unternehmen besitzt im einfachsten Fall eine Organisation und eine Domäne. Aber auch andere Korrelationen sind umsetzbar:

  - eine Organisation mit mehreren Domänen
  - eine Domäne mit mehreren Organisationen
  - x Domänen und x Organisationen, die zu einem Unternehmen gehören

  Es muss lediglich mindestens jeweils eins von beiden Elementen existieren.

4.2.2 Zertifizierer-IDs erstellen

Um Server und Benutzer innerhalb der Hierarchie richtig einzuordnen, sollten Sie zuerst Zertifizierer-IDs für jeden Knoten im Baum erstellen. Die Zertifizierer-IDs „stempeln" Server- und Benutzer-IDs mit einem Zertifikat ab, das angibt, wohin sie innerhalb der Organisation gehören. Server und Benutzer desselben Baums können miteinander kommunizieren. Server und Benutzer unterschiedlicher Bäume benötigen ein Gegenzertifikat, um miteinander zu kommunizieren.

Es gibt zwei Arten von Zertifizierer-IDs: für Organisationen und Unterorganisationen. Die Zertifizierer-ID für Organisationen wird in der Baumstruktur oben angezeigt und stimmt meist mit dem Namen der Firma (z.B. DMK) überein. Die Zertifizierer-IDs für Unterorganisationen finden sich in den verschiedenen Zweigen der Baumstruktur. Es handelt sich dabei oft um Standort- oder Abteilungsnamen – z.B. VERTRIEB/DMK oder VERTRIEB/DORTMUND/DMK.

Certification Authority (CA)

Sie können Server und Anwender aber auch registrieren, ohne diese IDs bei Erstellung direkt "abzustempeln". Dies ist dann möglich, wenn Sie den Domino-serverbasierten *Certification Authority(CA)-Prozess* verwenden.

Die Lotus Domino-Zertifizierungsstelle umfasst einen Zertifikatszulassungsprozess (engl.: Certificate Authorization Process; CA-Prozess), der sowohl einen vereinheitlichten Mechanismus zum Ausstellen von Lotus Notes- und Internet-Zertifikaten als auch eine integrierte Registrierung von Lotus Notes- und Internet-Schlüsseln verwendet. Der CA-Prozess ist ein *„Locked Box"-Task* (in etwa: Aufgabe, die in einem verschlossenen Kasten abläuft), der auf dem Server läuft. Administratoren migrieren Lotus Notes- und Internetzertifizierer, um mit dem CA-Prozess folgende Funktionen zu nutzen. Um einen vorhandenen Zertifizierer in den CA-Prozess zu migrieren, richten Sie eine Datenbank mit einer Liste der ausgestellten Zertifikate (*Issued Certificate List, ICL*) ein und konfigurieren Sie die zugehörige Gültigkeitsdauer des Zertifikats. Für Internetzertifizierer konfigurieren Sie außerdem CRL- und Schlüsselnutzungsinformationen für das Zertifikat. *CRL (Certificate Revocation List)* bezeichnet die Zertifikatswiderrufliste. Diese Migration des Zertifizierungsvorgangs findet in Domino Administrator unter der Registerkarte KONFIGURATION über das Werkzeug ZERTIFIZIERUNG > ZERTIFIZIERER MIGRIEREN statt. Danach können Sie die folgenden Optionen nutzen:

- Problemlose Vergabe der Zertifizierungsautorität: Die Administratoren wählen einige wenige Parameter, beispielsweise eine Zertifikatsdauer, und bestimmen Administratoren, die die Erlaubnis haben, diesen speziellen Zertifizierer zu verwenden. Danach wird der Zertifizierungsstellen-Server-Task geladen, um dem neuen Zertifizierer die Erlaubnis zum Verwenden des CA-Prozesses zu geben.
- Trennung der Rollen ZERTIFIZIERUNGSSTELLE und REGISTRIERUNGSSTELLE: Administratoren können den Prozess der Vergabe/Ablehnung von Zertifikaten an Administratoren (Zertifizierungsstellen) auf niedrigerer Ebene delegieren, die Zertifizierungsaufgaben ohne Zugriff auf die Zertifizierer-ID oder das zugehörige Kennwort übernehmen.

- Erstellung von *CRLs (Certificate Revocation Lists)*: Zertifikatswiderruflisten verwalten Informationen über abgelaufene Zertifikate. Ein CA-Administrator kann ein Zertifikat problemlos widerrufen, wenn der/die Betreffende die Organisation verlässt oder wenn die Gültigkeit des Zertifikats nicht mehr gewährleistet ist. CRLs werden in regelmäßigen Abständen veröffentlicht. Es gibt zwei Arten von CRLs: geplante und sofort ausgestellte.
- Liste der ausgestellten Zertifikate (ICL): Jeder Zertifizierer verfügt über eine Liste der ausgestellten Zertifikate (ICL), die erstellt wird, wenn der Zertifizierer erstellt oder in den CA-Prozess migriert wird. Bei der ICL handelt es sich um eine Datenbank, in der Kopien aller durch sie ausgestellten Zertifikate, Zertifikatswiderruflisten (oder Internetzertifizierer) und CA-Konfigurationsdokumente gespeichert sind.
- Vereinfachter Prozess der Zertifikatsanforderung: Für die Verwaltung von Zertifizierungsanfragen gibt es eine neue Webschnittstelle. Außerdem wurde der Lotus Notes Client so erweitert, dass die Benutzer jetzt ihre Zertifikate über das Register BENUTZERSICHERHEIT/USER SECURITY verwalten können. Ein Standortdokument (das für jedes Internet-Protokoll erstellt wird, sodass ein Server die SSL-Sicherheitseinstellungen für dieses Protokoll abrufen kann) enthält Einstellungen, die die Verwendung von CRLs steuern. Diese Einstellungen sind nicht Teil des Serverdokuments, werden aber während der Evaluierung der Zertifizierungskette in den Code, der die Vertrauensrichtlinien implementiert (engl.: Trust Policy Code), überführt.

Mehr Informationen zum Thema Certification Authority (CA) erhalten Sie in *Kapitel 5.3, Zertifizierungsstelle/Certificate Authority (CA)*.

4.3 Domino-Verzeichnis/Domino Directory

Das Domino-Verzeichnis (Domino Directory), das in früheren Versionen als öffentliches Adressbuch oder als Namens- und Adressbuch bezeichnet wurde, ist eine Datenbank (jetzt: Anwendung), die Domino automatisch auf jedem Server erstellt. Diese Datenbank ist das Rückgrat jeder Domino-Domäne.

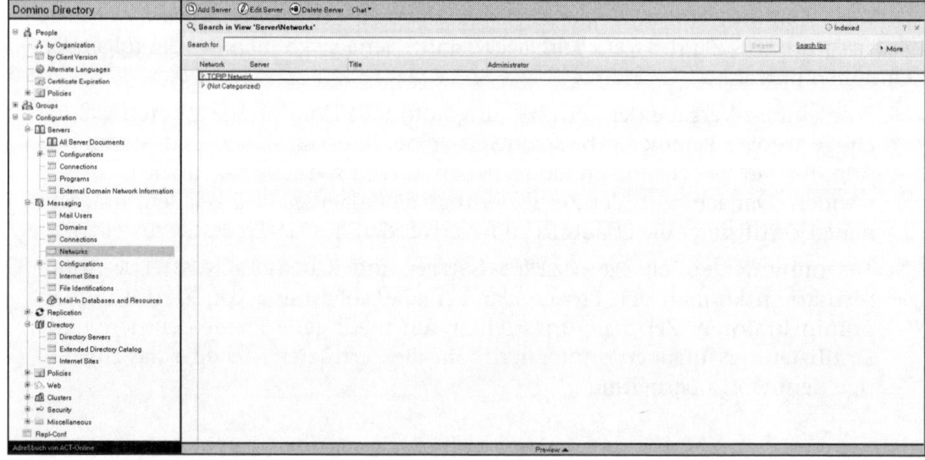

Abbildung 4.7: Das Domino Directory

Es enthält Informationen über Benutzer (siehe *Abbildung 4.7*), Server, Gruppen und andere Objekte, die Anwender in das Verzeichnis stellen können. Es ist aber auch ein Werkzeug, mit dem die Administratoren das Domino-System verwalten. Zum Beispiel erstellen die Administratoren Dokumente im Domino-Verzeichnis, um etwa Server für die Replizierung oder das Mail-Routing miteinander zu verbinden, die Registrierung von Benutzern und Servern durchzuführen oder die Ausführung von Server-Tasks zu steuern. In der Regel gehört ein Domino-Verzeichnis zu einer bestimmten Domino-Domäne. Wenn Sie Benutzer und Server in der Domäne registrieren, erstellen Sie Personen- und Serverdokumente im Domino-Verzeichnis. Diese Dokumente enthalten detaillierte Informationen über Benutzer und Server.

Wenn Sie den ersten Server in einer Notes-Domäne einrichten, erstellt Domino automatisch die Datenbank DOMINO-VERZEICHNIS und gibt ihr den Dateinamen *names.nsf*. Wenn Sie einen neuen Server zur Domäne hinzufügen, erstellt Domino für den neuen Server eine Replik des Domino-Verzeichnisses. Aus diesem Grund begegnen Sie im Installationsvorgang der Frage, ob Sie den ersten oder einen weiteren Server aufsetzen möchten. Ist der erste Server eine Domino-Domäne, wird ein neues Domino Directory erstellt.

Die vorgegebene Domino-Verzeichnisschablone (*pubnames.ntf*) steuert das Erscheinungsbild und die Funktionalität der Domino-Verzeichnisdatenbank (*names.nsf*). Domino verwendet die Masken und Einstellungen der vorgegebenen Domino-Verzeichnisschablone, um Funktionen zu steuern (z.B. Mail, Server-Tasks und Zugriffskontrolle) und um wichtige Informationen zur Verwaltung von Serververbindungen, Mail-Routing und der Systemkonfiguration zu speichern.

Domino Directory-Komponenten

Diese Datenbank enthält Ansichten, Masken und Teilmasken (u.a. Server View, People View, Certificates View und Connection View) sowie Dokumente (Group, Person, Certificate etc.).

Durch Verwendung der vorgegebenen Domino-Verzeichnisschablone wird sichergestellt, dass alle Domino-Funktionen korrekt arbeiten. Sie können jedoch das Domino-Verzeichnis an die Anforderungen Ihrer Organisation anpassen. Um sicherzustellen, dass Sie durch die Anpassungen das System nicht deaktivieren, bearbeiten Sie immer eine Kopie der vorgegebenen Domino-Verzeichnisschablone. Falls Ihnen hierbei ein Fehler unterläuft, können Sie einfach wieder auf die ursprüngliche Schablone zurückgreifen.

Achtung

Auch wenn dies zahlreiche Unternehmen praktizieren, entspricht dies nicht der offiziellen Empfehlung von IBM. Im Supportfall müssen Sie gegebenenfalls die Originalschablone einspielen. Wenn Sie ein angepasstes Domino-Verzeichnis an IBM schicken, lehnt diese die Daten ab.

Das Domino-Verzeichnis ist abwärtskompatibel und unterstützt das LDAP v3-Protokoll, mit dem Internet-Clients das Verzeichnis abfragen und aktualisieren können. Das Domino Directory ist über den Domino Administrator Client elegant und effizient konfigurierbar.

Hier einige Begriffe, um Missverständnisse zu vermeiden. Tiefer gehende Informationen zu Verzeichnissen und der Verzeichnisverwaltung finden Sie in *Kapitel 7, Domino-Verzeichnisse und Verzeichniskataloge*:

- *Zentralisierte Directory-Architektur*

  Verzeichnisarchitektur in einer Domino-Domäne, in der einige Server ein Konfigurationsverzeichnis (Configuration Directory) besitzen und ein primäres Domino Directory für remote Lookups verwendet wird.

- *Distributed Directory-Architektur*

  Verzeichnisarchitektur in einer Domino-Domäne, in der alle Server lokal ein primäres Domino Directory besitzen. Diese Art der Architektur wurde bei allen Domino-Architekturen vor Version 6 ausschließlich verwendet.

- *Configuration Directory*

  Configuration Directories sind selektive Repliken des vollständigen Domino-Verzeichnisses, die lediglich Informationen zur Domino-Serverkonfiguration beinhalten.

- *Directory Assistance (Verzeichnisverwaltung)*

  Ein Feature, das verwendet wird, um die Client-Authentifizierung, Namenssuche und LDAP-Operationen zu sekundären Domino-Verzeichnissen auszudehnen und über die eingesetzte Datenbank zu administrieren.

- *Directory Catalog*

  Eine optionale Verzeichnisdatenbank, die Einträge aus unterschiedlichen Domino Directories in einem Verzeichnis kumuliert. Es gibt zwei Arten von Verzeichniskatalogen: Condensed Directory-Kataloge (kompakt, mithilfe des Templates *dircat5.ntf* erstellt und aufgrund ihrer geringen Größe vorwiegend für Notes Clients verwendet) und Extended Directory-Kataloge (erweitert, von Servern verwendet, mithilfe der Schablone *pubnames.ntf* erstellt, Lokalisierung über Directory Assistance).

- *Primäres Domino Directory*

  Das Domino Directory, das ein Server als Erstes durchsucht und das die Domino-Domäne für den entsprechenden Server beschreibt.

- *Sekundäres Domino Directory*

  Jedes Domino-Verzeichnis, das ein Server verwendet und das nicht sein primäres Domino-Verzeichnis ist, z.B. das Adressbuch einer Tochtergesellschaft für die Adressierung der Anwender oder ein Teamadressbuch, das auf einem Domino Server liegt.

4.3.1 Primäres Domino-Verzeichnis und Konfigurationsverzeichnis

Die zentralisierte Directory-Architektur wurde unter IBM Lotus Domino 6 eingeführt. Dabei halten nur wenige Server in der Domino-Domäne ein komplettes Domino Directory. Alle anderen Server der Domäne besitzen lediglich ein Configuration Directory, das Informationen zur eigenen Serverkonfiguration beinhaltet. Ein primäres Domino Directory wird für remote Lookups verwendet.

Der erste Server einer Domäne besitzt immer ein primäres (vollständiges) Domino Directory. Wenn Sie weitere Server für diese Domäne konfigurieren, können Sie festlegen, ob Sie die Replik des Domino-Verzeichnisses als primäres Domino Directory oder als Configuration Directory beziehen wollen.

Der Vorteil dieses Architekturmodells liegt vor allem darin, dass getätigte Änderungen im Domino Directory sofort für andere Server verfügbar sind, ohne repliziert werden zu müssen. Eine entsprechende Netzwerkbandbreite wird natürlich vorausgesetzt. Es sollten mindestens zwei Server in Ihrer Domino-Domäne ein primäres Domino Directory bereitstellen.

Sie können nach der Serverkonfiguration aber auch den Verzeichnistyp des Domino Directory wechseln. Dazu müssen Sie die entsprechenden Replikationseinstellungen verändern.

Basics			
Server name:	D01Hub/Server/DMK	Server build number:	Release 8.5
Server title:	Hubserver DMK	Routing tasks:	Mail Routing, SMTP Mail Routing
Domain name:	DMK-Online	SMTP listener task:	Enabled
Fully qualified Internet host name:	domino-01.labor.de	Server's phone number(s):	
Cluster name:		CPU count:	1
Load Internet configurations from Server\Internet Sites documents:	Disabled	Operating system:	Windows/2003 5.2 Intel Pentium
Maximum formula execution time:	120 seconds	Is this a Sametime server?	No
Directory Information		**Automatic Server Recovery**	
Directory assistance database name:		Run This Script After Server Fault/Crash:	(This script must not run NSD)
Name of condensed directory catalog on this server:		Run NSD To Collect Diagnostic Information:	☑ Enabled
Trust the server based condensed directory catalog for authentication with internet protocols:	☐ Yes	Automatically Restart Server After Fault/Crash:	☐ Enabled
Directory Type:	Primary Domino Directory	Cleanup Script / NSD Maximum Execution Time:	600 seconds
Allow this directory to be used as a remote primary directory for other servers:	☑ Yes	Server Shutdown Timeout:	300 seconds

Abbildung 4.8: Verzeichnisinformationen im Serverdokument

Wenn Sie beispielsweise aufgrund von fehlenden Ressourcen verhindern möchten, dass ein Primary Domino Directory zum remote Lookup verwendet wird, können Sie dies im Serverdokument des entsprechenden Servers unter der Registerkarte ALLGEMEIN/BASICS im Abschnitt VERZEICHNISINFORMATIONEN/DIRECTORY INFORMATION hinterlegen (siehe *Abbildung 4.8*). Deaktivieren Sie dort die Option ZULASSEN, DASS DIESES VERZEICHNIS ALS REMOTE-PRIMÄR-VERZEICHNIS FÜR ANDERE SERVER VERWENDET WERDEN KANN bzw. ALLOW THIS DIRECTORY TO BE USED AS A REMOTE PRIMARY DIRECTORY FOR OTHER SERVERS.

4.3.2 Replizierung des Domino-Verzeichnisses

Erstellen Sie Verbindungsdokumente, um die Replizierung des Domino-Verzeichnisses auf allen Servern in der Notes-Domäne zu planen. Da das primäre Domino-Verzeichnis das Kernstück eines Domino-Systems ist, sollten Sie es häufig replizieren. Obwohl sich der von Ihnen ausgewählte Replizierungsplan letztendlich nach der Serverkonfiguration in der Domäne richtet, sollten Sie das Domino-Verzeichnis in der Regel mindestens alle 30 Minuten replizieren, wenn das Verzeichnis groß ist und häufig Änderungen vorgenommen werden. Gerade in einem solchen Fall empfiehlt sich aber bei ausreichend vorhandenen Ressourcen (Netzwerkbandbreite, Serverressourcen) eine zentralisierte Architektur mit einigen wenigen primären Domino-Verzeichnissen in Ihrer Domäne.

Planen Sie die Replizierung der Datenbank ADMINISTRATIONSANFORDERUNGEN (*admin4.nsf*) so, dass sie so häufig wie das Domino-Verzeichnis repliziert wird. Der AdminP-Task, durch den einige Administrationsaufgaben vereinfacht werden, verwendet die Datenbank ADMINISTRATIONSANFORDERUNGEN für seine Ausführung. Wenn das Domino-Verzeichnis sehr groß ist, erstellen Sie ein Verbindungsdokument, mit dem Sie nur die Replizierung des Domino-Verzeichnisses und der Datenbank ADMINISTRATIONSANFORDERUNGEN planen.

4.3.3 Struktur des Domino-Verzeichnisses

Das Domino Directory ist eine der wichtigsten Datenbanken, wenn nicht die wichtigste Komponente in Ihrer Domino-Umgebung. Neben der nachfolgend beschriebenen Einrichtung des Zugriffs und der Sicherheit sollten Sie unbedingt darauf achten, dass beispielsweise der Struktur von Gruppen und Personen ein sauberes Konzept zugrunde liegt. Dazu gehört auch, dass jeder registrierte Benutzer nur ein Personendokument im Domino Directory besitzt. Richten Sie Mail-Datenbanken und -Anwendungen, auf die mehrere Benutzer, eine Abteilung oder eine Projektgruppe Zugriff haben sollen, stets als Mail-In-Datenbanken über die Mail-In-Datenbank-Dokumente ein. Vermeiden Sie es, solche Anforderungen als Personendokumente zu implementieren.

Sorgen Sie für eine saubere und gut dokumentierte Gruppenstruktur. Vermeiden Sie unbedingt (außer in sehr kleinen Domino-Umgebungen), Personen in Zugriffskontrolllisten einzutragen! Richten Sie nur Gruppen ein, die wirklich benötigt werden. Sprechen Sie sich mit den Datenbankentwicklern ab, welche Gruppen für eine angeforderte und in den Betrieb zu überführende Datenbank erforderlich sind. Überlegen Sie sich eine Möglichkeit, um von Zeit zu Zeit überprüfen zu können, welche Gruppen und Datenbanken in Ihrer Domino-Umgebung noch genutzt werden.

Lebenszyklen von Datenbanken

Applikationen werden in zahlreichen Fällen für bestimmte Projekte und Aufgabenstellungen entwickelt und in Betrieb gesetzt. Werden diese Datenbanken nach einem gewissen Zeitraum nicht mehr benötigt und genutzt, bekommt ein Administrator dies in den meisten Fällen nicht mit. Niemand kann von Ihnen verlangen, dass Sie den Zweck von Hunderten von Anwendungen in Ihrer Umgebung im Kopf haben, und so kann es passieren, dass zwischen den häufig genutzten Datenbanken einige „Leichen" auf Ihrem Domino-Anwendungsserver ihr Dasein fristen, ohne dass Sie davon wissen.

Genauso wichtig ist es, den Überblick über den Sinn und Zweck der ausgerollten Datenbanken zu bewahren. Auch wenn der Domain Catalog bzw. Datenbank-Katalog (*catalog.nsf*) Ihnen einen Überblick darüber verschafft, welche Datenbanken sich auf Ihrem System befinden, sagen Ihnen die dort abgelegten Informationen nichts über den Zweck der Datenbanken aus. Entwickeln oder lassen Sie eine Datenbank entwickeln, die Ihnen die benötigten Informationen beschafft. Das Redbook „Secrets to Running Lotus Notes: The Decisions No One Tells You How to Make“ hilft Ihnen bei Bedarf dabei.

Entwerfen Sie ein Konzept für die Benennung von Datenbanken und Zugriffsgruppen sowie den Gruppen, die nicht für die Regelung des Datenbankzugriffs verantwortlich sein sollen, z.B. Mail-Verteilergruppen. So empfiehlt sich die Benennung einer Datenbank nach folgendem Schema, das je nach Vorgaben abgewandelt werden kann oder muss.

- *LJJXXX.nsf*, wobei
  - *L* für die entsprechende Lokation bei einem international agierenden Unternehmen steht, die für die Datenbank verantwortlich ist, wie etwa D für Deutschland, NYC, LON oder GB für andere Niederlassungen.
  - *JJ* für das Jahr des Rollouts steht.
  - *XXX* eine laufende Nummer zur Identifikation ist.
  - Der Dateiname könnte wie vorgeschlagen also *D08123.nsf* lauten. Dieser Name steht für eine Datenbank, die im Jahr 2008 in Deutschland als 123. Datenbank in diesem Jahr ausgerollt wurde.
  - Die entsprechende Gruppe würde Z_D02123 lauten.

Eine Ihrem Konzept entsprechende Beschreibung der Gruppen darf nicht fehlen.

Sollen Gruppen gelöscht werden, hat es sich in der Praxis bewährt, beispielsweise ein Zeichen voranzustellen wie beispielsweise D_ und die so markierten Gruppen noch einige Zeit im Domino Directory stehen zu lassen, um sie erst nach einem festgelegten Zeitraum zu löschen. So sind Sie in der Lage, irrtümliche Angaben zu Gruppenlöschungen abzufangen. Sie können allerdings auch parallel ein Verzeichnis verwenden, in das die Gruppen- oder Personendokumente der zu löschenden Objekte verschoben werden. Auf diese Weise wird etwaig auftretenden Problemen vorgebeugt.

Überprüfen Sie Ihr Domino Directory in regelmäßigen Abständen auf Speicher- und Replizierkonflikte.

4.3.4 Zugriff auf das Domino-Verzeichnis

Um den Zugriff auf das Domino-Verzeichnis zu steuern, richten Sie eine Zugriffskontrollliste ein. Sie können den gesamten Zugriff auf das Domino-Verzeichnis sowie den Zugriff auf bestimmte Masken und Dokumente steuern. Wenn Sie für einen Domino Server, auf dem der LDAP-Dienst ausgeführt wird, anonyme Verbindungen ermöglichen, können Sie festlegen, auf welche Felder im Verzeichnis anonyme LDAP-Benutzer Zugriff haben. Richten Sie die Domino-Verzeichnis-ACL zur Definition des Zugriffs ein, der authentifizierten Benutzern und Servern für das Domino-Verzeichnis gewährt wird (siehe *Abbildung 4.9*).

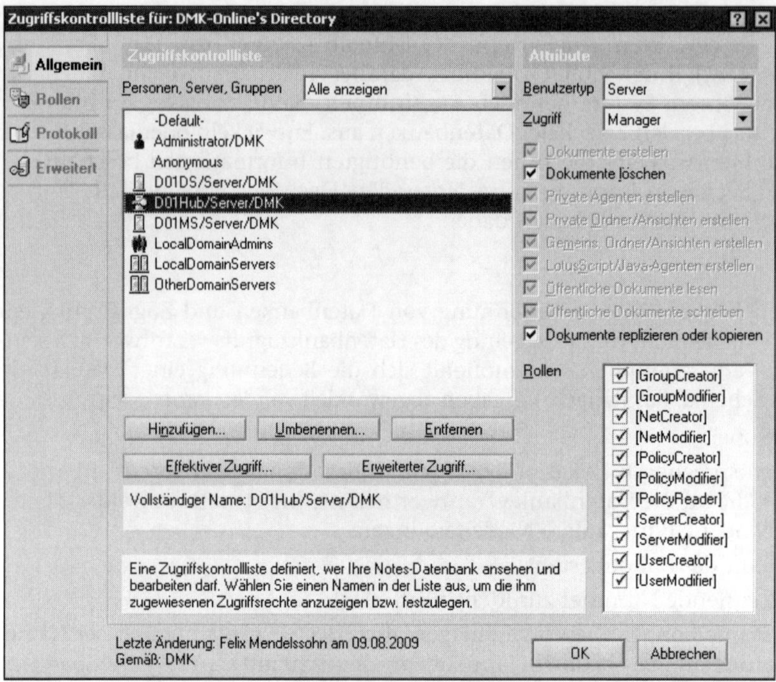

Abbildung 4.9: Beispiel einer ACL des Domino Directory

In der nachfolgenden Tabelle werden die Standardeinstellungen für die Domino-Verzeichnis-ACL beschrieben:

Eintrag	**Zugriffsebene**	**Benutzertyp**
-DEFAULT-	Autorzugriff ohne Rollen und ohne die Berechtigung „Dokumente erstellen“	UNBESTIMMT
ANONYMOUS	Kein Zugriff	UNBESTIMMT
LOCALDOMAINADMINS	Managerzugriff ohne Rollen	PERSONENGRUPPE
LOCALDOMAINSERVERS	Managerzugriff mit allen Rollen	SERVERGRUPPE
OTHERDOMAINSERVERS	Lesezugriff	SERVERGRUPPE
Server, auf dem das Verzeichnis ursprünglich erstellt wurde	Managerzugriff mit allen Rollen	SERVER
Während der Serverkonfiguration angegebener Administrator	Managerzugriff mit allen Rollen	PERSON

Das Domino-Verzeichnis enthält *Creator- und Modifier-Rollen*, die Sie zuweisen können, um Verantwortung für die Administration bestimmter Dokumente im Verzeichnis zu delegieren. Anstatt den Editorzugriff zu verwenden, mit dem die Benutzer alle Dokumente im Domino-Verzeichnis ändern können, können Sie Modifier-Rollen verwenden, damit Benutzer mit Autorzugriff bestimmte Dokumente im Domino-Verzeichnis ändern können. Wenn beispielsweise bestimmte Administratoren für die Verwaltung von Benutzern zuständig sind, weisen Sie ihnen die Rolle UserModifier zu. Diese Rollen gelten nur für Benutzer mit Autorzugriff. Benutzer mit Editorzugriff oder einer höheren Zugriffsberechtigung können ohne eine Rolle alle Dokumente im Domino-Verzeichnis ändern.

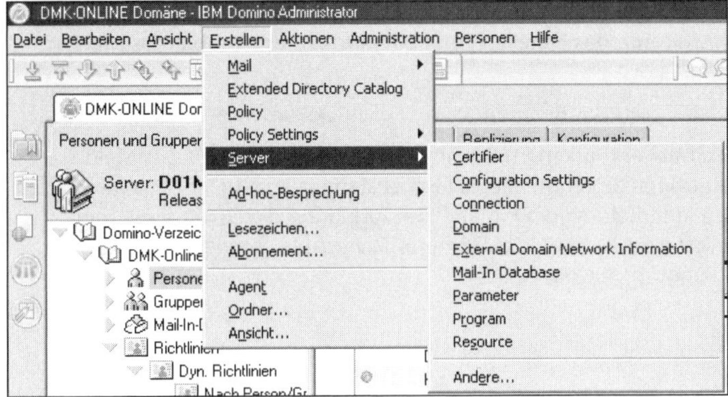

Abbildung 4.10: Erstellen von Dokumenten

Mit Creator-Rollen können Sie festlegen, welche Benutzer mit der Berechtigung Dokumente erstellen/Create Documents das Menü Erstellen/Create für bestimmte Dokumenttypen im Domino-Verzeichnis verwenden. Creator-Rollen gelten für alle Benutzerebenen in der ACL des Domino-Verzeichnisses.

> Bei den Creator-Rollen handelt es sich um eine Vereinfachungsfunktion und keine Sicherheitsfunktion, denn Domino ignoriert die Creator-Rollen, wenn Benutzer Dokumente unter Umgehung des Erstellen/Create-Menüs erstellen.

Mit Modifier-Rollen können Sie definieren, welche Dokumenttypen Benutzer mit Autorzugriff ändern können. Im Gegensatz zu Creator-Rollen stellen Modifier-Rollen eine Sicherheitsfunktion dar. Der durch eine Rolle definierte Zugriff geht niemals über die gewährte Zugriffsebene hinaus. Ein Benutzer mit Lesezugriff kann z.B. das Menü Erstellen/Create nicht zum Erstellen von Personendokumenten verwenden, auch wenn der Benutzer die UserCreator-Rolle besitzt.

Rolle	**Ermöglicht**
GroupCreator	Administratoren das Erstellen von Gruppendokumenten über das Menü Erstellen.
GroupModifier	Administratoren das Bearbeiten von Gruppendokumenten.
NetCreator	Administratoren das Erstellen aller Dokumente mit Ausnahme von Personen-, Gruppen- und Serverdokumenten.
NetModifier	Administratoren das Bearbeiten aller vorhandenen Dokumente mit Ausnahme von Personen-, Gruppen- und Serverdokumenten.
ServerCreator	Administratoren das Erstellen neuer Serverdokumente.
ServerModifier	Administratoren das Bearbeiten von Serverdokumenten.

Rolle	Ermöglicht
UserCreator	Administratoren das Erstellen von Personendokumenten über das Menü Erstellen/Create.
UserModifier	Administratoren das Bearbeiten von Personendokumenten.
PolicyCreator	Administratoren das Erstellen von Policy-Dokumenten über das Menü Erstellen/Create.
PolicyModifier	Administratoren das Bearbeiten von Policy-Dokumenten
PolicyReader	Allen Richtlinienmasken im Domino-Verzeichnis wurde ein Leserfeld ($PolRdrs) hinzugefügt. Dieses Feld ist standardmäßig leer, wodurch alle Objekte innerhalb einer Domäne Lesezugriff auf die Dokumente haben. Zusätzlich wird der ACL des Domino-Verzeichnisses eine neue Rolle hinzugefügt: [PolicyReader].

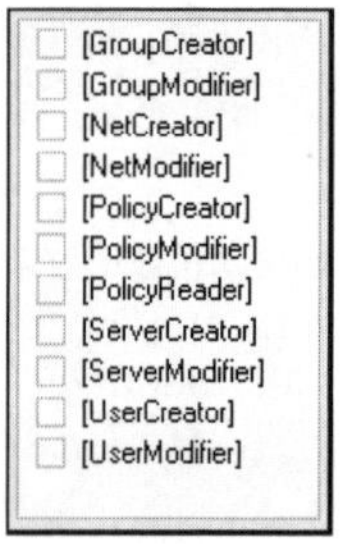

[GroupCreator]
[GroupModifier]
[NetCreator]
[NetModifier]
[PolicyCreator]
[PolicyModifier]
[PolicyReader]
[ServerCreator]
[ServerModifier]
[UserCreator]
[UserModifier]

Abbildung 4.11:
Rollen in der ACL des Domino Directory

Wenn Sie Modifier-Rollen verwenden, sollten Sie die folgenden Punkte im Hinterkopf behalten:

- Ein Administrator mit Autorzugriff und einer Modifier-Rolle ist nicht in der Lage, Felder im Domino Directory zu verändern, welche die Eigenschaft Must have at least Editor access to use besitzen.
- Um im Domino-Verzeichnis Dokumente zu löschen, benötigen die Benutzer unabhängig von der Zugriffsebene oder Zugehörigkeit zu einer Modifier-Rolle in der ACL die Berechtigung Dokumente löschen/Delete Documents.
- Modifier-Rollen werden für Administratoren mit Autorenzugriff verwendet. Administratoren mit Editorzugriff oder höher können automatisch alle Dokumente verändern.

Alle Dokumente im Domino-Verzeichnis enthalten ein Administratorregister mit einem Administratorfeld. Damit ein Benutzer mit Autorzugriff auf das Verzeichnis zugreifen kann, um nur ein bestimmtes Dokument zu ändern und nicht alle Dokumente, die mit einer bestimmten Maske erstellt wurden, geben Sie den Benutzernamen in das Administratorfeld ein.

4.3.5 Erweiterte ACL/Extended ACL (xACL)

Weil das Domino-Verzeichnis eine Datenbank ist, die in einer gehosteten Umgebung von mehreren Organisationen gemeinsam genutzt werden kann, spielt die Sicherheit eine ausschlaggebende Rolle. Jedes Dokument im Domino-Verzeichnis wird durch eine erweiterte ACL (xACL) gesteuert. Die bestehenden Datenbank-ACLs und die neue Funktionalität stellen sicher, dass vertrauliche Organisationsdatenbanken sicher bleiben.

Zusätzlich bieten die Dateischutzdokumente für den Lotus Domino Webserver zusätzliche Zugriffskontrolle für Dateien, auf die der Benutzer über HTTP zugreift. Mehrere Organisationen, die von einem logischen Server gehostet werden, können ebenfalls auf gemeinsam genutzte Datenbanken zugreifen.

xACLs verfeinern die Zugriffskontrollliste und verwehren den Zugriff auf spezifische Bereiche eines Domino-Verzeichnisses oder eines Extended Directory Catalog. Sie erzwingen zusätzlich die entsprechende Datenbanksicherheit für die Namenssuche durch Notes Clients und den Zugriff für die anonyme LDAP-Suche. xACL ist eine optionale Zugriffssteuerung für alle Verzeichnisse, die mithilfe der Schablone *pubnames.ntf* erstellt wurden, wie das Domino Directory oder der Extended Directory Catalog. Die extended ACL ist an die ACL der Datenbank gebunden. xACLs können die dort zugewiesenen Zugriffsrechte nur weiter verfeinern bzw. einschränken. Es ist nicht möglich, ein in der ACL zugewiesenes Zugriffsrecht heraufzusetzen.

Benutzen Sie xACLs für:

- alle Dokumente mit einem hierarchischen Namen an einer bestimmten Stelle in der Verzeichnishierarchie, beispielsweise Dokumente, deren Namen auf OU=WEST/ O=DMK enden
- alle Dokumente eines bestimmten Typs, z.B. Personendokumente
- ein bestimmtes Feld in einem speziellen Dokumenttyp
- ein bestimmtes Dokument

Mithilfe der xACLs ist es möglich,

- die Domino-Administration zu delegieren, beispielsweise können Sie einer Gruppe von Administratoren erlauben, Dokumente unterhalb einer zugewiesenen Organisationseinheit zu verwalten.
- den Zugriff auf bestimmte Bereiche der Verzeichnisinhalte zu gewähren und den Zugriff auf Dokumente und Felder relativ einfach zuzuweisen, anstatt Rechte über Mittel wie mehrfache Leser- und Autorenfelder zu vergeben.
- die Zugriffskontrolle auf Anwender zu gewährleisten, die auf ein Verzeichnis via Notes (NRPC), Web (HTTP), LDAP, POP3 und IMAP zugreifen.

Um die xACL für ein Domino Directory oder einen Extended Directory Catalog aufzusetzen, müssen Sie den erweiterten Zugriff für die Datenbank aktivieren. Bevor Sie dies tun, sollten Sie sich über Folgendes im Klaren sein:

- Die Aktivierung des erweiterten Zugriffs kann einige Minuten bei einem sehr großen Verzeichnis in Anspruch nehmen. Während dieser Zeit ist Notes oder der Domino Administrator Client nicht für andere Aufgaben verfügbar.
- Um sicherzugehen, dass die Datenbank sauber repliziert, benötigt der erweiterte Zugriff die Option KONSISTENTE ACL ÜBER ALLE REPLIKEN DIESER DATENBANK ERZWINGEN/ ENFORCE A CONSISTENT ACCESS CONTROL LIST ACROSS ALL REPLICAS in der ACL.
- Nachdem Sie den erweiterten Zugriff aktiviert haben, können Sie keine Änderungen an der Datenbank vornehmen, wenn diese auf einem Server mit einer älteren Version als Domino 6 liegt, da die Änderungen dann nicht mehr zu einem Server der Version 6 oder höher repliziert werden können. Wenn Sie den erweiterten Zugriff aktivieren, müssen Sie Änderungen der Datenbank an den Repliken vornehmen, die auf einem Domino Server der Version 6 oder höher liegen.

- Die Aktivierung des erweiterten Zugriffs erzwingt die Datenbank ACL, die erweiterte ACL (xACL) und die Leser- und Autorenfelder für den Notes Client bei der Namenssuche im Directory. Wenn Sie den erweiterten Zugriff aktivieren, müssen die Notes-Anwender zur Nutzung der Mail-Adressierung in der Datenbankzugriffskontrollliste mindestens über Lesezugriff verfügen, um die Schnelladressierung oder die Namensauflösung über die [F9]-Taste nutzen zu können.
- Die Aktivierung des erweiterten Zugriffs erzwingt die Datenbank ACL und die xACL für die anonyme LDAP-Suche für das Verzeichnis. Die Aktivierung des erweiterten Zugriffs entfernt die Zugriffsrechte für die anonyme LDAP-Suche aus dem Domain-Konfigurationsdokument so lange, bis Sie den erweiterten Zugriff wieder deaktivieren. Die erweiterten Zugriffsrechte setzen den Eintrag Anonymous auf Kein Zugriff/No Access. Wenn Sie also wollen, dass LDAP-Anwender das Verzeichnis anonym durchsuchen können, müssen Sie den ACL-Eintrag für Anonymous verändern, sobald Sie den erweiterten Zugriff aktiviert haben.

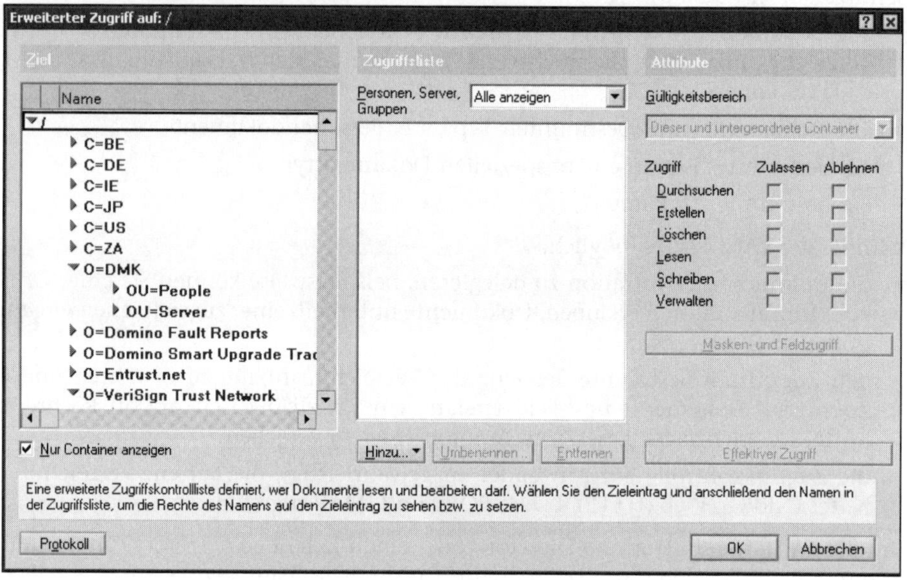

Abbildung 4.12: Einrichtung des erweiterten Zugriffs für das Domino Directory

Es existieren zahlreiche Konfigurations-Zugriffseigenschaften, die Sie verwenden können, um den Zugriff auf ein Subjekt über den erweiterten Zugriff zu kontrollieren. Für jede Zugriffseinstellung können Sie zwischen Allow oder Deny wählen. Sie können eine Zugriffseinstellung unkonfiguriert lassen, aber wenn Sie dies tun, legen andere Subjekte in der erweiterten ACL oder der ACL fest, ob der Zugriff auf dieses Subjekt erlaubt ist oder nicht. Es ist besser, Allow oder Deny auszuwählen, um sicherzugehen, dass der gewünschte Zugriff vorhanden ist.

Zugriffseinstellungen werden auf bestehende Dokumente auf ein bestimmtes Ziel (target) angewandt. Wenn das ausgewählte Ziel aus einer Kategorie von Dokumenten besteht, greifen die Zugriffseinstellungen auch in Bezug auf Dokumente, die in Zukunft in dieser Kategorie angelegt werden. Die erweiterte Zugriffskontrollliste kann den Zugriff eines Anwenders mit Managerzugriff oder eines Administrators mit dem Recht Full Access Administrators nicht beschränken. Ebenso wenig kann ein Anwender mit Designer- oder Managerrechten daran gehindert werden, das Design des Verzeichnisses zu verändern.

Bei der Einrichtung des erweiterten Zugriffs geht es für das Domino Schema um die Begriffe Dokument (DOCUMENT), Feld (FIELD) und Maske (FORM).

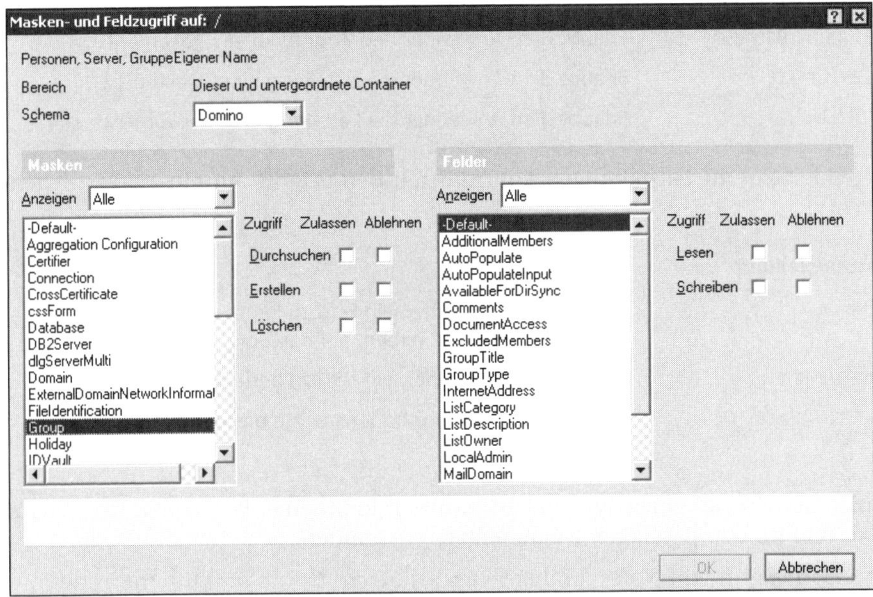

Abbildung 4.13: Erweiterter Zugriff auf Masken und zugehörige Felder im Domin- Schema

Geht es um das LDAP-Schema (siehe *Abbildung 4.14*), werden die Begriffe Eintrag (ENTRY), Attribut (ATTRIBUTE) und Objektklasse (OBJECT CLASS) benutzt.

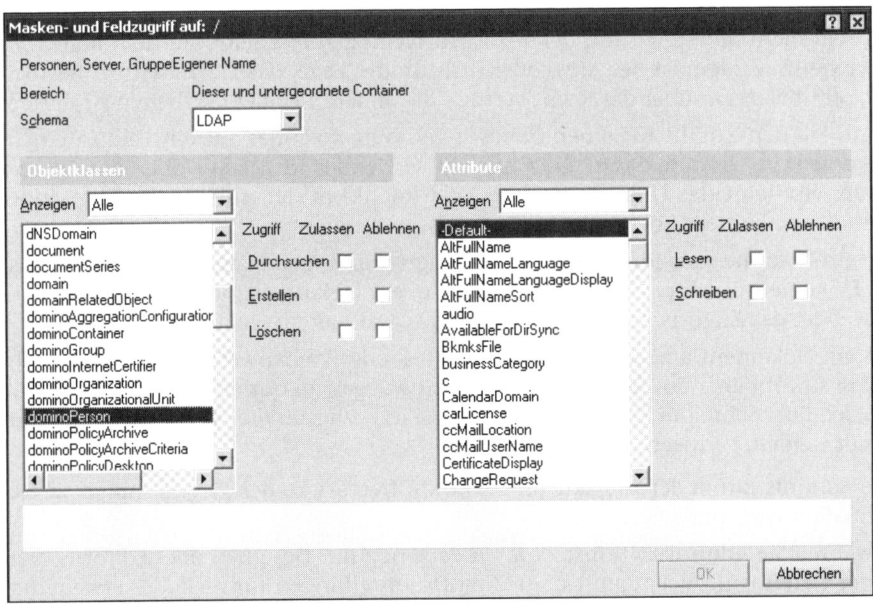

Abbildung 4.14: Erweiterter Zugriff auf Objektklassen und Attribute im LDAP-Schema

Die folgenden Zugriffseinstellungen kontrollieren den Zugriff auf ein Dokument:

Zugriffseinstellung	
DURCHSUCHEN/BROWSE	Erlaubt dem Anwender den Zugriff auf ein Dokument.
ERSTELLEN/CREATE	Erlaubt dem Anwender die Erstellung eines Dokuments.
LÖSCHEN/DELETE	Erlaubt dem Anwender die Löschung eines Dokuments

Die folgenden Zugriffseinstellungen kontrollieren den Zugriff auf ein Feld in einem Dokument:

Zugriffseinstellung	
LESEN/READ	Erlaubt dem Anwender, ein Feld zu lesen. Zusätzlich muss der Anwender das Recht haben, auf das Dokument zuzugreifen.
SCHREIBEN/WRITE	Erlaubt dem Anwender, ein Feld zu ändern.
VERWALTEN/ADMINISTER	Erlaubt Ihnen, Administrationsrechte bestimmter Bereiche zu delegieren.

Wenn mehr als ein Dokumenttyp ein bestimmtes Feld innehat, können Sie den Zugriff für dieses Feld für den jeweiligen Dokumenttyp bestimmen.

Wenn Sie den Zugriff von Notes- und Browser-Benutzern (Intra- und Internet) administrieren und kontrollieren, sollten Sie folgende Punkte beachten. Diese gelten allerdings nicht für Zugriffe via LDAP oder für Notes-Applikationen (außer wenn entsprechend aufgeführt) .

- Wenn Sie den Zugriff für einen Notes- oder Webanwender auf ein Feld in einem Dokument verwehren, wenn dieser ein Dokument öffnet, wird in dem Dokument das Feld nicht angezeigt und der Text (TRUNCATED) erscheint auf dem Reiter des Dokuments. Zudem ist der Anwender nicht in der Lage, das Dokument zu bearbeiten, selbst wenn er über das Recht verfügt, die anderen Felder bearbeiten zu dürfen.
- Wenn Sie den Zugriff für einen Notes- oder Webanwender auf ein Feld in einem Dokument verwehren, das in einer Ansicht verwendet wird, um Dokumente zu sortieren, erscheint das Dokument ohne Titel (blank) in der Ansicht. Der Anwender kann das Dokument aber auswählen, um es zu öffnen.
- Um ein Dokument zu löschen, muss der Notes- und Webanwender in der Lage sein, das Dokument in einer Ansicht zu sehen. Um ein Dokument zu sehen, benötigt der Anwender das Zugriffsrecht DURCHSUCHEN/BROWSE auf ein Dokument.
- Um ein Dokument anzulegen, muss ein Notes- oder Webanwender oder eine Applikation sowohl über das Recht, ein Dokument anlegen zu dürfen (ERSTELLEN/CREATE), als auch über Schreibrechte (SCHREIBEN/WRITE) in Bezug auf die Felder, die mit Werten gefüllt werden, verfügen.

Um die Administration der Subjekte im Domino Directory zu delegieren, sollten Sie folgendermaßen vorgehen:

- Gewähren Sie Administrationsrechte für Personen mit Designer- oder Editorrechten in der Datenbank ACL, damit diese Zugriffseinstellungen für Ziele des erweiterten Zugriffsrechts modifizieren können.

- Personen mit Managerzugriff benötigen keine speziellen Administrationsrechte, um die erweiterten Zugriffsrechte zu verändern.
- Gewähren Sie Administrationsrechte für Personen, um den Zugriff auf Dokumente unterhalb eines Ziels zu verwalten, ohne dass diese Personen Managerrechte in der ACL des Domino Directory erhalten.
- Anwender mit Editor- oder Designerrechten in der Datenbank ACL besitzen nicht im Vorhinein Administrationsrechte in der xACL. Sie müssen dieses Recht explizit vergeben. Sie vergeben Administrationsrechte auf eine Zielkategorie und nicht auf ein bestimmtes Dokument.

Sie können einem Domino Server Administrationszugriff auf eine bestimmte Zielkategorie gewähren. Dieser Zugriff ermöglicht es dem Server, als erweiterter Administrationsserver zu agieren, dessen Administrationsprozess Dokumente unterhalb der zugeordneten Zielkategorie verwalten kann.

Administrationsserver

Administrationsserver steuern die Arbeitsweise des Administrationsprozesses. Sie geben einen Administrationsserver für das Domino-Verzeichnis und für die einzelnen Datenbanken an. Standardmäßig wird der erste Lotus Domino Server, den Sie in einer Domäne einrichten, als Administrationsserver für das Domino-Verzeichnis eingesetzt. Der Administrationsserver für das Domino-Verzeichnis verwaltet die Zugriffskontrollliste (ACL) des Domino-Verzeichnisses, führt Lösch- und Namensänderungsvorgänge im Domino-Verzeichnis durch und repliziert diese Änderungen in andere Server innerhalb der Domäne.

Alle Datenbanken benötigen einen Administrationsserver, der Namensänderungen und Löschvorgänge verwaltet, die sich auf die Datenbank beziehen, z.B. Änderungen an der ACL, an Leser- und Autorenfeldern oder an Namensfeldern. Verfügt eine Datenbank über Repliken, so wird nur einer dieser Repliken ein Administrationsserver zugewiesen. Der Administrationsprozess nimmt dann alle Änderungen an dieser Replik vor. Diese Änderungen werden mittels Replizierung der Datenbank auf alle anderen Repliken übertragen.

Wenn Sie extended ACLs verwenden möchten, sollten Sie dies sorgfältig auf Papier planen, um diese dann in einer nicht produktiven Umgebung zu evaluieren.

- Sie sollten Kategorien als Ziele (Wurzel) mit darunter liegenden Unterkategorien (Äste) verwenden, anstatt mit einzelnen Dokumenten zu arbeiten. Um Dokumente unterhalb der Wurzel zu untergliedern, kann es sein, dass Sie einigen Dokumenten, etwa Gruppendokumenten, hierarchische Namen manuell zuordnen müssen.
- Als allgemeine Regel sollten Sie als Vorgaberahmen „Dieser Container und alle Inhalte" als Zielbereich verwenden, um den Zugriff auf die Ziel-Unterkategorien eines Subjekts auszuweiten.
- Verwenden Sie statt einzelner Personennamen Namen, die Gruppen von Personen repräsentieren.

Konfiguration des erweiterten Zugriffs

Um den erweiterten Zugriff einzurichten, gehen Sie wie folgt vor:

1. Öffnen Sie das Dialogfenster zur Administration der Zugriffskontrollliste und wechseln Sie auf das Register ERWEITERT/ADVANCED (siehe *Abbildung 4.15*).
2. Wählen Sie die Option für die Vergabe der konsistenten ACL aus und aktivieren Sie die Option des erweiterten Zugriffs.

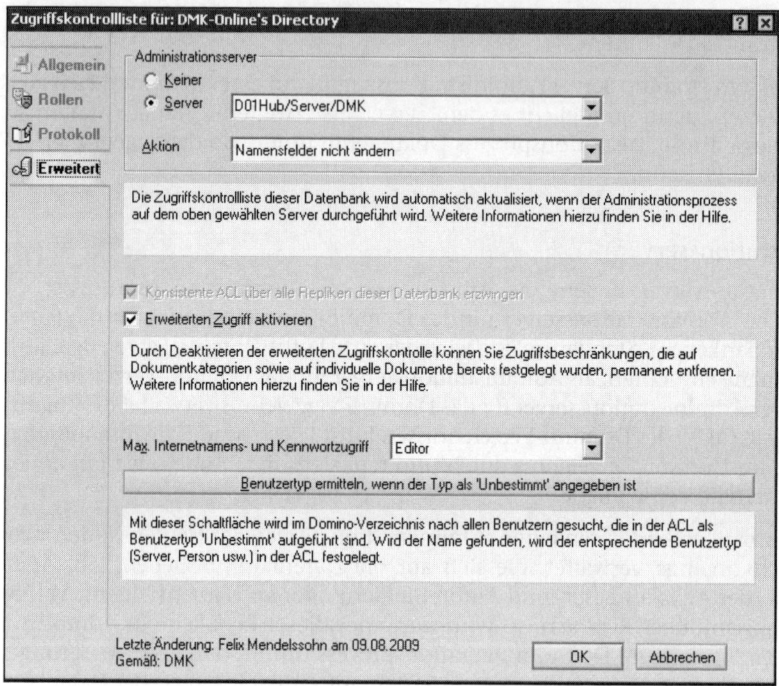

Abbildung 4.15: Register in der Zugriffskontrollliste zur Aktivierung der xACL

3. Unter der Registerkarte erscheint nach Einrichtung der erweiterten ACL (xACL) ein zusätzlicher Button unter der Registerkarte ALLGEMEIN/BASICS mit der Beschriftung ERWEITERTER ZUGRIFF/EXTENDED ACCESS. Betätigen Sie diesen, um die Rechte in der erweiterten ACL zu vergeben (siehe *Abbildung 4.16*).

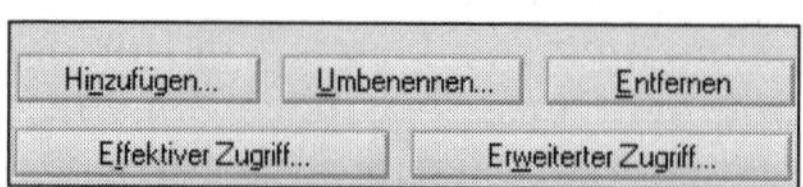

Abbildung 4.16: Möglichkeit zur Konfiguration der xACL über den Button ERWEITERTER ZUGRIFF/EXTENDED ACCESS

4.3.6 Profil für das Domino-Verzeichnis

Das Profil für das Domino-Verzeichnis enthält Einstellungen wie den dem Domino-Verzeichnis zugeordneten Domänennamen, kompakte Serververzeichniskataloge oder Verzeichniskataloge für die Domäne sowie andere verwandte Domino-Verzeichnis-einstellungen. Das Domino-Verzeichnisprofil wird automatisch erstellt, wenn Sie den Domino Server einrichten. Sie können dieses Dokument ändern.

1. Wählen Sie im Serverfenster von Domino Administrator links den Server aus, auf dem die Replik des Domino-Verzeichnisses gespeichert ist, das Sie ändern möchten. Wenn das Serverfenster nicht angezeigt wird, klicken Sie auf das Serversymbol.
2. Klicken Sie auf das Register KONFIGURATION/CONFIGURATION und wählen Sie im Menü AKTIONEN/DMKIONS > DOMINO-VERZEICHNISPROFIL BEARBEITEN/EDIT DIRECTORY PROFILE, um Eingaben im Profil vorzunehmen.

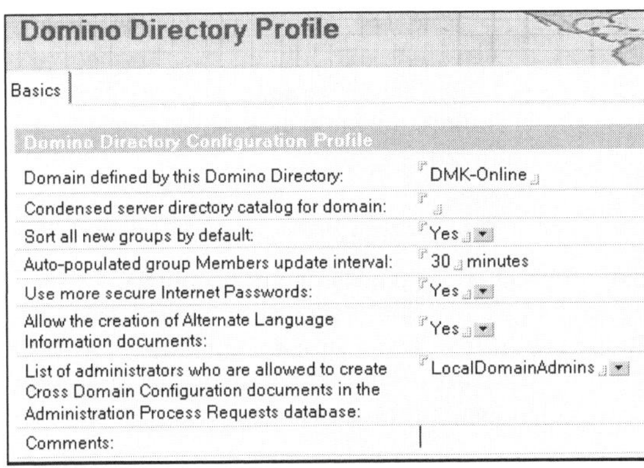

Abbildung 4.17: Domino Directory-Profil

3. Falls erforderlich, nehmen Sie Eingaben in den folgenden Feldern vor, und klicken Sie anschließend auf SPEICHERN UND SCHLIESSEN/SAVE & CLOSE.

Feld	Eingabe
VON DIESEM DOMINO-VERZEICHNIS DEFINIERTE DOMÄNE/ DOMAIN DEFINED BY THIS DOMINO DIRECTORY	Der Name der Notes-Domäne für dieses Verzeichnis. Domino füllt dieses Feld automatisch aus, wenn Sie einen Domino Server einrichten.
DATEINAME DES VERZEICHNISKATALOGS DER DOMÄNE/ CONDENSED SERVER DIRECTORY CATALOG FOR DOMAIN	Der Dateiname des Serververzeichniskatalogs für die Domäne. Jeder Server in der Domäne, für den es eine Replik des Verzeichniskatalogs gibt, sollte diesen Dateinamen für die Replik verwenden. Das Einrichten eines Verzeichniskatalogs ist optional.
NEUE GRUPPEN STANDARDMÄSSIG SORTIEREN/ SORT ALL NEW GROUPS BY DEFAULT	Wählen Sie einen der folgenden Werte aus: ▶ JA, um die Mitglieder der von Ihnen neu erstellten Gruppe jeweils alphabetisch zu sortieren. ▶ NEIN, um Mitglieder einer Gruppe in der Reihenfolge anzeigen zu lassen, in der Sie sie hinzufügen. Wenn Sie NEIN auswählen, können Sie dennoch Mitglieder einer bestimmten Gruppe sortieren.

Feld	Eingabe
AKTUALISIERUNGSINTERVALL FÜR MITGLIEDER EINER AUTOMATISCH GEFÜLLTEN GRUPPE/ AUTO-POPULATED GROUP MEMBERS UPDATE INTERVAL	Geben Sie (in Minuten) an, wie oft der Aktualisierungslauf für das relevante Feld MITGLIEDER/ MEMBERS erfolgen soll. Dies ist nur für Auto-populated Groups von Interesse.
SICHERERE INTERNET-KENNWÖRTER VERWENDEN/ USE MORE SECURE INTERNET PASSWORDS	Wählen Sie einen der folgenden Werte aus: ▶ JA (Vorgabe), um eine hohe Verschlüsselung für Internet-Kennwörter anzuwenden. ▶ NEIN, um eine weniger sichere Verschlüsselung aus früheren Versionen von Domino zu verwenden.
ERSTELLEN VON DOKUMENTEN DES TYPS „ALTERNATIVE SPRACHE" ZULASSEN/ ALLOW THE CREATION OF ALTERNATE LANGUAGE INFORMATION DOCUMENTS	Wählen Sie einen der folgenden Werte aus: ▶ JA (Vorgabe), damit Sie Dokumente des Typs ALTERNATIVE SPRACHE erstellen können, die es LDAP-Clients ermöglichen, nach Benutzerinformationen in einer alternativen Sprache zu suchen. ▶ NEIN, um die Erstellung von Dokumenten des Typs ALTERNATIVE SPRACHE zu unterdrücken.
LISTE DER ADMINISTRATOREN, DIE DOKUMENTE DES TYPS „DOMÄNENÜBERGREIFENDE KONFIGURATION" IN DER DATENBANK „ADMINISTRATIONSANFORDERUNGEN" ERSTELLEN DÜRFEN/ LIST OF ADMINISTRATORS WHO ARE ALLOWED TO CREATE CROSS DOMAIN CONFIGURATION DOCUMENTS IN THE ADMINISTRATION PROCESS REQUESTS DATABASE	Geben Sie die Namen der Benutzer ein, die domänenübergreifende Konfigurationsdokumente erstellen können, damit der Administrationsprozess domänenübergreifende Anforderungen ausführen kann.

4.3.7 Dokumente im Domino-Verzeichnis

Das Domino-Verzeichnis enthält Dokumente, die Verzeichnisdienste steuern, Server-Tasks verwalten und die Server-zu-Server-Kommunikation definieren. Domino erstellt einige Dokumente bei bestimmten administrativen Aufgaben automatisch. Es wird z.B. ein neues Personendokument erstellt, wenn Sie einen Benutzer registrieren. Erstellen Sie andere Dokumente manuell, wenn Sie diese benötigen. Sie können beispielsweise ein Verbindungsdokument erstellen, um festzulegen, wie zwei Server Mails übertragen oder Datenbanken replizieren. Sie können in Domino Administrator Register verwenden, um auf diese Dokumente zuzugreifen, oder Sie können darauf zugreifen, indem Sie die Domino-Verzeichnisdatenbank öffnen. Dabei stehen Ihnen beispielsweise die folgenden Ansichten zur Verfügung:

Dokument	Beschreibung
ZERTIFIKAT/ CERTIFICATES	Beschreibt eine Zertifizierer-ID, u.a. die Informationen über den öffentlichen Schlüssel.
CLUSTER/ CLUSTERS	Cluster-Systeme in der Domino-Domäne.

Dokument	Beschreibung
KONFIGURATIONSEINSTELLUNGEN/ CONFIGURATIONS	Konfiguriert Mail, LDAP und die *notes.ini*-Datei.
VERBINDUNGEN/ CONNECTIONS	Enthält Server- und Domäneninformationen zum Verbinden eines Servers für das Mail-Routing, die Replizierung und für News-Feeds.
RICHTLINIEN/ POLICIES	Definiert Richtlinien, die den entsprechenden Personen (-gruppen) zugeordnet werden können.
DOMÄNE/ DOMAINS	Definiert eine für das Mail-Routing verwendete Domäne: eine fremde, nicht benachbarte, benachbarte, fremde X.400-, fremde SMTP-, fremde cc:Mail- oder globale Domäne.
EXTERNE DOMÄNE NETZWERK-INFORMATIONEN/ EXTERNAL DOMAIN NETWORK INFORMATION	Enthält die Namen und Adressen von Servern einer sekundären Domäne; ermöglicht Notes Clients die Verbindung mit Servern der sekundären Domäne.
GRUPPE/ GROUPS	Definiert eine Liste mit Benutzern und Servern, die für die Mail-Adressierung, für ACLs und Serverzugriffslisten verwendet wird.
FEIERTAG/ HOLIDAYS	Definiert Feiertagsdokumente, die die Benutzer in ihre Kalender herunterladen können.
MAIL-IN-DATENBANKEN UND RESSOURCEN/ MAIL-IN DATABASES AND RESSOURCES	Legt den Speicherort und die Eigenschaften einer Datenbank fest, die Mails empfangen kann. Definiert eine Ressource, die Notes Clients reservieren können, indem sie die Kalender- und Zeitplanfunktion verwenden.
PERSON/ PEOPLE	Beschreibt einen Benutzer (Notes oder extern) im Verzeichnis.
PROGRAMM/ PROGRAMS	Plant die Ausführung von Domino-Server-Tasks und anderen Programmen.
SERVER/ SERVERS	Gibt die Serverkonfigurationseinstellungen an, u.a. den Servernamen, den Cluster-Namen, die Sicherheitsmethode, den Anschluss, die Server-Tasks, das Internet-Protokoll, Mail Transfer Agent (MTA), die Transaktionsprotokollierung etc.
KONFIGURATIONSPROFILE/ SETUP PROFILES	Definiert Standardkonfigurationsoptionen für Notes Clients, u.a. Verbindungen, Serverkonten, Repliken, Lesezeichen etc.
GRUPPEN OHNE ZUGRIFF/ DENY ACCESS GROUPS	Gruppen ausgeschiedener Mitarbeiter, die keinen Zugriff mehr auf die Domäne haben.
LIZENZEN/ LICENCES	Informationen zu den Lizenzformen von Servern und Clients in der Domäne.
VERZEICHNISSERVER/ DIRECTORY SERVERS	Enthält Angaben zu den Verzeichnistypen (Primary Domino Directory/Configuration Domino Directory) der Server in der Domäne.

Dokument	Beschreibung
ERWEITERTER VERZEICHNISKATALOG/ EXTENDED DIRECTORY CATALOG	Gibt die verwendeten Extended Directory Catalogs in der Domäne an.
DATEI-IDENTIFIKATIONEN/ FILE IDENTIFICATIONS	Informationen zu den vorhandenen MIME-Subtypen und -Typen.
INTERNET-SITES/ INTERNET-SITES	Enthält die Angaben zu den jeweiligen Internet-Site-Dokumenten (Web, IMAP, POP3, LDAP etc) der vom Domino Server unterstützten Internet-Protokolle, den globalen Webeinstellungen, die mit den Website-Rule-Dokumenten in Verbindung stehen, und Web SSO(Single Sign-On)-Konfigurationsdokumenten.
MAIL-BENUTZER/ MAIL USERS	Informationen zu den auf dem jeweiligen Server einer Domäne zugelassenen Personen.
WEB KONFIGURATIONEN/ WEB CONFIGURATIONS	Die aus R5 bekannte Ansicht, die von der INTERNET-SITES-Ansicht abgelöst wird.

4.3.8 Verzeichnisdienst

Zusätzlich zum Domino-Verzeichnis (Primary Domino Directory und Configuration Domino Directory) stellt Domino-Verzeichnisdienste zur Verfügung: den *Verzeichniskatalog*, die *Verzeichnisverwaltung* und den *LDAP-Dienst*. Mit diesen Funktionen können Benutzer Benutzernamen, E-Mail-Adressen und andere Informationen im und außerhalb des Domino-Verzeichnisses suchen. Domino unterstützt Unternehmen durch Verzeichniskataloge und die Verzeichnisverwaltung dabei, Umgebungen mit sekundären Verzeichnissen zu verwenden.

Die Verzeichnisverwaltung (Directory Assistance) ist eine Funktion, mit der die Namenssuche in Organisationen verwaltet werden kann, die mehrere Domino-Verzeichnisse und/oder LDAP-Verzeichnisse von Drittanbietern verwenden. Eine Verzeichnisverwaltungsdatenbank verbindet jedes Domino-Verzeichnis/LDAP-Verzeichnis mit bestimmten hierarchischen Namen, sodass Domino bei der Suche nach einem hierarchischen Namen zuerst das Verzeichnis durchsucht, das Namen dieser Hierarchie enthält.

Sie können einen Domino Server einrichten, auf dem Sie den LDAP-Protokolldienst (Lightweight Directory Access Protocol) ausführen, damit LDAP-Clients Informationen im Domino-Verzeichnis suchen und ändern können. Der Domino LDAP-Dienst ist kompatibel mit der LDAP-Version 3.

Weitere Informationen zu Verzeichnissen und Verzeichnisdiensten finden Sie in *Kapitel 7, Domino-Verzeichnisse und Verzeichniskataloge*.

4.4 Systemkomponenten

Ein Domino Server ist kein in sich geschlossenes System. Er ähnelt eher einem Baukasten. Ein Domino-System besteht aus diversen Komponenten, deren Zusammenwirken die Funktionalität und die Aufgabenspezifizierung von Domino ausmacht. Ein reiner Domino Mail-Server benötigt andere Komponenten als ein reiner Domino-Applikationsserver. Ein Webanwendungsserver benötigt Komponenten, die über das hinausgehen, was ein Domino-Applikationsserver benötigt, auf den nur über Notes Clients zugegriffen wird. Zahlreiche Datenbanken, die ein Server als Basis für seine Arbeit benötigt, finden sich auf jedem Server.

4.4.1 Server-Tasks

Server-Dienste (Tasks) sind Programmteile des Domino Servers, die bestimmte komplexe Aufgaben übernehmen. So ist der Cataloger-Task verantwortlich für die Aktualisierung des Datenbankkatalogs. Folgende Server-Tasks existieren für Lotus Domino:

Task	Befehl zum Starten des Tasks	Beschreibung
Activity Trends Collector	trends	Führt den Activity Trends Collector aus, der historische und zukünftige Analysen aufgrund der gelieferten Daten ausführt.
Administrationsprozess	AdminP	Automatisiert eine Vielzahl von administrativen Aufgaben.
Agent-Manager	AMgr	Führt Agenten auf einer oder mehreren Datenbanken aus.
Kostenerfassung/Billing	Kostenerfassung/ Billing	Sammelt alle generierten Kostenerfassungsdaten.
Calendar Connector	Calconn	Verarbeitet die Informationen von anderen Servern zur freien Zeit.
CA-Prozess	ca	Automatisiert eine Reihe von serverbasierten Certificate Authority Tasks.
Cataloger	Catalog	Aktualisiert den Datenbankkatalog.
Chronos	Chronos	Aktualisiert Volltextindizes, die zur stündlichen, täglichen oder wöchentlichen Aktualisierung vorgesehen sind.
Change Manager	runjava Change-Man	Führt den Add-In-Change-Manager-Task aus, der Veränderungen in großem Umfang innerhalb der Domäne handhabt.
Cluster-Administrationsprozess (nur R4/R5)	Cladmin	Kontrolliert die korrekte Funktionsweise aller Komponenten eines Clusters.
Cluster-Datenbank-verzeichnis-Manager	CLDBDIR	Aktualisiert das Cluster-Datenbank-verzeichnis und verwaltet Datenbanken mit Cluster-spezifischen Attributen.
Cluster-Replikator	Clrepl	Führt Datenbankreplizierung innerhalb eines Clusters durch.
Datenbank-Komprimierprogramm	Compact	Komprimiert alle Datenbanken des Servers, um Platz auf dem Datenträger freizumachen.

Task	Befehl zum Starten des Tasks	Beschreibung
Datenbank-Fixup	Fixup	Sucht und repariert beschädigte Datenbanken.
Designer	Design	Aktualisiert alle Datenbanken, indem Änderungen an Schablonen in die Datenbanken kopiert werden.
DIIOP	DIIOP	Ermöglicht Domino und einem Browser-Client, das Domino-Serverprogramm ORB (Object Request Broker) zu verwenden.
Directory Cataloger	Dircat	Füllt Verzeichniskataloge mit Daten und hält die Kataloge auf dem neuesten Stand.
Directory Lint	Dirlint	Führt Tests zur Überprüfung der Verzeichnisintegrität durch.
Domänen-Indexer	Domidx	Erstellt einen zentralen Volltextindex für alle angegebenen Datenbanken und Dateisysteme in einer Domäne. Läuft nur auf Domänenkatalogservern.
Event Monitor	Event	Überwacht die Ereignisse auf einem Server.
HTTP-Server	HTTP	Stellt die Webserver-Funktionalität eines Domino Servers bereit, damit Browser-Clients auf die Datenbanken des Servers zugreifen können.
IMAP-Server	IMAP	Ermöglicht einem Domino Server, als Mail-Server für IMAP-Clients zu fungieren.
Indexer	Updall	Aktualisiert alle geänderten Masken und/oder Volltextindizes aller Datenbanken.
ISpy	RunJava ISpy	Überprüft Server und Mail und speichert die Statistiken.
LDAP-Server	LDAP	Ermöglicht einem Domino Server, LDAP-Clients die LDAP-Verzeichnisdienste zur Verfügung zu stellen.
MTC	MTC	Liest die Protokolldateien, die vom Router geschrieben wurden, und schreibt zusammenfassende Daten über den Nachrichten-Datenverkehr in eine Datenbank zum Zwecke der Mail-Verfolgung.
POP3-Server	POP3	Ermöglicht einem Domino Server, als Mail-Server für POP3-Clients zu fungieren.

Task	Befehl zum Starten des Tasks	Beschreibung
Replikator	Replica	Repliziert Datenbanken mit anderen Servern.
Reporter	Report	Meldet Statistiken für einen Server.
Router	Router	Überträgt Mail an andere Server.
Runjava	Runjava	Startet Java-Server-Add-In-Tasks, z.B. Change Manager und ISpy, wird nur zusammen mit dem Namen einer anderen Add-In-Task verwendet, nie für sich allein.
Räume-/Ressourcen-Manager	RnRMgr	Verarbeitet alle Aktivitäten des Typs „Räume und Ressourcen", z.B. Besprechungseinladungen erstellen und versenden, Besprechungszeiten neu planen, Besprechungen absagen und die Datenbank für freie Zeit entsprechend aktualisieren.
Schedule Manager	Sched	Liefert Besprechungstermine und Informationen zur Verfügbarkeit der eingeladenen Personen.
SMTP Listener	SMTP	Empfang von über SMTP-Routing versendeten Nachrichten
SNMP Interceptor	Intrcpt	Erlaubt Domino, SNMP Traps für Domino-Ereignisse abzusetzen. Erfordert den Domino SNMP Agent (LNSNMP).
SNMP QuerySet	QurySet	Erlaubt Domino, auf Simple Network Management Protocol(SNMP)-Anfragen zu antworten. Erfordert den Domino SNMP Agent (LNSNMP).
Statistic Collector	Collect	Erfasst Statistiken für mehrere Server.
Statistik	Statlog	Zeichnet Datenbankaktivitäten in der Protokolldatei auf.
Stats	Stats	Erzeugt auf Anforderung Statistiken für einen Remote-Server.
Web-Retriever	Web	Implementiert das HTTP-Protokoll, damit Webseiten aufgerufen und in Notes Dokumente konvertiert werden können.

Sie können einen Server-Task manuell starten oder den Task an der Serverkonsole laden. Sie können auch ein Programmdokument im Domino-Verzeichnis erstellen, um einen Task in geplanten Zeitintervallen auszuführen. Zahlreiche Dienste können mit Optionen gestartet werden. Standardmäßig werden viele Tasks nur zu bestimmten Zeiten gestartet. Sie können zusätzliche Tasks zum Zeitplan hinzufügen, indem Sie eine der folgenden Einstellungen in der *notes.ini* -Datei bearbeiten:

- `ServerTasks` startet die Tasks automatisch bei jedem Starten des Servers.
- `ServerTasksAt` startet die Tasks zu einem bestimmten Zeitpunkt.

Von der Konsole starten Sie einen Server-Task auf folgende Weise:

1. Öffnen Sie in Domino Administrator die Konsole des Servers, auf dem der Task läuft, indem Sie im Register Server > Status auf SERVERKonsole/Server Console klicken.
2. Eingabe: `Load TaskName`, wobei `TaskName` der Name des gewünschten Server-Tasks ist.

Um einen Task auf einem Server in regelmäßigen Abständen oder beim Starten des Servers auszuführen, erstellen Sie ein Programmdokument im Domino-Verzeichnis. Sie können auch ein Programmdokument verwenden, um ein Unix-Shell-Script oder -Programm oder ein API-Programm auszuführen. Verwenden Sie dabei nur folgende Zeichen: A – Z, 0 – 9, & - . _ ' / (Et-Zeichen, Bindestrich, Punkt, Leerzeichen, Unterstrich, Apostroph, Schrägstrich). Verwenden Sie keinen umgekehrten Schrägstrich (\) oder andere Sonderzeichen, da dies zu unerwarteten Ergebnissen führen kann.

1. Klicken Sie in Domino Administrator auf die Registerkarte KONFIGURATION/CONFIGURATION und wählen Sie ERSTELLEN/CREATE > SERVER > PROGRAMM/PROGRAM.
2. Geben Sie im Register ALLGEMEIN/BASICS unter ALLGEMEIN/BASICS Werte in die folgenden Felder ein:

Feld	Eingabe
PROGRAMMNAME/ PROGRAM NAME	Den Namen des Server-Tasks, den Sie starten möchten.
BEFEHLSZEILE/ COMMAND LINE	Den Befehl zum Starten des Tasks einschließlich der Befehlsargumente.
LÄUFT AUF SERVER/ SERVER TO RUN ON	Den vollständigen hierarchischen Namen des Servers, auf dem der Task ausgeführt werden soll.
KOMMENTARE/ COMMENTS	Optionale Beschreibung des Programms oder andere Zusatzinformationen.

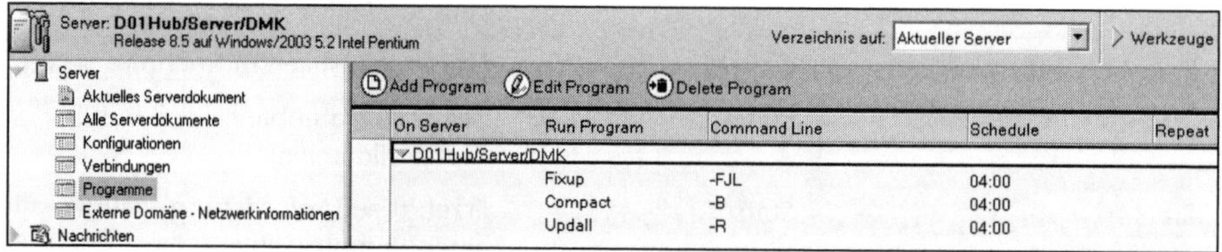

Abbildung 4.18: Programmdokumente

3. Geben Sie im Register ALLGEMEIN/BASICS unter ZEITPLAN/SCHEDULE Werte in die folgenden Felder ein:

Feld	Eingabe
AKTIVIERT/DEAKTIVIERT ENABLED/DISABLED	Wählen Sie einen der folgenden Werte aus: ▶ NUR BEIM SYSTEMSTART, wenn der Task nur beim Hochfahren des Servers gestartet werden soll. ▶ AKTIVIERT, wenn der Task zu bestimmten Zeiten gestartet werden soll. ▶ DEAKTIVIERT, wenn das Programmdokument (vorerst) nicht verwendet werden soll.

Feld	Eingabe
STARTZEITEN/ RUN AT TIMES	Den frühesten Termin am Tag, an dem der Task gestartet werden soll.
WIEDERHOLUNGSINTERVALL/ REPEAT INTERVAL OF	Den Zeitraum in Minuten, nach dem der Task erneut gestartet werden soll.
WOCHENTAGE/ DAYS OF WEEK	Die Wochentage, an denen der Task gestartet werden soll.

4. Klicken Sie auf ADMINISTRATION und geben Sie die Namen weiterer Besitzer und/oder Administratoren ein.
5. Speichern und schließen Sie das Dokument.

Um alle Tasks anzuzeigen, deren Ausführung auf dem Server geplant ist, geben Sie den Befehl `Show Schedule` an der Konsole ein.

Fixup-Dienst

Wenn Sie einen Server neu starten, sucht der Server nach allen nicht protokollierten Datenbanken, die geändert wurden, jedoch aufgrund eines Serverfehlers, Stromausfalls, Hardwarefehlers etc. nicht ordnungsgemäß geschlossen wurden. Nach dem Serverstart wird der Fixup-Task für diese Datenbanken ausgeführt, was einige Zeit in Anspruch nehmen kann. Er versucht, alle Inkonsistenzen zu beheben, die aufgrund von nur teilweise geschriebenen Operationen infolge eines Fehlers entstanden sind. Wenn die Benutzer auf eine dieser Datenbanken zugreifen wollen und Fixup noch nicht für die Datenbank ausgeführt wurde, wird ihnen die Meldung `Diese Datenbank kann nicht geöffnet werden, da momentan eine Konsistenzprüfung durchgeführt wird` angezeigt. Ein ähnlicher Fixup-Vorgang wird beim Neustarten eines Notes Clients durchgeführt.

Abbildung 4.19: Starten des Fixup-Tasks über die Werkzeuge unter der Registerkarte SERVER

Beim Serverstart werden mehrere Fixup-Tasks gleichzeitig ausgeführt, um die Datenbankreparaturen zu beschleunigen. Standardmäßig führt Domino beim Serverstart zwei Fixup-Tasks je Prozessor aus, der im Serversystem verfügbar ist. Obwohl dieses vorgegebene Verhalten in den meisten Fällen das richtige sein sollte, können Sie die *notes.ini*-Datei so ändern, dass die Einstellung `Fixup_Tasks` aufgenommen wird. Die tatsächlich eingesetzte Anzahl von Tasks ist die kleinere der beiden Zahlen `Fixup_Tasks` aus *notes.ini* und die Zahl der reparaturbedürftigen Datenbanken. Wenn beispielsweise `Fixup_Tasks` auf `4` gesetzt ist, aber nur eine Datenbank repariert werden muss, dann wird auch nur ein Fixup-Task gestartet.

IND-Dateien

Sie können sogenannte indirekte Dateien verwenden, um eine oder mehrere Datenbanken anzugeben, die komprimiert, deren Ansichten neu aufgebaut oder deren korrupte Ansichten und Dokumente repariert werden sollen. Eine indirekte Datei beinhaltet Datei- oder Verzeichnisnamen, die für die Dienste Compact, Updall oder Fixup über die Domino-Konsole spezifiziert werden können. Auf diese Weise ist es möglich, mehr als eine Datenbank in der Kommandozeile der Konsole für diese Dienste anzugeben. Sie erstellen eine indirekte Datei folgendermaßen:

1. Verwenden Sie einen Texteditor und erstellen Sie eine Textdatei und listen Sie die Dateinamen der Datenbanken innerhalb des Data-Verzeichnisses auf, die Sie reparieren, komprimieren oder neu aufbauen wollen. Wenn die Datenbanken in einem Unterverzeichnis des Data-Verzeichnisses liegen, geben Sie den Verzeichnis- und den Dateinamen relativ zum Data-Verzeichnis an. Wenn Sie den Inhalt eines gesamten Verzeichnisses einbeziehen möchten, geben Sie nur den entsprechenden Verzeichnisnamen an (relativ zum Data-Verzeichnis).
2. Speichern Sie die Datei mit der Endung *ind* ab.

Nachdem Sie die indirekte Datei erstellt haben, geben Sie diese für einen der vorgesehenen drei Dienste an. An der Domino-Serverkonsole geben Sie dazu die entsprechenden Kommandos und den Namen der indirekten Datei an.

- Um den Dienst *Fixup* zu starten, geben Sie folgendes Kommando ein: `load fixup` *filename.ind.*
- Auf einem Windows-System geben Sie folgendes Kommando ein: `nfixup.exe` *filename.ind.*
- Um den Dienst *Updall* zu starten, geben Sie folgendes Kommando ein: `load updall` *filename.ind.*
- Um den Dienst *Compact* zu starten, geben Sie folgendes Kommando ein: `load compact` *filename.ind.*

In der folgenden Tabelle werden einige der Optionen beispielhaft beschrieben, die Sie mit Fixup verwenden können. Die erste Spalte enthält die Optionen, die beim Ausführen von Fixup mithilfe des Werkzeugs TASK > STARTEN in Domino Administrator angezeigt werden. Die zweite Spalte enthält die entsprechenden Befehlszeilenoptionen, die Sie beim Ausführen von Fixup mithilfe eines Konsolenbefehls oder eines Programmdokuments verwenden.

Fixup-Optionen im Werkzeug FIXUP und im Werkzeug TASK – STARTEN	Befehlszeilen-äquivalent	Beschreibung
Alle Datenbanken mit Fixup reparieren Nur diese Datenbank oder diesen Ordner mit Fixup reparieren	Pfad der Datenbank	Mit diesen Optionen führt Fixup Reparaturen in einer angegebenen Datenbank oder in allen Datenbanken eines angegebenen Ordners aus. Um Fixup in einer Datenbank im Domino Data-Ordner auszuführen, geben Sie den Dateinamen an, beispielsweise *verkauf.nsf*. Um Fixup in einer Datenbank oder in den Datenbanken eines Ordners innerhalb des Data-Ordners auszuführen, geben Sie den relativen Pfad des Data-Ordners an. Wenn Sie Fixup beispielsweise in allen Datenbanken im Ordner *data\verkauf* ausführen möchten, geben Sie *verkauf* an. Wenn Sie diesen Befehl wählen oder keinen Datenbankpfad in der Befehlszeile angeben, wird Fixup in allen Datenbanken auf dem Server ausgeführt. Um die Datenbanken oder Ordner anzugeben, in denen Fixup ausgeführt werden soll, wählen Sie sie aus.
Nur diese Ansicht aktualisieren	`-T` `Datenbank -T Ansichtstitel`	Es wird eine bestimmte Ansicht in einer Datenbank aktualisiert. Sie können allerdings keine Indirect-Dateien (*.ind*) mit dem -T-Flag verwenden, um eine Ansicht anzugeben.
Alle verarbeiteten Datenbanken protokollieren	`-L`	Zeichnet jede Datenbank, die von Fixup geöffnet und auf Schäden überprüft wird, in der Protokolldatei auf. Ohne dieses Argument werden nur tatsächlich gefundene Probleme aufgezeichnet.
Nur seit letztem Fixup	`-I`	Wenn Sie Fixup in einer bestimmten Datenbank ausführen, veranlasst diese Option, dass nur die Dokumente geprüft werden, die seit der letzten Ausführung von Fixup geändert wurden. Ohne diese Option überprüft Fixup alle Dokumente.
Alle Dokumente	`-F`	Wenn Sie Fixup in allen Datenbanken ausführen, werden alle Dokumente in den Datenbanken geprüft. Ohne diese Option werden nur Dokumente geprüft, die seit dem letzten Fixup geändert wurden. Um diese Option mit dem Werkzeug FIXUP auszuwählen, deaktivieren Sie SEIT LETZTEM FIXUP.
Schnelles Fixup durchführen	`-Q`	Die Dokumente werden schneller, jedoch weniger gründlich geprüft. Ohne diese Option prüft Fixup die Dokumente gründlich.

Fixup-Optionen im Werkzeug FIXUP und im Werkzeug TASK – STARTEN	Befehlszeilenäquivalent	Beschreibung
Beschädigte Dokumente nicht löschen	-N	Verhindert, dass Fixup beschädigte Dokumente löscht. Dies hat zur Folge, dass die Datenbank beim nächsten Fixup oder beim nächsten Öffnen erneut überprüft werden muss. Verwenden Sie diese Option, wenn Sie Daten dieser Dokumente retten wollen, insbesondere wenn die Beschädigung geringfügig oder keine Replik der Datenbank vorhanden ist.
Ansichten nicht prüfen (schneller)	-V	Damit wird verhindert, dass Fixup für Ansichten ausgeführt wird. Diese Option verkürzt die für das Ausführen von Fixup benötigte Zeit. Verwenden Sie diese Option, wenn die Beschädigung von Ansichten kein Problem ist.
Fixup bei Datenbanken mit Transaktionsprotokollierung	-J	Fixup wird für Datenbanken im Format von Version 6 und höher ausgeführt, die zur Transaktionsprotokollierung aktiviert sind. Ohne diese Option wird Fixup für protokollierte Datenbanken generell nicht ausgeführt. Wenn Sie ein für Domino Version 6 und höher zertifiziertes Backup-Dienstprogramm verwenden, müssen Sie nach der Beendigung von Fixup so bald wie möglich ein vollständiges Backup der Datenbank vornehmen.
Listen der ungelesenen Dokumente optimieren	-U	Die ID-Tabellen in einer Datenbank werden auf das Format der vorherigen Version zurückgesetzt. Wählen Sie diese Option nur, wenn der Customer Support dies empfiehlt.
Geöffnete Datenbanken mit Fixup reparieren	-O	Wenn Sie Fixup für geöffnete Datenbanken ausführen, setzt Fixup die Datenbanken offline, um ein Fixup auszuführen. Dies ist die Standardeinstellung, wenn Sie Fixup ausführen und einen Datenbanknamen angeben. Ohne diese Option wird Fixup nicht für geöffnete Datenbanken ausgeführt, wenn Sie keine Datenbanknamen angeben.
Geöffnete Datenbanken nicht mit Fixup reparieren	-Z	Diese Option ist nur für das Ausführen von Fixup für eine einzige Datenbank anwendbar. Wenn eine Datenbank nicht offline gesetzt und verwendet wird, dann wird Fixup nicht ausgeführt. Dies ist die Standardeinstellung, wenn Fixup für mehrere Datenbanken ausgeführt wird.

Fixup-Optionen im Werkzeug FIXUP und im Werkzeug TASK – STARTEN	Befehlszeilen-äquivalent	Beschreibung
Nur bestätigen	`-C`	Die Integrität der Datenbank wird geprüft und Fehler werden gemeldet. Die Datenbank wird nicht geändert (beschädigte Dokumente werden beispielsweise nicht gelöscht).
Unterverzeichnisse mit Fixup reparieren	`-Y`	Fixup wird für Datenbanken in Unterordnern (Unterverzeichnissen) ausgeführt.
Unterverzeichnisse nicht mit Fixup reparieren	`-y`	Fixup wird nicht für Datenbanken in Unterordnern (Unterverzeichnissen) ausgeführt.
DAOS-Option für Fixup	`-J -D` *datenbank.nsf*	Bereinigt oder repariert Dokumente in der angegebenen Datenbank, die Objekte enthalten, die im Document Attachment and Object Service (DAOS) gespeichert sind, in den folgenden drei Fällen: ▶ wenn ein Dokument beschädigt ist, wenn das DAOS-Ticket (die Referenz) veraltet ist oder wenn das zugeordnete Objekt (die NLO-Datei) fehlt. ▶ Die Option `-D` bereinigt auch alle Referenzen auf verwaiste Objekte im DAOS-Repository, anders als beim Ausführen von Fixup ohne `-D` bleiben bei der Verwendung der Option jedoch die Objekte selbst erhalten, sodass diese später mithilfe des DAOS-Resynchronisierungsbefehls bereinigt werden können. ▶ Wenn die in einem DAOS-Ticket gespeicherten Informationen zum Speicherort der *NLO*-Datei veraltet sind, werden sie durch diese Option aktualisiert. Diese Option erzwingt außerdem die Neuberechnung des DAOS-Referenzierungswerts und der Größeninformationen, die Sie mithilfe des Befehls `Show Directory` anzeigen können.

Compact-Dienst

Wenn Dokumente und Anhänge aus einer Datenbank gelöscht werden, versucht Domino, den ungenutzten Speicherplatz erneut zu verwenden, anstatt sofort die Dateigröße zu reduzieren. Manchmal kann Domino den Speicherplatz gar nicht oder aufgrund von Fragmentierung nicht effektiv wiederverwenden, bis Sie die Datenbank komprimiert haben. Es gibt drei Komprimierarten:

- *Interne Komprimierung mit Speicherplatzwiederherstellung*

  Durch diese Komprimierart wird ungenutzter Speicherplatz in einer Datenbank wiederhergestellt, die Dateigröße der Datenbank auf der Festplatte jedoch nicht reduziert. Datenbanken behalten die gleichen Datenbankinstanz-IDs (DBIIDs) bei, sodass die

Beziehung zwischen den komprimierten Datenbanken und dem Transaktionsprotokoll erhalten bleibt. Benutzer und Server können auch während der Komprimierung auf Datenbanken zugreifen und sie bearbeiten. Wenn Sie Compact ohne Optionen ausführen, verwendet Domino diese Komprimierart für alle Datenbanken, für die die Transaktionsprotokollierung aktiviert ist.

Verwenden Sie bevorzugt diese Komprimiermethode, da sie am schnellsten ist und die Systemleistung am geringsten beeinträchtigt.

- *Interne Komprimierung mit Speicherplatzwiederherstellung und Dateigrößenreduzierung*

  Diese Komprimierart verringert die Dateigröße von Datenbanken und stellt ungenutzten Speicherplatz in Datenbanken wieder her. Sie ist etwas langsamer als die interne Komprimierung mit Speicherplatzwiederherstellung. Bei dieser Art der Komprimierung werden Datenbanken neue DBIIDs zugewiesen. Wenn Sie sie auf protokollierte Datenbanken anwenden und ein zertifiziertes Backup-Programm verwenden, sollten Sie vollständige Backups der Datenbanken direkt nach der Komprimierung erstellen. Benutzer und Server können während der Komprimierung weiterhin auf Datenbanken zugreifen und diese bearbeiten.

  Wenn Sie Compact ohne Optionen ausführen, verwendet Domino diese Komprimierart für alle Datenbanken, für die keine Transaktionsprotokollierung aktiviert ist. Domino verwendet diese Komprimierart auch, wenn Sie das Argument `-B` beim Komprimieren von Datenbanken mit ausstehenden strukturellen Änderungen verwenden. Zur Speicherplatzoptimierung sollten Sie Compact mit dem Argument `-B` für alle Datenbanken einmal wöchentlich oder monatlich ausführen.

- *Komprimierung mithilfe einer Kopie*

  Bei dieser Komprimierung werden Kopien von Datenbanken erstellt, und nach der Komprimierung werden die Originaldatenbanken gelöscht. Für die Datenbankkopien wird zusätzlicher Festplattenspeicherplatz benötigt. Bei dieser Komprimierart wird eine neue Datenbank mit einer neuen Datenbank-ID erstellt. Wenn Sie protokollierte Datenbanken mithilfe einer Kopie komprimieren (mit der Option `-c`), werden neue DBIIDs zugewiesen. Wenn Sie ein zertifiziertes Backup-Programm verwenden, sollten Sie daher direkt nach der Komprimierung vollständige Backups der Datenbanken erstellen. Wenn Sie diese Komprimierart anwenden, können die Benutzer und Server während der Komprimierung die Datenbanken nicht bearbeiten und nur lesend auf Datenbanken zugreifen, wenn das Argument `-L` verwendet wird.

  Domino verwendet diese Komprimierart standardmäßig, wenn Sie mit Compact eine Option zur Aktivierung einer Datenbankeigenschaft verwenden, die eine strukturelle Änderung einer Datenbank erfordert, oder wenn Sie Compact auf eine Datenbank anwenden, für die gerade eine strukturelle Änderung stattfindet, die von den Datenbankeigenschaften ausgelöst wurde. Zur Aktivierung oder Deaktivierung der Datenbankeigenschaften DOKUMENTENTABELLE IN ANSICHTEN OPTIMIEREN und SPEZIELLE ANTWORTHIERARCHIE NICHT UNTERSTÜTZEN sind strukturelle Datenbankänderungen erforderlich.

Zur Speicherplatzwiederherstellung sollten Sie alle Datenbanken einmal wöchentlich oder monatlich mit der Option `-B` komprimieren. Wenn Sie ein zertifiziertes Backup-Programm verwenden, denken Sie daran, es nach der Komprimierung auszuführen.

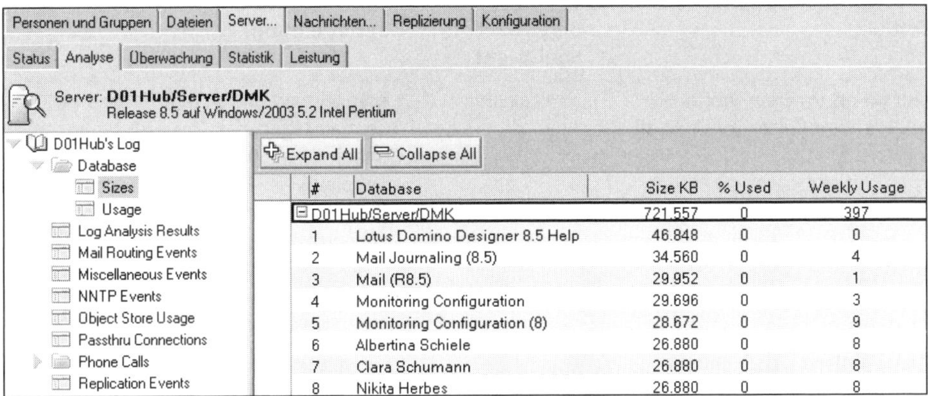

Abbildung 4.20: Kontrolle der Datenbankgröße über die Datei log.nsf

Die Ansicht DATENBANK/DATABASE > GRÖSSE/SIZE KB in der Protokolldatei (*log.nsf*, siehe *Abbildung 4.20*), die Dateistatistikberichte, die von dem Server-Task STATISTICS COLLECTOR erstellt wurden, sowie das Register INFO der InfoBox der Datenbankeigenschaften geben den Prozentwert des genutzten Speicherplatzes in einer Datenbank an.

In den folgenden Tabellen werden einige der Optionen beispielhaft beschrieben, die Sie mit dem Server-Task COMPACT verwenden können. Die erste Spalte enthält die Optionen so, wie sie beim Ausführen von Compact mithilfe des Werkzeugs TASK > STARTEN/START oder des Registers DATEIEN/FILES in Domino Administrator angezeigt werden. Die zweite Spalte enthält die entsprechenden Befehlszeilenoptionen, die Sie beim Ausführen von Compact mithilfe eines Konsolenbefehls oder eines Programmdokuments verwenden.

Option	**Befehlszeilen-äquivalent**	**Beschreibung**
Nur diese Datenbank oder diesen Ordner komprimieren (Um mithilfe des Registers DATEIEN/FILES zu komprimierende Datenbanken anzugeben, wählen Sie die Datenbanken im Register DATEIEN/FILES aus.)	*Pfad der Datenbank* Geben Sie beliebige zusätzliche Optionen nach dem Datenbankpfad an.	Um eine Datenbank im Domino Data-Ordner zu komprimieren, geben Sie den Dateinamen an, beispielsweise *verkauf.nsf*. Um Datenbanken in einem Unterordner des Data-Ordners zu komprimieren, geben Sie den Datenbankpfad des Data-Ordners an. Wenn Sie beispielsweise die Archivdatenbank im Ordner *data\verkauf* komprimieren möchten, geben Sie *verkauf* an. Wenn Sie diese Option wählen (oder keinen Datenbankpfad in der Befehlszeile eingeben), komprimiert der Task COMPACT alle Datenbanken im Data-Ordner und dessen Unterordnern.

Option	Befehlszeilen-äquivalent	Beschreibung
Nur komprimieren, wenn ungenutzter Platz größer ist als x Prozent	`-S Prozent`	Komprimiert alle Datenbanken mit dem angegebenen Prozentsatz an unbelegtem Speicherplatz. Wenn Sie beispielsweise 10 angeben, werden alle Datenbanken mit 10 % oder mehr ungenutztem Speicherplatz komprimiert. Beachten Sie, dass die Berechnung des ungenutzten Speicherplatzes nicht immer zuverlässig ist.
Komprimierungsstil: Datenbankintern (empfohlen)	`-b`	Verwendet interne Komprimierung und gibt ungenutzten Speicherplatz frei, ohne die Dateigröße zu verringern, es sei denn, es ist eine strukturelle Änderung geplant. In diesem Fall wird eine Komprimierung mithilfe einer Kopie durchgeführt. Diese Komprimiermethode wird empfohlen.
Komprimierungsstil: Datenbankintern mit Reduzierung der Dateigröße	`-B`	Verwendet interne Komprimierung, stellt ungenutzten Speicherplatz wieder her und verringert die Dateigröße, es sei denn, es ist eine strukturelle Änderung geplant. In diesem Fall wird eine Komprimierung mithilfe einer Kopie durchgeführt. Wenn Sie die Transaktionsprotokollierung verwenden, sollten Sie nach der Komprimierung komplette Datenbank-Backups erstellen.
Komprimierungsstil: Komprimierung mithilfe einer Kopie	`-c`	Führt die Komprimierung mithilfe einer Kopie durch. Verwenden Sie diese Option, um z.B. Probleme beschädigter Datenbanken zu lösen.
Aufgebaute Ansichtsindizes löschen	`-D`	Löscht aufgebaute Ansichtsindizes. Verwenden Sie diese Option z.B., um Datenbanken zu komprimieren, unmittelbar bevor Sie sie auf Band speichern. Komprimiert mithilfe einer Kopie.
Rx-Datenbankformat beibehalten bzw. wiederherstellen	`-R`	Komprimiert Datenbanken, ohne sie in das Dateiformat der aktuellen Version des Servers zu konvertieren, auf dem sich die Datenbanken befinden, oder setzt Datenbanken im Dateiformat der aktuellen Version auf das Dateiformat der vorherigen Version zurück. Diese Option verwendet die Komprimierung mithilfe einer Kopie.

Option	Befehlszeilen-äquivalent	Beschreibung
Mithilfe einer Kopie: Zugriff während der Komprimierung erlauben	`-L`	Ermöglicht es Benutzern, während der Komprimierung weiterhin auf die Datenbanken zuzugreifen. Wenn ein Benutzer eine Datenbank während der Komprimierung bearbeitet, wird die Komprimierung abgebrochen. Dies ist nur bei der Komprimierung mithilfe einer Kopie sinnvoll.
Mithilfe einer Kopie: Fehler ignorieren und fortfahren	`-i`	Bewirkt, dass die Komprimierung auch dann fortgesetzt wird, wenn Fehler, z.B. beschädigte Dokumente, auftreten. Wird nur bei der Komprimierung mithilfe einer Kopie verwendet.

Die erweiterten Compact-Optionen stehen nicht über das Werkzeug COMPACT im Register DATEIEN/FILES von Domino Administrator zur Verfügung.

Option*	Befehlszeilen-äquivalent	Beschreibung
Transaktionsprotokollierung aktivieren: Ein	`-T`	Aktiviert die Transaktionsprotokollierung.
Transaktionsprotokollierung aktivieren: Aus	`-t`	Deaktiviert die Transaktionsprotokollierung.
Ungelesen-Markierungen verwalten: Ein	`-U`	Deaktiviert die Datenbankeigenschaft KEINE UNGELESEN-MARKIERUNGEN VERWALTEN.
Ungelesen-Markierungen verwalten: Aus	`-u`	Aktiviert die Datenbankeigenschaft KEINE UNGELESEN-MARKIERUNGEN VERWALTEN.
Dokumententabelle in Ansichten optimieren: Aus	`-f`	Deaktiviert die Datenbankeigenschaft DOKUMENTENTABELLE IN ANSICHTEN OPTIMIEREN. Komprimiert mithilfe einer Kopie.
Dokumententabelle in Ansichten optimieren: Ein	`-F`	Aktiviert die Datenbankeigenschaft DOKUMENTENTABELLE IN ANSICHTEN OPTIMIEREN. Komprimiert mithilfe einer Kopie.
Spezielle Antworthierarchie nicht unterstützen: Aus	`-h`	Deaktiviert die Datenbankeigenschaft SPEZIELLE ANTWORTHIERARCHIE NICHT UNTERSTÜTZEN, d.h., die spezielle Antworthierarchie wird unterstützt. Komprimiert mithilfe einer Kopie.

Option*	Befehlszeilen-äquivalent	Beschreibung
Spezielle Antworthierarchie nicht unterstützen: Ein	-H	Aktiviert die Datenbankeigenschaft SPEZIELLE ANTWORTHIERARCHIE NICHT UNTERSTÜTZEN, d.h., die spezielle Antworthierarchie wird nicht unterstützt. Komprimiert mithilfe einer Kopie.
Komprimierung der Datenbankgestaltung: Ein	-n	Aktiviert die Datenbankeigenschaft DATENBANKGESTALTUNG KOMPRIMIEREN und legt dadurch fest, dass alle neuen Gestaltungselemente komprimiert werden sollen.
Komprimierung der Datenbankgestaltung: Aus	-N	Deaktiviert die Datenbankeigenschaft DATENBANKGESTALTUNG KOMPRIMIEREN und verhindert, dass neue Gestaltungselemente komprimiert werden.
Datenkomprimierung des Dokuments: Ein	-v	Aktiviert die Datenbankeigenschaft DOKUMENTDATEN KOMPRIMIEREN und legt dadurch fest, dass alle nicht zusammengefassten Daten in neuen Dokumenten komprimiert werden.
Datenkomprimierung des Dokuments: Aus	-V	Deaktiviert die Datenbankeigenschaft DOKUMENTDATEN KOMPRIMIEREN und verhindert die Komprimierung nicht zusammengefasster Dokumentdaten in neuen Dokumenten.
LZ1-Komprimierung für Anhänge aktiviert	-ZU	Führt ein Upgrade der Anhänge von der Huffman-Komprimierung auf die LZ1-Komprimierung durch. Nur für Umgebungen mit Domino 6 und höher empfohlen.

* Wählen Sie ERWEITERTE EIGENSCHAFTEN/SET ADVANCED PROPERTIES, bevor Sie eine dieser Eigenschaften aktivieren bzw. deaktivieren.

Indexer-Tasks: Update und Updall

Update- und Updall-Tasks aktualisieren Ansichtsindizes und Volltextindizes.

- Update

  Der Update-Task wird standardmäßig beim Starten des Servers geladen und kontinuierlich ausgeführt. Er überprüft die Warteschlange des Servers auf Ansichten und Ordner, die aktualisiert werden müssen. Der Indexer beansprucht nur wenige Systemressourcen, indem er zwischen den einzelnen Datenbankaktualisierungsvorgängen jeweils fünf Sekunden wartet. Der Update-Task führt drei verschiedene Aktualisierungsaufgaben durch:

  - Er aktualisiert Ansichten im Domino-Verzeichnis.

- Er aktualisiert Ansichten in allen anderen Datenbanken. Wenn die Aktualisierung einer Ansicht angefordert wird, wird diese nur aktualisiert, wenn seit der letzten Aktualisierung mindestens 20 Dokumentänderungen erfolgt sind und die Ansicht in den letzten sieben Tagen geöffnet wurde. Die Anzahl ist allerdings abhängig von den in der Ansicht definierten Eigenschaften.

  Der Aktualisierungsdienst für Ansichten beschleunigt die Zugriffszeit, wenn eine Ansicht im Notes Client geöffnet wird. Wenn eine Ansicht nicht oft aktualisiert wird, wirkt sich das für Benutzer oder Anwendungen nur dahingehend aus, dass die Ansicht langsam geöffnet wird, da Ansichten beim Öffnen automatisch aktualisiert werden.
- Er aktualisiert Volltextindizes. Die Volltextindizierung ermöglicht die Suche nach Dokumenten, die erst kürzlich hinzugefügt wurden. Wird ein Dokument nach der letzten Volltextindizierung hinzugefügt, wird dieses Dokument bei einer Volltextsuche nicht gefunden.

Ab Domino 7 verwendet der Update-Task einen separaten Thread für die Volltextindizierung, sodass Ansichtsaktualisierungen früher erfolgen als in Versionen vor Domino 7.

Der Update-Task verwaltet zwei Arbeitswarteschlangen; eine Warteschlange für direkte und eine für zurückgestellte Anforderungen. Andere Serverkomponenten wie z.B. der Router und der Replikator fordern Aktualisierungen an, wenn Änderungen an Datenbanken erfolgen. Einige Anforderungen werden als direkte und einige als zurückgestellte Anforderungen ausgegeben.

In der folgenden Tabelle wird beschrieben, wie Volltextindex-Aktualisierungen je nach Aktualisierungsintervall durchgeführt werden:

Aktualisierungs-intervall	Beschreibung
Täglich	Wird nachts von dem Updall-Task ausgeführt. Wird dieser nächtliche Task nicht ausgeführt, erfolgt keine tägliche Aktualisierung.
Nach Plan	Wird von einem Programmdokument durchgeführt, das Updall ausführt. Sie müssen das Intervall auf NACH PLAN setzen und das richtige Programmdokument erstellen. Sie können diese Methode auch verwenden, um verschiedene Datenbanken zu unterschiedlichen Zeiten zu aktualisieren.
Stündlich	Wird von dem Chronos-Task ausgelöst und von dem Update-Task ausgeführt, sofern der Update-Task läuft. Wenn der Update-Task nicht läuft, führt der Chronos-Task die Aktualisierung durch. Wenn der Chronos-Task nicht läuft, wird keine Aktualisierung durchgeführt.
Sofort	Wird von dem Update-Task ausgeführt. Wenn der Update-Task nicht läuft, wird keine Aktualisierung ausgeführt. Alle sofortigen Anforderungen werden direkt nach ihrem Eingang verarbeitet.
Zurückgestellt	Zurückgestellte Anforderungen werden erst nach 15 Minuten verarbeitet. Anforderungen zur Aktualisierung derselben Datenbank, die in diesem Zeitraum eingehen, werden als doppelte Anforderungen angesehen und ignoriert.

Wenn in der Warteschlange eine Ansichts- oder Ordneränderung aufgezeichnet wird, wartet der Update-Task ungefähr 15 Minuten, bevor er alle Ansichtsindizes in der Datenbank aktualisiert. Dadurch kann die Aktualisierung auch alle anderen Datenbankänderungen umfassen, die während dieses Zeitraums von 15 Minuten vorgenommen wurden. Im Anschluss an die Aktualisierung der Ansichtsindizes in einer Datenbank werden alle Datenbanken aktualisiert, für deren Volltextindizes eine sofortige oder stündliche Aktualisierung eingestellt wurde. Wenn der Update-Task auf einen beschädigten Ansichts- oder Volltextindex stößt, baut sie den Ansichts- oder Volltextindex neu auf, um somit das Problem zu beheben. Der Update-Task löscht den Ansichtsindex oder Volltextindex und baut ihn neu auf.

Der Update-Task startet einen Verzeichnis-Indexer-Thread. Der Verzeichnis-Indexer wird in einminütigen Intervallen ausgeführt und dient dazu, die Ansichtsindizes des Domino-Verzeichnisses auf dem aktuellen Stand zu halten, sodass alle Änderungen am Verzeichnis so schnell wie möglich wirksam werden. Der Verzeichnis-Indexer wird für jedes lokale, Remote-Domino-Verzeichnis oder jeden erweiterten Verzeichniskatalog ausgeführt, den ein Server für Verzeichnisdienste benutzt. Bei der Aktualisierung der Ansichtsindizes des Domino-Verzeichnisses werden die Ansichten nicht gesperrt und Sie sollten in der Lage sein, neue Serversitzungen zu starten, während dieser Task läuft.

- Updall

Updall funktioniert ähnlich wie Update. Er wird aber nicht ständig ausgeführt und arbeitet keine Warteschlange ab. Stattdessen wird er bei Bedarf ausgeführt. Wenn Sie Updall ausführen, können Sie Optionen angeben. Ohne diese Optionen aktualisiert Updall alle Ansichtsindizes bzw. Volltextindizes auf dem Server, die aktualisiert werden müssen. Um Speicherplatz zu sparen, löscht Updall die Löschrümpfe aus Datenbanken und ignoriert Ansichtsindizes für Ansichten, die seit 45 Tagen nicht verwendet wurden, wenn der Datenbankentwickler keine anderen Kriterien für das Ignorieren von Ansichtsindizes angegeben hat. Verwenden Sie die *notes.ini*-Einstellung `Default_Index_Lifetime_Days`, um zu ändern, wann Updall nicht verwendete Ansichtsindizes ignorieren soll. Wie Update baut Updall alle beschädigten Ansichtsindizes und Volltextindizes, auf die er stößt, neu auf.

```
;-----------------------------------------------------------------------
;Server Configuration
File_Retention_Days=365
NSF_Quota_Method=2
ServerController=0
ServerName=
ServerNameNative=05800580616374 2D646F6D696E6F2D30312F414354
ServerTasks=Update,Replica,Router,AMgr,AdminP,CalConn,Sched,LDAP,RnRMgr
ServerTasksAt1=Catalog
ServerTasksAt2=UpdAll
ServerTasksAt5=Statlog
ServiceName=Lotus Domino Server (DLotusDominodata)

;-----------------------------------------------------------------------
;Fault Recovery
```

Abbildung 4.21: Blick auf die Server-Tasks-Festlegung in der notes.ini

Updall ist standardmäßig Teil der *notes.ini*-Einstellung `ServerTasksAt2`, d.h., er wird täglich um 2.00 Uhr ausgeführt. Wenn Sie Updall täglich ausführen, sparen Sie Speicherplatz, indem Sie die Löschrümpfe löschen und nicht verwendete Ansichtsindizes ignorieren. Er stellt auch sicher, dass alle Volltextindizes aktualisiert werden, für die tägliche Aktualisierungen festgelegt sind.

Folgende Optionen stehen Ihnen für diesen Task zur Verfügung:

Option im Werkzeug TASK – STARTEN	**Befehlszeilen-option**	**Beschreibung**
Alle Datenbanken indizieren Nur diese Datenbank oder diesen Ordner indizieren	Datenbankpfad	Wenn Sie die Option NUR DIESE DATENBANK festlegen, wird nur die angegebene Datenbank aktualisiert. Um eine Datenbank im Domino Data-Ordner zu aktualisieren, geben Sie den Dateinamen ein, z.B. *test.nsf*. Um Datenbanken in einem Ordner innerhalb des Data-Ordners zu aktualisieren, geben Sie den Datenbankpfad relativ zum Data-Ordner ein, z.B. *apps\test123.nsf*. Wenn Sie die Option ALLE DATENBANKEN INDIZIEREN festlegen (oder keinen Datenbankpfad angeben), werden alle Datenbanken auf dem Server aktualisiert.
Nur diese Ansicht aktualisieren	`Datenbank -T Ansichtstitel`	Es wird eine bestimmte Ansicht in einer Datenbank aktualisiert. Verwenden Sie diese Option beispielsweise mit `-R`, um Probleme mit beschädigten Datenbanken zu beheben. Diese Option kann nicht mit *.ind*-Dateien (indirect) verwendet werden.
Update: Alle aufgebauten Ansichten	`-V`	Es werden aufgebaute Ansichten, jedoch keine Volltextindizes aktualisiert.
Update: Volltextindizes	`-F`	Es werden Volltextindizes, jedoch keine Ansichten aktualisiert.
Update: Volltextindizes: Nur die mit der Aktualisierungsfrequenz: Sofort	`-H`	Es werden Volltextindizes aktualisiert, für die als Aktualisierungsfrequenz SOFORT festgelegt ist.
Update: Volltextindizes: Nur die mit der Aktualisierungsfrequenz: Sofort oder stündlich	`-M`	Es werden Volltextindizes aktualisiert, für die als Aktualisierungsfrequenz SOFORT oder STÜNDLICH festgelegt ist.
Update: Volltextindizes: Nur die mit der Aktualisierungsfrequenz: Sofort, stündlich oder täglich	`-L`	Es werden Volltextindizes aktualisiert, für die als Aktualisierungsfrequenz SOFORT, STÜNDLICH oder TÄGLICH festgelegt ist.
Neu aufbauen: Nur Volltextindizes	`-X`	Es werden Volltextindizes neu aufgebaut, jedoch keine Ansichten. Verwenden Sie diese Option, um beschädigte Volltextindizes neu aufzubauen.
Neu aufbauen: Alle verwendeten Ansichten	`-R`	Alle verwendeten Ansichten werden neu aufgebaut. Der Einsatz dieser Option ist ressourcenintensiv; Sie sollten sie daher als letzte Möglichkeit zur Behebung von Beschädigungsproblemen für eine bestimmte Datenbank verwenden.

Option im Werkzeug TASK – STARTEN	Befehlszeilen-option	Beschreibung
Neu aufbauen: Volltextindizes und: Alle nicht verwendeten Ansichten	`Datenbank -C`	Es werden nicht verwendete Ansichten und ein Volltextindex in einer Datenbank neu aufgebaut. Sie müssen dafür eine Datenbank angeben.
Datenbankkonfigurationen aktualisieren: Inkrementell	`-A`	Mit der Option INKREMENTELL werden die Siteabfragedatenbankkonfigurationen für Siteabfragedatenbanken aktualisiert.
Datenbankkonfigurationen aktualisieren: Vollständig	`-B`	Es wird eine vollständige Aktualisierung der Siteabfragedatenbankkonfigurationen für Siteabfragedatenbanken durchgeführt.

In der nachfolgenden Tabelle werden die Eigenschaften von Update und Updall verglichen. Für Updall werden in der Tabelle die vorgegebenen Eigenschaften beschrieben, von denen Sie einige mit Optionen ändern können.

Eigenschaft	Update	Updall
Zeitpunkt der Ausführung?	Kontinuierlich nach dem Starten des Servers	2.00 Uhr und bei expliziter Ausführung
Wird es für alle Datenbanken ausgeführt?	Nein. Nur für Datenbanken, die sich geändert haben.	Ja
Werden die Ansichten der Indizes aktualisiert?	Ja	Ja
Werden die Volltextindizes aktualisiert?	Ja. Aktualisiert die Volltextindizes, für die eine sofortige und stündliche Aktualisierung festgelegt ist.	Ja. Aktualisiert alle Volltextindizes.
Werden beschädigte Ansichtsindizes gefunden und wird versucht, diese neu aufzubauen?	Ja	Ja
Werden beschädigte Volltextindizes gefunden und wird versucht, diese neu aufzubauen?	Ja	Ja
Werden die Löschrümpfe gelöscht?	Nein	Ja
Werden nicht verwendete Ansichtsindizes ignoriert?	Nein	Ja (wenn eine Ansicht seit 45 Tagen nicht verwendet wurde oder wenn von einem Entwickler eine Option zum Ignorieren der Ansichtsindizes aktiviert wurde)

Eigenschaft	Update	Updall
Wird die Ansichtseigenschaft INDEX AKTUALISIEREN ignoriert?	Ja	Ja
Ist eine Anpassung mit Optionen möglich?	Nein	Ja

4.4.2 Wichtige Datenbanken

Innerhalb des Lotus Notes Domino-Systems werden zahlreiche Aufgaben wie Maintaining und Administration von Objekten (Server, Personen, Gruppen etc.) über Datenbanken gehandhabt. Dies betrifft nicht nur das Domino-Verzeichnis, sondern auch andere Datenbanken, die Schnittstellen und Erweiterungen dazu bilden und helfen, die Umgebung mit dem entsprechenden Service in einer vereinbarten und akzeptablen Qualität zu liefern.

Die Datenbank Administrationsanforderungen

Der Administrationsprozess arbeitet vor allem mit der Datenbank ADMINISTRATIONSANFORDERUNGEN (*admin4.nsf*) zusammen.

Der Administrationsprozess ist korrespondierend zu der Datenbank *admin4.nsf* ein Task, der eine Vielzahl von administrativen Routineaufgaben automatisiert. Wenn Sie beispielsweise einen Benutzer löschen (und so eine Administrationsanforderung erstellen), wird sie in die Datenbank ADMINISTRATIONSANFORDERUNGEN aufgenommen und abgearbeitet. Der Administrationsprozess kann Administrationsanforderungen jetzt direkt in der Datenbank ADMINISTRATIONSANFORDERUNGEN des Zielservers ablegen, anstatt die Anforderung in einer lokalen Kopie der *admin4.nsf* zu speichern.

Zur Abarbeitung der Anforderung sucht der Administrationsprozess den Namen des Benutzers im Domino-Verzeichnis und in Zugriffskontrolllisten, entfernt ihn daraus und nimmt alle anderen erforderlichen Löschungen für diesen Benutzer vor.

Achtung

Die Datenbank *admin4.nsf* wird auf dem Administrationsserver für das Domino-Verzeichnis erstellt, wenn der Server das erste Mal gestartet wird. Dabei wird eine Replik-ID erzeugt, die mit der Replik des Domino-Verzeichnisses in Zusammenhang steht. Aus diesem und anderen Gründen sollten Sie auf keinen Fall die Replik-ID dieser Datenbank ändern – weder über ein Tool noch händisch, indem Sie beispielsweise eine Kopie der *admin4.nsf* erstellen und mit dieser Datenbank weiterarbeiten. Dies gilt übrigens nicht nur für die *admin4.nsf*, sondern auch für die folgenden Datenbanken: *catalog.nsf, events4.nsf, statrep.nsf, ddm.nsf, billing.nsf, vpuserinfo.nsf* (Sametime Authorization Database), *activity.nsf* (siehe auch *http://www-01.ibm.com/support/docview.wss?uid=swg21099635*).

Die ACL der *admin4.nsf* sollte zu der ACL des Domino-Verzeichnisses passen, da die Dokumente in beiden in engem Zusammenhang stehen. So erstellen Sie als Administrator die meisten Arbeitsaufträge für den Administrationsprozess über das Domino-Verzeichnis (z.B. das Umbenennen von Anwendernamen oder das Erstellen von Repliken). Verwenden Sie für die *admin4.nsf* eine konsistente ACL. Belassen Sie die Option DO NOT MODIFY NAMES FIELDS als default-Einstellung in der Datenbank-Zugriffskontrollliste.

Der Administrationsprozess führt seine Aufgaben aus, indem er Anforderungen in die Datenbank ADMINISTRATIONSANFORDERUNGEN stellt und von dort kommende Anforderungen beantwortet. Domino Server verwenden Repliken der Datenbank, um die auf einem Server erstellten Anforderungen an die anderen Server der Domäne zu verteilen.

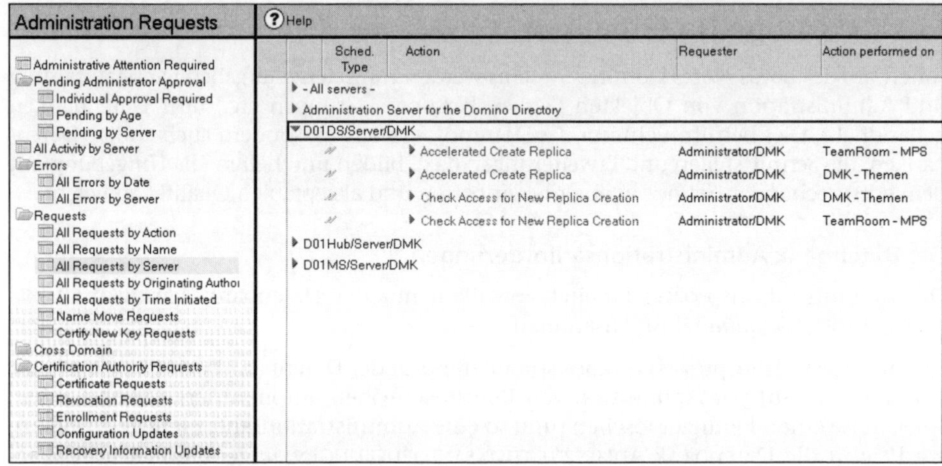

Abbildung 4.22: Die Datenbank ADMINISTRATIONSANFORDERUNGEN (admin4.nsf)

Ist die Datenbank ADMINISTRATIONSANFORDERUNGEN beim Serverstart nicht vorhanden, so erstellt der Server eine Teilreplik der Datenbank ADMINISTRATIONSANFORDERUNGEN und wartet darauf, dass diese von einem anderen Server in der Domäne initialisiert wird. Auf jedem Server in der Domäne ist eine Replik der Datenbank ADMINISTRATIONSANFORDERUNGEN und des Domino-Verzeichnisses gespeichert. Die Datenbank ADMINISTRATIONSANFORDERUNGEN agiert ebenfalls als Schnittstelle für Domino Certificate Authority-Anforderungen. Die Registration Authority (RA), mit deren Hilfe u.a. Anwender und Server registriert werden, überwacht den Status der Certification Authority (CA) Requests. Die CA-Anforderungen können aus der entsprechenden Ansicht gelöscht oder zur Durchführung neu vorgelegt werden, um in der gleichen Art und Weise abgearbeitet zu werden wie Administrationsprozess-Anforderungen.

Handhabung der Datenbank

Die Datenbank ADMINISTRATIONSANFORDERUNGEN muss vom Administrator gepflegt werden und enthält daher eine Vielzahl unterschiedlicher Ansichten. Einige Ansichten sind entsprechend der Aktionen benannt (siehe *Abbildung 4.23*), die vonseiten des Administrators notwendig sind. Die Anforderungen in den folgenden Ansichten müssen vom Administrator bearbeitet werden:

- INDIVIDUELLE BESTÄTIGUNG ERFORDERLICH/INDIVIDUAL APPROVAL REQUIRED: In der Ansicht INDIVIDUELLE BESTÄTIGUNG ERFORDERLICH werden die Anforderungen gezeigt, die einzeln bestätigt werden müssen, d.h., sie können nicht bestätigt werden, indem Sie in *admin4.nsf* mehrere Anforderungen auswählen und anschließend auf AUSGEWÄHLTE ANFORDERUNGEN BESTÄTIGEN klicken.

- ANFORDERUNGEN ZUR NAMENSVERSCHIEBUNG/NAME MOVE REQUESTS: Anforderungen zum Verschieben eines Benutzernamens in der Namenshierarchie
- AUSSTEHENDE BESTÄTIGUNGEN DES ADMINISTRATORS/ADMINISTRATIVE ATTENTION REQUIRED: Anforderungen, deren Bestätigung durch den Administrator noch aussteht. Mit dieser Ansicht sind weitere Ansichten verknüpft. Diese sind:
  - AUSSTEHEND NACH ALTER/PENDING BY AGE: Zeigt alle Anforderungen, deren Bestätigung durch den Administrator aussteht, sortiert nach der Anzahl von Tagen, die die jeweilige Anforderung in *admin4.nsf* bereits auf Bestätigung wartet. Die Anforderungen werden nach Wartezeit im 7-tägigen Rhythmus zusammengefasst, sodass alle Anforderungen mit bis zu 7 Tagen, alle mit bis zu 14 Tagen usw. zusammengefasst werden, bis zur letzten Einteilung bei 90 Tagen.
  - AUSSTEHEND NACH SERVER/PENDING BY SERVER: Zeigt alle Anforderungen, deren Bestätigung durch den Administrator aussteht, sortiert nach dem Namen des Servers, auf dem die Anforderung verarbeitet werden wird.

Dokumente, die nach einer Aktivität Ihrerseits verlangen, verbleiben so lange in der Datenbank, bis Sie diese verarbeitet oder gelöscht haben. Andernfalls verhindert das Feld `$NoPurge`, dass sie einfach so gelöscht werden können. Dies bedeutet im Zweifelsfall, dass die Datenbank *admin4.nsf* immer weiterwächst. Sorgen Sie dafür, dass sich jemand in Ihrem Team regelmäßig um die entsprechenden Anforderungen in der Datenbank kümmert.

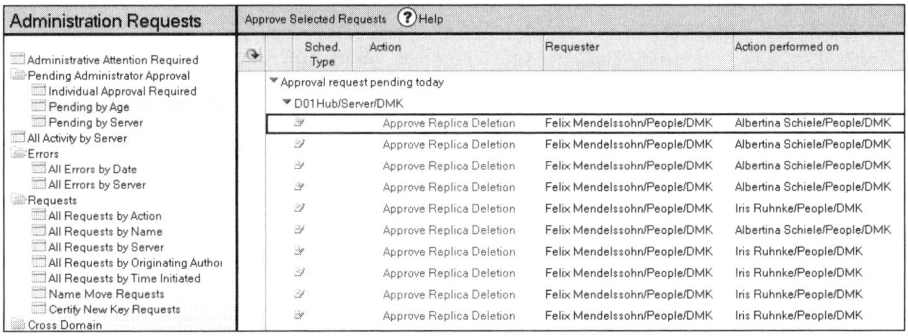

***Abbildung 4.23:** Vorgesehene Aktivitäten für den Administrator*

Manche Einträge wie z.B. die in der Ansicht PRÜFUNG DURCH ADMINISTRATOR ERFORDERLICH sind nur informell und stellen Anforderungen dar, die vom Administrator überprüft und ggf. bearbeitet werden müssen. Sie können über einen Klick auf den Button entfernt werden. Zur Überwachung der Administrationsanforderungen können Sie das Domino Domain Monitoring als Unterstützung hinzuziehen und den Fortschritt der Request-Abarbeitung überwachen.

Befehle für den Administrationsprozess

Für den Administrator existieren in Bezug auf den Administrationsprozess eine Reihe von Serverbefehlen, wie beispielsweise `tell adminp process all`. Von vielen Kolleginnen und Kollegen wird dieser Befehl gerne eingesetzt, um die anstehenden AdminP-Tasks abzuarbeiten. Dies bedeutet allerdings für Ihren Domino Server in früheren Versionen (vor dem Release 8):

- Alle AdminP-Requests werden abgearbeitet.
- Der Server startet mit dem ältesten Request.

- hohe Last
- Und: Der Request, den Sie wahrscheinlich gerade neu erstellt haben, wird der letzte sein, der abgearbeitet wird.

Für die neue Domino-Version wurde der Befehl verändert Er stellt alle neuen und veränderten Requests neu in die Queue ein und überschreibt keine geplanten Ausführungszeiten für Anforderungen.

Außerdem bieten sich für Sie die folgenden Befehlsoptionen für den Administrationsprozess an:

Befehl	Kurzform des Befehls	Beschreibung
`tell adminp process new`	`tell adminp p ne`	Verarbeitet Anforderungen, die sofort oder zu bestimmten Zeiten ausgeführt werden sollen.
`tell adminp process immediate`	`tell adminp p im`	Verarbeitet Anforderungen, die sofort ausgeführt werden sollen.
`Tell Adminp Process Interval`	`tell adminp p in`	Verarbeitet Anforderungen, die zu bestimmten Zeiten ausgeführt werden sollen.
`tell adminp process daily`	`tell adminp p da`	Verarbeitet Anforderungen, die täglich ausgeführt werden sollen.
`Tell Adminp Process Delayed`	`tell adminp p de`	Verarbeitet Anforderungen, die mit Verzögerung ausgeführt werden sollen.
`tell adminp process mail policy`	`tell adminp p ma`	Wendet die Mail-Richtlinie auf die Mail-Datei des betroffenen Benutzers an.

Achtung

Darüber hinaus existiert die Option `tell adminp server restart` (Kurzform: `tell adminp p re`). Dieser Befehl verarbeitet und aktualisiert Administrationsanforderungen von jedem Zeitplantyp, soweit erforderlich, durch Simulation eines Neustarts des Administrationsprozesses. Dieser Serverbefehl sollte, wenn überhaupt, nur selten verwendet werden. Im Grunde genommen hat dieser Befehl die Funktion des alten `tell adminp process all`-Befehls übernommen.

Darüber hinaus existiert eine Reihe sehr nützlicher Befehle, die Sie in der folgenden Tabelle erläutert sehen:

Befehl	Ergebnis
`Tell Adminp Process People`	Verarbeitet alle neuen und geänderten Anforderungen zum Aktualisieren von Personendokumenten im Domino-Verzeichnis.
`Tell Admin Process Time`	Verarbeitet alle neuen und geänderten Anforderungen zum Löschen von nicht verlinkten Mail-Dateien.

Befehl	Ergebnis
`Tell Adminp Show Databases`	Zeigt folgende Informationen an (und zeichnet sie in der Protokolldatei des Servers auf): ▶ Die von einem bestimmten Administrationsserver aktualisierten Datenbanken. ▶ Die Speicherorte in der Datenbank, an denen Leser- und Autorenfelder in den aktualisierten Datenbanken aktualisiert werden. ▶ Die Datenbanken, denen kein Administrationsserver zugewiesen ist.

Spezielle Threads für bestimmte Administrationsanforderungen

Sie können einen oder mehrere spezielle Threads für eine Klasse von Administrationsanforderungen oder für eine bestimmte Administrationsanforderung angeben. Die „Klasse" einer Administrationsanforderung ist der Zeitrahmen der Anforderung: sofort oder regelmäßig. Im Administrationsprozess gibt es die folgenden Thread-Typen:

- Allgemeine Threads, die im Feld MAXIMALE ANZAHL VON THREADS im Register SERVER-TASKS > ADMINISTRATIONSPROZESS des Serverdokuments angegeben werden. Sie können 3 bis 10 Threads mit allgemeinem Zweck angeben.
- Spezielle Threads, die Sie mithilfe von *notes.ini*-Einstellungen angeben. Der Administrationsprozess kann maximal zehn Threads unterstützen, bei denen es sich um Threads mit allgemeinem Zweck, Threads mit speziellem Zweck oder eine Kombination aus beiden handeln kann. Spezielle Threads verarbeiten nur sofortige oder regelmäßige Anforderungen. Wenn beispielsweise ein spezieller Thread ein sofortiger Thread ist, verarbeitet er nur sofortige Anfragen.
- Ein Anforderungsverteilerthread, der vom Administrationsprozess zum Verteilen der Administrationsanforderungen verwendet wird. Sie können diesen Thread nicht einstellen oder ändern.
- Ein Polling-Thread für die Mail-Richtlinienverarbeitung. Sie können diesen Thread nicht einstellen oder ändern.

In früheren Domino-Versionen war die maximale Anzahl der AdminP mit 10 angegeben. In der Version 8 haben Sie die Möglichkeit, einige dieser zehn Threads als bestimmte Prozesstypen zu definieren.

Die speziellen Threads werden zu den vorhandenen allgemeinen Threads hinzugefügt, die bereits definiert sind. Verwenden Sie die folgenden *notes.ini*-Einstellungen, um die Anzahl der speziellen Threads anzugeben: `ADMINP_IMMEDIATE_THREAD=X` und `ADMINP_INTERVAL_THREAD=X`, wobei X für die Anzahl der speziellen Threads steht.

Spezielle Threads stehen nicht für tägliche, verzögerte oder Batch-Administrationsanforderungen zur Verfügung. Die Option zum Hinzufügen von speziellen Threads wird nur beim Startvorgang des Administrationsprozesses überprüft.

Wenn eine Anforderung zur Verarbeitung empfangen wird, prüft der Administrationsprozess, ob die Anforderung von einem der im Serverdokument definierten allgemeinen Threads verarbeitet werden kann. Wenn sie von einem allgemeinen Thread verarbeitet werden kann, wird die Anforderung einem der verfügbaren Threads zugewiesen. Wenn sie nicht von einem der allgemeinen Threads verarbeitet werden kann, prüft der Administrationsprozess, ob die Anforderung sich für die Verarbeitung durch einen in der *notes.ini*-Datei angegebenen speziellen Thread eignet. (Spezielle Threads sind sofortige oder regelmäßige Threads, daher können von ihnen nur sofortige oder regelmäßige Administrationsanforderungen verarbeitet werden.) Wenn die Anforderung die Voraussetzungen erfüllt, wird sie einem speziellen Thread zugewiesen. Wenn sie diese nicht erfüllt, wird die Anforderung zu einer Warteschlange hinzugefügt und zu einem späteren Zeitpunkt je nach Verfügbarkeit durch einen allgemeinen oder einen speziellen Thread verarbeitet. Zur Verarbeitung durch den speziellen Thread muss die Anforderung natürlich für die Verarbeitung durch diesen Thread geeignet sein.

Zeitintervallvorgaben für Administrationsanforderungen

Sie können ein vom Standardzeitintervall abweichendes Zeitintervall angeben, in dem eine bestimmte Administrationsanforderung ausgeführt wird. Die von Ihnen angegebenen Einstellungen haben Vorrang vor den Vorgabeeinstellungen.

Verwenden Sie die folgenden *notes.ini*-Variablen, um festzulegen, dass die Standardzeitintervalle für eine oder mehrere bestimmte Administrationsanforderungen geändert werden sollen:

```
ADMINP_IMMEDIATE_OVERRIDE=X, X, X
ADMINP_INTERVAL_OVERRIDE=X, X, X
ADMINP_DAILY_OVERRIDE=X
ADMINP_DELAYED_OVERRIDE=X
```

Jedes X in den oben angegebenen *notes.ini*-Einstellungen steht für die Anforderungsnummer einer Administrationsanforderung. Die jeweilige Anforderungsnummer einer bestimmten Anforderung finden Sie in der Administrationshilfe Ihres Administrator Clients oder online unter *http://www-01.ibm.com/support/docview.wss?uid=swg21306975*. Da de Liste mehrere Seiten umfasst, würde sie den Rahmen an dieser Stelle sprengen.

Verwenden können Sie diese Optionen, um Anforderungen wie beispielsweise „Rename in Unread List" auf eine intervallgetriebene anstatt auf eine tägliche Abarbeitung zu setzen. Dies können Sie umsetzen, indem Sie die Zeile `ADMINP_INTERVAL_OVERRIDE=68.00` in der *notes.ini* des Servers hinzufügen. Wenn Sie beispielsweise in einem eingeschränkten und bekannten Zeitraum eine Vielzahl von Umbenennungen planen (möglicherweise abends oder am Wochenende), können Sie über die zusätzliche Zeile `ADMINP_IMMEDIATE_OVERRIDE=16.00` in der *notes.ini* des Servers dafür sorgen, dass Anforderungen vom Typ CHANGE RENAME IN PERSON DOCUMENTS sofort anstatt in einem definierten Intervall umgesetzt werden. Üblicherweise gelten die folgenden Angaben für die Anforderung zum Umbenennen eines Benutzers:

Anforderung	Timing
Personennamen in der Hierarchie verschieben	Erfordert die Bestätigung des Administrators in der Datenbank mit den Administrationsanforderungen.
Umbenennung im Domino-Verzeichnis veranlassen	Intervall
Personen im Domino-Verzeichnis umbenennen	Intervall
In Personendokumenten umbenennen	Ausführung von Anforderungen einmal täglich um

Anforderung	Timing
Person in der Liste der ungelesenen Dokumente umbenennen	Ausführung von Anforderungen einmal täglich um
In Zugriffskontrollliste umbenennen	Intervall
In Gestaltungselementen umbenennen	Verzögert
Person in Datenbank für freie Zeit umbenennen	Sofort
Person in Kalendereinträgen und Profilen der Mail-Datei umbenennen	Sofort
In Leser-/Autorenfeldern umbenennen	Ausführungsbeginn am Ausführungsbeginn um
Veraltete Änderungsanforderungen löschen*	Ausführung von Anforderungen einmal täglich um

* Wenn der Lotus Notes-Benutzer, dessen Name umbenannt werden soll, eine ältere Notes-Client Version als 6.0 verwendet, muss er die Namensänderung wie hier beschrieben bestätigen. Bevor der Administrationsprozess die Anforderung zum Umbenennen einer Person durchführt, wird der Benutzer, dessen Name geändert werden soll, aufgefordert, die Namensänderung zu akzeptieren. Wenn der Benutzer die Namensänderung nicht innerhalb eines angegebenen Zeitraums oder einer Nachfrist akzeptiert, wird die Anforderung zur Namensänderung zu einer veralteten Namensänderung und wird in die Datenbank ADMINISTRATIONSANFORDERUNGEN als Anforderung VERALTETE ÄNDERUNGSANFORDERUNG LÖSCHEN eingetragen. Wenn sowohl auf dem Domino-Server als auch auf dem Notes-Client Release 6.0 oder höher ausgeführt wird, wird der Benutzer nicht aufgefordert, die Namensänderung zu bestätigen, es sei denn, dies wurde zuvor so festgelegt. (Um zur Bestätigung einer Namensänderung aufgefordert zu werden, muss der Benutzer dies in den Sicherheitseinstellungen auf dem Notes-Client festlegen.)

Hinweis

Beim Bestimmen des Timings für eine Administrationsanforderung hat die *notes.ini*-Einstellung Vorrang, darauf folgt das Serverdokument, dann das Konfigurationsdokument in der Datenbank *admin4.nsf* und schließlich die Vorgabeeinstellung.

Das Zertifizierungsprotokoll

Um Namensänderungen und erneute Zertifizierungen mit dem Administrationsprozess durchführen zu können, müssen Sie das Zertifizierungsprotokoll (*certlog.nsf*) auf dem Server einrichten, auf dem sich das Domino-Verzeichnis befindet, in dem Sie die Namensänderung oder die erneute Zertifizierung initialisieren möchten.

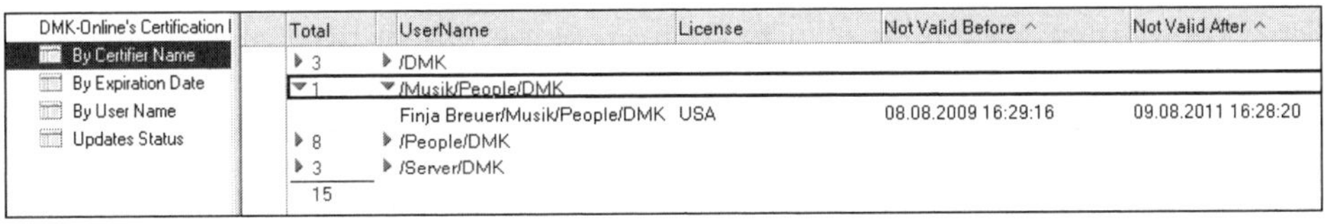

DMK-Online's Certification l
By Certifier Name
By Expiration Date
By User Name
Updates Status

Total	UserName	License	Not Valid Before	Not Valid After
3	/DMK			
1	/Musik/People/DMK			
	Finja Breuer/Musik/People/DMK	USA	08.08.2009 16:29:16	09.08.2011 16:28:20
8	/People/DMK			
3	/Server/DMK			
15				

Abbildung 4.24: Zertifizierungsprotokoll (certlog.nsf)

Wenn das Zertifizierungsprotokoll auf einem anderen Server abgelegt ist, verschieben Sie es auf den Server mit dem Domino-Verzeichnis, in dem Sie die Namensänderung oder erneute Zertifizierung initialisieren möchten. In diesem Protokoll wird dauerhaft aufgezeichnet, wie Sie Server und Benutzer registrieren, einschließlich Angaben zur Zertifizierer-ID. Das Zertifizierungsprotokoll enthält außerdem Meldungen, die die Ergebnisse von Anforderungen zur erneuten Zertifizierung, die der Administrationsprozess verarbeitet, erläutern.

Katalog (Catalog)

Der Katalog (*catalog.nsf*) ist eine Datenbank, deren Gestaltung auf der Schablone *catalog.ntf* basiert. Im Katalog werden Datensätze gespeichert, die angeben, welche Datenbanken und Dateisysteme sich auf dem Server befinden.

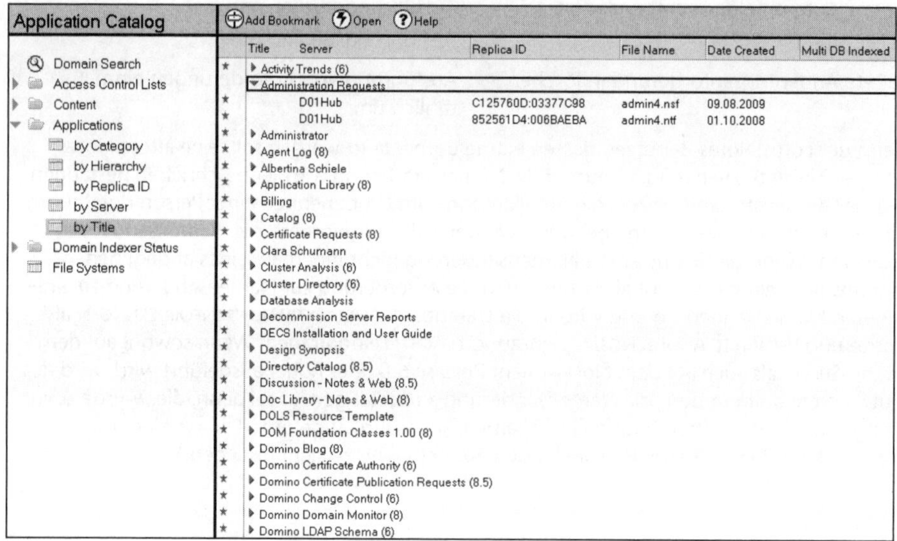

Abbildung 4.25: Der Katalog (catalog.nsf)

Der Domänenkatalog befindet sich auf demselben Server wie der Domänenindex. Mit der Option IN DATENBANKÜBERGREIFENDE INDIZIERUNG AUFNEHMEN/INCLUDE IN MULTI DATABASE INDEXING im Register GESTALTUNG/DESIGN der Datenbankeigenschaften geben die Datenbankentwickler und -manager an, ob die Datenbank indiziert werden soll oder nicht. Die Administratoren können diese Einstellungen mithilfe des Domino Administrators außer Kraft setzen.

Cluster-Datenbankverzeichnis

Der Task CLUSTER-DATENBANKVERZEICHNIS-MANAGER (CLDBDIR) erstellt das Cluster-Datenbankverzeichnis (*cldbdir.nsf*) und hält dieses auf dem neuesten Stand. Wenn Sie einen Server zum ersten Mal zu einem Cluster hinzufügen, erstellt der Cluster-Datenbankverzeichnis-Manager das Cluster-Datenbankverzeichnis auf diesem Server. Wenn Sie eine Datenbank zu einem Cluster-Server hinzufügen, erstellt der Cluster-Datenbankverzeichnis-Manager ein Dokument im Cluster-Datenbankverzeichnis, das Informationen über die neue Datenbank enthält. Wenn Sie eine Datenbank auf einem Cluster-Server löschen, löscht der Cluster-Datenbankverzeichnis-Manager auch dieses Dokument. Darüber hinaus verfolgt der Cluster-Datenbankverzeichnis-Manager den Status aller Datenbanken, z.B. AUSSER BETRIEB oder ZUM LÖSCHEN MARKIERT.

Domino-Serverprotokoll (*log.nsf*)

Jeder Domino Server verfügt über eine Protokolldatei (*log.nsf*), die Berichte zu allen Serveraktivitäten und detaillierte Informationen über Datenbanken und Benutzer auf dem Server enthält. Diese Datei wird automatisch beim ersten Serverstart eingerichtet.

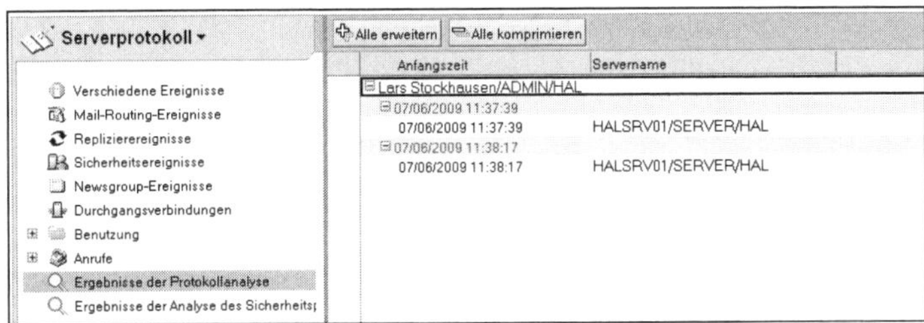

Abbildung 4.26: Serverprotokoll (log.nsf)

Standardmäßig werden in der Protokolldatei Informationen über das Domino-System aufgezeichnet. Sie können jedoch zusätzliche Informationen in der Protokolldatei aufzeichnen.

Wenn Sie zusätzliche Informationen in der Protokolldatei aufzeichnen, wählen Sie eine Protokollierebene, die die in der Protokolldatei aufgezeichnete Detailstufe festlegt. Wenn Sie eine hohe Protokollierebene angeben, kann die Protokolldatei möglicherweise ziemlich groß werden. Achten Sie daher darauf, nach Abschluss der Fehlersuche für das Problem die Protokollierebene zurückzusetzen.

Zur Aufzeichnung von Informationen über	Diese Einstellung, dieses Feld oder diesen Befehl verwenden
Agent-Manager	`Log_AgentManager` in der Datei *notes.ini*
Serverkonsolen-Kommandos	`Log_Console` in der Datei *notes.ini*
Directory Cataloger	`Log_DirCat` in der Datei *notes.ini* Protokolliert folgende Informationen über den Task DIRECTORY CATALOGER in der Ansicht VERSCHIEDENE EREIGNISSE der Protokolldatei: ▶ Startzeitpunkt von Directory Cataloger ▶ die Verzeichnisse, auf denen Directory Cataloger ausgeführt wird ▶ Endzeitpunkt von Directory Cataloger
Neuaufbau von Ansichten	`Log_View_Events` in der Datei *notes.ini* Gibt an, ob Meldungen, die beim Neuaufbau von Ansichten generiert wurden, in die Protokolldatei eingetragen werden: ▶ `0`: Meldungen beim Neuaufbau von Ansichten nicht protokollieren ▶ `1`: Meldungen beim Neuaufbau von Ansichten protokollieren
Aktivität des Indexers	`Log_Update` in der Datei *notes.ini*
Mail-Routing	`Mail_Log_To_MiscEvents` in der Datei *notes.ini*
Bei dem Neuaufbau von Ansichten generierte Nachrichten	`Log_View_Events` in der Datei *notes.ini*

Zur Aufzeichnung von Informationen über	Diese Einstellung, dieses Feld oder diesen Befehl verwenden
Replizierung	`Log_Replication` in der Datei *notes.ini* Während der Serverkonfiguration angegebene Einstellung Alle Replizierereignisse
Server-Tasks	`Log_Tasks` in der Datei *notes.ini*
Benutzersitzungen	`Log_Sessions` in der Datei *notes.ini*

Mit der Einstellung `Log` in der *notes.ini*-Datei wird gesteuert, wann Dokumente automatisch aus der Protokolldatei gelöscht werden. `Log=`*Protokolldateiname, Protokoll_Option, nicht_verwendet, Tage, Größe. Beispiel:* `Log=`*log.nsf,1,0,7,20000.* Die Protokolldatei (*log.nsf*) wird standardmäßig nach sieben Tagen gelöscht und kann maximal 20 000 Wörter enthalten. Alle Protokollinformationen werden auch an die Konsole gesendet.

Parameter	Wert
Protokolldateiname	Der Protokolldateiname, für gewöhnlich *log.nsf.*
Protokoll_Option	Protokolloptionen: ▶ `1`: Auf Konsole protokollieren ▶ `2`: Datenbank-Fixup beim Öffnen der Protokolldatei erzwingen ▶ `3`: Vollständige Dokumentprüfung
nicht_verwendet	Steht immer auf null; dieser Parameter wird nicht verwendet.
Tage	Anzahl der Tage, die Protokolldokumente aufbewahrt werden.
Größe	Größe von Protokolltexten in Ereignisdokumenten.

Sie können das Protokoll (*log.nsf*) auch mit dem Web Administrator öffnen.

Neben der Steuerung der Größe der Protokolldatei über die *notes.ini*-Einstellungen können Sie die Einstellungen, Felder und Befehle verwenden, um zusätzliche Informationen anzugeben und Protokollierungsstufen für die Protokolldatei festzulegen. In Bezug auf das Mail-Routing können Sie beispielsweise Einstellungen im Feld PROTOKOLLIERUNGSSTUFE im Register ROUTER/SMTP > ERWEITERT/ADVANCED > STEUERUNG/CONTROLS des Konfigurationsdokuments vornehmen, wie die Detailtiefe der aufzuzeichnenden Informationen.

Das Protokoll zeigt in den jeweiligen Ansichten die dazugehörigen Informationen an, wie etwa (siehe *Abbildung 4.26*):

Ansichten	Enthält Informationen über
DATENBANK > GRÖSSEN/ DATABASE > SIZES	▶ Größe und Aktivität aller Datenbanken auf dem Server ▶ Prozentsatz der belegten Festplattenkapazität der einzelnen Datenbanken ▶ Gesamtfestplattenkapazität der einzelnen Datenbanken
DATENBANK > BENUTZUNG/ DATABASE > USAGE	▶ Sitzungen (einschließlich übertragener Kilobytes) ▶ Gelesene und geschriebene Dokumente ▶ Replizierungen ▶ Sortiert nach Datenbank ▶ Wird von dem nächtlich ausgeführten Statistikprotokollierungs-Task ausgefüllt

Ansichten	Enthält Informationen über
MAIL-ROUTING-EREIGNISSE/ MAIL ROUTING EVENTS	Einzelheiten zum Mail-Routing, die nicht in der Ansicht VERSCHIEDENE EREIGNISSE erscheinen
SICHERHEITSEREIGNISSE/ SECURITY EVENTS	▶ ID-Vault-Benachrichtigungen
VERSCHIEDENE EREIGNISSE/ MISCELLANEOUS EVENTS	▶ Ereignisse, die nicht in anderen Ansichten erscheinen ▶ Modem-Ein-/Ausgabe ▶ Script-Ein-/Ausgabe ▶ Meldungen des Verzeichniskatalogs ▶ Beschädigte Dokumente, sortiert nach Datum
REPLIZIEREREIGNISSE/ REPLICATION EVENTS	▶ Alle Repliziersitzungen zwischen Servern, sortiert nach Servern Die Informationen beinhalten den Namen des veranlassenden Servers, Uhrzeit und Dauer der Replizierung, den verwendeten Anschluss und die Anzahl der hinzugefügten, gelöschten oder geänderten Dokumente.
OBJEKTSPEICHERBENUTZUNG/ OBJECT STORE	▶ Dateiname des Objektspeichers ▶ Dateiname der Mail-Datenbank ▶ Titel der Mail-Datenbank ▶ Anzahl der im Objektspeicher referenzierten Dokumente ▶ Gesamtgröße der im Objektspeicher enthaltenen Dokumente ▶ Details zur Nutzung des gemeinsamen Mail-Objektspeichers auf Ihrem Server
BENUTZUNG NACH DATUM BENUTZUNG NACH BENUTZER/ USAGE BY DATE USAGE BY USER	Sitzungen, die auf diesem Server mit Benutzern oder anderen Servern durchgeführt wurden, nach Datum oder nach Benutzern sortiert. Die Informationen beinhalten geöffnete Sitzungen, Sitzungsdauer, geöffnete Datenbanken, Dauer des Datenbankzugriffs, Anzahl der Transaktionen (Workstation-zu-Server-Datenbankanforderungen) und Netzwerkbenutzung (übertragene Kilobytes). Transaktionen für Operationen, wie beispielsweise Öffnen eines Dokuments, Aktualisieren eines Dokuments, Lesen eines Abschnitts einer Ansicht und Wechseln zu einem bestimmten Abschnitt einer Ansicht. Enthält die Summen nach Datum, nach Benutzer/Server und nach Nutzungsart.
SUCHERGEBNISSE/ SEARCH RESULTS	▶ Resultate aus der Log-Analyse ▶ Informationen einschließlich Startzeit und Name des Servers

Protokollanalyse

Wenn Sie in einer Umgebung mit verschiedenen Versionen arbeiten, in der Sie einen Administrationsclient von Lotus Domino 6 oder höher und einen Server der Version Domino 5 oder früher einsetzen, basiert die Protokollanalyse auf den Funktionen der Domino 5-Protokollanalyse und die Ergebnisse werden in der Ergebnisdatenbank (*results.nsf*) gespeichert. Die Ergebnisdatenbank basiert auf der Schablone *loga4.ntf*. Sie zeigt Datum und Uhrzeit der Ereignisse, ihre Quelle (Ereignis oder Konsolennachricht) sowie den Text der Nachrichten an. Für Nachrichten an der Serverkonsole wird keine Uhrzeit angezeigt.

Wenn Sie einen Domino Administrator Client höher als R5 verwenden, um eine Domino-Serverprotokolldatei höher als R5 zu analysieren, können Sie weiterhin eine Ergebnisdatenbank erstellen und die Ergebnisse in dieser Datenbank speichern. Öffnen Sie dazu das Dokument aus der Suchergebnisansicht in *log.nsf* und speichern Sie es anschließend über das Menü DATEI/FILE > SPEICHERN UNTER/SAVE AS am gewünschten Speicherort.

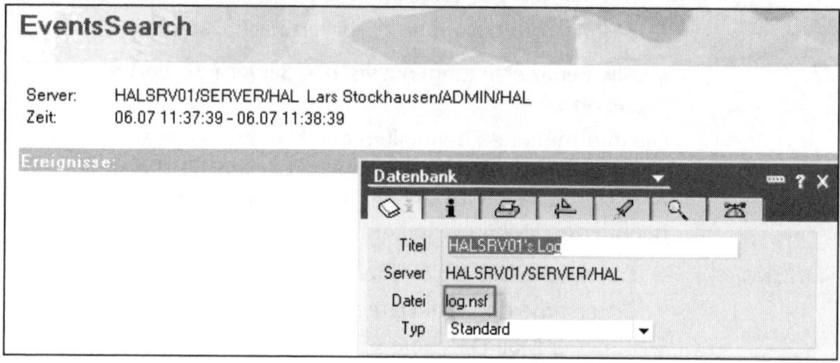

Abbildung 4.27: Ergebnis der Protokollanalyse in der log.nsf

Zusätzliche Informationen in der Protokolldatei aufzeichnen

Neben der Steuerung der Größe der Protokolldatei über die *notes.ini*-Einstellungen können Sie die folgenden Einstellungen, Felder und Befehle verwenden, um zusätzliche Informationen anzugeben und Protokollierungsstufen für die Protokolldatei festzulegen.

Zur Aufzeichnung von Informationen über	Einstellung, Feld oder Befehl
Mail-Routing	Feld PROTOKOLLIERUNGSSTUFE im Register ROUTER/SMTP > ERWEITERT > STEUERUNG des Konfigurationsdokuments (siehe *Abbildung 4.28*)
Modem-Ein-/Ausgabe	DATEI >VORGABEN > BENUTZERVORGABEN > PORTS > COMX > TRACE (Basis Client)
Modemscript-Ein-/Ausgabe	DATEI >VORGABEN > BENUTZERVORGABEN > PORTS > COMX > TRACE > OPTIONEN (Basis Client)
Verfolgte Netzwerkverbindungen	Richten Sie eine COM-Port-Option im Dialogfeld PORT-KONFIGURATION ein.
Web Navigator	Feld PROTOKOLLIERUNG DER WEB-ABRUFE im Register SERVER-TASKS > WEB-RETRIEVER des Serverdokuments
Webserver	Weitere Informationen zum Webserver werden im Domino Webserverprotokoll (*domlog.nsf*) aufgezeichnet.

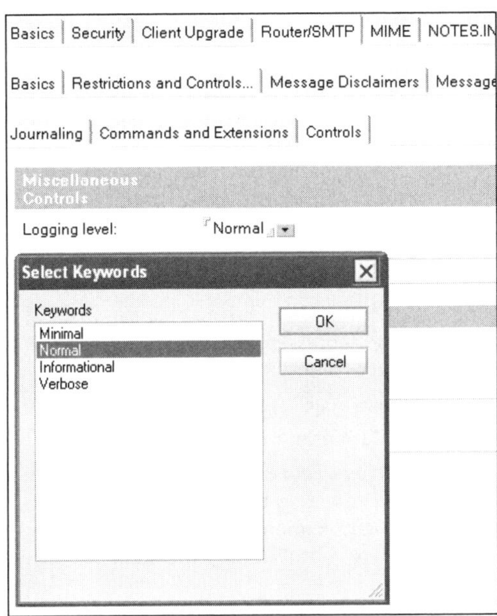

Abbildung 4.28: Optionen zur Mail-Routing-Protokollierung

Unterstützung für Wählverbindungen mit Modems (X.PC) ist nur in Domino-Versionen verfügbar, die älter als 8.5 sind. Sie können weiterhin Domino Administrator 8.5 zur Konfiguration und Verwaltung der Modemunterstützung verwenden, allerdings nur auf Servern, auf denen ältere Versionen als 8.5 ausgeführt werden.

Domino Webserverprotokoll (*domlog.nsf*)

Im Domino Webserverprotokoll (*domlog.nsf*) werden alle Aktivitäten des Domino Webservers und Informationen zu den einzelnen HTTP-Anforderungen aufgezeichnet, z.B.:

- Datum und Uhrzeit der Anforderung
- IP-Adresse des Benutzers (oder die DNS-Adresse, wenn im Serverdokument DNS-SUCHE aktiviert ist)
- Benutzername (wenn der Benutzer einen Namen und ein Kennwort für den Zugriff auf den Server angegeben hat)
- Umfang (in Byte) der vom Server an den Browser gesendeten Informationen
- Art der Daten, auf die ein Benutzer zugreift, beispielsweise *text/html* oder *image/gif*
- Browsertyp, der für den Zugriff auf den Server benutzt wurde

Sie können Domino Webserverinformationen im Domino Webserverprotokoll (*domlog.nsf*), in Textdateien oder in beidem, dem Domino Webserverprotokoll und Textdateien, protokollieren. Protokollieren in Textdateien ist sinnvoll für umfangreiche Sites oder solche, auf die häufig zugegriffen wird, und für Sites, die bereits über Berichts- und Verwaltungswerkzeuge für HTTP-Server von Fremdanbietern verfügen. Darüber hinaus können Sie Workflow-Ereignisse einrichten, d.h. beispielsweise ein Ereignis einrichten, mit dem Mail gesendet wird, wenn auf eine Seite häufiger als angegeben zugegriffen wird, um die Verwaltung von Informationen in der Datenbank zu erleichtern. Das Protokollieren in eine Datenbank ist etwas langsamer als das Protokollieren in eine Textdatei, insbesondere bei stark ausgelasteten Sites.

Aktivieren Sie die Protokollierung im Serverdokument Ihres Webservers und Domino erstellt die Datenbank WEBSERVERPROTOKOLL, sobald der HTTP-Task gestartet wird. Sie finden die entsprechende Einstellung im Register INTERNET-PROTOKOLLE/INTERNET PROTOCOLS > HTTP. Wählen Sie AKTIVIERT/ENABLED im Feld DOMLOG.NSF. Falls erforderlich, nehmen Sie Eingaben in den folgenden Feldern vor:

Feld	Eingabe
URLS, VERFAHREN, MIME-TYPEN, BENUTZER-AGENTEN, AUSGABECODES	Auszuschließende URL-Adressen, HTTP-Verfahren, MIME-Typen, Benutzer-Agenten und Statuscodes
HOSTS UND DOMÄNEN	Die auszuschließenden DNS-Namen oder IP-Adressen, beispielsweise `120.313.*` oder `*.edu` Um DNS-Namen in dieses Feld eingeben zu können, müssen Sie zunächst die Einstellung DNS-SUCHE im Abschnitt HTTP-SERVER des Serverdokuments aktivieren. Andernfalls können Sie in dieses Feld nur IP-Adressen eingeben.

Speichern Sie das Dokument und starten Sie dann den HTTP-Task neu, damit die Änderungen wirksam werden.

Domino-Konfigurationsdatenbank

Sie verwenden die Domino-Konfigurationsdatenbank, um Meldungen anzupassen, die Browser-Benutzer erhalten, wenn sie auf eine Webanwendung zugreifen. Sie können diese Datenbank auch verwenden, wenn Sie eine HTML-Seite zur Authentifizierung von Webbenutzern mit einem Namen und Kennwort anpassen. Wählen Sie als Schablone die Domino Webserverkonfiguration (*domcfg.ntf*), geben Sie der neu erstellten Datenbank einen Titel und den Namen *domcfg.nsf*.

Domino LDAP-Schema

Die Datenbank DOMINO LDAP-SCHEMA (*schema.nsf*) enthält Informationen über das Verzeichnisschema in einem benutzerfreundlichen Format und gibt Änderungen wieder, die Sie bei der Erweiterung des Verzeichnisschemas vornehmen.

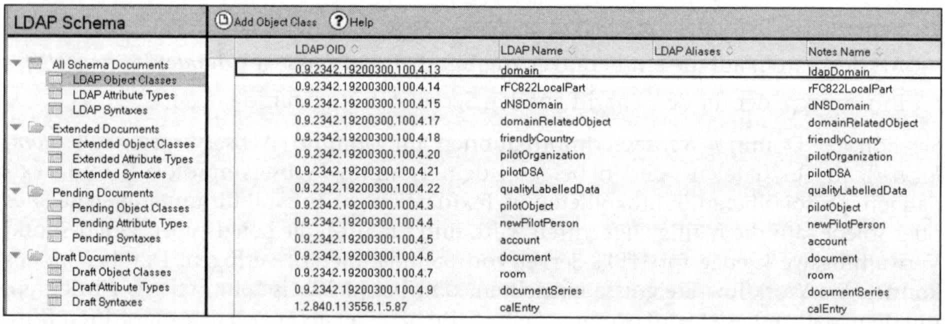
LDAP Schema
Add Object Class
Help
All Schema Documents
LDAP Object Classes
LDAP Attribute Types
LDAP Syntaxes
Extended Documents
Extended Object Classes
Extended Attribute Types
Extended Syntaxes
Pending Documents
Pending Object Classes
Pending Attribute Types
Pending Syntaxes
Draft Documents
Draft Object Classes
Draft Attribute Types
Draft Syntaxes
LDAP OID
LDAP Name
LDAP Aliases
Notes Name
0.9.2342.19200300.100.4.13 domain ldapDomain
0.9.2342.19200300.100.4.14 rFC822LocalPart rFC822LocalPart
0.9.2342.19200300.100.4.15 dNSDomain dNSDomain
0.9.2342.19200300.100.4.17 domainRelatedObject domainRelatedObject
0.9.2342.19200300.100.4.18 friendlyCountry friendlyCountry
0.9.2342.19200300.100.4.20 pilotOrganization pilotOrganization
0.9.2342.19200300.100.4.21 pilotDSA pilotDSA
0.9.2342.19200300.100.4.22 qualityLabelledData qualityLabelledData
0.9.2342.19200300.100.4.3 pilotObject pilotObject
0.9.2342.19200300.100.4.4 newPilotPerson newPilotPerson
0.9.2342.19200300.100.4.5 account account
0.9.2342.19200300.100.4.6 document document
0.9.2342.19200300.100.4.7 room room
0.9.2342.19200300.100.4.9 documentSeries documentSeries
1.2.840.113556.1.5.87 calEntry calEntry

Abbildung 4.29: Die Datenbank schema.nsf

Monitoringergebnisdatenbank (statrep.nsf)

In der Monitoringergebnisdatenbank (*statrep.nsf*) sind Domino-Systemstatistiken gespeichert. Diese Datenbank wird erstellt, wenn Sie den Collect-Task laden, falls sie nicht bereits vorhanden ist. Sie können Statistikberichte auch in anderen entsprechend gestalteten Datenbanken ablegen, obwohl gewöhnlich die Statistikdatenbank verwendet wird.

Die Statistiken werden vom Domino Server fortlaufend aktualisiert. Sie können die Systemstatistiken jederzeit durch Eingabe des Serverbefehls `Show Stats` an der Serverkonsole anzeigen lassen. Wenn Sie Statistiken zum Überwachen des Domino-Systems verwenden möchten, können Sie mit dem Collect-Task Statistiken erfassen und die Informationen in der Statistikdatenbank ablegen. Zum Anzeigen von Statistikberichten klicken Sie in Domino Administrator auf das Register SERVER > ANALYSE/ANALYSIS > MONITORING RESULTS.

Es finden ständig Ereignisse im Domino-System statt. Der Domino Server verfügt über eine Benachrichtigungsfunktion namens Event-Task, mit der Sie über wichtige Systemdaten informiert werden. Der Event-Task sendet eine Benachrichtigung über das Ereignis an das im Ereignisbenachrichtigungsdokument angegebene Ziel.

Monitoringkonfigurationsdatenbank (*events4.nsf*)

Der Event-Task überwacht Systemaktivitäten, wenn Sie den Domino Server starten. Darüber hinaus erstellt der Event-Task die Datenbank MONITORINGKONFIGURATIONSDATENBANK (*events4.nsf*) auf dem Server, falls diese nicht bereits vorhanden ist. Der Event-Task wird automatisch beim Starten des Servers geladen. Wird er nicht geladen, so müssen Sie ihn manuell von Domino Administrator oder von der Serverkonsole aus laden. Sie müssen den Event-Task auf allen Servern ausführen, die Sie überwachen möchten.

Alle Domino-Server-Tasks erstellen Informationen zu den Prozessen, die auf dem System ablaufen. Diese Informationen werden als Ereignisse bezeichnet. Der Domino Server verfügt über eine Liste von integrierten Ereignissen, die in der Datenbank MONITORINGKONFIGURATIONSDATENBANK (*events4.nsf*) gespeichert sind. Jedem Ereignis ist eine Ereignisnummer zugewiesen. Um festzulegen, welche Ereignisse überwacht und wo sie gemeldet werden sollen, müssen Sie ein Ereignisbenachrichtigungsdokument (Event Notification Document) erstellen. Ereignisbenachrichtigungen können Sie für folgende Ereignisse einrichten:

- Ereignis eines integrierten oder zusätzlichen Tasks
- Ein Monitor- oder Überprüfungsereignis. Wenn Sie ein Monitor- oder Überprüfungsereignis auswählen, werden Sie benachrichtigt, wenn ein bestimmtes Monitor- oder Überprüfungsereignis eintritt.
- Ein Ereignis, das ein Kriterium erfüllt. Sie können einen Ereignismonitor basierend auf den im Ereignisbenachrichtigungsdokument aufgeführten Ereigniskriterien erstellen. Der Event-Task überwacht Ereignisse anhand von Ereigniskriterien. Wenn Sie im Register EVENT kein Ereigniskriterium auswählen, sind die Optionen EVENT TYPE MISC und EVENT SEVERITY WARNING (HIGH) standardmäßig ausgewählt. Nachdem Sie die Ereigniskriterien ausgewählt haben, können Sie die Benachrichtigungsmethode wählen, die beim Eintreten des Ereignisses verwendet werden soll.

Sie können Ereignisse über das Register SERVER > ANALYSE/ANALYSIS in Domino Administrator betrachten (*events4.nsf*).

4.4.3 Weitere Domino-Komponenten

Zahlreiche, aber nicht alle Komponenten bestehen unter Lotus Notes Domino aus Datenbanken.

mail.box

Der Router verwendet Notes-Routing, um die Nachricht in die *mail.box*-Datenbank auf dem Server, der der nächste Hop im Pfad zum Mail-Server des Empfängers ist, zu schieben. Der Router auf diesem Server schiebt die Nachricht zum nächsten Hop usw., bis die Nachricht in der *mail.box*-Datenbank auf dem Home-Server des Empfängers abgelegt ist. Der Router auf dem Server des Empfängers findet die Nachricht (in der *mail.box*-Datenbank auf einem Domino Server) und überträgt sie an die Mail-Datenbank des Empfängers.

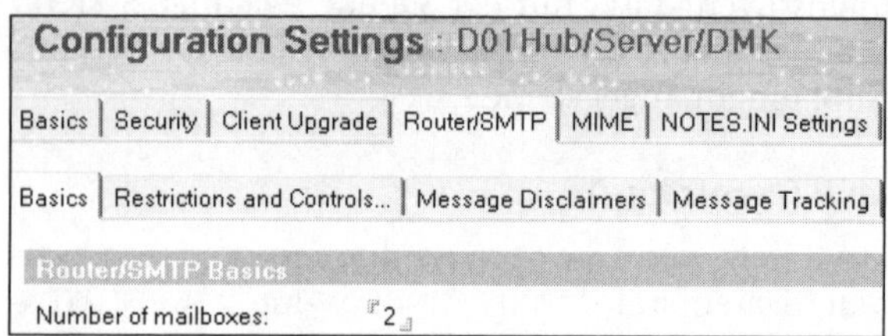

Abbildung 4.30: Angabe der gewünschten Anzahl von Mailboxen im Konfigurationsdokument des Servers

Jeder Domino Mail-Server verwendet mindestens eine *mail.box*-Datenbank zur Ablage von Nachrichten, die übertragen werden. Benutzer und Server verwenden sowohl das SMTP- als auch das Notes-Protokoll, um Nachrichten in der *mail.box* abzulegen. Der Router des Servers liest die Nachrichten und stellt sie entweder an eine Mail-Datenbank auf diesem Server zu oder überträgt sie an die *mail.box*-Datenbank auf einem anderen Server.

Sie können die Anzahl der *mail.box*-Datenbanken im Konfigurationsdokument angeben. Wenn Sie ein Konfigurationsdokument für mehrere Server verwenden, erstellt Domino die in diesem Dokument angegebene Anzahl von Mailboxen (*mail.box*-Datenbanken) auf jedem Server, der dieses Dokument benutzt.

notes.ini

Normalerweise müssen Sie die Datei *notes.ini* auf einem Server oder Client nur selten ändern. Die Datei *notes.ini* enthält viele Einstellungen, von denen das einwandfreie Funktionieren von Domino und Notes abhängt. Versehentliche oder falsche Änderungen könnten Fehlverhalten von Domino oder Notes verursachen. Daher sollten Sie die *notes.ini* nur unter bestimmten Umständen bearbeiten.

Es gibt drei Möglichkeiten, die *notes.ini*-Einstellungen zu bearbeiten:

- Öffnen Sie die Datei *notes.ini* und bearbeiten Sie diese, was aber nicht empfohlen wird. Die Vorgehensweise dazu hängt von dem Betriebssystem des Clients oder Servers ab und von dem Texteditor, den Sie verwenden.
- Verwenden Sie den Serverbefehl `Set Configuration`. So ist es möglich, eine Einstellung in der *notes.ini*-Datei direkt zu verändern oder zu ergänzen.

- Erstellen Sie ein Konfigurationsdokument und bearbeiten Sie die Einstellungen. Mithilfe eines Konfigurationsdokuments können Sie mehrere *notes.ini*-Einstellungen gleichzeitig hinzufügen oder ändern. Einige Einstellungen können allerdings nicht über das Konfigurationsdokument bearbeitet werden. Ebenso kann die *notes.ini* eines Notes Clients nicht über ein Konfigurationsdokument verändert werden, da Konfigurationsdokumente nur von Servern verwendet werden. Dafür existieren Richtlinien.

Da die direkte Bearbeitung der *notes.ini*-Datei zu Problemen führen könnte, ist es empfehlenswert, Servereinstellungen mithilfe eines Konfigurationsdokuments festzulegen (siehe *Abbildung 4.31*), oder arbeiten Sie mit dem `set conf`-Befehl.

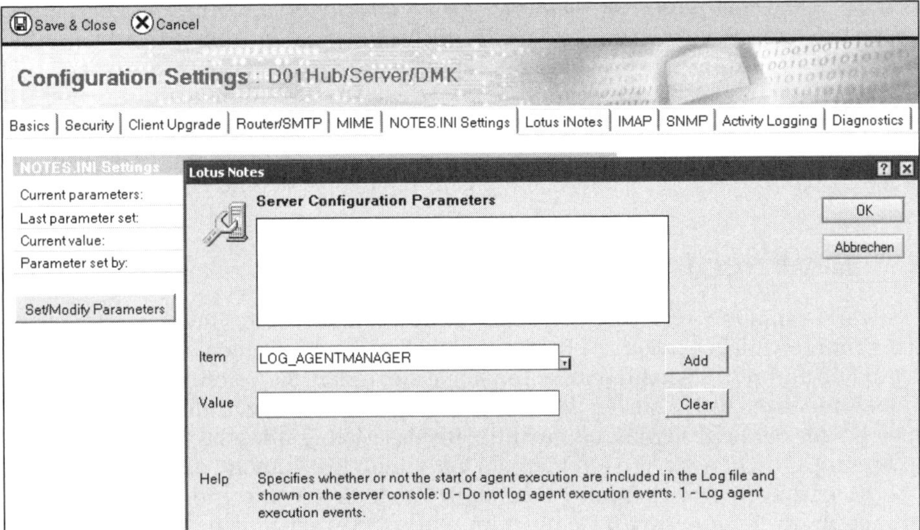

Abbildung 4.31: Bearbeiten der notes.ini-Datei

So bearbeiten Sie die *notes.ini*-Datei:

1. Öffnen Sie in Domino Administrator das Domino-Verzeichnis und klicken Sie auf das Register KONFIGURATION/CONFIGURATION.
2. Um ein vorhandenes Dokument mit Konfigurationseinstellungen zu bearbeiten, wählen Sie es aus und klicken auf KONFIGURATION BEARBEITEN/EDIT CONFIGURATION. Wenn Sie ein neues Konfigurationsdokument erstellen möchten, wählen Sie den Server, den Sie auf diese Weise konfigurieren möchten, und klicken auf KONFIGURATION HINZUFÜGEN/ADD CONFIGURATION.
3. Um die *notes.ini*-Einstellungen auf dem Server direkt zu ändern, klicken Sie auf das Register NOTES.INI-EINSTELLUNGEN. Hier finden Sie einige der aktuellen Einstellungen in der *notes.ini*-Datei des Servers.
4. Klicken Sie zum Hinzufügen oder Ändern einer Einstellung auf PARAMETER EINSTELLEN/ÄNDERN bzw. SET/MODIFY PARAMETERS, um alle Einstellungen anzuzeigen, die Sie im Konfigurationsdokument ändern können. Wählen Sie die Einstellung(en), die Sie hinzufügen oder ändern möchten.
5. Speichern und schließen Sie das Dokument.

Neben den dokumentierten *notes.ini*-Einstellungen gibt es auch zahlreiche undokumentierte Variablen, die gesetzt werden können. Eine gute Quelle auf der Suche nach Informationen bietet die Webseite *http://www.drcc.com/*. Aber auch IBM bietet über die Lotus developerWorks-Website unter *http://www-128.ibm.com/developerworks/lotus/documentation/notes-ini/* entsprechende Informationen an.

Zertifizierer-ID (cert.id)

Domino erstellt automatisch ein Zertifiziererdokument und aktualisiert es, wenn Sie eine Zertifizierer-ID für eine Organisation oder eine Unterorganisation erstellen bzw. aktualisieren. Wenn Sie Ihren ersten Domino Server konfigurieren, wird die Zertifizierer-ID für die Organisation automatisch erstellt. Das Konfigurationsprogramm des Servers speichert diese ID-Datei im Data-Verzeichnis von Notes Domino und nennt sie *cert.id*. Diese Zertifizierer-ID für die Organisation zertifiziert die erste Domino Server-ID und die Benutzer-ID des Administrators automatisch. Die ID steht in der hierarchischen Baumstruktur oben, und sie stimmt meist mit dem Firmennamen überein. Die Zertifizierer-ID für die Organisation benötigen Sie, um auf der nächstniedrigeren Ebene im Namenssystem Zertifizierer-IDs für Unterorganisationen zu definieren.

4.5 Replizierung

In einem Domino-System mit mehreren Servern müssen Sie eine Servertopologie planen, um festzulegen, wie Serververbindungen hergestellt werden, um eine Replizierung durchzuführen. Sie richten diese Topologie ein, indem Sie Verbindungsdokumente im Domino-Verzeichnis erstellen. Wenn Sie die Topologie planen, sollten Sie sowohl die Topologie für die Replizierung als auch die für das Mail-Routing berücksichtigen. Die Replizierung zwischen Servern erfordert ein Verbindungsdokument, da die Replizierung in zwei Richtungen arbeitet (pull, push, repl). Das Mail-Routing erfordert jedoch zwei Verbindungsdokumente (wenn Sie nicht im selben DNN agieren), da dabei nur in eine Richtung gearbeitet wird. Häufig ist es effizienter, zuerst Verbindungsdokumente für das Mail-Routing einzurichten und dann erst die Replizierungsoptionen für diese Verbindungsdokumente vorzunehmen.

Wie Sie die Replizierung einrichten und planen, hängt von Ihrer Servertopologie ab. Die Replizierungsstrategie, für die Sie sich entscheiden, wirkt sich nicht auf die Funktionalität der Replizierung an sich aus.

4.5.1 Replizierungstopologien

Mit zunehmender Anzahl von Domino Servern in Ihrem Netzwerk erhöht sich auch die Anzahl der erforderlichen Replizierungen, um Informationen im Netzwerk zu verteilen. Da Replizierungen Arbeitsspeicher und Verarbeitungszeit in Anspruch nehmen, sollten Sie sorgfältig planen, wie Server zur Ausführung von Replizierungen Verbindungen herstellen. Wenn Server die Replizierung willkürlich ausführen sollen, sodass ein gegebener Server eine einzige Datenbank mit mehreren Servern oder vielleicht unterschiedliche Datenbanken mit unterschiedlichen Servern repliziert, können diese Server derart mit Replizierungsanforderungen überlastet werden, dass dies ihre Fähigkeit beeinträchtigt, Client-Anforderungen zu beantworten.

Hub-and-Spoke

Bei Hub-and-Spoke handelt es sich im Allgemeinen um die effizienteste Repliziertopologie, da insbesondere in größeren Unternehmen der Netzwerkverkehr minimiert wird. Bei Hub-and-Spoke wird ein zentraler Server als Hub eingesetzt, der sämtliche Replikationen der anderen Server (Spokes) plant und veranlasst. Die Spokes aktualisieren den Hubserver durch Replizierung (und Mail-Routing), anschließend aktualisiert der Hub seinerseits alle Spokes. Hubserver replizieren entweder miteinander oder mit übergeordneten Hubservern, falls die Organisationen mehr als einen Hub verwenden (siehe *Abbildung 4.32*). Anders ausgedrückt, fungiert der Hubserver sozusagen als Datenverkehrsmanager des Systems, indem er die Systemressourcen beaufsichtigt, dafür sorgt, dass die Replizierung mit den einzelnen Spokeservern ordnungsgemäß abgewickelt wird und garantiert, dass die Änderungen auf alle Spokeserver repliziert werden.

Zur Einrichtung der Replizierung in einem Hub-and-Spoke-System müssen Sie ein Verbindungsdokument für jede einzelne Hub-and-Spoke-Verbindung anlegen. In diesen Verbindungsdokumenten ist der Hubserver immer der Quellserver und der Spokeserver stets der Zielserver.

Hub-and-Spoke-Topologien sind besonders bei großen Installationen mit mehreren Servern oder in einem Zentralbüro sinnvoll, das über Telefonleitungen oder Mietleitungen Verbindung zu kleineren Regionalbüros aufnehmen muss. Wenn Sie mit einer umfangreichen Installation arbeiten, können Sie auch mit einer Topologie-Kombination arbeiten, z.B. mit zwei Hub-and-Spoke-Anordnungen und einer Peer-to-Peer-Anordnung zwischen zwei Hubservern.

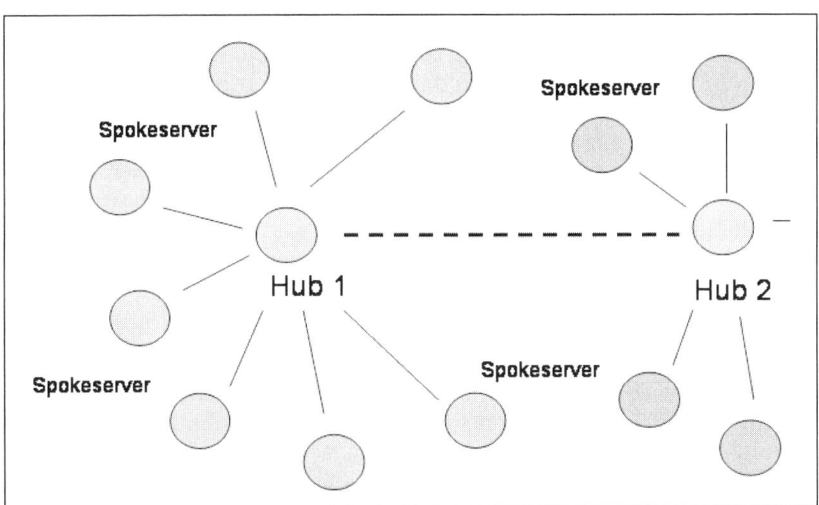

Abbildung 4.32: Hub-and-Spoke-Topologie

Vorteile von Hub-und-Spoke-Topologien

- Konfiguration mehrerer Netzwerkkarten (in unterschiedlichen Netzen) auf Hubservern, um die Kommunikationen in einem Domino-System mit mehreren „Beinchen“ zu ermöglichen. Dabei werden Hubserver in mehreren Notes-Netzwerken eingesetzt, was wiederum ein gutes Beispiel für Effizienz darstellt. Hubserver können mehrere Notes-Netzwerke verbinden, die ihrerseits oft aus einem Hubserver mit Spokeservern bestehen.

- Überbrücken unterschiedlicher Netzwerkbereiche, beispielsweise LAN und WAN.
- Zentralisieren der Verwaltung des Domino-Verzeichnisses, Standardisieren von Datenbank-Zugriffskontrolllisten und Beschränkung des Zugriffs auf den Hub. Sie können dem Hub Managerzugriff und den Spokes Lesezugriff zuweisen, sodass diese Änderungen an einer Replik des Hubs vorgenommen werden, mit deren Hilfe anschließend alle Spokes synchronisiert werden.
- Zuweisen von spezifischen Aufgaben an Hubs, beispielsweise Replizierungs-Hubs und Mail-Hubs.
- Einsetzen von Serverprogrammen wie z.B. MTAs (*Message Transfer Agents*) auf Hubs, damit auf einfache Weise auf sie zugegriffen werden kann.
- Verbinden von Remote-Standorten mit einem Hubserver.
- Minimieren des Netzwerkverkehrs und Optimierung der Netzwerkeffizienz.
- Zentralisierung der Datensicherung auf dem Hub. Sie haben die Möglichkeit, nur ein Backup der Datenbanken auf dem Hub zu erstellen, was zur Einsparung von Ressourcen auf Ihren Spokeservern beiträgt.
- Verbesserung der Lastverteilung auf den Servern. Auf dem LAN-Segment des Hubs erhöht sich jedoch der Netzwerkverkehr. Wenn Sie mehr als 25 Server pro Hub haben, richten Sie verschiedene Hubs ein. Wenn ein Hub außer Betrieb ist, ist die Replizierung für diesen Hub und seine Spokes erst wieder möglich, wenn er repariert oder ersetzt wurde.

Peer-to-Peer

Im Falle einer Peer-to-Peer-Topologie werden alle Server in Ihrer Organisation miteinander verbunden. Diese Topologie kann in Unternehmen mit vielen Servern nicht verwendet werden. In kleinen Unternehmen dagegen ermöglicht sie schnellere Aktualisierungen. Durch die Peer-to-Peer-Topologie werden mögliche Replizierungsprobleme reduziert, da nur zwei Server bei einer Replizierung miteinander kommunizieren und keine Hubs oder Vermittlungsserver erforderlich sind. Peer-to-Peer-Replizierung erfordert die Erstellung vieler Verbindungsdokumente und erhöht den Verwaltungsaufwand, da Überschneidungen bei den Replizierzeitplänen verhindert werden müssen. Ferner können Sie die ACL-Anforderungen nicht standardisieren.

Andere Topologie-Strategien

Andere, weniger effiziente Repliziertopologie-Strategien werden im Folgenden aufgeführt:

- Bei der *Ring-Topologie* werden die Server zu einem Kreis verbunden. Sie ist vergleichbar mit der End-to-End-Topologie, wobei die Enden jedoch verbunden sind, sodass die Replizierung in einem geschlossenen Kreis vollzogen wird.
- Bei der *End-to-End-Topologie*, auch als *Ketten-Topologie* bezeichnet, werden zwei oder mehr Server hintereinander in einer Reihe angeordnet. Die Informationen fließen in eine Richtung der Kommunikationskette und dann in die andere Richtung zurück. Die End-to-End-Replizierung ist weniger effizient als die Ring-Replizierung, jedoch in den Fällen sinnvoll, in denen Informationen nur in eine Richtung fließen müssen.
- Beim Binärbaum werden Server in Pyramidenform angeordnet: Der oberste Server ist mit den beiden Servern unter ihm verbunden, die ihrerseits jeweils mit zwei weiteren Servern verbunden sind usw. Die Informationen durchfließen die Pyramide von oben nach unten und anschließend den gleichen Weg zurück.
- Cluster, die eine ständige Zugriffsmöglichkeit auf Daten gewährleisten.

4.5.2 Server-zu-Server-Replizierung

Bei Replizierungen zwischen Servern ruft der Replikator einen anderen Domino Server zu vorgegebener Uhrzeit an. Der Replikator wird beim Starten des Servers standardmäßig gestartet.

Um die Replizierung zwischen Servern zeitlich zu planen, erstellen Sie Verbindungsdokumente, die beschreiben, wann die Server zum Aktualisieren von Repliken eine Verbindung herstellen. Durch das Hinzufügen, Bearbeiten oder Löschen von Dokumenten in einer Datenbank enthalten die Repliken oft bis zur nächsten Replizierung der Server unterschiedliche Informationen. Da bei der Replizierung nur Änderungen der Datenbank übertragen werden, werden die Netzauslastung, die Rechenzeit auf dem Server und die Verbindungskosten auf ein Minimum beschränkt.

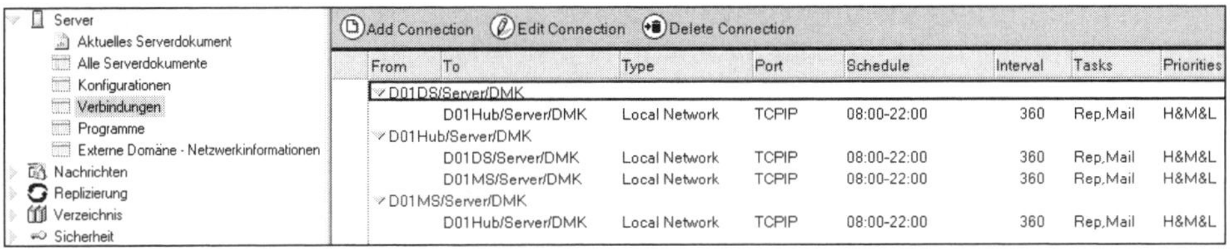

Server
Aktuelles Serverdokument
Alle Serverdokumente
Konfigurationen
Verbindungen
Programme
Externe Domäne - Netzwerkinformationen
Nachrichten
Replizierung
Verzeichnis
Sicherheit

Add Connection Edit Connection Delete Connection

From	To	Type	Port	Schedule	Interval	Tasks	Priorities
D01DS/Server/DMK							
	D01Hub/Server/DMK	Local Network	TCPIP	08:00-22:00	360	Rep,Mail	H&M&L
D01Hub/Server/DMK							
	D01DS/Server/DMK	Local Network	TCPIP	08:00-22:00	360	Rep,Mail	H&M&L
	D01MS/Server/DMK	Local Network	TCPIP	08:00-22:00	360	Rep,Mail	H&M&L
D01MS/Server/DMK							
	D01Hub/Server/DMK	Local Network	TCPIP	08:00-22:00	360	Rep,Mail	H&M&L

Abbildung 4.33: Verbindungsdokumente in Domino Administrator

Während der geplanten Replizierung ruft der initiierende Server zunächst Änderungen vom Zielserver ab (Pull) und sendet Änderungen dann an den Zielserver (Push). Sie können die Replizierung aber auch so planen, dass sowohl der initiierende Server als auch der Zielserver Änderungen abrufen (Pull-Pull) oder dass der initiierende Server nur Änderungen abruft (nur Pull) oder Änderungen sendet (nur Push).

Replizierungsschritte

Bei der bidirektionalen Replizierung zwischen Servern befolgt Domino die folgenden Schritte:

1. Der Replikator bleibt im Leerlauf, bis Server A die Replizierung mit Server B startet.
2. Als Sicherheitsvorkehrung überprüfen beide Server vor der Replizierung ihre Identität. Zuerst suchen die beiden Server ein gemeinsames Zertifikat. Dann prüfen sie das Zertifikat des anderen auf Echtheit.
3. Die beiden Server vergleichen die Listen der Datenbanken, um Datenbanken mit identischen Replik-IDs zu finden.
4. Die Server prüfen dann die Uhrzeit, zu der die einzelnen Datenbanken zuletzt geändert wurden. So stellen sie fest, ob diese Uhrzeit aktueller ist als die Uhrzeit des letzten erfolgreichen Replizierungsereignisses, das im Replizierprotokoll aufgezeichnet ist. Auf diese Weise stellen Server fest, ob eine Datenbank repliziert werden muss.
5. Für jede geänderte Datenbank stellen beide Server Listen mit Dokument-, Gestaltungselement- und ACL-Änderungen zusammen, die seit der letzten Replizierung mit dem anderen Server vorgenommen wurden.
6. Bei jeder geänderten Datenbank prüft Server A die Datenbank-ACL, um festzustellen, welche Änderungen Server B an seiner Replik vornehmen kann. Server B prüft die Zugriffskontrollliste, um festzustellen, welche Änderungen Server A an seiner Replik vornehmen kann.

7. Die Übertragung von Dokument-, Gestaltungs- und ACL-Änderungen findet statt, wenn die ACL-Einträge so gesetzt sind, dass die vergebenen Rechte dies ermöglichen. Im Falle von Dokumenten replizieren die Server nur die Felder, die sich geändert haben, und nicht ganze Dokumente. Für Dokumente, die gelöscht wurden, bleiben Löschrümpfe erhalten, die es dem Replikator ermöglichen, die Löschungen zu replizieren. Um Speicherplatz zu sparen, entfernt Domino diese Löschrümpfe entsprechend eines durch Datenbank-Replizierparameter festgelegten Löschintervalls.
8. Eines der folgenden Ereignisse tritt nun ein:
   - Wenn die Replizierung erfolgreich abgeschlossen wurde, setzt Server A den Zeitstempel von Server B, um im Replizierungsjournal die Zeit einzutragen, zu der die Replizierung abgeschlossen wurde. Server B verwendet dazu den Zeitstempel von Server A.
   - Wenn die Replizierung nicht erfolgreich abgeschlossen wurde, werden die Zeitstempel nicht im Replizierprotokoll erfasst, sodass alle nachfolgenden Replizierungen den älteren Zeitstempel verwenden. Der Replizierungsfehler wird in der Ansicht REPLIZIERUNGSEREIGNISSE/REPLICATION EVENTS der Protokolldatei erfasst.

4.5.3 Replizierungsarten

Bei der Auswahl der Replizierungsart legen Sie die Replizierungsrichtung fest. Dabei geht es darum, welcher Server Änderungen sendet und welcher sie empfängt. Die gewählte Richtung hat keine Auswirkungen auf die Funktionalität des Replizierungsvorgangs.

Diese Angaben sind vor allem bei der Einrichtung der geplanten Replizierung zwischen zwei Servern relevant. Zum Ändern der Replizierungsrichtung müssen Sie das Verbindungsdokument öffnen und bearbeiten. Sie können die Replizierungsrichtung bei einer erzwungenen Ad-hoc-Replizierung ebenfalls angeben.

Es existieren folgende Replizierungsarten:

- PULL-PUSH ist die Standardrichtung der Replizierung. Bei diesem bidirektionalen Vorgang holt der anrufende Server die Änderungen vom antwortenden Server ab und gibt dann seine eigenen Änderungen an den antwortenden Server weiter. Bei Pull-Push verrichtet der Replikator-Task des anrufenden Servers die gesamte Arbeit.
- PULL-PULL ist ein bidirektionaler Vorgang, bei dem beide Server Änderungen austauschen. Bei Pull-Pull teilen sich zwei Replikatoren die gesamte Arbeit, einer auf dem anrufenden und der andere auf dem antwortenden Server.
- NUR PUSH/PUSH ONLY ist ein unidirektionaler Vorgang, bei dem der anrufende Server die Änderungen zum antwortenden Server überträgt. Die unidirektionale Replizierung beansprucht weniger Zeit als die bidirektionale.
- NUR PULL/PULL ONLY ist ein unidirektionaler Vorgang, bei dem der anrufende Server die Änderungen vom antwortenden Server abholt. Die unidirektionale Replizierung beansprucht weniger Zeit als die bidirektionale.

4.5.4 Replizier- oder Speicherkonflikte

Mehrere Benutzer können zwischen verschiedenen Repliziersitzungen dasselbe Dokument in einer Datenbankkopie gleichzeitig bearbeiten. Sie können auch dasselbe Dokument in unterschiedlichen Repliken gleichzeitig bearbeiten. Ist dies der Fall, speichert Domino die Ergebnisse der Bearbeitungssitzung in ein Hauptdokument und die Ergebnisse zusätzlicher

Bearbeitungssitzungen in Antwortdokumente. Diese Antwortdokumente heißen Replizier- oder Speicherkonflikte. Domino verwendet das `$Revisions`-Feld, in dem das Datum und die Uhrzeit der einzelnen Dokumentbearbeitungssitzungen erfasst werden. Damit wird bestimmt, welches Dokument zum Hauptdokument wird und welche Dokumente zu Antwortdokumenten werden.

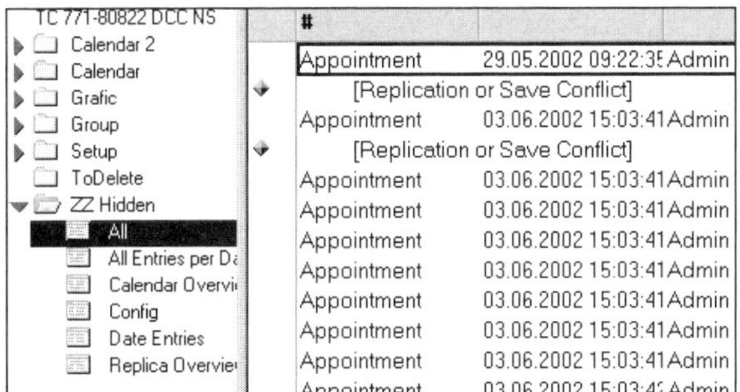

Abbildung 4.34: Replizier- und Speicherkonflikte in einer Ansicht

Replizierkonflikte

Ein Replizierkonflikt tritt auf, wenn zwei oder mehr Benutzer dasselbe Dokument bearbeiten und die Änderungen zwischen den Replizierungen in unterschiedlichen Repliken speichern. Die folgenden Regeln bestimmen, wie Domino die Bearbeitungssitzungen speichert:

- Das Dokument, das am häufigsten bearbeitet und gespeichert wurde, wird das Hauptdokument. Die anderen Dokumente werden Replizier- oder Speicherkonflikt-Dokumente.
- Wenn alle Dokumente genauso häufig bearbeitet und gespeichert wurden, wird das zuletzt gespeicherte Dokument das Hauptdokument und die anderen werden Replizier- und Speicherkonflikt-Dokumente.
- Wenn ein Dokument in einer Replik geändert, in einer anderen jedoch gelöscht wurde, hat die Löschung Vorrang, es sei denn, das bearbeitete Dokument wurde mehrmals bearbeitet oder die Bearbeitung fand nach dem Löschen statt.

Speicherkonflikte

Ein Speicherkonflikt tritt auf, wenn zwei oder mehr Benutzer dasselbe Dokument auf demselben Server gleichzeitig öffnen und bearbeiten, auch wenn sie unterschiedliche Felder bearbeiten. Ist dies der Fall, wird das erste gespeicherte Dokument das Hauptdokument. Bevor das zweite Dokument gespeichert wird, weist ein Dialogfeld darauf hin, dass der Benutzer ein Konfliktdokument zu speichern versucht und dieses durch das Speichern zu einem Replizier- oder Speicherkonflikt-Dokument wird.

ACL- und Gestaltungsänderungen führen nie zu Replizier- oder Speicherkonflikten.

Replizier- oder Speicherkonflikte vermeiden

Die folgenden Methoden reduzieren oder vermeiden Replizier- bzw. Speicherkonflikte. Die ersten drei Methoden werden von einem Datenbankentwickler verwendet. Die letzten beiden Methoden werden von einem Systemadministrator oder Datenbankmanager verwendet.

- Wählen Sie die Maskenoption REPLIZIERKONFLIKTE MISCHEN/MERGE REPLICATION CONFLICTS, um Konflikte automatisch in ein Dokument zusammenzuführen, wenn keine Konflikte zwischen Feldern auftreten. Dies gilt nur für Replizier- und nicht für Speicherkonflikte.
- Geben Sie eine Maskeneigenschaft für die Versionskontrolle an, damit bearbeitete Dokumente automatisch zu neuen Dokumenten werden.
- Erlauben Sie als Datenbankadministrator das Sperren von Dokumenten in einer Datenbank über die Datenbankeigenschaften.
- Verwenden Sie zum Schreiben eines benutzerdefinierten Konfliktbehebungsprogramms LotusScript.
- Weisen Sie den Benutzern in der Datenbank-ACL Autorenzugriff oder einen niedrigeren Zugriff zu, um zu verhindern, dass Benutzer die Dokumente anderer Benutzer bearbeiten.
- Halten Sie die Anzahl von Repliken auf ein Minimum begrenzt.
- Wenn die Datenbankeigenschaft EINTRÄGE IN $REVISIONS-FELDER BEGRENZEN/LIMIT ENTRIES IN $REVISIONS FIELDS auf einen Wert höher als 0 gesetzt ist, erhöhen Sie die Beschränkung, indem Sie einen höheren Wert als den bestehenden angeben, oder geben Sie -1 an, um die Beschränkung aufzuheben.

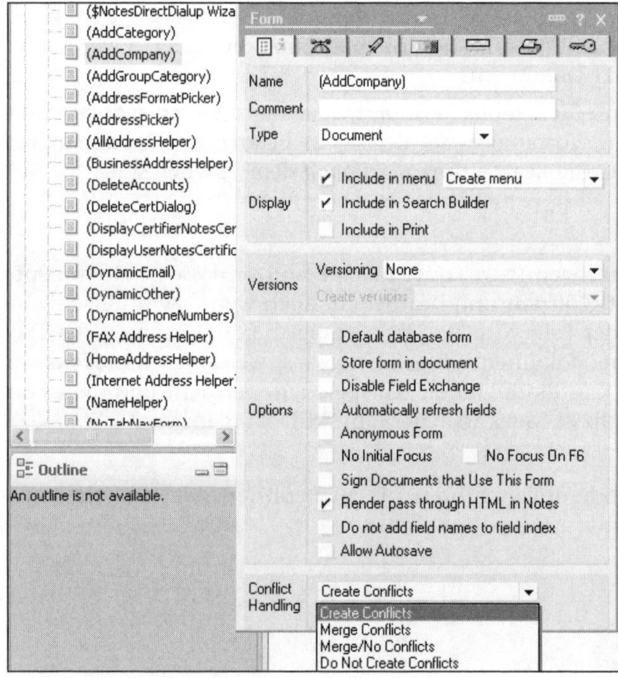

Abbildung 4.35: Setzen der Masken-Eigenschaften

Replizier- oder Speicherkonflikte konsolidieren

Suchen Sie regelmäßig Replizier- und Speicherkonflikte, und konsolidieren Sie diese. Führen Sie dazu die Informationen in einem Dokument zusammen und entfernen Sie das andere Dokument. Konflikte können am problemlosesten, kurz nachdem sie aufgetreten sind, konsolidiert werden, da die Daten im Konfliktdokument dem Hauptdokument noch ähnlich sind. Es ist wichtig, dass Replizier- oder Speicherkonflikte schnell konsolidiert werden, damit die Benutzer auf die richtigen Informationen zugreifen.

Um Replizier- oder Speicherkonflikte zu finden, können Sie eine Ansicht erstellen, die nur Konfliktdokumente anzeigt. Legen Sie eine zusätzliche (private) Ansicht an, die die Selection-Formel `SELECT @IsAvailable($Conflict)` beinhaltet, um alle Konfliktdokumente der Datenbank anzuzeigen.

1. Erstellen Sie eine leere Ansicht, z.B. aus einer leeren Datenbank.
2. In den Eigenschaften der Gestaltung unter der Registerkarte OPTIONEN/OPTIONS entfernen Sie das Häkchen vor der Option ANTWORTDOKUMENTE HIERARCHISCH ANZEIGEN/SHOW RESPONSE DOCUMENTS IN A HIERARCHY (siehe *Abbildung 4.36*).

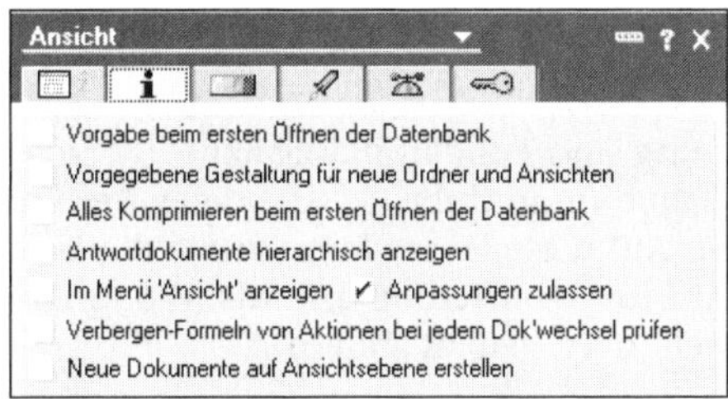

Abbildung 4.36: Eigenschaften der neuen Ansicht

3. In der Ansichtsauswahl geben Sie die Formel `SELECT @Available($Confict)` an (siehe *Abbildung 4.37*).

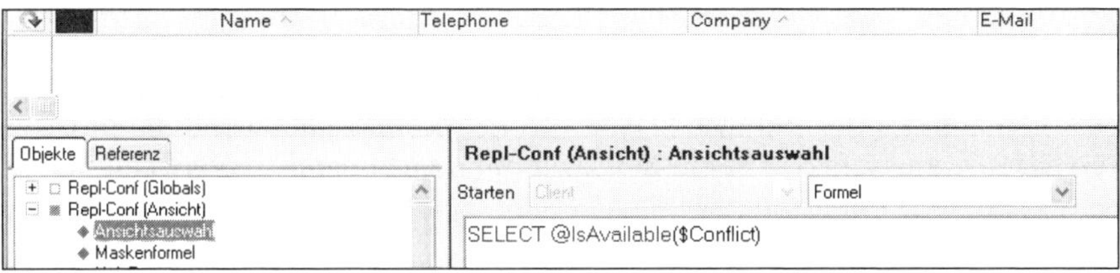

Abbildung 4.37: Auswahlformel der neuen Ansicht

Wenn Sie dann ein Konfliktdokument im Zusammenhang mit seinem Hauptdokument sehen möchten, wählen Sie das Replizier- oder Speicherkonflikt-Dokument in der Ansicht, die die Konflikte darstellt, aus. Halten Sie die [Strg]-Taste gedrückt und wechseln Sie in die Ansicht, die das Hauptdokument anzeigt.

Um Replizier- oder Speicherkonflikte zu konsolidieren, können Sie das Hauptdokument oder das Replizier-/Speicherkonflikt-Dokument speichern.

Um das Hauptdokument zu speichern, kopieren Sie alle Daten, die Sie aus dem Replizier- oder Speicherkonflikt-Dokument sichern möchten, in das Hauptdokument. Löschen Sie das Konfliktdokument. Um das Replizier- oder Speicherkonflikt-Dokument zu speichern, kopieren Sie alle Daten, die Sie aus dem Hauptdokument sichern möchten, in das Replizier- oder Speicherkonflikt-Dokument. Wenn Sie keine Daten aus dem Hauptdokument speichern müssen, ändern Sie das Replizier- oder Speicherkonflikt-Dokument geringfügig. Löschen Sie beispielsweise ein Leerzeichen. Speichern Sie das Konfliktdokument. Dieses wird nun zum Hauptdokument, und löschen Sie das ursprüngliche Hauptdokument.

4.5.5 Gesteuerte Replizierung

Damit eine Replizierung zwischen zwei Servern stattfinden kann, müssen Sie ein Verbindungsdokument erstellen, in dem festgelegt ist, wann und wie die Replizierung durchgeführt werden soll. Verbindungsdokumente sind im Domino Directory (Domino-Verzeichnis) gespeichert. Verwenden Sie nur jeweils ein Verbindungsdokument, mit dem die gesamte Replizierung zwischen zwei Servern abgewickelt wird. Das Vorhandensein nicht benötigter Verbindungsdokumente erhöht die Verkehrslast im Netz und führt zu Wartezeiten.

Sowohl Mail-Routing als auch die Replizierung sind standardmäßig aktiviert. Sie können jedoch diese Einstellung ändern und jede Funktion mithilfe verschiedener Verbindungsdokumente planen (siehe *Abbildung 4.38*). Auf diese Weise können Sie die Uhrzeiten, Zeiträume und Wiederholintervalle getrennt für Replizierung und Mail-Routing steuern und die entsprechenden Werte Ihren Vorstellungen gemäß ändern.

Wie Sie Server für die Replizierung verbinden, hängt vom Standort der Server ab. Sie können Server für die Replizierung über ein LAN oder über eine nur zeitweise aktive serielle Leitung verbinden, beispielsweise bei einer Wählverbindung mit Modem oder einer RAS-Verbindung. Darüber hinaus können Sie für die Replizierung Durchgangsserver verwenden.

Eine Replizierung über das Internet wird auf die gleiche Weise wie mit einem LAN unter Verwendung von TCP/IP durchgeführt. Der Domino Server muss sich in derselben Notes-Domäne wie der Domino Server, mit dem er replizieren soll, befinden. Ist dies nicht der Fall, muss Ihr Server ein Zertifikat mit dem anderen Server gemeinsam haben (Gegenzertifikat).

Verbindungsdokumente erstellen

Nehmen Sie die Einstellungen so vor, dass jeweils nur ein Server das Anrufen übernimmt.

1. Folgende Voraussetzungen müssen erfüllt sein:
   - Sie haben ein Verbindungsdokument zum Verbinden der einzelnen Serverpaare erstellt.
   - Das Domino-Verzeichnis muss korrekt repliziert werden.

2. Ein Verbindungsdokument erstellen Sie, indem Sie in Domino Administrator auf das Register KONFIGURATION/CONFIGURATION und dann REPLIZIERUNG/REPLICATION > VERBINDUNGEN/CONNECTIONS auswählen und den Button VERBINDUNG HINZUFÜGEN/ADD CONNECTION betätigen.
3. Geben Sie im Register ALLGEMEIN/BASICS Werte in die folgenden Felder ein:

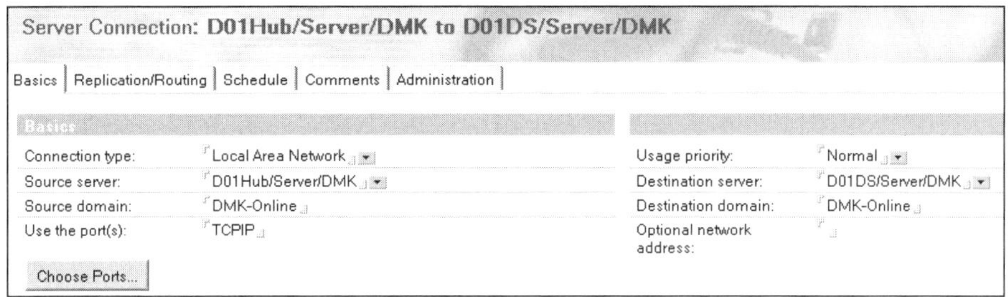

Abbildung 4.38: Verbindungsdokument konfigurieren

Feld	Eingabe
BENUTZUNGSPRIORITÄT/ USAGE PRIORITY	Wählen Sie NORMAL, um zu erzwingen, dass der Server die Netzwerkinformationen des aktuellen Verbindungsdokuments für den Verbindungsaufbau verwendet.
QUELLSERVER/ SOURCE SERVER	Der Name des anrufenden Servers.
QUELLDOMÄNE/ SOURCE DOMAIN	Der Name der Domäne des anrufenden Servers.
BENUTZTE ANSCHLÜSSE/ USE THE PORT(S)	Der Name des Netzwerkanschlusses (oder des Protokolls), den/das der anrufende Server benutzt. Wenn Sie den eigentlichen Anschluss für den LAN-Verbindungsaufbau nicht selbst angeben möchten, sondern Domino diesen Anschluss selbstständig ermitteln soll, geben Sie im Feld BENUTZTE ANSCHLÜSSE im LAN-Verbindungsdokument keinen Anschluss an. Domino verwendet dann alle vorliegenden Informationen einschließlich der aktivierten LAN-Anschlüsse sowie aller aktivierten bzw. deaktivierten Verbindungsdokumente, um den geeignetsten Pfad zum Herstellen einer Verbindung mit dem anderen Server zu ermitteln.
ZIELSERVER/ DESTINATION SERVER	Name des antwortenden Servers. Sie können auch den Namen einer Gruppe angeben, die Servernamen enthält, damit der Quellserver mit jedem der in der angegebenen Gruppe aufgeführten Server repliziert. Wenn Sie beispielsweise LOCALDOMAINSERVERS als Zielserver angeben, repliziert der Quellserver mit allen Servern in der Gruppe LOCALDOMAINSERVERS.
ZIELDOMÄNE/ DESTINATION DOMAIN	Der Name der Domäne des antwortenden Servers.

4. Klicken Sie auf das Register ROUTING/REPLIZIERUNG bzw. REPLICATION/ROUTING und geben Sie dann Werte in die folgenden Felder ein:

Feld	Eingabe
REPLIZIERUNGS-FUNKTION/ REPLICATION TASK	Wählen Sie AKTIVIERT/ENABLED.
DATENBANKEN REPLIZIEREN MIT DER PRIORITÄT/ REPLICATE DATABASES OF PRIORITY	Wählen Sie einen der folgenden Werte aus: ▶ HOCH ▶ MITTEL & HOCH ▶ NIEDRIG & MITTEL & HOCH (VORGABE) Die Standardeinstellung lautet NIEDRIG & MITTEL & HOCH, d.h., dass Domino alle Datenbanken automatisch repliziert, die auf zwei Servern zugleich gespeichert sind.
REPLIZIERUNGSTYP/ REPLICATION TYPE	Wählen Sie einen der folgenden Werte aus: ▶ PULL-PULL ▶ PULL-PUSH (VORGABE) ▶ NUR PULL ▶ NUR PUSH
ZU REPLIZIERENDE DATEIEN/VERZEICHNISSE bzw. FILES/DIRECTORIES TO REPLICATE	Die Namen bestimmter Datenbanken oder Datenbankverzeichnisse, die Sie replizieren möchten. Trennen Sie die Einträge durch Semikolons (;) voneinander und geben Sie die Namen ein, so wie sie auf dem anrufenden Server existieren. Befindet sich die Datenbank in einem Unterverzeichnis des Data-Verzeichnisses, müssen Sie den Pfad ausgehend vom Data-Verzeichnis mit angeben, z.B. *vertrieb\kontakte.nsf.* Um alle Dateien innerhalb eines Verzeichnisses und aller entsprechenden Unterverzeichnisse festzulegen, geben Sie den Verzeichnisnamen ausgehend vom Data-Verzeichnis an. Verwenden Sie dabei den Verzeichnisschrägstrich, z.B. *vertrieb*. Sie können keine Platzhalter verwenden (*). Lautet der im Verbindungsdokument ausgewählte Replizierungstyp PULL-PULL, kann nur der anrufende Server die festgelegten Datenbanken während der Replizierung empfangen. Der andere Server empfängt nach wie vor alle Datenbanken, über die er gemeinsam mit dem anrufenden Server verfügt.
ZEITLIMIT FÜR REPLIZIERUNG/ REPLICATION TIME LIMIT	Zeit in Minuten, nach der die Replizierung abgeschlossen sein muss.

5. Klicken Sie auf das Register ZEITPLAN/SCHEDULE und geben Sie dann Werte in die folgenden Felder ein:

Feld	Eingabe
ZEITPLAN/ SCHEDULE	Wählen Sie AKTIVIERT/ENABLED.
ANRUFZEITEN/ CALL AT TIMES	Die Uhrzeiten, zwischen denen die Replizierung jeden Tag ausgeführt werden soll (beispielsweise 8.00 – 22.00 Uhr).
WIEDERHOLUNGSINTERVALL/ REPEAT INTERVAL OF	Die Anzahl der Minuten zwischen den Replizierungsversuchen. Der Vorgabewert ist 360 Minuten.
WOCHENTAGE/ DAYS OF WEEK	Die Wochentage, an denen dieser Replizierungszeitplan verwendet werden soll. Der Vorgabewert ist So, Mo, Di, Mi, Do, Fr, Sa.

Replizierungspriorität und Replizierungszeit

Sie weisen Datenbanken eine Replizierungspriorität zu, damit Sie einen Plan für die Replizierungen der Datenbanken nach Priorität erstellen können. Sie können beispielsweise einplanen, dass Datenbanken mit hoher Priorität, die für den Betrieb eine wichtige Rolle spielen (z.B. das Domino-Verzeichnis), häufig repliziert werden. Dementsprechend könnten Datenbanken mit niedriger Priorität außerhalb der Bürozeiten repliziert werden. Wenn zwei Repliken unterschiedliche Prioritäten aufweisen, bezieht sich Domino auf die Replik des Servers, der die Replizierung veranlasst hat. Wenn Sie für Datenbanken eine Replizierung nach Priorität planen und eine bestimmte Datenbank zu selten repliziert wird, sollten Sie den Datenbankmanager anweisen, die Prioritätsstufe dieser Datenbank heraufzusetzen.

Durch die Beschränkung der Replizierungszeit eines Servers werden ausgedehnte Replizierungssitzungen verhindert, sodass die Kosten der Replizierung mit Servern an Remote-Standorten begrenzt werden können. Wenn zur Replizierung beispielsweise eine Remote-Verbindung per Telefon erforderlich ist und die Replizierung der Datenbank lange dauert, sollten Sie ein Zeitlimit für die Dauer der Replizierung einstellen. Wenn das Feld ZEITLIMIT FÜR REPLIZIERUNG im Verbindungsdokument einen Wert enthält und die Replizierung in der angegebenen Zeit nicht abgeschlossen wurde oder der Server abstürzt, kann die Replizierung beim nächsten Mal dort beginnen, wo sie unterbrochen wurde. Wenn das Feld ZEITLIMIT FÜR REPLIZIERUNG leer ist, verwendet Domino so viel Zeit wie nötig zum Abschließen des Replizierungsvorgangs. Gehen Sie dabei mit Fingerspitzengefühl vor: Ist der Wert zu niedrig, bleibt den Datenbanken nicht genügend Zeit, die Replizierung abzuschließen. Die Replizierung endet mit dem Ablauf des Zeitlimits, unabhängig davon, wie wenige Ergebnisse, falls überhaupt, erzielt wurden. In der Protokolldatei (*log.nsf*) wird eine Mitteilung aufgezeichnet, die darauf hinweist, dass eine Beendigung stattgefunden hat, die Replizierung jedoch erfolgreich verlief. Das Replizierprotokoll wird nicht aktualisiert, sodass die nächste Replizierung nach dem letzten abgeschlossenen Replizierereignis erfolgt. Um die Replizierungszeit für alle Server zu begrenzen, bearbeiten Sie die Datei *notes.ini* und fügen die Einstellung `ReplicationTimeLimit` ein.

4.5.6 Ad-hoc-Replizierung

Sie können Änderungen in wichtigen Datenbanken wie dem Domino Directory replizieren, ohne auf die geplante Verbindung zu warten. Nach dem Erstellen von Verbindungsdokumenten zur Planung einer Replizierung zwischen Servern können Sie mit einem Serverbefehl jederzeit eine sofortige Replizierung auslösen.

Es sind viele Situationen denkbar, in denen eine sofortige Replizierung erforderlich ist. Sie möchten beispielsweise eine Datenbank umgehend aktualisieren, ohne eine periodische Replizierung abzuwarten. Oder Sie möchten vielleicht mit einem anderen Server als dem normalerweise verwendeten replizieren, da dieser nicht zur Verfügung steht. Weiterhin können Sie Probleme bei der Replizierung oder dem Mail-Routing verfolgen oder Änderungen an wichtigen Systemdatenbanken, z.B. im Domino Directory, vornehmen und diese schnell innerhalb der Domäne verbreiten. Beim Erzwingen einer sofortigen Replizierung von Server zu Server kann der Vorgang in eine oder in beide Richtungen stattfinden. Verwenden Sie die Serverbefehle `Pull`, `Push` und `Replicate`, um die Replizierung zwischen Servern zu initiieren.

Befehl	Ergebnis
REPLICATE	Repliziert Änderungen an Datenbanken bidirektional. Domino führt die „Pull-Push"-Replizierung aus.
PULL	Repliziert Änderungen an Datenbanken unidirektional, wobei der einleitende Server die Änderungen von dem anderen Server empfängt.
PUSH	Repliziert Änderungen an Datenbanken unidirektional, wobei der einleitende Server die Änderungen an den anderen Server sendet.

Sie können den Befehl an der Remote-Konsole des Domino Administrators absetzen oder auch vom Register SERVER > STATUS in Domino Administrator replizieren.

1. Klicken Sie dort auf WERKZEUGE/TOOLS, um das Werkzeugfenster einzublenden, und klicken Sie dann auf SERVER> REPLIZIEREN/REPLICATE.
2. Geben Sie unter REPLIZIEREN MIT SERVER/WHICH SERVER DO YOU WANT TO REPLICATE WITH den Server an, mit dem Sie replizieren möchten, oder wählen Sie einen Server in der Dropdown-Liste aus.
3. Geben Sie in die folgenden Felder Werte ein und klicken Sie anschließend auf REPLIZIEREN/REPLICATE:

Feld	Eingabe
REPLIZIERUNGSTYP/ REPLICATION STYLE	Wählen Sie einen der folgenden Werte aus: PULL-PUSH, PUSH oder PULL.
DATENBANK AUSWÄHLEN/ SELECTED DATABASE	Wählen Sie die zu replizierende Datenbank aus. Normalerweise werden alle Datenbanken repliziert, die auf beiden Servern vorhanden sind.

Replicate-Befehl

Dieser Befehl veranlasst die Replizierung zwischen zwei Servern (dem Server, an dem Sie den Befehl eingegeben haben, und dem von Ihnen benannten Server). Verwenden Sie den vollständigen hierarchischen Namen des Servers. Um die Replizierung einer bestimmten Datenbank zu erzwingen, die auf beiden Servern vorhanden ist, geben Sie den Datenbanknamen nach dem Servernamen ein. Der initiierende Server (der, an dem Sie gerade arbeiten) fordert zuerst die Änderungen vom anderen Server an und lässt dann den anderen Server selbst Änderungen anfordern. Sie können diesen Befehl verwenden, um Änderungen schnell weiterzugeben oder um Replizierungs- bzw. Kommunikationsfehler zu beheben.

```
Replicate Servername [Datenbankname]
```

Wenn der Server bei Aufruf des Befehls bereits eine Replizierung ausführt, wird der Befehl von Domino in eine Warteschlange gestellt, bis die aktuelle Replizierung beendet ist.

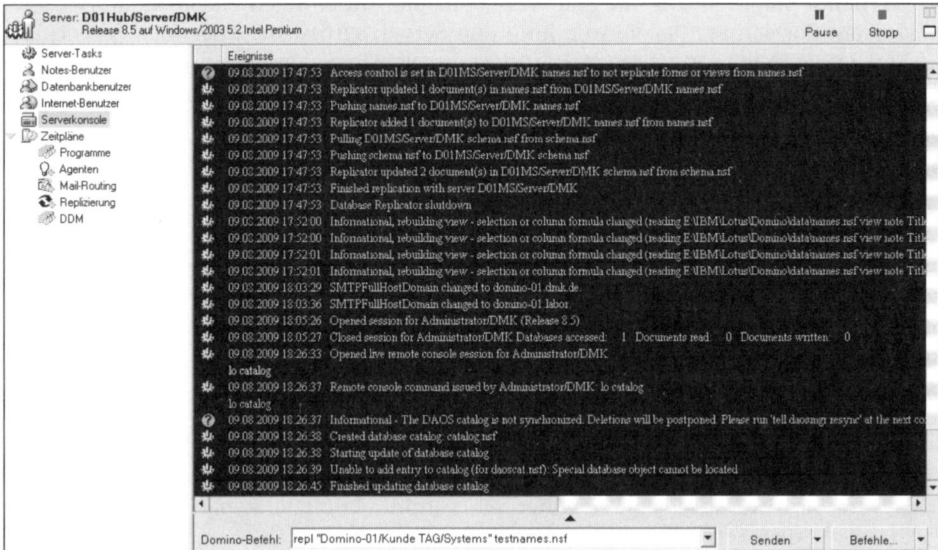

Abbildung 4.39: Absetzen des REPLICATE-Befehls über die Serverkonsole: Besteht der Servername aus mehreren Wörtern mit Leerzeichen dazwischen, so setzen Sie ihn in Anführungszeichen.

Zum Zwecke der Ressourcenoptimierung repliziert Domino nur die erforderlichen Daten. Wenn beispielsweise die Server gerade erst repliziert haben und seitdem keine Änderungen an den Datenbanken beider Server vorgenommen wurden, replizieren die Server trotz Eingabe des Befehls `Replicate` nicht. Ferner erfolgt die Replizierung nur dann in beiden Richtungen, wenn seit der letzten Replizierung Datenbanken auf beiden Servern geändert wurden. Wenn sich die Datenbanken nur auf einem der Server geändert haben, erfolgt die Replizierung nur in eine Richtung.

Pull-Befehl

Dieser Befehl veranlasst eine unidirektionale Replizierung des benannten Servers auf Ihren Server. Sie können auch eine einzelne Datenbank vom angegebenen Server auf Ihren Server replizieren, indem Sie den Datenbanknamen in der Befehlszeile eingeben. Der initiierende Server empfängt Daten vom benannten Server, fordert aber den anderen Server nicht auf, selbst Daten abzuholen. Der Befehl führt zu einer sofortigen Replizierung eines Servers mit dem initiierenden Server. Geben Sie gegebenenfalls den vollständigen hierarchischen Namen des Servers an.

```
Pull Servername [Datenbankname]
```

Für eine erfolgreiche Replizierung müssen folgende Voraussetzungen erfüllt sein:

- Das Domino-Verzeichnis enthält ein Serverdokument für jeden Server in der Domäne.
- Das Domino-Verzeichnis enthält ein Verbindungsdokument, um eine Verbindung zu einem Remote-Server herzustellen.
- Die ID-Datei jedes Servers enthält ein Zertifikat, das der andere Server erkennt und als vertrauenswürdig anerkennt.
- Die Datenbank-ACLs lassen Replizierungen zu, und der Quellserver verfügt über ausreichende Zugriffsrechte in den ACLs, um die Änderungen zu replizieren. Vergewissern Sie sich bei der Verwendung von Serverzugriffslisten, dass den Servern im Serverdokument ausreichende Zugriffsrechte gewährt wurden.

Wenn der Server gegenwärtig repliziert, wird der Serverbefehl `Pull` von Domino in eine Warteschlange gestellt, bis die aktuelle Aufgabe beendet ist.

Push-Befehl

Dieser Befehl veranlasst die unidirektionale Replizierung von Ihrem Server auf den benannten Server. Der initiierende Server sendet Daten zum benannten Server, fordert aber selbst keine Daten an. Der Befehl führt zu einer sofortigen Replizierung eines Servers mit dem initiierenden Server. Geben Sie gegebenenfalls den vollständigen hierarchischen Namen des Servers an.

```
Push Servername [Datenbankname]
```

Der Serverbefehl `Push` ist in seiner Funktionsweise das Gegenteil vom Serverbefehl `Pull`.

`Push Marketing\DMK` erzwingt eine unidirektionale Replizierung mit dem Server `Marketing`.
`Push Marketing\DMK names.nsf` erzwingt eine unidirektionale Replizierung der Datei *names.nsf* auf dem Server `Marketing`.

> **Leerzeichen in Namen**
>
> Besitzt ein Server- oder ein O-Name ein Leerzeichen im Namen, müssen Sie den (hierarchischen) Servernamen in Hochkommata setzen.

Replizierung zwischen Client und Server

Genau wie Sie die Replizierung zwischen zwei Servern anstoßen können, sind Sie auch in der Lage, lokale Datenbanken von Ihrer Workstation aus mit der Replik auf einem Domino Server zu replizieren.

1. Öffnen Sie die Datenbank oder klicken Sie die Kachel auf Ihrer Arbeitsoberfläche an.
2. Wählen Sie DATEI/FILE > REPLIZIERUNG/REPLICATION > REPLIZIEREN/REPLICATE.
3. Wählen Sie REPLIZIERUNG MIT OPTIONEN/REPLICATE WITH OPTIONS für die Replizierung im Vordergrund und klicken Sie auf OK.
4. Wählen Sie den Server aus, auf dem die Replik gespeichert ist, mit der Sie replizieren möchten.
5. Wählen Sie DOKUMENTE AN SERVER SENDEN/SEND DOCUMENTS TO SERVER, um Aktualisierungen von der im Arbeitsbereich ausgewählten Replik an den in Schritt 4 ausgewählten Server zu senden.

6. Wählen Sie DOKUMENTE VOM SERVER EMPFANGEN/RECEIVE DOCUMENTS FROM SERVER, um Aktualisierungen von dem in Schritt 4 ausgewählten Server an die in Ihrem Arbeitsbereich ausgewählte Replik zu senden.
7. Klicken Sie auf OK.

Die Replizierung im Hintergrund zwischen Workstation und Server können Sie über die Replikatorseite umsetzen und automatisieren. Sie können die Replizierung so einrichten, dass beide Repliken Aktualisierungen austauschen oder dass nur eine Replik von einer anderen Änderungen übernimmt. Wenn Sie Notes nicht in Ihrem Büro benutzen, kann der Replikator jeden Server automatisch anrufen, mit dem Sie replizieren möchten. Wenn Sie einen Durchgangsserver oder einen Remote-LAN-Server verwenden, kann der Replikator einen einzigen Anruf durchführen und alle lokalen Datenbanken gleichzeitig replizieren, selbst wenn diese auf verschiedenen Servern stehen.

Mit einem Replizierzeitplan können Sie lokale Daten automatisch in regelmäßigen Abständen replizieren. Replizierzeitpläne werden in den Arbeitsumgebungsdokumenten in Ihrem persönlichen Adressbuch angegeben. Beim Start prüft Notes, ob eine Replizierung für die aktuelle Arbeitsumgebung geplant ist. Ist dies der Fall, führt Notes die Replizierung im Hintergrund gemäß diesem Zeitplan durch. Angenommen, Sie haben von Montag bis Freitag in einem Abstand von 360 Minuten eine Replizierung für 8.00 bis 18.00 Uhr geplant. Wenn Sie Notes am Dienstag um 9.00 Uhr starten, führt Notes die Replizierung sofort und 360 Minuten später noch einmal durch. Wenn Notes eine geplante Replizierung nicht durchführen kann, versucht Notes es in Abständen von einer Minute erneut, bis der Versuch erfolgreich ist.

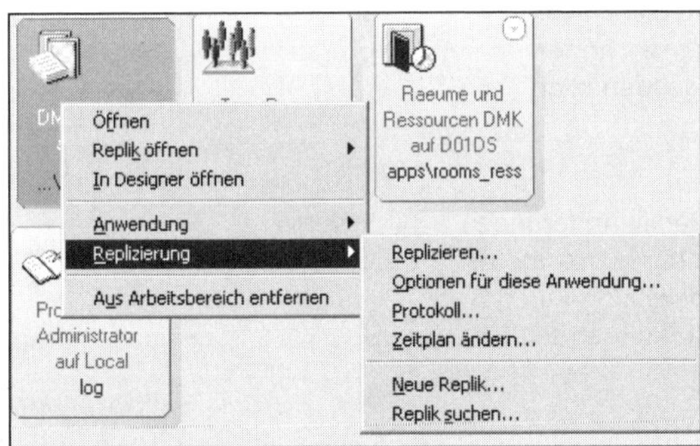

Abbildung 4.40: Replizierung über den Notes Client

Beim Replizieren werden in der Statusleiste am unteren Rand des Replikators aktuelle Replizierinformationen angezeigt, wie z.B. Informationen über Anrufversuche, die gerade replizierte Datenbank und die Anzahl der Aktualisierungen, die repliziert wurden. Nach der Replizierung wird im Replikator in jedem Eintragsfeld eine Replizierstatistik angezeigt, z.B. der replizierte Server sowie Datum und Uhrzeit der Replizierung.

4.5.7 Selektive Replizierung

Falls Sie bei der Replizierung nicht alle Daten abgleichen möchten, gibt Ihnen Lotus dazu die Möglichkeit der selektiven Replizierung an die Hand. Mithilfe der sogenannten Replizierparameter können Sie beispielsweise die Größe einer Replik beschränken oder nur bestimmte Informationen übertragen lassen. Diese Möglichkeit erreichen Sie über das Menü DATEI/FILE > REPLIZIERUNG/REPLICATION > OPTIONEN FÜR DIESE ANWENDUNG/OPTIONS FOR THIS APPLICATION oder über das Kontextmenü einer Datenbankkachel (siehe *Abbildung 4.40*).

Einstellung	Steuert	Register im Dialogfeld DATEI/FILE > REPLIZIERUNG/ REPLICATION > PARAMETER/ SETTINGS
NUR ZUSAMMENFASSUNG UND MAX. 40 KB RICH TEXT EMPFANGEN/ RECEIVE SUMMARY AND 40KB OF RICH TEXT ONLY	Die Größe von Dokumenten, die eine Replik empfängt	PLATZSPARER/ SPACE SAVERS
DOKUMENTE ENTFERNEN, DIE SEIT X TAGEN NICHT GEÄNDERT WURDEN/ REMOVE DOCUMENTS NOT MODIFIED IN THE LAST X DAYS	Wann Domino den Löschrumpf sowie ungeänderte Dokumente löscht	PLATZSPARER/ SPACE SAVERS
UNTERGRUPPE DER DOKUMENTE REPLIZIEREN*/ REPLICATE A SUBSET OF DOCUMENTS	Welche Dokumente eine Replik empfängt	PLATZSPARER/ SPACE SAVERS
IN DIESER REPLIK AUSGEFÜHRTE LÖSCHVORGÄNGE NICHT AN ANDERE REPLIKEN SENDEN/ DO NOT SEND DELETIONS MADE IN THIS REPLICA TO OTHER REPLICAS	Ob eine Replik Dokumentlöschungen an andere Repliken senden kann	SENDEN/ SEND
ÄNDERUNGEN AN KATALOG- UND TITELINFO DER DATENBANK NICHT AN ANDERE REPLIKEN SENDEN/ DO NOT SEND CHANGES IN DATABASE TITLE & CATALOG INFO TO OTHER REPLICAS	Ob eine Replik Änderungen des Datenbanktitels und der Datenbankkatalog-Kategorien an andere Repliken senden kann	SENDEN/ SEND
ÄNDERUNGEN AN PARAMETERN FÜR LOKALE SICHERHEIT NICHT AN ANDERE REPLIKEN SENDEN/ DO NOT SEND CHANGES IN LOCAL SECURITY PROPERTY TO OTHER REPLICAS	Ob eine Replik Änderungen der Datenbankeigenschaft VERSCHLÜSSELUNG (im Register ALLGEMEIN der Datenbankeigenschaften) an andere Repliken senden kann	SENDEN/SEND
NUR EINGEHENDE DOKUMENTE REPLIZIEREN, DIE GESPEICHERT ODER GEÄNDERT WURDEN NACH DEM: DATUM/ ONLY REPLICATE INCOMING DOCUMENTS SAVED OR MODIFIED AFTER: DATE	Das Enddatum, sodass eine Replik nur Dokumente empfängt, die seit diesem Datum erstellt oder geändert wurden Welche Dokumente während der ersten Replizierung nach dem Löschen des Replizierprotokolls eingelesen werden	ANDERE/ OTHER

Einstellung	Steuert	Register im Dialogfeld DATEI/FILE > REPLIZIERUNG/ REPLICATION > PARAMETER/ SETTINGS
REPLIZIERUNG VORÜBERGEHEND DEAKTIVIEREN/ TEMPORARILY DISABLE REPLICATION	Ob eine Replik replizieren kann	ANDERE/ OTHER
VORGESEHENE REPLIZIERPRIORITÄT/ SCHEDULED REPLICATION PRIORITY	Die Replizierpriorität einer Datenbank, die in Verbindungsdokumenten zur Zeitplanung von Replizierungen verwendet wird	ANDERE/ OTHER
CD-ROM-VERÖFFENTLICHUNGSDATUM/ CD-ROM PUBLISHING DATE	Das Veröffentlichungsdatum für eine Datenbank auf CD-ROM	ANDERE/ OTHER
REPLIZIEREN*/ REPLICATE	Welche Elemente, die nicht aus einem Dokument stammen, diese Replik erhält	ERWEITERT/ ADVANCED

* Sie können diese Parameter für mehrere Repliken einer zentralen Quellreplik verwalten.

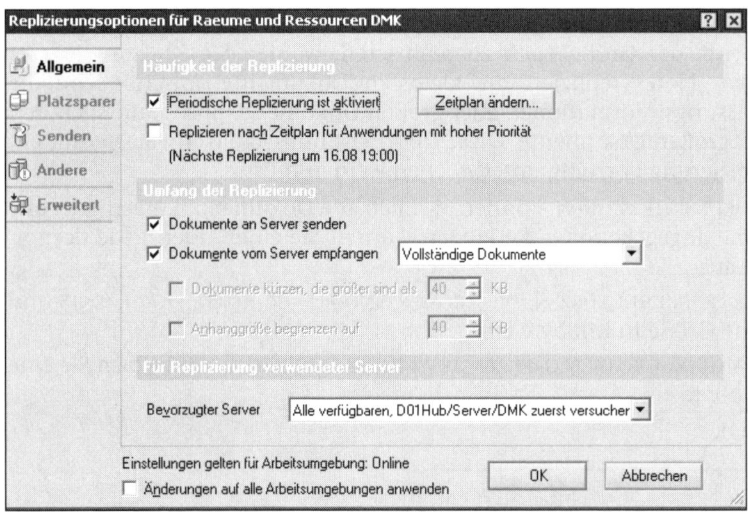

Abbildung 4.41: Allgemeine Einstellungen zur selektiven Replizierung

Unter den erweiterten Einstellungen können Sie genau festlegen, welche Einstellungen und Elemente repliziert werden sollen und welche nicht. Dies ist dann von großem Vorteil, wenn auf Repliken unterschiedliche Zugriffslisten eingerichtet wurden und Sie nicht möchten, dass diese repliziert werden.

Den Inhalt einer Replik beschränken

Wenn Sie Dokumente empfangen, haben Sie mehrere Möglichkeiten, diese zu kürzen oder festzulegen, wie viele Anhänge sie erhalten. Die meisten Dokumente haben ein einzelnes Rich-Text-Feld von weniger als 40 Kilobyte. Wenn Sie also eine Kürzung auf 40 Kilobyte festlegen, empfangen Sie in den meisten Dokumenten den gesamten Rich Text. Wenn Sie nicht sicher sind, welche Dokumente Notes kürzt und Ihre Datenbank über eine nach Größe sortierte Ansicht verfügt, können Sie die Dokumente prüfen, bevor Sie diese Einstellungen festlegen. Notes kürzt oder ändert keine einzelnen Anhänge, aber wenn Sie eine Größe angeben, werden alle Anhänge, die die angegebene Größe überschreiten, entfernt. Um in allen von Ihnen erstellten Repliken Dokumente zu kürzen oder die Anzahl der Anhänge zu begrenzen, legen Sie die Einstellungen für die Kürzung in den Vorgaben fest (siehe *Abbildung 4.41*).

1. Öffnen Sie eine Replik und wählen Sie DATEI/FILE > REPLIZIERUNG/REPLICATION > OPTIONEN FÜR DIESE ANWENDUNG/OPTIONS FOR THIS APPLICATION. Stellen Sie sicher, dass unter ALLGEMEIN/BASICS > UMFANG DER REPLIZIERUNG/HOW MUCH WILL BE REPLICATED die Option DOKUMENTE VOM SERVER EMPFANGEN/RECEIVE DOCUMENTS FROM SERVER ausgewählt ist.
2. Wählen Sie eine Option für das Kürzen aus:
   - Wählen Sie TEILDOKUMENTE/PARTIAL DOCUMENTS, um grundlegende Dokumentinformationen, wie Autor und Thema, und 40 Kilobyte Rich Text beizubehalten.
   - Wählen Sie NUR ZUSAMMENFASSUNG/SUMMARY ONLY, um nur grundlegende Dokumentinformationen, wie Autor und Thema, beizubehalten.
   - Um Dokumente der Größe nach zu replizieren, wählen Sie KLEINSTE ZUERST/SMALLEST FIRST. Notes repliziert die kleinsten Dokumente, anschließend die Zusammenfassungsinformationen aller großen Dokumente und schließlich den Rich Text der großen Dokumente. Diese Option ist hilfreich, wenn Sie vermuten, dass die Replizierung vorzeitig unterbrochen werden muss.
3. Wenn Sie TEILDOKUMENTE wählen, können Sie auch alle Dokumente kürzen oder alle Anhänge auf eine angegebene Größe kürzen. Führen Sie einen oder beide der folgenden Schritte aus:
   - Wählen Sie DOKUMENTE KÜRZEN, DIE GRÖSSER SIND ALS/TRUNCATE DOCUMENTS und geben Sie eine Größe in Kilobyte ein.
   - Wählen Sie ANHANGGRÖSSE BEGRENZEN AUF/LIMIT ATTACHMENTS und geben Sie eine Größe in Kilobyte ein.
4. Klicken Sie auf OK.

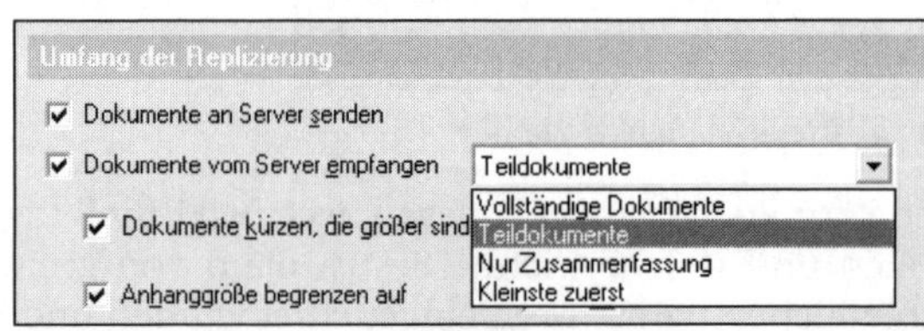

Abbildung 4.42: Zu replizierenden Inhalt einer Replik beschränken

Sie können einen Server für die Replizierung auswählen und festlegen, ob Notes versuchen soll, nach diesem Server eine Verbindung zu anderen verfügbaren Servern herzustellen. Sie können aus einer Liste den Namen der Server auswählen, mit dem bereits eine Replizierung stattgefunden hat.

1. Öffnen Sie eine Replik und wählen Sie DATEI/FILE > REPLIZIERUNG/REPLICATION > PARAMETER/SETTINGS.
2. Wählen Sie unter ALLGEMEIN/BASICS > BEVORZUGTER SERVER/PREFERRED SERVER eine der folgenden Optionen aus:
   - Wählen Sie ALLE VERFÜGBAREN, MIT ZULETZT ERFOLGREICHEM BEGINNEN/ANY AVAILABLE, TRY LAST SUCCESSFUL FIRST, um mit einem Server zu replizieren, wobei der Replizierversuch mit dem Server begonnen wird, mit dem die Replizierung zuletzt stattgefunden hat.
   - Wählen Sie ALLE VERFÜGBAREN, NAME ZUERST SUCHEN/ANY AVAILABLE, TRY NAME FIRST, um mit einem Server zu replizieren, wobei der Replizierversuch mit dem unter NAME angegebenen Server begonnen wird.
   - Um die Replizierung nur mit dem zuletzt verwendeten Server auszuführen, wählen Sie den Namen des Servers.
3. Klicken Sie auf OK.

Speicherplatz in einer Replik sparen

Mithilfe der Seite PLATZSPARER/SPACE SAVER können Sie steuern, wie viel eines Dokuments in die ausgewählte Replik bei jeder Replizierung aufgenommen wird. Die Einstellungen auf der Seite PLATZSPARER sind nur für die ausgewählten Repliken aller Arbeitsumgebungen gültig (siehe *Abbildung 4.43*).

Sie können außerdem festlegen, dass eine Serverreplik gekürzte Dokumente empfängt, indem Sie NUR ZUSAMMENFASSUNG UND MAX. 40 KB RICH TEXT EMPFANGEN/RECEIVE SUMMARY AND 40 KB OF RICH TEXT ONLY wählen oder eine Formel angeben, indem Sie DOKUMENTE, DIE DEN KRITERIEN EINER AUSWAHLFORMEL ENTSPRECHEN/REPLICATE A SUBSET OF DOCUMENTS wählen.

Dokumente entfernen, die seit x Tagen nicht geändert wurden

Die hier angegebene Anzahl Tage, das sogenannte Löschintervall, steuert, wann Domino die Löschrümpfe aus einer Datenbank löscht. Löschrümpfe sind Markierungen, die von gelöschten Dokumenten übrig bleiben, damit Domino weiß, dass es Dokumente in anderen Repliken der Datenbank löschen muss. Da Löschrümpfe Speicherplatz belegen, entfernt Domino die Löschrümpfe regelmäßig, die mindestens so alt wie der angegebene Wert sind. Wenn ein Drittel des Löschintervalls vergangen ist, überprüft Notes, ob Löschrümpfe entfernt werden sollen. Nehmen wir beispielsweise an, dass das Löschintervall 90 Tage (der Vorgabewert) beträgt. Wenn ein Benutzer eine Datenbank öffnet, prüft Domino, ob mindestens 30 Tage vergangen sind, seit die Löschrümpfe entfernt wurden. Ist dies der Fall, werden alle Löschrümpfe entfernt, die mindestens 90 Tage alt sind. Der Task UPDALL, der standardmäßig um 2:00 Uhr ausgeführt wird, entfernt die Löschrümpfe ebenfalls.

Notes kann so lange Dokumente aus einer lokalen Replik basierend auf ihrem Alter entfernen, wie das Replizierprotokoll vorhanden ist und nicht gelöscht wurde. Das Entfernen älterer Dokumente kann eine lokale Replik einer großen Datenbank im Vergleich zur vollständigen Datenbank signifikant verkleinern. Die Dokumente werden aus anderen Repliken nicht entfernt, sodass Sie, wenn Sie die Einstellungen zu einem späteren Zeitpunkt ändern, sie bei Bedarf für Ihre lokale Replik wiederherstellen können.

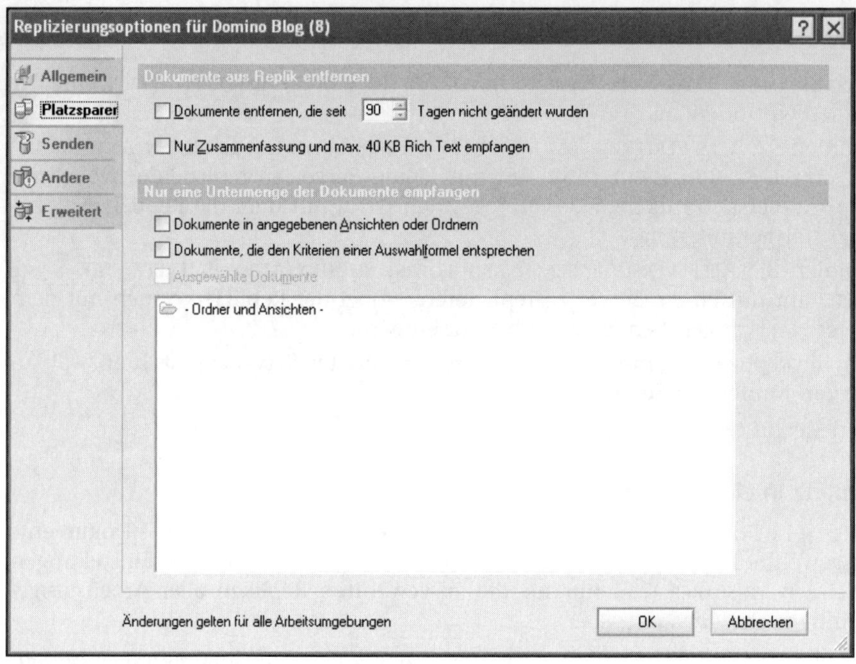

Abbildung 4.43: Register* PLATZSPARER *der Replizierparameter

Notes kann das Replizieren von Dokumenten auch überspringen, wenn diese seit einem angegebenen Datum nicht geändert wurden. Das Festlegen dieses Datums verkürzt die für die Replizierung erforderliche Zeit, da Notes nicht jedes Dokument verarbeiten muss. Sie können das Löschintervall gegebenenfalls verkürzen. Sie sollten jedoch häufiger als das Löschintervall replizieren, sonst werden gelöschte Dokumente zurück in die Replik repliziert.

Optional können Sie das Kontrollkästchen zum Entfernen von Dokumenten in der Replik aktivieren, die sich innerhalb des Löschintervalls nicht geändert haben. Wenn Sie das Kontrollkästchen aktivieren, werden beim Entfernen von Löschrümpfen auch die Dokumente entfernt, die innerhalb der angegebenen Anzahl Tage noch nicht geändert wurden. Diese Dokumente werden bereinigt, d.h., es bleiben keine Löschrümpfe für die Dokumente übrig. Dadurch werden die Dokumente in anderen Repliken nicht gelöscht.

Falls Sie die Option DOKUMENTE ENTFERNEN, DIE SEIT X TAGEN NICHT GEÄNDERT WURDEN aktivieren, ist auf das Vorhandensein von Konfigurationsdokumenten, die keine Designelemente/Profildokumente darstellen, zu achten. Diese würden, wenn sie keine echten Profildokumente sind, ebenfalls entfernt. Dies kann z.B. bei selbst erstellten Datenbanken auftreten, da die Entwickler teilweise lieber mit Konfigurationsdokumenten arbeiten, die als ganz normale Dokumente in der Datenbank angezeigt werden. Das ist natürlich auch bei der Datenbankerstellung aus einem Template heraus problematisch, da die Konfigurationsdokumente händisch und explizit in die neue Datenbank kopiert werden müssen.

Nur Zusammenfassung und max. 40 KB Rich Text empfangen

Wenn Sie die Einstellung NUR ZUSAMMENFASSUNG UND MAX. 40 KB RICH TEXT EMPFANGEN wählen, hat dies ebenfalls Auswirkungen auf die Größe, da für diesen Fall keine großen Anhänge repliziert werden. Die gekürzten Dokumente enthalten dann nur eine Dokumentzusammenfassung, die grundlegende Informationen enthält, z.B. den Autor und das Thema, sowie die ersten 40 Kilobyte Rich Text. Wenn die Benutzer ein gekürztes Dokument öffnen, wird (ABGESCHNITTEN) im Dokumenttitel angezeigt. Um das gesamte Dokument anzuzeigen, öffnen Sie das Dokument und wählen AKTIONEN/ ACTIONS > GESAMTES DOKUMENT ABRUFEN/RETRIEVE ENTIRE DOCUMENT.

Wenn Sie diese Einstellung verwenden, beachten Sie Folgendes:

- Sie können gekürzte Dokumente weder kategorisieren noch bearbeiten.
- Bei gekürzten Dokumenten können keine Agenten verwendet werden.
- Gekürzte Dokumente werden nur repliziert, wenn für die Zielreplik auch diese Option ausgewählt ist.

Diese Replik enthält Löschrümpfe für alle Dokumente, die gelöscht wurden seit

Verwenden Sie diese Option zusammen mit dem Löschvorgang des Replizierprotokolls, um Replizierungsprobleme zu lösen. Wenn Sie dieses Datum löschen oder ändern, setzt Domino das Datum beim nächsten Löschen der Löschrümpfe auf den Wert zurück, der der in der Einstellung DIESE REPLIK ENTHÄLT LÖSCHRÜMPFE FÜR ALLE DOKUMENTE, DIE GELÖSCHT WURDEN SEIT angegebenen Anzahl Tage entspricht.

Eine Replik kann nur Dokumente erhalten, die seit dem angegebenen Datum erstellt bzw. geändert wurden. Wenn Sie das Replizierprotokoll der Datenbank löschen, durchsucht Domino während der nächsten Replizierung nur die Dokumente, die seit dem hier angegebenen Datum erstellt oder geändert wurden. Wenn Sie das Datum löschen, bevor Sie das Replizierprotokoll gelöscht haben, durchsucht Domino alle Dokumente in der Datenbank. Wenn Sie das Replizierprotokoll löschen, wird dieses Feld ebenfalls gelöscht.

Wenn Sie das Kontrollkästchen für eine nicht replizierte Datenbank aktivieren, gehen Dokumente verloren, und Sie können sie nur von einem System-Backup wiederherstellen. Domino entfernt Löschrümpfe entsprechend dem Löschintervall regelmäßig, auch wenn Sie das Kontrollkästchen nicht aktivieren.

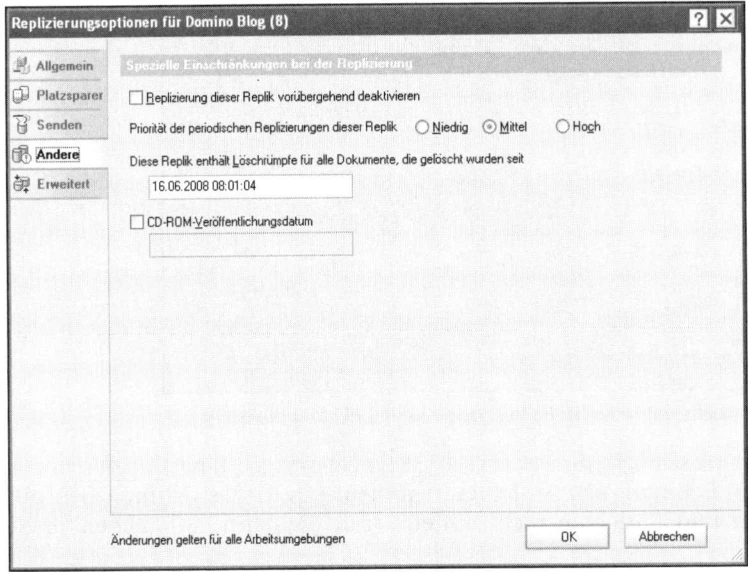

Abbildung 4.44: Replizierparameter unter der Reigisterkarte ANDERE

Untergruppe der Dokumente replizieren

Verwenden Sie diese Einstellung, damit eine Replik nur die Dokumente eines bestimmten Ordners oder einer bestimmten Ansicht oder nur Dokumente, die den in einer Formel angegebenen Kriterien entsprechen, erhält. Replizierformeln sind vergleichbar mit Ansichtsauswahlformeln.

Bestimmte Datenbankgestaltungen, z.B. Mail, Diskussion und TeamRoom, bieten vorgestaltete Masken, in denen Sie die Informationen auswählen können, die in einer Replik enthalten sein sollen (siehe *Abbildung 4.45*). Wenn Sie die Maske ausgefüllt haben, konvertiert Notes Ihre Kriterien in eine Formel und verwendet diese zum Begrenzen der ausgewählten Replik.

1. Öffnen Sie eine Mail, eine Diskussion, TeamRoom oder eine andere Replik und wählen Sie DATEI/FILE > REPLIZIERUNG/REPLICATION > PARAMETER/SETTINGS.
2. Sofern die Datenbankgestaltung über die Maske verfügt, sehen Sie auf der Seite PLATZSPARER/SPACE SAVER unter NUR EINE UNTERMENGE DER DOKUMENTE EMPFANGEN/ RETRIEVE THESE DOCUMENTS einen weißen Bereich mit wählbaren Optionen anstelle einer Liste von Ordnern und Ansichten. Stellen Sie sicher, dass DIE DEN AUSWAHLKRITERIEN ENTSPRECHEN für DIESE DOKUMENTE ABRUFEN bzw. THOSE MATCHING THE SELECTED CRITERIA ausgewählt ist.
3. Blättern Sie durch die Maske und treffen Sie Ihre Auswahl entsprechend dem Typ der Datenbank. In einer Diskussionsdatenbank können Sie beispielsweise NACH AUTOR/ BY AUTHOR wählen und eine Liste von Autorennamen eingeben. Notes begrenzt die ausgewählte Replik auf Dokumente dieser Autoren.
4. Klicken Sie auf OK.

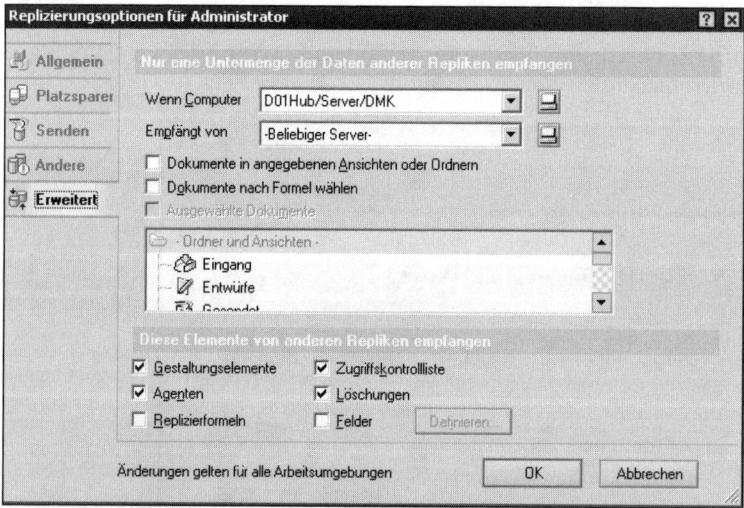

Abbildung 4.45: Ansichten aus der Mail-Datenbank zur Replikation auswählen

Notes kann eine Replik so begrenzen, dass sie nur Dokumente empfängt, die sich in von Ihnen angegebenen Ordnern oder Ansichten befinden. Aus der Gestaltung der Replik werden die Ordner und Ansichten nicht entfernt, nur die darin enthaltenen Dokumente sind betroffen. Wenn Sie diese Option für eine vorhandene vollständige Replik wählen, werden bei der nächsten Replizierung alle Dokumente, die sich nicht in den angegebenen Ordnern oder Ansichten befinden, aus der Replik entfernt.

1. Öffnen Sie eine Replik und wählen Sie DATEI/FILE > REPLIZIERUNG/REPLICATION > OPTIONEN FÜR DIESE ANWENDUNG/OPTIONS FOR THIS APPLICATION.
2. Wählen Sie unter PLATZSPARER/SPACE SAVER die Option DOKUMENTE IN ANGEGEBENEN ANSICHTEN ODER ORDNERN/DOCUMENTS IN SPECIFIED VIEWS OR FOLDERS.
3. Wählen Sie die Ordner und Ansichten aus, die in der Replik beibehalten werden sollen. Drücken Sie die [⇧]-Taste und wählen Sie mehrere aufeinanderfolgende Elemente aus oder halten Sie die [Strg]-Taste gedrückt, um mehrere nicht aufeinanderfolgende Elemente in der Liste auszuwählen.
4. Klicken Sie auf OK.

Wenn Sie Replizierformeln verwenden, beachten Sie Folgendes:

- Sie können die Funktionen @DbLookup, @UserName, @Environment oder @Now nicht in einer Replizierformel verwenden.
- Wenn Sie @IsResponseDoc in einer Replizierformel benutzen, werden alle Antwortdokumente in einer Datenbank repliziert, nicht nur die, die den Auswahlkriterien entsprechen. Um dies zu vermeiden, verwenden Sie stattdessen @AllChildren oder @AllDescendants. Wenn Sie @AllChildren bzw. @AllDescendants verwenden, darf die Datenbankleistungseigenschaft SPEZIELLE ANTWORTHIERARCHIE NICHT UNTERSTÜTZEN/DON'T SUPPORT SPECIALIZED RESPONSE HIERARCHY nicht ausgewählt sein.

Tipp: Öffnen Sie die Teilreplik, wählen Sie DATEI/FILE > ANWENDUNG/APPLICATION > EIGENSCHAFTEN/PROPERTIES und ändern Sie den Titel, sodass Sie wissen, was die Replik enthält, z.B. *Vertrieb (*Ordner *„Neu“* und *„Aktiv“).*

Beschränken, was eine Replik sendet

Verwenden Sie diese Einstellungen, um zu beschränken, was eine Replik an andere Repliken sendet.

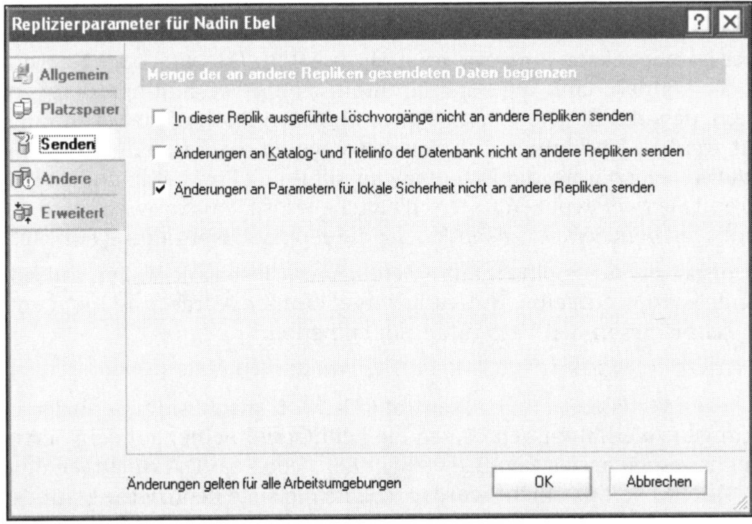

Abbildung 4.46: Das Register SENDEN der Replizierparameter

- IN DIESER REPLIK AUSGEFÜHRTE LÖSCHVORGÄNGE NICHT AN ANDERE REPLIKEN SENDEN/DO NOT SEND DELETIONS MADE IN THIS REPLICA TO OTHER REPLICAS

  Diese Einstellung verhindert, dass Löschungen aus dieser Replik repliziert werden. Sie können aber auch die ACL-Option DOKUMENTE LÖSCHEN/DELETE DOCUMENTS für den Server deaktivieren, auf dem diese Replik gespeichert ist.

- ÄNDERUNGEN AN KATALOG- UND TITELINFO DER DATENBANK NICHT AN ANDERE REPLIKEN SENDEN/DO NOT SEND CHANGES IN DATABASE TITLE & CATALOG INFO TO OTHER REPLICAS

  Diese Einstellung verhindert, dass Änderungen des Datenbanktitels und der Datenbankkatalog-Kategorien dieser Replik repliziert werden.

- ÄNDERUNGEN AN PARAMETERN FÜR LOKALE SICHERHEIT NICHT AN ANDERE REPLIKEN SENDEN/DO NOT SEND CHANGES IN LOCAL SECURITY PROPERTY TO OTHER REPLICAS

  Diese Einstellung verhindert Änderungen der Datenbankeigenschaft VERSCHLÜSSELUNG (wählen Sie dazu im Register ALLGEMEIN/BASICS der Datenbankeigenschaften die Option VERSCHLÜSSELUNG/ENCRYPTION SETTINGS). Verwenden Sie diese Einstellung hauptsächlich, um zu verhindern, dass Änderungen dieser Eigenschaft auf einer lokalen Replik mit einem Server repliziert werden. Wenn beispielsweise diese Einstellung ausgewählt ist und Sie die Eigenschaft VERSCHLÜSSELUNG/ENCRYPTION SETTINGS auf einer lokalen Replik deaktivieren, bleibt die Eigenschaft für eine Serverreplik ausgewählt.

Sonstige Replizierparameter zuweisen

Das Register ANDERE/OTHER des Dialogfelds REPLIZIERPARAMETER/REPLICATION SETTINGS enthält die sonstigen Einstellungen (siehe *Abbildung 4.44*).

- REPLIZIERUNG VORÜBERGEHEND DEAKTIVIEREN/TEMPORARILY DISABLE REPLICATION

  Wählen Sie diese Option, um die Replizierung während der Fehlerbehebung vorübergehend anzuhalten. Sie können diese Option für eine Datenbank auswählen. Oder Sie können die Replizierung mehrerer Datenbanken deaktivieren, wenn Sie den Domino Administrator verwenden. Wenn sich eine Datenbank auf einem Cluster-Server befindet, werden durch die Deaktivierung der Replizierung weder die Cluster-Replizierung noch die periodische Replizierung ausgeführt.

- PRIORITÄT FÜR PERIODISCHE REPLIZIERUNGEN/SCHEDULED REPLICATION PRIORITY

  Sie können einer Datenbank die Priorität HOCH/HIGH, MITTEL/MEDIUM oder NIEDRIG/LOW zuweisen. Sie können dann die Replizierung in einem Verbindungsdokument zeitlich so planen, dass die Datenbanken einer bestimmten Priorität zu bestimmten Zeiten repliziert werden. Sie können beispielsweise planen, dass Datenbanken mit niedriger Priorität weniger häufig und Datenbanken mit hoher Priorität häufiger repliziert werden. Wenn Sie zwei Repliken unterschiedliche Prioritäten zuweisen, wird die Priorität der Replik auf dem Server verwendet, der die geplante Replizierung einleitet.

  Die Replizierpriorität gilt für Repliken auf einem Server-Cluster nicht. Die Cluster-Replizierung findet statt, wenn eine Änderung vorgenommen wurde, und nicht entsprechend den Zeitplänen in den Verbindungsdokumenten.

- CD-ROM-VERÖFFENTLICHUNGSDATUM/CD-ROM PUBLISHING DATE

  Einige Unternehmen verteilen Datenbanken auf CD-ROM, anstatt sie zu replizieren. Um Aktualisierungen zu erhalten, replizieren die Benutzer mit einer auf dem Server des Unternehmens gespeicherten Replik. Die Benutzer geben das Datum an, an dem die Daten auf CD-ROM veröffentlicht wurden, sodass die erste Replizierung mit der Replik des Unternehmens nur die Dokumente durchsucht, die seit dem letzten Veröffentlichungsdatum erstellt bzw. geändert wurden. Wenn die Benutzer kein Datum angeben, durchsucht die ursprüngliche Replizierung die gesamte Datenbank. Dies kann einige Zeit in Anspruch nehmen, insbesondere wenn dies über eine Wählverbindung geschieht.

Brennen einer Datenbank auf CD

Um eine Notes-Datenbank auf eine CD-ROM (DVD) zu brennen und dann von CD/DVD verwenden zu können, sind folgende Schritte zu beachten:

1. Erstellen Sie eine Kopie der Datenbank auf einem lokalen Laufwerk. Klicken Sie mit der rechten Maustaste auf die Mailbox-Kachel, wählen Sie ANWENDUNG > NEUE KOPIE und bestimmen Sie den Ablageort der Kopie. Bestätigen Sie Ihre Auswahl mit OK.
2. Öffnen Sie die lokale Kopie unter Lotus Notes und aktualisieren Sie die Ansichten für diese Datenbank (durch gleichzeitiges Drücken der Tasten [Strg]+[⇧]+[F9] in der geöffneten Datenbank).
3. Ändern Sie die ACL, indem Sie den Wert für -DEFAULT- auf MANAGER mit allen Rollen (falls vorhanden) setzen.
4. Ein Volltextindex muss neu erstellt werden, um dann in der Datenbank eine Volltextsuche durchführen zu können. Nehmen Sie dies über die Eigenschaften der Datenbank vor. Wählen Sie die gewünschten Optionen für die Indizierung.
5. Wählen Sie in den Eigenschaften unter der Registerkarte INFO die Option GESPEICHERTE MASKEN IN DER DATENBANK ZULASSEN/ALLOW USE OF STORED FORMS IN THIS DATABASE. In den erweiterten Optionen aktivieren Sie die Eigenschaft KEINE UNGELESEN-MARKIERUNGEN VERWALTEN/DON'T MAINTAIN UNREAD MARKS.
6. Komprimieren Sie die Datenbank.
7. Geben Sie in den Replizierparametern das CD-ROM-VERÖFFENTLICHUNGSDATUM/CD-ROM PUBLISHING DATE an und aktivieren Sie die Auswahlbox davor.
8. Kopieren Sie die Datenbank (und gegebenenfalls den Volltextindex, gekennzeichnet durch ein Unterverzeichnis, dessen Name aus dem Namen der Datenbank mit der Erweiterung **.ft* und aller darunter liegenden Unterverzeichnisse) auf das Laufwerk, von dem aus Sie die CD brennen möchten.
9. Brennen Sie die Daten auf CD.
10. Danach kann die so erstellte CD lokal von allen Notes Clients mit dem gleichen Release wie dem erstellenden Client und höher verwendet werden.

Replizieren eingehender Notes

Verwenden Sie diese Einstellung, um zu steuern, welche Elemente, die nicht aus Dokumenten stammen, eine Replik erhält (siehe *Abbildung 4.47*). Wenn Sie Kenntnisse über die Notes-Datenbankgestaltung besitzen, Zugriff auf den Domino Designer Client haben und der Entwickler der zu ändernden Datenbank sind, können Sie eine Formel verwenden, um anzugeben, welche Elemente von allen Repliken einer Datenbank auf einem lokalen Computer oder Server empfangen werden. Wenn eine lokale Replik aus ausgewählten Dokumenten erstellt wurde, können Sie die Formel auf diese Dokumente anwenden, indem Sie AUSGEWÄHLTE DOKUMENTE/SELECTED DOCUMENTS wählen.

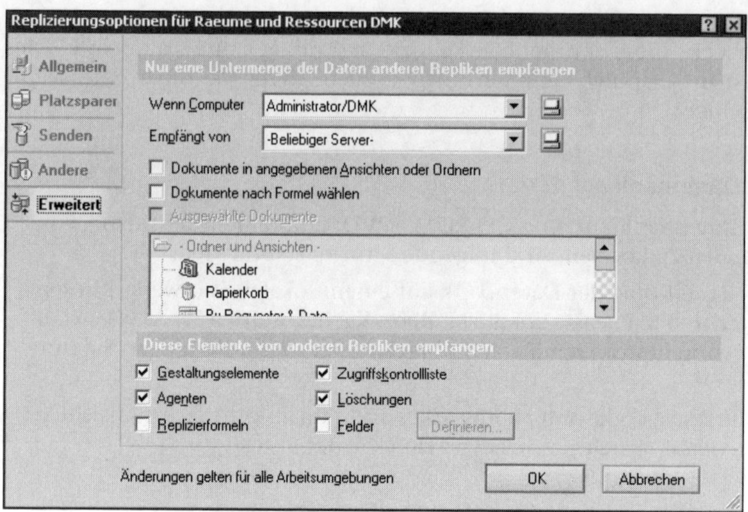

Abbildung 4.47: Die Registerkarte* ERWEITERT *der Replizierparameter

In Notes können Sie festlegen, dass alle Repliken einer Datenbank auf einem lokalen Computer oder Server Elemente aus anderen Repliken entweder empfangen oder nicht. Standardmäßig werden alle Elemente außer der Replizierformel und alle individuell angegebenen Felder empfangen. In der nachfolgenden Tabelle erhalten Sie eine Beschreibung der Optionen.

Replizieren eingehender	Vorgabe	Beschreibung
GESTALTUNGSELEMENTE/ DESIGN ELEMENTS	Ausgewählt	Falls ausgewählt, kann eine Replik Gestaltungsänderungen, z.B. Änderungen von Masken, Ansichten und Ordnern, von einer Quellreplik erhalten. Falls nicht ausgewählt, kann eine Replik keine Gestaltungsänderungen erhalten. Als Alternative können Sie den Quellservern in den ACL-Einstellungen Editorzugriff oder eine niedrigere Zugriffsberechtigung zuweisen. Dadurch können jedoch Agenten nicht repliziert werden. Wählen Sie diese Option nicht, wenn Sie die Replik zum ersten Mal erstellen, da die neue Replik keine Gestaltungselemente für die Ansicht von Informationen enthält.
AGENTEN/ AGENTS	Ausgewählt	Falls ausgewählt, kann eine Replik Agenten empfangen. Falls nicht ausgewählt, kann die Replik keine Agenten empfangen, obwohl die Änderungen der Agenten weiterhin repliziert werden.
REPLIZIERFORMELN/ REPLICATION FORMULA	Nicht ausgewählt	Falls nicht ausgewählt, werden die für mehrere Zielrepliken angegebenen Replizierparameter von einer Quellreplik repliziert. Diese Option muss ausgewählt sein, wenn Sie eine zentrale Quellreplik für die Verwaltung der Replizierparameter mehrerer Repliken verwenden.

Replizieren eingehender	Vorgabe	Beschreibung
ZUGRIFFSKONTROLLLISTE/ ACCESS CONTROL LIST	Ausgewählt	Falls ausgewählt, kann die Replik ACL-Änderungen von einem beliebigen Server mit Managerzugriff in den ACL-Einstellungen der Replik erhalten.
LÖSCHUNGEN/ DELETIONS	Ausgewählt	Falls ausgewählt, kann die Replik Dokumentlöschungen erhalten. Falls nicht ausgewählt, erhält die Replik durch die Replizierung keine Löschungen. Die Benutzer mit dem Zugriff DOKUMENTE LÖSCHEN/DELETE DOCUMENTS in der Replik-ACL können jedoch weiterhin Dokumente aus der Replik löschen. Wenn die Option IN DIESER REPLIK AUSGEFÜHRTE LÖSCHVORGÄNGE NICHT AN ANDERE REPLIKEN SENDEN (im Register SENDEN des Dialogfelds REPLIZIERPARAMETER) für die Quellreplik ausgewählt ist, können Sie unabhängig von dieser Einstellung keine Löschungen aus der Quellreplik replizieren.
FELDER/ FIELDS	Nicht ausgewählt	Falls nicht ausgewählt, erhält die Replik alle Felder der empfangenen Dokumente. Falls ausgewählt, können Sie eine gewünschte Untergruppe von Feldern auswählen. Sie sollten dies jedoch nur tun, wenn Sie mit der Gestaltung der betreffenden Anwendung vertraut sind. Wenn Sie ein Domino-Verzeichnis replizieren, können Sie auch minimale Adressbuchoptionen auswählen. Mit diesen Optionen können mobile Benutzer eine kleine Version eines Domino-Verzeichnisses lokal replizieren. Die minimalen Adressbuchoptionen stehen auch im Register PLATZSPARER zur Verfügung. Beachten Sie, dass Benutzer auch einen mobilen Verzeichniskatalog verwenden können, um lokal auf Namen in einem Domino-Verzeichnis zuzugreifen.

Replizierparameter für eine Replik angeben

Führen Sie einen der folgenden Schritte aus:

1. Wenn Sie beim Erstellen einer Replik Replizierparameter festlegen möchten, klicken Sie im Dialogfeld NEUE REPLIK/NEW REPLICA auf REPLIZIERPARAMETER/REPLICATION SETTINGS.

   Um die Replizierparameter einer vorhandenen Replik zu ändern, öffnen Sie die Replik und wählen DATEI/FILE > REPLIZIERUNG/REPLICATION > OPTIONEN FÜR DIESE ANWENDUNG/OPTIONS FOR THIS APPLICATION. Dazu benötigen Sie Managerzugriff.
2. Klicken Sie auf das Register PLATZSPARER/SPACE SAVER und aktivieren/deaktivieren Sie die gewünschten Optionen.
3. Klicken Sie auf das Register SENDEN/SEND und aktivieren/deaktivieren Sie die Optionen, die beschränken, was die Replik an andere Repliken senden kann.
4. Klicken Sie auf das Register ANDERE/OTHER und aktivieren/deaktivieren Sie die gewünschten Optionen.

5. Klicken Sie auf ERWEITERT/ADVANCED und aktivieren/deaktivieren Sie die gewünschten Optionen.
6. Klicken Sie auf OK.

Gelöschte Dokumente/Löschrümpfe

Ein Löschintervall verhindert das Replizieren von Löschungen. Wenn ein Dokument gelöscht wird, hinterlässt es einen Löschrumpf. Wenn die Datenbank repliziert wird, verwendet Notes den Löschrumpf zum Identifizieren und Löschen desselben Dokuments in der Replik.

Um Platz auf der Festplatte zu sparen, bereinigt Notes Löschrümpfe, die von Dokumentlöschungen übrig bleiben, je nach Replizireinstellung DOKUMENTE ENTFERNEN, DIE SEIT [ ] TAGEN NICHT GEÄNDERT WURDEN/REMOVE DOCUMENTS NOT MODIFIED IN THE LAST X DAYS. Wenn Notes die Löschrümpfe bereinigt, bevor sie repliziert werden können, können gelöschte Dokumente nach der nächsten Replizierung wieder angezeigt werden. Diese Option befindet sich im Register PLATZSPARER des Dialogfelds DATEI > REPLIZIERUNG > OPTIONEN FÜR DIESE ANWENDUNG im Notes Client.

Ein geändertes Dokument überschreibt eine Dokumentlöschung

- Wenn dasselbe Dokument zwischen Replizierungssitzungen auf verschiedenen Servern geändert wird, erhält das Dokument Vorrang, das am häufigsten geändert wurde. Wenn beide Dokumente nur einmal geändert werden, erhält das zuletzt geänderte Dokument Vorrang.
- Wenn ein Dokument mehrmals auf einem Server bearbeitet und zwischen Replizierungssitzungen auf einem anderen Server gelöscht wird, erhält das bearbeitete Dokument Vorrang, da es die meisten Änderungen erfahren hat, selbst wenn der Löschvorgang die letzte Änderung war.
- Wenn ein Benutzer ein Dokument auf einem Server löscht und danach ein anderer Benutzer das Dokument auf einem anderen Server einmal zwischen Replizierungen aktualisiert, setzt die Änderung den Löschvorgang außer Kraft, da beide Dokumente einmal aktualisiert wurden und der Änderungsvorgang nach dem Löschvorgang ausgeführt wurde.

4.6 Mail-Routing

Für viele Administratoren und Experten rund um Lotus Domino gilt das Mailing als Komponente von Domino als reines Add-On oder gar als „Abfallprodukt“. Steht die Kommunikation per E-Mail für das sogenannte „Send“-Prinzip, repräsentiert die Groupware-Lösung Lotus Domino an sich doch eigentlich das „Share“-Prinzip. Diese Groupware-Services mit Workflows, Dokumentenhandling und anderen Funktionalitäten machen einen deutlichen Mehrwert für das Unternehmen aus.

Trotzdem liegt der Schwerpunkt beim Einsatz von Lotus Notes Domino in vielen Unternehmen und Konzernen auf dem Mail-Routing.

Der Domino Mail-Server ist das Rückgrat der Mail-Infrastruktur Ihres Unternehmens. Domino unterstützt Internet-Mail-Standards wie *Simple Mail Transfer Protocol* (SMTP), *Post Office Protocol Version 3* (POP3), *Internet Message Access Protocol* (IMAP) sowie *Multi-*

purpose Internet Mail Extensions (MIME) und bietet außerdem die umfangreiche Funktionspalette von Notes Mail via NRPC. Domino unterstützt das MIME- wie auch das Notes-Format.

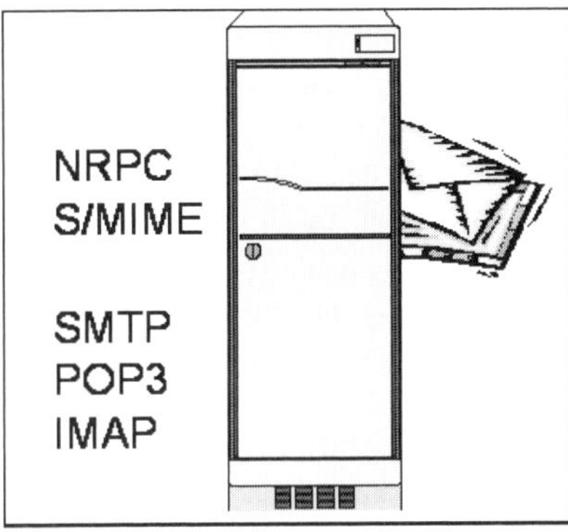

Abbildung 4.48: Domino Mail-Server

Der Domino Server fungiert sowohl als Notes Mail-Server als auch als Internet-Mail-Server, wobei er SMTP, MIME, POP3 und IMAP verwendet. Ihre Organisation kann Domino zum Nachrichtenaustausch im Internet mit Internetstandards, zum Notes-Routing und für das Notes Rich-Text-Format oder aber zum Einsatz beider Möglichkeiten verwenden. Der Domino-Router und die Client-Mail-Software optimieren das Nachrichtenformat auf Basis der Vorgaben des Empfängers. Falls jedoch eine Konvertierung zwischen Formaten (z.B. MIME und Notes Rich Text) erforderlich ist, wird eine Konvertierung durchgeführt. Der Notes Client erstellt automatisch bei Bedarf MIME-konforme E-Mails. Auch die Umwandlung von *MIME2CD* ist i. d. R. (je nach Einstellung im Personen- oder Mail-In-Datenbank-Dokument) Client-Sache.

Notes Rich Text und MIME

Der *Multipurpose Internet Mail Extensions*(MIME)-Standard eröffnete neue Möglichkeiten für das Versenden von E-Mails über das Internet, sodass via MIME mehr als nur reiner Text versendet werden kann. MIME wurde entwickelt, um komplexere Mail-Inhalte handhaben zu können wie beispielsweise Multimedia, HTML, Folien, Bilder und applikationsspezfische Formate. Die Unterstützung durch Domino und Notes von MIME bezieht sich auf die Möglichkeit, komplexe Internet-Mails über den Notes Client versenden zu können.

Jede MIME-Nachricht ist in unterschiedliche Bereiche gegliedert und jeder Bereich besitzt Tags (Schlüsselwörter, ähnlich wie bei HTML), die sich auf den Inhaltstyp beziehen, z.B. *text/html* oder *image/gif*. Zum Glück für die sogenannten MIME User Agents (z.B. Anwendungen zum Lesen und Versenden von E-Mails) ist es auch möglich, diese Abschnitte über die Character Set-Bezeichnung zu „taggen“, wie etwa „US-ASCII“ oder „EUC-KR“ (Koreanisch). Diese Bezeichnung macht deutlich, wie die nachfolgenden Zeichen zu interpretieren sind. Zum Beispiel impliziert in „ISO-8859-1“ (Western), dass das Byte mit dem dezimalen Wert 241 den kleinen Buchstaben „n“ mit einer Tilde oben drüber darstellt: ñ. In „ISO-8859-7“ (Greek) steht 241 für den kleinen Buchstaben rho (?). Unglücklicherweise enthalten nicht alle E-Mails und Webseiten den korrekten Zeichensatz, z.B.

- wenn MIME-Nachrichten nicht korrekt ge-"taggt" wurden (als „ISO-8859-1" statt korrekterweise mit „EUC-KR"),
- MIME-Nachrichten ohne angegebenen Zeichensatz oder
- Nicht-MIME-Nachrichten (Nachrichten ohne MIME-Tagging).

In einem solchen Fall müsste der User Agent (Lotus Notes) den richtigen Zeichensatz der Nachricht oder der Webseite raten. Alternativ könnte Lotus Notes/Domino den Text in den Unicode-Zeichensatz (einen Internet-Standardzeichensatz) konvertieren. Leider verstehen nicht alle User Agents Unicode.

Mit der „nativen MIME"-Unterstützung seit Domino/Notes R5 wurde diesbezüglich einiges einfacher. Eine Konvertierung zwischen Notes und MIME war nicht länger notwendig (naja, in einigen wenigen Fällen schon). Für die Fälle, bei denen eine Konvertierung zwischen dem traditionellen Notes Composite Document(CD)-Format und MIME notwendig wird, steht die internationale MIME-Konfigurationsinformation zur Verfügung. Zusätzlich kann es passieren, dass beim Lesen von Internetseiten oder MIME-Mail-Nachrichten Notes nicht echt zwischen MIME und dem Notes CD-Format konvertieren kann und stattdessen den internationalen MIME-Zeichensatz und die Font-Informationen raten muss. Diese Konvertierung kann über den Notes Client oder den Domino Server erfolgen. Darüber hinaus kann sie im Vordergrund oder im Hintergrund ablaufen, wobei serverseitig nur Backend-Umwandlungen ablaufen. Letzteres kann beispielsweise dann der Fall sein, falls im Personendokument eines Anwenders steht, dass er eingehende Mail-Nachrichten im Notes Rich-Text-Format empfangen möchte.

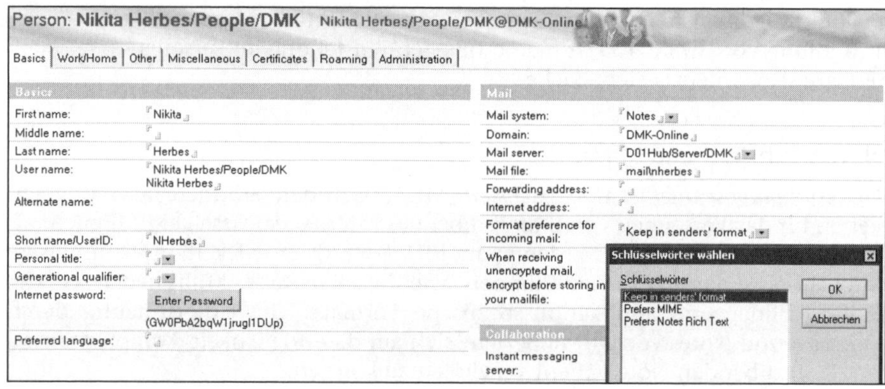

Abbildung 4.49: Definition des Formats für eingehende Nachrichten im Personendokument

Domino enthält leistungsstarke Werkzeuge zur Überwachung von Mail. Lotus bietet auch Mechanismen zur Kontrolle von UCE (unsolicited commercial E-Mail/unangeforderte kommerzielle E-Mail) und zur Vermeidung anderer Belästigungen („Spam") an, die aber ohne Unterstützung durch andere Drittanbieter-Lösungen nur einen sehr geringen Erfolg versprechen. Werkzeuge für die Mail-Migration und Agenten für die Nachrichtenübertragung ermöglichen den Umstieg von einem heterogenen System auf ein System, das von der Leistungsfähigkeit und den unterstützten Standards eines Domino Mail-Servers profitiert.

Das Domino Mail-System umfasst drei grundlegende Komponenten: Domino Mail-Server, Domino Mail-Datenbanken und Mail-Clients. Jeder Mail-Benutzer in einem Domino-System verfügt über eine Mail-Datenbank auf einem Domino Mail-Server. Sie können für eine Failover-Umleitung mittels eines Domino Clusters auf andere Server eine Replik der Mail-Datenbank erstellen, falls der primäre Server nicht zur Verfügung steht. Benutzer erstellen Mail-Nachrichten mithilfe eines Clients, z.B. Lotus Notes oder Domino Web Access, und senden ihre Mail an den Domino Mail-Server, der die Nachricht an den jeweiligen Empfänger überträgt. Der Empfänger verwendet dann zum Lesen der Nachricht wieder einen Mail-Client.

Das Mail-Routing beginnt, wenn ein Benutzer eine Nachricht von einem Client sendet, der mit einem Domino Server verbunden ist. Die Nachricht wird vom Client des Benutzers an die *mail.box*-Datenbank auf dem Mail-Server des Benutzers übertragen. Der Router, ein Server-Task zur Übertragung und Zustellung von Mail, prüft die Adresse in der Nachricht, um zu ermitteln, wie diese an den Empfänger weitergeleitet wird und ob SMTP- oder Notes-Routing verwendet werden soll.

Mail-Routing-Topologie planen

Domino bietet zahlreiche Möglichkeiten für die Konfiguration Ihrer Mail-System-Infrastruktur, abhängig davon, ob Sie Notes-Routing oder SMTP-Routing bzw. beide Routing-Verfahren für interne und externe Nachrichten verwenden möchten. Bevor Sie das Mail-Routing einrichten, müssen Sie jedoch verschiedene Überlegungen anstellen und eine Reihe von Entscheidungen treffen:

- Wie greifen Clients auf den Server zu?
- Wie wird interne Mail übertragen?
- Wie wird externe Mail übertragen?

Wenn ein Benutzer eine Mail im Notes-Format an eine Internetadresse sendet (der Benutzer verwendet z.B. einen Notes Client zum Verfassen der Nachricht), wird die Nachricht automatisch in das MIME-Format konvertiert, wenn die Nachricht über SMTP übertragen werden muss. Der Domino Mail-Server kann Mails an Empfänger außerhalb Ihrer Organisation direkt ans Internet, an einen Relais-Host oder eine Firewall übertragen. Wenn ein Domino Mail-Server nicht extern SMTP verwendet, um Mails an externe Domänen zu übertragen, wird intern SMTP (innerhalb der lokalen Internet-Domäne) oder Notes-Routing verwendet, um die Nachricht an einen Server zu übertragen, der Zugriff auf das Internet hat.

Da Domino Mail im MIME-Format sowohl über das SMTP- als auch das Notes-Routing übertragen kann, können Sie in Ihrer Organisation alle Server, einige Server oder nur einen Server für das Mail-Routing über SMTP einrichten. Da Internet-Mails über Notes-Routing übertragen werden, kann jeder Benutzer Internet-Mails senden und empfangen, auch dann, wenn Sie nur einen Server zur Mail-Übertragung über SMTP einrichten. Dank dieser Flexibilität kann Domino Mail sicher und kontrolliert übertragen. Möglicherweise möchten Sie Ihre Internet-Mail von bestimmten Servern verarbeiten lassen. Auf diesen Servern können Sie eine Viruserkennung einrichten und den Eingang von Mails aus bestimmten Domänen beschränken. Oder Sie können die Mail-Belastung gleichmäßig verteilen, indem Sie jeden Server für das Internet-Mail-Routing über SMTP einrichten.

Notes Rich Text oder MIME?

Sie können prüfen, ob eine Nachricht im Notes Rich-Text- oder MIME-Format vorliegt, indem Sie das Body-Feld in den Dokumenteigenschaften der Mail überprüfen. Ist es Notes Rich Text, ist auch der Feldtyp RICH TEXT. Ist es dagegen MIME, ist der Feld-Typ MIME PART. Gleichzeitig gibt es ein Feld mit dem Titel `$NotesHasNativeMIME`, das einen Wert von 1 besitzt.

Sie können auch prüfen, ob die Nachricht zu einem Zeitpunkt im MIME-Format vorgelegen hat, indem Sie das Feld $MIMETRACK prüfen, das die Konvertierungshistorie der Nachricht enthält:

- Wenn es kein $MIMETRACK-Feld gibt, entstammt die Mail dem Notes Rich-Text-Format oder wurde über ein SMTP MTA konvertiert.
- ITEMIZED BY ...: Der Server oder Router nimmt eine Internet-Mail-Nachricht und legt diese in ein Notes-Nachricht-Dokument mit einem Abschnitt im Body-Feld vom Typ MIME PART.
- SERIALIZED BY ...: Der Router nimmt die Nachricht, die in einem Notes-Dokument vorliegt, und konvertiert diese in eine MIME-Nachricht.
- MIME - CD BY ...: Der Server oder Router konvertiert die MIME-Part-Body-Felder der Notes-Nachricht in ein oder mehrere Rich-Text-Body-Felder. Zuerst führt der Router die Konvertierung auf Basis der Angaben im Personendokument des Anwenders durch. Danach konvertiert der Server dies temporär, wenn die Nachricht zum Schreiben geöffnet oder kopiert wurde, durch den Notes Client. Wenn dies der Fall ist, wird die Nachricht dauerhaft konvertiert.

Selbst wenn Sie nur einige Server zur Übertragung von Internet-Mails an Empfänger außerhalb Ihrer Organisation einrichten, können alle Server nach wie vor MIME-Nachrichten über SMTP an Empfänger in Ihrer Organisation übertragen. Sie können Internet-Mails für interne Empfänger auf allen Servern verwenden und das Senden und Empfangen von Mails von externen Empfängern auf einige wenige Server beschränken.

Alle E-Mail-Nachrichten werden in Domino Mail-Datenbanken gespeichert. Dies gilt für Mails im Notes- oder MIME-Format und ist unabhängig davon, ob die Nachricht für Notes-Benutzer, POP3-Benutzer, Webbrowser-Benutzer oder IMAP-Benutzer bestimmt ist. Wenn ein Internet-Mail-Client, wie z.B. ein IMAP-Client, eine im Notes-Format gespeicherte Nachricht öffnet oder herunterlädt, konvertiert Domino die Nachricht automatisch in MIME.

Um eine sichere Übertragung von Nachrichten zwischen Servern zu gewährleisten, unterstützt der Domino Mail-Server Secure Sockets Layer (SSL) für SMTP-Mail-Routing und Notes-Verschlüsselung beim Mail-Routing über Notes-Routing. Zum Verschlüsseln und Signieren von Nachrichten können Notes Clients Notes-Zertifikate und -Verschlüsselung oder X.509-Zertifikate verwenden. Andere Mail-Clients können X.509-Zertifikate verwenden. Notes Clients können das Sicherheitskonzept von Internet-Mail mit X.509-Zertifikaten, das von Domino mit Notes-ID-Dateien und öffentlichen und privaten Schlüsseln oder auch beide Konzepte verwenden.

Damit ein Domino Server mit einem Server in einer anderen Domäne kommunizieren kann, erstellen Sie im Domino-Verzeichnis ein Domänendokument zur Definition des Namens, des Orts und Zugriffs auf benachbarte und nicht benachbarte Domino-Domänen und Domänen außerhalb von Domino. Andere Domänen sind:

- Fremde Domäne: eine Domino-Domäne und ein externes Mail-System wie SMTP oder cc:Mail. Sie legt fest, welche Adressen für ausgehende Übermittlungen Internetadressen sind und wohin der Notes Mail-Router diese Nachrichten sendet.
- Globale Domäne: eine Gruppe von Domino-Domänen, z.B. VERTRIEB1, VERTRIEB2 und MARKETING, in einer einzigen Internet-Domäne, z.B. *DMK.com*. Alle ausgehenden SMTP-Mails erhalten die Antwortadresse *DMK.com*, unabhängig davon, ob sie ihren Ursprung in der Domäne VERTRIEB1 oder MARKETING haben.

Domino interagiert mit anderen Mail-Servern und -Systemen über Internetstandards und *Message Transfer Agents* (Nachrichtenübertragungsagenten, MTAs) für X.400- und cc:Mail-Systeme. Domino kann Mails mit anderen SMTP-Servern austauschen und Mails an und von X.400- und cc:Mail-Systeme(n) über die X.400- und cc:Mail-MTAs übertragen.

Sie können Benutzer einfach von einem vorhandenen Mail-System nach Domino migrieren. Domino enthält Werkzeuge zum Migrieren von Benutzern und Mail-Dateien von Lotus cc:Mail, Microsoft Exchange, Microsoft Mail und von Dateien im *LDIF*-Format nach Domino.

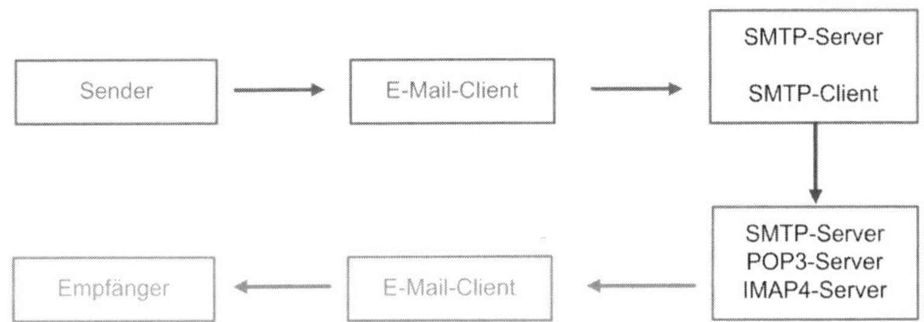

Abbildung 4.50: E-Mail-Übertragung via SMTP

`CONVERTER_LOG_LEVEL`

Diese Einstellung in der *notes.ini* des Domino Servers definiert die Protokollierungsstufe bezüglich der MIME-Konvertierung des Routers. Beispielsweise kann so eine entsprechende Protokollierung völlig unterdrückt werden. Wenn unter Lotus Domino eine Nachricht von oder nach MIME konvertiert wird, erscheint die folgende Meldung auf der Serverkonsole und in der *log.nsf*: `Begin CD to MIME Conversion (Process: Router ) <message number>`.

Die folgenden Werte können in der *notes.ini* der Variablen `CONVERTER_LOG_LEVEL` zugewiesen werden, um eine Protokollierung der folgenden Fehlertypen zu erreichen:

- `10`: schwerwiegende (fatal) und Fehlerereignisse (error)
- `20`: schwerwiegende Ereignisse, Fehler, Warnungen, kurze Informationen (Default-Wert)

- 30: schwerwiegende Ereignisse, Fehler, Warnungen, kurze und ausführliche Informationen
- 40: schwerwiegende Ereignisse, Fehler, Warnungen, kurze, ausführliche und sehr ausführliche Informationen

Die Empfehlung lautet, den Wert auf 10 zu setzen, um die Protokollierungsaktivitäten auf ein notwendiges Maß zu reduzieren. Der Router muss nach der Anpassung des Parameters über das Konfigurationsdokument des entsprechenden Servers neu gestartet werden, um die Änderung wirksam werden zu lassen.

4.6.1 Notes Mail-Routing

Mit Notes-Routing wird eine Mail vom Mail-Server des Absenders zum Mail-Server des Empfängers übertragen. Der Router für den Server des Absenders ermittelt den nächsten Server, an den die Nachricht übertragen werden soll. Jeder Server berechnet den nächsten Hop, der auf dem Übertragungsweg zum Zielserver liegt. Sobald die Nachricht den Zielserver erreicht, liefert der Router sie an die Mail-Datenbank (Anwendung) des Empfängers aus.

Wenn ein Benutzer Mails an einen Empfänger mit einer Notes-Adresse sendet, sucht der Router im Domino-Verzeichnis nach einem Personendokument mit dieser Adresse. Das Personendokument enthält den Namen des entsprechenden Mail-Servers. Wenn der Server von Empfänger und Absender identisch ist, stellt der Router die Nachricht zu, indem er sie in der Mail-Datenbank des Empfängers speichert. Wenn Absender und Empfänger unterschiedlichen Mail-Servern zugeordnet sind, überprüft der Router im Domino-Verzeichnis, ob die Server sich in derselben Notes-Domäne befinden (siehe *Abbildung 4.51*).

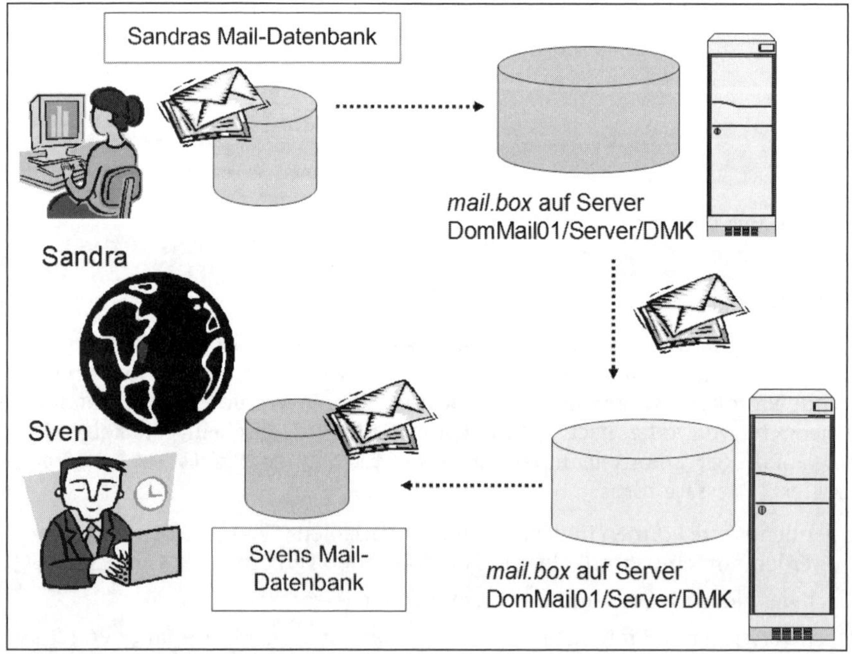

Abbildung 4.51: Notes Mail-Routing

Befinden sich die Server in verschiedenen Notes-Domänen, sucht der Router im Domino-Verzeichnis nach einem Verbindungsdokument, das einen Server in der Domäne des Absenders mit einem Server in der Domäne des Empfängers verbindet. Wenn der Router das Verbindungsdokument gefunden hat, überträgt er die Nachricht an den Server in der Domäne des Absenders, der eine Verbindung zu einem Server in der Domäne des Empfängers herstellt. Sobald die Server verbunden sind, wird die Nachricht an die andere Domäne übertragen, wo sie zum Server und dann zur Mail-Datenbank des Empfängers weitergeleitet wird.

Verbindungsdokumente für Routing und Replizierung

Für die Replizierung zwischen zwei Servern benötigen Sie ein Verbindungsdokument auf einem der beiden Server. Sie benötigen deshalb nur ein Dokument, weil die Replizierung bidirektional durchgeführt wird, d.h., der anrufende Server tauscht die Informationen in beide Richtungen aus, an und vom antwortenden Server.

Für das Mail-Routing zwischen zwei Servern benötigen Sie jeweils ein Verbindungsdokument auf beiden Servern, weil das Routing zwischen Servern nur in eine Richtung durchgeführt wird. Zum Beispiel benötigt Server A ein Verbindungsdokument, um Mails an Server B zu übertragen. Und Server B benötigt ein Verbindungsdokument, um Mails an Server A zu übertragen.

In einer Organisation, die mehrere Notes-Domänen verwendet, sind möglicherweise zwei Domänen nicht miteinander verbunden, d.h., es besteht keine Verbindung zwischen einem Server in der einen und einem Server in der anderen Domäne. In diesem Fall kann Mail über eine andere Domäne bzw. andere Domänen übertragen werden, die diese beiden Domänen überbrücken. Wenn z.B. zwischen Domäne A und Domäne B keine Serververbindung besteht, beide jedoch mit Domäne C verbunden sind, kann Mail zwischen Domäne A und Domäne B über Domäne C übertragen werden. Um diesen Routing-Pfad einzurichten, erstellen Sie Dokumente für nicht benachbarte Domänen, in denen die Zieldomäne und die Domäne, über die Mail zur Zieldomäne übertragen wird, angegeben sind.

Befindet sich der Empfänger in derselben Domäne wie der Absender, sucht der Router den nächsten Hop für die Nachricht und überträgt die Nachricht an diesen Server. Dieser Server wiederum ermittelt den nächsten Hop für die Nachricht und überträgt die Nachricht. Dieses Verfahren wird so lange fortgesetzt, bis die Nachricht ihren Empfänger erreicht. Der Router ermittelt das Notes-Netzwerk für den Server des Empfängers und den des Absenders. Befinden sich beide Server in demselben Notes-Netzwerk, überträgt der Router die Nachricht unverzüglich aus der *mail.box*-Datei auf dem Server des Absenders an die *mail.box*-Datei auf dem Server des Empfängers. Anschließend stellt der Router, der auf dem Server des Empfängers ausgeführt wird, die Nachricht an die Mail-Datenbank des Empfängers zu. Da Mail in einem Notes-Netzwerk automatisch übertragen wird, müssen Sie keine zusätzlichen Verbindungen oder Dokumente erstellen (siehe *Abbildung 4.51*).

Wenn die beiden Server verschiedenen Notes-Netzwerken angehören, muss der Router auf dem Server des Absenders eine Verbindung zwischen den beiden Netzwerken suchen. Verbindungen zwischen Notes-Netzwerken erfordern einen Server, auf dem dasselbe Protokoll ausgeführt wird, d.h. gegebenenfalls so, dass ein Server mit mehreren Beinchen in den entsprechenden Netzwerken platziert wird.

Um Verbindungen zwischen Notes-Netzwerken zu ermitteln, sucht der Router in Verbindungsdokumenten. Diese Dokumente planen Verbindungen zwischen Domino Servern. Ein Verbindungsdokument gibt die Server von Absender und Empfänger an, wann und wie eine Verbindung hergestellt werden soll und welche Tasks (z.B. Replizierung und Mail-Routing) in der Verbindungszeit ausgeführt werden sollen. Verbindungsdokumente legen Verbindungen in eine Richtung fest und werden im Allgemeinen wechselseitig für das Mailing erstellt. Zum Beispiel plant ein Verbindungsdokument eine Verbindung von Server A zu Server B, und ein anderes Verbindungsdokument plant eine Verbindung von Server B zu Server A.

Notes-Routing verwendet einen Zeitplan für Serververbindungen, der auf den Verbindungsdokumenten im Domino-Verzeichnis basiert. Sie können die Verbindungsdokumente anpassen, um den Zeitpunkt zu steuern, zu dem Domino Mail mittels Notes-Routing überträgt. Sie können auch den Befehl `Route` an der Serverkonsole eingeben, um die Übertragung der gesamten ausstehenden Mail an einen anderen Server zu erzwingen.

Wenn der Router eine Verbindung zwischen den beiden Notes-Netzwerken gefunden hat, überträgt er die Mail an den nächsten Server im Verbindungspfad. Gehört ein Server beiden Notes-Netzwerken an, überträgt der Router die Nachricht von der *mail.box*-Datei auf dem Server des Absenders an die *mail.box*-Datei auf diesem „Bridge"-Server. Liegen auf dem Pfad mehrere Server-„Hops", überträgt der Router die Nachricht an die *mail.box*-Datei des nächsten Servers auf dem Übertragungsweg. Jeder Router auf dem Übertragungsweg überträgt die Nachricht an die *mail.box*-Datei des jeweils nächsten Servers auf dem Übertragungsweg.

Nachdem die Nachricht einen Server im Notes-Netzwerk des Empfängers erreicht hat, überträgt der Router auf diesem Server die Nachricht an die *mail.box*-Datei auf dem Server des Empfängers. Der Router auf dem Server des Empfängers stellt die Nachricht an die Mail-Datenbank des Empfängers zu.

Um eine Mail an einen Benutzer in einer anderen Notes-Domäne zu senden, muss der Absender die Domäne des Empfängers an die Empfängeradresse anhängen. Zum Beispiel muss ein Benutzer in der Lotus-Domäne, der eine Mail an Julia Schmitt in der Domäne *DMK* senden möchte, die Nachricht an *Julia.Schmitt@DMK* und nicht nur an JSchmitt oder Julia Schmitt adressieren (siehe *Abbildung 4.52*). Um das Adressieren von Mails an Benutzer in anderen Domänen zu erleichtern, können Benutzer einen Eintrag in ihrem persönlichen Adressbuch erstellen, indem sie die vollständige Adresse des Empfängers angeben, z.B. *jan.mock@DMK*. Alternativ kann ein Administrator einen Eintrag im Domino-Verzeichnis erstellen, um die Adresse des Empfängers im Feld WEITERLEITUNGSADRESSE/FORWARD ADDRESS im Personendokument des Empfängers anzugeben.

Zusätzlich können Sie eine Verzeichnisverwaltung einrichten, um andere Domino- und LDAP-Verzeichnisse anzugeben, die der Router auf der Suche nach Empfängern durchsuchen kann.

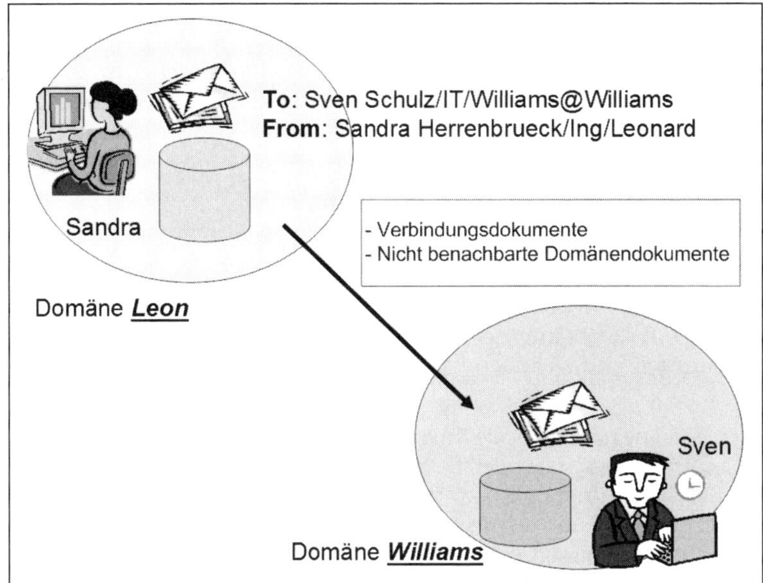

Abbildung 4.52: Mail-Versand zwischen unterschiedlichen Domänen

Interne Mail

Entscheiden Sie für die Übertragung von Mails innerhalb Ihrer Organisation und lokaler Internet-Domänen, wie Clients auf Mail-Datenbanken auf den Domino Servern zugreifen und wie Server die Mail an die jeweils anderen Server übertragen sollen. Die Protokolle für den Mail-Versand werden standardmäßig aktiviert, wenn Sie den Router laden. Domino überträgt Nachrichten sowohl im MIME- als auch im Notes Rich-Text-Format via Notes. Für den Zugriff auf Mails auf einem Domino Server verwenden Notes Clients das Notes-Protokoll, das standardmäßig beim Start des Notes Client aktiviert wird. Führen Sie folgende Schritte zur Verwendung von Internet- und Notes-Protokollen für Mails aus:

1. Aktivieren Sie die Internet-Client-Zugriffsprotokolle auf allen Mail-Servern. Notes Client-Zugriffsprotokolle werden standardmäßig aktiviert.
2. Laden Sie den Router auf jedem Server.
3. Aktivieren Sie den SMTP-Listener-Task im Serverdokument jedes Servers, der Mails über SMTP empfangen soll.
4. Aktivieren Sie für die Option SMTP IST INNERHALB DER LOKALEN INTERNET-DOMÄNE ZULÄSSIG/SMTP ALLOWED WITHIN THE LOCAL INTERNET DOMAIN die Zuordnung NUR MIME-NACHRICHTEN/MIME MESSAGES ONLY im Konfigurationsdokument jedes Servers, der Mail über SMTP senden soll.
5. Wenn sich Ihre Server in mehreren Notes-Netzwerken befinden, aktivieren Sie die Option SERVER INNERHALB DER LOKALEN NOTES-DOMÄNE SIND VIA SMTP ÜBER TCP/IP ERREICHBAR/SERVER WITHIN THE LOCAL NOTES DOMAIN ARE REACHABLE VIA SMTP OVER TCPIP im Konfigurationsdokument jedes Servers, der Mail über SMTP senden und empfangen soll.

Wenn SMTP- und Notes-Routing aktiviert ist, wählt der Router für die Übertragung der Nachricht das am besten geeignete Protokoll. Wenn z.B. SMTP für lokale Internet-Domänen aktiviert ist, verwendet der Router SMTP, um die MIME-Nachricht an den Server eines POP3-Empfängers zu übertragen, und Notes-Protokolle, um die Nachricht im Notes Rich-Text-Format an den Server eines Notes-Empfängers zu senden.

4.6.2 Domino-Verzeichnis und Mail-Routing

Das Domino-Verzeichnis enthält alle Informationen, die für das Übertragen von Mail in Ihrer Infrastruktur erforderlich sind. Eine Ausnahme stellt der getrennt verwaltete DNS (Domain Name Service) dar, da hierüber die Namensauflösung stattfindet. Das Domino-Verzeichnis unterstützt LDAP, sodass Internet-Mail-Clients LDAP verwenden können, um Verzeichnisinhalte abzufragen und zu ändern, sofern sie über die notwendigen Zugriffsrechte verfügen.

Handelt es sich bei der Domäne um die lokale Internet-Domäne, sucht der Router die vollständige Adresse in der Ansicht ($USERS) des Domino-Verzeichnisses, um ein Personendokument zu finden, das diese Adresse enthält. Wenn Sie die Verzeichnisverwaltung einrichten, sucht der Router die Adresse auch in anderen Verzeichnissen. Wenn der Router eine Übereinstimmung findet, überträgt er die Nachricht über SMTP- oder Notes-Routing an den Home-Server des Empfängers. Die von Ihnen im Serverkonfigurationsdokument für den Mail-Server gewählte Einstellung legt fest, welches Routing-Protokoll verwendet wird. Sie können wählen, SMTP nicht in der lokalen Internet-Domäne zu verwenden, SMTP nur für MIME-Nachrichten zu nutzen oder SMTP für alle Nachrichten zu verwenden, indem Sie die entsprechende Einstellung im Feld SMTP IST INNERHALB DER LOKALEN INTERNET-DOMÄNE ZULÄSSIG/SMTP ALLOWED WITHIN THE LOCAL INTERNET DOMAIN einstellen. Ist SMTP aktiviert und stimmt das Nachrichtenformat mit dem Format in dieser Einstellung überein, verwendet der Router zur Verbindung mit dem Zielserver TCP/IP, stellt eine SMTP-Verbindung her und überträgt die Nachricht.

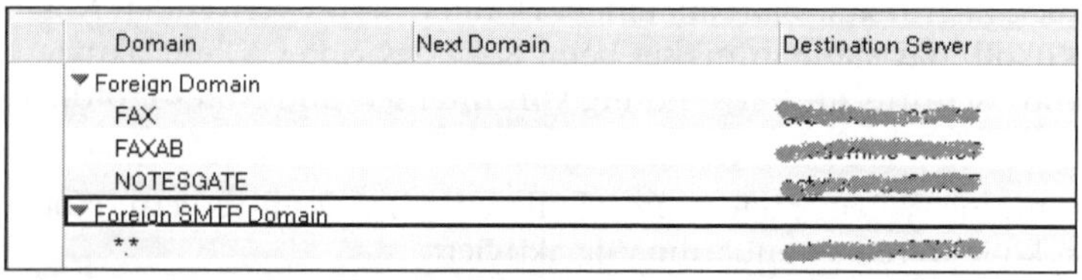

Domain	Next Domain	Destination Server
▾ Foreign Domain		
FAX		[illegible]
FAXAB		[illegible]
NOTESGATE		[illegible]
▾ Foreign SMTP Domain		
**		[illegible]

Abbildung 4.53: Domänendokumente im Domino-Verzeichnis

Findet der Router keine Übereinstimmung für den Empfänger in den angegebenen Verzeichnissen, kann er die Nachricht an einen Smart-Host weiterleiten. Ein Smart-Host ist ein Server, der ein Verzeichnis von Benutzern enthält, die in der lokalen Domäne, jedoch noch nicht im Domino-Verzeichnis enthalten sind. Wenn Sie z.B. Benutzer von einem Unix-Sendmail-System in ein Domino Mail-System migrieren, jedoch noch nicht alle Benutzer migriert haben, können Sie einen Unix-Server als Smart-Host konfigurieren, der die Sendmail-Benutzer findet und Mail an sie überträgt. Der Name des Smart-Hosts ist im Feld SMART-HOST DER LOKALEN INTERNET-DOMÄNE/LOCAL INTERNET DOMAIN SMART HOST im Register ROUTER/SMTP > ALLGEMEIN/BASICS des Serverkonfigurationsdokuments aufgeführt.

Das Domino Directory verwendet zahlreiche Dokumente, um die Mail-Topologie zu definieren. Abhängig von den Anforderungen und Bedürfnissen werden Sie die folgenden Dokumente erstellen oder bearbeiten:

Dokumente	Beschreibung
Serverdokumente/ Server Documents	Jeder Domino Server benötigt ein Serverdokument. Serverdokumente spezifizieren Folgendes für jeden Server: Notes-Name; IP-Addresse; voll qualifizierter Internet-Host-Name; Domino Domain; das zugehörige Domino-Named Networks; Internet-Ports und verfügbare Dienste wie etwa IMAP, POP3, SMTP-Ports; entsprechende Sicherheitsoptionen für die jeweiligen Ports.
Konfigurationsdokumente/ Configuration Settings Documents	Konfigurationsdokumente stellen zusätzliche Informationen bezüglich des Handlings von ein- und ausgehenden Mails. Sie definieren Einstellungen für den Router in Bezug auf SMTP und Notes-Routing wie Beschränkungen für Inbound SMTP; Informationen für die MIME-Konvertierung; Mail-Zugriff für IMAP und iNotes Web Access Clients.
Verbindungsdokumente/ Connection Documents	Verbindungsdokumente definieren den Routing-Verlauf von Mails außerhalb der lokalen Domino Domain oder dem Domino-Named Network.
Globale Domain-Dokumente/ Global Domain Documents	Globale Domain-Dokumente identifizieren die Internet-Domänen, die einer Domino-Domäne zugeordnet werden und von der die lokale Domino-Domäne Mails empfangen darf. Des Weiteren werden Instruktionen für die Konvertierung von Notes Mail-Adressen in SMTP-Adressen bereitgestellt.
Benachbarte und nicht benachbarte Domänendokumente/ Adjacent and Non-adjacent Domain Documents	Benachbarte und nicht benachbarte Domänendokumente spezifizieren die Domänen, von der die lokale Domino-Domäne Mails empfängt, die für eine benachbarte oder nicht benachbarte Domino-Domäne bestimmt sind. Sie erstellen Dokumente für nicht benachbarte Domänen, um einen Weg zwischen Servern in Notes-Domänen anzugeben, die nur über eine Zwischendomäne (die sogenannte „benachbarte Domäne") miteinander in Verbindung treten können. Sie verwenden Dokumente für benachbarte Domänen, um die nicht verbundenen Domänen mit der Zwischendomäne zu verbinden. Wenn alle Server in der Domäne dasselbe Domino-Verzeichnis verwenden, benötigen Sie nur ein Dokument für nicht benachbarte Domänen, und nicht ein Dokument pro Server.
Fremde SMTP-Domänendokumente/ Foreign SMTP Domain Documents	Sie erstellen ein Dokument für fremde SMTP-Domänen für jeden Server, der Nachrichten über SMTP senden muss, jedoch nicht für die Verwendung von SMTP konfiguriert ist. Ein Dokument für fremde Domänen definiert den Pfad zwischen einer Domino-Domäne und einer externen Anwendung, z.B. einem Fax- oder einem Pager-Gateway. Ein Dokument für fremde Domänen identifiziert den Domino-Server, der als Gateway für die externe Anwendung verwendet wird. In diesem Dokument geben Sie an, zu welchem Server Nachrichten gesendet werden sollen, die an solche Internetadressen adressiert sind.

Dokumente	Beschreibung
Internet-Site-Dokumente/ Internet-Site Documents	Internet-Site-Dokumente stellen Protokollinformationen für IMAP-, POP3- und SMTP-Anschlüsse bereit. Die Portinformationen, die in einem Internet-Site-Dokument hinterlegt werden, haben Vorrang vor den Einstellungen, die im Serverdokument für den entsprechenden Anschluss definiert wurden.
File Identification-Dokumente/ File Identification Documents	File Identification-Dokumente definieren das Zusammenspiel zwischen Dateiendungen und MIME-Typen sowie den Untergruppen diverser Dateitypen.
Personendokumente/ Person Documents	Personendokumente liefern Informationen bezüglich des Mail-Datenbankablageorts auf einem Domino Server, Notes und Internet-Mail-Adresse, das für den Webzugriff (HTTP, POP3, IMAP) benötigte Passwort und Eigenschaften bzgl. der Ablage von Mails.

Da Domino Mail zwischen Servern im selben Domino-Netzwerk automatisch überträgt, müssen Sie für diesen Zweck keine Verbindungsdokumente erstellen. Wenn sich die Server jedoch nicht im selben Notes-Netzwerk befinden, müssen Sie Dokumente im Domino-Verzeichnis erstellen, um festzulegen, wie Mail im Notes Mail-System übertragen werden soll. Wie Sie Verbindungen für Notes-Routing erstellen, hängt von folgenden Faktoren ab:

- vom Standort der beiden Server: im selben Notes-Netzwerk, in derselben Notes-Domäne, in benachbarten Notes-Domänen, in nicht benachbarten Notes-Domänen
- von der von beiden Servern benötigten Art der Verbindung: LAN, Notes-Direktwählverbindung, Netzwerkwählverbindung oder Durchgangsserver

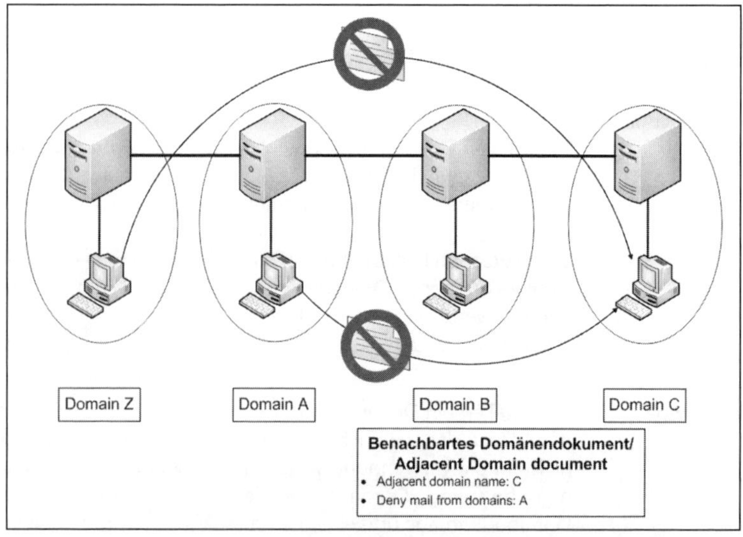

Abbildung 4.54: Dokumente für benachbarte Domänen (Adjacent Domains) enthalten Beschränkungen. Wenn Sie Beschränkungen für die Übertragung von Mail von einer Domäne zu einer benachbarten Domäne festlegen möchten, gehen Sie wie folgt vor: Wenn Sie sich beispielsweise in Domäne B befinden und verhindern möchten, dass Mail aus der benachbarten Domäne A über Ihre Domäne übertragen wird, um die andere benachbarte Domäne C zu erreichen, erstellen Sie ein Dokument für benachbarte Domänen, das C als die benachbarte Domäne angibt und Mail aus A ablehnt.

Darüber hinaus hängt die Anzahl der zu erstellenden Verbindungsdokumente von der Art ab, wie Sie Mail übertragen möchten (an einen Server und von einem Server oder nur an einen Server oder nur von einem Server). In den meisten Fällen möchten Sie Mail vermutlich in beide Richtungen übertragen. Daher erstellen Sie für jede Verbindung zwei Verbindungsdokumente. Wenn Sie die Replizierung eingerichtet haben, verfügen Sie möglicherweise bereits über viele der benötigten Verbindungsdokumente. Sie können dasselbe Verbindungsdokument für die Replizierung und das Mail-Routing verwenden oder für jede Aufgabe ein separates Verbindungsdokument erstellen.

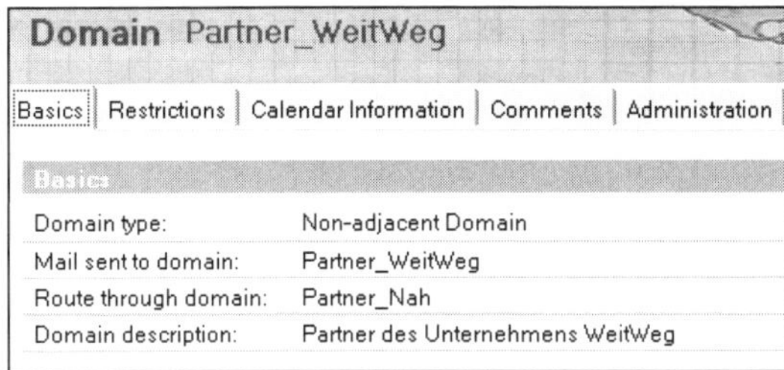

Abbildung 4.55: Nicht benachbartes Domänendokument: Das Ziel ist eine nicht benachbarte Domäne, die Durchgangsdomäne ist eine benachbarte Domäne.

Die folgende Tabelle zeigt typische Verbindungsarten und die zum Einrichten erforderlichen Dokumente.

Serverstandorte	Für die Herstellung der Verbindung benötigte Dokumente
In verschiedenen Notes-Netzwerken derselben Notes-Domäne	Zwei Verbindungsdokumente, damit Mail in beide Richtungen übertragen werden kann.
In benachbarten Notes-Domänen	▶ Zwei Verbindungsdokumente, eines in jeder Notes-Domäne, damit Mail in beide Richtungen übertragen werden kann. ▶ Ein Dokument für benachbarte Domänen, wenn Sie Beschränkungen benötigen.
In nicht benachbarten Notes-Domänen	Zwei Verbindungsdokumente, eines in jeder Notes-Domäne, um eine Verbindung mit der benachbarten Domäne herzustellen. Zwei Dokumente für nicht benachbarte Domänen, eines in jeder der nicht benachbarten Notes-Domänen, damit die Zwischendomäne mit diesen verbunden werden kann (siehe *Abbildung 4.55*).
Zu einem Gateway über eine fremde Domäne	Ein Dokument für fremde Domänen, damit fremde Domänen für Nicht-Mail-Systeme (wie Fax oder Pager) erkannt werden.
Zu einem Server mit aktiviertem SMTP	▶ Ein Dokument für fremde SMTP-Domänen, über das ermittelt werden kann, von wo aus Nachrichten an das Internet gesendet werden können, wenn nicht auf all Ihren Servern SMTP-Routing aktiviert ist. ▶ Ein SMTP-Verbindungsdokument, um den Server anzugeben, auf dem SMTP aktiviert ist.

Routing-Tabellen

Wenn Sie den Router auf einem Server starten, sammelt dieser Informationen aus den Verbindungs-, Domänen- und Serverdokumenten im Domino-Verzeichnis. Wenn ein Benutzer Mail an einen Empfänger in der lokalen Domäne sendet, sucht der Router im Domino-Verzeichnis (oder einem sekundären Verzeichnis) nach dem Personendokument des Empfängers, in dem dessen Home-Server aufgelistet ist. Der Router ermittelt anhand der Routing-Tabelle den optimalen, kostengünstigsten Pfad zu dem Server und überträgt die Nachricht auf diesem Pfad. Wenn Sie einen Server neu starten, wird die Routing-Tabelle vom Router neu berechnet.

Host-Namen im Domino-System

Verwenden Sie in Ihrem Domino-System vollständig qualifizierte Host-Namen anstelle von IP-Adressen. IP-Adressen sind hier grundsätzlich zwar geeignet und werden voll unterstützt, sie ändern sich jedoch häufiger als Host-Namen. Wenn die Adressen nicht ordnungsgemäß aktualisiert werden, können Probleme in der Domino-Umgebung auftreten. Zum Beispiel kann eine Teilnetzänderung oder Umorganisation eine Änderung in der Serveradressierung erforderlich machen. Wenn ein Serverdokument in einem solchen Fall Host-Namen verwendet, ist keine Aktualisierung des Dokuments erforderlich. Die Aktualisierung ist dagegen erforderlich, wenn das Dokument eine IP-Adresse enthält.

Vor dem Ändern der IP-Adresse eines Servers sollten Sie sich mit den folgenden potenziellen Problemen beschäftigen:

- Problem 1: Wenn die vorherige IP-Adresse des Servers in einem Serververbindungsdokument oder Serverdokument gespeichert ist und die IP-Adresse des Servers im DNS und auf dem Server selbst geändert wird, führen die alten Serververbindungsdokumente oder Serverdokumente zu Verbindungsfehlern. Speichern Sie deshalb in Serververbindungs- oder Serverdokumenten als Netzwerkadresse den voll qualifizierten DNS-Domänennamen und nicht die IP-Adresse. So können Sie die IP-Adresse des Servers im DNS ändern, ohne die Serververbindungs- oder Serverdokumente ebenfalls ändern zu müssen. Das Ändern der Netzwerkadresse von der IP-Adresse in den DNS-Namen kann jederzeit erfolgen.
- Problem 2: Der Algorithmus, den alle Notes Clients und Domino Server für die Verbindung mit einem Domino Server verwenden, kann die IP-Adresse, die zuvor für einen erfolgreichen Verbindungsaufbau zum Server verwendet wurde, im Cache speichern. Wenn ein solcher Cache-Eintrag vorhanden ist und die IP-Adresse des Servers geändert wird, kommt es möglicherweise zu einem Verbindungsfehler, da die alte Adresse aus dem Cache verwendet wird.

Zum Verständnis: Notes versucht im vorher beschriebenen Beispiel, eine Verbindung mit einem Server herzustellen, der inaktiv bzw. unter der bekannten IP-Adresse nicht mehr erreichbar ist, und probiert dabei alle Notes-Anschlüsse (d.h. alle möglichen Technologien) mit allen verfügbaren Werkzeugen für die Auflösung von Namen in Adressen. Bis alle Versuche fehlgeschlagen sind, kann dieser Verbindungsversuch sehr viel Zeit in Anspruch nehmen. Um die lange Verzögerung zu verhindern, zu der es bei einem Ausfall des Servers bis zur Meldung des Fehlers kommen würde, wurden in Notes zwei Serververbindungsalgorithmen implementiert. Der erste Algorithmus ist schnell und verwendet im Cache zwischengespeicherte Adressen. Der zweite hingegen ist langsamer und greift auf den vollständigen Algorithmus zurück, der den Cache umgeht, falls die erste Methode fehlgeschlagen ist.

```
Verbindungsaufbau zu D01Hub/Server/DMK über TCPIP
Verbunden mit Server D01Hub/Server/DMK
Verbindungsaufbau zu D01Hub/Server/DMK über TCPIP
Verbunden mit Server D01Hub/Server/DMK
```

Abbildung 4.56: Verbindungsaufbauinformationen

1. Der schnelle Verbindungsalgorithmus wird nur dann verwendet, wenn der Client oder Server am selben Tag bereits erfolgreich eine Verbindung mit dem gewünschten Server aufgebaut hatte. Wenn am selben Tag noch keine Verbindung hergestellt wurde, wird der langsamere Algorithmus verwendet und der Cache umgangen. Dieses Problem tritt aber nicht auf, wenn Sie die IP-Adresse des Servers spät am Abend, aber vor Mitternacht ändern. Dies ist die einfachste Lösung, da sie die Benutzer nicht beeinträchtigt und keine Anrufe beim Support-Team oder andere Benutzeraktionen erforderlich macht.
2. Der Cache wird nach dem erfolgreichen Herstellen einer Verbindung mit dem Server überschrieben. Im Cache wird die vom Benutzer eingegebene und nicht die aufgelöste IP-Adresse gespeichert. Wenn Benutzer daher beispielsweise die Verbindung mit dem Server SERVER1/DMK durch Eingabe von *server1.DMK.de* herstellen, wird im Cache die Adresse *server1.DMK.de* und nicht 1.2.3.4 gespeichert. Somit tritt das Problem nicht auf.
3. Der Cache wird nach dem erfolgreichen Herstellen einer Verbindung mit dem Server überschrieben. Wenn ein Benutzer versucht, die Verbindung mit einem Server über den Notes-Namen herzustellen, z.B. SERVER1/DMK, wird der veraltete Cache-Eintrag verwendet. Falls er dagegen den voll qualifizierten Domänennamen für die Verbindung verwendet, beispielsweise *server1.DMK.de*, wird nicht auf den Cache zugegriffen. Stattdessen wird die neue Adresse aus dem DNS abgerufen und richtig in den Cache eingetragen. Um die Serververbindung erfolgreich mithilfe des voll qualifizierten Domänennamens herzustellen, verwenden Sie den Menübefehl DATEI/FILE > ANWENDUNG/APPLICATION > ÖFFNEN/ÖFFNEN oder DATEI/FILE > VORGABEN/PREFERENCES > BENUTZERVORGABEN/USER PREFERENCES > ANSCHLÜSSE/PORTS > TRACE (Basis Client) oder DATEI/FILE > VORGABEN/PREFERENCES > NOTES-PORTS/NOTES PORTS > TRACE (Standard Client).
4. Die Cache-Daten werden in den folgenden Notes-Feldern in den Arbeitsumgebungsdokumenten für den Client und im Serverdokument für den Server gespeichert:
   - `$SAVED ADDRESSES`
   - `$SAVEDDATE`
   - `$SAVEDPORTS`
   - `$SAVEDSERVERS`
   - `$SAVEDTRIEDDATE`

   Wenn diese Felder, z.B. mit einem Formelagenten, aus dem Arbeitsumgebungs- oder dem Serverdokument gelöscht werden, können die alten IP-Adressen im Cache nicht mehr verwendet werden. Diese Methode kann jedoch zu Problemen führen, da die Notes-Elemente vom laufenden Client oder Server wieder geschrieben werden können. Führen Sie den Agenten dann aus, wenn keine Verbindung zum Server besteht (Arbeitsumgebung INSEL).
5. Deaktivieren Sie die Verwendung der zwischengespeicherten Adressen mithilfe der folgenden *notes.ini*-Einstellung: `DONT_USE_REMEMBERED_ADDRESSES=1`. Wenn der Client mehrere oder langsame Anschlusstechnologien verwendet, sollten Sie möglichst nicht auf diese Methode zurückgreifen, da es anschließend sehr lange dauern kann, bis der Ausfall eines Servers gemeldet wird.

DNS (Domain Name Service) und Mail-Routing

DNS bietet ein Verzeichnis, das von SMTP zur Konvertierung eines Namens (z.B. *DMK.de*) in eine Liste von Servern, die Verbindungen für diesen Namen empfangen können, verwendet wird. Ferner wird DNS zur Suche der IP-Adresse eines bestimmten Servers verwendet. Durch das Nachschlagen der Adresse des Zielservers im DNS kann der sendende Server eine Nachricht einwandfrei an den Empfänger übertragen. Sie müssen DNS ordnungsgemäß konfigurieren, damit Ihre SMTP-Operationen unterstützt werden können. Um die IP-Adresse des Mail-Servers für die Zieldomäne festzulegen, verfährt Domino wie folgt:

1. Der Server sucht im DNS die Domänenkomponenten der einzelnen Empfängeradressen.
2. Findet DNS einen MX-Datensatz, versucht der Server, eine Verbindung zu dem in diesem MX-Datensatz aufgeführten Server herzustellen. MX ist die Abkürzung für Mail Exchange Record. Dies ist ein Datensatz (Resource Record), der eine Liste sogenannter Mail Exchanger enthält, die bereit sind, Mails für eine bestimmte Domain entgegenzunehmen. Allen Einträgen dieser Liste sind Prioritäten zugeordnet. Zuerst wird versucht, an den Server mit der höchsten Priorität zuzustellen. Scheitert dieser Versuch, werden alle Mail-Server nach absteigender Priorität probiert.

   Liegt mehr als ein MX-Datensatz vor, versucht der Server, eine Verbindung zu dem Server herzustellen, der am (kosten-)günstigsten zu erreichen ist. Sind mehrere MX-Datensätze gleich günstig, trifft der Server eine zufällige Auswahl eines Datensatzes und versucht, eine Verbindung zu dem in diesem MX-Datensatz aufgeführten Server herzustellen.
3. Für einen bestimmten Domänennamen können mehrere MX-Datensätze existieren. Der Host-Name wird im DNS gesucht, um einen A-Datensatz zu identifizieren. Ein A-Datensatz enthält die IP-Adresse für den Host.
4. Findet DNS lediglich einen A-Datensatz, überträgt Domino die Nachricht an die in diesem A-Datensatz enthaltene IP-Adresse.
5. Findet DNS keinen Datensatz, kann Domino die Nachricht nicht zustellen und sendet eine Zustellungsfehlernachricht an den Absender.

Sie können DNS auch verwenden, um eine IP-Adresse mit einem Host-Namen oder einen Host-Namen mit einer IP-Adresse zu vergleichen. So können Sie feststellen, wer der eigentliche Absender der Nachricht ist. Verwenden Sie diese Überprüfung, um den Relais-Zugriff auf Ihren Server zu beschränken oder um UCE (unsolicited commercial E-Mail = unangeforderte kommerzielle E-Mail, besser als Spam bekannt) zu verhindern.

Durch einen MX-Datensatz wird einem oder mehreren Host-Namen ein Domänenname zugeordnet. Ein A-Datensatz ordnet der IP-Adresse eines Servers einen Host-Namen zu. Sie sollten unter Umständen aus folgenden Gründen einen Host-Namen im MX-Datensatz anstatt nur in einem A-Datensatz verwenden:

- Einige Werkzeuge von Fremdanbietern erkennen nur Host-Namen und keine IP-Adressen.
- Wenn Sie einen Computer ersetzen müssen, können Sie dem neuen Computer den vorhandenen Host-Namen und die vorhandene IP-Adresse zuweisen. Die Nachrichten werden weiterhin einwandfrei übertragen, sodass Benutzer diese Änderung gar nicht bemerken.

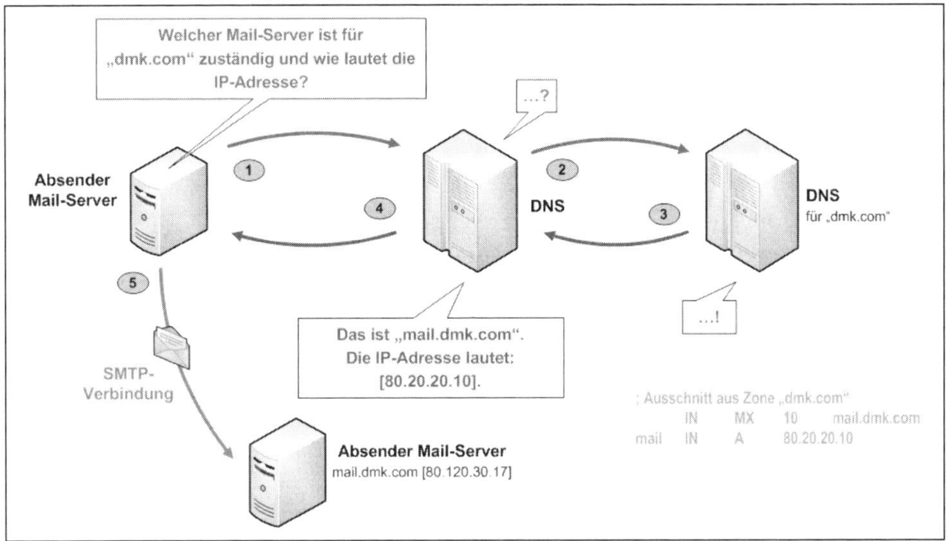

Abbildung 4.57: Über den MX-Eintrag ermitteln Mail-Server den Empfänger-Mail-Server, der für den Empfang von E-Mails an eine bestimmte Domain zuständig ist. Bei einer E-Mail an „info@dmk.com" befragt der Absender-Mail-Server seinen DNS, wer der zuständige Mail-Server für „dmk.com" ist (im Bild Schritte #1 bis #3). Als Antwort (#4) erhält er den MX-Eintrag, z.B. „mail.dmk.com", der dann in eine IP-Adresse aufgelöst wird. Der Absender-Mail-Server tritt dann direkt mit dem Empfänger-Mail-System in Verbindung und versendet die E-Mail per SMTP (#5).

Wenn Sie mehr als einen MX-Datensatz für einen Namen einrichten, können Sie Kosten festlegen, die steuern, wie DNS diese Datensätze auswählt. DNS zieht Datensätze mit niedrigen Kosten vor, wählt z.B. einen Datensatz mit der Kostengewichtung 5, bevor es einen mit 10 wählen würde. Wenn mehr als ein MX-Datensatz mit denselben Kosten vorhanden ist, trifft DNS eine zufällige Auswahl aus diesen MX-Datensätzen. Falls die Verwendung eines dieser MX-Datensätze einen Fehler verursacht (z.B. weil ein Server nicht zur Verfügung steht), nutzt der Mail-Server einen anderen MX-Datensatz mit denselben Kosten.

Die Domäne *DMK.de* hat beispielsweise vier MX-Datensätze:

- MX-Datensatz: DMK.de IN MX 5 *mail1.DMK.de*
- MX-Datensatz: DMK.de IN MX 5 *mail2.DMK.de*
- MX-Datensatz: DMK.de IN MX 10 *mail3.DMK.de*
- MX-Datensatz: DMK.de IN MX 10 *mail4.DMK.de*

Wenn ein Server versucht, eine Verbindung zu *DMK.de* herzustellen, verwendet DNS zuerst MX-Datensätze mit Kosten von 5. Da zwei solcher MX-Datensätze vorliegen, trifft DNS eine zufällige Auswahl zwischen dem MX-Datensatz für *mail1.DMK.de* und dem für *mail2.DMK.de*. Wenn DNS den MX-Datensatz für *mail1.DMK.de* zurückgibt, *mail1.DMK.de* aber nicht zur Verfügung steht, gibt DNS den MX-Datensatz für *mail2.DMK.de* zurück. Steht *mail2.DMK.de* nicht zur Verfügung, ist die Verwendung beider MX-Datensätze, deren Kosten 5 betragen, fehlgeschlagen. DNS wählt dann aus den MX-Datensätzen mit Kosten von 10 aus und wendet sie nach demselben Schema an.

4.6.3 SMTP-Mail-Routing

SMTP ist ein Protokoll, mit dem E-Mails an einen Mail-Server verschickt werden. Dazu ist in der Konfiguration des E-Mail-Programms die Angabe des SMTP-Servers notwendig. In der Regel können E-Mails nur über den SMTP-Server des jeweiligen Internet-Providers verschickt werden.

Der ursprüngliche Standard für SMTP – niedergelegt im RFC 821 – stammt aus dem Jahr 1982 und gilt, abgesehen von einigen Erweiterungen, nach wie vor. Dieser RFC 821 legte ein Minimum an Schlüsselworten fest, die jede Implementierung von SMTP (d.h. die Verkörperung von SMTP in einem Programm) beherrschen muss.

Die Aufgabe des Simple Mail Transfer Protocol (SMTP) ist der zuverlässige und effiziente Transport von Nachrichten. SMTP ist unabhängig vom Netzprotokoll, in der Regel wird das im Internet übliche TCP verwendet. Die Kommunikation erfolgt über den Port 25. Für den Austausch von Nachrichten sind sogenannte Mail Transfer Agents (MTA) zuständig. Der bekannteste MTA ist Sendmail. Anwender kommen normalerweise mit diesem MTA nicht in Kontakt. E-Mail-Clients wie Thunderbird, Outlook oder auch Lotus Notes übernehmen die Übertragung der elektronischen Post von und zum Mail Transfer Agent. Die MTAs verwenden zur Kommunikation untereinander einfache ASCII-Zeichen. Der Client sendet Kommandos zum Server, der mit einem numerischen Code und einem optionalen String antwortet.

Mail-Übertragung via SMTP

SMTP ist ein Mail-Protokoll für die „Punkt zu Punkt"-Übertragung. Wenn der Benutzer eine Nachricht über SMTP sendet, geschieht Folgendes:

1. Der Sendeserver prüft die Adresse des Empfängers, die das Format *lokalerTeil@Domäne* hat, und sucht die Domäne im Domain Name Service (DNS).
2. DNS gibt die IP-Adresse eines Servers in der Domäne zurück, der den Mail-Empfang über SMTP zulässt.
3. Der Sendeserver verwendet TCP/IP für die Verbindung zum Zielserver, stellt eine SMTP-Verbindung her, überträgt die Nachricht und beendet die Verbindung.

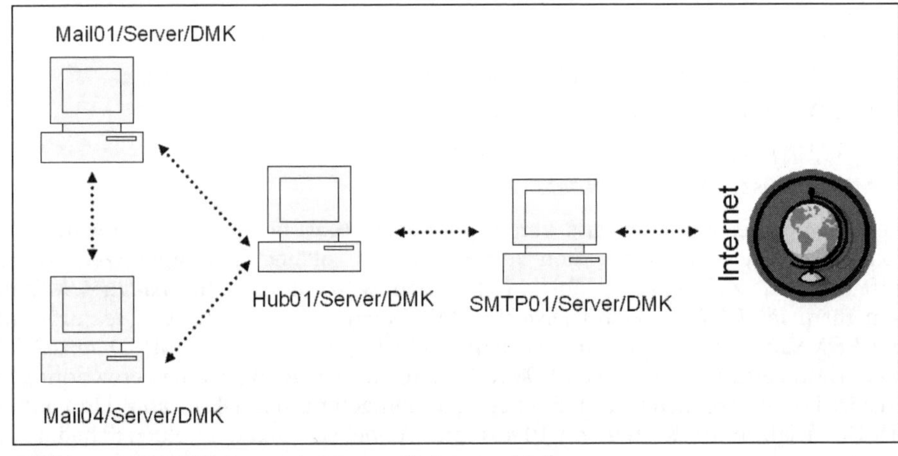

Abbildung 4.58: SMTP-Server als Gateway für Internet-Mails

- Domino verfügt über drei SMTP-Optionen. Sie können eine beliebige oder alle dieser Optionen wählen:
  - Verwendung von SMTP, wenn Mail an Empfänger außerhalb der lokalen Internet-Domäne gesendet wird
  - Verwendung von SMTP innerhalb Ihrer lokalen Internet-Domäne
  - Verwendung von eingehenden SMTP-Verbindungen für den SMTP-Mail-Empfang von anderen Servern in Ihrer Organisation und/oder aus dem Internet, abhängig von Ihrer Konfiguration

SMTP für den Mail-Versand wird im Register ROUTER/SMTP > ALLGEMEIN/BASICS des Serverkonfigurationsdokuments konfiguriert. SMTP für den Mail-Empfang wird im Register ALLGEMEIN/BASICS des Serverdokuments konfiguriert.

Es gibt verschiedene Möglichkeiten, Ihr Domino-System für das Senden und Empfangen von Mail von externen Internet-Domänen einzurichten. Generell können Sie alle Mail-Server so konfigurieren, dass SMTP zur Übertragung von Mail an externe Domänen verwendet wird, oder Sie konfigurieren nur bestimmte Server so, dass sie SMTP zur Übertragung von Mail an externe Domänen verwenden. Die Konfigurationsschritte für diese beiden Optionen sind unterschiedlich.

Internet-Domäne des Empfängers ermitteln

Wenn der Router Mail für einen Empfänger mit einer Internetadresse (einer Adresse im Format *lokalerTeil@Domäne*, die einen Punkt rechts vom @-Zeichen enthält, z.B. *jan.taylor@DMK.de*) verarbeitet, überprüft er, ob die Domäne die lokale Internet-Domäne ist. Der Router ermittelt die lokalen Internet-Domänen aus der lokalen primären Internet-Domäne und aus den alternativen Aliasnamen für Internet-Domänen im Dokument GLOBALE DOMÄNE/GLOBAL DOMAIN. Falls dieses Dokument nicht vorhanden ist, vergleicht der Router die Domäne in der Nachrichtenadresse mit dem Host-Namen des Servers. Wenn beispielsweise die Nachricht an *jan.taylor@mailhost3.DMK.de* adressiert ist und der Router sich auf dem Server *mailhub.DMK.de* befindet, erkennt er, dass der Empfänger zu der lokalen Internet-Domäne gehört.

Mail an Empfänger außerhalb der lokalen Internet-Domäne übertragen

Wenn die in einer Internetadresse angegebene Domäne nicht zu den lokalen Internet-Domänen gehört, bestimmt Ihre Mail-Infrastruktur, wie der Router die Nachricht übermittelt:

- Ist der Sendeserver so eingerichtet, dass er SMTP zur Übertragung von Mail außerhalb der lokalen Internet-Domäne verwendet, und ist ein Relais-Host im Konfigurationsdokument für diesen Server konfiguriert, sucht der Übertragungsserver den Relais-Host im DNS, stellt mithilfe von TCP/IP eine Verbindung zum Relais-Host her, richtet eine SMTP-Verbindung ein und leitet die Nachricht weiter.
- Wenn der Sendeserver Mail außerhalb der lokalen Internet-Domäne über SMTP senden kann und kein Relais-Host, jedoch ein Dokument vom Typ FREMDE SMTP-DOMÄNE/FOREIGN SMTP DOMAIN verfügbar ist, das mit der Domäne der Empfängeradresse übereinstimmt, verwendet der Übertragungsserver das Dokument FREMDE SMTP-DOMÄNE/FOREIGN SMTP DOMAIN und das entsprechende SMTP-Verbindungsdokument, um die Nachricht an den im SMTP-Verbindungsdokument angegebenen Server (entweder ein V5-Internet-Mail-Server oder ein R4 SMTP MTA) zu übertragen.

- Wenn der Sendeserver in der Lage ist, Mail über SMTP an Empfänger außerhalb der lokalen Internet-Domäne zu senden und kein Relais-Host existiert, sucht er die Zieldomäne im DNS, verwendet TCP/IP für die Verbindung zum angegebenen Empfangs-Host, stellt eine SMTP-Verbindung her und überträgt die Nachricht.
- Wenn der Sendeserver nicht in der Lage ist, Mail über SMTP außerhalb der lokalen Internet-Domäne zu übertragen und die Adresse der Nachricht zu einer in einem Dokument FREMDE SMTP-DOMÄNE/FOREIGN SMTP DOMAIN angegebenen Adresse passt, verwendet der Router Notes-Routing zur Übertragung der ausgehenden Nachricht an einen Server, der so konfiguriert ist, dass er SMTP zur Übertragung von Nachrichten außerhalb der lokalen Internet-Domäne verwenden kann.

Relais-Host verwenden

Ein Relais-Host ist ein Server (z.B. eine Firewall oder ein Proxy), der über SMTP eine Verbindung zum Internet herstellt und eingehende und ausgehende Mail beschränkt. Ein Relais-Host kann auch ein DNS-Name sein, der mehreren MX-Datensätzen entspricht. Die Konfiguration eines Relais-Hosts wird anhand von zwei Feldern im Konfigurationsdokument des Sendeservers ausgeführt. Fügen Sie seinen DNS bzw. Host-Namen im Feld RELAIS-HOST FÜR NACHRICHTEN, DIE DIE LOKALE INTERNET-DOMÄNE VERLASSEN/RELAY HOST FOR MESSAGES LEAVING THE LOCAL INTERNET DOMAIN hinzu und aktivieren Sie SMTP WIRD ZUM SENDEN VON NACHRICHTEN AN EMPFÄNGER AUSSERHALB DER LOKALEN INTERNET-DOMÄNE VERWENDET/SMTP USED WHEN SENDING MESSAGES OUTSIDE THE LOCAL INTERNET DOMAIN.

Internet-Mail-Routing

Nur wenn Sie alle Domino Mail-Server so einrichten, dass sie SMTP zur Übertragung von Mail an externe Internet-Domänen verwenden, oder wenn Sie alle Domino Server so einrichten, dass sie SMTP innerhalb Ihrer Organisation verwenden, und Sie einen Relais-Host für Internet-Mail konfigurieren, werden Internet-Nachrichten nicht über Notes-Routing übertragen. In allen anderen Fällen verwendet Domino das Notes-Routing, um Internet-Mail an einen Server zu übertragen, der eine direkte Verbindung zum Internet herstellen kann.

Um das Notes-Routing für die Übertragung von Internet-Mail einzurichten, müssen Sie ein Dokument des Typs FREMDE SMTP-DOMÄNE/FOREIGN SMTP DOMAIN (siehe *Abbildung 4.59*) und ein SMTP-Verbindungsdokument erstellen und konfigurieren.

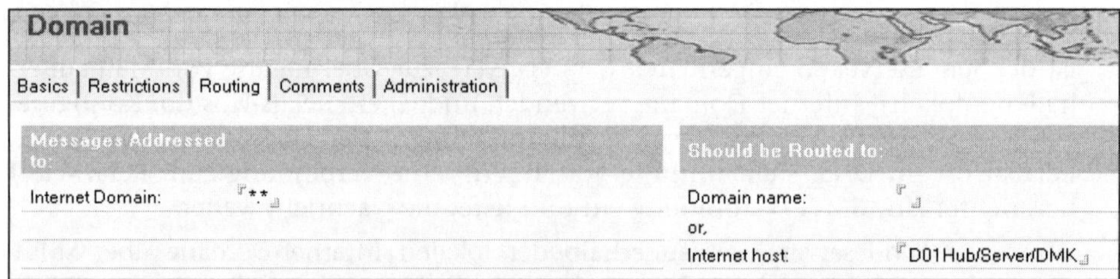

Abbildung 4.59: Fremdes SMTP-Dokument, das alle SMTP-Mails an den SMTP-Server leitet

Das Dokument *Fremde SMTP-Domäne/Foreign smtp domain*

Sie verwenden ein Dokument des Typs FREMDE SMTP-DOMÄNE/FOREIGN SMTP DOMAIN, um eine Domino-Domäne oder einen Internet-Host zu definieren, an die der Router Nachrichten mit Adressen übertragen soll, die bestimmte Kriterien erfüllen. Zum Beispiel erstellen Sie ein solches Dokument, um Mail an eine Internetadresse außerhalb der lokalen Domäne (*.*) zunächst an eine Notes-Domäne mit dem Namen „DasInternet" zu übertragen. Diese Domäne kann eine „echte" Notes-Domäne – also eine Gruppe von Servern, die ein gemeinsames Domino-Verzeichnis verwenden – oder eine „virtuelle" Domäne sein, die auf einen Mail-Server verweist, der eine Verbindung zum Internet herstellen kann. Die Notes-Domäne „DasInternet" kann z.B. eine Verbindung zu einem Firewall-Server herstellen, der ausgehende Internet-Mail übertragen kann. Oder aber „DasInternet" könnte auf eine Notes-Domäne verweisen, zu der Server mit einer direkten Verbindung zum Internet gehören.

Sie haben die Möglichkeit, mehrere Dokumente für fremde SMTP-Domänen zu erstellen. Über ein Dokument für fremde SMTP-Domänen kann z.B. die gesamte Mail, deren Adresse auf *DMK.de* endet, an eine bestimmte Domäne übertragen werden. Dagegen kann über ein weiteres Dokument für fremde SMTP-Domänen die gesamte Mail, deren Adresse auf *japan.DMK.de* endet, an eine andere Domäne übertragen werden. Der Router verwendet immer das Dokument vom Typ FREMDE SMTP-DOMÄNE/FOREIGN SMTP DOMAIN, das am besten mit der Adresse übereinstimmt. Ist eine Nachricht z.B. an *jdohm@server1.japan.DMK.de* adressiert und existieren zwei Dokumente für fremde SMTP-Domänen (eines für *DMK.de* und das andere für *japan.DMK.de*), verwendet der Router das Dokument für *japan.DMK.de*.

Wenn der Router ein Dokument für fremde SMTP-Domänen findet, das am besten zu der Adresse der ausgehenden Internet-Mail passt, leitet er die Mail an die Notes-Domäne weiter, die in diesem Dokument angegeben ist. Ist die Notes-Domäne eine echte Domäne, sucht der Router eine Verbindung von der aktuellen Domäne zu dieser und überträgt die Nachricht. Ist die Notes-Domäne eine virtuelle Domäne, sucht der Router nach einem SMTP-Verbindungsdokument, in dem beschrieben ist, wie die Verbindung zu dieser Domäne hergestellt wird.

SMTP-Verbindungsdokument

SMTP-Verbindungsdokumente stellen eine Verknüpfung zwischen virtuellen fremden SMTP-Domänen und einem Server dar. Über ein SMTP-Verbindungsdokument kann beispielsweise die virtuelle Domäne „DasInternet" mit dem Firewall-Server verbunden werden, der Mail an das Internet überträgt. Geben Sie den Quellserver (den Server, der direkt mit dem Internet eine Verbindung herstellen und SMTP-Mail übertragen kann), die Zieldomäne (die der Internet-Domäne im Dokument FREMDE SMTP-DOMÄNE/FOREIGN SMTP DOMAIN entsprechen muss) und den Verbindungstyp (direkt oder Wählverbindung) an. Über ein SMTP-Verbindungsdokument können Internet-Nachrichten von einer Notes-Domäne an einen Server gesendet werden, auf dem die Übertragung ausgehender Internet-Mail über SMTP aktiviert ist.

Um eine Nachricht an einen Empfänger außerhalb der lokalen Internet-Domäne zu übertragen, leitet der Router die Nachricht an die Domäne weiter, die im Dokument für fremde SMTP-Domänen angegeben ist. Nachdem die Nachricht einen Domino Server erreicht hat, der eine Verbindung zum Internet herstellen kann, stellt dieser Server eine Verbindung zum Server in der Zieldomäne her und überträgt die Nachricht.

4.7 Kalender- und Zeitplanung

Die Kalender- und Zeitplanung ist nicht direkt in das Mail-Routing integriert, aber in den Augen der Anwender sind die Themen eng miteinander verbunden. So ist der Kalender eines Anwenders in seine Mail-Datenbank integriert. Außerdem laufen die Einladungen für Besprechungen über das Mail-Routing.

Jeder Benutzer kann einen persönlichen Kalender führen und ein Kalenderprofil erstellen. Diese Option finden Sie neben vielen weiteren Optionen zum Thema Kalender und Zeitplanung in Ihrem Kalender unter der Registerkarte KALENDER UND AUFGABEN über die Schaltfläche WERKZEUGE/TOOLS > EINSTELLUNGEN/PREFERENCES. Dazu gehören beispielsweise der Standardeintragstyp für einen Kalendereintrag oder die Arbeitszeiten in der Woche für die verfügbaren Zeiten in Bezug auf Besprechungen. Für Anwender, die Ihre freie Zeit außerhalb des definierten Zeitrahmens abfragen, erscheinen Sie als nicht verfügbar. Wenn ein Benutzer andere zu einer Besprechung einlädt, sucht das Freie-Zeit-System nach freier Zeit. Wie diese Abfrage sind auch viele andere Aktionen für den Kalender auf Besprechungen und deren Planung ausgerichtet (siehe *Abbildung 4.60*). Besprechungen lassen sich generell in zwei Klassen einteilen: wiederholende (repeating) und nicht wiederholende (single-instance, non-repeating) Termine.

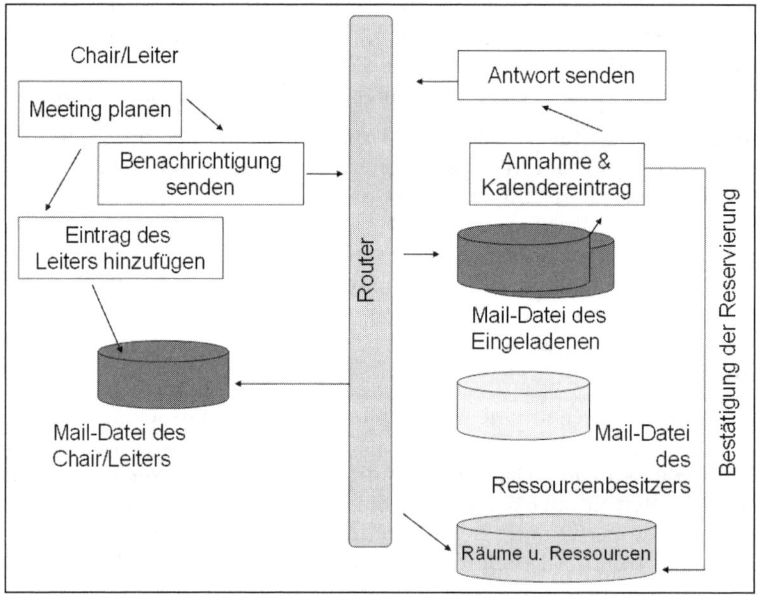

Abbildung 4.60: Prozess für die Planung und Erstellung einer Besprechung

Eingeladene Personen können die Einladung ablehnen, aber weitere Benachrichtigungen wünschen, annehmen, vorläufig annehmen, delegieren und eine neue Zeit vorschlagen.

4.7.1 Das Freie-Zeit-System

Die Kalender- und Zeitplanungsfunktionen basieren auf der Grundlage von SCHEDULE MANAGER (Sched-Task), CALENDAR CONNECTOR (Calconn-Task) und dem Freie-Zeit-System. Wenn Sie Domino auf einem Server installieren, werden die Server-Tasks SCHED und CALCONN automatisch der Datei *notes.ini* des Servers hinzugefügt. Beim ersten Starten des Servers erstellt der Schedule Manager die Datenbank FREIE ZEIT namens *busytime.nsf* bei Mail-Servern, die nicht Teil eines Clusters sind, bzw. *clubusy.nsf* bei Mail-Servern, die zu einem Cluster gehören, in denen Informationen der Benutzer gespeichert und die zur Zeitplanung herangezogen werden.

Cluster-Datenbanken FREIE ZEIT

Wenn Sie einem Cluster einen Server hinzufügen, der zuvor keinem Cluster angehörte, wird die Datenbank *busytime.nsf* vom Schedule Manager gelöscht und die Datenbank *clubusy.nsf* erstellt, die anschließend auf die anderen Server des Clusters repliziert wird. Wenn Sie einen Server aus einem Cluster entfernen, verhält es sich genau umgekehrt: Die Datenbank *clubusy.nsf* wird vom Schedule Manager gelöscht und die Datenbank *busytime.nsf* erstellt. Bis zur Validierung der Datenbank durch den Schedule Manager (dazu wird überprüft, ob sich der Speicherort für die Mail-Datenbanken der Benutzer geändert hat) enthält die Cluster-Datenbank FREIE ZEIT Informationen zu den Benutzern, deren Mail-Server Sie aus dem Cluster entfernt haben. Diese Validierung erfolgt auch deshalb einmal täglich (um 2 Uhr), damit die Informationen zur freien Zeit der Benutzer aktualisiert werden, deren Mail-Datenbanken einem Mail-Server hinzugefügt bzw. gelöscht wurden. Sie können die Informationen jederzeit aktualisieren, indem Sie den Befehl `Tell Sched Validate` an der Konsole eingeben.

Dabei generiert der Schedule Manager in dieser Datenbank einen Eintrag für jeden Benutzer, der ein Kalenderprofil ausgefüllt hat, und dessen Mail-Datenbank sich auf diesem Server oder auf einem der Server des Clusters befindet.

- Durch das Freie-Zeit-System werden Informationen zur Verfügbarkeit von Ressourcen gesucht und zurückgegeben. Wenn Benutzer im eigenen Kalender Termine festsetzen, werden diese Informationen durch den Task „Schedule Manager" in der Datenbank FREIE ZEIT gesammelt und aktualisiert. Bei Änderungen oder Löschungen aktualisiert der Task die entsprechenden Einträge.
- Falls bei einer Anfrage des Anwenders Freie-Zeit-Systeme auf mehreren Servern oder verschiedene Zeitplanungsanwendungen abgefragt werden müssen, versendet der Calendar Connector die Abfragen.

Zeitplanung einrichten

Wie Sie die Zeitplanung einrichten, hängt vom Standort der Benutzer ab, also davon, ob sie sich in derselben oder in verschiedenen Domino-Domänen befinden, und davon, ob die Benutzer mit anderen Zeitplanungsanwendungen arbeiten. Die Planung wird für die Datenbanken FREIE ZEIT mit oder ohne Cluster für Anwender in derselben Domino-Domäne automatisch eingerichtet.

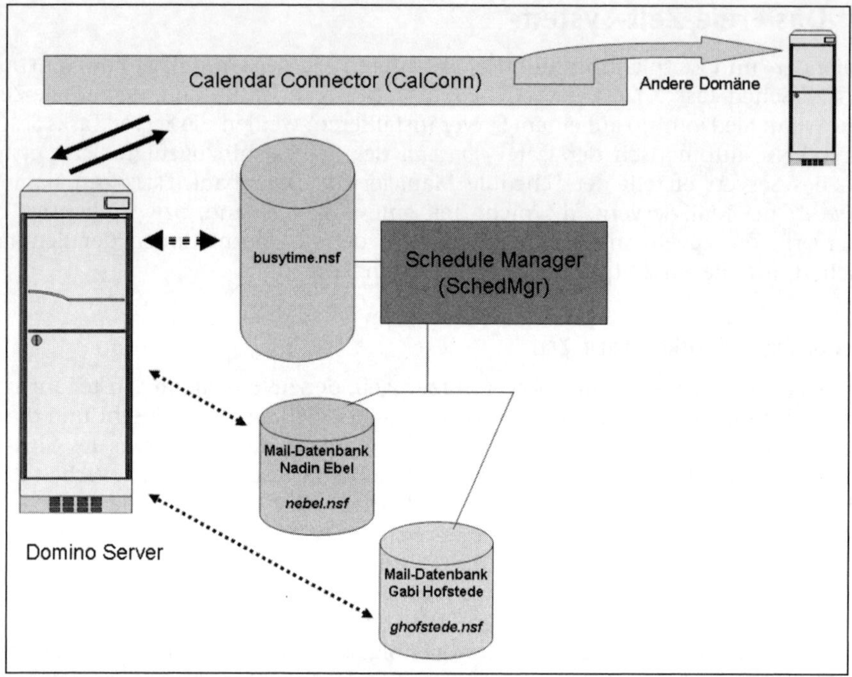

Abbildung 4.61: Kalender- und Zeitplanungskomponenten

Für Benutzer in verschiedenen Domänen würde der Ablauf wie folgt aussehen:

1. Katja erstellt eine Besprechungseinladung und sucht nach Peters freier Zeit. Beim Adressieren der Einladung gibt Katja Peters Domäne an.
2. Eine Abfrage wird an Katjas Mail-Server gesendet.
3. Das Freie-Zeit-System sucht in der Datenbank FREIE ZEIT auf Katjas Mail-Server nach Peters Namen. Das System stellt fest, dass sich Peters Mail-Server in einer anderen Domäne befindet.
4. Im Domino-Verzeichnis von Katja wird nach einem Dokument gesucht, das mit Peters Domäne übereinstimmt.
   - Wenn das Freie-Zeit-System das Dokument einer benachbarten Domäne findet, sucht es im Feld KALENDERSERVERNAME/CALENDAR SERVER NAME dieses Dokuments nach dem Namen eines Servers, der Kalenderabfragen für Peters Domäne akzeptiert. Das Freie-Zeit-System leitet die Abfrage anschließend zur Weiterbearbeitung an diesen Server weiter.
   - Wenn das Freie-Zeit-System das Dokument einer benachbarten Domäne findet, bei dem das Feld KALENDERSERVERNAME/CALENDAR SERVER NAME keinen Wert enthält, schlägt die Abfrage fehl. Im Dialogfeld ZEIT SUCHEN wird angezeigt, dass die Informationen über Peter nicht verfügbar sind.

- Wenn das Freie-Zeit-System das Dokument einer nicht benachbarten Domäne findet, sucht es im Feld ANFORDERUNGEN ÜBER DIESEN KALENDERSERVER ÜBERTRAGEN dieses Dokuments nach dem Namen des Servers (der sich in einer benachbarten Domäne von Katjas und Peters Domäne befindet), der Kalenderabfragen für Peters Domäne akzeptiert. Das Freie-Zeit-System leitet die Abfrage anschließend zur Weiterbearbeitung an diesen Server weiter.
- Wenn das Freie-Zeit-System das Dokument einer nicht benachbarten Domäne findet, bei dem das Feld ANFORDERUNGEN ÜBER DIESEN KALENDERSERVER ÜBERTRAGEN keinen Wert enthält, schlägt die Abfrage fehl. Im Dialogfeld ZEIT SUCHEN wird angezeigt, dass die Informationen über Peter nicht verfügbar sind.

Falls das Freie-Zeit-System keine Domänendokumente findet, schlägt die Abfrage fehl. Im Dialogfeld ZEIT SUCHEN wird angezeigt, dass die Informationen über Peter nicht verfügbar sind.

Wer Anfragen und Einladungen zu Meetings nicht alleine handeln möchte, kann die Verarbeitung automatisch verarbeiten lassen (siehe *Abbildung 4.62*). Die Benutzer finden die entsprechenden Voreinstellungen in den Einstellungen unter der Registerkarte KALENDER UND AUFGABEN.

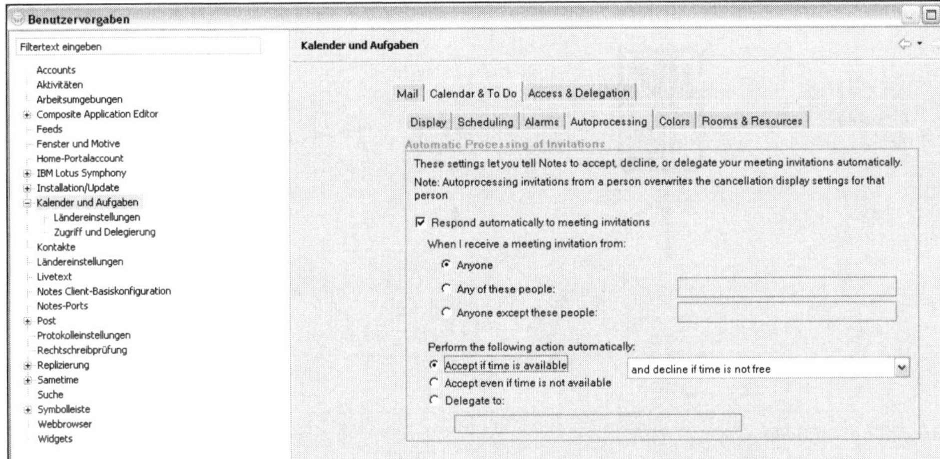

Abbildung 4.62: Optionen zur automatischen Verarbeitung (Notes Standard Client)

Eine andere Möglichkeit, die Planung Ihres Kalenders aus der Hand zu geben, besteht in der Einrichtung der Kalenderdelegierung. Geben Sie der jeweiligen Person die gewünschten Zugriffs- und Aktionsrechte über den Eintrag ZUGRIFF UND DELEGIERUNG auf Ihre Mail-Datenbank, die den Kalender enthält. Termine, die Sie als privat gekennzeichnet haben, können davon ausgenommen werden. Hier finden Sie außerdem eine Option, die bestimmt, in welcher Detailtiefe Informationen in Ihren Kalendereinträgen angezeigt werden sollen.

4.7.2 Räume und Ressourcen

Räume und Ressourcen erscheinen für die Anwender in einer ähnlichen Kategorie wie Besprechungen und deren Planung. Schließlich nutzen sie diese, um ihre Meetings zu planen und durchzuführen. Die Abwicklung erfolgt dabei über die Datenbank für die jeweiligen Räume und Ressourcen. Alle Räume und Ressourcen, die zu der entsprechenden Datenbank hinzugefügt werden, erscheinen global im Domino-Verzeichnis. Die jeweils verwendete Datenbank basiert auf der Standardschablone RAUMRESERVIERUNG. Dort werden Reservierungen für die Objekte verwaltet und gespeichert.

Mit Lotus Domino 7 wurde das Verarbeiten von Raum- und Ressourcenreservierungen über die Einführung des Dienstes „Räume-/Ressourcen-Manager" (RnRMgr) zentralisiert. Neben dem Scheduler wurde auch der Router-Task angepasst. Der Räume-/Ressourcen-Manager wurde entwickelt, um das Überbuchen von Räumen oder Ressourcen zu vermeiden. Außerdem ist dieser Manager sowohl für das Verarbeiten aller Workflows verantwortlich, die mit dem Reservieren eines Raums oder einer Ressource in Zusammenhang stehen, sowie für das Aktualisieren der Datenbank für freie Zeit. In früheren Versionen gab es, obwohl es zu immer weniger Problemen kam, immer noch genügend Abhängigkeiten, um Doppelbuchungen zuzulassen. Je größer die Benutzeranzahl und je mehr Repliken es von der entsprechenden Raumreservierungsdatenbank gibt, um so höher ist die Wahrscheinlichkeit, dass aufgrund der Dateninkonsistenz zwischen den Replizierintervallen Doppelbuchungen passieren können.

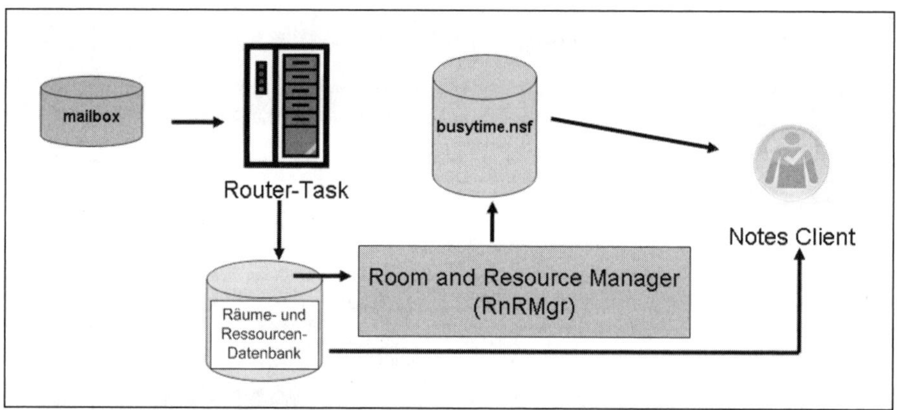

Abbildung 4.63: Planung von R&R

Die Reservierungsanforderung verursacht, unabhängig davon, wo sie erstellt wird, d.h. entweder in der Ressourcenreservierungs-Datenbank, im Kalender eines Benutzers oder über das Internet, keine Konflikte mit anderen Reservierungen. Die freie Zeit für Räume oder Ressourcen wird nicht mehr von der Schedule Manager-Task verwaltet. Der RnRMgr überwacht und erstellt Reservierungsanforderungen und ist zudem in der Lage, das Freie-Zeit-System abzufragen und zu aktualisieren.

Der Räume-/Ressourcen-Manager-Task bietet das automatische Failover beim Verarbeiten von Anforderungen, wenn der aktuelle Verarbeitungsserver ausfällt. Der Räume-/Ressourcen-Manager verarbeitet Anforderungen in der Regel auf dem Home-Server der Datenbank, d.h. auf dem Server, auf dem sich die Datenbank befindet. Wenn der Domino Server, auf dem der Räume-/Ressourcen-Manager ausgeführt wird, ausfällt, erkennt der Räume-/Ressourcen-Manager auf dem Mitglied des Clusters den Serverfehler und beginnt mit dem Verarbeiten der Reservierungsanforderungen, die vom ausgefallenen Server nicht mehr bearbeitet wurden. Der Räume-/Ressourcen-Manager auf dem Failover-Server setzt das Verarbeiten der Reservierungen fort, bis er ausfällt. Der ursprüngliche Server übernimmt in dem Fall anschließend die Failover-Umleitung für den ausgefallenen Server und beginnt erneut mit der Verarbeitung der Anforderungen.

4.8 Domino Attachment and Object Service (DAOS)

Ein Thema, auf das viele Administratoren gewartet haben, ist der *Domino Attachment and Object Service (DAOS)*. Neben den bereits existierenden Möglichkeiten zum Reduzieren von Speicherplatz und Performance-Steigerung stellt DAOS (deutsch: Anhangskonsolidierung) eine neue und sehr effektive wie vielversprechende Funktion dar. Wirklich neu ist die Idee hinter DAOS allerdings nicht. Beim Blick in die Vergangenheit werden Sie ggf. an eine Funktion denken, die sich leider nicht bewährt hat und viele, viele Probleme im Betrieb verursachte. Die Rede ist von Gemeinsame/Shared Mail, auch Mail Single Copy Object Store (SCOS) genannt. Diese Funktion wird ab Notes Domino 8.5 nicht mehr unterstützt und stellte eine Funktion dar, die in einer Vielzahl von Unternehmen auf wenig Gegenliebe gestoßen ist und zahlreiche Probleme verursacht hat.

Die Verwendung von DAOS bei der Speicherung von Dokumenten wirkt sich positiv auf die Speicherplatzbelegung aus. Die tatsächlich zu realisierende Ersparnis ist nur schwer zu beziffern, hängt sie doch beispielsweise in Bezug auf Mail-Datenbanken davon ab, wie häufig Anhänge verschickt werden und an wie viele Empfänger auf dem gleichen Server sie gehen.

Durch die Einführung von DAOS lassen sich bis zu 25 % Speicherplatz auf einem Domino Server einsparen, so eine Schätzung von IBM. Wie viel Sie einsparen können, können Sie mithilfe des DAOS Estimators (*http://www-01.ibm.com/support/docview.wss?rs=463&uid=swg24021920*) ermitteln.

Zu den Bestandteilen von DAOS zählen:

- DAOS-Manager: interagiert mit dem Server und benötigt ODS51 und Transaktionsprotokollierung als Basis.
- NLO-Dateien: Format, in dem die Anhänge aus den DAOS-aktivierten Datenbanken im Dateisystem abgelegt werden.
- Tickets: Referenzen aus dem Body-Bereich der Dokumente aus auf die NLO-Dateien.
- DAOS-Katalog: Datenbank mit der Liste der NLO-Dateien und Referenten.

Dabei besteht die Möglichkeit, DAOS so zu konfigurieren, dass alle Anhänge ab einer definierbaren Größe in der DAOS-Ablage in Form der sogenannten NLO-Dateien gespeichert werden. Die DAOS-Ablage ist ein Pfad im File-System des Servers. Die Dateien werden mit dem privaten Schlüssel der Domino Server ID verschlüsselt abgelegt. Beispiel: Wenn mehrere Empfänger, deren Mail-Datenbanken sich auf demselben Server befinden, eine Nachricht erhalten, werden die entsprechenden Anhänge in NLO-Dateien gespeichert, während Referenzen aus dem „Body" der Mail-Dokumente (auf die NLO-Dateien) verbleiben. DAOS ist allerdings nicht auf die Mail-Dokumente beschränkt, sondern kann für alle Typen von Domino-Datenbanken verwendet werden. DAOS erkennt Anhänge über alle Datenbanken hinweg und muss nur ein Exemplar speichern.

Ein interner Zähler speichert die Anzahl der Referenzen. Löscht ein Anwender den Anhang, wird die Referenz aus seinem Dokument entfernt und der Zähler um eins erniedrigt. Erst wenn alle den Anhang gelöscht haben, wird auch die Datei vom Server entfernt. Dies geschieht allerdings erst nach einer definierbaren Zeit von Tagen, die sinnvollerweise zur Aufbewahrungszeit der Datensicherung passen sollte. Ändert ein Anwender den Anhang, wird dieser veränderte Anhang ebenfalls im DOAS abgelegt. Domino prüft mittels einer Hashfunktion, ob es sich um einen Anhang gleichen Inhalts handelt. Für die Anwender ist DAOS völlig transparent, die dem Anwender angezeigte Datenbankgröße und seine Datenbankbeschränkung (Quota) gelten mit allen Anhängen, als seien sie in der Datenbank enthalten. Erstellt der Anwender eine lokale Replik, enthält diese wieder alle Anhänge, dass Gleiche gilt auch für Server, die kein DAOS aktiviert haben.

Für den Anwender bleibt der Vorgang unsichtbar. Er sieht die Dateianhänge weiterhin in seinem Postkorb. DAOS ist zudem transparent für C-Api Calls, Agents oder LotusScript.

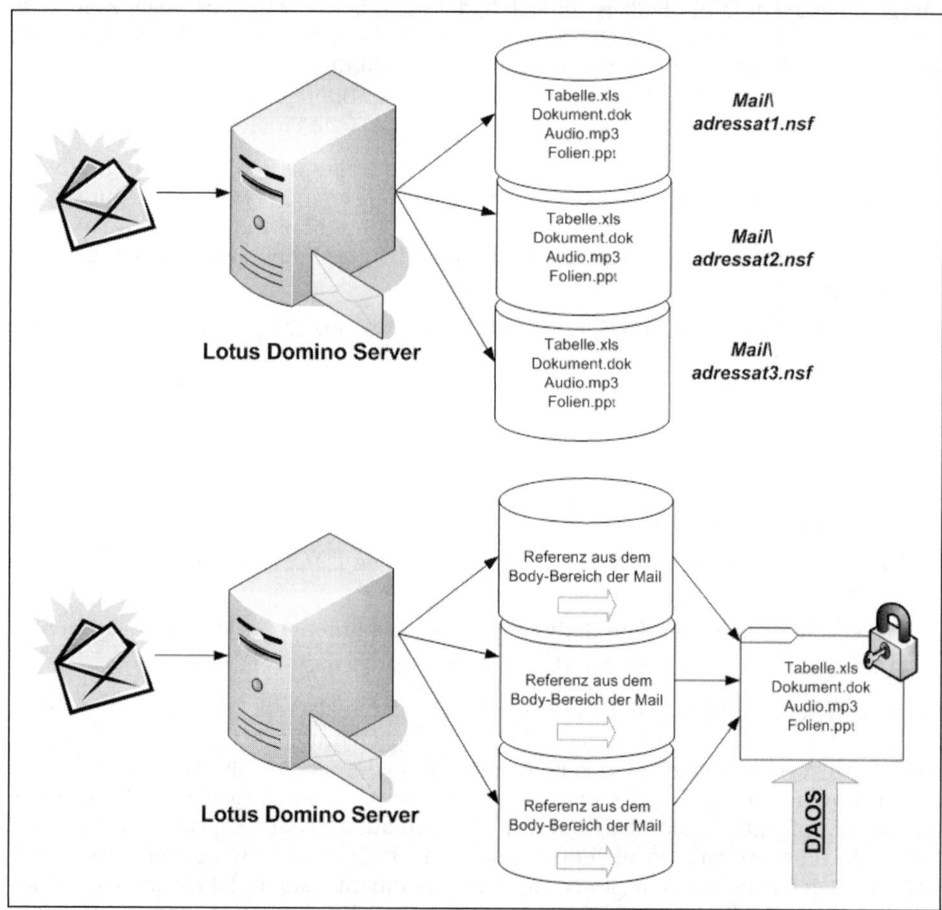

Abbildung 4.64: Bestandteile von DAOS – Vergleich des Datenhandlings

Angenommen, eine Person X sendet eine Mail mit einer Präsentation von 5 MB Größe an 100 Leute innerhalb des Unternehmens. Dann wurde die Präsentation bisher 100 Mal kopiert und jeweils in den Mail-Files der Empfänger gespeichert. Mit DAOS wird die

Präsentation einmal zentral auf dem Server gespeichert und jede Mail hält nur eine Referenz auf die Präsentation. Der User merkt dies nicht, da die Mail aussieht wie immer. Wenn ein Benutzer sein Mail-File lokal repliziert, dann werden die Anhänge aus dem DAOS in die lokale Replik überführt, sodass der Benutzer die Anhänge offline verfügbar hat.

Hinweis

DAOS-Objekte werden bei der Datenbank-Quote berücksichtigt.

4.8.1 DAOS einrichten und konfigurieren

Als Voraussetzung für DAOS wird die neue ODS51 benötigt. Dafür gibt es in der *notes.ini* des Servers dafür eine entsprechende Einstellung: `Create_R85_Databases=1`. Außerdem funktioniert DAOS nur für NSF-Dateien, nicht aber für solche Datenbanken, die im DB2 gespeichert sind. Insgesamt lauten die Voraussetzungen:

- Domino Server-Version 8.5
- Aktivierung der Transaktionsprotokollierung (siehe *Kapitel 8, Transaktionsprotokollierung*)
- Datenbankformat ODS51
- DAOS-Aktivierung in den Datenbankeigenschaften (siehe *Abbildung 4.69*)

Ingesamt gehen Sie wie folgt vor, wenn Ihr Server auf einer Domino Server-Version 8.5 läuft und Sie DAOS nutzen möchten.

1. Fügen Sie der *notes.ini* des Servers die Zeile `Create_R85_Databases=1` hinzu und sorgen Sie dafür, dass diese Einstellung greift, indem Sie beispielsweise den Server starten, den Sie zur Bearbeitung der *notes.ini* vor der Modifizierung der Datei heruntergefahren haben.
2. Sollten Ihre Datenbanken auf dem relevanten Server noch nicht das ODS51-Format besitzen, sollten Sie dies umsetzen (siehe Punkt 10).
3. Schließen Sie den Administrator Client und starten Sie ihn neu. Schauen Sie sich unter der Registerkarte DATEIEN/FILES das ODS-Format an, das 51 sein sollte.

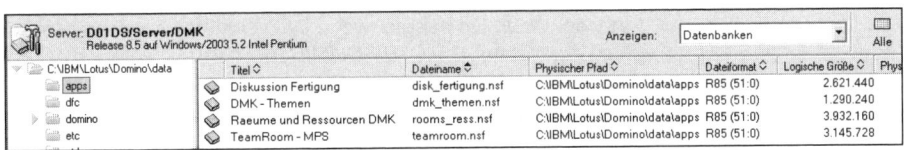

Server: **D01DS/Server/DMK**
Release 8.5 auf Windows/2003 5.2 Intel Pentium
Anzeigen: Datenbanken
Alle

C:\IBM\Lotus\Domino\data: apps, dfc, domino, etc

Titel	Dateiname	Physischer Pfad	Dateiformat	Logische Größe	Phys
Diskussion Fertigung	disk_fertigung.nsf	C:\IBM\Lotus\Domino\data\apps	R85 (51:0)	2.621.440	
DMK - Themen	dmk_themen.nsf	C:\IBM\Lotus\Domino\data\apps	R85 (51:0)	1.290.240	
Raeume und Ressourcen DMK	rooms_ress.nsf	C:\IBM\Lotus\Domino\data\apps	R85 (51:0)	3.932.160	
TeamRoom - MPS	teamroom.nsf	C:\IBM\Lotus\Domino\data\apps	R85 (51:0)	3.145.728	

Abbildung 4.65: Anzeige des Dateiformats in Domino Administrator

4. Implementieren Sie die notwendige Transaktionsprotokollierung. Legen Sie dazu beispielsweise ein für die Transaktionsprotokolldateien vorgesehenes Verzeichnis an und aktivieren Sie die TXN-Protokollierung über das Serverdokument. Wählen Sie den Protokollierungstyp (CIRCULAR, ARCHIVE oder LINEAR) und geben Sie die Größe des vorgesehenen Plattenplatzes an.

   Starten Sie den Server neu, um die TXN-Dateien anzulegen und die DBIDs zuzuweisen.

5. Legen Sie danach ein Verzeichnis zur Ablage der NLO-Dateien an, die die Anhänge aus den Dokumenten aufnehmen werden.

   Berücksichtigen Sie, dass hier viele, auch kleinere Dateien erstellt werden. Sollten Sie Ihr File-System also für große Dateien (Domino-Datenbanken) angepasst haben, so kann es sinnvoll sein, die DAOS-Ablage auf einer anderen Partition oder besser einem eigenen Laufwerk, welches unter einem eigenen Controller angebunden ist, an die Aufgaben anzupassen. Wichtig ist der schnelle Zugriff auf dieses Verzeichnis bzw. Laufwerk.

6. Aktivieren und konfigurieren Sie anschließend DAOS im Serverdokument des relevanten Servers. Im Serverdokument eines Domino Servers 8.5 (und höher) befindet sich, wenn das Design des Adressbuchs aktualisiert wurde, der Reiter DAOS. Unterhalb dieser Registerkarte können Sie die folgenden Einstellungen vornehmen.

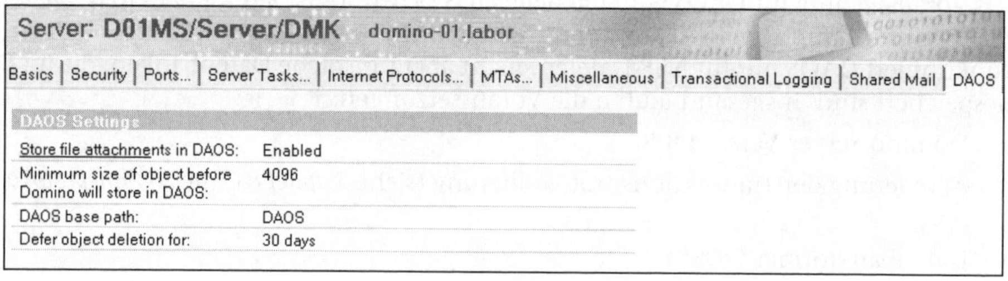

Server: D01MS/Server/DMK domino-01.labor

Basics | Security | Ports... | Server Tasks... | Internet Protocols... | MTAs... | Miscellaneous | Transactional Logging | Shared Mail | DAOS

DAOS Settings

Store file attachments in DAOS:	Enabled
Minimum size of object before Domino will store in DAOS:	4096
DAOS base path:	DAOS
Defer object deletion for:	30 days

Abbildung 4.66: DAOS-Einstellungen im Serverdokument

Aktivieren Sie zuerst die DAOS-Nutzung (Feldname STORE FILE ATTACHMENTS IN DAOS) und tätigen Sie Ihre Auswahl für die folgenden Optionen.

Feldname	Eingabe
MINIMUM SIZE OF OBJECT BEFORE DOMINO WILL STORE IN DAOS	Geben Sie hier den Größen-Schwellwert für die Anhänge an, die für DAOS berücksichtigt werden. Das Minimum des Anhangs beträgt 4096 Byte. Geben Sie die gewünschte Größe an. Beachten Sie, dass eine Konsolidierung von Attachements via DAOS für Dateien von nur geringer Größe nicht die gewünschte Plattenersparnis bringen wird.
DAOS BASE PATH	Geben Sie den absoluten oder relativen Pfad zum Anhang-Repository an. Wenn Sie beispielsweise DAOS als Pfad angeben, wird der Pfad ergänzt auf *C:\LOTUS\DOMINO\DATA\DAOS* (Windows) oder */local/notesdata/DAOS* (Linux). Falls das angegebene Verzeichnis noch nicht existiert, legt Domino dies für Sie an. Wichtig ist vor allem in diesem Zusammenhang, dass der technische Benutzer des Domino Servers über ausreichend Rechte im Dateisystem verfügt. Falls Ihr Server mit einer Antivirenlösung arbeitet, sollten Sie für das DAOS-Verzeichnis mit der gleichen Scan-Richtlinie arbeiten wie im Server-Data-Verzeichnis.

Feldname	Eingabe
DEFER OBJECT DELETION FOR N DAYS	Diese Angabe spezifiziert, wie lange der Server ein Attachement im DAOS-Repository hält, ohne dass eine Refernenz auf das Objekt existiert. Dies ist insbesondere für Referenzen aus Dokumenten heraus sinnvoll, die irrtümlicherweise gelöscht wurden. Die Anzahl der Tage ist sinnvollerweise ein Tag länger als die Aufbewahrungszeit der Datensicherung. Bei 0 werden alle unreferenzierten Anhänge sofort gelöscht. Sie können bei Bedarf alle unrefenzierten Objekte ad hoc über den Befehl `Tell DAOSMgr Prune 0` über die Serverkonsole im Domino Administrator löschen (siehe *Kapitel 4.8.2, Maintenance DAOS*).

Bei Bedarf starten Sie den Domino Server neu, um die Änderungen wirksam werden zu lassen. Beim Serverstart sehen Sie die entsprechenden Zeilen in der Serverkonsole `DAOSMGR started`. In der Liste der Server-Tasks finden Sie den korrespondierenden Eintrag `DAOS Manager`.

```
12:49:32 PM  DAOSMGR: DAOS Manager started
12:49:32 PM  HTTP Server: Using Web Configur
```

Abbildung 4.67: Start des Server-Tasks DAOS Manager

7. Stellen Sie sicher, dass Sie als Administrator mit voller Zugriffsberechtigung arbeiten. Falls Sie sich diesbezüglich nicht sicher sind, öffnen Sie den Domino Administrator, wechseln Sie auf eine der Registerkarten und wählen Sie über das Menü ADMINISTRATION die Option ADMINISTRATION MIT VOLLER BERECHTIGUNG. Es ist allerdings auch ausreichend, wenn Sie für die gewünschten Datenbanken über Managerzugriffsrechte verfügen.

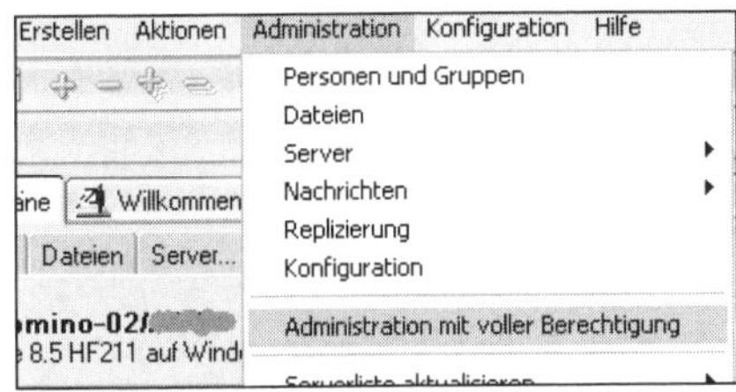

Abbildung 4.68: Administrator mit voller Berechtigung werden

8. Wechseln Sie auf die Registerkarte DATEIEN/FILES und markieren Sie die für DAOS vorgesehenen Datenbanken. Wählen Sie die Option ADVANCED PROPERTIES und greifen Sie so auf die erweiterten Eigenschaften der Datenbanken zu, um dann die Option USE DOMINO ATTACHMENT AND OBJECT SERVICE zu aktivieren. Dies können Sie auch für einzelne Datenbanken über DATEI/FILE > ANWENDUNG/APPLICATION > EIGENSCHAFTEN/PROPERTIES über die erweiterten Datenbankeigenschaften umsetzen.

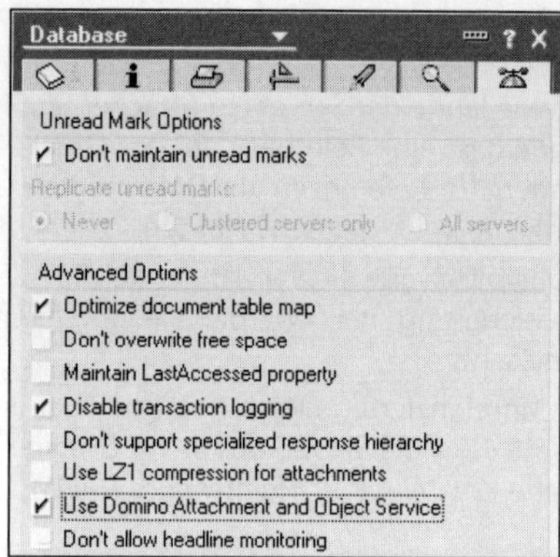

Abbildung 4.69: DAOS-Aktivierung in den erweiterten Datenbank-Eigenschaften

9. Starten Sie den Domino Server neu.
10. Um anschließend die in der Datenbank liegenden Anhänge „auszulagern", setzen Sie den Befehl `lo Compact mail/nebel.nsf -c -daos on` ab, wenn Sie eine bestimmte Mail-Datenbank für DAOS aktivieren und die Anhänge auslagern wollen. Möchten Sie dies für das gesamte Verzeichnis umsetzen, realisieren Sie dies beispielsweise über den Befehl `load Compact mail\ -c -daos on`. Die folgende Sequenz wird sich ähnlich auch bei Ihnen an der Serverkonsole abspielen:

```
oad compact mail\ -c -daos on
16.08.2009 13:28:24  Remote console command issued by Administrator/DMK: load compact
   mail\ -c -daos on
load compact mail\ -c -daos on
16.08.2009 13:28:30  Informational, database design compression is enabled in database
   mail\aschiele.nsf.
16.08.2009 13:28:30  Informational, DAOS has been enabled for database
   mail\aschiele.nsf.
16.08.2009 13:28:30  Informational, LZ1 is enabled in database mail\aschiele.nsf.
16.08.2009 13:28:30  Compacting mail\aschiele.nsf (Albertina Schiele)
16.08.2009 13:28:34  Recovery Manager: Assigning new DBIID for E:\IBM\Lotus\Domino\
   data\mail\aschiele.nsf (need new backup for media recovery).
16.08.2009 13:28:34  Compacted  mail\aschiele.nsf, 0K bytes recovered (0%)
16.08.2009 13:28:34  Informational, database design compression is enabled in database
   mail\cschuman.nsf.
16.08.2009 13:28:34  Informational, document data compression is enabled in database
   mail\cschuman.nsf.
16.08.2009 13:28:34  Informational, DAOS has been enabled for database mail\cschu-
   man.nsf.
```

Damit ist DAOS implementiert, für die gewünschten Datenbanken aktiviert und die Anhänge wurden ausgelagert. Wenn Sie nun die Datenbankgröße prüfen, sollten Sie die Größenreduktion ablesen können (in Abhängigkeit von der vorherigen Größe).

4.8.2 Maintenance DAOS

In Bezug auf die Nutzung von DAOS und Änderungen ergibt sich eine Reihe von Fragen.

Wie passen Clustering und DAOS zusammen?

Normalerweise wird, wenn DAOS aktiviert werden soll, jeder Domino Server oder jeder partitionierte Domino Server für DAOS aktiviert werden. Jedes Mitglied im Cluster hat dann seinen eigenen Datastore. Dieser ist File-basiert und daher nicht geclustert. Jeder Server verwendet seine eigene ID zur Verschlüsselung.

Das Teilen der Datenablage ist nicht erlaubt. Dies bedeutet, dass jedes Cluster-Mitglied unabhängig von den anderen Cluster-Mitgliedern DAOS aktivieren kann (oder auch nicht).

Was passiert, wenn Sie DAOS über das Serverdokument deaktivieren, während die Anhänge sich noch im DAOS-Repository befinden und nicht in den Datenbanken?

DAOS switcht dann in den Lesemodus. Attachments werden aus dem DAOS-Repository gelesen, aber neue Anhänge verbleiben in der Datenbank und werden nicht mehr augelagert.

Können die Anhänge aus den NLO-Dateien wieder zurück in die Datenbanken geschoben werden?

Ja, das funktioniert, indem Sie die DAOS-Funktionalität wieder deaktivieren. Dies funktioniert über den Befehl `load Compact -c -daos off`. Dies nimmt allerdings einige Zeit in Anspruch. Die diesbezüglichen Aktivitäten des DAOS-Manager können Sie über die Serverkonsole beobachten.

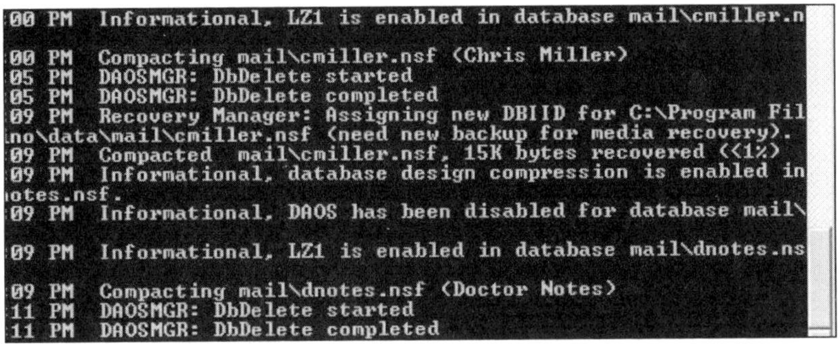

```
00 PM  Informational, LZ1 is enabled in database mail\cmiller.n

00 PM  Compacting mail\cmiller.nsf (Chris Miller)
05 PM  DAOSMGR: DbDelete started
05 PM  DAOSMGR: DbDelete completed
09 PM  Recovery Manager: Assigning new DBIID for C:\Program Fil
no\data\mail\cmiller.nsf (need new backup for media recovery).
09 PM  Compacted  mail\cmiller.nsf, 15K bytes recovered (<1%)
09 PM  Informational, database design compression is enabled in
otes.nsf.
09 PM  Informational, DAOS has been disabled for database mail\

09 PM  Informational, LZ1 is enabled in database mail\dnotes.ns

09 PM  Compacting mail\dnotes.nsf (Doctor Notes)
11 PM  DAOSMGR: DbDelete started
11 PM  DAOSMGR: DbDelete completed
```

Abbildung 4.70: Deaktivieren der DAOS-Funktionalität

Nachfolgend finden Sie die DAOS-Befehle, die Sie für das Handling des Domino Attachment and Object Service-Prozesses nutzen können und Ihnen eine Reihe weiterer Fragen beantworten können, die sich möglicherweise bei Ihnen auf die Handhabung der NLO-Dateien, Referenzen und Attachments aufgetan haben.

<table>
<tr><th>Befehl</th><th>Ergebnis</th></tr>
<tr><td><code>Tell DAOSMgr Quit</code></td><td>Stoppt den DAOS Manager und beendet ihn sauber.</td></tr>
<tr><td><code>Tell DAOSMgr Help</code></td><td>Listet die DAOS Manager-Optionen auf.</td></tr>
<tr><td><code>Tell DAOSMgr Status</code></td><td>Zeigt den Status der DAOS Manager-Aktivitäten.</td></tr>
<tr><td><code>Tell DAOSMgr Status database_name</code></td><td>Zeigt den DAOS-Status der angegebenen Datenbank.
<pre>
> tell daosmgr status mail\dnotes.nsf
11/25/2008 02:08:59 PM DAOSMGR: Status mail\dnotes.nsf started
11/25/2008 02:08:59 PM DAOS database status:
11/25/2008 02:08:59 PM
11/25/2008 02:08:59 PM Database: C:\Program Files\IBM\Lotus\Domino\data\mail\
otes.nsf
11/25/2008 02:08:59 PM Database state = Synchronized
11/25/2008 02:08:59 PM Last resynchronized: 11/24/2008 01:21:28 PM
11/25/2008 02:08:59 PM Ticket count: 61
11/25/2008 02:08:59 PM DAOSMGR: Status mail\dnotes.nsf completed
</pre>
Abbildung 4.71: Ausgabe des Befehls <code>Tell DAOSMgr Status mail\DNOTES.nsf</code></td></tr>
<tr><td><code>Tell DAOSMgr Status Catalog</code></td><td>Zeigt den Status des DAOS-Katalogs.</td></tr>
<tr><td><code>Tell DAOSMgr Dbsummary</code></td><td>Zeigt den Status der DAOS-aktivierten Datenbanken.
<pre>
> tell daosmgr status dbsummary
DAOSMGR: Status DBSUMMARY started
DAOSMGR: List cataloged DAOS databases
Database Name   Count   State

...ram Files\IBM\Lotus\Domino\data\mail\ebrill.nsf   8   Synchronized
...:\Program Files\IBM\Lotus\Domino\data\lndfr.nsf   0   Synchronized
...\Program Files\IBM\Lotus\Domino\data\dpicfg.nsf   0   Synchronized
...am Files\IBM\Lotus\Domino\data\mail\pmooney.nsf   8   Synchronized
...Program Files\IBM\Lotus\Domino\data\lndsutr.nsf   0   Synchronized
...es\IBM\Lotus\Domino\data\help\help85_client.nsf   0   Synchronized
...m Files\IBM\Lotus\Domino\data\mail\efitzger.nsf   3   Synchronized
...rogram Files\IBM\Lotus\Domino\data\homepage.nsf   0   Synchronized
...am Files\IBM\Lotus\Domino\data\mail\cmiller.nsf   3   Synchronized
...m Files\IBM\Lotus\Domino\data\mail\welsmore.nsf   8   Synchronized
...\IBM\Lotus\Domino\data\iNotes\help70_iwa_en.nsf   0   Synchronized
...\IBM\Lotus\Domino\data\iNotes\help85_iwa_en.nsf   0   Synchronized
...gram Files\IBM\Lotus\Domino\data\mail\tduff.nsf   27   Synchronized
...\IBM\Lotus\Domino\data\iNotes\help80_iwa_en.nsf   0   Synchronized
...am Files\IBM\Lotus\Domino\data\mail\bbuchan.nsf   8   Synchronized
...Program Files\IBM\Lotus\Domino\data\certsrv.nsf   0   Synchronized
...ram Files\IBM\Lotus\Domino\data\mail\gdavis.nsf   3   Synchronized
...Program Files\IBM\Lotus\Domino\data\certlog.nsf   0   Synchronized
...ram Files\IBM\Lotus\Domino\data\help\readme.nsf   0   Synchronized
...gram Files\IBM\Lotus\Domino\data\dfc\dfc100.nsf   0   Synchronized
...\IBM\Lotus\Domino\data\iNotes\help65_iwa_en.nsf   0   Synchronized
...ram Files\IBM\Lotus\Domino\data\mail\dnotes.nsf   61   Synchronized
...\Program Files\IBM\Lotus\Domino\data\admin4.nsf   0   Synchronized
...ram Files\IBM\Lotus\Domino\data\mail\mwhite.nsf   3   Synchronized
...ram Files\IBM\Lotus\Domino\data\AgentRunner.nsf   0   Synchronized
...Program Files\IBM\Lotus\Domino\data\cppfbws.nsf   0   Synchronized
...\IBM\Lotus\Domino\data\help\help85_designer.nsf   0   Synchronized
...rogram Files\IBM\Lotus\Domino\data\dbdirman.nsf   0   Synchronized
... Files\IBM\Lotus\Domino\data\iNotes\Forms85.nsf   0   Synchronized
DAOSMGR: Status DBSUMMARY completed
</pre>
Abbildung 4.72: Status der DAOS-aktivierten Datenbanken</td></tr>
<tr><td><code>Tell DAOSMgr Databases</code></td><td>Zeigt den Status der DAOS-aktivierten Datenbanken mit zusätzlichen Detailangaben wie z.B. den letzten Resynchronisationspunkt der Datenbank.</td></tr>
<tr><td><code>Tell DAOSMgr ListNLO</code></td><td>Listet die DAOS-Objekte (NLO-Dateien) im DAOS Storage Repository, was Ihnen bei der Suche nach Objekten helfen wird, die gegebenenfalls keinen Bezug mehr zu ihren Dokumenten haben. Dies kann möglicherweise nach einem Restore oder einer Datenbanklöschung über den Betriebssystemzugriff passieren. Sie können die fehlenden Objekte aus Ihrem Backup wiederherstellen. Dateien gelten als fehlend, wenn auf sie über Dokumente mindestens einer Datenbank referenziert wird, aber nicht mehr im Repository präsent sind. (Welche NLO-Dateien sind mit einer bestimmten Datenbank verbunden?)</td></tr>
</table>

Befehl	Ergebnis
	Über die Option `-o` können Sie den Namen einer Outputdatei angeben oder über die Angabe des Schlüsselworts `ALL` oder `MISSING` (Welche NLO-Dateien fehlen?), um alle oder nur die fehlenden Dateien auflisten zu lassen, oder den Namen der Datenbank, um Ihre Dokumente anzuzeigen. Beispiel: `tell daosmgr listnlo -o mymailobjects.txt MISSING nebel.nsf` Bei Bedarf können Sie den Output des Befehls in eine Textdatei umlenken: `tell daosmgr listnlo -o nebel_attachments.txt all mail\nebel.nsf`
`Tell DAOSMgr Prune 0`	Sie können bei Bedarf alle unreferenzierten Objekte ad hoc über die Option 0 löschen lassen.
`Tell DAOSMgr Prune` *`Anzahl der Tage`*	Über die Angabe der Tage löscht DAOS alle unreferenzierten Objekte, die älter als die angegebene Tagesanzahl sind, wobei die sonst diesbezüglich gültige Angabe im Serverdokument überschrieben wird. Diesen Schritt sollten Sie sich allerdings gut überlegen, da die Gefahr von Datenverlust besteht.
`Tell DAOSMgr Resync`	So resynchronisieren Sie die DAOS-aktivierten Datenbanken mit den dazugehörigen NLO-Dateien. Diese Resynchronisierung kann notwendig werden, wenn ein Datenbankrestore über das Dateisystem des Betriebssystems stattgefunden hat. Eine solche Resynchronisierung korrigiert Fehler zwischen Referenzen, die im DAOS-Katalog (*daoscat.nsf*) erfasst werden, und den aktuell gefundenen Objekten. Wenn diesbezüglich eine Nichtübereinstimmung gefunden wird, erlaubt DAOS nicht, dass NLO-Dateien gelöscht werden, bis eine erfolgreiche Synchronisierung stattgefunden hat.
`Tell DAOSMgr Resync Force`	Dieser Befehl zwingt DAOS dazu, den DAOS-Katalog völlig neu aufzubauen und dabei auch die Synchronisation neu aufzubauen.

4.8.3 Datensicherung

Bei aktivierter Transaktionsprotokollierung benötigen Sie eine Software zur Datensicherung, die via C-API mit Domino kommuniziert. Die Datensicherung kann nach einer vollständigen Sicherung Transaktionen bis zu einem bestimmten Zeitpunkt (point in time) zurücksichern. (Beispielsweise löscht ein Anwender eine Datei um 14:00 Uhr – die Datensicherung holt die letzte vollständige Sicherung und spielt dann alle Transaktionen bis 14:00 Uhr des aktuellen Tages ein.) Beachten Sie, dass nicht nur die Transaktionen, sondern auch neue NLO-Dateien sowie die Dateien *daoscat.nsf* und *daos.cfg* aus dem Domino-Datenverzeichnis gesichert werden müssen. Nur so können Sie sicherstellen, dass auch alle Anhänge verfügbar sind.

Achtung

Pauschalaussagen zum Thema DAOS und Datensicherung/-wiederherstellung sind kritisch zu beleuchten. Informieren Sie sich umfassend zu dem Thema, das den Rahmen dieses Buches sprengen würde, z.B. unter *http://www-10.lotus.com/ldd/dominowiki.nsf/dx/search.htm?opendocument&q=daos*.

Ganz wichtig ist, dass Sie neben den Domino-Datenbanken nun auch die NLO-Dateien definieren und ausreichenden Backup-Zyklen unterziehen. Und: Richten Sie Ihr Augenmerk nicht nur auf das Thema Backup. Testen Sie auch, ob Ihr Restore so funktioniert, wie Sie es erwarten. Testen Sie dies, bevor Sie darauf angewiesen sind!

Zahlreiche Unternehmen setzen DAOS nicht ein, da es im Zusammenhang mit Backup-Lösungen zu Problemen kommen kann. Prüfen und testen Sie dies ausreichend in Ihrer Umgebung!

5 Lotus Notes/Domino-Sicherheit

An die Systemumgebungen der Unternehmen werden hohe Sicherheitsansprüche gestellt. Domino schützt die Ressourcen des Systems (Server, Datenbanken, Anwendungen, IDs) über ein Sicherheitsschalenmodell. In diesem Modell gibt es mehrere Sicherheitsebenen, die aufeinander aufgebaut sind. Wenn ein Server oder Benutzer eine Sicherheitsebene passiert hat, so wird sofort die nächste Ebene wirksam.

Die äußerste Sicherheitsebene oder Schale des Sicherheitsmodells bildet physikalische Sicherheit, dann folgen die Netzwerksicherheit, Serversicherheit, ID-Sicherheit, Anwendungssicherheit, innerhalb der Anwendungen die Gestaltungsebenen und schließlich die Clientsicherheit.

In der Planung und Umsetzung eines sicheren Systems liegt die Aufgabe darin, gezielt festzulegen, welche Benutzer auf welche Informationen zugreifen dürfen, während anderen der Zugriff explizit verweigert wird. Die Gestaltung des Sicherheitssystems hängt letztendlich davon ab, ob Sie die Sicherheit für Notes und Domino und/oder für Internet-/Intranet-Clients einrichten. Internet- und Intranet-Clients verwenden keine ID-Dateien, daher kann der Domino Server die Serversicherheit nicht auf dieselbe Art einfordern wie beim Zugriff durch Notes-Benutzer und anderen Domino Servern.

5.1 Das Sicherheitsschalenmodell von Lotus Domino

Das Domino-Sicherheitsschalenmodell setzt durch seinen Aufbau zwei wichtige Anforderungen an die Sicherheit um. Die Sicherheitsschalen müssen nacheinander passiert werden, und es erfolgt zusätzlich eine Spezialisierung von oben nach unten (siehe *Abbildung 5.1*).

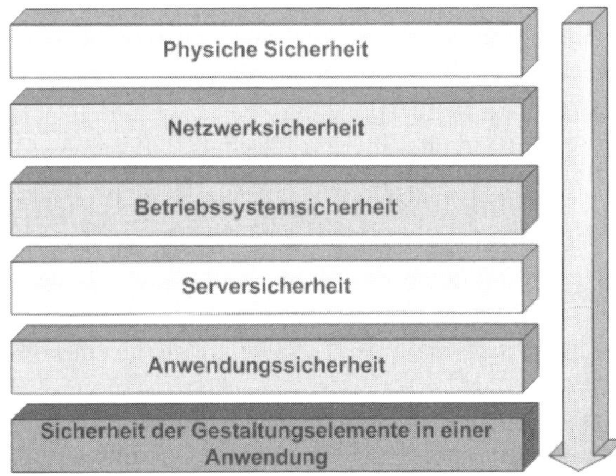

Abbildung 5.1: Das Sicherheitsmodell

- *Physische Sicherheit*

  Die physische Absicherung von Servern und Datenbanken bildet die äußerste Absicherung für eine Systemumgebung. Sie ist ebenso wichtig wie der Schutz vor unberechtigten Zugriffen durch Server oder Benutzer. Es wird daher dringend empfohlen, alle Domino Server in einem zutrittsgesicherten Serverraum oder Rechenzentrum aufzustellen. Auch die Bereiche Klimatisierung und Stromversorgung sind für einen sicheren Betrieb von Bedeutung. Ist ein Server nicht ausreichend abgesichert, können nichtautorisierte Benutzer die Sicherheitsfunktionen (beispielsweise ACL-Einstellungen) umgehen und direkt über den Servercomputer auf eine Anwendung zugreifen, mithilfe des Betriebssystems Dateien kopieren bzw. löschen oder die Serverhardware beschädigen.

  Um maximale Sicherheit für Server zu gewährleisten, sichern Sie den Domino Server zusätzlich auch gegen Zugriffe von der Serverkonsole an der lokalen Maschine ab. Hierzu gibt es folgende Möglichkeiten:

  - Arbeiten Sie am Server ohne Maus und halten Sie die Tastatur verschlossen.
  - Schützen Sie die Server-ID über ein Kennwort. Wenn für eine ID ein Kennwort eingerichtet wurde, muss der Server manuell anstatt automatisch neu gestartet werden. Um den Server neu zu starten, benötigen Sie das Serverkennwort.
  - Mit dem Befehl `Set Secure` können Sie die Konsole durch ein Kennwort schützen. Serverbefehle wie `load`, `tell`, `quit`, `exit` oder `set configuration` sowie Programme, die nicht über Programmdokumente ausgeführt werden, können nicht mehr aufgerufen werden.
  - Mithilfe der Option LOKALE SICHERHEIT/LOCAL SECURITY können die Datenbanken auf dem Server mit der Server-ID verschlüsselt werden. Somit können Personen, die am Server arbeiten, nur auf Datenbanken zugreifen, wenn sie Zugriff auf die Server-ID haben, die für die Verschlüsselung der Datenbank verwendet wurde.

- *Netzwerksicherheit*

  Bevor Sie sich mit der Sicherheit für Notes oder Domino beschäftigen, muss die Netzwerksicherheit eingerichtet sein. Die Netzwerksicherheit sorgt dafür, dass niemand unberechtigt in das Netzwerk eindringen, sich als berechtigter Notes-Benutzer ausgeben und unberechtigt Einsicht in die Daten des Netzwerks nehmen kann, in dem sich das Domino-System befindet. Eine unberechtigte Dateneinsicht kann nur erfolgen, wenn nicht verschlüsselte Transaktionen auftreten. Daher sollten Sie alle Domino- und Notes-Transaktionen verschlüsseln, um eine unberechtigte Einsichtnahme in Ihre Daten zu verhindern. Dadurch werden Transaktionen für Personen ohne die entsprechende Berechtigung unverständlich.

  Unterstützt wird die Sicherheit Ihrer Infrastruktur auf Netzwerkebene durch den Einsatz von entsprechend konfigurierten Firewalls und ggf. Intrusion Detection System (IDS).

- *Betriebssystemsicherheit*

  Der Zugriff auf das Betriebssystem eines Domino Servers sollte nur Personen gewährt werden, für die dies notwendig ist. Deaktivieren oder entfernen Sie überflüssige Dienste wie etwa FTP und halten Sie das System sauber. Installieren Sie die empfohlenen und benötigten Sicherheits-Updates.

  Mit den Betriebssystemfunktionen können Sie Datendateien sichern und die Verwendung der Tastatur sperren. Weitere Informationen entnehmen Sie der Dokumentation Ihres Betriebssystems.

- *Serversicherheit*

  Die Serversicherheit bildet die erste Sicherheitsebene, die von Domino vorgegeben wird, nachdem ein Benutzer oder Server Zugriff auf den Server über das Netzwerk erhalten hat. Geben Sie an, welche Benutzer und Server auf den Server zugreifen und welche Vorgänge sie dann durchführen dürfen. Sie können beispielsweise festlegen, wer neue Repliken erstellen und Durchgangsverbindungen verwenden darf.

  Richten Sie für Server, auf denen Sie den Internet-/Intranet-Zugriff konfiguriert haben, auch SSL und die Namens- und Kennwortauthentifizierung ein, um die über das Netzwerk übertragenen Daten zu sichern und die Server und Clients zu authentifizieren. Zusätzlich sollten Sie einen Firewall-Server einrichten, um Internet-Server vor unberechtigten Zugriffen von außerhalb des Unternehmensnetzwerks zu schützen.

  Viele Sicherheitseinstellungen für Serverzugriffe und Clienteinstellungen erfolgen über die Richtlinien in den Sicherheitseinstellungsdokumenten (siehe *Kapitel 10.2.2, Richtlinieneinstellungen*).

- *ID-Sicherheit*

  Sowohl Benutzer als auch Server werden in einer Lotus Notes Domino-Umgebung über ihre ID eindeutig identifiziert. Über die in den IDs enthaltenen Informationen werden die Zugriffe, die Benutzer und Server auf andere Server und Anwendungen haben, gesteuert. Der Administrator ist für den Schutz der IDs verantwortlich und muss verhindern, dass IDs unberechtigt verwendet werden.

  Lotus Notes-Benutzer-IDs können beispielsweise auch mithilfe von Smartcards gesichert werden. Hier verringert sich die Gefahr, die bei einem Diebstahl der ID entsteht, da der Benutzer sowohl die Smartcard, seine Benutzer-ID als auch seine Smartcard-PIN benötigt.

- *Anwendungssicherheit*

  Wenn Benutzer und Server Zugriff auf andere Server erhalten haben, können Sie in der nächsten Sicherheitsebene über die Zugriffskontrollliste (Access Control List, ACL) festlegen, auf welche Anwendungen Benutzer und Server mit welchen Zugriffsrechten zugreifen dürfen. Wenn Sie die Datenbank mit einer ID verschlüsseln, sodass unberechtigte Benutzer nicht auf eine lokal gespeicherte Kopie der Datenbank zugreifen können, können Sie sogar Daten geheim halten. Sie können auch von Benutzern gesendete und empfangene Mail-Nachrichten elektronisch signieren oder verschlüsseln und die Datenbank oder die Schablone signieren, um die Workstations vor der Ausführung von Formeln unbekannter Herkunft zu schützen.

- *Sicherheit der Gestaltungselemente in einer Anwendung*

  Selbst wenn ein Benutzer Zugriff auf eine Anwendung hat, kann es sein, dass er auf bestimmte Gestaltungselemente in einer Anwendung nicht zugreifen darf, beispielsweise auf Masken, Ansichten und Ordner. Der Anwendungsentwickler kann bei der Gestaltung einer Domino-Anwendung anhand von Zugriffslisten, Rollen und definierten Feldern den Zugriff auf bestimmte Gestaltungselemente einschränken (siehe *Kapitel 5.12, Datenbanksicherheit*).

5.2 IDs und Zertifikate

Die ID-Dateien dienen der eindeutigen Identifizierung von Benutzern oder Servern im Lotus Notes Domino-System. Sie beinhalten zahlreiche Informationen, die für die Arbeit mit dem Notes Client und dem Domino Server relevant sind. In der ID sind Schlüssel hinterlegt, und der Zugriff auf die Notes-ID ist der erste Schritt in das System auf verschlüsselte Daten. Auch die in den Zertifikaten hinterlegten Schlüssel ermöglichen es, auf bestimmte Informationen zuzugreifen. Die IDs und Zertifikate benötigen somit einen besonderen Schutz.

5.2.1 ID-Dateien

Domino verwendet ID-Dateien, um Benutzer eindeutig zu identifizieren und den Zugriff auf Server zu steuern. Jeder Domino Server, Notes-Zertifizierer und Notes-Benutzer muss über eine ID verfügen. Wenn Sie Benutzer und Server registrieren, erstellt Domino automatisch die entsprechenden IDs. In der ID-Datei sind enthalten (siehe *Abbildung 5.2*):

- Der Name des Besitzers. Eine Benutzer-ID-Datei enthält unter Umständen auch einen alternativen Namen. Eine Zertifizierer-ID kann mehrere alternative Namen enthalten.
- Eine permanente Lizenznummer. Diese gibt an, dass der Besitzer rechtmäßig ist und ob er über eine nordamerikanische oder internationale Lizenz für die Ausführung von Domino oder Notes verfügt.
- Mindestens ein Notes-Zertifikat von einer Zertifizierer-ID. Ein Notes-Zertifikat ist ein elektronischer Stempel, der einer Benutzer-ID oder Server-ID hinzugefügt wird. Mit diesem anhand des privaten Schlüssels einer Zertifizierer-ID erstellten Stempel wird überprüft, ob der Name des Besitzers der ID richtig mit einem bestimmten öffentlichen Schlüssel verknüpft ist.
- Einen privaten Schlüssel. Notes verwendet den privaten Schlüssel zum Signieren von Nachrichten, die vom Besitzer gesendet wurden, zum Entschlüsseln von Nachrichten, die an den Besitzer gesendet werden, und zum Signieren von Zertifikaten, falls die ID einem Zertifizierer gehört.
- (Optional, nur für Notes Client) Internet-Zertifikate. Ein Internet-Zertifikat dient zur Sicherung von SSL-Verbindungen sowie zum Verschlüsseln und Signieren von S/MIME-Mail-Nachrichten. Ein Internet-Zertifikat wird von einer Zertifizierungsstelle ausgestellt und bestätigt die Identität des Benutzers.
- (Optional) Einen oder mehrere Verschlüsselungsschlüssel, die von Benutzern erstellt und verteilt werden, damit andere Benutzer Felder in einem Dokument ver- und entschlüsseln können.

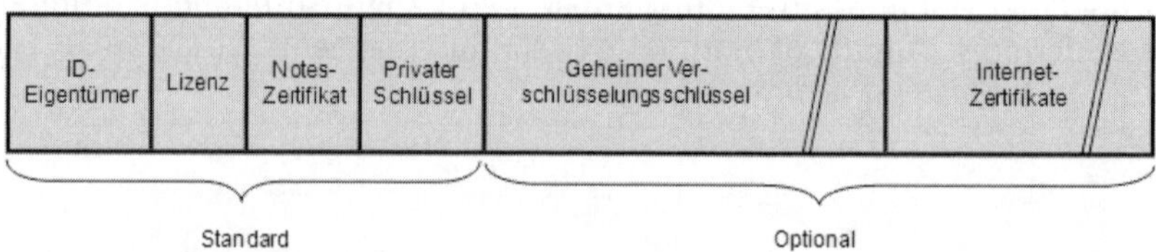

Abbildung 5.2: Bestandteile der ID

Fordert ein Benutzer einen neuen privaten Schlüssel oder eine Namensänderung an, werden auch die ausstehenden Informationen in der ID-Datei gespeichert. Wenn ein privater Notes-Schlüssel geändert wird, werden auch die veralteten Informationen zum Zwecke der Abwärtskompatibilität in der ID-Datei gespeichert. Die veralteten Informationen benötigen Sie beispielsweise zum Lesen alter verschlüsselter E-Mail.

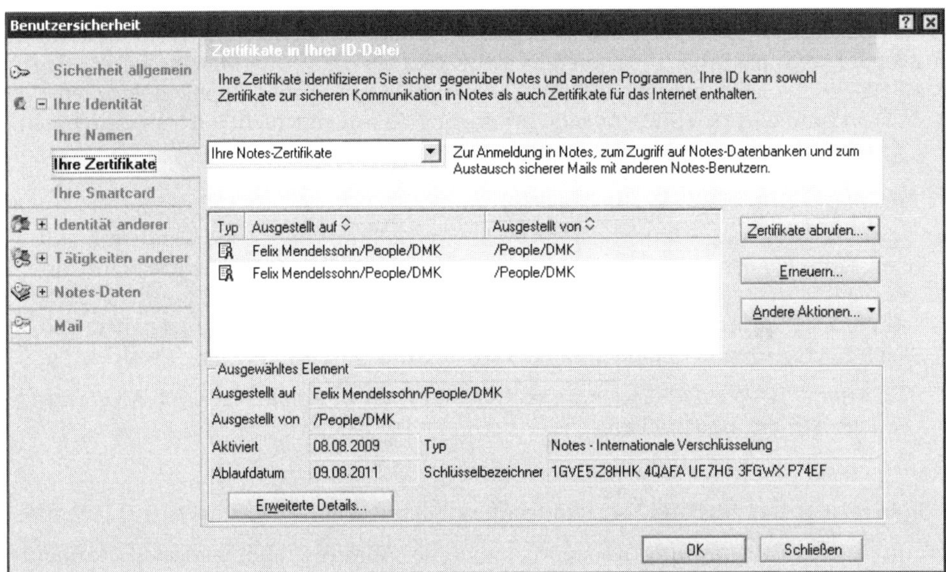

Abbildung 5.3: Angaben zur Benutzer-ID

Benutzerkennwörter während der Authentifizierung prüfen

Standardmäßig dient das Kennwort nur zur Entschlüsselung der ID-Datei und wird nicht mit dem im Domino-Verzeichnis gespeicherten Kennwort verglichen. Wenn Sie die Kennwortprüfung aktivieren, sorgen Sie dafür, dass sich ein Notes-Benutzer nur dann bei einem Server authentifizieren kann, nachdem er das aktuelle Kennwort angegeben hat, das mit der Benutzer-ID verbunden ist. Erhält ein nicht berechtigter Benutzer eine ID und erfährt dessen Kennwort, kann der Besitzer der ID mithilfe der Kennwortprüfung das Kennwort ändern und den nicht berechtigten Benutzer daran hindern, die ID weiterhin zur Authentifizierung bei Servern zu verwenden. Versucht der nicht berechtigte Benutzer das nächste Mal, die ID mit dem alten Kennwort zu verwenden, um auf einen Server zuzugreifen, überprüft der Server das Kennwort, stellt fest, dass das eingegebene Kennwort nicht mit dem neuen Kennwort übereinstimmt, und verweigert dem nicht berechtigten Benutzer den Zugriff auf den Server. Wenn die Kennwortprüfung nicht aktiviert ist, kann dagegen ein nicht berechtigter Benutzer eine ID und ein Kennwort selbst dann verwenden, nachdem der Benutzer das Kennwort für die ID geändert hat, es wird nicht mehr mit dem im Domino-Verzeichnis hinterlegten verglichen. Sorgen Sie beim Einrichten der Kennwortprüfung dafür, dass die Benutzer die Kennwörter für ihre IDs regelmäßig ändern. Steht die erforderliche Kennwortänderung in naher Zukunft an, sendet Domino eine Eingabeaufforderung, die den Benutzer daran erinnert, das Kennwort zu ändern. Ändert der Benutzer das Kennwort, werden die aktuelle ID und das Personendokument mit dem neuen Kennwort aktualisiert.

Bitte beachten Sie, dass sich hierdurch das Feld INTERNET-KENNWORT/INTERNET PASSWORD im Personendokument des Benutzers im Domino-Verzeichnis nicht ändert.

Verwendet ein Benutzer mehrere Kopien seiner ID-Datei, muss er die veralteten IDs durch eine Kopie der aktualisierten ID ersetzen. Sie können die Kennwortprüfung nicht bei ID-Dateien verwenden, die Mehrfachkennwörter enthalten.

Domino zeichnet bis zu 50 Kennwörter auf, die der Benutzer bereits verwendet hat. Der Anwender kann auch bei abgelaufenem Kennwort verschlüsselte Mail in seiner lokalen Mail-Datenbank lesen oder neue signierte Dokumente in lokalen Repliken erstellen. Die Benutzer können jedoch ohne Angabe eines neuen Kennworts nicht auf Server zugreifen.

ID- und Kennwortwiederherstellung

Ist die ID-Vault eingerichtet oder die Wiederherstellung von ID und Kennwort aktiviert, kann für den Fall, dass ein Benutzer eine ID-Datei verliert oder das Kennwort für die ID-Datei vergisst, die ID-Datei wiederhergestellt werden. Geht eine ID-Datei verloren, so können Benutzer normalerweise nicht mehr auf Server zugreifen und keine Nachrichten und andere Daten lesen, die mit der ID verschlüsselt wurden.

Das Thema ID-Wiederherstellung wird ausführlich in *Kapitel 10.8, ID-/Kennwortwiederherstellung* beschrieben.

Administrationsprozess und Kennwortprüfung

Wenn die Kennwortprüfung aktiviert ist, muss der Administrationsprozess Dokumente im Domino-Verzeichnis aktualisieren. Der Administrationsprozess erstellt bei der Aktivierung der Kennwortprüfung für einen Benutzer die Anforderung KENNWORTINFORMATIONEN EINFÜGEN/SET PASSWORD FIELD in der Datenbank ADMINISTRATIONSANFORDERUNGEN/ADMINISTRATOR REQUESTS. Domino führt diese Anforderung gemäß der Einstellung im Feld INTERVALL/INTERVAL des Abschnitts ADMINISTRATIONSPROZESS/ADMINISTRATION PROCESS unter dem Register SERVER TASKS im Serverdokument aus (siehe *Abbildung 5.4*). Diese Anforderung aktiviert die Kennwortüberprüfung, indem Werte in die Felder NOTES-KENNWORT ÜBERPRÜFEN/CHECK PASSWORD, INTERVALL FÜR KENNWORTÄNDERUNG/REQUIRED CHANGE INTERVAL und NACHFRIST/GRACE PERIOD im Abschnitt ADMINISTRATION des Personendokuments des Benutzers eingegeben werden.

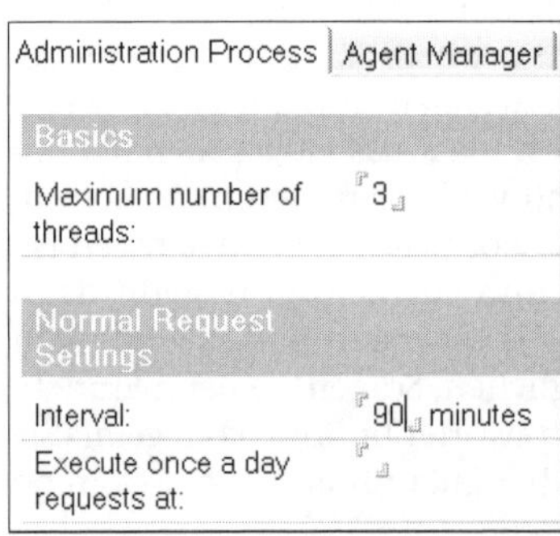

***Abbildung 5.4:* Einstellung im Feld INTERVALL des Abschnitts ADMINISTRATIONSPROZESS im Serverdokument**

Meldet sich der Benutzer zum ersten Mal bei einem Server an, bei dem die Kennwortprüfung erforderlich ist, generiert der Administrationsprozess die Anforderung Benutzerkennwort im Domino-Verzeichnis Ändern/Change user password in domino directory in der Datenbank Administrationsanforderungen. Durch diese Anforderung wird eine entsprechende Kennwortverarbeitung in den Abschnitt Kennwortverwaltung/Password management des Registers Administration im Personendokument eingegeben. Außerdem wird das Datum, an dem der Benutzer das Kennwort eingegeben hat, im Feld Letzte Änderung am/Last change date des Abschnitts Administration im Personendokument aufgezeichnet. Zur Authentifizierung auf Servern, bei denen die Kennwortprüfung aktiviert ist, muss der Benutzer das Kennwort eingeben, das mit dem im Domino Directory hinterlegten Kennwort übereinstimmt.

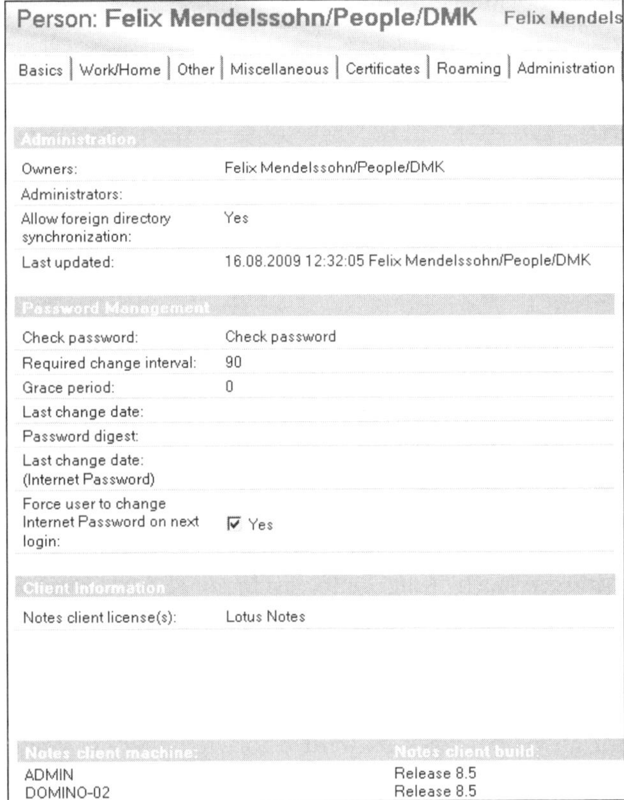

Abbildung 5.5: Angaben zum Passwort im Personendokument

Ändert der Benutzer danach das Kennwort, generiert der Administrationsprozess eine neue Anforderung Benutzerkennwort im Domino-Verzeichnis Ändern/Change user password in domino directory in der Datenbank Administrationsanforderungen. Durch diese Anforderung wird das Feld Letzte Änderung am/Last change date unter Kennwortverwaltung/Password management im Personendokument aktualisiert.

Intervalle für Kennwortänderung und Nachfristen

Sie haben die Möglichkeit, einen Server so zu konfigurieren, dass die Kennwörter der Benutzer während der Authentifizierung überprüft werden, ohne dass diese ihre Kennwörter ändern müssen. Sie können eine Nachfrist für Kennwortänderungen vorgeben, die festlegt, wie lange nach Ablauf des Änderungsintervalls die Benutzer noch Zeit haben, bis ihnen der Zugriff auf den Server verweigert wird. Läuft ein Intervall für die Kennwortänderung ab, bevor der Benutzer das Kennwort ändert, kann sich der Benutzer so lange nicht mehr bei Servern authentifizieren, bei denen die Kennwortprüfung erforderlich ist, bis er ein neues Kennwort erstellt. Läuft eine Nachfrist ab und hat der Benutzer das Kennwort noch nicht geändert, so kann sich der Benutzer so lange nicht authentifizieren, bis der Administrator die Daten im Feld FINGERABDRUCK DES KENNWORTS/PASSWORD DIGEST im Personendokument manuell gelöscht und der Benutzer ein neues Kennwort erstellt hat.

Ändert ein nicht berechtigter Benutzer das Kennwort für eine ID, bevor der berechtigte Besitzer der ID dies tut, kann der berechtigte Benutzer sich nicht authentifizieren und erhält folgende Meldung: `Sie haben auf einer anderen Kopie Ihrer ID-Datei ein anderes Kennwort. Sie müssen das Kennwort auf dieser Kopie anpassen./You have a different password on another copy of your ID file and you must change the password on this copy to match.`

In diesem Fall löschen Sie den Eintrag im Feld FINGERABDRUCK DES KENNWORTS/PASSWORD DIGEST. Der berechtigte Benutzer muss sich sofort anmelden und ein neues Kennwort eingeben.

Bitte beachten Sie, dass Intervalle für die Kennwortänderung und Nachfristen nicht für Internet-Kennwörter gelten, die von Internet-Clients verwendet werden.

Kennwortschutz für Notes- und Domino-IDs

Es ist aus Sicherheitsgründen empfehlenswert, alle Notes- und Domino-IDs, also Zertifizierer-, Server- und Benutzer-IDs durch Kennwörter zu schützen. Wird eine ID durch ein Kennwort geschützt, werden die Daten in der ID mit einem vom Kennwort abgeleiteten Schlüssel verschlüsselt. Wollen Sie nun auf Mail zugreifen, eine Datenbank auf dem Server öffnen oder Informationen zur ID-Datei einsehen, werden Sie zur Eingabe des Kennworts aufgefordert. Beachten Sie, dass diese Informationen nicht für den Kennwortschutz für Internet-Clients gelten.

Bei der Registrierung eines Benutzers oder Servers oder beim Erstellen einer Zertifizierer-ID können Sie eine Skala von 0 bis 16 verwenden, um den Grad der Kennwortqualitäts-Überprüfung anzugeben, der für die ID durchgesetzt werden soll. Je höher der Grad, desto komplexer ist das Kennwort. Es ist dementsprechend um so schwieriger für einen nicht berechtigten Benutzer, das Kennwort zu erraten. Für optimale Sicherheit verwenden Sie für die Kennwortqualitäts-Überprüfung einen Grad von mindestens 8. Geben Sie allen Benutzern die Empfehlung, das Kennwort niemals aufzuschreiben oder eine Kopie ihres Kennworts an einer Stelle zu hinterlassen, an der jemand anders es finden kann. Seit Domino 7 haben Sie die Möglichkeit, Kennwortbeschränkungen auf Richtlinienbasis einzurichten. Sie können hierdurch Kennwortanforderungen erzwingen, die fast allen unternehmensspezifischen und behördlichen Sicherheitsanforderungen gerecht werden. Näheres zu diesem Thema entnehmen Sie *Kapitel 10.2, Richtlinien für Benutzer.*

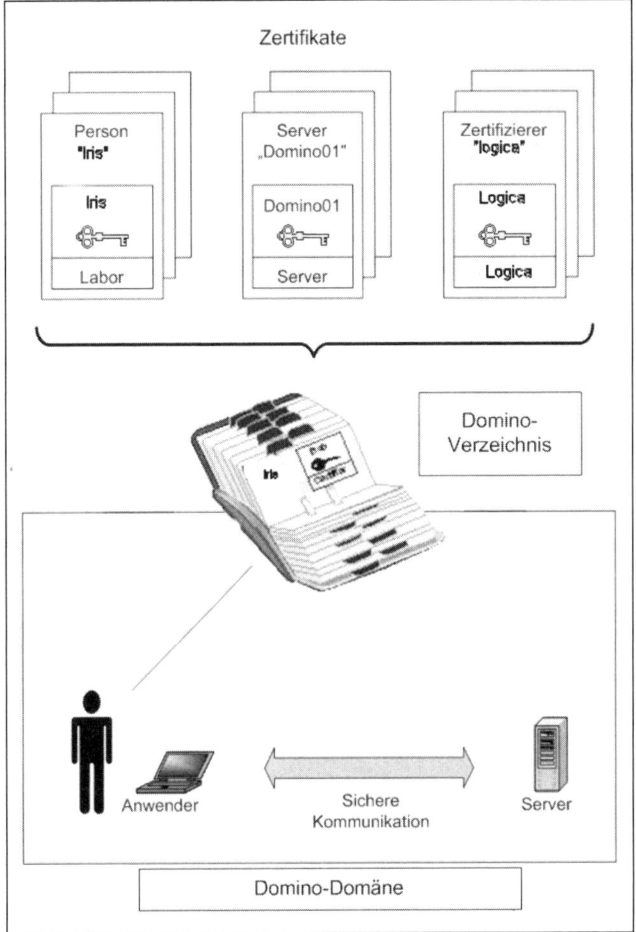

Abbildung 5.6: Zertifizierer

Sobald Sie ein Kennwort für eine neue ID eingeben oder wenn Benutzer das Kennwort für eine vorhandene ID ändern, wird der von Ihnen zugewiesene Grad der Kennwortqualitäts-Überprüfung angewendet. Ändern Benutzer ihre Kennwörter, werden in Notes Informationen zu dem für die ID-Datei erforderlichen Grad der Kennwortqualitäts-Überprüfung angezeigt. Die Benutzer müssen ein Kennwort eingeben, das den Kriterien für den Grad entspricht. Andernfalls dürfen sie das Kennwort nicht ändern.

Wenn Sie die Kennwortqualität-Überprüfung für einen Benutzer ändern möchten, müssen Sie die ID als Administrator erneut zertifizieren.

Die Kennworte für die IDs werden verschlüsselt. Die Verschlüsselungsstärke kann während des Zertifizierungsprozesses festgelegt werden. In der Benutzer-ID wird der vom Kennwort abgeleitete Verschlüsselungsschlüssel gespeichert. Eine höhere Verschlüsselung des Kennworts sorgt also auch für einen stärkeren Verschlüsselungsschlüssel der Notes-Schlüssel. Sie können zwischen drei Varianten des Verschlüsselungsgrades wählen:

- Stärke auf Länge des RSA-Schlüssels basieren: Hier wird die Verschlüsselungsstärke des Kennworts in Abhängigkeit zur Größe des RSA-Schlüssels, der in der ID-Datei gespeichert ist, berechnet. Liegt die Größe dieses RSA-Schlüssels unterhalb von 1024 Bit, ergibt sich eine Kennwortverschlüsselungsstärke von 64 Bit. Erst bei einer RSA-Schlüsselgröße von 1024 Bit oder mehr erreicht die Kennwortschlüsselgröße 128 Bit.
- Mit allen Versionen kompatibel (64 Bit RC2)
- Mit Version 6.0 und höher kompatibel (128 Bit RC2)
- Mit Version 8.0 und höher kompatibel (128 Bit AES) – ab Version 8.5 verfügbar
- Mit Version 8.0 und höher kompatibel (256 Bit AES) – ab Version 8.5 verfügbar

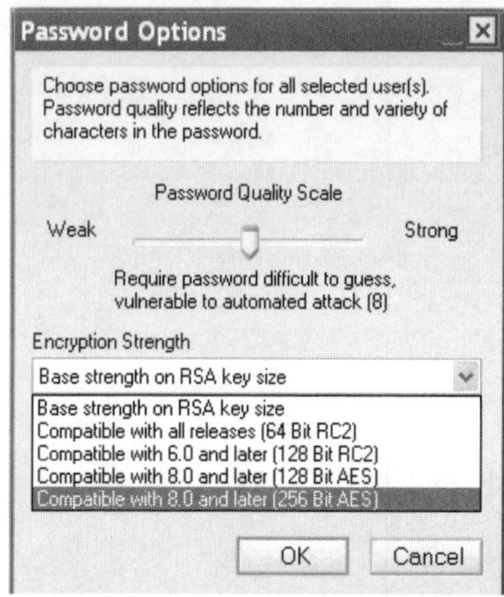

Abbildung 5.7: Verschlüsselungsgrad

Sie können die Verschlüsselungsstärke der ID-Datei auch mit dem Notes Client ändern. Hierzu führen Sie folgende Schritte durch:

1. Wählen Sie DATEI/FILE > SICHERHEIT/SECURITY > BENUTZERSICHERHEIT/USER SECURITY. Nun müssen Sie Ihr Kennwort eingeben.
2. Im Fenster BENUTZERSICHERHEIT/USER SECURITY wird unter SICHERHEIT ALLGEMEIN/SECURITY BASICS die aktuelle Verschlüsselungsstärke Ihrer ID-Datei angezeigt.
3. Um diese zu ändern, wählen Sie den Punkt KENNWORT ÄNDERN/CHANGE PASSWORD. Sie werden wiederum zur Eingabe Ihres Kennworts aufgefordert.
4. Geben Sie Ihr neues Passwort zweimal ein und wählen Sie in dem Dropdown-Menü die Verschlüsselungsstärke aus. Sie können die Verschlüsselungsstärke auch ohne die Änderung des Kennworts anpassen.
5. Bestätigen Sie die Eingabe mit OK.

Alle Kennwörter für Notes-IDs verfügen über integrierte Mechanismen zur Zeitverzögerung und zum Schutz vor Nachahmungen des Kennworts. Damit wirken sie Programmen zum Erraten von Kennwörtern entgegen und verhindern den Diebstahl von Kennwörtern durch Programme, die dem Dialogfeld zur Kennwort-Eingabeaufforderung ähneln. Durch den Zeitverzögerungsmechanismus wird der Zeitraum vergrößert, den ein Benutzer abwarten muss, bevor er nach der Eingabe eines falschen Kennworts fortfahren kann. Wenn ein Kennwort eingegeben wird, erstellt der Mechanismus zum Schutz vor Kennwort-„Nachahmungen" ein Hieroglyphenmuster, das andere Programme nicht reproduzieren können. Das Kennwort wird zwar nicht nach dreimaliger falscher Eingabe gesperrt, diese Mechanismen erschweren aber das Erraten eines Kennworts deutlich.

Kennwörter werden in Lotus Notes Domino standardmäßig nur zum Schutz von Informationen, die in ID-Dateien gespeichert sind, verwendet. Sie können jedoch die Server so konfigurieren, dass sie Kennwörter und öffentliche Notes-Schlüssel während der Authentifizierung prüfen. Hiermit verringern Sie die nicht berechtigte Verwendung von IDs. Gelangt ein nicht berechtigter Benutzer in den Besitz einer ID und des entsprechenden Kennworts, so muss der berechtigte Benutzer bei aktivierter Kennwortüberprüfung lediglich das Kennwort für die ID ändern. Beim nächsten Versuch des nicht berechtigten Benutzers, sich zu authentifizieren, erhält dieser Benutzer keinen Zugriff auf den Server, da Domino ihn zur Eingabe des richtigen Kennworts auffordert, das er nicht kennt. Sie können den Server zusätzlich so einrichten, dass die Benutzer zum regelmäßigen Ändern ihrer Kennwörter gezwungen werden.

Über die Funktion ID-Vault oder in älteren Versionen über die Wiederherstellung von ID und Kennwort kann für den Fall, dass ein Benutzer eine ID-Datei verliert oder das Kennwort für die ID-Datei vergisst, die ID-Datei wiederhergestellt werden. Geht eine ID-Datei verloren, so können Benutzer normalerweise nicht mehr auf Server zugreifen und keine Nachrichten und anderen Daten lesen, die mit der ID verschlüsselt wurden.

Kennwort aus einer Notes-ID auslesen

Über Tools wie z.B. *IPR* (siehe auch *http://www.securityfocus.com/comments/tools/2369/16395/threaded*) besteht die Möglichkeit, Passwörter aus einer ID-Datei auszulesen. Dabei werden (je nach Tool) Passwörter ausprobiert, die in einer Wortliste enthalten sind. Der Durchsatz, in dem die potenziellen Passwörter der ID-Datei ausprobiert werden, hängt von der Rechenleistung des Rechners ab, auf dem das Tool gestartet wird. Ein solches Auslesen ist nur dann von Erfolg gekrönt, wenn das Passwort in der Wortliste enthalten ist. Aus diesem Grund ist es überaus wichtig, dass Anwender und auch Administratoren keine Kennwörter wählen, die in einem Lexikon stehen könnten oder persönlichen Daten (z.B. Vornamen, Geburtsdaten) entsprechen, die leicht herausgefunden oder erraten werden können.

Andere Tools wie z.B. *Notes Password Cracker* oder *Lotus Notes Key* (*http://www.lost-password.com/lotus-notes.htm*) probieren nacheinander alle möglichen Buchstaben und Zahlen abhängig von der vermuteten Passwort-Länge durch. Hier schützen Sie die Komplexität und die Länge Ihres eigenen Kennworts. Je länger und komplexer dieses ist, um so länger würde es durch Ausprobieren dauern, von ihm Kenntnis zu erhalten.

Zusätzliche Sicherheit für Internet-Kennwörter

Wenn Sie ein Personendokument, in dem Sie ein Internet-Kennwort eingegeben haben, speichern, verschlüsselt Domino automatisch das Feld INTERNET-KENNWORT/INTERNET PASSWORD. Zur Verbesserung der Kennwortsicherheit sollten Sie ein Kennwortformat verwenden, das mehr Sicherheit bietet. Das sicherere Kennwortformat sollten Sie nur verwenden, wenn die Benutzer auf Domino 4.6 Server oder höher zugreifen (siehe *Abbildung 5.8*).

Das Kennwortformat kann jederzeit für vorhandene Personendokumente aktualisiert werden und es kann automatisch das Kennwortformat mit höherer Sicherheit für alle Personendokumente eingestellt werden, die Sie erstellen.

- Für vorhandene Personendokumente:

1. Klicken Sie in Domino Administrator auf das Register PERSONEN UND GRUPPEN/PEOPLE & GROUPS und wählen Sie die Personendokumente, die Sie auf ein sichereres Kennwortformat aktualisieren möchten.
2. Wählen Sie AKTIONEN/ACTIONS > AKTUALISIERUNG AUF EIN SICHERERES INTERNET-KENNWORTFORMAT/UPGRADE TO MORE SECURE INTERNET PASSWORD FORMAT.

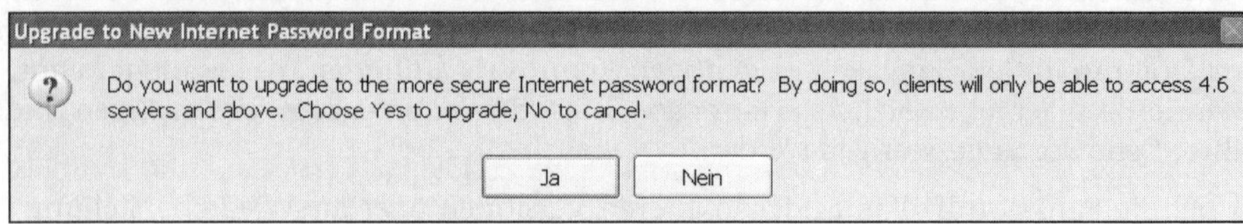

Abbildung 5.8: Aktualisierung des Personendokuments

3. Klicken Sie auf JA/YES.

- Für neue Personendokumente:

1. Klicken Sie in Domino Administrator auf das Register KONFIGURATION/CONFIGURATION und dann auf ALLE SERVERDOKUMENTE/ALL SERVER DOCUMENTS.
2. Wählen Sie AKTIONEN/ACTIONS > DOMINO-VERZEICHNISPROFIL BEARBEITEN/EDIT DIRECTORY PROFILE.

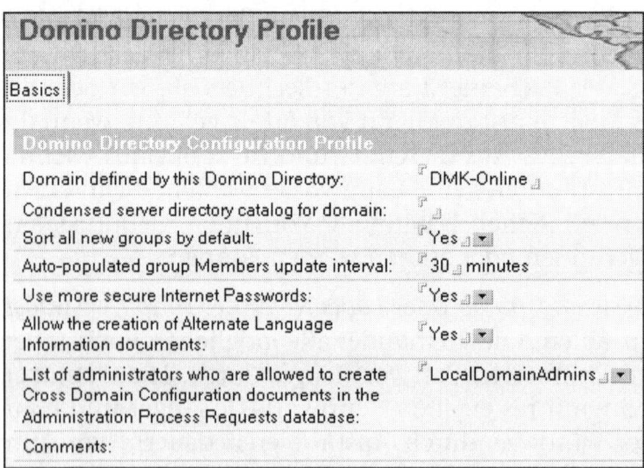

Abbildung 5.9: Kennwortformat mit höherer Sicherheit für alle Personendokumente definieren

3. Wählen Sie im Feld SICHERERE INTERNET-KENNWÖRTER VERWENDEN/USE MORE SECURE INTERNET PASSWORDS die Einstellung JA/YES.
4. Speichern und schließen Sie das Profildokument.

Kennwortprüfung einrichten

Sie müssen die Kennwortprüfung sowohl für Benutzer als auch für Server aktivieren, wenn Sie sie nutzen möchten. Führen Sie folgende Schritte durch:

1. Vergewissern Sie sich, dass der Administrationsprozess auf dem Server eingerichtet ist und dass Sie mindestens über Autorzugriff und die Rolle USERMODIFIER im Domino-Verzeichnis verfügen.
2. Klicken Sie in Domino Administrator unter Verwendung einer Netzwerkverbindung zum Administrationsserver des Domino-Verzeichnisses auf das Register PERSONEN UND GRUPPEN/PEOPLE & GROUPS.
3. Wählen Sie alle Personendokumente aus, für die Sie die Kennwortprüfung aktivieren möchten. Wählen Sie AKTIONEN/ACTIONS > KENNWORTFELDER FESTLEGEN/SET PASSWORD FIELDS und klicken Sie auf JA/YES, um fortzufahren.
4. Wählen Sie KENNWORT ÜBERPRÜFEN/CHECK NOTES PASSWORD.
5. Geben Sie in die folgenden Felder Werte ein und klicken Sie anschließend auf OK:

Feld	Eingabe
INTERVALL FÜR KENNWORTÄNDERUNG/ REQUIRED CHANGE INTERVAL	Die Anzahl der Tage, innerhalb der die Benutzer ein neues Kennwort angeben müssen. Die Vorgabe beträgt 0, was bedeutet, dass die Benutzer ihre Kennwörter nicht ändern müssen und dass Einträge im Feld „Nachfrist“ ignoriert werden.
NACHFRIST ZULASSEN/ ALLOWED GRACE PERIOD	Die Anzahl der Tage nach Ablauf eines Intervalls für die Kennwortänderung, innerhalb der die Benutzer ihre Kennwörter ändern müssen. Die Vorgabe beträgt 0, wodurch den Benutzern ein unbegrenzter Zeitraum für die Änderung ihrer Kennwörter nach Ablauf des Änderungsintervalls eingeräumt wird. Es wird ein Wert zwischen 3 und 7 Tagen empfohlen.

6. Um die Kennwortprüfung auf allen Servern zu aktivieren, bei denen sich diese Benutzer authentifizieren, klicken Sie auf das Register KONFIGURATION/CONFIGURATION und öffnen die einzelnen Serverdokumente. Klicken Sie auf das Register SICHERHEIT/ SECURITY. Wählen Sie unter dem Punkt SICHERHEITS-EINSTELLUNGEN/SECURITY SETTINGS im Feld KENNWÖRTER VON NOTES-IDS ÜBERPRÜFEN/CHECK PASSWORD ON NOTES IDS die Option AKTIVIERT/ENABLED.

Ist die Kennwortprüfung für einen Benutzer deaktiviert, überprüft Domino keine Kennwörter für den Benutzer, auch wenn die Kennwortprüfung für den Server aktiviert ist. So deaktivieren Sie die Kennwortprüfung für einen einzelnen Benutzer:

1. Klicken Sie in Domino Administrator auf das Register PERSONEN UND GRUPPEN/PEOPLE & GROUPS.
2. Wählen Sie alle Personendokumente aus, für die Sie die Kennwortprüfung deaktivieren möchten. Wählen Sie AKTIONEN/ACTIONS > KENNWORTFELDER FESTLEGEN/SET PASSWORDS FIELDS und klicken Sie auf JA/YES, um fortzufahren.

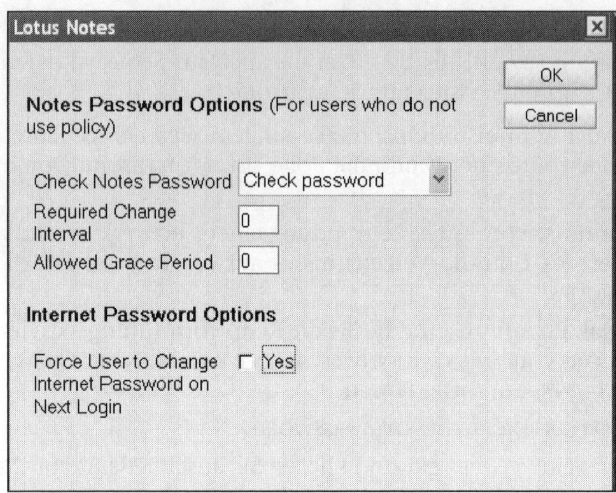

Abbildung 5.10: Festlegen der Kennwortfelder

3. Wählen Sie KENNWORT NICHT ÜBERPRÜFEN/DON´T CHECK PASSWORD und klicken Sie auf OK.

Wenn Sie die Kennwortprüfung für einen Server deaktivieren, überprüft Domino keine Kennwörter für Benutzer, die auf den Server zugreifen, auch wenn die Kennwortprüfung für den Benutzer aktiviert ist. So deaktivieren Sie die Kennwortprüfung für einen Server:

1. Klicken Sie in Domino Administrator auf das Register KONFIGURATION/CONFIGURATION und öffnen Sie das Serverdokument.
2. Klicken Sie auf das Register SICHERHEIT/SECURITY und wählen Sie anschließend im Feld KENNWÖRTER VON NOTES-IDS ÜBERPRÜFEN/CHECK PASSWORD ON NOTES IDS die Option DEAKTIVIERT/DISABLED.

Mehrfachkennwörter

Wenn Sie Zertifizierer- und Server-IDs Mehrfachkennwörter zuweisen, erzielen Sie eine noch höhere Sicherheit. Bei Verwendung von Mehrfachkennwörtern muss eine Gruppe von Administratoren beim Zugriff auf eine ID zusammenarbeiten. Dies ist immer dann sinnvoll, wenn Sie nicht nur einer Person die Berechtigung für eine Zertifizierer-ID geben möchten. Sie können angeben, dass nur ein Teil der zugewiesenen Kennwörter für den Zugriff auf die ID erforderlich sein soll. So können Sie beispielsweise der ID vier Kennwörter zuweisen, aber verlangen, dass nur zwei beliebige der vier Kennwörter eingegeben werden müssen, um Zugriff auf die ID zu erhalten. Wenn nur ein Teil der Kennwörter verlangt wird, können Administratoren auch dann auf die ID zugreifen, wenn nicht alle Administratoren anwesend sind.

Es müssen alle Administratoren anwesend sein, deren Kennwörter der ID zugewiesen werden, um einer ID Mehrfachkennwörter zuzuweisen. Jeder Administrator muss eine Reihe von Schritten ausführen. Keines der Kennwörter, die der ID vor der Zuweisung von Mehrfachkennwörtern zugewiesen waren, ist mehr gültig.

1. Klicken Sie in Domino Administrator auf das Register KONFIGURATION/CONFIGURATION und klicken Sie anschließend unter den Werkzeugen auf ZERTIFIZIERUNG/CERTIFICATION.
2. Wählen Sie MEHRFACHKENNWÖRTER BEARBEITEN/EDIT MULTIPLE PASSWORDS.
3. Wählen Sie die ID aus, der Sie Mehrfachkennwörter zuweisen möchten, und klicken Sie auf ÖFFNEN/OPEN. Geben Sie das Kennwort für die ID ein (falls erforderlich).
4. Alle Administratoren müssen nacheinander die Schritte 5 bis 8 ausführen.
5. Geben Sie in das Feld AUTORISIERTER BENUTZER/AUTHORIZED USER Ihren Benutzernamen ein.
6. Geben Sie in das Feld NEUES KENNWORT/NEW PASSWORD ein Kennwort ein.
7. Geben Sie das Kennwort noch einmal in das Feld KENNWORT BESTÄTIGEN/CONFIRM PASSWORD ein.
8. Klicken Sie auf HINZUFÜGEN/ADD, um Ihren Namen und Ihr Kennwort zur ID-Datei hinzuzufügen.
9. Geben Sie die Anzahl der Kennwörter ein, die für den Zugriff auf die ID erforderlich sind. Die eingegebene Zahl muss kleiner oder gleich der Anzahl der Administratoren sein, die der ID Kennwörter zugewiesen haben.
10. Klicken Sie auf OK.

Über die Kennwortbearbeitung können Sie Kennwörter im Nachhinein bearbeiten oder löschen.

Sicherheit von Notes-Anwender-IDs mithilfe von Smartcards

Seit Lotus Notes 6 kann die Smartcard mit der User-ID zum Login an einen Lotus Notes Client benutzt werden. Als Voraussetzung muss ein entsprechender Reader auf der Workstation installiert sein. Ist die User-ID für den Smartcard-Login freigegeben, erfolgt statt der Abfrage nach dem Notes-User-Passwort die Nachfrage nach der Smartcard-„Personal Identification Number“ (PIN). Im Unterschied zum Notes-Login wird nach zu häufiger falscher Eingabe der PIN die Smartcard gesperrt und kann nur durch einen administrativen Eingriff wieder freigeschaltet werden.

Smartcard-Login ermöglichen

Zur Aktivierung des Smartcard-Logins muss die Windows- und die Domino Web-/Internet-Passwort-Synchronisation deaktiviert werden. Stellen Sie sicher, dass die User-ID wiederherstellbar ist. Falls die Kennwortprüfung aktiviert ist, ist es nicht möglich, zwischen einer für den Gebrauch von Smartcards freigegebenen User-ID und einer wiederhergestellten User-ID zu wechseln. Sobald das Smartcard-Login für die User-ID aktiviert worden ist, kann man es nicht mehr deaktivieren. Folgende Schritte sind durchzuführen:

1. Stellen Sie sicher, dass ein Smartcard-Reader installiert ist und dass Wiederherstellungsinformationen Ihrer User-ID vorhanden sind. Geben Sie die Smartcard in das Lesegerät.
2. Aus der Menüleiste wählen Sie DATEI/FILE > SICHERHEIT/SECURITY > BENUTZERSICHERHEIT/USER SECURITY.
3. Klicken Sie auf IHRE IDENTITÄT/YOUR IDENTITY > IHRE SMARTCARD/YOUR SMARTCARD.
4. Im Smartcard-Konfigurationsdialog geben Sie den vollständigen Pfad zu dem Verzeichnis der PKCS #11-Smartcard-Treiberdatei an.

5. Klicken Sie auf WEITER/CONTINUE.
6. Klicken Sie auf AKTIVIERUNG DES SMARTCARD-LOGINS/ENABLE SMARTCARD LOGIN.
7. Nun werden Sie aufgefordert, Ihr Notes-Passwort und Ihre Smartcard-PIN einzugeben. Nach dieser Eingabe ist es in Zukunft nur noch notwendig, Ihre PIN einzugeben.

5.2.2 Öffentliche Schlüssel

Der öffentliche Schlüssel wird zur Authentifizierung von Benutzern und Servern sowie bei der Verschlüsselung von Datenbanken und Nachrichten oder auch der Bestätigung von Signaturen verwendet. Jede ID, sowohl die Benutzer- als auch die Server-ID, enthält einen eindeutigen öffentlichen Schlüssel für das Notes-Zertifikat. Der öffentliche Schlüssel ist in der ID-Datei und in dem Personen- bzw. Serverdokument zu dieser ID hinterlegt. Eine Notes-Benutzer-ID kann zusätzlich auch einen eindeutigen öffentlichen Schlüssel für ein Internet-Zertifikat haben.

Es ist jederzeit möglich, für eine ID-Datei einen neuen öffentlichen Schlüssel zu erstellen. Dies ist beispielsweise sinnvoll, wenn die Sicherheit einer ID durch Verlust oder Diebstahl nicht mehr gewährleistet ist. Wenn Sie einen neuen öffentlichen Schlüssel erstellen, können Sie andere Teile der ID beibehalten (z.B. die Verschlüsselungsschlüssel) und müssen keine völlig neue ID erstellen. Auch die Notes-Benutzer können einen neuen öffentlichen Schlüssel für das Notes-Zertifikat erstellen. Der neue öffentliche Schlüssel muss zertifiziert werden, bevor er in Notes verwendet werden kann.

Richten Sie die Server nach der Zertifizierung eines neuen öffentlichen Schlüssels so ein, dass öffentliche Schlüssel geprüft werden. Hierbei wird der im Domino-Verzeichnis gespeicherte öffentliche Schlüssel mit dem öffentlichen Schlüssel in der ID verglichen. Durch die Prüfung von öffentlichen Schlüsseln wird ein nicht berechtigter Benutzer daran gehindert, unter Verwendung der ID mit dem ursprünglichen öffentlichen Schlüssel auf den Server zuzugreifen.

Bei der Registrierung von Benutzern oder Servern fügt Domino automatisch die öffentlichen Notes-Schlüssel zum entsprechenden Personen- oder Serverdokument hinzu. In manchen Situationen ist es jedoch erforderlich, den öffentlichen Schlüssel einer Benutzer- oder Server-ID manuell hinzuzufügen. Hierzu gehören:

- Ein Benutzer möchte eine verschlüsselte Mail an einen Notes-Benutzer in einer anderen Domäne senden. Um eine verschlüsselte Notes Mail zu senden, benötigt Domino Zugriff auf den öffentlichen Notes-Schlüssel des Empfängers im persönlichen Adressbuch, Domino-Verzeichnis oder LDAP-Verzeichnis. Falls sich der Empfänger in einer anderen Domäne befindet und das Domino- oder das LDAP-Verzeichnis für die Verzeichnisverwaltung nicht zugänglich ist, kann Domino nicht auf den öffentlichen Schlüssel des Empfängers für die Verschlüsselung zugreifen. Der Absender muss den öffentlichen Schlüssel des Empfängers erhalten und diesen dem persönlichen Adressbuch oder einem Domino-Verzeichnis hinzufügen, in dem die Verzeichnisverwaltung eingerichtet ist. Ein Administrator kann außerdem bei Bedarf die Verzeichnisverwaltung für das Domino-Verzeichnis oder das LDAP-Verzeichnis einrichten, damit Benutzer Nachrichten an alle Benutzer in den Verzeichnissen verschlüsseln können.
- Ein öffentlicher Schlüssel einer Benutzer- oder Server-ID im Domino-Verzeichnis wird beschädigt oder versehentlich gelöscht, und der Administrator muss ihn ersetzen.

In der Version Lotus Notes Domino 8 ist nun auch ein Schlüsselaustausch des Zertifizierers möglich. Dies ist allerdings nur bei eingerichteter Certificate Authority (CA) möglich (siehe *Kapitel 5.3, Zertifizierungsstelle/Certificate Authority (CA)*.

Schlüsselaustausch (Key Rollover)

Sie können unbemerktem Missbrauch privater Schlüssel vorbeugen oder allgemein die Sicherheit durch die Aktualisierung auf einen längeren Schlüssel steigern, indem Sie einen regelmäßigen Schlüsselaustausch öffentlicher und privater Notes-Schlüssel der Benutzer- und Server-IDs durchführen. Der Schlüsseltausch für Schlüssel in den Benutzer-IDs wird mithilfe eines Richtliniendokuments forciert. Als Trigger für den Schlüsselaustausch dient Folgendes:

- die Größe des vorhandenen Schlüssels
- das Erstelldatum des vorhandenen Schlüssels
- das Alter des vorhandenen Schlüssels

Schlüsselaustausch bei Benutzer-IDs

In älteren Versionen vor Domino 7 mussten neue Schlüssel der Benutzer entweder per E-Mail oder durch die Authentifizierung gegen den Domino Server angefordert werden. Ab Domino 7 haben Sie als Administrator nun die Möglichkeit, die Einstelldokumente für Sicherheitsrichtlinien zu nutzen, um die relevanten Einstellungen zu erzwingen (siehe *Abbildung 5.11*). In den Feldern GENERIERUNG VON NEUEN SCHLÜSSELN FÜR ALLE BENUTZER ÜBER DIESE ANZAHL TAGE VERTEILEN/SPREAD KEY GENERATION FOR ALL USERES OVER THIS MANY DAYS und MAXIMALE GÜLTIGKEIT DES ALTEN SCHLÜSSELS (TAGE), NACHDEM DER NEUE SCHLÜSSEL ERSTELLT WURDE/MAXIMUM NUMBER OF DAYS THE OLD KEY SHOULD REMAIN VALID AFTER THE NEW KEY HAS BEEN CREATED können die relevanten Angaben in Bezug auf den Schlüsselaustausch gemacht werden. Weitere Informationen zur Verwendung von Benutzerrichtlinien finden Sie in *Kapitel 10.2, Richtlinien für Benutzer*.

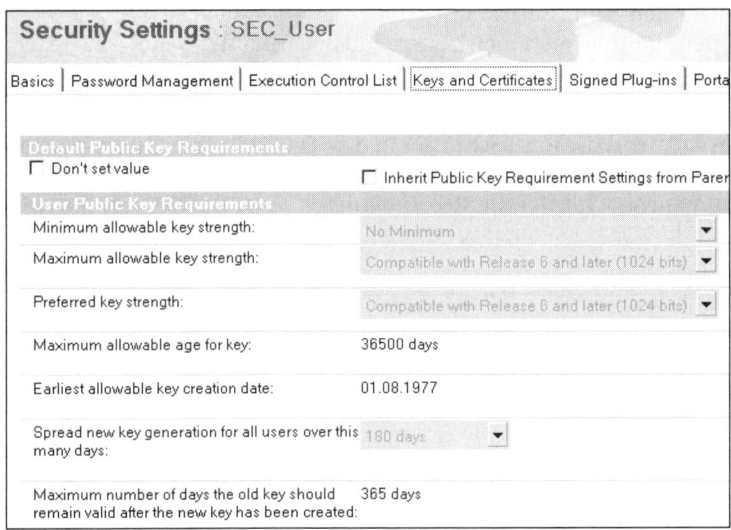

Abbildung 5.11: Richtliniendokument für Schlüsselaustauch/Key Rollover

Die Benutzer können den Schlüsseltausch durch die Schaltfläche NEUE ÖFFENTLICHE SCHLÜSSEL ERSTELLEN/CREATE NEW PUBLIC KEYS über DATEI/FILE > SICHERHEIT/SECURITY > BENUTZERSICHERHEIT/USER SECURITY > IHRE IDENTITÄT/YOUR IDENTITY > IHRE ZERTIFIKATE/YOUR CERTIFICATES > ANDERE AKTIONEN/OTHER ACTIONS auslösen (siehe *Abbildung 5.12*).

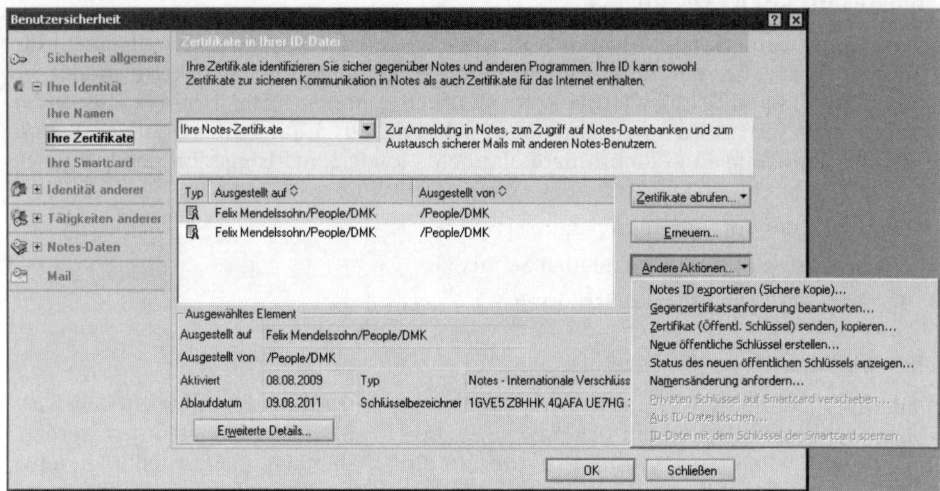

Abbildung 5.12: Anforderung eines neuen öffentlichen Schlüssels

Wählen die Anwender im folgenden Fenster unter ZERTIFIKAT ANFORDERN ÜBER/REQUEST CERTIFICATION USING die Methode AUTHENTIFIZIERUNGSPROTOKOLL/AUTHENTICATION PROTOCOL, erfolgt der Austausch wie beim Schlüsselaustausch mithilfe der Richtlinieneinstellung. Wählt der Anwender jedoch als Methode MAIL-PROTOKOLL, so wird die aus älteren Versionen bekannte Mail-Methode mit Versand der SafeCopy der ID-Datei (*.idp) an die Administration verwendet. Haben Sie entweder eine Richtlinie gesetzt oder haben die Benutzer den Schlüsselaustausch über das Dialogfeld BENUTZERSICHERHEIT angefordert, werden die Informationen zum Schlüsselaustausch bei der nächsten Authentifizierung gegen den Home-Server des Anwenders in die ID-Datei geschrieben.

Nach Initiierung des Austausches mit der Methode AUTHENTIFIZIERUNGSPROTOKOLL/AUTHENTICATION PROTOCOL wird der neue Schlüssel in der ID erstellt und als ausstehend markiert. Bei der nächsten Authentifizierung gegen den Server wird eine Zertifizierungsanforderung für den neuen Schlüssel in der Datenbank ADMINISTRATIONSANFORDERUNGEN/ADMINISTRATION REQUESTS (*admin4.nsf*) erstellt (siehe *Abbildung 5.13*).

Administration Requests | Help

Administrative Attention Required
Pending Administrator Approval
Individual Approval Required
Pending by Age
Pending by Server
All Activity by Server
Errors
All Errors by Date
All Errors by Server
Requests
All Requests by Action
All Requests by Name
All Requests by Server

Sched. Type	Action	Requester	Action performed on
	▸ - All servers -		
	▾ Administration Server for the Domino Directory		
	Certify New Person Key Request	D01Hub/Server/DMK	Felix Mendelssohn/People/DMK
	▸ Delete Obsolete Change Requests	D01Hub/Server/DMK	Obsolete Change Requests in DMK-Online's Directo
	▸ Domain Catalog Configuration	D01Hub/Server/DMK	D01Hub/Server/DMK
	▸ Put Server's Notes Build Number into Server F	D01MS/Server/DMK	D01MS/Server/DMK
	▸ Put Server's Notes Build Number into Server F	D01DS/Server/DMK	D01DS/Server/DMK
	▸ Recertify Person in Domino Directory	Administrator/DMK	Felix Mendelssohn/People/DMK
	▸ Set Directory Assistance Field in Server Recor	Administrator/DMK	D01Hub/Server/DMK

Abbildung 5.13: Neue Zertifizierungsanforderung

Den Schlüsselaustausch schließen Sie wie folgt ab:

1. Im Administrator Client öffnen Sie die Datenbank ADMINISTRATIONSANFORDERUNGEN/ADMINISTRATION REQUESTS *(admin4.nsf)*.
2. In der Ansicht ANFORDERUNG AUF ZERTIFIZIEREN EINES NEUEN SCHLÜSSELS/CERTIFY NEW KEY REQUESTS wählen Sie die Anforderung des Benutzers aus und klicken auf AUSGEWÄHLTE EINTRÄGE ZERTIFIZIEREN/CERTIFY SELECTED ENTRIES.
3. Im Dialogfeld ZERTIFIZIERER WÄHLEN/CHOOSE CERTIFIER führen Sie einen der beiden möglichen Schritte aus:
   - Verwenden Sie die Zertifizierer-ID, müssen Sie den Speicherort und das zugehörige Kennwort der Zertifizierer-ID angeben.
   - Verwenden Sie eine serverbasierte Zertifizierungsstelle (CA), wählen Sie diese in der Dropdown-Liste aus.

   Das Personendokument des Benutzers wird nun, nach Verarbeitung der Anforderung und Zertifizierung des neuen Schlüssels, mit den neuen Informationen aktualisiert.
4. Im Dialogfeld ABLAUFDATUM/NEW CERTIFICATE EXPIRATION DATE des Zertifikats überprüfen Sie das Datum.
5. Im Dialogfeld ALLE ANFORDERUNGEN NACH SERVER/ALL REQUESTS BY SERVER prüfen Sie die durchgeführten Aktionen auf Fehler.
6. Klicken Sie anschließend auf OK.

Meldet sich der Anwender das nächste Mal an seinem Home-Server an, wird ein Dialogfeld eingeblendet, das den Benutzer fragt, ob er den neuen öffentlichen Schlüssel annimmt (siehe *Abbildung 5.14*). Wählt der Benutzer OK, wird der neue Schlüssel in der ID-Datei aktiviert und der alte Schlüssel archiviert.

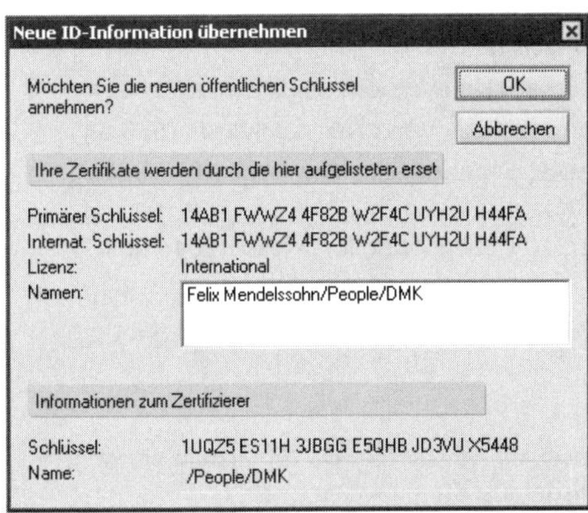

Abbildung 5.14: Abschluss des Schlüsselaustauschs

Zur Entschlüsselung von Dokumenten, die mit dem alten Schlüssel chiffriert wurden, verbleiben die archivierten Schlüssel in der ID-Datei.

Schlüsselaustausch bei Server-IDs

Bei Server-IDs erfolgt der Schlüsselaustausch über das Serverdokument. Gehen Sie dazu wie folgt vor:

1. Klicken Sie im Serverdokument auf ADMINISTRATION.
2. Unter ANFORDERUNGEN AN DEN ÖFFENTLICHEN SCHLÜSSEL/PUBLIC KEY REQUIREMENTS füllen Sie folgende Felder aus:

Feld	Aktion
MINDESTSTÄRKE DES SCHLÜSSELS/ MINIMUM ALLOWABLE KEY STRENGTH	Geben Sie die zulässige Mindestanzahl an Zeichen für den Schlüssel an. Schlüssel mit weniger Zeichen werden ausgetauscht. ▶ KEINE BESCHRÄNKUNG (Vorgabe) ▶ MAXIMAL MIT ALLEN VERSIONEN KOMPATIBEL (512 BIT) ▶ MAXIMAL MIT ALLEN VERSIONEN KOMPATIBEL (630 BIT) ▶ MIT RELEASE 6 UND HÖHER KOMPATIBEL (1024 BIT) ▶ MIT RELEASE 7 UND HÖHER KOMPATIBEL (2048 BIT)
HÖCHSTSTÄRKE DES SCHLÜSSELS/ MAXIMUM ALLOWABLE KEY STRENGTH	Geben Sie die zulässige Höchstanzahl an Zeichen für den Schlüssel an. Schlüssel mit mehr Zeichen werden ausgetauscht. ▶ MAXIMAL MIT ALLEN VERSIONEN KOMPATIBEL (630 BIT) ▶ MIT RELEASE 6 UND HÖHER KOMPATIBEL (1024 BIT) (Vorgabe) ▶ MIT RELEASE 7 UND HÖHER KOMPATIBEL (2048 BIT)
BEVORZUGTE SCHLÜSSELSTÄRKE/ PREFERRED KEY STRENGTH	Geben Sie die Schlüsselstärke an, die beim Austausch eines Schlüssels gilt: ▶ MAXIMAL MIT ALLEN VERSIONEN KOMPATIBEL (512 BIT) ▶ MAXIMAL MIT ALLEN VERSIONEN KOMPATIBEL (630 BIT) ▶ MIT RELEASE 6 UND HÖHER KOMPATIBEL (1024 BIT) (Vorgabe) ▶ MIT RELEASE 7 UND HÖHER KOMPATIBEL (2048 BIT)
HÖCHSTALTER DES SCHLÜSSELS (TAGE)/ MAXIMUM ALLOWABLE AGE FOR KEY	Geben Sie das Höchstalter in Tagen an, das ein Schlüssel erreichen darf, bevor er ausgetauscht werden muss.
FRÜHESTMÖGLICHES ERSTELLUNGSDATUM DES SCHLÜSSELS/ EARLIEST ALLOWABLE KEY CREATION DATE	Alle Schlüssel, die vor diesem Datum erstellt wurden, werden ausgetauscht.
NEUEN SCHLÜSSEL NICHT AUTOMATISCH GENERIEREN VOR/ DON´T AUTOMATICALLY GENERATE A NEW KEY BEFORE	Geben Sie das früheste Datum an, an dem Schlüssel, die die Anforderungen bezüglich der Schlüssellänge nicht erfüllen, ausgetauscht werden können.

Feld	Aktion
MAXIMALE GÜLTIGKEIT DES ALTEN SCHLÜSSELS (TAGE), NACHDEM DER NEUE SCHLÜSSEL ERSTELLT WURDE/ MAXIMUM NUMBER OF DAYS THE OLD KEY SHOULD REMAIN VALID AFTER THE NEW KEY HAS BEEN CREATED	Geben Sie an, wie lange ein alter Schlüssel noch für die Netzwerkauthentifizierung verwendet werden kann. Während der Notes-Schlüsselüberprüfung werden alle alten und neuen Zertifikate sowie die Austauschschlüssel in einer Baumstruktur organisiert. In dieser Baumstruktur werden anschließend Zertifikatsätze gesucht, die verkettet werden können, um die Schlüssel zu verifizieren. Wenn ein Zertifikat abgelaufen ist, kann es in dieser Kette nicht verwendet werden. Wenn Sie einen Schlüssel austauschen, weil Sie annehmen, dass er bekannt wurde, sollten Sie einen kleinen Wert eingeben, um den Zeitraum zu begrenzen, für den die Zertifikate, die auf diesen Schlüssel ausgestellt wurden, noch verwendet werden können. Gültige Werte für diese Einstellung sind 1 bis 36500 Tage. Die Vorgabe ist 365 Tage.

3. Nachdem Sie das Dokument gespeichert und geschlossen haben, werden die Informationen in die Server-ID geschrieben. Der Schlüsselaustausch wird initiiert, die neuen Schlüssel in der Server-ID erstellt und als ausstehend gekennzeichnet.
4. Starten Sie den Domino Server neu.
5. Im Administrator Client öffnen Sie die Datenbank ADMINISTRATIONSANFORDERUNGEN/ADMINISTRATION REQUESTS (*admin4.nsf*).
6. In der Ansicht ANFORDERUNG AUF ZERTIFIZIEREN EINES NEUEN SCHLÜSSELS/CERTIFY NEW KEY REQUESTS wählen Sie die Anforderung für den Server aus und klicken auf AUSGEWÄHLTE EINTRÄGE ZERTIFIZIEREN/CERTIFY SELECTED ENTRIES.
7. Im Dialogfeld ZERTIFIZIERER WÄHLEN/CHOOSE CERTIFIER führen Sie einen der beiden möglichen Schritte aus:
   - Verwenden Sie die Zertifizierer-ID, müssen Sie den Speicherort und das zugehörige Kennwort der Zertifizierer-ID angeben.
   - Verwenden Sie eine serverbasierte Zertifizierungsstelle (CA), wählen Sie diese in der Dropdown-Liste aus.
8. Im Dialogfeld ABLAUFDATUM/NEW CERTIFICATE EXPIRATION DATE des Zertifikats überprüfen Sie das Datum.
9. Im Dialogfeld ALLE ANFORDERUNGEN NACH SERVER/ALL REQUESTS BY SERVER prüfen Sie die durchgeführten Aktionen auf Fehler. Klicken Sie anschließend auf OK.
10. Um die Schlüsselzertifizierung abzuschließen, geben Sie an der Domino Serverkonsole den Befehl `tell adminp process all` ein.
11. Starten Sie den Domino Server neu. Mit diesem Neustart liest der Server seine neue Konfiguration ein und übernimmt damit auch die neuen zertifizierten Schlüssel.

5.2.3 Zertifikate

Bei der Identifizierung eines Benutzers oder Servers dienen Zertifikate als eindeutige digitale Signatur. Die verwendeten Server- oder Benutzer-IDs in Lotus Notes Domino enthalten ein oder mehrere Notes-Zertifikate. Parallel können die Benutzer-IDs zusätzlich noch ein oder mehrere Internet-Zertifikate enthalten, die verwendet werden, wenn sich der Anwender via SSL mit einem Internet-Server verbindet oder eine signierte oder verschlüsselte S/MIME-Nachricht empfängt. Zertifikate speichern folgende Angaben:

- Den Namen des ausstellenden Zertifizierers.
- Den Namen des Benutzers oder Servers, für den das Zertifikat ausgestellt wurde.
- Einen öffentlichen Schlüssel. Dieser wird sowohl im Domino-Verzeichnis als auch in der ID-Datei gespeichert und von Notes verwendet, um Nachrichten, die an den Besitzer des öffentlichen Schlüssels gesendet werden, zu verschlüsseln oder auch zur Validierung der Signatur des ID-Besitzers.
- Eine digitale Signatur.
- Das Ablaufdatum des Zertifikats.

Die Zertifikate werden in den ID-Dateien sowie in den Personen-, Server- und Zertifizierer-Dokumenten im Domino-Verzeichnis abgespeichert. Sie werden auch als Notes-zertifizierte öffentliche Schlüssel bezeichnet. Öffentliche Schlüssel sind, wie der Name schon sagt, nicht geheim, jeder Benutzer kann den öffentlichen Schlüssel eines anderen Anwenders suchen und den Schlüssel zum Versand verschlüsselter Mails oder zur Authentifizierung verwenden (siehe *Abbildung 5.15*). Da Domino den öffentlichen Schlüssel zur Identifizierung verwendet, muss die Person, die einen öffentlichen Schlüssel sucht, diesen aus einer sicheren Quelle erhalten. Benutzer benötigen den öffentlichen Schlüssel des Zertifizierers, der das Zertifikat ausgestellt hat, bevor sie den Besitzer des Zertifikats authentifizieren können. Nur wenn ein Benutzer im Besitz eines Zertifikats ist, das von demselben Zertifizierer wie das eines anderen Anwenders oder Servers ausgestellt wurde, kann dieser Benutzer den öffentlichen Schlüssel für das Zertifikat bestätigen und kennt damit den mit dem Server- oder Benutzernamen verbundenen öffentlichen Schlüssel aus verlässlicher Quelle. Liegt dem Benutzer kein von demselben Zertifizierer ausgestelltes Zertifikat vor, benötigt er ein Gegenzertifikat für die Authentifizierung.

Während der Registrierung von Servern und Benutzern erstellt Domino automatisch für jede ID ein Notes-Zertifikat. Zusätzlich können Sie mithilfe einer Zertifizierungsstelle (CA), sei es nun eine Domino- oder auch eine Fremdanbieter-Zertifizierungsstelle, Internet-Zertifikate für Benutzer-IDs erstellen. Domino verwendet zum Erstellen von Internet-Zertifikaten das X.509-Zertifikatsformat.

Notes-Zertifikate besitzen ein Ablaufdatum. Aus diesem Grund müssen Sie Notes-IDs kurz vor Ablauf rezertifizieren. Ändert sich ein Benutzer- oder Servername, müssen Sie die zugehörige Notes-ID ebenfalls erneut zertifizieren, da der öffentliche Schlüssel durch das Zertifikat mit dem Namen verbunden ist. Unter Umständen wirkt sich die Änderung eines Namens in einer Benutzer-ID auch auf Internet-Zertifikate aus. Sendet beispielsweise ein Benutzer, dessen Namen sich in der Benutzer-ID geändert hat, eine signierte S/MIME-Mail, kann der Benutzer eine Warnmeldung erhalten, die ihn darauf hinweist, dass die Empfänger der Nachricht eine Signatur mit einem Namen empfangen können, der sich nicht auf dem ursprünglichen, zum Signieren verwendeten Zertifikat befindet.

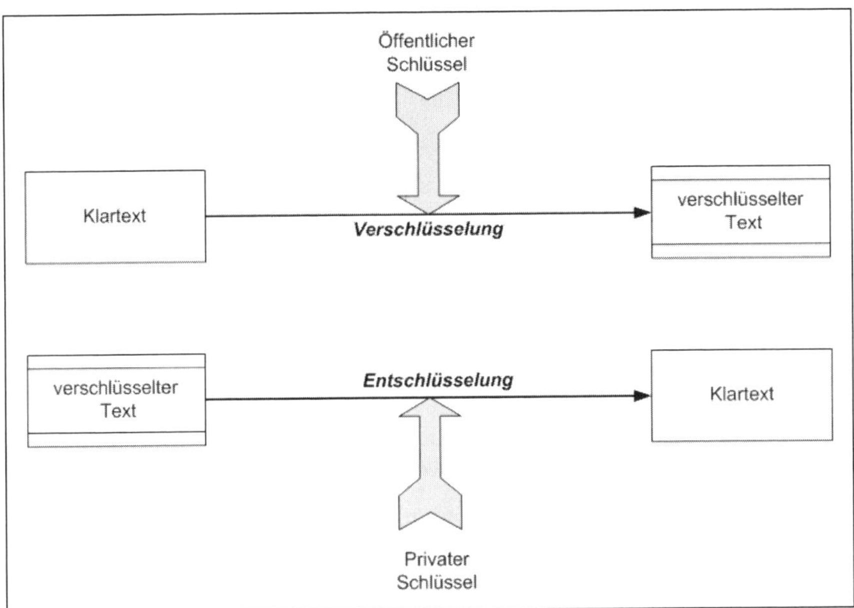

Abbildung 5.15: Asymmetrische Verschlüsselungsverfahren

Einen neuen öffentlichen Notes-Schlüssel erstellen und zum Domino-Verzeichnis hinzufügen

Seit Domino 7 können Sie als Administrator mithilfe des Schlüsselaustausch-Verfahrens neue öffentliche Schlüssel erstellen.

Ansonsten muss der Besitzer der ID zur Erstellung eines neuen öffentlichen Schlüssels folgende Schritte durchführen:

1. Wählen Sie DATEI/FILE > SICHERHEIT/SECURITY > BENUTZERSICHERHEIT/USER SECURITY.
2. Geben Sie, falls notwendig, das Kennwort der verwendeten ID ein.
3. Wählen Sie IHRE IDENTITÄT/YOUR IDENTITY und anschließend IHRE ZERTIFIKATE/YOUR CERTIFICATES.
4. Unter dem Punkt ANDERE AKTIONEN/OTHER ACTIONS wählen Sie die Option NEUEN ÖFFENTLICHEN SCHLÜSSEL ERSTELLEN/CREATE NEW PUBLIC KEYS.
5. Im folgenden Dialogfeld NEUEN ÖFFENTLICHEN SCHLÜSSEL ERSTELLEN/CREATE NEW PUBLIC KEYS haben Ihre Anwender die Möglichkeit, die Stärke des neuen Schlüssels und die Methode der Zertifikatsanforderung auszuwählen (siehe *Abbildung 5.16*):
   - MIT ALLEN VERSIONEN KOMPATIBEL/COMPATIBLE WITH ALL RELEASES (630 BIT)
   - MIT VERSION 6.0 UND HÖHER KOMPATIBEL/COMPATIBLE WITH 6.0 AND LATER (1024 BIT)
   - MIT VERSION 7.0 UND HÖHER KOMPATIBEL/COMPATIBLE WITH 7.0 AND LATER (2048 BIT)

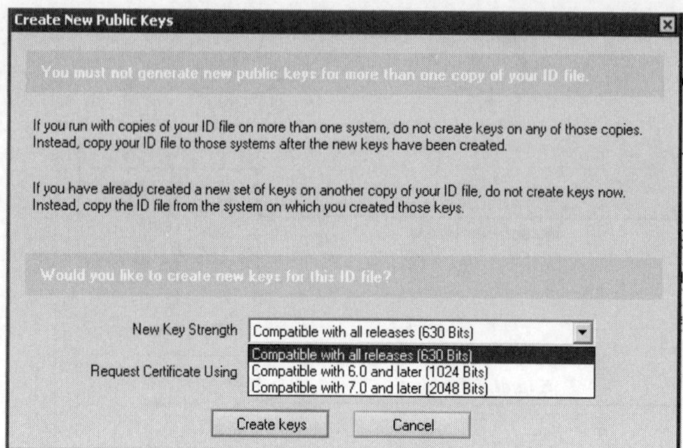

Abbildung 5.16: Auswahlmöglichkeit bei der Erstellung eines neuen öffentlichen Schlüssels

Wählt der Anwender unter ZERTIFIKAT ANFORDERN ÜBER/REQUEST CERTIFICATE USING den Punkt AUTHENTIFIZIERUNGSPROTOKOLL/AUTHENTICATION PROTOCOL, wird bei der nächsten Authentifizierung des Anwenders gegen seinen Home-Server der neue Schlüssel erstellt und in die Datenbank ADMINISTRATIONSANFORDERUNGEN/ADMINISTRATION REQUESTS (*admin4.nsf*) eingetragen. Jetzt müssen Sie als Administrator den Zertifizierungsprozess abschließen. Folgen Sie dazu der Beschreibung in *Kapitel 5.2.2, Öffentliche Schlüssel, Unterkapitel Schlüsseltausch.*

Wählt der Anwender unter ZERTIFIKAT ANFORDERN ÜBER/REQUEST CERTIFICATE USING den Punkt MAIL-PROTOKOLL/MAIL PROTOCOL, wird der neue Schlüssel sofort generiert und das Dialogfeld BESTÄTIGUNG DER NEUEN ÖFFENTLICHEN SCHLÜSSEL/NEW PUBLIC KEYS CONFIRMATION geöffnet. Klicken Sie in diesem Dialogfeld auf WEITER/CONTINUE. Dadurch wird Notes-Mail zum Senden der Anforderung der Übernahme des neuen öffentlichen Schlüssels verwendet.

Sollten Sie zum Versenden der Anforderung nicht Notes Mail verwenden, exportieren Sie die ID-Datei über den entsprechenden Button und klicken anschließend auf NICHT FORTFAHREN/DO NOT CONTINUE. Nun können Sie ein anderes Mail-Programm zum Senden der exportierten ID verwenden.

Adressieren Sie die Anforderung entweder an den Zertifizierungsadministrator für den Zertifizierer oder an einen Zertifizierer, beispielsweise/Labor/ACT-IT. Domino sendet dann die Anforderung an die Person, die im Abschnitt ADMINISTRATION des entsprechenden Zertifizierer-Dokuments in der Ansicht ZERTIFIKATE/CERTIFICATES des Domino-Verzeichnisses angegeben ist.

Klicken Sie anschließend auf SENDEN/SEND.

Um die ID mit einem Notes-Zertifikat zu rezertifizieren und den neuen öffentlichen Schlüssel dem Domino-Verzeichnis hinzuzufügen, führen Sie folgende Schritte aus:

1. Öffnen Sie die Zertifizierungsanforderung in der Mail-Datei.
2. Wählen Sie AKTIONEN/ACTIONS > ANGEHÄNGTE ID-DATEI ZERTIFIZIEREN/RECERTIFY ATTACHED ID-FILE.

3. Wählen Sie entweder die Option der serverbasierten Zertifizierungsstelle (CA) oder die Zertifizierer-ID, die Sie verwenden möchten, aus und klicken Sie auf OK.
4. Sollten Sie die Zertifizierer-ID ausgewählt haben, geben Sie das zugehörige Kennwort ein und klicken auf OK.
5. Sie haben nun die Möglichkeit, das Ablaufdatum des Zertifikats anzupassen.
6. Wenn Sie alternative Benutzernameninformationen angeben möchten, klicken Sie auf HINZUFÜGEN/ADD.
7. Außerdem können Sie eine minimale Kennwortlänge vorgeben.
8. Klicken Sie auf ZERTIFIZIEREN/CERTIFY. Der Besitzer der ID erscheint im Feld AN/TO, und ein Erläuterungstext erscheint im Feld THEMA/SUBJECT des Dialogfelds ZERTIFIZIERTE ID SENDEN/SEND CERTIFIED ID.
9. Klicken Sie auf SENDEN/SEND.

Das Einfügen des neuen Notes-Zertifikats in die ID-Datei geschieht durch folgende vom Besitzer der ID auszuführende Schritte:

1. Wählen Sie DATEI/FILE > SICHERHEIT/SECURITY > BENUTZERSICHERHEIT/USER SECURITY.
2. Wählen Sie IHRE IDENTITÄT/YOUR IDENTITY und anschließend IHRE ZERTIFIKATE/YOUR CERTIFICATES.
3. Unter dem Punkt ZERTIFIKATE ABRUFEN/GET CERTIFICATE wählen Sie die OPTION NOTES-ZERTIFIKATE IMPORTIEREN (IN ID AUFNEHMEN)/IMPORT (MERGE) NOTES CERTIFICATES.
4. Wählen Sie erneut die zertifizierte ID, die Ihnen vom Zertifizierungsadministrator gesendet wurde, und klicken Sie auf OK.

Die im Domino-Verzeichnis hinterlegten Schlüssel mit den öffentlichen Notes-Schlüsseln können durch eine Einstellung im Serverdokument miteinander verglichen werden. Dies dient dazu, einem nicht berechtigten Anwender oder Server den Zugriff auf einen anderen Server zu verwehren.

1. Öffnen Sie in Domino Administrator über das Register KONFIGURATION/CONFIGURATION das Serverdokument für den Server.
2. Klicken Sie auf das Register SICHERHEIT/SECURITY.
3. Im Abschnitt SICHERHEITSEINSTELLUNGEN/SECURITY SETTINGS wählen Sie für das Feld ÖFFENTLICHE SCHLÜSSEL VERGLEICHEN/COMPARE PUBLIC KEYS eine der folgenden Optionen:
   - ÜBERPRÜFEN DER ÖFFENTLICHEN SCHLÜSSEL FÜR ALLE NOTES-BENUTZER UND DOMINO SERVER ZWINGEND/Enforce key checking for all Notes users and Domino servers: Die öffentlichen Schlüssel aller Benutzer werden geprüft.
   - ÜBERPRÜFEN DER ÖFFENTLICHEN SCHLÜSSEL FÜR IN VERTRAUENSWÜRDIGEN VERZEICHNISSEN AUFGEFÜHRTE NOTES-BENUTZER UND DOMINO SERVER ZWINGEND/ENFORCE KEY CHECKING FOR NOTES USERS AND DOMINO SERVERS LISTED IN TRUSTED DIRECTORIES ONLY: Hier werden nur die öffentlichen Schlüssel für Benutzer im Domino-Verzeichnis überprüft.
   - ÜBERPRÜFEN VON SCHLÜSSELN NICHT ZWINGEND/Do not enforce key checking: Sie sollten diese Option nur wählen, wenn eine Überprüfung der öffentlichen Schlüssel der Benutzer definitiv nicht gewollt oder notwendig ist.

4. Für das Feld Nichtübereinstimmung von öffentlichen Schlüsseln protokollieren/Log public key mismatches wählen Sie eine der folgenden Optionen (siehe *Abbildung 5.17*):
   - Nichtübereinstimmung von öffentlichen Schlüsseln für alle Notes-Benutzer und Domino Server protokollieren/Log key mismatches for all Notes users and Domino servers.
   - Nichtübereinstimmung von öffentlichen Schlüsseln nur für in vertrauenswürdigen Verzeichnissen aufgeführte Notes-Benutzer und Domino Server protokollieren/Log key mismatches for Notes users and Domino servers listed in trusted directories only.
   - Nichtübereinstimmungen von Schlüsseln nicht protokollieren/Do not log key mismatches.

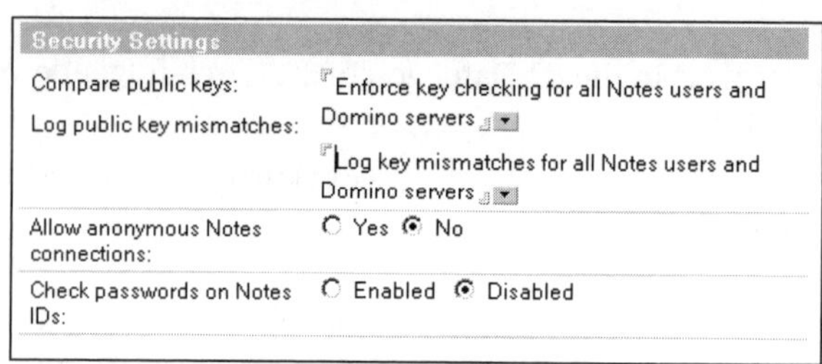

Abbildung 5.17: Beispiel der Einstellung zur Prüfung des öffentlichen Notes-Schlüssels

5. Speichern Sie das Dokument.
6. Starten Sie den Server neu, sodass die Änderungen wirksam werden.

Gegenzertifikate

In einer Lotus Notes/Domino-Umgebung werden zwei Arten von Gegenzertifikaten verwendet: Notes und Internet. Notes-Gegenzertifikate benutzen die Anwender, um in verschiedenen hierarchisch zertifizierten Organisationen auf Server zuzugreifen und signierte Mail-Nachrichten zu empfangen. Mit Internet-Gegenzertifikaten sind die Benutzer in der Lage, signierte Mail-Nachrichten zu empfangen und verschlüsselte Mail-Nachrichten zu senden.

Notes-Gegenzertifikate

Notes-Gegenzertifikate werden verwendet, um Benutzern und Servern einer Organisation, die in einer anderen Hierarchie zertifiziert sind, den Serverzugriff in der eigenen Organisation zu ermöglichen und um die digitale Signatur eines Benutzers aus einer anderen Organisation zu überprüfen. Speicherort der Gegenzertifikate ist das Domino-Verzeichnis. Für einen Zugriff auf Domino Server erhalten Notes Clients die Gegenzertifikate für die entsprechenden Server. Diese Gegenzertifikate werden in dem persönlichen Adressbuch des Benutzers gespeichert, für den sie ausgestellt wurden.

Die Gegenzertifizierung kann innerhalb einer Organisation in verschiedenen Ebenen stattfinden. Soll sich jeder Benutzer in Ihrer Organisation gegen einen Domino Server einer fremden Organisation authentifizieren können, muss auch jeder ein Gegenzertifikat für den Zertifizierer der anderen Organisation in seinem persönlichen Adressbuch gespeichert haben. Die Server einer Organisation besitzen im Domino-Verzeichnis ein Gegenzertifikat für den Zertifizierer der anderen Organisation. Sie können aber auch einzelne Benutzer- oder Server-IDs gegenzertifizieren. Sie können z.B. einem einzelnen Benutzer die Möglichkeit geben, sich bei einem beliebigen Server in einer anderen Unterorganisation zu authentifizieren oder eine digitale Signatur eines Benutzers in dieser Unterorganisation zu bestätigen, indem Sie der Benutzer-ID ein Gegenzertifikat für den Zertifizierer der Unterorganisation in der anderen Firma zuweisen. Dieser Zertifizierer der Unterorganisation benötigt allerdings ebenfalls ein Gegenzertifikat für die betreffende Benutzer-ID.

Eine Gegenzertifizierung läuft immer in zwei Richtungen, sie muss aber nicht unbedingt symmetrisch sein (siehe *Abbildung 5.18*). Als Beispiel kann eine Organisation über ein Gegenzertifikat für den Zertifizierer einer Unterorganisation verfügen, und eine andere Organisation kann über ein Gegenzertifikat für einen Zertifizierer einer Organisation verfügen.

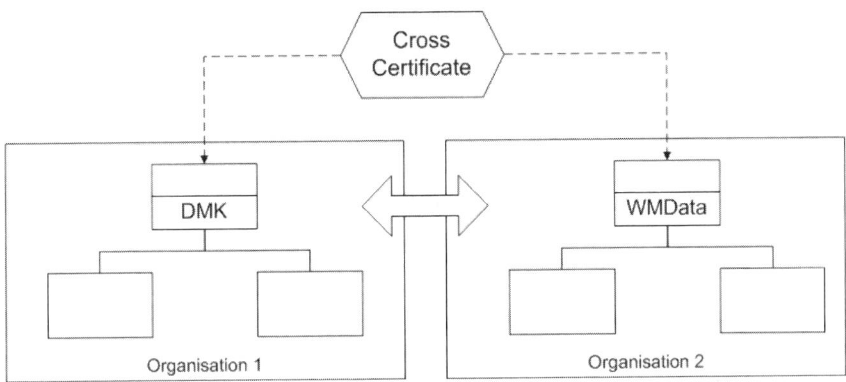

Abbildung 5.18: Symmetrische Gegenzertifizierung auf Organisationsebene

Beachten Sie die Serverzugriffsbeschränkungen, wenn Sie Gegenzertifikate für den Zertifizierer Ihrer Organisation oder Unterorganisation erstellen, um zu verhindern, dass andere Organisationen auf bestimmte Server mit vertraulichen Informationen zugreifen können.

Internet-Gegenzertifikate

Internet-Gegenzertifikate werden benutzt, um die Identität eines Benutzers oder Servers zu überprüfen. Der Empfänger einer verschlüsselten S/MIME-Nachricht hat so die Gewährleistung, dass das Zertifikat des Absenders vertrauenswürdig und das zum Signieren einer S/MIME-Nachricht verwendete Zertifikat gültig ist. Beim Zugriff eines Notes Clients via SSL auf einen Internet-Server wird durch das Internet-Gegenzertifikat auch die Identität eines Servers überprüft.

Die Internet-Gegenzertifikate werden im persönlichen Adressbuch des Benutzers in Zertifikatsdokumenten gespeichert. So können sie nur von dem Benutzer verwendet werden, für den sie ausgestellt wurden. Internet-Gegenzertifikate können sowohl für ein Zertifikat, das für einen Benutzer oder Server von einer Zertifizierungsstelle ausgestellt wurde, als auch für die Zertifizierungsstelle selbst ausgestellt werden. Handelt es sich um ein Gegenzertifikat für ein Zertifikat, so wird nur der Besitzer des Zertifikats als vertrauenswürdig anerkannt, so z.B. der Absender einer signierten Nachricht. Stellen Sie allerdings ein Gegenzertifikat für eine Zertifizierungsstelle aus, werden all diejenigen als vertrauenswürdig anerkannt, die ein von dieser Zertifizierungsstelle ausgestelltes Zertifikat besitzen.

Beim Ausstellen eines Gegenzertifikats für eine Zertifizierungsstelle können Sie also diese Zertifizierungsstelle für die Ausstellung von Zertifikaten für Benutzer und Server anerkennen, die sich im hierarchischen Namensbaum weiter unten befinden.

5.2.4 Signaturen

Man kann eine qualifizierte elektronische Signatur auch als eine Art von Siegel zu digitalen Daten bezeichnen. Die Signatur wird unter Einsatz mathematischer Verfahren mithilfe eines privaten kryptografischen Schlüssels erzeugt. Über den dazugehörigen öffentlichen Schlüssel kann die Signatur jederzeit überprüft und damit der Signaturschlüssel-Inhaber und die Unverfälschtheit der Daten festgestellt werden. Die jeweils einmaligen Schlüsselpaare (privater und öffentlicher Schlüssel) werden Personen fest zugeordnet. Diese Zuordnung wird durch ein Signaturschlüssel-Zertifikat beglaubigt. Sie können mithilfe der elektronischen Signatur sicherstellen, dass die Person, die Ihnen Daten sendet, der Autor ist und dass kein Dritter an den gesendeten Daten unberechtigte Änderungen vorgenommen hat. Elektronische Signaturen können zu Mail-Nachrichten, aber auch zu Feldern und Abschnitten von Dokumenten hinzugefügt werden. Ob und welche Felder oder Abschnitte einer Datenbank signiert werden, legt der Datenbankentwickler fest, ob Mail-Nachrichten signiert werden, kann der Absender individuell bestimmen.

Mail-Nachrichten können signiert werden, wenn sie an andere Notes-Benutzer oder Benutzer von Mail-Anwendungen gesendet werden, die das S/MIME-Protokoll unterstützen, z.B. Outlook Express und Mozilla Thunderbird. Bei der Signatur werden die öffentlichen und privaten Notes- und Internet-Schlüssel verwendet (dieselben Schlüssel wie für die Verschlüsselung). Es ist aber auch möglich, mit zwei separaten Schlüsseln, einem für die S/MIME-Signatur und einem für die S/MIME-Verschlüsselung, zu arbeiten. Dafür müssen Sie der Notes-ID zwei Internet-Zertifikate hinzufügen: Das erste verwenden Sie zur S/MIME-Verschlüsselung, das zweite für S/MIME-Signaturen und zur SSL-Client-Authentifizierung. Mit diesen beiden Zertifikaten haben Sie dann separate öffentliche und private Schlüsselpaare.

Notes-Signaturen

Wenn Sie eine Nachricht mit einer Notes-Signatur signieren, werden alle Felder der Nachricht signiert.

- Für die zu versendenden Daten generiert Notes eine Hash-Zahl, also eine Zahl, die die Daten repräsentiert. Anschließend wird diese Hash-Zahl mit dem privaten Schlüssel des Autors verknüpft, wodurch eine Signatur entsteht.
- Diese Signatur wird, ebenso wie der öffentliche Schlüssel und die Zertifikate des Unterzeichners, von Notes an die Daten angehängt.
- Versucht nun eine Person, die signierten Daten zu lesen, überprüft Notes, ob der Unterzeichner und der Leser ein gemeinsames Zertifikat (oder den Vorgänger eines gemeinsamen Zertifikats) haben, das von dem Leser als vertrauenswürdig anerkannt wird. Erst wenn dies zutrifft, wird die Signatur mittels des öffentlichen Schlüssels, der zu dem privaten Schlüssel passt, mit dem die Daten verschlüsselt wurden, entschlüsselt.
- Bei erfolgreicher Entschlüsselung der Nachricht wird von Notes angegeben, wer diese Daten signiert hat. Bei einer fehlgeschlagenen Entschlüsselung wird dementsprechend angegeben, dass die Signatur nicht verifiziert werden konnte. Dies kann darauf hindeuten, dass die Daten unerlaubt geändert wurden und/oder dass der Absender

kein Zertifikat besitzt, welches ihn als vertrauenswürdig ausweist. Dies wäre beispielsweise der Fall, wenn ein Benutzer eine Mail von einem Benutzer von einer anderen Firma erhält und dieser kein Gegenzertifikat besitzt.

Gesendete Mail signieren

Der Benutzer entscheidet selbst darüber, ob er seine Mail vor dem Senden signieren möchte. Es können einzelne oder alle ausgehenden E-Mail-Nachrichten signiert werden. Wenn ein Notes-Benutzer signierte Nachrichten an Benutzer von S/MIME-Mail-Anwendungen versenden möchte, benötigt er einen zusätzlichen Satz öffentlicher und privater Internet-Schlüssel. Er kann unter BENUTZERSICHERHEIT/USER SECURITY festlegen, dass S/MIME beim Signieren von Nachrichten verwendet wird.

5.2.5 Authentifizierung

Möchte ein Notes-Benutzer, im Weiteren auch als Notes Client bezeichnet, oder Domino Server mit einem anderen Domino Server kommunizieren, beispielsweise bei der Replizierung oder beim Mail-Routing, wird in zwei Prozeduren überprüft, ob der zugreifende Client oder Server über die notwendigen Berechtigungen verfügt. Hierzu werden die Informationen, die in der Client- oder Server-ID gespeichert sind, genutzt. In der ersten Prozedur erfolgt die Validierung, sie prüft die Vertrauenswürdigkeit des öffentlichen Schlüssels des Clients (Benutzers). Wenn die Validierung erfolgreich verlief, beginnt mit der Authentifizierung die zweite Prozedur. Durch die Authentifizierung wird die Identität des Benutzers überprüft. Bei der Authentifizierung werden die öffentlichen und privaten Schlüssel von Client (Benutzer) und Server für eine beiderseitige Prüfung (Challenge-/Response-Verfahren, Herausforderung/Rückmeldung) genutzt.

Bei der Validierung werden bestimmte Regeln verwendet, welche für die Vertrauenswürdigkeit eines öffentlichen Schlüssels sorgen. Domino validiert über den Server die Clients, die auf den Server zugreifen möchten, sowie umgekehrt über den Client den Server, auf den der Client zugreifen möchte. Grundsätzlich gelten folgende drei Regeln für die Anerkennung der Vertrauenswürdigkeit von öffentlichen Schlüsseln:

1. Der öffentliche Schlüssel jedes Vorgängers von Server oder Client im hierarchischen Namensbaum ist vertrauenswürdig, da der öffentliche Schlüssel des Vorgängers in der ID-Datei des Servers oder des Clients gespeichert ist.
2. Jeder öffentliche Schlüssel, der von einem gültigen Zertifikat eines Vorgängers von Server oder Client im hierarchischen Namensbaum stammt, ist vertrauenswürdig.
3. Jeder öffentliche Schlüssel, der von einem beliebigen vertrauenswürdigen Zertifizierer zertifiziert wurde und zu einem der Nachfolger des Zertifizierers gehört, ist vertrauenswürdig.

Folgende Schritte beschreiben die Validierung und Authentifizierung anhand des Zugriffs von Benutzer FELIX MENDELSSOHN/VERTRIEB/EUROPA/DMK auf den Server MAIL01/EUROPA/DMK:

1. Validierung:
   - Der angesprochene Server MAIL01/EUROPA/DMK prüft den öffentlichen Schlüssel DMK aus seiner ID-Datei. Entsprechend der ersten oben genannten Regel erkennt MAIL01/EUROPA/DMK den öffentlichen Schlüssel, der DMK zugewiesen ist, als vertrauenswürdig an.

- Der Client (Benutzer) FELIX MENDELSSOHN/VERTRIEB/EUROPA/DMK sendet Informationen in seiner Benutzer-ID an den Server. Der Server MAIL01/EUROPA/DMK prüft in der Benutzer-ID das Zertifikat, das von DMK an EUROPA ausgestellt wurde. Er verwendet den öffentlichen Schlüssel DMK, den er in Schritt 1 als vertrauenswürdig anerkennt, zum Prüfen der Gültigkeit des Zertifikats EUROPA. Entsprechend der zweiten Regel erkennt er den zugewiesenen öffentlichen Schlüssel als vertrauenswürdig an, wenn das Zertifikat gültig ist.
- MAIL01/EUROPA/DMK prüft anschließend in Felix Mendelssohns Benutzer-ID das Zertifikat, das von EUROPA/DMK an VERTRIEB ausgestellt wurde. MAIL01/EUROPA/DMK verwendet den öffentlichen Schlüssel EUROPA/DMK zum Prüfen der Gültigkeit des Zertifikats VERTRIEB/EUROPA/DMK. Die zweite Regel besagt erneut, dass MAIL01/EUROPA/DMK den VERTRIEB/EUROPA/DMK zugewiesenen öffentlichen Schlüssel als vertrauenswürdig anerkennt.
- MAIL01/EUROPA/DMK prüft anschließend in Felix Mendelssohns Benutzer-ID das Zertifikat, das von VERTRIEB/EUROPA/DMK an Ralf ausgestellt wurde. MAIL01/EUROPA/DMK verwendet den öffentlichen Schlüssel VERTRIEB/EUROPA/DMK, den er jetzt als vertrauenswürdig anerkennt, zum Prüfen der Gültigkeit von Felix Mendelssohns Zertifikat. Entsprechend der dritten Regel erkennt MAIL01/EUROPA/DMK den Felix Mendelssohns zugewiesenen öffentlichen Schlüssel als vertrauenswürdig an, wenn das Zertifikat gültig ist.

Nachdem MAIL01/EUROPA/DMK Felix Mendelssohns öffentlichen Schlüssel als vertrauenswürdig eingestuft hat, beginnt der Authentifizierungsprozess.

2. Authentifizierung (siehe *Abbildung 5.19*):
   - MAIL01/EUROPA/DMK sendet eine zufällige Kontrollzahl (die sogenannte Herausforderung/Challenge) an Felix.
   - Felix' Workstation verschlüsselt die Zahl mit seinem privaten Schlüssel und sendet die neu verschlüsselte Zahl zurück an MAIL01/EUROPA/DMK (die Rückmeldung/Response).

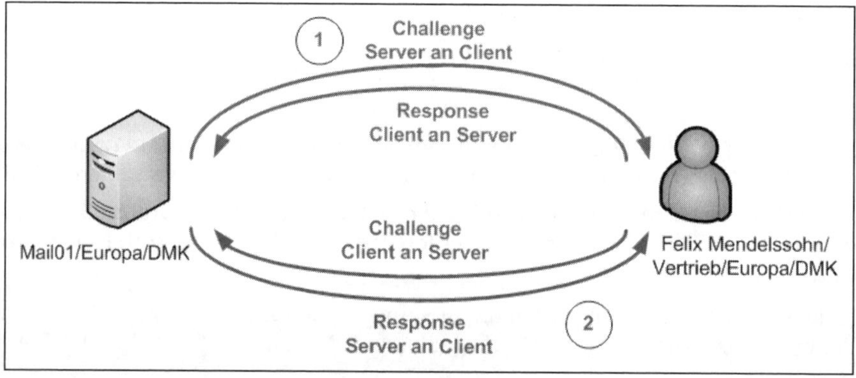

Abbildung 5.19: Authentifizierung als Identitätsprüfung

   - MAIL01/EUROPA/DMK entschlüsselt die Antwort mithilfe von Felix' öffentlichen Schlüssel. Wenn dabei die ursprüngliche Zahl herauskommt, ist MAIL01/EUROPA/DMK überzeugt, dass es sich tatsächlich um Felix handelt.

– Der Prozess wird dann umgekehrt wiederholt. Felix' Workstation validiert den öffentlichen Schlüssel von MAIL01/EUROPA/DMK durch Verarbeitung seiner Zertifikate und führt anschließend das gerade beschriebene Herausforderung-/Rückmeldung-Verfahren durch, um den Server zu authentifizieren.

5.3 Zertifizierungsstelle/Certificate Authority (CA)

Die Domino-Zertifizierungsstellen (CAs) vergeben Notes- und Internet-Zertifikate an Notes-Benutzer, Internet-Clients und Internet-Server. Es werden signierte Zertifikate im X.509-Format vergeben, die den anfordernden Client oder Server eindeutig identifizieren. Beim Senden verschlüsselter oder elektronisch signierter S/MIME-Mail-Nachrichten und bei der Verwendung von SSL für die Authentifizierung eines Clients oder Servers sind Internet-Zertifikate erforderlich. Die Zertifizierungsstellen sind dafür zuständig, neue Notes-Benutzer und Domino Server in das System aufzunehmen und bestehende IDs erneut zu zertifizieren. Bedenken Sie auch, dass die Zertifizierung den Grundstein im Sicherheitssystem von Notes und Domino darstellt, die für diesen Bereich zuständigen Personen sollten mit äußerster Sorgfalt ausgewählt werden.

Die Domino-Zertifizierungsstelle gibt Zertifikate aus, die von der Zertifizierer-ID der Organisation oder der Unterorganisation signiert werden. Diese Zertifikate werden in der ID-Datei gespeichert. Zertifikate stellen sicher, dass die Informationen im Zertifikat (Benutzername, öffentlicher Schlüssel, Ablaufdatum etc.) richtig sind. Während der Registrierung des Benutzers erstellt die CA eine Paarkombination aus einem öffentlichen und einem privaten Schlüssel. Der Benutzer kann diese Paarkombination später bei Bedarf ersetzen und den neuen öffentlichen Schlüssel der Domino-Zertifizierungsstelle zur Zertifizierung vorlegen. Internet-Zertifikate (X.509-Zertifikate) können von einer Reihe Ressourcen generiert werden. Hierzu gehören:

- Kommerzielle Zertifizierungsstellen wie etwa VeriSign
- Interne Zertifizierungsstellen

Der Domino Server, der Internet-Protokolle ausführt, akzeptiert sowohl intern als auch extern erstellte Internet-Zertifikate. Zertifizierungsstellen/Certificate Authorities (CA) zeichnen sich durch folgende Eigenschaften aus:

- Sie besitzen das CA-Zertifikat, das zum Signieren von Server- und Client-Zertifikaten verwendet wird.
- Sie stellen Wurzelinstanz-Zertifikate (trusted root certificates) bereit, die es Clients und Servern mit von der gleichen Zertifizierungsstelle signierten Zertifikaten ermöglichen, einander als vertrauenswürdig anzusehen.

Die Zertifizierungsstelle (CA) verbürgt sich für die Identität des Servers und des Clients, indem sie Internet-Zertifikate mit ihrer digitalen Signatur ausgibt. Wenn der Client und der Server sich gegenseitig authentifizieren, also die digitale Signatur auf dem Zertifikat identifizieren, können sie eine sichere SSL-Sitzung herstellen oder sichere S/MIME-Nachrichten austauschen. Können der Client und der Server keine gegenseitige Authentifizierung durchführen, so ist dies nicht möglich.

Es ist nun möglich, bei eingerichteter Domino-Zertifizierungsstelle (CA), dieser einen neuen Satz öffentlicher und privater Schlüssel zuzuweisen. Bisher kennt man den sogenannten Schlüsselaustausch (Key Rollover) für die Schlüssel von Benutzern und Servern.

Sie können in Ihrer Umgebung einen Fremdanbieter-Zertifizierer in Anspruch nehmen, beispielsweise VeriSign. Sie können auch die Schablone für die Anwendung DOMINO-ZERTIFIZIERUNGSSTELLE/DOMINO CERTIFICATE AUTHORITY (*cca50.ntf*) verwenden, um eine Domino-Zertifizierungsstelle einzurichten. Sie vermeiden die Kosten, die eine Fremdanbieter-Zertifizierungsstelle für das Ausstellen und Erneuern von Client- und Server-Zertifikaten in Rechnung stellt, wenn Sie die Domino-Zertifizierungsstelle nutzen. Darüber hinaus benötigen viele Administratoren, die bereits mit Domino vertraut sind, keine zusätzliche Schulung. Fremdanbieter-Zertifizierungsstellen sind durch eine öffentliche Vertrauensstelle geprüft und dienen dazu, dass unterschiedliche Dritte einander vertrauen. Wird die Vertrauenswürdigkeit über eine solche Stelle gestiftet, ist dies mit Kosten verbunden. Steht jedoch nicht die Vertrauenswürdigkeit im Vordergrund, sondern die Verschlüsselung der übermittelten Daten, bietet Domino die Möglichkeit der Generierung eines selbstvertrauenden Zertifikats.

Wenn Sie sich entscheiden, eine Fremdanbieter-Zertifizierungsstelle zu verwenden, dürfen Sie die Anwendung DOMINO-ZERTIFIZIERUNGSSTELLE/DOMINO CERTIFICATE AUTHORITY nicht einrichten.

5.3.1 Domino-Zertifizierungsstelle

Sie müssen, wenn Sie die Domino-Zertifizierungsstelle nutzen möchten, auf einem Domino Server die Anwendung DOMINO-ZERTIFIZIERUNGSSTELLE/DOMINO CERTIFICATE AUTHORITY installieren. Diesen Server bezeichnet man auch als CA-Server (Certificate Authority). Benutzer, Serveradministratoren und Domino-Zertifizierungsstellen verwenden diese Anwendung, um Server- und Clientzertifikate zu verwalten. Die meisten Organisationen benötigen nur einen einzigen Domino CA-Server. Um einen eigenen CA-Server einzurichten, müssen Sie folgende Schritte durchführen:

1. Richten Sie den Server als Domino Webserver ein.
2. Erstellen Sie die Anwendung DOMINO-ZERTIFIZIERUNGSSTELLE/DOMINO CERTIFICATE AUTHORITY auf dem Server anhand der Schablone für die Domino-Zertifizierungsstelle (*cca50.ntf*). Wählen Sie die Option ERWEITERTE SCHABLONEN/SHOW ADVANCED TEMPLATES, um die Schablonendatei anzuzeigen.
3. Erstellen Sie eine CA-Schlüsselringdatei (CA key ring file) und ein CA-Zertifikat (CA certificate). Die Schlüssel sind das wertvollste Gut einer Zertifizierungsstelle, da der private Schlüssel die Vertrauensgrundlage für den Zertifizierungsprozess bildet. Sorgen Sie dafür, dass nur die von Ihnen festgelegten Administratoren Zugriff auf die Schlüsselringdatei und das Kennwort der Zertifizierungsstelle haben.
4. Konfigurieren Sie das Datenbankprofil der Datenbank DOMINO-ZERTIFIZIERUNGSSTELLE/DOMINO CERTIFICATE AUTHORITY (CA), um die Schlüsselring- und Mail-Einstellungen festzulegen.
5. Konfigurieren Sie den SSL-Anschluss auf dem CA-Server.
6. Passen Sie die ACL der Datenbank DOMINO-ZERTIFIZIERUNGSSTELLE/DOMINO CERTIFICATE AUTHORITY an. Fügen Sie die Namen der Administratoren hinzu, die Internet-Zertifikate ausgeben und verwalten sollen. Weisen Sie jedem Administrator Editorzugriff mit Löschrechten und die Rolle [CAPRIVLEGEDUSER] zu. Legen Sie als Zugriffsrecht -DEFAULT- den Autorzugriff mit ERSTELLEN fest.

Es ist sinnvoll, die Anwendung DOMINO-ZERTIFIZIERUNGSSTELLE/DOMINO CERTIFICATE AUTHORITY auszublenden, sodass sie nicht angezeigt wird, wenn der Benutzer DATEI/FILE > ANWENDUNG/APPLICATION > ÖFFNEN/OPEN wählt oder Webclients eine Datenbankliste durchsuchen. Deaktivieren Sie die Option IM DIALOGFELD 'DATENBANK ÖFFNEN' ANZEIGEN/ SHOW IN OPEN DATABASE DIALOG im Register GESTALTUNG/DESIGN in den Datenbankeigenschaften.

Der in der ACL berechtigte Administrator bzw. die entsprechende Personengruppe der Domino-Zertifizierungsstelle ist für folgende Aufgaben verantwortlich:

Aktivität	Zweck
Server- und Clientzertifikate signieren	Erstellt gültige Server- und Clientzertifikate, die die digitale Signatur der Zertifizierungsstelle enthalten.
Personendokumente für Clients im Domino-Verzeichnis erstellen	Das Personendokument speichert das Zertifikat des Clients, das für die Client-Authentifizierung verwendet wird. Es muss daher ein Personendokument für den Client vorhanden sein, bevor eine Anforderung bestätigt werden kann.
Clientzertifikate zum Domino-Verzeichnis hinzufügen, die von Fremdanbieter-Zertifizierungsstellen ausgegeben wurden	Während der Client-Authentifizierung und der S/MIME-Verschlüsselung prüft Domino das Personendokument auf den öffentlichen Schlüssel des Clients.
Abgelaufene Client- und Server-Zertifikate erneuern	Stellt sicher, dass Server und Client das Zertifikat weiterhin verwenden können.

CA-Schlüsselringdatei und -Zertifikat erstellen

Das CA-Zertifikat wird dazu verwendet, Server- und Clientzertifikate zu signieren und eine digitale CA-Signatur zu den Server- und Clientzertifikaten hinzuzufügen. Das CA-Zertifikat wird in einer Schlüsselringdatei, einer Binärdatei, die durch ein Kennwort geschützt ist, gespeichert.

Wenn Sie die CA-Schlüsselringdatei mit Domino Administrator erstellen, wird sie standardmäßig im Data-Verzeichnis des Clients gespeichert. Verwenden Sie andere Clients, um Anforderungen zu bestätigen und zu signieren, ist es hilfreich, die Schlüsselringdatei auf ein Netzwerklaufwerk zu legen und den Zugriff entsprechend zu definieren. Sorgen Sie dafür, dass nur die von Ihnen festgelegten Administratoren Zugriff auf die Schlüsselringdatei und das Kennwort der Zertifizierungsstelle haben. Vorab müssen Sie die CA-Schlüsselringdatei erstellen:

1. Klicken Sie in Domino Administrator auf das Register DATEIEN/FILES und öffnen Sie die Anwendung DOMINO-ZERTIFIZIERUNGSSTELLE/DOMINO CERTIFICATE AUTHORITY (*cca50.ntf*). Sollte die Datenbank nicht vorhanden sein, erstellen Sie diese manuell (siehe *Abbildung 5.20*) und öffnen sie anschließend.
2. Klicken Sie auf CA-SCHLÜSSELRING UND -ZERTIFIKAT ERSTELLEN/CREATE CERTIFICATE AUTHORITY KEY RING & CERTIFICATE.

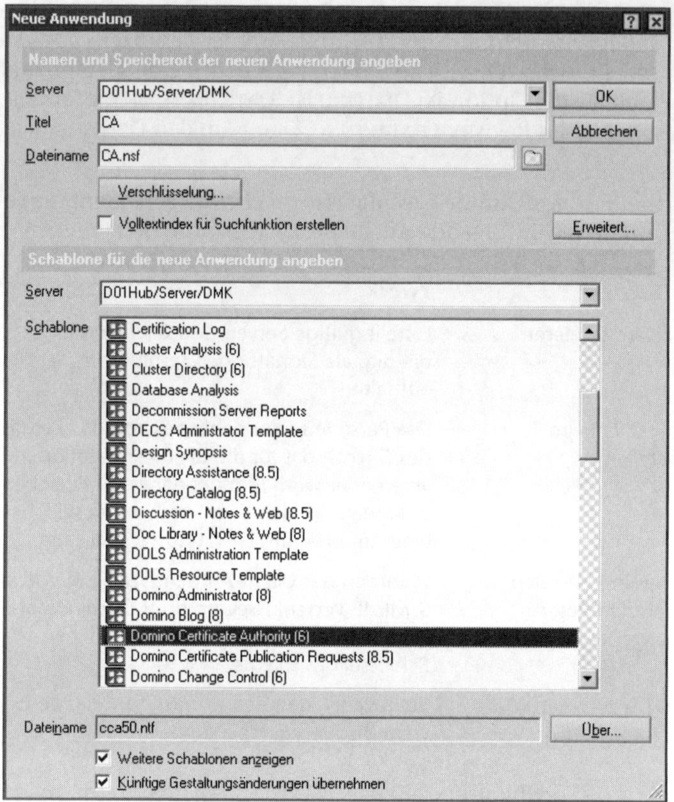

Abbildung 5.20: Erstellen der Anwendung Domino-Zertifizierungsstelle/Domino Certificate authority

3. Nehmen Sie Eingaben in die folgenden Felder vor (siehe *Abbildung 5.21*):

Feld	Eingabe
NAME DER SCHLÜSSELRINGDATEI/ KEY RING FILE NAME	Der explizite Pfad- und Dateiname. Vorgegeben ist *CAKEY.KYR* im Data-Verzeichnis von Domino Administrator. Es ist hilfreich, die Erweiterung *.KYR* zu verwenden, um die Namen für Server- und CA-Schlüsselringdatei konsistent zu halten.
KENNWORT DER SCHLÜSSELRINGDATEI/ KEY RING PASSWORD	Mindestens 12 alphanumerische Zeichen werden empfohlen.
KENNWORTÜBERPRÜFUNG/ PASSWORD VERIFY	Wiederholen Sie hier das eingegebene Kennwort. Dadurch wird sichergestellt, dass das Kennwort korrekt eingegeben wurde.
SCHLÜSSELGRÖSSE/ KEY SIZE	Die Größe der öffentlichen und privaten Schlüsselpaare. Je länger der Schlüssel, desto höher ist die Verschlüsselung. Wählen Sie 512 oder 1024 Bit.
ALLGEMEINER NAME/ COMMON NAME	Ein beschreibender Name, der das CA-Zertifikat identifiziert, etwa *DMK-CA*.

Feld	Eingabe
ORGANISATION/ ORGANIZATION	Der Name der Organisation, zu der die CA gehört. Dies ist normalerweise ein Firmenname wie beispielsweise *DMK*.
UNTERORGANISATION/ ORGANIZATIONAL UNIT	(Optional) Der Bereich oder die Abteilung, zu dem/der die CA gehört.
ORT/CITY OR LOCALITY	(Optional) Der Ort oder die Stadt, in dem/der sich die CA befindet.
BUNDESLAND ODER REGION/ STATE OR PROVINCE	Drei oder mehr Zeichen, die das Bundesland oder die Region repräsentieren, zu dem/der der oben angegebene Ort gehört, beispielsweise Hessen. (Geben Sie für US-Bundesstaaten den vollständigen Namen ein.)
LAND/COUNTRY	Eine aus zwei Zeichen bestehende Bezeichnung des Landes, in dem der CA-Server steht, beispielsweise US für USA und DE für Deutschland.

Mit den Angaben für ALLGEMEINER NAME, ORGANISATION, UNTERORGANISATION, ORT, BUNDESLAND ODER REGION und LAND wird der eindeutige Namen des CA-Servers festgelegt. Wählen Sie den Namen der Zertifizierungsstelle sorgfältig, es kann ein aufwendiger Prozess werden, Zertifikate erneut auszustellen, wenn Sie den Namen ändern.

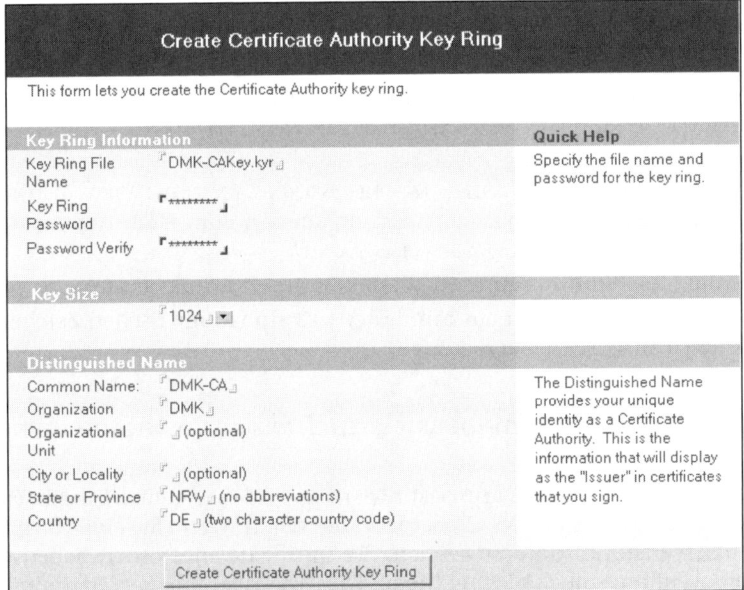

Abbildung 5.21: CA-Schlüsselringdatei und Zertifikat erstellen.

4. Klicken Sie auf ZERTIFIZIERUNGSSTELLEN-SCHLÜSSELRING ERSTELLEN/CREATE CERTIFICATE AUTHORITY KEY RING.
5. Nachdem Sie die Informationen über die Schlüsselringdatei und den CA-Namen geprüft haben, klicken Sie auf OK. .

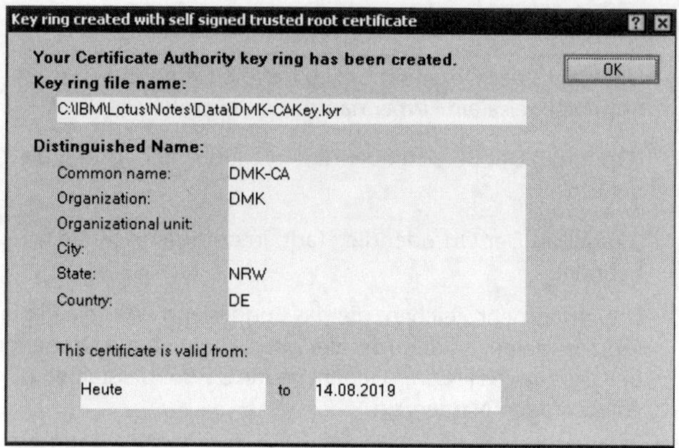

Abbildung 5.22: Angaben zur erstellten CA-Schlüsselringdatei und Zertifikat

6. Erstellen Sie eine Backup-Kopie der Zertifizierungsstellen-Schlüsselringdatei und legen Sie sie an einem sicheren Ort ab.

Sie müssen den Ablageort der Schlüsselringdatei im Profil der Anwendung DOMINO-ZERTIFIZIERUNGSSTELLE/DOMINO CERTIFICATE AUTHORITY angeben.

Sicherheit der Schlüsselringdatei

Um die Sicherheit der Schlüsselringdatei der Zertifizierungsstelle zu gewährleisten, sollten Sie in regelmäßigen Abständen das Kennwort dafür ändern.

1. Klicken Sie in Domino Administrator auf das Register DATEIEN/FILES und öffnen Sie die Anwendung DOMINO-ZERTIFIZIERUNGSSTELLE/DOMINO CERTIFICATE AUTHORITY.
2. Klicken Sie auf ZERTIFIZIERUNGSSTELLEN-SCHLÜSSELRING ANZEIGEN/VIEW CERTIFICATE AUTHORITY KEY RING und klicken Sie dann auf den Button SCHLÜSSELRING-KENNWORT ÄNDERN/CHANGE CA KEY RING PASSWORD.
3. Geben Sie das alte Kennwort ein und klicken Sie anschließend auf OK.
4. Geben Sie ein neues Kennwort aus mindestens 12 alphanumerischen Zeichen ein und klicken Sie anschließend auf OK.

Profil der Anwendung DOMINO-ZERTIFIZIERUNGSSTELLE/DOMINO CERTIFICATE AUTHORITY konfigurieren

Im Profil der Anwendung DOMINO-ZERTIFIZIERUNGSSTELLE wird die Schlüsselringdatei der Zertifizierungsstelle und der Name des CA-Servers angegeben. Wenn Sie eine Nachricht an Benutzer und Serveradministratoren senden, die Zertifikate angefordert haben, fügt Domino eine Verknüpfung zum CA-Server hinzu. Die Anwender und Serveradministratoren erfahren so, wo sie ihre Zertifikate abholen können. Kontrollieren Sie aus diesem Grund das Profil der Zertifizierungsstelle sorgfältig:

1. Vergewissern Sie sich, dass Sie eine CA-Schlüsselringdatei und ein CA-Zertifikat erstellt haben.
2. Klicken Sie in Domino Administrator auf das Register DATEIEN/FILES, öffnen Sie die Anwendung DOMINO-ZERTIFIZIERUNGSSTELLE/DOMINO CERTIFICATE AUTHORITY und klicken Sie auf PROFIL DER ZERTIFIZIERUNGSSTELLE/CONFIGURE CERTIFICATE AUTHORITY PROFILE.

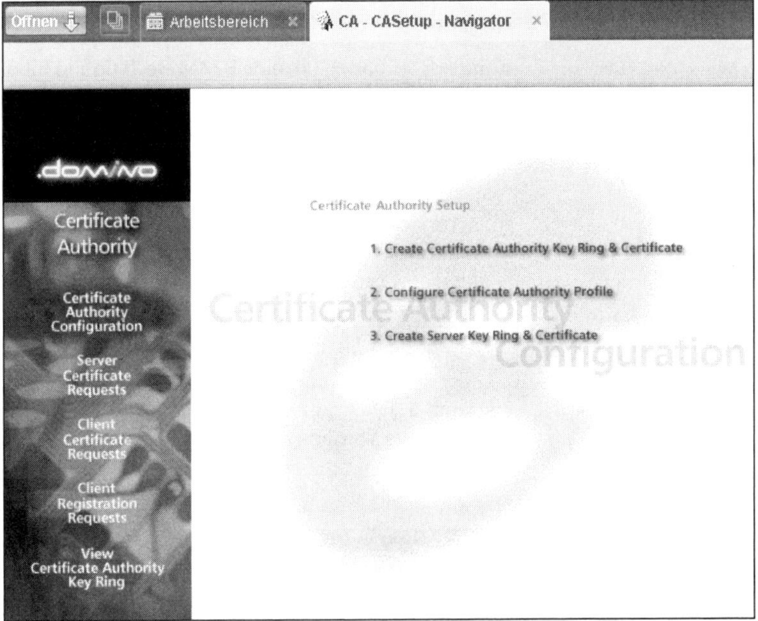

***Abbildung 5.23:** Optionen in der Anwendung* DOMINO CERTIFICATE AUTHORITY

3. Falls erforderlich, geben Sie den Pfad und Dateinamen für die CA-Schlüsselringdatei in das Feld CA-SCHLÜSSELDATEI/CA KEY FILE ein (siehe *Abbildung 5.24*). Notes sucht standardmäßig auf der lokalen Festplatte nach der Schlüsselringdatei. Sie können auch ein Netzlaufwerk wählen, auf das auch andere Administratoren zugreifen können.
4. Geben Sie in das Feld DNS-NAME DES ZERTIFIKATSSERVERS/CERTIFICATE SERVER DNS NAME den TCP/IP-DNS-Namen des Servers ein, auf dem die Anwendung DOMINO ZERTIFIZIERUNGSSTELLE ausgeführt wird. Domino verwendet diesen Namen, um in den an die Administratoren und Clients gesendeten Nachrichten anzugeben, wo die signierten Zertifikate zu finden sind. In den folgenden fünf Feldern werden die Vorgabewerte für das Fenster BESTÄTIGTE CLIENTZERTIFIKATSANFORDERUNG/ACCEPTED CLIENT CERTIFICATE REGISTRATION REQUEST festgelegt. Diese Werte können bei der Bestätigung eines Zertifikats geändert werden.

Feld	Eingabe
SSL FÜR ZERTIFIKATSTRANSAKTIONEN VERWENDEN?/USE SSL FOR CERTIFICATE TRANSACTIONS	▸ JA/YES (Vorgabe), um festzulegen, dass die E-Mail-Nachricht, die während des Zertifikatsanforderungsprozesses generiert wird, einen Verweis auf den SSL-Anschluss für die sichere Entgegennahme des Zertifikats enthält. ▸ NEIN/NO, um festzulegen, dass SSL nicht verwendet wird.
ANSCHLUSSNUMMER DES ZERTIFIKATSSERVERS/ CERTIFICATE SERVER PORT NUMBER	TCP/IP-Anschluss für den Server. Domino verwendet diesen Anschluss, um eine Mail-Benachrichtigung an Clients zur Entgegennahme der Zertifikate zu senden.

Feld	Eingabe
BESTÄTIGUNG DES SIGNIERTEN ZERTIFIKATS AN DEN ANTRAGSTELLER SENDEN?/ MAIL CONFIRMATION OF SIGNED CERTIFICATE TO REQUESTOR?	▶ JA/YES (Vorgabe), um eine E-Mail-Bestätigung für die Anforderung eines signierten Zertifikats zu senden. ▶ NEIN/NO, um keine Bestätigung zu senden.
SOLLEN SIGNIERTE ZERTIFIKATE IN DAS DOMINO-VERZEICHNIS EINGETRAGEN WERDEN?/ SUBMIT SIGNED CERTIFICATES TO ADMINP FOR ADDITION TO THE DIRECTORY?	▶ JA/YES (Vorgabe), um die Anforderung eines signierten Zertifikats an den Administrationsprozess zu senden, der dieses Zertifikat im Domino-Verzeichnis speichert. ▶ NEIN/NO, um das Zertifikat nicht zu senden.
VORGEGEBENER GÜLTIGKEITSZEIT-RAUM/ DEFAULT VALIDITY PERIOD	Zeitraum in Jahren, in dem das signierte Zertifikat gültig ist. Die Vorgabe ist 2 Jahre.

Certificate Authority Profile

Use this form to configure settings needed by the Certificate Authority application.

CA Settings		Quick Help
CA Key File	C:\IBM\Lotus\Notes\Data\DMK-CAKey.kyr	- The name of the CA key ring file is stored here automatically when you create it. If you move the CA key ring file, you must update the path here so the application can find it.
Certificate Server DNS Name		- The DNS for the server is needed for the automatic generation of the e-mail that is sent to users for certificate pickup.
Use SSL for certificate transactions?	☑ Yes	If this is selected, the automatically generated e-mail will contain a reference to the SSL port for secure certificate pick-up
Certificate Server Port Number		- The port number is also needed for the automatic generation of the e-mail that is sent to users for certificate pickup. This is the TCP/IP port on which the Certificate Server will be running.
Mail confirmation of signed certificate to requestor?	☑ Yes	Selecting this default option is for an e-mail confirmation of a signed certificate request
Submit signed certificates to AdminP for addition to the Directory?	☑ Yes	Selecting this default option is for the signed certificate request to be submitted to the Administration Process for storage of the certificate in the Domino Directory

Abbildung 5.24: Profil der CA konfigurieren

Klicken Sie auf SPEICHERN UND SCHLIESSEN/SAVE & CLOSE.

5.3.2 SSL auf dem CA-Server einrichten

Administratoren und Benutzer greifen üblicherweise via Browser auf die CA-Server zu, um Zertifikate anzufordern und entgegenzunehmen, daher sollten Sie SSL für den Server einrichten. Erstellen Sie die Server-Schlüsselringdatei und fordern Sie ein Server-Zertifikat an. Domino bestätigt automatisch das Server-Zertifikat und nimmt das CA-Zertifikat als Wurzelinstanz auf.

1. Klicken Sie in Domino Administrator auf das Register DATEIEN/FILES und öffnen Sie die Anwendung DOMINO-ZERTIFIZIERUNGSSTELLE/DOMINO CERTIFICATE AUTHORITY.
2. Klicken Sie auf SERVER-SCHLÜSSELRING UND -ZERTIFIKAT ERSTELLEN/CREATE SERVER KEY RING & CERTIFICATE.
3. Nehmen Sie Eingaben in die folgenden Felder vor (siehe *Abbildung 5.25*):

Feld	Eingabe
NAME DER SCHLÜSSELRINGDATEI/ KEY RING FILE NAME	Der Name der Schlüsselringdatei für den Server. Standardmäßig befindet sich diese Datei im Data-Verzeichnis des Domino Administrators, mit dem die Datei erstellt wird. Verwenden Sie nicht denselben Namen wie für die Schlüsselringdatei der Zertifizierungsstelle.
KENNWORT DER SCHLÜSSELRINGDATEI/ KEY RING PASSWORD	Mindestens 12 alphanumerische Zeichen empfohlen.
KENNWORTÜBERPRÜFUNG/ PASSWORD VERIFY	Wiederholen Sie das in das vorige Feld eingegebene Kennwort. Dadurch wird sichergestellt, dass das Kennwort korrekt eingegeben wurde.
SCHLÜSSELGRÖSSE/ KEY SIZE	Die Größe der öffentlichen und privaten Schlüsselpaare. Je länger der Schlüssel, desto höher ist die Verschlüsselung. Wählen Sie 512 oder 1024 Bit Schlüssellänge.
CA-ZERTIFIKATS-LABEL	Diese Beschriftung wird angezeigt, wenn Sie das Zertifikat der Zertifizierungsstelle in der Server-Schlüsselringdatei anzeigen.
ALLGEMEINER NAME/ COMMON NAME	Der volle TCP/IP-Domänenname, z.B. *www.dmk-online.de.* Richten Sie das Server-Zertifikat so ein, dass der allgemeine Name mit dem DNS-Namen übereinstimmt, da bestimmte Browser prüfen, ob diese Namen übereinstimmen, bevor sie eine Verbindung zulassen.
ORGANISATION/ ORGANIZATION	Der Name der Organisation, zu der der Server gehört. Dies ist normalerweise ein Firmenname wie z.B. DMK.
UNTERORGANISATION/ ORGANIZATIONAL UNIT	(Optional) Der Bereich oder die Abteilung, zu dem/der der Server gehört.
ORT/CITY OR LOCALITY	(Optional) Der Ort oder die Stadt, in dem/der der Server steht.
BUNDESLAND ODER REGION/ STATE OR PROVINCE	Drei oder mehr Zeichen, die das Bundesland oder die Region repräsentieren, zu dem/der der oben angegebene Ort gehört, beispielsweise Hessen. (Geben Sie für US-Bundesstaaten den vollständigen Namen des Staates und nicht die Abkürzung ein.)
LAND/ COUNTRY	Eine aus zwei Zeichen bestehende Bezeichnung des Landes, in dem der Server steht, beispielsweise US für USA und DE für Deutschland.

4. Klicken Sie auf SERVER-SCHLÜSSELRING ERSTELLEN/CREATE SERVER KEY RING.

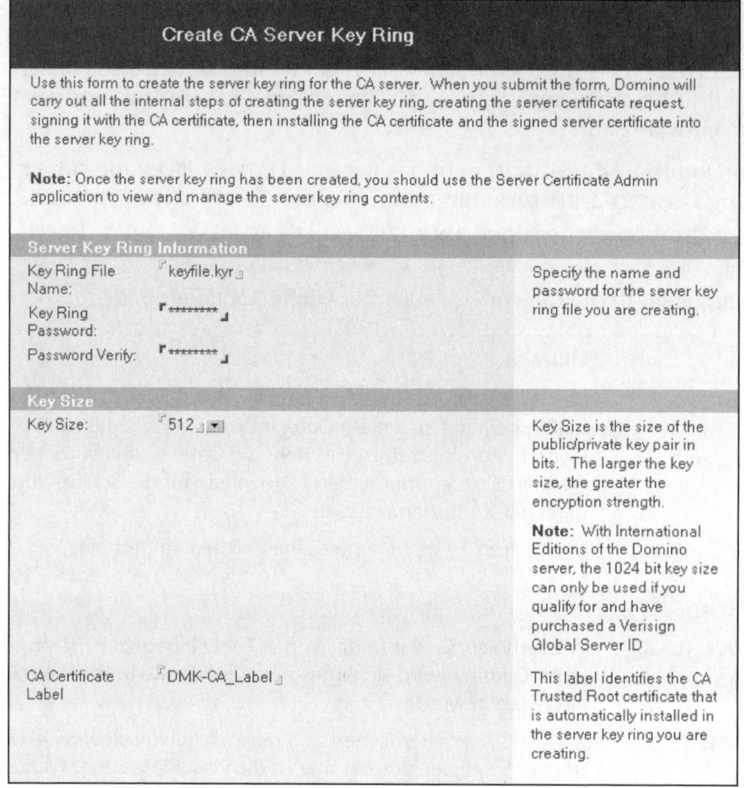
Create CA Server Key Ring

Use this form to create the server key ring for the CA server. When you submit the form, Domino will carry out all the internal steps of creating the server key ring, creating the server certificate request, signing it with the CA certificate, then installing the CA certificate and the signed server certificate into the server key ring.

Note: Once the server key ring has been created, you should use the Server Certificate Admin application to view and manage the server key ring contents.

Server Key Ring Information

Key Ring File Name:	keyfile.kyr	Specify the name and password for the server key ring file you are creating.
Key Ring Password:	********	
Password Verify:	********	

Key Size

Key Size:	512	Key Size is the size of the public/private key pair in bits. The larger the key size, the greater the encryption strength. **Note:** With International Editions of the Domino server, the 1024 bit key size can only be used if you qualify for and have purchased a Verisign Global Server ID
CA Certificate Label	DMK-CA_Label	This label identifies the CA Trusted Root certificate that is automatically installed in the server key ring you are creating.

Abbildung 5.25: Server-Schlüsselring und Zertifikat erstellen

5. Geben Sie das Kennwort für die CA-Schlüsselringdatei ein und klicken Sie dann auf OK.

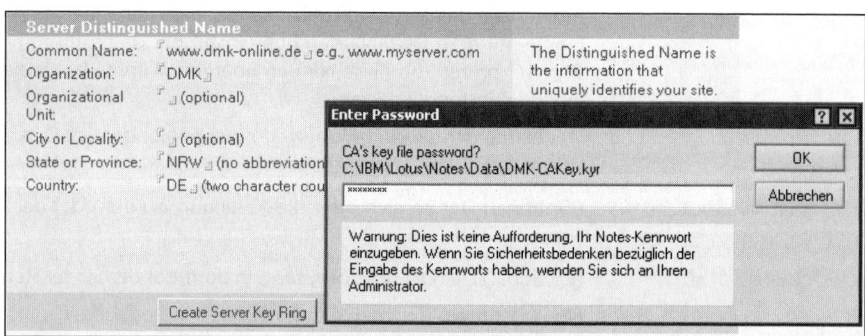

Abbildung 5.26: Passwort für die CA-Schlüsselringdatei eingeben

6. Kopieren Sie die Server-Schlüsselringdatei in das Domino Data-Verzeichnis auf dem Server. Die Anwendung DOMINO-ZERTIFIZIERUNGSSTELLE erstellt die Datei lokal. Der Server benötigt jedoch die Schlüsselringdatei, um SSL zu verwenden.

7. Konfigurieren Sie den SSL-Anschluss. Aktivieren Sie die Server-Authentifizierung nur auf dem Server.
8. Wenn Clients mit Netscape- oder Opera-Browser arbeiten, führen Sie folgende Schritte aus:
   1. Klicken Sie in Domino Administrator auf das Register DATEIEN/FILES, öffnen Sie die Anwendung DOMINO-ZERTIFIZIERUNGSSTELLE und öffnen Sie die InfoBox EIGENSCHAFTEN: ANWENDUNG/APPLICATION PROPERTIES.
   2. Wählen Sie im Register ALLGEMEIN/BASICS die Option WEB-ZUGRIFF: SSL-VERBINDUNG ANFORDERN/WEB ACCESS: REQUIRE SSL CONNECTION, damit die Browser beim Herstellen einer Verbindung zu dieser Datenbank SSL verwenden.
9. Wenn Clients mit Microsoft Internet Explorer arbeiten, führen Sie diesen Schritt nicht aus, der die Benutzer zwingt, mit SSL auf die Anwendung zuzugreifen. Clients, die mit dem Internet Explorer arbeiten, müssen TCP/IP verwenden, um auf die Anwendung DOMINO-ZERTIFIZIERUNGSSTELLE zuzugreifen und das Zertifikat als Wurzelinstanz aufzunehmen. Der Internet Explorer lässt nicht zu, dass Clients das Site-Zertifikat eines Servers annehmen, für den sie noch kein Wurzelinstanzzertifikat haben.

5.4 Der CA-Prozess

Der CA-Prozess bietet Ihnen seit Lotus Domino Version 6 die Möglichkeit, Zertifikatsanfragen aus der Administrationsdatenbank (*admin4.nsf*) zu verwalten. Sie können einen Domino Zertifizierer einrichten, der als serverbasierter Task abläuft. Dieser Server-Task nennt sich CA-Prozess. Auf dem Domino Server kann immer nur ein CA-Prozess laufen, allerdings kann dieser Prozess mit diversen Zertifizierern verbunden sein. Sie können diesen Prozess sowohl für Notes- als auch Internet-Zertifizierer verwenden.

Folgende Gründe sprechen für eine Verwendung des CA-Prozesses:

- Der CA-Prozess stellt einen einheitlichen Mechanismus zur Bereitstellung von Notes- und Internet-Zertifikaten dar.
- Der CA-Prozess unterstützt die Registrierungsstellenrolle (Registration Authority, RA), die zur Delegierung der Zertifikatsbestätigung oder -ablehnung an Administratoren mit geringeren Berechtigungsstufen innerhalb Ihrer Organisation benötigt wird.
- Der CA-Prozess benötigt keinen Zugriff auf die Zertifizierer-ID und das entsprechende ID-Passwort. Sind die Zertifizierer einmal für die Benutzung des CA-Prozesses eingerichtet, können Sie die Registrierungsstellenrolle den Administratoren zuweisen, die beispielsweise für die Registrierung von Usern oder die Bearbeitung von Zertifizierungsanfragen zuständig sind.
- Der CA-Prozess vereinfacht die Bearbeitung der Anfragen nach Internet-Zertifikaten mithilfe der webbasierten Zertifikatsanforderungs- bzw. Certificate-Request-Datenbank.
- Der CA-Prozess gibt sogenannte Zertifikatswiderruflisten (Certificate Revocation Lists, CRL) aus, in denen Informationen zu ungültigen oder abgelaufenen Internet-Zertifikaten enthalten sind.

- Der CA-Prozess erstellt und verwaltet die sogenannte Liste der ausgestellten Zertifikate (Issued Certificate List, ICL); diese Datenbank enthält Informationen zu allen Zertifikaten, die von dem Zertifizierer erstellt und ausgegeben wurden.
- Der CA-Prozess folgt den bekannten Industriestandards im Bereich Security für Internet-Zertifikate (z.B. X.509 oder PKIX).

Zertifikate, die vom CA-Prozess (ab Version 6 und höher) unterzeichnet sind, werden in unregelmäßigen Zeitabständen veröffentlicht. Eine Zertifikatsanforderung bleibt so lange in der Administrationsdatenbank (*admin4.nsf*) hinterlegt, bis der CA-Prozess die Anforderung bearbeitet. Erfolgt die Anforderung auf dem Domino Server, auf dem der CA-Prozess läuft, beträgt die Verzögerung lediglich einige Sekunden. Sie wird allerdings größer, wenn die Anforderung in der Administrationsdatenbank zunächst von einem anderen Domino Server auf den CA-Server repliziert werden muss. Die Person, die die Anfrage nach einem Zertifikat hinterlegt hat, muss nicht zwingend auch für die Veröffentlichung dieses Zertifikats zuständig und verantwortlich sein, mit anderen Worten, der Administrator mit Registrierungsbefugnis (Registration Authority, RA) kann ein anderer sein als der Administrator, der die Nachfrage stellt.

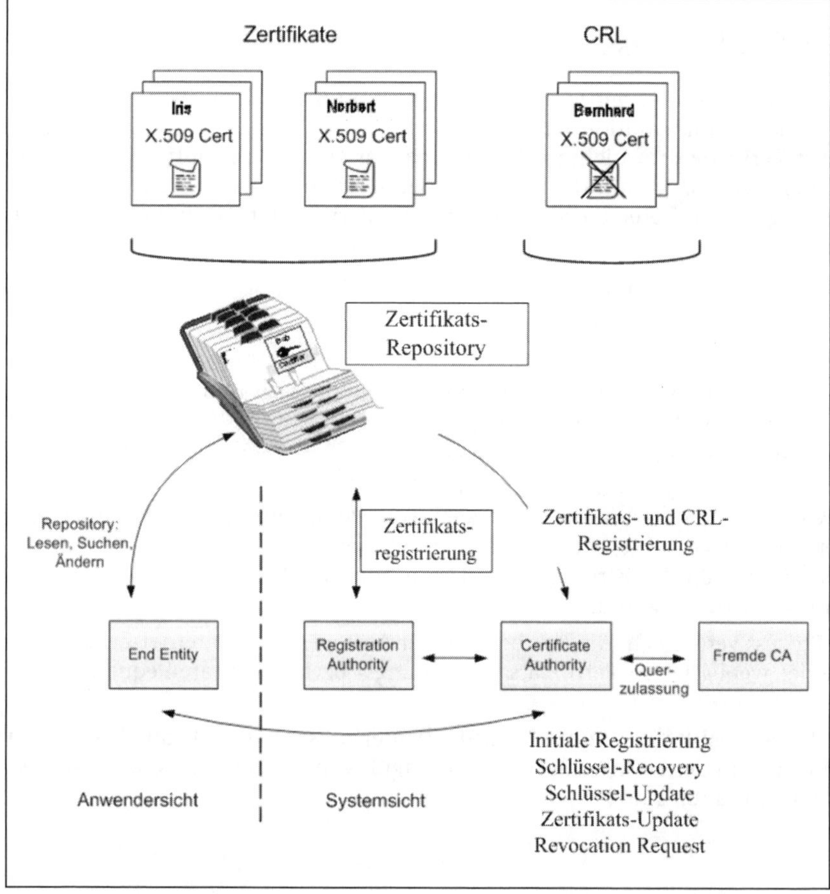

Abbildung 5.27: Rund um den CA-Prozess

Sie werden über die Zertifikatsanforderung für einen neuen User informiert, wenn die Registrierung mithilfe der serverbasierte CA erfolgt, während in der ID-Datei des Users noch nicht das unterzeichnete Zertifikat enthalten ist. Bei Veröffentlichung des Zertifikats durch den CA-Prozess wird dieses Zertifikat an das Personendokument des Users im Domino Directory angehängt. Meldet sich der User nun zum ersten Mal an einem Domino Server, wird das Zertifikat in die ID-Datei des Users geschrieben und vervollständigt so die Registrierung des Users.

5.4.1 Anwendungen für den CA-Prozess

Zum Angleich der CA an die Industriestandards, z.B. PKIX, sind zwei Konzepte in den Prozess eingearbeitet worden: die Registrierungsbefugnis (Registration Authority, RA) und die Zertifikatsaufhebungslisten (Certificate Revocation Lists, CRL).

Die Registrierungsbefugnis (Registration Authority, RA)

Alle Anfragen nach Notes- oder Internet-Zertifikaten müssen seit der Version 6 von einem autorisierten Administrator, der sogenannten RA (Registration Authority), unterzeichnet sein, bevor der serverbasierte CA-Prozess die Zertifikate unterzeichnet. Die Rolle RA wird über den PKIX-Standard definiert und erlaubt den Domino-Administratoren die Delegierung der Benutzerregistrierung und des Zertifikatszulassungsprozesses. Es ist bei einer serverbasierten CA nicht notwendig, dass die RAs physikalischen Zugriff auf die Zertifizierer-ID erhalten, um ihre Aufgaben zu erfüllen. Lediglich der CA-Prozess als solcher benötigt diesen Zugriff.

Wenn Sie einen Zertifizierer einrichten, können Sie Administratoren die Rolle einer RA zuweisen. RAs dürfen Nachfragen für Zertifikate zulassen oder ablehnen und neue Benutzer und Server registrieren. Sie können mehrere RAs in Ihrer Organisation einrichten, beispielsweise jeweils eine RA für eine Organisationseinheit.

Die Liste der ausgestellten Zertifikate (Issue Certification List, ICL)

Jeder Zertifizierer besitzt eine Liste der ausgestellten Zertifikate (Issue Certification List). Sie wird automatisch im Verzeichnis ICL erstellt, wenn ein Zertifizierer erstellt oder in den CA-Prozess migriert wird. Es handelt sich hier um eine Datenbank, in der Kopien aller durch den Zertifizierer ausgestellten Zertifikate, Zertifikatswiderruflisten (CRL) und CA-Konfigurationsdokumente gespeichert sind.

Die Zertifikatswiderrufliste (Certificate Revocation List, CRL)

Die Zertifikatswiderruflisten (Certificate Revocation Lists) dienen der Steuerung von Informationen über abgelaufene Internet-Zertifikate in einer mit einem Zeitstempel versehenen Liste. Diese Listen werden für jeden Internet-Zertifizierer vom CA-Prozess erstellt und verwaltet. Jede CRL ist mit einem Zertifizierer verbunden, von diesem Zertifizierer signiert und liegt in der ICL-Datenbank des Zertifizierers. Zusätzlich wird eine Kopie der CRL im Zertifizierer-Dokument der CA im Domino-Verzeichnis gespeichert, da die Liste ebenfalls zur Zertifikatsvalidierung für Objekte benötigt wird, die eine Authentifizierung mithilfe eines Zertifikats voraussetzen. CRLs helfen, die Sicherheit Ihres Unternehmens zu gewährleisten. Es kann geprüft werden, ob das Zertifikat widerrufen wurde, noch bevor jemand sich entschließt, einem Zertifikat zu vertrauen. Ein CA-Administrator kann ein Zertifikat jederzeit widerrufen, wenn der/die Betreffende die Organisation verlässt oder wenn die Gültigkeit des Zertifikats nicht mehr gewährleistet ist.

Die Konfiguration der CRL erfolgt beim Erstellen jedes neuen Internet-Zertifizierers. Sie können die Gültigkeitsdauer sowie das Intervall zwischen der Veröffentlichung einer neuen CRL festlegen. Ist die CRL konfiguriert, veröffentlicht der Zertifizierer die Liste. Wenn Sie Internet-Site-Dokumente zur Konfiguration der Internet-Protokolle Ihres Domino Servers benutzen, können Sie für jedes dieser Protokolle den CRL-Check aktivieren.

Es existieren zwei Arten von CRLs:

- Reguläre/geplante (scheduled) CRL: Bei einer regulären CRL konfigurieren Sie die Gültigkeitsdauer der CRL sowie das Intervall zwischen den Veröffentlichungen. Jeder Zertifizierer veröffentlicht seine CRLs zu dem festgelegten Zeitpunkt, unabhängig davon, ob Änderungen, also widerrufene Zertifikate, aufgetreten sind. Dies hat aber unter anderem zur Folge, dass ein widerrufenes Zertifikat erst durch die nächste planmäßige Veröffentlichung der CRL publiziert wird.
- Die Gültigkeitsdauer einer CRL sollte größer sein als die Perioden jeder einzelnen CRL-Veröffentlichung. Hierdurch wird sichergestellt, dass die CRLs gültig bleiben, da sie andernfalls ablaufen können, bevor eine neue CRL veröffentlicht wird.
- Nicht reguläre/außerplanmäßige (immediate) CRL: Im Falle einer sicherheitskritischen Situation ist es Ihnen auch möglich, eine nicht reguläre CRL (non-regular CRL) zu veröffentlichen. Diese Veröffentlichung wird von Hand angestoßen, geschieht also nicht zeitgesteuert, hat jedoch keinerlei Einfluss auf den Veröffentlichungszeitpunkt der nächsten regulären (zeitgesteuerten) CRL.
- Zur Veröffentlichung einer nicht regulären CRL benutzen Sie an der Serverkonsole den `tell`-Befehl:

  ```
  Tell CA CRL Zertifizierernummer
  ```

- Mit diesem Befehl in der Serverkonsole wird sofort eine (nicht regulär geplante) CRL für einen bestimmten Zertifizierer ausgegeben. Die Zertifizierernummer erhalten Sie über den Befehl `tell CA status`.

OCSP-Überprüfung (Online Certificate Status Protocol)

Das Online Certificate Status Protocol (OCSP) ermöglicht Clients die Ermittlung des Widerrufstatus eines bestimmten Zertifikats. Die Überprüfungen werden während der S/MIME-Signaturüberprüfung und der Mail-Verschlüsselung durch den Notes Client durchgeführt, wenn OCSP im Richtlinien-Sicherheitseinstellungsdokument aktiviert wurde.

On-line Certificate Status Protocol (OCSP)	
☑ Enable OCSP checking	
Default OCSP Responder:	www.valicert.com
☐ Always use Default OCSP Responder	
Allowable clock skew:	1 minutes
Permitted Certificate Status:	Allow unrevoked known certificates only
Level of Detail recorded in the Client Log:	Do not log anything

Abbildung 5.28: OCSP-Aktivierung im Richtlinien-Sicherheitseinstellungsdokument

Mittels OCSP wird der Status eines Zertifikats durch Anfrage bei einem Server (einem sogenannten OCSP-Responder) abgefragt. In der Regel wird als Transportprotokoll für OCSP HTTP oder HTTPS genutzt.

OCSP wird inzwischen von vielen Standardprogrammen und Betriebssystemen (z.B. Microsoft Windows Vista, Adobe Acrobat, Mozilla Firefox, Mozilla Thunderbird und Lotus Notes ab Version 8) verwendet. Einige, vor allem ältere Programme unterstützen nur die Zertifikatswiderruflisten (CRLs) zur Überprüfung des Zertifikatsstatus. Im Gegensatz zu diesen Sperrlisten, die nur in bestimmten Intervallen erstellt werden, können OCSP-Responder sekundengenaue Sperrinformationen liefern, sofern sie eine aktuelle Datenbasis (z.B. CA) verwenden. Folgende Einstellungen nehmen Sie vor:

Feld	Eingabe
OCSP-PRÜFUNG AKTIVIEREN/ ENABLE OCSP CHECKING	Aktivieren Sie hier, ob OCSP-Prüfung erfolgen soll. Die nachfolgenden Optionen erscheinen erst, wenn das Häkchen gesetzt wurde.
STANDARD OCSP-RESPONDER	Geben Sie hier an, welcher Server die Zertifikatsprüfung beantwortet.
ERLAUBTE TAKTVERSCHIEBUNG/ ALLOWABLE CLOCK SKEW	Geben Sie hier an, welchen Zeitversatz es bei der Datenübertragung geben darf. Vorgabe ist 1 Minute.
ERLAUBTER ZERTIFIKATSSTATUS/ PERMITTED CERTIFICATE STATUS	Wählen Sie, hier, in welchem Fall der Client weiter verschlüsselte S/MIME-Nachrichten senden darf: ▶ Nur bei erlaubten bekannten Zertifikaten ▶ Bei erlaubten bekannten und unbekannten Zertifikaten ▶ Bei allen Zertifikaten
PROTOKOLLIERUNGSTIEFE IM CLIENTPROTOKOLL/ LEVEL OF DETAIL RECORDED IN THE CLIENT LOG	Geben Sie hier an, welche Meldungen im Clientprotokoll gespeichert werden sollen. Sie können festlegen, ob überhaupt OCSP-Fehler, abgewiesene Zertifikate oder alles protokolliert werden soll.

5.4.2 Die Migration eines Zertifikats in den CA-Prozess

Bei der Migration eines existierenden Zertifikats in den CA-Prozess richten Sie eine Datenbank mit der Liste der ausgestellten Zertifikate ein (ICL) und konfigurieren die Gültigkeitsdauer des Zertifikats. Für Internet-Zertifikate konfigurieren Sie zusätzlich die CRL und Schlüsselinformationen des Zertifikats.

1. Klicken Sie in Domino Administrator auf das Register KONFIGURATION/CONFIGURATION.

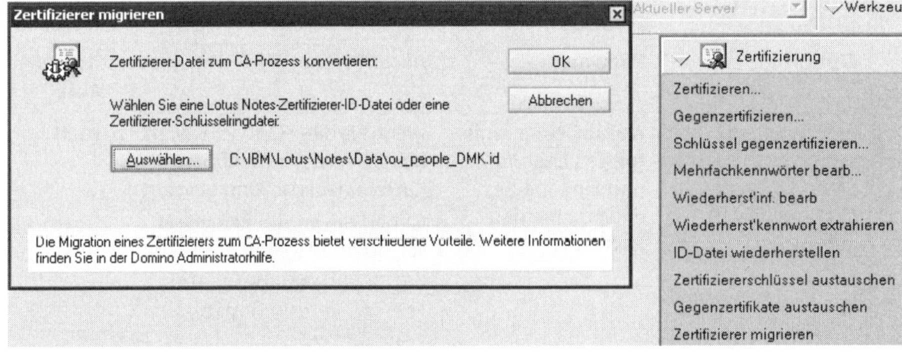

Abbildung 5.29: Migration eines Zertifizierers

2. Wählen Sie aus dem Feld WERKZEUGE/TOOLS > ZERTIFIZIERER MIGRIEREN/MIGRATE CERTIFIER. In der folgenden Dialogbox ZERTIFIZIERER MIGRIEREN/MIGRATE CERTIFIER klicken Sie auf AUSWÄHLEN/SELECT.
3. In der Dialogbox ID/SCHLÜSSELRINGDATEI AUSWÄHLEN bzw. CHOSE ID/KEY RING FILE wählen Sie die ID des Zertifizierers, den Sie migrieren möchten, aus.
   1. Wählen Sie die Zertifizierer-ID (*cert.id*) und klicken Sie auf AUSWÄHLEN ZUR MIGRATION EINES NOTES ZERTIFIZIERERS/SELECT TO MIGRATE A NOTES CERTIFIER.
   2. Wählen Sie die Zertifizierer-Schlüsselringdatei und klicken Sie auf AUSWÄHLEN ZUR MIGRATION EINES INTERNET-ZERTIFIZIERERS/SELECT TO MIGRATE A INTERNET CERTIFIER.
4. Nun erscheinen Pfad und Dateiname der Zertifizierer-ID in der Dialogbox ZERTIFIKAT MIGRIEREN. Geben Sie das Passwort der Zertifizierer-ID oder der Schlüsselringdatei ein und klicken Sie auf OK.

Die Migration eines Notes-Zertifizierers

Wenn Sie einen Notes Zertifizierer migrieren, führen Sie im weiteren Verlauf folgende Schritte durch:

1. Im Register ALLGEMEIN/BASICS vervollständigen Sie folgende Felder (siehe *Abbildung 5.30*):

Feld	Eingabe
SERVER WÄHLEN, AUF DEM DIESER ZERTIFIZIERER AUSGEFÜHRT WERDEN SOLL/ SELECT THE SERVER WHERE THIS CERTIFIER WILL RUN ON	Name des Servers, der den migrierten Zertifizierer speichern wird. Stellen Sie sicher, dass das Arbeitsumgebungsdokument der Clients diesen Servereintrag enthält.
NAME DER ZU ERSTELLENDEN ICL-DATENBANK/ NAME OF ICL DATABASE TO BE CREATED	(Optional) ICLs werden automatisch beim Erstellen eines Zertifizierers erstellt und erhalten einen Default-Namen, der jedoch jederzeit geändert werden kann. Sie können zwar den Speicherort der ICL ändern, es wird jedoch empfohlen, die Einstellungen für das Verzeichnis und den Pfad beizubehalten.

2. Für den Punkt ZERTIFIZIERER-ID VERSCHLÜSSELN MIT/ENCRYPT CERTIFIER ID WITH wählen Sie aus folgenden Optionen aus:

Option	Passwort	Aktion	Sicherheitsstufe
ZERTIFIZIERER-ID VERSCHLÜSSELN MIT SPERR-ID/ENCRYPT CERTIFIER ID WITH LOCKING-ID	Angabe einer registrierten User-ID und Eingabe des entsprechenden Passworts	Wenn Sie diese Option gewählt haben, wird der Zertifizierer nach seiner Erstellung gesperrt. Geben Sie an der Serverkonsole folgenden Befehl ein, um ihn zu entsperren: `tell ca unlock<ID-datei> <Passwort>`	Hoch

Option	Passwort	Aktion	Sicherheitsstufe
ZERTIFIZIERER-ID VERSCHLÜSSELN MIT SERVER-ID/ENCRYPT CERTIFIER ID WITH SERVER-ID	Kein Passwort erforderlich	Keine Aktion erforderlich	Niedrig
ID VERSCHLÜSSELN MIT SERVER-ID/ ENCRYPT CERTIFIER ID WITH SERVER-ID	Passwort erforderlich Eingabe eines neuen Passworts für diesen Zertifizierer	Wenn Sie diese Option gewählt haben, müssen Sie den Zertifizierer aktivieren. Hierzu geben Sie an der Serverkonsole folgenden Befehl ein: tell ca activate <Passwort>	Mittel

Die Verschlüsselung mit einer passwortgeschützten Server-ID schützt lediglich diesen Zertifizierer. Wenn Sie eine Sperr-ID einsetzen, ist diese für mehrere Zertifizierer zu gebrauchen. Sie müssen diese Zertifizierer dann gleichzeitig sperren und entsperren.

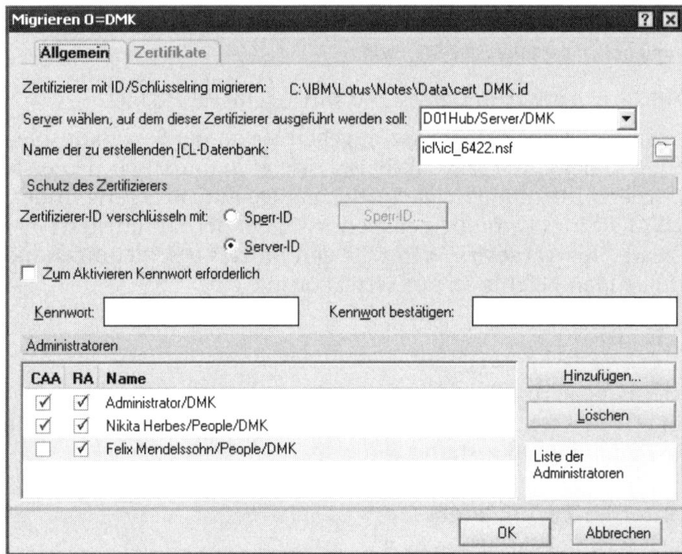

Abbildung 5.30: Migration eines Notes-Zertifikats

3. (Optional) In die Liste der Administratoren können die Namen zusätzlicher CAAs (Certificate Authority Administrator) und RAs eingetragen werden. Der Name des durchführenden Administrators wird automatisch dieser Liste als CAA und RA hinzugefügt.

4. Im Register ZERTIFIKATE/CERTIFICATES vervollständigen Sie die folgenden Felder:

Feld	Aktion
ZERTIFIKATSGÜLTIGKEITSDAUER FÜR EE-ZERTIFIKATE/CERTIFICATE DURATION FOR EE-CERTIFICATES	Eingabe der Vorgabe-, niedrigsten und höchsten Dauer in Monaten für ein End-Entity-Zertifikat. Ein EE-Zertifikat wird an Server und Benutzer ausgegeben.
ZERTIFIKATSGÜLTIGKEITSDAUER FÜR CA-ZERTIFIKATE/CERTIFICATE DURATION FOR CA CERTIFICATE	Eingabe der Vorgabe-, Minimum- und Maximum-Dauer in Monaten für ein CA-Zertifikat. Ein CA-Zertifikat wird nur Zertifizierern gewährt.

5. Klicken Sie auf OK. Es erscheint eine Meldung mit dem Hinweis, dass Sie den Zertifizierer erfolgreich migriert haben.

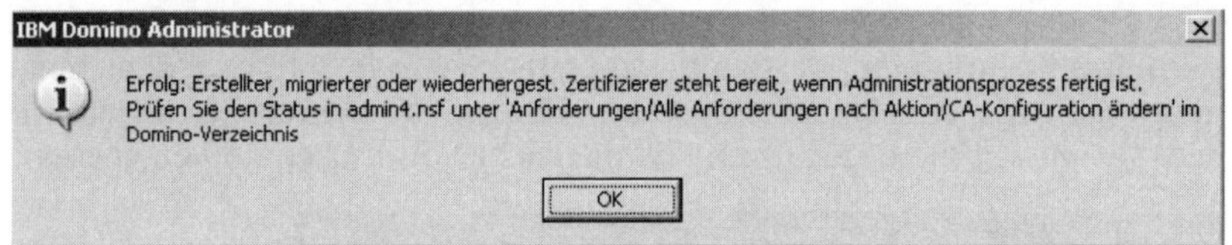

Abbildung 5.31: Meldung über die erfolgreiche Migration

6. Nun muss der Zertifizierer noch dem CA-Prozess hinzugefügt werden.

   Sollte der CA-Prozess noch nicht aktiviert sein, geben Sie an der Serverkonsole den Befehl `load ca` ein. Wenn der CA-Prozess aktiv ist, wird er automatisch neu erstellte oder migrierte Zertifizierer hinzufügen. Die turnusmäßige Aktualisierung findet alle zwölf Stunden statt. Allerdings kann die Zeitspanne, in der der Administrationsprozess CA-Anfragen bearbeitet, variieren. Wenn Sie den Prozess beschleunigen möchten, geben Sie die folgenden Befehle an der Serverkonsole ein:

```
tell adminp process all
tell ca refresh
```

7. Zur Kontrolle, ob der neue Zertifizierer hinzugefügt worden ist, gebrauchen Sie folgendes Kommando: `tell ca stat`. Sie können der Datei *notes.ini* den Eintrag CA hinzufügen, damit der Task automatisch gestartet wird.

Die Migration eines Internet-Zertifizierers

Wenn Sie einen Internet-Zertifizierer erstellen und migrieren, führen Sie im weiteren Verlauf folgende Schritte durch:

Erstellen eines Internet-Zertifizierers

Bevor Sie einen Internet-Zertifizierer in den CA-Prozess migrieren können, müssen Sie ihn erst erstellen. Auch dies erfolgt mithilfe des CA-Prozesses. Führen Sie hierzu folgende Schritte aus:

1. Klicken Sie in Domino Administrator auf das Register KONFIGURATION/CONFIGURATION.
2. Wählen Sie aus dem Feld WERKZEUGE/TOOLS > REGISTRIERUNG/REGISTRATION > INTERNET-ZERTIFIZIERER/INTERNET CERTIFIER.

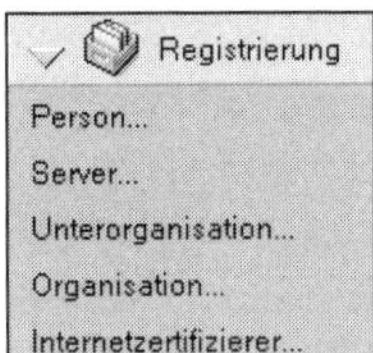

Abbildung 5.32: Erstellung eines Internet-Zertifizierers über WERKZEUGE/TOOLS

3. In der folgenden Dialogbox INTERNET-ZERTIFIZIERER REGISTRIEREN/REGISTER INTERNET CERTIFIER wählen Sie ICH MÖCHTE EINEN NEUEN INTERNET-ZERTIFIZIERER REGISTRIEREN, DER DEN CA-PROZESS VERWENDET/I WANT TO REGISTER A NEW INTERNET CERTIFIER THAT USES THE CA PROCESS.

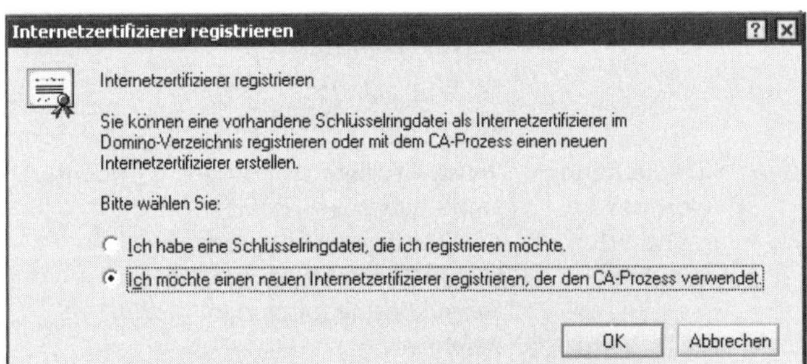

Abbildung 5.33: Registrieren eines neuen Internet-Zertifizierers

4. Im Register ALLGEMEIN/BASICS erstellen Sie über ZERTIFIZIERERNAMEN ERSTELLEN/CREATE CERTIFIER NAME einen Namen für den neuen Zertifizierer. Geben Sie hier einen allgemeinen Namen und füllen Sie mindestens ein weiteres der folgenden Felder aus (siehe *Abbildung 5.34*):

Feld	Eingabe
ALLGEMEINER NAME/ COMMON NAME	Geben Sie einen allgemeinen Namen des Zertifizierers ein (z.B. *DMK-Int*).
UNTERORGANISATION/ ORGANIZATION UNIT	(Optional) Sofern zutreffend, geben Sie hier den Namen der Unterorganisation des Zertifizierers ein.
ORGANISATION/ ORGANIZATION	(Optional) Geben Sie hier den Namen der Organisation des Zertifizierers an (z.B. *DMK*).
ORT/CITY OR LOCALITY	(Optional) Geben Sie hier den Standort der Organisation an.
BUNDESLAND/ STATE OR PROVINCE	(Optional) Geben Sie den vollständigen Namen des Bundeslandes an, in dem sich die Organisation befindet.
LAND/COUNTRY	(Optional) Geben Sie eine Abkürzung für das Land ein, in dem sich die Organisation befindet.

5. Wählen Sie den Server aus, auf dem der CA-Prozess läuft. Auf diesem Server wird auch die ICL-Datenbank erstellt.
6. Ändern Sie, wenn Sie wollen (optional), den bereits vorgeschlagenen Namen für die ICL-Datenbank. Behalten Sie aber nach Möglichkeit die bereits vorgegebene Verzeichnisstruktur bei.

7. Unter ZERTIFIZIERER-ID VERSCHLÜSSELN MIT/ENCRYPT CERTIFIER ID WITH wählen Sie eine der folgenden Verschlüsselungsmethoden:

Option	Passwort	Aktion	Sicherheitsstufe
ZERTIFIZIERER-ID VERSCHLÜSSELN MIT SERVER-ID/ ENCRYPT CERTIFIER ID WITH SERVER-ID	Kein Passwort	Keine Aktion erforderlich	Niedrig
ZUM AKTIVIEREN KENNWORT ERFORDERLICH/ REQUIRE PASSWORD TO ACTIVATE	Server-ID-Kennwort	Haben Sie diese Option gewählt, müssen Sie den Zertifizierer aktivieren. Geben Sie folgenden Befehl an der Serverkonsole ein: `tell ca activate <Passwort>`	Mittel
ZERTIFIZIERER-ID VERSCHLÜSSELN MIT SPERR-ID/ ENCRYPT CERTIFIER ID WITH LOCKING ID	ID und Kennwort des registrierten Benutzers	Wenn Sie diese Option gewählt haben, müssen Sie den Zertifizierer entsperren. Hierzu geben Sie an der Serverkonsole folgenden Befehl ein: `tell ca unlock <ID-Datei> <Passwort>`	Höchste

Die Verschlüsselung mit einer passwortgeschützten Server-ID schützt lediglich diesen Zertifizierer. Wenn Sie eine Sperr-ID einsetzen, ist diese für mehrere Zertifizierer zu gebrauchen. Sie müssen diese Zertifizierer dann gleichzeitig sperren und entsperren.

8. (Optional) In die Liste der Administratoren können die Namen zusätzlicher CAAs (Certificate Authority Administrator) und RAs eingetragen werden. Der Name des durchführenden Administrators wird automatisch dieser Liste als CAA und RA hinzugefügt.

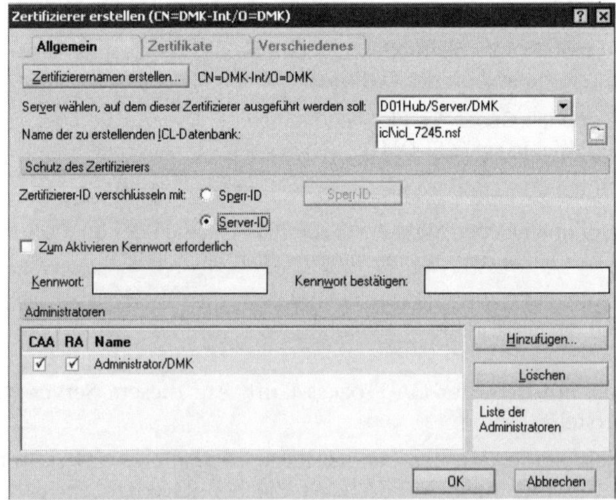

Abbildung 5.34: Angaben zum Internet-Zertifizierer

9. Im Register ZERTIFIKATE/CERTIFICATES vervollständigen Sie die folgenden Felder (siehe *Abbildung 5.35*):

Feld	Aktion
ERWEITERUNG FÜR CRL-VERTEILERLISTE AUFNEHMEN/INCLUDE CRL DISTRIBUTION POINT EXTENSION	Aktivieren Sie hier ein Attribut, das den Speicherort der Zertifizierer-CRL angibt. Wenn Sie diese Option verwenden, können Sie bereits ausgestellte Zertifikate widerrufen (empfohlen).
GÜLTIGKEIT DES ZERTIFIKATS ZURÜCKDATIEREN/BACKDATE CERTIFICATE VALIDITY	Im angegebenen Gültigkeitszeitraum des Zertifikats ist gewährleistet, dass Informationen über den Status des Zertifikats bereitgehalten werden. Wenn der Gültigkeitszeitraum nicht mit dem Tag der Erstellung übereinstimmt, können Sie den Gültigkeitszeitraum zurückdatieren.
GÜLTIGKEITSDAUER DES ZERTIFIKATS/CERTIFICATE DURATION	Geben Sie hier in Monaten die Gültigkeitsdauer für Standard-, Mittel- und Höchstdauer an.
SCHLÜSSELNUTZUNG/KEY USAGE	Wählen Sie hier die Schlüsselnutzungserweiterung für dieses Zertifikat.

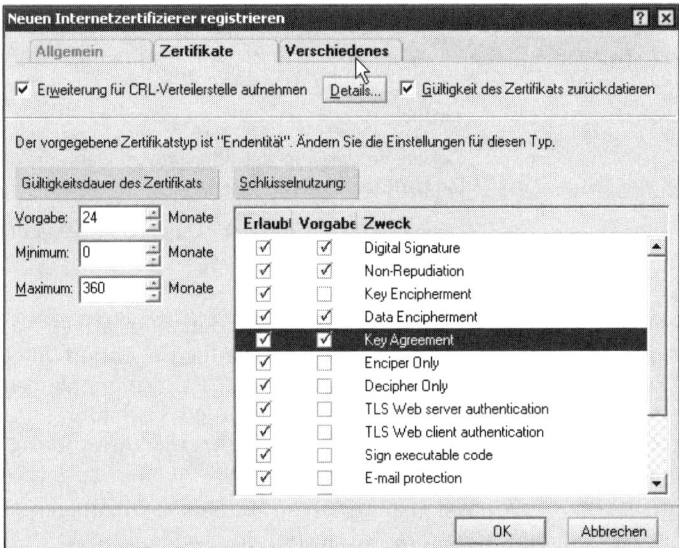

Abbildung 5.35: Angaben zum Zertifikat. Hier können Sie z.B. auch die Schlüsselnutzungserweiterung und die erweiterte Schlüsselnutzung festlegen.

Laut Vorgabe ist der Zertifikatstyp EE, d.h., von diesem Zertifizierer veröffentlichte Zertifikate betreffen Benutzer und/oder die Systeme der Anwender.

10. Im Register VERSCHIEDENES/MISCELLANEOUS klicken Sie auf EINE LOKALE KOPIE DER ZERTIFIZIERER-ID ERSTELLEN/CREATE A LOCAL COPY OF CERTIFIER ID. Geben Sie den Zertifizierer-ID-Dateinamen und das Passwort ein und klicken Sie auf OK. Nun wird eine lokale Kopie der ID im Vorgabepfad *notes\data\ids\certs\cert.id* erstellt. Sie können die Pfadangabe ändern.

11. Vervollständigen Sie die folgenden Felder bezüglich der Informationen zu der CRL des Zertifizierers:

Feld	Aktion
DAUER DER CRL (IN TAGEN)/ DURATION OF CRL (IN DAYS)	Geben Sie die Gültigkeitsdauer der CRL an.
ZEIT ZWISCHEN DEN CRLs (IN TAGEN)/ TIME BETWEEN CRLS (IN DAYS)	Geben Sie das Zeitintervall zwischen den Veröffentlichungen der CRLs an.

12. Geben Sie Informationen zu SCHLÜSSEL UND ZERTIFIZIERER-ZERTIFIKAT/KEY AND CERTIFIER CERTIFICATE INFORMATION an:

Feld	Aktion
SIGNIERALGORITHMUS/ SIGNING ALGORITHM	Wählen Sie den Algorithmus für die Verschlüsselung der Zertifikatssignatur aus.
SCHLÜSSELLÄNGE/KEY LENGTH	Geben Sie die zu verwendende Schlüssellänge (in Bits) ein. Sie haben die Möglichkeit, 1024, 2048 oder 4096 zu wählen.

13. Vervollständigen Sie die Felder bezüglich der Informationen zum ALTERNATIVEN PKIX-NAMEN DES ZERTIFIZIERERS:

Feld	Aktion
TYP/ TYPE	Geben Sie den Typ des alternativen Namens, den Sie benutzen möchten, an.
WERT/ VALUE	Geben Sie den alternativen Namen, den Sie benutzen möchten, an.

Das Feld ALTERNATIVER PKIX-NAME DES ZERTIFIZIERERS ist für den alternativen Namen des Ausstellers vorgesehen. Alternative Namensfelder erlauben es Ihnen, alternierende Namen in Zertifikaten zu verwenden. Wenn eine CA alternierende Namen hat, sollten diese in den Zertifikaten, die veröffentlicht werden, enthalten sein. Die Lotus Domino-Server-basierte Zertifizierungsstelle unterstützt die Verwendung von alternativen Namen für Zertifikatsinhaber nicht.

14. Klicken Sie auf HINZUFÜGEN/ADD, um den alternativen Namen hinzuzufügen.
15. Klicken Sie nun auf OK und Sie erhalten die Nachricht, dass der Zertifizierer erfolgreich erstellt wurde.

Migration eines Internet-Zertifizierers

Nun muss der Zertifizierer noch dem CA-Prozess hinzugefügt werden. Sollte der CA-Prozess noch nicht aktiviert sein, geben Sie an der Serverkonsole den Befehl `load ca` ein. Wenn der CA-Prozess aktiv ist, wird er automatisch neu erstellte oder migrierte Zertifizierer hinzufügen. Die turnusmäßige Aktualisierung findet alle zwölf Stunden statt. Allerdings kann die Zeitspanne, in der der Administrationsprozess CA-Anfragen bearbeitet, variieren. Wenn Sie den Prozess beschleunigen möchten, geben Sie die folgenden Befehle an der Serverkonsole ein:

```
tell adminp process all
tell ca refresh
```

Zur Kontrolle, ob der neue Zertifizierer hinzugefügt worden ist, gebrauchen Sie folgendes Kommando `tell ca stat`. Sie können der Datei *notes.ini* den Eintrag CA hinzufügen, damit der Task automatisch gestartet wird. Erstellen Sie nun die Datenbank CERTIFICATE REQUESTS.

Datenbank CERTIFICATE REQUESTS erstellen

Sie benötigen für jeden Internet-Zertifizierer, den Sie erstellen, eine Zertifikatsanforderungsdatenbank, Certification-Request-Datenbank (*certreq.nsf*). In dieser Datenbank wird die Schlüsselringdatei verwaltet und sie ermöglicht es den Anwendern, Clientzertifikate vom Browser aus oder per E-Mail anzufordern. Es werden in dieser Datenbank sowohl aktive als auch inaktive Zertifikate und Widerrufsanforderungen abgespeichert. Die Datenbank kann auf einem beliebigen Server in Ihrer Notes-Domäne liegen.

1. Erstellen Sie im ersten Schritt eine Datenbank mithilfe der Schablone CERTIFICATE REQUESTS (8) (*certreq.ntf*), wählen Sie einen sinnvollen Datenbank- und Dateinamen, z.B. CERTIFICATE REQUESTS und *certreq.nsf*.

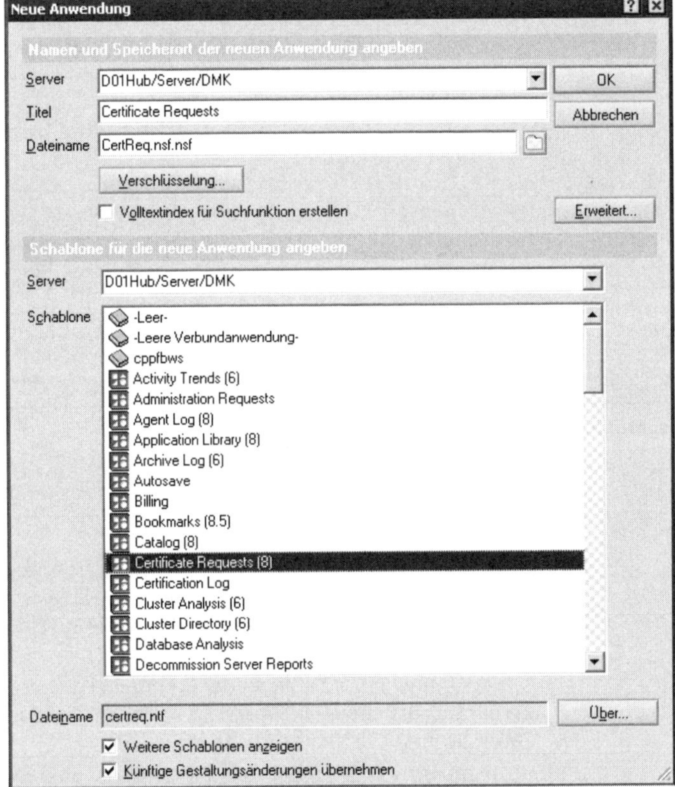

Abbildung 5.36: Erstellen der Datenbank

2. Öffnen Sie nun die Datenbank und konfigurieren Sie diese in der Maske DATABASE CONFIGURATION.

3. Im Abschnitt DATABASE ADMINISTRATION füllen Sie folgende Felder:

Feld	Aktion
SUPPORTED CA	Geben Sie im Feld SERVER den Namen des Servers an, der den Internet-Zertifizierer hostet, und nennen Sie im Feld CERTIFIER den Namen des Internet-Zertifizierers, der mit dieser Datenbank CERTIFICATION REQUESTS verknüpft werden soll.

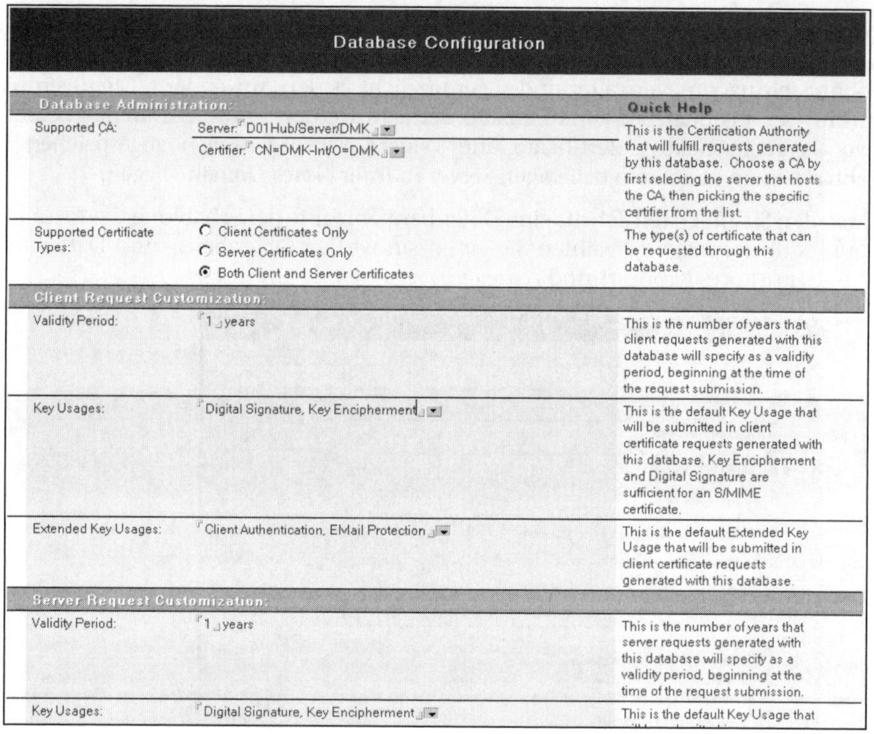

Database Configuration

Database Administration:		Quick Help
Supported CA:	Server: D01Hub/Server/DMK Certifier: CN=DMK-Int/O=DMK	This is the Certification Authority that will fulfill requests generated by this database. Choose a CA by first selecting the server that hosts the CA, then picking the specific certifier from the list.
Supported Certificate Types:	Client Certificates Only Server Certificates Only Both Client and Server Certificates	The type(s) of certificate that can be requested through this database.
Client Request Customization:		
Validity Period:	1 years	This is the number of years that client requests generated with this database will specify as a validity period, beginning at the time of the request submission.
Key Usages:	Digital Signature, Key Encipherment	This is the default Key Usage that will be submitted in client certificate requests generated with this database. Key Encipherment and Digital Signature are sufficient for an S/MIME certificate.
Extended Key Usages:	Client Authentication, EMail Protection	This is the default Extended Key Usage that will be submitted in client certificate requests generated with this database.
Server Request Customization:		
Validity Period:	1 years	This is the number of years that server requests generated with this database will specify as a validity period, beginning at the time of the request submission.
Key Usages:	Digital Signature, Key Encipherment	This is the default Key Usage that

Abbildung 5.37: Konfiguration der CRL-Datenbank

Feld	Aktion
SUPPORTED CERTIFICATE TYPES	Wählen Sie: ▶ CLIENT CERTIFICATES ONLY, wenn der Internet-Zertifizierer Clientzertifikate ausstellen soll. Möchten Sie SSL verwenden, wählen Sie diese Option nicht. Passen Sie zusätzlich CLIENT REQUEST CUSTOMIZATION an. ▶ SERVER CERTIFICATES ONLY, wenn der Zertifizierer Server-Zertifikate ausstellen soll. Passen Sie in diesem Fall auch SERVER REQUEST CUSTOMIZATION an. ▶ BOTH CLIENT AND SERVER CERTIFICATES, wenn der Internet-Zertifizierer sowohl Client- als auch Server-Zertifikate ausstellen soll. Füllen Sie in diesem Fall sowohl den Abschnitt CLIENT REQUESTS CUSTOMIZATION als auch den Abschnitt SERVER REQUEST CUSTOMIZATION aus.

4. Füllen Sie unter CLIENT REQUEST CUSTOMIZATION folgende Felder (optional):

Feld	Aktion
VALIDITY PERIOD	Geben Sie hier den Gültigkeitszeitraum für die Client-Anforderungen an, die mit dieser Datenbank erstellt wurden. Vorgabe ist 1 Jahr.
KEY USAGE	Geben Sie hier an, welche Schlüsselnutzung an den Client übertragen werden soll. Vorgabe ist DIGITAL SIGNATURE und KEY ENCIPHERMENT. Diese reichen für ein S/MIME- Zertifikat.
EXTENDED KEY USAGE	Wählen Sie hier die erweiterte Schlüsselnutzung. Vorgaben sind CLIENT AUTHENTICATION und EMAIL PROTECTION.

5. Füllen Sie unter SERVER REQUEST CUSTOMIZATION folgende Felder (optional):

Feld	Aktion
VALIDITY PERIOD	Geben Sie hier den Gültigkeitszeitraum in Jahren für die Server-Anforderungen an, die mit dieser Datenbank erstellt wurden. Vorgabe ist 1 Jahr.
KEY USAGE	Geben Sie hier an, welche Schlüsselnutzung an den Client übertragen werden soll. Vorgaben sind DIGITAL SIGNATURE und KEY ENCIPHERMENT. Diese reichen für ein SSL-Server-Zertifikat.
EXTENDED KEY USAGE	Wählen Sie hier die erweiterte Schlüsselnutzung. Vorgabe ist SERVER AUTHENTICATION.

6. Wählen Sie als Verarbeitungsmethode, PURGE PROCESSING, die Methode aus, nach der die Anforderung an den Administrationsprozess übertragen wird.

   Vorgabe ist MANUAL. In diesem Fall muss der Administrator einzelne Anforderungen prüfen und bestätigen oder ablehnen, bevor sie zur weiteren Verarbeitung an den Administrationsprozess weitergegeben werden.

   Bei der Methode AUTOMATIC ist keine Aktion des Administrators erforderlich. Er muss aber als Unterzeichner des Agenten in der Liste der Benutzer aufgeführt sein, die unbeschränkte Methoden und Operationen auf dem Server ausführen dürfen.

7. Unter MAIL NOTIFICATION können Sie festlegen, ob eine Benachrichtigung an den Antragsteller gesendet werden soll, sobald eine Zertifikatsanforderung von der Zertifizierungsstelle bearbeitet wurde. Vorgabe ist YES.

Mithilfe der Datenbank CERTIFICATE REQUESTS Server-Zertifikate signieren

Wenn ein Server-Zertifikat von einer serverbasierten Zertifizierungsstelle angefordert wird, wird die Anforderung in der Datenbank CERTIFICATION REQUESTS eingegeben und dort verarbeitet. Der Administrator kann nun entscheiden, ob die Anforderung bestätigt oder abgelehnt wird. Die notwendigen Schritte sind abhängig davon, ob in der Konfiguration der Datenbank CERTIFICATION REQUESTS als Verarbeitungsmethode MANUAL oder AUTOMATIC gewählt wurde.

Führen Sie folgende Schritte durch, um eine Server-Zertifikatsanforderung zu signieren. Sie müssen bei der manuellen Verarbeitungsmethode alle Schritte ausführen:

1. Öffnen Sie die Datenbank CERTIFICATION REQUESTS.
2. Übertragen Sie die Zertifikatsanforderung an die Datenbank ADMINISTRATIONSANFORDERUNGEN/ADMINISTRATION REQUESTS, *admin4.nsf*, indem Sie die Ansicht PENDING/SUBMITTED REQUESTS öffnen, die noch ausstehende Anforderung auswählen und SUBMIT SELECTED REQUEST drücken. Ist die Anforderung übertragen, erhalten Sie die Nachricht SUCCESSFULLY SUBMITTED 1 REQUEST(S) TO THE ADMINISTRATION PROCESS.
3. Lassen Sie die Anforderung durch einen RA-Administrator, der für diesen Zertifizierer aufgeführt wird, bestätigen. Dies erfolgt in der Datenbank ADMINISTRATIONSANFORDERUNGEN/ADMINISTRATION REQUESTS in der Ansicht ZERTIFIKATSANFORDERUNGEN/CERTIFICATE REQUESTS. Über ANFORDERUNG BEARBEITEN/EDIT REQUEST > ANFORDERUNG BESTÄTIGEN/APPROVE REQUEST wird die Anforderung freigegeben.
4. Übertragen Sie nun die Zertifikatsanforderung aus der Administrationsanforderungsdatenbank, indem Sie in der Datenbank CERTIFICATION REQUESTS in der Ansicht PENDING/SUBMITTED REQUETS die Option PULL SELECTED REQUESTS wählen, sollte das Zertifikat noch nicht übertragen worden sein.
5. Bei der automatischen Methode ist nur Schritt 3 erforderlich.

Mithilfe der Datenbank CERTIFICATE REQUESTS Internet-Clientzertifikate signieren

Die Signierung von Internet-Clientzertifikaten erfolgt analog zur Signierung der Server-Zertifikate.

1. Öffnen Sie die Datenbank CERTIFICATION REQUESTS.

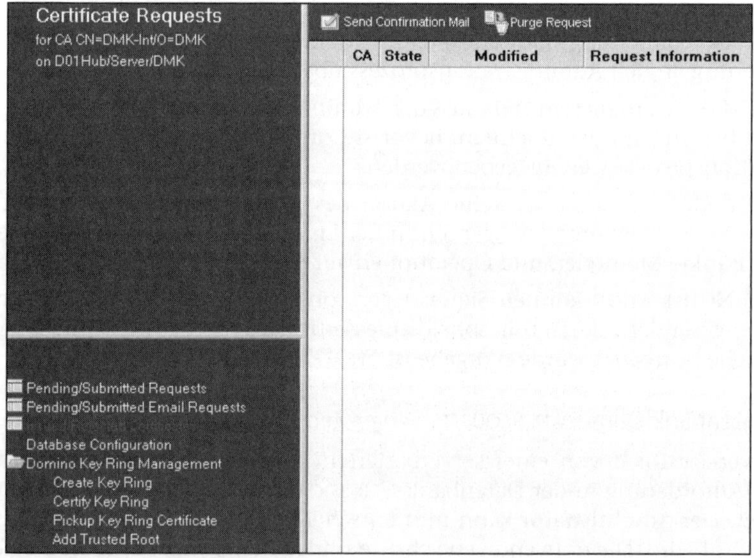

Abbildung 5.38: Erstellen eines Request

2. Übertragen Sie die Zertifikatsanforderung an die Datenbank ADMINISTRATIONSANFORDERUNGEN/ADMINISTRATION REQUESTS, *admin4.nsf*, indem Sie die Ansicht PENDING/SUBMITTED REQUESTS öffnen, die noch ausstehende Anforderung auswählen und SUB-

MIT SELECTED REQUEST drücken. Ist die Anforderung übertragen, erhalten Sie die Nachricht SUCCESSFULLY SUBMITTED 1 REQUEST(S) TO THE ADMINISTRATION PROCESS.

3. Bestätigen Sie die Anforderung. Dies erfolgt in der Datenbank ADMINISTRATIONSANFORDERUNGEN/ADMINISTRATION REQUESTS in der Ansicht ZERTIFIKATSANFORDERUNGEN/CERTIFICATE REQUESTS. Über ANFORDERUNG BEARBEITEN/EDIT REQUEST > ANFORDERUNG BESTÄTIGEN/APPROVE REQUEST wird die Anforderung freigegeben.
4. Übertragen Sie nun die Zertifikatsanforderung aus der Administrationsanforderungsdatenbank, indem Sie in der Datenbank CERTIFICATION REQUESTS in der Ansicht ISSUED/REJECTED CERTIFICATES die Option PURGE REQUEST wählen, sollte das Zertifikat noch nicht übertragen worden sein.
5. Wurde in der Konfiguration der Anforderungsdatenbank die E-Mail-Benachrichtigung nicht gewählt, schicken Sie nun über den Knopf SEND CONFIRMATION MAIL eine Benachrichtigung an den Antragsteller.

Schlüsselnutzungserweiterung (Key Usage Extension)

Sie können Erweiterungen festlegen, die den Gebrauch des in einem Zertifikat enthaltenen öffentlichen Schlüssels weiter definieren. Sie können den Gebrauch des Schlüssels so weit einschränken, wie es Ihren Sicherheitsanforderungen entspricht. So können Sie beispielsweise einen Schlüssel, der nur zum Unterzeichnen bzw. Signieren dient, mit der Erweiterung DIGITALE SIGNATUR/DIGITAL SIGNATURE) und/oder NICHTZURÜCKWEISUNG/NON-REPUDIATION versehen. Nachfolgend erhalten Sie einen Überblick über die für einen durch den CA-Prozess erstellten Schlüssel möglichen Erweiterungen:

Erweiterung	Beschreibung
DIGITALE SIGNATUR/ DIGITAL SIGNATURE	Wird eingesetzt, wenn der öffentliche Schlüssel mit einem Mechanismus zur digitalen Signierung zur Unterstützung von Sicherheitsdiensten gebraucht wird, außer bei Nichtzurückweisung, Zertifikats- oder CRL-Signierung. Die Digitale Signatur wird häufig zur Objektauthentifizierung oder zur Daten-Herkunftsauthentifizierung gebraucht.
NICHTZURÜCKWEISUNG/ NON REPUDIATION	Wird eingesetzt, wenn der öffentliche Schlüssel zur Verifizierung digitaler Signaturen, die einen Nichtzurückweisungs-Dienst bereitstellen, gebraucht wird. Die Nichtzurückweisung schützt vor einer fälschlichen Ablehnung einer digitalen Signatur (Ausnahme: Zertifikats- oder CRL-Signierung).
SCHLÜSSEL-VERSCHLÜSSELUNG/ KEY ENCIPHERMENT	Wird eingesetzt, wenn ein Zertifikat in Verbindung mit einem Protokoll zur Chiffrierung von Schlüsseln gebraucht wird. Ein Beispiel ist S/MIME, wo ein schneller (symmetrischer) Schlüssel mit dem öffentlichen Schlüssel des Zertifikats chiffriert wird. Das SSL-Protokoll führt ebenfalls die Schlüsselchiffrierung durch.
DATEN-VERSCHLÜSSELUNG/ DATA ENCIPHERMENT	Wird eingesetzt, wenn der öffentliche Schlüssel zur Chiffrierung von Benutzerdaten gebraucht wird (Ausnahme: kryptografische Schlüssel).
SCHLÜSSELVEREINBARUNG/ KEY AGREEMENT	Wird eingesetzt, wenn der Sender und der Empfänger des öffentlichen Schlüssels den Schlüssel ohne Chiffrierung übernehmen müssen. Dieser Schlüssel kann dann benutzt werden, um Nachrichten zwischen Sender und Empfänger zu verschlüsseln. Schlüsselzustimmung wird üblicherweise bei Diffie-Hellman-Chiffren eingesetzt.

Erweiterung	Beschreibung
ZERTIFIKATSSIGNIERUNG/ CERTIFICATE SIGNING	Diese Erweiterung kann nur bei CA-Zertifikaten eingesetzt werden. Sie wird gebraucht, wenn der öffentliche Schlüssel zur Verifizierung der Signaturen von Zertifikaten benutzt wird.
CRL-SIGNIERUNG/ CRL SIGNING	Wird eingesetzt, wenn der öffentliche Schlüssel zur Verifizierung von Signaturen von Aufhebungsinformationen, z.B. CRL, gebraucht wird.
NUR VERSCHLÜSSELN/ ENCIPHER ONLY	Wird nur im Zusammenhang mit der Schlüsselzustimmung eingesetzt. Hier wird der öffentliche Schlüssel nur zur Chiffrierung von Daten während der Schlüsselzustimmung eingesetzt.
NUR ENTSCHLÜSSELN/ DECIPHER ONLY	Wird nur im Zusammenhang mit der Schlüsselzustimmung eingesetzt. Hier wird der öffentliche Schlüssel nur zur Chiffrierung von Daten während der Schlüsselzustimmung eingesetzt.

Die Erweiterungen DIGITALE SIGNATUR/DIGITAL SIGNATURE und DATENVERSCHLÜSSELUNG/ DATAENCIPHERMENT sind bei Internet-Zertifikaten Vorgabe.

Erweiterte Schlüsselnutzung (Extended Key Usage)

Zusätzlich zur Schlüsselnutzungserweiterung können Sie erweiterte Schlüssel verwenden. Der Einsatz erweiterter Schlüssel ist entweder kritisch oder nicht kritisch. Bei einer kritischen Erweiterung darf das Zertifikat nur für diesen angezeigten Zweck eingesetzt werden. Sollte das Zertifikat für einen anderen als den angezeigten Zweck dienen, ist dies eine Verletzung der CA-Richtlinien. Eine nicht kritische Erweiterung bezeichnet nur den angezeigten Zweck und kann gebraucht werden, um einen korrekten Schlüssel oder ein korrektes Zertifikat eines Objekts mit mehreren Schlüsseln oder Zertifikaten zu finden. Die Erweiterung ist dann lediglich ein Informationsfeld und impliziert keinerlei CA-Restriktionen zum Gebrauch des Schlüssels. Bedenken Sie aber, dass Applikationen eine genaue Beschreibung des Zwecks verlangen sollten, um ein Zertifikat zu akzeptieren.

Wenn ein Zertifikat sowohl ein kritisches Schlüsselnutzungsfeld als auch ein kritisches erweitertes Schlüsselnutzungsfeld enthalten soll, müssen diese beiden Felder unabhängig voneinander bearbeitet werden. Das Zertifikat kann dann nur zu Zwecken, die in beiden Feldern einheitlich definiert sind, eingesetzt werden. Sollte kein einheitlicher Zweck in den beiden Feldern hinterlegt sein, darf das Zertifikat für keinen Zweck benutzt werden.

Erweiterter Schlüssel	Einsatz bei diesen Schlüsselnutzungserweiterungen
TLS WEBSERVER-AUTHENTIFIZIERUNG/ TLS WEB SERVER AUTHENTICATION	Digitale Signatur, Schlüsselchiffrierung und Schlüsselzustimmung
TLS WEB-CLIENT-AUTHENTIFIZIERUNG/ TLS WEB CLIENT AUTHENTICATION	Digitale Signatur und/oder Schlüsselzustimmung
SIGNIERUNG AUSFÜHRBARER CODES/ SIGN (DOWNLOADABLE) EXECUTABLE CODE	Digitale Signatur
E-MAIL-SCHUTZ/E-MAIL PROTECTION	Digitale Signatur, Nichtzurückweisung und/oder Schlüsselchiffrierung oder Schlüsselzustimmung
IPSEC-ENDSYSTEM (HOST ODER ROUTER)/ IPSEC END SYSTEM (HOST OR ROUTER)	Digitale Signatur und/oder Schlüsselchiffrierung oder Schlüsselzustimmung

Erweiterter Schlüssel	Einsatz bei diesen Schlüsselnutzungserweiterungen
IPSEC-TUNNEL/IPSEC TUNNEL	Digitale Signatur und/oder Schlüsselchiffrierung oder Schlüsselzustimmung
IPSEC-NUTZER/IPSEC USER	Digitale Signatur und/oder Schlüsselchiffrierung oder Schlüsselzustimmung
ZEITSTEMPEL/TIMESTAMPING	Digitale Signatur, Nichtzurückweisung

In der folgenden Übersicht finden Sie einige Beispiele erforderlicher Schlüsselnutzungserweiterungen:

Applikation	Erforderliche Schlüsselnutzungserweiterung
SSL-Client	Digitale Signatur
SSL-Server	Schlüsselchiffrierung
S/MIME-Signierung/ S/MIME Signing	Digitale Signatur
S/MIME-Chiffrierung/ S/MIME Encryption	Schlüsselchiffrierung
Zertifikatssignierung/ Certificate Signing	Zertifikatssignierung
Objektsignierung/ Object Signing	Digitale Signatur

Die Gültigkeit eines Zertifikats aufheben

Sie haben als CA-Administrator jederzeit die Möglichkeit, die Gültigkeit eines Zertifikats aufzuheben. Dies kann der Fall sein, wenn beispielsweise der Gegenstand des Zertifikats die Organisation verlässt oder der Schlüssel „unsicher" geworden ist. Wurde ein Zertifikat einmal aufgehoben, kann es nie mehr als glaubwürdig eingerichtet werden. Wenn Sie ein Zertifikat widerrufen, benutzen Sie dazu eine nicht reguläre (immediate) CRL, damit jedes Objekt, dass CRLs abruft, immer über die aktuellsten Informationen über aufgehobene Zertifikate verfügen kann.

1. Klicken Sie in Domino Administrator auf das Register DATEIEN/FILES und öffnen Sie das ICL-Verzeichnis.
2. Aus der Liste der ICL-Datenbanken öffnen Sie diejenige, die von dem Zertifizierer, dessen Zertifikat Sie aufheben möchten, veröffentlicht wird.

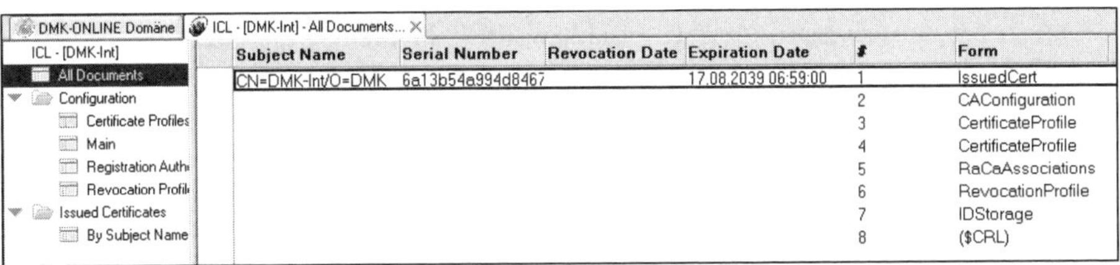

Abbildung 5.39: ICL-Datenbank

3. Öffnen Sie die Ansicht VERÖFFENTLICHTE ZERTIFIKATE\NAME DES SUBJEKTS bzw. ISSUED CERTIFICATES\BY SUBJECT NAME.
4. Öffnen Sie das veröffentlichte Zertifikatsdokument, das Sie aufheben möchten. Der Dokumentenname ist mit dem Subjektnamen identisch.
5. Klicken Sie auf ZERTIFIKAT AUFHEBEN/REVOKE CERTIFICATE.
6. Aus dem folgenden Dialogfenster (REVOCATION REASON) wählen Sie die Begründung für die Aufhebung des Zertifikats und bestätigen diese mit OK. In die Administrationsdatenbank (*admin4.nsf*) wird nun eine Widerrufsanforderung übertragen.
7. Stellen Sie sicher, dass diese Anforderung verarbeitet wurde. Erstellen Sie dann sofort eine nicht reguläre CRL.

Die Liste der ausgestellten Zertifikate (Issued Certificate List, ICL)

Wenn Sie einen neuen Zertifizierer erstellen oder ihn in den CA-Prozess migrieren, wird dem Zertifizierer eine Liste der ausgestellten Zertifikate (ICL) zugeordnet. Die ICL speichert in Form einer Datenbank Kopien jedes ausgegebenen Zertifikats, die Zertifikatswiderrufliste (Certificate Revocation List) und die CA-Konfigurationsdokumente. Diese Konfigurationsdokumente werden bei der Erstellung eines Zertifizierers und dessen Signierung mit dem öffentlichen Schlüssel generiert. Nach der Erstellung dieser Dokumente ist ein späteres Editieren nicht mehr möglich.

Die CA-Konfigurationsdokumente enthalten:

1. Profil-Dokumente ausgegebener Zertifikate
2. Informationen über den Zertifizierer
3. RA-/CA-Zuordnungsdokumente, die Informationen über die Registrierungsstellen (Registration Authority, RA) enthalten, die zur Genehmigung oder Ablehnung von Zertifizierungsanfragen berechtigt sind. Es existiert jeweils ein Dokument pro RA.
4. ID-Dateispeicher-Dokument; dieses Dokument enthält Informationen über die Zertifizierer-ID.

Die ICL muss eine Datenbank im *.nsf*-Format sein. Es ist nicht möglich, sie als DB2-Datenbank anzulegen. Bei einem entsprechenden Versuch erscheint folgende Fehlermeldung:

```
CA-Prozess: Fehler beim Initialisieren des Zertifiziererkontexts (%s) aus der ICL-db-IDStorage-Maske: Fehler beim Zugriff auf das IDStorage-Dokument in der Liste der ausgestellten Zertifikate/
```

```
CA Process: Error initializing certifier context (CN=OAca/O=ibm) from ICL db IDStorage form: Error accessing IDStorage document in the Issued Certificate List.
```

Damit der CA-Prozess nicht fehlschlägt, sollten Sie die ICL erstellen, bevor Sie das DB2-Aktivierungswerkzeug ausführen. Überzeugen Sie sich davon, dass im Feld STANDARDTYP FÜR DATENBANKERSTELLUNG/DB DEFAULT CREATION des DB2-Registers im Serverdokument die Option NSF ausgewählt ist.

5.4.3 Zertifizierungsstellen-Schlüsselaustausch/ Certifier Key Rollover

Seit Lotus Notes Domino 8 besteht die Möglichkeit, einer Domino-Zertifizierungsstelle einen neuen Satz öffentlicher und privater Schlüssel zuzuweisen. Diese neuen Schlüssel dienen dazu, die Schlüssel von Unterorganisationen, Servern und Benutzern zu zertifizieren. Die Zuweisung neuer Schlüssel zu einer CA wird Schlüsselaustausch genannt.

Es gibt mehrere Gründe, die es sinnvoll machen, den CA-Schlüssel auszutauschen. In folgenden Situationen ist dies erforderlich:

- Der aktuelle Schlüssel ist zu kurz für eine sichere Verschlüsselung. Längere Schlüssel sind sicherer. Seit Domino 8 können Sie eine Schlüssellänge von 4096 Bit wählen.
- Der aktuelle Schlüssel ist zu alt. In bestehenden Umgebungen ist es nicht ungewöhnlich, dass der aktuelle Schlüssel zehn Jahre oder älter ist. Sie können beim Schlüsselaustausch eine Lebensdauer für den Schlüssel angeben.
- Es soll dem Missbrauch privater Schlüssel vorgebeugt werden.

Wenn Sie der Domino-Zertifizierungsstelle einen neuen Satz Schlüssel zuweisen, werden neue Schlüssel erstellt, selbstzertifiziert und zu der obersten Zertifizierer-ID im Bereich der ausstehenden Schlüssel hinzugefügt. Die Schlüssel, die sich bisher im Gebrauch befanden, wandern in den Bereich der archivierten Schlüssel in der ID.

Austauschzertifikate

Zur Unterstützung des Schlüsselaustauschs beim Zertifizierer wurde das Domino-Vertrauensmodell um einen neuen Zertifikatstyp erweitert, das Schlüsselaustauschzertifikat (Rollover Certificate). Hierbei handelt es sich um Zertifikate, die von einer Entität selbst ausgestellt werden. In einem normalen Zertifikat gib es den Namen des Ausstellers, einen Subjektnamen und einen Subjektschlüssel. Im Gegensatz dazu gibt es in einem Schlüsselaustauschzertifikat einen einzelnen Namen, der sowohl der Aussteller als auch das Subjekt ist, und zwei Subjektschlüssel. Ein Schlüssel davon wird dazu verwendet, das Zertifikat zu signieren und zu bestätigen, dass sich der Subjektname zu Recht im Besitz des anderen Schlüssels befindet.

Beim Austausch des Schlüssels werden zwei Austauschzertifikate erstellt. Ein Zertifikat ist vom alten Schlüssel signiert und besagt, dass der neue Schlüssel gültig ist, und das andere Zertifikat ist vom neuen Schlüssel signiert und besagt, dass der alte Schlüssel gültig ist.

Mithilfe der Austauschzertifikate können Sie nun das Ablaufdatum der Zertifikate begrenzen und den Missbrauch alter Schlüssel minimieren.

Der Zertifiziereraustauschprozess/Certificate Key Rollover

Der Austausch eines Zertifizierers hat Auswirkungen auf Ihre gesamte Organisation. Sie müssen anschließend alle Benutzer-IDs, Server-IDs und Gegenzertifikate, die mit dem alten Zertifizierer ausgestellt wurden, austauschen oder erneut zertifizieren.

Sinnvollerweise tauschen Sie die Schlüssel nach dem Top-down-Prinzip. Beginnen Sie auf der obersten Ebene und arbeiten Sie sich in der Hierarchie nach unten. Wird ein Benutzer- oder Serverschlüssel vor der übergeordneten CA ausgetauscht, muss er zweimal zertifiziert werden, einmal mit der alten CA und einmal mit der neuen, wenn sie ausgetauscht ist.

Beachten Sie bitte, dass für einen CA-Schlüsselaustausch die Clients mindestens die Version 8.0 haben müssen, sonst können sie das Austauschzertifikat nicht annehmen. Es muss also erst der Client aktualisiert werden, ehe Sie mit dem Schlüsselaustausch fortfahren können.

Führen Sie folgende Schritte aus, um einem Domino Zertifizierer ein neues Schlüsselpaar zuzuweisen, und tauschen Sie das alte Schlüsselpaar aus:

1. Gehen Sie im Administrator Client im Register KONFIGURATION/CONFIGURATION auf ZERTIFIZIERUNG/CERTIFICATION > ZERTIFIZIERERSCHLÜSSEL AUSTAUSCHEN/ROLLOVER CERTIFIER KEY.
2. Wählen Sie den VERZEICHNISSERVER/DIRECTORY SERVER aus.
3. Wählen Sie über ID-DATEI/ID-FILE die Zertifizierer-ID aus, der Sie neue Schlüssel zuweisen möchten.
4. Je nachdem, ob Sie einen obersten Zertifizierer oder eine andere Zertifizierer-ID gewählt haben, gehen Sie folgendermaßen vor:

   OBERSTER ZERTIFIZIERER: Im Dialogfeld erscheint DER AUSGEWÄHLTE ZERTIFIZIERER IST EIN ZERTIFIZIERER DER OBERSTEN EBENE UND REZERTIFIZIERT SICH SELBST./THE SELECTED CERTIFIER IS A TOP LEVEL CERTIFIER AND WILL RECERTIFY ITSELF.

   ANDERER ZERTIFIZIERER: Im Dialogfeld erscheint DER AUSGEWÄHLTE ZERTIFIZIERER IST KEIN ZERTIFIZIERER DER OBERSTEN EBENE UND MUSS VON EINEM ÜBERGEORDNETEN ZERTIFIZIERER REZERTIFIZIERT WERDEN./THE SELECTED CERTIFIER IS NOT A TOP LEVEL CERTIFIER AND MUST BE RECERTIFIED BY ITS PARENT CERTIFIER. In diesem Fall wählen Sie den übergeordneten Zertifizierer aus. Geben Sie entweder den Zertifizierer und das Kennwort an oder wählen Sie CA-PROZESS VERWENDEN/USER THE CA PROCESS.

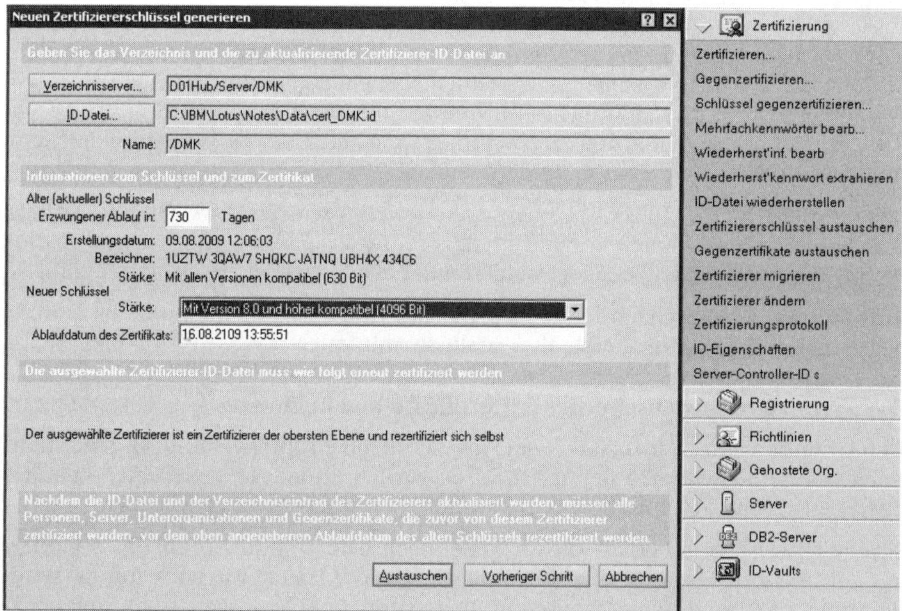

Abbildung 5.40: Anlegen eines neuen Zertifizierungsschlüssels zum Austausch

5. Wählen Sie AUSTAUSCHEN/ROLLOVER, um den Prozess abzuschließen.

Wenn Sie den Zertifizierer wählen und nicht den CA-Prozess verwenden, so findet der Schlüsselaustausch sofort statt. Wird jedoch der CA-Prozess gewählt, erfolgt der Austausch erst, wenn die ID der ausgetauschten CA zum Erstellen eines neuen Zertifikats verwendet wird.

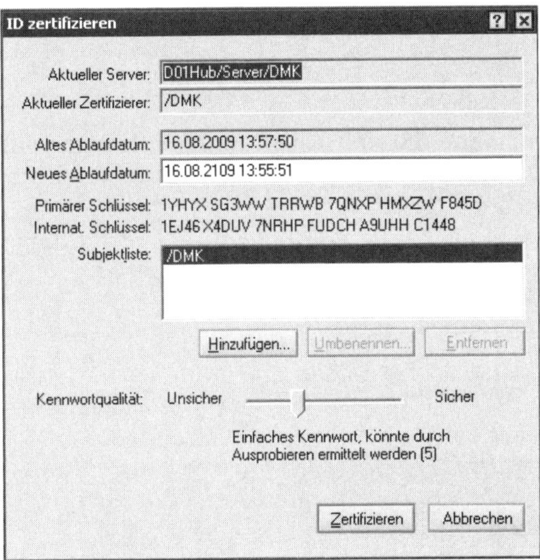

Abbildung 5.41: Wahl des Zertifizierers zum sofortigen Austausch

5.5 SSL

Secure Sockets Layer (SSL) ist ein Sicherheitsprotokoll. Es dient der Verschlüsselung von Daten und der Geheimhaltung in der Kommunikation und Authentifizierung (nicht nur für Domino Server-Aufgaben), die über TCP/IP erfolgen. SSL legt sich über den TCP/IP-Stack und bietet diesem Protokoll ohne eigene Sicherheitsmechanismen so abgesicherte Verbindungen. SSL bietet die folgenden Sicherheitsvorteile:

- Daten werden verschlüsselt, wenn sie an oder von Clients versandt werden, sodass während Transaktionen Vertraulichkeit gewährleistet ist.
- Mit den Daten wird ein kodierter Nachrichten-Digest übermittelt, der alle Nachrichtenfälschungen erkennt.
- Mit den Daten wird ein Server-Zertifikat übermittelt, um dem Client die Echtheit der Serveridentität zu bestätigen.
- Mit den Daten wird ein Clientzertifikat übermittelt, um dem Server die Echtheit der Clientidentität zu bestätigen. Die Zertifizierung ist optional und möglicherweise für Ihre Organisation nicht erforderlich.

Sie müssen den Domino Server und anschließend SSL konfigurieren. Sie können SSL-Sicherheit für Internet-Clients verwenden, die eines der Internet-Protokolle für die Verbindung zum Domino Server einsetzen:

- Webserver und Web Navigator (HTTP)
- Internet Inter-ORB Protocol (IIOP)

- Das Java-Applet, das dieses Protokoll verwendet, muss für die Verwendung von SSL konfiguriert werden.
- Internet Message Access Protocol (IMAP)
- Lightweight Directory Access Protocol (LDAP)
- Network News Transfer Protocol (NNTP)
- Post Office Protocol 3 (POP3)
- Simple Authentication and Security Layer (SASL)
- Domino verwendet SASL automatisch, wenn SSL mit Client-Authentifizierung auf dem Server eingerichtet ist und der LDAP-Client das Protokoll unterstützt. Es ist keine zusätzliche Konfiguration erforderlich.
- Simple Mail Transport Protocol (SMTP)

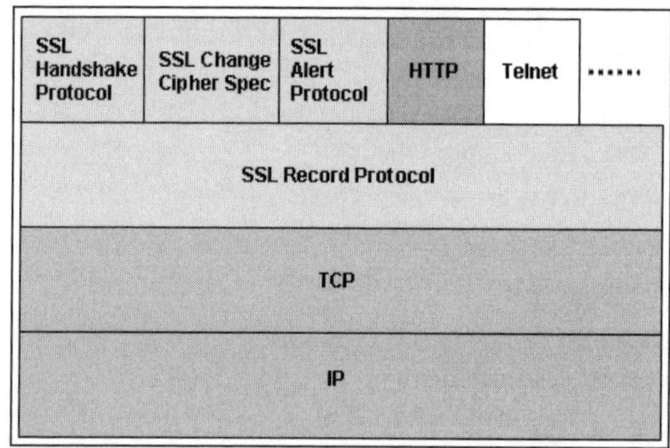

Abbildung 5.42: 5.42: SSL als Protokoll-„Aufsatz"

Domino bietet die Möglichkeit der Wiederaufnahme von SSL-Sitzungen (SSL Session Resumption). Hier werden die Informationen einer früheren erfolgreichen SSL-Sitzung wieder aufgerufen. Standardmäßig speichert der Server die Informationen der letzten 50 Sitzungsvereinbarungen im Cache, Sie können diese Zahl aber über die Variable SSL_RESUMABLE_SESSION in der *notes.ini*-Datei ändern. Setzen Sie diesen Wert auf 1, ist die Wiederaufnahme von SSL-Sitzungen auf dem Server deaktiviert. Die serverseitige Einstellung der Wiederaufnahme von SSL-Sitzungen hat keinen Einfluss auf den Lotus Notes Client, der die letzten SSL-Sitzungen ohnehin in seinem Cache speichert.

SSL-Clients werden nur authentifiziert, wenn sie versuchen, eine Aktion auszuführen, für die der Zugriff beschränkt ist. Versucht ein Benutzer beispielsweise, eine Datenbank zu öffnen, deren Zugriff für -DEFAULT- KEIN ZUGRIFF/NO ACCESS lautet, wird er vom Server aufgefordert, sich mit SSL zu authentifizieren. Der Server ermittelt, ob ein Clientzertifikat erforderlich ist, ob anonymer Zugriff zulässig ist oder ob vom Client Name und Kennwort angefordert werden sollen. Das SSL-Protokoll wird von Notes Clients und anderen Internet-Clients zum Verschlüsseln von Transaktionen, zum Überprüfen von Daten und zum Authentifizieren der Serveridentität verwendet. Optional kann auch die Clientidentität überprüft werden, wenn er eine Verbindung zu einem Internet-Server, beispielsweise einem Webserver oder einem LDAP-Server, herstellt. Auf dem Server wird SSL für jedes Protokoll individuell eingerichtet. Sie können SSL für alle oder nur für einzelne Protokolle aktivieren.

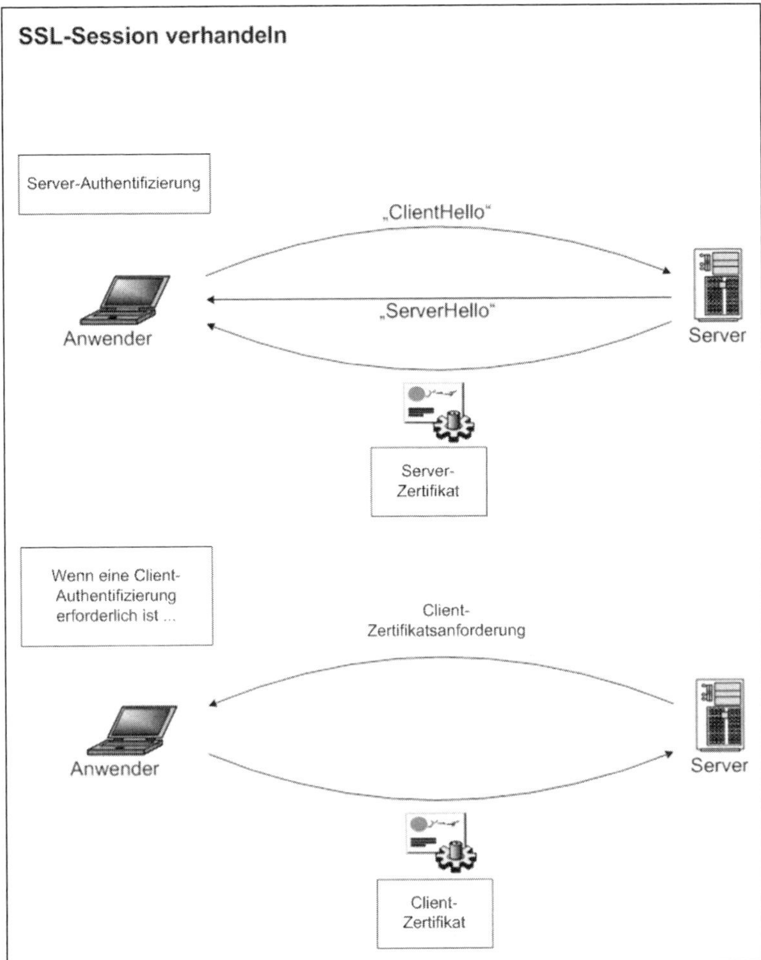

Abbildung 5.43: Client-Authentifizierung

Der Client kann so konfiguriert werden, dass er nur Server-Authentifizierung oder aber Server- und Client-Authentifizierung verwendet. Die Art der Konfiguration des Clients hängt davon ab, ob der Server nur Server-Authentifizierung oder Server- und Client-Authentifizierung erfordert.

- Mithilfe der Server-Authentifizierung können Clients die Identität des jeweiligen Servers prüfen, um sicherzustellen, dass sich kein anderer Server für den gewünschten Server ausgibt.
- Mithilfe der Client-Authentifizierung können Serveradministratoren einen Client identifizieren, der auf den Server zugreift, und basierend auf dieser Identität den Zugriff auf Datenbanken steuern. Wenn beispielsweise `Max Muster` Editorzugriff auf eine Datenbank und alle anderen Benutzer keinen Zugriff auf diese Datenbank haben sollen, können Sie die Datenbank-ACL so einrichten, dass `Max Muster` mit Editorzugriff ausgestattet und ANONYMOUS explizit kein Zugriff gewährt wird.

Sie sollten sorgfältig abwägen, ob in Ihrem Fall die Client-Authentifizierung über SSL-Zertifikat erforderlich ist. Wenn Sie Internet-Benutzer, die auf den Server zugreifen, nicht identifizieren müssen, ist es nicht erforderlich, die Client-Authentifizierung einzurichten. In einigen Fällen kann die Anforderung eines Internet-Zertifikats Benutzer davon abhalten, auf einen Server zuzugreifen, beispielsweise bei einem Server, der Host einer Website ist. Wenn Sie ein Internet-Zertifikat voraussetzen, müssen die Benutzer zusätzliche Schritte zur Einrichtung der Client-Authentifizierung ausführen.

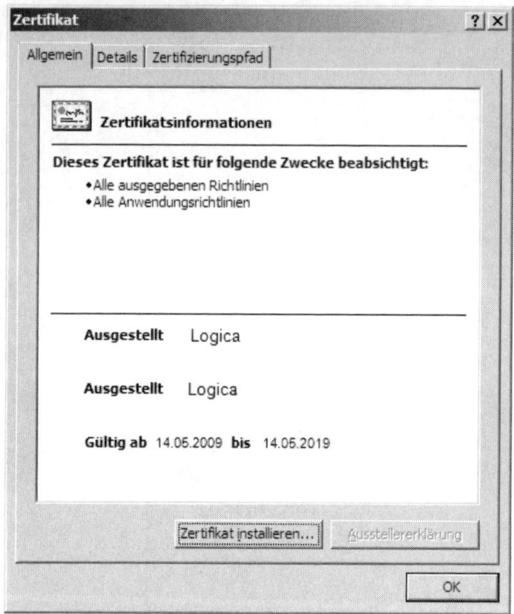

Abbildung 5.44: Zertifikat annehmen

Arbeiten Notes Clients und andere Internet-Clients mit der Client-Authentifizierung, verfügen sie über ein Internet-Zertifikat, das folgende Elemente enthält: einen öffentlichen Schlüssel, einen privaten Schlüssel, einen Namen, ein Ablaufdatum und eine digitale Signatur. Notes Clients speichern das Internet-Zertifikat in der Notes-ID-Datei. Internet-Clients speichern das Internet-Zertifikat in einer lokalen Datei. Der öffentliche Schlüssel des Clients ist ebenfalls im Domino-Verzeichnis gespeichert, damit andere Benutzer darauf zugreifen können. Internet- und andere Notes Clients können ein Internet-Zertifikat von einer Domino CA oder einer Fremdanbieter-CA erhalten.

5.5.1 SSL für Domino Server

Um die Vertraulichkeit und Authentifizierung im Netzwerk zu gewährleisten, sollten Sie SSL auf einem Server so einrichten, dass Clients und Server, die eine Verbindung zu diesem Server herstellen, SSL verwenden. Konfigurieren Sie SSL für jedes Protokoll individuell. So können Sie beispielsweise SSL für Mail-Protokolle (z.B. IMAP, POP3, SMTP), nicht jedoch für andere Protokolle aktivieren. Die Konfiguration ist unabhängig davon, ob Sie ein Server-Zertifikat von einer Domino- oder einer Fremdanbieter-Zertifizierungsstelle (CA) anfordern.

Um den Domino Server für SSL einzurichten, führen Sie und die Zertifizierungsstelle (CA) die folgenden Schritte durch:

1. Richten Sie die SERVER-ZERTIFIKATSADMINISTRATION/SERVER CERTIFICATE ADMIN (*certsrv.nsf*) ein, die von Domino automatisch bei der Serverkonfiguration erstellt wird.
2. Erstellen Sie die Server-Schlüsselringdatei, in der das Server-Zertifikat gespeichert wird.
3. Fordern Sie ein SSL-Server-Zertifikat von der Zertifizierungsstelle an.
4. Fügen Sie das CA-Zertifikat als Wurzelinstanz in die Schlüsselringdatei ein.
5. Die Zertifizierungsstelle bestätigt die Anforderung eines Server-Zertifikats und sendet eine Benachrichtigung, dass Sie das Zertifikat entgegennehmen können.
6. Fügen Sie das bestätigte Server-Zertifikat der Schlüsselringdatei hinzu.
7. Konfigurieren Sie den Anschluss für SSL.
8. Wenn Sie mit Client-Authentifizierung arbeiten, fügen Sie den Namen des Benutzers zu den Zugriffskontrolllisten der Datenbank und den Zugriffslisten für Gestaltungselemente hinzu.

Domino erstellt die Anwendung SERVER-ZERTIFIKATSADMINISTRATION/SERVER CERTIFICATE ADMIN automatisch beim Einrichten des Servers. Ist die Server-Zertifikatsadministration nach dem Start des Domino Servers nicht verfügbar, verwenden Sie die entsprechende Schablone (*csrv50.ntf*), um sie zu erstellen.

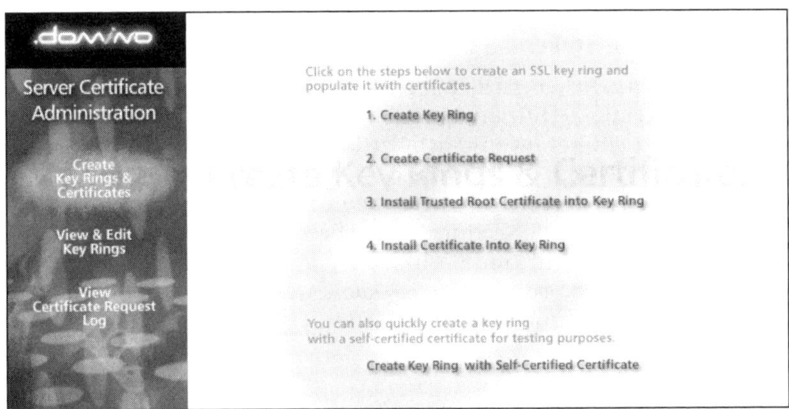

Abbildung 5.45: Die Anwendung SERVER-ZERTIFIKATSADMINISTRATION/SERVER CERTIFICATE ADMIN

Verwenden Sie die SERVER-ZERTIFIKATSADMINISTRATION/SERVER CERTIFICATE ADMIN (*certsrv.nsf*) für folgende Aufgaben:

- Anfordern eines Server-Zertifikats von einer Domino oder einer Fremdanbieter-CA
- Hinzufügen eines CA-Zertifikats als eine Wurzelinstanz
- Verwalten von Server-Zertifikaten in einer Schlüsselringdatei
- Erstellen eines selbst zertifizierten Zertifikats zu Testzwecken

So richten Sie die Server-Zertifikatsadministration ein

1. Vergewissern Sie sich, dass Sie den Server als Domino Webserver eingerichtet haben.
2. Bearbeiten Sie die ACL der Anwendung SERVER-ZERTIFIKATSADMINISTRATION/SERVER CERTIFICATE ADMIN in folgender Weise:
   - Tragen Sie die Namen der Serveradministratoren ein, die von Domino Administrator Clients aus auf diese Datenbank zugreifen. Weisen Sie ihnen Managerzugriff zu.
   - Stellen Sie als Zugriff für -DEFAULT- das Recht KEIN ZUGRIFF/NO ACCESS ein, um zu verhindern, dass andere Benutzer auf diese Datenbank zugreifen.
   - Legen Sie KEIN ZUGRIFF/NO ACCESS im Feld MAXIMALER INTERNETNAMENS- & KENNWORTZUGRIFF/MAXIMUM INTERNET NAME AND PASSWORD ACCESS fest, damit authentifizierte Internet-Clients nicht auf die Datenbank zugreifen können.

Greifen Serveradministratoren lokal auf die Server-Zertifikatsadministration zu (d.h. von dem Server aus, auf dem sie gespeichert ist), müssen sie nicht eingetragen werden. Administratoren, die lokal auf die Datenbank zugreifen, haben automatisch Managerzugriff, unabhängig von den ACL-Einstellungen.

Wollen Sie die Server-Zertifikatsadministration vor den Benutzern verbergen, deaktivieren Sie die Option IM DIALOGFELD 'DATENBANK ÖFFNEN' ANZEIGEN/SHOW IN OPEN DATABASE DIALOG in den Datenbankeigenschaften.

Server-Schlüsselringdateien erstellen

Sie müssen erst eine Schlüsselringdatei erstellen, in der die Zertifikate gespeichert werden, bevor Sie ein Zertifikat von einer Zertifizierungsstelle anfordern. Eine Schlüsselringdatei ist eine Binärdatei, die durch ein Kennwort geschützt und auf der Festplatte des Servers gespeichert ist. Domino generiert ein nicht signiertes Server-Zertifikat und nimmt automatisch verschiedene Wurzelinstanzzertifikate auf, wenn Sie eine Server-Schlüsselringdatei erstellen. Das nicht signierte Server-Zertifikat ist erst gültig, nachdem es von der CA signiert wurde. Domino erstellt zudem eine Stash-Datei (*.sth*) unter Verwendung desselben Namens der Schlüsselringdatei, jedoch mit der Dateierweiterung *.sth*. Domino speichert das Kennwort der Schlüsselringdatei in der Stash-Datei für unbeaufsichtigten Zugriff auf die Schlüsselringdatei des Servers.

Domino fügt beim Erstellen der Server-Schlüsselringdatei standardmäßig verschiedene Wurzelinstanzzertifikate ein. Sie müssen das Zertifikat einer Fremdanbieter-CA nicht als Wurzelinstanz hinzufügen, wenn es standardmäßig in der Schlüsselringdatei enthalten ist.

Zertifikatsname der Wurzelinstanz	Organisation	Unterorganisation	Land
VeriSign International Server CA - Class 3	VeriSign, Inc.	Class 3 Public Primary Certification Authority	USA
VeriSign Class 3 Public Primary Certification Authority	VeriSign, Inc.	Class 3 Public Primary Certification Authority	USA
VeriSign Class 2 Public Primary Certification Authority	VeriSign, Inc.	Class 2 Public Primary Certification Authority	USA
VeriSign Class 1 Public Primary Certification Authority	VeriSign, Inc.	Class 1 Public Primary Certification Authority	USA

Zertifikatsname der Wurzelinstanz	Organisation	Unterorganisation	Land
VeriSign Test Certificate Authority	RSA Data Security, Inc.	Test CA	USA
Netscape Test Certificate Authority	Netscape Communications Corp.	Test CA	USA
RSA Secure Server Certificate Authority	RSA Data Security, Inc.	Secure Server Certification Authority	USA
RSA Low Assurance Certificate Authority	RSA Data Security, Inc.	Low Assurance Certification Authority	USA

Alle SSL-Server-Zertifikate haben einen eindeutigen Namen, der für SSL-Verbindungen verwendet wird. Bei der Erstellung der Server-Schlüsselringdatei legen Sie diesen eindeutigen Namen fest. Einige Komponenten eines eindeutigen Namens sind optional. Je mehr Komponenten Sie jedoch aufnehmen, desto geringer wird die Wahrscheinlichkeit, einen identischen Namen an einer anderen Stelle im Internet zu finden.

1. Richten Sie die Datenbank SERVER-ZERTIFIKATSADMINISTRATION/SERVER CERTIFICATE ADMIN ein, falls noch nicht geschehen.
2. Klicken Sie in Domino Administrator auf das Register DATEIEN/FILES und öffnen Sie die Anwendung SERVER-ZERTIFIKATSADMINISTRATION/SERVER CERTIFICATE ADMIN.
3. Klicken Sie auf SCHLÜSSELRING ERSTELLEN/CREATE KEY RINGS&CERTIFICATES (siehe *Abbildung 5.45*).
4. Klicken Sie auf OK, nachdem Sie die Informationen zur Schlüsselringdatei und den eindeutigen Namen gelesen haben. Notes erstellt die Schlüsselringdatei und die Stash-Datei (*.sth*, Datei zur Kennwortspeicherung) im Notes Data-Verzeichnis auf dem Client-Computer, auf dem der Schlüsselring erstellt wird.
5. Kopieren Sie die Schlüsselringdatei und die Stash-Datei (*.sth*) in das Domino Data-Verzeichnis auf dem Server.

Das Schlüsselringkennwort muss in der Stash-Datei geschützt sein. Das Kennwort der Schlüsselringdatei wird in der Stash-Datei geändert, sodass es von Unbefugten nicht erkannt werden kann, allerdings ist es nicht verschlüsselt. Gewähren Sie unbefugten Personen keinen Zugriff auf die Stash-Datei oder auf die Schlüsselringdatei. Üblicherweise hat nur der Server selbst Zugriff auf diese Dateien. Manchmal benötigen jedoch auch Administratoren Zugriffsrechte zum Entfernen oder Ersetzen der Dateien. Genauso wie für alle Webserverressourcen gilt auch hier, dass eine angemessene Verwaltung der Dateizugriffsrechte für die Systemsicherheit unerlässlich ist.

Sie können sich die CA-Schlüsselringdatei explizit anzeigen lassen. Klicken Sie in Domino Administrator auf das Register DATEIEN/FILES und öffnen Sie die Anwendung DOMINO-ZERTIFIZIERUNGSSTELLE/DOMINO CERTIFICATE AUTHORITY.

1. Klicken Sie in Domino Administrator auf das Register DATEIEN/FILES und öffnen Sie die Anwendung DOMINO-ZERTIFIZIERUNGSSTELLE/DOMINO CERTIFICATE AUTHORITY.
2. Klicken Sie auf ZERTIFIZIERUNGSSTELLEN-SCHLÜSSELRING ANZEIGEN/VIEW CERTIFICATE AUTHORITY KEY RING.

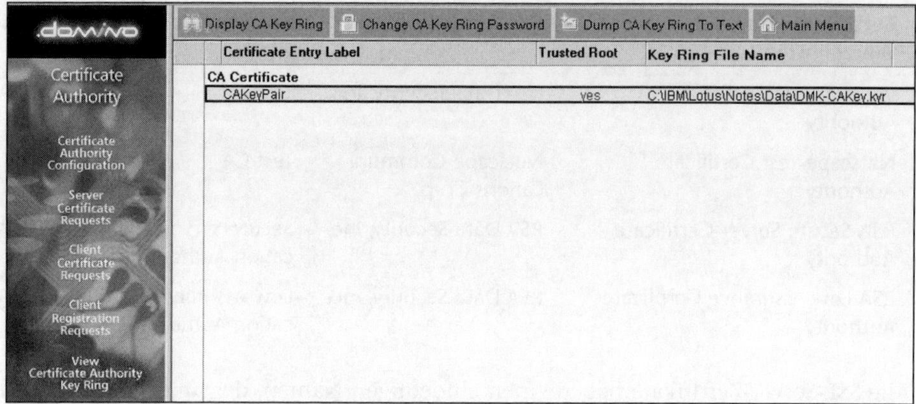

Abbildung 5.46: Ansicht in der Anwendung SERVER-ZERTIFIKATSADMINISTRATION/SERVER CERTIFICATE ADMIN

3. Klicken Sie auf CA-SCHLÜSSELRING IM TEXTFORMAT/DUMP CA KEY RING TO TEXT. Geben Sie das Kennwort ein, wenn Sie dazu aufgefordert werden.
4. Geben Sie den Namen der Datei ein, in die Sie den Schlüsselring exportieren möchten. Notes erstellt diese Textdatei und stellt sie in das Data-Verzeichnis.
5. Öffnen Sie die Textdatei in einem Texteditor, um sie anzuzeigen.

SSL-Server-Zertifikate anfordern

SSL-Server-Zertifikate können entweder von einer Domino CA oder einer Fremdanbieter-CA angefordert und erhalten werden. Wenn Sie ein SSL-Server-Zertifikat anfordern, verwenden Sie das Format PUBLIC-KEY CRYPTOGRAPHY STANDARDS (PKCS), ein Industriestandard-Format, das viele Zertifizierungsstellen (CAs) einschließlich Domino verstehen. Stellen Sie sicher, dass die CA das Format PKCS und nicht ein anderes Format, beispielsweise „Privacy-Enhanced Mail" (PEM), verwendet. Wenn Sie sich des von einer Fremdanbieter-CA benötigten Formats nicht sicher sind, klären Sie dies mit der CA.

Von einer Domino CA

1. Vergewissern Sie sich, dass Sie die Server-Schlüsselringdatei bereits erstellt haben und dem Verzeichnis, das die Server-Schlüsselringdatei enthält, ein Laufwerk zugeordnet haben.
2. Klicken Sie in Domino Administrator auf das Register DATEIEN/FILES und öffnen Sie die Anwendung SERVER-ZERTIFIKATSADMINISTRATION/SERVER CERTIFICATE ADMIN.
3. Klicken Sie auf ZERTIFIKATSANFORDERUNG ERSTELLEN/CREATE CERTIFICATE REQUEST.
4. Nehmen Sie Eingaben in die folgenden Felder vor:

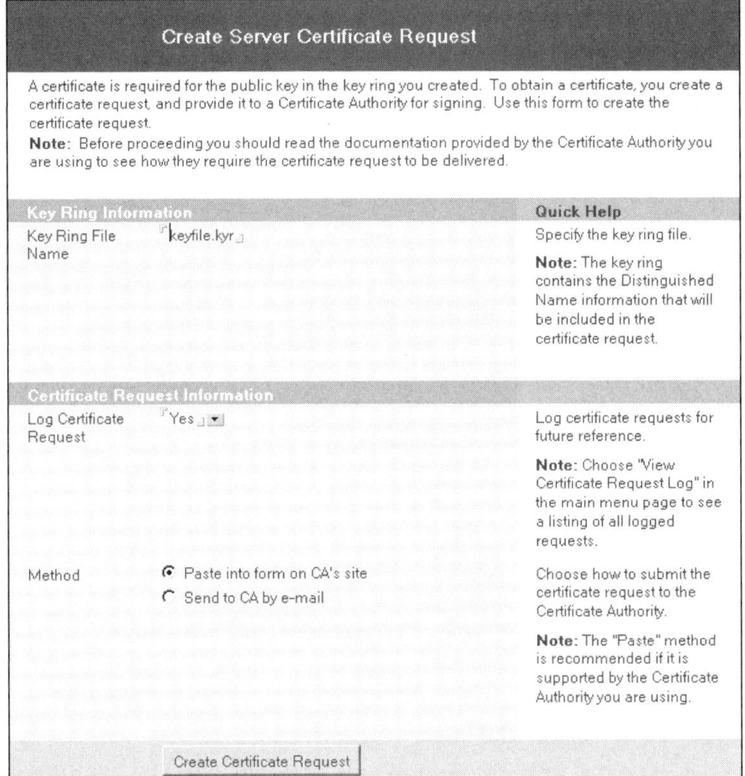
Create Server Certificate Request

A certificate is required for the public key in the key ring you created. To obtain a certificate, you create a certificate request, and provide it to a Certificate Authority for signing. Use this form to create the certificate request.

Note: Before proceeding you should read the documentation provided by the Certificate Authority you are using to see how they require the certificate request to be delivered.

Key Ring Information		Quick Help
Key Ring File Name	keyfile.kyr	Specify the key ring file. **Note:** The key ring contains the Distinguished Name information that will be included in the certificate request.
Certificate Request Information		
Log Certificate Request	Yes	Log certificate requests for future reference. **Note:** Choose "View Certificate Request Log" in the main menu page to see a listing of all logged requests.
Method	(•) Paste into form on CA's site ( ) Send to CA by e-mail	Choose how to submit the certificate request to the Certificate Authority. **Note:** The "Paste" method is recommended if it is supported by the Certificate Authority you are using.

Create Certificate Request

Abbildung 5.47: Erstellen einer Zertifikatsanforderung

Feld	Eingabe
NAME DER SCHLÜSSEL-RINGDATEI/ KEY RING FILE NAME	Der Name der Server-Schlüsselringdatei mit Pfad.
ZERTIFIKATSANFORDERUNG PROTOKOLLIEREN/ LOG CERTIFICATE REQUEST	Wählen Sie einen der folgenden Werte aus: ▶ JA/YES (Vorgabe), um Informationen in der Anwendung SERVER-ZERTIFIKATSADMINISTRATION/SERVER CERTIFICATE ADMIN zu protokollieren. ▶ NEIN/NO, um keine Informationen aufzuzeichnen.
METHODE/ METHOD	Wählen Sie IN MASKE AUF CA-SITE EINFÜGEN/ PASTE INTO FORM ON CA´S SITE.

5. Klicken Sie auf ZERTIFIKATSANFORDERUNG ERSTELLEN/CREATE CERTIFICATE REQUEST. Geben Sie das Kennwort für die Server-Schlüsselringdatei ein.

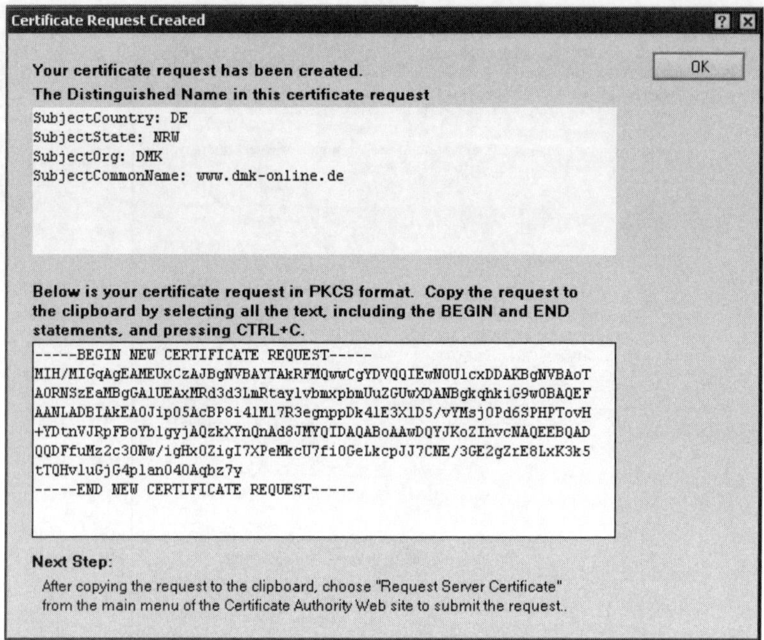

Abbildung 5.48: Erstellte Zertifikatsanforderung

6. Kopieren Sie das Zertifikat in die Zwischenablage (einschließlich der Zeilen `Begin Certificate` und `End Certificate`) und klicken Sie auf OK.
7. Öffnen Sie mit einem Browser die Domino-Zertifizierungsstelle. Der Zugriff erfolgt je nach Browser unterschiedlich:
   - Wenn Sie mit dem Microsoft Internet Explorer arbeiten, wird TCP/IP zur Herstellung einer Verbindung zur Anwendung verwendet. Sie benötigen das Wurzelinstanzzertifikat des Servers, um mithilfe von SSL auf den Server zuzugreifen. Sie verfügen noch nicht über dieses Zertifikat. Da der Internet Explorer die Annahme von Site-Zertifikaten in Ihrem Browser nicht zulässt, müssen Sie eine TCP/IP-Verbindung zum Server herstellen. Ein Site-Zertifikat ist ein Zertifikat, das Sie anstatt eines Wurzelinstanzzertifikats verwenden können. Sie erhalten es für eine individuelle Site. Mit dem Site-Zertifikat können Sie nur auf eine bestimmte Site zugreifen.
   - Wenn Sie mit einem anderen Browser arbeiten, verwenden Sie SSL zur Herstellung einer Verbindung zur Anwendung. Befolgen Sie dann die Anweisungen der Browser-Software zur Annahme des Site-Zertifikats.
8. Klicken Sie auf SERVER-ZERTIFIKAT ANFORDERN/REQUEST SERVER CERTIFICATE.
9. Geben Sie Ihren Namen, Ihre E-Mail-Adresse, Ihre Rufnummer und beliebige Kommentare für die CA ein.
10. Fügen Sie das Zertifikat in das Dialogfeld ein und klicken Sie auf ZERTIFIKATSANFORDERUNG EINREICHEN/SUBMIT CERTIFICATE REQUEST.

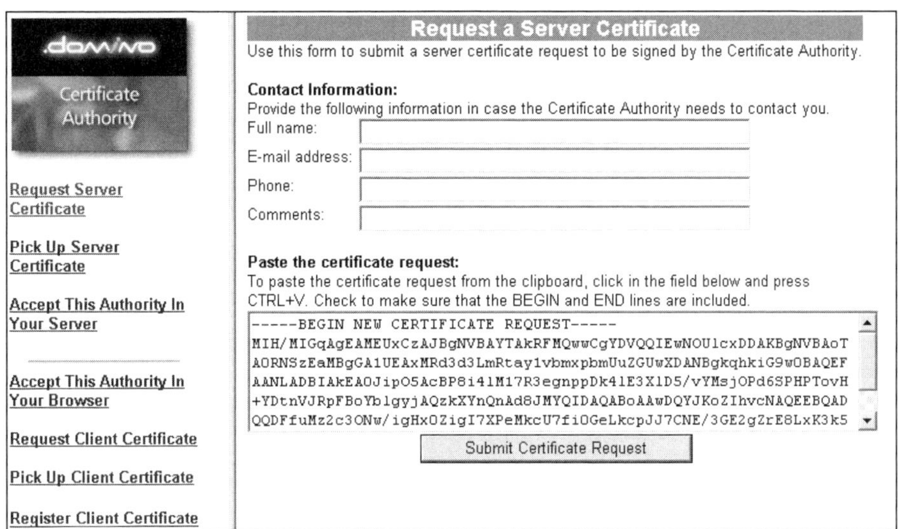

Abbildung 5.49: Anfordern eines Server-Zertifikats

Von einer Fremdanbieter-CA

1. Vergewissern Sie sich, dass Sie die Server-Schlüsselringdatei bereits erstellt haben und dem Verzeichnis, das die Server-Schlüsselringdatei enthält, ein Laufwerk zugeordnet haben.
2. Klicken Sie in Domino Administrator auf das Register DATEIEN/FILES und öffnen Sie die Anwendung SERVER-ZERTIFIKATSADMINISTRATION/SERVER CERTIFICATE ADMIN.
3. Klicken Sie auf ZERTIFIKATSANFORDERUNG ERSTELLEN/CREATE CERTIFICATE REQUEST.
4. Nehmen Sie Eingaben in die folgenden Felder vor:

Feld	Eingabe
NAME DER SCHLÜSSELRINGDATEI/ KEY RING FILE NAME	Der Name der Server-Schlüsselringdatei mit Pfad.
ZERTIFIKATSANFORDERUNG PROTOKOLLIEREN/ LOG CERTIFICATE REQUEST	Wählen Sie einen der folgenden Werte aus: ▸ JA/YES (Vorgabe), um Informationen in der Anwendung SERVER-ZERTIFIKATSADMINISTRATION/SERVER CERTIFICATE ADMIN zu protokollieren. ▸ NEIN/NO, um keine Informationen aufzuzeichnen.
METHODE/ METHOD	Wählen Sie einen der folgenden Werte aus: ▸ IN MASKE AUF CA-SITE EINFÜGEN/PASTE INTO FORM ON CA´S SITE (empfohlen) ▸ ALS E-MAIL AN CA SENDEN/SEND TO CA BY E-MAIL Sie müssen die Option zum Einfügen wählen, um eine Anforderung an VeriSign zu senden, das für Anforderungen, die per E-Mail gesendet werden, nicht das Format PKCS verwendet. Wenn Sie ALS E-MAIL AN CA/SEND TO CA BY E-MAIL SENDEN wählen, geben Sie die E-Mail-Adresse der CA, Ihre E-Mail-Adresse, Rufnummer und Ihren Standort ein.

5. Klicken Sie auf ZERTIFIKATSANFORDERUNG ERSTELLEN/CREATE CERTIFICATE REQUEST. Geben Sie das Kennwort für die Server-Schlüsselringdatei ein.
6. Wenn Sie vorher IN MASKE AUF CA-SITE EINFÜGEN/PASTE INTO FORM ON CA´S SITE ausgewählt haben, kopieren Sie das Zertifikat in die Zwischenablage (einschließlich der Zeilen `Begin Certificate` und `End Certificate`).
7. Besuchen Sie mit einem Browser die Site der CA und befolgen Sie die in der CA-Site genannten Anweisungen für die Übermittlung einer Anforderung eines neuen Zertifikats.

CA-Zertifikate als Wurzelinstanz hinzufügen

Das CA-Zertifikat muss im Server-Zertifikat als Wurzelinstanz enthalten sein. Dann können Server und Clients mit einem gemeinsamen CA-Zertifikat kommunizieren. Fügen Sie vor dem Hinzufügen eines von einer CA signierten Server-Zertifikats das Zertifikat dieser CA Ihrer Schlüsselringdatei als Wurzelinstanz hinzu.

Von einer Domino CA

1. Vergewissern Sie sich, dass Sie das Server-Zertifikat angefordert und dem Verzeichnis, das die Schlüsselringdatei enthält, ein Laufwerk zugeordnet haben.
2. Wechseln Sie in der Website der CA zur Domino-Zertifizierungsstelle.
3. Klicken Sie auf DIESE ZERTIFIZIERUNGSSTELLE AUF IHREM SERVER AKZEPTIEREN/ACCEPT THIS AUTHORITY IN YOUR SERVER.

Abbildung 5.50: Akzeptieren der Zertifizierungsstelle

4. Kopieren Sie das Zertifikat in die Zwischenablage (einschließlich der Zeilen `Begin Certificate` und `End Certificate`).

5. Im Notes Client öffnen Sie die Applikation SERVER-ZERTIFIKATSADMINISTRATION/SERVER CERTIFICATE ADMIN.
6. Klicken Sie auf WURZELINSTANZZERTIFIKAT IN SCHLÜSSELRING INSTALLIEREN/INSTALL TRUSTED ROOT CERTIFICATE INTO KEY RING.
7. Geben Sie nun den Namen der Schlüsselringdatei an, in der dieses Zertifikat hinterlegt werden soll. Diesen Namen haben Sie auch bei der Server-Zertifikatsanforderung angegeben.
8. Nun geben Sie den Namen ein, mit dem die Schlüsselringdatei das Zertifikat identifiziert. Sollten Sie keinen Namen eingeben, wird Domino den eindeutigen Namen des Zertifikats verwenden.
9. Wählen Sie ZWISCHENABLAGE/CLIPBOARD im Feld QUELLE DES ZERTIFIKATS/CERTIFICATE SOURCE. Fügen Sie den Inhalt der Zwischenablage in das nächste Feld ein.
10. Klicken Sie auf WURZELINSTANZZERTIFIKAT IN SCHLÜSSELRING AUFNEHMEN/MERGE TRUSTED ROOT CERTIFICATE INTO KEY RING.
11. Geben Sie das Kennwort für die Schlüsselringdatei ein und klicken Sie dann auf OK.
12. Lassen Sie anschließend das Server-Zertifikat von der CA signieren.

Von einer Fremdanbieter-CA

Um sicherzustellen, dass das Zertifikat der Fremdanbieter-CA nicht bereits enthalten ist, lassen Sie sich die vorgegebenen Wurzelinstanzen in der Schlüsselringdatei anzeigen. Sollte es bereits enthalten sein, müssen Sie die Schritte nicht ausführen.

1. Vergewissern Sie sich, dass Sie das Server-Zertifikat angefordert und dem Verzeichnis, das die Schlüsselringdatei enthält, ein Laufwerk zugeordnet haben.
2. Wechseln Sie zur Website der CA und beziehen Sie das Wurzelinstanzzertifikat der CA. Häufig ist das Wurzelinstanzzertifikat in einem Dateianhang enthalten, oder Sie können das Zertifikat in die Zwischenablage kopieren.
3. Im Notes Client öffnen Sie die Applikation SERVER-ZERTIFIKATSADMINISTRATION/SERVER CERTIFICATE ADMIN.
4. Klicken Sie auf WURZELINSTANZZERTIFIKAT IN SCHLÜSSELRING INSTALLIEREN/INSTALL TRUSTED ROOT CERTIFICATE INTO KEY RING.
5. Geben Sie den Namen der Schlüsselringdatei ein, in der dieses Zertifikat gespeichert wird. Sie haben diesen Namen bei der Erstellung der Server-Zertifikatsanforderung angegeben.
6. Geben Sie den Namen ein, mit dem die Schlüsselringdatei dieses Zertifikat identifiziert. Wenn Sie in diesem Feld keine Eingabe vornehmen, verwendet Domino den eindeutigen Namen des Zertifikats.
7. Führen Sie einen der folgenden Schritte aus:
   - Wenn Sie den Inhalt des CA-Zertifikats in Schritt 2 in die Zwischenablage kopiert haben, wählen Sie ZWISCHENABLAGE/CLIPBOARD im Feld QUELLE DES ZERTIFIKATS/CERTIFICATE SOURCE aus. Fügen Sie den Inhalt der Zwischenablage in das nächste Feld ein.
   - Wenn Sie in Schritt 2 eine Datei erhalten haben, die das CA-Zertifikat enthalten hat, lösen Sie den Anhang, speichern die Datei auf Ihrer Festplatte und wählen DATEI/FILE im Feld QUELLE DES ZERTIFIKATS/CERTIFICATE SOURCE. Geben Sie den Dateinamen in das Feld DATEINAME/FILE NAME ein.

8. Klicken Sie auf WURZELINSTANZZERTIFIKAT IN SCHLÜSSELRING AUFNEHMEN/MERGE TRUSTED ROOT CERTIFICATE INTO KEY RING.
9. Geben Sie das Kennwort für die Schlüsselringdatei ein und klicken Sie dann auf OK.
10. Lassen Sie anschließend das Server-Zertifikat von der CA signieren.

Server-Zertifikate signieren

Server-Zertifikate werden von der CA signiert, um dem Zertifikat die digitale Signatur der CA hinzuzufügen. Welche Methode zum Signieren eines Server-Zertifikats verwendet wurde, hängt davon ab, ob das Zertifikat von einer Domino CA oder einer Fremdanbieter-CA ausgestellt wurde.

Von einer Domino CA

Sie können sich die Anforderung eines Server-Zertifikats in der Ansicht SERVER-ZERTIFIKATS-ANFORDERUNGEN/SERVER CERTIFICATE REQUEST der Domino-Zertifizierungsstellen-Anwendung anzeigen lassen. Wenn die CA ein Zertifikat signiert, kann die CA automatisch eine E-Mail an den Serveradministrator senden. Hier ist beschrieben, wo das Zertifikat entgegengenommen werden kann. Zusätzlich ist eine ID für den Empfang enthalten, mit deren Hilfe der Serveradministrator das Zertifikat während der Entgegennahme identifizieren muss. Domino generiert die ID für die Entgegennahme automatisch.

Diese Schritte beziehen sich auf die Signierung von Server-Zertifikaten, die von einer Domino CA ausgestellt wurden. Die Schritte werden von der Domino CA ausgeführt.

1. Vergewissern Sie sich, dass der Serveradministrator das Zertifikat der CA als Wurzelinstanz in den Schlüsselring aufgenommen hat.
2. Vergewissern Sie sich, dass Sie die Richtlinien Ihrer Organisation zur Signierung von Zertifikaten kennen. Signieren Sie Zertifikate nur dann, wenn die Zertifikatsanforderungen den Sicherheitsrichtlinien Ihrer Organisation entsprechen.
3. Klicken Sie in Domino Administrator auf das Register DATEIEN/FILES und öffnen Sie die Anwendung DOMINO-ZERTIFIZIERUNGSSTELLE/DOMINO CERTIFICATE AUTHORITY.
4. Klicken Sie auf SERVER-ZERTIFIKATSANFORDERUNGEN/SERVER CERTIFICATE REQUESTS.
5. Öffnen Sie die zu signierende Anforderung.
6. Prüfen Sie die Benutzerinformationen und den eindeutigen Namen. Vergewissern Sie sich, dass die angegebenen Informationen den Sicherheitsrichtlinien Ihrer Organisation entsprechen.
7. Führen Sie Schritt 8 oder 9 durch, je nachdem, ob Sie die Anforderung ablehnen oder bestätigen möchten.
8. Führen Sie zum Ablehnen der Anforderung die folgenden Schritte aus:
   - Geben Sie einen Grund für die Ablehnung ein.
   - Wenn Sie die E-Mail an den Serveradministrator nicht senden möchten, deaktivieren Sie EINE BENACHRICHTIGUNG PER E-MAIL AN DEN ANTRAGSTELLER SENDEN/SEND NOTIFICATION TO REQUESTER BY E-MAIL. Andernfalls sendet Domino die E-Mail mit der Information, dass Sie die Anforderung abgelehnt haben und aus welchem Grund diese Ablehnung erfolgte.
   - Klicken Sie auf ABLEHNEN/DECLINE.

9. Führen Sie zum Bestätigen der Anforderung die folgenden Schritte aus:
   - Geben Sie einen Gültigkeitszeitraum ein. Für kurzfristige Projekte sind 90 Tage üblich, für längerfristige Projekte können mehrere Jahre angegeben werden.
   - Wenn Sie die Mail, mit der angegeben wird, dass der Administrator das Zertifikat nun entgegennehmen kann, nicht an den Serveradministrator senden möchten, deaktivieren Sie EINE BENACHRICHTIGUNG PER E-MAIL AN DEN ANTRAGSTELLER SENDEN/SEND NOTIFICATION TO REQUESTER BY E-MAIL. Andernfalls sendet Domino eine E-Mail mit einer URL als Adresse für die Entgegennahme des Zertifikats.
   - Klicken Sie auf BESTÄTIGEN/APPROVE.
   - Geben Sie das Kennwort für die Schlüsselringdatei der CA ein und klicken Sie dann auf OK.

Von einer Fremdanbieter-CA

Die Fremdanbieter-CA legt fest, wie das Zertifikat des Servers signiert wird. Weitere Informationen erhalten Sie in der Regel von der Fremdanbieter-CA.

Server-Zertifikate zur Schlüsselringdatei hinzufügen

Nach dem Hinzufügen des Zertifikats der CA als Wurzelinstanz und der Bestätigung Ihrer Server-Zertifikatsanforderung durch die CA fügen Sie das signierte Zertifikat der Schlüsselringdatei des Servers hinzu.

Von einer Domino CA

1. Vergewissern Sie sich, dass die Zertifizierungsstelle das Zertifikat signiert hat und Sie dem Verzeichnis, das die Server-Schlüsselringdatei enthält, ein Laufwerk zugeordnet haben.
2. Wenn Ihnen die CA die URL für die Entgegennahme des Zertifikats in der Domino-Zertifizierungsstellendatenbank zur Verfügung gestellt hat, wechseln Sie zu der in der E-Mail angegebenen URL.
3. Erfragen Sie bei der CA gegebenenfalls die ID für die Entgegennahme und führen Sie die folgenden Schritte aus:
   - Öffnen Sie die Anwendung DOMINO-ZERTIFIZIERUNGSSTELLE mit einem Browser.
   - Klicken Sie auf ZERTIFIKAT ENTGEGENNEHMEN/Pick Up Server Certificate.
   - Geben Sie die ID für die Entgegennahme ein und klicken Sie auf SIGNIERTES ZERTIFIKAT ENTGEGENNEHMEN/Pick Up Signed Certificate.
4. Kopieren Sie das Zertifikat in die Zwischenablage (einschließlich der Zeilen `Begin Certificate` und `End Certificate`).
5. Klicken Sie in Domino Administrator auf das Register DATEIEN/FILES und öffnen Sie die Anwendung SERVER-ZERTIFIKATSADMINISTRATION/SERVER CERTIFICATE ADMIN.
6. Klicken Sie auf ZERTIFIKAT IM SCHLÜSSELRING INSTALLIEREN/INSTALL CERTIFICATE INTO KEY RING.
7. Geben Sie den Namen der Schlüsselringdatei ein, in der dieses Zertifikat gespeichert wird. Sie haben diese Schlüsselringdatei bei der Erstellung der Server-Zertifikatsanforderung angegeben.
8. Wählen Sie ZWISCHENABLAGE/CLIPBOARD im Feld QUELLE DES ZERTIFIKATS/CERTIFICATE SOURCE. Fügen Sie den Inhalt der Zwischenablage in das nächste Feld ein.

9. Klicken Sie auf ZERTIFIKAT IN SCHLÜSSELRING AUFNEHMEN/MERGE CERTIFICATE INTO KEY RING.
10. Geben Sie das Kennwort für die Schlüsselringdatei ein und klicken Sie dann auf OK, um das Aufnehmen zu bestätigen.

Von einer Fremdanbieter-CA

1. Vergewissern Sie sich, dass die Zertifizierungsstelle das Zertifikat signiert hat und Sie dem Verzeichnis, das die Server-Schlüsselringdatei enthält, ein Laufwerk zugeordnet haben.
2. Nehmen Sie das Zertifikat entsprechend den von der CA bereitgestellten Anweisungen entgegen. In den meisten Fällen schickt die CA das Zertifikat als Dateianhang oder stellt Ihnen eine URL zur Verfügung, zu der Sie wechseln können, um dort das Zertifikat zu kopieren und in die Zwischenablage einzufügen.
3. Klicken Sie in Domino Administrator auf das Register DATEIEN/FILES und öffnen Sie die Anwendung SERVER-ZERTIFIKATSADMINISTRATION/SERVER CERTIFICATE ADMIN.
4. Klicken Sie auf ZERTIFIKAT IM SCHLÜSSELRING INSTALLIEREN/INSTALL CERTIFICATE INTO KEY RING.
5. Geben Sie den Namen der Schlüsselringdatei ein, in der dieses Zertifikat gespeichert wird. Sie haben diese Schlüsselringdatei bei der Erstellung der Server-Zertifikatsanforderung erstellt.
6. Führen Sie einen der folgenden Schritte aus:
   - Wenn Sie das Zertifikat in die Zwischenablage kopiert haben, wählen Sie ZWISCHENABLAGE/CLIPBOARD im Feld QUELLE DES ZERTIFIKATS/CERTIFICATE SOURCE aus. Fügen Sie den Inhalt der Zwischenablage in das nächste Feld ein.
   - Wenn Sie einen Dateianhang erhalten haben, der das Zertifikat enthält, lösen Sie den Anhang, speichern die Datei auf Ihrer Festplatte und wählen DATEI/FILE im Feld QUELLE DES ZERTIFIKATS/CERTIFICATE SOURCE. Geben Sie den Dateinamen in das Feld DATEINAME/FILE NAME ein.
7. Klicken Sie auf ZERTIFIKAT IN SCHLÜSSELRING AUFNEHMEN/MERGE CERTIFICATE INTO KEY RING.
8. Geben Sie das Kennwort für die Server-Schlüsselringdatei ein und klicken Sie dann auf OK, um das Hinzufügen zu bestätigen.

SSL-Anschlusskonfiguration

Der SSL-Anschluss eines Servers kann für die Verwendung von einem der beiden folgenden Authentifizierungsverfahren konfiguriert werden:

- Nur-Server-Authentifizierung – es ist kein Internet-Zertifikat für den Client erforderlich.
- Clientzertifikatsauthentifizierung – der Client muss über ein Internet-Zertifikat verfügen.

Die Authentifizierung über SSL muss für jedes Protokoll individuell eingerichtet werden. Einige Protokolle unterstützen keine Clientzertifikatsauthentifizierung. Die hier gezeigte Einrichtung bezieht sich auf Einstellungen über das Serverdokument, nicht über Internet-Sites. Mehr zum Thema Internet-Site-Dokumente erfahren Sie in *Kapitel 11.2.2, Internet-Site-Dokumente*.

Gehen Sie folgendermaßen vor, wenn Sie einen Kommunikationsanschluss für SSL einrichten wollen. Sie können einen Anschluss so konfigurieren, dass nur Server-Authentifizierung oder Server- und Client-Authentifizierung verwendet wird.

1. Öffnen Sie das Serverdokument.
2. Klicken Sie auf das Register ANSCHLÜSSE/PORTS > INTERNET-ANSCHLÜSSE/INTERNET PORTS (siehe *Abbildung 5.51*).

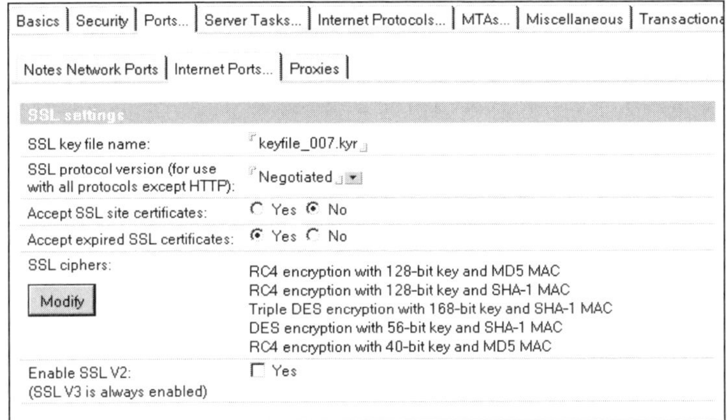

Abbildung 5.51: SSL-Anschlusskonfiguration

3. Nehmen Sie Eingaben in die folgenden Felder vor:

Feld	Eingabe
SSL-SCHLÜSSELDATEI/ SSL KEY FILE NAME	Der Name der Server-Schlüsselringdatei, die der Server verwendet. Die Schlüsselringdatei muss sich in einem Pfad relativ zum Domino Data-Verzeichnis befinden. Geben Sie den Schlüsseldateinamen oder den Pfad zur Schlüsselringdatei relativ zum Domino Data-Verzeichnis ein. Wenn beispielsweise der vollständige Pfad zu der Schlüsseldatei *c:\notes\data\testdir\keyfile_007.kyr* ist, können Sie *testdir\keyfile_007.kyr* eingeben. Domino verwendet dieses Feld nicht für IIOP, hierfür ist eine separate Schlüsselringdatei vorhanden. Den Namen der IIOP-Schlüsselringdatei können Sie nicht ändern.
VERSION DES SSL-PROTOKOLLS/ SSL PROTOCOL VERSION	Wählen Sie einen der folgenden Werte aus: ▶ NUR V2.0/V2.0 ONLY lässt nur SSL 2.0-Verbindungen zu. ▶ V3.0-HANDSHAKE/V3.0 HANDSHAKE, um eine SSL 3.0-Verbindung zu versuchen. Schlägt diese fehl und erkennt der Anforderer SSL 2.0, wird versucht, eine Verbindung mit SSL 2.0 herzustellen. ▶ NUR V3.0/V3.0 ONLY lässt nur SSL 3.0-Verbindungen zu. ▶ V3.0 MIT V2.0-HANDSHAKE/V3.0 AND V2.0 HANDSHAKE, um die Herstellung einer SSL 3.0-Verbindung zu versuchen, aber mit einem SSL 2.0-Handshake zu beginnen, das entsprechende Fehlermeldungen anzeigt. Stellt nach Möglichkeit eine SSL 3.0-Verbindung her.

Feld	Eingabe
	▶ VEREINBART/NEGOTIATED (Vorgabe), um eine SSL 3.0-Verbindung zu versuchen. Schlägt diese fehl, wird versucht, eine SSL 2.0-Verbindung herzustellen. Verwenden Sie diese Einstellung, es sei denn, es sind Verbindungsprobleme aufgrund von inkompatiblen Protokollversionen aufgetreten. Domino verwendet dieses Feld nicht für HTTP.
SSL-SITE-ZERTIFIKATE ANNEHMEN/ ACCEPT SSL SITE CERTIFICATES	Wählen Sie einen der folgenden Werte aus: ▶ JA/YES, um für diesen Server die Annahme des Site-Zertifikats und den Zugriff auf einen Internet-Server mit SSL zu ermöglichen, auch wenn der Server über kein gemeinsames Zertifikat mit dem Internet-Server verfügt. ▶ NEIN/NO, um diesem Server die Annahme von Site-Zertifikaten nicht zu gestatten.
ABGELAUFENE SSL-ZERTIFIKATE ANNEHMEN/ ACCEPT EXPIRED SSL CERTIFICATES	Wählen Sie einen der folgenden Werte aus: ▶ JA/YES, um Clients zu gestatten, auf einen Server auch dann zuzugreifen, wenn ihr Clientzertifikat abgelaufen ist. ▶ NEIN/NO, um Clients nicht zu gestatten, auf einen Server zuzugreifen, wenn ihr Clientzertifikat abgelaufen ist.
SSL-VERSCHLÜSSELUNGSCODES/ SSL CIPHERS	Sie können hier festlegen, welche Verschlüsselungscodes für SSLV3 verfügbar sein sollen. Wählen Sie hierfür ÄNDERN/MODIFY (siehe *Abbildung 5.52*).
SSLV2 AKTIVIEREN/ENABLE SSLV2	Sie können hier zusätzlich SSLV2 aktivieren. Beschränkungen für den SSLV2-Verschlüsselungscode können Sie aber nicht festlegen.

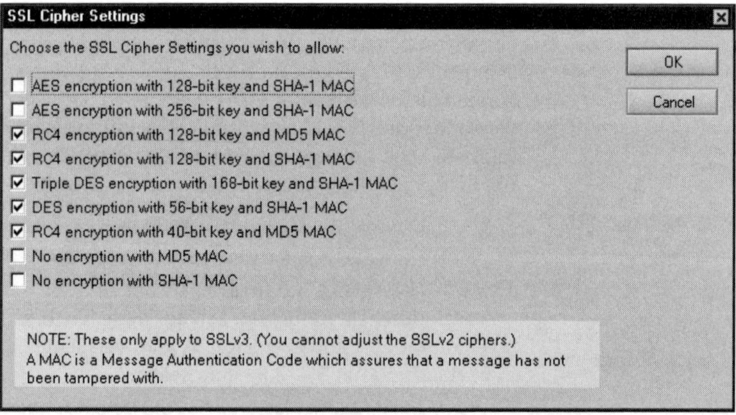

Abbildung 5.52: Gewünschte SSL Cipher Settings aktivieren

4. Klicken Sie auf das Register für das zu konfigurierende Protokoll und füllen Sie folgende Felder aus:

Feld	Eingabe
SSL-Anschluss-nummer/ SSL Port Number	Geben Sie die Anschlussnummer ein, unter der Domino SSL-Anforderungen entgegennimmt. Die Einstellung müssen Sie an dieser Stelle vornehmen, egal ob Sie die Ansicht Internet-Sites oder Web-Server-Konfiguration/Web Server Configuration verwenden!!! Wenn Sie die vorgegebene Anschlussnummer ändern, müssen die Clients ebenfalls ihre Konfiguration ändern. Die vorgegebene Anschlussnummer wird üblicherweise nur dann geändert, wenn ein Firewall-Proxy die reservierte Anschlussnummer verwendet.
SSL-Anschlussstatus/ SSL Port Status	Wählen Sie Aktiviert/Enabled, um SSL-Verbindungen an dem Anschluss zuzulassen. Da ein Domino Server entweder als SMTP-Server oder als SMTP-Client fungieren kann, können Sie das Feld SSL-Anschlussstatus/ SSL Port Status für die zwei Möglichkeiten SMPT-Eingang/SMTP Inbound und SMTP-Ausgang/SMT Outbound wählen. Wählen Sie zur Konfiguration eines Domino Servers als SSL-fähigen SMTP-Server Aktiviert/Enabled im Feld SMTP-Eingang/SMTP Inbound.
Clientzertifikat/ Client Certificate	Wählen Sie einen der folgenden Werte aus: ▶ Nein/No, um keine Client-Authentifizierung zu verwenden. ▶ Ja/Yes, um die Client-Authentifizierung zu verwenden. SMTP und IIOP unterstützen keine Client-Authentifizierung.
Name und Kennwort/ Name & Password	Wählen Sie einen der folgenden Werte aus: ▶ Nein/No, um Namens- und Kennwortauthentifizierung nicht zu verwenden. ▶ Ja/Yes, um Namens- und Kennwortauthentifizierung zu verwenden.
Anonym/ Anonymous	Wählen Sie einen der folgenden Werte aus: ▶ Ja/Yes, wenn Benutzer eine Verbindung nur mit Server-Authentifizierung herstellen sollen und keine Benutzerauthentifizierung benötigen. ▶ Nein/No, um den anonymen Zugriff nicht zuzulassen. Wenn Sie Ja/Yes für Anonym/Anonymous und Clientzertifikat/ Client certificate wählen, versucht Domino zunächst, den Client zu authentifizieren. Falls dies fehlschlägt, versucht Domino, eine anonyme Verbindung mit dem Benutzer herzustellen. Wenn Sie Ja/Yes für Anonym/Anonymous, Clientzertifikat/Client certificate sowie Name und Kennwort/Name and Password ausgewählt haben, versucht Domino zunächst, den Client anhand des Clientzertifikats zu authentifizieren. Falls dies fehlschlägt, versucht Domino eine Namens- und Kennwortauthentifizierung. Gelingt auch dies nicht, versucht Domino, eine anonyme Verbindung mit dem Benutzer herzustellen.

5. Legen Sie fest, ob Benutzer für den Zugriff auf den Server nur SSL oder sowohl SSL als auch TCP/IP verwenden können.

Nur-Server-Authentifizierung verwenden

Durch die Server-Authentifizierung werden Transaktionen verschlüsselt, Daten validiert und die Serveridentität authentifiziert. Wird nur die Server-Authentifizierung verwendet, können alle Clients anonym auf den Server zugreifen. Um den Zugriff auf Datenbanken auf dem Server anhand der Benutzernamen zu kontrollieren, richten Sie die Namens- und Kennwortauthentifizierung ein. So aktivieren Sie SSL nur für die Server-Authentifizierung:

1. Der Server muss über ein Zertifikat von einer Domino CA oder Fremdanbieter-CA verfügen.
2. Für die Clients muss das CA-Zertifikat des Servers als Wurzelinstanz markiert sein.
3. Wenn Sie einen Notes Client verwenden, benötigt der Notes Client ein Gegenzertifikat für die Server-CA.

Clientzertifikatsauthentifizierung verwenden

Zusätzlich zur Sicherheit, die über die Server-Authentifizierung bereitgestellt ist, wird mit der Client-Authentifizierung die Clientidentität überprüft. Wenn Sie die Clientzertifikatsauthentifizierung verwenden, können Sie den Zugriff auf Datenbanken steuern, indem Sie individuelle Client-Benutzernamen in den Datenbank-ACLs angeben. So aktivieren Sie SSL für Client- und Server-Authentifizierung:

1. Erfüllen Sie die oben genannten Anforderungen für die Server-Authentifizierung.
2. Die Clients müssen über Zertifikate von einer Domino CA oder Fremdanbieter-CA verfügen.
3. Für den Server muss das CA-Zertifikat des Clients als Wurzelinstanz markiert sein.

Jeder Client muss über ein Personendokument im Domino-Verzeichnis verfügen, das den öffentlichen SSL-Schlüssel aus dem Clientzertifikat enthält.

Datenbankzugriff für SSL-Clients einrichten

Sie müssen den Clients Zugriff auf Datenbanken auf dem Server geben, nachdem Sie SSL auf dem Server eingerichtet haben. Clients können Zertifikate für eine sichere SSL- und S/MIME-Kommunikation über eine Domino-Zertifizierungsstelle (CA) oder eine Fremdanbieter-CA erhalten. Die Wahl der Einrichtungsmethode für den Client hängt von folgenden Faktoren ab:

- Client-Typ: Notes oder anderer Internet-Client
- Typ der CA, die das Zertifikat ausgestellt hat: Domino CA oder Fremdanbieter-CA, z.B. VeriSign
- Client-Sicherheitsanforderungen: SSL-Server-Authentifizierung, SSL-Client-Authentifizierung oder S/MIME-Sicherheit für Nachrichten

Wurde ein Client nur für Server-Authentifizierung konfiguriert, kann man den Namen des Benutzers nicht in eine Datenbank-ACL eingeben, da der Client für den Zugriff auf den Server keinen Benutzernamen verwendet. Fügen Sie stattdessen den Namen ANONYMOUS zu Datenbank-ACLs und Zugriffslisten für Gestaltungselemente hinzu. Geben Sie den Zugriff ANONYMOUS nicht an, gewährt Domino anonymen Benutzern den Zugriff für -DEFAULT-.

Dagegen können Sie den Zugriff des Clients auf Datenbanken steuern, indem Sie den Client-Namen zu Datenbank-Zugriffskontrolllisten (ACL) und Zugriffslisten von Gestaltungselementen hinzufügen, wenn der Client für die Clientzertifikatsauthentifizierung eingerichtet wurde. Sie müssen den ersten Namen verwenden, der im Feld BENUTZERNAME/USER NAME des Personendokuments für den Client aufgeführt wird. Wenn ein

Benutzernamensfeld die Einträge TORSTEN SCHULZE/MEINE ORG, TSCHULZE, TORSTEN und TS enthält, fügen Sie der ACL und den Zugriffslisten der Gestaltungselemente den Namen TORSTEN SCHULZE/MEINE ORG hinzu. Torsten Schulze kann sich beim Server mit einem beliebigen der aufgeführten Namen anmelden, doch Domino verwendet den ersten Namen im Feld BENUTZERNAME/USER NAME, um Einträge in der ACL und in Zugriffslisten von Gestaltungselementen zu überprüfen.

Internet-Zertifikate anzeigen und löschen

Löschen Sie das Internet-Zertifikat aus dem Personendokument des Internet-Clients oder aus dem Personendokument des betreffenden Empfängers im Domino-Verzeichnis, wenn ein Internet-Client nicht mehr auf einen Domino Server mittels SSL-Client-Authentifizierung zugreifen oder ein Notes Client keine S/MIME-verschlüsselte Mail an einen bestimmten Empfänger senden soll. Der Client verfügt immer noch über das Internet-Zertifikat. Doch da das Internet-Zertifikat im Personendokument fehlt, kann der Internet-Client nicht über die Client-Authentifizierung auf einen Domino Server zugreifen, und der Notes Client kann keine S/MIME-verschlüsselte Mail an den betreffenden Empfänger senden. Ein Internet-Client kann immer noch anonym oder mit Namen und Passwort auf den Domino Server zugreifen, wenn diese Zugriffsarten auf dem Server gestattet sind. Der Notes Client kann weiterhin unverschlüsselte Mail-Nachrichten an den Benutzer senden.

Sie können auch Informationen über die Internet-Zertifikate im Domino-Verzeichnis anzeigen.

1. Klicken Sie in Domino Administrator auf das Register PERSONEN UND GRUPPEN/PEOPLE & GROUPS und bearbeiten Sie die Personendokumente mit den Internet-Zertifikaten, die Sie anzeigen oder löschen möchten.
2. Klicken Sie auf INTERNET-ZERTIFIKAT(E) ÜBERPRÜFEN/EXAMINE INTERNET CERTIFICATE(S).

Um das Internet-Zertifikat zu löschen, wählen Sie das Zertifikat aus und klicken auf LÖSCHEN/DELETE. Beachten Sie, dass das Zertifikat so lange angezeigt wird, bis Sie das Dokument schließen oder speichern.

5.5.2 SSL für eine Datenbank

1. Stellen Sie sicher, dass Ihnen in der Datenbank-ACL Managerzugriff zugewiesen ist.

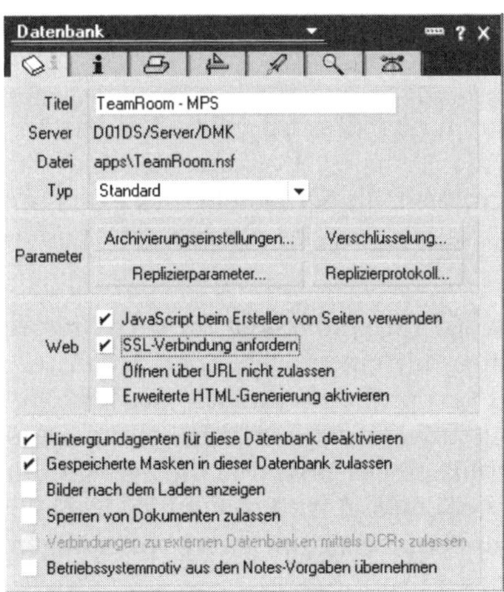

Abbildung 5.53: SSL für eine Datenbank verwenden

2. Wählen Sie das Datenbanksymbol auf Ihrer Lesezeichenseite aus.
3. Wählen Sie DATEI/FILE > ANWENDUNG/APPLICATION > EIGENSCHAFTEN/PROPERTIES.
4. Wählen Sie im Register ALLGEMEIN/BASICS die Option WEB: SSL-VERBINDUNG ANFORDERN/WEB: REQUIRE SSL CONNECTION.

5.6 Verschlüsselung

Durch Verschlüsselung werden Daten vor unberechtigtem Zugriff geschützt. Verschlüsselung nennt man den Vorgang, bei dem ein klar lesbarer Text (Klartext) (oder auch Informationen anderer Art wie Ton- oder Bildaufzeichnungen) mithilfe eines Verschlüsselungsverfahrens (Kryptosystem) in eine „unleserliche“, d.h. nicht einfach interpretierbare Zeichenfolge (Geheimtext) umgewandelt wird. Als entscheidend wichtige Parameter der Verschlüsselung werden hierbei ein oder auch mehrere Schlüssel verwendet. Den umgekehrten Vorgang, also die Verwandlung des Geheimtextes zurück in den Klartext, nennt man Entschlüsselung. Die Algorithmen zur Verschlüsselung und Entschlüsselung müssen nicht identisch sein. Ebenso können verschiedene Schlüssel für die Verschlüsselung und die Entschlüsselung zum Einsatz kommen. Bei symmetrischen, insbesondere bei den klassischen Verschlüsselungsmethoden werden jedoch stets identische geheime Schlüssel zur Verschlüsselung und Entschlüsselung benutzt. Kryptografische Methoden mit unterschiedlichen Schlüsseln zur Ver- und Entschlüsselung werden als asymmetrische Verfahren (public key methods) bezeichnet. Hierbei verwendet der Sender den öffentlichen Schlüssel des Empfängers zur Verschlüsselung und der Empfänger seinen geheim gehaltenen, öffentlich nicht bekannten, sogenannten privaten Schlüssel zur Entschlüsselung. Eine grobe Unterscheidung in symmetrische und asymmetrische Verschlüsselungssysteme ergibt sich aus der Weise, in der kryptografische Schlüssel an die am Verfahren Beteiligten vermittelt werden:

- Bei symmetrischen Systemen besitzen beide Kommunikationspartner denselben Schlüssel und müssen diesen vor Beginn der Kommunikation sicher ausgetauscht haben (z. B. mittels Diffie-Hellman-Schlüsselaustausch oder der Zusendung per Post). Bekannte klassische symmetrische Verfahren sind die Cäsar-Chiffre, der DES und das One-Time-Pad (informationstheoretisch sicher). Zu den modernen und derzeit als sicher angesehenen Verfahren gehören Rijndael, Twofish sowie 3DES, wobei dem Rijndael-Verfahren durch seine Erhebung zum Advanced Encryption Standard und aufgrund seiner Bevorzugung durch staatliche US-amerikanische Stellen eine herausragende Rolle zukommt.
- Asymmetrische Systeme zeichnen sich dadurch aus, dass für jeden Teilnehmer ein Schlüsselpaar generiert wird. Ein Schlüssel jedes Paars wird veröffentlicht, der andere bleibt geheim. Die Asymmetrie ergibt sich, weil ein Schlüssel eines Paars immer nur ver- und der andere immer nur entschlüsseln kann. Das bekannteste dieser Verfahren ist das RSA-Kryptosystem.

Notes und Domino verwenden das Zwei-Schlüssel-RSA-Kryptosystem zur Verschlüsselung von Daten. Zusätzlich wird eine Verschlüsselung mit einem geheimen Schlüssel verwendet, bei der Daten mit demselben Schlüssel ver- und entschlüsselt werden. Mit der RSA-Technologie wird jedem Benutzer ein eindeutiges Paar Verschlüsselungsschlüssel zugewiesen, ein privater und ein öffentlicher Schlüssel. Der private Schlüssel wird nur in der Benutzer-ID-Datei gespeichert. Der öffentliche Schlüssel wird sowohl in der ID-Datei des Benutzers als auch im Personendokument des Benutzers gespeichert, wo er allgemein verfügbar (öffentlich) ist. Beide Schlüssel arbeiten mit mathematischen Algorithmen, sodass mit einem Schlüssel verschlüsselte Daten nur mit dem anderen Schlüssel wieder entschlüsselt werden können.

S/MIME

MIME erlaubt das Anhängen von Binärinformationen (Bildern, Klängen, Programmen) an E-Mails. S/MIME nutzt die MIME-Struktur der Mails und baut darauf mit kryptografischen Elementen auf, deren Basis digitale Zertifikate darstellen. So kann der Text oder der Dateianhang verschlüsselt werden. S/MIME ist kein separates Programm, sondern eine Erweiterung der Multimedia Internet Mail Extension, die wiederum eine Erweiterung des E-Mail-Standards ist. Programme müssen die Funktionalität von S/MIME daher direkt unterstützen. Trotz gleicher Algorithmen (wie RSA, Triple-DES und MD5) ist es nicht kompatibel zu PGP oder GnuPG. Version 3 von S/MIME wurde im Juli 1999 von der IETF verabschiedet. Diese Version setzt auf RFC 2630, RFC 2631, RFC 2632 und RFC 2633 auf. Ein für E-Mails weit verbreitetes Standardformat zum Nachrichtenaustausch ist MIME, basierend auf RFC 822.

Die verschiedenen Verschlüsselungs- und Entschlüsselungsalgorithmen bieten einen Kompromiss zwischen Leistung und Sicherheit. Der Anwender bzw. Administrator muss einen goldenen Mittelweg der beiden Ansprüche finden, da verschlüsselte Datenbanken in der Regel langsamer agieren als nicht verschlüsselte Daten. Es sind drei Verschlüsselungsoptionen verfügbar: einfach, mittel und hoch. Je höher die Verschlüsselung ist, desto mehr Zeit nimmt das Öffnen der Datenbank in Anspruch.

5.6.1 Netzwerkdaten verschlüsseln

Sie sollten die Netzwerkdaten verschlüsseln, um mögliches Ausspähen oder Lauschen, dem sogenannten „eavesdropping", entgegenzuwirken. Die auf der Übertragungsschicht des Protokolls ausgeführte Netzwerkverschlüsselung ist von anderen Verschlüsselungsarten unabhängig. Die Daten werden hier aber nur während der Übertragung verschlüsselt. Sobald die Daten eingegangen und gespeichert sind, ist die Netzwerkverschlüsselung unwirksam. Zur Verschlüsselung der Netzwerkdaten reicht es aus, wenn Sie auf einer Seite der Netzwerkverbindung die Netzwerk-Datenverschlüsselung aktivieren. Für die Verbindung mehrerer Workstations via TCP/IP zu einem Server muss nur die Verschlüsselung an dem TCP/IP-Anschluss des Servers aktiviert werden.

Die Verschlüsselung mehrerer High-Speed-Verbindungen zu einem Server kann die Serverleistung beeinträchtigen. Die Leistung des Clients ist jedoch nur gering beeinflusst. Darüber hinaus können verschlüsselte Netzwerkdaten nicht komprimiert werden. Wenn Sie Netzwerkdaten an einem Anschluss mit einem Datenkomprimierungsmodem verschlüsseln, können Sie daher die Geschwindigkeitsvorteile nicht nutzen. So verschlüsseln Sie Netzwerkdaten an einem Anschluss:

1. Wählen Sie in Domino Administrator den Server, dessen Netzwerkdaten Sie verschlüsseln möchten.
2. Klicken Sie auf das Register SERVER > STATUS.
3. Wählen Sie PORTS/PORTS > KONFIGURATION/SETUP in der Werkzeugleiste.

4. Wählen Sie im Feld KOMMUNIKATIONSPORTS/COMMUNICATION PORTS einen Netzwerkanschluss aus.

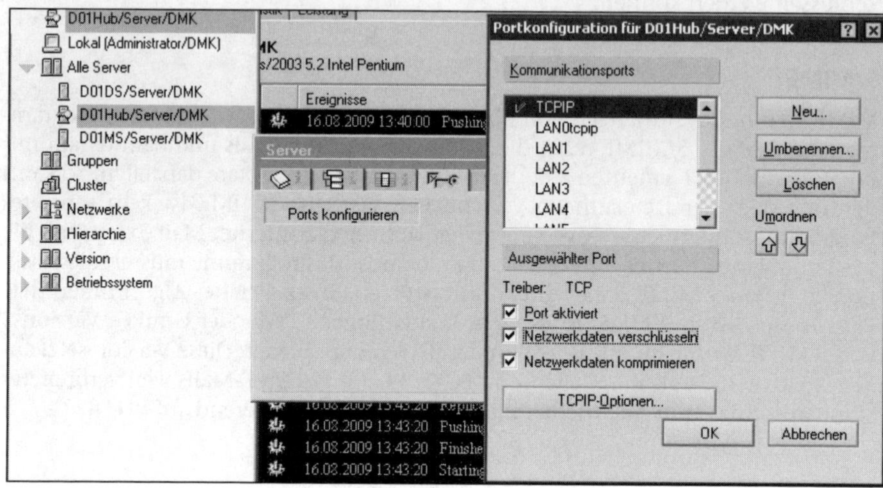

Abbildung 5.54: Verschlüsseln eines Anschlusses

5. Wählen Sie NETZWERKDATEN VERSCHLÜSSELN/ENCRYPT NETWORK DATA.
6. Klicken Sie auf OK.

Tiefe der Netzwerkverschlüsselung ermitteln

Mithilfe der folgenden *notes.ini*-Parameter können Sie die Tiefe der Netzwerkverschlüsselung ermitteln:

- LOG_AUTHENTICATION=1: Der Parameter protokolliert die Tiefe der Netzwerkverschlüsselung.
- DEBUG_CONSOLE=1: Der Parameter schreibt die Ausgabe in die Serverkonsole.
- DEBUG_OUTFILE=D:\DEBUG\DEBUG.TXT: Der Parameter schreibt die Ausgabe in eine angegebene Textdatei.

Die folgende Tabelle listet die ausgegebenen Parameter mit ihrer zugehörigen Bedeutung auf.

Feld	Beschreibung	Mögliche Angaben (Kommentare)
T	Verschlüsselungstiefe	64
		128 (neu ab Notes Domino 6)
E	Verschlüsselungsstatus	1 = verschlüsselt
		0 = nicht verschlüsselt
		1:e = Escrow für International

Feld	Beschreibung	Mögliche Angaben (Kommentare)
S	Verschlüsselungsstärke ▶ Der erste Wert gibt die Schlüssellänge an. ▶ Der zweite Wert gibt den Algorithmus an.	Länge: ▶ 128 (neu ab Notes Domino 6) ▶ 64 ▶ 40 (wurde nur für R3-International- oder WW40-Versionen verwendet) Algorithmus: ▶ 22 = RC4 ▶ 2F = RC2
A	Algorithmus	4:1 = RC4 2:0 = RC2 (R3 International oder WW40)
L	Lizenzinformation: Der erste Wert gehört zur lokalen ID (z.B. des Clients oder Servers). Der zweite Wert gehört zur „zugreifenden" ID. Der dritte Wert gehört zur Version der lokalen Software.	N = Nordamerika/Global I = International

Beachten Sie, dass Debug-Parameter Einfluss auf die Performance Ihrer Systeme haben können.

5.6.2 Datenbanken verschlüsseln

Sie haben die Möglichkeit, in Lotus Notes Domino neben der Feldverschlüsselung auch den gesamten Inhalt einer Datenbank zu verschlüsseln. Die Datenbankverschlüsselung dient der Verhinderung von unberechtigtem lokalem Zugriff. Sie ist kein Ersatz für die Verschlüsselung auf Feldebene, sondern eine Ergänzung. Die Datenbankverschlüsselung sorgt für eine zusätzliche Sicherheitsebene.

Benutzer einer lokalen Datenbank können diese lokal verschlüsseln und lokale Datenbanken mit einer angegebenen Benutzer- oder Server-ID schützen. Man unterscheidet bei der Datenbankverschlüsselung drei Verschlüsselungsebenen: einfach, mittel und hoch. Bei der Auswahl sind drei Faktoren zu berücksichtigen: die gewährte Sicherheitsebene, die sich ergebende Datenbankzugriffsgeschwindigkeit und die Möglichkeit, die verschlüsselte Datenbank mit einem Komprimierungsprogramm zu komprimieren.

Option	Sicherheitsebene	Datenbankzugriff	Komprimierbar
Einfache Verschlüsselung	Minimal	Schnell	Ja
Mittlere Verschlüsselung	Mittel	Schnell	Nein
Hohe Verschlüsselung	Maximal	Langsam	Nein

Die einfache Verschlüsselung sollten Sie dann verwenden, wenn Sie die Festplattenkomprimierung nutzen wollen oder wenn keine hohe Sicherheit erforderlich ist. Die mittlere Verschlüsselung bietet ein Gleichgewicht zwischen Sicherheit, Leistung und schnellem Datenbankzugriff und ist wahrscheinlich die richtige Wahl für die meisten Benutzer. Wählen Sie hohe Verschlüsselung, wenn Sicherheit absolute Priorität hat und die sich ergebende Datenbankzugriffsleistung annehmbar ist. Der Datenbankzugriff ist bei der hohen Verschlüsselung langsamer als bei den anderen Verschlüsselungsoptionen.

Die lokale Verschlüsselung sollte sowohl von mobilen als auch von Workstation-Benutzern angewandt werden, um Datenbanken auf ihren Computern zu verschlüsseln. Sie ist die optimale Lösung für mobile Benutzer, auf deren Laptop-Computern sich vertrauliche Informationen befinden. Geht der Laptop verloren oder wird gestohlen, kann ein unberechtigter Benutzer nicht auf die verschlüsselten Datenbanken zugreifen. Ein Workstation-Benutzer sollte lokale Datenbanken mit seiner Benutzer-ID verschlüsseln. Unberechtigte Benutzer können dann ihre Benutzer-IDs nicht für den Zugriff auf lokale Datenbanken auf der Workstation verwenden.

Mit der lokalen Verschlüsselungsoption in den Datenbankeigenschaften können Sie Datenbanken auf folgenden Computern verschlüsseln:

- einer Arbeitsstation mit der Benutzer-ID eines Datenbankbesitzers. Hierdurch können andere Benutzer ihre Benutzer-IDs nicht für den Zugriff auf lokale Datenbanken auf der Arbeitsstation eines anderen Benutzers verwenden.
- dem Server mit der Server-ID. Dann können Domino-Administratoren auf Datenbanken auf dem Server nur zugreifen, wenn sie über Zugriff auf die Server-ID verfügen, mit der die Datenbanken verschlüsselt wurden. (Diese Verschlüsselung ist nur sinnvoll, wenn die Server-ID entweder mit einem Passwort geschützt ist oder sich an einer für den betreffenden Administrator unzugänglichen Stelle befindet.)

Zur Verschlüsselung wählen Sie die Option zur lokalen Verschlüsselung der Datenbank sowie eine Verschlüsselungsebene aus (siehe *Abbildung 5.55*). Notes fügt bei lokaler Verschlüsselung Ihre Benutzer-ID in das Feld FÜR/FOR des Dialogfensters VERSCHLÜSSELUNG/ENCRYPTION ein. Wenn Sie eine Replik einer Datenbank verschlüsseln oder eine Kopie der Datenbank erstellen, wird die Verschlüsselung nicht für die Replik oder die Kopie übernommen. So verschlüsseln Sie eine Datenbank:

1. Sie müssen in der Datenbank-ACL über Managerzugriff verfügen, um eine Datenbank verschlüsseln zu können.

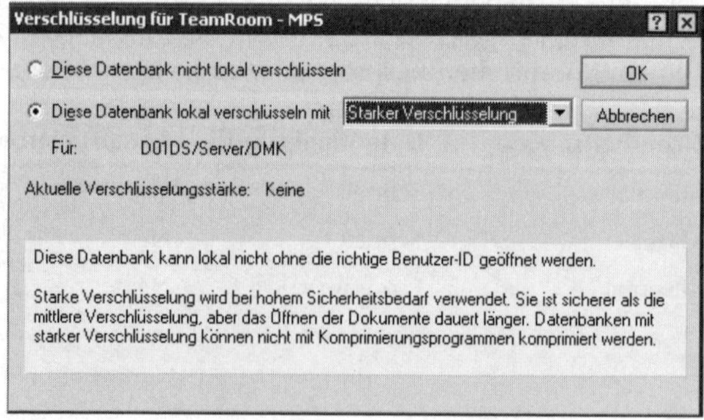

Abbildung 5.55: Verschlüsseln einer Datenbank

2. Wählen Sie das Datenbanksymbol auf Ihrer Lesezeichenseite aus und wählen Sie dann DATEI/FILE > ANWENDUNG/APPLICATION > EIGENSCHAFTEN/PROPERTIES.
3. Klicken Sie auf das Register DATENBANKINFORMATIONEN/BASICS und anschließend auf die Schaltfläche VERSCHLÜSSELUNG/ENCRYPTION SETTINGS.
4. Wählen Sie DIESE DATENBANK LOKAL VERSCHLÜSSELN MIT/LOCALLY ENCRYPT THIS DATABASE USING und dann eine Verschlüsselungsebene:
   - EINFACH/SIMPLE
   - MITTEL/MEDIUM (Vorgabe bei neuen Datenbanken)
   - HOCH/STRONG

   Wenn Sie die Datenbank nicht lokal verschlüsseln möchten, wählen Sie die Option DIESE DATENBANK NICHT LOKAL VERSCHLÜSSELN/DO NOT LOCALLY ENCRYPT THIS DATABASE aus.
5. Klicken Sie auf FÜR/FOR und wählen Sie eine einzelne ID zur Verschlüsselung der Datenbank.

Ab Version Lotus Notes Domino 8 wird nun die starke Verschlüsselung (strong encryption) erzwungen, wenn Sie eine bestehende Datenbank verschlüsseln möchten. Die Auswahl zwischen einfach, mittel und hoch haben Sie nur beim Erstellen einer neuen Anwendung.

5.6.3 Mails verschlüsseln

Nachrichten werden vor unberechtigtem Zugriff über das Mail-Verschlüsselungsverfahren geschützt. Es wird nur der Text einer Mail-Nachricht verschlüsselt, nicht aber die Kopfzeileninformationen wie die Felder AN/TO, VON/FROM und THEMA/SUBJECT. Ein Notes-Anwender kann Mails an andere Notes-Benutzer verschlüsseln, er kann aber auch verschlüsselte Mails an Benutzer von Mail-Anwendungen senden, die S/MIME unterstützen, z.B. Outlook Express und Mozilla Thunderbird. Die Verschlüsselung gilt für Mails, die sie an andere Notes-Benutzer senden bzw. von anderen Notes-Benutzern erhalten, oder alle in der Mail-Datenbank gespeicherten Dokumente. Notes verwendet zur Verschlüsselung ausgehender und gespeicherter Mail den öffentlichen Schlüssel des Empfängers, der entweder im persönlichen Adressbuch des Absenders oder im Domino-Verzeichnis gespeichert ist.

Wird eine Mail an Benutzer in einer fremden Domäne gesendet, kann sie im Allgemeinen nicht verschlüsselt werden. Verwendet der Empfänger der Nachricht Notes und der Absender hat Zugang zum öffentlichen Schlüssel des Empfängers, kann der Absender die Mail-Nachricht verschlüsseln. Der öffentliche Schlüssel des Empfängers kann entweder in einem Domino- oder LDAP-Verzeichnis gespeichert sein, zu dem der Absender Zugang hat, oder im persönlichen Adressbuch des Absenders.

Sendet ein Notes-Benutzer eine Mail an Empfänger, die Mail-Anwendungen mit S/MIME-Unterstützung verwenden, so kann er seine Nachrichten mit dem S/MIME-Protokoll verschlüsseln. Das kann er aber erst dann, wenn er den öffentlichen Schlüssel des Empfängers besitzt. Der öffentliche Schlüssel des Empfängers wird in einem Internet-Zertifikat entweder in einem Domino- oder LDAP-Verzeichnis gespeichert, zu dem der Absender Zugang hat, oder im persönlichen Adressbuch des Absenders. Der Absender muss ebenfalls ein Gegenzertifikat besitzen, das dem Notes Client bestätigt, dass der öffentliche Schlüssel des Empfängers vertrauenswürdig ist.

Die Verschlüsselung von Mail-Nachrichten hat keinen Einfluss auf die Geschwindigkeit, mit der die Nachricht vom Absender zum Empfänger geleitet wird. Es verlängert sich jedoch die Zeit, die zum Senden und Öffnen einer Nachricht benötigt wird. Dies resultiert daher, dass die Nachricht zu Beginn der Übertragung verschlüsselt und bei jedem Öffnen durch den Empfänger entschlüsselt wird. Die Zeit, die zum Senden und Öffnen einer Nachricht benötigt wird, ist abhängig von der Größe der Nachricht, der Anzahl der Bitmaps und anderer Grafiken, von den beigefügten Objekten und der Größe der Anhänge. In den meisten Fällen ist die Verzögerung nicht wahrnehmbar.

Verschlüsseln ausgehender Mail-Nachrichten

Versendet der Benutzer seine Mail verschlüsselt, erhält er die Sicherheit, dass nur der Empfänger die Nachricht lesen kann, während sie übertragen wird oder in Mailboxen bzw. in der Mail-Datei des Empfängers gespeichert ist. Jede ausgehende Mail muss vom Benutzer individuell verschlüsselt werden, es gibt keine Möglichkeit, die gesamte ausgehende Mail auf einem Server zu verschlüsseln. Der Benutzer kann über das Arbeitsumgebungsdokument wählen, ob ausgehende Mail-Nachrichten mithilfe der Domino-Verschlüsselung oder mit S/MIME verschlüsselt werden sollen. Notes verwendet S/MIME anstelle der Domino-Verschlüsselung für ausgehende Mail in den folgenden Situationen:

- Der Benutzer wählt DIREKT INS INTERNET/DIRECTLY TO INTERNET im Feld AUSGEHENDE MAIL SENDEN/SEND OUTGOING MAIL im Register MAIL des aktuellen Arbeitsumgebungsdokuments. Für die von dieser Arbeitsumgebung aus gesendeten E-Mail-Nachrichten wird das MIME-Format verwendet.
- Der Benutzer wählt MIME-FORMAT im Feld FORMAT FÜR NACHRICHTEN AN INTERNET-ADRESSEN/FORMAT FOR MESSAGES ADDRESSED TO INTERNET ADDRESSES im Register MAIL des aktuellen Arbeitsumgebungsdokuments (siehe *Abbildung 5.56*). Für E-Mail-Nachrichten, die von dieser Arbeitsumgebung aus an Internetadressen gesendet werden, die nicht in einem persönlichen Adressbuch oder im Domino-Verzeichnis gefunden werden, wird MIME verwendet.

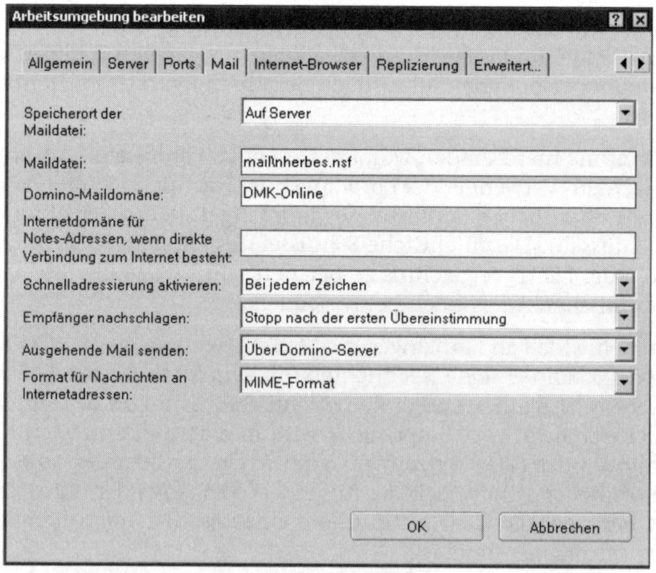

Arbeitsumgebung bearbeiten

Allgemein | Server | Ports | Mail | Internet-Browser | Replizierung | Erweitert...

Speicherort der Maildatei:	Auf Server
Maildatei:	mail\nherbes.nsf
Domino-Maildomäne:	DMK-Online
Internetdomäne für Notes-Adressen, wenn direkte Verbindung zum Internet besteht:	
Schnelladressierung aktivieren:	Bei jedem Zeichen
Empfänger nachschlagen:	Stopp nach der ersten Übereinstimmung
Ausgehende Mail senden:	Über Domino-Server
Format für Nachrichten an Internetadressen:	MIME-Format

OK Abbrechen

Abbildung 5.56: Einstellungen im Arbeitsumgebungsdokument

- Der Administrator wählt MIME im Feld BEVORZUGTES FORMAT FÜR EINGEHENDE MAIL/FORMAT PREFERENCE FOR INCOMING MAIL im Register MAIL des Personendokuments des Benutzers. Für die an diesen Benutzer gesendete Mail wird MIME verwendet.
- Der Benutzer erstellt eine Nachricht unter Verwendung einer Maske, in der für das Feld BODY in der Maskengestaltung in den Eigenschaften die Option INHALT ALS HTML UND MIME SPEICHERN/STORE CONTENTS AS HTML AND MIME aktiviert ist. Wenn der Empfänger sowohl das Notes- als auch das MIME-Format empfangen kann (oder wenn Notes kein Personendokument für den Empfänger finden kann), wird für die Nachricht das MIME-Format verwendet.

Um eine S/MIME-Mail-Nachricht verschlüsseln zu können, benötigt der Absender ein Internet-Zertifikat für jeden vorgesehenen Empfänger und ein Gegenzertifikat, das das Internet-Zertifikat bestätigt. Als Speicherort für das Internet-Zertifikat dient entweder ein Domino- oder ein LDAP-Verzeichnis, zu dem der Absender Zugang hat, oder das persönliche Adressbuch des Absenders. Steht das Internet-Zertifikat eines Notes-Empfängers dem Absender nicht zur Verfügung, versucht Notes, den öffentlichen Notes-Schlüssel des Empfängers (falls verfügbar) für die Verschlüsselung der Nachricht zu verwenden. Einige Empfänger besitzen möglicherweise zwei Internet-Zertifikate, ein Zertifikat zur Verschlüsselung und das zweite Zertifikat für Signaturen und SSL. In diesem Fall extrahiert Notes das Internet-Verschlüsselungszertifikat und verwendet es, um die Nachricht zu verschlüsseln.

Das Versenden einer verschlüsselten Notes Mail-Nachricht verläuft analog, auch hier muss der Absender den öffentlichen Schlüssel für jeden vorgesehenen Empfänger besitzen. Der Zugriff auf den öffentlichen Schlüssel kann entweder über ein Domino- oder LDAP-Verzeichnis oder das persönliche Adressbuch des Absenders erfolgen.

Funktionsweise der Verschlüsselung ausgehender Notes Mail

1. Der Absender wählt beim Senden einer ausgehenden Nachricht die Option VERSCHLÜSSELN/ENCRYPT. Notes generiert einen zufälligen Verschlüsselungsschlüssel und verschlüsselt damit die Nachricht.
2. Notes verschlüsselt den zufälligen Verschlüsselungsschlüssel mit dem öffentlichen Schlüssel des Empfängers und hängt den neuen Schlüssel an die verschlüsselte Nachricht an. Der öffentliche Schlüssel des Empfängers muss entweder in einem Domino-Verzeichnis oder einem LDAP-Verzeichnis, auf das ein Benutzer zugreifen kann, oder im persönlichen Adressbuch des Absenders gespeichert sein.
3. Wenn die verschlüsselte Nachricht an mehrere Empfänger adressiert ist, wird sie nur einmal mit einem einzigen zufälligen Schlüssel verschlüsselt. Der zufällige Schlüssel wird mit den öffentlichen Schlüsseln der jeweiligen Empfänger verschlüsselt.
4. Wenn der Empfänger die verschlüsselte Nachricht öffnet, versucht die Mail-Anwendung des Benutzers, den Zufallsschlüssel mithilfe des privaten Schlüssels des Empfängers zu entschlüsseln. Wenn dies gelingt, wird die Nachricht mit dem Zufallsschlüssel entschlüsselt.
5. Wenn die Entschlüsselung gelingt, kann der Empfänger die Nachricht lesen. Falls sie nicht gelingt, erhält der Benutzer eine Meldung, die besagt, dass die Entschlüsselung fehlgeschlagen ist. Die Mail-Anwendung kann dem Benutzer in diesem Fall den Zugriff auf die Nachricht nicht ermöglichen.

Funktionsweise der Verschlüsselung ausgehender S/MIME-Mail

1. Der Absender wählt beim Senden einer ausgehenden Nachricht die Option zum Verschlüsseln der Nachricht.
2. Die Mail-Anwendung des Absenders (Notes oder ein anderes S/MIME-kompatibles Mail-Programm) generiert einen zufälligen Verschlüsselungsschlüssel und verschlüsselt damit die Nachricht.
3. Die Mail-Anwendung des Absenders sucht den öffentlichen Schlüssel des Empfängers. Für von Notes gesendete S/MIME-Mail muss das Internet-Zertifikat des Empfängers im persönlichen Adressbuch des Absenders oder in einem Domino-Verzeichnis oder einem LDAP-Verzeichnis gespeichert sein, auf das der Absender Zugriff hat.
   - Wenn ein Zertifikat gefunden wird, sucht Notes im persönlichen Adressbuch nach einem Gegenzertifikat, um das Internet-Zertifikat zu überprüfen. Wenn kein Gegenzertifikat existiert, fragt Notes, ob der Client bei Bedarf ein Gegenzertifikat erstellen möchte.
   - Wenn für den Empfänger kein Zertifikat gefunden wird oder wenn für das Zertifikat kein Gegenzertifikat erstellt wurde, wird dem Absender eine Warnmeldung angezeigt, mit dem Hinweis, dass die Verschlüsselung für diesen Empfänger nicht möglich ist. Der Absender hat dann die Wahl, die Nachricht nicht zu senden oder sie unverschlüsselt zu senden.
4. Die Mail-Anwendung des Absenders verschlüsselt den zufälligen Verschlüsselungsschlüssel mit dem öffentlichen Schlüssel des Empfängers und hängt den neuen Schlüssel an die verschlüsselte Nachricht an. Notes verwendet den im Zertifikat gefundenen öffentlichen Schlüssel des Empfängers, um die Nachricht zu verschlüsseln.

   Einige Empfänger besitzen möglicherweise zwei Internet-Zertifikate, ein Zertifikat zur Verschlüsselung und das zweite Zertifikat für Signaturen und SSL. Ist dies der Fall, extrahiert Notes das Internet-Verschlüsselungszertifikat und verwendet es, um die Nachricht zu verschlüsseln.
5. Wenn die verschlüsselte Nachricht an mehrere Empfänger adressiert ist, wird die Nachricht nur einmal mit einem einzigen zufälligen Schlüssel verschlüsselt. Der zufällige Schlüssel wird mit dem öffentlichen Schlüssel der jeweiligen Empfänger verschlüsselt.
6. Wenn der Empfänger die verschlüsselte Nachricht öffnet, versucht die Mail-Anwendung des Benutzers, den Zufallsschlüssel mithilfe des privaten Schlüssels des Empfängers zu entschlüsseln. Wenn dies gelingt, wird die Nachricht mit dem Zufallsschlüssel entschlüsselt.
7. Wenn die Entschlüsselung gelingt, erhält der Empfänger Zugriff auf die Nachricht. Falls sie nicht gelingt, erhält der Benutzer eine Meldung, die besagt, dass die Entschlüsselung fehlgeschlagen ist. Die Mail-Anwendung kann dem Benutzer in diesem Fall den Zugriff auf die Nachricht nicht ermöglichen.

Einsatz von Security-APIs

Mit der Weiterentwicklung der Mail-Schnittstellen wie Domino Access for Microsoft Outlook (DAMO) und Domino Web Access (DWA) war es erforderlich, ebenfalls neue Ansätze bei der Ver- und Entschlüsselung von Notes- und S/MIME-Mails zu suchen. Die neueren APIs verfügen über eine deutlich einfachere Handhabung. In der folgenden Tabelle finden Sie eine Auflistung der neuen Security-APIs:

Name	Beschreibung
SECKFMOpen	Stellt Verweise auf die Berechtigungsnachweise einer ID-Datei zur Weitergabe an andere Funktionen der API zur Verfügung
SECKFMClose	Schließt den Verweis
SECAttachIdFileToDB	Fügt eine ID-Datei auf sichere Art in eine Datenbank ein
SECExtractIdFileFromDB	Liest die ID-Datei aus einer Datenbank
SECRefreshIdFile	Aktualisiert die ID-Datei und sucht dabei nach Änderungen bei Zertifikaten und Namen
NSFNoteDecryptExt2	Entschlüsselungsfunktion
NSFNoteCopyAndEncryptExt2	Verschlüsselungsfunktion

Verschlüsseln eingehender Mails für eine Mail-Datei

Sollen alle eingehenden Mails für einen Benutzer verschlüsselt werden, müssen Sie als Administrator oder der Benutzer, sofern er Editorzugriff auf sein Personendokument hat, folgende Einstellung vornehmen:

1. Öffnen Sie im Domino-Verzeichnis das Personendokument für den Benutzer.
2. Klicken Sie im Register MAIL bei der Option Eingehende unverschlüsselte Mail vor dem Speichern in Mail-Datei verschlüsseln/WHEN RECEIVING UNENCRYPTED MAIL, ENCRYPT BEFORE STORING IN YOUR MAILFILE auf JA/YES (siehe *Abbildung 5.57*).
3. Speichern Sie das Dokument.

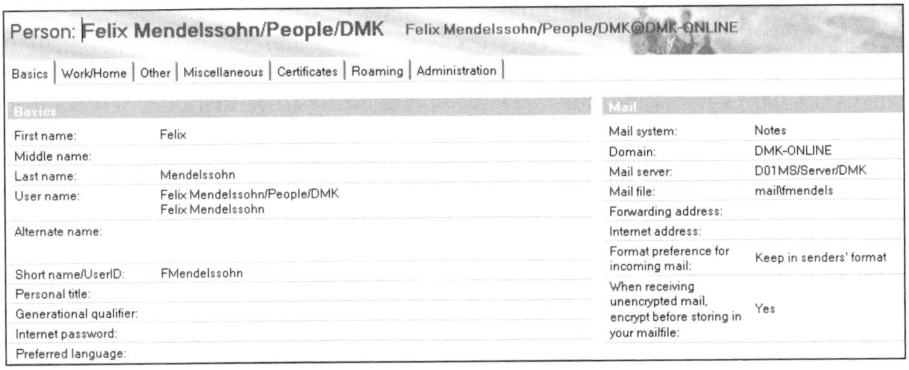

Person: Felix Mendelssohn/People/DMK   Felix Mendelssohn/People/DMK@DMK-ONLINE

Basics | Work/Home | Other | Miscellaneous | Certificates | Roaming | Administration

Basics	
First name:	Felix
Middle name:	
Last name:	Mendelssohn
User name:	Felix Mendelssohn/People/DMK Felix Mendelssohn
Alternate name:	
Short name/UserID:	FMendelssohn
Personal title:	
Generational qualifier:	
Internet password:	
Preferred language:	

Mail	
Mail system:	Notes
Domain:	DMK-ONLINE
Mail server:	D01MS/Server/DMK
Mail file:	mail\fmendels
Forwarding address:	
Internet address:	
Format preference for incoming mail:	Keep in senders' format
When receiving unencrypted mail, encrypt before storing in your mailfile:	Yes

Abbildung 5.57: Einstellung im Personendokument

Verschlüsseln gespeicherter Mail-Nachrichten

Der Anwender kann sowohl Entwürfe ungesendeter Nachrichten als auch Nachrichten, die nach dem Senden gespeichert werden, verschlüsseln. Ungesendete Nachrichten werden nur mit dem öffentlichen Schlüssel des Absenders verschlüsselt, gesendete Nachrichten werden mit den öffentlichen Schlüsseln des Absenders und des Empfängers verschlüsselt. Es werden nur die gespeicherten Nachrichten verschlüsselt, die nach der Änderung der Einstellung gespeichert werden. Wurden die Nachrichten zu einem früheren Zeitpunkt gespeichert, müssen die Benutzer diese Nachrichten öffnen und neu speichern. Die Verschlüsselung gespeicherter Mail-Nachrichten hindert Administratoren und unberechtigte Benutzer des Mail-Servers daran, Nachrichten zu lesen.

Notes Clients für S/MIME konfigurieren

Der Notes Client kann so konfiguriert werden, dass er S/MIME-Verschlüsselung und elektronische Signaturen verwendet, wenn er Nachrichten an Benutzer von Mail-Anwendungen mit S/MIME-Unterstützung sendet.

Der Client benötigt zum Senden von verschlüsselten Nachrichten das im persönlichen Adressbuch, Domino-Verzeichnis oder LDAP-Verzeichnis gespeicherte Internet-Zertifikat des Empfängers. Handelt es sich um ein Domino-Verzeichnis in einer anderen Domäne oder ein LDAP-Verzeichnis, muss unter Verwendung der Verzeichnisverwaltung auf das Verzeichnis zugegriffen werden können. Zusätzlich muss im persönlichen Adressbuch des Clients das Gegenzertifikat gespeichert sein, das entweder für den Empfänger ausgestellt wurde oder für die Zertifizierungsstelle, die das Internet-Zertifikat des Empfängers ausgestellt hat.

Zur Entschlüsselung von empfangenen Nachrichten und zum Senden von signierten Nachrichten benötigen Notes Clients ein Internet-Zertifikat, das in der Notes-ID-Datei gespeichert ist.

Das Gegenzertifikat, das entweder für den Absender der Nachricht oder für die Zertifizierungsstelle ausgestellt wurde, benötigt der Notes Client, um die Signatur einer signierten Nachricht zu überprüfen. Dieses Gegenzertifikat muss im persönlichen Adressbuch des Clients gespeichert sein.

5.7 Security-Aufgaben

Die Sicherheit oder Security in Ihrem Umgebung ist so lange gewährleistet, wie Ihre Daten, Ihr System, Ihr Netzwerk oder Ihr Computer durch Manipulationen, Schäden, Spionage, Sabotage oder Zerstörung nicht zu Schaden kommen. Dies bedeutet in erster Linie, dass der Datenzugriff nur für dafür vorgesehene Anwender oder Server erfolgen darf. Die Aufgaben bestehen also darin, die Sicherheit sowohl innerhalb des Systems als auch nach außen gewährleisten zu können. Der Bereich Sicherheit kann folgende Arbeitsbereiche umfassen:

- Backup und Restore
- Virenschutz
- Implementierung und Verwaltung spezieller Aspekte im Domino-Sicherheitssystem wie nachfolgend beschrieben.

Eine Aufgabe des Administrators ist der Schutz der IDs. Er muss dafür sorgen, dass die IDs nicht unberechtigt verwendet werden.

Es kann sinnvoll sein, dass mehrere Administratoren Kennwörter eingeben, bevor der Zugriff auf eine Zertifizierer- oder Server-ID-Datei gewährt wird. Dadurch wird verhindert, dass die Steuerung einer ID in den Händen einer einzelnen Person liegt. Jeder Administrator hat in diesem Fall dafür zu sorgen, dass alle Kennwörter sicher sind und nicht unberechtigt auf die ID-Datei zugegriffen werden kann.

Neben der Verwaltung der IDs kann man die Aufgaben innerhalb der Administration einer Domino-Umgebung mit folgenden Rollen beschreiben:

- Serveradministrator
- Datenbankadministrator
- Domino-Zertifizierungsstellen
- Clientadministrator

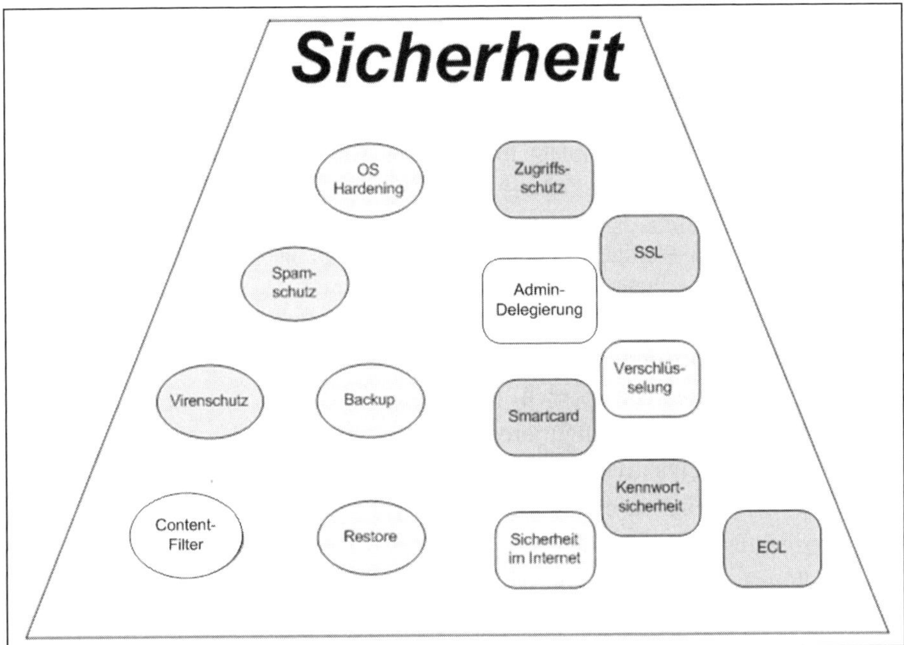

Abbildung 5.58: Auswahl an Security-Themen

Ein Serveradministrator ist zuständig für mindestens einen Domino Server und in diesem Zusammenhang unter anderem für die Definition und Verwaltung von Serverzugriffslisten und Servereinschränkungen sowohl für Notes Clients als auch Webbenutzer. Handelt es sich um kleinere Umgebungen, kann der Serveradministrator auch als Domino Zertifizierungsadministrator und Datenbankmanager für Systemdatenbanken, beispielsweise das Domino-Verzeichnis und die Protokolldatei (*log.nsf*), fungieren. Er kann außerdem für die Erstellung und Verwaltung von Dateischutzdokumenten für den HTTP-Zugriff sowie für andere Sicherheitsmaßnahmen im Zusammenhang mit dem Web zuständig sein.

Eine weitere Rolle ist der Datenbankmanager. Er ist zuständig für mindestens eine Anwendung. In seine Verantwortung fällt unter anderem die Definition und Verwaltung von Zugriffskontrolllisten (Access Control Lists, ACLs) für Datenbanken.

Domino-Zertifizierungsstellen (Certificate Authorities, CAs) haben Zugriff auf die Zertifizierer-ID-Dateien. Dies sind Binärdateien, mit denen der Administrator Benutzer- und Server-IDs erstellt. Die CA gibt Zertifikate aus, die von der Zertifizierer-ID der Organisation oder der Unterorganisation signiert werden. Diese Zertifikate werden in der ID-Datei gespeichert. Während der Registrierung des Benutzers erstellt die Domino-Zertifizierungsstelle eine Paarkombination aus einem öffentlichen und einem privaten Schlüssel. Zertifikate enthalten den öffentlichen Schlüssel des Benutzers (aus der Paarkombination öffentlicher/privater Schlüssel in der ID-Datei). Sie stellen sicher, dass die Informationen im Zertifikat (Benutzername, öffentlicher Schlüssel, Ablaufdatum etc.) richtig sind.

Die Domino-Zertifizierungsstellen (CAs) sind außerdem zuständig für die Vergabe von Internet-Zertifikaten an Notes-Benutzern, Internet-Clients und Internet-Servern. Sie vergibt signierte Zertifikate im X.509-Format, die den anfordernden Client oder Server eindeutig identifizieren. Beim Senden verschlüsselter oder elektronisch signierter S/MIME-Mail-Nachrichten und bei der Verwendung von SSL für die Authentifizierung eines Clients oder Servers sind Internet-Zertifikate erforderlich.

Die Zertifizierungsstellen wiederum sind dafür zuständig, neue Notes-Benutzer und Domino Server in das System aufzunehmen und bestehende IDs erneut zu zertifizieren. Die Zertifizierung ist die Grundlage im Sicherheitssystem von Notes und Domino, die dafür zuständige Person sollte mit äußerster Sorgfalt ausgewählt werden.

Die Lotus Domino-Sicherheitsrichtlinien bieten dem Administrator weitere Möglichkeiten, Einstellungen, Standards und Konfigurationen an Benutzer, Gruppen und Organisationen zu verteilen. Hierzu gehören:

- Verwaltung von Notes- und Internetkennwörtern
- Internet-Kennwortsperre konfigurieren
- Benutzerdefinierte Kennwortrichtlinien konfigurieren
- Administrations-ECLs konfigurieren
- Schlüsselaustausch aktivieren
- OCSP-Überprüfung (Online Certificate Status Protocol) aktivieren
- Signierte Plug-Ins konfigurieren
- Einstellungen für ID-Vault konfigurieren

Die Erstellung von Sicherheitseinstellungsdokumenten wird in *Kapitel 10.2.2, Richtlinieneinstellungen* beschrieben.

Die folgende Liste enthält eine Reihe von Empfehlungen und Fragen an Sie selbst, um Ihre Domino-Umgebung sicherer zu gestalten:

1. Organisation:
   - Wo bewahren Sie die physikalischen Kopien Ihrer Zertifizierer auf?
   - Wer kennt die Kennworte für die Zertifizierer?
   - Verwenden Sie die gleichen Kennworte und Kennwortlängen, die Sie auch schon beim Installieren des ersten Servers in Ihrer Umgebung genutzt haben?
   - Wird der öffentliche Schlüssel beim Zugriff geprüft? Ist die Kennwortprüfung aktiviert? Ist ein Kennwortablaufdatum vorgegeben?
   - Sind Querzulassungen eingerichtet? Wenn ja, werden sie regelmäßig auf ihre Notwendigkeit geprüft?

- Verwenden Sie die Gruppe OTHERDOMAINSERVERS nicht, sondern benutzen Sie eine eigene Gruppe für Fremdsysteme.
- Single Sign-On vergrößert Ihr Risiko, wenn ein Kennwort kompromittiert ist, sind auch die Zugriffe auf zusätzliche Systeme möglich.

2. Serverzugriff:
   - Wildcards (Platzhalter) in Gruppen und Zugriffsfeldern sind nicht zu administrieren, sondern machen die Zugriffe unüberschaubar.
   - Haben Sie Passthru-Routing eingerichtet? Wird dies regelmäßig überwacht?
   - Ist anonymer Zugriff über Web auf den Servern zugelassen oder benutzen Sie Personendokumente und File Protection (Datenschutz)?
   - Halten Sie die Administratorenzugriffe überschaubar und vermeiden Sie zu viele Administratoren im System.
3. Applikationen
   - Benutzen Sie eigene IDs zum Signieren von Agenten?
   - Überlegen Sie, welche Zugriffe die Administration auf Datenbanken benötigt (Lesezugriff, ... FullAccessAdmin)?
   - Lassen Sie lokale Replikation von Datenbanken oder Datenbankkopien zu oder haben Sie dies für kritische Anwendungen unterbunden? Führen Sie regelmäßig eine Bestandsaufnahme der Datenbanken und Zugriffsgruppen durch. Werden noch alle benötigt?
4. Basics
   - Läuft die Replikation der *admin4.nsf* (Administrationsanforderungsdatenbank) fehlerfrei?
   - Legen Sie für jede Datenbank den Administrationsserver fest.
   - Wird der öffentliche Schlüssel beim Zugriff geprüft?
   - Ist die Kennwortprüfung aktiviert?
   - Erstellen Sie Serverzugriffsgruppen und pflegen Sie diese.
5. IDs schützen
   - Nutzen Sie den CA-Prozess, verwenden Sie keine physikalischen Zertifizierer-Dateien.
   - Vergeben Sie stärkere Schlüssel, wenn möglich. Benutzen Sie das Key Rollover.
   - Setzen Sie ID-Vault zur Wiederherstellung von ID-Dateien auf.
6. Zusammenfassung
   - Sichern einer Umgebung bedeutet kein Neuaufbau!
   - Beginnen Sie mit der Kontrolle des Systems und schließen Sie mögliche Sicherheitslücken, die Sie erkennen.
   - Planen Sie die Umsetzung von Security-Maßnahmen in mehreren Schritten
   - Verteilen Sie neue Schlüssel und schalten Sie dann die Prüfung der öffentlichen Schlüssel ein.
   - Setzen Sie ID-Vault zur Kennwort- und ID-Wiederherstellung auf und schalten Sie dann die Kennwortprüfung und den Kennwortablauf ein.
   - Verteilen Sie X509-Zertifikate zur Verschlüsselung von Internet-Mails.

5.8 Serversicherheit

Die Sicherheit der Domino Server steuern Sie maßgeblich durch die Festlegung des Benutzer- und Serverzugriffs. Zusätzlich können Sie die nachfolgend aufgelisteten Vorgaben und Einstellungen vornehmen.

Aktivität	Verwendung
Zugriff auf einen Server zulassen oder ablehnen	Gibt an, welche Notes-Benutzer, Domino Server und Webclients auf den Server zugreifen dürfen.
Verwenden einer internen oder externen CA	Konfiguration eines Zertifizierers, der zur Einrichtung von Internet-Zertifikaten in Ihrer Organisation verwendet wird.
Administratorenzugriff einschränken	Zuweisung unterschiedlicher Berechtigungen für einzelne Administratoren, je nach gestellter Aufgabe.
Notes-Benutzer-IDs und Domino Server- und Zertifizierer-IDs gegenzertifizieren	Gibt Notes-Benutzern und Domino Servern in verschiedenen hierarchisch zertifizierten Organisationen die Möglichkeit, die Identität von Benutzern und Servern in anderen Notes-Organisationen zu prüfen.
Anonymen Serverzugriff zulassen	Gewährt Notes-Benutzern und Domino Servern außerhalb der Organisation Zugriff, ohne ein Gegenzertifikat zu vergeben. Zusätzlich wird die Anonymität gewahrt, da kein Benutzername erfasst wird (z.B. in der Protokolldatei *log.nsf* oder im Dialogfeld BENUTZERAKTIVITÄT/USER ACTIVITY).
Zugriff zur Erstellung neuer Datenbanken, Repliken oder Schablonen einschränken	Gibt bestimmten Notes-Benutzern und Domino Servern die Möglichkeit, Datenbanken und Datenbankrepliken auf dem Server zu erstellen.
Zugriff auf den Netzwerkanschluss eines Servers steuern	Gewährt bestimmten Notes-Benutzern und Domino Servern über einen Anschluss Zugriff auf den Server.
Netzwerkanschluss des Servers verschlüsseln	Verschlüsselt vom Netzwerkanschluss versendete Daten, um unberechtigte Einsichtnahme in das Netzwerk zu verhindern.
Serverkonsole mit einem Kennwort schützen	Verhindert, dass unberechtigte Benutzer Befehle an der Serverkonsole eingeben können.
Serverkonsole mit einer Smartcard sichern	Verhindert den unberechtigten Zugriff auf die Serverkonsole, da eine Anmeldung ohne Smartcard nicht möglich ist.
Serveragenten beschränken	Gibt an, welche Notes-Benutzer und Domino Server welche Agenten auf dem Server ausführen dürfen.
Durchgangszugriff beschränken	Gibt an, welche Notes-Benutzer und Domino Server den Server als Durchgangsserver verwenden können und auf welche Ziele sie zugreifen dürfen.
Serverzugriff von Browser-Benutzern beschränken, die mit Java- oder JavaScript-Programmen arbeiten	Gibt an, welche Webbrowser-Benutzer Java- oder JavaScript-Programme auf dem Server mit Domino ORBs ausführen dürfen.

Aktivität	Verwendung
Zugriff auf den Web Administrator beschränken	Gibt an, welche Internet-/Intranet-Benutzer einen Server von einem Browser aus mit dem Web Administrator verwalten dürfen.
Zugriff des Webbrowsers auf den Befehl `?OpenServer` beschränken	Gibt an, ob Browser-Benutzer die Liste aller sich auf dem Server befindlichen Datenbanken einsehen dürfen.
Dateischutzdokumente verwenden	Gibt an, wer Zugriff auf Dateien hat (z.B. *.html*, *.gif* oder *.jpg*), die sich auf dem Festplattenlaufwerk des Servers befinden.
Zugriff auf das Data-Verzeichnis des Servers einschränken	Schützen Sie die Serververzeichnisse mithilfe von ACL-Dateien, indem Sie die Namen von Benutzern angeben, die zum Zugriff auf diese Verzeichnisse berechtigt sind.
Server mit SSL sichern	Richtet die SSL-Sicherheit für Internet-/Intranet-Benutzer ein, damit der Server authentifiziert, unerlaubte Bearbeitung von Meldungen verhindert wird, Daten verschlüsselt und (optional) Clients authentifiziert werden.
Server mit Namens- und Kennwortauthentifizierung sichern	Legt Internet- und Intranet-Benutzer fest, die auf den Server zugreifen dürfen, und steuert den Zugriff auf die Anwendung ausgehend vom Benutzernamen.
Anonymen Zugriff von Internet-/Intranet-Clients zulassen	Legt fest, ob Internet-/Intranet-Benutzer anonym auf den Server zugreifen dürfen.
„Sitzungen" mit Namens- und Kennwortauthentifizierung verwenden	Lässt Webbrowser-Clients zu, die sich anhand der Namens- und Kennwortauthentifizierung auf Sitzungsbasis authentifizieren. Mithilfe der Authentifizierung auf Sitzungsbasis können Sie eine individuelle Anmeldeseite erstellen und Benutzer automatisch vom Server abmelden, wenn innerhalb einer festgelegten Dauer keine Aktivität festgestellt wird. Außerdem wird die gemeinsame Anmeldung bei Domino und WebSphere Servern unter Verwendung desselben Cookies unterstützt.
Webclients anhand eines sekundären Domino-Verzeichnisses oder LDAP-Verzeichnisses authentifizieren	Authentifiziert Webclients, die die Authentifizierung mit Name und Kennwort oder die SSL-Client-Authentifizierung in sekundären Domino- oder LDAP-Verzeichnissen verwenden, die von Ihrer Domäne als „vertrauenswürdig" gekennzeichnet wurden.
Webclients für einen bestimmten Realm authentifizieren	Ermöglicht es Webbenutzern, auf ein bestimmtes Laufwerk, Verzeichnis oder eine Datei auf einem Domino Server zuzugreifen und verhindert, dass Domino Benutzer für verschiedene Realms zur Eingabe von Namen und Kennwort auffordert.
Authentifizierungsebene für Webclients steuern	Gibt an, wie restriktiv die vom Server angewandten Authentifizierungsregeln für Webbenutzer sein sollen.
Den Server in einem sicheren Bereich aufstellen, beispielsweise in einem verschließbaren Raum	Verhindert unberechtigten Zugriff auf verschlüsselte Daten sowie Server- und Zertifizierer-IDs, die auf dem Festplattenlaufwerk des Servers gespeichert sind.

Aktivität	Verwendung
Den Zugriff auf einen Server mit einer Firewall schützen	Kontrolliert Zugriffe vom Internet auf ein privates Netzwerk, um unerlaubten Zugriff auszuschließen.
Beschränkungen für Mail-Router einrichten	Schränkt das Mail-Routing basierend auf Domino-Domänen, Organisationen und Unterorganisationen ein.
SMTP-Beschränkungen (Eingang) einrichten	Schränkt eingehende Mail dahin ein, dass Domino keine unerwünschten E-Mails akzeptiert.
Relais über MTA verhindern	Verbessert die Sicherheit des SMTP-Routers.
S/MIME verwenden	Zum Verschlüsseln ausgehender Mails wird S/MIME verwendet.

5.8.1 Serverzugriff

Im Serverdokument geben Sie die Regeln für die Validierung und Authentifizierung für den Benutzer- und Serverzugriff vor. Wenn ein Server den Notes-Benutzer, Internet-Benutzer oder Server validiert und authentifiziert und die Einstellungen im Serverdokument den Zugriff gestatten, darf der Benutzer oder Server auf den Server zugreifen. Beschränken Sie den Zugriff auf Ihren Server so weit, dass nur Server und Benutzer zugelassen sind, die auf Anwendungen zugreifen müssen, die auf dem Server gespeichert sind. Verweigern Sie bestimmten Servern und Benutzern den Zugriff, wenn diese keinen Zugriff auf die Anwendungen auf dem Server haben sollen.

Sie können mit dem Serverdokument jedoch nicht den Zugriff von einzelnen Internet-/Intranet-Clients auf einen Server steuern. Hier sollten Sie die Sicherheitsfunktionen auf Anwendungsebene verwenden, um Internet-/Intranet-Clients den Zugriff auf bestimmte Anwendungen zu gestatten oder zu verweigern. Soll die ACL-Verwaltung auch auf Internet-Benutzer ausgedehnt werden, müssen Sie für den jeweiligen Benutzer ein Personendokument im Domino-Verzeichnis erstellen. Andernfalls kann der Internet-Benutzer nur auf Datenbanken, die anonymen Zugriff gestatten, zugreifen.

Negativliste

In der Negativliste werden alle von Ihnen angegebenen Notes-Benutzer und Internet-Clients gepflegt, die keinen Zugriff erhalten. Mithilfe der Negativliste wird Benutzern der Zugriff verweigert, die nicht mehr für Ihre Organisation tätig, aber möglicherweise noch im Besitz ihrer ID-Datei sind (siehe *Abbildung 5.59*). Dies gilt ebenfalls für Benutzer, die noch über ein Personendokument inklusive gültigen Passworts im Domino-Verzeichnis verfügen und gegebenenfalls über ein Internet-Protokoll auf den Server zugreifen könnten.

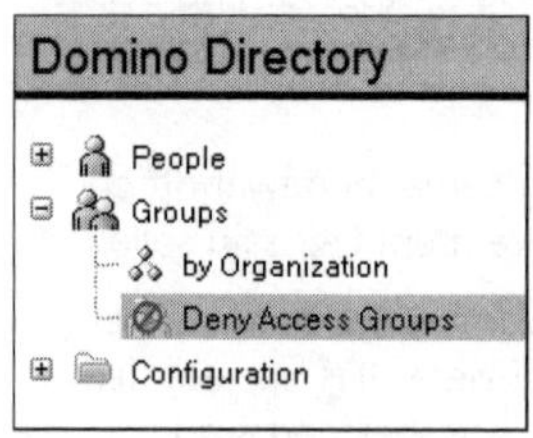

Abbildung 5.59: Negativlisten

Sperren von Notes-IDs

Ähnlich wie bei den Negativlisten können Sie über das Sperren von Notes-IDs bestimmten Notes-Benutzern den Zugriff auf den Server verweigern. Dies ist dann sinnvoll, wenn Sie verhindern möchten, dass andere Benutzer die Negativliste aufrufen, um die Liste der Benutzer zu sehen, die nicht mehr für Ihr Unternehmen arbeiten. Sie sperren eine Benutzer-ID im Personendokument, indem Sie unter KENNWORT FESTLEGEN/CHECK PASSWORD die Option ID SPERREN/LOCKOUT ID wählen (siehe *Abbildung 5.60*).

Abbildung 5.60: Notes-ID sperren

5.8.2 Zugriff von Benutzern und Servern

Der Zugriff auf einen Server wird grundsätzlich im Serverdokument des Lotus Domino Servers konfiguriert. Sie finden die Sicherheitseinstellungen unter dem Register SICHERHEIT/SECURITY. Die Registerkarte ist in mehrere Bereiche unterteilt (siehe *Abbildung 5.61*).

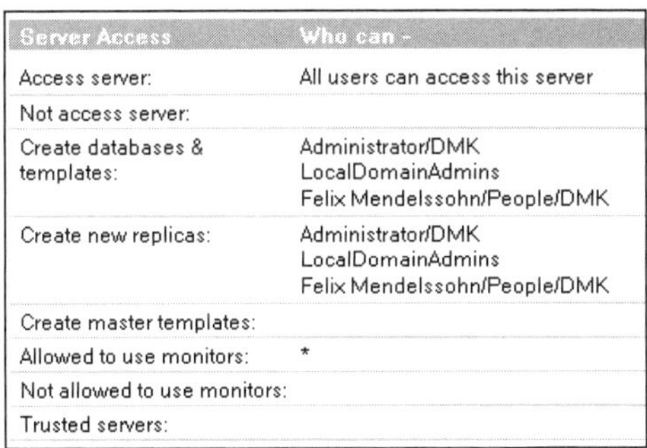

Server Access
Who can -
Access server:
All users can access this server
Not access server:
Create databases & templates:
Administrator/DMK
LocalDomainAdmins
Felix Mendelssohn/People/DMK
Create new replicas:
Administrator/DMK
LocalDomainAdmins
Felix Mendelssohn/People/DMK
Create master templates:
Allowed to use monitors:
*
Not allowed to use monitors:
Trusted servers:

Abbildung 5.61: Steuerung des Serverzugriffs

Administratoren

Die Aufgaben der Administratoren unterteilen sich sinnvollerweise nach einem vorgegebenen Delegierungssystem, sodass anfallende Aufgaben mit den dafür notwendigen Rechten mit einer Rolle in Verbindung stehen. Auf diese Weise haben nicht alle Personen aus dem Administrations- oder Produktionsbereich Vollzugriff, sondern die Rechte werden verteilt (siehe *Abbildung 5.62*).

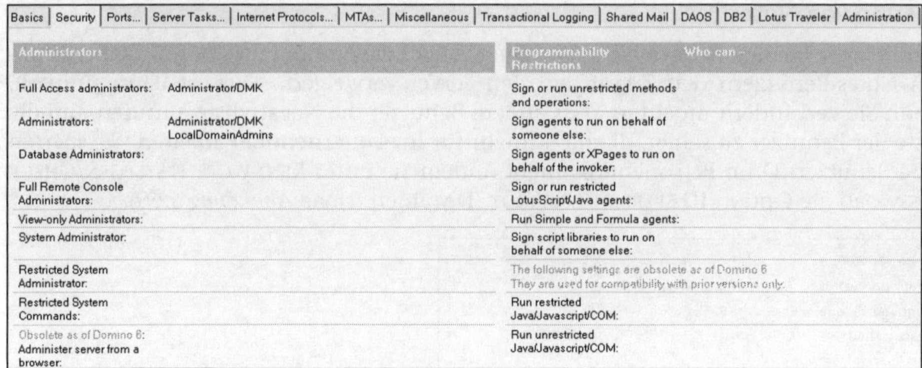

Abbildung 5.62: Einrichtung der delegierten Serveradministration

Feld	**Eingabe**
Administratoren mit Vollzugriff/ Full access administrators	Diese Gruppe hat die umfassendsten Zugriffsberechtigungen im System. Sie wird standardmäßig nicht belegt. Mitglieder dieser Gruppe können alle administrativen Funktionen ausführen; hierdurch wird beispielsweise die Ausführung eines Lotus Notes Clients auf der lokalen Serverhardware überflüssig. Diese Gruppe von Administratoren hat folgende Rechte: ▶ Managerzugriff mit allen Rollen und Zugriffsprivilegien auf alle Datenbanken des Servers, unabhängig von der jeweiligen Zugriffskontrollliste ▶ Managerzugriff mit allen Rollen und Zugriffsprivilegien auf die Web Administrator-Datenbank (*webadmin.nsf*) ▶ Zugriff auf alle Dokumente in allen Datenbanken, unabhängig von Leserfeldern ▶ Die Möglichkeit, Agenten, die im unbeschränkten Modus mit vollen administrativen Rechten ausgeführt werden, zu erstellen ▶ Zugriff auf sämtliche unverschlüsselte Daten auf dem Server Mit der Anweisung `Secure_Disable_FullAdmin=1` in der Datei *notes.ini* kann der volle administrative Zugriff deaktiviert werden. Die Einträge im Serverdokument werden dadurch deaktiviert.
Administratoren/ Administrators	Der Default-Eintrag in diesem Feld ist der Name des Administrators, der den Server installiert und konfiguriert hat. Diese Gruppe von Administratoren hat folgende Rechte: ▶ Managerzugriff auf die Web Administrator-Datenbank (*webadmin.nsf*) ▶ Erstellen, Aktualisieren und Löschen von Ordnern und Datenbanklinks ▶ Erstellen, Aktualisieren und Löschen von Zugriffskontrolllisten von Verzeichnislinks ▶ Komprimieren und Löschen von Datenbanken

Feld	Eingabe
	- Erstellen, Aktualisieren und Löschen von Volltextindizes - Erstellen von Datenbanken, Repliken und Master-Templates - Setzen von Datenbankeigenschaften (z.B. Größenbeschränkungen) - Einsatz von Mailverfolgung und Verfolgen von Mail-Betreffzeilen - Remote-Administration von Unix-Servern mithilfe einer Konsole - Ausgabe aller möglichen Remote-Konsolenkommandos
Datenbankadministratoren/ Database administrators	Diese Administratoren sind verantwortlich für die Datenbank auf dem Domino Server. Sie besitzen nicht automatisch Managerzugriff auf die Datenbank und haben auch keinen Zugriff auf die Web Administrator-Datenbank (*webadmin.nsf*). Sie haben folgende Rechte: - Erstellen, Aktualisieren und Löschen von Ordnern und Datenbanklinks - Erstellen, Aktualisieren und Löschen von Zugriffskontrolllisten von Verzeichnislinks - Komprimieren und Löschen von Datenbanken - Erstellen, Aktualisieren und Löschen von Volltextindizes - Erstellen von Datenbanken, Repliken und Masterschablonen - Setzen von Datenbankeigenschaften (z.B. Größenbeschränkungen)
Administratoren mit voller Remote-Konsolen-Berechtigung/ Full remote console administrators	Diese Administratoren haben die Berechtigung, an einer Remote-Konsole Kommandos an den Domino Server abzusetzen.
Leseberechtigte Administratoren/ View-only administrators	Diese Administratoren haben die Berechtigung, an der (Remote-)Konsole Befehle zur Statusabfrage des Domino Servers abzusetzen. Diese Befehle haben keinerlei Auswirkungen auf den Betrieb des Servers.
Systemadministratoren/ system administrators	Diese Administratoren dürfen Betriebssystembefehle ausführen, die sich auf den Server auswirken. Es sollten sinnvollerweise Administratoren des verwendeten Betriebssystems sein, die das Zusammenspiel zwischen dem Lotus Domino Server und dem Betriebssystem steuern müssen. Diese Funktion setzt voraus, dass der Domino Server Controller auf dem Server aktiviert ist.*
Systemadministratoren mit eingeschränkter Berechtigung/ Restricted system administrators	Diese Administratoren dürfen nur Betriebssystembefehle absetzen, die im Feld Systemkommandos-Einschränkung/ Restricted system commands aufgelistet sind. Diese Funktion setzt voraus, dass der Domino Server Controller auf dem Server aktiviert ist.*

Feld	Eingabe
BESCHRÄNKTE SYSTEMBEFEHLE/ RESTRICTED SYSTEM COMMANDS	Hier wird eine Liste von Betriebssystemkommandos eingetragen, die SYSTEMADMINISTRATOREN MIT EINGESCHRÄNKTER BERECHTIGUNG/RESTRICTED SYSTEM ADMINISTRATORS am Server ausführen dürfen. Die Auswahl der Kommandos ist abhängig vom Betriebssystem und den durchzuführenden Aufgaben.
SERVER ÜBER EINEN BROWSER ADMINISTRIEREN/ ADMINISTER THE SERVER FROM A BROWSER	Diese Einstellung gilt aus Gründen der Abwärtskompatibilität nur für Domino Server vor Version 6. Der Domino 6 Web Administrator/Administrator Client kann nur im Zusammenhang mit Domino Servern der Version 6 eingesetzt werden. Sollten in Ihrer Umgebung noch Server eines früheren Releases eingesetzt werden, so ist diese Einstellung im Serverdokument notwendig, um ältere Versionen des Web Administrators einsetzen zu können.

* Der Server Controller ist ein JAVA-basiertes Programm zur Steuerung des Domino Servers. Wird der Server Controller gestartet, startet auch der von ihm gesteuerte Domino Server. Mithilfe des Server Controllers können Sie Betriebssystemkommandos, Controller-Kommandos oder Befehle für den Domino Server absetzen.

ADMINISTRATOREN MIT VOLLZUGRIFF/FULL ACCESS ADMINISTRATORS, ADMINISTRATOREN/ ADMINISTRATORS sowie DATENBANKADMINISTRATOREN/DATABASE ADMINISTRATORS dürfen jede Datenbank auf dem Domino Server löschen, auch wenn sie nicht als Manager in der Zugriffskontrollliste der Datenbank eingetragen sind.

ADMINISTRATOREN MIT VOLLZUGRIFF können keine verschlüsselten Informationen, für die sie nicht den privaten Schlüssel besitzen, analysieren.

Erstellen Sie in Ihrer Umgebung ein Administrationskonzept. In kleinen Umgebungen gibt es wahrscheinlich nur eine geringe Anzahl von Administratoren, der Aufwand ist in diesem Fall eher nicht notwendig. In einer größeren Domino-Infrastruktur bietet es sich an, diese Möglichkeiten der differenzierten Vergabe von Administrationsberechtigungen zu nutzen.

FULL ACCESS ADMINISTRATOR-Zugriff unerwünscht?

Einerseits bietet die FULL ACCESS-Option für den Administrator eine komfortable Möglichkeit, schnell und einfach den Zugriff auf sämtliche Datenbanken über den Administrator Client umzusetzen. Andererseits stellt diese Möglichkeit bei einer gehackten ID eines Administrators, der als Full Access Administrator in das Serverdokument eingetragen wurde, ein hohes Sicherheitsrisiko dar. In einem solchen Fall wären alle Datenbanken zugreif- und auslesbar. Wägen Sie hierbei Nutzen und Risiko in Ihrer Umgebung ab. Möchten Sie die Funktion Full Access Administrator dauerhaft unterbinden, können Sie dies über den Eintrag `Secure_Disable_FullAdmin=1` in der *notes.ini* des Servers umsetzen.

Serverzugriffssteuerung

Steuern Sie die Zugriffsrechte von Notes-Benutzern, Domino Servern und Benutzern, die Internet-Protokolle (HTTP, IMAP, LDAP, POP3) verwenden, mithilfe der Serverzugriffsliste. Es wird ein zusätzlicher Sicherheitscheck aktiviert, durch dessen Einsatz sich die Zugriffszeit beim Zugriff auf den Server erhöhen kann. Sind in Ihrem System mehrere Domino-Verzeichnisse im Einsatz, sollten Sie beachten, dass Domino nur im ersten Domino-Verzeichnis sucht, das unter der Einstellung NAMES in der Datei *notes.ini* angegeben ist.

Neben der Serverzugriffsliste können Sie einem Benutzer den Zugriff auch verweigern, wenn Sie die einzelne Benutzer-ID sperren.

1. Klicken Sie in Domino Administrator auf das Register KONFIGURATION/CONFIGURATION und öffnen Sie das Serverdokument.
2. Klicken Sie auf das Register SICHERHEIT/SECURITY.
3. Nehmen Sie im Abschnitt WER KANN - AUF SERVER ZUGREIFEN/SERVER ACCESS Eingaben in mindestens einem der folgenden Felder vor und speichern Sie anschließend das Dokument.

Feld	Eingabe
SERVERZUGRIFF/ ACCESS SERVER	Es besteht die Auswahlmöglichkeit, BENUTZERN AUS VERTRAUTEN DOMINO-VERZEICHNISSEN/USERS LISTED IN ALL TRUSTED DIRECTORIES oder einer expliziten Liste von Benutzern oder Gruppen Zugriff zu gewähren. Die beiden Fälle können kombiniert werden. Vor allem in sicherheitssensiblen Umgebungen sollte die Option gesetzt werden. Wenn die Option gesetzt ist, können nur die in der Liste aufgeführten Benutzer auf den Server zugreifen. Wählen Sie für die Liste folgende Optionen: ▶ Namen von Benutzern, Servern und Gruppen ▶ Ein Sternchen (*), um allen im Domino-Verzeichnis aufgelisteten Benutzern Zugriff zu gewähren. Dies ist gleichbedeutend mit der Auswahl von JA/YES im Feld IN ALLEN VERTRAUTEN DOMINO-VERZEICHNISSEN AUFGEFÜHRTE BENUTZER/USERS LISTED IN ALL TRUSTED DIRECTORIES. ▶ Ein Sternchen (*), gefolgt von einem Zertifikatsnamen, z.B. */VERTRIEB/DMK, um allen Benutzern, die durch einen bestimmten Zertifizierer zertifiziert wurden, Zugriff zu gestatten. ▶ Ein Sternchen (*), gefolgt von einem Ansichtsnamen, z.B. *($USERS), um den Zugriff für alle Namen, die in einer bestimmten Ansicht im Domino-Verzeichnis enthalten sind, zu gestatten. Die Zugriffszeit wird verkürzt, wenn Sie statt eines Ansichtsnamens einen Gruppennamen angeben. ▶ Wenn dieses Feld leer ist (Vorgabe), können alle Benutzer auf den Server zugreifen. Trennen Sie mehrere Namen durch ein Komma oder ein Semikolon.

Feld	Eingabe
KEIN SERVERZUGRIFF/ NOT ACCESS SERVER	Wählen Sie eine der folgenden Optionen: ▶ Namen von Benutzern, Servern und Gruppen ▶ Ein Sternchen (*), gefolgt von einem Zertifikatsnamen, z.B. */EXTERN/DMK, um allen Benutzern, die durch einen bestimmten Zertifizierer zertifiziert wurden, Zugriff zu verweigern. ▶ Ein Sternchen (*), gefolgt von einem Ansichtsnamen, z.B. *($USERS), um den Zugriff für alle Namen, die in einer bestimmten Ansicht im Domino-Verzeichnis enthalten sind, zu verweigern. Die Zugriffszeit wird verkürzt, wenn Sie statt eines Ansichtsnamens einen Gruppennamen angeben. ▶ Wenn dieses Feld leer ist (Vorgabe), können alle Benutzer, deren Namen im Feld SERVERZUGRIFF/ACCESS SERVER aufgeführt sind, auf den Server zugreifen. Namen, die in dieses Feld eingegeben werden, haben Vorrang vor den Namen, die im Feld SERVERZUGRIFF/ACCESS SERVER aufgeführt sind. Wenn Sie beispielsweise einen Gruppennamen in das Feld SERVERZUGRIFF/ACCESS SERVER und den Namen eines bestimmten Gruppenmitglieds in das Feld KEIN SERVERZUGRIFF/NOT ACCESS SERVER eingeben, kann dieser Benutzer nicht auf den Server zugreifen. Trennen Sie mehrere Namen durch ein Komma oder ein Semikolon.
VERTRAUTE SERVER/ TRUSTED SERVERS	Die Namen der Server, denen in Bezug auf die Identität ihrer Benutzer vertraut wird und deren Benutzer somit dem aktuellen Server gegenüber authentifiziert sind.

Sie können die Anmeldegeschwindigkeit für eine Gruppe von Stammbenutzern erhöhen und trotzdem den Zugriff für alle im Domino-Verzeichnis aufgeführten Benutzer beibehalten, indem Sie eine Gruppe STAMMBENUTZER erstellen und diesen Gruppennamen an erster Stelle in das Feld SERVERZUGRIFF/ACCESS SERVER eingeben. Wenn Domino einen Benutzer in der Gruppe STAMMBENUTZER findet, wird das Domino-Verzeichnis nicht nach dem Namen durchsucht. Geben Sie beispielsweise Folgendes in das Feld SERVERZUGRIFF/ACCESS SERVER ein: STAMMBENUTZER, *.

Sie sollten sinnvollerweise auch eine Gruppe mit Administratoren erstellen, in der die Namen aller Domino-Administratoren aufgelistet werden. Verwenden Sie diese Gruppe in der Zugriffskontrollliste der Server.

5.8.3 Anonymer Serverzugriff

Bei einem anonymen Zugriff entfällt die Validierung und Authentifizierung der Notes-Benutzer und Domino Server auf dem Server. Verwenden Sie den anonymen Zugriff, um beliebigen Personen Zugriff auf Server zu gestatten, für die sie nicht gegenzertifiziert sind. Sie sollten aber beachten,, dass bei anonymen Serverzugriffen die Namen der Benutzer und Server nicht in die Protokolldatenbank (*log.nsf*) oder in das Dialogfeld BENUTZERAKTIVITÄT/USER ACTIVITY geschrieben werden.

Wurde anonymer Zugriff für einen Server eingestellt, benötigen Notes-Benutzer und Domino Server kein gültiges Zertifikat, um auf den Server zuzugreifen, da sie vom Server weder validiert noch authentifiziert werden. Der anonyme Zugriff sollte verwendet werden, wenn Benutzer und Server außerhalb Ihres Unternehmens Zugriff auf einen Server erhalten sollen, ohne dass sie ein Unternehmenszertifikat besitzen. Sie können anonymen Zugriff auch für Internet-/Intranet-Benutzer einrichten.

1. Klicken Sie in Domino Administrator auf das Register KONFIGURATION/CONFIGURATION und öffnen Sie anschließend das Serverdokument.
2. Klicken Sie auf das Register SICHERHEIT/SECURITY.
3. Wählen Sie JA/YES im Feld ANONYME NOTES-VERBINDUNGEN ZULASSEN/ALLOW ANONYMOUS NOTES CONNECTIONS (siehe *Abbildung 5.63*).
4. Wenn im Feld SERVERZUGRIFF/ACCESS SERVER des Abschnitts WER KANN - AUF SERVER ZUGREIFEN/SERVER ACCESS WHO CAN - des Serverdokuments Einträge enthalten sind, geben Sie ANONYMOUS in das Feld ein. Speichern Sie das Dokument.

Abbildung 5.63: Anonymen Zugriff auf Server ermöglichen

5. Erstellen Sie in der ACL der Datenbanken, für die der anonyme Zugriff gestattet sein soll, den Eintrag ANONYMOUS. Weisen Sie die gewünschte Zugriffsebene zu (in der Regel Lesezugriff). Wenn Sie ANONYMOUS nicht als Eintrag in die ACL aufnehmen, erhalten alle anonymen Benutzer und Server den gleichen Zugriff wie –DEFAULT-.
6. Fahren Sie den Server herunter und starten Sie ihn neu, damit die Änderungen wirksam werden.

Bei einem anonymen Zugriff und nicht erfolgter Authentifizierung wird in der Statusleiste folgende Meldung angezeigt:

```
Server X kann Sie nicht authentifizieren, weil: Das Server-Adressbuch enthält keine Gegenzertifikate, die Sie für den Zugriff autorisieren könnten. Sie greifen jetzt anonym auf den Server zu.
```

5.8.4 Erstellung von Datenbanken und Repliken

Es empfiehlt sich, das Erstellen von Datenbanken und Repliken auf einem Server nur bestimmten Benutzern und Servern vorzubehalten und dies in definierten Ordnern nach bestimmten Regeln vorzunehmen, um beispielsweise den verfügbaren Festplattenspeicherplatz und weitere Faktoren kontrollieren zu können. Sind in Ihrem System mehrere Domino-Verzeichnisse im Einsatz, ist es wichtig zu beachten, dass Domino nur im ersten Domino-Verzeichnis sucht, das unter der Einstellung `Names` in der Datei *notes.ini* angegeben ist.

Wenn der Server die Erstellung einer Replik durch den Benutzer zulässt, eine bestimmte Datenbank-ACL dies jedoch nicht zulässt, kann der Benutzer keine Replik erstellen.

1. Klicken Sie in Domino Administrator auf das Register KONFIGURATION/CONFIGURATION und öffnen Sie das Serverdokument.
2. Klicken Sie auf das Register SICHERHEIT/SECURITY.
3. Geben Sie im Abschnitt AUF SERVER ZUGREIFEN/SERVER ACCESS Werte in eines oder mehrere der folgenden Felder ein und speichern Sie anschließend das Dokument. Trennen Sie mehrere Namen durch ein Komma oder ein Semikolon:

Feld	Eingabe
DATENBANKEN & SCHABLONEN ERSTELLEN/ CREATE DATABASES & TEMPLATES	Eine der folgenden Optionen: ▶ Namen bestimmter Server, Benutzer und Gruppen. ▶ Wenn dieses Feld leer ist (Vorgabe), können alle Benutzer mit Zugriff auf diesen Server Datenbanken darauf erstellen. ▶ Ein Sternchen (*), gefolgt von einem Zertifikatsnamen, z.B. */VERTRIEB/DMK, um allen Benutzern, die durch einen bestimmten Zertifizierer zertifiziert wurden, die Erstellung von Datenbanken zu gestatten. ▶ Ein Sternchen (*), gefolgt von einem Ansichtsnamen, z.B. *($USERS), um allen Benutzern, deren Namen in einer bestimmten Ansicht im Domino-Verzeichnis enthalten sind, die Erstellung von Datenbanken zu gestatten. Die Zugriffszeit wird verkürzt, wenn Sie statt eines Ansichtsnamens einen Gruppennamen angeben.
NEUE REPLIKEN ERSTELLEN/ CREATE NEW REPLICAS	Eine der folgenden Optionen: ▶ Namen bestimmter Server, Benutzer und Gruppen. ▶ Wenn dieses Feld leer ist (Vorgabe), kann kein Benutzer Repliken auf dem Server erstellen. ▶ Ein Sternchen (*), gefolgt von einem Zertifikatsnamen, z.B. */VERTRIEB/DMK, um allen Benutzern, die durch einen bestimmten Zertifizierer zertifiziert wurden, die Erstellung von Repliken zu gestatten.

Feld	Eingabe
	▶ Ein Sternchen (*), gefolgt von einem Ansichtsnamen, z.B. *($Users), um allen Benutzern, deren Namen in einer bestimmten Ansicht im Domino-Verzeichnis enthalten sind, die Erstellung von Repliken zu gestatten. Die Zugriffszeit wird verkürzt, wenn Sie statt eines Ansichtsnamens einen Gruppennamen angeben. Server, Benutzer und Gruppen, die keine neuen Datenbanken auf dem Server erstellen können, können auch keine Repliken erstellen.
MASTERSCHABLONE ERSTELLEN/ CREATE MASTER TEMPLATES	Eine der folgenden Optionen: ▶ Namen bestimmter Server, Benutzer und Gruppen. ▶ Ein Sternchen (*), gefolgt von einem Zertifikatsnamen, z.B. */VERTRIEB/DMK, um allen Benutzern, die durch einen bestimmten Zertifizierer zertifiziert wurden, die Erstellung von Schablonen zu gestatten. ▶ Ein Sternchen (*), gefolgt von einem Ansichtsnamen, z.B. *($USERS), um allen Benutzern, deren Namen in einer bestimmten Ansicht im Domino-Verzeichnis enthalten sind, die Erstellung von Schablonen zu gestatten. Die Zugriffszeit wird verkürzt, wenn Sie statt eines Ansichtsnamens einen Gruppennamen angeben. ▶ Wenn dieses Feld leer ist (Vorgabe), kann kein Benutzer Masterschablonen auf dem Server anlegen. Server, Benutzer und Gruppen, die keine neuen Datenbanken oder Repliken auf dem Server erstellen können, können auch keine Schablonen erstellen oder aktualisieren.

Erstellen Sie eine Gruppe zur Erstellung von Repliken, in der die Namen aller Personen erscheinen, die Repliken auf Servern erstellen dürfen. Tragen Sie den Gruppennamen in das Feld REPLIKEN ERSTELLEN/CREATE NEW REPLICAS der einzelnen Serverdokumente im Domino-Verzeichnis ein.

Überwachen von Datenbanken verhindern

Benutzer haben die Möglichkeit, ihre Abonnements für Datenbanken in der lokalen Datenbank *headline.nsf* so einzurichten, dass sie diese automatisch nach den für sie interessanten Elementen durchsuchen. Je mehr Benutzer diese Funktion verwenden, desto negativer wird die Serverleistung möglicherweise beeinflusst.

1. Klicken Sie in Domino Administrator auf das Register KONFIGURATION/CONFIGURATION und öffnen Sie das Serverdokument.
2. Klicken Sie auf das Register SICHERHEIT/SECURITY.

3. Geben Sie im Abschnitt AUF SERVER ZUGREIFEN/SERVER ACCESS Werte in eines oder beide der folgenden Felder ein und speichern Sie anschließend das Dokument:

Feld	Eingabe
VERWENDUNG VON MONITOREN ZULÄSSIG FÜR/ ALLOW TO USE MONITORS	Eine der folgenden Optionen: ▶ Namen bestimmter Benutzer und Gruppen. ▶ Ein Sternchen (*), gefolgt von einem Zertifikatsnamen, z.B. */VERTRIEB/DMK, um allen Benutzern, die durch einen bestimmten Zertifizierer zertifiziert wurden, die Verwendung eines Monitors zu gestatten. ▶ Ein Sternchen (*), gefolgt von einem Ansichtsnamen, z.B. *($USERS), um allen Benutzern, deren Namen in einer bestimmten Ansicht im Domino-Verzeichnis enthalten sind, die Verwendung eines Monitors zu gestatten. Die Zugriffszeit wird verkürzt, wenn Sie statt eines Ansichtsnamens einen Gruppennamen angeben. ▶ Wenn dieses Feld leer ist, kann kein Benutzer mit Zugriff auf diesen Server Monitore verwenden. ▶ Wenn dieses Feld ein Sternchen (*) enthält (Vorgabe), können alle Benutzer mit Zugriff auf diesen Server Monitore verwenden. Trennen Sie mehrere Namen durch ein Komma oder ein Semikolon.
VERWENDUNG VON MONITOREN NICHT ZULÄSSIG FÜR/ NOT ALLOW TO USE MONITORS	Eine der folgenden Optionen: ▶ Namen bestimmter Benutzer und Gruppen. ▶ Wenn dieses Feld leer ist (Vorgabe), können alle Benutzer mit Zugriff auf diesen Server Monitore verwenden. ▶ Ein Sternchen (*), gefolgt von einem Zertifikatsnamen, z.B. */EXTERN/DMK, um Benutzern, die durch einen bestimmten Zertifizierer zertifiziert wurden, die Verwendung eines Monitors nicht zu gestatten. ▶ Ein Sternchen (*), gefolgt von einem Ansichtsnamen, z.B. *($USERS), um Benutzern, deren Namen in einer bestimmten Ansicht im Domino-Verzeichnis enthalten sind, die Verwendung eines Monitors nicht zu gestatten. Die Zugriffszeit wird verkürzt, wenn Sie statt eines Ansichtsnamens einen Gruppennamen angeben. ▶ Wenn dieses Feld ein Sternchen (*) enthält, kann kein Benutzer mit Zugriff auf diesen Server Monitore verwenden. Trennen Sie mehrere Namen durch ein Komma oder ein Semikolon.

Sie können Benutzer auch an der Überwachung einer einzelnen Datenbank hindern, indem Sie in den Eigenschaften dieser Datenbank unter ERWEITERTE OPTIONEN/ADVANCED OPTIONS im letzten Register das Auswahlfeld ÜBERWACHUNG VON SCHLAGZEILEN NICHT ZULASSEN/DON?T ALLOW HEADLINE MONITORING aktivieren.

5.8.5 Durchgangsserverzugriff

Über einen Domino Server, der als Durchgangsserver (Passthru) konfiguriert wurde, können Benutzer und Server über eine Durchgangsverbindung auf einen anderen Server zugreifen. Der Server, auf den die Benutzer zugreifen, wird „Zielserver" genannt. Sie können steuern, welche Benutzer und Server auf einen Durchgangsserver und auf ein Durchgangsziel zugreifen können. Sind in Ihrem System mehrere Domino-Verzeichnisse im Einsatz, sucht Domino nur im ersten Domino-Verzeichnis, das unter der Einstellung NAMES in der Datei *notes.ini* angegeben ist. Internet- und Intranet-Clients können keine Durchgangsverbindungen nutzen. Daher sind diese Einstellungen nur für Notes-Benutzer und Domino Server gültig.

1. Klicken Sie in Domino Administrator auf das Register KONFIGURATION/CONFIGURATION und öffnen Sie das Serverdokument.
2. Klicken Sie auf das Register SICHERHEIT/SECURITY.
3. Geben Sie im Abschnitt BENUTZUNG DES DURCHGANGSSERVERS/PASSTHRU USE Werte in eines oder mehrere der folgenden Felder ein und speichern Sie anschließend das Dokument. Trennen Sie mehrere Namen durch ein Komma oder ein Semikolon.

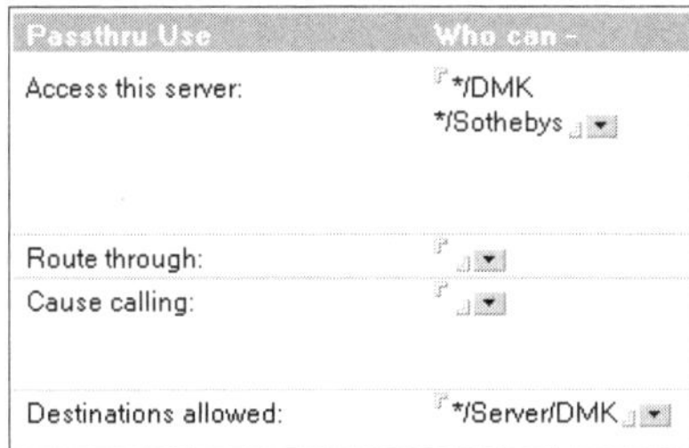

Abbildung 5.64:
Zugriff auf Durchgangsserver steuern

Feld	**Eingabe**
AUF DIESEN SERVER ZUGREIFEN/ ACCESS THIS SERVER	Eine der folgenden Optionen: ▶ Namen bestimmter Server, Benutzer und Gruppen. ▶ Wenn dieses Feld leer ist (Vorgabe), können Benutzer und Server nicht mit Durchgangsverbindungen auf den Server zugreifen. ▶ Ein Sternchen (*), gefolgt von einem Zertifikatsnamen, z.B. */VERTRIEB/DMK, um allen Benutzern, die durch einen bestimmten Zertifizierer zertifiziert wurden, Zugriff auf den Server zu gestatten. ▶ Ein Sternchen (*), gefolgt von einem Ansichtsnamen, z.B. *($USERS), um den Zugriff für alle Namen, die in einer bestimmten Ansicht im Domino-Verzeichnis enthalten sind, zu gestatten. Die Zugriffszeit wird verkürzt, wenn Sie statt eines Ansichtsnamens einen Gruppennamen angeben. Alle Benutzer oder Server, die in diesem Feld aufgeführt sind, können über einen Durchgangsserver auf diesen Server zugreifen. Dieses Feld hat keinen Vorrang vor anderen Zugriffsfeldern wie SERVERZUGRIFF/ACCESS SERVER und KEIN SERVERZUGRIFF/NOT ACCESS SERVER. Wenn beispielsweise im Feld SERVERZUGRIFF/ACCESS SERVER angegeben ist, dass nur Benutzer auf diesen Server zugreifen können, die im Domino-Verzeichnis aufgeführt sind, haben Benutzer keinen Zugriff, wenn sie nicht zur lokalen Domäne gehören.

Feld	Eingabe
ROUTING ÜBER SERVER/ ROUTE THROUGH	Eine der folgenden Optionen: ▶ Namen bestimmter Server, Benutzer und Gruppen. ▶ Wenn dieses Feld leer ist (Vorgabe), ist ein Zugriff über Durchgangsverbindungen nicht möglich. ▶ Ein Sternchen (*), gefolgt von einem Zertifikatsnamen, z.B. */VERTRIEB/DMK, um allen Benutzern, die durch einen bestimmten Zertifizierer zertifiziert wurden, Zugriff auf den Server zu gestatten. ▶ Ein Sternchen (*), gefolgt von einem Ansichtsnamen, z.B. *($USERS), um den Zugriff für alle Namen, die in einer bestimmten Ansicht im Domino-Verzeichnis enthalten sind, zu gestatten. Die Zugriffszeit wird verkürzt, wenn Sie statt eines Ansichtsnamens einen Gruppennamen angeben. Alle Benutzer oder Server, die in diesem Feld aufgeführt sind, können den Server als Durchgangsserver verwenden, unabhängig davon, ob sie in den Feldern SERVERZUGRIFF/ACCESS SERVER oder KEIN SERVERZUGRIFF/NOT ACCESS SERVER enthalten sind.
ANRUF VERANLASSEN/ CAUSE CALLING	Eine der folgenden Optionen: ▶ Namen bestimmter Server, Benutzer und Gruppen. ▶ Wenn dieses Feld leer ist (Vorgabe), sind Anrufe nicht möglich. ▶ Ein Sternchen (*), gefolgt von einem Zertifikatsnamen, z.B. */VERTRIEB/DMK, um allen Benutzern, die durch einen bestimmten Zertifizierer zertifiziert wurden, die Ausführung von Anrufen zu gestatten. ▶ Ein Sternchen (*), gefolgt von einem Ansichtsnamen, z.B. *($USERS), um allen Benutzern, deren Namen in einer bestimmten Ansicht im Domino-Verzeichnis enthalten sind, die Ausführung von Anrufen zu gestatten. Die Zugriffszeit wird verkürzt, wenn Sie statt eines Ansichtsnamens einen Gruppennamen angeben. Alle Benutzer oder Server, die in diesem Feld aufgeführt sind, können den Server anweisen, einen anderen Server über eine Wählverbindung anzurufen, um einen Routing-Pfad zu diesem Server herzustellen. Wenn kein Name eingegeben ist, sind Anrufe nicht zulässig. Wenn der Replikator oder ein anderer Server das Modem auf einem Server verwendet, um sich mit einem Ziel zu verbinden, muss der Servername des Replikators in der Regel in dieser Liste auf dem Server mit dem Modem enthalten sein. Andernfalls wird die Replizierung regelmäßig fehlschlagen. Dieses Feld entspricht der Einstellung `Allow_Passthru_Callers` in der Datei *notes.ini*. Bei einem Konflikt hat das Feld ANRUF VERANLASSEN/ CAUSE CALLING Vorrang.
ZULÄSSIGE ZIELE/ DESTINATIONS ALLOWED	Namen von Zielservern, zu denen dieser Server andere Clients weiterleiten kann. Wenn keine Namen angegeben sind, darf an alle Server weitergeleitet werden. Dieses Feld entspricht der Einstellung `Allow_Passthru_Targets` in der Datei *notes.ini*. Bei einem Konflikt hat das Feld ZULÄSSIGE ZIELE/DESTINATIONS ALLOWED Vorrang.

5.8.6 Serveragenten

Sie steuern die Agententypen, die Benutzer auf einem Server ausführen können, indem Sie Einschränkungen für Serveragenten einrichten.

1. Klicken Sie in Domino Administrator auf das Register KONFIGURATION/CONFIGURATION und öffnen Sie das Serverdokument.
2. Klicken Sie auf das Register SICHERHEIT/SECURITY.

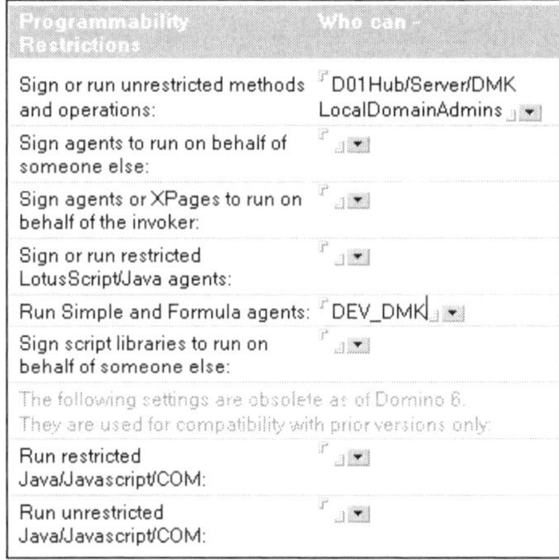

Abbildung 5.65: Steuerung der Agententypen

3. Geben Sie im Abschnitt AGENT-BESCHRÄNKUNGEN/PROGRAMMABILITY RESTRICTIONS Werte in eines oder mehrere der folgenden Felder ein und speichern Sie anschließend das Dokument (siehe *Abbildung 5.65*):

Feld	Eingabe
UNBESCHRÄNKTE METHODEN UND OPERATIONEN DURCHFÜHREN ODER SIGNIEREN/ SIGN OR RUN UNRESTRICTED METHODS AND OPERATIONS	Geben Sie die Namen der Benutzer und Gruppen ein, denen es erlaubt ist, aus einem von drei Zugriffsstufen für Agenten, die mit ihrer ID unterzeichnet sind, auszuwählen. Dies ist dann möglich, wenn der Benutzer bei der Erstellung des Agenten Domino Designer 6 verwendet hat. Die Zugriffsstufen sind: ▶ Eingeschränkter Modus ▶ Uneingeschränkter Modus ▶ Uneingeschränkter Modus mit vollen administrativen Rechten Nur User mit dieser Zugriffsberechtigung können andere Optionen als KEINE BESCHRÄNKTEN OPERATIONEN ERLAUBT/DO NOT ALLOW RESTRICTED OPERATIONS auswählen. Diese Zugriffsberechtigung ist der Vorgabewert für den betroffenen Server sowie die Lotus Notes Template Development ID, mit der die im Produkt enthaltenen Schablonen unterzeichnet sind. Ist ein Benutzer in diesem Feld ebenfalls als Datenbankadministrator im Serverdokument eingetragen, kann der Benutzer Datenbankoperationen durchführen, ohne explizit in der Zugriffskontrollliste der Datenbank eingetragen zu sein.

Feld	Eingabe
	Wenn ein Benutzer die Berechtigung hat, Agenten im uneingeschränkten Modus mit vollen administrativen Rechten auszuführen, sollte der Unterzeichner des Agenten in diesem Feld oder im Feld ADMINISTRATOR MIT VOLLEM ZUGRIFF/FULL ACCESS ADMINISTRATOR eingetragen sein, genau wie dieser Modus auch im Agent Builder ausgewählt sein sollte. Ein Eintrag im Feld ADMINISTRATOR MIT VOLLEM ZUGRIFF/FULL ACCESS ADMINISTRATOR allein bietet nicht die ausreichende Berechtigung, Agenten in diesem Modus auszuführen.
AGENTEN SIGNIEREN, DIE IM NAMEN ANDERER AUSGEFÜHRT WERDEN/ SIGN AGENTS TO RUN ON BEHALF OF SOMEONE ELSE	Geben Sie die Namen der Benutzer und Gruppen ein, denen es erlaubt ist, Agenten zu unterzeichnen, die im Namen von irgendjemand anderem ausgeführt werden. Ist das Feld leer (Vorgabe), kann niemand Agenten in dieser Weise unterzeichnen. Diese Einstellung sollte mit Vorsicht vorgenommen werden, da die Zugriffskontrolllisten den Namen prüfen, für den der Agent unterzeichnet wurde.
SIGNIEREN VON AGENTEN ODER XPAGES, DIE IM NAMEN DES AUFRUFENDEN AUSGEFÜHRT WERDEN/ SIGN AGENTS OR XPAGES TO RUN ON BEHALF OF THE INVOKER	Geben Sie die Namen der Benutzer und Gruppen ein, denen es erlaubt ist, Agenten zu unterzeichnen, die im Namen des Aufrufenden ausgeführt werden, wenn der Aufrufende nicht mit dem Unterzeichner des Agenten identisch ist. Diese Einstellung wird übergangen, wenn der Unterzeichner und der Aufrufende identisch sind. Die Einstellung wird nur für Web-Agenten benutzt. Ist das Feld leer (Vorgabe), kann jeder Agenten unterzeichnen, die auf diese Weise aufgerufen werden (aus Gründen der Abwärtskompatibilität).
BESCHRÄNKTE LOTUS-SCRIPT/JAVA-AGENTEN AUSFÜHREN RUN RESTRICTED LOTUSSCRIPT/JAVA AGENTS	Geben Sie die Namen von Benutzern und Gruppen ein, die Agenten mit LotusScript- und Java-Funktionen ausführen dürfen, welche keine privilegierten Methoden und Operationen (wie z.B. Lese- oder Schreibzugriff auf das Dateisystem) verwenden. Lassen Sie dieses Feld leer, wenn allen Benutzern und Gruppen der Zugriff verweigert werden soll.
EINFACHE UND FORMEL-AGENTEN AUSFÜHREN/ RUN SIMPLE AND FORMULA AGENTS	Geben Sie die Namen von Benutzern und Gruppen ein, die einfache und Formel-Agenten, privat oder gemeinsam genutzt, ausführen dürfen. Ist das Feld leer (Vorgabe), kann jeder diese Agenten ausführen.
SIGNIEREN VON SCRIPT-BIBLIOTHEKEN, DIE IM NAMEN EINES ANDEREN AUSGEFÜHRT WERDEN/ SIGN SCRIPT LIBRARIES TO RUN ON BEHALF OF SOMEONE ELSE	Geben Sie die Namen von Benutzern und Gruppen ein, denen es erlaubt ist, Scriptbibliotheken zu unterzeichnen, die im Namen von jemand anderem ausgeführt werden. Aus Gründen der Abwärtskompatibilität ist das Feld in der Vorgabe leer, um jedem die Option zu gewähren.

5.8.7 Browser-Clients mit Java und JavaScript

Domino bietet Ihnen die Möglichkeit, festzulegen, ob authentifizierte Browser-Clients, die Java oder JavaScript verwenden, Java- oder JavaScript-Programme auf dem Domino Server ausführen können. Diese Einstellung definiert außerdem, ob Browser-Clients Java-Programme, die unter Verwendung der Notes Java-Klassen erstellt wurden, mittels des DIIOP-Tasks (Domino IIOP) ausführen können. Der DIIOP-Task sendet die Anforderung vom Browser an den Domino ORB, welcher das Ergebnis an den Browser zurückgibt.

1. Klicken Sie in Domino Administrator auf das Register KONFIGURATION/CONFIGURATION und öffnen Sie das Serverdokument.
2. Klicken Sie auf das Register SICHERHEIT/SECURITY.
3. Geben Sie im Abschnitt AGENT-BESCHRÄNKUNGEN/PROGRAMMABILITY RESTRICTIONS Werte in eines oder beide der folgenden Felder ein und speichern Sie anschließend das Dokument:

Feld	Eingabe
BESCHRÄNKTES JAVA/JAVASCRIPT/COM AUSFÜHREN bzw. RUN RESTRICHTED JAVA/JAVASCRIPT/COM	In Notes 6 sollten diese Informationen in einer Serverzugriffsliste hinterlegt werden. Hier werden die Namen der Personen und Gruppen eingetragen, die beschränkte Java-Applikationen/-Applets über IIOP, Java-Servlets, JavaScript über IIOP oder COM-Applikationen auf dem Server ausführen dürfen. Kein Eintrag oder ein leeres Feld erlaubt die Ausführung keinem Benutzer, außer jenen im Feld UNBESCHRÄNKTES JAVA/JAVASCRIPT/COM AUSFÜHREN bzw. RUN UNRESTRICHTED JAVA/JAVASCRIPT/COM eingetragenen, der Server-ID und der Lotus Notes Template Development-ID, mit der die im Produkt enthaltenen Schablonen unterzeichnet sind.
UNBESCHRÄNKTES JAVA/JAVASCRIPT/COM AUSFÜHREN bzw. RUN UNRESTRICHTED JAVA/JAVASCRIPT/COM	In Notes 6 sind diese Informationen mit dem Eintrag im Feld UNBESCHRÄNKTE METHODEN UND OPERATIONEN DURCHFÜHREN/RUN UNRESTRICTED METHODS AND OPERATIONS kombiniert worden. Hier werden die Namen der Personen und Gruppen eingetragen, die unbeschränkte Java-Applikationen/-Applets über IIOP, Java-Servlets, JavaScript über IIOP oder COM-Applikationen auf dem Server ausführen dürfen. Kein Eintrag oder ein leeres Feld erlaubt die Ausführung keinem Benutzer, außer jenen im Feld BESCHRÄNKTES JAVA/JAVASCRIPT/COM AUSFÜHREN bzw. RUN RESTRICHTED JAVA/JAVASCRIPT/COM eingetragenen, der Server-ID und der Lotus Notes Template Development-ID, mit der die im Produkt enthaltenen Schablonen unterzeichnet sind.

Diese beiden Einträge sind ab Domino 6 überholt; sie dienen nur noch der Abwärtskompatibilität.

5.8.8 Zugriff von Notes-Benutzern verhindern

Unterbinden Sie den Zugriff von Notes-Benutzern, indem Sie deren Benutzer-IDs sperren und die Kennwortprüfung aktivieren oder den Zugriff auf alle Server in einer Domäne verweigern. Wollen gesperrte Benutzer auf den Server zugreifen, vergleicht Domino die eingegebenen Kennwörter mit den in den entsprechenden Personendokumenten gespeicherten Kennwörtern. Der Zugriff wird den Benutzern verweigert, deren IDs gesperrt sind. Dieser Vorgang gilt nur für Notes-Benutzer, nicht jedoch für Internet-Benutzer. Sperren Sie Benutzer-IDs, statt eine bestimmte Gruppe dem Feld KEIN SERVERZUGRIFF hinzuzufügen. Eine Namensliste der Benutzer, die auf einen Server keinen Zugriff haben, ist dann durch andere Benutzer nicht zu lesen.

1. Stellen Sie sicher, dass der Administrationsprozess eingerichtet ist und Sie Editorzugriff in der ACL des Domino-Verzeichnisses haben.
2. Klicken Sie in Domino Administrator auf das Register PERSONEN UND GRUPPEN/PEOPLE & GROUPS und wählen Sie die Personendokumente der Benutzer aus, deren Zugriff Sie ablehnen möchten.
3. Wählen Sie AKTIONEN/ACTIONS > KENNWORTFELDER FESTLEGEN/SET PASSWORD FIELDS und klicken Sie auf JA/YES, wenn Sie dazu aufgefordert werden. Wählen Sie ID SPERREN/LOCK ID und klicken Sie auf OK.
4. Klicken Sie auf das Register KONFIGURATION/CONFIGURATION, öffnen Sie das Serverdokument des Servers, zu dem Sie Benutzern den Zugriff verweigern möchten, und klicken Sie dann auf das Register SICHERHEIT/SECURITY. Wählen Sie im Feld KENNWÖRTER VON NOTES-IDS ÜBERPRÜFEN/CHECK PASSWORDS ON NOTES IDS die Option AKTIVIERT/ENABLED (siehe *Abbildung 5.66*).
5. Wiederholen Sie Schritt 4 für jeden Server, für den Sie den Benutzerzugriff verweigern möchten.

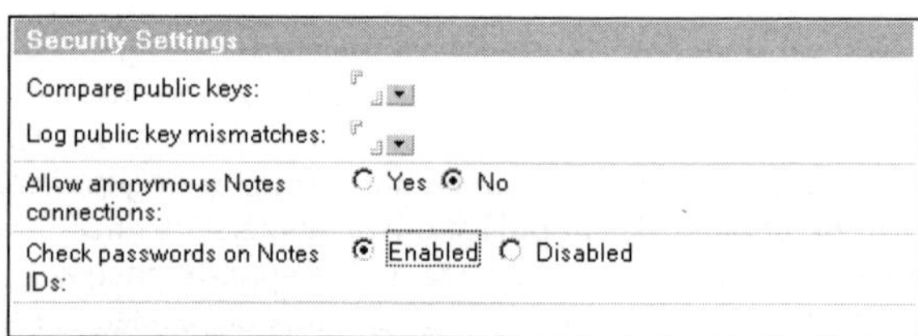

Abbildung 5.66: Überprüfung der IDs aktivieren

5.9 Gemeinsame Notes-Anmeldung/ Notes Shared Login

Neu in der Version Lotus Notes Domino 8.5 ist die gemeinsame Notes-Anmeldung (Notes Shared Login) mit Windows. Dies sorgt dafür, dass eine Kennworteingabe für die Anmeldung in Lotus Notes nicht mehr nötig ist, die Anmeldung am BetriebssystemWindows ist ausreichend. Im Gegensatz zu den früheren Lotus Notes-Versionen wird bei der Implementierung nun nicht mehr ein gemeinsames Kennwort für Windows und Notes verwendet. Stattdessen wird ein geheimer Code (Secret) gespeichert, der die Notes-ID entsperrt. Die Anmeldung an Windows ist hier Voraussetzung. Die gemeinsame Notes-Anmeldung bietet folgende Vorteile:

- Benutzer müssen sich nur ihr Windows-Kennwort merken.
- Notes Shared Login funktioniert auch dann störungsfrei, wenn der Anwender sein Windows-Kennwort ändert.
- Sie können über Richtlinien festlegen, welcher Anwender in Ihrem Unternehmen die Funktion anwenden darf und wer nicht.
- Sie müssen als Administrator keine Notes-Kennworte mehr verwalten. Da die Notes-Kennworte nicht mehr verwendet werden, muss auch keinem Benutzer geholfen werden, der sein Kennwort vergessen hat.

In folgenden Fällen wird die gemeinsame Anmeldung nicht unterstützt:

- Das Betriebssystem auf dem Client ist kein Windows-Betriebssystem.
- Es werden Smartcards eingesetzt.
- Es werden Mehrfachkennworte verwendet.
- Notes wird auf einem USB-Laufwerk verwendet (seit Version 8 unterstützt).
- Der Benutzer hat ein verbindliches Windows-Profil.
- Es handelt sich um eine Citrix-Umgebung.

Bedenken Sie, wenn Notes Shared Login aktiviert wurde, werden die Sicherheitseinstellungsdokumente, die sich auf die Kennworte beziehen, nicht unterstützt und ignoriert. Eine Kennwortüberprüfung anhand der Notes-ID beispielsweise erfolgt nicht mehr. Der Einsatz von Notes Shared Login sollte daher genau geprüft werden (Komfort des Nutzers oder Sicherheit im System).

5.9.1 Gemeinsame Anmeldung aktivieren und deaktivieren

Die Aktivierung von Notes Shared Login erfolgt über die Sicherheitseinstellungsdokumente (siehe *Kapitel 10.2.2, Richtlinieneinstellungen*). Voraussetzung ist, dass auf dem Client die Funktion GEMEINSAME CLIENT-ANMELDUNG nicht installiert ist.

1. Bearbeiten Sie das Sicherheitseinstellungsdokument im Register KENNWORTVERWALTUNG/PASSWORD MANAGEMENT – GEMEINSAME NOTES-ANMELDUNG/NOTES SHARED LOGIN.
2. Wählen Sie Folgendes:

Feld	Eingabe
GEMEINSAME ANMELDUNG AUF NOTES CLIENTS AKTIVIEREN/ ENABLE NOTES SHARED LOGIN WITH OPERATING SYSTEM?	Wählen Sie JA/YES, wenn die gemeinsame Anmeldung aktiviert werden soll, und NEIN/NO, wenn dies nicht der Fall ist.
BENUTZERÄNDERUNGEN ERLAUBEN?/ ALLOW USER CHANGE?	Wählen Sie NEIN/NO, wenn Sie dem Anwender erlauben wollen, die gemeinsame Anmeldung selbstständig in seinen Sicherheitsvorgaben zu aktivieren oder zu deaktivieren. Wenn Sie ihm das nicht gestatten wollen, wählen Sie JA/YES.

Feld	Eingabe
AKTIVIERUNGSBENACHRICHTIGUNG/ ACTIVATION NOTIFICATION	Geben Sie an, ob Sie den Anwender benachrichtigen wollen, wenn Notes Shared Login für ihn aktiviert wird. Sie haben auch die Möglichkeit, angepasste Mitteilungen zu hinterlegen.
DEAKTIVIERUNGS-BENACHRICHTIGUNG/ DEACTIVATION NOTIFICATION	Geben Sie an, ob Sie den Anwender benachrichtigen wollen, wenn Notes Shared Login für ihn deaktiviert wird. Sie haben auch die Möglichkeit, angepasste Mitteilungen zu hinterlegen.

Die Deaktivierung der gemeinsamen Anmeldung erfolgt analog.

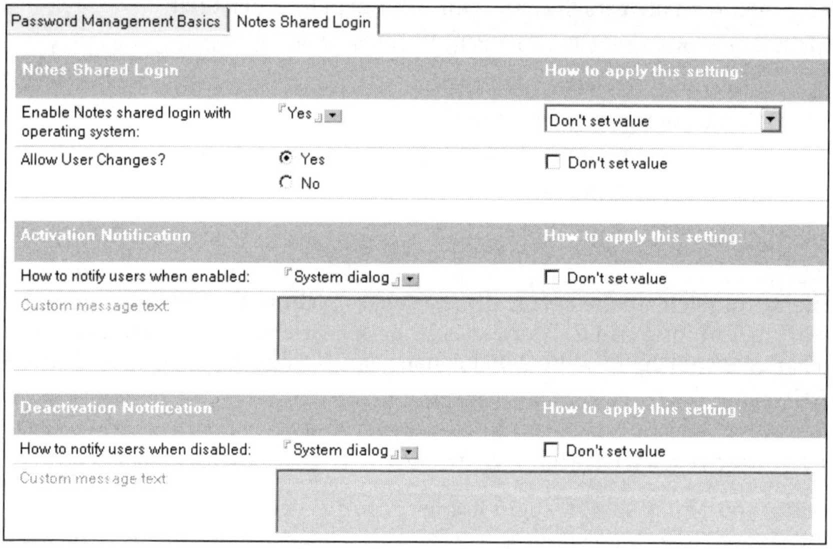

Abbildung 5.67: Notes Shared Login in den Sicherheitseinstellungen

5.10 Physische Sicherung des Domino Servers

Ebenso wichtig wie der Schutz vor nicht autorisierten Benutzer- und Serverzugriffen ist die physische Absicherung von Servern und Datenbanken. Alle Domino Server sollten in einem belüfteten, sicheren Bereich aufgestellt werden, beispielsweise in einem verschließbaren Raum. Andernfalls könnten unberechtigte Benutzer die Sicherheitsfunktionen umgehen (z.B. die ACL-Einstellungen), Anwendungen auf dem Server aufrufen, Dateien mithilfe des Betriebssystems kopieren oder löschen oder die Serverhardware selbst beschädigen. Um maximale Sicherheit für Server zu gewährleisten, gibt es folgende Möglichkeiten:

- Arbeiten Sie am Server ohne Maus und halten Sie die Tastatur verschlossen.
- Richten Sie ein Kennwort für die Server-ID ein. Wenn für eine ID ein Kennwort eingerichtet wurde, muss der Server manuell anstatt automatisch neu gestartet werden, da der Dienst nicht ohne das Serverkennwort (neu) gestartet werden kann.

- Mithilfe der Option LOKALE SICHERHEIT/LOCAL SECURITY können die Datenbanken auf dem Server mit der Server-ID verschlüsselt werden. Somit können Personen, die am Server arbeiten, nur auf Datenbanken zugreifen, wenn sie Zugriff auf die Server-ID haben, die für die Verschlüsselung der Datenbank verwendet wurde.

Sichern Sie über die Betriebssystemfunktionen Datendateien und sperren Sie die Verwendung der Tastatur. Weitere Informationen entnehmen Sie der Dokumentation Ihres Betriebssystems. Selbstverständlich gehören zu diesem Bereich auch eine sichere Standortwahl des Servers und eine entsprechende Implementierung in das allgemeine Sicherheitskonzept des Unternehmens.

Sie können mit dem Befehl `Set Secure` die Konsole durch ein Kennwort schützen und festlegen, welche Vorgänge bei laufendem Server durchgeführt werden dürfen. Wenn Sie die Konsole mit einem Kennwort schützen, können Sie die Serverbefehle `Load`, `Tell`, `Exit`, `Quit` und `Set Configuration` oder andere Programme, die nicht automatisch über Programmdokumente im Domino-Verzeichnis oder über die Datei *notes.ini* ausgeführt werden, erst verwenden, nachdem Sie das Kennwort eingegeben haben. Die Konsolensicherheit bleibt so lange wirksam, bis Sie das Kennwort löschen, indem Sie zum zweiten Mal den Befehl `Set Secure` mit demselben Kennwort eingeben. Selbst wenn die Konsole mit einem Kennwort geschützt ist, sollten Sie den Server auch physisch sicher aufstellen, um nicht autorisierte Zugriffe auf Betriebssystemebene zu verhindern.

- `Set Secure nixda`

  Schützt die Konsole mit einem Kennwort, wenn gegenwärtig kein Kennwort aktiv ist. Das neue Kennwort ist in diesem Fall `nixda`.

- `Set Secure nixda fingerweg`

  Ändert das vorhandene Kennwort `nixda` in `fingerweg`.

- `Set Secure nixda`

  Wenn die Konsole bereits kennwortgeschützt ist (in diesem Fall mit `nixda`), bewirkt die Eingabe des Befehls `Set Secure` mit demselben Kennwort, dass das Kennwort gelöscht wird.

Sie können die Konsole auch direkt vom Register SERVER > STATUS in Domino Administrator sichern.

1. Klicken Sie in Domino Administrator auf das Register SERVER > STATUS.
2. Klicken Sie gegebenenfalls auf WERKZEUGE/TOOLS, um das Werkzeugfenster einzublenden, und klicken Sie dann auf SERVER > KONSOLE SICHERN/SECURE CONSOLE.

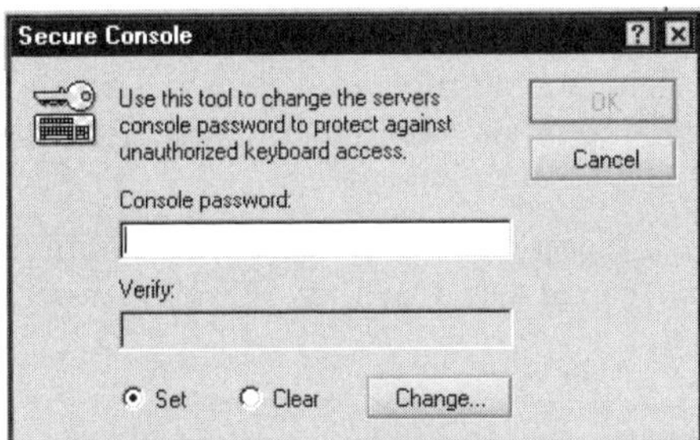

Abbildung 5.68: Sicherung der Konsole

3. Führen Sie einen der folgenden Schritte aus:
   - Wählen Sie zum Festlegen eines Kennworts EINSTELLEN/SET unten im Dialogfeld, nehmen Sie Eingaben in die Felder vor und klicken Sie auf OK (siehe *Abbildung 5.68*):

Feld	Eingabe
KENNWORT/PASSWORD	Das Kennwort, das Sie festlegen möchten
KENNWORT BESTÄTIGEN/ VERIFY PASSWORD	Noch einmal das soeben eingegebene Kennwort

   - Wählen Sie zum Löschen eines Kennworts LÖSCHEN/DELETE unten im Dialogfeld, geben Sie unter KENNWORT/PASSWORD das Kennwort ein und klicken Sie auf OK.
   - Klicken Sie zum Ändern eines Kennworts auf die Schaltfläche ÄNDERN/CHANGE unten im Dialogfeld, geben Sie unter KENNWORT/PASSWORD das alte Kennwort ein und klicken Sie auf OK. Geben Sie anschließend in die folgenden Felder Werte ein und klicken Sie auf OK:

Feld	Eingabe
KENNWORT/PASSWORD	Das neue Kennwort, das Sie festlegen möchten
KENNWORT BESTÄTIGEN/ VERIFY PASSWORD	Noch einmal das soeben eingegebene neue Kennwort

5.11 Netzwerkanschlusszugriff

Wollen Sie bestimmten Benutzern und Servern den Zugriff über einen Netzwerkanschluss gestatten oder verweigern, können Sie dies über den Netzwerkanschlusszugriff realisieren. Sie können beispielsweise MAX MUSTER/VERTRIEB/DMK den Zugriff verweigern, wenn er sich in den Server einwählt, den Zugriff aber gestatten, wenn er die Verbindung zum Server mit TCP/IP herstellt. Der Zugriff auf einzelne Ports kann über eine *notes.ini*-Einstellung gesperrt oder erlaubt werden: `Deny_Access_Anschlussname=Namen`.

In dieser Einstellung werden Server, Benutzer und Gruppen angegeben, deren Zugriff auf einen bestimmten Serveranschluss verweigert wird. `Anschlussname` steht für den Namen des Anschlusses, den Sie im Dialogfeld ANSCHLÜSSE KONFIGURIEREN/SETUP PORTS und im Serverdokument aktiviert haben. Ein Sternchen (*) steht für alle Benutzer, die im primären Domino-Verzeichnis aufgeführt sind. Ein Sternchen, gefolgt von einem Ansichtsnamen, steht für alle Benutzer, die in dieser Ansicht des primären Domino-Verzeichnisses aufgeführt sind. Ein Sternchen, gefolgt von einem Schrägstrich und dem hierarchischen Namen eines Zertifizierers, steht für alle Zugreifenden, die von diesem Zertifizierer zertifiziert wurden.

Wenn Sie den Eintrag `Deny_Access_SPX=AusgeschiedeneMitarbeiter` setzen, so können die Benutzer der Gruppe AUSGESCHIEDENEMITARBEITER auf den Anschluss SPX nicht zugreifen.

5.12 Datenbanksicherheit

Ein wichtiges Werkzeug zur Steuerung der Datenbanksicherheit ist die Zugriffskontrollliste (Access Control List, ACL), über die jede Datenbank verfügt. Sie legt fest, welchen Zugriff Benutzer und Server auf eine Datenbank haben. Die Zugriffsebenen für Benutzer und Server lauten gleich, jedoch legen die den Benutzern zugewiesenen Ebenen die Aktivitäten fest, die ein Benutzer in einer Datenbank ausführen kann, während die den Servern zugewiesenen Ebenen festlegen, welche Informationen die Server innerhalb der Datenbank replizieren können. Zum Erstellen oder Ändern der ACL benötigt man Managerzugriff oder man greift als ADMINISTRATOR MIT VOLLER BERECHTIGUNG/FULL ACCESS ADMIN zu.

Steuern Sie die Zugriffsrechte für die einzelnen Datenbankbenutzer über die Zugriffsebene, den Benutzertyp und die Berechtigungen in den Zugriffsebenen aus. Sie können beim Erstellen einer neuen Datenbank in der ACL Vorgabeeinträge festlegen. Darüber hinaus können Sie auch Rollen zuweisen, wenn der Datenbankentwickler festlegt, dass diese weitere Einschränkung der Zugriffsebene von der Anwendung benötigt wird. Planen Sie die korrekte Zugriffsebene in Zusammenarbeit mit dem Entwickler und den Benutzern der Anwendung, bevor Sie eine Datenbank erstellen.

5.12.1 Zugriffskontrollliste

In einer Zugriffsliste kann für jeden Benutzer-, Server- oder Gruppeneintrag Folgendes angegeben werden:

- Eine Zugriffsebene
- Zugriffsebenenberechtigungen
- Ein Benutzertyp
- Rollen

Eine neue Datenbank enthält standardmäßig die folgenden Einträge in der ACL:

- -DEFAULT-
- Name des Datenbankerstellers
- LOCALDOMAINSERVERS
- OTHERDOMAINSERVERS
- LOCALDOMAINADMINS (nur wenn die Datenbank auf einer mit dem Produkt gelieferten Schablone basiert und dies bei der Konfiguration des ersten Servers einer Domäne ausgewählt wurde)

Bei allen Einträgen in der Datenbank-ACL handelt es sich um Gruppennamen, mit Ausnahme des Benutzernamens des Datenbankerstellers. Die Gruppe -DEFAULT- ist die einzige datenbankspezifische Gruppe und steht nicht mit einer Gruppe im Domino-Verzeichnis in Zusammenhang. Sie können auch Wildcards angeben wie etwa *PRODUCTION/DMK. In vielen Fällen ist es sinnvoll, diese Gruppen umzubenennen, da es sich um Standardbezeichnungen und somit einen potenziellen Angriffspunkt handelt.

- -DEFAULT-

  Benutzer und Server erhalten den der Gruppe -DEFAULT- zugewiesenen Zugriff, es sei denn, ihnen wurde entweder einzeln oder als Mitglied einer Gruppe explizit eine andere Zugriffsebene zugewiesen. Sie können die Gruppe -DEFAULT- nicht aus einer ACL löschen. Welcher Zugriff für -DEFAULT- vorgegeben ist, hängt von der Gestaltung der Datenbankschablone ab und ist je nach Schablone unterschiedlich. Die Zugriffsebene, die Sie der Gruppe -DEFAULT- zuweisen, hängt davon ab, wie sicher die Datenbank sein soll und wie sensibel die Datenbankinhalte sind. Wählen Sie KEIN ZUGRIFF/NO ACCESS, wenn eine Datenbank nur einer begrenzten Anzahl von Benutzern zur Verfügung stehen soll. Wählen Sie den Zugriff AUTOR/AUTHOR oder LESER/READER, um eine Datenbank zur allgemeinen Verwendung verfügbar zu machen.

- Benutzername des Datenbankerstellers

  Der Benutzername des Datenbankerstellers ist der hierarchische Benutzername der Person, die die Datenbank erstellt hat. Normalerweise verfügt dieser Benutzer mindestens über Entwicklerzugriff für die Datenbank. Der Vorgabezugriff für den Ersteller der Datenbank ist MANAGER.

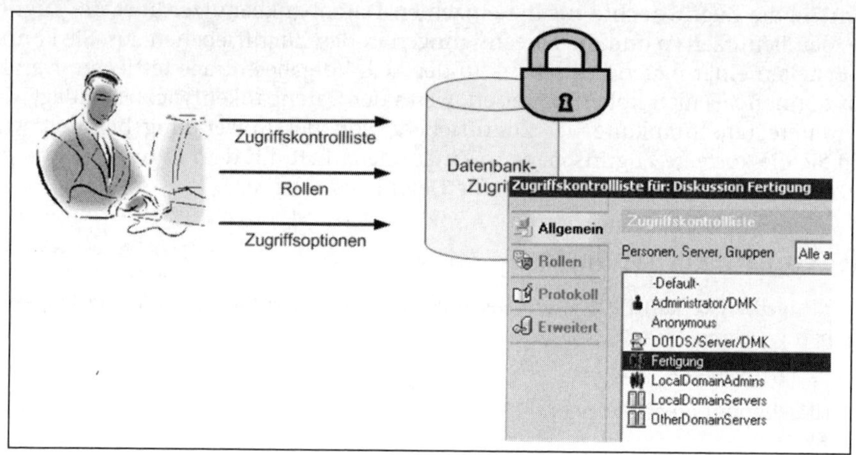

Abbildung 5.69: Sicherheitsmechanismen für den Datenbankzugriff

- Lokaler Servername

  Der Name des Servers, auf dem die Datenbank erstellt wurde, findet sich mit Managerrechten in der ACL.

- LOCALDOMAINSERVERS

  In der Gruppe LOCALDOMAINSERVERS werden die Server aufgeführt, die sich in derselben Domäne befinden wie der Server, auf dem die Datenbank gespeichert ist. Dieser Gruppe wird in der Regel ein höheres Zugriffsrecht zugewiesen als der Gruppe OTHERDOMAINSERVERS. Weisen Sie dieser Gruppe beispielsweise Entwicklerzugriff zu, um die Replizierung von Gestaltungsänderungen in der Domäne zu ermöglichen. Diese Gruppe ist in jedem Domino-Verzeichnis standardmäßig vorgegeben. Bei der Erstellung einer neuen Datenbank ist für LOCALDOMAINSERVERS Managerzugriff vorgegeben.

- OTHERDOMAINSERVERS

  In der Gruppe OTHERDOMAINSERVERS werden die Server aufgeführt, die sich nicht in derselben Domäne befinden wie der Server, auf dem die Datenbank gespeichert ist. Dieser Gruppe ist im Allgemeinen eine niedrigere Zugriffsberechtigung, beispielsweise Lesezugriff, zugewiesen, sodass die Steuerung der Datenbank innerhalb der lokalen Domäne bleibt. Oder weisen Sie der Gruppe KEIN ZUGRIFF zu, um die Replizierung einer Datenbank außerhalb der lokalen Domäne zu verhindern. Diese Gruppe ist in jedem Domino-Verzeichnis standardmäßig vorgegeben. Bei der Erstellung einer neuen Datenbank ist für OTHERDOMAINSERVERS KEIN ZUGRIFF vorgegeben.

- LOCALDOMAINADMINS

  Die Gruppe LOCALDOMAINADMINS enthält die Namen der Domänen-Administratoren. Diese Gruppe wird dann automatisch der Zugriffskontrollliste einer neuen Datenbank hinzugefügt, wenn Sie während der Serverkonfiguration die Option

GRUPPE LOCALDOMAINADMINS ZU ALLEN DATENBANKEN UND SCHABLONEN HINZUFÜGEN/ADD LOCALDOMAINADMINS GROUP TO ALL DATABASES AND TEMPLATES aktiviert haben und die Datenbank auf einer mit dem Produkt gelieferten Schablone basiert.

Verändern Sie die ACL über die entsprechenden Schaltflächen HINZUFÜGEN, ENTFERNEN oder UMBENENNEN. Sie benötigen Managerrechte, um die Zugriffsliste zu modifizieren.

Extended ACLs (xACLs)

Die erweiterte Zugriffskontrollliste (Extended ACL, xACL) dient dazu, die Administration von Teilbereichen des Systems delegieren zu können. Es können explizit Zugriffsrechte für ausgewählte Dokumente oder Ansichten in Domino-Verzeichnissen vergeben werden, die über die Schablone *pubnames.ntf* erstellt wurden, wie das Domino Directory oder der Extended Directory Catalog. Die Extended ACL ist an die ACL der Datenbank gebunden, Sie können die dort zugewiesenen Zugriffsrechte nur weiter verfeinern bzw. einschränken. Es ist nicht möglich, ein in der ACL zugewiesenes Zugriffsrecht heraufzusetzen.

Mehr darüber erfahren Sie in *Kapitel 4.3.5, Erweiterte ACL/Extended ACLs (xACLs).*

5.12.2 Benutzertyp

Legen Sie mithilfe des Benutzertyps fest, ob ein Eintrag in der ACL der Name eines Benutzers, eines Servers oder einer Gruppe ist. Es stehen die Typen PERSON, SERVER, GEMISCHTE GRUPPE/MIXED GROUP, PERSONENGRUPPE/PERSON GROUP, SERVERGRUPPE/SERVER GROUP und UNBESTIMMT/UNSPECIFIED zur Verfügung. Der Gruppenname -DEFAULT- wird immer mit dem Benutzertyp UNBESTIMMT/UNSPECIFIED angegeben. Verwenden Sie in einer ACL die Zugriffsebene ANONYMOUS, so weisen Sie dieser ebenfalls den Benutzertyp UNBESTIMMT/UNSPECIFIED zu.

Durch Zuweisung eines Benutzertyps geben Sie die Art der ID an, die für den Zugriff auf die Datenbank mit diesem Namen erforderlich ist. Sie müssen nicht jedem Namen einzeln einen Benutzertyp zuweisen, Sie können allen nicht zugewiesenen Namen in der ACL automatisch einen Benutzertyp über die Schaltfläche BENUTZERTYP ERMITTELN/LOOK UP USER TYPES FOR UNSPECIFIED USERS zuweisen. Die darauf folgende Zuweisung ist vom Eintrag für diesen Namen im Domino Directory abhängig. Wenn Sie diese Methode verwenden, wird eine Gruppe – egal ob Server- oder Personengruppe – immer als Gemischte Gruppe gekennzeichnet. Wollen Sie einem Gruppennamen eine Personen- oder Servergruppe zuzuweisen, müssen Sie den Namen auswählen und diesen Benutzertyp manuell zuweisen.

Benutzertypen in der Zugriffsliste

Benutzertypen bieten zusätzliche Sicherheit für eine Datenbank. Wenn Sie einem Namen beispielsweise den Benutzertyp PERSON anstelle von UNBESTIMMT/UNSPECIFIED zuweisen, kann ein unbefugter Benutzer kein Gruppendokument mit diesem Personennamen im Domino-Verzeichnis erstellen, seinen Namen hinzufügen und über den Gruppennamen auf die Datenbank zugreifen.

Ein Name des Typs SERVER oder SERVERGRUPPE/SERVER GROUP hindert einen Benutzer an der Verwendung der Server-ID an einer Workstation, um auf eine Datenbank auf dem Server zuzugreifen. Beachten Sie jedoch, dass die Angabe eines Namens als Server oder Servergruppe keine absolut sichere Methode ist. Ein Benutzer kann ein Zusatzprogramm erstellen, das sich wie ein Server verhält und eine Server-ID verwendet, um von einer Workstation aus auf die Serverdatenbank zuzugreifen.

5.12.3 Zugriffsrechte

Eine weitere Einstellung, die Sie in der ACL für die verschiedenen Einträge vornehmen können, ist die Zuordnung von Zugriffsrechten. Man unterscheidet die Zugriffsebene, die Rollen und die Zugriffsebenengberechtigung, wobei die Zugriffsebenenberechtigungen den Zugriff weiter aufschlüsseln. Bitte beachten Sie folgende Regeln, wenn sich Zugriffsrechte überschneiden:

- Ist ein Anwender Mitglied zweier Gruppen, die unterschiedliche Zugriffsrechte besitzen, so besitzt er das höhere Recht.
- Steht ein Benutzer zum einen als Mitglied einer Gruppe und zum anderen als Person in der ACL, so hat das Recht des Individuums Vorrang.

Der Zugriff wird folgendermaßen aufgeschlüsselt:

Zugriffsebene	Zulässige Aktionen
MANAGER	▶ Datenbank-ACLs ändern ▶ Datenbanken verschlüsseln ▶ Replizierparameter ändern ▶ Datenbanken löschen ▶ Alle Aufgaben durchführen, die mit niedrigeren Zugriffsebenen möglich sind
ENTWICKLER/ DESIGNER	▶ Alle Gestaltungselemente einer Datenbank ändern ▶ Volltext-Suchindizes erstellen ▶ Alle Aufgaben durchführen, die mit niedrigeren Zugriffsebenen möglich sind
EDITOR	▶ Dokumente erstellen ▶ Alle Dokumente bearbeiten, auch die von anderen Benutzern erstellten Dokumente ▶ Alle Dokumente lesen, sofern sich kein Leserfeld auf der Maske befindet (Sie können ein Dokument nicht bearbeiten, wenn Sie es nicht lesen können)
AUTOR/ AUTHOR	▶ Dokumente erstellen ▶ Die Zugriffsebenenoption DOKUMENTE ERSTELLEN/CREATE DOCUMENTS ist standardmäßig nicht zugewiesen. Wenn Sie einem Benutzer oder Server Autorzugriff zuweisen, müssen Sie außerdem die Zugriffsebenenberechtigung DOKUMENTE ERSTELLEN/CREATE DOCUMENTS angeben. ▶ Die Dokumente bearbeiten, bei denen ein Autorenfeld auf der Maske vorhanden und der Benutzer im Autorenfeld angegeben ist. ▶ Alle Dokumente lesen, sofern sich kein Leserfeld auf der Maske befindet.
LESER/ READER	▶ Dokumente lesen ▶ Der Lesezugriff ermöglicht das Lesen aller Dokumente, in deren Maske kein Leserfeld enthalten ist. Ist ein solches Feld enthalten, so können Sie das Dokument nur lesen, wenn Ihr Name im Leserfeld der Maske aufgeführt wird.

Zugriffsebene	Zulässige Aktionen
EINLIEFERER/ DEPOSITOR	▸ Dokumente erstellen
KEIN ZUGRIFF/ NO ACCESS	▸ Keine, mit Ausnahme der Berechtigungen ÖFFENTLICHE DOKUMENTE LESEN/READ PUBLIC DOCUMENTS und ÖFFENTLICHE DOKUMENTE SCHREIBEN/ WRITE PUBLIC DOCUMENTS, sofern die entsprechende Zugriffsebenenberechtigung vergeben wurde.

Leider ist es nicht immer auf den ersten Blick ersichtlich, welchen effektiven Zugriff eine Person, ein Server oder eine Gruppe für Dokumente in einer Datenbank hat. Sie können den effektiven Zugriff einer Person für die Dokumente jedoch mit einem Klick ermitteln.

Es gibt in der Sandbox von Lotus (*http://www-10.lotus.com/ldd/sandbox.nsf/DownloadPage?OpenForm*) eine Reihe von Tools, die Ihnen dabei helfen, Datenbanken mit nicht ausreichenden Zugriffskontrolllisten zu identifizieren. Eines dieser Tools ist das *ACL Scan Tool.*

Es ist durchaus möglich, dass sich die Liste EFFEKTIVER ZUGRIFF/EFFECTIVE ACCESS einer lokalen Replik einer Datenbank von der Liste EFFEKTIVER ZUGRIFF/EFFECTIVE ACCESS einer Serverreplik unterscheidet. Wenn Sie mit lokalen Repliken arbeiten, verfügen Sie möglicherweise nicht über denselben Zugriff auf das Domino-Verzeichnis zum Lesen von Gruppen.

1. Öffnen Sie die zu überprüfende Datenbank. Wählen Sie DATEI/FILE > ANWENDUNG/ APPLICATION > ZUGRIFFSKONTROLLE/ACCESS CONTROL.
2. Klicken Sie auf ALLGEMEIN/BASICS und anschließend auf die Schaltfläche EFFEKTIVER ZUGRIFF/EFFECTIVE ACCESS.
3. Wählen Sie die Person, den Server oder die Gruppe aus, dessen bzw. deren effektiver Zugriff ermittelt werden soll, und drücken Sie dann [↵] oder klicken Sie auf die Schaltfläche ZUGRIFF BERECHNEN/CALCULATE ACCESS.
   - Oben links im Dialogfeld wird der effektive Datenbankzugriff für den ausgewählten Namen gemäß Datenbank-ACL angezeigt.
   - Mit den Kontrollkästchen links im Dialogfeld werden die Zugriffsrechte für den ausgewählten Namen angegeben.
   - In den Feldern GRUPPEN/GROUPS und ROLLEN/ROLES rechts im Dialogfeld werden alle Namen von Einzelpersonen und Gruppen bzw. Rollen angegeben, die die Zugriffsrechte des ausgewählten Benutzers auf die Dokumente in der Datenbank potenziell beeinflussen könnten.
   - ADMINISTRATOR MIT VOLLER BERECHTIGUNG/FULL ACCESS ADMINISTRATOR ist aktiviert, wenn die Person, der Server oder die Gruppen über volle Administratorenrechte für die Datenbank verfügen. Verfügt eine Person über diese Berechtigung, so kann sie beispielsweise die Datenbank auch dann löschen, wenn sie keinen Managerzugriff für die Datenbank hat.

In EFFEKTIVER ZUGRIFF/EFFECTIVE ACCESS sind jedoch nicht die Benutzer enthalten, die Zugriff auf eine Datenbank haben, ohne dass ihr Name in der ACL der Datenbank aufgeführt oder in einer aufgeführten Gruppe enthalten ist. Dies kann beispielsweise ein

Benutzer sein, der einen Agenten mit uneingeschränkten Zugriffsrechten startet, beispielsweise erstellt ein Administrator für eine Datenbank, auf die er keinen Zugriff hat, den Volltextindex.

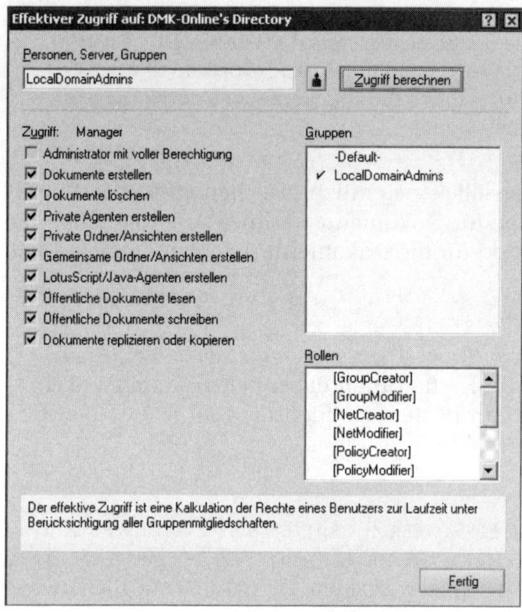

***Abbildung 5.70:* Beispielliste Effektiver Zugriff**

5.12.4 Optionale Berechtigungen

Sie können zusätzliche Berechtigungen innerhalb einer Zugriffsebene aktivieren oder deaktivieren. Dies erfolgt über die optionalen Berechtigungen (Privilegien).

Zugriffs-ebene	Automatische Berechtigungen	Optionale Berechtigungen
Manager	▶ Dokumente erstellen/Create Documents ▶ Private Agenten erstellen/Create Private Agents ▶ Private Ordner/Ansichten erstellen bzw. Create personal folders/views ▶ Gemeinsame Ordner/Ansichten erstellen bzw. Create shared folders/views ▶ LotusScript/Java-Agenten erstellen bzw. Create Lotus-Script/Java agents ▶ Öffentliche Dokumente lesen/ Read public documents ▶ Öffentliche Dokumente schreiben/Write public documents	▶ Dokumente löschen/Delete documents ▶ Dokumente replizieren oder kopieren/Replicate or copy documents

Zugriffs-ebene	Automatische Berechtigungen	Optionale Berechtigungen
ENTWICKLER/ DESIGNER	▶ DOKUMENTE ERSTELLEN/CREATE DOCUMENTS ▶ PRIVATE AGENTEN ERSTELLEN/CREATE PRIVATE AGENTS ▶ PRIVATE ORDNER/ANSICHTEN ERSTELLEN bzw. CREATE PERSONAL FOLDERS/VIEWS ▶ GEMEINSAME ORDNER/ANSICHTEN ERSTELLEN bzw. CREATE SHARED FOLDERS/VIEWS ▶ ÖFFENTLICHE DOKUMENTE LESEN/ READ PUBLIC DOCUMENTS ▶ ÖFFENTLICHE DOKUMENTE SCHREIBEN/WRITE PUBLIC DOCUMENTS	▶ DOKUMENTE LÖSCHEN/DELETE DOCUMENTS ▶ LOTUSSCRIPT/JAVA-AGENTEN ERSTELLEN bzw. CREATE LOTUSSCRIPT/JAVA AGENTS ▶ DOKUMENTE REPLIZIEREN ODER KOPIEREN/REPLICATE OR COPY DOCUMENTS
EDITOR	▶ DOKUMENTE ERSTELLEN/CREATE DOCUMENTS ▶ ÖFFENTLICHE DOKUMENTE LESEN/ READ PUBLIC DOCUMENTS ▶ ÖFFENTLICHE DOKUMENTE SCHREIBEN/WRITE PUBLIC DOCUMENTS	▶ DOKUMENTE LÖSCHEN/DELETE DOCUMENTS ▶ PRIVATE AGENTEN ERSTELLEN/CREATE PRIVATE AGENTS ▶ PRIVATE ORDNER/ANSICHTEN ERSTELLEN bzw. CREATE PERSONAL FOLDERS/VIEWS ▶ GEMEINSAME ORDNER/ANSICHTEN ERSTELLEN bzw. CREATE SHARED FOLDERS/VIEWS ▶ LOTUSSCRIPT/JAVA-AGENTEN ERSTELLEN bzw. CREATE LOTUSSCRIPT/JAVA AGENTS ▶ DOKUMENTE REPLIZIEREN ODER KOPIEREN/REPLICATE OR COPY DOCUMENTS
AUTOR/ AUTHOR	▶ ÖFFENTLICHE DOKUMENTE LESEN/ READ PUBLIC DOCUMENTS	▶ DOKUMENTE ERSTELLEN/CREATE DOCUMENTS ▶ DOKUMENTE LÖSCHEN/DELETE DOCUMENTS ▶ PRIVATE AGENTEN ERSTELLEN/CREATE PRIVATE AGENTS ▶ PRIVATE ORDNER/ANSICHTEN ERSTELLEN bzw. CREATE PERSONAL FOLDERS/VIEWS ▶ LOTUSSCRIPT/JAVA-AGENTEN ERSTELLEN bzw. CREATE LOTUSSCRIPT/JAVA AGENTS ▶ ÖFFENTLICHE DOKUMENTE SCHREIBEN/WRITE PUBLIC DOCUMENTS ▶ DOKUMENTE REPLIZIEREN ODER KOPIEREN/REPLICATE OR COPY DOCUMENTS

Zugriffs-ebene	Automatische Berechtigungen	Optionale Berechtigungen
LESER/READER	▶ ÖFFENTLICHE DOKUMENTE LESEN/ READ PUBLIC DOCUMENTS	▶ PRIVATE AGENTEN ERSTELLEN/CREATE PRIVATE AGENTS ▶ PRIVATE ORDNER/ANSICHTEN ERSTELLEN bzw. CREATE PERSONAL FOLDERS/VIEWS ▶ LOTUSSCRIPT/JAVA-AGENTEN ERSTELLEN bzw. CREATE LOTUS-SCRIPT/JAVA AGENTS ▶ ÖFFENTLICHE DOKUMENTE SCHREIBEN/WRITE PUBLIC DOCUMENTS ▶ DOKUMENTE REPLIZIEREN ODER KOPIEREN/REPLICATE OR COPY DOCUMENTS
EINLIEFERER/ DEPOSITOR	▶ DOKUMENTE ERSTELLEN/ CREATE DOCUMENTS	▶ ÖFFENTLICHE DOKUMENTE LESEN/ READ PUBLIC DOCUMENTS ▶ ÖFFENTLICHE DOKUMENTE SCHREIBEN/WRITE PUBLIC DOCUMENTS ▶ DOKUMENTE REPLIZIEREN ODER KOPIEREN/REPLICATE OR COPY DOCUMENTS
KEIN ZUGRIFF/ NO ACCESS	▶ Keine	▶ ÖFFENTLICHE DOKUMENTE LESEN/ READ PUBLIC DOCUMENTS ▶ ÖFFENTLICHE DOKUMENTE SCHREIBEN/WRITE PUBLIC DOCUMENTS ▶ DOKUMENTE REPLIZIEREN ODER KOPIEREN/REPLICATE OR COPY DOCUMENTS

Die optionalen Berechtigungen (Privilegien) umfassen acht Bereiche, die im rechten Bereich des ACL-Fensters dargestellt werden (siehe *Abbildung 5.71*).

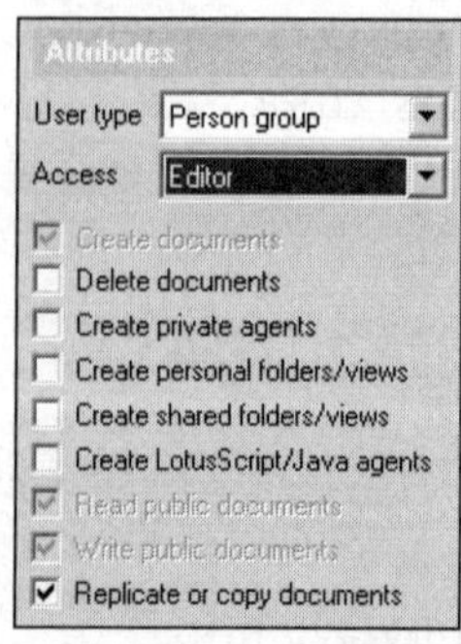

Abbildung 5.71: Optionale Berechtigungen in der ACL

DOKUMENTE ERSTELLEN/ CREATE DOCUMENTS	Vergeben Sie diese Berechtigung für alle Benutzer mit Autorzugriff. Wenn Sie diese Option deaktivieren, um das Hinzufügen weiterer Dokumente durch Autoren zu verhindern, können die Autoren weiterhin die bereits von ihnen erstellten Dokumente lesen und bearbeiten.
DOKUMENTE LÖSCHEN/ DELETE DOCUMENTS	Ein Benutzer kann all die Dokumente löschen, die er auch bearbeiten darf. Falls diese Berechtigung deaktiviert ist, kann ein Benutzer, unabhängig von der Zugriffsebene, keine Dokumente löschen. Enthält die Maske ein Autorenfeld, können Autoren Dokumente nur dann löschen, wenn ihr Name, eine Gruppe oder eine Rolle, die ihren Namen enthält, im Autorenfeld aufgeführt wird.
PRIVATE AGENTEN ERSTELLEN/ CREATE PRIVATE AGENTS	Ein Benutzer kann nur solche Agenten ausführen, die Aufgaben durchführen, die gemäß der Zugriffsebene des Benutzers zulässig sind. Da persönliche Agenten in Serverdatenbanken Speicherplatz auf der Festplatte belegen und Verarbeitungszeit auf dem Server beanspruchen, sollten Sie diese Option deaktivieren. Ob ein Benutzer Agenten ausführen kann oder nicht, ist von dem Zugriff abhängig, den der Domino-Administrator im Abschnitt EINSCHRÄNKUNG DER PROGRAMMIERBARKEIT/PROGRAMMABILITY RESTRICTIONS des Serverdokuments im Domino-Verzeichnis festgelegt hat. Wenn Sie LOTUSSCRIPT/JAVA-AGENTEN ERSTELLEN bzw. CREATE LOTUSSCRIPT/JAVA AGENTS für einen Namen in der ACL wählen, steuert das Serverdokument, ob der Benutzer den Agenten auf dem Server ausführen darf oder nicht.
PRIVATE ORDNER/ ANSICHTEN ERSTELLEN/ CREATE PERSONAL FOLDERS/ VIEWS	Auf einem Server erstellte private Ordner und Ansichten sind sicherer als lokal erstellte und stehen auf mehreren Servern zur Verfügung. Außerdem können Administrationsagenten nur mit Ordnern und Ansichten arbeiten, die auf einem Server gespeichert sind. Wenn die Option PRIVATE ORDNER/ANSICHTEN ERSTELLEN nicht ausgewählt ist, können Benutzer immer noch private Ordner und Ansichten erstellen. Diese werden jedoch auf ihren lokalen Workstations gespeichert. Wenn Sie diese Option nicht wählen, sparen Sie Plattenspeicherplatz auf dem Server.
GEMEINSAME ORDNER/ ANSICHTEN ERSTELLEN/ CREATE SHARED FOLDERS/ VIEWS	Sie sollten diese Option deaktivieren, um eine genauere Kontrolle über die Datenbankgestaltung zu behalten. Ansonsten hätte ein entsprechend berechtigter Benutzer die Möglichkeit, Ordner oder Ansichten zu erstellen oder zu löschen, die für andere Benutzer ebenfalls sichtbar sind.
LOTUSSCRIPT/ JAVA-AGENTEN ERSTELLEN/ CREATE LOTUSSRIPT/ JAVA AGENTS	Die Verwendung von LotusScript- und Java-Agenten in Serverdatenbanken kann auf dem Server erhebliche Verarbeitungszeit beanspruchen. Sie sollten daher die Anzahl der berechtigten Benutzer beschränken.

Ob ein Benutzer Agenten ausführen kann oder nicht, ist von dem Zugriff abhängig, den der Domino-Administrator im Abschnitt EINSCHRÄNKUNG DER PROGRAMMIERBARKEIT/PROGRAMMABILITY RESTRICTIONS des Serverdokuments im Domino-Verzeichnis festgelegt hat. Wenn Sie LOTUSSCRIPT/JAVA-AGENTEN ERSTELLEN für einen Namen in der ACL wählen, steuert das Serverdokument, ob der Benutzer den Agent auf dem Server ausführen darf oder nicht.

ÖFFENTLICHE DOKUMENTE LESEN/
READ PUBLIC DOCUMENTS

Wählen Sie diese Option, um Benutzern das Lesen von Dokumenten oder das Anzeigen von Ansichten und Ordnern zu ermöglichen, die als VERFÜGBAR FÜR BENUTZER MIT ÖFFENTLICHEM ZUGRIFF/AVAILABLE TO PUBLIC ACCESS USERS definiert sind. Diese Option steht im Register SICHERHEIT/SECURITY der Eigenschaftsdialogfelder von Masken, Ansichten und Ordnern zur Verfügung. Mit dieser Option können Sie Benutzern mit dem Zugriff KEIN ZUGRIFF/NO ACCESS oder EINLIEFERER/DEPOSITOR die Möglichkeit geben, bestimmte Dokumente, Masken, Ordner und Ansichten anzeigen zu lassen, ohne ihnen Lesezugriff zuzuweisen. Wenn Sie außerdem möchten, dass Dokumente Benutzern öffentlich zur Verfügung stehen, müssen sie das Feld `$PublicAccess` enthalten. Das Feld `$PublicAccess` sollte ein Textfeld sein, und der Wert muss 1 betragen.

ÖFFENTLICHE DOKUMENTE SCHREIBEN/
WRITE PUBLIC DOCUMENTS

Wählen Sie diese Option, um Benutzern das Erstellen und Ändern von Dokumenten mit Masken zu ermöglichen, die als VERFÜGBAR FÜR BENUTZER MIT ÖFFENTLICHEM ZUGRIFF/AVAILABLE TO PUBLIC ACCESS USERS definiert sind. Diese Option steht im Register SICHERHEIT/SECURITY des Eigenschaftendialogfelds von Masken zur Verfügung. Mit dieser Option können Sie Benutzern Zugriff zum Erstellen und Bearbeiten bestimmter Dokumente geben, ohne ihnen Autorzugriff zuzuweisen. Benutzer mit Autorzugriff oder einer entsprechenden Rolle können Dokumente aus jeder Maske einer Datenbank erstellen.

Hinweis: Beachten Sie, dass Anwender mit dieser Berechtigung alle öffentlichen Dokumente in der Datenbank löschen können, auch wenn sie eigentlich keine Berechtigung zum Löschen von Dokumenten erhalten haben.

DOKUMENTE REPLIZIEREN ODER KOPIEREN/
REPLICATE OR COPY DOCUMENTS

Mit dieser Berechtigung erlauben Sie den Benutzern das Anlegen neuer lokaler Repliken oder Kopien einer Datenbank. Den Benutzern ist auch das Kopieren, Drucken oder Weiterleiten von Dokumenten und Anteilen von Dokumenten sowie die Auswahl des gesamten Textes eines im Lesemodus geöffneten Dokuments gestattet. Die Auswahl dieser Berechtigung ist für alle Zugriffsebenen möglich, allerdings können Sie sie für die Zugriffsebenen EINLIEFERER/DEPOSITOR und KEIN ZUGRIFF/NO ACCESS nur dann aktivieren, wenn Sie die Berechtigung ÖFFENTLICHE DOKUMENTE LESEN/READ PUBLIC DOCUMENTS ebenfalls gewähren.

Als wirkliche Sicherheitsmaßnahme ist das Deaktivieren dieser Berechtigung allerdings eher wirkungslos, da Sie ein Ausdrucken des Dokuments über die Tastenkombination `STRG`/`CTRL` und `Druck`/`Print` bzw. ein Öffnen des Dokuments mit anschließendem Kopieren in die Zwischenablage nicht verhindern können.

5.12.5 Rollen

Rollen sind eine weitere Möglichkeit, Zugriffe auf einzelne Gestaltungselemente und Funktionen der Datenbank weiter zu verfeinern. Mithilfe von Rollen können Sie Benutzer und/oder Server, die ähnliche Aufgaben zu erfüllen haben, zusammenfassen und mit speziellen Berechtigungen ausstatten.

Rollen basieren auf den Gestaltungselementen von Datenbanken. Der Einsatz von Rollen stellt jedoch keine optimale Sicherheitsmaßnahme dar, da beispielsweise jeder Benutzer einer Datenbank, der mindestens über Editorzugriff auf die Datenbank verfügt, die Lesezugriffsliste eines Dokuments ändern kann.

Eine Rolle wird in der Datenbank-ACL erstellt, sie gilt nur für die Datenbank, in der sie erstellt wurde. Sie benötigen Managerzugriff zur Erstellung von Rollen in der Datenbank-ACL, dies sollte in Abstimmung mit dem Entwickler erfolgen. Rollen in der ACL werden in eckigen Klammern dargestellt. Ein Rollenname kann maximal 15 Zeichen umfassen.

Server/-Gruppen und Rollen

Allen Servern, die eine Replik einer Datenbank besitzen, müssen die entsprechenden Rollen zugewiesen werden, da sie ansonsten keine vollständige Replizierung der Datenbank durchführen können. Sie können darüber dezidiert steuern, welche Dokumente aus den zugehörigen Ansichten repliziert werden.

Lokale Datenbanken und Rollen

In einer lokalen Datenbank greifen/wirken Rollen in der Regel nicht, es sei denn, für die Datenbank wurde eine konsistente ACL eingerichtet (siehe *Kapitel 5.12.6, Erweiterte Zugriffssteuerung*).

Datenbankentwickler können für die in der folgenden Tabelle aufgelisteten Gestaltungselemente über die Verwendung von Rollen den Zugriff steuern.

Beschränkung	Verwendung
Bestimmte Dokumente bearbeiten	Autorenfeld
Bestimmte Teile eines Dokuments bearbeiten	Abschnitte
Bestimmte Dokumente lesen	Leserfeld oder Lesezugriffsliste über das Register SICHERHEIT/SECURITY im Dialogfeld EIGENSCHAFTEN/INFOBOX von Dokumenten
Dokumente in einer bestimmten Ansicht anzeigen und lesen	EIGENSCHAFTEN/INFOBOX: ANSICHT
Dokumente in einem bestimmten Ordner anzeigen und lesen	EIGENSCHAFTEN/INFOBOX: ORDNER
Dokumente lesen, die mit einer bestimmten Maske erstellt wurden	EIGENSCHAFTEN/INFOBOX: MASKE
Dokumente mit einer bestimmten Maske erstellen	EIGENSCHAFTEN/INFOBOX: MASKE

5.12.6 Erweiterte Zugriffssteuerung

Über die Schaltfläche ERWEITERT/ADVANCED (siehe *Abbildung 5.73*) erhalten Sie zusätzliche Einstellungsoptionen. So können Sie beispielsweise eine konsistente ACL erzwingen. Stellen Sie mithilfe dieser Option sicher, dass eine ACL für alle vorhandenen Datenbankrepliken identisch bleibt. Nehmen Sie diese Einstellung auf einer Replik vor, deren Server über Managerzugriff für andere Repliken verfügt, damit die Zugriffskontrollliste in allen Serverrepliken einer Datenbank identisch bleibt, andernfalls schlägt die Replizierung fehl, da der Server nicht über den erforderlichen Zugriff zum Replizieren der Zugriffskontrollliste verfügt. Wird die konsistente ACL für eine Datenbank aktiviert, gilt die Zugriffskontrollliste auch für lokale Repliken.

Zugriffskontrollliste mithilfe eines Hex-Editors oder eines Command-Line-Tools anpassen

Falls ein Benutzer, Entwickler oder Sie selbst als Administrator sich aus der ACL einer Anwendung ausgeschlossen haben und keine Person mehr mit Managerrechten in der Zugriffskontrollliste steht, können Sie dies mithilfe eines einfachen Hex-Editors (*http://de.wikipedia.org/wiki/Hex-Editor*), z.B. *frhed* (*http://frhed.sourceforge.net/*) oder *Neo* (*http://www.hhdsoftware.com/Products/home/hex-editor-free.html*), ändern.

Installieren Sie dazu das gewünschte Tool, starten Sie es und öffnen Sie in diesem Tool die gewünschte Domino-Datenbank. Suchen Sie die Bytes zwischen 0X16C und 0X17A7, die die ACL der Datenbank darstellen. Setzen Sie in diesem Bereich alle Werte auf 0, indem Sie über EDIT > FILL SELECTION WITH > 0 eintragen. Speichern Sie die Änderung.

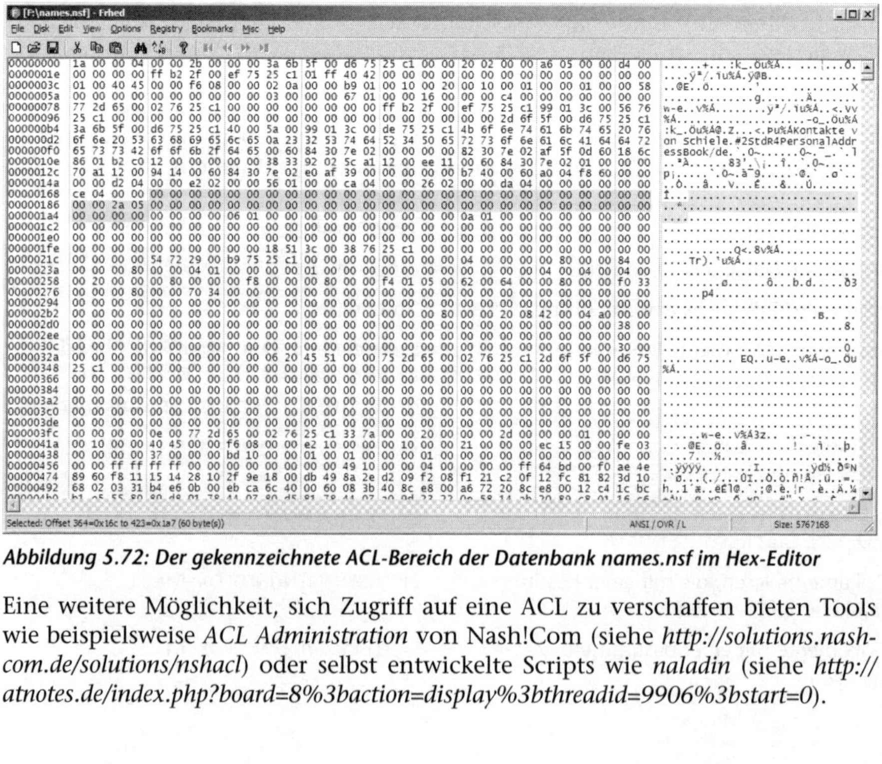

Abbildung 5.72: Der gekennzeichnete ACL-Bereich der Datenbank names.nsf im Hex-Editor

Eine weitere Möglichkeit, sich Zugriff auf eine ACL zu verschaffen bieten Tools wie beispielsweise *ACL Administration* von Nash!Com (siehe *http://solutions.nashcom.de/solutions/nshacl*) oder selbst entwickelte Scripts wie *naladin* (siehe *http://atnotes.de/index.php?board=8%3baction=display%3bthreadid=9906%3bstart=0*).

Der Einsatz eines solchen Tools oder anderer Anwendungen, um Sicherheitsschranken zu umgehen, sollte vom IT-Sicherheitsbeauftragten oder einer ähnlichen Instanz freigegeben worden sein.

Über die Option MAX. INTERNETNAMENS- & KENNWORTZUGRIFF/MAXIMUM INTERNET NAME AND PASSWORD können Sie den maximalen Zugriffstyp steuern, den Benutzer erhalten, die über einen Browser auf die Datenbank zugreifen. Da Internet-/Intranet-Benutzer vom Domino Server nicht auf die gleiche Weise identifiziert werden können wie Notes-Benutzer, haben sie nie ein höheres Zugriffsrecht als das unter MAX. INTERNETNAMENS- & KENNWORTZUGRIFF/MAXIMUM INTERNET NAME AND PASSWORD festgelegte. Die hier festgelegte maximale Zugriffsebene überschreibt alle höheren Zugriffsebenen, die einem Benutzer in der Datenbank-ACL ausdrücklich zugewiesen wurden. Die Option gilt für Benutzer, die eine Namens- und Kennwortauthentifizierung verwenden oder anonym über das Internet auf den Server zugreifen und entweder über den TCP/IP- oder den SSL-Anschluss eine Verbindung mit Servern herstellen. Sie gilt nicht für Benutzer, die über SSL-Clientzertifikats-IDs verfügen und auf die Datenbank über das Internet und den SSL-Anschluss zugreifen. Benutzern mit SSL-Client-Zugriff wird die in der Datenbank-ACL angegebene Zugriffsebene zugewiesen.

Falls für eine Datenbank zutreffend, fügen Sie der Datenbank-ACL die Gruppe ANONYMOUS hinzu. Wählen Sie dann die maximale Zugriffsebene aus, die Sie allen Internet- und Intranet-Benutzern zuweisen möchten, die für diese Datenbank die Benutzernamens- und Kennwortauthentifizierung verwenden oder anonym auf die Datenbank zugreifen.

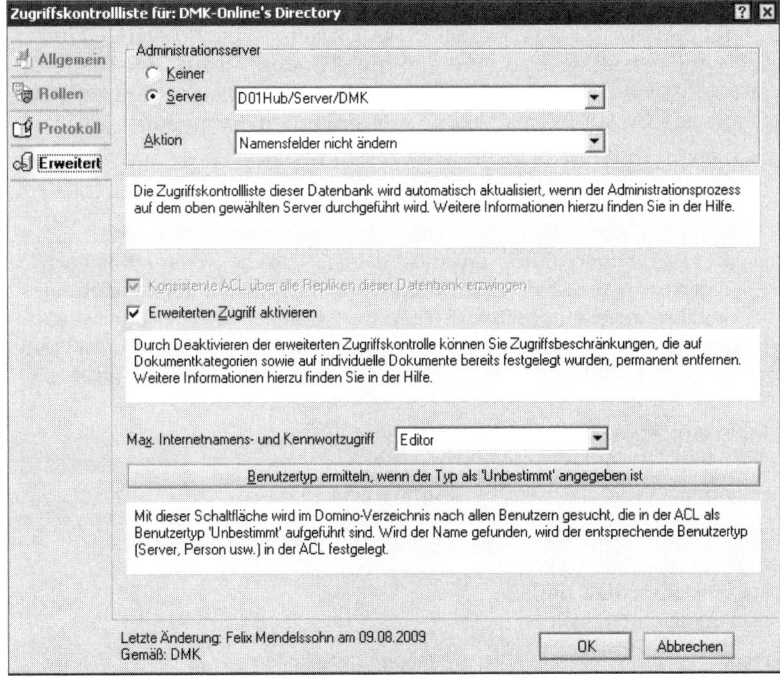

Abbildung 5.73: Zugriffskontrollliste, Schaltfläche ERWEITERT

Wählen Sie ebenfalls im Dialogfeld ZUGRIFFSKONTROLLLISTE/ACCESS CONTROL LIST im Register ERWEITERT/ADVANCED einen Administrationsserver aus, um sicherzustellen, dass die Namen in der ACL und, sofern als AKTION/ACTION ebenfalls eingestellt, auch die Leser- und Autorenfelder oder Namensfelder mithilfe des Administrationsprozesses aktualisiert und verwaltet werden.

5.12.7 Zugriff auf die Datenbank WEB ADMINISTRATOR

Bei der initialen Anlage der Datenbank DOMINO WEB ADMINISTRATOR (*webadmin.nsf*) richtet Domino automatisch die vorgegebene Sicherheit für Datenbanken, Server und Agenten ein. Alle Personen, deren Namen beim Erstellen der Datenbank im Feld ADMINISTRATOREN MIT VOLLEM ZUGRIFF/FULL ACCESS ADMINISTRATORS oder ADMINISTRATOREN/ADMINISTRATORS des Serverdokuments aufgelistet sind, erhalten Managerzugriff auf die Datenbank. Zusätzlich aktualisiert der HTTP-Task in periodischen Zeitabständen (ca. alle 20 Minuten) die Zugriffskontrollliste der Datenbank mit den Namen aus den beiden genannten Feldern im Serverdokument. Der Administrator muss entweder ein Internet-Kennwort eingeben oder ein SSL-Clientzertifikat erhalten. Der Web Administrator verwendet entweder SSL oder aber Namen und Kennwort, um die Identität des Administrators zu überprüfen. Dies richtet sich danach, ob der Server für die Namens- und Kennwortauthentifizierung oder für die SSL-Authentifizierung eingerichtet wurde.

Damit auch andere Administratoren den Web Administrator verwenden können, müssen Sie die Zugriffseinstellungen ändern.

Vorgegebene Datenbanksicherheit

Über die ACL der Datenbank DOMINO WEB ADMINISTRATOR werden nachfolgende Einstellungen festgelegt. Sie müssen diese Einstellungen nicht ändern, wenn der Name des Administrators im Feld ADMINISTRATOREN MIT VOLLEM ZUGRIFF/FULL ACCESS ADMINISTRATORS oder ADMINISTRATOREN/ADMINISTRATORS des Serverdokuments aufgeführt ist.

- MAX. INTERNETNAMENS- & KENNWORTZUGRIFF/MAXIMUM INTERNET NAME AND PASSWORD

Vorgabe	Beschreibung
MANAGER	Der Web Administrator verwendet diese Einstellung, wenn Administratoren unter Verwendung der Namens- und Kennwortauthentifizierung auf den Server zugreifen und die ACL der Datenbank Web Administrator ändern möchten. Wenn Administratoren mittels SSL auf den Server zugreifen, verwendet der Web Administrator diese Einstellung nicht.

- ZUGRIFFSKONTROLLLISTE/ACCESS CONTROL LIST

Vorgegebene Namen	Zugriffsrecht
Die im Feld ADMINISTRATOREN MIT VOLLEM ZUGRIFF/FULL ACCESS ADMINISTRATORS oder ADMINISTRATOREN/ADMINISTRATORS des Serverdokuments aufgeführten Namen	Manager mit allen Rollen
Name des Servers	Manager ohne Rollen
-DEFAULT-	Kein Zugriff

Vorgegebene Namen	Zugriffsrecht
ANONYMOUS	Kein Zugriff
LOCALDOMAINSERVERS	Manager ohne Rollen
OTHERDOMAINSERVERS	Kein Zugriff

Vorgegebene Server- und Agentensicherheit

Im Register SICHERHEIT/SECURITY des Serverdokuments werden nachfolgende Einstellungen festgelegt. Sie müssen diese Einstellung nicht ändern, wenn der Name des Administrators im Feld ADMINISTRATOREN MIT VOLLEM ZUGRIFF/FULL ACCESS ADMINISTRATORS oder ADMINISTRATOREN des Serverdokuments aufgeführt ist.

Zugriffseinstellung	Vorgegebene Namen
SERVER VON EINEM BROWSER AUS VERWALTEN/ ADMINISTER SERVER FROM A BROWSER	Im Feld ADMINISTRATOREN MIT VOLLEM ZUGRIFF/FULL ACCESS ADMINISTRATORS oder ADMINISTRATOREN des Serverdokuments aufgeführte Namen für den Domino Webserver. Dieses Feld ist nur für Server mit einer Version vor 6 gültig.

In der Datenbank WEB ADMINISTRATOR sind alle Agenten von Lotus Notes Template Development/Lotus Notes signiert. Standardmäßig sind dieser Signatur unbeschränkte Berechtigungen zur Ausführung von Agenten zugewiesen.

Für den Administrator muss die Namens- und Kennwortauthentifizierung oder die SSL-Client-Authentifizierung auf dem Server eingerichtet sein, andernfalls kann er nicht auf die Datenbank WEB ADMINISTRATOR zugreifen. Die Namens- und Kennwortauthentifizierung ist für das HTTP-Protokoll vorgegeben.

Administratoren müssen für die Namens- und Kennwortauthentifizierung über ein Internet-Kennwort in ihrem Personendokument verfügen. Zur Verwendung der SSL-Client-Authentifizierung benötigen Administratoren ein Clientzertifikat, und SSL muss auf dem Server eingerichtet sein. Darüber hinaus muss der Server eine SSL-Verbindung zur Datenbank anfordern.

5.13 Dokumentensicherheit

Sie können die Sicherheit auf Informationen in einer Datenbank neben der grundsätzlichen Datenbanksicherheit weiter verfeinern und die Zugriffe auf Dokumente innerhalb der Datenbank steuern. Sie können mithilfe der Zugriffskontrollliste (ACL) genauestens festlegen, wer Zugriff auf eine Anwendung erhält, und einen Zugriffstyp zuordnen. Beispielsweise könnte ein Benutzer Zugriff zum Lesen, Erstellen und Bearbeiten von Dokumenten in einer Datenbank erhalten, während ein anderer Benutzer Dokumente nur lesen kann.

Sie können den Zugriff auf Dokumente folgendermaßen beschränken:

- Erstellen Sie eine Lesezugriffsliste für eine Ansicht oder einen Ordner, die einschränkt, wer die Ansicht oder den Ordner sehen kann.
- Erstellen Sie eine Schreibzugriffsliste für einen Ordner, die einschränkt, wer den Inhalt eines Ordners aktualisieren kann.

- Erstellen Sie eine Maskenzugriffsliste, um festzulegen, wer neue Dokumente mithilfe der Maske erstellen kann. Diese Einstellung schränkt ferner ein, wer mit dieser Maske erstellte Dokumente lesen kann.
- Maskenzugriffslisten und die Datenbank-ACL legen fest, wer die mit einer Maske erstellten Dokumente lesen oder bearbeiten kann.
- Dokumentzugriffsfelder (Leser- und Autorenfelder) und die Datenbank-ACL legen fest, wer Dokumente lesen oder ändern kann.
- Mithilfe der Verschlüsselung können Sie Informationen auf Feldebene sichern. Dies funktioniert allerdings nur, wenn mit dem Notes Client zugegriffen wird. Sie können Feldinhalte so verschlüsseln, dass nur Leser mit dem Verschlüsselungsschlüssel auf die Meldung oder das Feld zugreifen können. Datenbankmanager können ganze Datenbanken verschlüsseln. Die Verschlüsselungsfunktion wird in Webanwendungen nicht unterstützt, da der Benutzer über einen Browser zugreift und nicht mit einem Notes Client mit entsprechender Notes-ID und zugehörendem Schlüssel arbeitet.
- Mit elektronischen Signaturen wird bestätigt, dass Dokumente bzw. Dokumentabschnitte von einem bestimmten Benutzer stammen, ohne dass jemand unerlaubte Änderungen an ihnen vorgenommen hat.
- Verwenden Sie die im folgenden Unterkapitel beschriebenen Funktionen, um den Zugriff auf die Gestaltung zu beschränken.
- Beschränken Sie, wer Agenten erstellen kann und wo Agenten ausgeführt werden können. Die meisten Benutzer können private Agenten zum Ausführen auf lokalen Datenbanken erstellen. Einige Benutzer können ferner gemeinsam genutzte Agenten erstellen, die auf Servern ausgeführt werden und für die Verwendung durch andere Benutzer bestimmt sind.

5.13.1 Maskenzugriff

Sie können den Zugriff auf alle Dokumente, die aus einer Maske erstellt wurden, beschränken, indem Sie eine Maskenzugriffsliste erstellen. Im Register SICHERHEIT/SECURITY in den Eigenschaften einer Maske im Domino Designer Client können Sie folgende Beschränkungen festlegen:

- Benutzer, die auf die Maske zugreifen können, um damit Dokumente zu erstellen. Wenn Benutzer nicht in dieser Liste enthalten sind, wird ihnen diese Maske beim Wählen der Menüoption ERSTELLEN/CREATE nicht in der Liste angezeigt. Dies ist eine Möglichkeit, die Liste zu kürzen.
- Benutzer, die mit dieser Maske erstellte Dokumente lesen können. Wenn Sie diese Beschränkung wählen, wird eine Lesezugriffsliste erstellt, die festlegt, wer diese Dokumente lesen kann.

Leider handelt es sich hier um keine zuverlässige Sicherheitsfunktion, denn ein Benutzer könnte eine Kopie von der Maske erstellen und die Beschränkung entfernen. Sie ist aber dennoch ein nützliches Hilfsmittel, um den Zugriff zu erschweren. Sie können also einschränken, wer von einer Maske erstellte Dokumente lesen bzw. bearbeiten kann. Ferner können Sie einschränken, welche Aktionen Benutzer an einem Dokument vornehmen können. Beispielsweise können Sie Benutzern das Recht zuweisen, die Firmentelefonliste anzuzeigen. Gleichzeitig können Sie sie daran hindern, diese Liste zu drucken, zu kopieren oder weiterzuleiten.

Beschränken Sie mit der Maskenzugriffsliste den Zugriff auf eine Maske ganz oder teilweise, indem Sie Sicherheitsparameter einrichten, die sich auf die Datenbank-ACL stützen (siehe *Abbildung 5.74*). Die Datenbank-ACL hat Vorrang; nur Benutzer mit Zugriff auf die Datenbank erhalten Zugriff auf die Masken innerhalb einer Datenbank. Maskensicherheit stellt eine verfeinerte Zugriffsebene zur Zugriffskontrollliste einer Datenbank dar. Durch die Beschränkung der Personen, die Dokumente mit einer Maske erstellen können, wird auch das Menü „Erstellen" verkürzt, weil zugriffsbeschränkte Masken aus dem Menü entfernt werden.

Berechtigte Leser

Die folgenden Personen können ein Dokument mit eingeschränktem Lesezugriff lesen:

- Benutzer mit Leserechten in der Maskenzugriffsliste
- Benutzer aus dem Leserfeld der Maske
- Die Namen im Leserfeld werden der Lesezugriffsliste eines Dokuments hinzugefügt.
- Benutzer aus dem Autorenfeld der Maske

1. Öffnen Sie die Maske im Domino Designer.
2. Wählen Sie GESTALTUNG/DESIGN > EIGENSCHAFTEN: MASKE/FORM PROPERTIES.
3. Klicken Sie auf das Register SICHERHEIT/SECURITY.

Abbildung 5.74: Konfiguration des Maskenzugriffs

4. Deaktivieren Sie ALLE AUTOREN UND HÖHERE/ALL AUTHORS AND ABOVE im Abschnitt WER KANN MIT DIESER MASKE DOKUMENTE ERSTELLEN/WHO CAN CREATE DOCUMENTS WITH THIS FORM.
5. Markieren Sie alle Benutzer, Gruppen, Server und Zugriffsrollen, die mit dieser Maske Dokumente erstellen dürfen.
6. Deaktivieren Sie ALLE LESER UND HÖHERE/ALL READERS AND ABOVE im Abschnitt STANDARD-LESEZUGRIFF FÜR MIT DIESER MASKE ERSTELLTE DOKUMENTE/DEFAULT READ ACCESS FOR DOCUMENTS CREATED WITH THIS FORM.

7. Markieren Sie alle Benutzer, Gruppen, Server und Zugriffsrollen, die mit dieser Maske erstellte Dokumente lesen dürfen.
8. Wenn gewünscht, markieren Sie DRUCKEN/WEITERLEITEN/KOPIEREN DEAKTIVIEREN bzw. DISABLE PRINTING/FORWARDING/COPYING TO CLIPBOARD, um diese Funktionen zu deaktivieren.
9. Wenn notwendig, aktivieren Sie VERFÜGBAR FÜR BENUTZER MIT ÖFFENTLICHEM ZUGRIFF/ AVAILABLE TO PUBLIC ACCESS USERS, wenn Dokumente für Benutzer in dieser Maske verfügbar sein sollen, denen in der Zugriffskontrollliste Lese- und Schreibrechte für öffentliche Dokumente gegeben wurden.

5.13.2 Leserfelder

Sie können Leserfelder in einer Maske erstellen, um den Zugriff auf bestimmte, mit einer Maske erstellte Dokumente einzuschränken. Benutzer werden in einem Leserfeld einzeln aufgeführt, wenn sie über Leserechte für mit einer Maske erstellte Dokumente verfügen. Ohne Lesezugriff auf ein Dokument können Benutzer das Dokument in einer Ansicht nicht sehen. Enthält eine Maske eine Zugriffsliste, werden die Namen aus dem Leserfeld der Maskenzugriffsliste hinzugefügt. Ansonsten steuert das Leserfeld den Zugriff auf Dokumente, die aus der Maske erstellt werden.

Benutzern werden über einen Eintrag in ein Leserfeld maximal die Zugriffsrechte zugewiesen, die in der Zugriffskontrollliste der Datenbank festgelegt sind. Sie können den Zugriff anhand dieser Einträge weiter einschränken, nicht jedoch erweitern. Benutzer, die über keine Zugriffsrechte auf eine Datenbank verfügen, können niemals ein Dokument lesen. Dies trifft selbst dann zu, wenn Sie sie in einem Leserfeld aufführen. Andererseits können Sie die Zugriffsrechte von Benutzern mit Editorzugriff in der ACL einschränken, sodass sie alle die Dokumente nicht lesen können, in deren Leserfeld sie nicht aufgeführt sind.

Benutzer mit mindestens Editorzugriff können ein Dokument bearbeiten, wenn folgende Bedingungen erfüllt sind:

- Sie sind in Lesezugriffsliste, Leser- oder Autorenfeld der Maske aufgeführt.
- In der Maske sind weder Einschränkungen in der Lesezugriffsliste noch Leser- bzw. Autorenfelder enthalten.

Sie schränken den Zugriff auf die Benutzer, Gruppen und Server im Leserfeld ein, die in dieser Liste bzw. diesem Feld angegeben sind. Wenn Server diese Datenbank replizieren sollen, müssen sie in die Liste oder das Feld eingetragen werden, damit sie Lesezugriff erhalten. Ansonsten werden die Dokumente nicht repliziert.

5.13.3 Autorenfelder

Autorenfelder stehen in einem direkten Zusammenhang zum Autorzugriff in der Zugriffskontrollliste einer Datenbank. Erhält ein Benutzer Autorzugriff in der ACL, kann dieser Benutzer in der Datenbank Dokumente lesen und gegebenenfalls neue Dokumente erstellen. Er kann zunächst jedoch keine Dokumente bearbeiten, auch nicht die selbst erstellten. Wird der Benutzer in einem Autorenfeld von einem Dokument aufgeführt, so kann er dadurch dieses Dokument bearbeiten. Gestatten Sie Autoren, eigene Dokumente zu bearbeiten, indem Sie diese in deren Autorenfelder aufnehmen.

Die Zugriffskontrollliste der Datenbank wird über Einträge im Autorenfeld nicht überschrieben, sondern nur im Detail festgelegt. Benutzer ohne Zugriffsrechte auf eine Datenbank können niemals ein Dokument bearbeiten, auch dann nicht, wenn Sie sie in einem Autorenfeld aufführen. Hat ein Benutzer mindestens Editorzugriff auf eine Datenbank, wird dieser nicht durch ein Autorenfeld beschränkt. Autorenfelder wirken sich nur auf Benutzer mit Autorzugriff auf die Datenbank aus.

Der Name im Autorenfeld muss immer ein vollständiger hierarchischer Name sein (z.B. Felix Mendelssohn/Vertrieb/DMK), und nicht eine gängige Kurzform des Namens.

5.13.4 Schreibzugriffsliste für Ordner

Über die Schreibzugriffsliste für einen Ordner legen Sie fest, wer den Inhalt eines Ordners aktualisieren kann. In der Schreibzugriffsliste für den Ordner aufgeführte Benutzer können Dokumente in den Ordner verschieben und kopieren und Dokumente aus dem Ordner entfernen (siehe *Abbildung 5.75*). Sie können allein mit diesem Zugriffsrecht die Dokumente jedoch nicht aktualisieren. Der Schreibzugriffsliste für einen Ordner können nur Benutzer hinzugefügt werden, die in der Zugriffskontrollliste der Datenbank bereits mindestens Lesezugriff haben, NO ACCESS mit dem Privileg ÖFFENTLICHE DOKUMENTE SCHREIBEN reicht nicht.

1. Öffnen Sie eine Datenbank im Domino Designer.
2. Klicken Sie im Gestaltungsfenster auf ORDNER/FOLDER.
3. Doppelklicken Sie im Arbeitsfenster auf die Ansicht oder den Ordner.
4. Wählen Sie GESTALTUNG/DESIGN > EIGENSCHAFTEN: ORDNER/FOLDER PROPERTIES.
5. Klicken Sie auf das Register SICHERHEIT/SECURITY.

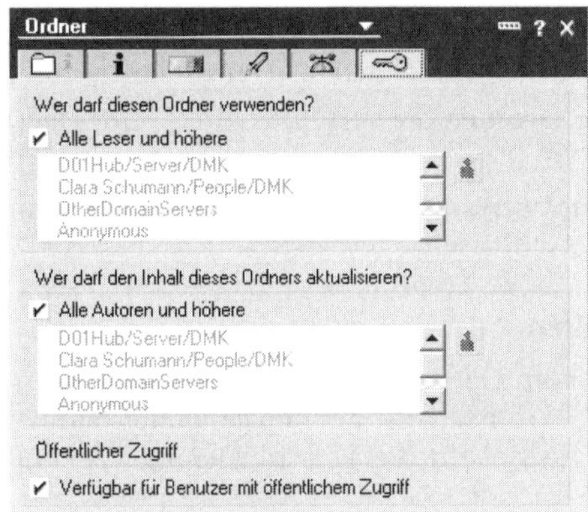

Abbildung 5.75: Schreibzugriffsliste für einen Ordner definieren

6. Deaktivieren Sie im Abschnitt INHALT KANN AKTUALISIERT WERDEN VON/WHO MAY UPDATE THE CONTENTS OF THIS FOLDER die Option ALLE AUTOREN UND HÖHERE/ALL AUTHORS AND ABOVE.
7. Klicken Sie auf alle Benutzer, Gruppen, Server oder Zugriffsrollen, die den Ordnerinhalt ändern können sollen. Neben jedem ausgewählten Namen erscheint ein Häkchen.
8. Klicken Sie auf das Personensymbol, um Personen- oder Gruppennamen aus einem persönlichen Adressbuch oder dem Domino-Verzeichnis hinzuzufügen.

9. Zum Entfernen eines Namens aus der Liste klicken Sie erneut auf den Namen, um das Häkchen zu entfernen.
10. Speichern Sie den Ordner.

5.13.5 Dokumente verschlüsseln

RSA ist ein asymmetrisches Kryptosystem, das sowohl zur Verschlüsselung als auch zur digitalen Signatur verwendet werden kann. Es verwendet ein Schlüsselpaar bestehend aus einem privaten Schlüssel, der zum Entschlüsseln oder Signieren der Daten verwendet wird, und einem öffentlichen Schlüssel, mit dem man verschlüsselt oder die Signatur prüft. RSA wurde von Ronald Rivest, Adi Shamir und Leonard Adleman entwickelt und nach ihnen benannt. Unter all den Public-Key-Algorithmen, die im Laufe der Jahre veröffentlicht wurden, ist RSA bei weitem am einfachsten zu implementieren und wohl deshalb auch so beliebt. Der RSA-Algorithmus wird als das Produkt zweier sehr großer, frei gewählter Primzahlen berechnet: n =pxq. Obwohl n als Bestandteil des öffentlichen Schlüssels bekannt gegeben wird, ist es sehr schwierig, die Primzahlen p und q aus n zu ermitteln, besonders wenn an p und q noch besondere Anforderungen gestellt werden, wie z.B. die Länge der Primzahlen. Die Rechenzeit steigt exponentiell zu der Schlüssellänge.

Wenn Sie Dokumente verschlüsseln wollen, müssen Sie Felder definieren, die verschlüsselt werden können. Danach verschlüsseln Sie oder Benutzer diese Felder mit einem oder mehreren Verschlüsselungsschlüsseln.

Beispiel einer Dokumentenverschlüsselung:

1. Frau Weiss verschlüsselt ein Dokument, indem sie Felddaten mit dem Verschlüsselungsschlüssel aus ihrer Benutzer-ID verschlüsselt.
2. Herr Schwarz entschlüsselt das verschlüsselte Dokument, um es zu lesen. Dabei wird die Liste der Schlüssel, mit denen das Dokument verschlüsselt wurde, mit den Verschlüsselungsschlüsseln in der Benutzer-ID von Herrn Schwarz verglichen.
3. Besitzt Herr Schwarz keinen der Schlüssel, werden die verschlüsselten Felder leer angezeigt.
4. Verfügt Herr Schwarz jedoch über den notwendigen Schlüssel, wird das Dokument mit diesem Verschlüsselungsschlüssel entschlüsselt.

Geheime Verschlüsselungsschlüssel erstellen

Geheime Verschlüsselungsschlüssel werden vom Datenbankmanager erstellt und an die Benutzer verteilt, die Dokumente entschlüsseln müssen, die mit den geheimen Schlüsseln verschlüsselt sind. Wenn Sie öffentliche Schlüssel für die Verschlüsselung verwenden, müssen Sie diese nicht explizit verteilen.

1. Wählen Sie DATEI/FILE > SICHERHEIT/SECURITY > BENUTZERSICHERHEIT/USER SECURITY.
2. Geben Sie das Passwort ein und bestätigen Sie mit OK.
3. Wählen Sie die Option NOTES-DATEN/NOTES DATA > DOKUMENTE/DOCUMENTS.
4. Klicken Sie auf die Schaltfläche NEUER GEHEIMER SCHLÜSSEL/NEW SECRET KEY (siehe *Abbildung 5.76*). erstellen

Abbildung 5.76: Verschlüsselungsschlüssel

5. Geben Sie einen Namen für den Schlüssel ein, der den Verwendungszweck beschreibt.
6. Verfassen Sie optional einen Hinweis, um die Verwendung des Schlüssels zu erklären, beispielsweise für welche Datenbanken er verwendet werden soll, welche Personen Kopien davon haben usw.
7. Klicken Sie auf N/D 6+ (128 BIT RC2), wenn der Schlüssel für Lotus Notes-Versionen vor R8.01 benutzt werden soll. Existieren in Ihrer Umgebung nur Lotus Notes Domino 8 Clients und Server, können Sie auch N/D 8.0.1+ (128 BIT AES) und somit eine andere und schnellere Verschlüsselungsart wählen.
8. Klicken Sie auf OK.

Verschlüsselungsschlüssel und private Schlüssel in Notes-IDs

Jede Notes-Benutzer-ID besitzt einen öffentlichen und einen persönlichen Schlüssel. Mit diesen Schlüsseln werden Mail, Felder und Dokumente verschlüsselt und die Identität eines Autors überprüft. Zusätzlich können Benutzer in ihrer ID Verschlüsselungsschlüssel enthalten, mit denen Dokumente verschlüsselt oder entschlüsselt werden.

Bei der Gestaltung einer Maske können Sie den öffentlichen Schlüssel zur Verschlüsselung benutzen oder einen neuen Verschlüsselungsschlüssel erstellen. Der neue Verschlüsselungsschlüssel wird beim Erstellen automatisch in Ihrer Benutzer-ID gespeichert. Sendet Ihnen ein anderer Anwender einen Verschlüsselungsschlüssel und nehmen Sie diesen Schlüssel an beziehungsweise importieren ihn, so wird dieser Schlüssel wie alle anderen Schlüssel ebenfalls in Ihrer Benutzer-ID gespeichert.

Verschlüsselung von Feldern ermöglichen

Wenn Sie die Verschlüsselung eines Felds aktivieren, wird das Feld immer dann verschlüsselt, wenn das Dokument mit dem Feld gespeichert wird (siehe *Abbildung 5.77*). Masken können mehrere zu verschlüsselnde Felder enthalten.

1. Öffnen Sie die Maske im Domino Designer.
2. Erstellen Sie ein Feld oder klicken Sie auf ein vorhandenes Feld. Wählen Sie dann GESTALTUNG/DESIGN > EIGENSCHAFTEN: FELD/FIELD PROPERTIES. Das Feld kann von beliebigem Datentyp sein.

3. Klicken Sie auf das Register ERWEITERT/ADVANCED.

Abbildung 5.77: Verschlüsselung eines Felds aktivieren

4. Wählen Sie SICHERHEITSOPTIONEN: VERSCHLÜSSELUNG FÜR DIESES FELD AKTIVIEREN/SECURITY OPTIONS: ENABLE ENCRYPTION FOR THIS FIELD.

Wenn die Feldverschlüsselung aktiviert ist, werden alle Feldbegrenzungen im Client rot dargestellt, in Designer wird die Umrandung des Felds in Rot dargestellt.

Methoden zur Zuweisung von Verschlüsselungsschlüsseln an Dokumenten

Sie können alle verschlüsselbaren Felder automatisch verschlüsseln lassen, wenn ein Benutzer ein neues Dokument speichert, das er mit einer Maske erstellt hat.

1. Öffnen Sie die Maske im Domino Designer.
2. Wählen Sie GESTALTUNG/DESIGN > EIGENSCHAFTEN: MASKE/FORM PROPERTIES.
3. Klicken Sie auf das Register SICHERHEIT/SECURITY.
4. Die Liste STANDARD-VERSCHLÜSSELUNGSSCHLÜSSEL/DEFAULT ENCRYPTION KEYS zeigt alle geheimen Verschlüsselungsschlüssel in Ihrer ID an. Klicken Sie auf die Verschlüsselungsschlüssel, die Sie der Maske als Vorgabeschlüssel zuweisen möchten.
5. Speichern und schließen Sie die Maske.

Um alle Dokumente zu verschlüsseln, die mit einer Maske erstellt wurden, aktivieren Sie die Verschlüsselung für ein oder mehrere Felder der Maske (über die Eigenschaften des Felds) und weisen der Maske einen oder mehrere vorhandene Verschlüsselungsschlüssel zu (über die Eigenschaften der Maske). Den persönlichen Verschlüsselungsschlüssel können Sie über die Benutzersicherheit anfordern (siehe *Abbildung 5.78*).

Wenn Sie anstelle öffentlicher Verschlüsselungsschlüssel geheime verwenden, ist es Aufgabe des Datenbankmanagers, die Verschlüsselungsschlüssel an alle Benutzer zu verteilen, die sie benötigen. Wenn jemand ein neues Dokument speichert, das mit dieser Maske erstellt wurde, werden alle verschlüsselbaren Felder in diesem Dokument unter Anwendung der von Ihnen zugewiesenen Schlüssel verschlüsselt, es sei denn, der Autor oder Editor hat die mit dem Dokument verknüpften Verschlüsselungsschlüssel geändert oder die Verschlüsselung deaktiviert. Dokumente, die erstellt wurden, bevor Sie die Verschlüsselungsschlüssel hinzugefügt haben, bleiben unverschlüsselt. Sie können sie jedoch manuell verschlüsseln.

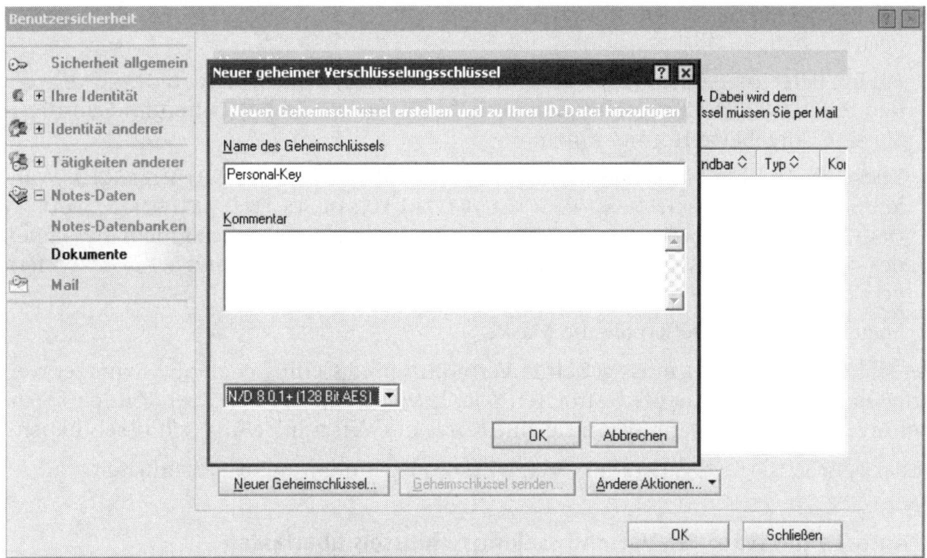

Abbildung 5.78: Anfordern eines Verschlüsselungsschlüssels

Abbildung 5.79: Zuweisung von Verschlüsselungsschlüsseln

Sie sollten eine Liste der erstellten Schlüssel führen, wenn Sie geheime Schlüssel anstelle der öffentlichen verwenden. Um den Benutzern eine praktische Liste häufig benutzter Verschlüsselungsschlüssel zur Verfügung zu stellen, erstellen Sie das reservierte Feld SECRETENCRYPTIONKEYS. Dazu muss die Maske bereits Felder enthalten, die zur Verschlüsselung aktiviert sind.

1. Öffnen Sie die Maske im Domino Designer.
2. Erstellen Sie ein Feld mit dem Namen SECRETENCRYPTIONKEY. Definieren Sie es als Text- oder Listenauswahlfeld, das bearbeitbar ist oder berechnet wird.
3. Klicken Sie bei einem Listenauswahlfeld auf das Register STEUERUNG/CONTROL und wählen Sie AUSWAHL EINGEBEN (EINE PRO ZEILE)/ENTER CHOICES (ONE PER LINE). Geben Sie alle Einträge ein und verwenden Sie dabei ein Schlüsselwort und ein Synonym, das den Verschlüsselungsschlüssel beschreibt, beispielsweise VERSCHLÜSSELN | GEHEIMSCHLÜSSEL. Verwenden Sie für die Option NICHT VERSCHLÜSSELN einen Nullwert.

4. Klicken Sie auf das Programmierfenster und wählen Sie FORMEL/FORMULA im Bereich SCRIPT.
5. Für ein berechnetes Feld fügen Sie eine Formel hinzu, die den Namen des zu verwendenden Verschlüsselungsschlüssels zurückgibt. Für ein zu bearbeitendes Feld fügen Sie eine Vorgabewertformel hinzu.
6. Klicken Sie in den Maskeneigenschaften auf das Register ERWEITERT/ADVANCED. Wählen Sie SICHERHEITSOPTIONEN: VERSCHLÜSSELUNG FÜR DIESES FELD AKTIVIEREN/SECURITY OPTIONS: ENABLE ENCRYPTION FOR THIS FIELD, damit unbefugte Benutzer nicht die Namen der Verschlüsselungsschlüssel lesen können, die in den Formeln und Schlüsselwörtern verwendet werden.
7. Speichern und schließen Sie die Maske.

Der Datenbankmanager muss geheime Verschlüsselungsschlüssel an alle Benutzer weiterleiten, die die Dokumente bearbeiten oder lesen sollen. Die Benutzer können Dokumente erst dann speichern, wenn sie eine Kopie des Verschlüsselungsschlüssels haben.

Ist das Feld SECRETENCRYPTIONKEYS leer, wird das Dokument nicht verschlüsselt.

Autoren die Wahl des Verschlüsselungsschlüssels überlassen

Wenn Sie keinen Zugriff auf den Verschlüsselungsschlüssel haben oder wenn Sie möchten, dass Autoren aus den Verschlüsselungsschlüsseln auswählen, die sie besitzen, aktivieren Sie die Verschlüsselung für die Felder, verbinden aber keine Verschlüsselungsschlüssel mit der Maske. Wenn Benutzer dann ein Dokument speichern, das mit der Maske erstellt wurde, wählen sie, ob sie das Dokument beim Speichern (über die Eigenschaften des Dokuments) verschlüsseln wollen. Ferner bestimmen sie, welcher Verschlüsselungsschlüssel benutzt werden soll.

5.14 Workstation-Sicherheit

Die ECL (Execution Control List, Ausführungskontrollliste) regelt die Sicherheit auf dem Notes Client. Mit der ECL können Sie die Datensicherheit auf Workstations konfigurieren und die Aktionen der auf einer Workstation ausgeführten Formeln und Scripts beschränken. Mithilfe der ECL-Einstellungen können Sie beispielsweise verhindern, dass der Code einer anderen Person auf einem Computer ausgeführt wird und dadurch Daten beschädigt oder gelöscht werden. Seit der Version 6 ist die ECL Teil der Richtlinien geworden, die in den sogenannten Sicherheitseinstellungen gesetzt werden können (siehe *Kapitel 10.2, Richtlinien für Benutzer*). Als Administrator können Sie Benutzern die Berechtigung erteilen, die ECL zu ändern, oder selbst die Änderungen an der ECL steuern.

In der ECL steht in der Regel bereits eine Reihe vordefinierter Signaturen und zugewiesener Berechtigungen. Dazu gehören:

- BT Mail and Calendar Migration Tools/Lotus Notes Companion Products
- Domino Unified Communications Services/Lotus Notes Companion Products
- Lotus Fax Development/Lotus Notes Companion Products
- Lotus Notes Template Development/Lotus Notes
- Sametime Development/Lotus Notes Companion Products

Die ECL sucht in Datenbanken und Schablonen nach der Signatur, bevor sie auf der Workstation geöffnet werden. Die ECL vergleicht dann diese Signatur mit den Einstellungen, um festzustellen, welche Zugriffsebene vergeben wird.

Mehr Informationen zum Thema ECL erhalten Sie in *Kapitel 10.3, Ausführungskontrollliste (ECL).*

5.15 Sicherheit im Internet

Ein Webserver, der über das Internet zu erreichen ist, kann für Angriffe häufig ein leichteres Ziel sein als ein abgeschotteter Server in einem internen Netzwerk. Drei wichtige Punkte im Hinblick auf die Sicherheit sind:

- Authentifizierung im Web
- Serversicherheit
- Datensicherheit

Für ältere Domino Webserver (bis Version R5) können Sie festlegen, ob sich Webclients mithilfe des Befehls `?Open` auf dem Server eine Liste mit Datenbanken anzeigen lassen können. Als Vorgabe können sich die Benutzer nicht die Liste mit Datenbanken anzeigen lassen, auch wenn sie Zugriff auf den Server haben. Benutzer können einzelne Datenbanken, auf die sie Zugriff haben, weiterhin öffnen, auch wenn Sie eine Liste mit Datenbanken vor ihnen verbergen. Das Verbergen von Datenbanken ist sinnvoll, wenn einige Datenbanken nicht für die Verwendung im Web bestimmt sind. Wenn Sie das Domino IIOP-Protokoll für Java-Applets auf dem Server verwenden, legt diese Einstellung fest, ob DbDirectory.getFirstDatabase zulässig ist.

1. Klicken Sie in Domino Administrator auf das Register Konfiguration/Configuration und öffnen Sie anschließend das Serverdokument.
2. Klicken Sie auf das Register Internet-Protokolle/Internet Protocols > HTTP.
3. Wählen Sie unter R5 Basics im Feld HTTP-Clients zum Suchen von Datenbanken zulassen/Allow HTTP-clients to browse databases die Einstellung Nein/No.
4. Speichern Sie das Dokument.

R5 Basics	
Allow HTTP clients to browse databases:	○ Yes ◉ No
Maximum requests over a single connection:	1
Minimum active threads: (Prior to 4.6 only)	20
Default home page:	default.htm
Maximum cached commands:	128
Optimize HTTP performance based on the following primary activity:	Advanced (Custom Settings)

Abbildung 5.80: Einstellung im Serverdokument

Einstellungen der ACL für Systemdatenbanken

Zahlreiche Datenbanken auf einem Webserver weisen unzureichend gepflegte Zugriffskontrolllisten auf. Gerade für die Einträge -DEFAULT- oder ANONYMOUS sollten restriktive Rechte gesetzt sein, sonst sind diese Datenbanken per Browser für jeden einsehbar.

Definieren Sie die Verzeichnisauthentifizierung, die Domino bei der Authentifizierung von Webbenutzern in Domino-Verzeichnissen und LDAP-Verzeichnissen verwenden soll. Je detaillierter die Namenssuche in den Verzeichnissen, desto höher ist die Sicherheit der Server. Domino verwendet diese Einstellung auch, wenn ein Java-Applet auf einem Domino Server Benutzer mit dem Domino IIOP-Protokoll authentifiziert.

1. Klicken Sie in Domino Administrator auf das Register KONFIGURATION/CONFIGURATION und öffnen Sie anschließend das Serverdokument.
2. Klicken Sie auf das Register SICHERHEIT/SECURITY.
3. Wählen Sie im Abschnitt WEBSERVER-ZUGRIFF/INTERNET ACCESS eine der folgenden Optionen im Feld WEBSERVER-AUTHENTIFIZIERUNG/INTERNET AUTHENTICATION:
   - MEHR NAMENSMÖGLICHKEITEN BEI GERINGERER SICHERHEIT/MORE NAME VARIATION WITH LOWER SECURITY

     Domino versucht, die Benutzer auf der Grundlage des eingegebenen Namens und Kennworts zu authentifizieren. Dieses Authentifizierungsverfahren kann sich als problematisch erweisen, wenn Hacker sich über ein legitimes Benutzerkonto Zugriff auf einen Server verschaffen, indem sie Namen und Kennwörter erraten. Diese Option ist die Vorgabe und entspricht dem in früheren Versionen von Domino für Webserver verwendeten Suchverhalten. Mit dieser Option können die Benutzer Folgendes in das Dialogfeld NAME UND KENNWORT in einem Webbrowser eingeben:

Domino-Verzeichnisauthentifizierung	LDAP-Verzeichnisauthentifizierung
Nachname	Nachname
Vorname	Vorname
Allgemeiner Name	Allgemeiner Name (CN)
Vollständiger hierarchischer Name (kanonisch)	DN (eindeutiger Name)
Vollständig hierarchischer Name (abgekürzt)	DN (eindeutiger Name)
Kurzname	UID (Benutzer-ID)
Aliasname (ein im Feld BENUTZERNAME/USER NAME des Personendokuments aufgeführter Name, mit Ausnahme des im Feld angegebenen Vornamens)	Nicht zutreffend
Soundex-Nummer	Nicht zutreffend
Internetadresse	Mail

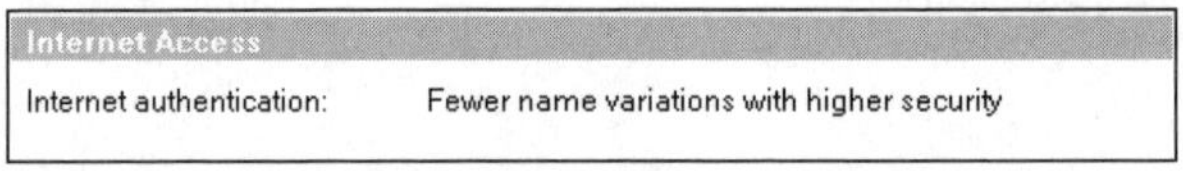

Internet Access

Internet authentication: Fewer name variations with higher security

Abbildung 5.81: Authentifizierungsstufe angeben

- WENIGER NAMENSMÖGLICHKEITEN BEI HÖHERER SICHERHEIT/FEWER NAME VARIATION WITH HIGHER SECURITY

  Dieses Suchverfahren erweist sich als weniger problematisch, da ein einzelner Authentifizierungsversuch nicht zu so vielen Übereinstimmungen führt. Dadurch kann die Wahrscheinlichkeit, ein Kennwort zu erraten, wesentlich reduziert werden. Wenn Sie einen höheren Sicherheitsstandard wünschen, sollten Sie diese Option auswählen. Mit dieser Option müssen die Benutzer nur Folgendes in das Dialogfeld NAME UND KENNWORT/NAME AND PASSWORD in einem Webbrowser eingeben:

Domino-Verzeichnisauthentifizierung	LDAP-Verzeichnisauthentifizierung
Vollständiger hierarchischer Name	DN (eindeutiger Name)
Allgemeiner Name oder allgemeiner Name mit CN = Präfix	CN
Nicht zutreffend	UID (Benutzer-ID) oder UID mit UID = Präfix
Aliasname (ein im Feld „Benutzername" des Personendokuments aufgeführter Name, mit Ausnahme des im Feld angegebenen Vornamens)	Nicht zutreffend
Internetadresse	Mail

4. Speichern und schließen Sie das Dokument.

Die DSAPI (Domino Web Server Application Programming Interface) ist eine C-API, mit der Sie Ihre eigenen Erweiterungen für den Domino Webserver schreiben können. Mit diesen Erweiterungen (bzw. Filtern) können Sie die Authentifizierung von Webbenutzern anpassen.

5.15.1 Anonymer Zugriff für Internet-/Intranet-Clients

Ist anonymer Zugriff eingerichtet, können Internet-/Intranet-Clients auf Server zugreifen, ohne sich selbst zu identifizieren. Die Datenbankaktivität dieser Clients wird nicht in der Protokolldatei oder im Dialogfeld BENUTZERAKTIVITÄT/USER ACTIVITY aufgezeichnet. Wer auf die Datenbanken auf dem Server zugreift, bleibt somit unbekannt. Die Identität des Benutzers, also der Name und das Kennwort des Clients, kann nicht zur Steuerung des Zugriffs auf Datenbanken und Gestaltungselemente eingesetzt werden. Verwenden Sie den anonymen Zugriff, wenn Sie nicht wissen müssen, wer auf die Datenbank zugreift und/oder den Zugriff nicht auf der Basis der Clientidentität steuern möchten.

Zusätzlich zum anonymen Zugriff können Sie die Namens- und Kennwortauthentifizierung und die SSL-Client-Authentifizierung verwenden. Wenn der Benutzer beispielsweise über ein SSL-Clientzertifikat verfügt, kann er über SSL auf den Server zugreifen, während ein Benutzer ohne SSL-Zertifikat anonym auf den Server zugreifen kann.

Konfigurieren Sie den anonymen Zugriff für Internet-/Intranet-Clients entweder über das Internet-Site-Dokument oder das Serverdokument, um dann die entsprechenden Datenbank-Zugriffskontrolllisten für den anonymen Zugriff anzupassen, indem Sie den Eintrag ANONYMOUS verwenden.

Die individuellen Datenbankeinstellungen für den anonymen Anwenderzugriff werden durch die Einstellungen im Internet-Site-Dokument oder, falls Sie Internet-Site-Dokumente nicht aktiviert haben, im Serverdokument überschrieben. Wenn Sie beispielsweise den Eintrag ANONYMOUS mit den entsprechenden Zugriffsrechten in einer Zugriffskontrollliste gesetzt haben, aber die Einstellungen im Internet-Site-Dokument (oder im Serverdokument) keinen anonymen Zugriff auf dem Server erlauben, haben Clients nicht die Möglichkeit des anonymen Zugriffs. Der Anwender wird stattdessen aufgefordert, sich zu authentifizieren.

1. Klicken Sie in Domino Administrator auf das Register KONFIGURATION/CONFIGURATION und wählen Sie die Ansicht WEB > INTERNET-SITES, um anonymen Zugriff über Internet-Site-Dokumente einzurichten.
2. Wählen Sie das Internet-Site-Dokument, für das Sie den anonymen Zugriff einrichten wollen. Beachten Sie, dass Sie keinen anonymen Zugriff für IMAP- und POP3-Internet-Site-Dokumente einrichten können.
3. Im Internet-Site-Dokument klicken Sie auf SICHERHEIT/SECURITY (siehe *Abbildung 5.82*).

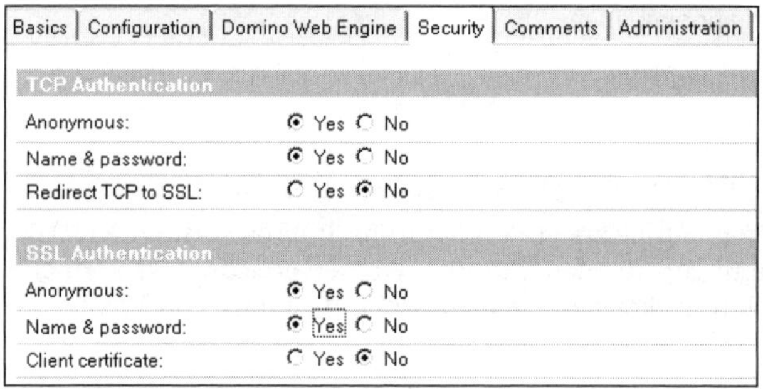

Abbildung 5.82: Anonymen Zugriff im Internet-Site-Dokument einrichten

   - Wenn Sie für Clients den anonymen Zugriff beim Herstellen einer Verbindung über TCP/IP zulassen möchten, wählen Sie im Feld ANONYM/ANONYMOUS im Abschnitt TCP/IP die Einstellung JA/YES.
   - Wenn Sie SSL auf dem Server einrichten und Sie Clients anonymen Zugriff gewähren möchten, wenn diese über SSL eine Verbindung herstellen, wählen Sie im Feld ANONYM/ANONYMOUS im Abschnitt SSL die Option JA/YES.
4. Speichern Sie das Dokument.

5.15.2 Namens- und Kennwortauthentifizierung für Internet-/Intranet-Clients

Die Namens- und Kennwortauthentifizierung, auch allgemein als Kennwortauthentifizierung bezeichnet, benutzt ein allgemeines Frage/Antwort-Protokoll. Der Anwender wird aufgefordert, Namen und Kennwort einzugeben. Daraufhin wird das eingegebene Kennwort mit den im Personendokument des Domino-Verzeichnisses gespeicherten Kennwörtern verglichen. Domino fordert nur dann zur Eingabe von Namen und Kennwort auf, wenn ein Internet-/Intranet-Client versucht, auf eine Datenbank auf dem Server zuzugreifen, die nicht für den anonymen Zugriff freigegeben ist. Die Übertragung des Kennworts erfolgt verschlüsselt, wenn SSL auf dem Server eingerichtet ist. Wollen

Sie einem Internet-/Intranet-Client den Datenbankzugriff auf der Basis der Domino ACL-Sicherheit zuweisen, müssen Sie im Domino-Verzeichnis ein Personendokument für diesen Client erstellen. Clients ohne Personendokument werden als anonym betrachtet und können nur auf Server und Datenbanken zugreifen, die den anonymen Zugriff zulassen.

Domino verwendet bei der Namens- und Kennwortauthentifizierung das Personendokument zur Identifizierung des Clients. Nachdem der Client identifiziert ist, kann der Zugriff auf Datenbanken ermittelt werden. Soll beispielsweise Peter Weiss Editorzugriff auf eine Datenbank erhalten, alle anderen Benutzer, die auf die Datenbank zugreifen, aber nur Autorzugriff, müssen Sie ein Personendokument für Peter Weiss erstellen. Sie können die Datenbank-ACL so einrichten, dass Peter Weiss als Editor und ANONYMOUS als Autor enthalten ist.

Sie müssen für jedes auf dem Server aktivierte Internet-Protokoll die Sicherheitsmethode angeben. Sie können beispielsweise SSL für HTTP-Verbindungen aktivieren, während Sie eine Namens- und Kennwortsicherheit für LDAP-Verbindungen, die TCP/IP verwenden, vorschreiben. Sie können auch für ein Internet-Protokoll sowohl Namens- und Kennwortsicherheit als auch eine Authentifizierung von SSL-Clients verwenden. Damit ist es beispielsweise Benutzern mit SSL-Clientzertifikaten möglich, sich über eine SSL-Client-Authentifizierung zu authentifizieren, während andere Benutzer, die nicht über ein SSL-Clientzertifikat verfügen, einen Namen und ein Kennwort eingeben können.

Agiert ein Domino Server als SMTP-Client, z.B. wenn ein Domino Server eine Verbindung zu einem SMTP-Server herstellt, um Mail zu übertragen, dann wird die Namens- und Kennwortauthentifizierung nicht unterstützt. Sie wird nur dann unterstützt, wenn ein Domino Server als SMTP-Server agiert, d.h. beim Zugriff von SMTP-Clients auf einen Domino Server, oder wenn im Konfigurationsdokument des Servers unter BEIM SENDEN VON NACHRICHTEN AN DEN RELAIS-HOST AUTHENTIFIZIERUNG VERWENDEN/USE AUTHENTICATION WHEN SENDING MESSAGES TO THE RELAY HOST ein Name und Passwort angegeben ist.

Für einen HTTP-Server steht Ihnen eine weitere Methode für die Namens- und Kennwortauthentifizierung zur Verfügung: die Authentifizierung auf Sitzungsbasis. Die Namens- und Kennwortauthentifizierung sendet Name und Passwort in einem unverschlüsselten Format, und das bei jeder Anfrage. Die Authentifizierung auf Sitzungsbasis unterscheidet sich insofern davon, dass sie Namen und Passwort durch einen Cookie ersetzt. Name und Passwort werden nur beim ersten Anmeldevorgang des Anwenders über das Netzwerk versendet. Danach wird der Cookie für die Authentifizierung verwendet. Die Internet-/Intranet-Clients müssen hierfür die Verwendung von Cookies unterstützen. Gegebenenfalls müssen die Benutzer ihre Browsereinstellungen entsprechend anpassen. Im Notes Client erfolgt diese Einstellung unter dem Punkt ZUSÄTZLICHE OPTIONEN/ADDITIONAL OPTIONS in den Benutzervorgaben (siehe *Abbildung 5.83*).

Cookie

Ein HTTP-Cookie, auch Browser-Cookie genannt, bezeichnet Informationen, die ein Webserver zu einem Browser sendet oder die clientseitig durch JavaScript erzeugt werden. Der Client sendet die Informationen in der Regel bei späteren Zugriffen an denselben Webserver im Hypertext-Transfer-Protocol-Header an den Server. Cookies sind clientseitig persistente/gespeicherte Daten.

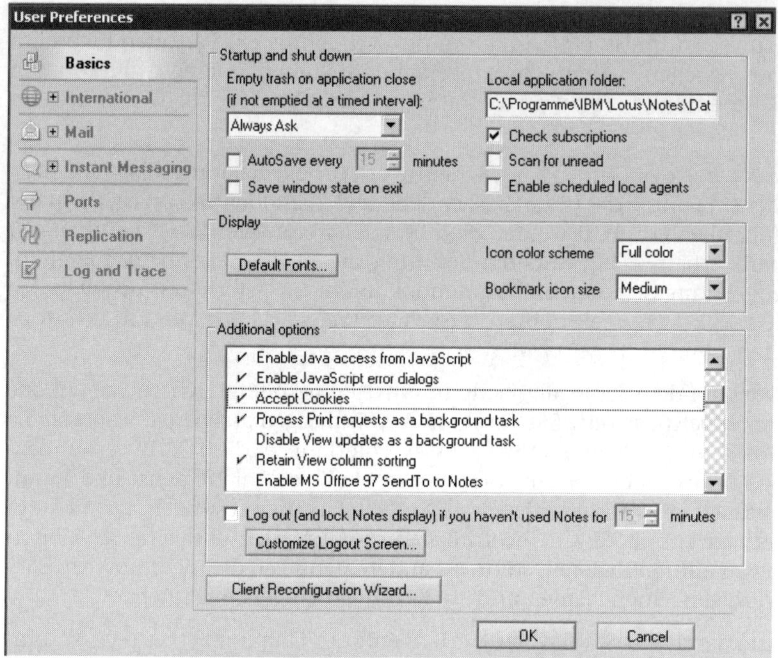

Abbildung 5.83: Einstellung Cookies annehmen

Die Namens- und Kennwortauthentifizierung auf Sitzungsbasis ermöglicht eine stärkere Kontrolle der Benutzerinteraktion als die allgemeine Namens- und Kennwortauthentifizierung. Außerdem können Sie die Maske anpassen, in die die Benutzer Name und Kennwort eingeben. Die Benutzer können sich bei der Sitzung abmelden, ohne den Browser zu schließen.

- *Namens- und Kennwortauthentifizierung über TCP/IP*

  Verwenden Sie die Namens- und Kennwortauthentifizierung über TCP/IP, um Benutzer zu identifizieren, ohne den Zugriff auf die Daten auf dem Server stark zu sichern, also beispielsweise, wenn Sie verschiedene Informationen für verschiedene Benutzer auf der Basis des Benutzernamens anzeigen lassen möchten und die Informationen in der Datenbank nicht vertraulich sind. Es werden keine der zwischen Benutzer und Server gesendeten Informationen verschlüsselt, auch nicht Name und Kennwort. Die Namens- und Kennwortauthentifizierung über TCP/IP schreckt bestimmte Hacker ab, verhindert jedoch nicht, dass andere die Netzwerkübertragungen „mithören" und auf diese Weise in den unberechtigten Besitz von Nutzernamen und ihren zugehörigen Kennwörtern geraten.

- *Namens- und Kennwortauthentifizierung über SSL*

  Bei Verwendung von SSL werden alle Informationen, einschließlich Name und Kennwort, verschlüsselt. SSL bietet eine Server- und Datenintegrität für Benutzer, die für Namens- und Kennwortauthentifizierung eingerichtet wurden. Wenn neben der SSL-Sicherheit die Angabe von Namen und Kennwort erforderlich ist, bietet dies Sicherheit für Benutzer, die keine Client-Authentifizierung verwenden. Außerdem können Sie einzelne Benutzer identifizieren, die auf eine Datenbank zugreifen.

Namens- und Kennwortauthentifizierung auf Sitzungsbasis für Webclients

Die Namens- und Kennwortauthentifizierung auf Sitzungsbasis bietet Ihnen zusätzliche, in der allgemeinen Namens- und Kennwortauthentifizierung nicht enthaltene Funktionen. Der Zeitraum, in dem ein Webclient aktiv mit einem Cookie am Server angemeldet ist, wird als Sitzung bezeichnet. Für die Authentifizierung auf Sitzungsbasis müssen Webclients einen Browser verwenden, der Cookies unterstützt. Domino verwendet Cookies zum Verfolgen von Benutzersitzungen. Bei der sitzungsbasierten Authentifizierung können Sie zwischen den Optionen FÜR JEDEN SERVER GETRENNT/SINGLE SERVER und SERVERÜBERGREIFEND/MULTIPLE SERVER auswählen. Bei der Auswahl der ersten Option gilt das Cookie nur für den Server, von dem es erstellt wurde, während bei der zweiten Option eine einmalige Anmeldung an jedem Server, der das Web-SSO-Konfigurationsdokument verwendet, möglich ist.

Der Benutzername sowie das Kennwort werden bei der sitzungsbasierten Authentifizierung nur bei der ersten Anmeldung am Server über das Netzwerk übertragen. Dann wird ein Cookie im Webclient gespeichert, welches bei jeder weiteren Anforderung an den Server gesendet wird. Der Server verifiziert die im Cookie hinterlegten Daten zur Identifikation des Anwenders. Schließt der Anwender den Webclient, wird die Sitzung beendet und das Cookie zerstört.

- Angepasste HTML-Anmeldemaske

  Über die HTML-Anmeldemaske können Anwender den Benutzernamen und das Kennwort eingeben und für die gesamte Sitzung verwenden. Die Daten werden unter Gebrauch des Zeichensatzes des Servers versendet. Hierbei kann der Benutzername beliebige druckbare Zeichen im Unicode-Format enthalten, während das Kennwort im US-ASCII-Format eingegeben werden muss.

  Domino stellt eine HTML-Maske (`$$LoginUserForm`) zur Verfügung, die in der DOMINO-KONFIGURATIONSDATENBANK (*domcfg.nsf*) erstellt und konfiguriert wird. Sie können die Maske anpassen und weitere Informationen darin aufnehmen.

- Inaktive Sitzungen: Durch die Konfiguration eines vorgegebenen Zeitraums für das Abmelden eines Webclients können Sie verhindern, dass fremde Benutzer den Browser verwenden, um die Identität eines Benutzers anzunehmen, der die Workstation vor dem Abmelden des Webclients verlässt. Wenn innerhalb des konfigurierten Zeitraums keine Aktivität zu verzeichnen ist, wird die Sitzung automatisch beendet und der Benutzer abgemeldet. Die Benutzer können auch `?logout` am Ende einer URL anhängen, um eine Sitzung abzumelden, z.B. *http\\www.dmk.com\test.nsf?logout*.
- Maximale Anzahl der Benutzersitzungen: Sie können die maximale Anzahl der Benutzersitzungen angeben, die gleichzeitig auf dem Server zulässig sind. Bei schlechter Performance des Servers können Sie die Anzahl der aktiven, gleichzeitig stattfindenden Benutzersitzungen verringern.
- Internet-Kennwortverwaltung: Mithilfe von Richtliniendokumenten und benutzerdefinierten Kennwortrichtlinien können Internet-Kennwörter für die sitzungsbasierte Authentifizierung verwaltet werden.
- Sitzungsbasierte Authentifizierung für mehrere Server: Sitzungsbasierte Authentifizierung für mehrere Server, auch als Single Sign-On (SSO) bekannt, erlaubt die Übertragung von Domino-Cookies auf mehrere Server. Sie ermöglicht auch eine Zusammenarbeit von Domino Servern und Webshphere Servern und die gemeinsame Verwendung von Cookies.

Sind Ihre Server für Round-Robin-DNS eingerichtet, sollten Sie die serverübergreifende sitzungsbasierte Namens- und Kennwortauthentifizierung wählen. Round-Robin-DNS sorgt für eine Lastverteilung auf Servern auf Basis von DNS. Die Sitzungsinformationen können von den Servern nicht im Arbeitsspeicher vorgehalten werden, wenn Sie Cookies für einzelne Server bei Round-Robin-DNS verwenden. Bei einem Serverabsturz oder -neustart gehen außerdem die Sitzungsdaten verloren und die Benutzer müssen Namen und Kennworte erneut eingeben. Bei der serverübergreifenden Sitzungsauthentifizierung kann das Cookie seine Gültigkeit behalten. Allerdings muss der Anwender das Browser-Fenster verwenden, in dem er sich angemeldet hat.

Für die Konfiguration der Namens- und Kennwortauthentifizierung auf Sitzungsbasis für Webclients müssen Sie das Serverdokument oder das Website-Dokument im Domino-Verzeichnis bearbeiten. Sie müssen außerdem ein Personendokument für jeden Webclient erstellen, der die Namens- und Kennwortauthentifizierung auf Sitzungsbasis verwendet.

Für Webclients sind zwar Personendokumente erforderlich, sie benötigen jedoch keine Notes-Lizenzen, da sie für den Zugriff auf den Server nicht die Notes Workstation-Software verwenden.

Namens- und Kennwortauthentifizierung auf Sitzungsbasis über das Serverdokument einrichten

1. Klicken Sie in Domino Administrator auf das Register KONFIGURATION/CONFIGURATION und öffnen Sie anschließend das Serverdokument.
2. Klicken Sie auf das Register INTERNET-PROTOKOLLE/INTERNET PROTOCOLS > DOMINO WEBSERVER/DOMINO WEB ENGINE.
3. Nehmen Sie Eingaben in die folgenden Felder vor:

Feld	Eingabe
SITZUNGSAUTHENTIFIZIERUNG/ SESSION AUTHENTICATION	Wählen Sie: FÜR JEDEN SERVER GETRENNT/SINGLE SERVER. Diese Option ist standardmäßig deaktiviert.
ZEITLIMIT FÜR INAKTIVE SITZUNGEN/ IDLE SESSION TIMEOUT	Ein vorgegebener Zeitraum, nach dem ein inaktiver Webclient vom Server abgemeldet wird. Die Vorgabe ist 30 Minuten.
MAXIMALE ANZAHL AKTIVER SITZUNGEN/ MAXIMUM ACTIVE SESSIONS	Die maximale Anzahl der Benutzersitzungen, die gleichzeitig auf dem Server zulässig sind. Die Vorgabe lautet 1000.

4. Klicken Sie auf ANSCHLÜSSE/PORTS > INTERNET-ANSCHLÜSSE/INTERNET PORTS > WEB und aktivieren Sie die Namens- und Kennwortauthentifizierung für den TCP/IP-Anschluss und ggf. auch für SSL, falls Sie dies verwenden.
5. Speichern Sie das Dokument.

Namens- und Kennwortauthentifizierung auf Sitzungsbasis über das Website-Dokument einrichten

1. Klicken Sie in Domino Administrator auf das Register KONFIGURATION/CONFIGURATION und wählen Sie die Ansicht WEB > INTERNET-SITES.
2. Wählen Sie das Website-Dokument, für das Sie die Namens- und Kennwortauthentifizierung auf Sitzungsbasis einrichten wollen.
3. Im Website-Dokument klicken Sie auf DOMINO WEBSERVER/DOMINO WEB ENGINE.

4. Nehmen Sie Eingaben in die folgenden Felder im Abschnitt HTTP SESSIONS vor:

Feld	Eingabe
SITZUNGSAUTHENTIFIZIERUNG/ SESSION AUTHENTICATION	Wählen Sie: FÜR JEDEN SERVER GETRENNT/SINGLE SERVER. Diese Option ist standardmäßig deaktiviert.
ZEITLIMIT FÜR INAKTIVE SITZUNGEN/ IDLE SESSION TIMEOUT	Ein vorgegebener Zeitraum, nach dem ein inaktiver Webclient vom Server abgemeldet wird. Die Vorgabe ist 30 Minuten.
MAXIMALE ANZAHL AKTIVER SITZUNGEN/ MAXIMUM ACTIVE SESSIONS	Die maximale Anzahl der Benutzersitzungen, die gleichzeitig auf dem Server zulässig sind. Die Vorgabe lautet 1000.

5. Klicken Sie auf die Registerkarte SICHERHEIT/SECURITY und aktivieren Sie die Namens- und Kennwortauthentifizierung für den TCP/IP-Anschluss und ggf. auch für SSL, falls Sie dies verwenden.
6. Speichern Sie das Dokument.

Erstellen Sie im Domino-Verzeichnis ein Personendokument für jeden Webbenutzer, der Zugriff auf den Server benötigt, oder bearbeiten Sie das Personendokument eines bereits vorhandenen Benutzers. Das Personendokument für einen Webbenutzer muss ab Version 8 über den Administrator Client und die Benutzerregistrierung erstellt werden. Füllen Sie in jedem Personendokument die folgenden Felder aus und speichern Sie anschließend das Dokument:

Feld	Eingabe
VORNAME, INITIAL, NACHNAME	Der Vorname, das Initial des zweiten Vornamens und der Nachname des Benutzers
BENUTZERNAME	Der volle Name des Benutzers. Diesen Namen gibt der Benutzer ein, wenn er versucht, auf einen Server zuzugreifen. Das Feld kann mehrere Namen enthalten. Domino verwendet jedoch den ersten Namen in diesem Feld, um einen Benutzer in Datenbank-ACLs, Gruppen, Dateischutzdokumenten und Gestaltungszugriffslisten zu validieren. Dieses Feld kann beispielsweise folgende Namen enthalten: ▶ `Manfred Korn/Labor/DMK` ▶ `Manfred Korn` ▶ `M.Korn` ▶ `MK` Der Benutzer kann als seinen Namen `Manfred Korn` eingeben, wenn er aufgefordert wird, Name und Kennwort einzugeben. Domino verwendet jedoch `Manfred Korn/Labor/DMK`, um den Benutzer in Datenbank-ACLs und Gestaltungszugriffslisten zu validieren. Daher muss der Name `Manfred Korn/Labor/DMK` in ACLs und Gestaltungszugriffslisten erscheinen.
INTERNET-KENNWORT	Kennwort des Benutzers

Nachdem Sie den Server eingerichtet und Personendokumente erstellt haben, bearbeiten Sie die Datenbank-ACL der einzelnen Datenbanken auf dem Server, auf die die Benutzer Zugriff haben sollen.

5.16 Serverübergreifende, sitzungsbasierte Namens- und Kennwortauthentifizierung für Webbenutzer (Single Sign-On)

Die serverübergreifende, sitzungsbasierte Namens- und Kennwortauthentifizierung für Webbenutzer, auch als Single Sign-On (SSO) bekannt, erlaubt es Webbenutzern, sich einmal an einem Domino Server anzumelden und dann auf jeden anderen Domino Server in der gleichen DNS-Domäne, für die das Single Sign-On aktiviert wurde, ohne weitere zusätzliche Anmeldung zuzugreifen. Der Webbenutzer muss hier ebenfalls einen Browser verwenden, der Cookies unterstützt, da das von dem Server erstellte Authentifizierungs-Token über dieses Cookie an den Browser gesendet wird.

In der folgenden Übersicht finden Sie eine kurze Auflistung der Details, die zur erfolgreichen Konfiguration des Single Sign-On zu beachten sind:

- Beachten Sie, dass alle einer SSO-Gruppe zugeordneten Server für die Konfiguration des Internet-Zugriffs denselben Mechanismus verwenden. Benutzen Sie entweder Internet-Site-Dokumente oder konfigurieren Sie den Zugriff über die Einstellungen in den Serverdokumenten.
- Die von einem für Single Sign-On konfigurierten Server veröffentlichten URLs müssen den vollständigen DNS-Namen des Servers enthalten, der Host-Name oder die IP-Adresse sind nicht ausreichend. Für Browser, die Cookies an Servergruppen schicken können, muss die DNS-Domäne in dem Cookie enthalten sein, wobei diese Domäne der in der Server-URL entsprechen muss. Aus diesem Grund können Cookies nicht zwischen verschiedenen TCP/IP-Domänen benutzt werden.
- Bei geclusterten Servern muss der vollständige DNS-Servername im Host-Namen-Feld des Serverdokuments oder Website-Dokuments enthalten sein. Hierdurch wird es dem Internet Cluster Manager (ICM) ermöglicht, Anfragen an die Cluster-Server mittels SSO umzuleiten. Sollte der Eintrag nicht gesetzt sein, leitet der ICM die URLs an die geclusterten Webserver auf Basis des TCP/IP-Host-Namens weiter (Vorgabe), kann aber hierbei keine Cookies mitsenden, da die DNS-Domäne nicht in der URL enthalten ist.

SSO für Domino und WebSphere

Befinden sich in der DNS-Domäne neben Domino Servern auch WebSphere Server, können die Anwender, bei entsprechender SSO-Aktivierung, auch auf die WebSphere Server ohne erneute Anmeldung zugreifen. Im Folgenden finden Sie einige beachtenswerte Aspekte:

- Bei der Verwendung unterschiedlicher LDAP-Verzeichnisse für Domino und WebSphere kann es zu Problemen bei der Identitätsbestätigung kommen.
- Für die Funktionsfähigkeit von SSO zwischen Domino und WebSphere ist es notwendig, dass Sie das richtige Cookie-Format bei der Konfiguration von WebSphere wählen. Domino 8 unterstützt nun ebenso wie WebSphere sowohl LTPA TOKEN als auch LTPA TOKEN2.
- Damit Sie Domino und WebSphere in die gleiche LTPA-Gruppe einbinden können, müssen Sie das LTPA-Token aus WebSphere in Domino importieren, da WebSphere keine Domino LTPA-Tokens verwenden kann.

- Da WebSphere kein Zeitlimit für inaktive Sitzungen unterstützt, können Sie beim Import der WebSphere-Schlüssel in die Domino SSO-Konfiguration kein solches Zeitlimit angeben.
- SSO ist für Benutzer mit einfachem Namen nicht möglich, wenn zu der Servergruppe auch WebSphere Server gehören, die ein Domino LDAP-Verzeichnis verwenden.

So richten Sie SSO und Basisauthentifizierung für Server mithilfe von Website-Dokumenten ein:

1. Wählen Sie in Domino Administrator unter dem Register KONFIGURATION/CONFIGURATION den Punkt WEB > INTERNET-SITES.
2. Öffnen Sie das Website-Dokument, für das Sie SSO aktivieren möchten.
3. Klicken Sie auf DOMINO WEBSERVER/DOMINO WEB ENGINE.
4. Im Feld SITZUNGSAUTHENTIFIZIERUNG/SESSION AUTHENTICATION wählen Sie SERVERÜBERGREIFEND (SSO)/MULTIPLE SERVERS (SSO).
5. Im Feld WEB-SSO-KONFIGURATION/WEB SSO CONFIGURATION wählen Sie die Web-SSO-Konfiguration für diese Website aus der Liste aus (siehe *Kapitel 11.2.5, Web-Site-Dokumente*).
6. Klicken Sie auf SICHERHEIT/SECURITY und aktivieren Sie NAME & PASSWORT/NAME & PASSWORD für TCP- und SSL-Authentifizierung.
7. Speichern und schließen Sie das Website-Dokument.
8. Nun muss der HTTP-Task für den Domino Server (neu) gestartet werden.
9. Bei einer fehlerhaften Konfiguration erhält ein Browser die Fehlermeldung `Error 500`, die auf eine fehlende SSO-Konfiguration hinweist.

So richten Sie SSO und Basisauthentifizierung für Domino Server der Version R5.0x oder höher, die nicht über Website-Dokumente konfiguriert wurden, mithilfe des Serverdokuments ein:

1. Öffnen Sie das Serverdokument.
2. Wählen Sie im Register ANSCHLÜSSE/PORTS unter INTERNET-ANSCHLÜSSE/INTERNET PORTS auf der Karte WEB die NAMENS- UND KENNWORT-AUTHENTIFIZIERUNG für HTTP/HTTPS aus den Authentifizierungsoptionen aus.
3. Wählen Sie im Register INTERNET-PROTOKOLLE/INTERNET PROTOCOLS den Punkt DOMINO WEBSERVER/DOMINO WEB ENGINE und aktivieren Sie im Feld SITZUNGSAUTHENTIFIZIERUNG/SESSION AUTHENTICATION die Option SERVERÜBERGREIFEND (SSO)/MULTI SERVERS (SSO).
4. Im Feld WEB-SSO-KONFIGURATION/WEB SSO CONFIGURATION wählen Sie die Web-SSO-Konfiguration für diesen Server aus der vorgegebenen Liste.
5. Speichern und schließen Sie das Serverdokument.

Der Server wird auch ein SSO-Token für den jeweiligen Benutzer erstellen, wenn Sie zusätzlich die Verwendung von Clientzertifikaten zur Authentifizierung zulassen, da ein Zugriff auf einen anderen teilnehmenden SSO-Server bzw. dessen Ressourcen erforderlich sein kann.

5.16.1 Benutzernamenszuordnung im SSO-LTPA-Token

Zur Authentifizierung wird ein LTPA-Token erstellt, das den Namen des authentifizierten Benutzers enthält. Erstellt Domino den Token, wird ihm standardmäßig der Domino-Name des Benutzers hinzugefügt. Erhält nun ein WebSphere Server dieses Token zur Authentifizierung, muss WebSphere in der Lage sein, das Namensformat erkennen zu können, da das Token ansonsten ignoriert werden würde.

Werden mehrere Verzeichnisse auf den an SSO teilnehmenden Servern verwendet, kann ein Benutzer mehrere Identitäten aufweisen. In einem WebSphere LDAP-Verzeichnis, z.B. einem Active Directory, kann ein Benutzer z.B. `uid=mkorn,cn=labor,dc=dmk,dc=com` heißen, während er im Domino-Verzeichnis als `Manfred Korn/Labor/dmk` bekannt ist. Erhält WebSphere nun ein LTPA-Token mit dem zugeordneten Benutzernamen `Manfred Korn/Labor/DMK`, wird versucht, diesen Benutzer im WebSphere-Verzeichnis zu finden. Bei der erfolglosen Suche wird das Token zurückgewiesen.

Sie können dem Benutzernamen im von Domino generierten LTPA-Token einen Namen zuweisen, der auch von WebSphere erkannt wird. Dies ist allerdings abhängig von der in Ihrer SSO-Umgebung verwendeten Verzeichniskonfiguration.

- Sind die Notes-Benutzerinformationen nur im Domino-Verzeichnis enthalten, wird die Benutzernamenszuordnung im Personendokument angegeben.
- Sind die Notes-Benutzerinformationen in einem unternehmensspezifischen LDAP-Verzeichnis hinterlegt, wird die Zuordnung in der Verzeichnisverwaltung konfiguriert.
- Werden sowohl Domino als auch LDAP-Verzeichnisse verwendet, werden das Domino-Personendokument und die SSO-Information in der Verzeichnisverwaltung konfiguriert.

Über Verzeichnisverwaltungsdokumente für die Namenszuordnung können LDAP-Administratoren angeben, welches Feld des LDAP-Verzeichnisses als Pendant für das LTPA-Benutzernamensfeld benutzt werden soll. Hierzu muss die Zuordnungsfunktion im Web-SSO-Konfigurationsdokument aktiviert sein.

Die Konfiguration der Benutzernamenszuordnung in einer Infrastruktur mit Domino-Verzeichnis erfolgt folgendermaßen:

1. Aktivieren Sie die Namenszuordnung für das LTPA-Token im Personendokument des Nutzers unter ADMINISTRATION im Abschnitt CLIENT INFORMATION unter LTPA-BENUTZERNAME/LTPA USER NAME.
2. Wählen Sie im Personendokument des Benutzers das Register ADMINISTRATION und geben Sie unter CLIENT INFORMATION den DN-Namen des Benutzers ein, der von WebSphere im Feld LTPA-BENUTZERNAMEN erwartet wird. Trennen Sie die Namenskomponenten durch Schrägstriche, also beispielsweise `uid=mkorn/cn=labor/dc=dmk/dc=com`. Bevor der Wert in das von Domino erstellte LTPA-Token geschrieben wird, wird er in das von WebSphere erwartete LDAP-Format konvertiert. Beachten Sie, dass dieser Wert eindeutig sein sollte.

Liegt ein unternehmensspezifisches LDAP-Verzeichnis vor, können Domino SSO-Benutzer über Personendokumente verfügen, die nicht im Domino-Verzeichnis enthalten sind. Stattdessen befinden sich die Datensätze in einem externen LDAP-Verzeichnis, auf die Domino mittels der Verzeichnisverwaltung zugreift. Zur Konfiguration der Benutzernamenszuordnung gehen Sie wie folgt vor:

1. Aktivieren Sie die Namenszuordnung für das LTPA-Token im Personendokument des Nutzers unter ADMINISTRATION im Abschnitt CLIENT INFORMATION unter LTPA-BENUTZERNAME/LTPA USER NAME.
2. Öffnen Sie das Verzeichnisverwaltungsdokument für das LDAP-Verzeichnis. Im Abschnitt für die SSO-Konfiguration geben Sie ein LDAP-Attribut ein, das als Namen für ein von diesem Benutzer erstelltes SSO-Token verwendet werden soll. Wird das Feld LTPA_USERNM angefordert, wird dieses Attribut im LTPA-Token verwendet. Das Feld kann folgende Werte enthalten:
   - Jedes den Benutzer eindeutig identifizierende LDAP-Attribut
   - Den Wert $DN, damit der eindeutige LDAP-Name verwendet wird. Diese Konfiguration weist daraufhin, dass WebSphere den LDAP-DN des Anwenders erwartet und nicht einen Namen aus einem beliebigen anderen LDAP-Feld.
   - Kein Eintrag. In diesem Fall wird, sofern bekannt, der eindeutige Domino-Name verwendet, ansonsten der eindeutige LDAP-Name.

Wurde die Verzeichnisverwaltung so konfiguriert, dass bei einer Suche nach einem Benutzer sowohl ein Eintrag im Domino-Verzeichnis als auch ein Eintrag im LDAP-Verzeichnis geliefert wird, fordert Domino eine Konsistenz des Domino-Personendokuments und des LDAP-Datensatzes. Die Überprüfung der beiden Datensätze erfolgt über die in beiden Verzeichnissen enthaltene Internet-E-Mail-Adresse des Benutzers. Die Verzeichnisverwaltung sucht in diesem Fall nach dem LDAP-Attribut MAIL, dessen Wert mit dem des im Domino-Personendokument im Feld INTERNET ADDRESS enthaltenen übereinstimmen muss.

Attribut LDAP-Verzeichnis	Attribut Domino-Verzeichnis
Mail: mkorn@dmk.com	Internet address: mkorn@dmk.com

Damit die Verwendung von Aliasnamen ebenfalls unterstützt wird, sollten Sie im Personendokument den LDAP-Namen sowohl in das Feld LTPA-BENUTZERNAME/LTPA USER NAME als auch in das Feld BENUTZERNAME/FULL NAME eingeben.

Wurden die Benutzerinformationen in einem komprimierten Verzeichniskatalog hinterlegt, wird die Namenszuordnung im LTPA-Token nicht unterstützt. Auch die Notes Client-Integration mit Sametime ist nicht möglich, wenn der Sametime Server Internet-Sites verwendet. NRPC kann in diesem Fall SSO-Tokens nicht abrufen.

Konfiguration des Web-SSO-Konfigurationsdokuments für mehrere Domino-Domänen

Sie können Domino Server anderer Domänen für das Single Sign-On Ihrer Domäne freigeben. Hierzu müssen beide Domänen über die gleichen Schlüsselinformationen verfügen. Die Bedingungen sind folgende:

- Sie müssen ein registrierter Notes-Benutzer und Ihr Server ein registrierter Domino Server sein. Hierdurch erhalten Sie die Berechtigung, das Web-SSO-Konfigurationsdokument Ihrer Domäne zu entschlüsseln, sowie das Recht, neue Dokumente im Domino Directory der neuen Domäne zu erstellen. Möglicherweise müssen Sie administrative IDs gegenzertifizieren.

- Das Serverdokument und das Personendokument des Administrators müssen in der Domäne, für die Sie die Web-SSO-Konfiguration erstellen, vorliegen, da der öffentliche Schlüssel, der zum Ver- und Entschlüsseln benötigt wird, in jedem Personen- und Serverdokument enthalten ist.
- Alle teilnehmenden Server müssen sich in derselben DNS-Domäne befinden.

So richten Sie ein Web-SSO-Konfigurationsdokument für mehrere Domino-Domänen ein:

1. Kopieren Sie das Web-SSO-Konfigurationsdokument aus dem Domino Directory, in dem es erstellt wurde, in das Domino Directory der neuen Domäne.
2. Öffnen Sie das Web-SSO-Konfigurationsdokument der neuen Domäne und füllen Sie das Feld TEILNEHMENDE SERVER/PARTICIPATING DOMINO SERVERS mit den Namen der Server, die Serverdokumente in der neuen Domäne haben und für das Single Sign-On vorgesehen sind.
3. Stellen Sie sicher, dass in den Arbeitsumgebungsdokumenten Ihrer Clients der Home-Server auf einen Domino Server in derselben Domäne hinweist wie die Server, die für das Single Sign-On freigegeben wurden; hierdurch wird gewährleistet, dass Lookups den öffentlichen Schlüssel des Servers finden können. Falls der Home-Server keinen teilnehmenden Server erreichen kann, kann das SSO-Dokument nicht verschlüsselt werden und das Single Sign-On schlägt fehl.
4. Speichern Sie das Dokument. Das Dokument ist für alle teilnehmenden Server der neuen Domäne verschlüsselt und ermöglicht es diesen, am Single Sign-On der Server der ursprünglichen Domäne teilzunehmen.

Es existieren zwei Single-Sign-On(SSO)-Erweiterungen ab Domino 6.5:

- Der Domino 6.5 Webserver cacht Internet-Passwortänderungen für SSO-Anwender.

  Wenn ein Webanwender sein Passwort ändert, behält der Domino HTTP-Server dieses neue Passwort in seinem Cache. Dadurch ist der Server in der Lage, das neue Passwort direkt umzusetzen (ohne etwaige Replikation) und es bei einer erneuten Anmeldung zu akzeptieren. Das Passwort-Caching wird für die Basisauthentifizierung und die Single-Session-Authentifizierung angeboten. Die Dauer des Cachings kann über die *notes.ini*-Variable HTTP_PWD_CHANGE_CACHE_HOURS definiert werden, die Vorgabe lautet 48 Stunden. Bei Änderung des Werts ist ein Neustart des Domino Servers notwendig.

  Beachten Sie: Der Anwender muss sich mit dem gleichen Login-Namen nach einer Passwortänderung authentifizieren, andernfalls ist der Server nicht in der Lage, den Anmeldenamen dem Namen im Cache zuzuordnen.

- Zusätzlich zu der festgelegten SSO-Ablaufzeit können Sie eine Ablaufzeit für inaktive Sitzungen konfigurieren, um den Anwender zur erneuten Passworteingabe aufzufordern. Dies erlaubt dem Administrator eine Kontrolle darüber, wie lange der Anwender „pausieren" darf (keine aktiven Zugriffe in der SSO-Umgebung), bevor er sein Passwort erneut einzugeben hat. Diese aus Sicherheitsgründen eingerichtete Konfigurationsmöglichkeit trägt sowohl der festgelegten SSO-Ablaufzeit als auch der SSO-Ablaufzeit für inaktive Sitzungen Rechnung und geht über das hinaus, was für Domino HTTP-Einzelsession-Server angeboten wird. Die Beschränkung wird in Minuten angegeben. Verwenden Sie keinen zu kurzen Zeitraum. Als grobe Zielvorgabe sollte der Zeitrahmen etwa die Hälfte der festgelegten SSO-Ablaufzeit betragen.

Web-SSL-Clients in sekundären Domino- und LDAP-Verzeichnissen authentifizieren

Bei der Anmeldung eines Webclients bei einem Server wird dieser standardmäßig das primäre Domino-Verzeichnis auf die Existenz von Clientzertifikaten im Personendokument überprüfen. Wenn Sie in Ihrer Organisation ein sekundäres Domino-Verzeichnis und/oder ein LDAP-Verzeichnis zur Überprüfung von Clientzertifikaten einsetzen, können Sie die Überprüfung auch über diese zusätzlichen Verzeichnisse erfolgen lassen. Allerdings müssen Sie diese Verzeichnisse in der Verzeichnisverwaltungsdatenbank für die Authentifizierung und Autorisierung von Notes Clients und Internet einrichten und mindestens bei einer Namensregel die Referenzen als vertrauenswürdig konfigurieren.

Ist das Verzeichnis als vertrauenswürdig gekennzeichnet, wird von Domino zunächst das primäre und im Anschluss das sekundäre Domino- und LDAP-Verzeichnis nach dem Benutzernamen durchsucht. Legen Sie bei der Konfiguration der Verzeichnisverwaltung die Reihenfolge für das Durchsuchen der sekundären Verzeichnisse fest.

Das primäre und das als vertrauenswürdig anerkannte sekundäre Domino-Verzeichnis werden von Domino auch überprüft, wenn Sie ein SSL-Clientzertifikat mithilfe der Domino Zertifikatsadministration dem Domino-Verzeichnis hinzufügen. Clientzertifikate können nicht zu einem LDAP-Verzeichnis hinzugefügt werden.

Der vom Domino- oder LDAP-Verzeichnis ausgegebene hierarchische Name wird mit der Namensregel in der Verzeichnisverwaltungsdatenbank verglichen, um zu überprüfen, ob die Organisation und die Unterorganisationen der angegebenen Regel entsprechen. Wenn der ausgegebene Name beispielsweise MANFRED KORN/DMK lautet, muss das Verzeichnisverwaltungsdokument die Regel */DMK enthalten.

Auch für die Authentifizierung von Benutzern ist das Durchsuchen mehrerer Verzeichnisse verfügbar, die die Namens- und Kennwortauthentifizierung verwenden.

5.17 Exkurs: Gesetzliche Bestimmungen

Sicherheitsstrategien in den und für die Unternehmen werden immer wichtiger, auch bedingt durch neue Gesetze und Vorschriften der Aufsichtsbehörden, beispielsweise durch den Sarbannes Oxley Act. Zentrale Bestandteile dieser Strategien sind Themen wie Datenschutz, Speicherung und Abruf von Informationen als auch das Management dieser gesetzlichen Bestimmungen. Sie steigern zudem den Mehrwert Ihrer IT-Services und gewährleisten im Umkehrschluss die Integrität der gesicherten Informationen. Ein Beispiel zur Erfüllung der gesetzlichen Vorgaben stellt der Einsatz zweier unterschiedlicher Virenscanner beim Routing von SMTP-Mails dar.

Sarbannes Oxley Act

Dieses im Juli 2002 in den USA verabschiedete Gesetz zur „Wiedererlangung des öffentlichen Vertrauens in Kapitalmarktinformationen" verlangt bessere interne Kontrollsysteme, die mithilfe der Informationstechnologie erreicht werden können. Unter anderem wird die Einrichtung eines internen Kontrollsystems (IKS) gefordert. Der Sarbannes Oxley Act empfiehlt beispielsweise regelmäßige Audits oder die Speicherung von Log-Dateien über einen Zeitraum von bis zu sieben Jahren.

Basel II

Der „Baseler Ausschuss für Bankenaufsicht" verlangt mit der Eigenkapitalvereinbarung Basel II die Einführung eines vergleichbaren und gleichbleibenden Risikomanagements. Ab dem Jahr 2006 werden damit Banken verpflichtet, ein komplettes Programm zur Risikoverhütung, -entdeckung, -analyse und -management zu etablieren. Dies schließt operationelle Risiken im Zusammenhang mit IT-Systemen ausdrücklich ein. Die Kontrolle von Aktivitätsprotokollen zählt ebenso zu den Forderungen wie die Speicherung von Daten über einen Zeitraum von bis zu sieben Jahren.

KonTraG

Durch das „Gesetz zur Kontrolle und Transparenz im Unternehmensbereich" werden diverse Wirtschaftsgesetze, z.B. HGB und AktG, ergänzt und geändert. Ziel des Gesetzes ist die Vermeidung von Unternehmenskrisen oder, im schlechtesten Fall, Unternehmenszusammenbrüchen. Die Haftung des Vorstands, Aufsichtsrats und von Wirtschaftsprüfern in den Unternehmen wurde erweitert, wobei die Gesetzesvorschriften die Unternehmensleitung zum Einsatz eines unternehmensweiten Risikomanagementsystems und zur Beschreibung der Risiken und Risikostrukturen des Unternehmens zwingt.

Der gesamte Sicherheitsbereich muss ganzheitlich betrachtet werden und dabei die Menschen, Prozesse, Applikationen, Netzwerke oder sonstige Infrastruktur mit einbeziehen. Wenn Sie Ihr Messaging-System schützen, ohne Ihre Mitarbeiter per Schulung mit entsprechend klaren Nutzungsrichtlinien vertraut zu machen, ergibt dies genauso wenig Sinn, wie für optimierte Netzwerksicherheit zu sorgen, aber das Rechenzentrum ungeschützt zu lassen.

Eine mögliche Vorgehensweise, um den gesetzlichen Bestimmungen zu entsprechen und ein internes Kontrollsystem (IKS) zu etablieren, besteht in der Erstellung einer Risikokontrollmatrix. Diese könnte folgende Punkte enthalten:

- Risiko; Definition und Zuordnung einer Risiko-ID
- Kontrollziel sowie Zuordnung einer eindeutigen Kontrollziel-ID
- Kontrollbeschreibung mit der Zuordnung einer eindeutigen Kontroll-ID
- Beschreibung von Key-Controls
- Definition der Kontrolleigner
- Beschreibung der finanziellen Auswirkungen pro Risiko
- Art der Kontrolle (vorbeugend oder im weiteren Verlauf ermitteln)
- Häufigkeit
- Automatisierungsgrad
- Nachweise (Dokumentationen)

Sämtliche relevanten (Geschäfts-)Prozesse müssen beschrieben werden. Diese können Sie beispielsweise in einem Textdokument oder mithilfe einer grafischen Prozessbeschreibung (Flowchart) definieren. Bei jedem der beschriebenen Prozessschritte sollten Sie sich mit den existierenden Risiken auseinandersetzen. Hilfreich hierfür sind sogenannte WCGW-Fragen (What could go wrong?).

Überprüfen Sie anhand von Beispielen (sog. *walk-throughs*) jeden einzelnen Geschäftsprozess, ob dieser Prozess mit seinen definierten Kontrollen wirklich so stattfindet. Entwickeln Sie auf Basis der Risikokontrollmatrix Testpläne und definieren Sie über die Kontrollhäufigkeit feste Ergebnisgrößen. Als Faustregel kann folgender Satz dienen: Je häufiger ein Prozess und die damit zusammenhängenden Kontrollen ablaufen, desto häufiger kann ein Fehler auftreten und desto umfangreicher sollte die zu prüfende Grundgesamtheit sein. Beim Auftreten eines Fehlers müssen Sie selbstverständlich Ihr Kontrollsystem so aktualisieren, dass der Fehler, im besten Fall, nicht mehr auftreten kann. Die Durchführung der Kontrollen muss entsprechend dokumentiert werden (Dokumentation 2. Ordnung).

6 Domino-Installation und -Konfiguration

Die Installation eines Domino Servers an sich stellt kein größeres Problem dar. Die Planung und Konfiguration einer Domino-Infrastruktur gestaltet sich jedoch weitaus komplexer. Aus diesem Grund ist wie bereits erwähnt eine ausgereifte Planung der Infrastruktur erforderlich, die durch die Konfiguration Ihrer Domino-Infrastruktur abgebildet wird.

Die erfolgreiche und problemlose Kommunikation in Ihrer Domino-Infrastruktur fängt nicht erst beim Ausführen der Installationsroutine Ihres ersten Domino Servers an. Es wird vorausgesetzt, dass die ausführenden Administratoren über ein Grundverständnis des zu verwendenden Betriebssystems und deren Netzwerkprotokollen verfügen. Es muss sichergestellt werden, dass alle verwendeten Systemkomponenten kompatibel zu dem Betriebssystem der Wahl sind. Dies kann beispielsweise für Windows durch einen Eintrag auf der Hardware Compatibility List (HCL) von Microsoft oder durch die Aussage des Geräteherstellers geklärt werden.

Als Beispiel müssen zur Durchführung einer reibungslosen Windows 2003 Server-Installation folgende Angaben vorliegen:

- Namen und TCP/IP-Adressen für alle Komponenten des Servers, die im Netz mit einer eigenen Adresse erreichbar sind
- DNS, WINS und Gateway-Adressen
- Die Einstellungen für SNMP (Community-Namen mit ihren Rechten, evtl. Trap-Ziele)
- Zum Einrichten der Netzwerkkarten muss die Konfiguration der anzusprechenden Hubs/Switches klar sein
- Es muss ein Domain-User-Account bekannt sein, der das Recht hat, Computer in der Domäne zu registrieren
- Der Windows 2003 Server-Produkt-Key zum Freischalten der Installation
- Namen der Network Time Protocol (NTP)-Server
- Spezielle Installationsanweisungen für den jeweiligen Verwendungszweck des Servers (z.B. Domain-Controller, Domino oder File-Server) bzw. für spezielle Software

Es muss gewährleistet werden, dass sowohl das System-BIOS als auch das BIOS der Controller auf dem neuesten Stand sind. Dies kann auch bei fabrikneuen Systemen nicht vorausgesetzt werden. Alle nicht benutzten Systemressourcen müssen deaktiviert werden. Dies gilt für LPT, COM-Ports (außer evtl. COM1 als Verbindung zur UPS), USB-Ports und evtl. nicht genutzte Onboard-SCSI-Controller. Die hierdurch frei werdenden IRQs können so effektiver genutzt, IRQ-Sharing vermieden werden.

Bei der Installation des Servers wurden Dienste installiert, die unter einem Domino Server nicht genutzt werden. Um eine unnötige Belastung und eine Sicherheitsgefährdung des Servers zu vermeiden, stoppen Sie diese und setzen sie auf die Startart MANUAL bzw. DISABLED. Bei der Deaktivierung von nicht benötigten Diensten ist darauf zu achten, dass zwischen einigen Diensten Abhängigkeiten bestehen, die dazu führen, dass der eine nicht ohne den anderen läuft. Im Folgenden ist eine Liste von Diensten wiedergegeben, die in diesem Sinne überprüft werden müssen:

Service-Name	Disabled	Manual
DHCP-Client (wenn Sie die IP-Konfigurationen manuell vornehmen)	√	
FTP Publishing Service		√
World Wide Web Publishing Service		√
IIS Admin Service		√
IPSEC Policy Agent		√
License Logging Service	√	
Print Spooler		√

Zur Fertigstellung der Standard Windows 2003 Server-Installation gehört i. d. R. noch die Installation folgender Komponenten:

- Unterbrechungsfreie Stromversorgung (UPS)
- Management-Software (z.B. Compaq Server Agents)
- Virenscanner (z.B. McAfee NetShield)
- Remote-Control-Software (REMCON PC-Duo)

6.1 Installation des ersten Domino Servers

Der Installation Ihres ersten Domino Servers sollte eine intensive Planung vorangegangen sein. Wenn Sie sich über die Struktur Ihrer zukünftigen Domino-Domäne Klarheit verschafft haben, können Sie den Installationsprozess angehen. Wenn Sie noch vor einer Entscheidungsfindung stehen, empfehle ich Ihnen *Kapitel 12, Client- und Server-Betrieb und Maintenance* und *Kapitel 4, Lotus Domino intern*.

Nach der Installation schließt sich die Konfiguration an. Aber erst einmal müssen Sie die Installation der Serversoftware erfolgreich hinter sich bringen. Voraussetzung dafür ist ein System mit entsprechend konfigurierter Hardware und Betriebssystemsoftware. Welche Installationsart Sie wählen, hat für den Ausgang Ihrer Domino-Installation keinerlei Auswirkungen.

- Automatische Installation (remote oder lokal): Die automatische Installation gliedert sich in zwei Teile. Zuerst wird eine sogenannte Antwortdatei angelegt bzw. aufgezeichnet, die die später zu verwendenden Konfigurationsinformationen enthält. Anschließend wird eine Installation im „Playbackmodus" gestartet, welche sich auf die Antwortdatei bezieht. Benutzen Sie den Befehlsaufruf `setup -options -record` auf Kommandozeilenebene, um den Installationsprozess in einer Datei aufzuzeichnen (siehe *Abbildung 6.1*). Benutzen Sie den Befehl `setup.exe -silent -options`, um die aufgezeichnete Konfiguration zu installieren.

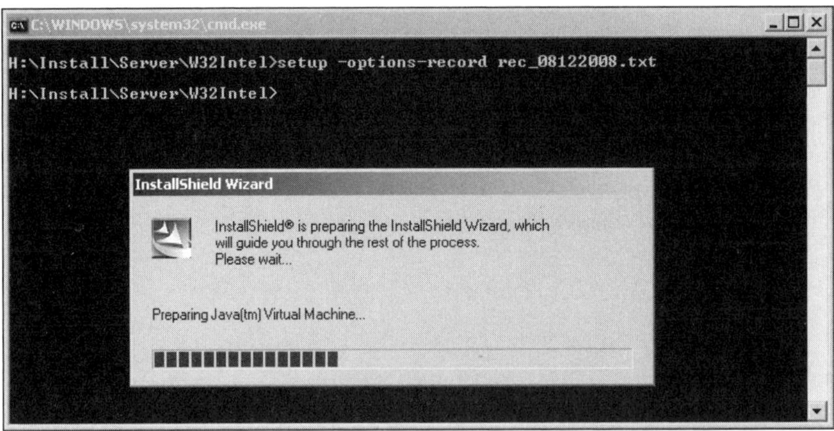

Abbildung 6.1: Aufzeichnen der Installation

Nachfolgende Aufzählung stellt die Installation im Detail dar.

1. Starten Sie den Installationsprozess (*setup.exe*), der sich z.B. auf der Installations-CD befindet.
2. Lesen Sie den Willkommensscreen und klicken Sie auf WEITER/NEXT.
3. Die Lizenzvereinbarung muss durch Auswahl der Option ICH AKZEPTIERE DIE BEDINGUNGEN DER LIZENZVEREINBARUNG/I ACCEPT THE TERMS IN THE LICENSE AGREEMENT akzeptiert werden. Klicken Sie dann auf WEITER/NEXT.
4. Entscheiden Sie sich für oder gegen die Installation eines partitionierten Servers und klicken Sie auf WEITER/NEXT.

   Die Installation für partitionierte Server dient der Installation mehrerer Domino Server auf einem Hardwaresystem. Wenn Sie die aktuelle Hardware mit mehreren Domino Servern versehen möchten, wählen Sie an dieser Stelle die Option INSTALLATION FÜR PARTITIONIERTE SERVER. Wenn Sie einen partitionierten Server installieren, müssen Sie die Datenablage für die Programmdateien nur einmal definieren. Das Datenverzeichnis wird pro neuer Installation eines weiteren partitionierten Servers definiert. Dies ergibt sich daraus, dass partitionierte Server sich stets ein Programmverzeichnis teilen und individuelle Datenverzeichnisse besitzen. Auch hier gilt die Empfehlung, jeweils unterschiedliche Laufwerke zur Daten- und Programmdatenablage zu verwenden. Ansonsten unterscheiden sich die Abläufe der Serverinstallation von partitionierten und nicht partitionierten Servern nicht. Per Default findet sich die Konfigurationsdatei *notes.ini* nach der Installation im Programmverzeichnis des Servers wieder. Wenn Sie einen partitionierten Server installiert haben, findet sich die *notes.ini* im Datenverzeichnis des jeweiligen Servers.

   Die nächsten beiden Schritte beinhalten die Angabe des Programm- und des Datenordners. Legen Sie zunächst fest, wo Programm- (siehe *Abbildung 6.2*) und dann, wo die Datendateien Ihres Domino Servers abgelegt werden sollen. Wenn Sie die Installation eines partitionierten Servers ausgewählt haben, müssen Sie lediglich ein Programmverzeichnis angeben.

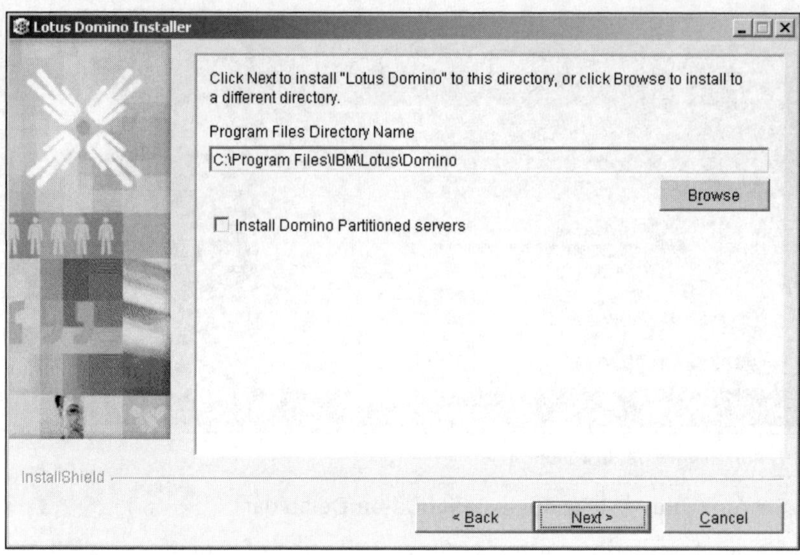

Abbildung 6.2: Ablage des Programmverzeichnisses

5. Wählen Sie jeweils für Programm- und Datenverzeichnis unterschiedliche Laufwerke aus und klicken Sie auf WEITER/NEXT.
6. Im Laufe des Installationsvorgangs müssen Sie einige Entscheidungen treffen. Dazu gehört die Frage nach dem Servertyp, den Sie installieren werden (siehe *Abbildung 6.3*).

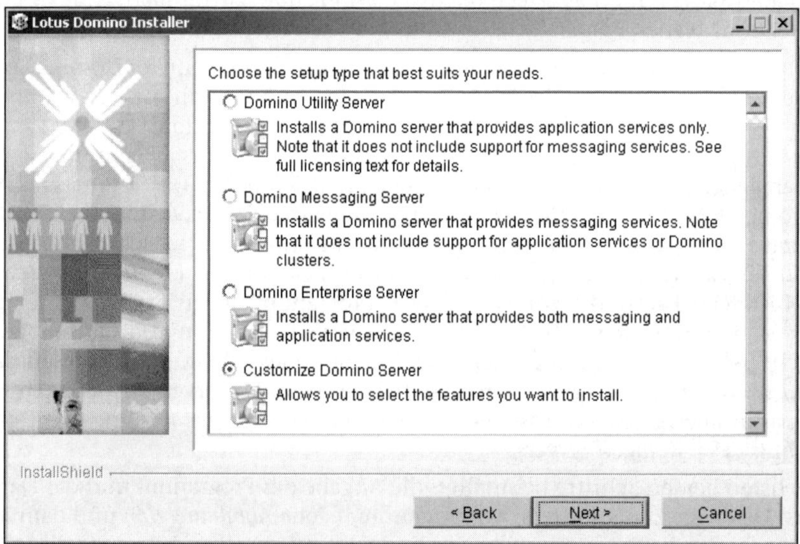

Abbildung 6.3: Wahl des Servertyps

Zur Auswahl stehen Ihnen dabei die Lizenzformen des Domino Utility Servers, des Domino Messaging Servers, des Domino Enterprise Servers und die Anpassung von Diensten zur Verfügung. Je nach erworbener Lizenz treffen Sie an dieser Stelle Ihre Wahl.

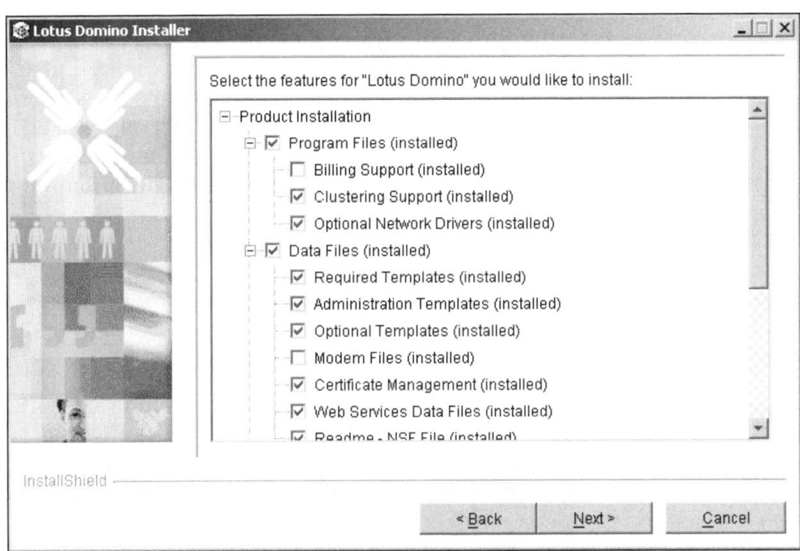

Abbildung 6.4: Konfiguration der zu installierenden Komponenten

7. In diesem Fenster bekommen Sie die Möglichkeit, die Installation nach Ihren Wünschen anzupassen (siehe *Abbildung 6.4*). Sie entscheiden sich, welche Programmkomponenten Sie zusätzlich installieren oder deaktivieren möchten. Dazu tätigen Sie Ihre Auswahl und klicken auf WEITER/NEXT. Alle Installationstypen unterstützen partitionierte Domino Server. Service-Provider-Umgebungen (xSP-Umgebungen) werden nur von Domino Enterprise Server unterstützt.

Nicht alle Programmdateien werden in dem von Ihnen angegebenen Verzeichnis installiert (siehe *Abbildung 6.2*). Einige ausführbare Dateien für den Webserver werden in den Unterordner *Domino* des Datenverzeichnisses installiert. Dort finden Sie auch weitere Unterordner, die spezifischen Aufgaben gewidmet sind. Im Unterordner *Help* finden sich die Hilfedateien, die Ihnen und Ihren Anwendern zur Verfügung gestellt werden. Modemdateien, die der Implementierung der Kommunikation über Modem dienen, werden im Verzeichnis *Modem* abgelegt.

6.2 Konfiguration des ersten Domino Servers

Mit dem ersten Start des Domino Servers nach der Installation beginnt die Konfiguration. Die noch fast leere *notes.ini* leitet diesen Vorgang ein und wird während der Konfiguration mit den entsprechenden Einträgen gefüllt. Die Konfiguration kann auch remote erfolgen, wenn beispielsweise unter Linux bei der Installation die Option REMOTE SERVER SETUP gewählt wurde. Zur Remote-Konfiguration benötigen Sie das Client-Tool Remote-Server-Einrichtung (`serversetup.exe -remote`).

Bei der Installation des ersten Domino Servers werden IDs mit der vorgegebenen Größe für öffentliche Schlüssel (kompatibel mit Versionen größer 6) von 1024 Bit erzeugt. Wenn eine andere Schlüsselgröße benötigt wird, öffnen Sie vor dem Starten des Servers dessen *notes.ini*-Datei und setzen `SETUP_FIRST_SERVER_PUBLIC_KEY_ WIDTH` auf die gewünschte Größe. Führen Sie dann *setup.exe* aus, um die Domino-Dateien zu installieren. Wenn Sie beispielsweise Domino R5-kompatible Schlüssel benötigen, öffnen Sie vor dem Starten des Servers die *notes.ini*-Datei und setzen `SETUP_FIRST_SERVER_PUBLIC_KEY_WIDTH=` auf 630. Installieren Sie dann die Dateien für den Domino Server durch Ausführen von *setup.exe*. Die Größe für öffentliche Schlüssel kann mit der *notes.ini*-Variable auf 630 oder 1024 gesetzt werden.

1. Sie rufen als ersten Schritt die Serverkonfiguration auf. Dazu starten Sie entweder den Lotus Domino Server als Dienst oder als Anwendung (siehe *Abbildung 6.5*).

Für einen nicht partitionierten W32-basierten Domino Server verbirgt sich hinter dem Eintrag im Startmenü `[Pfadangabe]\nserver.exe`. Für einen partitionierten Server lautet die Befehlszeile, die hinter der Verknüpfung steht, `[Pfadangabe]\nserver.exe=[Pfad]\notes.ini`. Dies dient der Unterscheidung, welche *notes.ini* und welches Datenverzeichnis verwendet werden soll.

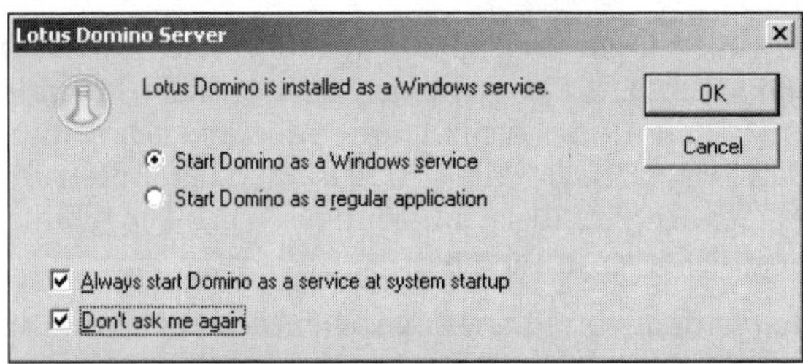

Abbildung 6.5: Abfrage beim Start des Servers

Bei der Windows-Plattform lautet die ausführbare Datei für den Start des Servers *nserver.exe*, bei den Unix-Plattformen nur *server.exe*. Diese Namenskonvention gilt für weitere ausführbare Dateien des Domino Servers. Die einzelnen ausführbaren Server-Tasks wie Update, Router, Replica finden ihre Entsprechungen auf Windows-Ebene als *nrouter.exe, nreplica.exe*. Somit wird klar, dass jede ausführbare Datei unter Windows *n*.exe* lautet, wobei * für den dazugehörigen Tasknamen steht.

Das Setup-Programm startet mit dem Begrüßungsscreen (siehe *Abbildung 6.6*).

2. Hier haben Sie die Möglichkeit, eine andere Schriftart und Schriftgöße auszuwählen, falls dies notwendig sein sollte. Bestätigen Sie Ihre Auswahl. Klicken Sie dann auf WEITER/NEXT.

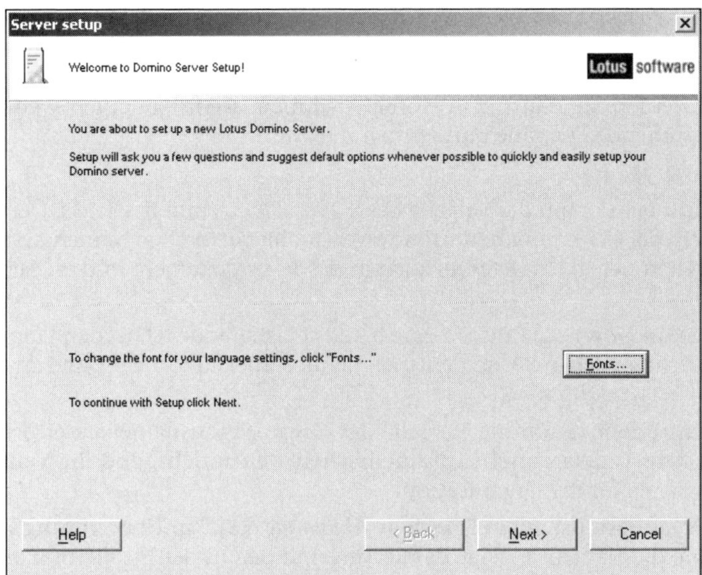

Abbildung 6.6: Das Setup-Programm

Die Konfiguration des Lotus Domino Servers gliedert sich in mehrere Arbeitsschritte.

3. Zunächst müssen Sie festlegen, ob es sich um die Konfiguration eines ersten Servers in einer Domäne handelt.

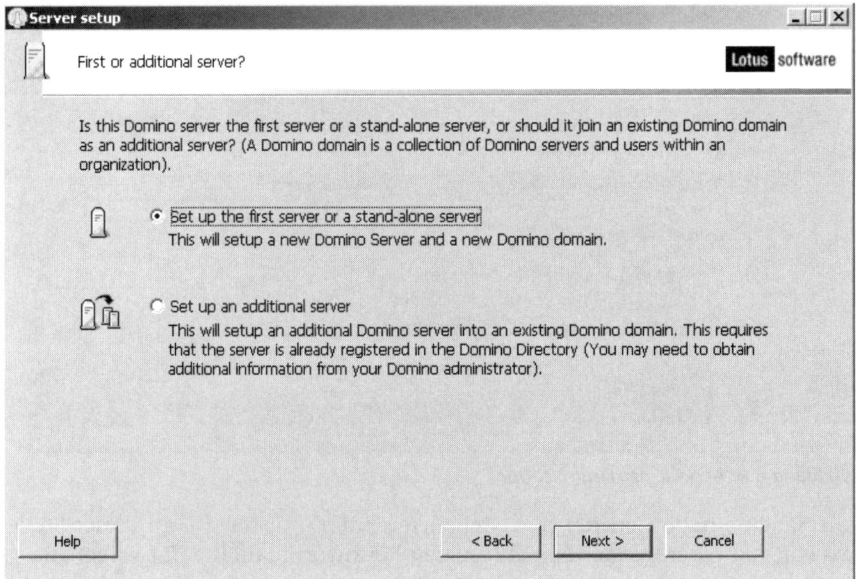

Abbildung 6.7: Konfiguration des ersten oder eines weiteren Domino Servers in der Domäne

Mit dieser Auswahl FIRST DOMINO SERVER legen Sie den Grundstein für eine neue Domäne. Mit dem neuen Namen verbunden ist die Erstellung einer Certifier-ID und eines Domino Directory/Verzeichnis (siehe *Abbildung 6.8*). Die Option ADDITIONAL DOMINO SERVER werden Sie dann in Anspruch nehmen, wenn Sie einen weiteren Server in Ihre bestehende Domäne aufnehmen möchten.

4. Klicken Sie auf WEITER/NEXT.
5. Im nächsten Schritt geht es um die Vergabe des Servernamens und des Titels. Der Servername entspricht der CN-Komponente des Servers im hierarchischen Namenssystem. Diese Angaben gehen neben der *notes.ini* auch in das Serverdokument und die Server-ID ein.

   Geben Sie Namen und Titel an. Falls Sie eine bereits existierende ID für den Domino Server nutzen möchten, geben Sie den entsprechenden Speicherort der Datei an und klicken dann auf WEITER/NEXT.
6. Im nächsten Schritt geht es um die Vergabe des Organisationsnamens, der der O-Komponente in Ihrem hierarchischen Namensschema entspricht, und die Vergabe des Certifier-Passworts für die Organisation.
7. Geben Sie den Organisationsnamen ein (siehe *Abbildung 6.8*). Zur Überprüfung stellt Ihnen die Routine die Namensanzeige des Servers und den in der Installation angegebenen Namen zur Verfügung.

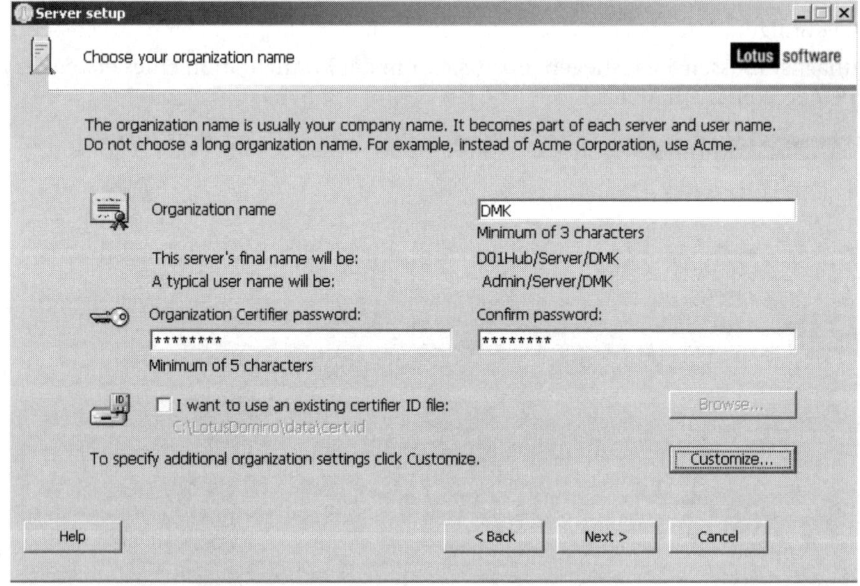

Abbildung 6.8: Angabe der Organisation

8. Falls Sie eine neue Certifier-ID erstellen möchten, müssen Sie an dieser Stelle ein Passwort mit einer mindestens minimalen Kennwortqualität dafür vergeben.
9. Sie haben aber auch die Möglichkeit, einen bereits vorhandenen Certifier zu benutzen. Haken Sie dazu die Option I WANT TO USE AN EXISTING CERTIFIER ID FILE an. Klicken Sie auf DURCHSUCHEN/BROWSE, um den Speicherort der Datei anzugeben.

10. Über den Button ANPASSEN/CUSTOMIZE haben Sie die Möglichkeit, weitere Angaben zum Namensschema vorzunehmen.
    - Geben Sie bei Bedarf den Namen einer Unterorganisation an und vergeben Sie ein Passwort, falls Sie einen neuen OU-Certifier erzeugen möchten. Anderenfalls besteht die Möglichkeit, einen bereits bestehenden OU-Certifier über den Button DURCHSUCHEN/BROWSE auszuwählen.
    - Wählen Sie bei Bedarf eine Länderkennung aus. Dies entspricht der C-Komponente Ihres hierarchischen Namensschemas.

    Klicken Sie auf WEITER/NEXT.
11. Im nächsten Schritt geht es um die Vergabe des Domänennamens. Geben Sie den Namen für Ihre Domäne an, der auf den Überlegungen zu Ihrem Namensschema basiert (siehe *Abbildung 6.9*). Es empfiehlt sich in einem solchen Fall, diesen Namen an den Namen Ihrer Internet-Domäne anzulehnen. Klicken Sie auf WEITER/NEXT.

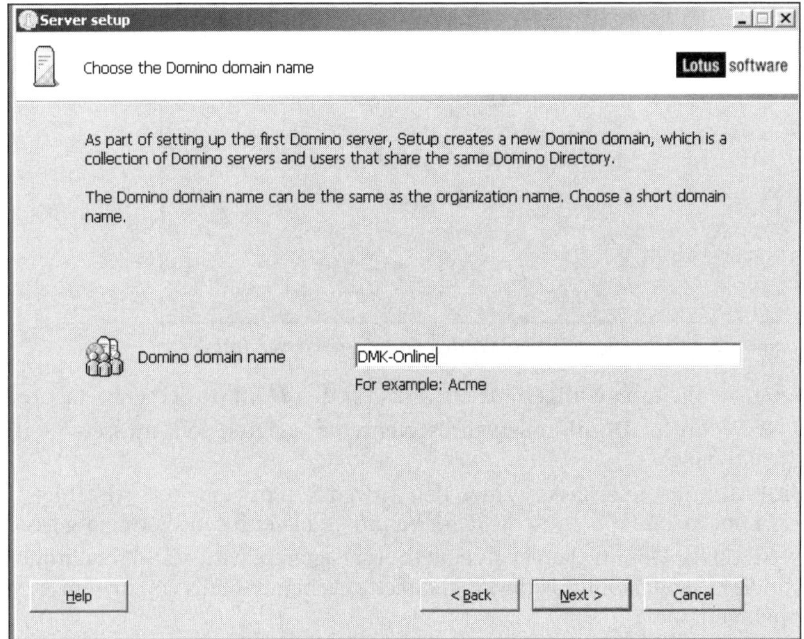

Abbildung 6.9: Angabe des Domino-Domänennamens

12. Im nächsten Schritt geht es um die Angaben zum Administrator. Mithilfe der hier von Ihnen vorgenommenen Angaben wird der erste Anwender registriert, der zugleich als Administrator fungiert. Somit werden diese Angaben im Serverdokument und in der *notes.ini* hinterlegt. Geben Sie den Namen des Administrators und ein Kennwort an. Geben Sie an dieser Stelle ein Kennwort ein, das der minimalen Kennwortqualität entspricht, wenn Sie sich dafür entschieden haben, eine neue Administrator-ID erstellen zu lassen. Sie können eine lokale Kopie der ID abspeichern. Aktivieren Sie die entsprechende Option und geben Sie über den Button DURCHSUCHEN/BROWSE ggf. einen vom Domino Data-Verzeichnis abweichenden Speicherort an.

Sie können aber auch auf eine vorhandene Benutzer-ID zugreifen. Geben Sie den Speicherort der bereits vorhandenen ID-Datei über den Button DURCHSUCHEN/BROWSE an. Klicken Sie auf WEITER/NEXT.

13. Im nächsten Schritt haben Sie die Möglichkeit, die Internet-Dienste des Lotus Domino Servers und die weiteren Server-Tasks festzulegen (siehe *Abbildung 6.10*).

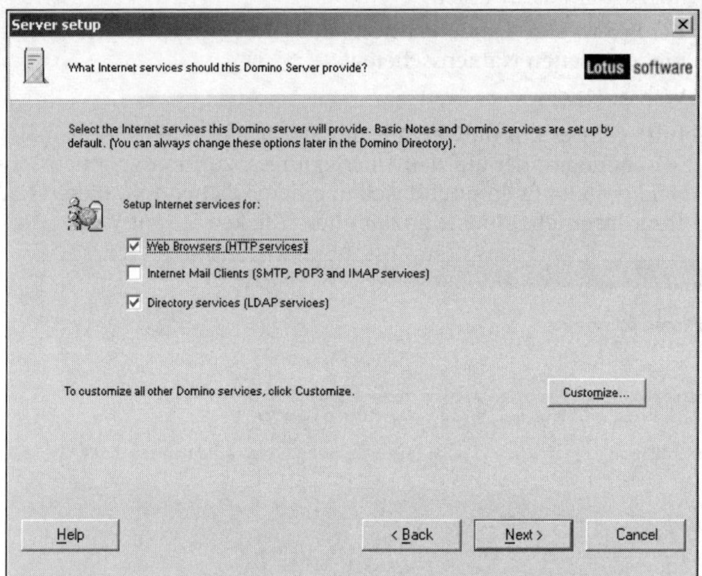

Abbildung 6.10: Auswahl der Internet-Dienste und weiterer Server-Tasks

14. Aktivieren Sie die notwendigen Server-Tasks für den Domino Server.
    - HTTP: Wenn Ihr Domino Server als Webserver agieren soll, müssen Sie diesen Task aktivieren.
    - IMAP: Mithilfe dieses Tasks werden den Anwendern mit einem IMAP-fähigen Messenger oder Mail-Programm die dafür benötigten Dienste zur Verfügung gestellt.
    - POP3: Soll Ihr Domino Server als POP3-Server agieren, wird Mail-Programmen wie Thunderbird oder Outlook die Möglichkeit gegeben, E-Mails von diesem Server zu empfangen.
    - SMTP: Durch die Aktivierung stellt der Server das SMTP-Protokoll zur Verfügung. Clients können je nach Konfiguration per SMTP E-Mails an den Domino Server abgeben. Ein Server mit diesem Mail-Übertragungsdienst wird auch als SMTP-Server und somit als SMTP-Gateway bezeichnet.
    - Internet Directory Services (LDAP): Mithilfe dieses Tasks können Sie Verzeichnisdienste über das LDAP-Protokoll nutzen.
15. Um alle weiteren notwendigen Server-Tasks zu aktivieren, klicken Sie auf den Button ANPASSEN/CUSTOMIZE.

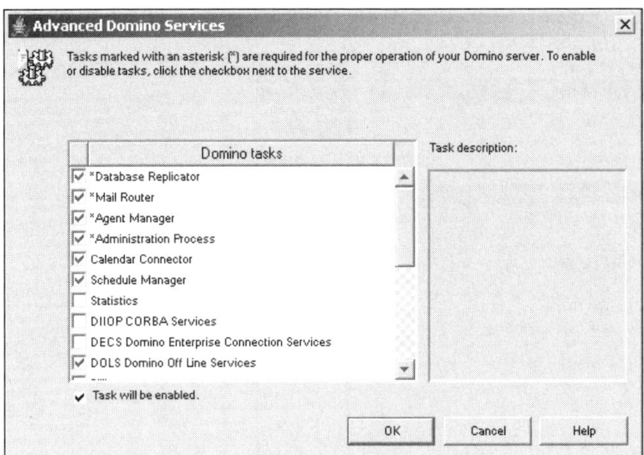

Abbildung 6.11: Aktivierung der Domino Server-Tasks

Auf dieser Dialogseite legen Sie aufgrund der vorgesehenen Aufgabe für den Domino Server fest, welche Server-Tasks auf diesem Server zur Verfügung gestellt werden (siehe *Abbildung 6.11*). Folgende Dienste sollten immer installiert werden:

- Administrationsprozess (automatisierte Durchführung von Administrationsaufgaben)
- Indexer (Aktualisierung von Ansicht und Volltextindizes)
- Replikator (Replizierungsmechanismus)
- Agent-Manager (Planung und Steuerung von Agenten)
- Mail-Router (Zustellung von NRPC-Mails)

Mehr zu den Diensten des Domino Servers erfahren Sie in *Kapitel 4.4.1, Server-Tasks*.

Aktivieren Sie nur die Tasks, die auf diesem Server laufen müssen. Ein Domino Server sollte auf die entsprechende Funktionen beschränkt werden, die Sie als Administrator für ihn vorgesehen haben. Server-Tasks, die ohne Nutzung laufen, fordern nur Ressourcen ein, die Sie bestimmt besser verwenden können. Klicken Sie auf WEITER/NEXT.

16. Im nächsten Schritt geht es um die Konfiguration der Netzwerkanschlüsse und den Host-Namen des Servers. Sie können die Einstellungen für die verfügbaren Netzwerkanschlüsse vornehmen. Im Grunde genommen müssen Sie im Dialogfenster, das Sie über den Button ANPASSEN/CUSTOMIZE erreichen, nur die Anschlüsse deaktivieren, die Sie nicht verwenden möchten. Des Weiteren besteht in diesem Dialogfeld die Möglichkeit, die Anschlüsse zu verschlüsseln und die Daten zu komprimieren. Der Host-Name wird den Angaben aus dem Netzwerkprotokoll entnommen und automatisch eingesetzt. Sollte dies nicht der Fall sein, geben Sie den Host-Namen ein. Klicken Sie auf WEITER/NEXT.

17. Sie haben im letzten Konfigurationsschritt die Möglichkeit, Sicherheitsoptionen festzulegen (siehe *Abbildung 6.12*).

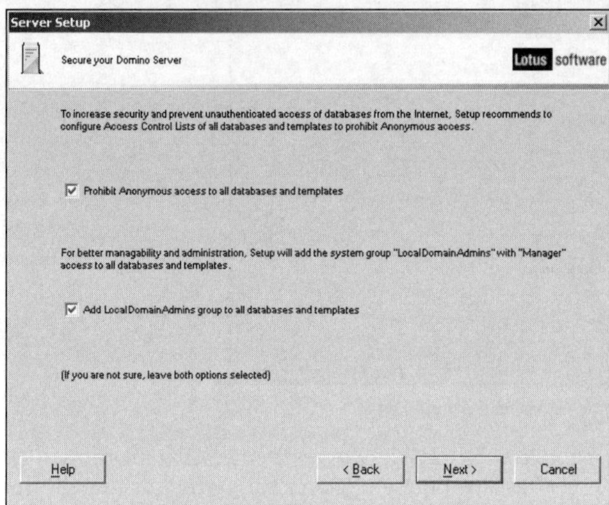

Abbildung 6.12: Sicherheitseinstellungen des Domino Servers

18. Aktivieren bzw. deaktivieren Sie folgende Optionen:
    - Sie können den Zugriffskontrolllisten den Eintrag ANONYMOUS ohne Zugriffsrechte hinzufügen. Diese Option dient der Sicherheit.
    - Sie können die Gruppe LOCALDOMAINADMINS als Manager zu den Zugriffskontrolllisten aller bereits bestehenden Datenbanken hinzufügen. Es wird ein entsprechendes Gruppendokument erstellt und der Name der Gruppe mit Managerrechten in die ACLs aller Datenbanken hinzugefügt.

    Haben Sie entsprechend gewählt, wird Domino alle Datenbanken mit den jeweiligen Einträgen aktualisieren. Klicken Sie auf WEITER/NEXT.

19. Der letzte Bildschirm der Domino Server-Konfiguration zeigt Ihnen nochmals alle relevanten Daten an und gibt Ihnen die Gelegenheit, über den Button ZURÜCK/BACK zu den jeweiligen Einstellungsbildschirmen zurückzugehen, um die Einstellungen zu korrigieren. Betätigen Sie den Button SETUP, nachdem Sie alle notwendigen Einträge vorgenommen und nochmals überprüft haben. Der Domino Server wird danach eingerichtet und das Domino Directory/Verzeichnis erstellt.

Sie haben mit der Installation und Konfiguration Ihres ersten Servers wichtige Voraussetzungen für Ihre Domäne geschaffen. Bedenken Sie bitte noch Folgendes: Im Verzeichnis *Domino\Data* befinden sich nach der Konfiguration des Servers mindestens zwei ID-Dateien (*server.id, cert.id*):

- Nur die Server-ID wird ständig auf dem Server benötigt. Falls Sie dies wünschen, können Sie diese Datei in ein anderes Verzeichnis verschieben und den Speicherort in der *notes.ini* definieren. Vergeben Sie kein Kennwort für die Server-ID, da ansonsten der Domino-Dienst nicht automatisch gestartet werden kann.
- Die Certifier-ID wird von Ihnen für die Registrierung weiterer Komponenten der Domäne benötigt. Sie sollte aus Sicherheitsgründen nicht auf dem Domino Server verbleiben. Speichern Sie diese auf einem externen Datenträger und bewahren Sie diesen sorgfältig auf.

6.2.1 Lotus Domino Server als Dienst (Win32)

Sie können den Server nun über den Eintrag im Programmordner des Startmenüs starten. Eine andere Möglichkeit besteht darin, den Lotus Domino Server als Dienst des Betriebssystems zu implementieren, um ihn automatisch starten zu können.

Dieses Vorgehen bringt zwei Vorteile mit sich. Zum einen startet der Domino Server, sobald das Betriebssystem startet, zum anderen läuft der Server unabhängig von Benutzersitzungen an der entsprechenden Maschine. Bei anderen Betriebssystemen funktioniert dies über eine Batch oder ein Script.

Wenn Sie die individuelle Installation im InstallShield Wizard gewählt haben und die Option DOMINO ALS WINDOWS-DIENST/START DOMINO AS A WINDOWS SERVICES aktiviert wurde, wird der Dienst Lotus Domino Server implementiert. Wenn Sie die Standardinstallation wählen, wird Domino nicht als Dienst des Betriebssystems installiert.

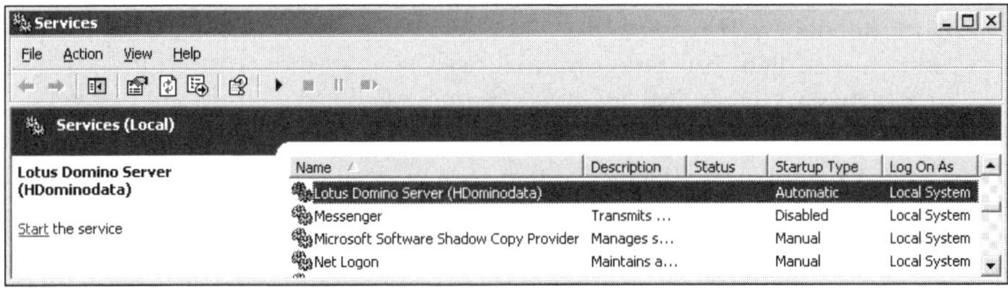

Abbildung 6.13: Über die Eigenschaften des Dienstes können Sie die Startoptionen zuweisen.

Wenn Domino als Dienst aufgeführt wird, können Sie die Startoption weiter anpassen und angeben, ob dem Dienst die Startoption AUTOMATISCH, MANUELL oder DEAKTIVIERT zugewiesen werden soll. Vergeben Sie die gewünschte Einstellung und bestätigen Sie diese mit OK.

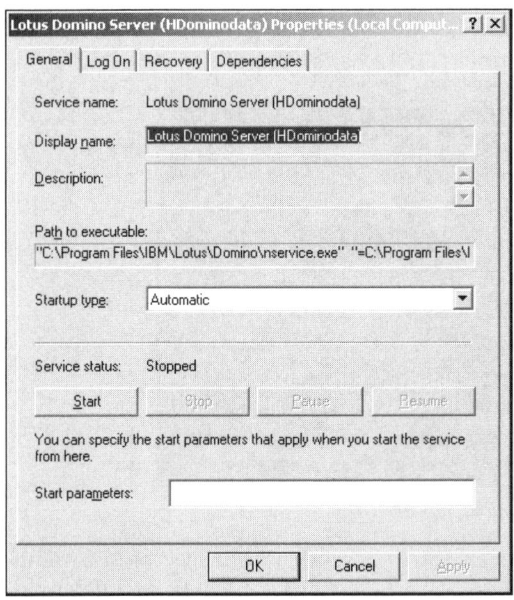

Abbildung 6.14: Eigenschaften des Dienstes

Sie können den Domino Server aus dem Dialogfeld DIENSTE heraus starten oder stoppen. Wenn Sie den Dienst stoppen, muss der Domino Server als Dienst aktiv sein. Den gleichen Effekt erreichen Sie aber auch, wenn Sie den Domino Server über die aktive Serverkonsole mit den entsprechenden Befehlen herunterfahren.

In der Praxis hat es sich bewährt, einen weiteren Dienst oder ein Script zu implementieren, um den Domino Server zu beenden. In vielen Fällen lässt sich der Domino Server nämlich nicht beenden, wenn man den Domino Server-Dienst stoppt. Vielfach reagiert dann das Dienstverwaltungsprogramm nicht. Arbeiten Sie in diesem Fall beispielsweise über den Server-Manager an einer entfernten Maschine, bekommen Sie ein Problem.

Sicherheit am Server

Domino gibt Ihnen die Möglichkeit an die Hand, unberechtigten Zugriff auf Server und Datenbanken über sein spezifisches Sicherheitssystem zu vermeiden. Ein Zugriff auf die Datenbanken des Domino Servers über das Betriebssystem kann dadurch aber nicht verhindert werden. Schließen Sie diese Hintertür, indem Sie dafür sorgen, dass der Zugriff auf den Server und die Verzeichnisse nur den verantwortlichen Personen vorbehalten bleibt.

Deaktivieren Sie zudem alle Dienste auf dem Server, die nicht notwendig sind oder Sicherheitsrisiken mit sich bringen können, wie etwa FTP.

6.2.2 Weitere Konfigurationsschritte für den ersten Server

Sie haben den Server über eine von Ihnen gewählte Möglichkeit gestartet. Die Serverkonsole öffnet sich (siehe *Abbildung 6.15*). Die entsprechenden Server-Tasks starten und erstellen dabei in einigen Fällen für sie notwendige Datenbanken, falls diese noch nicht vorhanden sind. Es werden all die Server-Tasks gestartet, die Sie während der Konfiguration angegeben haben.

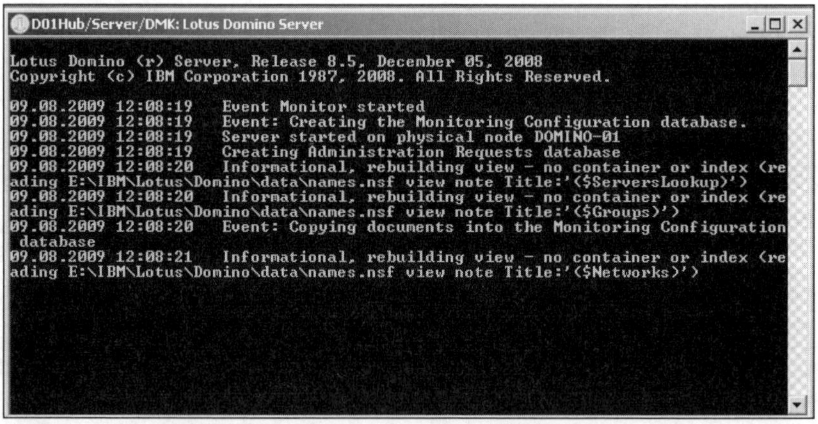

```
D01Hub/Server/DMK: Lotus Domino Server

Lotus Domino (r) Server, Release 8.5, December 05, 2008
Copyright (c) IBM Corporation 1987, 2008. All Rights Reserved.

09.08.2009 12:08:19   Event Monitor started
09.08.2009 12:08:19   Event: Creating the Monitoring Configuration database.
09.08.2009 12:08:19   Server started on physical node DOMINO-01
09.08.2009 12:08:19   Creating Administration Requests database
09.08.2009 12:08:20   Informational, rebuilding view - no container or index (re
ading E:\IBM\Lotus\Domino\data\names.nsf view note Title:'($ServersLookup)')
09.08.2009 12:08:20   Informational, rebuilding view - no container or index (re
ading E:\IBM\Lotus\Domino\data\names.nsf view note Title:'($Groups)')
09.08.2009 12:08:20   Event: Copying documents into the Monitoring Configuration
 database
09.08.2009 12:08:21   Informational, rebuilding view - no container or index (re
ading E:\IBM\Lotus\Domino\data\names.nsf view note Title:'($Networks)')
```

Abbildung 6.15: Die Serverkonsole: Start des Domino Servers

Sie können die Konfiguration nun abschließen. Dazu verwenden Sie den Domino Administrator Client. Wie bereits mehrfach betont, sollten Sie diesen Client-Typ nicht auf der gleichen Maschine installieren, auf dem der Domino Server läuft. Verwenden Sie auf keinen Fall die *nlnotes.exe* des Servers, da es ansonsten zu Speicherverletzungen kommen kann.

Sie können mit dem Benutzernamen des Administrators, den Sie bei der Installation von Domino angegeben haben, über den Administrator Client auf den Domino Server zugreifen.

6.2.3 Anschlüsse konfigurieren

Falls Sie bei der Konfiguration nicht alle Netzwerkanschlüsse eingerichtet haben, können Sie dies nun nachholen. Dies bezieht sich auf eine oder mehrere Netzwerkkarten, die der Server verwenden soll, oder auf Modems, die an den Server angeschlossen sind.

Netzwerkanschlüsse

Ein Notes-Netzwerk ist eine Gruppe von Servern, die ein gemeinsames LAN-Protokoll verwenden und miteinander verbunden sind. Domino weist jedem Anschluss per Default einen Netzwerknamen zu, den Sie jedoch verändern sollten, um eine dezidierte Namensgebung zu erzwingen. Server, die über einen Netzwerkanschluss mit gleichem Namen verfügen, gehen davon aus, dass über diesen eine konstante Verbindung besteht, und versuchen, über diesen miteinander zu kommunizieren.

1. Klicken Sie in Domino Administrator auf das Register KONFIGURATION/CONFIGURATION.
2. Wählen Sie im Serverfenster den Server aus (oder im Menü DATEIFILE > SERVER ÖFFNEN/OPEN SERVER), auf dem Sie arbeiten möchten.
3. Wählen Sie im Werkzeugfenster die Option SERVER > PORTS EINRICHTEN/SETUP PORTS.

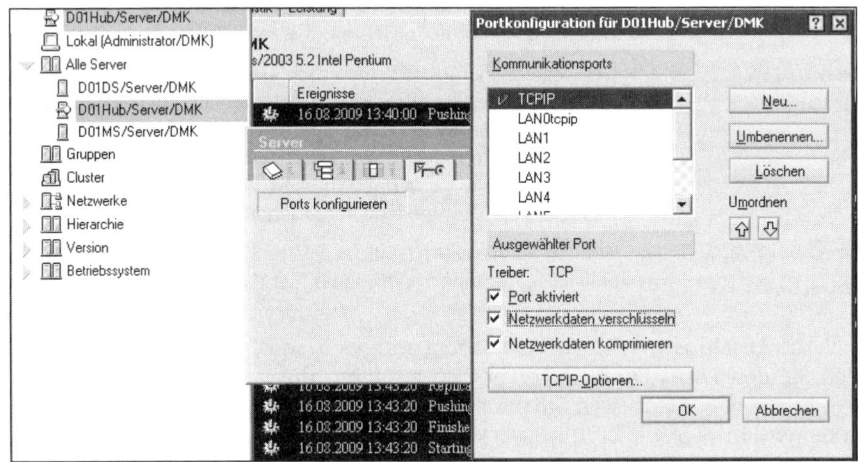

Abbildung 6.16: Anschlusskonfiguration

4. Führen Sie einen der beiden oder beide nachfolgenden Schritte im Feld KOMMUNIKATIONSPORTS/COMMUNICATION PORTS aus:
   - Nehmen Sie die vorgegebenen Anschlussnamen an.
   - Klicken Sie auf NEU/NEW, um neue Anschlussnamen zu erstellen, z.B. `TCPIP1` oder `TCP`. Verwenden Sie keine Leerzeichen im Namen. Geben Sie beim Erstellen neuer Anschlussnamen den zu verwendenden Treiber an und klicken Sie auf OK.
5. Wählen Sie PORT AKTIVIERT/PORT ENABLED und klicken Sie auf OK.
6. Sie haben die Möglichkeit, den Anschluss zu verschlüsseln und/oder die Daten, die über diesen Anschluss laufen, zu komprimieren (siehe *Abbildung 6.16*).

7. Klicken Sie auf das Register KONFIGURATION/CONFIGURATION und anschließend auf SERVER > ALLE SERVERDOKUMENTE/ALL SERVER DOCUMENTS.
8. Öffnen Sie das entsprechende Serverdokument und klicken Sie auf SERVER BEARBEITEN/EDIT SERVER.
9. Klicken Sie auf das Register ANSCHLÜSSE/PORTS > NOTES-NETZWERKANSCHLÜSSE/NOTES NETWORK PORTS, geben Sie Werte in die Felder ein und klicken Sie auf SPEICHERN UND SCHLIESSEN/SAVE & CLOSE.

Abbildung 6.17: Konfiguration der Notes-Netzwerkanschlüsse

Feld	Eingabe
ANSCHLUSS/ PORT	Der Anschlussname. Der Name, den Sie beim Einrichten des Anschlusses zugewiesen haben.
NOTES-NETZWERK/ NOTES NETWORK	Geben Sie den Namen für das Notes Named Network ein, der von der Gruppe von Domino Servern benutzt wird, die unter dem gleichen Netzwerkprotokoll laufen. Leerzeichen sind im Namen erlaubt.
NETZADRESSE/ NET ADDRESS	Der Netzwerkname des Serveranschlusses. Bei dieser Adresse kann es sich um den Servernamen oder – entsprechend den Bedingungen des Netzwerkprotokolls – eine speziellere Adressangabe handeln. Diese Adresse legt die Adresse fest, die andere Server für den Zugriff auf diesen Server verwenden müssen. Wenn Sie dieses Feld leer lassen, erstellt Domino eine vorgegebene Adresse.
DEAKTIVIERT/AKTIVIERT DISABLED/ENABLED	Wählen Sie AKTIVIERT/ENABLED. Wenn Sie den Anschluss nicht aktivieren, können Sie ihn auch nicht verwenden.

Falls sich die Anschlüsse auf diese Weise nicht aktivieren und/oder konfigurieren lassen, beenden Sie den Lotus Domino Server und editieren die *notes.ini manuell*. Fügen Sie Einträge hinzu oder bearbeiten Sie die bereits in Bezug auf die Netzwerkkonfiguration vorhandenen Einträge wie beispielsweise:

```
TCPIP=TCP, 0, 15, 0
LAN1=NETBIOS, 1, 15, 0
LAN0=NETBIOS, 0, 15, 0
LAN2=NETBIOS, 2, 15, 0
LAN3=NETBIOS, 3, 15, 0
COM1=XPC,1,15,0,
COM2=XPC,2,15,0,
COM3=XPC,3,15,0,
$$HasLANPort=1
Ports=TCPIP
DisabledPorts=LAN1,LAN0,LAN2,LAN3,COM3,COM1,COM2
```

6.2.4 Administrationsprozess

Der Administrationsprozess ist ein Programm, das eine Vielzahl von administrativen Routineaufgaben automatisiert. Wenn Sie beispielsweise einen Benutzer löschen, sucht der Administrationsprozess den Namen des Benutzers im Domino-Verzeichnis und in ACLs, entfernt ihn daraus und nimmt alle anderen erforderlichen Löschungen für diesen Benutzer vor.

Der Administrationsprozess automatisiert die folgenden Aufgaben:

- Aufgaben im Bereich der Namensverwaltung, beispielsweise das Umbenennen von Personen und Gruppen, das Löschen von Personen, Gruppen und Servernamen, das erneute Zertifizieren von Benutzern und das Speichern von Internet-Zertifikaten
- Aufgaben im Bereich der Mail-Dateiverwaltung, z.B. das Löschen und Verschieben von Mail-Dateien
- Aufgaben im Bereich Räume und Ressourcen, wie etwa das Löschen von Ressourcen
- Aufgaben im Bereich der Verwaltung von Serverdokumenten, beispielsweise das Speichern von CPU-Anzahl, Plattform und das Einfügen von Netzwerkprotokollinformationen in Serverdokumente
- Aufgaben im Bereich der Verwaltung von Roaming-Anwendern, wie das Implementieren von Roaming-Anwendern, das Verschieben von Roaming-Anwendern zu anderen Servern, einen Anwender zu einem Roaming-Anwender migrieren und Roaming-Anwender zu einem Anwender ohne Roaming migrieren
- Aufgaben im Bereich der Verwaltung von Personendokumenten, wie das Einbetten von Informationen bezüglich der Notes Client-Version und der Client-Plattform im Personendokument des Anwenders
- Aufgaben im Bereich der Verwaltung von Repliken, wie das Erstellen, Verschieben oder Löschen von Repliken einer Datenbank

Administrationsserver

Administrationsserver steuern die Arbeitsweise des Administrationsprozesses (siehe auch Abschnitt *Die Datenbank Administrationsanforderungen* in *Kapitel 4.4.2, Wichtige Datenbanken*). Geben Sie einen Administrationsserver für das Domino-Verzeichnis und für jede einzelne Datenbank an. Standardmäßig wird der erste Domino Server, den Sie in einer Domäne einrichten, als Administrationsserver für das Domino-Verzeichnis eingesetzt. Der Administrationsserver für das Domino-Verzeichnis verwaltet die Zugriffskontrollliste (ACL) des Domino-Verzeichnisses, führt Lösch- und Namensänderungsvorgänge durch und repliziert diese in andere Repliken des Domino-Verzeichnisses innerhalb der Domäne.

Alle Datenbanken benötigen einen Administrationsserver, der Namensänderungen und Löschvorgänge verwaltet, die sich auf die Datenbank beziehen, beispielsweise Änderungen an der ACL und an Leser- und Autorenfeldern. Verfügt eine Datenbank über Repliken, so wird nur einer dieser Repliken ein Administrationsserver zugewiesen. Der Administrationsprozess nimmt dann alle Änderungen an dieser Replik vor. Diese Änderungen werden mittels Replizierung der Datenbank auf alle anderen Repliken übertragen. Sie können allerdings auch einen oder mehrere erweiterte Administrationsserver verwenden, um die Ausführung der Aufgaben des Administrationsprozesses, die das Domino-Verzeichnis modifizieren, zu verteilen. Siehe auch Abschnitt *Erweiterter Administrationsserver.*

Primären Administrationsserver für das Domino-Verzeichnis festlegen

Die Auswahl des Administrationsservers für das Domino-Verzeichnis hängt von der Konfiguration Ihres Netzwerks und der verfügbaren Ausrüstung ab. In Ihre Entscheidung sollten die Planung der Zuweisung von Administrationsservern für andere Datenbanken in der Domäne und Überlegungen über die Auswirkungen Ihrer Wahl auf die Leistungsfähigkeit einfließen. Bei der Auswahl des Administrationsservers für Datenbanken in einer Domäne haben Sie folgende Möglichkeiten:

- Verwendung eines Hubservers als Administrationsserver für das Domino-Verzeichnis und für andere Datenbanken.
- Verwendung eines multifunktionalen Servers als Administrationsserver für das Domino-Verzeichnis und Verteilung von Administrationsaufgaben für die anderen Datenbanken an andere Server.

Besteht die Domäne nur aus wenigen Servern, können Sie sich vermutlich für die erste Möglichkeit entscheiden: Verwendung eines Administrationsservers für das Domino-Verzeichnis und andere Datenbanken. Die meisten Ressourcen des Administrationsservers werden für die Aktualisierung des Domino-Verzeichnisses und die Replizierung eingesetzt, um die Konsistenz des Domino-Verzeichnisses in der gesamten Domäne zu wahren. Diese Option ermöglicht zwar die zentrale Steuerung der Administration, beeinträchtigt jedoch möglicherweise die Serverleistung, wenn die Domäne größer wird und der Administrationsprozess das Domino-Verzeichnis häufiger aktualisieren muss. Spätestens an dieser Stelle sollten Sie die Migration von einer dezentralen in eine zentralisierte Architektur bezüglich des Domino Directory in Erwägung ziehen. Nähere Informationen dazu erhalten Sie in *Kapitel 4.3.1, Primäres Domino-Verzeichnis und Konfigurationsverzeichnis*.

Sollten Sie an der dezentralisierten Architektur festhalten, beinhaltet die zweite Möglichkeit die Verwendung eines dedizierten Registrierungsservers als Administrationsserver für das Domino-Verzeichnis. Ein dedizierter Registrierungsserver verwaltet nur die Benutzer in der Domäne. Die Verarbeitung von Änderungen des Domino-Verzeichnisses wird damit auf diesen einen Server beschränkt. Um ACL-Änderungen an andere Datenbanken weiterzugeben, können Sie einen weiteren Server, beispielsweise einen Datenbank-Hub, verwenden. Geben Sie hierzu den Datenbank-Hub als Administrationsserver für diese Datenbanken an. Sie können die Zuständigkeit für Änderungen in Datenbank-ACLs auf mehrere Administrationsserver aufteilen. Enthält die Domäne mehrere Repliken einer Datenbank, müssen Sie dabei allerdings darauf achten, dass Sie nur einer Replik einen Administrationsserver zuweisen.

Sie können zwar auch einen Server, der Mail- und andere Datenbanken enthält, als Administrationsserver für das Domino-Verzeichnis verwenden, jedoch wird dies aus Leistungsgründen nicht empfohlen.

Erweiterter Administrationsserver

Ein erweiterter (extended) Administrationsserver ist ein Domino Server, der Administrationsanforderungen bezüglich des Domino-Verzeichnisses umsetzt. Die Zieldokumente im Domino-Verzeichnis werden nur dann hinzugefügt, verändert oder gelöscht, wenn Sie zu einem bestimmten Namensbereich (namespace) innerhalb des Domino-Verzeichnisses gehören. Ein Namensbereich ist durch eine Zertifizierungshierarchie definiert, beispielsweise OU=VERTRIEB/O=DMK. Sie können die gesamte Organisation oder eine oder mehrere Organisationseinheiten als Namensbereich definieren, der von dem erweiterten Administrationsserver für die Durchführung von Administrationsanforderungen verwendet werden soll. Der traditionelle oder primäre Administrationsserver verändert alle Zieldokumente im Domino-Verzeichnis, die keinem Namensbereich angehören oder denen kein erweiterter Administrationsserver zugewiesen wurde.

Der erweiterte Administrationsserver verteilt die administrativen Verantwortlichkeiten über mehrere Server, was besonders für die Remote-Administration nützlich ist, wenn die Server geografisch verstreut sind. So können Sie dem Server in London die Erledigung der Administrationsanforderungen für den Namensbereich der Londoner Ressourcen zuordnen, während der primäre Administrationsserver in New York steht.

Sie können einen erweiterten Administrationsserver einem Domino-Verzeichnis über den definierten Namensbereich in der erweiterten Zugriffskontrollliste (xACL) zuweisen (siehe *Abbildung 6.18*). Diese erlaubt die Auswahl eines exakten Namensbereichs, für den ein einziger Administrationsserver verantwortlich sein soll.

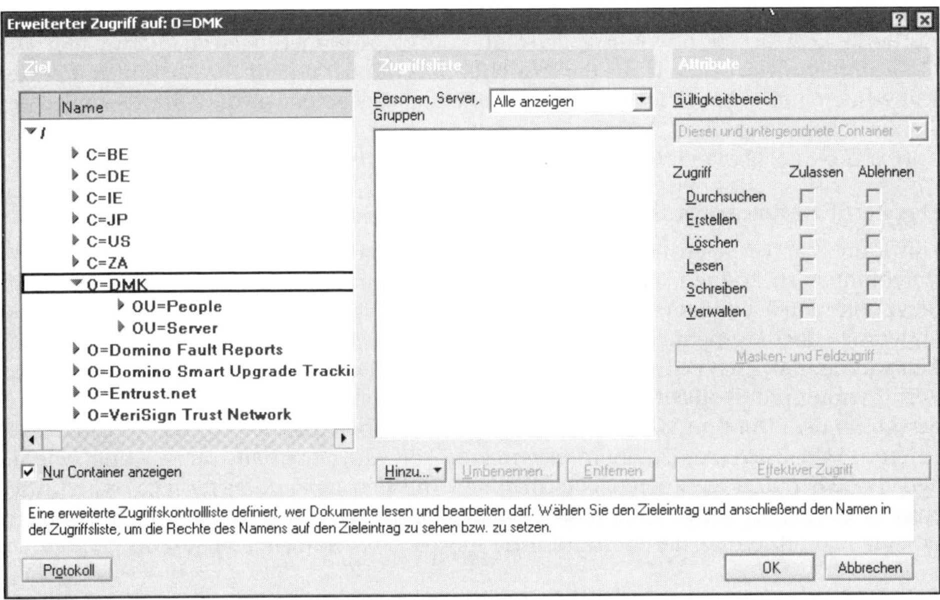

Abbildung 6.18: Konfiguration der erweiterten Zugriffskontrollliste (xACL)

Um einen erweiterten Administrationsserver verwenden zu können, müssen alle Server in der Domäne unter der Version Lotus Domino 6 oder höher laufen. Informationen zu xACL erhalten Sie in *Kapitel 4.3.5, Erweiterte ACL/Extended ACL (xACL).*

Die Datenbank Administrationsanforderungen

Der Administrationsprozess arbeitet vor allem auf Basis der Datenbank ADMINISTRATIONSANFORDERUNGEN (*admin4.nsf*) zusammen. Diese Datenbank wird auf dem Administrationsserver für das Domino-Verzeichnis erstellt, wenn der Server das erste Mal gestartet wird. Der Administrationsprozess führt seine Aufgaben aus, indem er Anforderungen in die Datenbank ADMINISTRATIONSANFORDERUNGEN stellt und von dort kommende Anforderungen beantwortet. Domino Server verwenden Repliken der Datenbank, um die auf einem Server erstellten Anforderungen an die anderen Server der Domäne zu verteilen. Ist die Datenbank ADMINISTRATIONSANFORDERUNGEN beim Serverstart nicht vorhanden, so erstellt der Server eine Teilreplik der Datenbank ADMINISTRATIONSANFORDERUNGEN und wartet darauf, dass diese von einem anderen Server in der Domäne initialisiert wird. Auf jedem Server in der Domäne ist eine Replik der Datenbank ADMINISTRATIONSANFORDERUNGEN und des Domino-Verzeichnisses gespeichert.

Eine Administrationsanforderung wird vom Administrator durch Ausführung einer Aktion erstellt. Es handelt sich dabei um einen Administrations-Task, der durch den Server-Task ADMINP (Administrationsprozess) ausgeführt wird. Wenn eine Administrationsanforderung generiert wird, erscheint sie in der Datenbank ADMINISTRATIONSANFORDERUNGEN.

Der Administrationsprozess führt Sofortanforderungen in der Regel innerhalb einer Minute nach deren Erscheinen in der Datenbank ADMINISTRATIONSANFORDERUNGEN aus, statt gemäß der Angaben in einem Planungsfeld vorzugehen. Siehe auch Abschnitt *Verarbeitung von Administrationsanforderungen*.

Die Datenbank ADMINISTRATIONSANFORDERUNGEN fungiert ebenfalls als Schnittstelle für Anforderungen des Domino Certificate Authority(CA)-Prozesses. Bei der Registration Authority liegt die Verantwortung, den Status der CA-Anforderungen zu überwachen. Die CA-Anforderungen können aus der Ansicht entfernt oder erneut zur Ausführung vorgelegt werden, um in der gleichen Weise abgearbeitet zu werden wie die Anforderungen des Administrationsprozesses. Weitere Informationen zu der Datenbank ADMINISTRATIONSANFORDERUNGEN (*admin4.nsf*) erhalten Sie auch in *Kapitel 4.4.2, Wichtige Datenbanken*.

Das Zertifizierungsprotokoll

Um Namensänderungen und erneute Zertifizierungen mit dem Administrationsprozess durchführen zu können, müssen Sie das Zertifizierungsprotokoll (*certlog.nsf*) auf dem Server einrichten, auf dem sich das Domino-Verzeichnis befindet, in dem Sie die Namensänderung oder die erneute Zertifizierung initialisieren möchten. Das Zertifizierungsprotokoll wird automatisch erstellt, wenn Sie einen ersten Domino Server erstellen. Wenn das Zertifizierungsprotokoll auf einem anderen Server abgelegt ist, verschieben Sie es auf den Server mit dem Domino-Verzeichnis, in dem Sie die Namensänderung oder erneute Zertifizierung initialisieren möchten. In diesem Protokoll wird dauerhaft aufgezeichnet, wie Sie Server und Benutzer registrieren, einschließlich Angaben zur Zertifizierer-ID. Das Zertifizierungsprotokoll enthält außerdem Meldungen, die die Ergebnisse von Anforderungen zur erneuten Zertifizierung, die der Administrationsprozess verarbeitet, erläutern.

Administrationsprozess einrichten

Der Administrationsprozess setzt die Administrationsserver für die Verwaltung administrativer Änderungen ein, die sich auf die Datenbanken beziehen. Der Administrationsserver für eine Datenbank kann entweder vom Administrator oder vom Datenbankmanager angegeben werden. Führen Sie diesen Vorgang nach Bedarf durch. Um den Administrationsserver für eine Datenbank zu verändern, müssen Sie jedoch über Managerrechte in der Datenbank verfügen oder den Status eines Full-Access-Administrators im Bereich Sicherheit des Serverdokuments besitzen.

So geben Sie einen Administrationsserver für Datenbanken an:

1. Öffnen Sie in Domino Administrator die Domäne, die den Server mit der Datenbank enthält, für die Sie einen Administrationsserver einrichten möchten. Ein Domino Server ist immer einer Domäne zugeordnet, auch wenn er der einzige Server darin ist.
2. Wählen Sie im Serverfenster den Server mit der Datenbank, für die Sie die Einrichtung vornehmen, als Administrationsserver aus.

3. Klicken Sie auf das Register DATEIEN/FILES und wählen Sie die Datenbank aus.
4. Klicken Sie im Werkzeugfenster auf WERKZEUGE/TOOLS > ANWENDUNG/APPLICATION > ACL VERWALTEN/MANAGE ACL.
5. Klicken Sie auf ERWEITERT/EXTENDED.

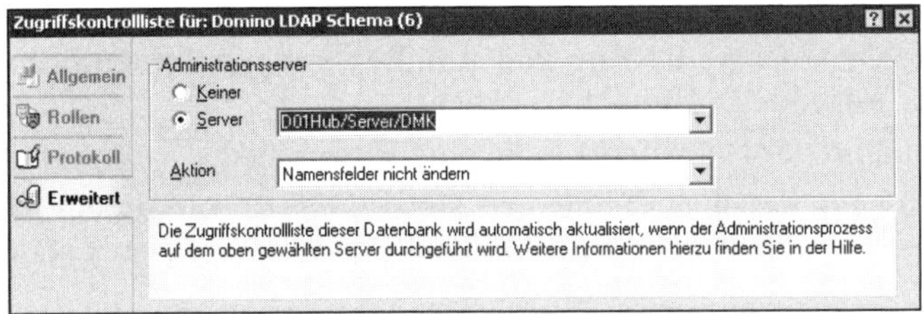

Abbildung 6.19: Festlegen des Administrationsservers

6. Geben Sie in die folgenden Felder Werte ein und klicken Sie anschließend auf OK (Punkt 7):

Feld	Eingabe
ADMINISTRATIONSSERVER/ ADMINISTRATION SERVER	Wählen Sie eine der folgenden Optionen aus: ▶ Aktivieren Sie diese Einstellung, um die aktuelle Einstellung für den Administrationsserver beizubehalten oder einen Server auszuwählen. Die ACL der Datenbank wird automatisch aktualisiert, wenn der Administrationsprozess auf dem Server ausgeführt wird. ▶ Deaktivieren Sie diese Einstellung und wählen Sie dann KEINER, wenn der Datenbank kein Administrationsserver zugewiesen werden soll. Die Zugriffskontrollliste der Datenbank wird nicht automatisch aktualisiert, wenn der Administrationsprozess ausgeführt wird.
AKTION/ ACTION	Wählen Sie eine der folgenden Optionen aus: ▶ NAMENSFELDER NICHT ÄNDERN/DO NOT MODIFY NAMES FIELDS: So verhindern Sie, dass Namensfelder dieser Datenbank aktualisiert werden. ▶ ALLE LESER- UND AUTORENFELDER ÄNDERN/MODIFY ALL READER AND AUTHOR FIELDS: Leser- und Autorenfelder werden aktualisiert, wenn eine der unten aufgeführten Aktionen durchgeführt wird. ▶ ALLE NAMENSFELDER ÄNDERN/MODIFY ALL NAMES FIELDS: Wählen Sie das Feld, wenn alle Namensfelder aktualisiert werden sollen. Die Einstellungen haben Auswirkungen auf Aktionen wie das Umbenennen von Benutzern, Servern und Gruppen oder das Löschen von Servern, Benutzern und Gruppen.

7. Bestätigen Sie den Dialog durch Klick auf OK.
8. Wenn Sie Administrationsanforderungen domänenübergreifend verarbeiten möchten, richten Sie ein domänenübergreifendes Konfigurationsdokument ein.

Domänenübergreifendes Konfigurationsdokument

Richten Sie die domänenübergreifende Verarbeitung ein, um einem Administrationsserver in einer Domäne zu ermöglichen, Anforderungen an einen Administrationsserver einer anderen Domäne zu exportieren und ebenso Anforderungen von dort zu importieren.

Um die domänenübergreifende Verarbeitung von Administrationsanforderungen zu ermöglichen, müssen Sie folgende Dokumente erstellen:

- Gegenzertifikatdokumente für Domänen aus anderen Hierarchien
- Ein Verbindungsdokument, das einem Server den Verbindungsaufbau mit einem bestimmten anderen Server ermöglicht, in diesem Fall mit einem Server in einer anderen Domäne
- Ein oder mehrere domänenübergreifende Konfigurationsdokumente für die einzelnen Domänen, aus denen Sie Administrationsanforderungen importieren und in die Sie Administrationsanforderungen exportieren möchten

Sie müssen darüber hinaus die Namen aller Personen, die berechtigt sind, Dokumente für domänenübergreifende Konfiguration zu erstellen, zum Feld LISTE DER ADMINISTRATOREN, DIE DOKUMENTE DES TYPS 'DOMÄNENÜBERGREIFENDE KONFIGURATION' IN DER DATENBANK 'ADMINISTRATIONSANFORDERUNGEN' ERSTELLEN DÜRFEN bzw. LIST OF ADMINISTRATORS WHO ARE ALLOWED TO CREATE CROSS DOMAIN CONFIGURATION DOCUMENTS IN THE ADMINISTRATION PROCESS REQUESTS DATABASE im Verzeichnisprofildokument des Domino-Verzeichnisses hinzufügen. Wenn ein Administrator versucht, eine domänenübergreifende Anforderung zu verarbeiten, und sein Name nicht in diesem Profildokument aufgeführt ist, schlägt die Administrationsanforderung fehl.

Die Datenbank ADMINISTRATIONSANFORDERUNGEN enthält domänenübergreifende Konfigurationsdokumente, die festlegen, wie Domänen Administrationsanforderungen untereinander austauschen und verarbeiten. Bei der Konfiguration eines domänenübergreifenden Konfigurationsdokuments geben Sie die vertrauenswürdigen Elemente an. Bei einem vertrauenswürdigen Element kann es sich um eine Person, einen Server oder einen Zertifizierer handeln. Alle von dieser Domäne empfangenen Anforderungen müssen von einem der vertrauenswürdigen Elemente signiert sein. Eine Ausnahme bilden Anforderungen zum Umbenennen. Diese werden von Zertifizierern signiert, d.h., ihre Gültigkeit wird anhand der Zertifikat- und Gegenzertifikatdokumente im Domino-Verzeichnis der Zieldomäne ermittelt. Bei Anforderungen zum Umbenennen, die an eine andere Domäne gesendet werden, müssen die erforderlichen Gegenzertifikate zwischen der Hierarchie in der Quelldomäne und der Hierarchie in der Zieldomäne vorhanden sein. Darüber hinaus muss das Domino-Verzeichnis der Zieldomäne über Zertifiziererdokumente (mit dem öffentlichen Schlüssel des Zertifizierers) für die Organisationsstruktur verfügen, die in der Anforderung zur Namensänderung enthalten ist.

So erstellen Sie ein domänenübergreifendes Konfigurationsdokument:

1. Vergewissern Sie sich, dass Sie bereits die erforderlichen Verbindungsdokumente eingerichtet haben, um die Kommunikation zwischen den Servern zu ermöglichen.
2. Wählen Sie in Domino Administrator SERVER > ANALYSE/ANALYSIS > ADMINISTRATIONSANFORDERUNGEN/ADMINISTRATION REQUESTS.
3. Wählen Sie die Ansicht DOMÄNENÜBERGREIFENDE KONFIGURATION/CROSS DOMAIN CONFIGURATION und klicken Sie auf KONFIGURATION HINZUFÜGEN/ADD CONFIGURATION (siehe *Abbildung 6.20*).

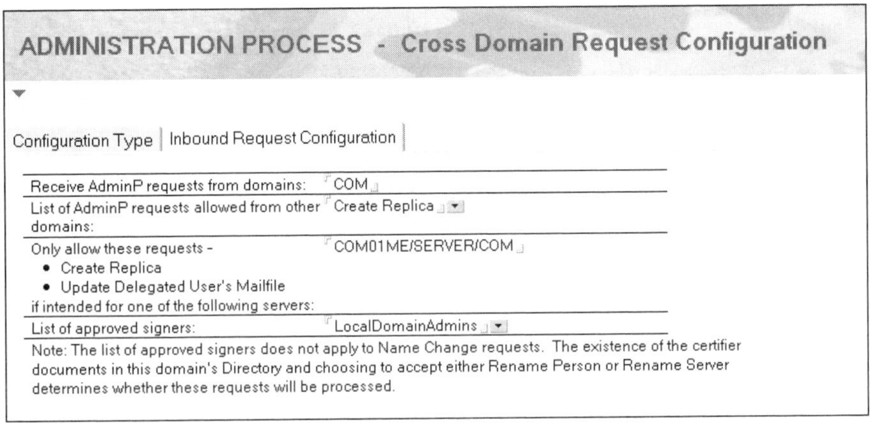

ADMINISTRATION PROCESS - Cross Domain Request Configuration

Configuration Type | Inbound Request Configuration

Receive AdminP requests from domains:	COM
List of AdminP requests allowed from other domains:	Create Replica
Only allow these requests - • Create Replica • Update Delegated User's Mailfile if intended for one of the following servers:	COM01ME/SERVER/COM
List of approved signers:	LocalDomainAdmins

Note: The list of approved signers does not apply to Name Change requests. The existence of the certifier documents in this domain's Directory and choosing to accept either Rename Person or Rename Server determines whether these requests will be processed.

Abbildung 6.20: Konfiguration eines domänenübergreifenden Konfigurationsdokuments

4. Wählen Sie im Register Konfiguration/Configuration Type eine der folgenden Optionen:
   - Ausgang/Outbound, um eine Konfiguration ausgehender Anforderungen zu erstellen.
   - Eingang/Inbound, um eine Konfiguration eingehender Anforderungen zu erstellen.
5. Wenn Sie in Schritt 4 die Option Eingang/Inbound gewählt haben, nehmen Sie Eingaben in folgende Felder vor und speichern anschließend das Dokument.

Feld	Eingabe
AdminP-Anforderungen von diesen Domänen empfangen/ Receive AdminP requests from domains	Der Name einer oder mehrerer Domänen, von der (denen) dieser Server Anforderungen erhält.
Liste der von anderen Domänen zugelassenen AdminP-Anforderungen/ List of AdminP requests allowed from other domains	Wählen Sie den Anforderungstyp aus, den dieser Server erhält.
Liste der zulässigen Unterzeichner/ List of approved signers	Namen von zugelassenen Unterzeichnern, d.h. von vertrauenswürdigen Unterzeichnern für den Anforderungstyp der Quelldomäne. Der Unterzeichner muss Manager des Domino-Verzeichnisses und im Profildokument als zum Erstellen von Dokumenten für domänenübergreifende Konfiguration berechtigte Person aufgeführt sein. Bei Anforderungen zum Erstellen von Repliken müssen der Autor und der Quellserver der Anforderung außerdem über das Zugriffsrecht Replik erstellen für den Zielserver verfügen.

Feld	Eingabe
	Anforderungen zum Löschen müssen von einem Administrator in der Quelldomäne signiert werden. Anforderungen zum Erstellen von Repliken müssen vom Quellserver signiert werden.
ANFORDERUNGEN, REPLIKEN ZU ERSTELLEN ODER MAIL-DATEI DES DELEGIERTEN BENUTZERS AKTUALISIEREN, NUR ZULASSEN, WENN SIE FÜR EINEN DER FOLGENDEN SERVER BESTIMMT SIND/	Servernamen, von denen Sie Anforderungen zum Erstellen von Repliken erhalten. Der Servername muss in diesem Feld und im Feld DOMÄNE, AN DIE ADMINP-ANFORDERUNGEN GESENDET WERDEN enthalten sein.
ONLY ALLOW CREATE REPLICA OR UPDATE DELEGATED USER'S MAILFILE REQUESTS IF INTENDED FOR ONE OF THE FOLLOWING SERVERS	Dieses Feld wird angezeigt, wenn die Anforderung REPLIK ERSTELLEN oder MAIL-DATEI DES DELEGIERTEN BENUTZERS AKTUALISIEREN ausgewählt ist.

6. Wenn Sie in Schritt 4 die Option AUSGANG/OUTBOUND gewählt haben, nehmen Sie Eingaben in folgende Felder vor und speichern Sie anschließend das Dokument:

Feld	Eingabe
DOMÄNE, AN DIE ADMINP-ANFORDERUNGEN GESENDET WERDEN/ DOMAINS TO SUBMIT ADMINP REQUESTS TO	Der Name einer oder mehrerer Domänen, an die dieser Server Anforderungen sendet.
LISTE DER ZU SENDENDEN ADMINP-ANFORDERUNGEN/ LIST OF ADMINP REQUESTS TO SUBMIT	Wählen Sie die Anforderungstypen aus, die dieser Server von anderen Domänen annimmt.
LISTE DER ZULÄSSIGEN UNTERZEICHNER/ LIST OF APPROVED SIGNERS	Namen von zugelassenen Unterzeichnern, d.h. von vertrauenswürdigen Unterzeichnern für den Anforderungstyp der Zieldomäne. Der Unterzeichner muss Manager des Domino-Verzeichnisses und im Profildokument als zum Erstellen von Dokumenten für domänenübergreifende Konfiguration berechtigte Person aufgeführt sein. Bei Anforderungen zum Erstellen von Repliken müssen der Autor und der Quellserver der Anforderung außerdem über das Zugriffsrecht CREATE REPLICAS für den Zielserver verfügen. Anforderungen zum Löschen müssen von einem Administrator in der Quelldomäne signiert werden. Anforderungen zum Erstellen von Repliken müssen vom Quellserver signiert werden.
ANFORDERUNGEN, REPLIKEN ZU ERSTELLEN ODER MAIL-DATEI DES DELEGIERTEN BENUTZERS AKTUALISIEREN, AN DIE OBEN AUFGEFÜHRTEN DOMÄNEN NUR DANN EINREICHEN, WENN DER ZIELSERVER ZU DEN FOLGENDEN GEHÖRT/ ONLY SUBMIT CREATE REPLICA OR UPDATE DELEGATED USER'S MAILFILE REQUESTS TO THE DOMAINS LISTED ABOVE IF THE DESTINATION SERVER IS ONE OF THE FOLLOWING	Servernamen, an die Sie Anforderungen zum Erstellen von Repliken senden. Dieses Feld wird angezeigt, wenn die Anforderung REPLIK ERSTELLEN oder MAIL-DATEI DES DELEGIERTEN BENUTZERS AKTUALISIEREN ausgewählt ist.

7. Klicken Sie in Domino Administrator auf das Register DATEIEN/FILES.
8. Wählen Sie das Domino-Verzeichnis (*names.nsf*) aus.
9. Wählen Sie AKTIONEN/ACTIONS > DOMINO-VERZEICHNISPROFIL BEARBEITEN/EDIT DIRECTORY PROFILE (siehe *Abbildung 6.22*).
10. Geben Sie in das Feld LISTE DER ADMINISTRATOREN, DIE DOKUMENTE DES TYPS 'DOMÄNENÜBERGREIFENDE KONFIGURATION' IN DER DATENBANK 'ADMINISTRATIONSANFORDERUNGEN' ERSTELLEN DÜRFEN bzw. LIST OF ADMINISTRATORS WHO ARE ALLOWED TO CREATE CROSS DOMAIN CONFIGURATION DOCUMENTS IN THE ADMINISTRATION PROCESS REQUESTS DATABASE die Namen der Personen ein, die Dokumente für domänenübergreifende Konfiguration erstellen dürfen.

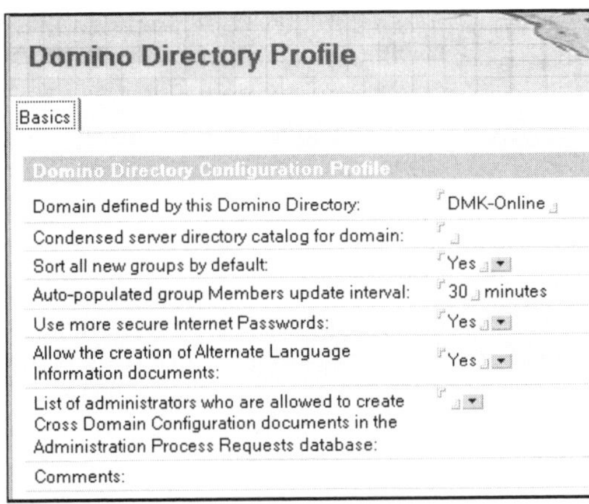

***Abbildung 6.21:** Festlegen der Personen, die Dokumente für domänenübergreifende Konfiguration erstellen dürfen*

11. Speichern und schließen Sie das Dokument.

Überprüfen, ob der Administrationsprozess korrekt eingerichtet ist

Nachdem Sie den Administrationsserver und den Administrationsprozess eingerichtet haben, überprüfen Sie, ob beide korrekt funktionieren.

1. Wählen Sie in Domino Administrator SERVER > ANALYSE/ANALYSIS > ADMINISTRATIONSANFORDERUNGEN/ADMINISTRATION REQUESTS.
2. Wählen Sie die Ansicht ALLE ANFORDERUNGEN NACH AKTION/ALL REQUESTS BY ACTION.
3. Überprüfen Sie, ob die Anforderung zum Hinzufügen der Build-Nummer (Build-Version von Notes, beispielsweise „Release 8.0.2“) des Servers zum Serverdokument vorhanden ist.
4. Eine Stunde nach Anlauf des Administrationsprozesses öffnen Sie die Datenbank ADMINISTRATIONSANFORDERUNGEN und suchen nach einem Antwortdokument, das besagt, dass der Administrationsprozess die Build-Nummer des Servers in das Serverdokument eingefügt hat.
5. Öffnen Sie das Serverdokument wie folgt:
   1. Klicken Sie in Domino Administrator auf KONFIGURATION/CONFIGURATION > SERVER > ALLE SERVERDOKUMENTE/ALL SERVER DOCUMENTS.
   2. Wählen Sie den Server aus, dessen Dokument geöffnet werden soll.
6. Überprüfen Sie, ob das Feld BUILD-NUMMER DES SERVERS/SERVER BUILD NUMBER unterhalb des Registers ALLGEMEIN/BASICS einen entsprechenden Eintrag enthält.

Berechtigungen für den Administrationsprozess einrichten

Jeder Administrator, der Aufgaben mithilfe des Administrationsprozesses durchführt, muss über die entsprechenden Zugriffsrechte und Rollen im Domino-Verzeichnis (*names.nsf*), in der Datenbank ADMINISTRATIONSANFORDERUNGEN (*admin4.nsf*) und in der Datenbank ZERTIFIZIERUNGSPROTOKOLL (*certlog.nsf*) verfügen.

Am schnellsten kann Administratoren der benötigte Zugriff gewährt werden, indem ihnen die mindestens erforderlichen Zugriffsebenen zugewiesen werden:

- Für das Domino-Verzeichnis: Erstellen Sie eine Administratorengruppe vom Typ PERSONENGRUPPE/PERSON GROUP mit Editorzugriff und führen Sie die Administratoren in der Gruppe auf.
- Für die Datenbank ADMINISTRATIONSANFORDERUNGEN: Erteilen Sie den meisten Administratoren Autorzugriff. Administratoren, die Anforderungen bestätigen sollen, erteilen Sie Editorzugriff.
- Für die Datenbank ZERTIFIZIERUNGSPROTOKOLL: Erteilen Sie Autorzugriff mit dem Recht, Dokumente zu erstellen.

Wenn Sie den Zugriff für Administratoren so einrichten möchten, dass diese nur bestimmte Aufgaben ausführen können, finden Sie in der folgenden Tabelle Angaben darüber, welche Zugriffsrechte die Administratoren in den Zugriffskontrolllisten des Domino-Verzeichnisses, der Datenbank ADMINISTRATIONSANFORDERUNGEN und der Datenbank ZERTIFIZIERUNGSPROTOKOLL benötigen. Sollte während der Durchführung einer administrativen Aufgabe ein Fehler auftreten, so benötigt der Administrator Editorzugriff in der ACL der Datenbank ADMINISTRATIONSANFORDERUNGEN, um die Aufgabe erneut ausführen zu können.

Aktivität	Domino-Verzeichnis	Datenbank für Administrationsanforderungen	Andere Datenbanken
Ressourcen zur Datenbank RESSOURCEN-RESERVIERUNGEN hinzufügen oder daraus löschen	Keine – allerdings aktualisiert der Administrationsprozess das Domino-Verzeichnis mit der Änderung	Autorzugriff mit dem Recht DOKUMENTE ERSTELLEN	Rolle CREATERESOURCE in der Datenbank RESSOURCEN-RESERVIERUNGEN
Gruppen hinzufügen	Autorzugriff mit dem Recht DOKUMENTE ERSTELLEN und die Rolle GROUPMODIFIER	Autorzugriff mit dem Recht DOKUMENTE ERSTELLEN	
Anwender zu einer Gruppe hinzufügen	Eine der folgenden Optionen: ▸ Autorzugriff und die Rolle GROUPMODIFIER ▸ Editorzugriff		

Aktivität	Domino-Verzeichnis	Datenbank für Administrations-anforderungen	Andere Datenbanken
Server zu einem Cluster hinzufügen und daraus entfernen	Eine der folgenden Optionen: ▸ Autorzugriff und die Rolle SERVERMODIFIER ▸ Editorzugriff	Autorzugriff mit dem Recht DOKUMENTE ERSTELLEN	Keine
Verschieben eines Benutzernamens in eine andere Hierarchie bestätigen	Eine der folgenden Optionen: ▸ Autorzugriff mit dem Recht DOKUMENTE ERSTELLEN und die Rolle USERMODIFIER/SERVERMODIFIER ▸ Editorzugriff	Editorzugriff	Autorzugriff mit dem Recht DOKUMENTE ERSTELLEN für das Zertifizierungsprotokoll
Löschung einer Ressource aus der Datenbank RESSOURCENRESERVIERUNGEN bestätigen	Recht DOKUMENTE LÖSCHEN	Editorzugriff	Keine
Mail-Dateien automatisch während der Benutzerregistrierung erstellen	Autorzugriff und die Rolle USERCREATOR	Autorzugriff mit dem Recht DOKUMENTE ERSTELLEN	Recht NEUE DATENBANKEN ERSTELLEN auf dem Registrierungsserver
Datenbankrepliken erstellen	Keine Anforderung	Autorzugriff mit dem Recht DOKUMENTE ERSTELLEN	Alle folgenden Optionen: ▸ Recht REPLIK ERSTELLEN für den Zielserver ▸ Lesezugriff für die Datenbank auf dem Quellserver ▸ Der Quellserver muss über das Recht REPLIK ERSTELLEN für den Zielserver verfügen. ▸ Der Zielserver muss über Lesezugriff für eine Replik der Datenbank verfügen.

Aktivität	Domino-Verzeichnis	Datenbank für Administrationsanforderungen	Andere Datenbanken
Gruppe löschen	Eine der folgenden Optionen: ▶ Autorzugriff mit dem Recht DOKUMENTE LÖSCHEN und die Rolle GROUPMODIFIER ▶ Editorzugriff	Autorzugriff mit dem Recht DOKUMENTE ERSTELLEN	Keine
Server löschen	Eine der folgenden Optionen: ▶ Autorzugriff mit dem Recht DOKUMENTE LÖSCHEN und die Rolle SERVERMODIFIER ▶ Editorzugriff	Autorzugriff mit dem Recht DOKUMENTE ERSTELLEN	Keine
Benutzer löschen*	Eine der folgenden Optionen: ▶ Autorzugriff mit dem Recht DOKUMENTE LÖSCHEN und die Rolle USERMODIFIER ▶ Editorzugriff	Autorzugriff mit dem Recht DOKUMENTE ERSTELLEN	Keine
Benutzer und deren Mail-Dateien löschen* Benutzer und deren persönliche Gestaltungselemente löschen	Eine der folgenden Optionen: ▶ Autorzugriff mit dem Recht DOKUMENTE LÖSCHEN und die Rolle USERMODIFIER ▶ Editorzugriff mit dem Recht DOKUMENTE LÖSCHEN	Editor	Keine
Kennwortüberprüfung während der Authentifizierung aktivieren	Editorzugriff	Autorzugriff mit dem Recht DOKUMENTE ERSTELLEN	Keine
Namen suchen	Editorzugriff mit der Rolle USERMODIFIER	Keine	Keine

Aktivität	Domino-Verzeichnis	Datenbank für Administrationsanforderungen	Andere Datenbanken
Repliken von einem Cluster-Server verschieben	Keine	Autorzugriff mit dem Recht DOKUMENTE ERSTELLEN	Beide folgenden Optionen: ▸ Gleicher Zugriff wie für DATENBANKREPLIKEN ERSTELLEN ▸ Managerzugriff auf die Originaldatenbank
Repliken von einem Nicht-Cluster-Server verschieben	Keine	Editor	Beide folgenden Optionen: ▸ Gleicher Zugriff wie für DATENBANKREPLIKEN ERSTELLEN ▸ Managerzugriff auf die Originaldatenbank
Benutzer verschieben	Eine der folgenden Optionen: ▸ Autorzugriff und die Rolle USERMODIFIER ▸ Editorzugriff	Editor	Alle folgenden Optionen: ▸ Recht REPLIK ERSTELLEN auf dem neuen Mail-Server ▸ Der alte Server muss über das Recht REPLIK ERSTELLEN für den neuen Mail-Server verfügen. ▸ Der Benutzer, dessen Mail-Datei verschoben wird, muss mit einem Domino Client der Version 5 oder höher arbeiten.
Benutzer-IDs und Server-IDs erneut zertifizieren	Eine der folgenden Optionen: ▸ Autorzugriff mit dem Recht DOKUMENTE ERSTELLEN und die Rolle USERMODIFIER/SERVERMODIFIER ▸ Editorzugriff	Autorzugriff mit dem Recht DOKUMENTE ERSTELLEN	Autorzugriff mit dem Recht DOKUMENTE ERSTELLEN für das Zertifizierungsprotokoll

Aktivität	Domino-Verzeichnis	Datenbank für Administrationsanforderungen	Andere Datenbanken
Benutzer umbenennen und Benutzer und Server in hierarchische Namen umwandeln	Eine der folgenden Optionen: ▶ Autorzugriff mit dem Recht DOKUMENTE ERSTELLEN und die Rolle USERMODIFIER/SERVERMODIFIER ▶ Editorzugriff	Autorzugriff mit dem Recht DOKUMENTE ERSTELLEN	Autorzugriff mit dem Recht DOKUMENTE ERSTELLEN für das Zertifizierungsprotokoll
Datenbanken signieren	Keine	Keine	Keine
Den Namen des Master-Adressbuchs in Serverdokumenten angeben	Eine der folgenden Optionen: ▶ Autorzugriff und die Rolle SERVERMODIFIER ▶ Editorzugriff	Autorzugriff mit dem Recht DOKUMENTE ERSTELLEN	Keine
Internet-Zertifikate hinzufügen	Editor	Autorzugriff mit dem Recht DOKUMENTE ERSTELLEN	Keine
Client-Informationen im Personendokument aktualisieren	Keine	Keine	Keine* – Wenn beim Löschen eines Benutzers auch dessen Eintrag aus einem Active Directory gelöscht werden soll, muss die Anforderung zum Löschen von Benutzern von einem Computer mit Active Directory aus gestellt werden. Außerdem muss der Initiator ein Windows NT-Domänen- oder Active Directory-Administrator mit dem Recht zum Löschen von Benutzerkonten sein.

*Um beim Löschen eines Benutzers auch das Windows Benutzerkonto des Benutzers zu löschen, muss die Anforderung PERSON LÖSCHEN von einem Windows-System aus gestellt werden. Der Initiator muss zudem ein Windows-Domänenadministrator sein, der über Rechte zum Löschen von Benutzerkonten verfügt.

Administrationsprozess anpassen

Zum Anpassen des Administrationsprozesses können Sie:

- die Anzahl der Threads ändern, die zur Verarbeitung von Anforderungen verwendet werden,
- spezielle Threads für bestimmte Administrationsanforderungen definieren,
- die Größe der Datenbank ADMINISTRATIONSANFORDERUNGEN steuern,
- angepasste Ansichten erstellen,
- Administrationsanforderungen eines Fremdanbieters erstellen,
- die Basisfunktionalität des Administrationsprozesses mit dem Extension Manager erweitern,
- die Verarbeitung von Administrationsanforderungen planen,
- Zeitintervallvorgaben für Administrationsanforderungen neu definieren,
- einen erweiterten Administrationsserver einrichten und
- die Verarbeitung von Administrationsanforderungen aussetzen.

Verarbeitung von Administrationsanforderungen

Jede Einstellung im Abschnitt ADMINISTRATIONSPROZESS/ADMINISTRATION PROCESS des Serverdokuments steuert den zeitlichen Ablauf bestimmter Anforderungstypen. Intervalleinstellungen und Replizierungspläne für die einzelnen Server bestimmen, wie schnell die administrativen Einstellungen in der gesamten Domäne repliziert werden. Bei der Ausführung der Anforderungen hängt die Geschwindigkeit, mit der sie in die entsprechenden Datenbanken in der Domäne repliziert werden, vom Replizierungsplan für diese Server ab. Wenn nötig, können Sie zur häufigeren Aktualisierung mehrere Replizierungsereignisse einplanen.

Wenn Sie die vorgegebene Zeitplanung der Durchführung von Administrationsanforderungen anpassen möchten, bearbeiten Sie das Serverdokument. Möglicherweise möchten Sie die sofortige Durchführung erzwingen, wenn es sich um eine besonders wichtige Administrationsanforderung handelt.

So planen Sie Anforderungen des Administrationsprozesses:

1. Klicken Sie in Domino Administrator auf das Register KONFIGURATION/CONFIGURATION.
2. Wählen Sie SERVER > ALLE SERVERDOKUMENTE/ALL SERVER DOCUMENTS.

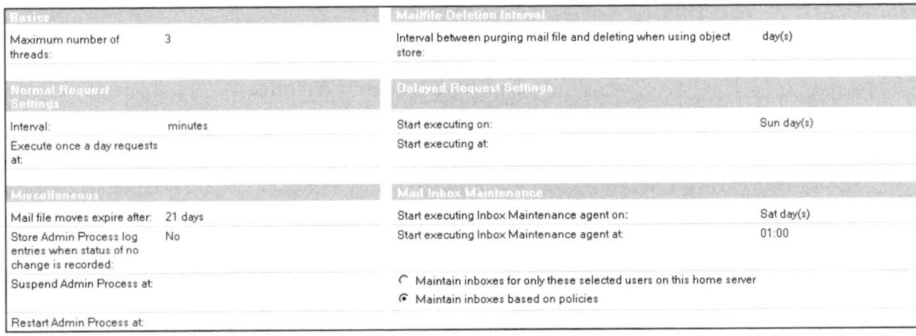

Abbildung 6.22: Konfiguration des Administrationsprozesses

3. Wählen Sie den Server, dessen Serverdokument Sie bearbeiten möchten.
4. Klicken Sie auf das Register SERVER-TASKS > ADMINISTRATIONSPROZESS/ADMINISTRATION PROCESS (siehe *Abbildung 6.23*).
5. Nehmen Sie Eingaben in folgende Felder vor und speichern Sie dann das Dokument.

Feld	Eingabe
MAXIMALE ZAHL DER THREADS/ MAXIMUM NUMBER OF THREADS	Standardmäßig verwendet der Administrationsprozess drei Threads zur Verarbeitung von Anforderungen. Wenn Sie die Leistung des Administrationsprozesses verbessern möchten, erhöhen Sie die Anzahl der Threads.
INTERVALL/ INTERVAL	Die Anzahl der Minuten, die zwischen der Verarbeitung einzelner Namensverwaltungsanforderungen (Umbenennen, Löschen und Erneut zertifizieren) verstreicht. Die Vorgabe ist 60 Minuten.
AUSFÜHRUNG VON ANFORDERUNGEN EINMAL TÄGLICH UM/ EXECUTE ONCE A DAY REQUESTS AT	Die Uhrzeit, zu der Personendokumente aktualisiert und Anforderungen vom Typ PERSON IN DER LISTE DER UNGELESENEN DOKUMENTE UMBENENNEN ausgeführt werden. Die Vorgabe ist 12:00 Uhr.
AUSFÜHRUNGSBEGINN AM/ START EXECUTING ON	Der Tag, an dem Aktualisierungen an Autoren- und Leserfeldern einer Datenbank und Suchvorgänge nach gemeinsamen und persönlichen Gestaltungselementen eines gelöschten Benutzers durchgeführt werden. Die Vorgabe ist Sonntag.
AUSFÜHRUNGSBEGINN UM/ START EXECUTING AT	Die Zeit, zu der Aktualisierungen an Autoren- und Leserfeldern einer Datenbank und Suchvorgänge nach gemeinsamen und persönlichen Gestaltungselementen eines gelöschten Benutzers durchgeführt werden. Die Vorgabe ist 12:00 Uhr.
VERSCHIEBUNGEN VON MAIL-DATEIEN LAUFEN AB NACH/ MAIL FILE MOVES EXPIRE AFTER	Die Anzahl der Tage, während deren der Notes Client mailspezifische Änderungen aktualisiert. Die Vorgabe ist 21 Tage. Gültige Werte sind 7 bis einschließlich 60.
PROTOKOLLEINTRÄGE DES ADMIN-PROZESSES SPEICHERN, WENN KEINE ÄNDERUNG ERFOLGTE/ STORE ADMIN PROCESS LOG ENTRIES WHEN STATUS OF NO CHANGE IS RECORDED	Fügt einen Statuseintrag KEINE ÄNDERUNG in das Protokoll des Administrationsprozesses ein, wenn eine Datenbank dahingehend überprüft wird, ob eine Administrationsanforderung das Ändern der Datenbank erfordert und wenn keine Änderung erfolgt. Die Vorgabe lautet JA. Wenn Sie NEIN wählen, kann sich die Größe Ihrer Datenbank ADMINISTRATIONSANFORDERUNG erheblich verringern.
ADMIN-PROZESS UNTERBRECHEN UM/ SUSPEND ADMIN PROCESS AT	Optionale Einstellung: Uhrzeit, zu der der Administrationsprozess die Verarbeitung von Anforderungen unterbricht. Um die Serverressourcen zu schonen, unterbrechen Sie den Administrationsprozess in Zeiten starker Computerauslastung.

Feld	Eingabe
ADMIN-PROZESS FORTSETZEN UM/ RESTART ADMIN PROCESS AT	Optionale Einstellung: Uhrzeit, zu der der Administrationsprozess die Verarbeitung von Anforderungen wieder aufnimmt. Um die Serverressourcen zu schonen, wird der Administrationsprozess normalerweise so konfiguriert, dass er in Zeiten mit geringer Computerauslastung erneut gestartet wird.
AUSFÜHRUNG DES AGENTEN FÜR DIE WARTUNG DES MAIL-EINGANGS STARTEN AM/ START EXECUTING INBOX MAINTENANCE AGENT ON	Wählen Sie einen oder mehrere Tage, an denen der Wartungsagent für den Mail-Eingang laufen soll. Diese Funktion setzt die *mail8.ntf*-Schablone sowie ein Adressbuch auf Basis von Domino 8 voraus. Nur wenn alle Vorgaben erfüllt sind, wird der Agent ausgeführt. Die Vorgabe für den Wochentag zur Ausführung ist der Samstag.
AUSFÜHRUNG DES AGENTEN FÜR DIE WARTUNG DES MAIL-EINGANGS STARTEN UM/ START EXECUTING INBOX MAINTENANCE AGENT AT	Definiert die Uhrzeit, zu der Dokumente aus dem Eingangsordner entfernt werden. Die Vorgaben, nach denen die Dokumente entfernt werden, sind entweder in einem Richtliniendokument oder im nachfolgenden Konfigurationsfeld. Dieser Task dient der Performance-Steigerung. Der Vorgabewert ist 01:00 Uhr.
MAIL-EINGANG AUF BASIS DER RICHTLINIEN WARTEN/ MAINTAIN INBOXES BASED ON POLICIES	Ist dieser Punkt ausgewählt, werden alle Einstellungen für das Entfernen von Dokumenten in einem Richtliniendokument eingestellt (siehe *Kapitel 10.2, Richtlinien für Benutzer*).
MAIL-EINGANG NUR FÜR DIESE AUSGEWÄHLTEN BENUTZER AUF DIESEM HOME-SERVER WARTEN/ MAINTAIN INBOXES FOR ONLY THESE SELECTED USERS ON THIS HOME SERVER	Wird dieser Punkt ausgewählt, übersteuern die Einstellungen jegliche Richtliniendokumente. Hier haben Sie die Möglichkeit, folgende Dinge einzustellen. ▶ AUSGEWÄHLTE BENUTZER: Auswahl aus verketteten Adressbüchern ▶ DOKUMENTE AUS DEM MAIL-EINGANG ENTFERNEN, DIE ÄLTER SIND ALS [X] TAG(E): Vorgabe ist 90 Tage ▶ MAXIMALANZAHL DER DOKUMENTE, DIE BEI JEDEM AUFRÄUMVORGANG ZU ENTFERNEN SIND: Vorgabe ist 500 Dokumente ▶ UNGELESENE DOKUMENTE NICHT AUS DEM MAIL-EINGANG ENTFERNEN: Kann durch Auswahl bestätigt werden

Ansicht $AdminP

Standardmäßig sucht der Administrationsprozess in allen Dokumenten einer Datenbank nach Übereinstimmungen in den Leser- und Autorfeldern, wenn eine Administrationsanforderung für einen bestimmten Wert in diesem Feld eingeht. Administratoren und Datenbankmanager können in einer Datenbank eine Ansicht erstellen, die die Suche nach Übereinstimmungen in den Leser- und Autorfeldern auf die in dieser Ansicht enthaltenen Dokumente beschränkt. Der Ansicht muss der Name *$AdminP* zugewiesen werden.

Meldungen von Administrationsanforderungen

Die Datenbank ADMINISTRATIONSANFORDERUNGEN enthält Fehlermeldungen, die alle Fehler beschreiben, die während der Verarbeitung einer Administrationsanforderung auftreten können. Fehlermeldungen können auch an der Konsole des Administrationsservers ausgegeben werden. Um eine Benachrichtigung zu erhalten, wenn einer dieser Fehler auf einem Server eintritt, erstellen Sie einen Alarm.

In dieser Tabelle werden die Meldungen und (in einigen Fällen) die Ursachen der Meldungen erläutert, die in der Datenbank ADMINISTRATIONSANFORDERUNGEN ausgegeben werden. Darüber hinaus zeigt die Tabelle die notwendigen zu ergreifenden Maßnahmen auf.

Meldung	Auslöser	Maßnahme
Der Zeitpunkt, ab dem diese Anforderung bearbeitet werden kann, ist noch nicht erreicht. Diese Anforderung kann vor `Zeit` nicht verarbeitet werden. Aktivieren Sie `'Anforderung erneut durchführen?' nach Zeit`.	▸ Umbenennen ▸ Erneute Zertifizierung	Wenn *Zeit* erreicht ist, wählen Sie ANFORDERUNG ERNEUT DURCHFÜHREN/PERFORM REQUEST AGAIN im Antwortdokument.
Das Datum, ab dem diese Anforderung nicht länger gültig ist, ist abgelaufen. Diese Anforderung konnte nur bis `Zeit` verarbeitet werden; Aktuelle Uhrzeit und Datum: `Zeit`.	▸ Umbenennen ▸ Erneute Zertifizierung	Reichen Sie die Anforderung aus dem Domino-Verzeichnis erneut ein.
Dieser Name erscheint in keiner ACL der Datenbanken, die `Server` als Administrationsserver vorgesehen haben.	▸ Umbenennen ▸ Löschen	Keine
Die Mail-Datei wurde zuvor auf `Server` durch die Administrationsanforderung MAIL-DATEI LÖSCHEN gelöscht.	Löschen aller Repliken einer Mail-Datei beim Löschen eines Benutzernamens	Keine
Die für diese Person im Adressbuch angegebene Mail-Datei existiert nicht auf diesem Server.	Löschen aller Repliken einer Mail-Datei beim Löschen eines Benutzernamens	Keine
Eine Replik der Mail-Datei dieser Person ist auf dem Server nicht vorhanden.	Löschen aller Repliken einer Mail-Datei beim Löschen eines Benutzernamens	Keine
Die Signatur auf dieser Anforderung ist abgelaufen.	Umbenennen	Reichen Sie die Anforderung aus dem Domino-Verzeichnis erneut ein.
Der Ersteller dieser Anforderung hat nicht die hierfür erforderliche Berechtigung.	Umbenennen	Reichen Sie die Anforderung aus dem Domino-Verzeichnis erneut ein. Sie müssen eine Zertifizierer-ID verwenden, bei der es sich um einen Vorgänger der Benutzer-ID handelt.

Meldung	Auslöser	Maßnahme
Keines der erforderlichen Felder wurde in der Anforderung signiert. Fehlerursache: Eine gesendete Anforderung wurde von einer nicht berechtigten Person oder einem anderen Programm als Domino bearbeitet. Diese Meldung weist auf einen fehlgeschlagenen Zugriffsversuch durch einen Unbefugten hin.	Alle Anforderungen	Reichen Sie die Anforderung aus dem Domino-Verzeichnis erneut ein.
Der neue öffentliche Schlüssel dieser Anforderung stimmt nicht mit dem angegebenen Server überein. Fehlerursache: Der in der Anforderung verwendete Schlüssel stimmt nicht mit dem Schlüssel im Serverdokument überein.	Zertifizierten öffentlichen Schlüssel des Servers kopieren	▸ Löschen Sie die Anforderung, fahren Sie den betreffenden Server herunter und starten Sie ihn neu, um eine neue Anforderung zu stellen. ▸ Löschen Sie den öffentlichen Schlüssel aus dem Serverdokument.
Der vorliegende öffentliche Schlüssel ist neuer als der öffentliche Schlüssel in der Anforderung. Fehlerursache: Der Server wurde erneut zertifiziert, bevor diese Anforderung ausgeführt werden konnte.	Zertifizierten öffentlichen Schlüssel des Servers kopieren.	Keine
Der Unterzeichner der Anforderung und der angegebene Server stimmen nicht überein. Fehlerursache: Der in der Anforderung angegebene Server hat die Anforderung nicht signiert. Dies kann auf einen fehlgeschlagenen Zugriffsversuch durch eine gefälschte Anforderung hinweisen oder auf eine Anforderung, die von einem anderen Programm als Domino generiert wurde.	Notes Build-Nummer des Servers in Serverdokument aufnehmen	Löschen Sie die ursprüngliche Anforderung und starten Sie den Server neu. Klicken Sie im Antwortdokument auf ANFORDERUNG ERNEUT DURCHFÜHREN.

Meldung	Auslöser	Maßnahme
Der gewählte Zertifizierer ist nicht der in der Verschiebungsanforderung genannte Zielzertifizierer. Fehlerursache: Der Zielzertifizierer entspricht nicht dem bei Ausgabe der ursprünglichen Anforderung angegebenen Zertifizierer.	Wechsel zu neuem Zertifizierer anfordern.	Geben Sie die Anforderung erneut aus und verwenden Sie dabei den korrekten Zertifizierer.
Fehlender Eintrag für Zertifizierungsstelle im Adressbuch. Wird diese Fehlermeldung ausgegeben, während der Administrator eine Aktion durchführt, so wird das Zertifizierer- oder Gegenzertifiziererdokument im Notes-Protokoll auf dem Client des Administrators genannt. Wird diese Fehlermeldung vom Administrationsprozess ausgegeben, so finden Sie Angaben zu dem Zertifizierer- oder Gegenzertifiziererdokument in der Protokolldatei (*log.nsf*) des Servers, der den Fehler gemeldet hat.	▶ Umbenennung im Adressbuch veranlassen ▶ Server im Adressbuch neu zertifizieren ▶ Person im Adressbuch neu zertifizieren ▶ Person im Adressbuch umbenennen ▶ Server im Adressbuch umbenennen	Führen Sie folgende Schritte aus: 1. Erstellen Sie die notwendigen Zertifizierungsdokumente im Domino-Verzeichnis. 2. Kopieren Sie für jedes Zertifiziererdokument den zertifizierten öffentlichen Schlüssel aus der Zertifizierer-ID in das Zertifiziererdokument im Domino-Verzeichnis. 3. Geben Sie an der Serverkonsole ein: `load updall names.nsf -t $certifiers`. 4. Klicken Sie im Antwortdokument auf ANFORDERUNG ERNEUT DURCHFÜHREN/ PERFORM REQUEST AGAIN.
Die Änderungsanforderung betraf keinen Server oder keine Person. Fehlerursache: Eine gesendete Anforderung wurde von einer nicht berechtigten Person oder einem anderen Programm als Domino bearbeitet. Hierbei kann es sich um einen fehlgeschlagenen Zugriffsversuch durch einen Unbefugten handeln.	Umbenennen	Reichen Sie die Anforderung aus dem Domino-Verzeichnis erneut ein.
Der Administrationsprozess kann keine Zielzeit für die Verarbeitung von Anforderungen einstellen.	Nicht verknüpfte Mail-Datei löschen	Starten Sie den Server neu und klicken Sie dann im Antwortdokument auf ANFORDERUNG ERNEUT DURCHFÜHREN/ PERFORM REQUEST AGAIN.

Meldung	Auslöser	Maßnahme
Dieser Administrationsanforderungstyp kann auf einem nicht hierarchischen Server nicht verarbeitet werden.	Alle Anforderungen mit Ausnahme von ZERTIFIZIERTEN ÖFFENTLICHEN SCHLÜSSEL DES SERVERS KOPIEREN und NOTES BUILD-NUMMER DES SERVERS IN SERVERDOKUMENT AUFNEHMEN	Aktualisieren Sie den Server auf das hierarchische Namensformat, damit Sie alle Bearbeitungsanforderungen des Administrationsprozesses darauf ausführen können.
Der Administrationsprozess kann diesen Administrationsanforderungstyp nicht unterstützen.	Ein Server, der eine ältere Notes-Version ausführt, wird mit einer Domino 5.0-Administrationsanforderung konfrontiert. Ein älterer Server kann die Anforderung nicht verarbeiten.	Aktualisieren Sie den Server auf die neueste Version.
Der zu bearbeitende Name wurde im Domino-Verzeichnis nicht gefunden. Fehlerursache: Der öffentliche Schlüssel im Personen- oder Serverdokument ist beschädigt.	▸ Umbenennen ▸ Erneute Zertifizierung	Löschen Sie den beschädigten Schlüssel aus dem Server- oder Personendokument. ▸ Aus einem Serverdokument: 1. Wählen Sie in Domino Administrator einen Server aus und klicken Sie auf das Register KONFIGURATION/CONFIGURATION. 2. Klicken Sie auf DOKUMENT BEARBEITEN/EDIT DOCUMENT. 3. Klicken Sie auf das Register ADMINISTRATION. 4. Löschen Sie den öffentlichen Schlüssel aus dem Feld ZERTIFIZIERTER ÖFFENTLICHER SCHLÜSSEL/CERTIFIED PUBLIC KEY bzw. geben Sie einen öffentlichen Schlüssel ein, falls Sie einen Schlüssel hinzufügen möchten. 5. Klicken Sie auf SPEICHERN UND SCHLIESSEN/SAVE & CLOSE. ▸ Aus einem Personendokument: 1. Klicken Sie in Domino Administrator auf das Register PERSONEN UND GRUPPEN/PEOPLE AND GROUPS.

Meldung	Auslöser	Maßnahme
		2. Wählen Sie die Person aus, deren Personendokument Sie ändern möchten. 3. Klicken Sie auf Person bearbeiten/Edit Person. 4. Klicken Sie auf das Register Zertifikate/Certificates. 5. Löschen Sie den öffentlichen Schlüssel unterhalb der Registerkarte Notes Zertifikate/Notes Certificates aus dem Feld Notes Zertifizierter öffentlicher Schlüssel/Notes Certified Public Key bzw. geben Sie einen öffentlichen Schlüssel ein, falls Sie einen Schlüssel hinzufügen möchten. 6. Klicken Sie auf Speichern und schliessen/Save & Close.
Der Administrator oder Datenbankmanager, der die Löschaktion anfordert, benötigt mindestens Autorzugriff für das Adressbuch. Diese Anforderungen erfordern mindestens Autorzugriff (mit dem Recht Dokumente löschen) und die entsprechende Rolle (UserModifier, ServerModifier oder GroupModifier). Die Person muss Zugriff auf die Replik des Domino-Verzeichnisses haben, von der aus die Anforderung eingereicht wurde, sowie auf die Replik auf dem Administrationsserver für das Domino-Verzeichnis.	Benutzer, Server oder Gruppen löschen	Erteilen Sie der die Anforderung stellenden Person den entsprechenden Zugriff auf das Domino-Verzeichnis, und wählen Sie dann Anforderung erneut durchführen/Perform request again im Antwortdokument.

Meldung	Auslöser	Maßnahme
Die Person, die die Löschung durchführen will, kann die Dokumente im Adressbuch nicht löschen. Fehlerursache: Dies kann auf einen fehlgeschlagenen Versuch einer nicht berechtigten Person hinweisen, Dokumente aus dem Domino-Verzeichnis zu löschen.	Benutzer, Server, Gruppen oder Ressourcen löschen	Die Person, die die Anforderung einreicht, verfügt nicht über den erforderlichen Zugriff auf die Replik des Domino-Verzeichnisses. Erteilen Sie der die Anforderung stellenden Person den entsprechenden Zugriff auf das Domino-Verzeichnis.
Der Administrationsprozess kann die Ausführungszeit einer gestarteten Anforderung nicht einstellen.	Mail-Datei löschen	Starten Sie den Server neu und klicken Sie dann im Antwortdokument auf ANFORDERUNG ERNEUT DURCHFÜHREN/ PERFORM REQUEST AGAIN.
Der Server befindet sich momentan nicht in einem Cluster. Diese Datenbank kann nicht zum Löschen markiert werden.	Server aus Cluster entfernen	Löschen Sie die Datenbank manuell.
Der Autor der Administrationsanforderung ist nicht berechtigt, auf diesem Server Datenbanken zu erstellen.	▸ Replik erstellen ▸ Replik verschieben	Erteilen Sie der die Anforderung stellenden Person das Zugriffsrecht DATENBANKEN ERSTELLEN für den Zielserver. Klicken Sie dann im Antwortdokument auf ANFORDERUNG ERNEUT DURCHFÜHREN/PERFORM REQUEST AGAIN.
Mail-Datei ist bereits vorhanden. Neue Mail-Datei wurde nicht erstellt.	Mail-Datei erstellen	Keine
Die Person, die diese Verschiebeaktion angefordert hat, benötigt Managerzugriff (oder höher) für diese Datenbank.	▸ Replik verschieben ▸ Replik verschieben (nicht im selben Cluster)	Erteilen Sie der die Anforderung stellenden Person Managerzugriff mit dem Recht DOKUMENTE LÖSCHEN. Wählen Sie dann im Antwortdokument ANFORDERUNG ERNEUT DURCHFÜHREN/ PERFORM REQUEST AGAIN.
Servername `Name` im öffentlichen Adressbuch nicht gefunden.	In Zugriffskontrollliste umbenennen	Warten Sie, bis der Name geändert wird, bevor Sie ihn in das Domino-Verzeichnis auf diesem Server replizieren. Wählen Sie dann im Antwortdokument ANFORDERUNG ERNEUT DURCHFÜHREN/ PERFORM REQUEST AGAIN.

6.2.5 Zertifizierungsprotokoll

Nachdem Sie den ersten Domino Server in der Domäne eingerichtet haben, müssen Sie ein Zertifizierungsprotokoll (*certlog.nsf*) erstellen, falls es noch nicht vorhanden ist. Unter Domino R5 war das Zertifizierungsprotokoll optional, ab Domino 6 ist es eine Datenbank, die vorhanden sein muss. Sie wird mit dem ersten Domino Server automatisch erstellt. Sie müssen das Zertifizierungsprotokoll für das gesamte Domino-System nur einmal erstellen und dann die Repliken auf die anderen Server verteilen, die für Registrationsaufgaben vorgesehen sind. Das Zertifizierungsprotokoll wird benötigt, wenn Sie den Administrationsprozess für die erneute Zertifizierung sowie für andere Verwaltungsaufgaben verwenden möchten.

Wenn Sie Domino Server und Benutzer hinzufügen, führt das Zertifizierungsprotokoll Aufzeichnungen über ihre Registrierung. Im Zertifizierungsprotokoll wird ein Dokument gespeichert, das folgende Informationen über die einzelnen registrierten Benutzer und Server enthält:

- Name und Lizenztyp
- Zertifizierungs- und Ablaufdatum
- Name, Lizenztyp und ID-Nummer der Zertifizierer-ID, die zum Anlegen und erneuten Zertifizieren der ID verwendet wurde

Certified User

Certificate issued to:	
Name:	Nikita Herbes/People/DMK
License:	USA
ID Number:	1TY2K ZU4CW JUCY3 X1797 11N5S H54AB
Certificate not valid before:	08.08.2009 13:02:18
Certificate not valid after:	09.08.2011 12:52:56

Certificate issued by:	
Name:	/People/DMK
License:	USA
ID Number:	1UQZ5 ES11H 3JBGG E5QHB JD3VU X5448
Date logged:	09.08.2009 13:02:19

Abbildung 6.23: Dokument über einen registrierten Anwender

So erstellen Sie das Zertifizierungsprotokoll:

1. Wählen Sie DATEI/FILE > ANWENDUNG/APPLICATION > NEU/NEW.
2. Wählen Sie im Feld SERVER den Namen des Servers aus, auf dem das Protokoll gespeichert werden soll.
3. Geben Sie als Datenbanktitel ZERTIFIZIERUNGSPROTOKOLL ein.
4. Geben Sie als Dateiname der Datenbank *certlog.nsf* ein.
5. Wählen Sie SCHABLONENSERVER/TEMPLATE SERVER und wählen Sie einen Server, der die Schablone ZERTIFIZIERUNGSPROTOKOLL enthält.
6. Klicken Sie auf WEITERE SCHABLONEN ANZEIGEN/SHOW ADVANCED TEMPLATES, wählen Sie ZERTIFIZIERUNGSPROTOKOLL (*certlog.ntf*) als Schablone und klicken Sie auf OK.
7. Wählen Sie DATEI/FILE > ANWENDUNG/APPLICATION > ZUGRIFF/ACCESS CONTROL und vergeben Sie an alle Administratoren den Editorzugriff, die für das Registrieren von Benutzern und Servern sowie für das erneute Zertifizieren von IDs zuständig sind.

6.2.6 Serverzugriff steuern

Der Benutzer- und Serverzugriff auf andere Server wird von Domino mittels der von Ihnen im Serverdokument angegebenen Einstellungen sowie der Regeln für die Validierung und Authentifizierung gesteuert. Wenn ein Server den Notes-Benutzer oder Server validiert und authentifiziert und die Einstellungen im Serverdokument Zugriff gestatten, darf der Benutzer oder Server auf den Server zugreifen.

Über die Serverzugriffsliste (siehe *Abbildung 6.24*) wird gesteuert, über welche Zugriffsrechte Notes-Benutzer, Domino Server und Internet-/Intranet-Clients für einen bestimmten Server verfügen. Beachten Sie, dass durch die Verwendung einer Serverzugriffsliste ein zusätzlicher Sicherheitslevel aktiviert wird und sich somit die Zugriffszeit für den Zugriff auf den Server erhöhen kann. Mehr Informationen zu den Sicherheitseinstellungen im Serverdokument finden Sie in *Kapitel 5.8.2, Zugriff von Benutzern und Servern.*

Abbildung 6.24: Sicherheitseinstellungen im Serverdokument

Um die Anmeldegeschwindigkeit für eine Gruppe von Stammbenutzern zu erhöhen und trotzdem den Zugriff für alle im Domino-Verzeichnis aufgeführten Benutzer beizubehalten, erstellen Sie eine Gruppe BENUTZER_SERVERNAME und geben diesen Gruppennamen an erster Stelle in das Feld SERVERZUGRIFF ein. Wenn Domino einen Benutzer in der Gruppe BENUTZER_SERVERNAME findet, wird das Domino-Verzeichnis nicht nach dem Namen des Anwenders durchsucht. Geben Sie beispielsweise Folgendes in das Feld SERVERZUGRIFF ein:

```
Benutzer_Servername, *
```

6.3 Vorarbeiten zur Installation eines weiteren Domino Servers

Die Installation eines weiteren Servers in Ihrer Organisation erfolgt in ähnlicher Weise wie die Installation des ersten Servers. Es wird jedoch kein weiteres Domino-Verzeichnis erzeugt, sondern auf dem nun zu installierenden Server während des Installations- bzw. Konfigurationsvorgangs die Replik des bereits bestehenden Domino-Verzeichnisses erstellt. Der Hintergrund dessen liegt darin, dass alle Server in einer Domäne mindestens miteinander kommunizieren sollen. Bis diese Kommunikation in der von Ihnen gewünschten Art und Weise erfolgen kann, sind folgende Schritte abzuarbeiten:

1. Registrierung des neuen Servers
2. Installation und Konfiguration des neuen Servers
3. Einrichtung der Anschlüsse, um eine erfolgreiche Kommunikation von Replizierung und Mail-Routing zu gewährleisten
4. Weitere Konfigurationsschritte, die abhängig sind von der Aufgabe des Servers

6.3.1 Zertifizierer-ID für eine Organisation

Wenn Sie Ihren ersten Server in der Domäne konfigurieren, wird die Zertifizierer-ID der Organisation automatisch von Domino erstellt. Möglicherweise möchten Sie eine weitere Zertifizierer-ID für die Organisation erstellen, weil Sie Wert auf eine weitere Namensdifferenzierung, höhere Sicherheit und eine einfachere Verwaltung legen.

1. Klicken Sie in Domino Administrator auf das Register KONFIGURATION/CONFIGURATION.
2. Wählen Sie im Werkzeugfenster die Option REGISTRIERUNG/REGISTRATION > ORGANISATION/ORGANIZATION.
3. Um den Registrierungsserver bei Bedarf zu ändern (den Server, auf dem anfänglich das Zertifiziererdokument bis zur Replizierung des Domino-Verzeichnisses gespeichert ist), klicken Sie auf REGISTRIERUNGSSERVER/REGISTRATION SERVER, wählen den richtigen Server aus und klicken auf OK. Wenn Sie in den VORGABEN FÜR ADMINISTRATION/ADMINISTRATION PREFERENCES für den Administration Client keinen Registrierungsserver angegeben haben, ist dieser Server vorgegeben:
   - der lokale Server, wenn sich darauf ein Domino-Verzeichnis befindet
   - der in der *notes.ini*-Datei in der Einstellung `NewUserServer` angegebene Server
   - der Administrationsserver
4. Klicken Sie auf die Schaltfläche ID-DATEI EINSTELLEN/SET ID FILE, wenn Sie den Speicherort der Zertifizierer-ID ändern möchten. Sie sollten die Zertifizierer-ID-Datei an einem sicheren Ort aufbewahren, damit zur Registrierung neuer Server und Benutzer problemlos darauf zugegriffen werden kann und sie gleichzeitig vor Missbrauch geschützt ist.
5. Nehmen Sie Eingaben in die folgenden Felder vor:

Feld	Eingabe
REGISTRIERUNGSSERVER/ REGISTRATION SERVER	Klicken Sie auf REGISTRIERUNGSSERVER ..., um den Registrierungsserver anzugeben.
ORGANISATIONSNAME/ ORGANIZATION NAME	Der Name der Organisation. Geben Sie einen anderen Namen als den der bereits vorhandenen Zertifizierer-ID der Organisation ein.
LANDESKENNUNG/ COUNTRY CODE	Die Landeskennung für die Organisation (optional).
ZERTIFIZIERER-KENNWORT/ CERTIFIER PASSWORD	Ein Kennwort für den Zertifizierer (Groß-/Kleinschreibung wird unterschieden). Die für dieses Kennwort verwendeten Zeichen richten sich nach der unter KENNWORTQUALITÄT/PASSWORD QUALITY SCALE ausgewählten Ebene. Wenn Sie die ID verwenden, werden Sie zur Eingabe dieses Kennworts aufgefordert.

Feld	Eingabe
KENNWORTOPTIONEN/ PASSWORD OPTIONS	Wählen Sie hier die KENNWORTQUALITÄT, den Komplexitätsgrad und die Vorgabe der für das Kennwort einzugebenen Zeichen (Vorgabewert ist 10) und den VERSCHLÜSSELUNGSGRAD. Wählen Sie einen der folgenden Werte aus: ▶ STÄRKE AUF LÄNGE DES RSA-SCHLÜSSELS BASIEREN ▶ MIT ALLEN VERSIONEN KOMPATIBEL (64 BIT RC2) ▶ MIT 6.0 UND HÖHER KOMPATIBEL (128 BIT RC2) ▶ MIT VERSION 8.0 UND HÖHER KOMPATIBEL (128 BIT AES) ▶ MIT VERSION 8.0 UND HÖHER KOMPATIBEL (256 BIT AES)
SPEZIFIKATION DES ÖFFENT-LICHEN SCHLÜSSELS/ PUBLIC KEY SPECIFICATION	Die Spezifikation des öffentlichen Schlüssels beeinflusst, wann ein Schlüsselaustausch ausgelöst wird. Beim Schlüsselaustausch werden die öffentlichen und privaten Notes-Schlüssel aktualisiert, die in Benutzer- und Server-ID-Dateien gespeichert sind. Wählen Sie einen der folgenden Werte: ▶ MIT ALLEN VERSIONEN KOMPATIBEL (630 BIT) ▶ MIT RELEASE 6 UND HÖHER KOMPATIBEL (1024 BIT) ▶ MIT RELEASE 7 UND HÖHER KOMPATIBEL (2048 BIT) ▶ MIT VERSION 8.0 UND HÖHER KOMPATIBEL (4096 BIT)
DATEINAME DER ZERTIFI-ZIERER-ID/CERTIFIER ID FILENAME	Geben Sie hier den Dateinamen der Zertifizierer-ID Ihrer Organisation an.
ZERTIFIZIERUNGSANFORDE-RUNGEN SENDEN AN (ADMIN)/ MAIL CERTIFICATION RE-QUESTS TO (ADMINISTRATOR)	Der Name des Administrators, der für die Abwicklung erneuter Zertifizierungsanforderungen verantwortlich sein soll. Der angegebene Name wird im Zertifiziererdokument im Domino-Verzeichnis angezeigt. Wenn Sie eine Zertifizierer-ID für einen externen Administrator erstellen, geben Sie den Namen dieses Administrators in dieses Feld ein.
STANDORT/ LOCATION	Optionaler Text, der im Feld STANDORT/LOCATION des Zertifiziererdokuments angezeigt wird.
KOMMENTAR/ COMMENT	Optionaler Text, der im Feld KOMMENTAR/COMMENT des Zertifiziererdokuments angezeigt wird.

6. Klicken Sie auf REGISTRIEREN/REGISTER.

6.3.2 Zertifizierer-ID für eine Unterorganisation

Wenn Sie eine Zertifizierer-ID für eine Unterorganisation erstellen, sollte Ihnen die Struktur der hierarchischen Namen in Ihrer Firma bekannt sein. Das Namenssystem hilft Ihnen bei der Entscheidung, welche Zertifizierer-ID Sie beim Registrieren neuer Server verwenden. Sie sollten auch die Zertifizierer-ID bereithalten, die Sie zum Erstellen der Zertifizierer-ID für die Unterorganisation verwenden möchten. Meist verwenden Sie die ID, die bei der ersten Serverinstallation erstellt wurde. Das Konfigurationsprogramm des Servers speichert diese Datei standardmäßig im Data-Verzeichnis von Notes Domino.

1. Klicken Sie in Domino Administrator auf das Register KONFIGURATION/CONFIGURATION.
2. Wählen Sie im Werkzeugfenster die Option REGISTRIERUNG/REGISTRATION > UNTERORGANISATION/ORGANIZATIONAL UNIT.

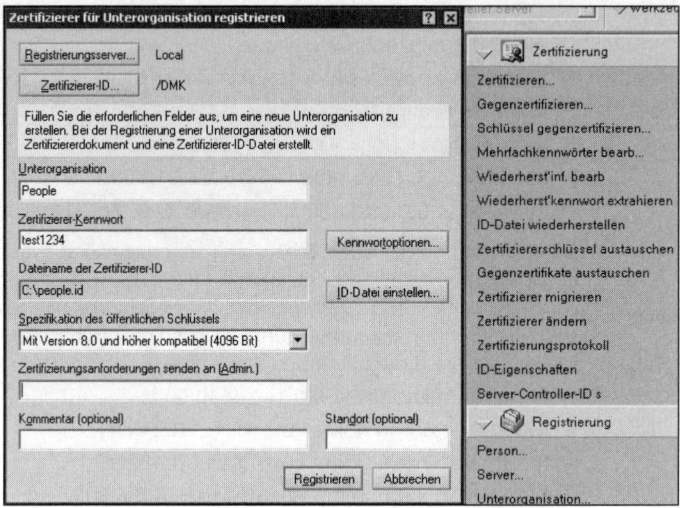

Abbildung 6.25: Angaben zum Zertifizierer einer Unterorganisation

3. Führen Sie die folgenden Anweisungen aus:
   - Wählen Sie die Zertifizierer-ID der Unterorganisation und klicken Sie auf OK.
   - Geben Sie das Kennwort für die Zertifizierer-ID ein und klicken Sie auf OK. Hierbei handelt es sich um die Zertifizierer-ID, die Sie zum Erstellen der Zertifizierer-ID für die Unterorganisation verwenden.
4. Wenn Sie den Registrierungsserver ändern möchten (den Server, auf dem anfänglich das Zertifiziererdokument bis zur Replizierung des Domino-Verzeichnisses gespeichert ist), klicken Sie auf REGISTRIERUNGSSERVER/REGISTRATION SERVER, wählen den richtigen Server aus und klicken auf OK. Wenn Sie in den VORGABEN FÜR ADMINISTRATION/ADMINISTRATION PREFERENCES für den Administration Client keinen Registrierungsserver angegeben haben, ist dieser Server vorgegeben:
   - der lokale Server, wenn sich darauf ein Domino-Verzeichnis befindet
   - der in der *notes.ini*-Datei in der Einstellung `NewUserServer` angegebene Server
   - der Administrationsserver
5. Sie haben die Möglichkeit, zwischen folgenden Optionen zu wählen:
   - Wählen Sie ZERTIFIZIERER-ID UND PASSWORT/SUPPLY CERTIFIER ID AND PASSWORD. Klicken Sie auf den Button ZERTIFIZIERER-ID/CERTIFIER ID, wählen Sie die ID aus, klicken Sie auf ÖFFNEN/OPEN und OK. Geben Sie das Passwort ein und klicken Sie auf OK.
   - Wählen Sie CA-PROZESS VERWENDEN/USE THE CA PROCESS und dann den CA Certifier aus der Liste, den Sie verwenden möchten.
6. So ändern Sie, falls gewünscht, welche Zertifizierer-ID zur Registrierung der neuen Zertifizierer-ID verwendet werden soll:
   1. Klicken Sie auf ZERTIFIZIERER-ID/CERTIFIER ID.
   2. Wählen Sie die Zertifizierer-ID aus und klicken Sie auf ÖFFNEN/OPEN.
   3. Geben Sie das Kennwort der Zertifizierer-ID ein und klicken Sie auf OK.

7. Klicken Sie auf die Schaltfläche ID-DATEI EINSTELLEN/SET ID FILE, wenn Sie den Speicherort der Zertifizierer-ID ändern möchten. Sie sollten die Zertifizierer-ID-Datei an einem sicheren Ort aufbewahren, damit zur Registrierung neuer Server und Benutzer problemlos darauf zugegriffen werden kann und sie gleichzeitig vor Missbrauch geschützt ist.
8. Nehmen Sie Eingaben in die folgenden Felder vor:

Feld	Eingabe
UNTERORGANISATION/ ORGANIZATIONAL UNIT	Ein Name für die neue Unterorganisation.
ZERTIFIZIERER-KENNWORT CERTIFIER PASSWORD	Ein Kennwort für den Zertifizierer (Groß-/Kleinschreibung wird unterschieden). Die für dieses Kennwort verwendeten Zeichen richten sich nach der unter KENNWORTQUALITÄT ausgewählten Ebene. Wenn Sie die ID verwenden, werden Sie zur Eingabe dieses Kennworts aufgefordert.
KENNWORTOPTIONEN/ PASSWORD OPTIONS	Wählen Sie hier die KENNWORTQUALITÄT, den Komplexitätsgrad und die Vorgabe der für das Kennwort einzugebenen Zeichen (Vorgabewert ist 10) und den VERSCHLÜSSELUNGSGRAD. Wählen Sie einen der folgenden Werte aus: ▶ STÄRKE AUF LÄNGE DES RSA-SCHLÜSSELS BASIEREN ▶ MIT ALLEN VERSIONEN KOMPATIBEL (64 BIT RC2) ▶ MIT 6.0 UND HÖHER KOMPATIBEL (128 BIT RC2) ▶ MIT VERSION 8.0 UND HÖHER KOMPATIBEL (128 BIT AES) ▶ MIT VERSION 8.0 UND HÖHER KOMPATIBEL (256 BIT AES)
DATEINAME DER ZERTIFIZIERER-ID/ CERTIFIER ID FILENAME	Klicken Sie hier auf den Button ID-DATEI EINSTELLEN, um den Dateinamen der ID-Datei und den Speicherort festzulegen.
ZERTIFIZIERUNGSANFORDERUNGEN SENDEN AN (ADMIN)/ MAIL CERTIFICATION REQUESTS TO (ADMINISTRATOR)	Der Name des Administrators, der für die Abwicklung erneuter Zertifizierungsanforderungen verantwortlich sein soll. Der angegebene Name wird im Zertifiziererdokument im Domino-Verzeichnis angezeigt. Wenn Sie eine Zertifizierer-ID für einen externen Administrator erstellen, geben Sie den Namen dieses Administrators in dieses Feld ein.
SPEZIFIKATION DES ÖFFENTLICHEN SCHLÜSSELS/ PUBLIC KEY SPECIFICATION	Die Spezifikation des öffentlichen Schlüssels beeinflusst, wann ein Schlüsselaustausch ausgelöst wird. Beim Schlüsselaustausch werden die öffentlichen und privaten Notes-Schlüssel aktualisiert, die in Benutzer- und Server-ID-Dateien gespeichert sind. Wählen Sie einen der folgenden Werte: ▶ MIT ALLEN VERSIONEN KOMPATIBEL (630 BIT) ▶ MIT RELEASE 6 UND HÖHER KOMPATIBEL (1024 BIT) ▶ MIT RELEASE 7 UND HÖHER KOMPATIBEL (2048 BIT) ▶ MIT VERSION 8.0 UND HÖHER KOMPATIBEL (4096 BIT)
STANDORT/ LOCATION	Optionaler Text, der im Feld LOCATION des Zertifiziererdokuments angezeigt wird.
KOMMENTAR/ COMMENT	Optionaler Text, der im Feld COMMENT des Zertifiziererdokuments angezeigt wird.

9. Klicken Sie auf REGISTRIEREN/REGISTER.

6.3.3 Vorgaben für die Registrierung und Zertifizierung

Sie können für Ihre Domäne globale Registrierungseinstellungen über die Administrationsvorgaben festlegen. Diese Registrierungseinstellungen gelten für alle mit Ihrem Client erstellten Zertifizierer-, Server- und Benutzer-IDs. Sie können die folgenden Optionen definieren:

- die Registrierungsdomäne
- den Registrierungsserver
- die Zertifizierer-ID
- das Mail-System, den Mail-Server und die Schablone der Mail-Datei
- den Dateispeicherort zum Speichern von Benutzer-, Server- und Zertifizierer-IDs
- die Kennwortqualität für Benutzer-, Server- oder Zertifizierer-IDs
- Benutzerkonfigurationsprofil bzw. explizite Richtlinie
- die Internet-Domäne

Während der Registrierung und Zertifizierung haben Sie die Möglichkeit, beliebige festgelegte Einstellungen zu ändern. So legen Sie globale Registrierungs- und Zertifizierungseinstellungen fest:

1. Wählen Sie DATEI/FILE > VORGABEN/PREFERENCES > ADMINISTRATION/ADMINISTRATION PREFERENCES.
2. Klicken Sie auf das Fenster REGISTRIERUNG/REGISTRATION.

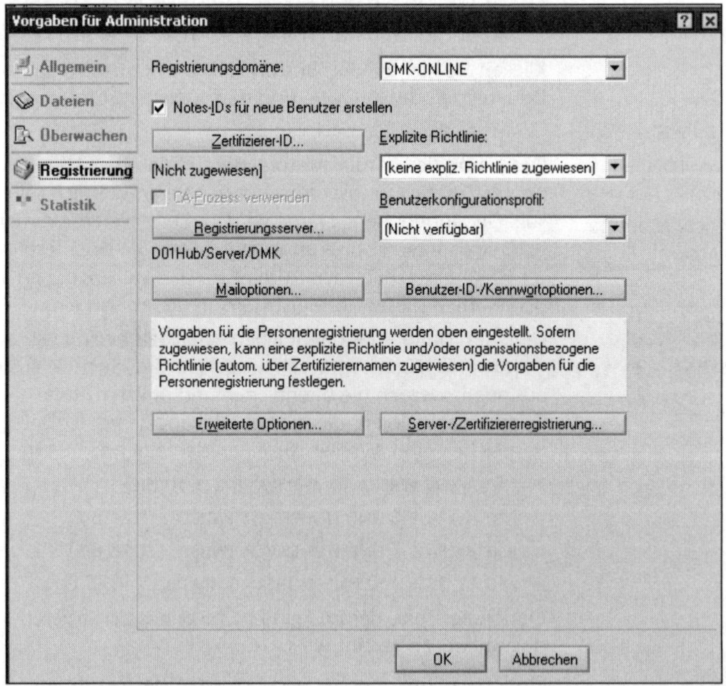

Abbildung 6.26: Konfiguration der globalen Registrierungs- und Zertifizierungseinstellungen

3. Definieren oder ändern Sie die folgenden Optionen:

Feld	Eingabe
REGISTRIERUNGSDOMÄNE/ REGISTRATION DOMAIN	Wählen Sie eine verfügbare Domäne aus der Liste aus. Diese Domäne ist für die Registrierung neuer Benutzer und Server zu verwenden.
NOTES-IDS FÜR NEUE BENUTZER ERSTELLEN/ CREATE NOTES IDS FOR NEW USERS	Aktivieren Sie diese Option, wenn Sie während der Registrierung eines neuen Anwenders eine Notes-ID erstellen möchten.
NAMENSLISTE DER ZERTIFIZIERER/ CERTIFIER NAME LIST	Wählen Sie eine Zertifizierer-ID aus, die Sie für das Anlegen von Anwendern ohne Erstellung einer Notes-User-ID für den Registrierungsprozess verwenden möchten. Das Feld erscheint nur dann, wenn Sie die Checkbox NOTES-ID FÜR DIESE PERSON ERSTELLEN/CREATE A NOTES ID FOR THIS PERSON nicht ausgewählt haben.
ZERTIFIZIERER-ID/ CERTIFIER ID ID	Wählen Sie eine der beiden Möglichkeiten aus: ▶ Klicken Sie auf die Schaltfläche ZERTIFIZIERER-ID/CERTIFIER ID, wählen Sie die Datei der Zertifizierer-ID aus und klicken Sie auf OK, um die zur Registrierung neuer Zertifizierer, Server oder Benutzer verwendete Zertifizierer-ID auszuwählen. ▶ Wählen Sie CA-PROZESS VERWENDEN/USE CA PROCESS, um die für den Domino Server eingerichtete CA zu nutzen.
REGISTRIERUNGSSERVER/ REGISTRATION SERVER	Klicken Sie auf die Schaltfläche REGISTRIERUNGSSERVER, wählen Sie den neuen Server aus und klicken Sie auf OK, um den Registrierungsserver auszuwählen, der in neuen Zertifizierer-, Server- bzw. Benutzer-IDs verwendet wird.
EXPLIZITE RICHTLINIEN/ EXPLICIT POLICY	Wenn Sie bereits explizite Richtlinien (explicit policies) erstellt haben, wählen Sie eine Richtlinie aus der Liste aus. Wenn Sie noch keine expliziten Richtlinien erstellt haben, erscheint lediglich NICHT VERFÜGBAR/NONE AVAILABLE zur Auswahl.
BENUTZERKONFIGURATIONS-PROFIL/ USER SETUP PROFILE	Wählen Sie in der Liste BENUTZERKONFIGURATIONSPROFIL ein Profil für die Benutzer aus. Die Vorgabe lautet KEIN.
MAILOPTIONEN/ MAIL OPTIONS	Klicken Sie auf die Schaltfläche MAILOPTIONEN und gehen Sie wie folgt vor: 1. Wählen Sie ein Mail-System aus der Liste aus. Die Vorgabe lautet LOTUS NOTES. 2. Um den Mail-Server auszuwählen, klicken Sie auf die Schaltfläche MAIL-SERVER und wählen einen Server aus. Der Registrierungsserver ist standardmäßig vorgegeben. 3. Um die für die Registrierung neuer Benutzer verwendete Schablone für die Mail-Datei auszuwählen, treffen Sie eine Auswahl in der Schablone für die Mail-Datei. Die vorgegebene Mailschablone lautet MAIL(8).

Feld	Eingabe
	4. Wählen Sie aus, ob Mail-Dateien direkt oder im Hintergrund erstellt werden sollen. 5. Wählen Sie über den Button Internetadresse/Internet Address das Adressformat für die Internetadressen der Anwender an. Geben Sie den neuen Namen in das Feld Internet-Domäne/Internet Domain ein. Der vorgegebene Name lautet *yourhostTCPdomainname.com*. Wählen Sie das Fomat für den Namen und ein Trennzeichen. 6. Über den Button Erweiterte Mailoptionen/Advanced Mail Options können Sie folgende Einstellungen definieren: – Zugriff des Mail-Besitzers – Anlegen eines Volltextindexes – Setzen von Beschränkungen/Warnungen bezüglich der Größe der Mail-Datei – Anlegen von Repliken der Mail-Datei auf Servern
Benutzer-ID/Kennwort-optionen bzw. User ID/Password Options	Klicken Sie auf die Schaltfläche Benutzer-ID/Kennwortoptionen bzw. User ID/Password Options und anschließend auf die entsprechende Schaltfläche für das Verzeichnis der ID-Datei und ändern Sie den Pfad, um einen neuen Speicherort für Benutzer-, Server- bzw. Zertifizierer-IDs und eine neue Kennwortqualität für diese IDs auszuwählen. Notes legt den Speicherort und die Kennwortqualität wie folgt standardmäßig fest: ▶ Benutzer-IDs ▶ Speicherort: *<Data-Verzeichnis>\Data\IDs\People* ▶ Kennwortqualität 8
Erweiterte Optionen/ Advanced Options	In den erweiterten Optionen zur Registrierung können Sie folgende Einstellungen vornehmen: ▶ Ob und wie Sie in der Warteschlange befindliche Anwender handeln möchten ▶ Wie Sie doppelte Personeneinträge handeln möchten ▶ Wie Sie doppelte Mail-Datenbanken handeln möchten ▶ Ob Sie die Remote User Registration Database verwenden möchten ▶ Ob Sie per Zufallsgenerator erstellte Passwörter vergeben möchten

Feld	Eingabe
SERVER-/ZERTIFIZIERER-REGISTRIERUNG bzw. SERVER/CERTIFIER REGISTRATION	Klicken Sie auf die Schaltfläche SERVER-/ZERTIFIZIERER-REGISTRIERUNG bzw. SERVER/CERTIFIER REGISTRATION und anschließend auf die entsprechende Schaltfläche für das Verzeichnis der ID-Datei und ändern Sie den Pfad, um einen neuen Speicherort für Server- bzw. Zertifizierer-IDs und eine neue Kennwortqualität für diese IDs auszuwählen. Notes legt den Speicherort und die Kennwortqualität wie folgt standardmäßig fest: ▶ Server-IDs ▶ Speicherort: *<Data-Verzeichnis>\Data\IDs\Server* ▶ Kennwortqualität 0 ▶ Zertifizierer-IDs ▶ Speicherort: *<Data-Verzeichnis>\Data\IDs\Certs* ▶ Kennwortqualität 10

6.3.4 Server registrieren

Bevor Sie einen zusätzlichen Server installieren und konfigurieren können, müssen Sie ihn registrieren. Wenn Sie einen Server registrieren, wird er dem System hinzugefügt. Der Prozess der Serverregistrierung legt ein Serverdokument im Domino-Verzeichnis sowie eine Server-ID an. Nach der Registrierung und Installation eines Servers konfigurieren Sie den Server für eine bestimmte Aktivität (HTTP, LDAP etc.), wenn Ihre Organisation diese Servertypen benötigt.

Beim Registrieren von Servern sollten Sie das hierarchische Namenssystem Ihrer Firma kennen. Das Namenssystem hilft Ihnen bei der Entscheidung, welche Zertifizierer Sie beim Registrieren neuer Server verwenden. Sie müssen auch auf die Zertifizierer-ID und das entsprechende Kennwort zugreifen können. Der Registrierungsserver, über den Sie andere Server registrieren, muss aktiv und im Netz verfügbar sein. Ausnahme sind dabei Server, die unter Windows laufen. Hier ist es möglich, einen Server zu registrieren, der via Dial-Up über eine Modemleitung mit dem Registrierungsserver verbunden ist. Um Server von Ihrer eigenen Workstation aus registrieren zu können, müssen Sie Zugriff auf den Registrierungsserver haben und mindestens über Autorzugriff mit der Rolle SERVERCREATOR in der Zugriffskontrollliste des Domino-Verzeichnisses verfügen.

Wenn Sie sich dafür entscheiden, den CA-Prozess zu verwenden, können Sie Server registrieren, ohne Zugriff auf die Zertifizierer-ID zu haben und das Kennwort zu kennen. Andernfalls benötigen Sie den Zugriff auf die ID-Datei und Kenntnis über das Passwort.

Beim Registrieren eines Servers geht Domino wie folgt vor:

- Eine Server-ID für den neuen Server wird erstellt und mit der Zertifizierer-ID zertifiziert.
- Ein Serverdokument für den neuen Server wird im Domino-Verzeichnis erstellt.
- Die Server-ID wird verschlüsselt und an das Serverdokument angehängt oder die ID wird als Datei auf dem Server gespeichert bzw. dann auf einem entsprechenden Speichermedium abgelegt.
- Der Servername wird der Gruppe LOCALDOMAINSERVERS im Domino-Verzeichnis hinzugefügt.
- Ein Eintrag für den neuen Server wird im Zertifizierungsprotokoll (*certlog.nsf*) erstellt.

Wenn Sie die Domino Server-basierte CA nutzen, um Internet-Zertifikate zu beziehen, können Sie den neuen Server so konfigurieren, dass er SSL-Verbindungen unterstützt, indem Sie das Server-Schlüsseldatei-Passwort und den Host-Namen des Servers angeben. Domino nimmt dann folgende Aktionen vor:

- Der Registrierungsprozess erzeugt eine Zertifizierungsanforderung in der Datenbank ADMINISTRATIONSANFORDERUNGEN (*admin4.nsf*), die durch die CA abgearbeitet wird.
- Der Registrierungsprozess erzeugt eine Anforderung zum Erzeugen eines SSL-Schlüssels (SSL key ring) in der *admin4.nsf*.
- Wenn Sie den neuen Server konfigurieren, starten und die Anforderung auf diesen Server repliziert wurde, legt die Anforderung zum Erzeugen des SSL-Schlüssels (SSL key ring) eine Schlüsseldatei und eine Anforderung zum Aktivieren der SSL-Anschlüsse für den Administrationsserver an.
- Diese Anforderung aktiviert die SSL-Ports auf dem neuen Server und erzeugt eine Anforderung zur Überwachung des SSL-Status für den neuen Server.
- Diese Anforderung beendet und startet alle Internet-Tasks, die gegenwärtig auf dem Server laufen, sodass die Tasks die SSL-Verbindungen annehmen.

Zur Konfiguration der Nutzung von SSL innerhalb der Serverregistrierung benötigen Sie den Domino Addministrator Client. So registrieren Sie einen Server:

1. Wenn Sie den Registrierungsserver ändern möchten (den Server, auf dem anfänglich das Zertifiziererdokument bis zur Replizierung des Domino-Verzeichnisses gespeichert ist), klicken Sie auf REGISTRIERUNGSSERVER/REGISTRATION SERVER, wählen den richtigen Server aus und klicken auf OK. Wenn Sie in den VORGABEN FÜR ADMINISTRATION/ADMINISTRATION PREFERENCES für den Administration Client keinen Registrierungsserver angegeben haben, ist dieser Server vorgegeben:
   - der in der *notes.ini*-Datei in der Einstellung `NewUserServer` angegebene Server
   - der Administrationsserver
2. Stellen Sie sicher, dass Sie Zugriff auf die zu verwendende Zertifizierer-ID haben, wenn Sie die Zertifizierer-ID direkt zur Registrierung des Servers verwenden möchten.
3. Falls Sie die serverbasierte Lotus Domino-Zertifizierungsstelle (CA) für die Registrierung verwenden wollen, müssen Sie vorher eine Internet-CA erstellen und konfigurieren.
4. Klicken Sie in Domino oder im Web Administrator auf das Register KONFIGURATION/CONFIGURATION.
5. Klicken Sie im Werkzeugfenster auf REGISTRIERUNG/REGISTRATION > SERVER.
6. Wenn Sie den Domino Administrator Client verwenden, gehen Sie wie folgt vor:
   - Wenn Sie den CA-Prozess verwenden, klicken Sie auf SERVER und wählen einen Server aus, dessen Domino-Verzeichnis die entsprechenden Einträge für die CA beinhaltet und eine Replik der Datenbank ADMINISTRATIONSANFORDERUNGEN (*admin4.nsf*) besitzt, die mit den Anforderungen für das neue Zertifikat versehen wird. Wählen Sie CA-PROZESS VERWENDEN/USE THE CA PROCESS, wählen Sie den CA Certifier aus der Liste und klicken Sie auf OK.
   - Wenn Sie die Zertifizierer-ID zur Registrierung bereitstellen, wählen Sie den Registrierungsserver aus. Klicken Sie auf ZERTIFIZIERER-ID/CERTIFIER ID. Wählen Sie die Zertifizierer-ID aus und klicken Sie auf ÖFFNEN/OPEN. Geben Sie das Kennwort der Zertifizierer-ID ein und klicken Sie auf OK.

7. Wählen Sie den passenden Registrierungsserver und Certifier aus. Geben Sie das Passwort ein (siehe *Abbildung 6.27*).

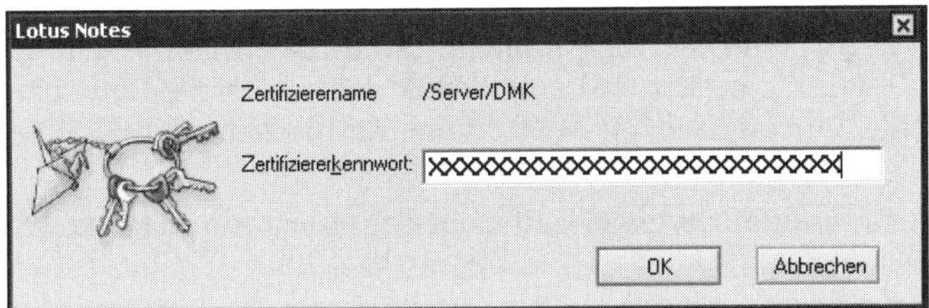

Abbildung 6.27: Passworteingabe zum Zertifizierer

8. Die Spezifikation des öffentlichen Schlüssels beeinflusst, wann ein Schlüsselaustausch ausgelöst wird. Beim Schlüsselaustausch werden die öffentlichen und privaten Notes-Schlüssel aktualisiert, die in Benutzer- und Server-ID-Dateien gespeichert sind.
   - Mit allen Versionen kompatibel (630 Bit)
   - Mit Release 6 und höher kompatibel (1024 Bit)
   - Mit Release 7 und höher kompatibel (2048 Bit)
   - Mit Version 8 und höher kompatibel (4096 Bit)

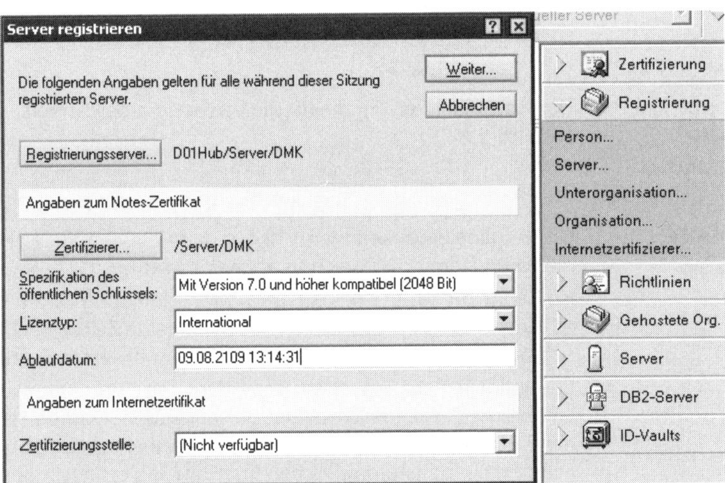

Abbildung 6.28: Angaben zur neuen Server-ID

9. Wählen Sie beim Feld Lizenztyp/License type entweder Nordamerika (Vorgabe) oder International aus. Es gibt in der Praxis keinen Unterschied zwischen einem nordamerikanischen und einem internationalen ID-Typ.
10. Um im Bedarfsfall das Ablaufdatum des Server-Zertifikats zu ändern, geben Sie das Datum in das Feld Ablaufdatum des Zertifikats/Certificate expiration date ein. Das vorgegebene Datum liegt hundert Jahre nach dem aktuellen Datum abzüglich der Schaltjahre.
11. Wenn Sie die in dem Dialogfenster zur Serverregistrierung stehenden Einstellungen übernehmen möchten, klicken Sie auf Weiter/Continue.

Wenn Sie den Web Administrator zur Registrierung des neuen Servers verwenden, gehen Sie folgendermaßen vor:

- Wählen Sie einen Registrierungsserver mit einem Domino-Verzeichnis, das den entsprechenden CA-Eintrag besitzt und eine Replik der *admin4.nsf*-Datenbank vorhält, die mit einer entsprechenden Anforderung für das neue Zertifikat versehen wird.
- Wählen Sie einen CA-konfigurierten Certifier aus der Liste aus und klicken Sie auf OK.

12. Tätigen Sie folgende Angaben für den zu registrierenden Server:

Feld	Eingabe
SERVERNAME/ SERVER NAME	Der Name des neuen Servers
SERVERTITEL/ SERVER TITLE	Titel des Servers, der auch im Serverdokument hinterlegt wird
NAME DER DOMINO-DOMÄNE/ DOMINO DOMAIN NAME	Der Domänenname. Der vorgegebene Domänenname entspricht in der Regel dem des Zertifizierers der Organisation.
NAME DES SERVER-ADMINISTRATORS/ SERVERADMINISTRATOR NAME	Der Name der Person, die für die Verwaltung des Servers zuständig ist
KENNWORT DER ID-DATEI/ ID FILE PASSWORD	Die Vergabe eines Kennworts ist nur dann notwendig, wenn die ID im Domino-Verzeichnis abgelegt wird. Ein Kennwort für den Server (Groß-/Kleinschreibung wird unterschieden). Die für dieses Kennwort verwendeten Zeichen richten sich nach dem unter KENNWORTQUALITÄT ausgewählten Grad. Bei jedem Serverstart werden Sie zur Eingabe dieses Kennworts aufgefordert. Falls Sie diese Option verwenden, können Sie den Domino Server nicht als Dienst des Betriebssystems installieren, um einen automatischen Start des Servers nach dem Start des Betriebssystems zu realisieren. Sie werden dann stets zur Eingabe des Kennworts an der Serverkonsole aufgefordert.
KENNWORTQUALITÄT/ PASSWORD QUALITY SCALE	Der Komplexitätsgrad und die Vielfalt der für das Kennwort eingegebenen Zeichen. Domino setzt den Vorgabewert auf 0.
SPEICHERORT DER ID-DATEI/ LOCATION FOR STORING SERVER ID	Wählen Sie als Ablageort für die ID-Datei ▶ das Domino-Verzeichnis ▶ eine Datei. Geben Sie über den Button ID-DATEI EINSTELLEN/ SET ID FILE den Ablageort der Datei an. Wenn Sie den Web Administrator verwenden, haben Sie nicht die Möglichkeit, die ID in Dateiform abzulegen. Sie wird immer im Domino-Verzeichnis abgelegt.

13. Klicken Sie in Domino Administrator auf das Symbol ERWEITERT/ADVANCED, wenn Sie eine Internet-CA nutzen, damit der neu zu registrierende Server SSL anbietet.
    1. Aktivieren Sie den Eintrag SSL-ANSCHLÜSSE AKTIVIEREN/ENABLE SSL PORTS.
    2. Geben Sie das Passwort für die Schlüsselringdatei an.
    3. Geben Sie den voll qualifizierten Host-Namen für den Server an.
14. Wenn Sie alle Angaben für die Registrierung des Servers getätigt haben, können Sie, indem Sie den Button mit dem grünen Häkchen betätigen, die Angaben übernehmen. Sie klicken auf den Button mit dem roten Kreuzchen, wenn Sie die Angaben nicht übernehmen möchten.
15. In der Registrierungswarteschlange taucht der Eintrag des Servers auf, wenn Sie die Eingaben übernommen haben.
16. Sie haben folgende Optionen zur Wahl:
    - NEUER SERVER/NEW SERVER, um die Felder im Dialogfenster für die Eingaben zu einem neu zu registrierenden Server zu leeren
    - ALLE REGISTRIEREN/REGISTER ALL, um alle in der Registrierungswarteschlange stehenden Server zu registrieren
    - REGISTRIEREN/REGISTER, um nur den in der Registrierungswarteschlange ausgewählten Server zu registrieren
    - ENTFERNEN/REMOVE, um nur den in der Registrierungswarteschlange ausgewählten Server aus der Warteschlange zu entfernen
    - FERTIG/DONE, um das Dialogfenster zur Serverregistrierung zu schließen. Die in der Registrierungswarteschlange stehenden Server werden nicht registriert.

Nach der Registrierung eines Servers können Sie diesen installieren und konfigurieren.

6.4 Installation und Konfiguration eines weiteren Servers

Die Installation und Konfiguration des neu zu Ihrer bestehenden Domäne hinzuzufügenden Servers unterscheidet sich nur geringfügig von der Installation und Konfiguration Ihres ersten Servers in der Domäne, die bereits ausführlich dargestellt wurden.

Sie führen auch hier die Installationsroutine aus und starten den Server, um die bekannten Konfigurationsschritte zu durchlaufen. Der Unterschied zur Installation des ersten Servers besteht darin, dass Sie im ersten Schritt der Serverkonfiguration auswählen, nicht den ersten Server einer Domäne vor sich zu haben, sondern dass Sie einen Domino Server zu Ihrer bestehenden Domäne hinzufügen möchten (siehe *Abbildung 6.29*).

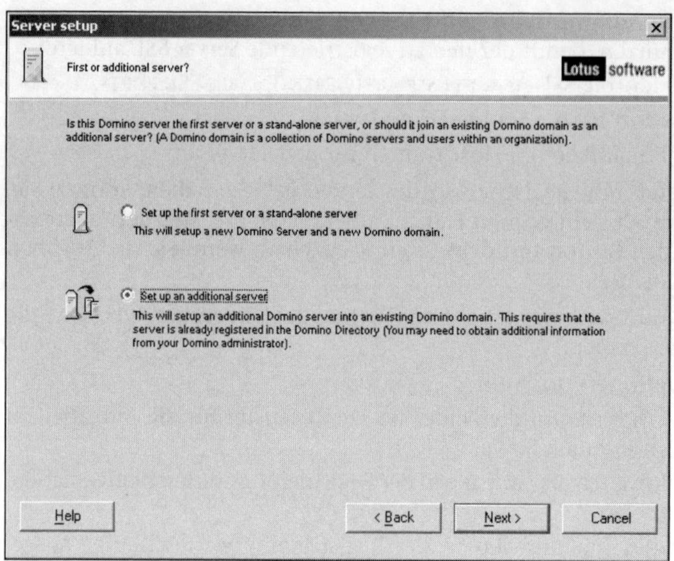

Abbildung 6.29: Festlegen, dass Sie einen weiteren Server konfigurieren möchten

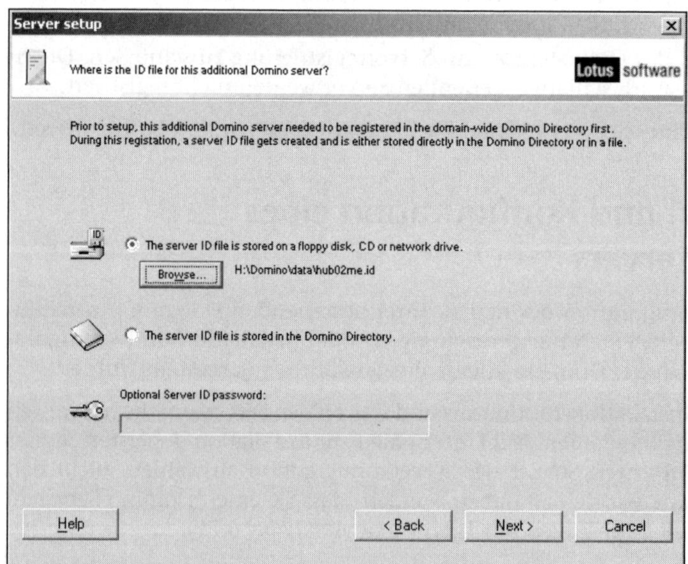

Abbildung 6.30: Auswahl der ID des bereits registrierten Servers

Folgende Felder unterscheiden sich von der Erstinstallation:

- Wenn Sie Ihren zweiten oder weitere Server entsprechend den Vorgaben Ihres hierarchischen Namenssystems geplant und registriert haben, können Sie die Server-ID des neuen Servers als SERVER-ID AUS ADRESSBUCH oder SERVER-ID IN EINER DATEI einbinden.

- Falls Sie SERVER-ID IN EINER DATEI ausgewählt haben, können Sie an dieser Stelle die Pfadangabe zur Server-ID hinterlegen (siehe *Abbildung 6.30*). Genau wie bei der Konfiguration des Notes Clients die User-ID in den Data-Ordner des Anwenders kopiert wird, wird hier im Laufe der Konfiguration die angegebene Server-ID in das Data-Verzeichnis des Servers kopiert.

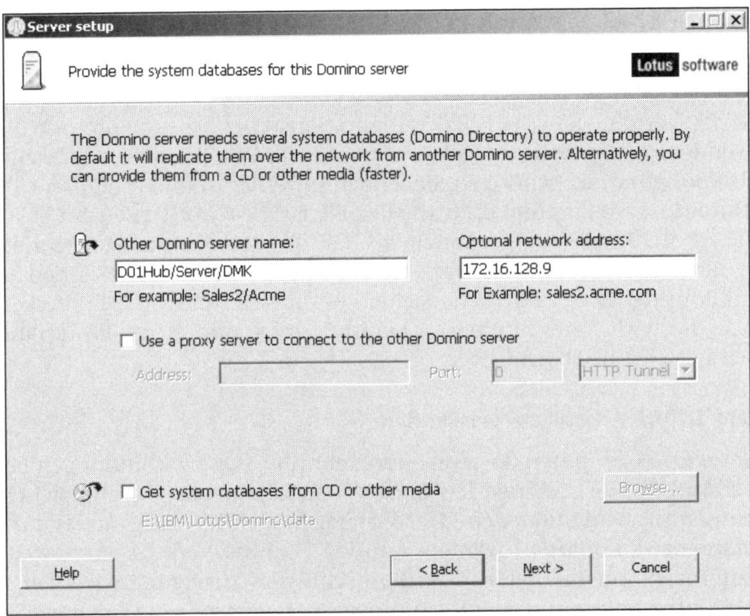

Abbildung 6.31: Angabe des Servers, von dem Systemdatenbanken kopiert werden

- Geben Sie hier den Namen des Servers an, von dem Sie das Domino-Verzeichnis übernehmen wollen (siehe *Abbildung 6.31*).

Wenn Sie alle notwendigen Konfigurationsangaben getätigt haben, bestätigen Sie das Ende der Konfiguration. Domino führt danach folgende Schritte durch:

- Füllen der *notes.ini* entsprechend Ihrer Vorgaben und den Angaben aus dem Serverdokument.
- Kopieren bzw. Lösen der Server-ID in das Data-Verzeichnis des Servers.
- Erstellen der Verbindung zu dem Server, den Sie während der Konfiguration als denjenigen Server angegeben haben, von dem das Domino-Verzeichnis bezogen werden soll, und Erstellen einer Replik.

6.5 Weitere Konfigurationsschritte

Das Domino Server-Konfigurationsprogramm stellt automatisch alle Server, die sich in einer Domino-Domäne befinden und dasselbe Netzwerkprotokoll ausführen, in dasselbe Notes-Netzwerk (NNN). Das Konfigurationsprogramm weist jedem NNN einen vorgegebenen Namen im Format *Anschlussname*-Netzwerk im Serverdokument zu. Nachdem Sie das Server-Konfigurationsprogramm abgeschlossen haben, benennen Sie das NNN für jeden Netzwerkanschluss im Serverdokument um.

6.5.1 Netzwerkanschlüsse

An dieser Stelle sei nochmals darauf hingewiesen, dass Sie die Netzwerk- und/oder Modemanschlüsse korrekt konfigurieren sollten, um Probleme zu vermeiden. Aktivieren und deaktivieren Sie die entsprechenden Anschlüsse. Weisen Sie den aktiven Netzwerkanschlüssen die passenden Notes-Netzwerknamen zu, um die korrekte und performante Kommunikation in Ihrem Notes-Netzwerk zu ermöglichen.

Domino mit mehreren TCP/IP-Anschlüssen

Domino unterstützt verschiedene TCP/IP-Konfigurationstypen, die mehrere TCP/IP-Anschlüsse verwenden. In den meisten Fällen ist nur ein TCP/IP-Anschluss notwendig. In einer Firewall-Konfiguration benötigen Sie jedoch unter Umständen mehrere TCP/IP-Anschlüsse. Domino wartet automatisch an allen Netzwerkschnittstellen auf TCP/IP-Verbindungen. Es ist nicht notwendig, zusätzliche TCP/IP-Anschlüsse zu konfigurieren, es sei denn, Sie möchten bestimmte Datenverkehrstypen steuern und trennen (z.B. Replizierung und Routing) oder zusätzliche Sicherheit für bestimmte TCP/IP-Verkehrstypen bieten (z.B. für LAN und Internet). Domino Server und Notes-Workstations unterstützen mehrere TCP/IP-Anschlüsse.

Beispiele: Mehrere TCP/IP-Anschlüsse verwenden

Multi-homed-Hosts sind Computer, die zwei oder mehr physische Verbindungen besitzen (z.B. Netzwerkkarten), die mehrere IP-Adressen benötigen. Das Routing zwischen jedem Netzwerkabschnitt wird durch den TCP/IP-Stapel ausgeführt, daher muss nur ein TCP/IP-Anschlusstreiber konfiguriert werden, um den Domino-Verkehr zu verwalten. Domino kann alternativ mit mehreren TCP/IP-Anschlüssen konfiguriert werden, die eine komplexere Konfiguration und Administration benötigen und eine genauere Steuerung des Netzwerkverkehrs und der Netzwerkabschnitte ermöglichen.

Die Anzahl der Domino Server-Sitzungen, die auf einem Domino Server verfügbar sind, hängt nicht von der Anzahl der Netzwerkkarten oder TCP/IP-Anschlüsse ab. TCP/IP wird durch die Kapazität des Rechners beschränkt, die von Prozessoren und Speicher abhängt.

> Wenn zwei Netzwerkkarten vorhanden sind, haben Sie zwei Netzwerke. Es ist möglich, dass eines dieser Netzwerke mehr und das andere weniger ausgelastet ist. Die Last wird ausgeglichen, indem der Zielverkehr zu einem bestimmten Anschluss dieses Servers über Verbindungsdokumente umgeleitet wird, die sicherstellen, dass das richtige Netzwerk verwendet wird, um eine Verbindung mit einem bestimmten Zielserver herzustellen.

Der Administrator kann aufgrund von Durchsatzanforderungen Domino-Netzwerke logisch segmentieren. Zum Beispiel könnten alle Notes-Workstations so konfiguriert werden, dass sie mit einer bestimmten Netzwerkkarte des Servers kommunizieren, während der gesamte Verkehr des Domino Servers auf eine andere Netzwerkkarte geleitet wird. Für jedes Netzwerk bzw. jede Netzwerkkarte muss ein Anschluss konfiguriert und durch Verbindungsdokumente verwaltet werden, wie am Ende dieses Abschnitts beschrieben.

Ein Host dient häufig als Gateway zwischen Internet und LAN. Ein TCP/IP-Anschluss kann aus Leistungsgründen für nicht verschlüsselten Domino-Verkehr konfiguriert werden, während ein anderer Anschluss für verschlüsselten Domino-Verkehr mit dem Internet konfiguriert werden kann. Die Leistung im LAN ist höher, wenn die Verschlüsselung deaktiviert ist. Es ist nicht zu empfehlen, eine Domino-Anschlussnummer zu ändern. Falls dies aus bestimmten Gründen dennoch notwendig ist, können Sie diese Änderung ausführen, unabhängig davon, ob Sie eine oder mehrere Netzwerkkarten besitzen. Zwei Anschlusstreiber können nur dann auf derselben IP-Adresse auf Verbindungen warten, wenn diese mit verschiedenen Anschlussnummern konfiguriert sind.

Die Syntax der Zeile für den Anschlussnamen in der Datei *notes.ini* lautet:

```
PORTNAME_TcpIpAddress=0,IP-Adresse:Anschlussnummer
```

Die folgende Konfiguration ist gültig, da unterschiedliche Anschlussnummern verwendet werden:

```
TCP_TcpIpAddress=0,198.115.100.12:5001
TCP2_TcpIpAddress=0,198.115.100.12:1352
```

Die folgende Konfiguration ist nicht gültig, da dieselbe Anschlussnummer und dieselbe Adresse verwendet werden:

```
TCP_TcpIpAddress=0,198.114.100.12:1352
TCP2_TcpIpAddress=0,198.114.100.12:1352
```

Jeder Domino Server und jede Notes-Workstation, die mit der Anschlussnummer `5001` kommunizieren möchte, muss ein Verbindungsdokument erstellen und in das Feld NETZWERK/NETWORK die Adresse `198.114.100.12:5001` eingeben.

TCP/IP-Mehrfachanschlüsse einrichten

1. Vergewissern Sie sich, dass die TCP/IP-Netzwerksoftware richtig konfiguriert ist und jede installierte Netzwerkkarte eine separate IP-Adresse hat, die Sie mit der Ping-Funktion erreichen können.
2. Wenn Sie TCP/IP als Netzwerktreiber installiert haben, sollte der erste Anschluss bereits konfiguriert sein. Ist dies nicht der Fall oder wollen Sie etwas ändern, wählen Sie:
   - für die Anschlüsse des Clients: DATEI/FILE > VORGABEN/PREFERENCES > BENUTZERVORGABEN/USER PREFERENCES > ANSCHLÜSSE/PORTS.
   - für die Anschlüsse des Servers: im Domino Administrator den richtigen Server und klicken Sie dann auf den Reiter KONFIGURATION/CONFIGURATION. Klicken Sie in der Werkzeugliste auf SERVER und dort auf PORTS EINRICHTEN.
3. Um einen neuen Anschluss hinzuzufügen, wählen Sie in der in Schritt 2 geöffneten Portkonfiguration NEU/NEW. Geben Sie TCPIP2 in das Dialogfeld NEUER ANSCHLUSS/NEW PORT ein, wählen Sie TCP als Treiber, wählen Sie den entsprechenden Standort und klicken Sie auf OK, um den Vorgang abzuschließen. Prüfen Sie anschließend, ob der Anschluss erstellt wurde. Fahren Sie fort, um gegebenenfalls neue Anschlüsse hinzuzufügen.
4. Bearbeiten Sie die Datei *notes.ini*. Die Einträge des in Schritt 1 und 2 erstellten Anschlusses sollten wie folgt aussehen:

```
Anschlussname=Treibername,0,15,0,,12288
TCP=TCP,0,15,0,,12288
TCP2=TCP,0,15,0,,12288
```

5. Fügen Sie eine Zeile für jeden vorstehend definierten Anschluss hinzu, wobei Sie dessen IP-Adresse und Anschlussnummer angeben, wie nachfolgend dargestellt wird:

```
Anschlussname_TcpIpAddress=0,IP-Adresse:Anschlussnummer
```

Dabei ist `Anschlussname` der Name des von Ihnen definierten Anschlusses.

Es ist sinnvoll, einen Port zwischen 1024 und 5000 zu verwenden. Achten Sie darauf, dass keine andere Anwenung diesen Port verwendet. Prüfen Sie auch die *services*-Datei, wie bereits zuvor im Text erwähnt. Der vorgegebene Port ist 1352.

Bei den vorgegebenen Anschlüssen TCP und TCP2 sollten folgende Zeilen hinzugefügt werden:

```
TCP_TcpIpAddress=0,198.115.100.13:1352
TCP2_TcpIpAddress=0,198.114.100.12:1352
```

Verbindungen zum Server mit mehreren konfigurierten Anschlüssen erstellen:

- Von einer Workstation:
  - Fügen Sie ein Verbindungsdokument im persönlichen Adressbuch für den Domino Server, der mit mehreren Karten ausgestattet ist, hinzu.
  - Geben Sie in das Feld NETZWERK/NETWORK den Servernamen und die IP-Adresse ein.
- Von einem Server:
  - Fügen Sie dem Domino-Verzeichnis ein Verbindungsdokument hinzu.
  - Geben Sie in das Feld NETZWERK/NETWORK den Servernamen und die IP-Adresse ein.

Bearbeiten Sie das Serverdokument. Fügen Sie den neuen Anschluss hinzu und aktivieren Sie diesen, wobei Sie den gleichen Namen angeben, den Sie dem neuen Anschluss gegeben haben.

6.5.2 Durchgangsserver

Durchgangsserver erfüllen in einer Systemtopologie verschiedene Funktionen:

- Erstens können Sie in einem LAN eine Verbindung zwischen zwei Servern aufbauen, die kein gemeinsames Protokoll verwenden. Beispielsweise muss Server A, der nur für NetBIOS konfiguriert ist, eine Verbindung mit Server C herstellen, der nur TCP/IP ausführt. Falls Server B NetBIOS und TCP/IP verwendet, kann Server B als Durchgangsserver fungieren, um die Kommunikation zwischen A und C zu ermöglichen.
- Zweitens können auch Workstation-Benutzer auf Server zugreifen, die mit der Workstation kein Protokoll gemeinsam haben. Wenn eine Verbindung zu einem Durchgangsserver besteht, kann die Workstation auf Zielserver zugreifen, die nicht das Protokoll der Workstation verwenden.
- Drittens können mobile Benutzer oder Remote-Server mit einer einzigen Telefonverbindung auf einen oder mehrere Zielserver im selben LAN zugreifen. Der Einsatz eines Durchgangsservers spart somit Telefonkosten für zusätzliche Modemverbindungen.

Wenn Ihre Telekommunikations-Infrastruktur Sammelanschlüsse unterstützt (mehrere Modems mit derselben Rufnummer), können mobile Benutzer oder Remote-Server den Sammelanschluss an einem Durchgangsserver anrufen. Ein Sammelanschluss leitet eingehende Anrufe an ein freies Modem weiter. Sie können Sammelanschlüsse auch für einen oder mehrere Durchgangsserver verwenden. In einem solchen Fall müssen die anrufenden Server oder Benutzer ein Sammelanschluss-Verbindungsdokument verwenden, um jedem der Durchgangsserver die Entgegennahme der Verbindung zu gestatten.

Server als Durchgangsserver einrichten

Wenn Sie Durchgangsserver eingerichtet haben, um eine hohe Verfügbarkeit zu gewährleisten, sollten Sie einen Cluster mit Durchgangsservern bilden. Richten Sie hierzu zwei oder mehr Durchgangsserver mit denselben Durchgangs-Konfigurationseinstellungen ein und geben Sie den Cluster-Namen als Durchgangsserver in die Arbeitsumgebungsdokumente der Benutzer ein. Sie können mobilen Benutzern die Cluster-Vorteile zur Verfügung stellen, indem Sie sie so konfigurieren, dass sie über einen Durchgangsserver auf den Cluster zugreifen können. Der Durchgangsserver kann die Benutzer zu einem anderen Server im Cluster umleiten, wenn der Originalserver belegt ist oder nicht zur Verfügung steht. Wenn Sie keinen Durchgangsserver verwenden, müssen die Benutzer jeden Cluster-Server einzeln anwählen, wobei keine Failover-Umleitung stattfindet, wenn der angewählte Server nicht verfügbar ist.

Topologie für Durchgangsserver erstellen

Zum Erstellen einer Durchgangsserver-Topologie führen Sie folgende Schritte aus:

1. Stellen Sie alle Workstations und Server zusammen, die auf einen Durchgangsserver zugreifen sollen. Legen Sie die Protokolle fest, die die Workstations und Server ausführen.
2. Listen Sie die Zielserver und deren Protokolle auf, auf die die Workstations und Server zugreifen sollen.
3. Legen Sie fest, an welcher Position sich der Durchgangsserver befinden soll. Berücksichtigen Sie dabei, welche Workstations und Server darauf zugreifen sollen und welche Server Zielserver sind. Der Durchgangsserver muss die Protokolle, die von den zugreifenden Workstations und Servern verwendet werden, sowie die Protokolle der Zielserver ausführen. Darüber hinaus benötigt der Durchgangsserver ausreichend Modemverbindungen, um den erwarteten Datenverkehr zu bewältigen.

   Wenn Sie mit einem intensiven Datenverkehr auf dem Durchgangsserver rechnen, sollten Sie einen dedizierten Durchgangsserver einrichten, d.h. einen ohne Anwendungen oder Mail-Datenbanken. Er ist ausschließlich für die Bereitstellung der Verbindung zwischen Workstations bzw. Server mit den Zielservern vorgesehen.

   Bei einem Sammelanschluss haben alle Durchgangsserver dieselbe Rufnummer. Die eingehenden Anrufe werden automatisch auf die einzelnen Durchgangsserver verteilt. Alle Durchgangsserver an einem Sammelanschluss sollten in der Lage sein, dieselben Zielserver zu erreichen.
4. Erstellen Sie für jeden Durchgangsserver eine Liste mit allen Benutzern und Servern, für die Sie den Zugriff beschränken möchten, und verfahren Sie ebenso mit den einzelnen Zielservern.

5. Führen Sie die Workstations auf, die einen Durchgangsserver benötigen, sowie einen Vorgabe-Durchgangsserver für jede Workstation. Wenn es viele Workstations gibt, verteilen Sie diese gleichmäßig auf die Vorgabe-Durchgangsserver, um die Serverleistung zu optimieren.

Wenn Sie Sammelanschlüsse planen, erstellen Sie eine Liste, aus der hervorgeht, welche Workstations mit welchem Sammelanschluss verbunden werden sollen. Schreiben Sie den Namen und die Rufnummer des Sammelanschlusses ebenso wie die Namen sämtlicher Zielserver auf, die von den Benutzern und Servern der Sammelanschlüsse erreicht werden sollen.

Server mit einem Durchgangsserver verbinden (Durchgangsverbindungsdokument)

Auf folgende Weise konfigurieren Sie Server für die Verbindung mit Durchgangsservern:

1. Klicken Sie in Domino Administrator auf das Register KONFIGURATION/CONFIGURATION.
2. Wählen Sie im Feld VERZEICHNIS AUF/USE DIRECTORY ON das Domino-Verzeichnis des verbindenden Servers aus.
3. Klicken Sie auf SERVER und dann auf VERBINDUNGEN/CONNECTIONS.
4. Klicken Sie auf VERBINDUNG HINZUFÜGEN/ADD CONNECTION.
5. Wählen Sie DURCHGANGSSERVER/PASSTHRU SERVER im Feld VERBINDUNGSTYP/CONNECTION TYPE.
6. Nehmen Sie Eingaben in den folgenden Feldern vor:

Feld	Eingabe
QUELLSERVER/ SOURCE SERVER	Den Namen des verbindenden Servers
QUELLDOMÄNE/ SOURCE DOMAIN	Den Namen der Domäne des verbindenden Servers
DURCHGANGSSERVER ODER SAMMELANSCHLUSS VERWENDEN/ USE PASSTHRU SERVER OR HUNT GROUP	Den Namen des Durchgangsservers oder des Sammelanschlusses, der für die Verbindung mit dem Zielserver verwendet wird
BENUTZUNGSPRIORITÄT/ USAGE PRIORITY	Wählen Sie einen der folgenden Werte aus: ▶ NORMAL (Vorgabe) ▶ NIEDRIG
ZIELSERVER/ DESTINATION SERVER	Den Namen des Zielservers
ZIELDOMÄNE/ DESTINATION DOMAIN	Den Namen der Domäne des Zielservers

7. Klicken Sie auf die Register ROUTING/REPLIZIERUNG bzw. REPLICATION/ROUTING und ZEITPLAN/SCHEDULE, um die auszuführenden Aufgaben zu definieren und die Uhrzeiten auszuwählen, zu denen der Server das Ziel anrufen soll.

8. Um zu sehen, ob dem Quellserver ein Durchgangsserver zugewiesen ist, prüfen Sie im Serverdokument, ob das Feld DURCHGANGSSERVER/PASSTHRU SERVER (im Abschnitt SERVER-ARBEITSUMGEBUNG/SERVER LOCATION INFORMATION) gefüllt ist. Sofern ein Eintrag vorhanden ist, leitet der Server alle Verbindungen, die nicht aufgelöst werden können, an den im Feld DURCHGANGSSERVER/PASSTHRU SERVER angegebenen Server weiter. Gibt es keine direkte Verbindung, ist es besser, ein entsprechendes Verbindungsdokument zu erstellen. Dadurch werden die beiden Server beim Verbindungsversuch nicht unnötig belastet.

   Ein Verbindungsdokument kann jede Art von Verbindung definieren (Notes Direktwählverbindung, Netzwerkwählverbindung oder Durchgangsverbindung).

Zwei Netzwerkkarten auf dem Domino Durchgangsserver verwenden

Sie können den Domino Durchgangsserver so konfigurieren, dass keine unerlaubten Daten in das LAN eindringen oder es verlassen können. Dies erfordert den Einbau zweier Netzwerkkarten in den Domino Server, wobei eine für die Internet-Verbindung (konfiguriert für TCP/IP) und die andere für die LAN-Verbindung der Organisation (konfiguriert für Ihr lokales Protokoll, beispielsweise NetBIOS oder SPX) zuständig ist. Dadurch, dass die Kommunikation zwischen Server und Internet über TCP/IP und die Kommunikation auf dem LAN über ein anderes Protokoll ermöglicht wird, schützen Sie Ihr System vor allgemeinen TCP/IP-basierten Angriffen. Falls erforderlich, können Sie auch TCP/IP auf dem LAN einsetzen. Sie müssen aber das TCP/IP-Routing zwischen den Karten ausschalten, alle TCP-Dienstprogramme (FTP, Sendmail, NFS etc.) entfernen und alle Überwachungs- und Alarmdienstprogramme zum Aufspüren unerwünschter Eindringlinge aktivieren. Außerdem sollten Sie die Server- und Datenbanksicherheit einrichten, um den Zugriff auf den Domino Durchgangsserver zu steuern.

Der Domino Durchgangsserver kann Echtzeitzugriffe auf Ziele über das Internet bereitstellen, wenn der Administrator dies zulässt. Um diese Lösung zu verbessern, setzen Sie einen Router zwischen den Domino Durchgangsserver und Ihr LAN, der nur für den Netzwerk-Datenverkehr den Zugriff auf den Durchgangsserver zulässt. Wenn Sie zwei Netzwerkkarten zur Netzwerkkonfiguration einsetzen, müssen Sie einen Router verwenden und das System sorgfältig verwalten.

Zugriff auf einen Durchgangsserver oder ein Durchgangsziel steuern

Mithilfe eines Durchgangsservers können Benutzer und Server – wie bereits erwähnt – über eine Durchgangsverbindung auf einen anderen Server zugreifen. Der Server, auf den die Benutzer zugreifen, wird ZIELSERVER/DESTINATION SERVER genannt. Sie können steuern, welche Benutzer und Server auf einen Durchgangsserver und auf ein Durchgangsziel zugreifen können.

Internet- und Intranet-Clients können keine Durchgangsverbindungen nutzen. Daher sind diese Einstellungen nur für Notes-Benutzer und Domino Server gültig.

1. Klicken Sie in Domino Administrator auf das Register KONFIGURATION/CONFIGURATION, und öffnen Sie das Serverdokument.
2. Klicken Sie auf das Register SICHERHEIT/SECURITY.

3. Geben Sie im Abschnitt BENUTZUNG DES DURCHGANGSSERVERS/PASSTHRU USE Werte in eines oder mehrere der entsprechenden Felder ein und speichern Sie anschließend das Dokument.

Das Feld AUF DIESEN SERVER ZUGREIFEN betrifft nicht den allgemeinen Zugriff auf den Server. Dieser wird im Abschnitt AUF SERVER ZUGREIFEN des Serverdokuments festgelegt. Wenn Sie beispielsweise bestimmten Benutzern und Servern den Zugriff auf diesen Server über einen Durchgangsserver verweigern, können diese trotzdem auf den Server zugreifen, wenn sie die Erlaubnis im Abschnitt AUF SERVER ZUGREIFEN des Serverdokuments besitzen. Mehr Informationen zum Thema Durchgangsserver-Zugriffssteuerung erhalten Sie in *Kapitel 5.8.5, Durchgangsserverzugriff*.

Mit dem Befehl AUFZEICHNEN/TRACE CONNECTIONS können Sie testen, ob Sie mit einem Server eine Verbindung herstellen können. Sie erhalten detaillierte Informationen über die Schritte, die zum Aufbau einer Verbindung mit einem Server durchgeführt werden. Sie können diese Funktion auch zur Fehlersuche bei Verbindungsproblemen einsetzen. Um eine Verbindung zu verfolgen, geben Sie den folgenden Befehl an der Konsole ein: `Trace Servername`, oder verwenden Sie den Domino Administrator.

Bei der Notes-Durchgangsaktivitätsprotokollierung werden die Aktivitäten verfolgt, die durch einen Client oder einen Server über eine Durchgangsverbindung generiert werden. Dies umfasst Informationen wie die Anzahl der gesendeten und empfangenen Bytes, die Anzahl der gelesenen und geschriebenen Dokumente, die Anzahl der ausgeführten Transaktionen und die Dauer der Durchgangsverbindung. Es gibt drei Typen von Aktivitäts-Protokollierungsdatensätzen für Durchgangsverbindungen:

- Open-Datensätze, die das Starten einer Durchgangsverbindung protokollieren
- Checkpoint-Datensätze, die Aktivitäten protokollieren, die stattfinden, nachdem eine Durchgangsverbindung während einer festgelegten Zeitdauer geöffnet war
- Close-Datensätze, die die Informationen in einem einzigen Datensatz konsolidieren, wenn eine Durchgangsverbindung beendet wird, z.B. wenn ein Client sich vom Durchgangsserver abmeldet oder die Verbindung zu ihm trennt.

6.5.3 Zeitplanung

Jeder Benutzer kann einen persönlichen Kalender führen und ein Kalenderprofil erstellen, das festlegt, wer auf die Informationen zur freien Zeit des Benutzers zugreifen darf. Ferner geht aus dem Kalender hervor, wann der Benutzer für Besprechungen verfügbar ist. Wenn ein Benutzer andere Benutzer zu einer Besprechung einlädt, sucht das „Freie-Zeit-System“ nach freier Zeit.

Die Kalender- und Zeitplanungsfunktionen basieren auf der Grundlage von Schedule Manager (Sched-Task), Calendar Connector (Calconn-Task) und dem „Freie-Zeit-System“. Wenn Sie Domino auf einem Server installieren, werden die Server-Tasks Sched und Calconn automatisch der Datei *notes.ini* des Servers hinzugefügt. Beim ersten Starten des Servers erstellt der Schedule Manager die Datenbank FREIE ZEIT namens *busytime.nsf* bei Mail-Servern, die nicht Teil eines Clusters sind, bzw. *clubusy.nsf* bei Mail-Servern, die zu einem Cluster gehören. Dabei generiert der Schedule Manager in dieser Datenbank einen Eintrag für jeden Benutzer, der ein Kalenderprofil ausgefüllt hat und dessen Mail-Datei sich auf diesem Server oder auf einem der Server des Clusters befindet.

Wie Sie die Zeitplanung einrichten, hängt vom Standort der Benutzer ab, also davon, ob sie sich in derselben oder in verschiedenen Domino-Domänen befinden, und davon, ob die Benutzer mit anderen Zeitplanungsanwendungen arbeiten, z.B. Lotus Organizer und IBM OfficeVision.

Benutzer in derselben Domino-Domäne

Die Planung wird für die Datenbank FREIE ZEIT mit oder ohne Cluster automatisch eingerichtet. Wenn Sie Benutzern ermöglichen möchten, Ressourcen zu suchen und zu reservieren, richten Sie die Ressourcenreservierungs-Datenbank ein.

Benutzer in benachbarten Domino-Domänen

1. Stellen Sie sicher, dass Sie für die Kommunikation zwischen den Domänen im Domino-Verzeichnis bereits Dokumente einer benachbarten Domäne eingerichtet haben.
2. Klicken Sie in Domino Administrator auf das Register KONFIGURATION/CONFIGURATION.
3. Klicken Sie auf NACHRICHTEN/MESSAGING > DOMÄNEN/DOMAINS. Öffnen Sie anschließend die einzelnen erforderlichen Dokumente einer benachbarten Domäne.
4. Klicken Sie auf das Register KALENDERINFORMATIONEN/CALENDAR INFORMATION, geben Sie einen Wert in dieses Feld ein (siehe *Abbildung 6.32*) und speichern Sie das Dokument.

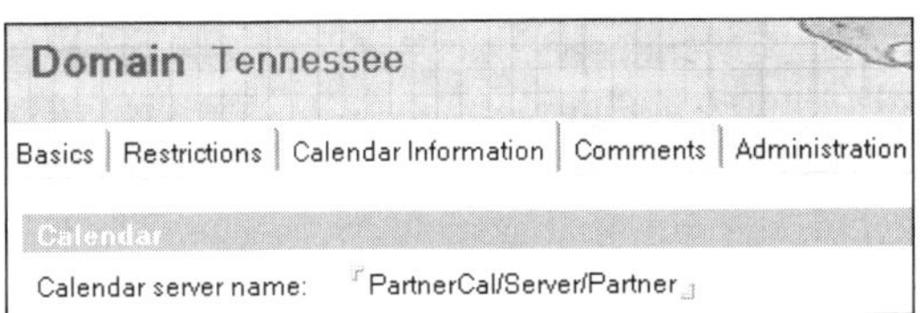

Abbildung 6.32: Angabe des Kalenderservernamens für die benachbarte Domäne

Feld	Eingabe
KALENDERSERVERNAME/ CALENDAR SERVER NAME	Den Namen des Servers in der Nachbardomäne, der alle Zeitplanungsabfragen für diese Domäne akzeptiert und verarbeitet.

5. Richten Sie die Ressourcenreservierungs-Datenbank ein, wenn Sie es Benutzern ermöglichen möchten, Ressourcen zu suchen und zu reservieren.

Benutzer in nicht benachbarten Domino-Domänen

Damit die gegenseitige Suche nach freier Zeit auf zwei nicht benachbarten Domänen funktioniert, müssen Sie einen Kalenderserver in einer Zwischendomäne definieren, die sowohl an die Abfrage- als auch an die Zieldomäne angrenzt.

Für die Suche nach freier Zeit benötigen Sie eine ausreichende Netzwerk-Antwortzeit und direkte LAN-Verbindungen von der Zwischendomäne zu den beiden separaten nicht benachbarten Domänen.

1. Stellen Sie sicher, dass Sie für die Kommunikation zwischen den Domänen im Domino-Verzeichnis bereits Dokumente einer nicht benachbarten Domäne eingerichtet haben.
2. Klicken Sie in Domino Administrator auf das Register KONFIGURATION/CONFIGURATION.

3. Klicken Sie auf NACHRICHTEN/MESSAGING > DOMÄNEN/DOMAINS. Öffnen Sie anschließend die einzelnen erforderlichen Dokumente einer nicht benachbarten Domäne.
4. Klicken Sie auf das Register KALENDERINFORMATIONEN/CALENDAR INFORMATION, geben Sie einen Wert in dieses Feld ein und speichern Sie das Dokument.

Feld	Eingabe
ANFORDERUNGEN ÜBER DIESEN KALENDERSERVER ÜBERTRAGEN/ ROUTE REQUESTS THROUGH CALENDAR SERVER	Den Namen des Kalenderservers, der sich in einer Nachbardomäne der Abfrage- und der Zieldomäne befindet. Dieser Server akzeptiert Abfragen über freie Zeiten von der Quelldomäne und leitet sie an die nicht benachbarte Domäne weiter.

5. Richten Sie die Ressourcenreservierungs-Datenbank ein, wenn Sie es Benutzern ermöglichen möchten, Ressourcen zu suchen und zu reservieren.

6.5.4 Agent-Manager

Agenten sind eigenständige Programme, die eine bestimmte Aufgabe in einer oder mehreren Datenbanken ausführen. Ein Agent führt eine Reihe automatisierter Aufgaben in Übereinstimmung mit einem festgelegten Zeitplan, einem Ereignis oder aufgrund einer Benutzeraufforderung aus. Agenten sind Designelemente, spielen aber für den Benutzer und Administrator eine große Rolle, da er für den Anwender wichtige Aufgaben übernimmt (z.B. über den Out of Office-Agent, der mit Domino 8 auch als Router-Task (SERVICE) verfügbar ist), aber bei falscher Einstellung für den Administrator ein zu lösendes Problem darstellt.

Agenten bieten aus folgenden Gründen bei der Automatisierung am meisten Flexibilität:

- Sie können von Benutzern im Vordergrund ausgeführt werden oder automatisch im Hintergrund laufen.
- Sie sind nicht mit einem bestimmten Gestaltungselement verknüpft.
- Sie können auf einem bestimmten Server, auf mehreren Servern, auf Workstations oder im Web laufen.
- Sie können andere Agenten aufrufen.
- Sie können aus einfachen Aktionen, Formeln, LotusScript oder Java-Programmen bestehen.
- Sie sind leicht verteilbar, da sie repliziert werden können.
- Sie können persönlich oder gemeinsam nutzbar sein.
  - Ein persönlicher Agent wird von demselben Benutzer erstellt und ausgeführt. Ein persönlicher Agent kann von niemandem sonst ausgeführt werden.
  - Ein gemeinsam genutzter Agent wird von einem Benutzer erstellt und kann von anderen Benutzern ausgeführt werden.

Der Agent-Manager unterstützt alle Aspekte der Generierung, Ausführung und Fehlerbehebung von Agenten. Er überprüft die Sicherheit, verwaltet die Zeitplanung von Agenten, überwacht Ereignisse und führt den entsprechenden Agenten aus, wenn die verbundenen Ereignisse stattfinden. Der Agent-Mager läuft als Server-Task im Hintergrund, der die Agenten auf einem Server verwaltet und ausführt. Der Agent-Manager wird auf einem Server standardmäßig ausgeführt. Bei jedem Ausführen eines Agenten werden Serverressourcen beansprucht. Um zu steuern, wann periodische und ereignissensitive Agenten ausgeführt werden, legen Sie Einstellungen im Serverdokument und in der *notes.ini*-Datei fest. Findet sich der Eintrag `amgr` hinter dem Schlüssel `ServerTasks` in der *notes.ini* eines Servers, so wird der Agent-Manager auf diesem Server automatisch ausgeführt. Sollte dies nicht der Fall sein, können Sie den Agent-Manager über den Befehl `load amgr` nachträglich starten.

In der folgenden Tabelle werden zusätzliche `Tell`-Befehle beschrieben, die Sie mit dem Agent-Manager verwenden können.

Befehl	Ergebnis
`Tell Amgr Cancel`	Bricht den gerade aktiven geplanten Agenten ab. Geben Sie durch folgende Argumente an, um welchen Agenten es sich handelt, z.B.: `Tell Amgr Cancel "DatabaseName.nsf" 'AgentName'`. Sie können das `Tell Amgr Schedule`-Kommando benutzen, um festzustellen, welcher geplante Agent gerade aktiv ist.
`Tell Amgr Debug`	Zeigt entweder die gegenwärtigen Debug-Einstellungen für den Agent-Manager an oder lässt das Setzen neuer Parameter zu. Wenn Sie den Befehl nutzen, um neue Debug-Werte zu setzen, können Sie die gleichen Flags nutzen wie beim Setzen in der *notes.ini* durch das Kommando `Debug_AMgr`. Diese Einstellungen werden sofort übernommen, ohne dass Sie den Agent-Manager auf dem Server neu starten müssen.
`Tell Amgr Run`	Starten Sie den Agenten mit den entsprechenden Argumenten, den Sie wie folgt aufrufen können: `Tell Amgr Run "DatabaseName.nsf" 'AgentName'`.
`Tell Amgr Pause`	Setzt die Zeitplanung von Agenten außer Kraft.
`Tell Amgr Resume`	Aktiviert die Zeitplanung von Agenten wieder.
`Tell Amgr Schedule`	Zeigt den Zeitplan aller Agenten an, die für den aktuellen Tag geplant sind. Ferner werden durch diesen Befehl folgende Informationen angezeigt: Auslösertyp des Agenten, die für die Ausführung festgelegte Uhrzeit, Name des Agenten und Name der Datenbank, auf der der Agent läuft. Wenn Sie den Ablaufplan des Agent-Managers prüfen, können Sie sehen, ob ein Agent in einer der Warteschlangen des Agent-Managers wartet. Warteschlangen des Agent-Managers: ▶ `E`: Ausführbare Agenten ▶ `S`: Zur Ausführung geplante Agenten ▶ `V`: Ereignissensitive Agenten, die auf das Eintreten des Ereignisses warten Auslösertypen: ▶ `S`: Ausführung des Agenten ist geplant ▶ `M`: Agent wird von neuer Mail ausgelöst ▶ `U`: Agent wird durch das Erstellen und Ändern von Dokumenten ausgelöst
`Tell Amgr Status`	Dieser Befehl zeigt den momentanen Status der Agent-Manager-Warteschlangen und die Agent-Manager-Einstellungen im Serverdokument an.
`Tell Amgr Quit`	Beendet den Agent-Manager auf einem Server.

Im Serverdokument legen Sie im Register SICHERHEIT/SECURITY fest, wer welche Arten von Agenten ausführen darf. Für Agenten, die in auf Servern gespeicherten Domino-Datenbanken erstellt und ausgeführt oder vom Web aus ausgeführt werden, können Sie so Sicherheitsüberprüfungen einrichten, um unberechtigten Operationen vorzubeugen. Benutzer, die Agenten in Domino-Datenbanken erstellen und ausführen, die lokal auf ihren Workstations gespeichert sind, können jeden Agententyp ohne jegliche Einschränkungen erstellen und ausführen.

Programmability Restrictions	Who can -
Run unrestricted methods and operations:	RUN_UNRESTRICTED_METHODS_AND_OPERATIONS
Sign agents to run on behalf of someone else:	SIGN_AGENTS_TO_RUN_ON_BEHALF_OF_SOMEONE_ELSE
Sign agents to run on behalf of the invoker of the agent:	SIGN_AGENTS_TO_RUN_ON_BEHALF_OF_THE_INVOKER_OF_THE_AGENT
Run restricted LotusScript/Java agents:	
Run Simple and Formula agents:	RUN_SIMPLE_AND_FORMULA_AGENTS
Sign script libraries to run on behalf of someone else:	SIGN_SCRIPT_LIBRARIES
The following settings are obsolete as of Domino 6. They are used for compatibility with prior versions only:	

Abbildung 6.33: Beschränkungen von Agenten im Serverdokument

Um zu steuern, wer Agenten ausführen kann, öffnen Sie das Serverdokument im Adressbuch und klicken auf das Register SICHERHEIT/SECURITY. Legen Sie im Abschnitt EINSCHRÄNKUNG DER PROGRAMMIERBARKEIT/PROGRAMMABILITY RESTRICTIONS die Einschränkungen für die Ausführung von Agenten fest (siehe *Abbildung 6.33*).

Unter der Registerkarte SERVER-TASKS > AGENT MANAGER legen Sie Parameter für den Agent-Manager fest.

Administration Process | Agent Manager | Domain Catalog | Directory Cataloger | Internet Cluster Manager | Web Retriever | Remote Debug Manager

Basics	
Refresh agent cache:	00:00

Daytime Parameters		Nighttime Parameters	
Start time:	08:00	Start time:	20:00
End time:	20:00	End time:	08:00
Max concurrent agents:	1	Max concurrent agents:	2
Max LotusScript/Java execution time:	10 minutes	Max LotusScript/Java execution time:	15 minutes
Note: The following setting only applies to servers running R4.6 and earlier		Note: The following setting only applies to servers running R4.6 and earlier	
Max % busy before delay:	50	Max % busy before delay:	70

Abbildung 6.34: Optionen zur Ausführung des Agent-Managers

Die Steuerung der Ausführung des Agent-Managers unterscheidet sich tagsüber und nachts. Dadurch soll eine Überlastung des Servers, während die Anwender auf dem Server arbeiten, verhindert werden. Sie legen fest, in welchen Zeitspannen Sie eine solche Unterscheidung benötigen, um die Agenten-Aktivität einzuschränken. Sie können einen stark ausgelasteten Agent-Manager beispielsweise entlasten, indem Sie Agenten gleichzeitig ausführen lassen. Ändern Sie hierzu das Feld GLEICHZEITIGE AGENTEN (MAX.)/

MAX CONCURRENT AGENTS. Bei Werten größer als 1 kann mehr als ein Agent gleichzeitig ausgeführt werden. Gültige Werte liegen zwischen 1 und 10. Die Vorgabewerte sind 1 für tagsüber und 2 für nachts. Weitere Optionen zum Agent-Manager können Sie über Einstellungen in der *notes.ini* konfigurieren. Die Parameter und deren Erläuterung finden Sie in *Kapitel 14.3.9, Agent-Manager-Leistung*.

6.5.5 Feiertagsdokumente

Mithilfe von Feiertagsdokumenten kann Ihre Organisation eine zentral verwaltete Dokumentsammlung mit Informationen zu Feiertagen und geplanten Ereignissen unterhalten. Benutzer wählen den Typ der zu importierenden Feiertagsdokumente aus und fügen die Informationen ihren persönlichen Kalendern hinzu. Domino wird mit einer Gruppe vordefinierter Feiertagsdokumente geliefert, die von Ihnen geändert werden können. Sie können auch Feiertagsdokumente hinzufügen, die speziell auf Ihre Organisation abgestimmt sind. Feiertagsdokumente sind im Domino-Verzeichnis gespeichert. Feiertagsdokumente werden nach Gruppennamen kategorisiert. Beispielsweise richten Sie eine Gruppe mit dem Namen VOLLZEIT ein, die die firmenspezifischen Feiertage der Vollzeitmitarbeiter enthält. Die vordefinierten Feiertagsdokumente in Domino haben Gruppennamen, die zu bestimmten Ländern gehören, also z.B. Deutschland, USA oder Italien. Die Gruppen enthalten Dokumente speziell für die Feiertage in einzelnen Ländern. Als Administrator können Sie diese Dokumente ändern oder löschen, um sie den Anforderungen Ihrer Organisation anzupassen. Anschließend können Sie die Benutzer informieren, eine bestimmte Gruppe zu importieren und so sicherzustellen, dass sie über relevante und konsistente Daten verfügen.

Sie können Dokumente einer bestehenden Gruppe hinzufügen, indem Sie diese Gruppe bei Erstellung eines neuen Feiertagsdokuments auswählen. Darüber hinaus können Sie neue Gruppen erstellen, indem Sie einen neuen Gruppennamen in das Feiertagsdokument eingeben. Bedenken Sie, dass Ihre Benutzer Feiertagsdokumente nach Gruppennamen importieren und nicht nach Dokumentnamen. Planen Sie daher, wie Dokumente in Gruppen organisiert werden.

1. Klicken Sie in Domino Administrator auf das Register KONFIGURATION/CONFIGURATION.
2. Klicken Sie auf VERSCHIEDENES/MISCAELANEOUS und dann auf FEIERTAGE/HOLIDAYS. Es erscheint eine Ansicht mit allen vordefinierten Feiertagsdokumenten.

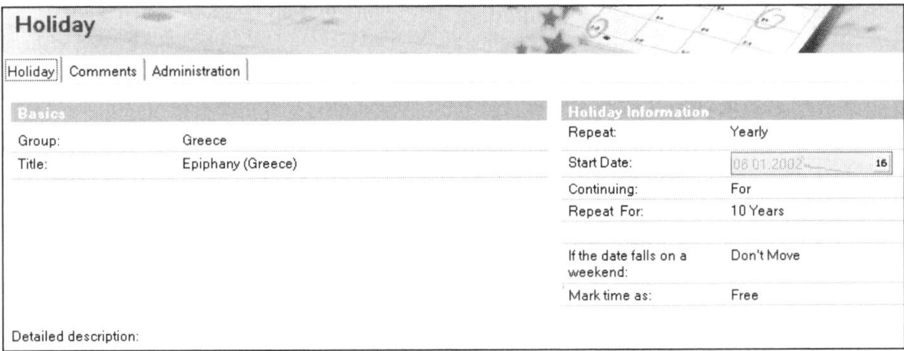

Abbildung 6.35: Einstellungen in einem Feiertagsdokument

Wenn Sie ein bestehendes Feiertagsdokument ändern oder löschen, können Benutzer diese Änderungen nur empfangen, wenn sie einen Import von ihren Mail-Dateien aus durchführen.

3. Klicken Sie auf das entsprechende Feiertagsdokument, um es zu öffnen (siehe *Abbildung 6.35*).
4. Ändern Sie die Felder nach Bedarf.

So erstellen Sie ein Feiertagsdokument:

1. Klicken Sie auf FEIERTAG HINZUFÜGEN/ADD HOLIDAY.
2. Klicken Sie auf das Feld GRUPPE/GROUP und führen Sie einen der folgenden Schritte aus:
   - Wählen Sie eine bereits vorhandene Gruppe aus, die dem Feiertag zugeordnet werden soll.
   - Erstellen Sie eine neue Gruppe, indem Sie einen neuen Gruppennamen eingeben.
3. Geben Sie Werte in diese Felder ein:

Feld	Eingabe
TITEL/ TITLE	Den Namen des Feiertags, z.B. WEIHNACHTEN.
DETAILLIERTE BESCHREIBUNG/ DETAILED DESCRIPTION	Eine Beschreibung des Feiertags, welchen Zweck er hat, wen er betrifft usw. (optional).
WIEDERHOLEN/ REPEAT	Geben Sie an, wie häufig sich der Feiertag wiederholt. ▶ Jährlich (Vorgabewert) ▶ Monatlich nach Datum ▶ Monatlich nach Tag ▶ Benutzerdefiniert
ANFANGSDATUM/ START DATE	Das Datum, an dem die Feiertage beginnen. Dies kann das tatsächliche Datum des Feiertags sein (z.B. der Neujahrstag) oder das Datum, auf das der Beginn der Feiertage festgesetzt wird. Wenn die Mitarbeiter Ihrer Organisation von Juni bis August z.B. jeden zweiten Freitag frei hätten, würden Sie als Startdatum den 1. Juni und als Enddatum den 31. August eingeben, wenn Sie FESTE ANZAHL in das Feld WIEDERHOLUNG eingegeben haben. Dieses Feld steht für alle Wiederholoptionen zur Verfügung, außer für BENUTZERDEFINIERT.
WIEDERHOLUNGSTERMINE/ REPEAT DATES	Das Datum oder die Daten, auf die die Feiertage fallen – z.B. 01.01.2009, 01.02.2003. Dieses Feld ist nur dann aktiviert, wenn Sie BENUTZERDEFINIERT im Feld WIEDERHOLUNG gewählt haben.

Feld	Eingabe
WIEDERHOLUNG/ CONTINUING	Zeitraum, über den der Feiertag wiederholt werden soll. ▶ FESTE ANZAHL: Der Feiertag wird über einen bestimmten Zeitraum wiederholt, der einer bestimmten Anzahl von Monaten oder Jahren entspricht. ▶ BIS ENDDATUM: Der Feiertag wird bis zu einem bestimmten Datum wiederholt. Dieses Feld steht für alle Wiederholoptionen zur Verfügung, außer für BENUTZERDEFINIERT.
WIEDERHOLUNGEN/ BIS ENDDATUM/ REPEAT FOR/REPEAT UNTIL	Wenn FESTE ANZAHL in das Feld WIEDERHOLUNG eingegeben wurde, wählen Sie die Anzahl der Jahre oder Monate (abhängig von Ihrer Auswahl im Feld WIEDERHOLEN) aus, über die der Feiertag wiederholt werden soll. Wenn Sie in das Feld WIEDERHOLUNG die Auswahl BIS ENDDATUM eingeben, wählen Sie das Datum, bis zu dem der Feiertag wiederholt werden soll. Dieses Feld steht für alle Wiederholoptionen zur Verfügung, außer für BENUTZERDEFINIERT.
WIEDERHOLUNGSINTERVALL/ REPEAT INTERVAL	Geben Sie in Monaten und Tagen an, wie oft der Feiertag wiederholt werden soll. Dieses Feld ist nur verfügbar, wenn Sie im Feld WIEDERHOLEN entweder MONATLICH NACH TAG oder MONATLICH NACH DATUM ausgewählt haben.
WENN DAS DATUM AUF EIN WOCHENENDE FÄLLT/ IF THE DATE FALLS ON A WEEKEND	Wählen Sie, auf welchen Tag ein Feiertag verschoben werden soll, falls er auf ein Wochenende (Samstag oder Sonntag) fällt. Dieses Feld ist für alle Optionen WIEDERHOLEN verfügbar, außer für MONATLICH NACH TAG und BENUTZERDEFINIERT.
ZEIT VERBUCHEN ALS/ MARK TIME AS	Wählen Sie BELEGT oder FREI. Diese Einstellung legt fest, ob dieser Feiertag im Benutzerkalender als belegte oder freie Zeit eingetragen wird.

4. Klicken Sie auf SPEICHERN UND SCHLIESSEN/SAVE & CLOSE.

   Die Verfügbarkeit einiger der in dieser Tabelle beschriebenen Felder richtet sich nach der Auswahl in vorhergehenden Feldern.

6.6 Replizierung

Replizierung und Mail-Routing stellen die wichtigsten Aufgaben dar, die ein Domino-System im Unternehmen wahrnimmt. Aus diesem Grund ist in diesen Bereichen besondere Sorgfalt bei der Einrichtung und Dokumentation an den Tag zu legen. Auch ein abgestimmtes Change Management gehört dazu. Nichts ist ärgerlicher als ein geändertes Verbindungsdokument, das Probleme macht, ohne dass irgendjemand weiß, warum es verändert wurde. Solch ein Beispiel zeigt, dass unangekündigte und unkommunizierte Changes (bzw. unzureichende Informationen) die meisten Probleme im produktiven Umfeld ausmachen.

6.6.1 Replizierung einrichten

Damit eine Replizierung zwischen zwei Servern stattfinden kann, müssen Sie ein Verbindungsdokument erstellen, in dem festgelegt ist, wann und wie die Replizierung durchgeführt werden soll. Verbindungsdokumente sind im Domino-Verzeichnis gespeichert. Verwenden Sie nur so viele Verbindungsdokumente wie nötig. Das Erstellen nicht benötigter Verbindungsdokumente erhöht die Verkehrslast im Netz und führt zu Wartezeiten.

Sowohl Mail-Routing als auch die Replizierung sind standardmäßig aktiviert. Sie können jedoch diese Einstellung ändern und jede Funktion mithilfe verschiedener Verbindungsdokumente planen. Auf diese Weise können Sie die Uhrzeiten, Zeiträume und Wiederholungsintervalle getrennt für Replizierung und Mail-Routing steuern und die entsprechenden Werte Ihren Vorstellungen gemäß ändern. Wie Sie Server für die Replizierung verbinden, hängt vom Standort der Server ab. Sie können Server für die Replizierung über ein LAN oder über eine nur zeitweise aktive serielle Leitung verbinden, wie beispielsweise bei einer Wählverbindung mit Modem oder einer RAS-Verbindung. Darüber hinaus können Sie für die Replizierung Durchgangsserver verwenden.

Eine Replizierung über das Internet wird auf die gleiche Weise wie mit einem LAN unter Verwendung von TCP/IP durchgeführt. Der Domino Server muss sich in derselben Notes-Domäne wie der Domino Server, mit dem er replizieren soll, befinden. Ist dies nicht der Fall, muss Ihr Server ein Zertifikat mit dem anderen Server gemeinsam haben. Planen Sie so, dass jeweils nur ein Server das Anrufen übernimmt.

1. Folgende Voraussetzungen müssen erfüllt sein:
   - Sie haben ein Verbindungsdokument zum Verbinden der einzelnen Serverpaare erstellt.
   - Das Domino-Verzeichnis muss korrekt repliziert werden.
2. Geben Sie im Register ALLGEMEIN/BASICS Werte in die folgenden Felder ein:

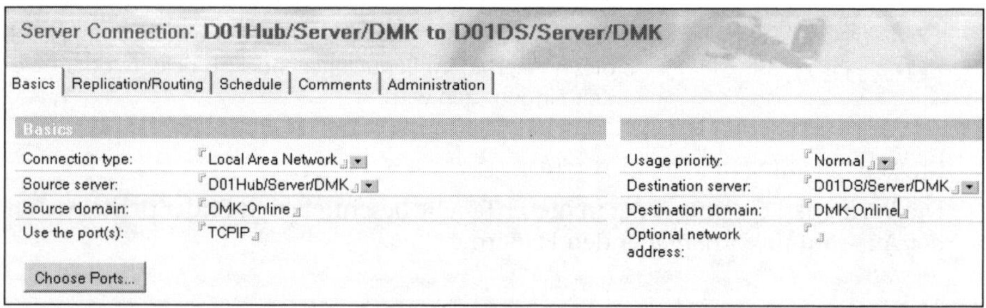

Abbildung 6.36: Allgemeine Einstellungen zur Replizierung

Feld	Eingabe
BENUTZUNGSPRIORITÄT/ USAGE PRIORITY	Wählen Sie NORMAL, um zu erzwingen, dass der Server die Netzwerkinformationen des aktuellen Verbindungsdokuments für den Verbindungsaufbau verwendet.
QUELLSERVER/ SOURCE SERVER	Name des anrufenden Servers
QUELLDOMÄNE/ SOURCE DOMAIN	Name der Domäne des anrufenden Servers

Feld	Eingabe
BENUTZTE ANSCHLÜSSE/ USE THE PORT(S)	Name des Netzwerkanschlusses (oder des Protokolls), den/das der anrufende Server benutzt. Wenn Sie den eigentlichen Anschluss für den LAN-Verbindungsaufbau nicht selbst angeben möchten, sondern Domino diesen Anschluss selbstständig ermitteln soll, geben Sie im Feld BENUTZTE ANSCHLÜSSE im LAN-Verbindungsdokument keinen Anschluss an. Domino verwendet dann alle vorliegenden Informationen einschließlich der aktivierten LAN-Anschlüsse sowie aller aktivierten bzw. deaktivierten Verbindungsdokumente, um den geeignetsten Pfad zum Herstellen einer Verbindung mit dem anderen Server zu ermitteln.
ZIELSERVER/ DESTINATION SERVER	Name des antwortenden Servers. Sie können auch den Namen einer Gruppe angeben, die Servernamen enthält, damit der Quellserver mit jedem der in der angegebenen Gruppe aufgeführten Server repliziert. Wenn Sie beispielsweise LOCALDOMAINSERVERS als Zielserver angeben, repliziert der Quellserver mit allen Servern in der Gruppe LOCALDOMAINSERVERS.
ZIELDOMÄNE/ DESTINATION DOMAIN	Name der Domäne des antwortenden Servers.

3. Klicken Sie auf das Register REPLICATION/ROUTING bzw. ROUTING/REPLIZIERUNG und geben Sie dann Werte in die folgenden Felder ein:

Basics | Replication/Routing | Schedule | Comments | Administration

Replication		Routing	
Replication task:	Enabled	Routing task:	Mail Routing
Replicate databases of:	Low & Medium & High priority	Route at once if:	1 messages pending
Replication type:	Pull Push	Routing cost:	1
Files/Directory paths to replicate:	(all if none specified)	Router type:	Push Only
Files/Directory paths to NOT replicate:			
Replication time limit:	minutes		

Abbildung 6.37: Detaillierte Einstellungen zur Replizierung

Feld	Eingabe
REPLIZIERUNGSFUNKTION/ REPLICATION TASK	Wählen Sie AKTIVIERT/ENABLED.
DATENBANKEN REPLIZIEREN MIT DER PRIORITÄT/ REPLICATE DATABASES OF PRIORITY	Wählen Sie einen der folgenden Werte der Schlüsselwörter aus: ▶ HIGH ▶ MEDIUM & HIGH ▶ LOW & MEDIUM & HIGH (Vorgabe)
REPLIZIERUNGSTYP/ REPLICATION TYPE	Wählen Sie einen der folgenden Werte aus: ▶ PULL-PULL ▶ PULL-PUSH (Vorgabe) ▶ PULL ONLY ▶ PUSH ONLY

Feld	Eingabe
Zu replizierende Dateien/ Verzeichnisse/ Files/Directories to Replicate	Die Namen bestimmter Datenbanken oder Datenbankverzeichnisse, die Sie replizieren möchten. Trennen Sie die Einträge durch Semikola (;) voneinander und geben Sie die Namen ein, wie sie auf dem anrufenden Server existieren. Befindet sich die Datenbank in einem Unterverzeichnis des Datenverzeichnisses, müssen Sie den Pfad ausgehend vom Data-Verzeichnis mit angeben. Um alle Dateien innerhalb eines Verzeichnisses und aller entsprechenden Unterverzeichnisse festzulegen, geben Sie den Verzeichnisnamen ausgehend vom Data-Verzeichnis an. Verwenden Sie dabei den Verzeichnisschrägstrich, z.B. OST\. Sie können keine Platzhalter verwenden (*).
Zeitlimit für Replizierung/ Replication Time Limit	Zeit in Minuten, nach der die Replizierung abgeschlossen sein muss.

4. Klicken Sie auf das Register Zeitplan/Schedule und geben Sie dann Werte in die folgenden Felder ein:

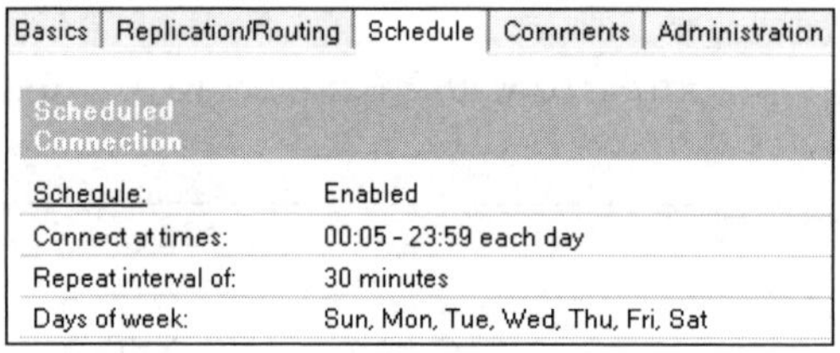

Basics | Replication/Routing | Schedule | Comments | Administration

Scheduled Connection

Schedule:	Enabled
Connect at times:	00:05 - 23:59 each day
Repeat interval of:	30 minutes
Days of week:	Sun, Mon, Tue, Wed, Thu, Fri, Sat

Abbildung 6.38: Zeitplanung für die Replizierung einrichten

Feld	Eingabe
Zeitplan/ Schedule	Wählen Sie Enabled.
Anrufzeiten/ Call at times	Die Uhrzeiten, zwischen denen die Replizierung jeden Tag ausgeführt werden soll (beispielsweise 8.00 – 22.00 Uhr).
Wiederholungsintervall/ Repeat interval of	Die Anzahl der Minuten zwischen den Replizierungsversuchen. Der Vorgabewert ist 360 Minuten.
Wochentage/ Days of week	Die Wochentage, an denen dieser Replizierungszeitplan verwendet werden soll. Der Vorgabewert ist So, Mo, Di, Mi, Do, Fr, Sa.

Replizierungspriorität

Datenbankmanager weisen Datenbanken eine Replizierungspriorität zu, damit Domino-Administratoren einen Plan für die Replizierungen der Datenbanken nach Priorität erstellen können. Planen Sie beispielsweise ein, dass Datenbanken mit hoher Priorität, die für den Betrieb eine wichtige Rolle spielen (wie z.B. das Domino-Verzeichnis), häufig repliziert werden. Dementsprechend könnten Datenbanken mit niedriger Priorität außerhalb der Bürozeiten repliziert werden.

Um die Datenbankreplizierung nach Priorität zu planen, bearbeiten Sie wie oben aufgeführt im Verbindungsdokument das Feld FILES/DIRECTORIES TO REPLICATE. Die Standardeinstellung lautet LOW & MEDIUM & HIGH, d.h., dass Domino alle Datenbanken automatisch repliziert, die auf zwei Servern zugleich gespeichert sind.

Wenn zwei Repliken unterschiedliche Prioritäten aufweisen, bezieht sich Domino auf die Replik des Servers, der die Replizierung veranlasst hat. Wenn Sie für Datenbanken eine Replizierung nach Priorität planen und eine bestimmte Datenbank zu selten repliziert wird, sollten Sie den Datenbankmanager anweisen, die Prioritätsstufe dieser Datenbank heraufzusetzen.

Zu replizierende Dateien/Verzeichnisse definieren

Standardmäßig repliziert Domino alle Datenbanken, die auf zwei Servern zugleich vorhanden sind. Um nur bestimmte Datenbanken zu replizieren, müssen Sie im Verbindungsdokument das Feld ZU REPLIZIERENDE DATEIEN/VERZEICHNISSE bearbeiten. Tragen Sie in dieses Feld die Namen der zu replizierenden Datenbanken oder ihrer Verzeichnisse ein. Trennen Sie die Einträge durch Semikola (;). Legen Sie die Namen so fest, wie sie auf dem anrufenden Server abgelegt sind.

Um eine einzelne Datenbank festzulegen, geben Sie den Namen der Datenbank einschließlich der Erweiterung *.nsf* ein. Befindet sich die Datenbank in einem Unterverzeichnis des Data-Verzeichnisses, müssen Sie den Pfad ausgehend vom Datenverzeichnis mit angeben, z.B. *vertrieb\faktura.nsf*. Um alle Dateien innerhalb eines Verzeichnisses und aller entsprechenden Unterverzeichnisse festzulegen, geben Sie den Verzeichnisnamen ausgehend vom Data-Verzeichnis an. Verwenden Sie dabei den Verzeichnisschrägstrich, z.B. *PartnerXY*. Sie können keine Platzhalter verwenden (*).

Lautet der im Verbindungsdokument ausgewählte Replizierungstyp PULL-PULL, kann nur der anrufende Server die festgelegten Datenbanken während der Replizierung empfangen. Der andere Server empfängt nach wie vor alle Datenbanken, über die er gemeinsam mit dem anrufenden Server verfügt.

Beschränkung der Replizierungszeit

Durch die Beschränkung der Replizierungszeit eines Servers werden ausgedehnte Replizierungssitzungen verhindert, sodass die Kosten der Replizierung mit Servern an Remote-Standorten begrenzt werden können. Wenn beispielsweise eine Remote-Verbindung per Telefon erforderlich ist und die Replizierung der Datenbank lange dauert, sollten Sie ein Zeitlimit für die Dauer der Replizierung einstellen.

Sie können die Zeit begrenzen, innerhalb derer ein Server replizieren muss, indem Sie in das Feld ZEITLIMIT FÜR REPLIZIERUNG/REPLICATION TIME LIMIT im Verbindungsdokument einen Wert eingeben. Wenn dieses Feld einen Wert enthält und die Replizierung in der angegebenen Zeit nicht abgeschlossen wurde oder der Server abstürzt, kann die Replizierung beim nächsten Mal dort beginnen, wo sie unterbrochen wurde. Wenn das Feld ZEITLIMIT FÜR REPLIZIERUNG/REPLICATION TIME LIMIT leer ist, verwendet Domino so viel Zeit wie nötig zum Abschließen des Replizierungsvorgangs. Gehen Sie dabei mit Fingerspitzengefühl vor: Ist der Wert zu niedrig, bleibt den Datenbanken nicht genügend Zeit, die Replizierung abzuschließen. Die Replizierung endet mit dem Ablauf des Zeitlimits, unabhängig davon, wie wenig Ergebnisse, falls überhaupt, erzielt wurden. In der Protokolldatei (*log.nsf*) wird eine Mitteilung aufgezeichnet, die darauf hinweist, dass eine Beendigung stattgefunden hat, die Replizierung jedoch erfolgreich verlief. Das Replizierprotokoll wird nicht aktualisiert, sodass die nächste Replizierung nach dem letzten abgeschlossenen Replizierereignis erfolgt.

Um die Replizierungszeit für alle Server zu begrenzen, bearbeiten Sie die Datei *notes.ini* und fügen die Einstellung `ReplicationTimeLimit` ein. Dieser Schlüssel gibt ein Zeitlimit für die Replizierung zwischen zwei Servern in Minuten an. Wenn diese Einstellung nicht in der Datei *notes.ini* enthalten ist, besteht kein Zeitlimit.

Die entsprechende Einstellung findet sich wie oben bereits erwähnt im Feld REPLICATION TIME LIMIT im Register REPLICATION/ROUTING des Verbindungsdokuments im Domino-Verzeichnis.

Datenbankspezifische Replizierung

Sie können die Replizierung einer einzelnen Datenbank aktivieren oder deaktivieren. Oder wenn Sie Domino Administrator verwenden, können Sie die Replizierung mehrerer Datenbanken gleichzeitig deaktivieren und aktivieren. Sie können die Replizierung einer oder mehrerer Datenbank(en) deaktivieren, um beispielsweise während einer Fehlersuche nicht zu replizieren. Aktivieren Sie die Replizierung wieder, nachdem Sie das Problem gelöst haben. So deaktivieren Sie die Replizierung einer Datenbank:

1. Öffnen Sie die Datenbank und wählen Sie DATEI/FILE > REPLIZIERUNG/REPLICATION > OPTIONEN FÜR DIESE ANWENDUNG/OPTIONS FOR THIS APPLICATION.
2. Wählen Sie ANDERE/OTHER.
3. Wählen Sie REPLIZIERUNG DIESER REPLIK VORÜBERGEHEND DEAKTIVIEREN/TEMPORARILY DISABLE REPLICATION und klicken Sie auf OK (siehe *Abbildung 6.39*).

Um die Replizierung erneut zu aktivieren, wiederholen Sie dieses Verfahren, deaktivieren Sie jedoch in Schritt 3 die Option REPLIZIERUNG DIESER REPLIK VORÜBERGEHEND DEAKTIVIEREN/TEMPORARILY DISABLE REPLICATION.

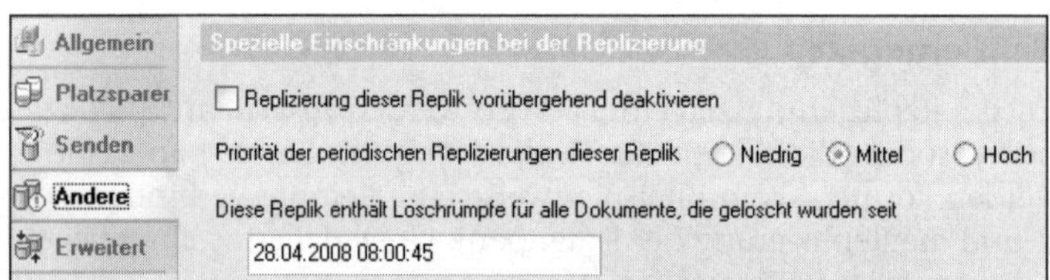

Abbildung 6.39: Deaktivieren der Replizierung über die Replizierparameter

So deaktivieren Sie die Replizierung mehrerer Datenbanken:

1. Wählen Sie in Domino Administrator im Serverfenster links den Server aus, auf dem die Datenbanken gespeichert sind. Um das Serverfenster zu erweitern, klicken Sie auf das Serversymbol im Serverfenster.
2. Wählen Sie das Register DATEIEN/FILES aus.
3. Wählen Sie die Datenbanken aus, für die Sie die Replizierung deaktivieren möchten.
4. Wählen Sie im Werkzeugfenster rechts die Option ANWENDUNG/APPLICATION > REPLIZIERUNG/REPLICATION. Sie können die ausgewählten Datenbanken auch auf das Replizierungswerkzeug ziehen.

5. Wählen Sie DEAKTIVIEREN/DISABLE und klicken Sie anschließend auf OK.

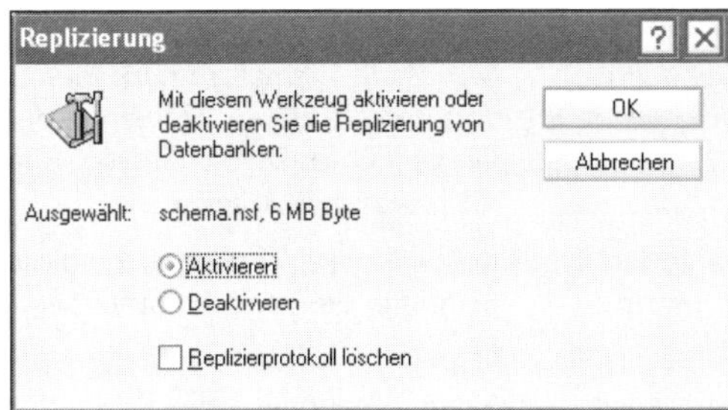

Abbildung 6.40: Deaktivieren der Replizierung mehrerer Datenbanken über den Administrator Client

Um die Replizierung erneut zu aktivieren, wiederholen Sie das Verfahren, wählen jedoch in Schritt 5 AKTIVIEREN/ENABLE.

6.6.2 Serverzugriff für eine korrekte Datenbankreplizierung

Sie fügen der Datenbank-ACL die Namen von Servern auf dieselbe Weise hinzu wie die Namen von Personen. Die einem Server in einer ACL zugewiesene Zugriffsebene legt fest, welche Änderungen von diesem Server repliziert werden können. In der nachfolgenden Tabelle werden die Zugriffsebenen des Serverzugriffs von der höchsten bis zur niedrigsten Ebene beschrieben.

Zugriffsebene	Ermöglicht einem Server, diese Änderungen zu senden	Zuweisen an
MANAGER	▶ ACL-Einstellungen ▶ Verschlüsselungseinstellungen einer Datenbank ▶ Replizierparameter ▶ Alle Elemente, die bei einer niedrigeren Zugriffsebene möglich sind	Server, die Sie als Quelle für ACL-Änderungen verwenden möchten. Gewähren Sie diesen Zugriff aus Gründen der Datenbanksicherheit so wenigen Servern wie möglich. Weisen Sie bei einer Hub-and-Spoke-Serverkonfiguration dem Hubserver in der Regel Managerzugriff zu.
ENTWICKLER	▶ Gestaltungselemente ▶ Alle Elemente, die bei einer niedrigeren Zugriffsebene möglich sind	Server, die Sie als Quelle für Gestaltungsänderungen verwenden möchten. Weisen Sie stattdessen Managerzugriff zu, wenn Sie möchten, dass ein Server die ACL- und Gestaltungsänderungen steuern soll.
EDITOR	▶ Alle neuen Dokumente ▶ Alle Dokumentänderungen	Server, die die Benutzer lediglich zum Hinzufügen und Ändern von Dokumenten verwenden. Weisen Sie bei einer Hub-and-Spoke-Konfiguration den Spokeservern in der Regel Editorzugriff zu.
AUTOR	▶ Neue Dokumente	Keine Server. Verwenden Sie diesen Zugriff in der Regel nicht für Server.

Zugriffsebene	Ermöglicht einem Server, diese Änderungen zu senden	Zuweisen an
LESER	▶ Keine Änderungen. Der Server kann Änderungen nur lesen.	Server, die niemals Änderungen vornehmen sollten. Servern in der Gruppe OTHERDOMAINSERVERS wird oft Lesezugriff zugewiesen.
EINLIEFERER	▶ Neue Dokumente. Verhindert auch, dass der Server Informationen abruft.	Keine Server. Verwenden Sie diesen Zugriff in der Regel nicht für Server.
KEIN ZUGRIFF	▶ Keine Änderungen. Verhindert auch, dass der Server Informationen abruft.	Server, denen Sie keinen Zugriff zuweisen möchten. Servern in der Gruppe OTHERDOMAINSERVERS wird manchmal KEIN ZUGRIFF zugewiesen.

In der Zugriffskontrollliste einer Datenbank, die nicht repliziert, sollte mindestens ein Server angegeben sein, der als Administrationsserver für die Datenbank verwendet wird. So kann der Administrationsprozess auf einem Server zum Aktualisieren von Namen in der Zugriffskontrollliste verwendet werden, wenn sich im Unternehmen Namen ändern.

Zugriffsebenenberechtigungen

Für jede Zugriffsebene können Sie die folgenden Optionen aktivieren oder deaktivieren:

- DOKUMENTE ERSTELLEN/CREATE DOCUMENTS
- DOKUMENTE LÖSCHEN/DELETE DOCUMENTS
- PERSÖNLICHE AGENTEN ERSTELLEN/CREATE PERSONAL AGENTS
- PERSÖNLICHE ORDNER/ANSICHTEN ERSTELLEN bzw. CREATE PERSONAL FOLDERS/VIEWS
- GEMEINSAME ORDNER/ANSICHTEN ERSTELLEN bzw. CREATE SHARED FOLDERS/VIEWS
- LOTUSSCRIPT/JAVA-AGENTEN ERSTELLEN bzw. CREATE LOTUSSCRIPT/JAVA AGENTS
- ÖFFENTLICHE DOKUMENTE LESEN/READ PUBLIC DOCUMENTS
- ÖFFENTLICHE DOKUMENTE SCHREIBEN/WRITE PUBLIC DOCUMENTS
- DOKUMENTE REPLIZIEREN ODER KOPIEREN/REPLICATE OR COPY DOCUMENTS

Aktivieren Sie für Server im Allgemeinen alle Optionen, die die aktivierte Zugriffsebene zulässt. Dies garantiert, dass der Server Zugriffsrechte hat, die so hoch sind wie die von Benutzern. So kann er alle Benutzeränderungen replizieren. Um zu verhindern, dass bestimmte Änderungen repliziert werden, ohne dass die Optionen für die einzelnen Benutzer deaktiviert werden, können Sie eine bestimmte Zugriffsoption für einen Servereintrag in der ACL deaktivieren. Um beispielsweise zu verhindern, dass alle Dokumentlöschungen in einer Datenbank auf einem bestimmten Server repliziert werden, deaktivieren Sie die Option DOKUMENTE LÖSCHEN/DELETE DOCUMENTS im ACL-Eintrag dieses Servers. Wenn dann Benutzer mit dem Zugriff DOKUMENTE LÖSCHEN/DELETE DOCUMENTS in der ACL Dokumente löschen, werden die Löschungen nicht repliziert.

6.6.3 Replizierungszeiten planen

Sofern möglich, sollten die Replizierungen zu Uhrzeiten stattfinden, zu denen das Netz weniger belastet ist, beispielsweise vor oder nach den Bürozeiten oder während der Mittagspausen. Sie können die Replizierung zwischen Servern auf bestimmte Zeitpunkte oder auf Zeiträume mit Wiederholungsintervallen einstellen. Wenn Sie die Replizierung auf einen Zeitraum einstellen, stellen Sie sicher, dass die Server mehrmals am Tag Informationen austauschen. Sobald der Server eine Verbindung aufgebaut hat, wartet er so lange, wie im Verbindungsdokument im Feld WIEDERHOLUNGSINTERVALL/REPEAT INTERVAL OF angegeben ist, bevor er den anderen Server erneut anruft. Angenommen, in einem Verbindungsdokument ist festgelegt, dass ein Server den zweiten Server in Abständen von 120 Minuten anruft. Wenn Server1 eine Verbindung aufgebaut und mit Server2 um 8.30 Uhr erfolgreich repliziert hat, führt er den nächsten Anruf erst um 10.30 Uhr aus.

Beim Planen der Replizierung auf Servern in verschiedenen Ländern sollten Sie auch die unterschiedlichen Zeitzonen berücksichtigen. Ziel dabei ist, Dokumente zu replizieren, die während der Bürozeiten der einzelnen Zeitzonen erstellt wurden, und die Replizierung für eine Zeit mit niedriger Verkehrslast zu planen. Um beispielsweise eine Replizierung zwischen einem Server in New York und einem Server in Deutschland zu planen, sollten Sie eine Uhrzeit zwischen 0.00 und 6.00 Uhr MEZ wählen, um die Bürozeiten in New York zu berücksichtigen, welche sechs Stunden hinter der mitteleuropäischen Zeit liegen.

Replizierungen auf eine bestimmte Uhrzeit einstellen

Halten Sie sich an bestimmte Uhrzeiten, wenn Sie die Replizierung von Datenbanken mit niedriger Priorität planen oder wenn bereits wenige tägliche Aktualisierungen der Datenbanken ausreichen oder wenn Sie sicher sind, dass der Verbindungsaufbau nach nur wenigen Versuchen erfolgreich ist, z.B. bei verschiedenen Netzwerken an einem Standort. Datenbanken mit niedriger Priorität können Sie nachts replizieren, wenn die Verbindungsgebühren niedrig sind oder das System nicht so stark belastet ist.

Geben Sie im Verbindungsdokument eine bestimmte Uhrzeit in das Feld ZU BESTIMMTEN ZEITEN VERBINDEN/CALL AT TIMES ein, z.B. 8.00 Uhr. Geben Sie als Wiederholungsintervall 0 ein, da die Verbindung nicht für einen bestimmten Zeitraum eingerichtet wird. Der Server versucht einen Verbindungsaufbau um 8.00 Uhr. Falls der Verbindungsaufbau nicht erfolgreich war, versucht er es eine Stunde lang erneut. Unabhängig davon, ob der Anruf erfolgreich war, erfolgt der nächste Anruf erst wieder um 8.00 Uhr am nächsten Morgen.

Sie können in einer Hub-and-Spoke-Topologie mit versetzten Zeitplänen arbeiten. Sie können z.B. für den ersten Server einen Replizierungszeitraum von 8.00 bis 10.00 festlegen, für den zweiten von 8.05 bis 10.05. Sie können auch einen einfachen Rotationsplan für einen Hubserver und dessen Spokes festlegen, der, wann immer es sinnvoll ist, eine Replizierung ausführen lässt. Dadurch werden alle Daten vom Hub aus schnell verteilt.

Replizierungen anhand einer Liste mit Anrufzeiten planen

Verwenden Sie eine Liste mit Anrufzeiten, wenn Sie die Replizierung von Datenbanken mit niedriger oder mittlerer Priorität planen oder wenn nur wenige tägliche Aktualisierungen der Datenbanken ausreichen oder wenn Sie sicher sind, dass der Verbindungsaufbau nach nur wenigen Versuchen erfolgreich ist, z.B. bei verschiedenen Netzwerken an einem Standort.

Geben Sie im Verbindungsdokument eine Liste mit bestimmten Uhrzeiten in das Feld ZU BESTIMMTEN ZEITEN VERBINDEN/CALL AT TIMES ein, z.B. 8.00, 13.00 und 16.00 Uhr. Geben Sie als Wiederholungsintervall 0 ein, da die Verbindung nicht für einen bestimmten Zeitraum eingerichtet wird. Der Server ruft dann zur ersten angegebenen Uhrzeit an (8.00 Uhr). Wenn die Verbindung nicht erfolgreich war, versucht es der Server eine Stunde lang erneut bis maximal 9.00 Uhr. Unabhängig davon, ob eine Verbindung hergestellt wird, wird der nächste Anruf zur nächsten angegebenen Zeit ausgeführt (13.00). Wenn der Anruf nicht erfolgreich verlief, versucht es der Server maximal eine Stunde lang bis 14.00 Uhr erneut. Dieser Vorgang wiederholt sich zu jeder von Ihnen eingetragenen Uhrzeit.

Sie können unterschiedliche Replizierungspläne für verschiedene Wochentage erstellen. Geben Sie im Verbindungsdokument die Tage an, zu denen die Replizierung ausgeführt werden soll. Sie können beispielsweise zwei Verbindungsdokumente erstellen: eines, in dem Replizierungen montags bis freitags, und ein anderes, in dem Replizierungen samstags und sonntags vorgesehen sind.

Replizierungen für einen Zeitraum mit Wiederholungsintervallen einstellen

Legen Sie beim Planen der Replizierung von Datenbanken mit hoher Priorität einen Zeitraum fest. Geben Sie im Verbindungsdokument einen Zeitraum in das Feld ZU BESTIMMTEN ZEITEN VERBINDEN/CALL AT TIMES und die gewünschte Anzahl Minuten in das Feld WIEDERHOLUNGSINTERVALL/REPEAT INTERVAL OF ein, z.B. 8.00 – 17.00 Uhr in das Feld ZU BESTIMMTEN ZEITEN VERBINDEN/CALL AT TIMES und 120 Minuten in das Feld WIEDERHOLUNGSINTERVALL/REPEAT INTERVAL OF.

Wenn der erste Anruf um 8.00 Uhr ohne Erfolg verläuft, unternimmt der Server regelmäßig neue Versuche, bis eine Verbindung erfolgreich aufgebaut wird und eine Replizierung stattfindet. Wenn der Server keine Verbindung erhält, versucht er es bis zum Ablauf des Zeitraums (bis 17.00 Uhr). Wenn der Server erfolgreich repliziert, ruft er 120 Minuten nach Beendigung des letzten Anrufs erneut an.

Replizierungen für einen Zeitraum ohne Wiederholungsintervalle einstellen

Zur Replizierung von Datenbanken mittlerer und niedriger Priorität sollten Sie einen Zeitraum ohne Wiederholungsintervalle festlegen. Sie sollten einen Zeitraum ohne Wiederholungsintervall auch verwenden, wenn tägliche Aktualisierungen der Datenbanken ausreichen oder wenn Sie sicher sind, dass ein längerer Zeitabschnitt für Wiederholungen notwendig ist, beispielsweise wenn Ihre Telefonleitungen häufig belegt sind und definitiv mehrere Versuche für den Verbindungsaufbau erforderlich sind. Geben Sie im Verbindungsdokument einen Zeitraum in das Feld ZU BESTIMMTEN ZEITEN VERBINDEN/CALL AT TIMES ein, z.B. 8.00 – 17.00 Uhr. Geben Sie als Wiederholungsintervall 0 ein. Der Server führt den ersten Anruf zu Beginn des Zeitraums (8.00 Uhr) aus. Wenn keine Verbindung zustande kommt, versucht es der Server immer wieder.

Mit jedem erfolglosen Versuch nimmt der Zeitabstand zwischen den einzelnen Anrufversuchen zu. Der Server wiederholt den Anruf über den gesamten Zeitraum oder so lange, bis er eine Verbindung erhält. Nach einem gescheiterten Anruf versucht es der Server in regelmäßigen Abständen über den gesamten Zeitraum erneut. Nach einem erfolgreichen Austausch der Informationen ruft er jedoch nicht erneut an.

6.6.4 Repliken auf Servern erstellen

Sie können eine der folgenden Methoden zum Erstellen von Repliken verwenden:

- Sie können den Administrationsprozess zum Erstellen von Repliken mehrerer Datenbanken auf mehreren Zielservern verwenden.
- Sie können eine Replik einer Datenbank manuell erstellen, wenn Sie keinen Zugriff auf Domino Administrator haben oder wenn Sie die Replizierungs- und andere Parameter beim Erstellen der Replik ändern möchten.

Wenn Sie eine Replik manuell oder mit dem Administrationsprozess erstellen, können Sie zum Laden der Replik mit Daten die periodische Replizierung verwenden und müssen die Replizierung nicht sofort ausführen. Neue Repliken ohne geladene Daten heißen Replikrümpfe. Wenn der Administrationsprozess einen Replikrumpf erstellt, ist dies ein Platzhalter-Replikrumpf, d.h., jeder beliebige Server, nicht nur der Server, mit dem der Replikrumpf erstellt wurde, kann den Replikrumpf mit Daten laden. Wenn es mehrere Repliken einer Datenbank gibt, wird der Platzhalter-Replikrumpf voraussichtlich schneller mit Daten geladen, als wenn dazu nur der Server verwendet werden könnte, der die Replik erstellt.

Repliken mit dem Administrationsprozess erstellen

Über den Domino Administrator können Sie den Administrationsprozess zum Erstellen einer oder mehrerer Repliken verwenden. Sie können Repliken auf dem Server in derselben Notes-Domäne oder in einer anderen erstellen. Sie sollten sicherstellen, dass Verbindungsdokumente vorhanden sind, um die Replizierung zwischen den Quell- und Zielservern zu planen.

1. Wenn Sie eine Replik auf einem Zielserver in einer anderen Domäne erstellen, vergewissern Sie sich, dass
   - sich in der Datenbank ADMINISTRATIONSANFORDERUNGEN (*admin4.nsf*) auf dem Quellserver ein ausgehendes domänenübergreifendes Konfigurationsdokument befindet, mit dem vom Administrationsprozess die Anforderung REPLIK ERSTELLEN an den Zielserver exportiert werden kann.
   - sich in der Datenbank ADMINISTRATIONSANFORDERUNGEN (*admin4.nsf*) auf dem Zielserver ein eingehendes domänenübergreifendes Konfigurationsdokument befindet, mit dem vom Administrationsprozess die Anforderungen REPLIK ERSTELLEN von der Domäne des Quellservers importiert werden kann.
   - für Mails aktivierte Verbindungsdokumente vorhanden sind, anhand derer der Quellserver Mails an mindestens einen Server in der Notes-Domäne des Zielservers senden kann.
   - Sie die Gegenzertifizierung durchgeführt haben, falls Server in den zwei Domänen keinen gemeinsamen Zertifizierer nutzen.
2. Vergewissern Sie sich, dass
   - Ihnen im Serverdokument des/der Zielserver(s) das Zugriffsrecht DATENBANK ERSTELLEN/CREATE DATABASE zugewiesen ist.
   - Ihnen in der Zugriffskontrollliste der Datenbanken auf dem Quellserver mindestens Lesezugriff zugewiesen ist.
3. Stellen Sie sicher, dass der Quellserver
   - den Administrationsprozess ausführt.
   - im Serverdokument des/der Zielserver(s) den Zugriff REPLIK ERSTELLEN/CREATE REPLICAS aufweist.

Verwenden Sie nicht den Platzhalter (*) im Feld REPLIK ERSTELLEN/CREATE REPLICAS im Serverdokument des Zielservers, da die Anforderung sonst fehlschlägt.

4. Stellen Sie sicher, dass jeder Zielserver
   - den Administrationsprozess ausführt.
   - in der Zugriffskontrollliste der Quellreplik mindestens Lesezugriff hat.
5. Wählen Sie in Domino Administrator den Quellserver links im Serverfenster aus. Um das Serverfenster zu erweitern, klicken Sie auf das Serversymbol im Serverfenster.
6. Wählen Sie das Register DATEIEN/FILES aus.
7. Wählen Sie im Dateifenster eine oder mehrere Datenbanken aus, von denen Sie Repliken erstellen möchten.
8. Wählen Sie im Werkzeugfenster rechts die Option ANWENDUNG/APPLICATION > REPLIK(EN) ERSTELLEN/CREATE REPLICA(S). Sie können die ausgewählte(n) Datenbank(en) auch auf das Werkzeug REPLIK(EN) ERSTELLEN/CREATE REPLICA(S) ziehen (siehe *Abbildung 6.41*).

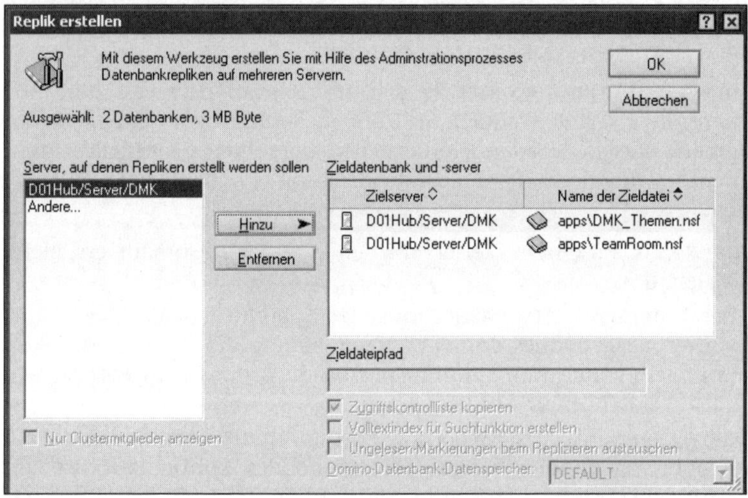

Abbildung 6.41: Repliken über den Administrationsprozess erstellen

9. Wenn die aktuelle Domäne einen Cluster enthält, klicken Sie auf NUR CLUSTER-MITGLIEDER ANZEIGEN/SHOW ME ONLY CLUSTER MEMBERS, um nur die Zielserver anzuzeigen, die Mitglieder des Server-Clusters auf dem Quellserver sind.
10. Wählen Sie einen oder mehrere Zielserver. Um einen Server zu wählen, der nicht in der Liste angezeigt wird, klicken Sie auf ANDERE/OTHER, geben den hierarchischen Servernamen an und klicken dann auf HINZU/ADD.
11. Falls erforderlich, wählen Sie einen Zielserver und klicken auf DATEINAMEN/DESTINATION FILE PATH, um einen benutzerdefinierten Pfad auf dem Zielserver für jede Datenbank, die Sie replizieren, anzugeben. Klicken Sie anschließend auf OK. Sie können dieses Verfahren für jeden Zielserver wiederholen. Wenn Sie diese Option nicht wählen, wird die Datenbank auf dem Zielserver im gleichen Speicherort wie auf dem Quellserver gespeichert.

Um die Replik in einen Unterordner des Datenverzeichnisses zu stellen, geben Sie den Ordnernamen, einen umgekehrten Schrägstrich und den Dateinamen ein, z.B. *apps\workflow*. Wenn der angegebene Ordner nicht existiert, erstellt Domino diesen Ordner für Sie.

12. Klicken Sie auf OK. Ein Dialogfeld zeigt die Anzahl der verarbeiteten Datenbanken sowie die Zahl der Fehler (falls vorhanden) an.

Statt den Befehl ANWENDUNG/APPLICATION > REPLIK(EN) ERSTELLEN/CREATE REPLICA(S) zu wählen, können Sie die Datenbank auf einen Zielserver ziehen. Wenn Sie diese Methode verwenden, müssen Sie alle Repliken in einem auf dem Zielserver bereits vorhandenen Ordner speichern. Bei dieser Methode wird auch der Administrationsprozess eingesetzt, um das Erstellen von Repliken zu automatisieren.

1. Klicken Sie in Domino Administrator auf das Register DATEIEN/FILES.
2. Wählen Sie im Dateifenster eine oder mehrere Datenbanken aus, von denen Sie Repliken erstellen möchten.
3. Ziehen Sie die ausgewählten Datenbanken auf einen Zielserver links im Serverfenster.
4. Wählen Sie dann im angezeigten Dialogfeld REPLIK(EN) ERSTELLEN/CREATE REPLICA(S) und danach einen Ordner auf dem Zielserver, in dem die Replik(en) gespeichert werden soll(en), und klicken Sie auf OK.

Repliken manuell erstellen

1. Vergewissern Sie sich, dass:
   - Ihnen im Serverdokument des Zielservers der Zugriff auf REPLIK ERSTELLEN/CREATE REPLICAS zugewiesen ist.
   - Ihnen in der Zugriffskontrollliste der Datenbanken auf dem Quellserver mindestens Lesezugriff zugewiesen ist.
2. Stellen Sie sicher, dass der Quellserver:
   - mit dem Zielserver gegenzertifiziert wurde, wenn die beiden Server sich in unterschiedlichen Domino-Domänen befinden und keinen gemeinsamen Zertifizierer verwenden.
3. Stellen Sie sicher, dass der Zielserver:
   - in der Zugriffskontrollliste der Quellreplik mindestens Lesezugriff hat.
   - mit dem Quellserver gegenzertifiziert wird, wenn die beiden Server sich in unterschiedlichen Domino-Domänen befinden und keinen gemeinsamen Zertifizierer verwenden.
4. Öffnen Sie die Datenbank oder klicken Sie die Kachel der Datenbank auf Ihrer Arbeitsbereichsseite an, um sie zu markieren.
5. Wählen Sie DATEI/FILE > REPLIZIERUNG/REPLICATION > NEUE REPLIK/NEW REPLICA.
6. Klicken Sie neben SERVER auf den Pfeil und wählen Sie den Zielserver aus, auf dem Sie die neue Replik ablegen möchten (siehe *Abbildung 6.42*).

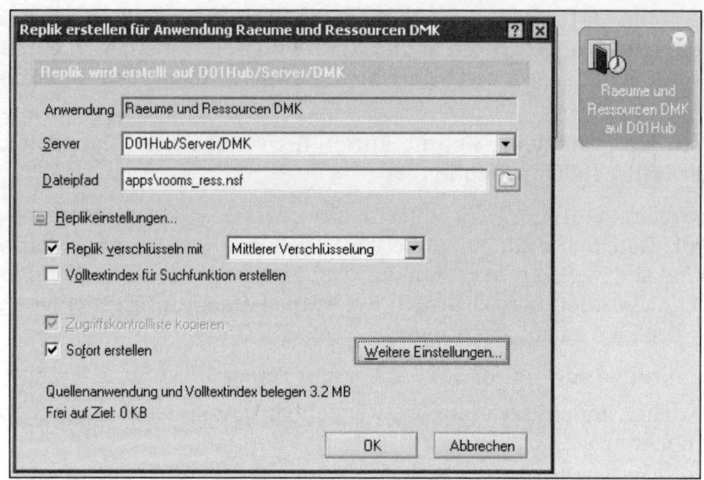

Abbildung 6.42: Dialogfenster zur Replikerstellung

7. Geben Sie den Dateinamen und den Titel für die neue Replik ein. Ein von Ihnen ausgewählter Dateiname muss für die Workstation oder den Server eindeutig sein, auf den Sie die Replik setzen. Der Dateiname wird nicht repliziert. Um die Replik in einem Unterordner des Datenverzeichnisses zu erstellen, geben Sie neben dem Dateinamen den Ordnernamen ein, z.B. *apps\vertrieb*. Wenn der angegebene Ordner nicht existiert, erstellt Domino diesen Ordner für Sie. Sie können den Ordner aber auch über das gelbe Ordnersymbol auswählen.
8. Falls gewünscht, klicken Sie auf WEITERE EINSTELLUNGEN/MORE SETTINGS, um die Replizierparameter für die neue Replik festzulegen.
9. Falls notwendig, klicken Sie auf VERSCHLÜSSELUNG/ENCRYPT THE REPLICA USING und wählen SIMPLE, MEDIUM oder STRONG ENCRYPTION. Klicken Sie auf OK, um die Datenbank mit der Server-ID-Datei zu verschlüsseln. Wenn Sie diese Option wählen, wird verhindert, dass eine Kopie aus dem Dateisystem mit dem Notes Client geöffnet werden kann. In diesem Fall können nur Domino-Administratoren mit Zugriff auf die Server-ID die Datenbank am Client lesen. Sofern die konsistente ACL aktiviert ist, können Sie auch mit der Server-ID nur lokal auf die Datenbank zugreifen, wenn der Server in der ACL als vom Benutzertyp UNBESTIMMT gekennzeichnet ist.
10. Wählen Sie die Option ERSTELLEN: SOFORT/CREATE IMMEDIATELY, um die neue Replik sofort mit Daten zu laden. Sie müssen so lange warten, bis alle Daten in die neue Replik repliziert wurden. Ansonsten wird ein Replikrumpf erstellt, der mit Daten geladen wird, wenn der Zielserver das nächste Mal mit dem Quellserver repliziert. Sie sollten die Option ERSTELLEN: SOFORT/CREATE IMMEDIATELY nicht auswählen, wenn die Datenbank groß ist oder wenn Sie eine Reihe von Replikdatenbanken erstellen und nicht warten möchten, bis die Replizierung aller Dokumente abgeschlossen ist.
11. Wählen Sie ZUGRIFFSKONTROLLLISTE KOPIEREN/COPY ACCESS CONTROL LIST, um die ACL von dem Original in die neue Replik zu kopieren. Wenn Sie für die neue Replik Manager sein möchten, prüfen Sie, ob Ihnen in der ACL der Quelldatenbank Managerzugriff eingeräumt ist. Oder wenn Sie sich automatisch Managerzugriff auf die neue Replik einräumen möchten, deaktivieren Sie die Option ZUGRIFFSKONTROLLLISTE KOPIEREN/COPY ACCESS CONTROL LIST. Prüfen Sie, ob der Server, auf dem Sie die Replik erstellen, in die Zugriffskontrollliste und die Zugriffslisten für Gestaltungselemente eingetragen ist.

12. Falls die Datenbank einen Volltextindex erhalten soll, wählen Sie VOLLTEXTINDEX FÜR SUCHFUNKTION ERSTELLEN/CREATE FULL TEXT INDEX FOR SEARCHING,
13. Klicken Sie auf OK.

6.6.5 Replikator

Replikatoren sind für die Replizierung zwischen Servern verantwortlich.

Mehrere Replikatoren verwenden

Wenn Sie Verbindungsdokumente erstellen, um mehrere gleichzeitige oder zeitlich überlappende Replizierungen eines Servers mit unterschiedlichen Zielservern zu planen, sollten Sie mehrere Replikatoren zur gleichzeitigen Handhabung der Replizierungsvorgänge einrichten. Durch mehrere Replikatoren werden die Serverressourcen effizient genutzt, die Replizierungszyklen verkürzt (besonders bei Hubservern) und Replizierungszeit eingespart.

Mehrere Replikatoren bearbeiten mehrere Replizierungen zwischen einem Quellserver und mehreren Zielservern zur gleichen Zeit. Mehrere Replikatoren bearbeiten nicht die Replikationen mehrerer einzelner Datenbanken auf einem Quellserver mit einem einzigen Zielserver. Wenn beispielsweise sowohl Datenbank 1 als auch Datenbank 2 des Servers1 auf Server2 zu replizieren sind, nimmt sich ein einzelner Replikator beider Vorgänge nacheinander an.

Überprüfen Sie die Verbindungsdokumente, in denen die Replizierung auf den einzelnen Servern geplant ist. Durch das Planen und Aktivieren mehrerer Replikatoren können Sie die Dauer verkürzen, die zum Abschluss eines Replizierungszyklus erforderlich ist. Mit diesem verkürzten Zyklus können Sie pro Tag einen oder mehrere Zyklen einplanen, was weniger Datenbankaktualisierungen und eine schnellere Replizierung pro Zyklus zur Folge hat. Nach dem Start mehrerer Replikatoren können Sie alle Replikatoren mit dem Befehl `Tell` wieder stoppen. Mit diesem Befehl können Sie jedoch keine einzelnen Replikatoren stoppen.

Verhindern Sie, dass ein Server die Verbindung zu einem anderen Server über mehrere Anschlüsse zugleich aufbaut, falls nicht mehrere Replikatoren aktiviert sind. Wenn Sie mit einem einzelnen Replikator arbeiten, vermeiden Sie beispielsweise bei der Planung, dass Server1 Server2 auf COM1 und gleichzeitig Server2 auf COM2 anruft.

So aktivieren Sie mehrere Replikatoren:

Methode	Schritte
Über die Datei *notes.ini*	Bearbeiten Sie die Einstellung REPLICATORS in der Datei *notes.ini*. Syntax: REPLICATORS=Anzahl der Tasks.
Von der Konsole	Geben Sie an der Konsole `Load Replica` ein. Mit diesem Befehl können Sie weitere Replikatoren anfordern, wenn Sie zur Änderung der Datei *notes.ini* den Server nicht herunterfahren möchten. Jedes Mal, wenn Sie den Befehl eingeben, lädt der Server einen weiteren Replikator.

6.6.6 Replizierung überwachen

Wenn es mehrere Datenbankrepliken gibt, sollten Sie täglich folgende Dinge prüfen, um die Replizierung zu überwachen.

- Replizierprotokoll: Zeichnet jede erfolgreiche Repliziersitzung für eine Datenbank auf, arbeitet aber leider nicht immer zuverlässig.
- Ansicht REPLIZIEREREIGNISSE/REPLICATION EVENTS VIEW der Protokolldatei (*log.nsf*): Zeigt Details zu den Replizierereignissen zwischen Servern an. Nützlich, um die Ursache des Replizierfehlers festzustellen und zu überprüfen, ob die erwartete Anzahl an Replizierungsaktualisierungen stattgefunden hat.
- DDM und Datenbank EVENTS4.NSF
  - Überwacht die Datenbankaktivität und den freien Platz.
  - Überwacht die Häufigkeit und den Erfolg der Datenbankreplikation.
  - Berichtet von ACL-Änderungen, inklusive der, die durch Replikation oder API-Programme entstehen.
- Werkzeug zur Datenbankanalyse: Zum Zusammenstellen von Replizierprotokollen, Replizierereignissen aus der Protokolldatei und anderen datenbankspezifischen Informationen in einer Ergebnisdatenbank, die Sie analysieren können.
- Datenbanktests der Domänenüberwachung: Ein Datenbanktest öffnet eine oder mehrere Datenbanken, führt Datenbankoperationen aus und schließt die Datenbank anschließend.
  - Database-Compact: Zeigt die beim Komprimieren aufgetretenen Fehler an.
  - Database-Design: Zeigt die beim Aktualisieren der Gestaltung einer Datenbank aufgetretenen Fehler an.
  - Database-Error monitoring: Überwacht Schlüssel-APIs in NSF- und NIF-Datenbanken, die zum Ausführen von Datenbankoperationen verwendet werden, und generiert Ereignisse für auftretende Fehler.
  - Database-Scheduled Checks: Meldet, wenn die angegebene Datenbank nicht geöffnet werden kann. Der Test kann auch nicht verwendeten Speicherplatz in der Datenbank und auf Datenbankinaktivität prüfen.

Datenbank-Replizierprotokoll

Das Replizierprotokoll einer Datenbank wird im Register DATENBANK ALLGEMEIN/DATABASE BASICS der Datenbankeigenschaften gespeichert. Wenn eine Serverreplik zum ersten Mal erfolgreich mit einer Replik auf einem anderen Server repliziert wird, wird im Replizierprotokoll ein Eintrag erstellt. Der Eintrag enthält den Namen des anderen Servers sowie das Datum und die Uhrzeit der Replizierung.

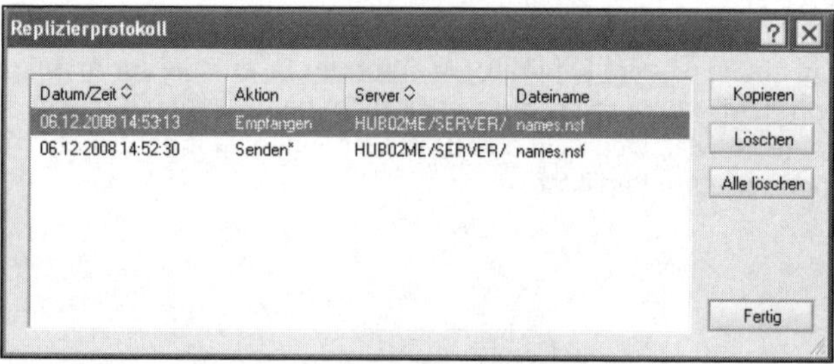

Abbildung 6.43: Einträge des Replizierprotokolls

Es werden separate Einträge erstellt, wenn eine Replik Daten sendet und empfängt (siehe *Abbildung 6.43*). Bei jeder nachfolgenden Replizierung mit einem bestimmten Server aktualisiert Domino den Eintrag in das Protokoll, um die aktuellste Replizierungszeit festzuhalten. Domino verwendet das Replizierprotokoll, um festzulegen, welche Dokumente bei der nächsten Replizierung nach Änderungen durchsucht werden sollen. Wenn eine Datenbank beispielsweise vor 24 Stunden erfolgreich mit einem Server replizierte, repliziert Domino nur die Dokumente, die innerhalb der letzten 24 Stunden in der Replik auf dem Server hinzugefügt, geändert oder gelöscht wurden. Bevor die Replizierung zwischen zwei Datenbanken beginnt, prüft Domino, ob die Replizierprotokolle der beiden Datenbanken übereinstimmen. Ist dies nicht der Fall, durchsucht Domino alle Dokumente, die seit dem in der Einstellung NUR EINGEHENDE DOKUMENTE REPLIZIEREN, DIE GESPEICHERT ODER GEÄNDERT WURDEN NACH DEM/ONLY REPLICATE INCOMING DOCUMENTS SAVED OR MODIFIED AFTER: DATE im Register ANDERE/OTHER des Dialogfelds REPLIZIERUNGSOPTIONEN/REPLICATIONOPTIONS angegebenen Datum erstellt oder geändert wurden.

Wenn eine Datenbank nicht erfolgreich repliziert wird, aktualisiert Domino das Replizierprotokoll nicht.

Treten Probleme bei der Replizierung auf (nicht alle Dokumente werden repliziert), kann es helfen, das Replizierprotokoll oder in den Replizierparametern das Datum zu löschen (Registerkarte ANDERE).

Replizierprotokoll löschen

Wenn Sie Managerzugriff auf eine Datenbank haben, können Sie das Replizierprotokoll der Datenbank löschen, wenn Sie glauben, dass die Datenbank nicht alle Dokumente enthält, die sie enthalten sollte, oder wenn das Replizierprotokoll der Datenbank nicht mit den anderen Repliken übereinstimmt. Löschen Sie das Replizierprotokoll nur als letztes Mittel zur Behebung von Replizierungsproblemen. Wenn Sie das Protokoll löschen, durchsucht Domino bei der nächsten Replizierung alle Dokumente, die seit dem in der Einstellung NUR EINGEHENDE DOKUMENTE REPLIZIEREN, DIE GESPEICHERT ODER GEÄNDERT WURDEN NACH DEM/ONLY REPLICATE INCOMING DOCUMENTS SAVED OR MODIFIED AFTER: DATE im Register ANDERE/OTHER des Dialogfelds REPLIZIERPARAMETER/REPLICATION SETTINGS angegebenen Datum erstellt oder geändert wurden. Das Durchsuchen all dieser Dokumente kann sehr zeitaufwendig sein, insbesondere bei Wählverbindungen. Wenn Sie die Einstellung NUR EINGEHENDE DOKUMENTE REPLIZIEREN, DIE GESPEICHERT ODER GEÄNDERT WURDEN NACH DEM/ONLY REPLICATE INCOMING DOCUMENTS SAVED OR MODIFIED AFTER: DATE deaktivieren, durchsucht Domino alle Dokumente in der Datenbank. Innerhalb eines Server-Clusters speichert der Cluster-Replikator Replizierprotokollinformationen im Arbeitsspeicher und aktualisiert das Replizierprotokoll ungefähr einmal pro Stunde.

Replizierereignisse in der Protokolldatei anzeigen

Die Einträge des Replizierprotokolls in der Ansicht REPLIZIEREREIGNISSE/REPLICATION EVENTS der Protokolldatei (*log.nsf*) zeigen detaillierte Informationen zur Replizierung bestimmter Datenbanken an.

Für jede Datenbank, die auf einem bestimmten Server repliziert wurde, wird in einem Replizierprotokoll Folgendes angezeigt: der Zugriff des Servers auf die Datenbank, die Anzahl der hinzugefügten, gelöschten und geänderten Dokumente, die Größe der ausgetauschten Daten und der Name der Replik, mit der diese Datenbank repliziert wurde.

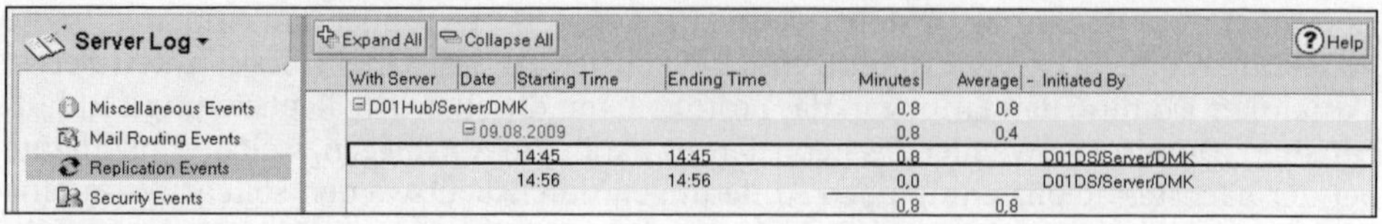

Abbildung 6.44: Dokumente mit Replizierereignissen in der Protokolldatei (log.nsf)

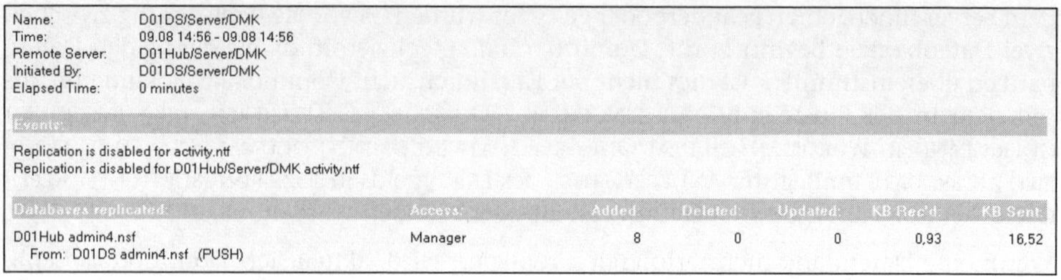

Abbildung 6.45: Replizierereignisse in einem Dokument der log.nsf

Im Abschnitt EREIGNISSE/EVENTS des Replizierprotokolls werden die Probleme angezeigt, die auftraten, als eine bestimmte Datenbank repliziert wurde. So wird beispielsweise im Abschnitt EREIGNISSE/EVENTS angezeigt, ob die Replizierung deaktiviert ist oder ob die Datenbank-ACL die Replizierung verhindert.

Verwenden Sie Domino Administrator, um ein Replizierprotokoll anzuzeigen.

1. Wählen Sie im Serverfenster links in Domino Administrator den Server aus, auf dem die Protokolldatei gespeichert ist, die Sie anzeigen möchten. Um das Serverfenster zu erweitern, klicken Sie auf das Serversymbol.
2. Klicken Sie auf das Register SERVER > ANALYSE/ANALYSIS.
3. Wählen Sie NOTES-PROTOKOLL/NOTES LOG > REPLIZIEREREIGNISSE/REPLICATION EVENTS.
4. Öffnen Sie ein aktuelles Replizierprotokoll.

Statistik & Ereignisse

In der Monitoring-Ergebnisdatenbank (*statrep.nsf*) sind vorkonfigurierte und benutzerdefinierte Statistiken gespeichert. Falls nicht vorhanden, wird diese Datenbank erstellt, wenn Sie den (Statistic) Collect-Task laden. Sie können einige dieser Statistiken mit einem Alarm versehen. Beispielsweise können Sie einen Alarm einrichten, der bei mehr als drei fehlerhaften Replizierungen einen Fehlerbericht erstellt. Die Events erstellen Sie in der Datenbank *events4.nsf* (siehe *Abbildung 6.46*). Sie können Statistikberichte auch in anderen entsprechend gestalteten Datenbanken ablegen, obwohl gewöhnlich die Statistikdatenbank (*statrep.nsf*) verwendet wird. Aktuelle Statistiken können Sie im Register STATISTIKEN in Domino Administrator anzeigen.

Beachten Sie, dass Sie die *notes.ini*-Datei bearbeiten können, um die Einstellung `Repl_Error_Tolerance` einzufügen. Hierdurch wird die Anzahl der möglichen identischen Replizierungsfehler zwischen zwei Datenbanken erhöht, die ein Server toleriert, bevor er die Replizierung abbricht. Die vorgegebene Toleranz liegt bei 2 Fehlern. Je höher der Wert eingestellt ist, desto häufiger erscheinen Meldungen wie OUT OF DISK SPACE/ZU WENIG SPEICHERPLATZ VORHANDEN. Wenn Sie den Event-Task auf einem Server ausführen, können Sie ein Ereignismonitordokument einrichten, in dem Replizierprobleme aufgezeichnet werden.

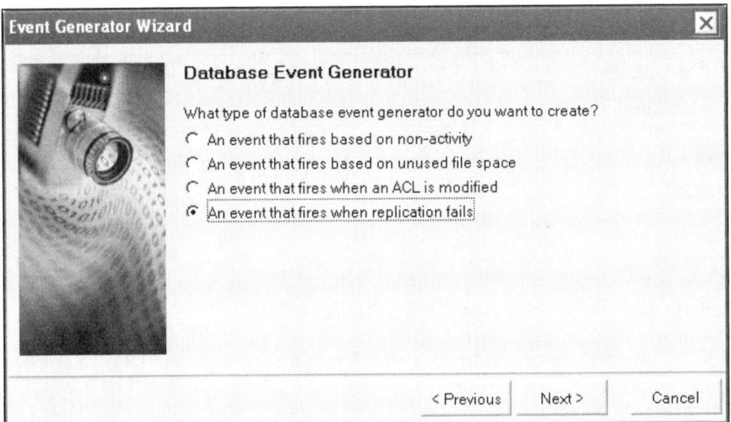

Abbildung 6.46: Monitoring-Konfigurationsassistent

Sie können auch ein Ereignismonitordokument erstellen, das Sie benachrichtigt, falls eine bestimmte Datenbank innerhalb einer festgelegten Zeitspanne nicht repliziert werden kann. Wenn Sie von Domino Administrator aus Ereignisse anzeigen möchten, klicken Sie auf das Register SERVER > ANALYSE/ANALYSIS > MONITORING RESULTS > EVENTS/EREIGNISSE.

Datenbank-/Repliziertests

Domino Domain Monitoring (DDM) setzt da an, wo die herkömmlichen Mittel des Domino-Monitorings enden – bei den serverübergreifenden Problemen. Für jeden einzelnen Domino Server existieren bereits zum Teil recht umfangreiche Ereignisdienste. Allerdings findet keine Analyse und keine Korrelation der Ereignisse statt, sodass sich insbesondere die Identifikation serverübergreifender Probleme mitunter äußerst schwierig gestaltet. Domino Domain Monitoring schafft Abhilfe durch eine Instrumentierung und Analyse jedes einzelnen Domino Server-Dienstes sowie die Zusammenfassung und Priorisierung von Problembeschreibungen. Dabei werden Details so lange verborgen, bis sie wirklich benötigt werden. DDM fügt sich nahtlos in die bisherige Serveradministration ein. Die Instrumentierung misst periodisch durch eingebaute Trigger oder durch Polling und lässt sich wie der bisherige Ereignismechanismus über Schwellenwerte steuern. Die Ergebnisse werden in einer neuen Datenbank zusammengetragen, wo sie sich analysieren und über selektive Replikation innerhalb einer Hierarchie von Datenbanken und Servern zusammentragen lassen.

Das DDM bringt standardmäßige DDM-Testdokumente mit. Die Informationen zur Testkonfiguration werden in einzelnen Testdokumenten festgelegt und gespeichert, die wiederum in der Datenbank MONITORING CONFIGURATION (*events4.nsf*) gespeichert werden. Sie können für jeden Funktionsbereich mehrere Tests erstellen und jeden Test so konfigurieren, dass er zu bestimmten Zeiten selektive Überprüfungen bestimmter Server und/oder Datenbanken ausführt.

1. Klicken Sie in Domino Administrator auf das Register DATEIEN.
2. Öffnen Sie die Datenbank MONITORING CONFIGURATION (*events4.nsf*).
3. Wählen Sie DDM CONFIGURATION.
4. Wählen Sie eine beliebige DDM-Testansicht und klicken Sie anschließend auf NEW DDM PROBE.

5. Wählen Sie REPLICATION.

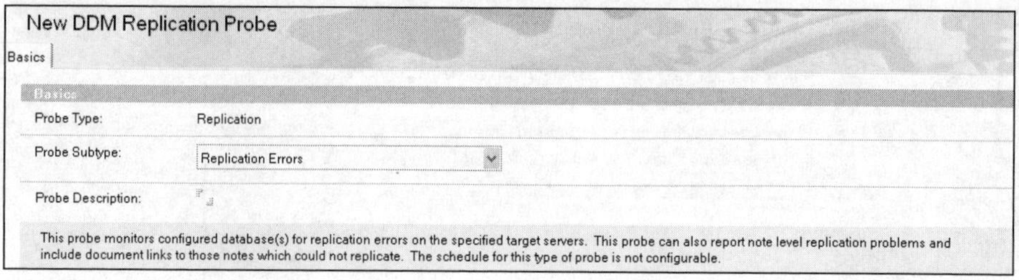

New DDM Replication Probe

Basics

Basics	
Probe Type:	Replication
Probe Subtype:	Replication Errors
Probe Description:	

This probe monitors configured database(s) for replication errors on the specified target servers. This probe can also report note level replication problems and include document links to those notes which could not replicate. The schedule for this type of probe is not configurable.

Abbildung 6.47: Erstellung eines Dokuments zum Test auf Replizierfehler

Mehr zum Thema DDM und Datenbanktests erfahren Sie in *Kapitel 13.6, Domino Domain Monitoring in der Praxis*.

6.6.7 Replizierung testen

Nach dem Erstellen von Verbindungsdokumenten und der Aktivierung der Replizierung können Sie die Replizierung testen. Stellen Sie vor Beginn des Testvorgangs sicher, dass Ihr Netzwerk einsatzbereit ist und Modems verfügbar sind.

Um die Replizierung zu testen, können Sie eine neue Replik von einer Datenbank anfertigen, Änderungen darin vornehmen und die Änderungen dann auf die anderen Datenbankrepliken replizieren. Sie können die Replizierung über die Konsole mit den Befehlen `Replicate`, `Pull` oder `Push` erzwingen oder Sie warten ab, ob der eingerichtete Zeitplan funktioniert. Wenn Sie einen neuen Server einrichten, der über keine Datenbank verfügt, können Sie das Domino-Verzeichnis verwenden, um die Replizierung durch Hinzufügen oder Bearbeiten eines Dokuments im Domino-Verzeichnis zu testen.

Prüfen Sie beim Testen einer Replizierung die Anzeige der Konsole, um die Meldungen zu kontrollieren, die beim Starten des Replikators erscheinen. Vor Ende der Replizierung listet der Replikator die Datenbanken auf, die repliziert werden. Um zu kontrollieren, welche Server-Tasks derzeit ausgeführt werden, verwenden Sie an der Konsole den Serverbefehl `Show Tasks`.

Replizierungsinformationen finden Sie wie bereits erwähnt im Replizierprotokoll. Eine Zusammenfassung der Replizierung finden Sie in der Protokolldatei (*log.nsf*) des Servers. Wenn Sie die Protokolldatei einsehen möchten, klicken Sie in Domino Administrator auf das Register REPLIZIERUNG/REPLICATION > REPLIZIEREREIGNISSE/REPLICATION EVENTS.

Um den Zustand der Replizierungsverbindungen zu prüfen, können Sie sich den Replizierungsplan anzeigen lassen. So erhalten Sie eine grafische Darstellung der einzelnen Serverreplizierpläne. Die Replizierzeitpläne werden für einzelne Server angezeigt, auch wenn Server zu einer Gruppe gehören, die in einem Verbindungsdokument im Feld ZIELSERVER aufgeführt ist. Darüber hinaus können Sie eine grafische Darstellung Ihrer Repliziertopologie anzeigen lassen. Abbildungen der Repliziertopologie sind für eine schnelle Überprüfung sehr hilfreich. Denn hier können Sie die einzelnen Verbindungen zwischen den Servern problemlos verfolgen. Server, Netzwerke, Cluster und cc:Mail Post Office werden durch individuelle Symbole dargestellt. Jede Replizierungsverbindung wird durch eine eigene Linie dargestellt. Eine Replizierungsverbindung zwischen zwei Servern erscheint als gestrichelte rote Linie. Mehrfachverbindungen zwischen Servern erscheinen als überlagerte Linien.

So lassen Sie Replizierzeitpläne anzeigen:

1. Klicken Sie in Domino Administrator auf das Register REPLIZIERUNG/REPLICATION.
2. Klicken Sie auf REPLIZIERUNGSPLAN/REPLICATION SCHEDULE.
3. Muster stellen den Replizierungsstatus der einzelnen Server dar: Zeitplan wird ausgeführt; Zeitplan ist abgeschlossen; Zeitplan ist nicht abgeschlossen.

Der Topologie-Task (*Maps Extractor*) muss auf dem Server laufen, den Sie verwalten, um die Repliziertopologie von Domino Administrator anzeigen zu lassen. Während der Topologie-Task läuft, werden die Topologie-Informationen jede Nacht um 24 Uhr aktualisiert.

1. Klicken Sie in Domino Administrator auf die Registerkarte SERVER > STATUS.
2. Klicken Sie gegebenenfalls auf WERKZEUGE/TOOLS, um die Symbolleiste einzublenden, und klicken Sie dann auf TASK > STARTEN/START.
3. Wählen Sie TOPOLOGIE/MAPS EXTRACTOR im Feld DOMINO SERVER-TASK LADEN/START NEW SERVER TASK.
4. Klicken Sie auf OK.

Replizierungsanforderungen ablehnen

Um zu verhindern, dass ein Server Replizierungsanforderungen entgegennimmt, bearbeiten Sie die Datei *notes.ini* und fügen die Einstellung `ServerNoReplRequests` ein. Wenn diese Einstellung auf 1 gesetzt wird, lehnt der angerufene Server alle Replizierungsanforderungen ab.

Sie können diese Funktion einsetzen, um die Replizierungslast eines bestimmten Servers zu verringern oder um einen Server zur Fehlersuche zu isolieren. Ein weiterer Grund wäre, den anrufenden Server den Zeit- und Kostenaufwand für den gesamten Replizierungsvorgang übernehmen zu lassen.

6.7 Mail-Routing

Zur Replizierung von Datenbanken und zum Austausch von Mails müssen Server miteinander eine Verbindung herstellen. Sie können Verbindungen über ein LAN (Lokales Netzwerk/Local Area Network) oder über Fernverbindungen herstellen, z.B. über eine Wählverbindung mit Modem oder einen Fernzugriffsdienst. Darüber hinaus können Sie über einen Durchgangsserver Verbindungen herstellen, also einen als Mittler zwischen einem Client und seinem Ziel fungierenden Server. Sie können auch über das Internet eine Verbindung mit einem Server herstellen.

Um Verbindungen herzustellen, können Sie im Domino-Verzeichnis Verbindungsdokumente erstellen. Ein Verbindungsdokument stellt eine Verbindung her und legt fest, wann und wie die Server zur Replizierung und zum Austausch von Mails eine Verbindung herstellen. Die meisten Verbindungsdokumente bestehen aus zwei Abschnitten, einem Netzwerk- und einem Zeitplanabschnitt. Im Netzwerkabschnitt wird die Verbindung definiert, mit welchem Server und wie die Verbindung hergestellt wird. Im Zeitplanabschnitt wird festgelegt, wann bestimmte Aktivitäten durchgeführt werden, z.B. die Replizierung und das Routing an einen bestimmten Server. Die Informationen im Netzwerkabschnitt werden bei der Verbindung mit einem bestimmten Server verwendet, unabhängig davon, ob die Verbindung mit einer im Zeitplanabschnitt definierten Aktivität in Zusammenhang steht.

Die Anzahl der für einen Server erstellten Verbindungsdokumente richtet sich danach, ob der Server repliziert und/oder Mails überträgt. Beim Einrichten eines Servers wird das Mail-Routing im Serverdokument standardmäßig aktiviert. Beim Erstellen eines Verbindungsdokuments wird die Replizierung aktiviert. Je nach Verwendungszweck des Servers – d.h., ob Sie darauf Mail-Dateien und/oder Anwendungsdatenbanken speichern – müssen Sie mindestens ein oder zwei Serververbindungsdokumente auf den für Mail oder die Replizierung konfigurierten Servern erstellen. Für die Replizierung zwischen zwei Servern benötigen Sie ein Verbindungsdokument auf einem der beiden Server. Sie benötigen deshalb nur ein Dokument, weil die Replizierung bidirektional durchgeführt wird, d.h., der anrufende Server tauscht die Informationen in beide Richtungen aus, an und vom antwortenden Server. Für das Mail-Routing zwischen zwei Servern benötigen Sie jeweils ein Verbindungsdokument auf beiden Servern, weil das Routing zwischen Servern nur in eine Richtung durchgeführt wird. Zum Beispiel benötigt Server A ein Verbindungsdokument, um Mail an Server B zu übertragen. Und Server B benötigt ein Verbindungsdokument, um Mail an Server A zu übertragen.

Um Verbindungsdokumente einzurichten, müssen Sie zunächst eine Servertopologie planen. Dabei handelt es sich um einen Plan darüber, wie Server miteinander eine Verbindung herstellen. Beim Planen einer Servertopologie sollten Sie versuchen, die Anzahl der Verbindungsdokumente und die Anzahl der Hops auf ein Minimum zu reduzieren. Die folgenden Faktoren beeinflussen die Servertopologie:

- Die Anzahl der Server in der Firma und ob sich alle Server in demselben oder in unterschiedlichen Notes-Netzwerken befinden.
- Der Standort der Server – ob sie sich in derselben Domäne oder in einer fremden Domäne befinden.
- Tasks, die auf dem Server ausgeführt werden, wie Replizierung, Mail.
- Die Funktion des Servers innerhalb der Topologie – als Durchgangs-, Einwähl-, Netzwerkwählverbindungsserver (Fernzugriffsdienst).

Es gibt verschiedene Servertopologien. Je nach den oben genannten Faktoren verwendet Ihre Firma unter Umständen verschiedene Topologien an unterschiedlichen Stellen innerhalb des Gesamtsystems. Einige häufig verwendete Topologien sind unter anderem Hub-and-Spoke und Peer-to-Peer.

Wenn Sie Mail zwischen Domino Mail-Systemen und Nicht-Domino-Mail-Systemen übertragen möchten, müssen Sie unter anderem ein Dokument des Typs FREMDE DOMÄNE/FOREIGN DOMAIN im Domänenverzeichnis erstellen. Server können zum Herstellen einer Verbindung auch die Informationen eines Netzwerkinformationsdokuments für externe Domänen verwenden. Als Administrator konfigurieren Sie dieses Dokument, um Namen und Adressen von Servern einer anderen Domäne abzurufen, damit die Benutzer und Server zum Herstellen von Verbindungen zu Servern dieser Domäne keine Verbindungsdokumente erstellen müssen.

6.7.1 Notes Mail-Routing

Um Notes-Routing einzurichten, erstellen Sie Dokumente im Domino-Verzeichnis. Da Domino Mail zwischen Servern im selben Notes-Netzwerk automatisch überträgt, müssen Sie für diesen Zweck keine Verbindungsdokumente erstellen. Wenn sich die Server jedoch nicht im selben Notes-Netzwerk befinden, müssen Sie Dokumente im Domino-Verzeichnis erstellen, um festzulegen, wie Mail im Notes Mail-System übertragen werden soll. Wie Sie Verbindungen für Notes-Routing erstellen, hängt von folgenden Faktoren ab:

- Vom Standort der beiden Server: im selben Notes-Netzwerk, in derselben Notes-Domäne, in benachbarten Notes-Domänen, in nicht benachbarten Notes-Domänen
- Von der von beiden Servern benötigten Art der Verbindung: LAN, Notes Direktwählverbindung, Netzwerkwählverbindung oder Durchgangsserver

Darüber hinaus hängt die Anzahl der zu erstellenden Verbindungsdokumente von der Art ab, wie Sie Mails übertragen möchten (an einen Server und von einem Server oder nur an einen Server oder nur von einem Server). In den meisten Fällen möchten Sie Mails vermutlich in beide Richtungen übertragen. Daher erstellen Sie für jede Verbindung zwei Verbindungsdokumente.

Wenn Sie die Replizierung eingerichtet haben, verfügen Sie möglicherweise bereits über viele der benötigten Verbindungsdokumente. Sie können dasselbe Verbindungsdokument für die Replizierung und das Mail-Routing verwenden oder für jede Aufgabe ein separates Verbindungsdokument erstellen.

Die folgende Tabelle zeigt typische Verbindungsarten und die zum Einrichten erforderlichen Dokumente.

Serverstandorte	Für die Herstellung der Verbindung benötigte Dokumente
Zwischen Servern im gleichen Notes-Netzwerk	Keine Verbindungsdokumente erforderlich. Die Anschlüsse unter ANSCHLÜSSE/PORTS > NOTES-NETZWERKANSCHLÜSSE/NOTES NETWORK PORTS müssen allerdings gemeinsame Einträge für die gemeinsam genutzten Ports aufweisen.
In verschiedenen Notes-Netzwerken derselben Notes-Domäne	Zwei Verbindungsdokumente, damit Mails in beide Richtungen übertragen werden können.
In benachbarten Notes-Domänen	Zwei Verbindungsdokumente, eines in jeder Notes-Domäne, damit Mails in beide Richtungen übertragen werden können. Ein Dokument für benachbarte Domänen, wenn Sie Beschränkungen benötigen.
In nicht benachbarten Notes-Domänen	Zwei Verbindungsdokumente, eines in jeder Notes-Domäne, um eine Verbindung mit der benachbarten Domäne herzustellen. Zwei Dokumente für nicht benachbarte Domänen, eines in jeder der nicht benachbarten Notes-Domänen, damit die Zwischendomäne mit diesen verbunden werden kann.
Zu einem Gateway über eine fremde Domäne	Ein Dokument für fremde Domänen, damit fremde Domänen für Nicht-Mail-Systeme (wie Fax oder Pager) erkannt werden.
Zu einem Server mit aktiviertem SMTP	Ein Dokument für fremde SMTP-Domänen, über das ermittelt werden kann, von wo aus Nachrichten an das Internet gesendet werden können, wenn nicht auf all Ihren Servern SMTP-Routing aktiviert ist. Ein SMTP-Verbindungsdokument, um den Server anzugeben, auf dem SMTP aktiviert ist (siehe auch *Kapitel 6.7.2, SMTP-Mail-Routing*).

Wenn Sie ein Verbindungsdokument erstellen, ist Notes-Routing standardmäßig aktiviert.

Dokumente für benachbarte Domänen erstellen

Sie erstellen ein Dokument für benachbarte Domänen, wenn Sie Beschränkungen für das Routing von Nachrichten zu benachbarten Domänen festlegen müssen. In diesem Dokument festgelegte Beschränkungen für die benachbarte Domäne gelten nur für die VON-Domäne des vorherigen Hops. Diese Beschränkungen gelten in Verbindung mit den Beschränkungen im Konfigurationsdokument. Domino verwendet standardmäßig den Eintrag mit der stärksten Beschränkung. So erstellen Sie ein Dokument für benachbarte Domänen:

1. Klicken Sie in Domino Administrator auf das Register KONFIGURATION/CONFIGURATION und erweitern Sie den Abschnitt NACHRICHTEN/MESSAGING.
2. Wählen Sie DOMÄNEN/DOMAINS.
3. Klicken Sie auf DOMÄNE HINZUFÜGEN/ADD DOMAIN, um ein neues Domänendokument zu erstellen.

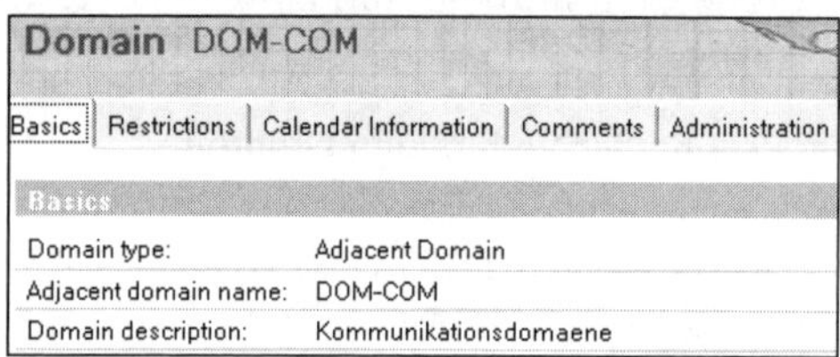

Abbildung 6.48: Domänendokument erstellen

4. Geben Sie im Register ALLGEMEIN/BASICS Werte in die folgenden Felder ein:

Feld	Eingabe
DOMÄNENTYP/ DOMAIN TYPE	Wählen Sie BENACHBARTE DOMÄNE/ADJACENT DOMAIN.
NAME DER NACHBARDOMÄNE/ ADJACENT DOMAIN NAME	Der Name der benachbarten Notes-Domäne.
DOMÄNENBESCHREIBUNG/ DOMAIN DESCRIPTION	Eine Beschreibung der Domäne.

5. Klicken Sie auf das Register BESCHRÄNKUNGEN/RESTRICTIONS, nehmen Sie Eingaben in eines oder beide der folgenden Felder vor und speichern Sie anschließend das Dokument:

Feld	Eingabe
MAIL NUR VON DIESEN DOMÄNEN ZULASSEN/ ALLOW MAIL ONLY FROM DOMAINS	Die Namen der Notes-Domänen, die Mails an diese benachbarte Domäne übertragen dürfen. Lassen Sie das Feld leer, wenn es keine Beschränkungen hinsichtlich des Mail-Versands von der lokalen Domäne zur benachbarten Domäne geben soll.
MAIL ABLEHNEN VON DOMÄNE(N)/ DENY MAIL FROM DOMAINS	Die Namen der Notes-Domänen, die keine Mail an diese benachbarte Domäne übertragen dürfen. Lassen Sie das Feld leer, wenn es keine Beschränkungen hinsichtlich des Mail-Versands von der lokalen Domäne zur benachbarten Domäne geben soll.

Dokumente für nicht benachbarte Domänen erstellen

Sie erstellen Dokumente für nicht benachbarte Domänen, um einen Weg zwischen Servern in Notes-Domänen anzugeben, die nur über eine Zwischendomäne (die sogenannte „benachbarte Domäne") miteinander in Verbindung treten können. Sie verwenden Dokumente für benachbarte Domänen, um die nicht verbundenen Domänen mit der Zwischendomäne zu verbinden. Beschränkungen, die Sie im Dokument für eine nicht benachbarte Domäne festlegen, gelten nur für die VON-Domäne des vorherigen Hops. Diese Beschränkungen gelten in Verbindung mit den Beschränkungen im Konfigurationsdokument. Domino verwendet standardmäßig den Eintrag mit der stärksten Beschränkung.

So erstellen Sie ein Dokument für nicht benachbarte Domänen:

1. Klicken Sie in Domino Administrator auf das Register KONFIGURATION/CONFIGURATION und erweitern Sie den Abschnitt NACHRICHTEN/MESSAGING.
2. Wählen Sie DOMÄNEN/DOMAINS.
3. Klicken Sie auf DOMÄNE HINZUFÜGEN/ADD DOMAIN, um ein neues Domänendokument zu erstellen.
4. Geben Sie im Register ALLGEMEIN/BASICS Werte in die folgenden Felder ein:

Feld	Eingabe
DOMÄNENTYP/ DOMAIN TYPE	Wählen Sie NICHT BENACHBARTE DOMÄNE/NON-ADJACENT DOMAIN.
MAIL GESENDET AN DOMÄNE/ MAIL SENT TO DOMAIN	Der Name der Notes-Zieldomäne.
DURCHGANGSDOMÄNE/ ROUTE THROUGH DOMAIN	Der Name der Notes-Zwischendomäne.
DOMÄNENBESCHREIBUNG/ DOMAIN DESCRIPTION	Eine Beschreibung der Domäne.

5. Klicken Sie auf das Register BESCHRÄNKUNGEN/RESTRICTIONS, nehmen Sie Eingaben in eines oder beide der folgenden Felder vor und speichern Sie anschließend das Dokument:

Feld	Eingabe
MAIL NUR VON DIESEN DOMÄNEN ZULASSEN/ ALLOW MAIL ONLY FROM DOMAINS	Die Namen der Notes-Domänen, die Mails an diese Domäne übertragen dürfen. Lassen Sie das Feld leer, wenn es keine Beschränkungen hinsichtlich des Mail-Versands von der lokalen Domäne zur nicht benachbarten Domäne geben soll.
MAIL ABLEHNEN VON DOMÄNE(N)/ DENY MAIL FROM DOMAINS	Die Namen der Notes-Domänen, die keine Mail an diese Domäne übertragen dürfen. Lassen Sie das Feld leer, wenn es keine Beschränkungen hinsichtlich des Mail-Versands von der lokalen Domäne zur nicht benachbarten Domäne geben soll.

Dokumente für fremde Domänen erstellen

Sie erstellen ein Dokument für fremde Domänen, um einen Pfad zwischen einer Notes-Domäne und einer externen Anwendung, z.B. einem Fax- oder Pager-Gateway, anzugeben. Ein Dokument für fremde Domänen gibt den Server an, der die Übertragung an das Gateway vornimmt. Ebenso wie Domino eine Gruppe von Servern als Domäne behandelt, wird eine Gruppe von Computern eines fremden Mail-Systems als Domäne behandelt. Fremde Domänen werden überwiegend für Anwendungen von Fremdanbietern verwendet, können aber auch für die Übertragung von Nachrichten zwischen einem Server der Version 5.0 und einem SMTP-Server der Version 3.x eingesetzt werden.

Anwendungen wie X.400 und cc:Mail verwenden separate Dokumente für fremde Domänen, um Nachrichten über einen MTA (Message Transfer Agent) zu übertragen. Weitere Informationen über MTAs finden Sie in der Dokumentation zu dem jeweiligen MTA.

Beschränkungen, die Sie in diesem Dokument für fremde Domänen festlegen, gelten nur für die VON-Domäne des vorherigen Hops. Diese Beschränkungen gelten in Verbindung mit den Beschränkungen im Konfigurationsdokument. Domino verwendet standardmäßig den Eintrag mit der stärksten Beschränkung.

So erstellen Sie ein Dokument für fremde Domänen:

1. Klicken Sie in Domino Administrator auf das Register KONFIGURATION/CONFIGURATION und erweitern Sie den Abschnitt NACHRICHTEN/MESSAGING.
2. Wählen Sie DOMÄNEN/DOMAINS.
3. Klicken Sie auf DOMÄNE HINZUFÜGEN/ADD DOMAIN, um ein neues Domänendokument zu erstellen.
4. Geben Sie im Register ALLGEMEIN/BASICS Werte in die folgenden Felder ein:

Feld	Eingabe
DOMÄNENTYP/ DOMAIN TYPE	Wählen Sie FREMDE DOMÄNE/FOREIGN DOMAIN.
NAME DER FREMDEN DOMÄNE/ FOREIGN DOMAIN NAME	Der Domänenname des fremden Mail-Systems. Dieser Name wurde bei der Installation des Gateways oder des MTA gewählt.
DOMÄNENBESCHREIBUNG/ DOMAIN DESCRIPTION	Eine Beschreibung des Gateways oder des MTA.

5. Klicken Sie auf das Register BESCHRÄNKUNGEN/RESTRICTIONS und nehmen Sie Eingaben in folgende Felder vor:

Feld	Eingabe
MAIL NUR VON DIESEN DOMÄNEN ZULASSEN/ ALLOW MAIL ONLY FROM DOMAINS	Die Namen der Notes-Domänen, die Mails an diese Domäne übertragen dürfen. Lassen Sie das Feld leer, wenn es keine Beschränkungen hinsichtlich des Mail-Versands von der lokalen Domäne zur fremden Domäne geben soll.
MAIL ABLEHNEN VON DOMÄNE(N)/ DENY MAIL FROM DOMAINS	Die Namen der Notes-Domänen, die keine Mail an diese Domäne übertragen dürfen. Lassen Sie das Feld leer, wenn es keine Beschränkungen hinsichtlich des Mail-Versands von der lokalen Domäne zur fremden Domäne geben soll.

6. Klicken Sie auf das Register MAIL-INFORMATIONEN/MAIL INFORMATION, füllen Sie die Felder aus und speichern Sie das Dokument.

Feld	Eingabe
NAME DES GATEWAY-SERVERS/ GATEWAY SERVER NAME	Der Name des Domino Servers, auf dem sich das Gateway befindet.
MAIL-DATEI-NAME DES GATEWAYS/ GATEWAY MAIL FILENAME	Der Name der Mail-Datei des Gateways. Schlagen Sie den richtigen Dateinamen in der Dokumentation nach, die mit dem Gateway geliefert wurde.

Konfigurationsdokumente erstellen

Mithilfe eines Konfigurationsdokuments können Sie das Mail-Routing auf mehreren Domino Servern einrichten. Das Konfigurationsdokument enthält Einstellungen für Notes und SMTP-Routing. Verwenden Sie ein Konfigurationsdokument für:

- alle Domino Server in der Notes-Domäne
- Server in einer bestimmten Gruppe
- einen bestimmten Server

Sie können angeben, dass alle Server in der Notes-Domäne einbezogen werden sollen, indem Sie einen Platzhalter (*) in das Feld GRUPPE oder SERVER eingeben. Damit können Sie Ihr System steuern und außerdem Zeit sparen, da Sie mit einem einzigen Dokument die Einstellungen für die gesamte Domäne ändern können.

Jede von Ihnen vorgenommene Einstellung gilt für jeden Server, der im Konfigurationsdokument aufgeführt ist. Sie benötigen daher mehrere Konfigurationsdokumente, wenn Sie für bestimmte Server andere Einstellungen festlegen möchten. Wenn sich Ihre Notes-Domäne beispielsweise über drei verschiedene geografische Standorte erstreckt, sollten Sie für jeden Standort ein Konfigurationsdokument verwenden. Sie können Gruppen erstellen, die alle Server an einem bestimmten Standort enthalten, und den Standort als Gruppennamen verwenden.

Um weitere Beschränkungen für einen bestimmten Server in einer Gruppe festzulegen, erstellen Sie ein separates Konfigurationsdokument für diesen Server. Angenommen, Sie haben ein Konfigurationsdokument für eine Gruppe von Servern oder für alle Server erstellt. Nun wünscht der Geschäftsführer Ihrer Firma zusätzliche Beschränkungen seines Mail-Servers. Für diesen Server müssen Sie ein separates Konfigurationsdokument erstellen. Spezifische Dokumente haben Vorrang vor allgemeinen Dokumenten.

Jeder Server prüft die Konfigurationsdokumente in der folgenden Reihenfolge: zuerst das serverspezifische Dokument, dann das Gruppendokument für jede Gruppe, die den Server enthält, und schließlich das Vorgabedokument. Wenn mehrere Konfigurationsdokumente für Gruppen mit demselben Server existieren, sind die Ergebnisse nicht definiert. Beispiel: Sie verfügen über den Server „Server A“ und zwei Gruppen, „Gruppe 1“ und „Gruppe 2“, die beide Server A enthalten. Wenn Sie ein Konfigurationsdokument mit der Bezeichnung „Server A“ erstellen, werden alle Einstellungen in diesem Dokument von Server A verwendet. Wenn es jedoch Einstellungen gibt, die nicht in diesem Dokument festgelegt sind, werden die Konfigurationsdokumente für „Gruppe 1“ und „Gruppe 2“ auf diese Einstellungen hin überprüft. Bereits im Dokument „Server

A" festgelegte Einstellungen werden nicht mehr in den Dokumenten „Gruppe 1" und „Gruppe 2" überprüft. Wenn es nach Überprüfung von Gruppe 1 und Gruppe 2 noch Einstellungen gibt, für die keine Werte eingetragen sind, werden die Vorgabeeinstellungen verwendet.

Verwenden Sie in Feldern des Konfigurationsdokuments vollständig qualifizierte Host-Namen anstelle von IP-Adressen. Obwohl Letztere funktionieren und vollständig unterstützt werden, ist es leichter, wenn mögliche IP-Adressenänderungen nur einmal im Domain Name Service (DNS) nachgezogen werden müssen und nicht jedes betroffene Konfigurationsdokument angepasst werden muss.

So erstellen Sie ein Konfigurationsdokument:

1. Klicken Sie in Domino Administrator auf das Register KONFIGURATION/CONFIGURATION und erweitern Sie den Abschnitt NACHRICHTEN/MESSAGING.
2. Klicken Sie auf KONFIGURATIONEN/CONFIGURATIONS.
3. Klicken Sie auf KONFIGURATION HINZUFÜGEN/ADD CONFIGURATION, um ein neues Konfigurationsdokument zu erstellen.
4. Klicken Sie auf das Register ALLGEMEIN/BASICS (siehe *Abbildung 6.49*).
5. Nehmen Sie entsprechend Ihrer eigenen Vorgaben und den nachfolgenden Informationen in diesem Kapitel eine Eingabe in eines der folgenden Felder vor und speichern Sie anschließend das Dokument.

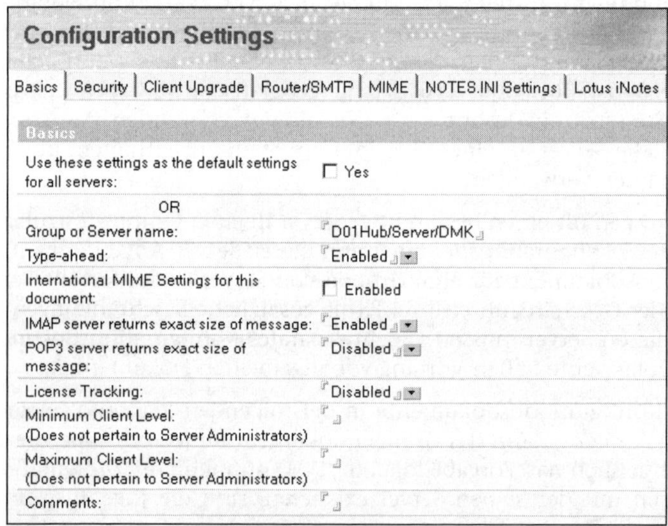

Abbildung 6.49: Registerkarte ALLGEMEIN/BASICS im Konfigurationsdokument

Routing-Kosten für eine Verbindung

Notes-Routing weist jeder Verbindung bestimmte Routing-Kosten zu und wählt anhand dieser Kosten den effizientesten Weg für die Übertragung von Mail zwischen Servern. Der Router berechnet und speichert Informationen zu diesen Kosten in seinen Routing-Tabellen. Wenn es mehrere mögliche Routen für die Übertragung von Mail zwischen dem Quellserver und dem Zielserver gibt, berechnet der Router anhand der Informationen zu Routing-Kosten in den Tabellen die kostengünstigste Route für die Nachricht.

Zur Erstellung der Routing-Tabellen verwendet der Router Informationen aus den Server-, Domänen- und Verbindungsdokumenten. Eine LAN-Verbindung verursacht niedrige Kosten. Eine Wählverbindung mit Modem verursacht hohe Kosten. Standardmäßig hat jede LAN-Verbindung den Kostenwert 1, während bei einer Wählverbindung mit Modem der Kostenwert 5 vorgegeben ist. Bei Unterbrechung von Serververbindungen oder einem Netzwerkausfall wählt der Router einen alternativen Pfad und erhöht die Kosten für den fehlgeschlagenen Pfad.

Wie der Router eine Route auswählt:

1. Er berechnet die kostengünstigste Route und wählt diese aus.
2. Wenn die kostengünstigste Route ausfällt (z.B. wenn keine Antwort erfolgt oder die Netzwerk-Antwortzeit überschritten wird), erhöht der Router die Kosten der ersten Route um 1. Verursacht eine LAN-Verbindung zwischen Server A und Server B beispielsweise zu Anfang Kosten in Höhe von 1, fällt jedoch während einer versuchten Übertragung aus, so erhöht der Router die Kosten der LAN-Verbindung zwischen Server A und Server B auf 2.
3. Wenn der Router das nächste Mal versucht, Mail zwischen Servern zu übertragen, sucht er erneut nach der kostengünstigsten Route zwischen diesen Servern. Gibt es eine alternative Route, die genauso viel kostet und weniger Hops (Zwischenserver) benötigt, so wählt der Router diese alternative Route. Sind beispielsweise zwischen Server A und Server B zwei Routen vorhanden, die beide Kosten in Höhe von insgesamt 4 verursachen, so prüft der Router die Anzahl der Hops auf beiden Routen. Wenn auf einer Route drei, auf der anderen jedoch nur zwei Hops erforderlich sind, verwendet der Router die Route mit nur zwei Hops, da die Kosten identisch sind.

In folgenden Fällen setzt der Router die Kosten für eine Verbindung zurück:

- Der Server empfängt eine eingehende Verbindung von dem ausgefallenen Server.
- Das Rücksetzintervall für dynamische Kosten tritt ein.
- Sie halten den Router an und starten ihn neu.

Die Routing-Tabellen sind im Arbeitsspeicher abgelegt und dynamischer Natur. Wenn Sie den Server neu starten oder eine Verbindung, einen Server, Konfigurationseinstellungen oder ein Domänendokument ändern, baut der Router die Routing-Tabellen neu auf. Sie können die vorgegebenen Routing-Kosten einer Verbindung überschreiben. Diese Einstellung kann nur für Verbindungen zwischen Servern in verschiedenen Notes-Netzwerken geändert werden. Ändern Sie die vorgegebenen Routing-Kosten für eine Verbindung nur, wenn Sie über entsprechende Erfahrungen als Domino-Administrator verfügen. Durch eine falsche Einstellung der Routing-Kosten können Routing-Schleifen enstehen und kann die Auswahl einer alternativen Route durch den Router deaktiviert werden.

6.7.2 SMTP-Mail-Routing

Verwenden Sie folgende Liste, um sicherzustellen, dass Ihr System für das Senden von Mails an und Empfangen von Mails vom Internet oder einem anderen privaten SMTP-Netzwerk bereit ist.

1. Vergewissern Sie sich, dass Sie über einen Internet-Dienstanbieter (ISP) oder eine direkte Verbindung mit dem Internet verbunden sind.
2. Testen Sie mit dem Ping-Befehl die Verbindungsfähigkeit zwischen dem Server mit aktiviertem SMTP und einem beliebigen externen Host, zu dem eine Verbindung hergestellt wird. Testen Sie die Verbindung zwischen Computern, von denen Nachrichten gesendet werden, und den Servern, von denen Sie Mails nach außen senden, beispielsweise Ihr ISP (`ping isp-host`). Mit Ping wird nur getestet, ob auf den Host zugegriffen werden kann, nicht jedoch,vt ob SMTP vorhanden oder richtig konfiguriert ist.
3. Erstellen Sie eine Listę der Namen von Internet-Eingangsdomänen, unter denen Ihre Firma bekannt ist. Falls Ihre Firma über mehrere Internet-Domänennamen verfügt, geben Sie diese Namen als Aliasnamen in das Dokument für globale Domänen ein.
4. Stellen Sie sicher, dass DNS so eingerichtet ist, dass es alle von Ihrer Firma verwendeten Internet-Domänennamen enthält.
5. Wenn Ihre Firma ein Mail-Relais oder eine Firewall verwendet, erfragen Sie den Host-Namen oder den Relais-Host.

Dokumente für fremde SMTP-Domänen erstellen

Sie erstellen ein Dokument für fremde SMTP-Domänen für jeden Server, der Nachrichten über SMTP senden muss, jedoch nicht für die Verwendung von SMTP konfiguriert ist.

In diesem Dokument geben Sie an, zu welchem Server Nachrichten gesendet werden sollen, die an solche Internetadressen adressiert sind. Beispiel: Auf der Grundlage Ihrer Routing-Topologie richten Sie ein Dokument für fremde SMTP-Domänen so ein, dass alle ausgehenden SMTP-Nachrichten an eine andere Notes-Domäne gesendet werden. Dann kann ein Server, der sich in dieser Domäne befindet und in der Lage ist, ausgehende SMTP-Nachrichten zu versenden, die Nachricht an das Internet übertragen. Wenn in einem Dokument für fremde SMTP-Domänen *.* als die erreichbare Gruppe der ausgehenden Internetadressen angegeben ist, werden alle ausgehenden Nachrichten, die mit *.* übereinstimmen (z.B. *web.de*), an das im Dokument für fremde SMTP-Domänen genannte Ziel übertragen. Auch wenn Sie einen Platzhalter verwenden, können Sie Nachrichten immer noch auf bestimmte Internet-Domänen beschränken, indem Sie die Beschränkungen in einem Konfigurationsdokument festlegen.

So erstellen Sie ein Dokument für fremde SMTP-Domänen:

1. Klicken Sie in Domino Administrator auf das Register KONFIGURATION/CONFIGURATION und erweitern Sie den Abschnitt NACHRICHTEN/MESSAGING.
2. Wählen Sie DOMÄNEN/DOMAINS.
3. Klicken Sie auf DOMÄNE HINZUFÜGEN/ADD DOMAIN, um ein neues Domänendokument zu erstellen.
4. Geben Sie im Register ALLGEMEIN/BASICS Werte in die folgenden Felder ein:

Feld	Eingabe
DOMÄNENTYP/ DOMAIN TYPE	Wählen Sie FREMDE SMTP-DOMÄNE/FOREIGN SMTP DOMAIN.

5. (Nur für Server mit Domino Release 4.x SMTP MTA) Klicken Sie auf das Register BESCHRÄNKUNGEN/RESTRICTIONS und nehmen Sie Eingaben in folgende Felder vor:

Feld	Eingabe
MAIL NUR VON DIESEN DOMÄNEN ZULASSEN/ ALLOW MAIL ONLY FROM DOMAINS	Die Namen der Notes-Domänen, die Mails an diese Domäne übertragen dürfen. Lassen Sie das Feld leer, wenn es keine Beschränkungen hinsichtlich des Mail-Versands von der lokalen Domäne zur fremden Domäne geben soll.
MAIL ABLEHNEN VON DOMÄNE(N)/ DENY MAIL FROM DOMAINS	Die Namen der Notes-Domänen, die keine Mail an diese Domäne übertragen dürfen. Lassen Sie das Feld leer, wenn es keine Beschränkungen hinsichtlich des Mail-Versands von der lokalen Domäne zur fremden Domäne geben soll.

6. Klicken Sie auf das Register ROUTING, füllen Sie folgende Felder aus und speichern Sie anschließend das Dokument:

Feld	Eingabe
NACHRICHTEN AN DIESE ADRESSEN -- INTERNET-DOMÄNE/MESSAGES ADDRESSED TO -- INTERNET DOMAIN	Der Name der Internet-Domäne, für die dieses Dokument gilt, oder ein Platzhalter (*.*), der alle Internet-Domänen angibt.
SOLLEN ÜBERTRAGEN WERDEN AN -- DOMÄNENNAME/ SHOULD BE ROUTED TO -- DOMAIN NAME	Der Name der virtuellen Domäne (beispielsweise Das Internet), an die Nachrichten übertragen werden, die mit dem Platzhalter übereinstimmen.
SHOULD BE ROUTED TO -- INTERNET HOST	Name des Servers mit Domino Release 4.x MTA. Lassen Sie dieses Feld leer, wenn Sie die vorherigen Felder ausgefüllt haben.

7. Erstellen Sie ein SMTP-Verbindungsdokument, um eine Verbindung zwischen jedem nicht-SMTP-aktivierten Server und dem SMTP-aktivierten Server einzurichten.

SMTP-Verbindungsdokumente erstellen

Ein SMTP-Verbindungsdokument legt fest, wie ausgehende Nachrichten von einem Server, auf dem SMTP nicht aktiviert ist, zu einem Server geleitet werden, der Nachrichten aus der Internet-Domäne heraus senden kann. Das SMTP-Verbindungsdokument legt eine Verbindung zwischen einer imaginären Notes-Domäne und einem SMTP-Server fest.

So erstellen Sie ein SMTP-Verbindungsdokument:

1. Klicken Sie in Domino Administrator auf das Register KONFIGURATION/CONFIGURATION und erweitern Sie den Abschnitt NACHRICHTEN/MESSAGING.
2. Klicken Sie auf VERBINDUNGEN/CONNECTIONS und dann auf VERBINDUNG HINZUFÜGEN/ ADD CONNECTION.
3. Nehmen Sie im Register ALLGEMEIN/BASICS Eingaben in folgende Felder vor und speichern Sie anschließend das Dokument:

Feld	Eingabe
VERBINDUNGSTYP/ CONNECTION TYPE	SMTP
QUELLSERVER/ SOURCE SERVER	Der Name des Servers, auf dem SMTP aktiviert ist
VERBINDUNG ÜBER/ CONNECT VIA	Direkte Verbindung
ZIELSERVER/ DESTINATION SERVER	Ein eindeutiger fiktiver Platzhaltername, z.B. ALLE_INTERNET_HOSTS
ZIELDOMÄNE/ DESTINATION DOMAIN	Der virtuelle Domänenname, den Sie im Feld INTERNET-DOMÄNE des Dokuments für fremde SMTP-Domänen angegeben haben. Hierdurch wird eine Verbindung zwischen dem Server mit aktiviertem SMTP und einer Internet-Domäne hergestellt.
SMTP-MTA-RELAIS-HOST/ SMTP MTA RELAY HOST	Angabe des SMTP-Hosts, zu dem der Quellserver die ausgehenden Nachrichten sendet. Wenn Sie das Feld leer lassen, werden ausgehende Nachrichten an den Relay Host gesendet, der im Konfigurationsdokument des Servers angegeben wurde. Wenn im Konfigurationsdokument des Servers kein Relay Host angegeben wurde, verwendet der Router als nächsten Hop den Eintrag der Zieldomäne aus dem DNS oder aus der lokalen Hosts-Datei, abhängig vom Eintrag HOST NAME LOOKUP unter der Registerkarte ROUTER/SMTP > BASIC im Konfigurationsdokument.

4. Auf der Registerkarte REPLIZIERUNG/ROUTING bzw. REPLICATION/ROUTING nehmen Sie folgende Eingaben vor:

Feld	Eingabe
REPLIZIERUNGSFUNKTION/ REPLICATION TASK	DISABLED
ROUTING-FUNKTION/ ROUTING TASK	Wählen Sie MAIL-ROUTING. Da der gleiche Routing-Task sowohl für das Versenden von Nachrichten via NRPC und SMTP verantwortlich ist, ist es nicht notwendig, hier den Eintrag SMTP MAIL-ROUTING auszuwählen.

Feld	Eingabe
	Wählen Sie nur dann SMTP MAIL-ROUTING, wenn der ausgewählte Server unter Domino 4.6x oder einer niedrigeren Version läuft.
SOFORTIGES ROUTING, WENN/ ROUTE AT ONCE IF	Angabe der Anzahl von Mails, die ein Routen der Nachrichten auslösen. Der Vorgabewert ist 5.
ROUTING-KOSTEN/ ROUTING COSTS	Eine Zahl zwischen 1 und 10. Die Vorgabe ist 1. Der Router wählt zunächst die kostengünstigsten Verbindungen aus. Zum Beispiel wählt der Router eine Verbindung mit Kosten in Höhe von 2 vor einer Verbindung mit Kosten in Höhe von 3 aus.
ROUTER-TYP/ ROUTER TYPE	Wählen Sie einen der folgenden Werte aus: ▶ PUSH WARTEN, damit Ihr Server wartet, bis er vom anderen Server angerufen wird. Wenn Ihr Server angerufen wird und eine Pull-Anforderung erhält, sendet er die Nachrichten an den anderen Server. ▶ NUR PUSH (Vorgabe), sodass Ihr Server einen anderen Server anruft und ausstehende Nachrichten an diesen anderen Server sendet. ▶ PULL - PUSH, sodass Ihr Server einerseits einen anderen Server anruft und eine Pull-Anforderung sendet, um von dem anderen Server Nachrichten zu erhalten, und andererseits selbst ausstehende Nachrichten an den anderen Server sendet. Der andere Server sendet ausstehende Nachrichten an Ihren Server. ▶ NUR PULL, damit Ihr Server den anderen Server anruft und eine Pull-Anforderung sendet. Der andere Server sendet ausstehende Nachrichten an Ihren Server.

5. Auf der Registerkarte ZEITPLAN/SCHEDULE nehmen Sie die gewünschten Einträge zum Routing-Zeitplan vor.
6. Speichern Sie das Dokument und replizieren Sie das Domino-Verzeichnis mit den entsprechenden Repliken der Server in Ihrer Domäne.

Damit die Änderungen für die Router-Konfiguration übernommen werden, lassen Sie die Routing-Tabellen über folgenden Befehl neu berechnen: `Tell router update config`.

Mehrere Internet-Domänennamen innerhalb einer Organisation verwenden

Ihre Organisation muss über einen primären Internet-Domänennamen verfügen (z.B. *example.com*), unter dem sie außerhalb der Firma bekannt ist. Es kann jedoch sein, dass in einer Organisation mehrere Internet-Domänennamen verwendet werden. Die Verwendung mehrerer Namen kann folgende Gründe haben:

- Eine Organisation ändert ihren Namen.
- Eine Organisation übernimmt eine andere Firma, die bereits über einen Internet-Domänennamen verfügt, und die Benutzer verwenden diese Internet-Domäne weiterhin in ihren Adressen.

- Sie richten eine Mail-Topologie ein, um an andere Niederlassungen adressierte Nachrichten durch Ihre Firewall zu leiten, bevor die Nachrichten an das Internet oder ein anderes privates Netzwerk übertragen werden.
- Sie richten eine Mail-Topologie speziell für die Verwendung mehrerer Internet-Domänennamen ein.

Wenn Ihre Organisation mehrere Internet-Domänennamen verwendet, müssen Sie ein Dokument für globale Domänen erstellen, um die verschiedenen Internet-Domänennamen zu definieren, an die eine eingehende Mail adressiert werden kann. Stellen Sie auch sicher, dass das DNS so eingerichtet ist, dass es alle von Ihrer Firma verwendeten Internet-Domänennamen enthält.

So verwenden Sie mehrere Internet-Domänennamen:

1. Vergewissern Sie sich, dass Sie bereits über ein Konfigurationsdokument für den (die) zu konfigurierenden Server verfügen.
2. Klicken Sie in Domino Administrator auf das Register KONFIGURATION/CONFIGURATION und erweitern Sie den Abschnitt NACHRICHTEN/MESSAGING.
3. Wählen Sie DOMÄNEN/DOMAINS und klicken Sie dann auf DOMÄNE HINZUFÜGEN/ADD DOMAIN.
4. Geben Sie im Register ALLGEMEIN/BASICS Werte in die folgenden Felder ein:

Feld	Eingabe
DOMÄNENTYP/ DOMAIN TYPE	Wählen Sie GLOBALE DOMÄNE/GLOBAL DOMAIN.
NAME DER GLOBALEN DOMÄNE/ GLOBAL DOMAIN NAME	Geben Sie ein Wort oder einen Satz ein, das/der die Domäne beschreibt.
FUNKTION DER GLOBALEN DOMÄNE/ GLOBAL DOMAIN ROLE	Wählen Sie V5 INTERNET-DOMÄNE UND HÖHER oder V4.X SMTP MTA.

5. Klicken Sie auf das Register KONVERTIERUNGEN/CONVERSIONS, nehmen Sie Eingaben in folgende Felder vor und speichern Sie anschließend das Dokument:

Feld	Eingabe
LOKALE PRIMÄRE INTERNET-DOMÄNE/ LOCAL PRIMARY INTERNET DOMAIN	Der Name der primären Internet-Domäne, den Ihre Firma zur Repräsentation nach außen verwendet, beispielsweise *example.com*.
ALTERNATIVE ALIASNAMEN FÜR INTERNET-DOMÄNEN/ ALTERNATE INTERNET DOMAIN ALIASES	Zusätzliche Internet-Domänennamen, die Ihre Firma verwendet, beispielsweise *weitere.com* usw.

SMTP-Routing außerhalb der lokalen Internet-Domäne einrichten

Sie müssen SMTP-Routing aktivieren, damit Nachrichten außerhalb der lokalen Internet-Domäne (z.B. an das Internet oder ein anderes privates Netzwerk) gesendet werden können.

So aktivieren Sie SMTP-Routing außerhalb der lokalen Internet-Domäne:

1. Stellen Sie sicher, dass Sie Ihr System auf den Versand von Mails an das Internet vorbereitet haben.
2. Vergewissern Sie sich, dass Sie bereits über ein Konfigurationsdokument für den (die) zu konfigurierenden Server verfügen.
3. Klicken Sie in Domino Administrator auf das Register KONFIGURATION/CONFIGURATION und erweitern Sie den Abschnitt NACHRICHTEN/MESSAGING.
4. Klicken Sie auf KONFIGURATIONEN/CONFIGURATIONS.
5. Wählen Sie das Konfigurationsdokument aus und klicken Sie dann auf KONFIGURATION BEARBEITEN/EDIT CONFIGURATION.
6. Nehmen Sie im Register ALLGEMEIN/BASICS eine Eingabe in folgendes Feld vor und speichern Sie anschließend das Dokument:

Feld	Eingabe
SMTP WIRD ZUM SENDEN VON NACHRICHTEN AN EMPFÄNGER AUSSERHALB DER LOKALEN INTERNET-DOMÄNE VERWENDET/ SMTP USED WHEN SENDING MESSAGES OUTSIDE THE LOCAL INTERNET DOMAIN	Wählen Sie einen der folgenden Werte aus: ▸ AKTIVIERT/ENABLED, um Mail über SMTP an das Internet zu übertragen. ▸ DEAKTIVIERT/DISABLED (Vorgabe), damit der Server keine Mail außerhalb der lokalen Internet-Domäne überträgt.

SMTP-Routing innerhalb der lokalen Internet-Domäne einrichten

Sie können SMTP-Routing verwenden, um Nachrichten an andere Server in Ihrer Internet-Domäne zu senden. Es kann jedoch sein, dass Sie SMTP-Routing nicht auf jedem Server aktivieren möchten. Möglicherweise möchten Sie nur bestimmte Server für die Nachrichtenübertragung außerhalb des Notes-Netzwerks einsetzen. Beispiel: Sie verfügen über keine direkte IP-Verbindung zwischen allen Servern eines TCP/IP Notes-Netzwerks und allen Servern eines anderen Netzwerks. Trotzdem möchten Sie, dass alle Nachrichten von einem Notes-Netzwerk zu einem anderen über Hubserver übertragen werden.

So richten Sie SMTP-Routing innerhalb der lokalen Internet-Domäne ein:

1. Vergewissern Sie sich, dass Sie bereits über ein Konfigurationsdokument für den (die) zu konfigurierenden Server verfügen.
2. Klicken Sie in Domino Administrator auf das Register KONFIGURATION/CONFIGURATION und erweitern Sie den Abschnitt NACHRICHTEN/MESSAGING.
3. Klicken Sie auf KONFIGURATIONEN/CONFIGURATIONS.
4. Wählen Sie das zu bearbeitende Konfigurationsdokument aus und klicken Sie dann auf KONFIGURATION BEARBEITEN/EDIT CONFIGURATION.
5. Klicken Sie auf das Register ROUTER/SMTP.

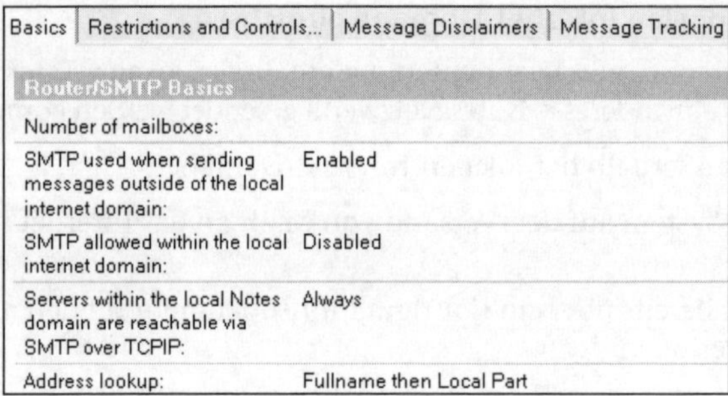
Basics | Restrictions and Controls... | Message Disclaimers | Message Tracking

Router/SMTP Basics

Number of mailboxes:	
SMTP used when sending messages outside of the local internet domain:	Enabled
SMTP allowed within the local internet domain:	Disabled
Servers within the local Notes domain are reachable via SMTP over TCPIP:	Always
Address lookup:	Fullname then Local Part

Abbildung 6.50: SMTP-Routing innerhalb der lokalen Internet-Domäne

6. Nehmen Sie Eingaben in folgende Felder vor und speichern Sie anschließend das Dokument:

Feld	Eingabe
SMTP IST INNERHALB DER LOKALEN INTERNET-DOMÄNE ZULÄSSIG/ SMTP ALLOWED WITHIN THE LOCAL INTERNET DOMAIN	Wählen Sie einen der folgenden Werte aus: ▶ NUR MIME-NACHRICHTEN/MIME MESSAGES ONLY, damit Mail über SMTP-Routing an andere Domino Server übertragen wird, die sich im selben Notes-Netzwerk befinden und für den Empfang von Mails über SMTP-Routing eingerichtet sind. ▶ DEAKTIVIERT/DISABLED (Vorgabe), damit Mails über Notes-Routing an andere Server im selben Notes-Netzwerk übertragen werden. ▶ ALLE NACHRICHTEN/ALL MESSAGES, damit sowohl Nachrichten im Notes- als auch im MIME-Format über SMTP-Routing übertragen werden. Dies führt dazu, dass Nachrichten im Notes-Format vor der Übertragung in das MIME-Format konvertiert werden. Dies wiederum kann zu Formatierungs- und Leistungsverlusten führen.
SERVER INNERHALB DER LOKALEN NOTES-DOMÄNE SIND VIA SMTP ÜBER TCP/IP ERREICHBAR/ SERVERS WITHIN THE LOCAL NOTES DOMAIN ARE REACHABLE VIA SMTP OVER TCPIP	Wählen Sie einen der folgenden Werte aus: ▶ IMMER/ALWAYS (Vorgabe), damit Mails über SMTP-Routing an andere Domino Server übertragen werden, die sich in derselben Notes-Domäne befinden und für den Empfang von Mails über SMTP-Routing eingerichtet sind. ▶ NUR WENN IM SELBEN NOTES-NETZWERK/ONLY IF IN SAME DOMINO-NAMED NETWORK, damit Mails über Notes-Routing an Server in anderen Notes-Netzwerken übertragen werden, auch wenn diese für den SMTP-Versand innerhalb der lokalen Internet-Domäne aktiviert wurden.

Server für den Empfang von über SMTP-Routing versendeter Mail einrichten

Um den Server für den Empfang von über SMTP-Routing versendeten Nachrichten einzurichten, müssen Sie den SMTP-Listener aktivieren. Dann kann der Server den SMTP-Datenverkehr über den TCP/IP-Anschluss (in der Regel Anschluss 25) überwachen und SMTP-Nachrichten in der Datenbank *mail.box* (beziehungsweise *mail[x].box* bei Verwendung mehrerer Mailboxen – x steht für die Anzahl der Mailboxen, sie liegt zwischen 1 bis maximal 10 Mailboxen) empfangen.

Fügen Sie SMTP nicht als Task zur Task-Liste der *notes.ini*-Datei hinzu, da diese Funktion sonst nicht korrekt arbeitet.

So aktivieren Sie den Listener-Task:

1. Klicken Sie in Domino Administrator auf das Register KONFIGURATION/CONFIGURATION und erweitern Sie den Abschnitt SERVER.
2. Wählen Sie das zu bearbeitende Serverdokument aus und klicken Sie dann auf SERVER BEARBEITEN/EDIT SERVER.
3. Nehmen Sie im Register ALLGEMEIN/BASICS eine Eingabe in dieses Feld vor und speichern Sie anschließend das Dokument:

Feld	Eingabe
VOLL QUALIFIZIERTER INTERNET-HOST-NAME/ FULLY QUALIFIED INTERNET HOST NAME	Geben Sie den voll qualifizierten Host-Namen an. Falls kein Global-Domain-Dokument erstellt wurde, nutzt der Router diesen Eintrag, um die lokale Internet-Domäne zu bestimmen. Normalerweise erfolgt der Eintrag für den Host-Namen schon während des Server-Setups oder durch den AdminP. Falls Sie keinen gültigen Eintrag in dieses Feld vornehmen, kann es zu einer Routing-Endlosschleife von Nachrichten kommen.
SMTP-LISTENER-TASK/ SMTP-LISTENER-TASK	Wählen Sie einen der folgenden Werte aus: ▶ AKTIVIERT/ENABLED, um den Listener-Task einzuschalten, sodass der Server über SMTP-Routing übertragene Nachrichten empfangen kann. ▶ DEAKTIVIERT/DISABLED (Vorgabe), damit der Server keine über SMTP-Routing übertragenen Nachrichten empfängt.

4. Wählen Sie die Registerkarte ANSCHLÜSSE/PORTS > INTERNET-ANSCHLÜSSE/INTERNET PORTS > MAIL.
5. Unter MAIL (SMTP INBOUND) sollten Sie kontrollieren, dass der Eintrag für TCP/IP-ANSCHLUSSSTATUS bzw. TCP/IP PORT STATUS auf AKTIVIERT/ENABLED steht. Klicken Sie auf SPEICHERN UND SCHLIESSEN/SAVE AND CLOSE, um das Dokument zu speichern.

Einrichten des Nachrichtenaustauschs über eine Wählverbindung

Sie können angeben, wie Nachrichten zwischen Servern Ihrer Organisation und einem Remote-Server (häufig ein ISP) über eine Wählverbindung übertragen werden. Standardmäßig sendet der die Datenübertragung einleitende Server beim Herstellen einer Verbindung zu einem anderen Server Nachrichten über das Push-Verfahren an diesen Server. Der einleitende Server „holt" (Pull) keine ausstehenden Nachrichten vom anderen Server. Stattdessen wartet er, bis der andere Server eine Verbindung herstellt und diese Nachrichten überträgt. Um dieses vorgegebene Verhalten zu ändern und Nachrichten vom anderen Server abzurufen, können Sie den einleitenden Server so einrichten, dass er eine Pull-Anforderung an den anderen Server sendet.

Ist der einleitende Server entsprechend konfiguriert, sendet er eine Nachricht an den anderen Server und fordert diesen auf, ausstehende Nachrichten zu übertragen. Diese Anforderung kann auch an ein SMTP-Mail-System gesendet werden, das keinen Domino Server verwendet. Wenn der andere Server die Pull-Anforderung empfängt, prüft er die Mail-Warteschlangen auf Nachrichten, die für den einleitenden Server bestimmt sind, und startet die für die Übertragung dieser Nachrichten erforderlichen Vorgänge.

Wenn Sie SMTP-Routing verwenden, müssen Sie sicherstellen, dass die ETRN-Protokollerweiterung (RFC 1985) auf dem anderen Server (der die Pull-Anforderung empfängt) aktiviert ist, da andernfalls die Anforderung nicht empfangen werden kann. Außerdem muss der Remote-Server den DNS-Host-Namen des einleitenden Servers in eine IP-Adresse auflösen können, damit die Nachrichten gesendet werden können. Allgemein muss der einleitende Server eine statische IP-Adresse verwenden, und die Adresse muss im DNS für den Server verfügbar sein, der die ausstehenden Nachrichten enthält.

Wenn das Remote-System bei jeder von Ihnen hergestellten Verbindung eine neue IP-Adresse zuweist, sollten Sie das Pull-Verfahren nicht verwenden.

Sie können angeben, wie lange der einleitende Server die Leitung offen halten soll, um dem Remote-Server das Herstellen einer Verbindung zu ermöglichen. Auf diese Weise kann man den einleitenden Server daran hindern, die Verbindung zu unterbrechen, bevor der Remote-Server mit der Übertragung ausstehender Mails beginnen kann. Der einleitende Server sendet eine Pull-Anforderung und sendet dann alle Nachrichten, die für den Remote-Server vorliegen, im Push-Verfahren. Dann wartet er, ob ausstehende Nachrichten vom Remote-Server gesendet werden.

Wenn eine Pull-Anforderung gesendet wird, kann der einleitende Server auch Nachrichten für andere von ihm verwaltete Server, Domänen, Hosts oder Warteschlangen in Ihrer Organisation anfordern.

AutoDialer

Um die Abstimmung der Wählsteuerung zu automatisieren, ermöglicht Domino die Erstellung von AutoDialer-Verbindungen. Eine AutoDialer-Verbindung stellt eine Verknüpfung zwischen zwei Verbindungsdokumenten her: ein Dokument, das kontrolliert, wann ein Quellserver die vorgegebene Replizierung oder das Mail-Routing iniitiert, und das andere Dokument, das kontrolliert, wann der Zielserver einen ISP anwählt, um eine Internet-Verbindung aufzubauen. Ein AutoDialer-Dienst auf beiden Servern verfolgt die Zeitsteuerung im Verbindungsdokument des Quellservers und fordert den Zielserver auf, rechtzeitig online zu gehen, um die Anfragen des anrufenden Servers zu erhalten. Der Quellserver verwendet die IP-Adresse des Zielservers, um die Verbindung aufzubauen.

Obwohl der AutoDialer primär zur Abstimmung zwischen Verbindungen zwischen zwei Servern über das Internet gedacht ist, können Sie den AutoDialer auch verwenden, um einem Remote Domino Server die Einwahl auf einen anderen Domino Server oder Durchgangs-/Passthru-Server zu ermöglichen.

Unter der Registerkarte REPLIZIERUNG/ROUTING bzw. REPLICATION/ROUTING des Verbindungsdokuments legen Sie die entsprechenden Einstellungen für den AutoDialer im Bereich AUTODIALER fest.

Wenn der Remote-Server ein Domino Server ist, können Sie ihn so konfigurieren, dass er alle Nachrichten für den einleitenden Server zurückhält, bis dieser eine Pull-Anforderung sendet. So wird der Remote-Server daran gehindert, Mails an den (normalerweise) einleitenden Server zu übertragen, wenn dieser nicht mit dem Netzwerk verbunden ist. Dies wird mit dem Router-Typ PUSH WARTEN erzielt.

So ändern Sie den Nachrichtenaustausch:

1. Vergewissern Sie sich, dass Sie bereits ein Dokument für die Notes Direktwählverbindung erstellt haben.
2. Klicken Sie in Domino Administrator auf das Register KONFIGURATION/CONFIGURATION und erweitern Sie den Abschnitt NACHRICHTEN/MESSAGING.
3. Klicken Sie auf VERBINDUNGEN/CONNECTIONS.
4. Wählen Sie das Serververbindungsdokument aus und klicken Sie dann auf VERBINDUNG BEARBEITEN/EDIT CONNECTION.
5. Nehmen Sie in den Registern ALLGEMEIN/BASICS Eingaben in folgende Felder vor:

Feld	Beschreibung
VERBINDUNGSTYP/ CONNECTION TYPE	Wählen Sie aus: ▶ NETZWERKWÄHLVERBINDUNG/NETWORK DIALUP: Wählen Sie diese Option für die Server, die Mails via SMTP über eine Dial-Up-Verbindung routen. Sie können diesen Eintrag auch für das NRPC-Routing verwenden. ▶ NOTES DIREKTWÄHLVERBINDUNG/NOTES DIRECT DIALUP: Wählen Sie diese Option nur für die Server, die diese Verbindung nutzen, um Mails via NRPC zu einem anderen Domino Server zu routen.
QUELLSERVER/ SOURCE SERVER	Der hierarchische Notes-Name für den lokalen Domino Server, der die Routing-Anfrage einleitet.
QUELLDOMÄNE/ SOURCE DOMAIN	Der Name der Domino-Domäne des Quellservers
BENUTZTE ANSCHLÜSSE/ USE THE LAN PORT(S)	Für die Network-Dialup-Verbindungen geben Sie hier für den lokalen Server die TCP/IP-Portnamen an.
BENUTZTE ANSCHLÜSSE/ USE THE PORT(S)/	Für die Notes Direct-Dialup-Verbindungen geben Sie hier für den lokalen Server den Namen der Kommunikationsports an.
ZIELSERVER/ DESTINATION SERVER	Geben Sie den Namen des Domino- oder SMTP-Servers an, zu dem Mails geroutet werden sollen. Für SMTP-Routing-Verbindungen zu einem ISP-Server geben Sie den Host-Namen des Servers an, beispielsweise *mail.example.com*. Je nach Bedarf kann der angegebene Host für ausgehende oder eingehende Mails oder beides agieren. Wenn der Host für ausgehende Mails verwendet wird, geben Sie den Namen unter der Registerkarte ROUTER/SMTP > BASICS des Konfigurationsdokuments im Feld RELAIS-HOST FÜR NACHRICHTEN, DIE DIE LOKALE INTERNET-DOMÄNE VERLASSEN/RELAY HOST FOR MESSAGES LEAVING THE LOCAL INTERNET DOMAIN an.

Feld	Beschreibung
ZIELDOMÄNE/ DESTINATION DOMAIN	Geben Sie hier den Domänennamen des Zielservers für das Routing via Notes an. Lassen Sie das Feld leer, wenn SMTP-Mails zu einem ISP-Server gesandt werden.
OPTIONALE NETZWERKADRESSE/ OPTIONAL NETWORK ADDRESS	Stellen Sie eine optionale Netzwerkadresse zur Verfügung, um Verbindungsversuche über eine TCP/IP-Verbindung zu ermöglichen. Wenn das Feld keinen Eintrag erhält, versucht Domino, die Zieladresse aus dem IP-Protokollstack zu beziehen. Geben Sie einen voll qualifizierten Namen oder die IP-Adresse an.

6. Klicken Sie auf das Register NETZWERKWÄHLVERBINDUNG/NETWORK DIALUP.
7. Wählen Sie MICROSOFT DFÜ-NETZWERK/MICROSOFT DIAL-UP NETWORKING im Feld WÄHLEN SIE EINEN DIENSTTYP/CHOOSE A SERVICE TYPE aus.
8. Klicken Sie auf KONFIGURATION BEARBEITEN/EDIT CONFIGURATION und geben Sie den Namen des Eintrags mit Verbindungsinformationen ein, den Sie im Feld DIAL-UP NETWORKING NAME/DFÜ-NETZWERKNAME verwenden möchten.
9. Nehmen Sie Eingaben in die entsprechenden Felder vor, um Informationen zu überschreiben, die bereits im DFÜ-Netzwerkeintrag selbst gespeichert sind. Klicken Sie dann auf OK.
10. Nehmen Sie in den Registern REPLIZIERUNG/ROUTING bzw. ROUTING/REPLICATION Eingaben in die entsprechenden Felder vor (siehe Erstellung von SMTP-Verbindungsdokumenten) und speichern Sie anschließend das Dokument.

6.7.3 Mail-Management

In den letzten Jahren ist deutlich geworden, dass es beim Mail-Management und der Sicherung einer SMTP-Mail-Umgebung vor allem darum geht, drei Dinge in den Griff zu bekommen:

- Spam: Junk-Mails in beliebiger Formenvielfalt. Spam verursacht Verschwendung von Ressourcen und Zeit, sei es auf Server-, Anwender- oder Administratorseite.
- SMTP-Relaying: Als SMTP-Relay-Server (Mail-Relay-Server, Smarthost) wird ein Server (B) bezeichnet, der als Mittler von einem Sender (A) Mails annimmt und an beliebige Dritte (C) weiterleitet. Ein korrekt konfigurierter SMTP-Relay-Server leitet E-Mails nur dann weiter, wenn er entweder für Mails von A zuständig ist (Kunde [A] darf über den Mail-Server seines Providers Mails an beliebige Empfänger versenden) oder für Mails an C zuständig ist (Mail-Server einer Firma [C] nimmt Mails von beliebigen Absendern entgegen). Angebote für Online-Spam-Filter und Online-Virenfilter werden üblicherweise mit Relay-Servern realisiert. Bevor die E-Mail auf den Mail-Server des eigentlichen Empfängers eingeliefert wird, durchläuft sie den Relay-Server und wird dort gefiltert.
- Die Funktion eines Mail-Relay-Servers kann auch mit negativen Assoziationen verknüpft sein, nämlich dann, wenn der Server als offenes Mail-Relay (Open Relay, third party SMTP Relay) fungiert. Im Unterschied zu einem korrekt konfigurierten SMTP-Relay werden Mails vom Server angenommen und an beliebige Dritte (C) weitergeleitet, obwohl er weder für Mail von A noch für Mail an C zuständig ist. Bei offenen Mail-Relays handelt es sich in erster Linie um schlecht konfigurierte Mail-Server. Über offene Mail-Relays können von außerhalb kriminelle Inhalte oder Malware (z.B. Spam,

Viren, Phishing-Mails und Drohungen) verbreitet werden. Dabei werden die Ressourcen des eigentlichen Verursachers (Bandbreite und Hardware) gespart und seine Identität bleibt gegenüber den Mail-Empfängern verschleiert.

- Address-Spoofing: Täuschungsversuche zur Verschleierung der eigenen Identität werden als Spoofing bezeichnet. IP-Spoofing bezeichnet das Versenden von *IP*-Paketen mit gefälschter Quell-IP-Adresse. Der Header jedes IP-Pakets enthält dessen Quelladresse. Es ist jedoch möglich, den Header so zu fälschen, dass das Paket so aussieht, als ob das Paket von einer anderen Maschine gesendet wurde. Dies kann von Eindringlingen dazu genutzt werden, Sicherheitsmaßnahmen wie z.B. IP-adressbasierte Authentifizierung im Netzwerk auszutricksen, oder zum Verschleiern des eigenen Rechners dienen, um nicht geblockt zu werden.

Lotus Notes Domino bietet unter der Registerkarte ROUTER/SMTP im Konfigurationsdokument vielfältige Optionen für den ein- und ausgehenden Mail-Verkehr. Sie sollten diese Einstellungen nutzen, um Ihr System entsprechend zu sichern.

Don'ts des Mail-Managements

- Fehlende Planung und Dokumentation. Dies gilt vor allem für fehlende Vertreterfunktionen innerhalb des Administrations- oder Engineeringteams, wenn niemand weiß, wann was umgestellt wurde, oder die letzte Änderung nicht in das Change Management System eingestellt wurde. Auch die leichtfertige Übergabe von Systemen in Produktion kann zu großen Problemen führen, wenn die verantwortlichen Personen nicht wirklich alle erforderlichen Informationen haben. Hier helfen Checklisten und protokollierte Überführungen von Systemen in das produktive Umfeld. Bei der Erstellung dieser Checklisten sollten Sie sich an Leitfragen orientieren wie: Was ist nach der letzten Übergabe schiefgelaufen? In welche überraschenden und nicht ad hoc lösbaren Probleme ist das Team in Bezug auf das System gelaufen? Welche Probleme oder Fragestellungen treten immer wieder auf?
- Content Filtering und Überwachung von Mails gehören nicht in die alleinigen Hände des Administrators. Alle Themen, die Datenschutz und Datensicherheit berühren, sollten mit der Personalabteilung, dem Betriebsrat und dem Management abgeklärt werden. Ansonsten können Sie sich bei Unkenntnis der Vorgaben in unangenehmen Erklärungsnotständen sehen.
- Verschwendung von Ressourcen für das Thema Spam. Implementieren Sie lieber eine für das Unternehmen passende Spam-Lösung.
- Vernachlässigen von Backup-Tests: Es gibt wenig Dinge, die unangenehmer sind, als einem Mitglied des mittleren Managements erklären zu müssen, warum ein Restore für 1500 Mail-Datenbanken für den Zeitraum der letzten Woche nicht möglich ist. Prüfen Sie unbedingt Event-Meldungen und führen Sie Tests durch. Schreiben Sie als Verantwortlicher der Thematik Backup & Restore detaillierte Dokumentationen, die auch Ihr Vertreter versteht.
- Ausreichender Schutz der Mail-Server: Vor allem der Virenschutz sollte auf Ihren Mail-Servern und den damit in Zusammenhang stehenden Knoten mehr als ausreichend sein.

- Speicherplatz, Plattenplatz, SAN-Ressourcen: Behalten Sie Ihre Speicherressourcen im Auge und überwachen Sie diese Ressourcen in entsprechender Form. Überlaufende Translog-Files, die den Server zum Absturz bringen, müssen nicht sein. Auch die Themen Quotenmanagement und Mail-Archivierung gehören dazu, wobei auch hier wieder Managemententscheidungen vorangegangen sein müssen.
- Compliance: Dieser Begriff steht für die Übereinstimmung mit und Erfüllung von rechtlichen und regulativen Vorgaben. Gesetze und Regularien dürfen jedoch nicht isoliert gesehen werden, sondern müssen mit internen Richtlinien und Verfahren in Einklang gebracht werden. Das komplexe Thema Compliance-Anforderungen bezieht sich auf allgemeine öffentliche Richtlinien und Abmachungen für technische Kontrollen und betrifft drei wichtige Zielsetzungen für Dokumente und deren Inhalt (Content).
  - Integrität: Content muss vollständig und richtig sein und unter Beachtung administrativer, physischer und technischer Sicherheitsvorkehrungen gespeichert werden, damit er vor unzulässiger Änderung, Beschädigung und Löschung geschützt ist.
  - Vertraulichkeit: Content darf nur für autorisierte Benutzer zugänglich sein und muss vor unzulässiger Nutzung und Veröffentlichung geschützt werden.
  - Verfügbarkeit: Regulierungsbeauftragte und Vollstreckungsbehörden müssen bei Bedarf auf Inhalte zugreifen können. In bestimmten Fällen muss auch Personen der Zugriff auf Inhalte erlaubt sein, die im Zusammenhang mit persönlichen Daten stehen.

  Leider sind sich viele Firmen nicht der gesetzlichen Anforderungen bewusst. Ungeachtet dessen sind die Sanktionen für Verstöße gegen archivierungsrelevante Buchführungs- und Datenschutzpflichten erheblich.

Server-Mail-Regel/Server Mail Rules

Sie versprechen Glück und Reichtum und flattern haufenweise in den elektronischen Briefkasten: geheime Börsentipps, Geldgeschäfte in Nigeria oder vermeintliche Liebeserklärungen. In Wahrheit handelt es sich dabei nur um „Spam“, virtuellen Werbemüll.

Es gibt jedoch einige bescheidene Möglichkeiten, die Spam-Flut im eigenen Postfach etwas einzudämmen. Eine davon ist die virtuelle Mülltrennung, indem man einen Mail-Filter setzt. Dann sucht das Mail-Programm in den Betreffzeilen nach bestimmten Begriffen und entsorgt die entsprechenden Mails automatisch in den Papierkorb. Hilfreich sind Suchwörter wie „teen“, „adult“, „free“, „$$$“, „naked“ oder „increase“. Genauso lässt sich auch nach Absenderadressen filtern. Doch Achtung: Wer nach Text in der Betreffzeile filtert, sollte sich die Suchwörter gut überlegen, um nicht versehentlich wichtige Mails zu löschen. Das Filtern nach bestimmten Regeln existiert seit R5, allerdings nur für den Notes Client. Unter der Version 6 wurden die sogenannten Server Mail Rules eingeführt. Werden Regeln bezüglich Spam-Mails bereits einheitlich auf Serverebene gesetzt, erleichtert dies den Aufwand erheblich und die Nutzer sind trotzdem in der Lage, spezifische Regeln aufzusetzen. Serverregeln können nicht nur bei der Filterung von Spam-Mails wichtige Dienste verrichten, sondern auch bei Mails, die aufgrund eines Wurmbefalls an die Personen des Adressbuchs versandt werden und bestimmte Schlagwörter enthalten.

Seit Lotus Notes Domino 7 können E-Mails aufgrund der Informationen in Blacklists und Whitelists gefiltert werden. Passiert dies, besteht die Möglichkeit, die Mails mit einem Flag zu versehen, sodass diese in Quarantäne (Blacklist) oder in das Journal (Whitelist) geschoben werden. Außerdem ist es möglich, beim Zutreffen einer Bedingung eine Ausnahme (Exception) zu definieren, für die die Verarbeitung der folgenden Bedingungen nicht durchgeführt wird.

So richten Sie Mail-Regeln für Domino Server ein:

1. Klicken Sie in Domino Administrator auf das Register KONFIGURATION/CONFIGURATION und erweitern Sie den Abschnitt NACHRICHTEN/MESSAGING.
2. Klicken Sie auf KONFIGURATIONEN/CONFIGURATIONS.
3. Wählen Sie das Konfigurationsdokument für den bzw. die Mail-Server aus, auf dem bzw. denen Mail beschränkt werden soll, und klicken Sie auf KONFIGURATION BEARBEITEN/EDIT CONFIGURATION.
4. Klicken Sie auf das Register ROUTER/SMTP > BESCHRÄNKUNGEN UND STEUERUNGEN/RESTRICTIONS AND CONTROLS > REGELN/RULES (siehe *Abbildung 6.51*).
5. Im Abschnitt BEDINGUNGEN ANGEBEN/SPECIFY CONDITIONS der Dialogbox einer Regel setzen Sie das Kriterium, das der Server verwenden soll, um zu bestimmen, ob die Regel greift. Eine Regelbedingung kann die folgenden Komponenten enthalten:

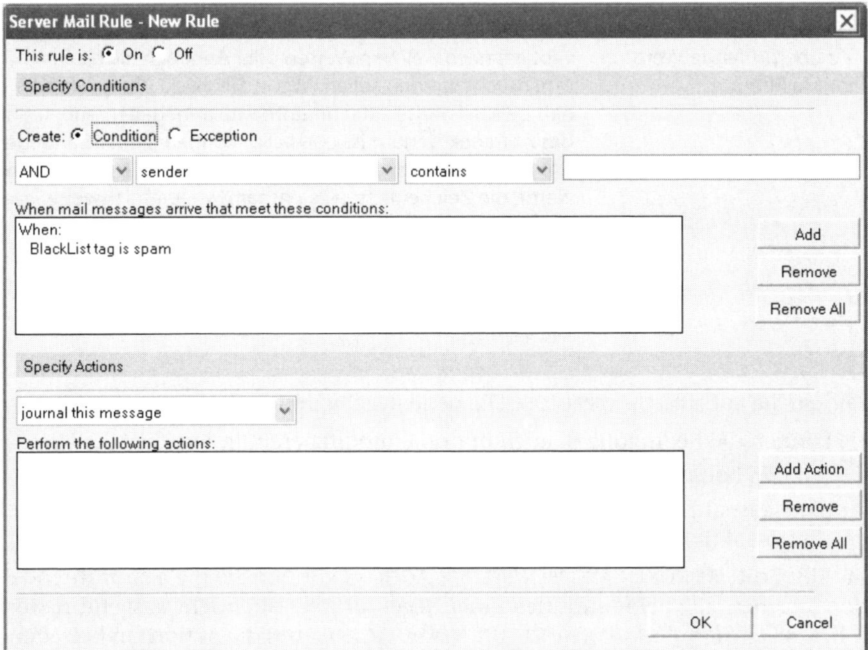

Abbildung 6.51: Anlegen einer neuen Serverregel

Bedingungskomponente	Beschreibung
Zu überprüfende Inhalte	Geben Sie den Teil der Nachricht an, der zur Überprüfung herangezogen werden soll. Zur Verfügung stehen: Absender, Subjekt, Wichtigkeit, Übertragungspriorität, die Felder To, CC, BCC, To oder CC, Body oder Subject, Internetdomain, Größe (in Bytes), Alle Dokumente, Attachmentname, Anzahl der Attachments, Maske, Anzahl der Empfänger, spezifischer Empfängername, Blacklist und Whitlist Kennzeichen/Tag. Um eine Regel zu definieren, die für alle in die *mail.box* (beziehungsweise die Mailboxen) abgelegten Mails gilt, müssen Sie die Option ALLE DOKUMENTE/ALL DOCUMENTS wählen.
Logischer Operator oder Vergleichskriterium	Gibt an, wie der Router je nach Kriterium den Inhalt von Mails bewertet: ▸ ENTHÄLT/CONTAINS (Textfelder) ▸ ENTHÄLT NICHT/DOES NOT CONTAIN (Textfelder) ▸ IST/IS ▸ IST NICHT/IS NOT ▸ IST KLEINER ALS/IS LESS THAN (Numerische Felder) ▸ IST GRÖSSER ALS/IS GREATER THAN (Numerische Felder)
Zu überprüfende Werte im Mail-Item	Gibt an, nach welchen Werten oder Angaben die Nachrichten durchsucht werden sollen. Wenn Sie als zu überprüfender Inhalt beispielsweise Attachmentname angegeben haben und das Abfragekriterium ist CONTAINS, können Sie *.VBS* angeben, um eine Regel bezüglich der Attachments zu erstellen, deren Name die Zeichenkette.vbs enthält, wie beispielsweise *loveletter.vbs* oder *my.vbs.card.exe.* Sie können bezüglich der Textzeichenketten keine Wildcards (*) verwenden. Um einen Textstring zu definieren, sollten Sie das Abfragekriterium ENTHÄLT/CONTAINS verwenden. Die Angabe ist dabei nicht case-sensitiv.

6. Klicken Sie auf HINZUFÜGEN/ADD. Die neue Regel wird der Zeile hinzugefügt.
7. Sie können die Bedingungen auch optional modifizieren, indem Sie
   - mit den booleschen Operatoren UND/AND oder ODER/OR arbeiten,
   - eine Ausnahmebedingung anlegen, indem Sie den Radiobutton AUSNAHME/EXCEPTION aktivieren.
8. Im Abschnitt AKTIONEN ANGEBEN/SPECIFY ACTIONS können Sie die auszuführende Aktion angeben, die beim Zutreffen einer Regel für eine Nachricht ausgeführt werden soll. Klicken Sie auf AKTION HINZUFÜGEN/ADD ACTION, um die Aktion zur betreffenden Regel einzustellen. Mehrere Aktionen werden automatisch mit UND/AND verknüpft. Sie haben folgende Aktionen zur Auswahl:

Aktion	Beschreibung
NACHRICHTEN IN JOURNAL AUFNEHMEN/ JOURNAL THIS MESSAGE	Der Router sendet eine Kopie der Nachricht in die eingerichtete Mail-Journaling-Datenbank und stellt die Nachricht zu. Um diese Aktion durchführen zu können, muss allerdings das Mail Journaling von Ihnen eingerichtet worden sein.
IN DATENBANK VERSCHIEBEN/ MOVE TO DATABASE	Der Router entfernt die Nachricht aus der *mail.box* und verschiebt sie zur Quarantäne in eine Datenbank, die von Ihnen angegeben werden muss, wenn Sie diese Option auswählen. Die angegebene Datenbank muss bereits vorhanden sein. Die Nachricht wird bei Auswahl dieser Option nicht an den Empfänger zugestellt. Wenn eine Nachricht in die vorgegebene Datenbank verschoben wird, können Sie diese in Bezug auf Viren oder andere Merkmale untersuchen.
NACHRICHT NICHT ANNEHMEN/ DON'T ACCEPT MESSAGE	Domino lehnt die Nachricht ab. Der Absender erhält eine Fehlermeldung (Nondelivery-Report), sodass er Kenntnis davon erhält, dass die Nachricht nicht zugestellt wurde. Wenn Domino eine eintreffende SMTP-Mail nicht annimmt, gibt das System einen „permanent error"-Code an den sendenden Server, der anzeigt, dass die Nachricht aus Policy-Gründen abgelehnt wurde. SMTP permanent Errors (500-series errors) bezeichnen Fehlertypen, die sich wiederholen, falls der Absender erneut versucht, die Nachricht an die gleiche Adresse zuzustellen. Nachrichten, die über NRPC eintreffen, verursachen einen Delivery Failure Report, der anzeigt, dass eine Mail-Regel des Servers verletzt wurde. Nachrichten, die über einen Notes Client versendet wurden, verursachen am Client eine Fehlermeldung, die anzeigt, dass eine Mail-Regel des Servers verletzt wurde.
NACHRICHT NICHT ZUSTELLEN/ DON'T DELIVER MESSAGE	Domino nimmt die Nachricht an, aber anstatt sie an das vorgegebene Ziel weiterzuleiten, wird bezüglich der Nachricht eine der folgenden Aktionen durchgeführt: ▶ UNGEFRAGT LÖSCHEN/SILENTLY DELETE: Domino löscht die Mail aus der *mail.box*, ohne dies dem Absender anzuzeigen. ▶ ZUSTELLFEHLERBERICHT SENDEN/SEND NDR: Domino generiert einen Nondelivery-Report und sendet die Nachricht an den Abesender zurück.
ROUTING-STATUS ÄNDERN/ CHANGE ROUTING STATE	Domino nimmt die Nachricht an, stellt sie aber nicht zu. Stattdessen wird die Nachricht als GEHALTEN/HOLD gekennzeichnet. Die Änderung des Routing-Status bewirkt, dass die Nachricht so lange für unbestimmte Zeit in der *mail.box* verbleibt, bis durch den Administrator eine Aktion vorgenommen wird. Domino unterscheidet zwischen Nachrichten, die aufgrund einer Mail-Regel gehalten werden, und Mails, die als nicht zustellbar eingeordnet werden. Es kann sein, dass diese Einstellung nicht sauber greift, wenn Sie bestimmte Software von Drittanbietern einsetzen, wie Virenscanner, die ebenfalls den Routing-Status verändern, während Sie die Mails scannen (z.B. ScanMail, GroupShield).

9. Um die Regel zu speichern und zu aktivieren, klicken Sie auf OK. Um die Regel zu speichern, aber noch nicht zu aktivieren, aktivieren Sie oben in der Dialogbox den Radiobutton AUSSER KRAFT/OFF und klicken dann auf OK.
10. Wenn Sie einige Regeln definiert haben, bietet Ihnen Domino die Option, diese entsprechend ihrer vorgesehenen Priorität in der Liste der verfügbaren Regeln anzuordnen. Benutzen Sie dazu die Schaltflächen NACH OBEN/MOVE UP oder NACH UNTEN/ MOVE DOWN.
11. Klicken Sie auf SPEICHERN UND SCHLIESSEN/SAVE & CLOSE.
12. Die Änderungen greifen, sobald die Routerkonfiguration aktualisiert wird. Um ein sofortiges Greifen der Regeln zu erzwingen, starten Sie die Routerkonfiguration neu. Geben Sie dazu den folgenden Befehl an der Konsole ein: `Tell router update config`.

Wenn in der *mail.box* eine verschlüsselte Nachricht eintrifft (Notes-Verschlüsselung, S/MIME, PGP oder andere), können die Regelbedingungen, die auf unverschlüsselte Nachrichten ausgerichtet sind, nur auf Bereiche wie Absender, Dringlichkeit und Empfänger angewandt werden. Auf den verschlüsselten Bereich wie den Nachrichtentext kann die Regelüberprüfung nicht zugreifen. Der Server protokolliert nicht, ob und wann eine Regelprüfung nicht durchgeführt werden konnte.

Sie können bei der Definition der Mail-Regel angeben, auf welchen Nachrichtentyp sich eine Regel beziehen soll, indem Sie die benutzte Maske angeben. Wenn der Maskentyp bestimmt wird, überprüft Notes die Maske, die von der Nachricht benutzt wird, über die Dokumenteigenschaften. Es werden nicht die Informationen bezüglich der verwendeten Maske aus den MIME-Angaben in der Nachricht hinzugezogen. Alle Mails, die in der *mail.box* platziert werden, werden als Notes-Dokumente erstellt. Standardmäßig verwenden alle Nachrichten, die über SMTP versandt werden, die Memo-Maske, ausgenommen Nondelivery-Reports, die Domino mithilfe der Maske NONDELIVERY REPORT erstellt. Normalerweise enthalten Notes-Masken die folgenden Namen:

- APPOINTMENT
- DELIVERY REPORT
- MEMO
- NONDELIVERY REPORT
- NOTICE
- REPLY
- RETURN RECEIPT
- TRACE REPORT

Mail Journaling

Normalerweise behält der Router keine Kopie der Mail, wenn eine Nachricht zugestellt wird. Sobald ServerA die Nachricht erfolgreich an ServerB zugestellt hat, löscht der Router die Nachricht aus der Mailbox von ServerA. Genauso verfährt ServerB, wenn die Nachricht erfolgreich weitergegeben wurde. Um bestimmte geschäftliche Bestimmungen einzuhalten, kann verlangt werden, dass Kopien aller Nachrichten erstellt und abgelegt werden müssen.

Mail Journaling ermöglicht es den Administratoren, Kopien von Nachrichten anzufertigen, die das Domino-System durchlaufen. Dabei kann ausgewählt werden, ob das Journaling alle oder nur diejenigen Nachrichten betrifft, auf die bestimmte Kriterien zutreffen. Wenn das Mail Journaling aktiviert wird, inspiziert Domino die Nachrichten, welche die *mail.box* durchlaufen, und speichert Kopien der definierten Nachrichten in die Mail-Journaling-Datenbank (*mailjrn.nsf*). Mail Journaling arbeitet mit den Server-Mail-Regeln zusammen, in denen Sie Kriterien für Mails festlegen, für die eine Kopie in der Mail-Journaling-Datenbank abgelegt werden soll. Bevor Mails in der Mail-Journaling-Datenbank abgelegt werden, verschlüsselt der Router diese, um sicherzugehen, dass nur autorisierte Personen darauf zugreifen können. Journaling stört das normale Routing der Nachrichten nicht. Nachdem der Router eine Kopie der Nachricht in der Mail-Journaling-Datenbank abgelegt hat, geht die Mail an den vorgesehenen Empfänger.

Um eine Mail-Journaling-Datenbank aufzusetzen, gehen Sie folgendermaßen vor:

1. Vergewissern Sie sich, dass Sie bereits über ein Konfigurationsdokument für den (die) zu konfigurierenden Server verfügen.
2. Klicken Sie in Domino Administrator auf das Register KONFIGURATION/CONFIGURATION und erweitern Sie den Abschnitt NACHRICHTEN/MESSAGING.
3. Klicken Sie auf KONFIGURATIONEN/CONFIGURATIONS.
4. Wählen Sie das Konfigurationsdokument für den bzw. die Mail-Server aus, auf dem bzw. denen Mail aufgezeichnet werden soll, und klicken Sie auf KONFIGURATION BEARBEITEN/EDIT CONFIGURATION.
5. Klicken Sie auf das Register ROUTER/SMTP > ERWEITERT/ADVANCED > AUFZEICHNEN/JOURNALING (siehe *Abbildung 6.52*).

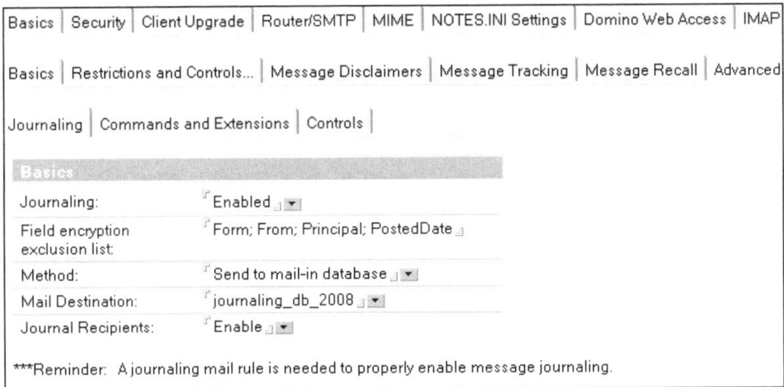

Abbildung 6.52: Einstellungen für das Mail Journaling

Feld	Beschreibung
AUFZEICHNUNG/ JOURNALING	Gibt an, ob der Server Mail Journaling unterstützt. ▶ AKTIVIERT/ENABLED: Domino unterstützt Mail Journaling für die Server, für die dieses Konfigurationsdokument gilt. Um Mail Journaling nutzen zu können, müssen Sie eine entsprechende Server-Mail-Regel erstellen und aktivieren. ▶ DEAKTIVIERT/DISABLED: (default) Domino unterstützt Mail Journaling für die Server, für die dieses Konfigurationsdokument gilt, nicht.

Feld	Beschreibung
AUSNAHMELISTE FÜR FELDVERSCHLÜSSELUNG/ FIELD ENCRYPTION EXCLUSION LIST	Gibt die Namen der Felder in einer Nachricht an, die nicht verschlüsselt werden, wenn eine Kopie der Mail in der Mail-Journaling-Datenbank angelegt wird. Verschlüsselte Felder können in einer Ansicht nicht angezeigt werden. Zählen Sie die Felder auf, die in der Ansicht angezeigt werden sollen. Defaultmäßig sind die folgenden Felder nicht verschlüsselt: FORM, FROM, PRINCIPAL und POSTEDDATE. Wenn Sie eine Mail-In-Datenbank für das Journaling verwenden, verschlüsselt Domino die Nachricht, die in diese Datenbank einlaufen, nicht automatisch. Um einlaufende Nachrichten für diesen Fall zu verschlüsseln, müssen Sie das Mail-In-Datenbank-Dokument bearbeiten.
VERFAHREN/ METHOD	Angabe zum Ablageort der Mail-Journaling-Datenbank. Wählen Sie: ▶ IN LOKALE DATENBANK KOPIEREN/COPY TO LOCAL DATABASE (default): Der Router kopiert die betreffenden Mails in eine Datenbank auf dem lokalen Server. Wenn diese noch nicht existiert, legt Domino eine Mail-Journaling-Datenbank an. Wenn das Konfigurationsdokument für mehr als einen Server gilt, legt Domino auf den Servern jeweils eine Datenbank an. ▶ AN MAIL-IN-DATENBANK SENDEN/SEND TO MAIL-IN DATABASE: Der Router kopiert die betreffenden Mails in eine Mail-In-Datenbank. Die anzugebende Datenbank muss bereits angelegt sein und ein Mail-In-Datenbank-Dokument im Domino-Verzeichnis besitzen. Die Datenbank kann auf einem beliebigen Domino Server liegen. Geben Sie den Dateinamen im Feld MAIL-ZIELDATENBANK/MAIL DESTINATION an. Wenn Sie eine Mail-In-Datenbank verwenden, müssen Sie sichergehen, dass einlaufende Nachrichten verschlüsselt werden. Bearbeiten Sie dazu die entsprechenden Einstellungen unter der Registerkarte ADMINISTRATION im Mail-In-Datenbank-Dokument.
DATENBANKNAME/ DATABASE NAME	Wenn Sie im vorherigen Feld angegeben haben, dass die betreffenden Mails in eine Datenbank auf dem lokalen Server kopiert werden sollen, geben Sie hier den Dateinamen an, den Domino verwenden soll, wenn die Datenbank angelegt wird, falls sie noch nicht vorhanden ist. Der Defaultname lautet *mailjrn.nsf*.
MAIL-ZIEL-DATENBANK/ MAIL DESTINATION	Wenn Sie eine Mail-In-Datenbank für das Journaling verwenden, verwenden Sie dieses Feld, um den Dateinamen der Datenbank anzugeben. Klicken Sie dazu auf den Pfeil, um das betreffende Mail-In-Datenbank-Dokument aus dem Domino-Verzeichnis auszuwählen. Sie müssen Datenbank und Mail-In-Datenbank-Dokument vorab anlegen. Domino erstellt die Mail-In-Datenbank nicht automatisch.
IM NAMEN DES FOLGENDEN BENUTZERS VERSCHLÜSSELN/ ENCRYPT ON BEHALF OF USER	Wenn Sie im vorherigen Feld angegeben haben, dass die betreffenden Mails in eine Datenbank auf dem lokalen Server kopiert werden sollen, geben Sie den hierarchischen Namen des Notes-Anwenders an, mit dessen öffentlichem Schlüssel die einlaufenden Nachrichten verschlüsselt werden sollen. Es empfiehlt sich, für diesen Zweck eine entsprechende ID zu erstellen, die aus Sicherheitsgründen mit einem Mehrfachpasswort belegt werden sollte. Wenn Sie eine Mail-In-Datenbank für das Journaling verwenden, verschlüsselt Domino die Nachrichten, die in diese Datenbank einlaufen, nicht automatisch. Um einlaufende Nachrichten für diesen Fall zu verschlüsseln, müssen Sie das Mail-In-Datenbank-Dokument bearbeiten.

Feld	Beschreibung
DATENBANK-VERWALTUNG – VERFAHREN/ DATABASE MANAGEMENT – METHOD	Die Eingabe für dieses Feld gibt an, wie Domino die Größe der lokalen Mail-Journaling-Datenbank steuert. Wählen Sie eine der folgenden Methoden aus: ▶ PERIODISCH WECHSEN/PERIODIC ROLLOVER (default): Wenn die aktuelle Mail-Journaling-Datenbank das Alter erreicht, das im Feld PERIODE/ PERIODICITY angegeben ist, nennt Domino die bestehende Mail-Journaling-Datenbank um und erstellt eine neue Mail-Journaling-Datenbank unter dem Originalnamen. ▶ KEINE/NONE: Domino kontrolliert die Größe der Mail-Journaling-Datenbank nicht automatisch. Wenn Sie keine der verfügbaren Methoden zur Kontrolle der Datenbankgröße einsetzen wollen, sollten Sie die Größenentwicklung der Datenbank beobachten und entsprechende Werkzeuge benutzen, um die Daten zu archivieren. ▶ BEREINIGEN/KOMPRIMIEREN bzw. PURGE/COMPACT: Domino löscht Dokumente aus der Datenbank, wenn die Dokumente das im Feld DATENAUFBEWAHRUNG/DATA RETENTION angegebene Alter erreichen, um die Datenbank danach zu komprimieren. ▶ GRÖSSENABHÄNGIG WECHSELN/SIZE ROLLOVER: Wenn die aktuelle Datenbank die im Feld MAXIMALE GRÖSSE/MAXIMUM SIZE angegebene Größe erreicht hat, nennt Domino die bestehende Mail-Journaling-Datenbank um und erstellt eine neue Mail-Journaling-Datenbank unter dem Originalnamen.
PERIODE/ PERIODICITY	Wenn Sie im vorhergehenden Feld PERIODISCH WECHSEN/PERIODIC ROLLOVER angegeben haben, aktiviert Domino dieses Feld zur Anzeige, sodass Sie an dieser Stelle die Dauer in Tagen für das Rollover-Intervall angeben können. Der Standardwert ist ein (1) Tag.
DATENAUFBEWAHRUNG/ DATA RETENTION	Wenn Sie im vorhergehenden Feld BEREINIGEN/KOMPRIMIEREN bzw. PURGE/ COMPACT angegeben haben, aktiviert Domino dieses Feld zur Anzeige, sodass Sie an dieser Stelle die Dauer in Tagen angeben können, für die eine Nachricht in der Datenbank stehen bleibt, bevor sie gelöscht wird.
MAXIMALE GRÖSSE/ MAXIMUM SIZE	Wenn Sie im vorhergehenden Feld GRÖSSENABHÄNGIG WECHSELN/SIZE ROLLOVER angegeben haben, aktiviert Domino dieses Feld zur Anzeige, sodass Sie an dieser Stelle die Größe in Megabytes angeben können, auf die die Mail-Journaling-Datenbank anwachsen kann, bevor Domino sie umbenennt und danach eine neue erstellt.

6.7.4 Beschränkungen für ausgehende Mails

SMTP-Einstellungen (Ausgang) legen fest, wie Domino Verbindungen zu anderen SMTP-Servern herstellt. Ändern Sie die vorgegebenen Anschlussnummern und den Status der TCP/IP- und SSL-Anschlüsse, sodass diese den Einstellungen auf Servern entsprechen, an die dieser Server SMTP-Mail sendet. Die Anschlusseinstellungen (Ausgang) gelten für alle ausgehenden SMTP-Sitzungen. Wenn Sie eine Anschlussnummer (Ausgang) in einen nicht standardmäßigen Wert ändern, kann der Server keine SMTP-Verbindungen zu Servern herstellen, die SMTP-Anforderungen über den Standardanschluss empfangen.

SMTP-Anschlusseinstellungen für ausgehende Mails

Die über einen standardmäßigen TCP/IP-Channel ausgeführten SMTP-Sitzungen sind Lauschangriffen ausgesetzt, da die unverschlüsselte Übertragung leicht abgefangen werden kann. Um die SMTP-Kommunikation zu sichern, können Server TLS (Transport-Layer Security, bekannt unter der Bezeichnung „SSL-Verschlüsselung") verwenden, um Sicherheit und Authentifizierung zur Verfügung zu stellen. Einige Server unterstützen SSL für die SMTP-Kommunikation, indem sie den SMTP-Datenverkehr nur über den SSL-Anschluss (Vorgabe ist Anschluss 465) abwickeln. Da dies jedoch erfordert, dass sowohl der sendende als auch der empfangende Server SMTP über SSL unterstützen, bietet sich diese Lösung nicht in jedem Fall an.

Um die SSL-Sicherheit für SMTP-Übertragungen über TCP/IP zur Verfügung zu stellen, unterstützt Domino die Verwendung von vereinbartem SSL. Bei einem vereinbarten SSL-Schema verwenden der sendende und der empfangende Host die in RFC 2487 definierte SMTP-STARTTLS-Erweiterung, um ihre Bereitschaft zu signalisieren, eine SSL-Verbindung zu vereinbaren. Der empfangende Server zeigt das STARTTLS-Schlüsselwort als Antwort auf den EHLO-Befehl des sendenden Servers an. Der sendende Server führt den STARTTLS-Befehl aus, um eine sichere Verbindung anzufordern. Wenn der erste TLS-Handshake erfolgreich abgeschlossen ist, fahren die beiden beteiligten Server fort, einen gemeinsamen SSL-Channel einzurichten. Sowohl der sendende als auch der empfangende Server müssen über ein SSL-Zertifikat verfügen. Ein für die Verwendung des vereinbarten SSL für ausgehende Mail konfigurierter Domino Server stellt eine Verbindung zum SMTP-TCP/IP-Anschluss des empfangenden Servers her (Vorgabe ist Anschluss 25). Wenn die erste SMTP-Antwort des empfangenden Servers darauf hinweist, dass er die STARTTLS-Erweiterung unterstützt, führt Domino den STARTTLS-Befehl aus, um die Verwendung von SSL zur Verschlüsselung der Sitzung anzufordern. Wenn der empfangende Server als Antwort auf den EHLO-Befehl des Domino Servers die STARTTLS-Unterstützung nicht anzeigt, setzt der sendende Domino Server die SMTP-TCP/IP-Sitzung unverschlüsselt fort.

1. Klicken Sie in Domino Administrator auf das Register KONFIGURATION/CONFIGURATION und öffnen Sie das Serverdokument für den Server, auf dem der SMTP-Dienst ausgeführt wird.
2. Klicken Sie auf das Register ANSCHLÜSSE/PORTS > INTERNET-ANSCHLÜSSE/INTERNET PORTS > MAIL.
3. Geben Sie in der Spalte MAIL (SMTP-AUSGANG)/MAIL (SMTP OUTBOUND) Werte in die folgenden Felder ein und klicken Sie anschließend auf SPEICHERN UND SCHLIESSEN/SAVE & CLOSE:

Feld	Eingabe
TCP/IP-ANSCHLUSS-NUMMER	Die TCP/IP-Anschlussnummer auf dem Remote-Server, zu dem Domino beim Initiieren einer SMTP-Sitzung eine Verbindung herzustellen versucht. Der vorgegebene Standardanschluss für SMTP-Verbindungen über TCP/IP, der auch dem Industriestandard entspricht, ist der Anschluss 25. Geben Sie nur dann einen nicht standardmäßigen Anschluss an, wenn dieser Domino Server alle ausgehenden SMTP-Verbindungen über TCP/IP zu einem Server herstellt, der den nicht standardmäßigen Anschluss verwendet.

Feld	Eingabe
TCP/IP-ANSCHLUSSSTATUS	Wählen Sie einen der folgenden Werte aus: ▸ AKTIVIERT: Der Domino SMTP-Router stellt eine Verbindung zur angegebenen TCP/IP-Anschlussnummer auf einem Remote-Server her, um eine SMTP-Sitzung zu initiieren. Wenn der SSL-Anschlussstatus ebenfalls auf „Aktiviert" gesetzt ist, versucht der Router zuerst, den SSL-Anschluss zu verwenden, und verwendet den TCP/IP-Anschluss nur, wenn er zum SSL-Anschluss keine Verbindung herstellen kann. ▸ DEAKTIVIERT: (Vorgabe) Der Domino SMTP-Router kann eine SMTP-Sitzung nicht mithilfe des TCP/IP-Anschlusses auf einem Remote-Server initiieren. ▸ VEREINBARTES SSL: Der Domino SMTP-Router stellt eine Verbindung zum angegebenen TCP/IP-Anschluss auf einem Remote-Server her, um eine SMTP-Sitzung zu initiieren. Wenn der Remote-Server STARTTLS während der EHLO-Begrüßung ausgibt, führt Domino einen STARTTLS-Befehl aus, um anzufordern, dass der Rest der Sitzung mithilfe von SSL verschlüsselt wird. Wenn der Remote-Server STARTTLS nicht unterstützt, folgt eine unverschlüsselte TCP/IP-Sitzung.
SSL-ANSCHLUSSNUMMER	Die SSL-Anschlussnummer auf dem Remote-Server, zu dem Domino beim Initiieren einer SMTP-Sitzung eine Verbindung herzustellen versucht. Der vorgegebene Standardanschluss für SMTP-Verbindungen über SSL, der auch dem Industriestandard entspricht, ist der Anschluss 465. Geben Sie nur dann einen nicht standardmäßigen Anschluss an, wenn dieser Domino Server alle ausgehenden SMTP-Verbindungen über SSL zu einem Server herstellt, der den nicht standardmäßigen Anschluss verwendet.
SSL-ANSCHLUSSSTATUS	Wählen Sie einen der folgenden Werte aus: ▸ AKTIVIERT: Der Domino SMTP-Router stellt eine Verbindung zur angegebenen SSL-Anschlussnummer auf einem Remote-Server her, um eine SMTP-Sitzung zu initiieren. Wenn der Router keine Verbindung zum SSL-Anschluss herstellen kann und der TCP/IP-Anschluss sowohl auf dem Domino Server als auch dem Remote-Server aktiviert ist, versucht Domino erneut, eine Verbindung herzustellen, und verwendet hierzu den angegebenen TCP/IP-Anschluss. ▸ DEAKTIVIERT (Vorgabe): Der Domino SMTP-Router kann keine SMTP-Sitzungen über den SSL-Anschluss auf einem Remote-Server initiieren.

STARTTLS für eingehende SMTP-Sitzungen

Sie können Domino so konfigurieren, dass es den STARTTLS-Befehl für eingehende SMTP-Transaktionen unterstützt. Wenn ein Domino SMTP-Server für die Verwendung von vereinbartem SSL für eingehende Sitzungen konfiguriert ist, zeigt der Server die Unterstützung für STARTTLS als Antwort auf EHLO-Befehle an, die der TCP/IP-Anschluss von verbindenden Hosts empfängt. Der verbindende Host kann anschließend den STARTTLS-Befehl ausführen, um eine verschlüsselte Sitzung anzufordern. Wenn Domino so konfiguriert ist, dass STARTTLS für SMTP-Sitzungen über TCP/IP erforderlich ist, und ein verbindender Host dieser Anforderung nicht entsprechen kann, wird über diese Verbindung keine Mail übertragen. So aktivieren Sie die eingehende STARTTLS-Unterstützung:

1. Aktivieren Sie den SMTP-Listener-Task.
2. Aktivieren Sie den TCP/IP-Anschluss für SMTP (Eingang).
3. Aktivieren Sie die STARTTLS-ESMTP-Erweiterung (SSL ÜBER TCP/IP-PORT VEREINBART/SSL NEGOTIATED OVER TCP/IP PORT). Dies veranlasst Domino, STARTTLS als eine der unterstützten Erweiterungen in der Antwort auf die ESMTP-EHLO-Begrüßung anzuzeigen.
4. (Optional) Aktivieren Sie die Namens- und Kennwortauthentifizierung für den SSL-Anschluss. Obwohl SMTP-Sitzungen, die vereinbartes SSL verwenden, über den Domino-TCP/IP-Anschluss ausgeführt werden, verwendet Domino die Optionen für die Authentifizierung, die Sie für den SSL-Anschluss des Servers festgelegt haben, um zu ermitteln, wie Namens- und Kennwortargumente gehandhabt werden.

Senden von Mail an das Internet beschränken

In Ihrer Firma gelten möglicherweise Richtlinien, die das Senden von Nachrichten an das Internet durch die Mitarbeiter beschränken. Sie können steuern, welche Personen Ihrer Organisation Mails an das Internet senden dürfen. Sie können angeben, welche Benutzer Internet-Mails senden können, und gleichzeitig die Internet-Mails von allen anderen Benutzern ablehnen. Sie können angeben, welche Benutzer keine Internet-Mails senden dürfen, und dies bei allen anderen Benutzern zulassen. Und Sie können beschränken, an welche Internet-Domänen und Host-Namen Benutzer Mails senden können. Setzen Sie diese Felder umsichtig ein, da Sie möglicherweise unbeabsichtigt Mails blockieren, die eigentlich zugestellt werden sollen.

1. Vergewissern Sie sich, dass Sie bereits über ein Konfigurationsdokument für den (die) zu konfigurierenden Server verfügen.
2. Klicken Sie in Domino Administrator auf das Register KONFIGURATION/CONFIGURATION und erweitern Sie den Abschnitt NACHRICHTEN/MESSAGING.
3. Klicken Sie auf KONFIGURATIONEN/CONFIGURATIONS.
4. Wählen Sie das Konfigurationsdokument für den bzw. die Mail-Server aus, auf dem bzw. denen Mail beschränkt werden soll, und klicken Sie auf KONFIGURATION BEARBEITEN/EDIT CONFIGURATION.

5. Klicken Sie auf das Register ROUTER/SMTP > BESCHRÄNKUNGEN UND STEUERUNGEN/RESTRICTIONS AND CONTROLS > SMTP-AUSGANGSSTEUERUNG/SMTP OUTBOUND CONTROLS (siehe *Abbildung 6.53*).

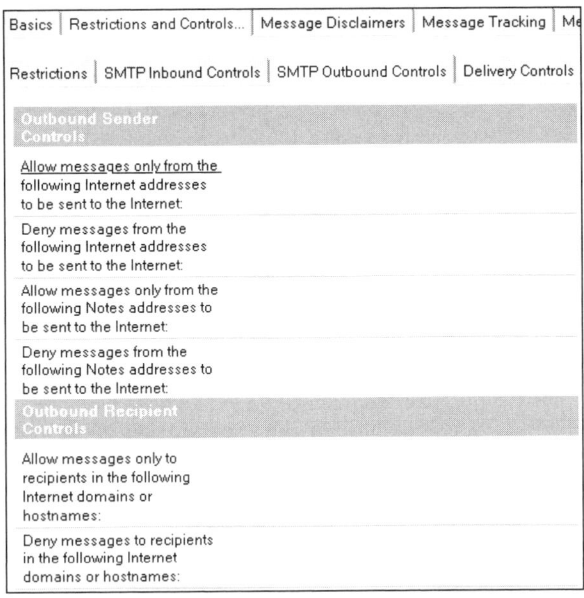

Abbildung 6.53: Beschränkung des Internet-Mail-Ausgangs

6. Nehmen Sie Eingaben in folgende Felder der Abschnitte ABSENDERSTEUERUNG (AUSGANG)/OUTBOUND SENDER CONTROLS und EMPFÄNGERSTEUERUNG (AUSGANG)/OUTBOUND RECIPIENT CONTROLS vor und speichern Sie anschließend das Dokument:

Feld	Eingabe
NUR MAIL ZULASSEN, DIE VON DIESEN INTERNETADRESSEN AN DAS INTERNET GESENDET WIRD/ ALLOW MESSAGES ONLY FROM THE FOLLOWING INTERNET ADDRESSES TO BE SENT TO THE INTERNET	Internetadressen innerhalb der lokalen Internet-Domäne, die Mail an das Internet senden dürfen. Wenn Sie in dieses Feld Adressen eingeben, können *nur* diese Absender Internet-Mails senden. Mails von allen anderen Absendern werden von Domino abgelehnt.
MAIL ABLEHNEN, DIE VON DIESEN INTERNETADRESSEN AN DAS INTERNET GESENDET WIRD/ DENY MESSAGES FROM THE FOLLOWING INTERNET ADDRESSES TO BE SENT TO THE INTERNET	Internetadressen innerhalb der lokalen Internet-Domäne, die keine Mail an das Internet senden dürfen. Wenn Sie in dieses Feld Adressen eingeben, können alle Absender *mit Ausnahme* der in diesem Feld aufgeführten Internet-Mails senden. Domino lehnt nur Nachrichten von Absendern ab, die in diesem Feld aufgeführt sind.
NUR MAIL ZULASSEN, DIE VON DIESEN NOTES-ADRESSEN AN DAS INTERNET GESENDET WIRD/ ALLOW MESSAGES ONLY FROM THE FOLLOWING NOTES ADDRESSES TO BE SENT TO THE INTERNET	Notes-Adressen innerhalb der Organisation, die Mail an das Internet senden dürfen. Wenn Sie in dieses Feld Adressen eingeben, können *nur* diese Absender Internet-Mail senden. Mail von allen anderen Absendern wird von Domino abgelehnt.

Feld	Eingabe
MAIL ABLEHNEN, DIE VON DIESEN NOTES-ADRESSEN AN DAS INTERNET GESENDET WIRD/ DENY MESSAGES FROM THE FOLLOWING NOTES ADDRESSES TO BE SENT TO THE INTERNET	Notes-Adressen innerhalb der Organisation, die keine Mail an das Internet senden dürfen. Wenn Sie in dieses Feld Adressen eingeben, können alle Absender *mit Ausnahme* der in diesem Feld aufgeführten Internet-Mails senden. Domino lehnt nur Nachrichten von Absendern ab, die in diesem Feld aufgeführt sind.
NUR MAIL ZULASSEN, DIE AN EMPFÄNGER MIT FOLGENDEN INTERNET-DOMÄNEN ODER HOST-NAMEN GESENDET WIRD/ ALLOW MESSAGES ONLY TO RECIPIENTS IN THE FOLLOWING INTERNET DOMAINS OR HOST NAMES	Internet-Domänen, beispielsweise *example.com*, und Internet-Host-Namen, z.B. *mailhost.example.com*, an die Benutzer Mails senden dürfen. Wenn Sie in dieses Feld Domänen oder Host-Namen eingeben, können Benutzer Internet-Mail *nur* an diese Domänen oder Host-Namen senden. Domino lehnt Mail an alle anderen Domänen oder Host-Namen ab. Domino sucht nach Übereinstimmungen zwischen den Einträgen und den Domänen oder Host-Namen, d.h., *host.example.com* lässt das Senden von Mail auch an *mailhost.example.com* zu. Wenn Sie einen Host-Namen eingeben, der einem MX-Datensatz für eine Domäne entspricht, kann Mail an alle Host-Namen/MX-Datensätze für diese Domäne gesendet werden. Wenn Sie also einen Host-Namen angeben, der einem MX-Datensatz für eine Domäne entspricht, kann Mail an diese Domäne gesendet werden.
MAIL ABLEHNEN, DIE AN EMPFÄNGER MIT FOLGENDEN INTERNET-DOMÄNEN ODER HOST-NAMEN GESENDET WIRD/ DENY MESSAGES TO RECIPIENTS IN THE FOLLOWING INTERNET DOMAINS OR HOST NAMES	Internet-Domänen, beispielsweise *example.com*, und Internet-Host-Namen, z.B. *mailhost.example.com*, an die Benutzer keine Mail senden dürfen. Wenn Sie in dieses Feld Domänen oder Host-Namen eingeben, lässt Domino das Senden von Mail an alle anderen Domänen oder Host-Namen zu. Domino sucht nach Übereinstimmungen zwischen den Einträgen und Domänen oder Host-Namen, d.h., *host.example.com* lässt auch das Senden von Mail an *mailhost.example.com* nicht zu. Wenn Sie einen Host-Namen eingeben, der einem MX-Datensatz für eine Domäne entspricht, kann keine Mail an Host-Namen/MX-Datensätze für diese Domäne gesendet werden. Wenn Sie also einen Host-Namen angeben, der einem MX-Datensatz für eine Domäne entspricht, kann keine Mail an diese Domäne gesendet werden.

Wenn Sie denselben Eintrag im Feld ZULASSEN/ALLOW und ABLEHNEN/DENY angeben, besteht ein Konflikt zwischen beiden Feldern. Der Eintrag ZULASSEN/ALLOW hat in Bezug auf den jeweiligen Host-Namen im Gegensatz zu der Regelung unter R5 Vorrang. Sie können aber über den Eintrag `SMTPRelayAllowHostsandDomains` in der *notes.ini* auf den Regelmechanismus von R5 zurückgreifen. Domino prüft jede Adresse, um festzustellen, ob es sich dabei um eine Internet- oder eine Notes-Adresse handelt. Der Router wendet anschließend die Beschränkungen an, die für diesen Adressentyp festgelegt wurden.

Sie können in diesen Feldern Gruppen verwenden. Domino erweitert die Gruppe in die Liste der Gruppenmitglieder. Wenn Sie die Gruppenliste in diesem Dokument aktualisieren oder die Gruppenmitglieder im Domino-Verzeichnis bearbeiten, werden die Änderungen nicht sofort wirksam. Diese Felder können maximal 64 Kilobyte enthalten.

SMTP-Erweiterungen (Ausgang) unterstützen

Domino unterstützt erweiterte SMTP (ESMTP)-Funktionen für den Ausgang, um die Interaktion mit anderen Mail-Servern zu ermöglichen. Diese werden über das Konfigurationsdokument gesteuert.

1. Vergewissern Sie sich, dass Sie bereits über ein Konfigurationsdokument für den (die) zu konfigurierenden Server verfügen.
2. Klicken Sie in Domino Administrator auf das Register KONFIGURATION/CONFIGURATION und erweitern Sie den Abschnitt NACHRICHTEN/MESSAGING.
3. Klicken Sie auf KONFIGURATIONEN/CONFIGURATIONS.
4. Wählen Sie das Konfigurationsdokument für den bzw. die Mail-Server aus, auf dem bzw. denen Mail beschränkt werden soll, und klicken Sie auf KONFIGURATION BEARBEITEN/EDIT CONFIGURATION.
5. Klicken Sie auf das Register ROUTER/SMTP > ERWEITERT/ADVANCED > BEFEHLE UND ERWEITERUNGEN/COMMANDS AND EXTENSIONS (siehe *Abbildung 6.54*).

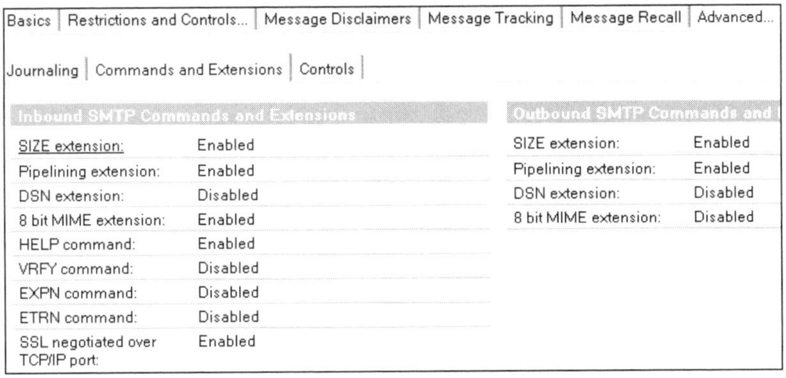

Basics | Restrictions and Controls... | Message Disclaimers | Message Tracking | Message Recall | Advanced...

Journaling | Commands and Extensions | Controls

Inbound SMTP Commands and Extensions		Outbound SMTP Commands and	
SIZE extension:	Enabled	SIZE extension:	Enabled
Pipelining extension:	Enabled	Pipelining extension:	Enabled
DSN extension:	Disabled	DSN extension:	Disabled
8 bit MIME extension:	Enabled	8 bit MIME extension:	Disabled
HELP command:	Enabled		
VRFY command:	Disabled		
EXPN command:	Disabled		
ETRN command:	Disabled		
SSL negotiated over TCP/IP port:	Enabled		

Abbildung 6.54: Konfiguration der erweiterten SMTP (ESMTP)-Funktionen

6. Nehmen Sie Eingaben in folgende Felder des Abschnitts SMTP-BEFEHLE UND -ERWEITERUNGEN (AUSGANG)/OUTBOUND SMTP COMMANDS AND EXTENSIONS vor und speichern Sie anschließend das Dokument:

Feld	Eingabe
SIZE-ERWEITERUNG/ SIZE EXTENSION	Wählen Sie einen der folgenden Werte aus: ▶ AKTIVIERT/ENABLED (Vorgabe), um Nachrichten vor der Übertragung durch den Server, der die Verbindung herstellt, zu überprüfen und sicherzustellen, dass sie die Beschränkung der maximalen Größe nicht überschreiten. ▶ DEAKTIVIERT/DISABLED, damit der die Verbindung herstellende Server die Nachrichtengröße nicht prüft.
PIPELINING-ERWEITERUNG/ PIPELINING EXTENSION	Wählen Sie einen der folgenden Werte aus: ▶ AKTIVIERT/ENABLED (Vorgabe), um die Leistung zu verbessern, indem der die Verbindung herstellende Server mehrere SMTP-Befehle in demselben Netzwerkpaket senden kann. ▶ DEAKTIVIERT/DISABLED, um den die Verbindung herstellenden Server zu zwingen, jeden SMTP-Befehl als eigenes Paket zu senden.
DSN-ERWEITERUNG/ DSN EXTENSION	Wählen Sie einen der folgenden Werte aus: ▶ AKTIVIERT/ENABLED, um eine Benachrichtigung über den Zustellungsstatus an den Absender einer SMTP-Nachricht zuzulassen, wenn der Absender DSN anfordert. ▶ DEAKTIVIERT/DISABLED (Vorgabe), um keine Benachrichtigung über den Zustellungsstatus zu senden.
8-BIT-MIME-ERWEITERUNG/ 8-BIT MIME EXTENSION	Wählen Sie einen der folgenden Werte aus: ▶ AKTIVIERT/ENABLED, um multinationale Zeichen ohne Kodierung zu senden. ▶ DEAKTIVIERT/DISABLED (Vorgabe), um Zeichen mit Kodierung zu senden.

6.7.5 Beschränkungen für eingehende Mails

Sie können Ihr Domino-System so konfigurieren, dass eingehende Nachrichten gesteuert, überprüft und beschränkt werden. Durch das Beschränken des eingehenden Mail-Routings verhindert Domino das Annehmen unerwünschter Werbemails, die an Ihre Benutzer gesendet werden. So wird die Belastung Ihres Systems durch unerwünschte Mail reduziert.

Die SMTP-Eingangssteuerung wird durch den SMTP-Listener erzwungen, bevor eine Nachricht angenommen wird, und nicht vom Router, nachdem eine Nachricht sich bereits im System befindet. Dieser Unterschied in der Durchsetzung von Beschränkungen wirkt sich darauf aus, wie Fehler gehandhabt werden, wenn eine Nachricht abgelehnt wird. Wenn eine Nachricht aufgrund einer Router-Beschränkung abgelehnt wird, gibt Domino eine Fehlermeldung zurück, die dem Absender den Grund für den Zustellungsfehler angibt. Von Domino generierte Zustellungsfehlerberichte enthalten vorgegebenen Text, den Sie anpassen können. Wenn Sie beispielsweise eine maximale Nachrichtengröße für einen Server konfigurieren, prüft Domino die Größe der Nachricht erst, wenn sie in der *mail.box* eingetroffen ist. Wenn die Nachricht die konfigurierte Größe überschreitet, generiert der Router eine Fehlermeldung für den Absender.

Wenn Sie jedoch eine SMTP-Beschränkung festlegen, die Domino veranlasst, eine eingehende Nachricht abzulehnen, gibt der SMTP-Listener einen permanenten Fehler während der SMTP-Übertragung zurück. Die Nachricht wird vom Server niemals empfangen. In diesem Fall muss der ursprüngliche SMTP-Server eine Fehlermeldung für den Absender generieren. Wenn beispielsweise der empfangende Domino SMTP-Server und der sendende SMTP-Server die ESMTP-SIZE-Erweiterung unterstützen, der Domino Server die maximale Nachrichtengröße berücksichtigt und der Domino SMTP-Listener eine Nachricht empfängt, die die definierte Größe überschreitet, lehnt er die Nachricht ab, bevor sie überhaupt angenommen wird, und gibt einen permanenten Fehler an den sendenden Server zurück. Sie können nicht die Domino Administrator-Werkzeuge verwenden, um die SMTP-Antwort des Servers anzupassen.

Kreis der Personen beschränken, die Internet-Mails an Ihre Benutzer senden können

Ihr Server wird oftmals von unerwünschten Werbemails „überflutet", meist sogar mit mehreren Kopien einer Nachricht. Durch Annahme dieser Werbemails verringert sich die Leistung. Außerdem werden unnötig Systemressourcen belegt. Sie können Beschränkungen festlegen, um die Übertragung von Werbemails (über Routing oder Relais) über Ihren Server zu verhindern. Wenn Sie Beschränkungen festlegen, können Benutzer Ihr System nicht mehr mutwillig zum „Verschleiern" von Adressen oder Senden von Werbemails verwenden. Um Systemressourcen zu sparen, prüft Domino vor dem Empfang einer Nachricht die Empfänger- und Absenderadressen in den Mail-Kopfzeilen. Wenn Sie den Domino Server so konfigurieren, dass er eine Quelle ablehnt, lehnt Domino diese Quelle immer ab. Wenn beispielsweise Benutzer einer abgelehnten Domäne Mail über ein Relais senden, lehnt Domino die Mail ab, da sie aus dieser Domäne stammt. Jedes Mal, wenn eine Nachricht abgelehnt wird, erstellt Domino einen Eintrag in die Protokolldatei (*log.nsf*).

So beschränken Sie den Kreis der Personen, die Internet-Mails an Ihre Benutzer senden können:

1. Vergewissern Sie sich, dass Sie bereits über ein Konfigurationsdokument für den (die) zu konfigurierenden Server verfügen.
2. Klicken Sie in Domino Administrator auf das Register Konfiguration/Configuration und erweitern Sie den Abschnitt Nachrichten/Messaging.
3. Klicken Sie auf Konfigurationen/Configurations.
4. Wählen Sie das Konfigurationsdokument für den bzw. die Mail-Server aus, auf dem bzw. denen Mail beschränkt werden soll, und klicken Sie auf Konfiguration bearbeiten/Edit Configuration.
5. Klicken Sie auf das Register Router/SMTP > Beschränkungen und Steuerungen/Restrictions and Controls > SMTP-Eingangssteuerung/SMTP Inbound Controls.

Inbound Sender Controls	
Verify sender's domain in DNS:	Disabled
Allow messages only from the following external internet addresses/domains:	
Deny messages from the following internet addresses/domains:	

Abbildung 6.55: SMTP-Eingangssteuerung

6. Nehmen Sie Eingaben in folgende Felder des Abschnitts ABSENDERSTEUERUNG (EINGANG)/INBOUND SENDER CONTROLS vor (siehe *Abbildung 6.55*) und speichern Sie anschließend das Dokument:

Feld	Eingabe
DOMÄNE DES ABSENDERS IM DNS VERIFIZIEREN/ VERIFY SENDER'S DOMAIN IN DNS	Wählen Sie einen der folgenden Werte aus: ▶ AKTIVIERT/ENABLED, um die MAIL FROM-Domäne im DNS zu prüfen, um festzustellen, ob die Domäne des Absenders existiert, bevor die eingehende Mail empfangen wird. ▶ DEAKTIVIERT/DISABLED (Vorgabe), um keine Prüfung durchzuführen.
MAIL NUR VON DIESEN INTERNET-ADRESSEN/DOMÄNEN ZULASSEN/ ALLOW MESSAGES ONLY FROM THE FOLLOWING INTERNET ADDRESSES/ DOMAINS	Internetadressen, von denen der Server Nachrichten annimmt. Wenn Sie in dieses Feld Adressen eingeben, können nur Absender, die hier aufgeführt sind, Internet-Mail an Benutzer in Ihrer lokalen Internet-Domäne senden. Nachrichten von allen anderen Adressen werden von Domino abgelehnt. Geben Sie beispielsweise *lotus.com* in das Feld ein. Domino nimmt nur Nachrichten von Benutzern an, deren Adressen auf *lotus.com* enden. Von allen anderen Internetadressen gesendete Nachrichten werden von Domino abgelehnt.
MAIL VON DIESEN INTERNETADRESSEN/ DOMÄNEN ABLEHNEN/ DENY MESSAGES FROM THE FOLLOWING INTERNET ADDRESSES/ DOMAINS	Internetadressen, von denen der Server keine Nachrichten annimmt. Wenn Sie in dieses Feld Adressen eingeben, können alle Nachrichten mit Ausnahme der Nachrichten von den in diesem Feld aufgeführten Adressen an Ihre Benutzer übertragen werden. Es werden nur Nachrichten von den Adressen abgelehnt, die mit den Einträgen in diesem Feld übereinstimmen. Geben Sie beispielsweise *lotus.com* in das Feld ein. Domino nimmt Nachrichten von allen Internetadressen an, mit Ausnahme der Adressen, die auf *lotus.com* enden. Domino lehnt Nachrichten von Absendern ab, deren Adressen auf *lotus.com* enden.

Wenn Sie denselben Eintrag im Feld ZULASSEN/ALLOW und ABLEHNEN/DENY angeben, besteht ein Konflikt zwischen beiden Feldern. Der Eintrag ZULASSEN/ALLOW hat in Bezug auf den jeweiligen Host-Namen im Gegensatz zu der Regelung unter R5 Vorrang. Sie können aber über den Eintrag `SMTPRelayAllowHostsandDomains` in der *notes.ini* auf den Regelmechanismus von R5 zurückgreifen.

Kreis der Personen beschränken, die Mail aus dem Internet empfangen können

In Ihrer Firma gelten möglicherweise Richtlinien zur Beschränkung des Empfangs von Nachrichten aus dem Internet durch die Mitarbeiter. Sie können steuern, welche Personen Ihrer Organisation Mail aus dem Internet empfangen dürfen. Sie haben unter Domino zwei Möglichkeiten: Sie können angeben, welche Benutzer Internet-Mails empfangen dürfen, und allen anderen den Empfang verweigern. Oder aber Sie geben an, welche Benutzer keine Internet-Mail empfangen dürfen, und lassen den Empfang für alle anderen Benutzer zu.

Achtung

Setzen Sie diese Felder umsichtig ein, da Sie möglicherweise unbeabsichtigt den Empfang von Mails blockieren, die den Benutzern eigentlich zugestellt werden sollen.

1. Vergewissern Sie sich, dass Sie bereits über ein Konfigurationsdokument für den (die) zu konfigurierenden Server verfügen.
2. Klicken Sie in Domino Administrator auf das Register KONFIGURATION/CONFIGURATION und erweitern Sie den Abschnitt NACHRICHTEN/MESSAGING.
3. Klicken Sie auf KONFIGURATIONEN/CONFIGURATIONS.
4. Wählen Sie das Konfigurationsdokument für den bzw. die Mail-Server aus, auf dem bzw. denen Mail beschränkt werden soll, und klicken Sie auf KONFIGURATION BEARBEITEN/EDIT CONFIGURATION.
5. Klicken Sie auf das Register ROUTER/SMTP > BESCHRÄNKUNGEN UND STEUERUNGEN/RESTRICTIONS AND CONTROLS > SMTP-EINGANGSSTEUERUNG/SMTP INBOUND CONTROLS.

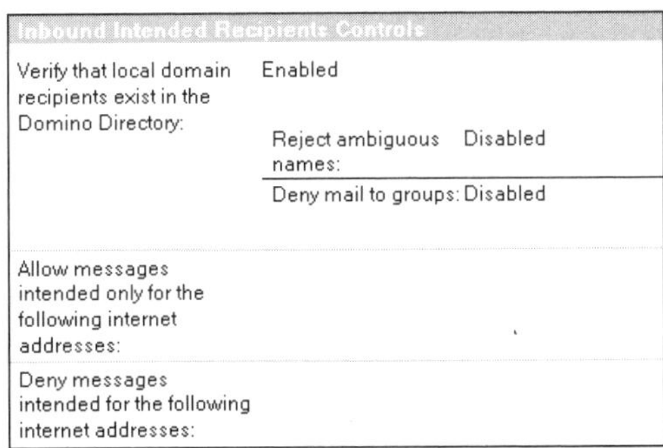

Abbildung 6.56: SMTP-Eingangssteuerung

6. Nehmen Sie Eingaben in folgende Felder des Abschnitts EMPFÄNGERSTEUERUNG (EINGANG)/INBOUND INTENDED RECIPIENTS CONTROLS vor (siehe *Abbildung 6.56*) und speichern Sie anschließend das Dokument:

Feld	Eingabe
SICHERSTELLEN, DASS IM DOMINO-VERZEICHNIS EMPFÄNGER IN DER LOKALEN DOMÄNE VORHANDEN SIND/ VERIFY THAT LOCAL DOMAIN RECIPIENTS EXIST IN THE DOMINO DIRECTORY	Dieser Eintrag gibt an, ob die Empfängernamen der lokalen Domäne durch den SMTP-Listener zu den Einträgen im Domino-Verzeichnis gegengeprüft werden. Wählen Sie: ▸ AKTIVIERT/ENABLED: Wenn die Domänenangabe der Adresse identisch ist mit einem Eintrag für die lokale Internet-Domäne, überprüft der SMTP-Listener alle angegebenen Verzeichnisse, ob der angegebene Empfänger einen gültigen Eintrag vorweisen kann. Wenn alle Überprüfungen durchlaufen wurden und kein passender Anwendername gefunden wurde, gibt der SMTP-Server einen 550-Zustellungsfehler an, aus dem hervorgeht, dass der Benutzer ungültig ist, z.B. so: `550 bad_user@yourdomain.com ... No such user.`

Feld	Eingabe
	Diese Einstellung verhindert, dass Mails an nicht existierende Benutzer gesendet werden, beispielsweise Spam oder Mails für Anwender, die das Unternehmen verlassen haben, und sich die Mailboxen mit toten Mails füllen. Um zu verhindern, dass Mails nicht zugestellt werden, wenn eines der Verzeichnisse nicht ansprechbar ist, akzeptiert Domino Nachrichten, wenn der Versuch einer Überprüfung nicht erfolgreich abgeschlossen werden kann. Um unnötige Versuche der Verzeichnisüberprüfung zu verhindern, wird diese Einstellung erst wirksam, wenn alle anderen festgelegten SMTP-Inbound-Überprüfungen bereits durchgeführt wurden. Wenn diese Einstellung aktiviert ist, kann der Server keine Mails zu einem Smarthost durchstellen, da Domino Mails abweist, deren Empfänger der lokalen Domäne nicht im Domino-Verzeichnis aufgeführt sind. Mit Domino 8 gibt es zwei neue Unterpunkte: – NICHT EINDEUTIGE NAMEN ABLEHNEN/REJECT AMBIGUOUS NAMES: Falls mehrere Übereinstimmungen bei der Suche in den Adressbüchern gefunden werden, wird Domino mit der Aktivierung (AKTIVIERT/ENABLED) angewiesen, die Nachricht mit einem permanenten Fehler abzuweisen. Default ist DEAKTIVIERT/DISABLED. Der passende *notes.ini*-Parameter lautet: `SMTPDenyNotUniqueRcpt`. – MAIL AN GRUPPEN ABLEHNEN/DENY MAIL TO GROUPS: Findet Domino bei der Suche nach der Adresse eine Übereinstimmung in Form einer Gruppe, so wird die Annahme (wenn AKTIVIERT/ENABLED) verweigert. Default ist hier ebenfalls DEAKTIVIERT/DISABLED. Der entsprechende Eintrag in der *notes.ini* lautet: `SMTPDenyMailToGroups`. Sie können auch einzelne Gruppen schützen, indem Sie bei den Dokumenteneigenschaften einer Gruppe nur bestimmte Leser zulassen. Siehe auch Abschnitt *6.7.8, Begrenzungen und Anpassungen für das Mail-Routing.* ▶ DEAKTIVIERT/DISABLED (default): Der SMTP-Listener prüft nicht, ob die im RCTP TO-Befehl angegebenen Empfänger in der lokalen Domäne im Domino-Verzeichnis enthalten sind.
NUR MAIL ZULASSEN, DIE AN DIESE INTERNETADRESSEN GESENDET WIRD/ ALLOW MESSAGES INTENDED ONLY FOR THE FOLLOWING INTERNET ADDRESSES	Internetadressen innerhalb der lokalen Internet-Domäne, die Mail aus dem Internet empfangen dürfen. Wenn Sie in dieses Feld Adressen eingeben, können *nur* diese Empfänger Internet-Mail empfangen. Mail für alle anderen Empfänger wird von Domino abgelehnt.

Feld	Eingabe
MAIL ABLEHNEN, DIE AN DIESE INTERNETADRESSEN GESENDET WIRD/ DENY MESSAGES INTENDED FOR THE FOLLOWING INTERNET ADDRESSES	Internetadressen innerhalb der lokalen Internet-Domäne, die keine Mail aus dem Internet empfangen dürfen. Wenn Sie in dieses Feld Adressen eingeben, können alle Empfänger mit Ausnahme der in diesem Feld aufgeführten Internet-Mail empfangen. Domino lehnt nur Nachrichten für die Empfänger ab, die in diesem Feld aufgeführt sind.

Wenn Sie denselben Eintrag im Feld ZULASSEN/ALLOW und ABLEHNEN/DENY angeben, besteht ein Konflikt zwischen beiden Feldern. Der Eintrag ZULASSEN/ALLOW hat in Bezug auf den jeweiligen Host-Namen im Gegensatz zu der Regelung unter R5 Vorrang. Sie können aber über den Eintrag `SMTPRelayAllowHostsandDomains` in der *notes.ini* auf den Regelmechanismus von R5 zurückgreifen.

SMTP-Erweiterungen (Eingang) unterstützen

Domino unterstützt eine Reihe von erweiterten SMTP (ESMTP)-Funktionen. Hierzu zählen das Kombinieren (bzw. das Verarbeiten „im Pipeline-Betrieb") von Befehlen, das Konfigurieren des Servers für die Überprüfung der Nachrichtengröße vor der Annahme einer Übertragung, das Herstellen einer sicheren SSL-Verbindung mit einem anderen Server und das Erstellen von Benachrichtigungen über den Zustellungsstatus. Diese Optionen können Sie im Konfigurationsdokument für den bzw. die Server einstellen, für die Sie diese Erweiterungen verwenden möchten.

1. Vergewissern Sie sich, dass Sie bereits über ein Konfigurationsdokument für den (die) zu konfigurierenden Server verfügen.
2. Klicken Sie in Domino Administrator auf das Register KONFIGURATION/CONFIGURATION und erweitern Sie den Abschnitt NACHRICHTEN/MESSAGING.
3. Klicken Sie auf KONFIGURATIONEN/CONFIGURATIONS.
4. Wählen Sie das Konfigurationsdokument für den bzw. die Mail-Server aus, auf dem bzw. denen Mail beschränkt werden soll, und klicken Sie auf KONFIGURATION BEARBEITEN/EDIT CONFIGURATION.
5. Klicken Sie auf das Register ROUTER/SMTP > ERWEITERT/ADVANCED > BEFEHLE UND ERWEITERUNGEN/COMMANDS AND EXTENSIONS.
6. Nehmen Sie Eingaben in folgende Felder des Abschnitts SMTP-BEFEHLE UND -ERWEITERUNGEN (EINGANG)/SMTP COMMANDS AND EXTENSIONS vor und speichern Sie anschließend das Dokument:

Feld	Eingabe
SIZE-ERWEITERUNG/ SIZE EXTENSION	Wählen Sie einen der folgenden Werte aus: ▸ AKTIVIERT/ENABLED (Vorgabe), um eingehende Nachrichten vor der Übertragung zu überprüfen und sicherzustellen, dass sie die Beschränkung der maximalen Größe nicht überschreiten. Nachrichten, die größer sind als die maximale Größe, werden von Domino abgelehnt. ▸ DEAKTIVIERT/DISABLED, um die Größe der eingehenden Nachrichten vor der Übertragung nicht zu überprüfen.

Feld	Eingabe
PIPELINING-ERWEITERUNG/ PIPELINING EXTENSION	Wählen Sie einen der folgenden Werte aus: ▶ AKTIVIERT/ENABLED (Vorgabe), um die Leistung durch Senden mehrerer SMTP-Befehle in demselben Netzwerkpaket zu verbessern. ▶ DEAKTIVIERT/DISABLED, um jeden SMTP-Befehl als eigenes Paket zu senden.
DSN-ERWEITERUNG/ DSN EXTENSION	Wählen Sie einen der folgenden Werte aus: ▶ AKTIVIERT/ENABLED, um eine Benachrichtigung über den Zustellungsstatus (DSN = Delivery Status Notification) an den Absender einer SMTP-Nachricht zu senden, wenn der Absender eine Benachrichtigung anfordert. ▶ DEAKTIVIERT/DISABLED (Vorgabe), um keine Benachrichtigung über den Zustellungsstatus zu senden.
8-BIT-MIME-ERWEITERUNG/ 8-BIT MIME EXTENSION	Wählen Sie einen der folgenden Werte aus: ▶ AKTIVIERT, um multinationale Zeichen ohne Kodierung zu senden. ▶ DEAKTIVIERT (Vorgabe), um Zeichen mit Kodierung zu senden.
HELP-BEFEHL/ HELP COMMAND	Wählen Sie einen der folgenden Werte aus: ▶ AKTIVIERT/ENABLED (Vorgabe), um den HELP-Befehl zu aktivieren. Dient der Anzeige der möglichen Befehle. ▶ DEAKTIVIERT/DISABLED, um den HELP-Befehl zu deaktivieren.
VRFY-BEFEHL/ VRFY COMMAND	Wählen Sie einen der folgenden Werte aus: ▶ AKTIVIERT/ENABLED, um eingehende Anforderungen zur Überprüfung des Benutzernamens anzunehmen. ▶ DEAKTIVIERT/DISABLED (Vorgabe), um Anforderungen zur Überprüfung des Benutzernamens abzulehnen.
EXPN-BEFEHL/ EXPN COMMAND	Wählen Sie einen der folgenden Werte aus: ▶ AKTIVIERT/ENABLED, um eine Mail-Liste oder Gruppe zu erweitern und einzelne Empfängernamen anzeigen zu lassen. ▶ DEAKTIVIERT/DISABLED (Vorgabe), um Listen und Gruppen nicht zu erweitern.
ETRN-BEFEHL/ ETRN COMMAND	Wählen Sie einen der folgenden Werte aus: ▶ AKTIVIERT/ENABLED, um dem Server die Annahme eingehender „Pull"-Anfragen zum Senden von in der Warteschlange befindlichen ausgehenden Nachrichten zu ermöglichen. ▶ DEAKTIVIERT/DISABLED (Vorgabe), um eingehende Pull-Anfragen nicht anzunehmen.
SSL ÜBER TCP/IP-ANSCHLUSS VEREINBART/ SSL NEGOTIATED OVER TCP/IP PORT	Wählen Sie einen der folgenden Werte aus: ▶ AKTIVIERT/ENABLED, um Domino die Herstellung einer sicheren Verbindung zu einem anderen Server zu ermöglichen, indem ein verschlüsselter SSL-Kanal über den zwischen den beiden Servern verwendeten TCP/IP-Anschluss erstellt wird. ▶ DEAKTIVIERT/DISABLED (Vorgabe), um keine sicheren SSL-Verbindungen zuzulassen.

Durch die Aktivierung der Befehle VRFY und EXPN können Personen außerhalb Ihrer Organisation Gruppennamen bequem erweitern und nach gültigen E-Mail-Adressen in Ihrer Organisation suchen. Möglicherweise möchten Sie diese Erweiterungen aus Sicherheitsgründen nicht aktivieren.

SMTP-Verbindungen (Eingang) beschränken

Einige Benutzer und Organisationen versuchen möglicherweise, unerwünschte Massensendungen an Ihre Domäne zu senden. Um zu verhindern, dass Ihr Mail-System unerwünschte Mails annimmt, die Ihre Server weiterverteilen, können Sie festlegen, wer sich mit Ihrem Mail-System verbinden darf.

1. Vergewissern Sie sich, dass Sie bereits über ein Konfigurationsdokument für den (die) zu konfigurierenden Server verfügen.
2. Klicken Sie in Domino Administrator auf das Register KONFIGURATION/CONFIGURATION und erweitern Sie den Abschnitt NACHRICHTEN/MESSAGING.
3. Klicken Sie auf KONFIGURATIONEN/CONFIGURATIONS.
4. Wählen Sie das Konfigurationsdokument für den bzw. die Mail-Server aus, auf dem bzw. denen Mail beschränkt werden soll, und klicken Sie auf KONFIGURATION BEARBEITEN/EDIT CONFIGURATION.
5. Klicken Sie auf das Register ROUTER/SMTP > BESCHRÄNKUNGEN UND STEUERUNGEN/RESTRICTIONS AND CONTROLS > SMTP-EINGANGSSTEUERUNG/SMTP INBOUND CONTROLS (siehe *Abbildung 6.57*).

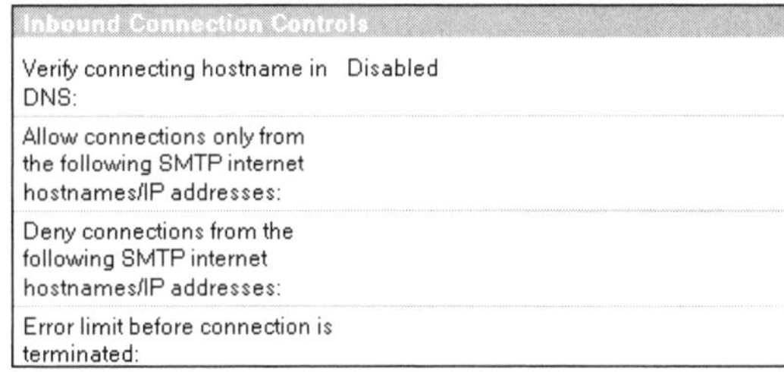

Abbildung 6.57: SMTP-Eingangssteuerung

6. Nehmen Sie Eingaben in folgende Felder des Abschnitts VERBINDUNGSSTEUERUNG (EINGANG)/INBOUND CONNECTION CONTROLS vor und speichern Sie anschließend das Dokument:

Feld	Eingabe
NAMEN DES VERBUNDENEN HOSTS IM DNS VERIFIZIEREN/ VERIFY CONNECTING HOST NAME IN DNS	Wählen Sie einen der folgenden Werte aus: ▶ AKTIVIERT/ENABLED, um den Namen des Hosts, der eine Verbindung herstellen möchte, im DNS zu überprüfen. ▶ DEAKTIVIERT/DISABLED (Vorgabe), um den Namen des Hosts, der eine Verbindung herstellen möchte, nicht im DNS zu überprüfen.

Feld	Eingabe
	Bei der Einstellung AKTIVIERT wird die IP-Adresse des verbindenden Hosts im DNS ermittelt. Wenn die IP-Adresse keinem gültigen Host-Namen entspricht, nimmt Domino die Verbindung zwar an, lässt jedoch die Übertragung von Mails nicht zu. Domino gibt während des Befehls MAIL FROM des SMTP-Protokolls einen Fehler an den verbindenden Host zurück und lehnt jede eingehende Mail ab.
VERBINDUNGEN NUR VON DIESEN SMTP-INTERNET-HOST-NAMEN BZW. IP-ADRESSEN ZULASSEN/ ALLOW CONNECTIONS ONLY FROM THE FOLLOWING SMTP INTERNET HOST NAMES/IP ADDRESSES	Die Host-Namen und/oder IP-Adressen, die eine Verbindung zu diesem Server herstellen dürfen. Wenn Sie in dieses Feld Host-Namen und/oder IP-Adressen eingeben, können nur mit diesen Einträgen übereinstimmende Server eine Verbindung über SMTP zu Ihrem Server herstellen. Die Verbindungsanfragen aller anderen Server werden abgelehnt. Geben Sie beispielsweise *lotus.com*, *ibm.com* in das Feld ein. Domino nimmt nur Verbindungen von Servern an, deren Host-Name auf *lotus.com* oder *ibm.com* endet. Alle anderen Verbindungsanfragen werden von Domino abgelehnt. Geben Sie IP-Adressen in eckigen Klammern ein, z.B. [192.168.10.17].
VERBINDUNGEN VON DIESEN SMTP-INTERNET-HOST-NAMEN BZW. IP-ADRESSEN ABLEHNEN/ DENY CONNECTIONS FROM THE FOLLOWING SMTP INTERNET HOST NAMES/IP ADDRESSES	Die Host-Namen und/oder IP-Adressen, die keine Verbindung zu diesem Server herstellen dürfen. Wenn Sie in dieses Feld Host-Namen und/oder IP-Adressen eingeben, können alle Server mit Ausnahme der mit den Einträgen in diesem Feld übereinstimmenden Server eine Verbindung über SMTP zu Ihrem Server herstellen. Es werden lediglich die Verbindungsanfragen der Server, die mit den Einträgen in diesem Feld übereinstimmen, abgelehnt. Geben Sie beispielsweise *lotus.com* in das Feld ein. Domino nimmt Verbindungen von allen Servern mit Ausnahme der Server, deren Host-Name auf *lotus.com* endet, an. Verbindungen von Servern, deren Host-Name auf *lotus.com* endet, werden von Domino abgelehnt. Geben Sie IP-Adressen in eckigen Klammern ein, z.B. [192.168.10.17].
FEHLERLIMIT, BEVOR DIE VERBINDUNG BEENDET WIRD/ ERROR LIMIT BEFORE CONNECTION IS TERMINATED	Geben Sie hier die Anzahl der möglichen Protokollfehler an. Blacklist- oder Header-Prüfungen können solche Protokollfehler verursachen. Der passende *notes.ini*-Eintrag lautet: `SMTPErrorLimit`. Die SMTP-Meldung sieht so aus: `421 SMTP-Service ist nicht verfügbar. Der Übertragungskanal wird geschlossen.`

Wenn Sie denselben Eintrag im Feld ZULASSEN/ALLOW und ABLEHNEN/DENY angeben, besteht ein Konflikt zwischen beiden Feldern. Der Eintrag ZULASSEN/ALLOW hat in Bezug auf den jeweiligen Host-Namen im Gegensatz zu der Regelung unter R5 Vorrang. Sie können aber über den Eintrag `SMTPRelayAllowHostsandDomains` in der *notes.ini* auf den Regelmechanismus von R5 zurückgreifen.

Mail-Routing basierend auf Notes-Domänen, Organisationen und Unterorganisationen beschränken

Es gibt zwei Methoden, wie die Art und Weise der Mail-Übertragung über Notes-Routing in Ihrer Infrastruktur beschränkt werden kann.

- Sie können Dokumente für benachbarte Domänen im Domino-Verzeichnis erstellen, um zu verhindern, dass Benutzer Mails über Ihre Domäne an eine andere Domäne übertragen. Besteht z.B. eine Verbindung von einer Domäne DOMINO zur LOTUS-Domäne und zur IBM-Domäne, so kann ein Dokument für benachbarte Domänen eingerichtet werden, um zu verhindern, dass Benutzer in der LOTUS-Domäne Mails über die DOMINO-Domäne an die IBM-Domäne übertragen. Durch diese Beschränkungen wird die Systembelastung durch Mails reduziert. Dokumente für benachbarte Domänen hindern Benutzer daran, Ihre Domäne als Notes Mail-Relais zu verwenden.

1. Geben Sie Beschränkungen im Konfigurationsdokument im Domino-Verzeichnis an, um Mails von bestimmten Notes-Domänen auszusperren.
2. Vergewissern Sie sich, dass Sie bereits über ein Konfigurationsdokument für den (die) zu konfigurierenden Server verfügen.
3. Klicken Sie in Domino Administrator auf das Register KONFIGURATION/CONFIGURATION und erweitern Sie den Abschnitt NACHRICHTEN/MESSAGING.
4. Klicken Sie auf KONFIGURATIONEN/CONFIGURATIONS.
5. Wählen Sie das Konfigurationsdokument für den bzw. die Mail-Server aus, auf dem bzw. denen Mail beschränkt werden soll, und klicken Sie auf KONFIGURATION BEARBEITEN/EDIT CONFIGURATION.
6. Klicken Sie auf das Register ROUTER/SMTP > BESCHRÄNKUNGEN UND STEUERUNGEN/RESTRICTIONS AND CONTROLS > BESCHRÄNKUNGEN/RESTRICTIONS.
7. Nehmen Sie Eingaben in folgende Felder des Abschnitts ROUTER-BESCHRÄNKUNGEN/ROUTER RESTRICTIONS vor und speichern Sie dann das Dokument:

Feld	Eingabe
MAIL NUR VON DIESEN DOMÄNEN ZULASSEN/ ALLOW MAIL ONLY FROM DOMAINS	Notes-Domänen, von denen der Server Mails annimmt. Wenn Sie in dieses Feld Notes-Domänen eingeben, können nur Nachrichten von diesen Domänen über Notes-Routing an Ihre Domäne übertragen werden. Mails von allen anderen Notes-Domänen werden von Domino abgelehnt. Geben Sie beispielsweise Lotus in das Feld ein. Domino nimmt nur Nachrichten an, die von der Lotus-Domäne an Ihre Benutzer gesendet werden. Aus allen anderen Notes-Domänen gesendete Nachrichten werden von Domino abgelehnt. Diese Beschränkung gilt nicht für Nachrichten in der lokalen Notes-Domäne.

Feld	Eingabe
MAIL ABLEHNEN VON DOMÄNE(N)/ DENY MAIL FROM DOMAINS	Notes-Domänen, von denen der Server Mails ablehnt. Wenn Sie in dieses Feld Notes-Domänen eingeben, können alle Nachrichten mit Ausnahme der Nachrichten von den in diesem Feld aufgeführten Domänen an Ihre Benutzer übertragen werden. Geben Sie beispielsweise Lotus in das Feld ein. Domino nimmt Nachrichten von allen Notes-Domänen mit Ausnahme der Lotus-Domäne an. Nachrichten der Lotus-Domäne werden von Domino abgelehnt. Diese Beschränkung gilt nicht für Nachrichten in der lokalen Notes-Domäne.
MAIL NUR VON DIESEN ORGANISATIONEN UND UNTERORGANISATIONEN ZULASSEN/ ALLOW MAIL ONLY FROM THE FOLLOWING ORGANIZATIONS AND ORGANIZATIONAL UNITS	Organisationen und/oder Unterorganisationen, von denen der Server Mail annimmt. Wenn Sie in dieses Feld Organisationen und/oder Unterorganisationen eingeben, werden nur Nachrichten von Benutzern in diesen Organisationen und/oder Unterorganisationen über Notes-Routing an Ihre Domäne übertragen. Nachrichten von allen anderen Organisationen und/oder Unterorganisationen werden von Domino abgelehnt. Geben Sie beispielsweise */OST/LOTUS in das Feld ein. Domino nimmt nur Nachrichten an, die von der Unterorganisation /OST/LOTUS an Ihre Benutzer gesendet werden. Nachrichten von anderen Organisationen und/oder Unterorganisationen als */OST/LOTUS werden von Domino abgelehnt.
MAIL VON DIESEN ORGANISATIONEN UND UNTERORGANISATIONEN ABLEHNEN/ DENY MAIL ONLY FROM THE FOLLOWING ORGANIZATIONS AND ORGANIZATIONAL UNITS	Organisationen und/oder Unterorganisationen, von denen der Server keine Mail annimmt. Wenn Sie in dieses Feld Organisationen und/oder Unterorganisationen eingeben, werden alle Nachrichten mit Ausnahme der Nachrichten von Benutzern in den in diesem Feld angegebenen Organisationen und/oder Unterorganisationen über Notes-Routing an Ihre Domäne übertragen. Nur Nachrichten von in diesem Feld angegebenen Organisationen und/oder Unterorganisationen werden von Domino abgelehnt. Geben Sie beispielsweise */WEST/LOTUS in das Feld ein. Domino nimmt Nachrichten von allen Organisationen und/oder Unterorganisationen mit Ausnahme von */WEST/LOTUS an. Nachrichten von der Unterorganisation /WEST/LOTUS werden von Domino abgelehnt.
MAXIMALE NACHRICHTENGRÖSSE/ MAXIMUM MESSAGE SIZE	Diese Einstellung gilt global für Notes-Routing und SMTP-Routing. Die Vorgabe ist 0, also keine Einschränkung. Um unterschiedliche Größenbeschränkungen für Notes und SMTP festzulegen, müssen Sie verschiedene Konfigurationsdokumente konfigurieren. Für SMTP legen Sie beispielsweise ein Konfigurationsdokument für die Server an, die E-Mails aus dem Internet empfangen. Siehe auch *Kapitel 6.7.8, Begrenzungen und Anpassungen für das Mail-Routing*.

Feld	Eingabe
ALLE NACHRICHTEN MIT NIEDRIGER PRIORITÄT SENDEN, DEREN GRÖSSE ZWISCHEN/ SEND ALL MESSAGES AS LOW PRIORITY IF THE MESSAGE SIZE IS BETWEEN	Legen Sie den Wert fest, ab dem Nachrichten mit niedriger Priorität behandelt werden, sofern Sie dies konfiguriert haben (NACHRICHTENPRIORITÄT IGNORIEREN/IGNORE MESSAGE PRIORITY, im Standard ist diese Option deaktiviert). Alle E-Mails, deren Wert zwischen dem hier eingestellten Wert und der maximalen Nachrichtengröße liegen, werden durch diese Regel verarbeitet. Die Verarbeitung von Nachrichten niedriger Priorität ist im Standard zwischen 0.00 – 6.00 Uhr. Bei heutigen Bandbreiten ist oftmals eingestellt, dass die Priorität von Nachrichten ignoriert wird. Siehe auch *Kapitel 6.7.8, Begrenzungen und Anpassungen für das Mail-Routing.*

Wenn Sie denselben Eintrag im Feld ZULASSEN/ALLOW und ABLEHNEN/DENY angeben, besteht ein Konflikt zwischen beiden Feldern. Der Eintrag ZULASSEN/ALLOW hat in Bezug auf den jeweiligen Host-Namen im Gegensatz zu der Regelung unter R5 Vorrang. Sie können aber über den Eintrag `SMTPRelayAllowHostsandDomains` in der *notes.ini* auf den Regelmechanismus von R5 zurückgreifen.

6.7.6 Anti-Relay-Restriktionen

Um Ihre SMTP-Server vor unautorisierter Mail-Weitergabe zu schützen, können Sie den Eingang von E-Mails kontrollieren, indem Sie den Host definieren, von dem der SMTP-Server Mails erhält und zu dem er sie weiterreicht. Der Domino SMTP-Listener lehnt Nachrichten von nicht autorisierten Hosts ab. Unter der Registerkarte ROUTER/SMTP > BESCHRÄNKUNGEN UND STEUERUNGEN/RESTRICTIONS AND CONTROLS > SMTP-EINGANGSSTEUERUNG/SMTP INBOUND CONTROLS des Konfigurationsdokuments gibt es Einstellungsmöglichkeiten, um den Relay-Zugriff zu kontrollieren.

Kreis der Personen beschränken, die Ihr System als Relais für Internet-Mails verwenden können

Sie können steuern, welche Nachrichten, die von Hosts außerhalb der lokalen Internet-Domäne eingehen, für Empfänger außerhalb der lokalen Internet-Domäne angenommen werden. Wenn Sie eine solche Beschränkung einrichten, können Sie verhindern, dass Ihr Mail-System als Mail-Relais verwendet wird. Manche Benutzer versuchen dies, um Geld zu sparen oder anonym zu bleiben. Indem die Nachricht über Ihr System gesendet wird, obwohl sie eigentlich für ein anderes System bestimmt ist, erscheint Ihr System als letzter Hop, wenn der Zielserver eine DNS-Suche durchführt.

Um den unberechtigten Gebrauch Ihres Systems als Mail-Relais zu verhindern, prüft der Router, ob sich der Computer, der die Nachricht sendet, in der lokalen Internet-Domäne befindet. Der Router prüft die Felder LOKALE PRIMÄRE INTERNET-DOMÄNE/LOCAL PRIMARY INTERNET DOMAIN und ALTERNATIVE ALIASNAMEN FÜR INTERNET-DOMÄNEN/ALTERNATE INTERNET DOMAIN ALIASES im Dokument der globalen Domäne, um zu ermitteln, welche Internet-Domänennamen Ihre Firma verwendet. Stammt die Nachricht nicht von einem Server Ihrer Organisation, so prüft der Router die einzelnen Empfängeradressen, um festzustellen, ob sich der Empfänger innerhalb der lokalen Internet-Domäne befindet. Falls nicht, wendet Domino die Beschränkungen an, die Sie für den Relais-Zugriff konfiguriert haben.

Das Format für die Eingabe von IP-Adressen lautet [A.B.C.D], wobei A, B, C und D für Zahlen zwischen 0 und 255 (einschließlich) stehen. Sie können einen Platzhalter (*) für Einträge verwenden. Er muss jedoch für ein ganzes Oktett, beispielsweise 192.168.17.*. stehen. Geben Sie die IP-Adressen in Klammern ein, z.B. [192.168.10.17]. So beschränken Sie den Relais-Zugriff:

1. Vergewissern Sie sich, dass Sie bereits über ein Konfigurationsdokument für den (die) zu konfigurierenden Server verfügen.
2. Klicken Sie in Domino Administrator auf das Register KONFIGURATION/CONFIGURATION und erweitern Sie den Abschnitt NACHRICHTEN/MESSAGING.
3. Klicken Sie auf KONFIGURATIONEN/CONFIGURATIONS.
4. Wählen Sie das Konfigurationsdokument für den bzw. die Mail-Server aus, auf dem bzw. denen Mail beschränkt werden soll, und klicken Sie auf KONFIGURATION BEARBEITEN/EDIT CONFIGURATION.
5. Klicken Sie auf das Register ROUTER/SMTP > BESCHRÄNKUNGEN UND STEUERUNGEN/RESTRICTIONS AND CONTROLS > SMTP-EINGANGSSTEUERUNG/SMTP INBOUND CONTROLS (siehe *Abbildung 6.58*).

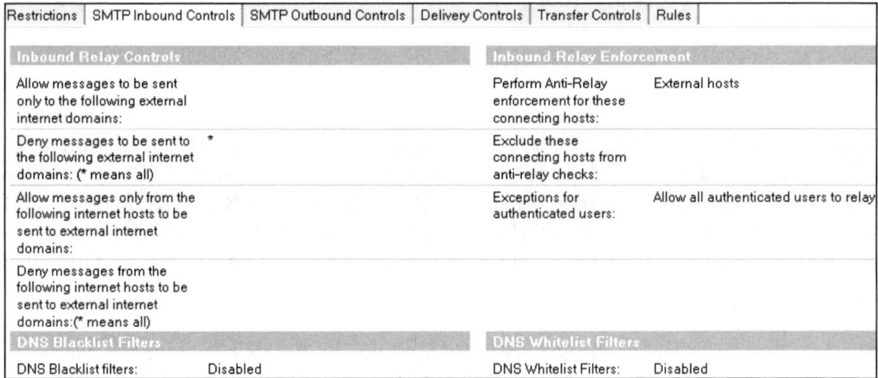

Abbildung 6.58: Konfiguration der Mail-Relais-Steuerung

6. Nehmen Sie Eingaben in folgende Felder des Abschnitts RELAIS-STEUERUNG (EINGANG)/INBOUND RELAY CONTROLS vor und speichern Sie anschließend das Dokument:

Feld	Eingabe
NUR MAIL ZULASSEN, DIE VON EXTERNEN INTERNET-DOMÄNEN AN FOLGENDE INTERNET-DOMÄNEN GESENDET WIRD/ ALLOW MESSAGES TO BE SENT ONLY TO THE FOLLOWING EXTERNAL INTERNET DOMAINS	Internet-Domänen, an die Ihr System Nachrichten überträgt, die von Hosts außerhalb der lokalen Internet-Domäne gesendet werden. Wenn Sie in dieses Feld Internet-Domänen eingeben, werden nur Nachrichten an Empfänger in mit diesen Einträgen übereinstimmenden Domänen über Ihr System übertragen. Nachrichten für Empfänger in anderen externen Internet-Domänen werden abgelehnt. Geben Sie beispielsweise *lotus.com, ibm.com* in das Feld ein. Domino nimmt nur Nachrichten an Empfänger an, deren Adressen in der Domäne *lotus.com* oder *ibm.com* liegen. Alle anderen Nachrichten für Empfänger in externen Domänen werden von Domino abgelehnt.

Feld	Eingabe
MAIL ABLEHNEN, DIE VON EXTERNEN INTERNET-DOMÄNEN AN FOLGENDE INTERNET-DOMÄNEN GESENDET WIRD/ DENY MESSAGES TO BE SENT TO THE FOLLOWING EXTERNAL INTERNET DOMAINS	Internet-Domänen, für die Ihr System keine Nachrichten überträgt, die von Hosts außerhalb der lokalen Internet-Domäne gesendet werden. Wenn Sie in dieses Feld Internet-Domänen eingeben, werden alle Nachrichten an Empfänger in externen Internet-Domänen mit Ausnahme der Empfänger, deren Adressen mit Einträgen in diesem Feld übereinstimmen, über Ihr System übertragen. Es werden lediglich Nachrichten für Empfänger abgelehnt, deren Adressen mit den Einträgen in diesem Feld übereinstimmen. Geben Sie beispielsweise *lotus.com* in das Feld ein. Nachrichten für alle Empfänger in allen externen Internet-Domänen mit Ausnahme von *lotus.com* können über Ihr System übertragen werden. Nachrichten für Empfänger in der Domäne *lotus.com* werden von Domino abgelehnt.
NUR MAIL ZULASSEN, DIE VON DIESEN EXTERNEN INTERNET-HOSTS AN EXTERNE INTERNET-DOMÄNEN GESENDET WIRD/ ALLOW MESSAGES ONLY FROM THE FOLLOWING INTERNET HOSTS TO BE SENT TO EXTERNAL INTERNET DOMAINS	Die Host-Namen und/oder IP-Adressen, von denen Ihr System Nachrichten an Empfänger überträgt, deren Adressen außerhalb der lokalen Internet-Domäne liegen. Wenn Sie in dieses Feld Host-Namen und/oder IP-Adressen eingeben, können nur Nachrichten von mit diesen Einträgen übereinstimmenden Servern über Ihr System übertragen werden. Nachrichten von anderen Servern werden abgelehnt. Geben Sie beispielsweise *lotus.com, ibm.com* in das Feld ein. Domino nimmt nur Nachrichten für Empfänger in externen Internet-Domänen von Servern an, deren Host-Name auf *lotus.com* oder *ibm.com* endet. Von allen anderen Servern für diese Empfänger gesendeten Nachrichten werden von Domino abgelehnt.
MAIL ABLEHNEN, DIE VON DIESEN EXTERNEN INTERNET-HOSTS AN EXTERNE INTERNET-DOMÄNEN GESENDET WIRD/ DENY MESSAGES FROM THE FOLLOWING INTERNET HOSTS TO BE SENT TO EXTERNAL INTERNET DOMAINS	Die Host-Namen und/oder IP-Adressen, von denen Ihr System keine Nachrichten an Empfänger überträgt, deren Adressen außerhalb der lokalen Internet-Domäne liegen. Wenn Sie in dieses Feld Host-Namen und/oder IP-Adressen eingeben, werden Nachrichten an Empfänger in externen Internet-Domänen von allen Servern mit Ausnahme der mit den Einträgen in diesem Feld übereinstimmenden Server über Ihr System übertragen. Es werden nur Nachrichten von den Servern abgelehnt, die mit den Einträgen in diesem Feld übereinstimmen. Geben Sie beispielsweise *lotus.com* in das Feld ein. Domino nimmt Nachrichten für Empfänger in externen Internet-Domänen von allen Servern mit Ausnahme der Server an, deren Host-Name auf *lotus.com* endet. Nachrichten für Empfänger in externen Internet-Domänen von Servern in der Domäne *lotus.com* werden von Domino abgelehnt.

Wenn Sie denselben Eintrag im Feld ZULASSEN/ALLOW und ABLEHNEN/DENY angeben, besteht ein Konflikt zwischen beiden Feldern. Der Eintrag ZULASSEN/ALLOW hat in Bezug auf den jeweiligen Host-Namen im Gegensatz zu der Regelung unter R5 Vorrang. Sie können aber über den Eintrag `SMTPRelayAllowHostsandDomains` in der *notes.ini* auf den Regelmechanismus von R5 zurückgreifen.

Beschränkung für die Relais-Steuerung (Eingang) vergeben

So beschränken Sie den Relais-Zugriff:

1. Vergewissern Sie sich, dass Sie bereits über ein Konfigurationsdokument für den (die) zu konfigurierenden Server verfügen.
2. Klicken Sie in Domino Administrator auf das Register KONFIGURATION/CONFIGURATION und erweitern Sie den Abschnitt NACHRICHTEN/MESSAGING.
3. Klicken Sie auf KONFIGURATIONEN/CONFIGURATIONS.
4. Wählen Sie das Konfigurationsdokument für den bzw. die Mail-Server aus, auf dem bzw. denen Mail beschränkt werden soll, und klicken Sie auf KONFIGURATION BEARBEITEN/EDIT CONFIGURATION.
5. Klicken Sie auf das Register ROUTER/SMTP > BESCHRÄNKUNGEN UND STEUERUNGEN/RESTRICTIONS AND CONTROLS > SMTP-EINGANGSSTEUERUNG/SMTP INBOUND CONTROLS.
6. Nehmen Sie Eingaben in folgende Felder des Abschnitts ANTI-RELAIS-MAẞNAHMEN (EINGANG)/INBOUND RELAY ENFORCEMENT vor und speichern Sie anschließend das Dokument:

Feld	Eingabe
ANTI-RELAIS-MASSNAHMEN FÜR DIESE VERBUNDENEN HOSTS DURCHFÜHREN/ PERFORM ANTI-RELAY ENFORCEMENT FOR THESE CONNECTING HOSTS	Geben Sie die Verbindungen an, für die die Server eine Eingangsrelaykontrolle (Inbound Relay Control) erzwingen. Wählen Sie: ▶ EXTERNE HOSTS/EXTERNAL HOSTS (default): Die Server, auf die sich die Relay-Steuerung für den Mail-Eingang außerhalb der lokalen Internet-Domäne bezieht. Hosts in der lokalen Internet-Domäne sind von den Beschränkungen ausgenommen. Die lokale Internet-Domäne wird entweder durch das globale Domänendokument (Global Domain document) oder durch die Internet-Domäne des Hostservers definiert. ▶ ALLE VERBUNDENEN HOSTS/ALL CONNECTING HOSTS: Der Server bezieht die Beschränkungen der Relay-Steuerung auf alle Hosts, die versuchen, Mails zu externen Internet-Domänen zu leiten. ▶ KEINE/NONE: Der Server ignoriert die Eingangsbeschränkungen zur Relay-Steuerung. Alle Hosts können Mails weiterleiten.
AUSNAHMEN FÜR AUTHENTIFIZIERTE BENUTZER/ EXCEPTIONS FOR AUTHENTICATED USERS	Hier können Sie angeben, ob die Überprüfung für die Weiterleitung von Mails auch für authentifizierte Benutzer durchgeführt werden soll. Wählen Sie: ▶ ANTI-RELAIS-PRÜFUNGEN FÜR AUTHENTIFIZIERTE BENUTZER/PERFORM ANTI-RELAY CHECKS FOR AUTHENTICATED USERS: Der Server erlaubt keine Ausnahmeregelungen für authentifizierte Benutzer. Für authentifizierte und nicht authentifizierte Benutzer gelten die gleichen Beschränkungen.

Feld	Eingabe
	▶ RELAIS-FUNKTION FÜR ALLE AUTHENTIFIZIERTEN BENUTZER ZULASSEN/ALLOW ALL AUTHENTICATED USERS TO RELAY: Für authentifizierte Benutzer gelten keine Beschränkungen. Nutzen Sie diese Einstellung für Anwender von POP3 und IMAP, die sich über das Netz von einem ISP außerhalb der lokalen Internet-Domäne aus verbinden.
DIESE VERBUNDENEN HOSTS VON ANTI-REALAIS-PRÜFUNGEN AUSNEHMEN/ EXCLUDE THESE CONNECTING HOSTS FROM ANTI-RELAY CHECKS	Durch diese Einstellung können Sie einzelne durch ihre IP-Adresse oder Host-Namen gekennzeichnete Hosts von der Beschränkung ausschließen. IP-Adressen müssen in eckigen Klammern [127.0.0.1] angegeben werden. Sie können Wildcards verwenden [127.*.0.1] .

6.7.7 DNS-Filter

Spam ist eigentlich eine Abkürzung, die für „Spiced Pork And Meat" (in Gelee eingelegtes Frühstücksfleisch) steht. Die Nutzung des Wortes für unerwünschte (Werbe-)Mails verdankt Spam wahrscheinlich einem Monty-Python-Sketch. Darin gibt es in einem Restaurant jede Menge Gerichte – allerdings alle mit Spam.

Im Netz geht es bei Spam nicht um unerwünschte Zutaten, sondern um unerwünschte E-Mails. Der Begriff wird nicht nur im Zusammenhang mit ungebetenen Werbebotschaften verwendet, sondern auch bei Mails, die Mailboxen verstopfen, weil ihre Absender Opfer von Viren und/oder Würmern wurden, die Nachrichten an alle Kontakte der Adressbücher versenden. Neben dem Oberbegriff Spam existieren die Bezeichnungen UCE („Unsolicited Commercial Electronic Mail") und UBE („Unsolicited Bulk E-Mail"). Während UCE als Oberbegriff auch unerwünschte, nicht werbende Zusendungen umfassen kann, ist UBE massenhaft versandte werbende Mail. Unverlangte Werbebotschaften per E-Mail, SMS, FAX oder durch automatisierte Anrufe ohne die vorherige Zustimmung des Nutzers („Opt-in-Regel") sind nicht zulässig. In Deutschland ist Spam grundsätzlich verboten. Unerwünschte E-Mail-Werbung verstößt gegen das Gesetz gegen unlauteren Wettbewerb. Das unverlangte Versenden kommerzieller E-Mails ist nur in genau begrenzten Ausnahmefällen zulässig, und zwar dann, wenn Versender die Kontaktdaten direkt von ihren Kunden erhalten haben (Amazon, GMX etc). Diese Empfänger können das Zusenden von Werbebotschaften allerdings ausschließen.

Um zu verhindern, dass Spam-Mails in Ihrem System einlaufen, können Sie Domino so konfigurieren, dass einkommende SMTP-Verbindungen dahingehend überprüft werden, ob sie von Servern stammen, die in einer oder mehreren DNS-Blacklists (DNSBLs) verzeichnet sind. SPAM-Versender benötigen einen Mail-Server (Relay), über den Sie die Mails versenden können. DNSBLs sind Datenbanken, die Einträge von Internet-SMTP-Hosts enthalten, die als Quellen von Spam-Mails bekannt sind, oder Server, die bezüglich Spam als bekannte Mittler gelten und ohne Prüfung Mails an fremde Domänen weiterleiten (Relaying).

Die meisten Spammer verwenden als Zieladressen für ihre zumeist aus Werbung bestehenden Mails Adressen, die sie beim Durchsuchen des World Wide Web erhalten (hierbei fallen ihnen auch Adressen aus Archiven von Mailinglisten in die Hände).

Es gibt inzwischen eine Reihe von Filtern, die aufgrund von gesammelten Spam-Reports eine Blacklist von Absendern bzw. Mail-Servern erstellen, von denen man Mails ablehnen kann, um die eigene Mailbox frei von Spam zu halten. Leider ist die überwiegende Mehrzahl dieser Listen nicht allgemein nutzbar, da sie teils wegen zu unerfahrenen Betreibern und Mithelfern sowie teils wegen einer durch die Verwaltung solcher Listen gewonnenen Machtstellung gegenüber anderen Netzteilnehmern eine geradezu absurde Politik bezüglich der Listung von Spammern fahren, sodass bei der Nutzung einiger solcher Listen auch landesweite Provider (z.B. T-Online, GMX usw.) komplett abgeblockt werden würden.

Viele der trivialen Maßnahmen, wie das Ablehnen von E-Mails, die von Absendern stammen, die offensichtlich keine gültigen Adressen darstellen, haben zwar anfangs ein wenig gegen die Spam-Flut geholfen, da aber die Tools der Spammer von Leuten entwickelt werden, die es als Sport betrachten, die Spam-Filter zu umgehen, hat sich die Situation hierdurch für einige Accounts zum Schlechteren entwickelt. Denn um jene Filter, die E-Mails von ungültigen Absenderadressen wegfiltern, zu umgehen, verwenden viele Spammer heutzutage als Absender real existierende Adressen von unbeteiligten Dritten, welche dann von der meist technisch sehr unbedarften Schar von Spam-Jägern wüst beschimpft und in einigen der Spam-Listen selbst als Spammer geführt werden.

Deswegen sollten Sie sich vorher gut überlegen, ob Sie auf diese Listen zurückgreifen möchten, beziehungsweise deren Policy genau studieren.

Wenn Sie einen DNS-Blacklist-Filter aktivieren, wird für jede eingehende SMTP-Verbindung eine DNS-Abfrage gegen die spezifizierte Blacklist gestartet. Wenn ein Verbindungshost auf der Liste verzeichnet ist, generiert Domino eine Meldung an der Konsole und einen Eintrag in die Mail-Routing-Ereignisse im Protokoll (*log.nsf*). Beide liefern den Host-Namen und die IP-Adresse des Servers sowie die Information, wo der Server gelistet wird. Zusätzlich zum Protokollieren des Ereignisses können Sie Domino so einrichten, dass Nachrichten von Hosts auf der Blacklist zurückgewiesen oder dass ein spezieller Notes-Flag gesetzt wird, um Nachrichten von Hosts auf der Liste anzunehmen.

Nachdem Sie die Verwendung von DNS-Blacklist-Filtern aktiviert haben, können Sie angeben, welche Quelle oder Quellen (Blacklists) der SMTP-Dienst verwenden soll, um zu überprüfen, ob ein Verbindungshost ein bekanntes Open Relay oder eine Spam-Quelle ist. Benutzen Sie Seiten (Webseiten/Quellen), die IP-basierte DNS-Blacklisten unterstützen. Wenn Domino einen Treffer für einen Verbindungshost in einer der Blacklisten findet, werden die anderen möglichen Abfragequellen nicht mehr überprüft. Aus Performance-Gründen sollten Sie die Anzahl der Seiten begrenzen, da Domino pro Verbindung einen DNS-Lookup zu jeder Seite (Blacklist) durchführt.

Für die Prioritäten der Filter gilt: erst privat, dann öffentlich, beziehungsweise Whitelists zuerst: private Whitelist, private Blacklist, öffentliche Whitelist und dann die öffentliche Blacklist.

Aktivierung von DNS-Blacklist-Filtern für SMTP-Verbindungen

Sie können aus einer Vielzahl von öffentlichen und privaten sowie kostenpflichtigen Seiten wählen, die DNS-Blacklisten anbieten. Wenn Sie einen öffentlichen Blacklist-Dienst verwenden, führt Domino eine DNS-Abfrage über das Internet durch. In einigen Fällen kann dies einen vergleichsweise langen Zeitraum in Anspruch nehmen, bis die DNS-Abfrage zu der Seite gelangt. Um unnötige DNS-Abfragen zu verhindern, können Sie beispielsweise einstellen, dass nur externe Hosts geprüft werden. Jeder Host, der berechtigt ist, Nachrichten weiterzuleiten, ist von der Blacklist-Überprüfung ausgenommen.

Sie haben folgende Möglichkeiten bei der Konfiguration bezüglich der Aktion, die der Domino Server vornehmen soll, wenn er einen Verbindungshost in einer Blacklist vorfindet:

- NUR PROTOKOLLIEREN/LOG ONLY
- PROTOKOLLIEREN UND NACHRICHT MARKIEREN/LOG AND TAG MESSAGE
- PROTOKOLLIEREN UND NACHRICHT ZURÜCKWEISEN/LOG AND REJECT MESSAGE

Um die Nutzung von DNS-Blacklisten zu aktivieren, gehen Sie wie folgt vor:

1. Vergewissern Sie sich, dass Sie bereits über ein Konfigurationsdokument für den (die) zu konfigurierenden Server verfügen.
2. Klicken Sie in Domino Administrator auf das Register KONFIGURATION/CONFIGURATION und erweitern Sie den Abschnitt NACHRICHTEN/MESSAGING.
3. Klicken Sie auf KONFIGURATIONEN/CONFIGURATIONS.
4. Wählen Sie das Konfigurationsdokument für den bzw. die Mail-Server aus, auf dem bzw. denen Mail beschränkt werden soll, und klicken Sie auf KONFIGURATION BEARBEITEN/EDIT CONFIGURATION.
5. Klicken Sie auf das Register ROUTER/SMTP > BESCHRÄNKUNGEN UND STEUERUNGEN/RESTRICTIONS AND CONTROLS > SMTP-EINGANGSSTEUERUNG/SMTP INBOUND CONTROLS.
6. Nehmen Sie Eingaben in folgende Felder des Abschnitts DNS BLACKLIST FILTER vor und speichern Sie dann das Dokument:

Feld	Eingabe
DNS BLACKLIST FILTERS	Wählen Sie eine der folgenden Optionen: - AKTIVIERT/ENABLED: Wenn Domino eine SMTP-Verbindungsanfrage erhält, überprüft das System, ob der Host in einer Blacklist der definierten Seite gelistet ist. - DEAKTIVIERT/DISABLED: Domino nimmt keine Überprüfung vor, ob der Host in einer Blacklist aufgeführt ist.
DNS BLACKLIST SITES	Wenn die Filterung von DNS-Blacklisten aktiviert wurde, müssen Sie eine DNSBL-Seite angeben, die zur Überprüfung herangezogen wird.
GEWÜNSCHTE AKTION, WENN EIN VERBUNDENER HOST IN EINER DNS-BLACKLIST GEFUNDEN WURDE/ DESIRED ACTION WHEN CONNECTING HOST IS FOUND IN A DNS BLACKLIST	Wählen Sie eine der folgenden Optionen: - NUR PROTOKOLLIEREN/LOG ONLY: Wenn Domino herausfindet, dass ein Verbindungshost auf einer Blacklist verzeichnet ist, nimmt er die Nachricht an und merkt sich den Host-Namen und die dazugehörige IP-Adresse sowie die Seite, auf der der Server aufgeführt ist.

Feld	Eingabe
	▶ PROTOKOLLIEREN UND NACHRICHT MARKIEREN/LOG AND TAG MESSAGE: Wenn Domino herausfindet, dass ein Verbindungshost in einer Blacklist verzeichnet ist, nimmt er die Nachricht an und merkt sich den Host-Namen und die dazugehörige IP-Adresse sowie die Seite, auf der der Server aufgeführt ist, und fügt das Notes-Item `$DNSBLSite` zu jeder angenommenen Nachricht hinzu. Sie können über die Dokumenteneigenschaften einer E-Mail prüfen, ob das Feld vorhanden ist und wie der Inhalt lautet. ▶ PROTOKOLLIEREN UND NACHRICHT ZURÜCKWEISEN/LOG AND REJECT MESSAGE: Wenn Domino herausfindet, dass ein Verbindungshost auf einer Blacklist verzeichnet ist, wird die Verbindung abgelehnt und eine konfigurierbare Fehlermeldung an den Host geschickt.
BENUTZERDEFINIERTE SMTP-FEHLERNACHRICHT BEI ZURÜCKGEWIESENEN NACHRICHTEN/ CUSTOM SMTP ERROR RESPONSE FOR REJECTED MESSAGES	Geben Sie den Text der Fehlermeldung an, die an den Host versandt wird, weil er in einer Blacklist verzeichnet ist. Die defaultmäßige Meldung besagt, dass die Verbindung aus Policy-Gründen abgelehnt wurde.

7. Starten Sie den SMTP-Dienst neu oder aktualisieren Sie die SMTP-Konfiguration, damit die Änderungen greifen.

Verwendung von privaten Blacklist-Filtern

Die privaten, vom Administrator vorgenommenen Blacklist-Einträge haben Vorrang vor den DNS-Blacklist-Filtern. Sie können die Ihnen bekannten Hosts dort eintragen, um die Verarbeitung zu beschleunigen, da für diese Hosts die DNS-Blacklists nicht mehr befragt werden müssen. Gehen Sie dazu wie folgt vor.

1. Vergewissern Sie sich, dass Sie bereits über ein Konfigurationsdokument für den (die) zu konfigurierenden Server verfügen.
2. Klicken Sie in Domino Administrator auf das Register KONFIGURATION/CONFIGURATION und erweitern Sie den Abschnitt NACHRICHTEN/MESSAGING.
3. Klicken Sie auf KONFIGURATIONEN/CONFIGURATIONS.
4. Wählen Sie das Konfigurationsdokument für den bzw. die Mail-Server aus, auf denen Sie die privaten Blacklist-Filter aktivieren möchten, und klicken Sie auf KONFIGURATION BEARBEITEN/EDIT CONFIGURATION.
5. Klicken Sie auf das Register ROUTER/SMTP > BESCHRÄNKUNGEN UND STEUERUNGEN/RESTRICTIONS AND CONTROLS > SMTP-EINGANGSSTEUERUNG/SMTP INBOUND CONTROLS (siehe *Abbildung 6.59*).

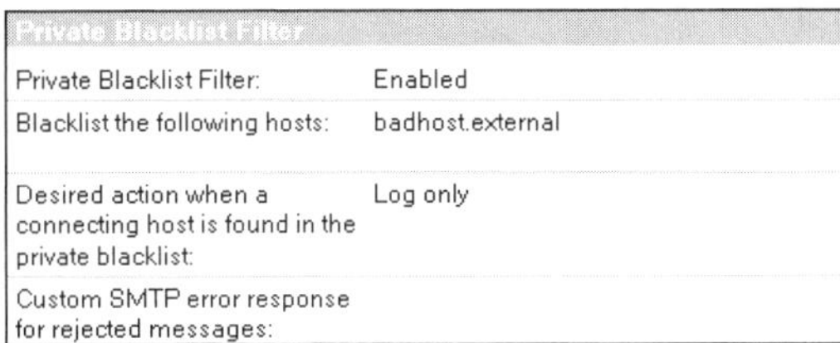

Abbildung 6.59: Aktivierung der privaten Blacklists im Konfigurationsdokument

6. Geben Sie Werte in die folgenden Felder im Abschnitt PRIVATER BLACKLIST-FILTER ein und klicken Sie anschließend auf SPEICHERN UND SCHLIESSEN/SAVE & CLOSE:

Feld	Aktion
PRIVATER BLACKLIST-FILTER/ PRIVATE BLACKLIST FILTER	Private Blacklist-Filter beziehen sich nur auf Hosts, die den Anti-Relais-Maßnahmen (Eingang) unterliegen. Wählen Sie AKTIVIERT/ENABLED, damit der SMTP-Listener-Task überprüfen kann, ob verbindende Hosts im Feld FOLGENDE HOSTS IN DIE BLACKLIST AUFNEHMEN/BLACKLIST THE FOLLOWING HOSTS aufgeführt sind. Diese Einstellung ist standardmäßig deaktiviert.
FOLGENDE HOSTS IN DIE BLACKLIST AUFNEHMEN/ BLACKLIST THE FOLLOWING HOSTS	Geben Sie die IP-Adressen oder Host-Namen der Systeme ein, die in die Blacklist aufgenommen werden sollen. IP-Bereiche und Masken werden unterstützt. Platzhalterzeichen dürfen nur in Masken, nicht aber in Bereichen verwendet werden.
GEWÜNSCHTE AKTION, WENN EIN VERBUNDENER HOST IN DER PRIVATEN BLACKLIST GEFUNDEN WURDE/ DESIRED ACTION WHEN A CONNECTION HOST IS FOUND IN THE PRIVATE BLACKLIST	Wählen Sie einen der folgenden Werte aus: ▶ NUR PROTOKOLLIEREN/LOG ONLY: Zeichnet den Host-Namen und die IP-Adresse des verbundenen Servers auf, der in der privaten Blacklist gefunden wurde. Dies ist die Vorgabe. ▶ PROTOKOLLIEREN UND NACHRICHT MARKIEREN/LOG AND TAG MESSAGE: Die Protokollierung erfolgt auf dieselbe Weise wie bei der Option NUR PROTOKOLLIEREN/LOG ONLY. Markiert die Nachricht durch das Hinzufügen des Elements `$DNSBLSite` zu Nachrichten, die von in der Blacklist aufgeführten Hosts akzeptiert werden. $DNSBLSITE hat dann den Wert PRIVATEBLACKLIST. ▶ PROTOKOLLIEREN UND NACHRICHT ZURÜCKWEISEN/LOG AND REJECT MESSAGE: Die Protokollierung erfolgt auf dieselbe Weise wie bei der Option NUR PROTOKOLLIEREN/LOG ONLY. Weist Nachrichten durch Übertragung einer Fehlernachricht an den in der Blacklist aufgeführten Host zurück.
BENUTZERDEFINIERTE ANTWORT AUF SMTP-FEHLER BEI ZURÜCKGEWIESENEN NACHRICHTEN/ CUSTOM SMTP ERROR RESPONSE FOR REJECTED MESSAGES	Geben Sie den benutzerdefinierten Text der Fehlernachricht ein, die gesendet wird, wenn der verbundene Host in der privaten Blacklist aufgeführt wird. Im Text kann die Variable %s für die IP-Adresse des verbindenden Hosts verwendet werden. Geben Sie beispielsweise Folgendes ein: `Der Host mit der IP-Adresse %s steht auf unserer Blacklist`. Wenn Domino eine Nachricht von dem in der Blacklist aufgeführten Host ablehnt, wird folgende Fehlernachricht zurückgegeben: Der Host mit der IP-Adresse *x.x.x.x* steht auf unserer Blacklist.

Verwendung von DNS-Whitelist-Filtern

Nach der Verarbeitung der privaten Blacklists und vor den DNS-Blacklists werden die DNS-Whitelist-Einträge geprüft. Definieren Sie den Whitelist-Dienst wie folgt.

1. Vergewissern Sie sich, dass Sie bereits über ein Konfigurationsdokument für den (die) zu konfigurierenden Server verfügen.
2. Klicken Sie in Domino Administrator auf das Register Konfiguration/Configuration und erweitern Sie den Abschnitt Nachrichten/Messaging. Klicken Sie auf Konfigurationen/Configurations.
3. Wählen Sie das Konfigurationsdokument für den Server aus, auf dem Sie DNS-Whitelist-Filter aktivieren möchten.
4. Klicken Sie auf das Register Router/SMTP > Beschränkungen und Steuerungen/Restrictions and Controls > SMTP-Eingangssteuerung/SMTP Inbound Controls (siehe *Abbildung 6.60*).

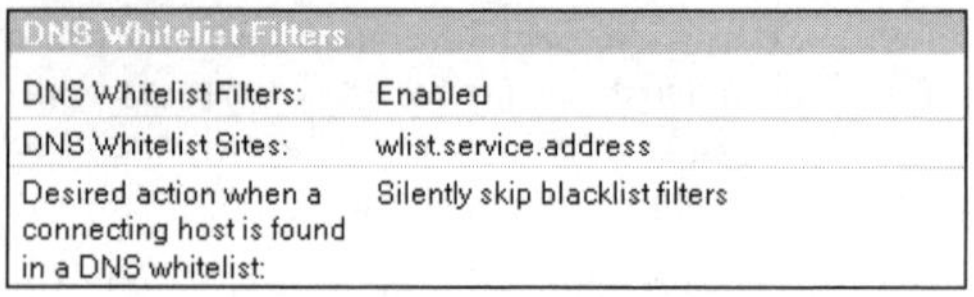

DNS Whitelist Filters	
DNS Whitelist Filters:	Enabled
DNS Whitelist Sites:	wlist.service.address
Desired action when a connecting host is found in a DNS whitelist:	Silently skip blacklist filters

Abbildung 6.60: DNS-Whitelist-Filter

5. Geben Sie Werte in folgende Felder im Abschnitt DNS-Whitelist-Filter ein und klicken Sie anschließend auf Speichern und schliessen/Save & Close:

Feld	Aktion
DNS-Whitelist-Filter/ DNS Whitelist Filters	Der DNS-Whitelist-Filter bezieht sich nur auf Hosts, die den Anti-Relais-Maßnahmen (Eingang) unterliegen. Wählen Sie Aktiviert/Enabled, wenn der SMTP-Listener-Task DNS-Abfragen auf die Whitelist-Sites durchführen soll, die Sie in das Feld DNS-Whitelist-Sites eingegeben haben. Diese Einstellung ist standardmäßig deaktiviert.
DNS-Whitelist-Sites/ DNS Whitelist sites	Geben Sie die DNS-Whitelist-Sites an, bei denen der SMTP-Listener-Task DNS-Abfragen ausführen soll. Die Abfragen werden ausgeführt, wenn Domino eine SMTP-Verbindungsanforderung erhält.
Gewünschte Aktion, wenn ein verbundener Host in einer DNS-Whitelist gefunden wurde/ Desired action when a connecting host is found in a DNS whitelist	Wenn der verbundene Host in einer DNS-Whitelist gefunden wird, wählen Sie eine der folgenden Optionen: ▶ Blacklist-Filter überspringen/Silently skip blacklist filters: Bei allen Whitelist-Aktionen werden Blacklist-Filter übersprungen. Es wird keine Protokollierung ausgeführt. ▶ Nur protokollieren/Log only: Zeichnet den Host-Namen und die IP-Adresse des verbundenen Servers sowie den Namen der Site auf, auf der der Server aufgelistet ist. ▶ Protokollieren und Nachricht markieren/Log and tag message: Fügt das Element $DNSWLSite zu Nachrichten hinzu, die von in der Whitelist aufgeführten Hosts akzeptiert werden. Zeichnet den Host-Namen und die IP-Adresse des verbundenen Servers sowie den Namen der Site auf, auf der der Server aufgelistet ist.

Private Whitelist-Filter einrichten

Definieren Sie Ihre Ausnahmen, um die Ausführung der anderen Blacklist-Filter einzuschränken. Wird der Hosts nicht gefunden, wird die Verarbeitung der privaten Blacklist fortgesetzt.

1. Klicken Sie in Domino Administrator auf das Register KONFIGURATION und erweitern Sie den Abschnitt NACHRICHTEN. Klicken Sie auf KONFIGURATIONEN.
2. Wählen Sie das Konfigurationsdokument für den Server aus, auf dem Sie private Whitelist-Filter aktivieren möchten.
3. Klicken Sie auf das Register ROUTER/SMTP > BESCHRÄNKUNGEN UND STEUERUNGEN > SMTP-EINGANGSSTEUERUNG (siehe *Abbildung 6.61*).

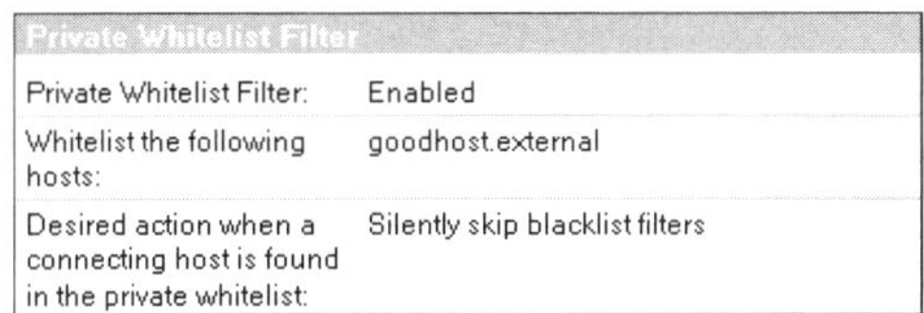

Abbildung 6.61: Private Whitelist-Filter

4. Geben Sie Werte in die Felder im Abschnitt PRIVATER WHITELIST-FILTER/PRIVATE WHITELIST FILTERS ein und klicken Sie anschließend auf SPEICHERN UND SCHLIESSEN/SAVE & CLOSE:

Feld	Aktion
PRIVATER WHITELIST-FILTER/ PRIVATE WHITELIST FILTERS	Private Whitelist-Filter beziehen sich nur auf Hosts, die den Anti-Relais-Maßnahmen (Eingang) unterliegen. Wählen Sie AKTIVIERT/ENABLED, damit der SMTP-Listener-Task überprüfen kann, ob verbindende Hosts im Feld FOLGENDE HOSTS IN DIE WHITELIST AUFNEHMEN/WHITELIST THE FOLLOWING HOSTS aufgeführt sind. Diese Einstellung ist standardmäßig deaktiviert.
FOLGENDE HOSTS IN DIE WHITELIST AUFNEHMEN/ WHITELIST THE FOLLOWING HOSTS	Geben Sie die IP-Adressen oder Host-Namen der Systeme ein, die in die Whitelist aufgenommen werden sollen. IP-Bereiche und Masken werden unterstützt. Platzhalterzeichen dürfen nur in Masken, nicht aber in Bereichen verwendet werden.
GEWÜNSCHTE AKTION, WENN EIN VERBUNDENER HOST IN DER PRIVATEN WHITELIST GEFUNDEN WURDE/ DESIRED ACTION WHEN A CONNECTING HOST IS FOUND IN THE PRIVATE WHITELIST	Wählen Sie eine der folgenden Optionen aus: ▶ BLACKLIST-FILTER ÜBERSPRINGEN/SILENTLY SKIP BLACKLIST FILTERS: Bei allen Aktionen werden Blacklist-Filter übersprungen. Es findet keine Protokollierung statt und bei allen Aktionen werden Blacklist-Filter übersprungen. Dies ist die Vorgabe. ▶ NUR PROTOKOLLIEREN/LOG ONLY: Zeichnet den Host-Namen und die IP-Adresse des verbundenen Servers auf, der in der privaten Whitelist gefunden wurde. ▶ PROTOKOLLIEREN UND NACHRICHT MARKIEREN/LOG AND TAG MESSAGE: Die Protokollierung erfolgt auf dieselbe Weise wie bei der Option NUR PROTOKOLLIEREN/LOG ONLY. Die Nachrichten werden darüber hinaus durch das Hinzufügen des Dokumentelements $DNSWLSITE mit dem Wert PRIVATEWHITELIST markiert. So kann man über die Dokumenteneigenschaften sehen, dass die E-Mail aufgrund eines Eintrags in die Whitelist akzeptiert wurde.

6.7.8 Begrenzungen und Anpassungen für das Mail-Routing

Neben der Steuerung, wer wohin Mails versenden beziehungsweise wer von wem Mails empfangen darf, der Konfiguration, um den Missbrauch in Bezug auf Spam und offene Relay-Hosts zu verhindern, gibt Ihnen Domino weitere Anpassungsmöglichkeiten an die Hand.

Nachrichtenübertragungssteuerung anpassen

Die Übertragungssteuerung wirkt sich darauf aus, wie Nachrichten zwischen Servern übertragen werden. Durch sie werden die Anzahl der verwendeten Threads, die Anzahl der zulässigen Hops vor dem Fehlschlagen der Mail-Zustellung, das Zeitlimit und das Bereinigungsintervall festgelegt.

1. Vergewissern Sie sich, dass Sie bereits über ein Konfigurationsdokument für den (die) zu konfigurierenden Server verfügen.
2. Klicken Sie in Domino Administrator auf das Register Konfiguration/Configuration und erweitern Sie den Abschnitt Nachrichten/Messaging.
3. Klicken Sie auf Konfigurationen/Configurations.
4. Wählen Sie das Konfigurationsdokument für den bzw. die Mail-Server aus, auf dem bzw. denen Mail beschränkt werden soll, und klicken Sie auf Konfiguration bearbeiten/Edit Configuration.
5. Klicken Sie auf das Register Router/SMTP > Beschränkungen und Steuerungen/Restrictions and Controls > Übertragung/Transfer Controls (siehe *Abbildung 6.62*).

Restrictions | SMTP Inbound Controls | SMTP Outbound Controls | Delivery Controls | Transfer Controls | Rules

Transfer Controls	
Maximum transfer threads:	
Maximum concurrent transfer threads:	
Maximum hop count:	25
Low priority mail routing time range:	00:00 - 06:00
Low priority delay notification:	Disabled
Initial transfer retry interval:	15 minutes
Expired message purge interval:	15 minutes
Transfer and delivery delay notifications:	Disabled
Delay notification intervals:	
High priority mail:	4 hours
Normal priority mail:	4 hours
Low priority mail:	4 hours

Abbildung 6.62: Steuerung der Nachrichtenübertragung über das Konfigurationsdokument

6. Nehmen Sie Eingaben in folgende Felder des Abschnitts Übertragung/Transfer Controls vor und speichern Sie dann das Dokument:

Feld	Eingabe
Maximale Anzahl von Übertragungs-Threads/ Maximum transfer threads	Die maximale Anzahl von Server-Threads, die Domino zum Übertragen von Nachrichten an alle anderen Server erstellt.

Feld	Eingabe
MAXIMALE ANZAHL VON GLEICHZEITIGEN ÜBERTRAGUNGS-THREADS/ MAXIMUM CONCURRENT TRANSFER THREADS	Die maximale Anzahl von Server-Threads, die Domino zum Übertragen von Nachrichten an ein einzelnes Ziel erstellt. Die Vorgabe ist die Hälfte der maximalen Anzahl von Übertragungs-Threads. Lautet die maximale Anzahl von Übertragungs-Threads beispielsweise 5, so wird für die maximale Anzahl von gleichzeitigen Übertragungs-Threads 2 vorgegeben.
MAXIMALE ANZAHL VON HOPS/ MAXIMUM HOP COUNT	Wie oft eine Nachricht höchstens zwischen Servern übertragen werden kann, bevor die Zustellung fehlschlägt und Domino eine Zustellfehlermeldung sendet.
ZEITRAUM ZUR ÜBERTRAGUNG VON MAIL MIT NIEDRIGER PRIORITÄT/ LOW-PRIORITY MAIL-ROUTING TIME RANGE	Der Zeitraum, in dem Domino Nachrichten überträgt, die als Mail mit niedriger Priorität markiert sind. Die Vorgabe ist 0.00 bis 6.00 Uhr.
ANFÄNGLICHES WIEDERHOLUNGSINTERVALL FÜR ÜBERTRAGUNGEN/ INITIAL TRANSFER RETRY INTERVAL	Die Anzahl der Minuten, die der Server nach einem Übertragungsfehler wartet, bevor er versucht, die Nachricht an einen anderen Server zu übertragen. Tritt der Fehler erneut auf, erhöht Domino die Wartezeit. Die Vorgabe beträgt 15 Minuten.
LÖSCHINTERVALL FÜR ABGELAUFENE NACHRICHTEN/ EXPIRED MESSAGE PURGE INTERVAL	Wie häufig (in Minuten) der Router nach abgelaufenen Nachrichten sucht, um sie zu löschen. Die Vorgabe beträgt 15 Minuten.
BENACHRICHTIGUNG ÜBER VERZÖGERUNGEN BEI DER ÜBERTRAGUNG UND ZUSTELLUNG/ TRANSFER AND DELIVERY DELAY NOTIFICATIONS	Mit Domino 8 ist die Steuerung der Benachrichtigungen über Verzögerungen bei der Übertragung nun über das Konfigurationsdokument möglich (bis einschließlich Version 7 musste dies über einen *notes.ini*-Parameter gemacht werden.) ▸ AKTIVIERT/ENABLED: Es gilt der nachfolgende Zeitplan. ▸ DEAKTIVIERT/DISABLED: Es werden keine Benachrichtigungen verschickt.
VERZÖGERUNGSBENACHRICHTIGUNGSINTERVALLE/ DELAY NOTIFICATION INTERVALS	▸ MAIL MIT HOHER PRIORITÄT/HIGH PRIORITY MAIL: Anzahl in Stunden oder Minuten ▸ MAIL MIT NORMALER PRIORITÄT/NORMAL PRIORITY MAIL: Anzahl in Stunden oder Minuten ▸ MAIL MIT NIEDRIGER PRIORITÄT/LOW PRIORITY MAIL: Anzahl in Stunden oder Minuten

Angaben in der *notes.ini* überschreiben die Angaben, die im Konfigurationsdokument festgelegt wurden.

Der Router legt eine vorgegebene Maximalanzahl der Übertragungs-Threads basierend auf dem Serverarbeitsspeicher fest. In der Regel empfiehlt es sich, den Router die maximale Anzahl festlegen zu lassen. Wenn Sie diesen Wert manuell festlegen, empfiehlt Lotus, den Maximalwert zwischen einem und 25 Threads (basierend auf den Auslastungserfahrungen mit dem Server) einzustellen.

Mail-Routing basierend auf der Nachrichtengröße beschränken

Zum Beschränken der Mailgröße und zum Anweisen von Domino, auf welche Weise große Nachrichten zu behandeln sind, können Sie den Router entsprechend konfigurieren. Sie können ihn so einstellen, dass er Nachrichten ab einer bestimmten Größe ablehnt und große Nachrichten niedrige Priorität erhalten und nur zu Zeiten niedriger Serverauslastung übertragen werden. Nach der Ablehnung einer Nachricht, die die Größenbeschränkung überschritten hat, sendet Domino eine Fehlermeldung über die nicht erfolgte Zustellung an den Absender. Sie können diese Meldung anpassen. Die Beschränkungen der Mailgröße beziehen sich auf Nachrichten im MIME- und Notes-Format, die über SMTP oder Notes übertragen wurden.

1. Vergewissern Sie sich, dass Sie bereits über ein Konfigurationsdokument für den (die) zu konfigurierenden Server verfügen.
2. Klicken Sie in Domino Administrator auf das Register KONFIGURATION/CONFIGURATION und erweitern Sie den Abschnitt NACHRICHTEN/MESSAGING.
3. Klicken Sie auf KONFIGURATIONEN/CONFIGURATIONS.
4. Wählen Sie das Konfigurationsdokument für den bzw. die Mail-Server aus, auf dem bzw. denen Mail beschränkt werden soll, und klicken Sie auf KONFIGURATION BEARBEITEN/EDIT CONFIGURATION.
5. Klicken Sie auf das Register ROUTER/SMTP > BESCHRÄNKUNGEN UND STEUERUNGEN/RESTRICTIONS AND CONTROLS > BESCHRÄNKUNGEN/RESTRICTIONS (siehe *Abbildung 6.63*).

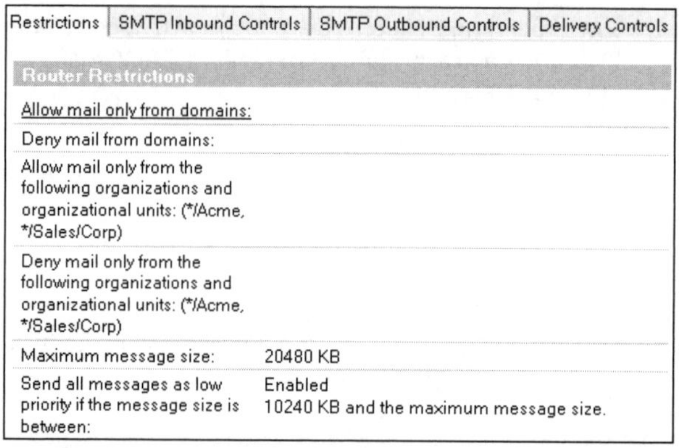

Restrictions | SMTP Inbound Controls | SMTP Outbound Controls | Delivery Controls

Router Restrictions	
Allow mail only from domains:	
Deny mail from domains:	
Allow mail only from the following organizations and organizational units: (*/Acme, */Sales/Corp)	
Deny mail only from the following organizations and organizational units: (*/Acme, */Sales/Corp)	
Maximum message size:	20480 KB
Send all messages as low priority if the message size is between:	Enabled 10240 KB and the maximum message size.

Abbildung 6.63: Beschränkungen für den E-Mail-Verkehr definieren

6. Nehmen Sie Eingaben in folgende Felder des Abschnitts ROUTER-BESCHRÄNKUNGEN/ROUTER RESTRICTION vor und speichern Sie dann das Dokument:

Feld	Eingabe
MAXIMALE NACHRICHTEN-GRÖSSE/ MAXIMUM MESSAGE SIZE	Die maximale Nachrichtengröße in Kilobytes, die vom Server akzeptiert wird. Der Router lehnt alle Nachrichten, die diese Größe überschreiten, sowohl für Übertragungs- als auch für Zustellvorgänge ab. Die Vorgabe ist 0 Kilobyte, wodurch die Nachrichtengröße nicht beschränkt wird.

Feld	Eingabe
ALLE NACHRICHTEN MIT NIEDRIGER PRIORITÄT SENDEN, DEREN GRÖSSE ZWISCHEN DIESEN GRENZEN LIEGT/ SEND ALL MESSAGES AS LOW-PRIORITY IF MESSAGE SIZE IS BETWEEN	Wählen Sie einen der folgenden Werte aus: ▶ AKTIVIERT/ENABLED ▶ DEAKTIVIERT/DISABLED (Vorgabe) Wenn Sie AKTIVIERT/ENABLED wählen, geben Sie den Größenbereich in Kilobyte an, für den die Nachrichtenpriorität in NIEDRIG/LOW geändert wird und die Nachrichten als Mail mit niedriger Priorität übertragen werden. Die Vorgabe ist 0 Kilobyte, wodurch von keiner Nachricht die Priorität herabgesetzt wird. Hinweis: Es ist möglich, die Nachrichtenpriorität zu ignorieren und alle Nachrichten gleich zu behandeln (NACHRICHTENPRIORITÄT IGNORIEREN/IGNORE MESSAGE PRIORITY, im Standard ist diese Option deaktiviert).

Text von Fehlermeldungen anpassen

Sie können den Text von Meldungen anpassen, die Domino beim Auftreten verschiedener Mail-Fehler sendet. Der von Ihnen angegebene Text wird dem Standardtext der Meldung hinzugefügt. Sie können Text in mehreren Sprachen oder zusätzliche Informationen für den Benutzer eingeben. Wenn ein Mail-Server beispielsweise Bestellungen von einer E-Commerce-Website verarbeitet, geben Sie eine Telefonnummer an, die angerufen werden kann, wenn die E-Mail-Nachricht nicht bei Ihrem Server ankommt.

1. Vergewissern Sie sich, dass Sie bereits über ein Konfigurationsdokument für den (die) zu konfigurierenden Server verfügen.
2. Klicken Sie in Domino Administrator auf das Register KONFIGURATION/CONFIGURATION und erweitern Sie den Abschnitt NACHRICHTEN/MESSAGING.
3. Klicken Sie auf KONFIGURATIONEN/CONFIGURATIONS.
4. Wählen Sie das Konfigurationsdokument für den bzw. die Mail-Server aus, auf dem bzw. denen Mail beschränkt werden soll, und klicken Sie auf KONFIGURATION BEARBEITEN/EDIT CONFIGURATION.
5. Klicken Sie auf das Register ROUTER/SMTP > ERWEITERT/ADVANCED > STEUERUNG/CONTROLS (siehe *Abbildung 6.64*).

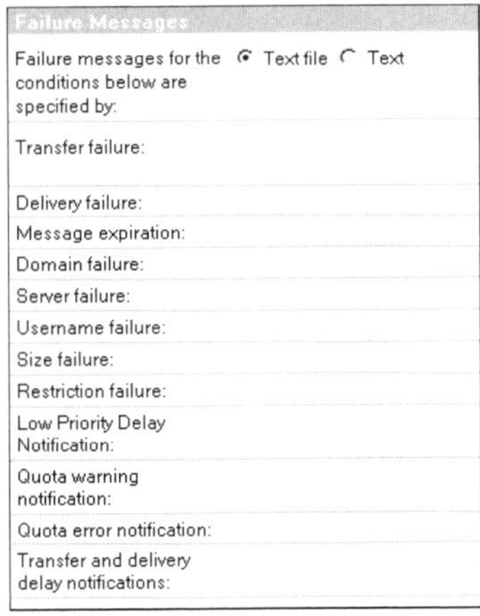

Abbildung 6.64:
Konfiguration der Fehlermeldungen

6. Nehmen Sie Eingaben in folgende Felder des Abschnitts FEHLERMELDUNGEN/FAILURE MESSAGES vor und speichern Sie dann das Dokument.
7. Geben Sie an, ob Sie die Fehlermeldungen aus einer Textdatei oder als eingegebenen Text aus dem Konfigurationsdokument übernehmen wollen.

Feld	Eingabe
ÜBERTRAGUNGSFEHLER/ TRANSFER FAILURE	Der Name der Datei oder der Text, die/der die Fehlermeldung für Übertragungsfehler enthält. Beispiel: *h:\domino\data\transfer.txt*. Übertragungsfehler treten auf, wenn ein vorübergehender Verbindungsfehler zwischen den Servern vorliegt, z.B. ein Netzwerkproblem.
ZUSTELLUNGSFEHLER/ DELIVERY FAILURE	Der Name der Datei oder der Text, die/der die Fehlermeldung für Zustellungsfehler enthält. Beispiel: *h:\domino\data\deliver.txt*. Zustellungsfehler treten auf, wenn der Server die Nachricht nicht an die Mail-Datei des Empfängers zustellen kann, etwa wenn die Mail-Datei des Empfängers verschoben und das Domino-Verzeichnis nicht richtig aktualisiert wurde.
FEHLER DURCH ABGELAUFENE NACHRICHTEN/ MESSAGE EXPIRATION	Der Name der Datei oder der Text, die/der die Fehlermeldung für Fehler durch abgelaufene Nachrichten enthält. Beispiel: *h:\domino\data\expire.txt*. Fehler durch abgelaufene Nachrichten treten auf, wenn Domino die Nachricht nicht innerhalb eines vorgegebenen Zeitraums an ihr Ziel übertragen kann.
DOMÄNENFEHLER/ DOMAIN FAILURE	Der Name der Datei oder der Text, die/der die Fehlermeldung für Domänenfehler enthält. Beispiel: *h:\domino\data\domain.txt*. Domänenfehler treten auf, wenn Domino die Zieldomäne eines Nachrichtenempfängers nicht identifizieren kann. Wenn Sie beispielsweise eine Nachricht an *justen@dmk.com* senden, Domino jedoch *dmk.com* nicht im Domino-Verzeichnis oder DNS finden kann, generiert der Server eine Domänenfehlermeldung.
SERVERFEHLER/ SERVER FAILURE	Der Name der Datei oder der Text, die/der die Fehlermeldung für Serverfehler enthält. Beispiel: *h:\domino\data\server.txt*. Serverfehler treten auf, wenn Domino keine Verbindung zum Zielserver herstellen kann. Wenn Sie beispielsweise eine Nachricht an *nebel@dmk.com* senden und DNS anweist, Mail für die Domäne *dmk.com* an *mail1.dmk.com* zu senden, Domino aber keine Verbindung zu *mail1.dmk.com* herstellen kann, generiert der sendende Domino Server eine Serverfehlermeldung.
BENUTZERNAMENFEHLER/ USERNAME FAILURE	Der Name der Datei oder der Text, die/der die Fehlermeldung für Benutzernamenfehler enthält. Beispiel: *h:\domino\data\user.txt*. Benutzernamenfehler treten auf, wenn Domino für den lokalen Teil einer Adresse keinen übereinstimmenden Empfänger findet. Wenn Sie beispielsweise eine Nachricht an *nebel@dmk.com* senden, Domino jedoch *nebel* nicht im Domino-Verzeichnis finden kann, generiert der Server eine Benutzernamenfehlermeldung.

Feld	Eingabe
FEHLER DURCH GRÖSSEN-ÜBERSCHREITUNG/ SIZE FAILURE	Der Name der Datei oder der Text, die/der die Fehlermeldung für Fehler durch Größenüberschreitung enthält. Beispiel: *h:\domino\data\size.txt*. Fehler durch Größenüberschreitung treten auf, wenn Domino eine Nachricht ablehnt, weil sie größer ist als die maximale Nachrichtengröße (die Sie im Feld MAXIMALE NACHRICHTENGRÖSSE/MAXIMUM MESSAGE SIZE im Register BESCHRÄNKUNGEN UND STEUERUNGEN/RESTRICTIONS AND CONTROLS > BESCHRÄNKUNGEN/RESTRICTIONS des Serverkonfigurationsdokuments angeben können), und eine Größenfehlermeldung generiert.
FEHLER DURCH EIN-SCHRÄNKUNGEN/ RESTRICTION FAILURE	Der Name der Datei oder der Text, die/der die Fehlermeldung für Fehler durch Einschränkungen enthält. Beispiel: *h:\domino\data\restrict.txt*. Fehler durch Einschränkungen treten auf, wenn Domino eine Nachricht basierend auf SMTP-Beschränkungen ablehnt. Wenn Sie beispielsweise eine Nachricht an *nebel@example.com* senden, *example.com* jedoch im Feld MAIL VON DIESEN INTERNETADRESSEN/DOMÄNEN ABLEHNEN/DENY MESSAGES FROM THE FOLLOWING INTERNET ADDRESSES/DOMAINS im Register ROUTER/SMTP > BESCHRÄNKUNGEN UND STEUERUNGEN/ RESTRICTIONS AND CONTROLS > SMTP-EINGANGSSTEUERUNG/SMTP INBOUND CONTROLS des Serverkonfigurationsdokuments aufgelistet ist, lehnt Domino die Nachricht ab und generiert eine Einschränkungsfehlermeldung.
BENACHRICHTIGUNG ZURÜCKSTELLEN/ DELAY NOTIFICATION	Niedrig priorisiertes Routing tritt dann auf, wenn eine Nachricht, die als niedrig priorisiert versandt wurde, in die *mailbox* eingeht. Der Router wartet mit der Abarbeitung, bis das vorgesehene Zeitfenster erreicht wird (Vorgabe ist 00:00 bis 06:00). Wenn die Benachrichtung bei Zeitverzögerungen für niedrig priorisierte Mails aktiviert wurde, sendet der Router eine Benachrichtung über die Verzögerung an die Adresse des Erstellers der Mail. Der Name der Datei oder der Text, die/der die Fehlermeldung für Verzögerungen bei Mails mit niedriger Priorität enthält. Beispiel: *h:\domino\data\delay.txt*. Unter Domino R5.0.x wird die entsprechende Datei durch den *notes.ini*-Eintrag `MailTextFileForTransferDelays` eingebunden. Wenn dieser Eintrag vorliegt, hat er Vorrang vor dem hier angesprochenen Eintrag.
WARNUNGEN BEI GRÖSSEN-ÜBERSCHREITUNG/ QUOTA WARNING NOTIFICATION	Der Name der Datei oder der Text, die/der die Warnmeldung für eine mögliche Überschreitung der Größenbeschränkung enthält. Beispiel: *h:\domino\data\warning.txt*.
FEHLERBENACHRICHTIGUNG BEI GRÖSSEN-ÜBERSCHREITUNG/ QUOTA ERROR NOTIFICATION	Der Name der Datei oder der Text, die/der die Fehlermeldung für die Überschreitung der Größenbeschränkung enthält. Beispiel: *h:\domino\data\quota.txt*.

Feld	Eingabe
BENACHRICHTIGUNG ÜBER VERZÖGERUNGEN BEI DER ÜBERTRAGUNG UND ZUSTELLUNG/ TRANSFER AND DELIVERY DELAY NOTIFICATIONS	Der Name der Datei oder der Text, die/der die Fehlermeldung für Fehler durch Verzögerungen bei der Übertragung enthält. Beispiel: *h:\domino\data\\delay.txt.*

Internet-Empfangsbestätigungen konfigurieren

Sie können Empfangsbestätigungen für Internet-Mail in Ihrer Organisation aktivieren. Wenn Sie Empfangsbestätigungen aktivieren, ordnet Domino Anforderungen für Empfangsbestätigungen für eingehende Internet-Mail (die MIME-Kopfzeilen DISPOSITION-NOTIFICATION-TO oder RETURN-RECEIPT-TO) der Notes-Empfangsbestätigungsfunktion zu. Wenn Sie Empfangsbestätigungen aktivieren, ordnet Domino Anforderungen für Empfangsbestätigungen für ausgehende Internet-Mail den Kopfzeilen DISPOSITION-NOTIFICATION-TO oder RETURN-RECEIPT-TO zu, je nachdem, welche Option Sie im Feld ZUORDNUNG VON EMPFANGSBESTÄTIGUNGEN/RETURN RECEIPT MAPPING auswählen. Wenn Sie Empfangsbestätigungen deaktivieren, werden Anforderungen für Empfangsbestätigungen für eingehende Internet-Mail ignoriert und Anforderungen für Empfangsbestätigungen ausgehender Internet-Mail keiner der MIME-Kopfzeilen zugeordnet.

So aktivieren Sie Empfangsbestätigungen:

1. Vergewissern Sie sich, dass Sie bereits über ein Konfigurationsdokument für den (die) zu konfigurierenden Server verfügen.
2. Klicken Sie in Domino Administrator auf das Register KONFIGURATION/CONFIGURATION und erweitern Sie den Abschnitt NACHRICHTEN/MESSAGING.
3. Klicken Sie auf KONFIGURATIONEN/CONFIGURATIONS.
4. Wählen Sie das Konfigurationsdokument für den bzw. die Mail-Server aus, auf dem bzw. denen Mail beschränkt werden soll, und klicken Sie auf KONFIGURATION BEARBEITEN/EDIT CONFIGURATION.
5. Klicken Sie auf das Register MIME > KONVERTIERUNGSOPTIONEN/CONVERSION OPTIONS > ALLGEMEIN/GENERAL.
6. Nehmen Sie Eingaben in folgende Felder des Abschnitts ALLGEMEINE KONVERTIERUNGSOPTIONEN/GENERAL CONVERSION OPTIONS vor und speichern Sie anschließend das Dokument:

Feld	Eingabe
EMPFANGSBESTÄTIGUNGEN/ RETURN RECEIPTS	Wählen Sie einen der folgenden Werte aus: ▶ AKTIVIERT/ENABLED, um zuzulassen, dass der Absender einer Nachricht eine Empfangsbestätigung erhält. ▶ DEAKTIVIERT/DISABLED, um zu verhindern, dass der Absender einer Nachricht eine Empfangsbestätigung erhält.

Feld	Eingabe
ZUORDNUNG VON EMPFANGS-BESTÄTIGUNGEN/ RETURN RECEIPT MAPPING	Wählen Sie einen der folgenden Werte aus: ▶ DISPOSITION-NOTIFICATION-TO VERWENDEN, um dieses als Kopfzeile der Empfangsbestätigung zu verwenden. ▶ RETURN-RECEIPT-TO VERWENDEN, um dieses als Kopfzeile der Empfangsbestätigung zu verwenden. Wenn ein Benutzer eine Empfangsbestätigung für eine Internet-Nachricht anfordert, ordnet Domino diese Anforderung (die Notes-Empfangsbestätigungsfunktion) abhängig von der Einstellung in diesem Feld entweder der Kopfzeile DISPOSITION-NOTIFICATION-TO oder RETURN-RECEIPT-TO in der Nachricht zu. Dieses Feld wird nur angezeigt, wenn Sie EMPFANGSBESTÄTIGUNGEN/RETURN RECEIPTS aktivieren.

Domino ordnet die Anforderung für eine Empfangsbestätigung keiner der MIME-Kopfzeilen zu, wenn die in der Kopfzeile DISPOSITION-NOTIFICATION-TO oder RETURN-RECEIPT-TO angegebene Adresse nicht mit der Adresse des Absenders übereinstimmt. Domino sendet Empfangsbestätigungen ausschließlich an den Absender.

Mail nach Priorität übertragen

Notes-Benutzer können auf die Schaltfläche ZUSTELLOPTIONEN/DELIVERY OPTIONS klicken, um für jede von ihnen erstellte Nachricht eine Prioritätenstufe (hoch, normal oder niedrig) festzulegen. Die Prioritätenstufe legt fest, wie schnell Domino eine Nachricht mittels Notes-Routing überträgt. Wenn Sie für eine Nachricht keine Priorität festlegen, behandelt der Server sie standardmäßig als Nachricht mit normaler Priorität.

Prioritätenstufe	Vorgegebenes Notes-Routing
HOCH	Der Server überträgt die Mail sofort.
NORMAL	Der Server überträgt die Mail zum Zeitpunkt der nächsten geplanten Verbindung, basierend auf dem Zeitplan im Verbindungsdokument, an den Server, der als nächster Hop für die Nachricht fungiert.
NIEDRIG	Der Server überträgt Mails mit niedriger Priorität nur zwischen Mitternacht und 6:00 Uhr. Auch wenn die Zustellung von Mails mit niedriger Priorität bei der Übertragung anderer Nachrichten durch den Server noch aussteht, überträgt der Server die Mail mit niedriger Priorität nur während des angegebenen Zeitraums. Sie können einstellen, wann der Server Mail mit niedriger Priorität überträgt.

Sie können Domino so konfigurieren, dass die Nachrichtenpriorität ignoriert wird. Wählen Sie im Konfigurationsdokument ROUTER/SMTP > ERWEITERT/ADVANCED > STEUERUNG/CONTROLS und aktivieren Sie das Feld NACHRICHTENPRIORITÄT IGNORIEREN/IGNORE MESSAGE PRIORITY. Nachrichten für Empfänger auf einem Server im selben Notes-Netzwerk wie der Server des Absenders werden sofort übertragen, unabhängig von der Priorität der Nachricht.

Gruppen aus dem Domino-Verzeichnis als Adressaten beschränken

Durch die Standardeinstellungen sind alle Anwender in der Lage, an die Gruppen im Domino-Verzeichnis Mails zu versenden. Um unnötigen Mail-Verkehr zu reduzieren, können Sie die Leserfelder in den Gruppendokumenten bearbeiten, um den Zugriff auf die Gruppe einzuschränken, sodass nur bestimmte Anwender in der Lage sind, Mails an diese Gruppe zu senden. Dies sind die Personen, denen Sie Lesezugriff gewährt haben. Anwender, die kein Zugriffsrecht auf die Gruppe besitzen, können die Gruppe im Domino-Verzeichnis nicht sehen und sie deswegen auch nicht als Adressaten von E-Mails über die Dialogbox zum Auswählen von Personen und Gruppen aus dem Domino-Verzeichnis verwenden. Wenn der Gruppenname direkt eingegeben wird, weist der Router die Nachricht zurück.

Die Beschränkungen greifen bei Nachrichten, die entweder an die Adresse einer Notes-Gruppe oder deren Internetadresse gerichtet sind, und bei Nachrichten, die von einem Notes Client stammen, genau wie bei Nachrichten, die via SMTP gesendet werden. Ein Notes-Anwender erhält eine Fehlermeldung, wenn er versucht, an eine für ihn beschränkte Gruppe eine Nachricht zu senden. Wenn dies über einen IMAP- oder POP3-Client versucht wird, generiert der Router einen Nondelivery-Report, in dem darauf hingewiesen wird, dass der Absender nicht berechtigt ist, eine Mail an den vorgesehenen Empfänger zu senden.

1. Klicken Sie in Domino Administrator auf das Register PERSONEN UND GRUPPEN/PEOPLE & GROUPS, erweitern Sie das Domino-Verzeichnis, das die zu bearbeitende Gruppe enthält, und wählen Sie die Gruppenansicht.
2. Klicken Sie mit der rechten Maustaste auf das zu bearbeitende Gruppendokument und wählen Sie die Dokumenteigenschaften aus.
3. Gehen Sie auf die Registerkarte SICHERHEIT/SECURITY.
4. Deaktivieren Sie die Option ALLE LESER UND HÖHERE/ALL READERS AND ABOVE, um die Liste der Leser editieren zu können (siehe *Abbildung 6.65*).

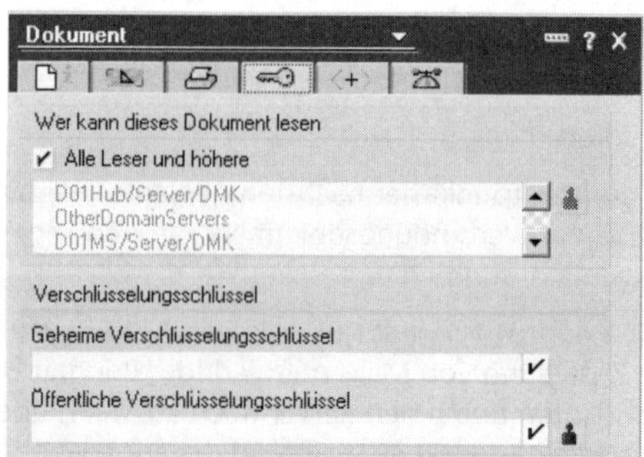

Abbildung 6.65: Leserfelder des Gruppendokuments

5. Wählen Sie einen Anwendernamen aus, um den Anwender zu berechtigen, Mails an die Gruppe zu versenden. Klicken Sie dazu auf das Symbol und suchen Sie den Anwendernamen aus dem Verzeichnis aus, sodass dieser in der Liste erscheint.
6. Entfernen Sie die Namen der Anwender inklusive des Eintrags ANOUNYMOUS aus der Liste, die keine Mails an die Gruppe senden sollen.
7. Schließen Sie die Dialogbox der Dokumenteigenschaften.

6.7.9 Quota Management

Bei Ihrer Arbeit als Administrator sollten Sie im Hinterkopf behalten, dass Sie regelmäßig mit sensiblen Daten zu tun haben (können). E-Mails sind z.B. Dokumente, die kein Mitarbeiter gerne einsehen lassen möchte. Darüber sind sich auch die Betriebsräte in Deutschland im Klaren. Aus diesem Grund ist die Zugriffsliste von Mail- und Mail-In-Datenbanken oft ein umkämpftes Schlachtfeld. Es gibt zwei Möglichkeiten, den Zugriff einzurichten:

- Nur der Anwender hat Zugriff auf seine Mail-Datei – und zwar in Form von Managerrechten. Das kann eine Reihe von Problemen für den Administrator schaffen, stellt aber sicher, dass niemand außer dem Datenbankeigentümer Zugriff besitzt, und beruhigt den Betriebsrat und die Chefs. Finden Sie eine Regel im Umgang mit dem Feld ADMINISTRATOREN MIT VOLLER BERECHTIGUNG/FULL ACCESS ADMINISTRATORS im Serverdokument. Mitglieder in dieser Liste haben unabhängig von der ACL vollen Zugriff auf alle Datenbanken (dies hebt natürlich keine Verschlüsselung auf). Für den Administrator kann dies Einschränkung seiner Rechte bedeuten, dass:
  - unabsichtlich gelöschte Mail-Dateien wiederhergestellt werden müssen.
  - von sogenannten „Powerusern" erstellte Agenten nicht unbedingt das tun, was sie tun sollen, und unangenehm auffallen können.
  - eine Überprüfung von Problemen, die in direktem oder indirektem Zusammenhang mit einer Mail-Datei stehen, schwer nachzuvollziehen sind, da der Inhalt der Mail-Datenbank nicht (ohne kleine Tricks) einsehbar ist.
  - Mail-Datenbanken mit falschen oder verfremdeten Schablonen existieren.
- Der Anwender besitzt lediglich Editorrechte auf seine eigene Mail-Datei und das Administratorenteam hat die Managerrechte.
  - Dies gibt dem Administrator mehr Rechte und somit mehr Spielraum, kann aber zum Problem bei sensiblen Daten wie etwa im Personalbereich (Human Ressource Management) werden.
  - Viele Anwender sind sich über die Zugriffsrechte ihrer Mail-Datenbank nicht im Klaren und interessieren sich oft auch nicht dafür, bis man sie in einer kleinen Diskussion darauf hinweist. Das kann den Administrator in Rechtfertigungszwang bringen.

Letztendlich ist die Frage nach den Zugriffsrechten von Datenbanken dieser Art eine Entscheidung der Konzernspitze, auf die auch der Betriebsrat Einfluss nehmen sollte. Bedenken Sie auch die Rolle der Full Access Administration und wägen Sie ab, dass kein User Managerrechte benötigt. Alle Aufgaben können auch mit Editorrechten erledigt werden. Das Erstellen von Agenten sollte Entwicklern und Administratoren vorbehalten bleiben. Besprechen Sie die Probleme mit dem Betriebsrat und machen Sie ein Konzept, wie mit den Vollzugriffen umgegangen wird.

Größenbeschränkung und Warnungsschwellenwerte

Eine andere Frage, die in zahlreichen Administratorenteams für helle Aufregung sorgen kann, ist das Thema Datenzuwachs. Die E-Mail-Flut und der Wunsch nach dem papierlosen Büro lassen vor allem die Mail-Datenbanken wachsen und wachsen. Auch in diesem Fall gibt es mehrere konzeptionelle Ansätze:

- Gar nichts zu tun außer nach und nach immer wieder neue Plattenverbände in das RAID-System des Servers einzuhängen und Mail-Datenbanken entsprechend umzuziehen.

- Die Anwender archivieren manuell oder nach Plan (scheduled).
- Eine globale Archivierungslösung wird eingesetzt.

Detaillierte Informationen zur Archivierung erhalten Sie in *Kapitel 12.1.2, Archivierung*.

Den Anwender und seine stetig anwachsende Mail-Datenbank können Sie im Auge behalten, indem Sie Beschränkungen auf die Dateigröße und diesbezügliche Warnungen einsetzen. Domino-Datenbanken auf Windows- oder Unix-Systemen können bis zu 64 Gigabyte Plattenplatz in Anspruch nehmen.

Legen Sie die Größenbeschränkung einer Datenbank fest, um die maximale Größe einer Datenbank anzugeben. Wenn eine Datenbank diese Größe überschreitet, wird diese Meldung in der Ansicht VERSCHIEDENE EREIGNISSE/MISCELLANEOUS EVENTS der Protokolldatei (*log.nsf*) und für einen Benutzer angezeigt, der versucht, die Datenbank zu öffnen: `Datenbankobjekt kann nicht angefordert werden - Datenbank würde die erlaubte Größe überschreiten` bzw. `Cannot allocate database object - database would exceed its disk quota`. Wenn eine Datenbank den Wert erreicht hat, kann ein Benutzer jedoch weiter Dokumente hinzufügen, vorausgesetzt, die Datenbank verfügt über ungenutzten Speicher, d.h. Speicher, der von gelöschten Daten übrig bleibt. Sie können auch angeben, dass die folgende Warnmeldung in der Ansicht VERSCHIEDENE EREIGNISSE/MISCELLANEOUS EVENTS der Protokolldatei (*log.nsf*) angezeigt wird, sobald eine Datenbank einen bestimmten Größenschwellenwert erreicht: `Warnung: Datenbank xxx hat den Warnungsschwellenwert nnn für die Datenbankgröße um nnn Byte überschritten` bzw. `Warning, database has exceeded its size warning threshold`. Wenn der Wert 100 Megabyte beträgt, können Sie beispielsweise festlegen, dass bei 75 Megabyte eine Warnung ausgegeben wird. Sie können dann die zur Reduzierung der Datenbankgröße erforderlichen Schritte unternehmen oder die Datenbank auf einen Server verschieben, auf dem mehr Speicherplatz zur Verfügung steht.

So nehmen Sie die Datenbankgrößenbeschränkungen vor:

1. Wählen Sie im Serverfenster links in Domino Administrator den Server aus, auf dem die Datenbanken gespeichert sind, für die Sie Größenbeschränkungen festlegen möchten. Um das Serverfenster zu erweitern, klicken Sie auf das Serversymbol.
2. Klicken Sie auf das Register DATEIEN/FILES.
3. Wählen Sie die Datenbanken aus, für die Sie Größenbeschränkungen festlegen möchten.
4. Wählen Sie im Werkzeugfenster die Option ANWENDUNG/APPLICATION > GRÖSSENBESCHRÄNKUNG/QUOTAS (siehe *Abbildung 6.66*). Sie können die ausgewählten Datenbanken auch auf das Werkzeug zur Größenbeschränkung ziehen.
   - Die aktuelle Datenbankgröße und eine eventuell bereits existierende Größenbeschränkung bzw. ein Schwellenwert für Warnungen werden in der Dialogbox angezeigt.
5. Klicken Sie unter DATENBANK-GRÖSSENBESCHRÄNKUNGEN/DATABASE SIZE QUOTAS auf BESCHRÄNKUNG AUF/SET DATABASE QUOTA TO und geben Sie eine maximale Datenbankgröße in MByte an. Wenn dieser Wert erreicht ist, wird eine entsprechende Meldung in der Protokolldatei (*log.nsf*) angezeigt. Darunter können Sie zudem einen Warnungsschwellenwert definieren (siehe *Abbildung 6.67*).

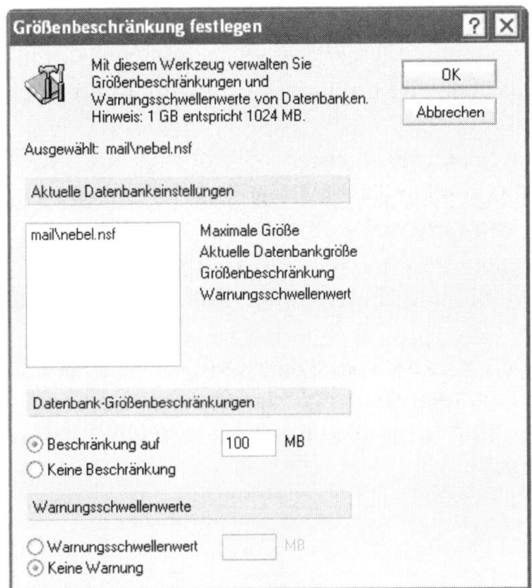

Abbildung 6.66: Größenbeschränkung definieren

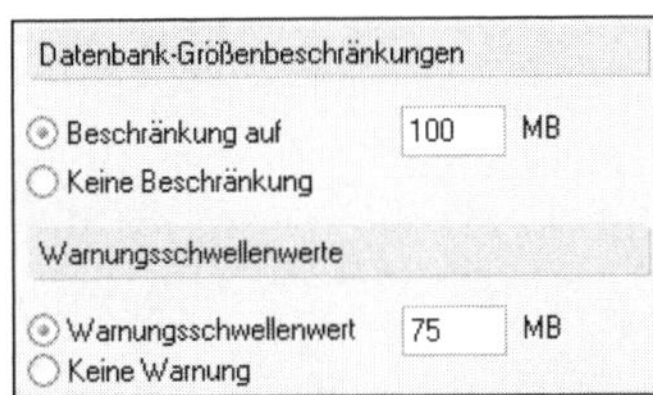

Abbildung 6.67: Warnungsschwellenwert angeben

6. Klicken Sie auf OK. Wenn die Verarbeitung abgeschlossen ist, wird in einem Dialogfeld angezeigt, wie viele Datenbanken betroffen waren und ob Fehler aufgetreten sind. Detaillierte Informationen entnehmen Sie der Statusleiste.

Wenn Sie Beschränkungen für Mail-Dateien festlegen und diese überschritten werden, kann der Mail-Router trotzdem Mails zustellen, und die Benutzer können ihre vorhandenen Mail-Ansichten aktualisieren. So können Benutzer auch weiterhin alle Mail-Nachrichten empfangen und lesen. Die Beschränkung wird nur verwendet, wenn die Mail-Datei aus anderen Gründen an Größe zunimmt. Wenn eine Mail-Datei beispielsweise den Wert erreicht, können die Benutzer keine Dokumente oder Ansichten hinzufügen. Sie können jedoch das Routing anpassen. Die Größenbeschränkungen werden dann konsequent auf Mail-Dateien angewendet. Wenn Sie Benutzer dazu bewegen möchten, die Größe ihrer Mail-Dateien gering zu halten, konfigurieren Sie den Router so, dass er Benutzern keine Mail mehr zustellt, deren Mail-Dateien einen Maximalwert übersteigen. Wenden Sie diese Einstellung vorsichtig an, da hierbei Zustellungsfehler für an diese Benutzer gesendete Nachrichten generiert werden und die Benutzer mit zu großen Mail-Dateien wichtige Nachrichten möglicherweise nicht erhalten. Auch diese Entscheidung muss mit Ihrer Unternehmensführung abgesprochen sein.

So beschränken Sie das Mail-Routing basierend auf der Größenbeschränkung der Datenbank:

1. Vergewissern Sie sich, dass Sie bereits über ein Konfigurationsdokument für den (die) zu konfigurierenden Server verfügen.
2. Klicken Sie in Domino Administrator auf das Register KONFIGURATION/CONFIGURATION und erweitern Sie den Abschnitt NACHRICHTEN/MESSAGING.
3. Klicken Sie auf KONFIGURATIONEN/CONFIGURATIONS.
4. Wählen Sie das Konfigurationsdokument für den bzw. die Mail-Server aus, auf dem bzw. denen Mail beschränkt werden soll, und klicken Sie auf KONFIGURATION BEARBEITEN/EDIT CONFIGURATION.
5. Klicken Sie auf das Register BESCHRÄNKUNGEN UND STEUERUNGEN/RESTRICTIONS AND CONTROLS > ZUSTELLUNG/DELIVERY CONTROLS (siehe *Abbildung 6.68*).
6. Füllen Sie folgende Felder im Abschnitt GRÖSSEN-BESCHRÄNKUNGEN/QUOTA CONTROLS aus und speichern Sie das Dokument:

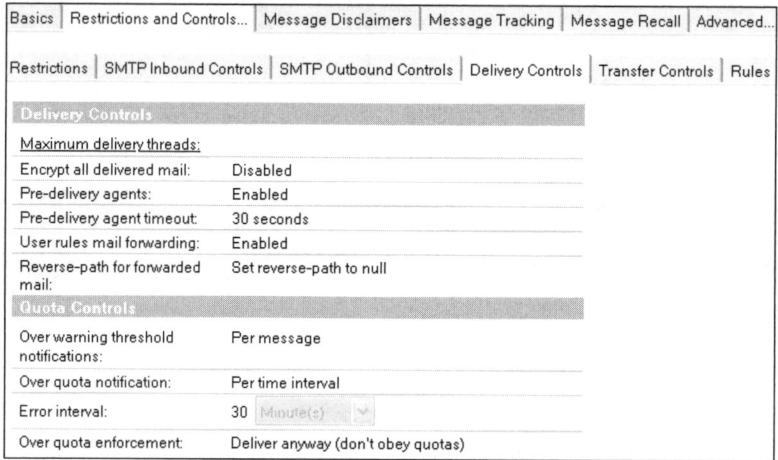

Abbildung 6.68: Beschränkungen des E-Mail-Verkehrs

Gehen Sie nicht leichtfertig mit diesen Einstellungen für das Mail-Routing um! Erkundigen Sie sich vorher nach den diesbezüglichen Anweisungen.

Feld	Eingabe
BENACHRICHTIGEN, WENN WARNUNGS-SCHWELLENWERT ÜBERSCHRITTEN WURDE/ OVER WARNING THRESHOLD NOTIFICATIONS	Gibt an, wie oft der Router Benachrichtigungen an die Anwender versendet, um diese darüber zu informieren, dass sie den festgesetzten Warnungsschwellenwert überschritten haben. Wählen Sie: ▶ KEINE/NONE: Der Router verschickt keine Benachrichtigungen, wenn die Mail-Datenbanken den gesetzten Warnungsschwellenwert erreichen. ▶ PRO NACHRICHT/PER MESSAGE: Der Router versendet nach jeder Nachricht, die in eine Mail-Datenbank einläuft, die den Warnungsschwellenwert bereits überschritten hat, eine Benachrichtigung.

Feld	Eingabe
	▶ PRO ZEITINTERVALL/PER INTERVAL: Der Router sendet Benachrichtigungen in regelmäßigen Abständen, bis der Anwender durch Löschen oder Archivieren so viel Platz in der Mail-Datenbank freigibt, dass diese unter dem festgesetzten Warnungsschwellenwert liegt. Wenn Sie diese Option aktivieren, erscheint das Feld WARNINTERVALL/WARNING INTERVAL MINUTES.
WARNINTERVALL/ WARNING INTERVAL MINUTES	Angabe in Minuten, die der Router wartet, bis er die nächste Benachrichtigung versendet.
BENACHRICHTIGEN, WENN GRÖSSENBESCHRÄNKUNG ÜBERSCHRITTEN WURDE/ OVER QUOTA NOTIFICATION	Gibt an, wie oft der Router Benachrichtigungen an die Anwender versendet, um diese darüber zu informieren, dass sie die festgesetzte Größenbeschränkung ihrer Mail-Datenbank überschritten haben. Wählen Sie: ▶ KEINE/NONE: Der Router verschickt keine Benachrichtigungen, wenn die Mail-Datenbanken die festgesetzte Größenbeschränkung erreichen. ▶ PRO NACHRICHT/PER MESSAGE: Der Router versendet nach jeder Nachricht, die in eine Mail-Datenbank einläuft, die die festgesetzte Größenbeschränkung bereits überschritten hat, eine Benachrichtigung. ▶ PRO ZEITINTERVALL/PER INTERVAL: Der Router sendet Benachrichtigungen in regelmäßigen Abständen, bis der Anwender durch Löschen oder Archivieren so viel Platz in der Mail-Datenbank freigibt, dass diese unter der festgesetzten Größenbeschränkung liegt. Wenn Sie diese Option aktivieren, erscheint ein zusätzliches Feld, in dem Sie das Intervall angeben können.
FEHLERINTERVALL/ ERROR INTERVAL	Angabe in Minuten, Stunden oder Tagen, die der Router wartet, bis er die nächste Benachrichtigung versendet.
WENN GRÖSSENBESCHRÄNKUNG ÜBERSCHRITTEN WURDE/ OVER QUOTA ENFORCEMENT	Gibt die Aktion an, die der Router ausführen soll, wenn der Router Mails empfängt, die er an einen Anwender leiten soll, dessen festgesetzte Mail-Datei-Beschränkung überschritten wurde. Wählen Sie: ▶ TROTZDEM ZUSTELLEN (GRÖSSENBESCHRÄNKUNG NICHT BEACHTEN)/ DELIVER ANYWAY (DON'T OBEY QUOTAS) (Default): Der Router stellt die Nachrichten in die Mail-Datenbank, dessen Größenbeschränkung überschritten wurde. ▶ ZUSTELLFEHLERBERICHT AN ABSENDER/NON DELIVER TO ORIGINATOR: Der Router stoppt die Zustellung neuer Nachrichten an die Mail-Datenbank und versendet an den Absender einen Zustellungsfehler, der besagt, dass die Nachricht nicht zugestellt werden konnte, da die Mail-Datenbank des Adressaten die erlaubte Größe überschritten hat.

Feld	Eingabe
	▶ ZURÜCKHALTEN UND ERNEUT VERSUCHEN/HOLD MAIL AND RETRY: Der Router stoppt die Zustellung neuer Nachrichten an die Mail-Datenbank und hält die Nachrichten temporär in der *mail.box*, bis diese unter der festgesetzten Größenbeschränkung liegt. Nach einem festgelegten Zeitraum versucht der Router, die Mails erneut zuzustellen. Verfügt die Ziel-Mail-Datenbank dann über ausreichend freien Platz, werden die Mails zugestellt. Mails, die nicht zugestellt werden können, bevor der festgelegte Zeitraum abläuft (Default = 1 Tag), gehen als unzustellbar an den Absender zurück. Wenn Sie diese Option wählen, erscheint im Dokument ein zusätzliches Feld, in dem Sie festlegen können, wie der Server festgehaltene Mails behandelt. Bei aktivierter Transaktionsprotokollierung kann nur der Administrator mit `compact -B` die Dateigröße veringern. Um zu verhindern, dass sich eine unverhältnismäßig hohe Zahl an Mails in der *mail.box* sammelt, wenn die letzte Option aktiviert wurde, empfiehlt es sich, dass Domino die Datenbankgröße aufgrund der Verwendung und nicht aufgrund der Größe begrenzt. Die Einstellung DATEIGRÖSSE BEIM ERWEITERN DER DATEI PRÜFEN/CHECK FILE SIZE WHEN EXTENDING THE FILE berücksichtigt nicht genutzte Bereiche (white space) der Datenbank und ist die Vorgabe.

7. Wenn Sie die Option ZURÜCKHALTEN UND ERNEUT VERSUCHEN/HOLD MAIL AND RETRY gesetzt haben, müssen Sie zusätzlich noch folgende Angaben vornehmen:

Feld	Beschreibung
ZUSTELLUNG JEDER NACHRICHT VERSUCHEN/ ATTEMPT DELIVERY OF EACH MESSAGE	Mails, die auf die Zustellung warten (pending), sind unterschiedlich groß. Eine Mail-Datenbank, die an Ihre Größenbeschränkung stößt, hat in manchen Fällen noch genug Platz, um einige, aber nicht alle Nachrichten aufzunehmen, die an diese Mail-Datenbank adressiert wurden. Verwenden Sie dieses Feld, um festzulegen, ob der Router Mails, die über eine entsprechend geringe Größe verfügen, zustellen soll. Wählen Sie: ▶ AKTIVIERT/ENABLED: Der Router versucht, neue Mails zuzustellen, die über eine entsprechend geringe Größe verfügen. Die anderen Nachrichten werden festgehalten. ▶ DEAKTIVIERT/DISABLED: Nachdem eine Mail-Datenbank an ihre Größenbeschränkung stößt, hält der Router alle Nachrichten fest, bis die Größe der Mail-Datenbank reduziert wird.
MAXIMALE ANZAHL DER ZURÜCKGEHALTENEN NACHRICHTEN PRO BENUTZER/ MAXIMUM NUMBER OF MESSAGES TO HOLD PER USER	Gibt die maximale Anzahl an Nachrichten an, die der Router in der *mail.box* für eine Mail-Datenbank festhält. Wenn die festgesetzte Anzahl festgehaltener Mails überschritten wird, sendet der Router einen Zustellfehlerbericht an den Absender der Mails (FIFO – first-in, first-out).

Feld	Beschreibung
MAXIMALE GRÖSSE DER ZURÜCKGEHALTENEN NACHRICHTEN/ MAXIMUM MESSAGE SIZE TO HOLD	Gibt die maximale Größe (in Kilobytes) der Nachrichten an, die der Router in der *mail.box* für eine Mail-Datenbank festhält. Wenn eine Nachricht größer ist, sendet der Router einen Zustellfehlerbericht an den Absender.

8. Speichern Sie das Dokument.

Anwender, die gewillt sind, die Größe ihrer Mail-Datei durch Löschen von Dokumenten oder Archivierung zu reduzieren, sollten Sie auf eine dafür notwendige Komprimierung der Datenbank hinweisen, falls dies nicht von Seiten des Servers durchgeführt wird. Wenn Dokumente und Anhänge aus einer Datenbank gelöscht werden, versucht Domino, den ungenutzten Speicherplatz erneut zu verwenden, anstatt sofort die Dateigröße zu reduzieren. Manchmal kann Domino den Speicherplatz gar nicht oder aufgrund von Fragmentierung nicht effektiv wiederverwenden, bis Sie oder der Anwender die Datenbank komprimiert haben.

Handhabung von großen Mail-Datenbanken

Die Datenmenge im Unternehmen steigt stetig an. Die Größe der Mail-Datenbanken in Ihrer Domino-Infrastruktur wächst ebenfalls. Trotz der administrativen und organisatorischen Möglichkeiten ist dies ein Problem, mit dem Sie als Administrator und Ihre Serverressourcen ständig konfrontiert werden. Das gilt für Mail-Dateien mit einer sehr hohen Dokumentenanzahl ebenso wie für Datenbanken, die große Anhänge enthalten und so den zu beanspruchenden Plattenplatz vergrößern.

Große Mail-Datenbanken benötigen vor allem mehr Speicher, vor allem wenn die Anwender erstmalig je Session darauf zugreifen oder wenn ein Failover stattfindet. Die Reduzierung der Mail-Datenbank hat positive Auswirkungen auf den Ansichtenindex, Komprimierung, Backup & Restore und Transaktionsprotokollierung. Dabei gilt:

- Werden Datenbanken regelmäßig durchsucht, lohnt sich die Erstellung eines Volltextindizes. Wird eine Datenbank nicht indiziert, erstellt der Server einen on-the-fly. Dies kann über den Eintrag `FT_FLY_INDEX_OFF=1` in der *notes.ini* verhindert werden.
- Die unterschiedliche Anzahl der in einer Mail-Datenbank abgelegten Dokumente bei gleicher Größe hat signifikante Auswirkungen auf die Performance, besonders was die Dokumente unter EINGANG/INBOX angeht. Anwender mit vielen kleinen Dokumenten verbrauchen mehr Ressourcen als Anwender mit wenigen großen Dokumenten. Daher gibt es seit Domino 8 im Serverdokument einen Administrationsprozess mit dem Namen MAIL INBOX MAINTENANCE. Hierdurch oder anhand von Policy-Dokumenten kann eingestellt werden, wie mit alten Dokumenten in der INBOX umgegangen wird.
- Das Einordnen von Dokumenten aus der INBOX in entsprechende Unterordner verbessert die Antwortzeiten und die CPU-Leistung.
- Einsatz einer Archivierungslösung zur Reduzierung der Mail-Datenbankgröße.
- Unterschiedliche Standardklassen von Mail-Datenbank in Bezug auf die erlaubte Datenbankgröße. Hier kann das Demand Management aktiv werden und unterschiedliche Klassen anbieten, z.B. „bis 500 MByte“, „bis 750 MByte“ oder „bis 1.250 MByte“. Hinter den Klassen stehen definierte Verrechnungssätze. Dies lässt sich beliebig fortsetzen und ist auf das jeweilige Unternehmen, die Anforderungen aus den Fachabteilungen und den Anwendertyp (normaler Benutzer, IT-Mitarbeiter, Management, Senior-Management etc.) anzupassen.

6.7.10 Fehlersuche

Domino enthält drei Hauptwerkzeuge, mit deren Hilfe Sie Mail-Nachrichten überwachen können.

- Die Mailverfolgung ermöglicht Ihnen die Verfolgung bestimmter Mail-Nachrichten, um festzustellen, ob die gewünschten Empfänger diese erhalten haben.
- In den Berichten zur Mail-Benutzung finden Sie die Informationen, die Sie zum Lösen von Problemen im Zusammenhang mit Mail und zum Verbessern der Leistung Ihres Mail-Netzwerks benötigen.
- Mail-Überprüfungen testen und Statistiken zu Mail-Routen erfassen.

Im Allgemeinen besitzen Sie als Administrator folgende Möglichkeiten:

Werkzeug	**Probleme, die vom Werkzeug behoben werden**	**Zugriff über**
mail.box des Servers	Mail-Routing-Probleme	Domino Administrator im Register NACHRICHTEN/MAIL
Mail-Verlaufsprotokoll (Tracing)	Mail-Routing-Probleme	Domino Administrator im Register NACHRICHTEN/MAIL-VERFOLGUNG
ISpy	Langsame Nachrichtenübertragung; Serverprobleme	Domino Administrator im Register KONFIGURATION/ÜBERWACHUNGSKONFIGURATION/EVENT GENERATORS/MAIL
Mail-Berichte (Reports)	Mail-Benutzeraktivität	Domino Administrator im Register NACHRICHTEN/MAIL
Mailverfolgung (Tracking)	Verlorene Mail	Domino Administrator im Register NACHRICHTEN/MAIL-VERFOLGUNG
Mail-Routing-Status	Nicht zugestellte Nachrichten	Domino Administrator im Register NACHRICHTEN/MAIL
Mail-Routing-Topologie	Mail-Routing-Probleme zwischen Servern	Domino Administrator im Register NACHRICHTEN/MAIL
Mail-Routing-Ereignisse in der Protokolldatei (*log.nsf*)	Nicht zugestellte Nachrichten	Domino Administrator im Register NACHRICHTEN/MAIL

Mailverfolgung

Die Mailverfolgung ist sowohl für Domino-Administratoren als auch für Benutzer möglich. Administratoren können gesendete Mail-Nachrichten aller Benutzer verfolgen, während ein Benutzer nur die Mail-Nachrichten verfolgen kann, die er selbst gesendet hat.

Bei der Konfiguration der Mailverfolgung können Sie angeben, welche Typen von Informationen Domino aufzeichnen soll. Sie können beispielsweise angeben, dass Domino für bestimmte Benutzer keine Informationen aufzeichnen soll. Sie können auch festlegen, dass die Mail-Betreffzeile von bestimmten Benutzern oder Gruppen nicht aufgezeichnet werden soll.

Domino zeichnet alle Informationen zur Mailverfolgung in der Datenbank MAILTRACKER STORE (*mtstore.nsf*) auf. Wenn ein Administrator oder Benutzer nach einer bestimmten Mail-Nachricht sucht, durchsucht Domino die Datenbank MAILTRACKER STORE, die automatisch erstellt wird, wenn Sie die Mailverfolgung auf dem Server starten. Bevor Sie Mailverfolgungsdaten für die Verfolgung oder Berichterstellung einsehen können, müssen diese Daten in der Datenbank MAILTRACKER STORE (*mtstore.nsf*) erfasst werden. Weitere Informationen zum Thema Mailverfolgung erhalten Sie in *Kapitel 13.5.7, Mail-Überwachung und Fehlersuche.*

Berichte zur Mail-Benutzung

Im Laufe der Zeit sammeln sich in der Datenbank MAILTRACKER STORE historische Daten zum Nachrichtenaustausch auf dem Server an. Die Erstellung von Berichten zur Mail-Benutzung aus diesen Daten kann sich als nützlich erweisen. So können Sie beispielsweise Berichte zur jüngsten Aktivität des Nachrichtenaustauschs, zum Nachrichtenvolumen, zu einzelnen Benutzungsebenen und zu stark frequentierten Mail-Routen erstellen.

In den Berichten zur Mail-Benutzung finden Sie wichtige Informationen, die Sie zum Lösen von Problemen und zum Verbessern der Leistung des Mail-Netzwerks einsetzen können. Darüber hinaus sind diese Informationen eine wertvolle Hilfe, wenn Sie eine Modifizierung oder Erweiterung des Mail-Netzwerks planen. Sie können z.B. einen Bericht erstellen, der die 25 größten Mail-Nachrichten oder die Benutzer mit den größten und meisten Mail-Nachrichten angibt. Mithilfe dieser Informationen können Sie herausfinden, welche Benutzer Ihr Mail-System möglicherweise missbrauchen. Anhand von Berichten, die den am häufigsten benutzten nächsten und vorherigen Hop (Zwischenserver) angeben, können Sie die Einhaltung der Firmenrichtlinien hinsichtlich der Mail-Benutzung prüfen.

Mail-Überpüfungen (Mail Routing Event Generator)

Sie können Ihr Mail-Netzwerk überwachen, indem Sie Überprüfungen zum Testen und Erfassen von Statistiken auf Mail-Routen konfigurieren. Dies geschieht mithilfe des ISpy-Tasks. Dieser überprüft Server und Mail und speichert die Statistiken. Weitere Informationen zu diesem Thema erhalten Sie in *Kapitel 13.5.2, Event-Generatoren.*

6.8 Partitionierte Server

Durch Partitionierung eines Servers können Sie mehrere Domino Server auf einem Computer benutzen. So werden die Kosten für Hardware und die Anzahl der zu verwaltenden Computer verringert. Jeder partitionierte Server verfügt über ein eigenes Domino Data-Verzeichnis und eine eigene *notes.ini*-Datei, jedoch verwenden alle ein gemeinsames Domino-Programmverzeichnis. Mithilfe von partitionierten Servern können Sie Ihre Hardware effizienter nutzen. Statt Domino Server auf mehreren kleinen Computern zu installieren, die jedoch die ihnen zur Verfügung stehenden Ressourcen nicht vollständig nutzen können, ist es sinnvoll, einen leistungsstärkeren Computer zu erwerben, auf dem Sie mehrere Domino Server gleichzeitig ausführen können.

Das Einrichten partitionierter Server ist vor allem dann sehr hilfreich, wenn sich die Server in verschiedenen Domänen befinden. Beispielsweise können Sie auf einem Computer mehrere Domänen mehreren Kunden zuweisen oder mehrere Websites einrichten. In den meisten Fällen werden bei der Partitionierung von Servern derselben Domäne mehr

Computerressourcen und Festplattenspeicherplatz benötigt als bei der Zusammenfassung mehrerer Server zu einem einzelnen. Dies liegt daran, dass die ausführbaren Domino-Dateien für jeden partitionierten Server geladen werden und jeder Domino Server eine eigene Kopie des Domino-Verzeichnisses und anderer administrativer Datenbanken benötigt. Darüber hinaus ist die Verwaltung eines einzelnen Servers einfacher als die Verwaltung mehrerer Server. In manchen Fällen kann die Ausführung partitionierter Server derselben Domäne auf einem Multiprozessor-Computer jedoch die Leistung verbessern, da der Computer bestimmte Vorgänge gleichzeitig ausführt. In einem unternehmensweiten Domino-System oder in einem Netzwerkdienst können partitionierte Server die erforderliche Skalierbarkeit und Sicherheit bieten. Wenn das System anwächst, können Sie einzelne Benutzer von partitionierten Servern auf eigenständige Server verschieben. Wenn eine hohe Verfügbarkeit der Datenbanken gefragt ist, können Sie einen partitionierten Server auch in einen Server-Cluster integrieren. Die Sicherheit eines partitionierten Servers entspricht der Sicherheit eines individuellen Servers.

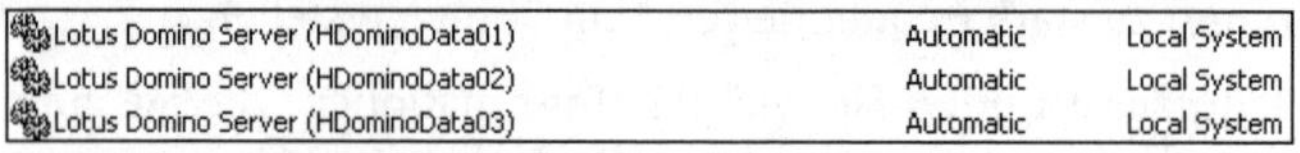

Lotus Domino Server (HDominoData01)	Automatic	Local System
Lotus Domino Server (HDominoData02)	Automatic	Local System
Lotus Domino Server (HDominoData03)	Automatic	Local System

Abbildung 6.69: Dienste partitionierter Server unter Windows 2003

Wenn ein Server ausfällt oder heruntergefahren wird, laufen die anderen Server weiter. Dies erhöht die Zuverlässigkeit der Anwendungen, die auf den anderen partitionierten Servern ausgeführt werden. Wenn es auf einem partitionierten Server zu einem schwerwiegenden Fehler kommt, startet Dominos Fault Recovery nur den Domino Server neu, der von dem Fehler betroffen ist. Mehr zum Thema Fault Recovery erfahren Sie in *Kapitel 13.4.1, Fault Recovery*.

Es gibt zwei Methoden zur Einrichtung partitionierter Server:

- Geben Sie für jeden partitionierten Server eine separate IP-Adresse ein und verwenden Sie eine oder mehrere Netzwerkkarten.
- Verwenden Sie eine IP-Adresse und eine Netzwerkkarte für alle partitionierten Server, weisen Sie jedoch jedem einzelnen partitionierten Server einen eigenen Anschluss zu. (Dies wird als „Anschlusszuordnung" bezeichnet.)

Auf einem Computer können mehrere partitionierte Server laufen. Die Anzahl der partitionierten Server, die Sie installieren, hängt von den Erfordernissen Ihres Unternehmens und der Ihnen verfügbaren Hardware ab. Die Leistungsfähigkeit des Computers und das verwendete Betriebssystem bestimmen, wie viele Partitionen möglich sind, ohne die Leistung des Computers merklich zu beeinträchtigen. Unter Windows müssen Sie für alle Partitionen die gleiche Domino-Version einsetzen. Die Anforderungen partitionierter Server entsprechen im Wesentlichen denen eines standardmäßigen Domino Servers, jedoch müssen zusätzlich folgende Voraussetzungen erfüllt werden, die je nach Betriebssystem schwanken.

6.8.1 Partitionierte Server installieren

Die Installation und Einrichtung partitionierter Server entspricht weitestgehend der Installation und Einrichtung eines einzelnen Servers.

Jeder partitionierte Server verfügt über ein eigenes Domino Data-Verzeichnis, jedoch verwenden alle partitionierten Server ein gemeinsames Domino-Programmverzeichnis.

1. Starten Sie das Installationsprogramm und befolgen Sie die Bildschirmanweisungen. Wählen Sie PARTITIONIERTER SERVER/PARTITIONED SERVER (siehe *Abbildung 6.70*).

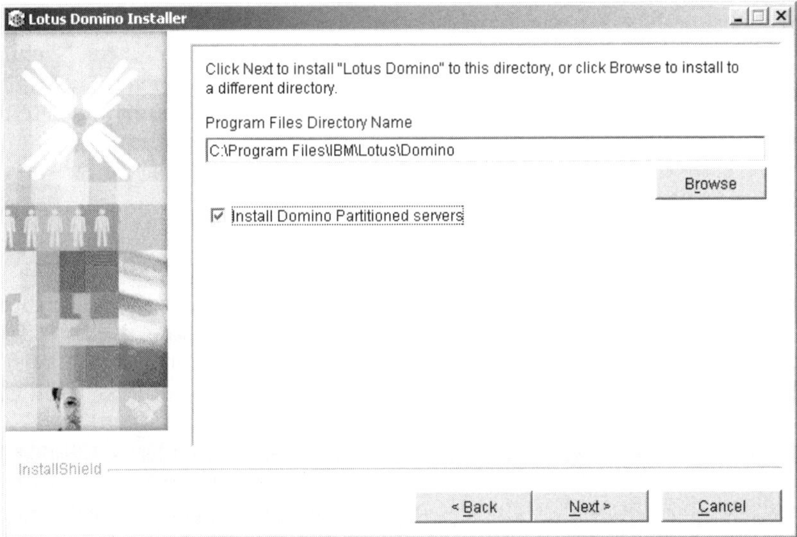

Abbildung 6.70: Installation eines partitionierten Servers

Geben Sie im Installationsprogramm den Namen des Domino Programmverzeichnisses ein, das alle partitionierten Server gemeinsam nutzen. Geben Sie ferner den Namen eines Domino-Datenverzeichnisses für jeden gewünschten partitionierten Server ein. Sie sollten Verzeichnisnamen wählen, die die unterschiedlichen Domino Data-Verzeichnisse eindeutig ausweisen. Verwenden Sie z.B. die Namen der partitionierten Server.

2. Konfigurieren Sie jeden partitionierten Server für TCP/IP.
3. Konfigurieren Sie jeden partitionierten Server für die Ausführung von Diensten, beispielsweise für LDAP, NNTP, POP3 und IMAP und/oder für den Betrieb als Domino Webserver.

6.8.2 Partitionierte Server konfigurieren

Es gibt zwei Möglichkeiten, partitionierte Server auf einem Computer zu konfigurieren. Sie können allen partitionierten Servern eine gemeinsame IP-Adresse zuweisen und dann die Anschlusszuordnung verwenden oder Sie können jedem partitionierten Server eine separate IP-Adresse zuweisen.

Eine gemeinsame IP-Adresse für alle partitionierten Server verwenden

Wenn Ihnen nur eine begrenzte Anzahl IP-Adressen zur Verfügung steht, können Sie eine einzelne IP-Adresse für alle partitionierten Server auf einem Computer verwenden. Konfigurieren Sie dann die Anschlusszuordnung und weisen Sie jedem partitionierten Server einen eigenen Anschluss zu. Wenn Sie die Anschlusszuordnung konfigurieren, legen Sie einen partitionierten Server als Anschlusszuordnungsserver fest. Dieser Anschlusszuordnungsserver leitet die Notes- und Domino-Verbindungsanforderungen an die anderen partitionierten Server weiter. Die Verwendung einer einzelnen IP-Adresse hat Nachteile. Zum einen können Clients in der Regel keine neuen Verbindungen zu den partitionierten Servern herstellen, wenn der Anschlusszuordnungsserver nicht läuft. Zum anderen müssen sich alle partitionierten Server eines Computers auf demselben IP-Netzwerk befinden. Und schließlich kann die Ein- und Ausgabe (E/A) des Computers verlangsamt werden, da alle partitionierten Server dieselbe Netzwerkkarte verwenden.

Eine separate IP-Adresse für jeden partitionierten Server verwenden

Wenn Sie über genügend IP-Adressen verfügen, weisen Sie jedem partitionierten Server eine separate IP-Adresse zu und verwenden für jeden eine separate Netzwerkkarte. Somit können Clients ohne die Vermittlung eines Anschlusszuordnungsservers auf jeden partitionierten Server direkt zugreifen. Obwohl Sie mehrere IP-Adressen mit einer einzigen Netzwerkkarte verwenden können, wird dies nicht empfohlen, da es sich negativ auf die Ein- und Ausgabe (E/A) des Computers auswirkt. Die Verwendung separater IP-Adressen hat einige Vorteile. Zum einen sind die partitionierten Server nicht auf einen Anschlusszuordnungsserver angewiesen, wodurch der Zugriff auf alle partitionierten Server stets gewährleistet ist. Zum andern können sich die partitionierten Server in verschiedenen IP-Netzwerken befinden, und schließlich können Sie eine separate Netzwerkkarte für jeden partitionierten Server verwenden, wodurch die Ein- und Ausgabe (E/A) des Computers beschleunigt wird.

Eine IP-Adresse mit Anschlusszuordnung für partitionierte Server verwenden

Mit der Anschlusszuordnung können Sie mehrere partitionierte Server so konfigurieren, dass sie dieselbe IP-Adresse und dieselbe Netzwerkkarte verwenden. Bei der Anschlusszuordnung weisen Sie jedem partitionierten Server eine eindeutige Anschlussnummer zu und legen einen dieser Server als Anschlusszuordnungsserver fest. Standardmäßig überwacht der Anschlusszuordnungsserver den Anschluss 1352 und leitet Notes- und Domino-Verbindungsanforderungen an die anderen partitionierten Server weiter.

Wenn ein Anschlusszuordnungsserver ausfällt, bleiben die aktiven Verbindungen der anderen partitionierten Server bestehen. In den meisten Fällen sind Notes Clients nicht in der Lage, neue Verbindungen mit den partitionierten Servern herzustellen. Da jeder Notes Client jedoch Informationen über die letzten Verbindungen im Speicher verwaltet, auch Informationen zu den vom Anschlusszuordnungsserver umgeleiteten Verbindungen, kann ein Client möglicherweise doch eine Verbindung zu einem partitionierten Server herstellen, selbst wenn der Anschlusszuordnungsserver nicht läuft. Da der Anschlusszuordnungsserver zusätzliche Systemressourcen benötigt, sollten auf ihm keine der üblichen Server-Tasks ausgeführt werden. Entfernen Sie hierzu alle anderen Server-Tasks wie Mail-Routing und Replizierung aus der *notes.ini*-Datei des Anschlusszuordnungsservers.

Die Anschlusszuordnung kann nur für die Kommunikation zwischen Notes und Domino verwendet werden. Sie können jedoch das Serverdokument im Domino-Verzeichnis verwenden, um IMAP-, LDAP-, NNTP-, POP3-Dienste und Domino Webserver zur Verwendung eindeutiger Anschlüsse für die Kommunikation zu konfigurieren. In diesem Fall müssen Sie den Clients die Anschlussnummer mitteilen, wenn diese versuchen, eine Verbindung mit den Servern herzustellen. Wenn Sie dem Domino Webserver beispielsweise die Anschlussnummer 12080 zuweisen, verwenden Clients die URL *http://dmk.com:12080*, um eine Verbindung mit dem Server herzustellen.

Es ist nicht empfehlenswert, all diese Internet-Protokolle auf einem Computer auszuführen, der nur eine Netzwerkkarte hat. Bereits eines der Protokolle kann E/A-Engpässe verursachen, wenn nur eine Netzwerkkarte vorhanden ist.

Verwendung einer IP-Adresse mit Anschlusszuordnung

Wenn Sie die Anschlusszuordnung einrichten, überträgt der Anschlusszuordnungsserver die Verbindungsanforderungen von Notes und Domino automatisch an die anderen partitionierten Server.

1. Legen Sie fest, welcher partitionierte Server die Anschlusszuordnung vornehmen soll.
2. Wählen Sie eine eindeutige TCP/IP-Anschlussnummer für jeden partitionierten Server auf dem Computer. Der Anschlusszuordnungsserver verwendet den Anschluss 1352. Es wird empfohlen, für alle weiteren partitionierten Server die Anschlussnummern 13520 bis 13524 zu verwenden.
3. Fügen Sie in der *notes.ini*-Datei des Anschlusszuordnungsservers eine Zeile für den Anschlusszuordnungsserver und eine Zeile für jeden der anderen partitionierten Server ein. Geben Sie für den Anschlusszuordnungsserver Folgendes ein:

   ```
   TCPIP_TcpIpAddress=0,IP_Adresse:1352
   ```

   `TCPIP` ist der Anschlussname und `IP_Adresse` die IP-Adresse des Anschlusszuordnungsservers.

   Geben Sie für die anderen partitionierten Server Folgendes ein:

   ```
   TCPIP_PortMappingNN=CN=Servername/O=Org,IP_Adresse:TCPIP-
   Anschlussnummer
   ```

   Dabei ist `TCPIP` der Anschlussname, `NN` in aufsteigender Reihenfolge eine Zahl zwischen 00 und 04, `Servername` der Name des partitionierten Servers, `Org` der Name Ihres Unternehmens, `IP_Adresse` die gemeinsame IP-Adresse und `TCPIP-Anschlussnummer` die eindeutige Anschlussnummer des partitionierten Servers.

   Sie müssen die Zahlen für `NN` in aufsteigender Reihenfolge beginnend bei 00 und bis maximal 04 vergeben. Wenn die Reihenfolge unterbrochen ist, werden die nachfolgenden Einträge ignoriert.
4. Fügen Sie in den *notes.ini*-Dateien aller anderen partitionierten Server folgenden Eintrag hinzu:

   ```
   TCPIP_TcpIpAddress=0, IP-Adresse:IP-Anschlussnummer
   ```

Dabei ist `TCPIP` der Anschlussname, `IP-Adresse` die gemeinsame IP-Adresse und `IP-Anschlussnummer` die eindeutige Anschlussnummer des partitionierten Servers.

5. Geben Sie in das Feld NETZADRESSE/NET ADDRESS des Registers ANSCHLÜSSE/PORTS > NOTES-NETZWERKANSCHLÜSSE/NOTES NETWORK PORTS im Serverdokument jedes partitionierten Servers den voll qualifizierten Domänennamen ein.
6. Tragen Sie den Namen jedes partitionierten Servers als separaten Eintrag im Domain Name Service (DNS), im Network Information Service (NIS) oder in der lokalen Hosts-Datei ein.
7. Wenn Sie die partitionierten Server auch für die IMAP-, LDAP-, IIOP-, POP3- und Webserver-Kommunikation einrichten möchten, weisen Sie jedem dieser Protokolle eine eindeutige Anschlussnummer im Feld TCP/IP-ANSCHLUSSNUMMER bzw. TCP/IP PORT NUMBER auf den entsprechenden Unterregistern (WEB, VERZEICHNIS/DIRECTORY, IIOP und MAIL) des Registers ANSCHLÜSSE/PORTS > INTERNETANSCHLÜSSE/INTERNET PORTS im Serverdokument zu.

Sie müssen den Clients die Anschlussnummer mitteilen, wenn diese versuchen, eine Verbindung mit den Servern herzustellen. Wenn Sie dem Webserver Example.com beispielsweise die Anschlussnummer 12080 zuweisen, verwenden Clients die URL *http://example.com:12080*, um eine Verbindung mit dem Server herzustellen.

Partitionierten Servern separate IP-Adressen zuweisen

1. Wählen Sie für jeden partitionierten Server eine IP-Adresse aus.
   1. Vergewissern Sie sich, dass Sie jeder IP-Adresse einen Notes-Anschluss für TCP/IP zugewiesen haben. Vergewissern Sie sich ebenfalls davon, dass jeder Anschluss einen eindeutigen Namen besitzt.
   2. Gehen Sie sicher, dass in der *notes.ini* für jeden Port folgender Eintrag vorhanden ist:

      ```
      Ports=TCPIPportname
      TCPIPportname=TCP, 0, 15, 0
      ```

      Dabei ist `TCPIPportname` der Portname, den Sie festgelegt haben.
   3. Für jeden Port, den Sie einer IP-Adresse zuordnen wollen, müssen die folgenden Zeilen in der *notes.ini* vorhanden sein:

      ```
      TCPIPportname_TCPIPAddress=0,IPaddress
      ```

      Dabei stellt `IPaddress` die IP-Adresse der NIC dar, z.B.:

      ```
      TCPIP_TCPIPAddress=0,130.123.45.1
      ```

      Für IPv6 müsste die Angabe folgendermaßen aussehen:

      ```
      TCPIP_TCPIPAddress=0,[fe80::290:27ff:fe43:16ac]
      ```
2. Geben Sie für jeden partitionierten Server den entsprechenden NRPC-Port und den (die) gewünschten Task(s) an.

Einzurichtendes Element	Maßnahme
Webserver	Geben Sie im Register INTERNET-PROTOKOLLE/INTERNET PROTOCOLS > HTTP des Serverdokuments den Host-Namen oder die IP-Adresse des Servers in das Feld HOST-NAME ein. Wählen Sie dann AKTIVIERT/ENABLED im Feld MIT HOST-NAMEN VERKNÜPFEN/BIND TO HOST NAME.
POP3-Dienst	Geben Sie in die *notes.ini*-Datei `POP3NotesPort=`*Port-Name* ein. Hierbei entspricht `Port-Name` dem NRPC-Port, dem Sie den Dienst zuweisen wollen.
IMAP-Dienst	Geben Sie in die *notes.ini*-Datei `IMAPAddress=`*Port-Name* ein. Hierbei entspricht *Port-Name* dem NRPC-Port, dem Sie den Dienst zuweisen wollen.
SMTP-Dienst	Geben Sie in die *notes.ini*-Datei `SMTPNotesPort=`*Port-Name* ein. Hierbei entspricht *Port-Name* dem NRPC-Port, dem Sie den Dienst zuweisen wollen.
LDAP-Dienst	Geben Sie in die *notes.ini*-Datei `LDAPNotesPort=`*Port-Name* ein. Hierbei entspricht *Port-Name* dem NRPC-Port, dem Sie den Dienst zuweisen wollen.
ICM	Geben Sie in die *notes.ini*-Datei `ICMNotesPort=`*Port-Name* ein. Hierbei entspricht *Port-Name* dem NRPC-Port, dem Sie den Dienst zuweisen wollen.

Beispiel in der *notes.ini*:

```
Ports=TCPIP, TCPIP2
TCPIP=TCP, 0, 15, 0
TCPIP_TCPIPAddress=0,10.33.52.1
TCPIP2=TCP, 0, 15, 0
TCPIP2_TCPIPAddress=0, 209.98.76.10
SMPTNotesPort=TCPIP2
```

3. Tragen Sie den Namen jedes partitionierten Servers als separaten Eintrag im Domain Name Service (DNS), im Network Information Service (NIS) oder in der lokalen Hosts-Datei ein.
4. Führen Sie einen der folgenden Schritte aus:
   - Wenn Sie für jeden partitionierten Server eine Netzwerkkarte verwenden möchten, geben Sie bei der Konfiguration der Netzwerkkarten die eindeutige IP-Adresse des jeweiligen partitionierten Servers an.
   - Wenn Sie in Ihrem Computer nur eine Netzwerkkarte einsetzen, konfigurieren Sie die Netzwerkkarte mit mehreren IP-Adressen.

Verwendung einer Netzwerkkarte mit mehreren IP-Adressen

Wenn Sie eine einzelne Netzwerkkarte mit mehreren IP-Adressen verwenden, müssen Sie diese Konfiguration auf Betriebssystemebene durchführen. Die dabei anzuwendende Vorgehensweise ist abhängig vom eingesetzten Betriebssystem.

6.8.3 Partitionierte Server überwachen und optimieren

Sie verwenden für die Überwachung partitionierter Server die gleichen Werkzeuge wie für die Überwachung individueller Server. Bedenken Sie jedoch, dass ein partitionierter Server eine große Menge an Systemressourcen verbrauchen kann, die anderen partitionierten Servern auf demselben Computer dann nicht zur Verfügung stehen. Wenn beispielsweise die Indizierung auf einem partitionierten Server einen großen Prozentsatz der verfügbaren CPU-Zyklen verwendet, verlangsamt sich die Antwortzeit der anderen partitionierten Server. Es ist daher wichtig, neben den Domino-Statistiken auch die Informationen zu berücksichtigen, die der Systemmonitor Ihres Betriebssystems zur Verfügung stellt, wenn Sie ermitteln möchten, welcher partitionierte Server die Systemressourcen verbraucht.

Wenn ein partitionierter Server sehr viele Systemressourcen verbraucht, sollten Sie ihn auf einen anderen Computer verlagern. Wenn partitionierte Server einen langsamen Festplattenzugriff verursachen, sollten Sie die Domino Data-Verzeichnisse der partitionierten Server auf ein separates Festplattenlaufwerk verschieben.

6.8.4 Partitionen deinstallieren

Sie können alle partitionierten Server oder den zuletzt installierten partitionierten Server von einem Computer entfernen.

- So entfernen Sie alle partitionierten Server von einem Computer:

  Wenn Sie alle partitionierten Server von einem Computer entfernen möchten, verwenden Sie das mit Ihrem Betriebssystem mitgelieferte Deinstallationsprogramm.

- So entfernen Sie den zuletzt installierten Server:

  Im Deinstallationsprogramm können Sie nicht angeben, welcher partitionierte Server entfernt werden soll. Das Programm entfernt nur den zuletzt hinzugefügten partitionierten Server.

> Wenn Sie einen einzelnen partitionierten Server von einem Computer entfernen, können Sie das Deinstallationsprogramm unter Umständen nicht zu einem späteren Zeitpunkt erneut verwenden, um die anderen partitionierten Server von dem Computer zu entfernen.

So deinstallieren Sie den zuletzt installierten partitionierten Server:

1. Sichern Sie alle gewünschten Dateien und löschen Sie dann das Domino Data-Verzeichnis des partitionierten Servers, den Sie deinstallieren möchten.
2. Wenn der partitionierte Server eine eindeutige IP-Adresse verwendet hat, deaktivieren Sie die Unterstützung dieser IP-Adresse. Dies sollten Sie nur tun, wenn Sie die IP-Adresse bei der Einrichtung des partitionierten Servers hinzugefügt haben. Deaktivieren Sie die IP-Adresse nicht, wenn der partitionierte Server den Host-Namen des Computers als Domino Server-Namen verwendet hat.
3. Wenn der partitionierte Server eine Anschlusszuordnung verwendet hat, löschen Sie in der *notes.ini*-Datei des Anschlusszuordnungsservers den Eintrag, der auf diesen partitionierten Server verwiesen hat. Wenn Sie den Anschlusszuordnungsserver deinstallieren, müssen Sie einen anderen partitionierten Server als Anschlusszuordnungsserver festlegen.

6.8.5 Fehlersuche bei partitionierten Servern

- `Server wird heruntergefahren: Partitionsnummer xx wird bereits verwendet`

  Diese Meldung wird angezeigt, wenn Sie versuchen, mehrere Server in einer Partition zu starten, oder wenn Domino Administrator noch von einem vorherigen Server in derselben Partition ausgeführt wird. Um das Problem zu beheben, stoppen Sie alle mit der Partition verbundenen Prozesse. Wenn dies nicht gelingt, starten Sie das System neu.

- `Server antwortet nicht` bei der Verbindung mit einem partitionierten Server

  Diese Meldung kann erscheinen, wenn ein partitionierter Server die TCP/IP-Anschlusszuordnung verwendet.

  1. Wenn der Zielserver eine Netzwerkkarte mit einem Anschlusszuordnungsserver gemeinsam verwendet, prüfen Sie, ob der Anschlusszuordnungsserver läuft. Domino kann keine Verbindung zu einem Server herstellen, der eine IP-Adresse mit dem Anschlusszuordnungsserver teilt, wenn der Anschlusszuordnungsserver den Datenverkehr nicht an den Anschluss umleiten kann, auf dem der Zielserver empfängt.
  2. Vergewissern Sie sich, dass die Reihenfolge der Anschlusszuordnungsinformationen in der *notes.ini*-Datei stimmt. In der *notes.ini*-Datei des Anschlusszuordnungsservers gibt es Einträge, die auf die anderen partitionierten Server auf dem Computer verweisen. Wenn die Zeilen mit den Anschlusszuordnungsinformationen nicht korrekt sind, zeigt Domino die Meldung `Server antwortet nicht` oder `Servername geändert`. Bearbeiten Sie die *notes.ini*-Datei des Anschlusszuordnungsservers und vergewissern Sie sich, dass die partitionierten Server in numerischer Reihenfolge aufgeführt sind wie in folgendem Beispiel:

     ```
     TCPIP_PortMapping00=
     TCPIP_PortMapping01=
     TCPIP_PortMapping02=
     TCPIP_PortMapping03=
     ```

     Wenn Sie die *notes.ini*-Datei geändert haben, beenden Sie den Server und starten ihn neu, damit die Änderungen wirksam werden.
  3. Vergewissern Sie sich, dass die Anschlussnummer, die an die IP-Adresse des Zielservers angehängt ist, mit der Anschlussnummer in der *notes.ini*-Datei auf dem Zielserver übereinstimmt. Überprüfen Sie ferner, ob der Servername und die Organisation korrekt sind.

     In folgendem Beispiel wird durch die Einstellung in der *notes.ini*-Datei des Anschlusszuordnungsservers die IP-Adresse und Anschlussnummer des Zielservers zugeordnet:

     ```
     TCPIP_PortMapping00=CN=Server1/O=Org1,198.114.89.123:13520
     ```

     Die *notes.ini*-Datei des Zielservers enthält folgenden Eintrag:

     ```
     TCPIP_TcpIpAddress=0,198.114.89.123:13520
     ```

6.8.6 Partitionierte Server in einem Domino Cluster

Sie können partitionierte Server in einem Cluster verwenden, z.B. zusammen mit individuellen oder mit partitionierten Servern, die sich auf anderen Computern befinden. Fügen Sie jedoch keine partitionierten Server, die sich auf demselben Computer befinden, im selben Cluster zusammen. Wenn Sie eine Anschlusszuordnung verwenden, fügen Sie nicht mehr als einen Anschlusszuordnungsserver zu einem Cluster hinzu. Wenn sich ein Anschlusszuordnungsserver in einem Cluster befindet und in diesem Cluster ein Problem auftritt, fallen möglicherweise alle partitionierten Server auf dem Computer aus, auch wenn sie sich nicht im gleichen Cluster befinden. Sie müssen nicht alle partitionierten Server eines Computers zu Clustern hinzufügen.

6.9 Upgrade und Migration

Das neue Release ist da. Administratoren und System Engineers scharren mit den Füßen. Das nächste Upgrade steht für die vorhandene Domino-Infrastruktur an. Bevor Sie sich ans Werk machen, sollten Sie ausreichend Zeit und Mühen in die Planung des Upgrades stecken. Domino 8 kommt mit zwei Möglichkeiten, die für Ihre Umgebung bedeutsam sein können: die Datenablage DB2 und die (je nach Plattform) signifikanten Performance-Gewinne im Vergleich zum vorherigen Release.

In zahlreichen Umgebungen werden Mail- und Groupware-Systeme in eine neue Version übergeführt, um das bestehende Release zu ersetzen. Selten geht es darum, eine Infrastruktur vollkommen neu aufzubauen. Es bietet sich allerdings an, nicht nur den Schritt zur neuen Version zu planen, sondern auch gegebenenfalls über weitere Umstrukturierungsmaßnahmen nachzudenken und diese dann zu implementieren.

Viele wichtige Funktionen wurden erweitert, und es stellt sich die Frage nach der Interoperabilität zwischen den gegebenenfalls nebeneinander existierenden Server- und Client-Versionen. Dabei wird zwischen Upgrades und Updates unterschieden. Ein Update findet innerhalb einer Version bzw. einer Versionsnummer statt. Ein Upgrade beinhaltet den Wechsel auf eine höhere Version. Darüber hinaus ändert sich auch die Oberfläche des Notes Clients in mehr oder minder großem Umfang. Im Fall von Lotus Notes 7 zu 8 sind die Änderungen für den Anwender erheblich, wenn Sie den Eclipse-Client verwenden. Dies bedeutet, dass ggf. neben den neuen Funktionen und den Erweiterungen, die der Domino Server zusammen mit dem Administrator Client anbietet, auch der Anwender Neuerungen gegenübersteht, mit denen er vertraut gemacht werden muss.

Der Schritt zu einem neuen Release von Lotus Notes Domino erfolgt bei den meisten Kunden relativ langsam. Interoperabilitätsprobleme, neue Benutzerinterfaces für die Anwender und dergleichen mehr lassen Unternehmen zögern. Bei der Planung des Upgrade-Prozesses gibt es zwei zentrale Bereiche:

- Die geänderten Regelungen für die Lizenzierung unter Domino 6, 7 und 8 im Vergleich zu R5
- Die potenziellen Problembereiche für das Zusammenspiel zwischen verschiedenen Notes- und Domino-Versionen

Ein kritischer Bereich bei Upgrades ist, egal zwischen welchen Versionen, die Mailschablone. Hier gibt es eine Reihe von Einschränkungen. Generell gilt, dass grundsätzlich mit einem Mail-Template gearbeitet werden sollte, das den Client-Versionen entspricht. Es ist so, dass sich gerade im Zusammenspiel von Domino R5.x sowie Domino 6, 7 und 8 sowie den entsprechenden Clients die meisten Funktionen nutzen lassen. Natürlich ist eine homogene Umgebung immer die bessere Alternative, um auch wirklich alle Möglichkeiten nutzen zu können. Solange die Lotus Domino- und Notes-Versionen aber nicht zu weit auseinander sind, sollte die Zusammenarbeit relativ problemlos vonstatten gehen.

Domino 8 als Serverplattform ist in einigen Bereichen erneut leistungsfähiger geworden als die Vorgängerversionen. Aber auch bei den darunter liegenden Betriebssystemen (vor allem bei den Unix-Derivaten) und den gängigen Hardwareplattformen hat es in den letzten Jahren signifikante Fortschritte gegeben. In Summe bedeutet das, dass einerseits in vielen Situationen auf einer vergleichbaren Hardware heute eine höhere Leistungsfähigkeit gegeben ist als in den Vorgängerversionen. Andererseits lässt sich leistungsstarke Hardware wesentlich besser nutzen als bisher. In Bezug auf das generelle Vorgehen gilt:

- Migrieren Sie aufgeräumte und bereinigte Server: Kontrollieren Sie akribisch Protokolle, Fehlerberichte, Konsolenmeldungen und andere Fehler oder Problemfälle.
- Tests von Applikationen: Testen Sie Ihre Standard- und Eigenentwicklungen auf die neue Version, ggf. mit Unterstützung einiger Anwender. Hier macht sich eine gute Dokumentation bezahlt.
- Aktualisieren Sie zuerst den Server und dann die Clients. So machen Sie sich selbst erst einmal mit den neuen Funktionen vertraut. Fangen Sie bei den relativ unwichtigen Servern an.

Beim Schritt zu Domino 8 sollte auch analysiert werden, ob es sinnvoll ist, Server zu konsolidieren. Die daraus entstehenden Vorteile durch eine zentralisierte Administration einer kleineren Zahl von Servern, das leichtere Schaffen von Redundanz und damit die Verfügbarkeit beispielsweise in Clustern, gezieltere Datensicherung und -wiederherstellung und die Standardisierung von Systemen liegen auf der Hand.

Konsolidierung

- Die Konsolidierung von Servern ist vor allem interessant, um leistungsfähige Storage-Systeme nutzen zu können. Darüber hinaus lassen sich mit leistungsfähigen zentralen Servern in der Regel auch bessere Lösungen für eine Hochverfügbarkeit realisieren.
- Die Konsolidierung von Daten aus verschiedenen Quellen reduziert insbesondere den administrativen Aufwand. Ein Beispiel dafür sind die Mail-Daten auf verschiedenen Mail-Servern, die in zentralen Systemen zusammengefasst werden können. Wichtig ist bei diesen Überlegungen, dass Zugriffszeiten durch weniger leistungsfähigere Strecken im Netzwerk nicht vernachlässigt werden dürfen.

Konsolidierung ist kein Selbstzweck und muss sich rechnen. Insgesamt geht der Trend aber – vielfach zu Recht – zu einer geringeren Zahl an zentralen Servern.

Wenn die Entscheidung fällt, Domino Server zu konsolidieren, bedeutet das auch grundlegende Umstellungen für die bisherige Server-Infrastruktur. Server sind für die Anwender nicht mehr verfügbar, Servernamen ändern sich, und unter Umständen wird auch das Organisationsmodell umgestaltet. Wenn Server konsolidiert werden, muss die logische Struktur der Domino-Umgebung zwingend überdacht werden, da sich die Anzahl und die Rollen der Server ändern. In diesem Schritt sollten auch Standards beispielsweise für Namenskonventionen überprüft werden, da es sich anbietet, alle erforderlichen Anpassungen in einem Schritt vorzunehmen.

Der nächste Schritt ist die Festlegung der erforderlichen Hardware, wobei die Performance-Werte ein wichtiger Aspekt sind. Bei der Implementierung der neuen oder veränderten Konzepte spielt dann die richtlinienbasierte Administration von Lotus Notes Domino eine wichtige Rolle, weil sich damit Konfigurationsanpassungen leichter im Netzwerk verteilen lassen. Die Umstellung wird sich allerdings gerade bei der Konsolidierung nicht völlig ohne Auswirkungen auf die Benutzer durchführen lassen.

Bei der Planung ist wichtig, dass eine klare Vorgehensweise entwickelt wird, um die Unterbrechungen des Betriebs und die Umstellungen für den Benutzer so gering wie möglich zu halten. Die Grundregel für den Umstellungsprozess ist: erst Server, dann Anwender-Clients, dann Anwendungen.

6.9.1 Vorüberlegungen für Domino Upgrades

Überprüfen Sie die vorhandenen Ressourcen vor Implementierung der neuen Server-Version anhand der von IBM herausgegebenen Release Notes. Diese finden Sie unter *http://www.ibm.com/developerworks/lotus/documentation/releasenotes/*. Denken Sie an dieser Stelle auch über eine Neustrukturierung Ihrer Domino-Umgebung nach.

Vergessen Sie die Datensicherung vor Ausführung des Upgrades nicht. Dies gilt auch für die Kontrolle der Sicherung auf Fehlerfreiheit und Vollständigkeit, um eine Rücksicherung im Problemfall überhaupt zu ermöglichen. Wichtig sind bei jeder Aktualisierung von IT-Infrastrukturen eine gute Planung und eine intensive Testphase der neuen Funktionen. Hier sei noch einmal auf Werkzeuge wie VMware oder VirtualPC hingewiesen, mit deren Hilfe sich mehrere Betriebssysteme auf einer physischen Maschine installieren und in virtuellen Maschinen betreiben lassen. Damit können Sie zumindest die funktionalen Tests mit einer überschaubaren Anzahl an tatsächlich vorhandenen Client- und Serversystemen abbilden.

Denken Sie daran, aktive Programmdokumente während der Upgrade-Phase zu deaktivieren oder zu löschen, falls diese nicht mehr benötigt werden. Das gilt besonders für die Komprimierung (Compact) und den Designer-Dienst. Deaktivieren Sie gegebenenfalls auch Verbindungsdokumente für die direkte Upgrade-Phase.

Überprüfen Sie die *notes.ini* auf Parameter, die den Upgrade-Prozess berühren könnten, wie etwa die Zeile `ServerTasks` oder `ServerTasksAt1`.

Reihenfolge des Upgrades

Es gibt keine zwingend vorgeschriebene Reihenfolge für die Durchführung der Upgrades, wohl aber Regeln für eine sinnvolle Abfolge der einzelnen Schritte und einen von Lotus empfohlenen Weg.

Durch Einhalten einer sinnvollen Reihenfolge der einzelnen Aktualisierungsschritte lassen sich viele Interoperabilitätsprobleme vermeiden. Ein Ansatz, der auch von Lotus so vorgeschlagen wird, lautet folgendermaßen:

1. Aktualisierung des Administrator Clients
2. Aktualisierung des Domino-Verzeichnisses auf dem Administrationsserver
3. Replizierung des Domino-Verzeichnisses zu allen anderen Servern
4. Aktualisierung der Hubserver

5. Aktualisierung der Mail-Server
6. Aktualisierung der SMTP-Server
7. Aktualisierung der Webserver
8. Aktualisierung der Anwendungsserver
9. Aktualisierung der Third Party Tools (Backup, Virenscan, Monitoring-Agenten)
10. Aktualisierung der Notes Clients
11. Verwendung der neuen Funktionen

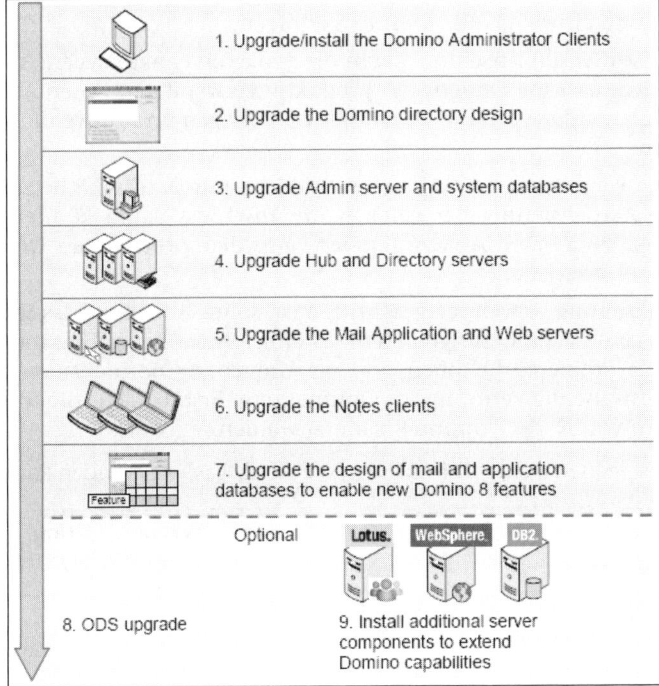
1. Upgrade/install the Domino Administrator Clients
2. Upgrade the Domino directory design
3. Upgrade Admin server and system databases
4. Upgrade Hub and Directory servers
5. Upgrade the Mail Application and Web servers
6. Upgrade the Notes clients
Feature
7. Upgrade the design of mail and application databases to enable new Domino 8 features
Optional
Lotus.
WebSphere.
DB2.
8. ODS upgrade
9. Install additional server components to extend Domino capabilities

Abbildung 6.71: Ablaufdiagramm zur Aktualisierung der Domino-Infrastruktur

12. Zunächst ist immer die Aktualisierung der Administrator Clients erforderlich. Dabei ist es überlegenswert, auch den Domino Administrator 7 zumindest auf einzelnen Systemen beizubehalten, um bei Bedarf wechseln zu können. Ein Ansatz kann hier auch die Nutzung von Anwendungen wie VMware sein, um mehrere getrennte Betriebssysteme mit unterschiedlichen Konfigurationen auf einer physischen Maschine ausführen zu können.

    Die direkt zu Beginn anstehende Aktualisierung des Domino Administrators ist zwingend erforderlich, um die neuen Funktionen überhaupt verwalten zu können.

13. Im nächsten Schritt wird ein Domino Designer 8 benötigt. Die eigenen Templates müssen an Domino 8 angepasst werden. Gegebenenfalls sollen im Rahmen des Upgrades auch neue Anwendungen eingeführt werden, die aktualisiert werden müssen. Besonders wichtig ist hier das Nachziehen von Änderungen im Mail-Template, falls solche Anpassungen bei LND 7 vorgenommen worden sind. Außerdem sollten die eigenen Anwendungen gründlich mit Notes Domino 8 getestet werden.

Achten Sie darauf, dass die Designanpassungen und die Erstellung der Schablonen sowie die später zu erfolgende Ablage auf den Servern nicht bereits zu einer Übernahme der Gestaltungsänderungen führen.

14. Es folgt die Gestaltungsaktualisierung des Domino-Verzeichnisses.
15. Nachdem das Domino-Verzeichnis aktualisiert wurde, geht es im nächsten Schritt um die Anpassungen auf dem Server, über den die Administration der Notes Domino-Infrastruktur weitgehend erfolgt. Replizieren Sie die Änderungen an die anderen Server.
16. Der nächste Schritt ist dann in verteilten Umgebungen die Vorbereitung der Hubserver. Auf diesen müssen die neuen Templates bereitgestellt werden. Außerdem muss auch hier die Aktualisierung auf Domino 8 erfolgen.
17. Konsequenterweise werden im Anschluss daran die Spokeserver aktualisiert. Wichtig ist in beiden Fällen, dass die Designs der produktiv verwendeten Datenbanken noch nicht angepasst, sondern nur die aktualisierten Vorlagen und Anwendungen bereitgestellt werden.
18. Erst wenn alle Server weitestgehend vorbereitet sind und mit Domino 8 betrieben werden, erfolgt die Aktualisierung der Clients. Im Anschluss daran können die neuen Anwendungen und Datenbanken aktiviert, also die vorbereiteten Designänderungen eingespielt werden.
19. Nachdem die Aktualisierung so weit fortgeschritten ist, sollte eine Phase des Steady States folgen, in der keine Veränderungen mehr durchgeführt werden. Hier müssen eventuell auftretende Probleme behoben und die Umgebung optimiert werden. Dazu gehört beispielsweise die Performance-Optimierung. Erst danach sollten weitere neue Funktionen von Notes Domino 8 genutzt werden.

Die folgende Checkliste ist lediglich eine Hilfestellung, die Sie als Basis verwenden können.

Aktualisierungsschritt	**Win32**	**Unix**
Vollbackup des Servers erstellt?	X	X
Gehen Sie sicher, dass Sie die richtige Domino-Verzeichnisgestaltung auf den Server gelegt bzw. repliziert haben.	X	X
Prüfen Sie, ob alle Administrationsanforderungen aus der *admin4.nsf* abgearbeitet wurden.	X	X
Gehen Sie sicher, dass alle E-Mails geroutet wurden und die Mailboxen leer sind.	X	X
Deaktivieren Sie alle nicht benötigten Programmdokumente für die Replikation und deaktivieren Sie die Replizierung für das Domino-Verzeichnis des Servers, den Sie aktualisieren wollen.	X	X
Wenn Sie LDAP verwenden, sollten Sie alle FT-Indizes der Domino-Verzeichnisse löschen.	X	X
Beenden Sie den Domino Server.	X	X
Deaktivieren Sie den Domino-Dienst auf Windows beziehungsweise entfernen Sie, falls vorhanden, das Startscript aus dem aktiven Runlevel unter Unix.	X	X
Installieren Sie den Domino 8 Server.*	X	X

Aktualisierungsschritt	Win32	Unix
Ersetzen Sie die Standardschablonen auf dem Server mit den von Ihnen angepassten Schablonen, z.B. eine angepasste oder erweiterte Schablone für das Domino-Verzeichnis.	Optional	Optional
Entfernen Sie veraltete oder überflüssige Einträge aus der *notes.ini.*	X	X
Starten Sie Fixup, Compact und Updall über das Betriebssystem gegen die Datenbanken *names.nsf* und *admin4.nsf.*	X	X
Starten Sie den Updall-Dienst über das Betriebssystem gegen das Domino-Verzeichnis, um Ansichten und Volltextindizes neu aufbauen zu lassen.	Optional	Optional
Löschen Sie die *busytime.nsf* bzw. die *clubusy.nsf* bei Einsatz eines Clusters.	X	X
Entfernen Sie die *log.nsf*, *catalog.nsf* und die Mailboxen. Der Domino Server erstellt diese Datenbanken beim Start neu.	X	X
Starten Sie den Domino Server.	X	X
Testen Sie den Server und die Funktionalität.	X	X
Aktivieren Sie falls nötig vorher deaktivierte Programm- und Verbindungsdokumente. Installieren Sie ggf. deinstallierte Drittanbieter-Tools neu. Erstellen Sie ein neues Full-Backup, falls Sie Transaction Logging einsetzen.	X	X

* In fast allen Fällen ist es empfehlenswerter, Lotus Domino komplett inklusive aller Registry-Keys und Dateien von der Maschine zu entfernen, um dann die neue Server-Version zu installieren. Dazu gehört auch, dass die Inhalte des Data-Verzeichnisses verschoben oder gelöscht werden, um diese nach Installation des Domino-Programmcodes wieder an ihren Platz zu kopieren oder zu verschieben.

Um einen Volltextindex zu löschen, gehen Sie über die Datenbankeigenschaften auf die entsprechende Registerkarte und löschen über die vorhandene Schaltfläche den Volltextindex. Sie können die FT-Dateien aber auch über die Registerkarte DATEIEN/FILES des Domino Administrators löschen.

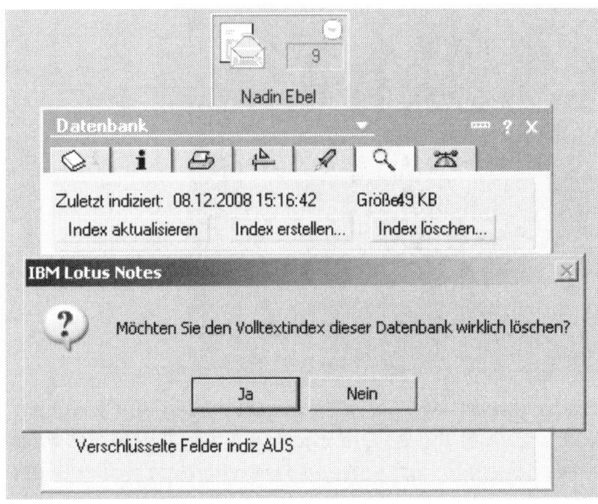

Abbildung 6.72:* *Löschen des Volltextindex

Verwenden Sie das Kommando `drop all`, um alle Anwenderverbindungen zu beenden, und den Befehl `set conf server_restricted=1`. Dies ermöglicht oder verhindert den Zugriff auf einen Server. Wenn der Zugriff deaktiviert ist, nimmt der Server keine weiteren Anforderungen zum Öffnen einer Datenbank an. Verwenden Sie folgende Werte, um diese Variable einzustellen:

- `0`: Der Serverzugriff ist nicht begrenzt.
- `1`: Der Serverzugriff ist während der aktuellen Serversitzung begrenzt. Beim Neustart des Servers wird die Einstellung gelöscht.
- `2`: Der Serverzugriff ist immer begrenzt, selbst wenn der Server neu gestartet wird.

Seit Domino 6.0 und späteren Versionen können die Administratoren Datenbanken dennoch öffnen, auch wenn diese Variable zum Einschränken des Serverzugriffs verwendet wird.

> Stellen Sie über das Kommando `tell router show queues` sicher, dass die Mailboxen leer sind und keine E-Mails auf die Zustellung warten.

Sollten Sie den Domino Server upgedated und nicht neu installiert haben, vergleichen Sie Ihre *notes.ini* mit den Einträgen einer Neuinstallation. Hinterfragen Sie alle Parameter, die im Default fehlen, und prüfen Sie, ob diese wirklich noch benötigt werden beziehungsweise für welchen Zweck sie eingeführt wurden. Zusätzlich sollten Sie kontrollieren, ob die Parameter in Domino 8 noch unterstützt werden. Unter Umständen ist der Parameter über ein Konfigurationsdokument (abgesehen von den NOTES.INI SETTINGS, die ebenfalls über das Konfigurationsdokument eingestellt werden können) oder das Serverdokument einstellbar. Ziehen Sie diese Varianten vor, da sie beim Update entsprechend berücksichtigt werden.

Die Aktualisierung von Datenbanken, wie etwa der *names.nsf*, können Sie auch bei deaktiviertem (gestopptem) Domino Server über die Eingabeaufforderung (*cmd.exe*) des Betriebssystems vornehmen. Starten Sie dazu die entsprechenden Domino-Tasks nebst Optionen aus dem Domino Programmverzeichnis.

```
C:\WINDOWS\system32\cmd.exe

C:\Program Files\IBM\Lotus\Domino>nfixup.exe names.nsf
09.12.2008 21:02:40   Database Fixup: Started
09.12.2008 21:02:40   Performing consistency check on names.nsf...
09.12.2008 21:02:43   Completed consistency check on names.nsf
09.12.2008 21:02:44   Database Fixup: Shutdown

C:\Program Files\IBM\Lotus\Domino>ncompact.exe names.nsf
09.12.2008 21:02:53   Compacting names.nsf (DOMINO's Directory)
09.12.2008 21:03:02   Compacted  names.nsf, 0K bytes recovered (0%)
09.12.2008 21:03:02   Database compactor process shutdown

C:\Program Files\IBM\Lotus\Domino>nupdall.exe -R names.nsf
09.12.2008 21:03:15   Index update process started
09.12.2008 21:03:16   Updating views in H:\Domino\data\names.nsf
09.12.2008 21:03:17   Informational, rebuilding view - user specified REBUILD (r
eading H:\Domino\data\names.nsf view note Title:'(Server Mail Rules) Rules')
09.12.2008 21:03:17   Informational, rebuilding view - user specified REBUILD (r
eading H:\Domino\data\names.nsf view note Title:'($Adminp)')
09.12.2008 21:03:17   Informational, rebuilding view - user specified REBUILD (r
eading H:\Domino\data\names.nsf view note Title:'($CertificateAuthorities)')
09.12.2008 21:03:18   Informational, rebuilding view - user specified REBUILD (r
eading H:\Domino\data\names.nsf view note Title:'($Certifiers)')
09.12.2008 21:03:18   Informational, rebuilding view - user specified REBUILD (r
eading H:\Domino\data\names.nsf view note Title:'($Clusters)')
```

Abbildung 6.73: Starten der Dienste über das BetriebssystemWenn Sie nicht genau wissen, mit welchem Parameter Sie einen Dienst starten sollen, können Sie die verfügbaren Optionen zu einem Befehl z.B. über `load compact -?` ***an der Server- oder Remote-Konsole anzeigen lassen. Wenn Sie verhindern wollen, dass der LDAP-Dienst automatisch beim Serverstart aktiviert wird, obwohl Sie den LDAP-Eintrag aus der Zeile*** `ServerTasks=` ***gelöscht haben, setzen Sie den Eintrag*** `DisableLDAPOnAdmin=1` ***in der notes.ini.***

Als mögliche Testschritte bietet es sich an, mindestens Folgendes zu testen:

- Verbindung von Clients zum Server
- Öffnen von Datenbanken auf dem Server
- Senden und Empfangen von NRPC-Mails
- Senden und Empfangen von Internet-Mails
- Namenssuche
- Stoppen und Starten des Servers
- Starten und Beenden von Server-Tasks

Im Domino-Verzeichnis sind die Ansichten ($SERVERACCESS) und ($USERS) für die Transaktionsprotokollierung bestimmt. Wenn Sie die Transaktionsprotokollierung für das Domino-Verzeichnis aktivieren, erfolgt der Neustart nach einem Serverfehler zukünftig schneller. Sie erreichen dies durch Eingabe von `lo updall names.nsf -t ($Users) -R` und `lo updall names.nsf -t ($ServerAccess) -R` an der Domino-Konsole oder bei gestopptem Server aus dem Programmverzeichnis (*cmd.exe*) durch Eingabe von `nupdall names.nsf -t ($Users) -R` und `nupdall names.nsf -t ($ServerAccess) -R`.

6.9.2 Vorüberlegungen für das Domino-Verzeichnis

Die neue Domino-Verzeichnisschablone arbeitet mit dem Domino 8 Administrator Client zusammen, um die Verzeichnis- und Serveradministration zu vereinfachen. Das Domino-Verzeichnis ist abwärtskompatibel und kann in Umgebungen mit verschiedenen Versionen verwendet werden. Stellen Sie sicher, dass der Administrationsserver für das Domino-Verzeichnis der erste Server in der Domäne ist, den Sie auf Domino 8 aktualisieren, sodass die Schema-Datenbank zuerst mit diesem Server erstellt wird. Nachdem Sie für den Domino Administrationsserver ein Upgrade durchgeführt und die Gestaltung Ihres Adressbuchs auf die Domino 8-Verzeichnisschablone aktualisiert haben, können Sie das Verzeichnis auf andere Server in der Domäne replizieren. Stellen Sie sicher, dass Sie den Administrator Client auf Domino 8 aktualisieren.

Um die Vorteile des neuen Datenbankformats (ODS, On-Disk Structure) nutzen zu können, müssen Sie folgenden Eintrag in die *notes.ini* einfügen. Für Domino 8 fügen Sie `Create_R8_Databases=1` und für Domino 8.5 `Create_R85_Databases=1` zur *notes.ini* hinzu. Durch diesen Eintrag werden neue Datenbanken direkt im neuen Datenbankformat erstellt. Wenn Sie möchten, dass auch die bestehenden Datenbanken aktualisiert werden, müssen Sie diese komprimieren (`load compact -c`). Aktualisieren Sie das Datenbankformat des Domino-Verzeichnisses bei gestopptem Server durch Eingabe von `ncompact -c names.nsf` an der Eingabeaufforderung (*cmd.exe*).

Beachten Sie, dass ein Upgrade der Domino-Verzeichnisgestaltung die Schablonengestaltung ersetzt. Die Domino 8-Gestaltung überschreibt sämtliche Anpassungen, die an dem öffentlichen Adressbuch oder dem Domino-Verzeichnis vorgenommen wurden. Bevor Sie auf die Domino 8-Gestaltung aktualisieren, ist es angebracht, ein Backup des Domino-Verzeichnisses zu erstellen. Überprüfen Sie nach dem Upgrade das Domino-Verzeichnis, um festzustellen, ob Sie Ihre Anpassungen, sofern Sie welche vorgenommen haben, noch benötigen.

Nachdem Sie auf Lotus Domino 8 aktualisiert haben, fordert Sie der Server auf, die Gestaltung des aktuellen Domino-Verzeichnisses mit der Domino 8-Verzeichnisschablone (*pubnames.ntf*) zu aktualisieren, sofern dies nicht bereits geschehen ist. Aktualisieren Sie die Verzeichnisgestaltung auf die Domino 8-Verzeichnisschablone, um den Domino 8 Server ordnungsgemäß verwalten zu können.

Der erste Schritt bei der Aktualisierung ist die Anpassung der Verzeichnisschablone an die spezifischen Anforderungen. Sie können dadurch beispielsweise zusätzliche Informationen im Verzeichnis ablegen und weitere Ansichten erstellen. Eventuell müssen bei Bedarf Designänderungen, die bei Domino 7 vorgenommen wurden, bei Domino 8 nachgezogen werden. Dabei sollte allerdings überprüft werden, ob die gewünschten Erweiterungen überhaupt noch notwendig sind. Hier gibt es zwei Aspekte zu beachten:

- Designänderungen können Fehler verursachen und sich in unerwünschter Weise auf Supportanfragen bei IBM auswirken. Es kann Ihnen passieren, dass IBM Sie zunächst bittet, zu testen, ob die Effekte auch mit einem regulären Verzeichnis auftreten. Wenn möglich, belassen Sie das Verzeichnis im Standard.
- Auf der anderen Seite gibt es auch Fälle, in denen das Design des Domino-Verzeichnisses auf Version 7 oder niedriger beibehalten werden soll, weil darauf beispielsweise spezielle Anwendungen mit Anpassungen des Verzeichnisdesigns ausgeführt werden und es zu Problemen mit diesen Anwendungen kommen könnte. Der *notes.ini*-Eintrag `SERVER_UPGRADE_NO_DIRECTORY_REDESIGN=1` verhindert ein Aktualisierung der Verzeichnisschablone beim Update. Falls das Design nur auf bestimmten Servern beibehalten werden soll, müssen Sie dagegen die jeweiligen Replikationseinstellungen anpassen.

Die eigentliche Aktualisierung des Domino-Verzeichnisses können Sie unter zwei Ansätzen realisieren.

- Es kann zunächst das Design des Domino-Verzeichnisses ohne Aktualisierung der entsprechenden Server angepasst werden. Bei Kompatibilität mit den Vorversionen ist das prinzipiell möglich.
- Es kann ein Domino Server aktualisiert werden. Das wird in diesem Fall der Administrationsserver sein, der als erster Server in der Domäne aktualisiert wird.

Bauen Sie die Ansichten ($ServerAccess) und ($Users) im Domino-Verzeichnis neu auf, um Clients Zugriff auf den Server zu gewähren. Als Tipp können Sie den Server mit folgenden Einträgen anweisen, die alten Einträge zu nutzen, solange der Server die neuen aufbaut. Tragen Sie dazu die Parameter `DEBUG_ENABLE_UPDATE_FIX=8191` (um den Fix zu implementieren) und `SERVER_NAME_LOOKUP_NO_UPDATE=1` in die *notes.ini* ein.

Falls das Verzeichnis manuell vor der Einrichtung des ersten Domino 8 Servers aktualisiert werden soll, muss im ersten Schritt der Volltextindex des Verzeichnisses gelöscht werden. Ansonsten wird die UNK-Tabelle für das Verzeichnis bei der Ausführung des Compact-Tasks nicht neu aufgebaut. Der Volltextindex muss auf der Ebene von Lotus Domino gelöscht werden. Er kann durch die von `compact` verwendeten Mechanismen nicht einfach auf der Platte entfernt werden, weil dies von dem Task überprüft wird. Außerdem muss vor der Aktualisierung geprüft werden, ob das Domino-Verzeichnis korrekt konfiguriert ist, um alle Designänderungen auf alle gewünschten Systeme in der Domäne zu replizieren. Dazu gehören auch etwaige Anpassungen bei den Zugriffskontrolllisten (ACLs). Außerdem müssen in dem vorbereitenden Schritt auch etwaige eigene Änderungen am Design des Verzeichnisses im Template nachgezogen werden.

Das Template mit dem Design des Domino-Verzeichnisses 8 sollte dann einen spezifischen, eindeutigen Namen erhalten und, falls Gestaltungsänderungen vererbt werden sollen, auf alle Server, auf denen es angewendet werden soll, repliziert werden.

Sofern der *notes.ini*-Parameter `Create_R8_Databases=1` bzw. `Create_R85_Databases=1` gesetzt ist, kann durch Komprimieren (mithilfe einer Kopie/Option `-c`) das Datenbankformat des Domino-Verzeichnisses auf das Datenbankformat 8/8.5 (ODS48/ODS51) aktualisiert werden.

Um das Design im Frontend zu aktualisieren, klicken Sie im Menü DATEI/FILE auf ANWENDUNG/APPLICATION > GESTALTUNG WECHSELN/REPLACE DESIGN. Im angezeigten Dialogfeld muss auf den Server mit dem neuen Design zugegriffen und die Schablone ausgewählt werden. Bei R5 als Client-Version wird die Aktualisierung des Designs im Vordergrund durchgeführt, während sie ab der Version 6 im Hintergrund abläuft und Sie daher nicht auf die Beendigung warten müssen, um das Dialogfeld schließen zu können.

Nachdem das Design aktualisiert wurde, beginnt der Server mit dem Neuaufbau aller Ansichten. Dieser Prozess kann einige Zeit in Anspruch nehmen. Daher sollte die Aktualisierung des Domino-Verzeichnisses in lastarmen Zeiten vorgenommen werden. Alternativ kann auch der Befehl `nupdall-R names.nsf` an der Befehlszeile ausgeführt werden, wenn der Domino Server heruntergefahren wurde. Nach der Aktualisierung muss der Server wieder neu gestartet und die Funktionalität des Domino-Verzeichnisses überprüft werden. Das Verhalten des Verzeichnisses sollte auch in der Folgezeit analysiert werden. Die Alternative dazu ist der Wechsel zum Domino-Verzeichnis im Zuge der Aktualisierung des ersten Servers. Nachfolgend wird nur auf die Schritte eingegangen, bei denen es Unterschiede zu der oben beschriebenen Vorgehensweise gibt.

Anstatt nur das neue Template zu installieren, muss bei dieser Variante der Server heruntergefahren werden, um die Dateien auf den Server zu kopieren bzw. zu installieren. Während des Aktualisierungsprozesses wird die Ausführung der Programme `fixup`, `compact` und `updall` angefordert. Das ist bei der Aktualisierung des Administrationsservers zweimal erforderlich. Diese Schritte dürfen nicht übersprungen werden. Vor dem Neustart sollte dann das neue, angepasste Template für das Domino-Verzeichnis auf der Ebene des Betriebssystems umbenannt werden. Es muss den Namen *pubnames.ntf* erhalten, da diese Vorlage beim Upgrade automatisch verarbeitet wird. Das Gleiche muss gegebenenfalls mit anderen angepassten Templates geschehen.

An der Konsole des Domino Servers muss dann bestätigt werden, dass das Verzeichnis aktualisiert werden soll. In diesem Schritt muss genau auf etwaige Fehler geachtet werden. Sobald die Meldung

```
Database server started
```

angezeigt wird, ist die Aktualisierung des Domino-Verzeichnisses abgeschlossen. Der Server muss erneut heruntergefahren werden. In der Befehlszeile müssen dann die Befehle

```
nupdall -names.nsf -t "($ServerAccess)" -r
nupdall -names.nsf -t "($Users)" -r
```

eingegeben werden. Die beiden Befehle bauen die entsprechenden Ansichten neu auf.

Vergessen Sie nicht, dass auch das Design der Datenbank ADMINISTRATIONSANFORDERUNGEN/ADMIN REQUESTS (*admin4.nsf*) mit der neuen Gestaltung unter Domino 8 versehen wird. Aktualisieren Sie diese Datenbank zur gleichen Zeit wie den Administrationsserver Ihrer Domäne.

Die Domino 8-Schablone ADMINISTRATIONSANFORDERUNGEN/ADMIN REQUESTS ist im Hinblick auf eine Abwärtskompatibilität mit niedrigeren Domino-Versionen konzipiert und eignet sich zur Verwendung in Umgebungen mit verschiedenen Versionen. Sie sollten die neue Gestaltung auf die Datenbank ADMINISTRATIONSANFORDERUNGEN auf die anderen Server in Ihrer Organisation replizieren.

Nachdem Sie einen Server auf Lotus Domino 8 aktualisiert haben, können Sie die Gestaltung des Domino-Verzeichnisses auf die übrigen Server Ihrer Organisation replizieren. Wenn Sie in einer Umgebung mit unterschiedlichen Servern arbeiten und Richtlinien verwenden, müssen Sie mindestens Domino 4.6.7a ausführen, um das Domino 8-Verzeichnis unterstützen zu können (siehe auch Administrationshilfe *help8_admin.nsf*: *Replizierung von Richtlinien auf Domino Server-Versionen vor 4.67a verhindern*).

Die Schablonen, deren Namen zwischenzeitlich geändert worden sind, müssen dann wieder in ihre ursprünglichen Bezeichnungen umbenannt werden, bevor der Server erneut hochgefahren wird. Nach dem Start sollte das Verhalten des Servers gründlich analysiert werden, um etwaige Fehler zu erkennen. Außerdem muss die Replikation wieder aktiviert werden, falls sie zwischenzeitlich deaktiviert wurde.

7 Domino-Verzeichnisse und Verzeichniskataloge

Verzeichnisse sind eine Auflistung von Informationen über Objekte, die in einer bestimmten Reihenfolge gespeichert sind. Bestes Beispiel hierfür ist ein Telefonbuch. Hier sind die Namen alphabetisch geordnet, die Details zu jeder Person sind deren Anschrift und Telefonnummer.

In der IT ist ein Verzeichnis eine spezielle Datenbank, die nach Typen sortierte Informationen über Objekte enthält. So werden z.B. Daten zu einem Drucker mit zusätzlichen Informationen wie Standort und druckbaren Seiten pro Minute gespeichert. Verzeichnisse erlauben es Anwendern und Applikationen, Ressourcen mit bestimmten Eigenschaften zu finden. So kann man etwa ein Benutzer- oder ein Organisationsverzeichnis nach E-Mail-Adressen oder Faxnummern durchsuchen. Oder ein Verzeichnis wird nach dem nächstgelegenen Farbdrucker abgefragt. Wenn der Name eines Objekts bekannt ist, beispielsweise einer Person oder eines Druckers, lassen sich die dazugehörigen Eigenschaften wie Telefonnummer oder druckbare Seiten pro Minute abrufen. Ist der Name eines bestimmten Objekts unbekannt, durchsucht der Nutzer das Verzeichnis auf Objekte, die eine bestimmte Voraussetzung erfüllen. Dies ist mit der Suche nach einem Handwerker im Branchenbuch vergleichbar. Ein Verzeichnis für sich allein ist lediglich eine Ansammlung von Informationen, auf die der Zugriff gewährleistet sein muss. Zugriffe können zum Suchen, Ändern oder Hinzufügen von Daten geschehen. Der Service, der diesen Zugriff ermöglicht, bezeichnet man als Verzeichnisdienst.

Zur Konfiguration des ersten Servers in einer Organisation erstellen Sie eine Notes-Domäne und ein Domino Directory (Domino-Verzeichnis). Die meisten Organisationen verwenden eine Notes-Domäne und registrieren alle Server und Benutzer in einem Domino-Verzeichnis. Es gibt jedoch auch Gründe für die Verwendung mehrerer Domänen und Domino-Verzeichnisse. Zum Beispiel ist es in einer großen Organisation durch die Verwendung voneinander getrennter Domänen und Domino-Verzeichnisse einfacher möglich, Sicherheit zu gewährleisten. Ein Beispiel ist die Einrichtung einer Domäne für den Internet-Bereich, zu der der SMTP- und alle Webserver für Domino Web Access/Webmail oder Hostserver für Domino-Anwendungen gehören würden. Dazu richten Sie für jedes Verzeichnis eine ACL so ein, dass die Gruppe OTHERDOMAINSERVERS beschränkten Zugriff hat, z.B. keinen Zugriff oder Lesezugriff. Ein weiterer Grund für die Verwendung mehrerer Domänen und Verzeichnisse besteht, wenn Ihre Organisation mit einer anderen Organisation zusammengeschlossen wird, die Domino verwendet. In diesem Fall können Sie voneinander getrennte Domänen und Verzeichnisse beibehalten, zumindest vorübergehend.

Um eine zusätzliche Domäne und ein zusätzliches Domino-Verzeichnis zu erstellen, führen Sie die Installation und Konfiguration des ersten Domino Servers in Ihrer neu zu bildenden Domino-Domäne (die sogenannte erste Serverkonfiguration) durch. Um ein zusätzliches Domino-Verzeichnis in einer bestehenden Domäne beispielsweise für ein

Partner- oder Tochterunternehmen zu erstellen, verwenden Sie die Schablone *pubnames.ntf*. Wenn Ihre Firma E-Mail-Adressen an andere Firmen, die Domino einsetzen, verkauft, haben Sie unter Umständen Interesse daran, ein separates Verzeichnis zum Speichern dieser Adressen zu erstellen.

Begrifflichkeiten

Am Anfang passiert es Administratoren recht oft, dass sie die Begriffe und die Zuordnung im Englischen und Deutschen durcheinanderwerfen. Aus diesem Grund an dieser Stelle eine kleine Hilfe:

Deutscher Begriff	Englischer Begriff	Zu verwendende Schablone
Verzeichnisverwaltung	*Directory Assistance (DA)*	*Da50.ntf*
Domänenkatalog	*Domain Catalog*	*catalog.ntf*
(Mobiler) Verzeichniskatalog	*Directory Catalog*	*Dircat5.ntf*

Zentralisierte Directory-Architektur

Verzeichnisarchitektur in einer Domino-Domäne, in der einige Server ein Konfiguration-Directory besitzen und ein primäres Domino Directory für remote Lookups verwendet wird. Diese Architektur wurde mit Version 6 neu eingeführt. Davor bestand die Distributed Directory-Architektur, in der alle Server lokal ein primäres Domino Directory besitzen.

Sekundäres Directory

Jedes Verzeichnis, das ein Server verwendet und das nicht sein primäres Domino-Verzeichnis ist, wie etwa ein abgespecktes Domino-Verzeichnis mit Personen- und Mail-In-Datenbankdokumenten einer Tochtergesellschaft. Sekundäre Verzeichnisse können zur Gruppen- und Internet-Authentifizierung oder zur Mail-Adressierung verwendet werden.

Configuration Directory

Configuration Directories sind selektive Repliken des vollständigen Domino-Verzeichnisses (wie Sie es aus R5 kennen), die lediglich Informationen zur Konfiguration der Domino Server-Infrastruktur enthalten. Personen- oder Gruppendokumente fehlen hier beispielsweise.

Directory Assistance

Ein Feature, das von Servern verwendet wird, um die Client-Authentifizierung, Namenssuche und LDAP-Operationen auf sekundäre Domino-Verzeichnisse auszudehnen.

Directory Catalog

Eine optionale Verzeichnisdatenbank, die Einträge aus unterschiedlichen Domino Directories in einem Verzeichnis kumuliert. Es gibt zwei Arten von Verzeichniskatalogen: Condensed Directory-Kataloge und Extended Directory-Kataloge.

Extended Directory Catalog

Ein Verzeichniskatalog wird von Servern verwendet, um eine schnelle Namenssuche zu ermöglichen, da dieser individuelle Dokumente und die zahlreichen sortierten Ansichten des Domino-Verzeichnisses enthält. Sie erstellen diesen Verzeichniskatalog mithilfe der Schablone *pubnames.ntf*. Server verwenden Directory Assistance, um den Extended Directory-Katalog zu lokalisieren.

Condensed Directory Catalog

Ein Verzeichniskatalog, der mithilfe des Templates *dircat5.ntf* erstellt wird und aufgrund seiner geringen Größe vorwiegend für Notes Clients verwendet wird (Mobile Directory Catalog).

LDAP-Service

Der LDAP-Server-Task, der auf einem Server läuft, um LDAP-Client-Anfragen abzuwickeln.

LDAP-Schema

Eine Reihe von Regeln, die definieren, welche Art von Einträgen in einem LDAP-Verzeichnis abgelegt wird. Die Domino LDAP-Schema-Datenbank (*schema.nsf*), die auf der Schablone *schema.ntf* basiert, hält das Schema für eine Domäne.

Remote LDAP Directory

Ein Directory auf einem Remote-LDAP-Server, auf das via Directory Assistance zugegriffen wird.

Eine Organisation kann auch ein Domino-Verzeichnis zusammen mit einem LDAP-Verzeichnis von Fremdanbietern verwenden. Sie kann etwa über ein Domino-Verzeichnis auf einem Domino Webserver verfügen und gleichzeitig Sicherheitsreferenzen in einem LDAP-Verzeichnisserver eines Fremdanbieters zur Authentifizierung von Webbenutzern verwenden, die eine Verbindung mit dem Domino Server herstellen. Wenn Sie den Domino LDAP-Dienst ausführen, können Sie LDAP-Clients, die den Dienst verwenden, über ihren eigenen LDAP-Server bei Bedarf an ein LDAP-Verzeichnis eines Fremdanbieters verweisen.

Es ist wichtig, eine Strategie zur Verwaltung mehrerer Verzeichnisse zu entwickeln. Sie können einen Verzeichniskatalog und die Verzeichnisverwaltung einrichten, um die Namenssuche und Client-Authentifizierung problemlos über das primäre Domino-Verzeichnis hinaus zu erweitern (siehe *Abbildung 7.1*).

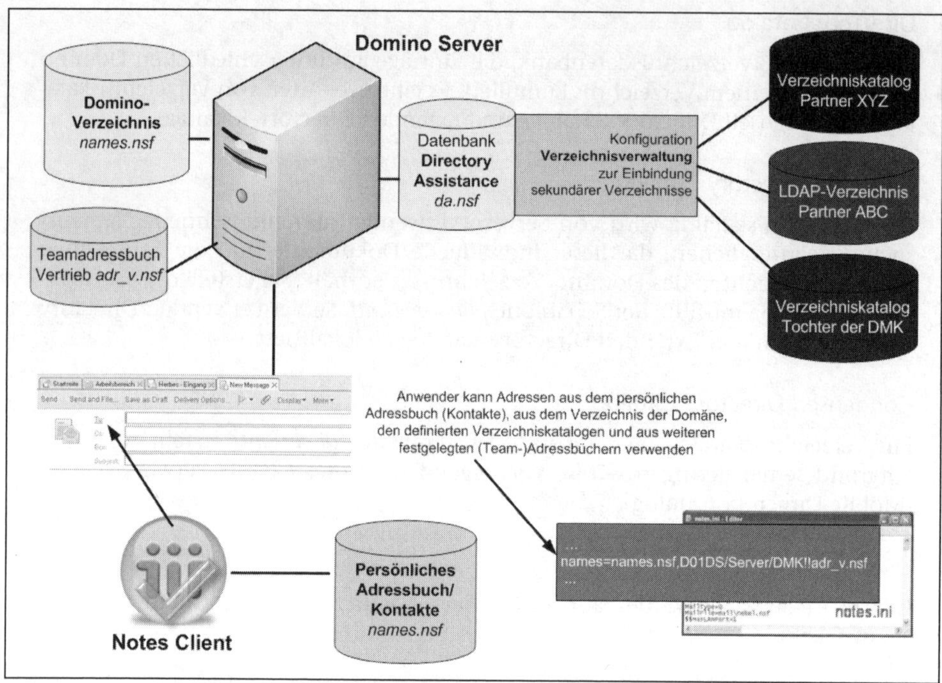

Abbildung 7.1: Verzeichnis- und Katalogeinbindung unter Lotus Notes Domino

7.1 Verwaltung mehrerer Verzeichnisse planen

Für die Verwaltung mehrerer *Verzeichnisse* stehen Ihnen *Verzeichniskataloge*, die *Verzeichnisverwaltung* sowie *Verzeichnisserver* zur Verfügung, deren Besonderheiten und Funktionen im Folgenden näher beschrieben werden.

7.1.1 Verzeichniskataloge

In einem Verzeichniskatalog werden Informationen aus einem oder mehreren Domino-Verzeichnissen in eine einzige Datenbank zusammengefasst, auf die schnell zugegriffen werden kann. Anhand eines Verzeichniskatalogs können Benutzer und Server auf einfache Weise nach Adressen und anderen Informationen über die Personen, Gruppen, Mail-In-Datenbanken und Ressourcen suchen, die in der Organisation verfügbar sind, unabhängig von der Anzahl der Notes-Domänen und Domino-Verzeichnisse, die die Organisation verwendet. In einem Verzeichniskatalog werden nur die Informationen gespeichert, die für Benutzerverzeichnisdienste relevant sind. Andere Informationen, z.B. Serverkonfigurationseinstellungen, die Teil eines gesamten Domino-Verzeichnisses sind, werden ausgeschlossen. In einem Verzeichniskatalog wird nur eine bestimmte Untermenge der ursprünglichen Informationen zusammengeführt. Ein Verzeichniskatalog ist eine Ergänzung zum Domino-Verzeichnis einer Domäne (z.B. um Benutzern die Möglichkeit zu geben, Adressen von Tochter- und Partnerunternehmen zu verwenden) sowie zum persönlichen Notes-Adressbuch (z.B. für ein Teamadressbuch) und ersetzt diese nicht.

Gewöhnlich verwendet eine Organisation zwei Verzeichniskataloge, für die Administratoren geringfügig unterschiedliche Konfigurationsoptionen wählen: einen mobilen Verzeichniskatalog (Condensed Directory Catalog) und einen Serververzeichniskatalog (Extended Directory Catalog). Ein mobiler Verzeichniskatalog wird speziell für die Verwendung auf Notes Clients eingerichtet. Desktop- oder Setup-Einstellungsdokumente für Richtlinien ermöglichen die einfache Zuteilung bzw. Einrichtung eines mobilen Verzeichniskatalogs für die Clients. Zur Konfiguration eines mobilen Verzeichniskatalogs erstellen Sie anhand der Schablone *dircat5.ntf* eine Datenbank.

Ein Serververzeichniskatalog wird speziell von Servern verwendet. Durch Serververzeichniskataloge wird die Namenssuche in sekundären Domino-Verzeichnissen auf dem Server beschleunigt. Zur Erstellung dieses Verzeichniskatalogs verwenden Sie die Schablone *pubnames.ntf*.

7.1.2 Verzeichnisverwaltung

Die Verzeichnisverwaltung erweitert die Notes-Namenssuche, die LDAP-Suche, die Webclient-Authentifizierung auf sekundäre Domino- und LDAP-Verzeichnisse. Verwenden Sie zur Konfiguration der Verzeichnisverwaltung eine Verzeichnisverwaltungsdatenbank, die mit der Schablone *da50.ntf* erstellt wurde. In dieser Datenbank erstellen Sie ein Dokument für jedes Verzeichnis, das Sie durchsuchen möchten. In diesem Dokument geben Sie unter anderem den Pfad des Verzeichnisses und die Namensregeln an, die die Namen im Verzeichnis beschreiben.

Verzeichnisse zur Authentifizierung

Seit der Version 8 können Verzeichnisse rein zu Authentifizierungszwecken genutzt werden. Einige Unternehmen verwenden dedizierte Verzeichnisse zu Authentifizierungszwecken, Autorisierung oder zur Mail-Adressierung. In früheren Domino-Versionen war es nicht ohne Weiteres möglich, die Mail-Adressen-Suchanfragen auf Verzeichnisse zu verhindern, die nur zur Autorisierung oder Authentifizierung vorgesehen waren, was zu Performance-Einbußen oder mehrdeutigen Namen bei der Mail-Adressen-Suche führen konnte (siehe *Abbildung 7.2*). Mit der neuen Verzeichnisverwaltungsoption (siehe *Abbildung 7.3*) können Sie ein sekundäres Verzeichnis beispielsweise nur für Authentifizierungszwecke bereitstellen, wenn

- Sie ein Domino- und ein LDAP-Verzeichnis haben, die identische Namen enthalten;
- Sie die LDAP-Verzeichnisnamen nicht für Mail verwenden;
- Ihre Mail-Clients Dialogfelder NAME IST NICHT EINDEUTIG beim Senden von Mail anzeigen.

Es ist allgemein üblich, einen organisationsinternen LDAP-Server zum Bereitstellen von Authentifizierungsdiensten (Benutzer-ID/Kennwort) für die einmalige Anmeldung (Single-Sign-On, SSO) zu verwenden. Oftmals sind diese LDAP-Server nicht für Verzeichnissuchen im Zusammenhang mit Mail-Routing vorgesehen.

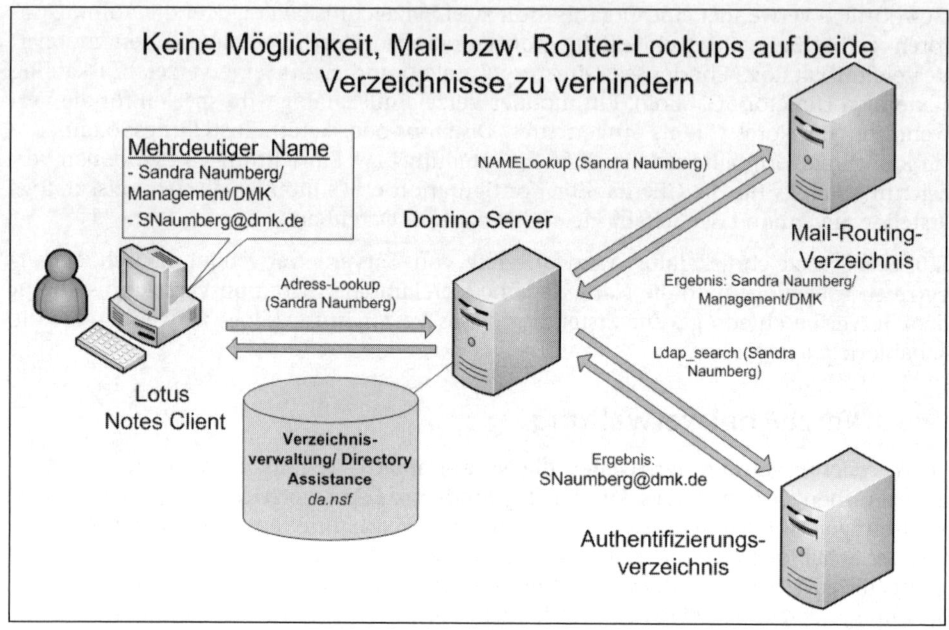

Abbildung 7.2: Früher gab es keine Möglichkeit, zu verhindern, dass der Mailer/Router Lookups auf beide Verzeichnisse durchführt (vergleiche Abbildung 7.3).

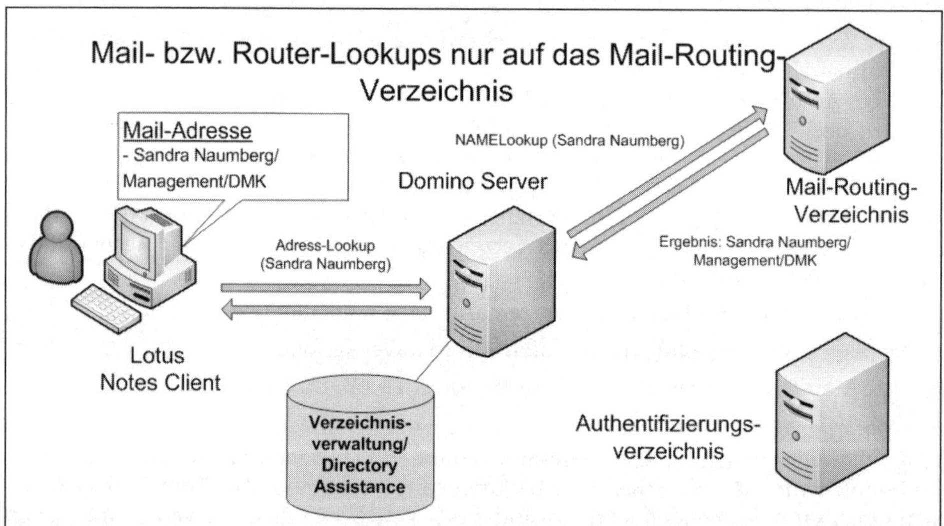

Abbildung 7.3: Heute findet der Lookup des Routers/Mailers nur auf das Mail-Routing-Verzeichnis statt (vergleiche Abbildung 7.2).

Das *LTPA-Token*, das zur Authentifizierung von Benutzern für die einmalige Anmeldung (SSO) erstellt wird, enthält den Namen des authentifizierten Benutzers. Wenn Domino ein LTPA-Token erstellt, fügt er den eindeutigen Domino-Namen standardmäßig zum Token hinzu. Wenn ein *WebSphere Server* das Token von einem Benutzer erhält, der sich am Server anzumelden versucht, muss der WebSphere Server dieses Namensformat erkennen können. Wenn er es nicht erkennt, wird das Token ignoriert, die einmalige Anmeldung schlägt fehl und der Benutzer wird aufgefordert, sich erneut anzumelden.

Domino-Administratoren können jetzt den in einem von Domino erstellten LTPA-Token enthaltenen Benutzernamen dem Namen zuordnen, der von WebSphere erwartet wird, um sicherzustellen, dass der Name in einer gemischten Domino- und WebSphere-Umgebung, in der Domino und WebSphere nicht dasselbe Verzeichnis verwenden, erkannt wird. In einer Domino-Umgebung mit verschiedenen Versionen funktioniert die Benutzernamenzuordnung im LTPA-Token nur, wenn das Token von einem Domino Server ab der Version 7.0 erstellt wird. Wenn auf Servern mit Versionen vor Domino 7.0 das Personendokument im Feld für den vollständigen Namen als zweiten Wert den im LTPA-Token verwendeten Benutzernamen enthält (z.B. zu Alias-Zwecken), können Benutzer auch auf Datenbanken auf Domino 6.02 Servern und höher sowie auf WebSphere Server zugreifen.

Wie Sie den Benutzernamen angeben, der im LTPA-Token verwendet werden soll, hängt von der Verzeichniskonfiguration ab, die in Ihrer SSO-Umgebung verwendet wird:

- Wenn Notes-Benutzerinformationen nur in einem Domino-Verzeichnis enthalten sind, geben Sie die Benutzernamenzuordnung im Personendokument an.
- Wenn Notes-Benutzerinformationen in einem unternehmensspezifischen LDAP-Verzeichnis enthalten sind, konfigurieren Sie die Benutzernamenzuordnung in der Verzeichnisverwaltung.
- Wenn die Organisation sowohl Domino- als auch LDAP-Verzeichnisse verwendet, konfigurieren Sie das Domino-Personendokument und die SSO-Informationen der Verzeichnisverwaltung.

Mehr Informationen erhalten Sie in *Kapitel 5.16, Serverübergreifende, sitzungsbasierte Namens- und Kennwortauthentifizierung für Webbenutzer (Single Sign-On).*

Da Domino kein universelles Namenszuordnungsschema für Identitäten im Domino-Stil (vollständige Namen oder eindeutige Namen in der Form cn=xxxx, ou=yyyy, o=zzzz) und die weniger (oder anders) eingeschränkten eindeutigen Namensformate unterstützt, die über zahlreiche LDAP-Verzeichnisse implementiert werden, kann der Einsatz eines LDAP-Verzeichnisses für die Autorisierung zu Problemen mit mehrdeutigen Namen zwischen einigen Domino-Diensten führen, wenn doppelte Einträge in den nativen Domino-Verzeichnissen und dem eingesetzten LDAP-Verzeichnis existieren. Da doppelte Einträge häufig vorkommen, wenn das LDAP-Verzeichnis eingesetzt wird, um SSO zu ermöglichen oder um LDAP-basierte Authentifizierung für Internet-Dienste bereitzustellen, sollten Sie Nachschlagevorgänge in den LDAP-Verzeichnissen vermeiden. Anderenfalls kann das Senden von E-Mail zu einer größeren Anzahl von unnötigen Nachschlagevorgängen im LDAP-Verzeichnis führen und so die Leistung reduzieren.

Regeln in der Verzeichnisverwaltung

Wenn Sie in der Verzeichnisverwaltungsdatenbank ein Verzeichnisverwaltungsdokument erstellen, müssen Sie eine oder mehrere Namensregeln festlegen, die den hierarchischen Namen der Einträge im Verzeichnis entsprechen (siehe *Abbildung 7.4*). Dies wird ausführlich nachfolgend in *Kapitel 7.2.3, Konfiguration der Verzeichnisverwaltung*, und dessen Unterkapiteln beschrieben.

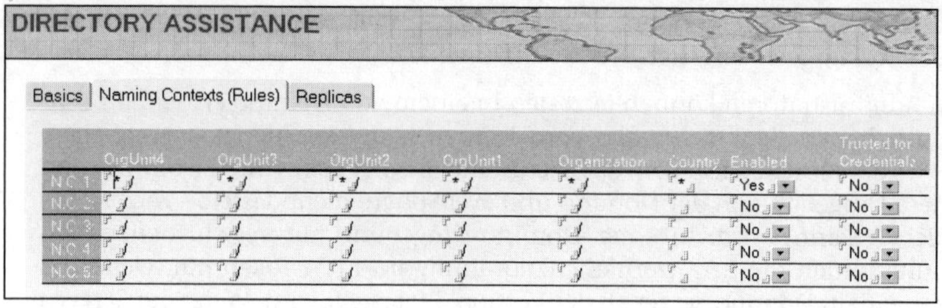

DIRECTORY ASSISTANCE

Basics | Naming Contexts (Rules) | Replicas

	OrgUnit4	OrgUnit3	OrgUnit2	OrgUnit1	Organization	Country	Enabled	Trusted for Credentials
N.C. 1	*	*	*	*	*	*	Yes	No
N.C. 2							No	No
N.C. 3							No	No
N.C. 4							No	No
N.C. 5							No	No

Abbildung 7.4: Konfiguration der Regeln über ein Verzeichnisverwaltungsdokument

Die Verzeichnisverwaltung verwendet Namensregeln, um die Reihenfolge festzulegen, in der die Verzeichnisse durchsucht werden, wenn die Benutzer hierarchische Namen angeben und mehrere Verzeichnisse in der Verzeichnisverwaltung konfiguriert sind. Wenn Sie die Verzeichnisverwaltung verwenden, um

- LDAP-Clients, die den Domino LDAP-Dienst verwenden, an ein anderes LDAP-Verzeichnis weiterzuleiten, und
- ein Client eine Suchbasis angibt (d.h. einen eindeutigen Namen für den zu durchsuchenden Zweig eines Verzeichnisbaums) und
- das LDAP-Verzeichnisverwaltungsdokument für eine Weitergabe konfiguriert ist und eine Namensregel enthält, die der angegebenen Suchbasis entspricht, dann

leitet die Verzeichnisverwaltung den Client an dieses LDAP-Verzeichnis weiter, falls das primäre Domino-Verzeichnis die Suchanfrage nicht beantworten kann.

Verwenden Sie Namensregeln auch für die Authentifizierung von Webclients, die in einem sekundären Domino-Verzeichnis oder einem LDAP-Verzeichnis registriert sind. Wenn Sie eine Namensregel erstellen, müssen Sie diese Regel als für die Authentifizierung vertrauenswürdig anerkennen. Die Verwendung einer vertrauenswürdigen Regel gewährleistet, dass Domino nur die Benutzer autorisiert, für die es Namen in dem Verzeichnis gibt, die der Regel entsprechen.

Wenn die Benutzer allgemeine oder hierarchische Namen angeben, die einer Namensregel in mehr als einem Verzeichnisverwaltungsdokument entsprechen, entscheidet die Verzeichnisverwaltung, welches Verzeichnis als Erstes entsprechend der für die einzelnen Verzeichnisse festgelegten Suchreihenfolge durchsucht wird.

Die Namensregeln verwenden das X.500-Modell eindeutiger Namen, das den Namen eindeutige Komponenten, beispielsweise Unterorganisations- und Organisationsnamen, zuweist. Jede Komponente einer Regel muss eines der folgenden Elemente enthalten:

- Einen Namen für die Komponente, beispielsweise DMK für den Organisationsnamen
- Einen Stern (*), um alle Namen dieser Komponente der Namenshierarchie einzuschließen
- Ein Nullzeichen (nichts oder ein Leerzeichen), um alle Namen dieser Komponente der Namenshierarchie auszuschließen

Die folgende Tabelle enthält Beispiele für Namensregeln und beschreibt, wie die einzelnen Regeln diese Namen ein- oder ausschließen:

- Maria Hertz/Omega
- Monika Reichelt/Vertrieb/Ost/DMK/DE
- Daniel Conrad/Marketing/Ost/DMK/DE
- Markus Buss/IS/West/DMK/DE
- Tim Fernau/Buchhaltung/West/DMK/DE
- Lisa Krause/West/DMK/US
- Phillip Schneider/West/DMK/DE

Regel	Gibt Folgendes an	Gibt Folgendes nicht an
//*/*/*/*	Alle Namen im Verzeichnis	Keine Namen
/ / */ */DMK/*	▸ Monika Reichelt/Vertrieb/Ost/DMK/DE ▸ Daniel Conrad/Marketing/Ost/DMK/DE ▸ Markus Buss/IS/West/DMK/DE ▸ Tim Fernau/Buchhaltung/West/DMK/DE ▸ Lisa Krause/West/DMK/US ▸ Phillip Schneider/West/DMK/DE	▸ Maria Hertz/Omega
/ / */West/DMK/*	▸ Markus Buss/IS/West/DMK/DE ▸ Tim Fernau/Buchhaltung/West/DMK/DE ▸ Lisa Krause/West/DMK/US ▸ Phillip Schneider/West/DMK/DE	▸ Maria Hertz/Omega ▸ Monika Reichelt/Vertrieb/Ost/DMK/DE ▸ Daniel Conrad/Marketing/Ost/DMK/DE
/ / /West/DMK/*	▸ Lisa Krause/West/DMK/US ▸ Phillip Schneider/West/DMK/DE	▸ Maria Hertz/Omega ▸ Monika Reichelt/Vertrieb/Ost/DMK/DE ▸ Daniel Conrad/Marketing/Ost/DMK/DE ▸ Markus Buss/IS/West/DMK/DE ▸ Tim Fernau/Buchhaltung/West/DMK/DE
/ /IS/West/DMK/*	▸ Markus Buss/IS/West/DMK/DE	▸ Maria Hertz/Omega ▸ Monika Reichelt/Vertrieb/Ost/DMK/DE ▸ Daniel Conrad/Marketing/Ost/DMK/DE ▸ Tim Fernau/Buchhaltung/West/DMK/DE ▸ Lisa Krause/West/DMK/US ▸ Phillip Schneider/West/DMK/DE

Wenn Webclients eine Verbindung zu einem Domino Webserver herstellen, kann der Server die Sicherheitsinformationen in einem sekundären Domino-Verzeichnis zur Authentifizierung der Clients verwenden. Geben Sie beim Konfigurieren der Verzeichnisverwaltung für das sekundäre Verzeichnis eine bzw. mehrere hierarchische Namensregeln an, die Sie für die Authentifizierung als vertrauenswürdig anerkennen. Domino authentifiziert dann nur die Webclients, deren Personendokumente hierarchische Namen enthalten, die einer vertrauenswürdigen Namensregel entsprechen.

Nachdem der Webserver einen Webclient authentifiziert hat, überprüft der Server die Zugriffsberechtigung des Webclients auf die Datenbank. Wenn Sie in den Zugriffskontrolllisten von Datenbanken, die auf dem Webserver gespeichert sind, Gruppen verwenden, müssen Sie diese auch in ein Verzeichnis aufnehmen. Befinden sich die Gruppen in einem sekundären Verzeichnis, so aktivieren Sie für das sekundäre Verzeichnis in der Verzeichnisverwaltung sowohl die Notes Client- und Internet-Authentifizierung/Autorisierung als auch die Gruppenautorisierung (siehe *Kapitel 7.2.3, Konfiguration der Verzeichnisverwaltung)*. Der Domino Server überprüft dann die Mitgliedschaft des Webclients in den Gruppen des primären Domino-Verzeichnisses und zusätzlich in denen des sekundären Verzeichnisses.

7.1.3 Verzeichnisserver

Ein Verzeichnisserver ist ein Domino Server, der für Verzeichnisdienste konfiguriert wurde. Durch einen Verzeichnisserver wird die Serverbelastung reduziert, insbesondere von Mail-Servern, die in der Regel Mail-Dienste und Verzeichnisdienste zur Verfügung stellen. Sie können ein Desktop- oder Setup-Einstellungsdokument für Richtlinien erstellen, um Notes-Benutzer für die Verwendung eines Verzeichnisservers einzurichten. Wenn der Benutzer dann eine Namenssuche ausführt, wird auf dem Verzeichnisserver gesucht und nicht auf dem Mail-Server des Benutzers.

Ein Verzeichnisserver kann:

- In einer zentralisierten Verzeichnisarchitektur das primäre Domino Directory halten, das Server mit einem Configuration Domino Directory für Abfragen verwenden.
- Den LDAP-Dienst laufen lassen.
- Den Dircat-Task laufen lassen, um Verzeichniskataloge aufzubauen und zur Verfügung zu stellen.
- Repliken der Verzeichnisse, die im Directory Catalog zusammengefasst werden, halten.
- Repliken der sekundären Domino-Verzeichnisse, auf die die Server in der Domäne über Directory Assistance zugreifen, aufnehmen.

7.2 Directory Assistance/Verzeichnisverwaltung

In einem System mit mehreren Verzeichnissen ist das primäre Domino-Verzeichnis des Servers das Verzeichnis, in dem dieser Server registriert ist. Das primäre Domino-Verzeichnis eines Servers verwendet den Dateinamen *names.nsf*. Vom Standpunkt eines bereits vorhandenen Servers aus ist jedes Domino-Verzeichnis innerhalb der Organisation, bei dem es sich nicht um das primäre Domino-Verzeichnis des Servers handelt, ein sekundäres Domino-Verzeichnis.

Dabei stellt Directory Assistance folgende Funktionen zur Verfügung:

- *Client-Authentifizierung:* Um einen Benutzer zu authentifizieren, der auf eine Datenbank auf einem IBM Lotus Domino-Server über ein beliebiges unterstütztes Internet-Protokoll zugreift, z.B. Web (HTTP), IMAP, POP3 oder LDAP, können Server die Identifikationsdaten der Benutzer in einem Verzeichnis durchsuchen, das in der entsprechenden Verzeichnisverwaltungsdatenbank konfiguriert ist. Server können als Sicherheitsfunktion X.509-Zertifikate oder Benutzername und Kennwort zur Authentifizierung verwenden.
- Suche nach Gruppen für die *Datenbankautorisierung*: Wenn eine Datenbank-ACL eine Gruppe enthält, die sich im primären Domino-Verzeichnis eines Servers befindet, kann der Server automatisch nach den Mitgliedern der Gruppe suchen, um damit den Datenbankzugriff der Benutzer zu autorisieren. Sie können für die Datenbankautorisierung verwendete Gruppen im primären Domino-Verzeichnis und in einem zusätzlichen Verzeichnis speichern. Bei diesem Verzeichnis kann es sich um ein sekundäres Domino-Verzeichnis, einen erweiterten Verzeichniskatalog oder ein Remote-LDAP-Verzeichnis handeln. Wenn das primäre Domino-Verzeichnis für die Datenbankautorisierung eine Gruppe mit demselben Namen wie das zusätzliche Verzeichnis verwendet, verwendet der Server die Gruppen im primären Domino-Verzeichnis.
- Notes Mail-Adressierung: Sie können die Verzeichnisverwaltung auf den Mail- oder Verzeichnisservern einrichten, um Benutzern zu ermöglichen, Mail an Benutzer zu adressieren, die sich nicht im Domino-Verzeichnis ihrer Domino-Domäne befinden.
- Suchen und Weitergeben von *LDAP-Services*: Wenn ein Domino Server den LDAP-Service ausführt, haben Sie folgende Möglichkeiten:
  - Sie können die Verzeichnisverwaltung für Domino-Verzeichnisse oder erweiterte Verzeichniskataloge so einrichten, dass der LDAP-Service diese Verzeichnisse zum Verarbeiten der LDAP-Client-Anfragen verwendet.
  - Sie können die Verzeichnisverwaltung für ein Remote-LDAP-Verzeichnis so einrichten, dass der LDAP-Service LDAP-Clients an das Verzeichnis weiterleiten kann, wenn eine Suche in einem Domino-Verzeichnis oder einem erweiterten Verzeichniskatalog erfolglos ist.

Sie können die Verzeichnisverwaltung für ein Remote-LDAP-Verzeichnis oder Domino-Verzeichnis verwenden. Bei dem Remote-LDAP-Verzeichnis kann es sich um ein beliebiges LDAP-kompatibles Verzeichnis handeln, das sich entweder auf einem Remote-LDAP-Verzeichnisserver oder auf einem Domino Server befindet, der den LDAP-Dienst ausführt.

Die Verzeichnisverwaltungsdatenbank, im Englischen mit dem passenderen Namen DIRECTOTY ASSISTANCE (DA) betitelt, bindet durch eine entsprechende Konfiguration Verzeichnisse in Ihre Domino-Domäne ein. Erstellen Sie für jedes Verzeichnis, das Sie über die Verzeichnisverwaltung einbinden möchten, ein Verzeichnisverwaltungsdokument, in dem die Einträge für das Verzeichnis und ihre Verwendung beschrieben werden, und konfigurieren Sie Ihre Server, sodass sie die Verzeichnisverwaltungsdatenbank verwenden.

Um Namen in einem Domino Directory oder einem Extended Directory Catalog zu finden, verwendet Domino sogenannte NameLookup-Aufrufe. Um Namen in einem LDAP-Verzeichnis zu finden, verwendet Domino ein Gateway-Feature, das NameLookup-Aufrufe in LDAP-Operationen und umgekehrt übersetzt. Ein Domino Server braucht also keine LDAP-Dienste zu aktivieren, um Remote-LDAP-Verzeichnisse für Verzeichnisdienste zu verwenden.

7.2.1 Einrichtung der Verzeichnisverwaltung

Erstellen Sie für die Konfiguration der Verzeichnisverwaltung für eine Notes-Domäne zunächst die Datenbank DIRECTORY ASSISTANCE BZW. die Verzeichnisverwaltungsdatenbank (siehe *Abbildung 7.4*). Erstellen Sie dann auf jedem Server in der Domäne, der die Datenbank für die Verzeichnisverwaltung verwenden wird, eine Replik der Datenbank.

1. Wählen Sie in Domino Administrator DATEI/FILE > ANWENDUNG/APPLICATION > NEU/NEW und gehen Sie wie folgt vor:
   1. Geben Sie den Namen des Servers ein, auf dem die Datenbank erstellt werden soll.
   2. Geben Sie einen Titel für die Datenbank ein, z.B. DIRECTORY ASSISTANCE. Sie können jeden beliebigen Titel verwenden.
   3. Geben Sie einen Dateinamen für die Datenbank ein, z.B. *da.nsf*. Sie können jeden beliebigen Dateinamen verwenden.
   4. Klicken Sie auf SCHABLONENSERVER/TEMPLATE SERVER, wählen Sie einen Server, auf dem die Schablone für die Verzeichnisverwaltung (*da50.ntf*) gespeichert ist, und dann die Schablone aus.
   5. Stellen Sie sicher, dass die Option KÜNFTIGE GESTALTUNGSÄNDERUNGEN ÜBERNEHMEN/INHERIT FUTURE DESIGN CHANGES ausgewählt ist, und klicken Sie auf OK.

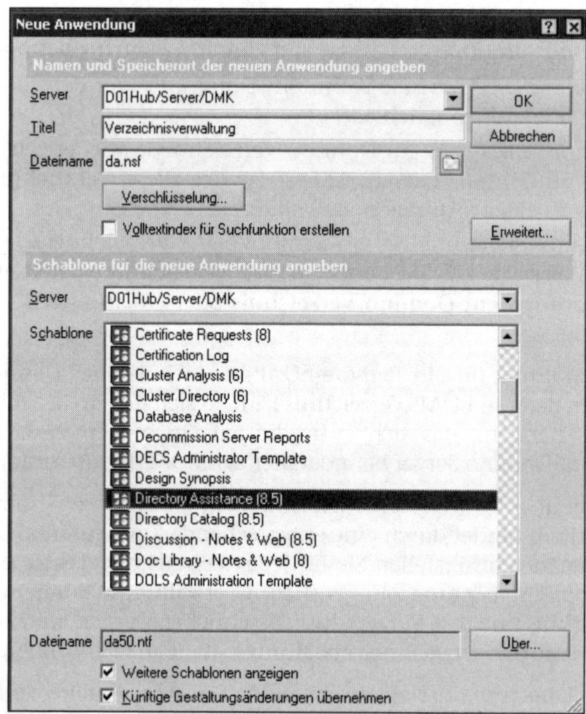

Abbildung 7.5: Erstellung der Datenbank auf Basis der Schablone da50.ntf

2. Legen Sie Repliken auf allen Servern an, die DA verwenden sollen. Dies sind beispielsweise die Mail-Server der Benutzer.
3. Stellen Sie sicher, dass die notwendigen Verbindungsdokumente eingerichtet wurden, sodass die Repliken Informationen austauschen können.

7.2.2 Einbindung der Verzeichnisverwaltung

Sie haben zwei Möglichkeiten, die Datenbank zur Verzeichnisverwaltung in die Domäne einzubinden, zum einen den hier beschriebenen Weg über den Administrationsprozess; zum anderen können Sie den Datenbanknamen direkt in das Serverdokument eintragen. Wechseln Sie dazu in das entsprechende Serverdokument und tragen Sie unter der Registerkarte ALLGEMEIN/BASICS im Bereich VERZEICHNISINFORMATIONEN/DIRECTORY INFORMATION den Pfad unterhalb des Data-Verzeichnisses zu Ihrer Verzeichnisverwaltungsdatenbank ein (siehe *Abbildung 7.6*).

Directory Information	
Directory assistance database name:	da.nsf
Name of condensed directory catalog on this server:	
Trust the server based condensed directory catalog for authentication with internet protocols:	☐ Yes
Directory Type:	Primary Domino Directory
Allow this directory to be used as a remote primary directory for other servers:	☑ Yes

Abbildung 7.6: Eintrag der Verzeichnisverwaltung in das Serverdokument

Um die Verzeichnisverwaltung über den Administrationsprozess für die betroffenen Server verfügbar zu machen, gehen Sie wie folgt vor:

1. Erstellen Sie auf jedem Server, der die Verzeichnisverwaltung verwenden wird, eine Replik der Verzeichnisverwaltungsdatenbank. Verwenden Sie für jede Replik denselben Dateinamen und Pfad, um mehrere Server problemlos für die Verwendung der Verzeichnisverwaltung einzurichten.
2. Tragen Sie den Dateinamen der Replik der Verzeichnisverwaltungsdatenbank in die Serverdokumente im Domino-Verzeichnis ein, um die Server für die Verzeichnisverwaltung einzurichten. Sie können den Dateinamen der Verzeichnisverwaltungsdatenbank in ein Serverdokument manuell eingeben oder den Administrationsprozess verwenden, um den Dateinamen der Verzeichnisverwaltungsdatenbank mehreren Serverdokumenten hinzuzufügen. Der Administrationsprozess erstellt eine Anforderung zum Konfigurieren einer Verzeichnisverwaltungsdatenbank, die den Dateinamen der Verzeichnisverwaltungsdatenbank und optional den Pfad in das Feld DATENBANKNAME FÜR VERZEICHNISVERWALTUNG/DIRECTORY ASSISTANCE DATABASE NAME der Serverdokumente kopiert.

   Stellen Sie sicher, dass Sie in der ACL des Domino-Verzeichnisses, dem Sie die Dateinamen hinzufügen werden, entweder Autorzugriff und die Rolle SERVERMODIFIER oder Editorzugriff haben.

   Klicken Sie in Domino Administrator auf das Register KONFIGURATION/CONFIGURATION.

   1. Wählen Sie SERVER > ALLE SERVERDOKUMENTE/ALL SERVER DOCUMENTS.
   2. Wählen Sie all die Serverdokumente für Server aus, die denselben Dateinamen für die Replik der Verzeichnisverwaltungsdatenbank verwenden.

3. Wählen Sie über die Menüleiste AKTIONEN/ACTIONS > INFORMATIONEN ZUR VERZEICHNISVERWALTUNG FESTLEGEN/SET DIRECTORY ASSISTANCE INFORMATION (siehe *Abbildung 7.7*).

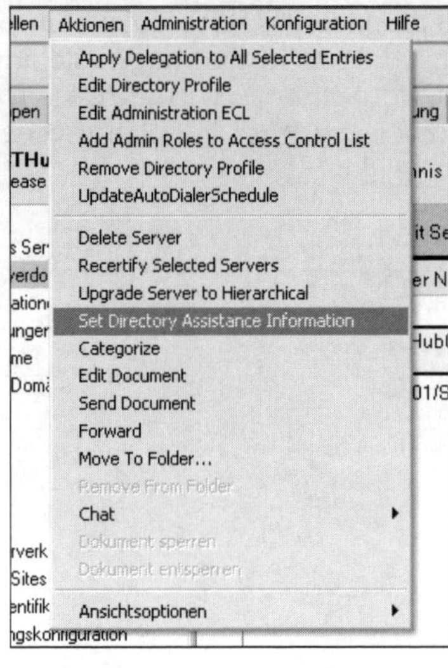

Abbildung 7.7: Informationen zur Verzeichnisverwaltung über den Domino Administrator Client festlegen

4. Geben Sie den Dateinamen ein, den Sie der Verzeichnisverwaltungsdatenbank auf diesen Servern zugewiesen haben, z.B. *verzeichnis.nsf* oder *da.nsf* (siehe *Abbildung 7.8*). Wenn sich die Verzeichnisverwaltungsdatenbank in einem Unterverzeichnis befindet, müssen Sie den Pfad relativ zum Data-Verzeichnis angeben, z.B. *verzeichnisse\da.nsf*.

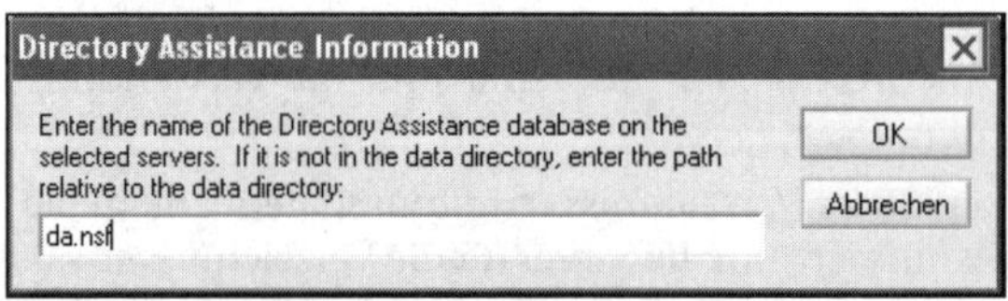

Abbildung 7.8: Definition der Verzeichnisverwaltungsdatenbank auf dem Server

5. Klicken Sie auf OK.
6. Nach Abarbeitung der Anforderung finden Sie den Eintrag für die Datenbank im Serverdokument.

7.2.3 Konfiguration der Verzeichnisverwaltung

Wenn Sie eine englischsprachige Domino Server-Version verwenden, arbeiten Sie mit einer englischen Schablone der Verzeichnisverwaltungsdatenbank (DA), falls Sie kein Language-Pack verwenden.

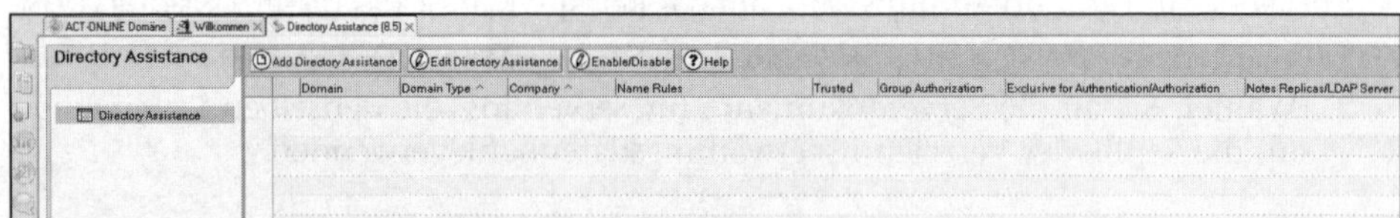

Abbildung 7.9: Die leere Verzeichnisverwaltungsdatenbank

Überprüfen Sie in Domino Administrator, ob der Eintrag für die Verzeichnisverwaltung übernommen wurde.

1. Klicken Sie in Domino Administrator auf das Register KONFIGURATION/CONFIGURATION.
2. Erweitern Sie im linken Fenster die Ansicht VERZEICHNIS/DIRECTORY > VERZEICHNISSERVER/DIRECTORY SERVERS und überprüfen Sie den dazugehörigen Eintrag für den Server bezüglich der Verzeichnisverwaltung (siehe *Abbildung 7.10*).

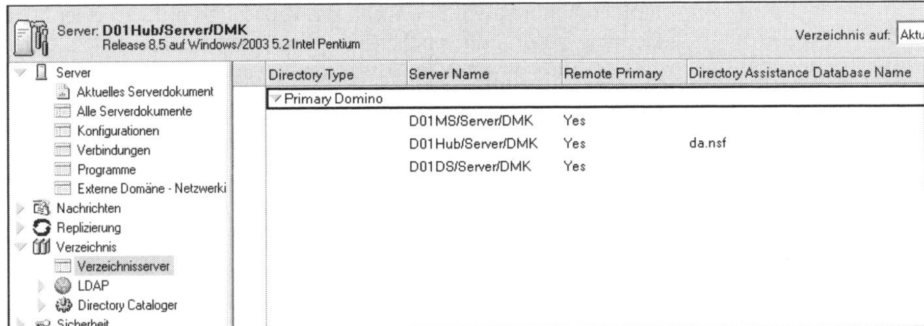

Abbildung 7.10: Überprüfung der Einbindung der Verzeichnisverwaltungsdatenbank

3. Öffnen Sie die Verzeichnisverwaltungsdatenbank und klicken Sie auf VERZEICHNISVERWALTUNG HINZUFÜGEN/ADD DIRECTORY ASSISTANCE.
4. An dieser Stelle müssen Sie eine Auswahl treffen, ob Sie ein Dokument zur Einbindung eines Domino Directory oder eines Extended Directory Catalog oder zur Einbindung eines Remote LDAP Directory erstellen wollen.

Directory Assistance-Dokument zur Einbindung eines Domino Directory oder eines Extended Directory Catalog erstellen

Nachdem Sie die Verzeichnisverwaltung hinzugefügt haben, gehen Sie wie folgt vor:

1. Unter der Registerkarte ALLGEMEIN/BASICS nehmen Sie folgende Einträge vor, um ein Directory Assistance-Dokument zur Einbindung eines Domino Directory oder eines Extended Directory Catalog zu erstellen (siehe *Abbildung 7.11*):

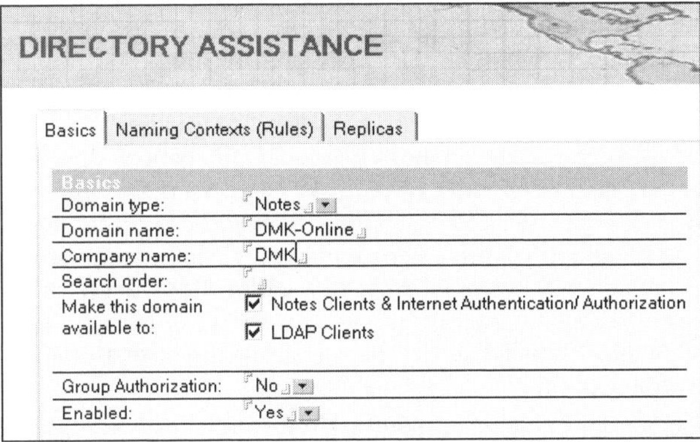

Abbildung 7.11: Allgemeine Festlegungen zur Verzeichnisverwaltungsdatenbank

Feld	Eingabe
DOMÄNENTYP/ DOMAIN TYPE	Wählen Sie NOTES.
DOMÄNENNAME/ DOMAIN NAME	Der Name der zum Verzeichnis gehörigen Notes-Domäne. Der Domänenname muss sich von der primären Notes-Domäne und von allen anderen Domänennamen unterscheiden, die in der Verzeichnisverwaltung konfiguriert wurden. Wenn das Verzeichnis nicht zu einer Notes-Domäne gehört, müssen Sie einen Domänennamen erfinden. Geben Sie keinesfalls die primäre Notes-Domäne an.
FIRMENNAME/ COMPANY NAME	Der Name der Firma, die zu diesem Verzeichnis gehört. Es kann für mehrere Verzeichnisverwaltungsdokumente derselbe Firmenname verwendet werden (optional).
SUCHREIHENFOLGE/ SEARCH ORDER	Eine Zahl, die die Reihenfolge angibt, in der dieses Verzeichnis durchsucht wird, relativ zu anderen Verzeichnissen in der Datenbank VERZEICHNISVERWALTUNG. Wenn die Benutzer einen Namen angeben, der Namensregeln in mehreren Verwaltungsdokumenten entspricht, verwendet die Verzeichnisverwaltung die für das Verzeichnis konfigurierte Suchreihenfolge, um festzustellen, welches Verzeichnis zuerst durchsucht werden soll oder – im Falle einer LDAP-Weitergabe – an welches Verzeichnis LDAP-Clients verwiesen werden sollen. Wenn Sie keine Suchreihenfolge angeben oder wenn Sie zwei Verzeichnissen dieselbe Suchreihenfolge zuweisen, durchsucht die Verzeichnisverwaltung die Verzeichnisse in alphabetischer Reihenfolge, entsprechend den Namen im Feld DOMÄNENNAME der einzelnen Verzeichnisverwaltungsdokumente. Die Verzeichnisverwaltungsansicht in der Verzeichnisverwaltungsdatenbank zeigt immer die aktuelle Suchreihenfolge für die Verzeichnisse an.
VERWENDUNG DER DOMÄNE/ MAKE THIS DOMAIN AVAILABLE TO	Wählen Sie eine der Optionen oder beide: ▶ NOTES CLIENTS AND INTERNET AUTHENTICATION/AUTHORIZATION ▶ LDAP CLIENTS Wählen Sie NOTES CLIENTS AND INTERNET AUTHENTICATION/AUTHORIZATION, um das Verzeichnis für das Adressieren in Notes-Mails, Internet-Client-Authentifizierung oder zur Gruppensuche während der Datenbankautorisierung zur Verfügung zu stellen. Standardmäßig ist diese Option aktiviert. Um zu verhindern, dass das angegebene Verzeichnis für diese Dienste verwendet wird, deaktivieren Sie diese Option. Wenn in einer zentralen Verzeichnisarchitektur die Verzeichnisverwaltung benutzt wird, um einem Server mit einem Konfigurationsverzeichnis einen Verweis auf eine vollständige Replik des primären Verzeichnisses bereitzustellen, verwendet der Server mit dem Konfigurationsverzeichnis diese drei Dienste automatisch, selbst dann, wenn diese Option nicht ausgewählt wurde. Wählen Sie LDAP CLIENTS, um den LDAP-Dienst zu aktivieren, sodass das Verzeichnis über LDAP-Anfragen durchsucht werden kann. Wenn Sie dies nicht wünschen, deaktivieren Sie diese Option.

Feld	Eingabe
GRUPPE AUTHENTIFIZIEREN/ GROUP AUTHORIZATION	Wählen Sie eine der Optionen: ▶ YES, um die Gruppenmitglieder in diesem Verzeichnis für die Datenbankzugriffsautorisierung zu verwenden. Sie müssen daneben noch die Option MAKE THIS DOMAIN AVAILABLE TO: NOTES CLIENTS AND INTERNET AUTHENTICATION/AUTHORIZATION aktivieren. ▶ NO (default), um zu verhindern, dass die Gruppenmitglieder in diesem Verzeichnis für die Datenbankzugriffsauthentifizierung verwendet werden. Sie müssen keine Regel des Typs TRUSTED FOR CREDENTIALS aktivieren. Aktivieren Sie diese Regeln nur in einem Dokument zur Verzeichnisverwaltung, Notes oder LDAP, in der Verzeichnisverwaltungsdatenbank. Wenn in einer zentralen Verzeichnisarchitektur die Verzeichnisverwaltung benutzt wird, um einem Server mit einem Konfigurationsverzeichnis einen Verweis auf eine vollständige Replik des primären Verzeichnisses bereitzustellen, verwendet der Server mit dem Konfigurationsverzeichnis die Gruppen in diesem Verzeichnis zur Datenbankzugriffsautorisierung automatisch, selbst dann, wenn diese Option nicht ausgewählt wurde.
AUSSCHLIESSLICH FÜR GRUPPENAUTORISIERUNG UND BERECHTIGUNGSNACHWEIS-AUTHENTIFIZIERUNG BENUTZEN/ USE EXCLUSIVELY FOR GROUP AUTHORIZATION OR CREDENTIAL AUTHENTICATION	Diese Option ist nur dann sichtbar, wenn die Gruppenautorisierung für dieses Verzeichnis aktiviert wurde oder wenn für mindestens eine Regel VERTRAUENSWÜRDIG aktiviert wurde. Wählen Sie YES, um der Verzeichnisverwaltung zu ermöglichen, dieses Verzeichnis exklusiv zur Gruppenautorisierung oder Berechtigungsnachweis-Authentifizierung zu benutzen. Wenn Sie diese Option aktivieren, wird die Anzahl der Nichtauthentifizierungs- und Nichtberechtigungssuchen auf diesem Verzeichnis minimiert (siehe *Kapitel 7.1.2, Verzeichnisverwaltung*, Unterkapitel *Verzeichnisse zur Authentifizierung*). Die Möglichkeit, anzugeben, dass ein Verzeichnis nur zur Authentifizierung verwendet werden soll, wenn Sie es für die Verzeichnisverwaltung aktivieren, um Probleme mit mehrdeutigen Namen bei mehreren Verzeichnissen zu vermeiden, ist neu seit der Domino-Version 8.
AKTIVIERT/ ENABLED	Wählen Sie JA, um die Verzeichnisverwaltung für dieses Verzeichnis zu aktivieren.
ATTRIBUT ALS NAMEN IN SSO-TOKENS/ ATTRIBUTE TO BE USED AS NAME IN AN SSO TOKEN	Die Standardoption für dieses Feld lautet LTPA_USERNM.

2. Über ein Verzeichnisverwaltungsdokument in der Verzeichnisverwaltungsdatenbank müssen Sie eine oder mehrere Namensregeln festlegen, die den hierarchischen Namen der Einträge im Verzeichnis entsprechen und den Umgang mit Namen zur Authentifizierung definieren (siehe *Kapitel 7.1.2, Verzeichnisverwaltung*). Klicken Sie auf das Register REGELN/NAMING CONTEXTS (RULES) und geben Sie in die folgenden Felder Werte ein (siehe *Abbildung 7.12*).

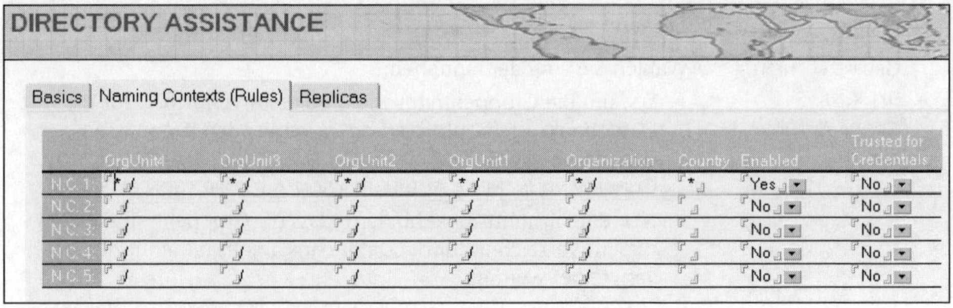

DIRECTORY ASSISTANCE

Basics | Naming Contexts (Rules) | Replicas

	OrgUnit4	OrgUnit3	OrgUnit2	OrgUnit1	Organization	Country	Enabled	Trusted for Credentials
N.C. 1:		*	*	*	*	*	Yes	No
N.C. 2:							No	No
N.C. 3:							No	No
N.C. 4:							No	No
N.C. 5:							No	No

Abbildung 7.12: Erstellung von Regeln

Feld	**Eingabe**
REGEL/ N.C. #	Geben Sie eine oder mehrere Regeln zur Beschreibung der Namen im Verzeichnis ein. Die vorgegebene erste Regel enthält überall Sterne, gilt also für alle Namen im Verzeichnis. Beispiel: Wenn Sie darüber hinaus hier / / */WEST/DMK/DE angeben, gilt dies für Phillip Schneider/West/DMK/DE, aber nicht für ▶ Maria Hertz/Lehmbruck ▶ Monika Leth/Vertrieb/Ost/DMK/DE ▶ Daniel Otterbach/Marketing/Ost/DMK/DE ▶ Lisa Krause/West/DMK/US
AKTIVIERT/ ENABLED	Wählen Sie einen der folgenden Werte aus: ▶ NEIN/NO, um eine bestimmte Regel zu deaktivieren. ▶ JA/YES, um eine bestimmte Regel zu aktivieren. Standardmäßig ist die erste Regel aktiviert.
REFERENZEN VERTRAUENSWÜRDIG/ TRUSTED FOR CREDENTIALS	Wählen Sie einen der folgenden Werte aus: ▶ JA/YES, damit Domino dieses Verzeichnis zur Authentifizierung von Webclients mit Namen verwendet, die der Regel entsprechen. ▶ NEIN/NO, damit verhindert wird, dass Domino dieses Verzeichnis zur Authentifizierung von Webclients mit Namen verwendet, die der Regel entsprechen. Wenn der unter DOMAIN NAME unter der Registerkarte ALLGEMEIN/BASICS angegebene Domänenname der gleiche Domino-Domänenname (primäre Domäne) ist wie der Server, der die Verzeichnisverwaltung anbietet, vertraut der Server allen Benutzernamen, die in dem Verzeichnis zur Client-Authentifizierung stehen, selbst dann, wenn diese Option nicht ausgewählt wurde.

Begrenzungen in der Registerkarte REGELN

Falls Sie mehr als die in dieser Registerkarte angegebenen Organisationen mit den entsprechenden Unterorganisationen und mehr als fünf Regeln konfigurieren möchten, legen Sie einfach ein weiteres Dokument in der DA-Datenbank an. Dieser Fall ist in der Praxis aber mehr als unwahrscheinlich.

3. Klicken Sie auf das Register REPLIKEN/REPLICAS und geben Sie in diese Felder Werte ein, um bis zu fünf Repliken des sekundären Verzeichnisses für die Verzeichnisverwaltung anzugeben (siehe *Abbildung 7.13*).

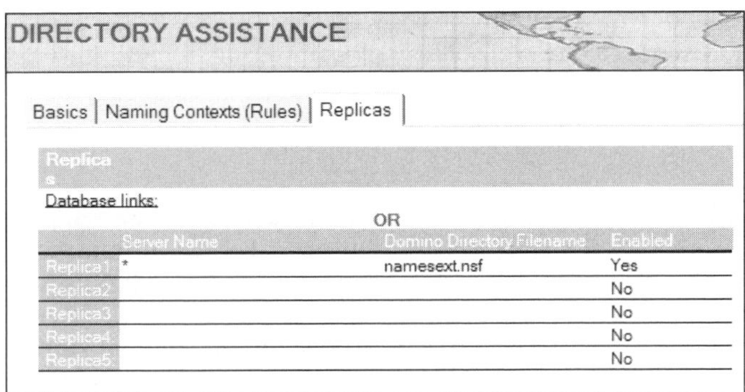

Abbildung 7.13: Konfiguration der Repliken

Feld	Eingabe
DATENBANK-VERKNÜPFUNGEN/ DATABASE LINKS	1. Öffnen Sie die Replik des sekundären Verzeichnisses und wählen Sie dann BEARBEITEN/EDIT > ALS VERKNÜPFUNG KOPIEREN/COPY AS LINK > DATENBANKVERKNÜPFUNG/DATABASE LINK. 2. Wählen Sie das Feld DATENBANKVERKNÜPFUNG/DATABASE LINK und dann BEARBEITEN/EDIT > EINFÜGEN/PASTE. Die Verwendung von Datenbankverknüpfungen kann zu Verzögerungen beim Starten des Servers führen. Wenn Sie nämlich einen Server neu starten, der die Verzeichnisverwaltung verwendet, müssen die Server-Tasks Datenbankinformationen von den Remote-Servern abrufen, auf die sich die Verknüpfungen beziehen. Verwenden Sie Datenbankverknüpfungen nur, wenn die Server, auf die die Verknüpfungen verweisen, ständig zur Verfügung stehen.
REPLIK/ REPLICA#	Die Server- und Dateinamen aller Repliken des sekundären Verzeichnisses, z.B.: Servername: MAIL1/WEST/DMK Dateiname des Verzeichnisses: *ostnamen.nsf* AKTIVIERT ist neben den Repliken ausgewählt.

Wenn Sie Webclients authentifizieren, die in einem sekundären Domino-Verzeichnis registriert sind, und Sie auch das Verzeichnis in einem kompakten Verzeichniskatalog hinzufügen, müssen Sie die Replik des sekundären Domino-Verzeichnisses, das Sie zum Erstellen des Quellverzeichniskatalogs verwendet haben, im Register REPLIK angeben. Geben Sie in diesem Feld keine Replik des kompakten Verzeichniskatalogs an. Verwenden Sie jedoch anstelle eines kompakten einen erweiterten Verzeichniskatalog, dann müssen Sie hier die Replik des Verzeichniskatalogs angeben und nicht die Replik des sekundären Domino-Verzeichnisses.

Wenn Sie eine Replik im Feld DATENBANKVERKNÜPFUNGEN und im Feld REPLIK angeben, hat das Feld REPLIK Vorrang.

Directory Assistance-Dokument zur Einbindung eines Remote-LDAP-Verzeichnisses

Im Register LDAP werden die Einstellungen für den Zugriff auf LDAP-Server konfiguriert. Diese Registerkarte wird jedoch nur angezeigt, wenn Sie als DOMÄNENTYP/DOMAIN TYPE unter der ersten Registerkarte im Verzeichnisverwaltungsdokument statt NOTES den Eintrag LDAP vorgenommen haben (siehe *Abbildung 7.11*).

Hinweis

Die Maske für die Verzeichnisverwaltung hat eine entscheidende Verbesserung für den Administrator erfahren. Es gibt nun SUGGEST-Buttons, die dem Administrator beim Ausfüllen der Felder bei Bedarf Vorschläge unterbreiten. Der Administrator kann entweder die Werte auswählen und auf „OK" klicken oder abbrechen. Ausgewählte Werte werden automatisch in das Verzeichnisverwaltungsdokument kopiert. Dies ist nützlich, wenn der Verzeichnisverwaltungseintrag zum ersten Mal konfiguriert wird.

Ähnlich funktionieren die VERIFY-Buttons, die es Ihnen erlauben, die bereits getätigten Angaben über ein Dialogfenster zu verifizieren. Dies ist nützlich, wenn Verzeichnisverwaltungskonfigurationen zum ersten Mal überprüft werden und um zu überprüfen, ob die aktuellen Konfigurationen weiterhin ordnungsgemäß funktionieren.

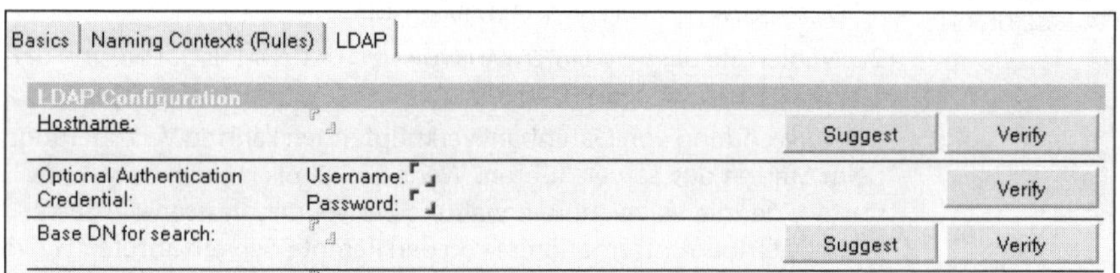

Abbildung 7.14: Die neuen SUGGEST- oder VERIFY-Buttons im Directory Assistance-Dokument bei der Einbindung eines Remote-LDAP-Verzeichnisses

Wenn Sie auf SUGGEST oder VERIFY klicken, werden ein oder mehrere Agenten auf dem Domino Server ausgeführt. Diese kommunizieren in vielen Fällen mit einem LDAP-Server. Es wird vorausgesetzt, dass die konfigurierte Verzeichnisverwaltungsdatenbank auf dem Server läuft und keine lokale Replik ist.

Folgende Einstellungen müssen im Verzeichnisverwaltungsdokument vorgenommen werden (siehe *Abbildung 7.15*), um LDAP-Clients an ein LDAP-Verzeichnis weiterzuleiten:

1. Unter der Registerkarte ALLGEMEIN/BASICS nehmen Sie folgende Einträge vor:

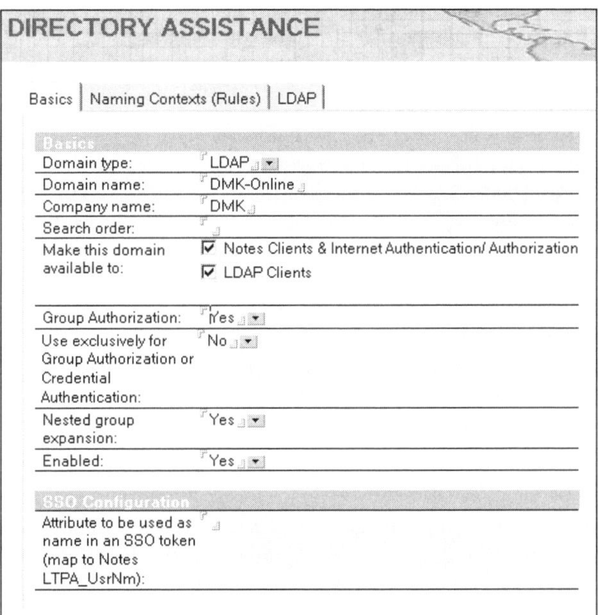

Abbildung 7.15: Allgemeine Festlegungen zur Verzeichnisverwaltung

Feld	Eingabe
DOMÄNENTYP/ DOMAIN TYPE	Wählen Sie LDAP.
DOMÄNENNAME/ DOMAIN NAME	Der Name der zum Verzeichnis gehörigen Notes-Domäne. Der Domänenname muss sich von der primären Notes-Domäne und von allen anderen Domänennamen unterscheiden, die in der Verzeichnisverwaltung konfiguriert wurden. Wenn das Verzeichnis nicht zu einer Notes-Domäne gehört, müssen Sie einen Domänennamen erfinden. Geben Sie keinesfalls die primäre Notes-Domäne an.
FIRMENNAME/ COMPANY NAME	Der Name der Firma, die zu diesem Verzeichnis gehört. Es kann für mehrere Verzeichnisverwaltungsdokumente derselbe Firmenname verwendet werden (optional).
SUCHREIHEN-FOLGE/ SEARCH ORDER	Eine Zahl, die die Reihenfolge angibt, in der der Domino LDAP-Dienst Clients an dieses LDAP-Verzeichnis verweist, im Verhältnis zu anderen LDAP-Verzeichnissen, die zur Weitergabe aktiviert und in der Verzeichnisverwaltung konfiguriert sind. Die Suchreihenfolge wird verwendet, wenn LDAP-Clients keine Suchbasis angeben oder wenn die angegebene Suchbasis einer Namensregel entspricht, die für mehr als ein Verzeichnis gilt.

Feld	Eingabe
	Innerhalb der Verzeichnisverwaltung werden Domino-Verzeichnisse immer vor LDAP-Verzeichnissen durchsucht, die für die Weitergabe konfiguriert sind, unabhängig von der für die sekundären Domino-Verzeichnisse angegebenen Suchreihenfolge. Wenn eine LDAP-Suche in einem sekundären Domino-Verzeichnis erfolgreich ist, wird keine Weitergabe zurückgegeben.
VERWENDUNG DER DOMÄNE/ MAKE THIS DOMAIN AVAILABLE TO	Wählen Sie eine der Optionen: ▶ NOTES CLIENTS AND INTERNET AUTHENTICATION/AUTHORIZATION, wenn Sie dieses LDAP-Verzeichnis für die Notes Mail-Adressierung, die Internet-Client-Authentifizierung (einschließlich LDAP-Client-Authentifizierung) oder für die Suche nach Gruppenmitgliedern für dieDatenbankautorisierung verwenden möchten. Für eine Gruppenautorisierung müssen Sie auch die Option GROUP AUTHORIZATION aktivieren (siehe unten). ▶ LDAP CLIENTS, um dem Server, der den LDAP-Dienst ausführt, die Weiterleitung der LDAP-Clients an dieses LDAP-Verzeichnis zu ermöglichen, wenn eine LDAP-Suche in einem Domino-Verzeichnis nicht erfolgreich ist.
GRUPPE AUTHENTIFIZIEREN/ GROUP AUTHORIZATION	Wählen Sie eine der Optionen: ▶ JA/YES, um die Gruppenmitglieder in diesem LDAP-Verzeichnis für die Datenbankzugriffsautorisierung zu verwenden. Sie müssen daneben noch die Option MAKE THIS DOMAIN AVAILABLE TO: NOTES CLIENTS AND INTERNET AUTHENTICATION/AUTHORIZATION aktivieren. ▶ NEIN/NO (default), um zu verhindern, dass die Gruppenmitglieder in diesem Verzeichnis für die Datenbankzugriffsautorisierung verwendet werden. Sie müssen keine Regel des Typs TRUSTED FOR CREDENTIALS aktivieren. Aktivieren Sie diese Regeln nur in einem Dokument zur Verzeichnisverwaltung, Notes oder LDAP, in der Verzeichnisverwaltungsdatenbank. Wenn Sie JA/YES auswählen, erscheint das Feld NESTED GROUP EXPANSION. Wählen Sie dort: ▶ JA/YES (default), um geschachtelte (nested) Gruppen zu durchsuchen. ▶ NEIN/NO, um nur Gruppen zu durchsuchen, die in Datenbank-Zugriffskontrolllisten aufgeführt sind.
AUSSCHLIESSLICH FÜR GRUPPENAUTORISIERUNG UND BERECHTIGUNGSNACHWEIS-AUTHENTIFIZIERUNG BENUTZEN/ USE EXCLUSIVELY FOR GROUP AUTHORIZATION OR CREDENTIAL AUTHENTICATION	Diese Option ist nur dann sichtbar, wenn die Gruppenautorisierung für dieses Verzeichnis aktiviert wurde oder wenn für mindestens eine Regel VERTRAUENSWÜRDIG aktiviert wurde. Wählen Sie JA/YES, um der Verzeichnisverwaltung zu ermöglichen, dieses Verzeichnis exklusiv zur Gruppenautorisierung oder Berechtigungsnachweis-Authentifizierung zu benutzen. Wenn Sie diese Option aktivieren, wird die Anzahl der Nichtauthentifizierungs- und Nichtberechtigungssuchen auf diesem Verzeichnis minimiert. Die Möglichkeit, anzugeben, dass ein Verzeichnis nur zur Authentifizierung verwendet werden soll, wenn Sie es für die Verzeichnisverwaltung aktivieren, um Probleme mit mehrdeutigen Namen bei mehreren Verzeichnissen zu vermeiden, ist neu seit der Domino-Version 8.

Feld	Eingabe
AKTIVIERT/ ENABLED	Wählen Sie JA/YES, um die Verzeichnisverwaltung für dieses Verzeichnis zu aktivieren. Sie können die Verzeichnisverwaltung für dieses Verzeichnis auch über die Hauptansicht der Verzeichnisverwaltungsdatenbank aktivieren oder deaktivieren. Wählen Sie hierzu den Verzeichnisverwaltungsdatensatz für das Verzeichnis aus und klicken Sie in der Aktionsleiste auf ENABLE/DISABLE.
ATTRIBUT ALS NAME IM SSO-TOKEN/ ATTRIBUTE TO BE USED AS NAME IN AN SSO TOKEN (MAP TO NOTES LTPA_USERNM)	Geben Sie den Namen des Verzeichnisattributs ein, das zurückgegeben werden soll, wenn das Feld LTPA_USERNM angefordert wird. Dieser Wert wird als Benutzername in einem von Domino generierten SSO-Token verwendet.

2. Klicken Sie auf das Register REGELN/NAMING CONTEXTS (RULES) und geben Sie in die folgenden Felder Werte ein:

Feld	Eingabe
REGEL/ N.C. #	Geben Sie eine oder mehrere Regeln für die Namen von Einträgen im Verzeichnis ein.
AKTIVIERT/ ENABLED	Wählen Sie einen der folgenden Werte aus: ▸ NEIN, um eine bestimmte Regel zu deaktivieren. ▸ JA, um eine bestimmte Regel zu aktivieren. Standardmäßig ist die erste Regel aktiviert.
REFERENZEN VERTRAUENSWÜRDIG/ TRUSTED FOR CREDENTIALS	Wählen Sie einen der folgenden Werte aus: ▸ YES, um Servern die Verwendung von Identifikationsdaten für die Authentifizierung von Internet-Clients in diesem LDAP-Verzeichnis zu ermöglichen, deren eindeutige Namen der Regel entsprechen. ▸ NO (Vorgabe), um zu verhindern, dass Server, deren eindeutige Namen in diesem Verzeichnis der Regel entsprechen, dieses Verzeichnis zur Authentifizierung von Internet-Clients verwenden.

3. Klicken Sie auf das Register LDAP und geben Sie in die folgenden Felder Werte ein (siehe *Abbildung 7.16*):

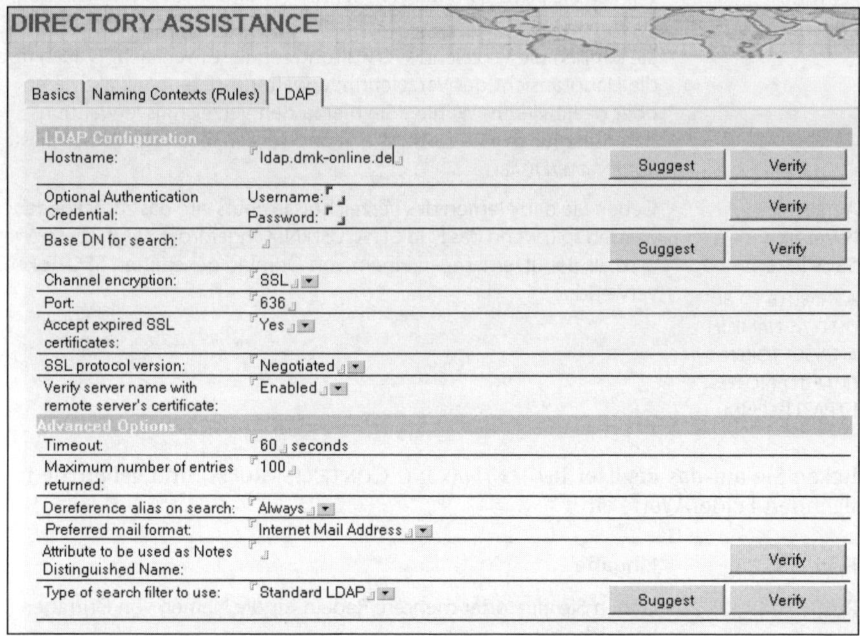

Abbildung 7.16: Registerkarte LDAP

Feld	Eingabe
HOST-NAME/ HOST NAME	Der Host-Name für den LDAP-Server, z.B. *ldap.DMK.de* oder *ldap.DMK.com.* Ein Domino Server verwendet diesen Host-Namen, um eine Verbindung zu dem Remote-LDAP-Verzeichnisserver herzustellen oder die LDAP-Clients an das LDAP-Verzeichnis zu verweisen. Geben Sie einen weiteren Host-Namen ein, sodass ein Domino Server einen alternativen LDAP-Verzeichnisserver zur Auswahl hat, wenn der Verzeichnisserver, der durch den ersten Host-Namen dargestellt wird, nicht verfügbar ist. Trennen Sie Host-Namen durch Kommata, Semikola oder durch die Eingabe jedes Host-Namens in eine neue Zeile. Wenn Sie mehrere Verzeichnisserver angeben, von denen jeder auf einem anderen Anschluss empfangsbereit ist, geben Sie die Anschlüsse hinter den Host-Namen an. Beispiel: *ldap1.DMK.de:390 ldap2.DMK.de:391.* Die in dieses Feld eingegebenen Anschlusswerte überschreiben die Werte im Feld PORT. Wenn in diesem Feld kein Anschluss angegeben ist, wird der im Feld PORT angegebene Wert verwendet.

Feld	Eingabe
AUTHENTIFIZIERUNGS-REFERENZ (OPTIONAL)/ OPTIONAL AUTHENTICATION CREDENTIAL	Geben Sie einen eindeutigen Namen und das Kennwort an. Wenn ein Domino Server sich am Remote-LDAP Verzeichnisserver anmeldet, werden Namen und Passwort weitergegeben, sodass der Remote-LDAP-Verzeichnisserver den Domino Server authentifizieren kann. Wenn Sie weder Name noch Passwort angeben, versucht der Domino Server, eine anonyme Verbindung aufzubauen. Sie müssen Name und Passwort angeben, wenn der Remote-LDAP-Verzeichnisserver keine anonymen Zugriffe zulässt. Name und Passwort müssen einem gültigen Eintrag im Remote-LDAP-Verzeichnis entsprechen. Geben Sie den eindeutigen Namen im LDAP-Format an: `cn=domino-server,o=dmk`. Die Felder BENUTZERNAME und KENNWORT sind verschlüsselbare Felder. Führen Sie die folgenden Schritte aus, um die Felder zu verschlüsseln, die nur von bestimmten Domino Administratoren und Servern gelesen werden sollen: 1. Erstellen Sie einen geheimen Verschlüsselungsschlüssel. 2. Verwenden Sie den geheimen Verschlüsselungsschlüssel, um das Verzeichnisverwaltungsdokument zu verschlüsseln. 3. Verteilen Sie den Verschlüsselungsschlüssel und nehmen Sie ihn nur in die ID-Dateien der Administratoren und Domino Server auf, für die der Benutzername und das Kennwort lesbar sein sollen. Nun können nur die Administratoren und Server mit geheimem Verschlüsselungsschlüssel den Benutzernamen und das Kennwort lesen. Jeder Domino Server, der eine Verbindung zum Remote-LDAP-Verzeichnisserver herstellt oder Änderungen in die Verzeichnisverwaltungsdatenbank repliziert, benötigt den Verschlüsselungsschlüssel.
SUCHBASIS/ BASE DN FOR SEARCH	Eine Suchbasis, falls der LDAP-Verzeichnisserver eine benötigt. Der Domino LDAP-Dienst fügt diese Informationen auch in die Weitergabe ein. Oder anders: Base DN gibt an, wo im Verzeichnisbaum die Suche beginnen soll. Die meisten LDAP-Verzeichnisse „bestehen" auf die Angabe der Suchbasis, um die Suchanfragen zu begrenzen. Domino tut dies nicht. Das hier angegebene Feld können Sie optional füllen, müssen aber nicht.
KANAL VERSCHLÜSSELN/ CHANNEL ENCRYPTION	▸ Wählen Sie KEINE, wenn Sie kein SSL verwenden möchten. Dies hat zur Folge, dass keine sichere Kommunikation zwischen dem Domino Server und dem LDAP-Server gewährleistet ist, sodass der Domino Server auch keine X.509-Zertifikate einsetzen kann, um die Identität des LDAP-Verzeichnisservers zu überprüfen.

Feld	Eingabe
	▶ Wählen Sie SSL, um bei der Verbindung des Domino Servers mit dem LDAP-Verzeichnisserver SSL zu verwenden. Geben Sie in diese zugehörigen Felder Werte ein: – ABGELAUFENE SSL-ZERTIFIKATE ANNEHMEN/ACCEPT EXPIRED SSL CERTIFICATES – VERSION DES SSL-PROTOKOLLS/SSL PROTOCOL VERSION – SERVERNAMEN MIT ZERTIFIKAT DES REMOTE-SERVERS VERIFIZIEREN/ VERIFY SERVER NAME WITH REMOTE SERVER'S CERTIFICATE
ANSCHLUSS/ PORT	Geben Sie den Anschluss ein, den die LDAP-Clients zur Verbindung mit dem LDAP-Verzeichnisserver verwenden sollen. Wenn der Verzeichnisserver die SSL-Kanalverschlüsselung verwendet, wird in der Regel Anschluss 636 verwendet. Wenn der Server keine Kanalverschlüsselung verwendet, wird in der Regel Anschluss 389 verwendet. Der Domino LDAP-Dienst fügt diese Informationen auch in die Weitergabe ein. Der Domino LDAP-Dienst stellt keine Verbindung mit dem LDAP-Verzeichnisserver selbst her. Stattdessen fügt er die Anschlussinformationen in die Weitergabe ein, sodass die LDAP-Clients eine Verbindung herstellen können.
ZEITLIMIT/ TIMEOUT	Die maximale Anzahl in Sekunden, die zur Suche in einem Remote-LDAP-Verzeichnis verwendet werden darf. Der Defaultwert beträgt 60 Sekunden. Wenn der Remote-LDAP-Verzeichnisserver ebenfalls eine Timeout-Einstellung besitzt, erhält die niedrigere Einstellung den Vorrang.
MAXIMALE ANZAHL DER AUSGEGEBENEN EINTRÄGE/ MAXIMUM NUMBER OF ENTRIES RETURNED	Die maximale Anzahl von Einträgen, die der LDAP-Verzeichnisserver für den gesuchten Namen zurückgibt. Wenn für den LDAP-Verzeichnisserver auch eine maximale Einstellung festgelegt wurde, wird standardmäßig der niedrigere Wert verwendet. Wenn das maximale Zeitlimit des Servers überschritten wird, werden nur die bis zu diesem Zeitpunkt gefundenen Namen zurückgegeben. Die Vorgabe lautet 100.
ALIAS-RÜCKVERWEISE DER SUCHE/ DEREFERENCE ALIAS ON SEARCH	Wenn Sie nach einem Eintrag suchen, auf den ein Alias-Eintrag verweist, wird dies als Alias-Auflösung bezeichnet. Die Auflösung von Aliasnamen kann in einigen LDAP-Verzeichnissen die Suchleistung vermindern. Wählen Sie eine Einstellung, um das Ausmaß für Alias-Rückverweise während der Suche des Remote-LDAP-Verzeichnisses zu kontrollieren: ▶ NIEMALS/NEVER. Alias-Einträge werden nie aufgelöst. ▶ NUR FÜR UNTERGEORDNETE EINTRÄGE/ONLY FOR SUBORDINATE ENTRIES: Alias-Einträge, die einer bestimmten Suchbasis untergeordnet sind, werden aufgelöst. Alias-Suchbasis-Einträge werden nicht aufgelöst.

Feld	Eingabe
	▶ NUR FÜR EINTRÄGE IN DER SUCHBASIS/ONLY FOR SEARCH BASE ENTRIES: Alias-Einträge einer angegebenen Suchbasis werden aufgelöst. Alias-Einträge, die einer bestimmten Suchbasis untergeordnet sind, werden nicht aufgelöst. ▶ IMMER/ALWAYS (default) Wenn Aliasnamen nicht im LDAP-Verzeichnis verwendet werden, wählen Sie NIEMALS/NEVER, um die Suchleistung zu erhöhen.
BEVORZUGTES MAILFORMAT/ PREFERRED MAIL FORMAT	Um das Format der Adressen aus dem Verzeichnis anzugeben, das in Notes-Mails verwendet wird, wählen Sie: ▶ NOTES MAIL ADDRESS/NOTES MAIL ADDRESS ▶ INTERNET MAIL ADDRESS/INTERNET MAIL ADDRESS (default)
ATTRIBUTE ZUR VERWENDUNG DES EINDEUTIGEN NOTES-NAMENS/ ATTRIBUTE TO BE USED AS NOTES DISTINGUISHED NAME	(Optional) Wenn ein Domino Server das Remote-LDAP-Verzeichnis zur Client-Authentifizierung oder zur Datenbankzugriffsautorisierung verwendet, können Sie optional den LDAP-Verzeichnisnamen auf den korrespondierenden Notes-Namen abbilden.
TYP DES ZU VERWENDENDEN SUCHFILTERS/ TYPE OF SEARCH FILTER TO USE	Wählen Sie eine Option, um zu kontrollieren, welche LDAP-Suchfilter in der Verzeichnissuche verwendet werden: ▶ STANDARD LDAP (Vorgabe) ▶ DOMINO LDAP ▶ IBM DIRECTORY SERVER ▶ ACTIVE DIRECTORY ▶ BENUTZERDEFINIERT/CUSTOM STANDARD LDAP ist für die meisten Situationen ausreichend.

Einige Subsysteme im Domino Server führen Suchen auf LDAP-Servern durch. Die Verzeichnisverwaltung z.B. verwendet und speichert LDAP-Suchergebnisse für einen gewissen Zeitraum. So ist es nicht mehr erforderlich, aktualisierte Informationen von den LDAP-Servern abzurufen. Domino ermöglicht es diesen Subsystemen, schnell festzustellen, ob sich Einträge in bestimmten LDAP-Verzeichnissen geändert haben. Dadurch können die Domino-Subsysteme veraltete Suchergebnisse löschen und eine neue Suche nach aktuellen LDAP-Informationen durchführen. Während Domino die Änderungserkennungsmechanismen des LDAP-Servers automatisch erkennt, sodass eine zur Aktivierung dieser Funktion nicht eigens konfiguriert werden muss, kann bei vorhandenen Verzeichnisverwaltungs-LDAP-Servern oder (Ziel-) LDAP-Servern die Konfiguration von Einstellungen erforderlich sein.

7.2.4 Zugriff auf ein sekundäres Domino-Verzeichnis

Gehen Sie folgendermaßen vor, um sicherzugehen, dass die gewünschten Server und Benutzer die Verzeichnisverwaltung (DA) nutzen können.

1. Erstellen Sie eine Replik des sekundären Verzeichnisses auf einem oder mehreren Servern in der primären Notes-Domäne.
2. Stellen Sie sicher, dass jeder Server, der die Verzeichnisverwaltung verwendet,
   - Zugriff auf jeden Server hat, auf dem eine Replik des sekundären Verzeichnisses gespeichert ist, das von der Verzeichnisverwaltung verwendet wird, und
   - in der ACL der einzelnen Repliken des sekundären Verzeichnisses, das von der Verzeichnisverwaltung verwendet wird, mindestens Lesezugriff hat.
3. Damit Notes-Benutzer Namen im Verzeichnis suchen und auswählen können, stellen Sie sicher, dass jeder Benutzer
   - Zugriff auf jeden Server hat, auf dem eine Replik des sekundären Verzeichnisses gespeichert ist, das von der Verzeichnisverwaltung verwendet wird, und
   - in der ACL der einzelnen Repliken des sekundären Verzeichnisses, das von der Verzeichnisverwaltung verwendet wird, mindestens Lesezugriff hat.

   Die NotesBenutzer können auf [F9] drücken oder die Schnelladressierung für die Auflösung von Benutzeradressen im sekundären Verzeichnis ohne diesen Zugriff verwenden.
4. Falls notwendig, konfigurieren Sie die Verbindungsdokumente so, dass die Replizierung zwischen den Repliken des sekundären Verzeichnisses in der primären Domäne und den Repliken in der sekundären Domäne erfolgen kann.

7.2.5 Failover für die Verzeichnisverwaltung

Um Failover für ein LDAP-Verzeichnis zur Verfügung zu stellen für den Fall, dass ein Remote LDAP Directory, das Sie in der Verzeichnisverwaltung konfiguriert haben, nicht zur Verfügung steht, geben Sie mehr als einen Host-Namen auf der Registerkarte LDAP im Verzeichnisverwaltungskonfigurationsdokument an. Trennen Sie die einzelnen Host-Namen mit Kommata. Ist der erste Host-Name nicht verfügbar, versucht Domino, den zweiten Host zu erreichen und so weiter.

Wenn Sie die Verzeichnisverwaltung für ein Domino-Verzeichnis oder einen Extended Directory Catalog aufsetzen, geben Sie unter der Registerkarte REPLICAS im Verzeichnisverwaltungskonfigurationsdokument die Repliken des Verzeichnisses an, das die Verzeichnisverwaltung verwenden soll.

Konfigurieren Sie die Ausfallsicherheit für ein Verzeichnis, indem Sie der Verzeichnisverwaltung mehr als eine mögliche Replik des Verzeichnisses zur Verfügung stellen. Es gibt zwei Methoden, die bezüglich des Failover verwendet werden können:

- Wenn eine Replik nicht zur Verfügung steht, kann die Verzeichnisverwaltung eine andere suchen. Wenn Sie mehrere Repliken eines sekundären Verzeichnisses angeben, suchen die Server, die die Verzeichnisverwaltung verwenden, nach einer Replik in demselben Notes-Netzwerk. Ist diese Suche erfolglos, suchen die Server nach einer Replik in derselben Notes-Domäne. Wenn sich an beiden Speicherorten keine verfügbare Replik befindet, verwendet der Server die erste im Verzeichnisverwaltungsdokument angegebene Replik (Directory Assistance Failover).

- Wenn Sie in einem Verzeichnisverwaltungsdokument Repliken eines Domino-Verzeichnisses angegeben haben, die sich auf Domino Servern befinden, die Mitglied eines Clusters sind, können Sie Cluster-Failover und Loadbalancing nutzen. Geben Sie dazu im Konfigurationsdokument nur eine Replik eines Verzeichnisses an, das sich auf einem Server in einem Cluster-Verbund befindet. Wenn Sie mehr als eine Replik angeben, wird die Directory-Assistance-Failover-Methode verwendet.

7.3 Verzeichniskatalog/Directory Catalog

Der Domino Directory Catalog (Verzeichniskatalog) ist eine optionale Datenbank, die mit Informationen aus einem oder mehreren Domino Directories gefüllt ist. Als Administrator steuern Sie die in den Directory Catalogs enthaltenen Informationen über Konfigurationsdokumente. Der Directory Catalog-Task, ein Hintergrundprozess des Domino Servers, füllt den Directory Catalog ad hoc (durch einen Anstoß des Domino-Administrators) oder automatisch zu vorgegebenen Zeitpunkten mit Informationen aus dem oder den Domino Directories. Ziel des Directory Catalog ist es, eine schlanke Version des Domino-Verzeichnisses bereitzustellen. Dadurch ergeben sich eine ganze Reihe von Vorteilen wie beispielsweise eine verbesserte Leistungsfähigkeit einiger Verzeichnisdienste bei geringerem Ressourcenbedarf.

Die Vorteile ergeben sich aus der Funktionsweise des Verzeichniskatalogs:

- Ein Ausschnitt von Informationen wird gezielt in einer Datenbank bereitgestellt. Anwendungen verarbeiten diese weiter.
- Die Directory Catalogs sind wesentlich schlanker als das Domino Directory. Einerseits werden nicht alle Informationen darin gespeichert, andererseits werden Informationen aus mehreren Dokumenten im Domino Directory in ein einzelnes Dokument gestellt.
- Durch die Eliminierung der meisten indizierten Ansichten, die es im Domino Directory gibt, verbessert sich die Performance. Auf diese Weise wird ein effizientes Verzeichnis für Aufgabenbereiche wie die Type-Ahead-Adressierung von Mails geschaffen. Zwei Varianten werden dabei unterschieden:
  - Kompakter Verzeichniskatalog (Condensed Directory Catalog) auf Client-Systemen, mit denen ein Benutzer beispielsweise einen kleinen Ausschnitt des Adressbuchs des Unternehmens auf seinem Notebook hält. In diesem Zusammenhang wird der Verzeichniskatalog auch als mobiler Verzeichniskatalog bezeichnet. Die Benutzer können so auf Informationen im Verzeichniskatalog zugreifen, auch wenn sie sich nicht im Netzwerk befinden.
    - Die Benutzer können verschlüsselte Mails verwenden, auch wenn sie nicht im Netzwerk arbeiten. Wenn Benutzer ohne Netzwerkverbindung versuchen, Mails zu verschlüsseln, wird die Mail für die Verschlüsselung markiert. Wenn der Benutzer zu einem späteren Zeitpunkt eine Verbindung zum Netzwerk herstellt und die Mail sendet, sucht der Client nach dem öffentlichen Schlüssel und verschlüsselt die Mail sofort.
    - Es befinden sich außerdem Gruppennamen im Katalog, sodass die Benutzer Mails an Gruppen senden können.
    - Bei der Adressierung von Mails werden die Namensauflösung und die Überprüfung von Adressen beim Drücken von F9 beschleunigt.

  - Die Benutzer können Soundex (ähnlich klingende Namen) zur Namenssuche verwenden. Bei dieser Funktion können die Benutzer die phonetische Schreibweise von Namen eingeben, deren genaue Schreibweise sie nicht kennen.
  - Der Netzverkehr ist geringer, weil die Namensauflösung lokal auf der Workstation stattfindet, und nicht auf einem Server.
- Erweiterter Verzeichniskatalog (Extended Directory Catalog) auf Servern, die für wiederkehrende Aufgaben einen effizienteren Zugriff auf Verzeichnisinformationen ermöglichen. Die schlanken Strukturen des Directory Catalog im Vergleich zum Domino Directory entlasten die Server.

Das Einrichten von Servern für die Verwendung von Verzeichniskatalogen ist für Organisationen sinnvoll, die mehrere Domino-Verzeichnisse verwenden, z.B. Organisationen mit mehreren Domino-Domänen.

Server können einen Verzeichniskatalog für die Mail-Adressierung, für die Verarbeitung von LDAP-Service-Vorgängen und für die Suche nach Identifikationsdaten für die Client-Authentifizierung verwenden. Zudem können sie den Verzeichniskatalog einsetzen, um während der Autorisierung des Datenbankzugriffs für Benutzer nach Gruppenmitgliedern zu suchen.

7.3.1 Kompakter Verzeichniskatalog/ Condensed Directory Catalog

Der Condensed Directory Catalog wird auf Basis der Directory Catalog-Schablone (*dircat5.ntf*) erstellt. Diese Verzeichniskataloge besitzen eine so geringe Größe, dass sie auf einem Notes Client implementiert werden können. Um die Größe eines Condensed Directory Catalog so gering wie möglich zu halten, sind in Einträgen im Verzeichniskatalog standardmäßig nur die Felder und Ansichten enthalten, die zum Auflösen von Mail-Adressen erforderlich sind. Sie können die Feldkonfiguration Ihren Anforderungen entsprechend anpassen. Ein Condensed Directory Catalog ist auch deswegen von geringer Größe, weil er nur einige wenige Ansichten von geringer Größe enthält. Im Gegensatz dazu enthält ein Domino Directory oder ein Extended Directory Catalog zahlreiche größere Ansichten.

- Die $USERS-Ansicht enthält die zusammenfassenden Dokumente und wird für die Namenssuche verwendet. Vom manuellen Öffnen der zusammenfassenden Dokumente wird abgeraten. Dieser Vorgang ist langwierig, da Notes das Dokument formatieren muss, um es anzeigen zu können.
- Die $UNID-Ansicht enthält Informationen, die der Task DIRCAT benötigt, um die Einträge der sekundären Verzeichnisse in den Verzeichniskatalog replizieren zu können. Die $UNID-Ansicht wird nicht in Repliken des Verzeichniskatalogs erstellt, wodurch die Verzeichniskataloggröße zusätzlich reduziert wird.
- Die $PEOPLEGROUPSFLAT-Ansicht wird zum Anzeigen von Verzeichnisnamen verwendet, wenn Notes-Benutzer auf die Schaltfläche ADRESSE klicken, um Verzeichnisse zu durchsuchen.
- In der sichtbaren Ansicht mit der Bezeichnung KONFIGURATION/CONFIGURATION wird das Dokument gezeigt, mit dessen Hilfe der Verzeichniskatalog konfiguriert wird.
- Außerdem ist eine „virtuelle“ Ansicht namens BENUTZER/PEOPLE enthalten, auf die Benutzer und Programme zugreifen können, um die im Verzeichniskatalog enthaltenen Namen anzuzeigen. Diese Ansicht ist nicht auf der Festplatte gespeichert, sondern wird bei Bedarf neu erstellt.

Domino-Anwendungen können mithilfe der folgenden Methoden auf einen kompakten Verzeichniskatalog programmgesteuert zugreifen:

- NAMELookup-Aufrufe der Ansicht $USERS
- NAMEGetAddressBooks-Aufrufe, wenn Sie die *notes.ini*-Einstellung NAME_INCLUDE_ED=1 verwenden
- NIFFindByKey-, NIFReadEntries- und NIFOpenNote-Aufrufe. Sie können NSFNoteOpen nicht verwenden, um Nachrichten zu öffnen, die von NIFReadEntries zurückgegeben wurden. Sie müssen dazu NIFOpenNote aufrufen.
- LotusScript-Methoden, wobei Sie auf die Ansicht USERS zugreifen können, nicht jedoch auf die Ansicht $USERS
- @NameLookup-Funktion

Außerdem können LDAP-Anwendungen einen kompakten Verzeichniskatalog durchsuchen, der von einem Server verwendet wird, auf dem der LDAP-Service ausgeführt wird.

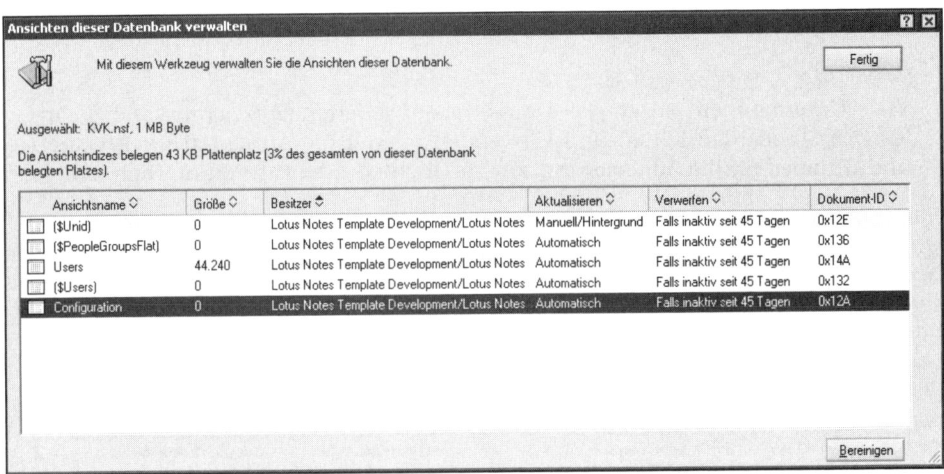

Abbildung 7.17: Ansichten des kompakten Verzeichniskatalogs

7.3.2 Erweiterter Verzeichniskatalog/ Extended Directory Catalog

Der Extended Directory Catalog verwendet das gleiche Design wie das Domino Directory in Form der Schablone *pubnames.ntf*. Ein Serververzeichniskatalog wird speziell von Servern verwendet. Serververzeichniskataloge sind um einiges größer als die Condensed Directory Catalogs, aber der bevorzugte Verzeichniskatalog, den Server verwenden, da dieser schnellere und flexiblere Lookups ermöglicht.

Server können mithilfe der Verzeichnisverwaltung direkt in sekundären Domino-Verzeichnissen suchen oder eine Suche in einem Verzeichniskatalog ausführen, der Informationen aus dem sekundären Domino-Verzeichnis zusammenfasst. Die Suche in Verzeichniskatalogen bietet gegenüber der Suche in individuellen Domino-Verzeichnissen einige Vorteile:

- Ein Server kann Informationen schneller abrufen, wenn er statt mehrerer Datenbanken nur eine Verzeichnisdatenbank durchsuchen muss. Je mehr sekundäre Verzeichnisse in einem Verzeichniskatalog zusammengefasst werden, um so schneller die Suche.

- Wenn sich mehrere Personendokumente mit demselben Namen in einem Verzeichnis oder in mehreren Verzeichnissen befinden, können Sie die Duplikate aus dem Verzeichniskatalog entfernen. Der Dircat-Task greift dann auf das erste mit diesem Namen gefundene Personendokument zu und verhindert damit, dass Probleme wegen nicht eindeutiger Namen auftreten und der Router beispielsweise keine Mail zustellen kann, da er einen Namen mehrmals findet.
- In einem Verzeichniskatalog lassen sich die Domino-Administrationsinformationen ausschließen, die Teil eines Domino-Verzeichnisses und für den Benutzer nicht von Interesse sind. Zudem haben Sie die Möglichkeit, auch andere Informationen eines Domino-Verzeichnisses aus dem Verzeichniskatalog herauszufiltern. So können beispielsweise bestimmte Felder oder mithilfe einer Auswahlformel Dokumente ausgeschlossen werden, die bestimmten Kriterien nicht entsprechen.
- Benutzer, die nicht über lokale kompakte Verzeichniskataloge verfügen, brauchen nur ein Verzeichnis und nicht mehrere einzelne sekundäre Domino-Verzeichnisse zu durchsuchen.

Achtung

Viele Unternehmen passen das Design des erweiterten Verzeichniskatalogs an, löschen Standardansichten und verwenden oft nur die Ansichten für Personen und Gruppen für die Adressierung, z.B. für Tochter- oder Partnerunternehmen.

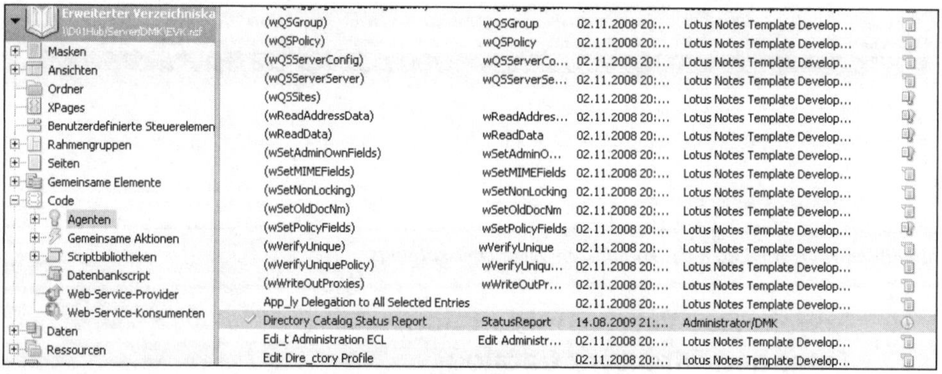

Abbildung 7.18: Sicht auf das Design eines erweiterten Verzeichniskatalog

Jeder Eintrag im Verzeichniskatalog enthält die Replik-ID des Domino-Verzeichnisses, von dem der Eintrag abgeleitet wurde, und die UNID für den Eintrag, eine mit einem replizierten Dokument verbundene eindeutige ID. In den Fällen, in denen der Verzeichniskatalog nicht für die Suche geeignet ist, z.B. für eine LDAP-Suche von Feldern, die nicht im Katalog enthalten sind, verwendet ein Server diese Informationen und Informationen, die über die Verzeichnisverwaltung zur Verfügung stehen, um sehr schnell auf den gesamten Eintrag im sekundären Domino-Verzeichnis zuzugreifen.

Der Extended Directory Catalog verwendet die gleiche Schablone wie das Domino Directory (*pubnames.ntf*), in dem mehrere Ansichten enthalten sind, in denen Namen auf unterschiedliche Art und Weise angezeigt werden können.

Hinweis

Benutzer können einen erweiterten Verzeichniskatalog öffnen und unternehmensweite Verzeichnisse mit mehreren Ansichten anzeigen, die nach Eintragstyp geordnet sind. In einem kompakten Verzeichniskatalog gibt es nur eine Ansicht, um die unterschiedlichen Eintragstypen anzuzeigen.

Unabhängig vom Format des Namens befindet sich im erweiterten Verzeichniskatalog eine Ansicht, die der Server für die schnelle Suche nach dem Namen verwenden kann. Ein kompakter Verzeichniskatalog verfügt über eine für Suchvorgänge verwendete Ansicht, bei deren Konfiguration Sie angeben, wie diese sortiert werden soll. Um in einem kompakten Verzeichniskatalog zu suchen, der keiner ausgewählten Sortierreihenfolge entspricht, verwendet der Server den Volltextindex für die Suche nach dem Namen. Dies nimmt mehr Zeit in Anspruch als eine Suche in Ansichten.

Einen besonderen Vorteil bietet die Verwendung des erweiterten Verzeichniskatalogs auf Servern, die Mail übertragen. Ein Mail-Server kann Ansichten nämlich dazu verwenden, Adressen unabhängig vom Adressenformat zu suchen. Wenn ein Mail-Server einen kompakten Verzeichniskatalog verwendet, kann beim Mail-Routing ein Backup erstellt werden, wenn der Router den Volltextindex für die Suche nach Adressen verwendet. Dies kann beispielsweise der Fall bei Internetadressen sein, die der ausgewählten Sortierreihenfolge nicht entsprechen.

Neu

Server können Gruppen in nur einem in der Verzeichnisverwaltungsdatenbank konfigurierten Verzeichnis zusätzlich zum primären Domino-Verzeichnis für die Autorisierung des Datenbankzugriffs verwenden. Wenn Sie für diesen Zweck einen erweiterten Verzeichniskatalog einsetzen, können Server auf effiziente Weise Gruppen aus beliebigen sekundären Domino-Verzeichnissen verwenden, die im Verzeichniskatalog für die Datenbankzugriffskontrolle zusammengefasst sind.

Applikationen können auf den Extended Directory Catalog genauso zugreifen wie auf ein Domino Directory. Der Zugriff von Applikationen auf den Condensed Directory Catalog wird durch die Art der zusammengefassten Einträge in den Dokumenten und durch die Anzahl der vorhandenen Ansichten beschränkt.

Server können Gruppen in einem Verzeichnis, das über die Verzeichnisverwaltung (Directory Assistance) definiert wurde, zusätzlich zum Domino Directory für die Datenbankautorisierung verwenden. Wenn Sie einen Extended Directory Catalog zu diesem Zweck verwenden, in dem Gruppen aus anderen sekundären Verzeichnissen zusammengefasst werden, erlaubt dies den Servern, diese Einträge zur Datenbankautorisierung zu verwenden.

Server verwenden Directory Assistance, um den Extended Directory Catalog zu lokalisieren, sodass sie den Extended Directory Catalog nur zu einigen strategischen Servern replizieren müssen, auf die die Verzeichnisverwaltung dann verweist. Sie können Failover definieren, um bei Ausfall eines Servers mit einem Extended Directory Catalog auf einen anderen Server mit einem Extended Directory Catalog auszuweichen.

Genau wie im Domino Directory können Sie die erweiterte Zugriffskontrollliste (xACL) im Extended Directory Catalog verwenden. Diese Einstellungen sind unabhängig von anderen erweiterten Zugriffskontrolllisten, die bereits verwendet werden. Mehr zum Thema xACL erfahren Sie in *Kapitel 4.3.5, Erweiterte ACL/Extended ACL (xACL)*.

Durch die Verwendung zahlreicher Ansichten in einem Extended Directory Catalog ist es allgemein eigentlich nicht notwendig, einen Volltextindex zu erstellen, was Plattenplatzressourcen spart. Wenn Sie aber möchten, dass der LDAP-Dienst einen Extended Directory Catalog verwendet, um Suchanfragen durchzuführen, die gewisse Filterkriterien auf andere Daten als Namen oder Mail-Adressen verwenden, müssen Sie einen Volltextindex erstellen. Ein Condensed Directory Catalog benötigt immer einen Volltextindex. Wenn Sie sich dazu entschieden haben, einen Volltextindex für einen Extended Directory Catalog zu setzen, können Anwender von einem Notes Client aus die Volltextsuche in einem Extended Directory Catalog verwenden. Anwender können keine Volltextsuche in einem Condensed Directory Catalog durchführen.

Ein Server kann mehr als einen Extended Directory Catalog besitzen, aber nur einen Condensed Directory Catalog. Sie können zusätzliche Dokumente manuell in einen Extended Directory Catalog einfügen. Diese bleiben vom Dircat-Task unberührt. Zu einem Condensed Directory Catalog können Sie keine Einträge hinzufügen.

Da ein Extended Directory Catalog das gleiche Design verwendet wie ein Domino Directory, können Sie einen Extended Directory Catalog direkt in ein Domino Directory integrieren. Dies ist für einen Condensed Directory Catalog nicht möglich.

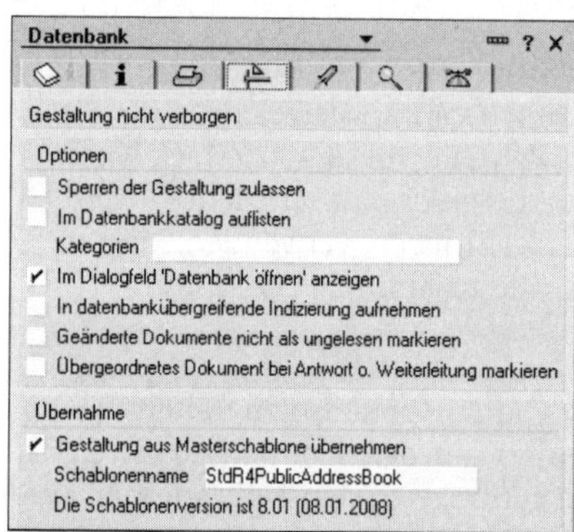

Abbildung 7.19:
Gestaltungseigenschaften des erweiterten Verzeichniskatalogs

Hinweis

Falls Sie den erweiterten Verzeichniskatalog nicht in das primäre Domino-Verzeichnis eines Servers integrieren, muss der Server mithilfe der Verzeichnisverwaltung nach Informationen in einem erweiterten Verzeichniskatalog suchen und mithilfe der Verzeichnisverwaltung ermitteln, ob erweiterte Verzeichniskataloge für die Client-Authentifizierung und/oder Gruppen für die Datenbankautorisierung verwendet werden sollen. Nachdem Sie ein Verzeichnisverwaltungsdokument für einen erweiterten Verzeichniskatalog in einer Verzeichnisverwaltungsdatenbank erstellt haben, um die Suchleistung zu optimieren, entfernen Sie alle Verzeichnisverwaltungsdokumente für einzelne Domino-Verzeichnisse, die im Verzeichniskatalog zusammengefasst werden.

Stellen Sie sicher, dass alle zu durchsuchenden Felder aufgenommen werden, denn sobald Server für die Suche in einem erweiterten Verzeichniskatalog konfiguriert sind, können Sie nicht mehr die Verzeichnisverwaltung verwenden, um auf Domino-Quellenverzeichnisse direkt zuzugreifen. Das heißt, nicht zusammengefasste Feldwerte können, anders als bei einem kompakten Verzeichniskatalog, nicht mehr abgerufen werden. Sie können einen Server so einrichten, dass er mehrere erweiterte Verzeichniskataloge verwendet, indem Sie für jeden ein Verzeichnisverwaltungsdokument erstellen.

7.3.3 Verzeichniskataloge erstellen und konfigurieren

Ein Quellverzeichniskatalog ist die Replik eines Verzeichniskatalogs, der mithilfe des Server-Tasks Directory Cataloger (Dircat) zunächst mit Daten gefüllt und dann auf dem neuesten Stand gehalten wird. Der Dircat-Task fasst sowohl Daten für kompakte als auch für erweiterte Verzeichniskataloge zusammen. Sie verwenden die Schablonen *pubnames.ntf* für einen Extended Directory Catalog und die Schablone *dirca5t.ntf* für die Einrichtung eines Condensed Directory Catalog.

In den Verzeichniskatalogen werden Konfigurationsdokumente hinterlegt, in denen u.a. beschrieben wird, welche Domino-Verzeichnisse zum Einsammeln von Daten herangezogen werden. Nachdem der Verzeichniskatalog aufgebaut wurde, können Sie die Clients und/oder Server zur Verwendung des Verzeichniskatalogs konfigurieren. Clients können automatisch über die Setup- oder Desktop-Policy-Dokumente an einen Condensed Directory Catalog verwiesen werden. Dies repliziert den Condensed Directory Catalog auf den Client und fügt den Namen des Condensed Directory Catalog in das Feld LOKALE ADRESSBÜCHER/LOCAL ADDRESS BOOKS im Abschnitt MAIL > ALLGEMEIN/BASIC in den Benutzervorgaben hinzu (siehe *Abbildung 7.20*). Dies entspricht dem *notes.ini*-Eintrag `Names=names.nsf,NameDesVerzeichniskatalogs.nsf`.

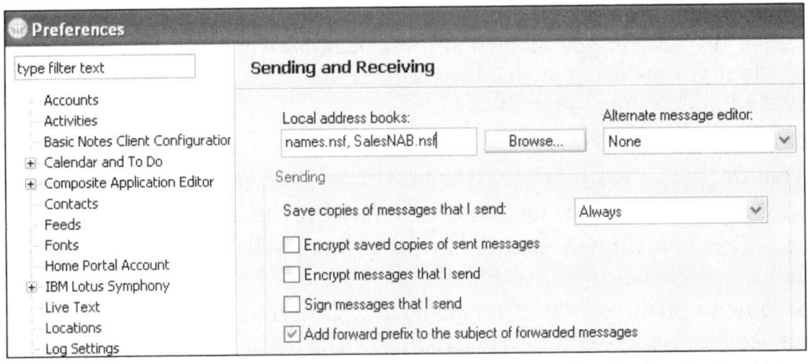

Abbildung 7.20: Angaben zur Verwendung weiterer lokaler Adressbücher für den Notes Client

Um die Server in Ihrer Domäne zu veranlassen, den Extended Directory Catalog zu verwenden, konfigurieren Sie die Verzeichnisverwaltung (Directory Assistance) auf dem Server entsprechend. Sie legen im Verzeichnisverwaltungsdokument einen Verweis auf den Extended Directory Catalog fest. Um den Server zu veranlassen, einen Condensed Directory Catalog zu verwenden, hinterlegen Sie den Namen des Verzeichniskatalogs direkt im Serverdokument oder im Profil des Domino-Verzeichnisses.

Erstellen und konfigurieren Sie einen Quellverzeichniskatalog für die Serververwendung und einen anderen für die mobile Verwendung für den Notes Client. Bis zu einem gewissen Punkt ähnelt sich die Konfiguration für die beiden Verzeichniskataloge.

1. Führen Sie für jedes Domino-Verzeichnis, das im Verzeichniskatalog enthalten sein soll, die folgenden Schritte aus:
   1. Öffnen Sie das Domino-Verzeichnis.
   2. Wählen Sie AKTIONEN/ACTIONS > DOMINO-VERZEICHNISPROFIL BEARBEITEN/EDIT DOMINO DIRECTORY PROFILE.

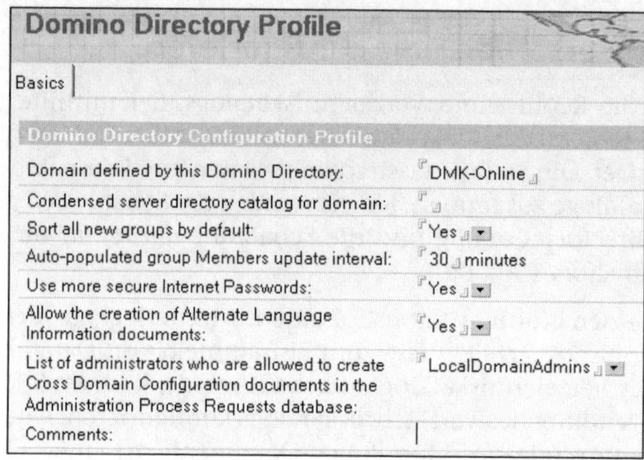

Abbildung 7.21: Überprüfung des Profildokuments

2. Vergewissern Sie sich, dass das Feld VON DIESEM DOMINO-VERZEICHNIS DEFINIERTE DOMÄNE/DOMAIN DEFINED BY THIS DOMINO DIRECTORY einen Wert enthält (siehe *Abbildung 7.21*). Wenn das Feld leer ist, tragen Sie den dem Verzeichnis zugeordneten Domänennamen ein. Wenn dem Verzeichnis keine Notes-Domäne zugeordnet ist, geben Sie einen beliebigen eindeutigen Domänennamen ein. Der Task Dircat hängt den angegebenen Domänennamen an die Gruppennamen im Verzeichniskatalog an. Somit können Benutzer zwischen Gruppen mit demselben Namen, die in verschiedenen Domino-Verzeichnissen enthalten sind, unterscheiden.
3. Führen Sie folgende Schritte aus:
   1. Wählen Sie DATEI/FILE > ANWENDUNG/APPLICATION > NEU/NEW.
   2. Wählen Sie den Server, den Sie für den Quellverzeichniskatalog vorbereitet haben.
   3. Geben Sie einen Titel für den Katalog ein. Sie können jeden beliebigen Titel verwenden.
   4. Geben Sie einen Dateinamen für den Katalog ein. Sie können einen beliebigen Dateinamen verwenden, z.B. *evk.nsf* oder *svz.nsf* für einen von Servern verwendeten Verzeichniskatalog oder *kvk.nsf* oder *mvz.nsf* für einen mobilen Verzeichniskatalog.
   5. Klicken Sie auf SCHABLONENSERVER und wählen Sie einen Server aus, auf dem die Schablone für den Verzeichniskatalog gespeichert ist.
      - Verwenden Sie für den Condensed Directory Catalog die Schablone DIRECTORY CATALOG (*dircat5.ntf*, siehe *Abbildung 7.22*). Behalten Sie den Lesezugriff für -DEFAULT- bei.
      - Verwenden Sie für den Extended Directory Catalog die Schablone DOMINO DIRECTORY (*pubnames.nsf*).

6. Wählen Sie die Schablone für den Verzeichniskatalog aus und klicken Sie auf OK.

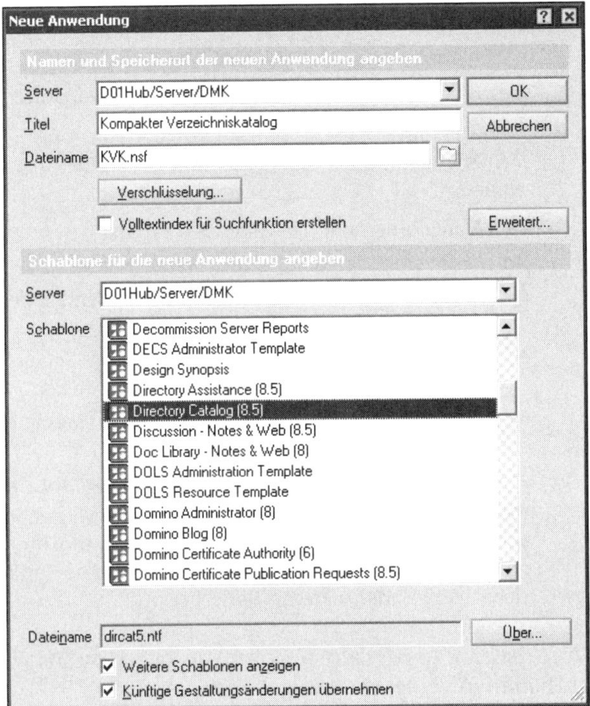

Abbildung 7.22: Erstellen eines Condensed Directory Catalog

Condensed Directory Catalog erstellen und konfigurieren

Nachdem Sie den Condensed Directory Catalog angelegt haben, erstellen Sie nun das Konfigurationsdokument für den Condensed Directory Catalog und starten anschließend den Dircat-Dienst. Voraussetzung für das Anlegen des Dokuments sind ausreichende Rechte in der Datenbank-ACL.

1. Öffnen Sie die gerade angelegte Datenbank und wählen Sie die Ansicht KONFIGURATION/CONFIGURATION.
2. Nehmen Sie die folgenden Einstellungen im Register ALLGEMEIN/BASICS vor (siehe *Abbildung 7.23*).
3. Geben Sie Werte in das Feld AUFZUNEHMENDE VERZEICHNISSE/DIRECTORIES TO INCLUDE ein. Geben Sie die Dateinamen von sekundären Verzeichnissen ein, die Sie in den Verzeichniskatalog einbeziehen möchten. Geben Sie auch den Namen des primären Domino-Verzeichnisses (*names.nsf*) ein, wenn andere Notes-Domänen den Verzeichniskatalog verwenden sollen. Es wird empfohlen, Repliken von sekundären Verzeichnissen lokal auf dem Server zu speichern, auf dem der Quellverzeichniskatalog gespeichert ist.

   In den meisten Fällen reicht es aus, dieses Feld für den Condensed Directory Catalog zu bearbeiten und die anderen Felder auf den Defaultwerten stehen zu lassen.

Ort des sekundären Domino-Verzeichnisses	Eingabe
Lokal	Den Dateinamen, z.B. *ostnamen.nsf*
Lokal in einem verknüpften Verzeichnis	Das verknüpfte Verzeichnis, gefolgt vom Dateinamen, z.B. *verzeichnisse\ostnamen.nsf*
Im Netzwerk auf einem zugeordneten Laufwerk	Den Namen und Pfad der Datei, z.B. *U:\dirserver\names.nsf*
Im Netzwerk über Domino	Den Dateinamen mit der folgenden Syntax: *Anschlussname!!!Servername!!Dateiname,* wobei: ▶ *Anschlussname* den Namen bezeichnet, den Sie dem Anschluss zugewiesen haben. ▶ *Servername* den hierarchischen Namen des Servers bezeichnet, auf dem das Verzeichnis gespeichert ist. ▶ *Dateiname* den Dateinamen des Verzeichnisses auf dem Server bezeichnet. Zum Beispiel: *TCPIP!!!DirServ/DO/DMK!!Namen.nsf* Wenn ein Domino Server auf ein sekundäres Verzeichnis auf einem anderen Domino Server zugreifen möchte, müssen die beiden Domino Server gemeinsame Zertifizierer haben oder gegenzertifiziert sein.

4. Bearbeiten Sie das Feld AUFZUNEHMENDE ZUSÄTZLICHE FELDER/ADDITIONAL FIELDS TO INCLUDE, um die im Katalog enthaltenen Felder individuell anzupassen.

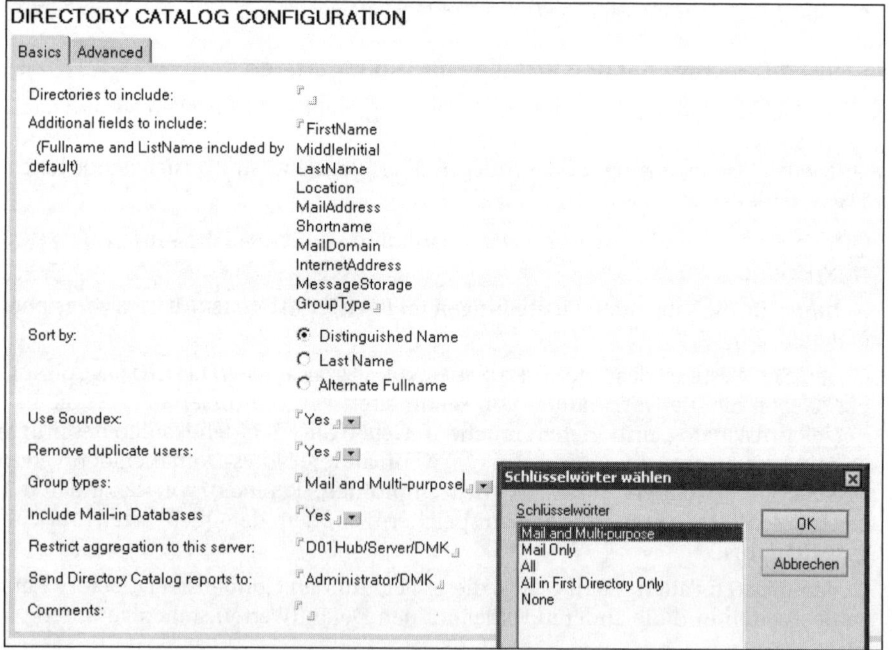

Abbildung 7.23: Allgemeine Konfigurationsinformationen

5. Falls notwendig, ändern Sie die Standardeinstellung für diese Felder.

Feld	Eingabe
SORTIEREN NACH/ SORT BY	Wählen Sie einen der folgenden Werte aus: ▸ EINDEUTIGER NAME/DISTINGUISHED NAME (Vorgabe), wenn Sie möchten, dass Benutzer einen Vornamen, gefolgt von einem Nachnamen, eingeben. ▸ NACHNAME/LAST NAME, wenn Sie möchten, dass Benutzer einen Nachnamen, gefolgt von einem Vornamen, eingeben. ▸ ALTERNATIVER VOLLSTÄNDIGER NAME/ALTERNATE FULLNAME, wenn Ihre Organisation zertifizierte alternative Namen verwendet. Wenn der Verzeichniskatalog von Mail-Servern verwendet wird, behalten Sie die Standardeinstellung für eine optimale Mail-Routing-Leistung bei. Die Schnelladressierung sucht nur dann nach einem Namen in einem Verzeichniskatalog, wenn der Benutzer den Namen in der Reihenfolge eingibt, wie im Feld SORTIEREN NACH der Verzeichniskatalog-Konfiguration angegeben. Wenn beispielsweise nach dem eindeutigen Namen sortiert wird, sucht die Schnelladressierung den Namen nur dann in einem Verzeichniskatalog, wenn der Benutzer zuerst den Vor- und dann den Nachnamen eingibt. Wenn nach dem Nachnamen sortiert wird, sucht die Schnelladressierung den Namen nur dann in einem Verzeichniskatalog, wenn der Benutzer zuerst den Nach- und dann den Vornamen eingibt. Im Feld SORTIEREN NACH wird auch die Reihenfolge festgelegt, in der die Einträge angezeigt werden, wenn der Absender das Dialogfeld MAIL-ADRESSE zum Durchsuchen des Verzeichniskatalogs verwendet.
SOUNDEX VERWENDEN/ USE SOUNDEX	Wählen Sie einen der folgenden Werte aus: ▸ JA/YES (Vorgabe), um für Namen Soundex-Werte (ähnlich klingende Namen) hinzuzufügen. ▸ NEIN/NO, wenn Soundex-Werte nicht berücksichtigt werden sollen. Durch die Aktivierung von Soundex können Notes-Benutzer die phonetische Schreibweise für die Namenssuche verwenden. Das Hinzufügen von Soundex-Werten erhöht die Größe des Verzeichniskatalogs für jeden Eintrag um ca. 4 Byte. Soundex ist bei der Suche nach Namen, die nicht in lateinischen Buchstaben geschrieben sind, nicht erfolgreich.
DOPPELTE BENUTZERNAMEN ENTFERNEN/ REMOVE DUPLICATE USERS	Wählen Sie einen der folgenden Werte aus: ▸ JA/YES (Vorgabe), um doppelte Einträge für identische Namen zu entfernen und nur den ersten vom Directory Catalog gefundenen Namen beizubehalten (entsprechend der Reihenfolge, in der Sie die Verzeichnisse im Feld AUFZUNEHMENDE VERZEICHNISSE angeben). ▸ NEIN/NO, um den Benutzer bei vorhandenen Duplikaten zur Auswahl eines Namens aufzufordern.

Feld	Eingabe
GRUPPENTYP/ GROUP TYPES	Wählen Sie einen der folgenden Gruppentypen, um festzulegen, welche Gruppen im Verzeichniskatalog enthalten sein sollen: ▶ MAIL UND MEHRERE ZWECKE/MAIL AND MULTI-PURPOSE (Vorgabe), um nur diese beiden Gruppentypen aus allen im Feld AUFZUNEHMENDE VERZEICHNISSE aufgeführten Verzeichnissen hinzuzufügen. ▶ NUR MAIL/MAIL ONLY, um nur MAIL ONLY-Gruppentypen aus allen im Feld AUFZUNEHMENDE VERZEICHNISSE aufgeführten Verzeichnissen hinzuzufügen. ▶ ALLE/ALL, um alle Gruppentypen aus allen im Feld AUFZUNEHMENDE VERZEICHNISSE aufgeführten Verzeichnissen hinzuzufügen. ▶ ALLE IM ERSTEN VERZEICHNIS/ALL IN FIRST DIRECTORY ONLY, um alle Gruppentypen, jedoch nur die im ersten aufgeführten Verzeichnis im Feld AUFZUNEHMENDE VERZEICHNISSE hinzuzufügen. ▶ KEINE/NONE, um alle Gruppen auszuschließen. Wenn Ihre Organisation eine Notes-Anwendung zum Suchen nach Mitgliedern der Gruppentypen NUR ZUGRIFFSKONTROLLLISTE, NUR SERVER oder NUR NEGATIVLISTE in einem erweiterten Verzeichniskatalog oder einem von Servern verwendeten kompakten Verzeichniskatalog einsetzt, wählen Sie ALLE oder ALLE IM ERSTEN VERZEICHNIS, um diese Gruppentypen zum Verzeichniskatalog hinzuzufügen. Wenn es sich bei dem von Ihnen konfigurierten Verzeichniskatalog um einen erweiterten Verzeichniskatalog handelt, mit dem Server nach Gruppen für die Autorisierung des Datenbankzugriffs für Benutzer suchen, und diese Gruppen in Domino-Quellverzeichnissen als Gruppentyp NUR ZUGRIFFSKONTROLLLISTE definiert sind, wählen Sie ALLE oder ALLE IM ERSTEN VERZEICHNIS, um sicherzustellen, dass die Gruppen aufgenommen werden.
MAIL-IN-DATENBANKEN AUFNEHMEN/ INCLUDE MAIL-IN DATABASES	Gibt an, ob Mail-In-Datenbankdokumente aufgenommen werden sollen. Der Defaultwert ist JA/YES.

6. Geben Sie im Feld AGGREGATION AUF DIESEN SERVER BESCHRÄNKEN/RESTRICT AGGREGATION TO SERVER den Namen des Servers an, den Sie für die Quellverzeichniskataloge vorbereitet haben und der den Task Dircat zum Erstellen und Aktualisieren dieses Quellverzeichniskatalogs ausführen kann. Wenn Sie dieses Feld ausfüllen und ein Benutzer versucht, den Dircat-Task auf einer Replik dieses Verzeichniskatalogs auf einem anderen Server auszuführen, gibt der Server eine entsprechende Fehlermeldung aus.
7. Falls Sie dies für wichtig erachten, geben Sie in das Feld VERZEICHNISKATALOGBERICHTE SENDEN AN/SEND AGGREGATION REPORTS TO: die Namen der Personen und/oder Gruppen ein, an die Berichte per Mail gesendet werden sollen.

Wenn Sie nach dem Erstellen eines Quellverzeichniskatalogs mithilfe des Tasks Dircat Felder im Abschnitt ALLGEMEIN/BASICS eines Konfigurationsdokuments ändern (mit Ausnahme von AGGREGATION AUF DIESEN SERVER BESCHRÄNKEN, VERZEICHNISKATALOGBERICHTE SENDEN AN und KOMMENTARE), wird bei der nächsten Ausführung des Tasks Dircat der gesamte Katalog neu aufgebaut. Außerdem findet bei der nächsten Replizierung des Verzeichniskatalogs eine vollständige nicht inkrementelle Replizierung statt. Eine vollständige Replizierung ist langsamer, insbesondere wenn sie über langsame WAN-Leitungen erfolgt.

8. Klicken Sie auf das Register ERWEITERT/ADVANCED und nehmen Sie die folgenden Einstellungen vor:

Feld	Beschreibung
VERSION	Read-only-Feld, das hochgezählt wird, nachdem das *dircat5.ntf*-Template aktualisiert wird. Verwendung nur für interne Zwecke.
AUSWAHLFORMEL/ SELECTION FORMULA	(Optional) Gibt eine selektive Formel an, um anzugeben, welche Dokumente aufgenommen werden sollen.
GESAMTZAHL PERSONEN/ GRUPPEN/MAIL-IN-DATENBANKEN UND RESSOURCEN ... bzw. TOTAL NUMBER OF PEOPLE/ GROUP/MAIL-IN DATABASES AND RESOURCES	Read-only-Feld, das die Gesamtanzahl der gesammelten Einträge aus den Domino-Verzeichnissen wiedergibt, nachdem der Dircat-Task gelaufen ist.
KOMPRIMIERDICHTE/ PACKING DENSITY	Eine Zahl, die die maximale Anzahl Einträge angibt, die in einem Dokument zusammengefasst werden können. Die Vorgabe lautet 255 und dies ist der maximal zulässige Wert. Normalerweise brauchen Sie diesen Defaultwert nicht zu verändern. Verändern Sie diesen Wert nicht, wenn Clients eine lokale Replik des Condensed Directory Catalog verwenden.
ZUSATZFELDER/ INCREMENTAL FIELDS	Wählen Sie einen der folgenden Werte aus: ▶ JA/YES (Vorgabe), um das schrittweise Mischen zu verwenden und Feldänderungen vorübergehend in doppelten Feldern in zusammenfassenden Dokumenten zu speichern, um die Replizierungsleistung zu optimieren. ▶ NEIN/NO, um Änderungen sofort in den ursprünglichen Feldern der zusammenfassenden Dokumente durchzuführen. Normalerweise brauchen Sie diesen Defaultwert nicht zu verändern. Verändern Sie diesen Wert nicht, wenn Clients eine lokale Replik des Condensed Directory Catalog verwenden.

Feld	Beschreibung
MISCHFAKTOR/ MERGE FACTOR	Ein Wert, der besagt, wie viele Einträge im Domino-Verzeichnis prozentual geändert werden müssen, bevor Domino die in den temporären Feldern gespeicherten Änderungen tatsächlich in die Originalfelder der zusammenfassenden Dokumente übernimmt. Die Vorgabe ist 5%. Dieses Feld kann nur verwendet werden, wenn ZUSATZFELDER auf JA gesetzt ist. Es wird empfohlen, diese Einstellung nicht zu ändern.
REPLIZIERUNGSPROTOKOLL/ REPLICATION HISTORY	Zeigt das Datum und die Uhrzeit an, wann der Dircat-Dienst das letzte Mal auf die zur Aufnahme in den Verzeichniskatalog festgelegten Verzeichnisse zugegriffen hat. Klicken Sie auf den Button CLEAR HISTORY, um den Verzeichniskatalog vollständig neu aufbauen zu lassen.

9. Speichern und schließen Sie das Dokument.

Condensed Directory Catalog auf dem Client installieren

Nachdem der Verzeichniskatalog aufgebaut wurde, können Sie die Clients zur Verwendung des Verzeichniskatalogs konfigurieren. Clients können automatisch über die Setup- oder Desktop-Policy-Dokumente an einen Condensed Directory Catalog verwiesen werden. Das automatisierte Setup legt einen Replikrumpf des Condensed Directory Catalog auf dem Client ab, sodass entsprechend der aktivierten Repliziereinstellungen eine Replizierung mit dem Condensed Directory Catalog auf dem Server stattfindet. Wenn dies geschieht, wird ein Volltextindex für den Verzeichniskatalog auf dem Client aufgebaut. Das automatisierte Setup fügt den Namen des Condensed Directory Catalog in das Feld LOKALE ADRESSBÜCHER/LOCAL ADDRESS BOOKS in den Benutzervorgaben neben dem persönlichen Adressbuch des Anwenders (*names.nsf*) hinzu.

Wenn Sie dem Anwender nicht über die Richtlinien einen Condensed Directory Catalog zur Verfügung stellen, muss dies manuell geschehen.

1. Falls gewünscht, erstellen Sie eine Replik des Quellverzeichniskatalogs auf anderen Servern. Dann sind die Benutzer flexibler in ihrer Entscheidung, welche Server sie zur Replizierung des Verzeichniskatalogs verwenden möchten. Verwenden Sie einen Dateinamen, der sich von einem für die Serververwendung konfigurierten Verzeichniskatalog unterscheidet. Domino erstellt für jede Replik automatisch einen Volltextindex.
2. Wenn Sie noch kein Richtliniendokument erstellt haben sollten, erstellen Sie jetzt ein Desktop- oder ein Setup-Policy-Dokument, um die Implementierung des Condensed Directory Catalog auf dem Client zu automatisieren.
3. Klicken Sie in Domino Administrator auf das Register DATEIEN/FILES und öffnen Sie eine Replik des Verzeichniskatalogs.
4. Wählen Sie BEARBEITEN/EDIT > ALS VERKNÜPFUNG KOPIEREN/COPY AS LINK > DATENBANKVERKNÜPFUNG/DATABASE LINK.
5. Öffnen Sie das Desktop- oder Setup-Policy-Dokument, das Sie verwenden möchten, um die Implementierung des Condensed Directory Catalog auf dem Client zu automatisieren.
6. Klicken Sie auf das Register DATENBANKEN/DATABASES und anschließend auf das Feld MOBILE VERZEICHNISKATALOGE/MOBILE DIRECTORY CATALOGS.

7. Wählen Sie BEARBEITEN/EDIT > EINFÜGEN/PASTE, um den Link in das Feld einzufügen.
8. Klicken Sie anschließend auf SPEICHERN UND SCHLIESSEN/SAVE & CLOSE.

Die Benutzer sollten ihre mobilen Verzeichniskataloge regelmäßig mit einer Replik auf einem Server replizieren.

Server zur Verwendung des Condensed Directory Catalog konfigurieren

Im Allgemeinen sollte ein Server besser einen Extended Directory Catalog verwenden.

1. Vergewissern Sie sich, dass Sie bereits den Task DIRCAT zum Generieren des Quellverzeichniskatalogs ausgeführt haben.
2. Erstellen Sie eine Replik des Quellverzeichniskatalogs auf anderen Servern in der Domäne, die den Katalog verwenden werden. Verwenden Sie für die Repliken denselben Dateinamen wie für den Quellverzeichniskatalog. Domino erstellt für jede Replik automatisch einen Volltextindex.
3. Öffnen Sie das betreffende Serverdokument zur Bearbeitung.
4. Unter der Registerkarte ALLGEMEIN/BASICS tragen Sie in das Feld NAME DES KOMPAKTEN VERZEICHNISKATALOGS AUF DIESEM SERVER/NAME OF CONDENSED DIRECTORY CATALOG ON THE SERVER den Dateinamen der Replik des Condensed Directory Catalog ein (z.B. *abuch\mvz.nsf* oder *kvk.nsf*), die Sie auf diesem Server angelegt haben (siehe *Abbildung 7.24*). Wenn mehrere Server den gleichen Dateinamen für ihre lokale Replik des Verzeichniskatalogs verwenden, sollten Sie den Tipp weiter hinten lesen.

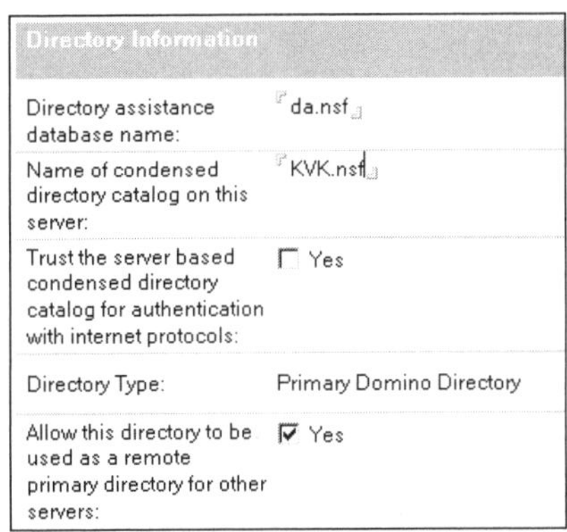

Directory Information	
Directory assistance database name:	da.nsf
Name of condensed directory catalog on this server:	KVK.nsf
Trust the server based condensed directory catalog for authentication with internet protocols:	☐ Yes
Directory Type:	Primary Domino Directory
Allow this directory to be used as a remote primary directory for other servers:	☑ Yes

***Abbildung 7.24:** Einbindung des Condensed Directory Catalog im Serverdokument*

5. (Optional) Um es dem Server möglich zu machen, alle Anwendernamen, die im Condensed Directory Catalog gesammelt wurden, zur Client-Authentifizierung zu verwenden, aktivieren Sie die Option SERVERBASIERTEN KOMPAKTEN VERZEICHNISKATALOG FÜR DIE AUTHENTIFIZIERUNG MIT INTERNET-PROTOKOLLEN ALS VERTRAUENSWÜRDIG ANERKENNEN/TRUST THE SERVER BASED CONDENSED DIRECTORY CATALOG FOR AUTHENTICATION WITH INTERNET PROTOCOLS. Wenn Sie nicht dem gesamten Verzeichniskatalog in Bezug auf die Authentifizierung vertrauen wollen, sollten Sie diese Option nicht aktivieren.

   Um anzugeben, dass der Server zur Authentifizierung nur einem oder wenigen der Verzeichnisse vertrauen soll, die im Verzeichniskatalog zusammengeführt werden, können Sie die Verzeichnisverwaltung (Directory Assistance) verwenden und über ein Verzeichnisverwaltungsdokument für jedes dieser Domino-Verzeichnisse eine vertrauenswürdige Regel definieren.

6. Klicken Sie anschließend auf SPEICHERN UND SCHLIESSEN/SAVE & CLOSE.
7. Starten Sie die Server neu, auf denen sich Repliken des Verzeichniskatalogs befinden, damit die Server den Dateinamen finden. Warten Sie, bis der Dateiname in die Replik des Domino-Verzeichnisses auf einem bestimmten Server repliziert wurde, oder erzwingen Sie die Replizierung, bevor Sie den Server erneut starten.

Tipp

Wenn mehrere Server den gleichen Dateinamen für ihre lokale Replik des Verzeichniskatalogs verwenden, können Sie den Dateinamen des Verzeichniskatalogs für eine Domäne einmal zum Profil für das Domino-Verzeichnis hinzufügen (siehe *Abbildung 7.25*), anstatt den Namen mehrfach in den Serverdokumenten zu hinterlegen.

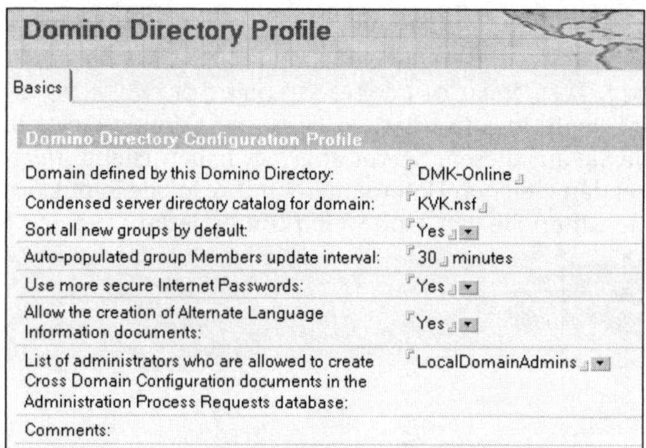

Abbildung 7.25: Einbindung des Condensed Directory Catalog im Domino Directory-Profil

Ein Server, der keinen Eintrag im Serverdokument bezüglich des Condensed Directory Catalog besitzt, verwendet den Dateinamenseintrag im Profil für das Domino-Verzeichnis, um die lokale Replik des Condensed Directory Catalog zu finden.

Extended Directory Catalog erstellen und konfigurieren

Nachdem Sie den Extended Directory Catalog auf Basis der Schablone *pubnames.ntf* erstellt haben (siehe *Abbildung 7.26*), erstellen Sie nun das Konfigurationsdokument für den Extended Directory Catalog und starten anschließend den Dircat-Dienst. Voraussetzung für das Anlegen des Dokuments sind ausreichende Rechte in der Datenbank-ACL (Managerzugriff mit vollständigem Rollenzugriff).

1. Öffnen Sie die gerade erstellte Datenbank und wählen Sie im Menü ERSTELLEN/CREATE > ERWEITERTER VERZEICHNISKATALOG/EXTENDED DIRECTORY CATALOG (siehe *Abbildung 7.27*).

   Um den Extended Directory Catalog in das primäre Domino Directory einzubinden, öffnen Sie stattdessen das primäre Domino Directory und nehmen die Aktion vor.

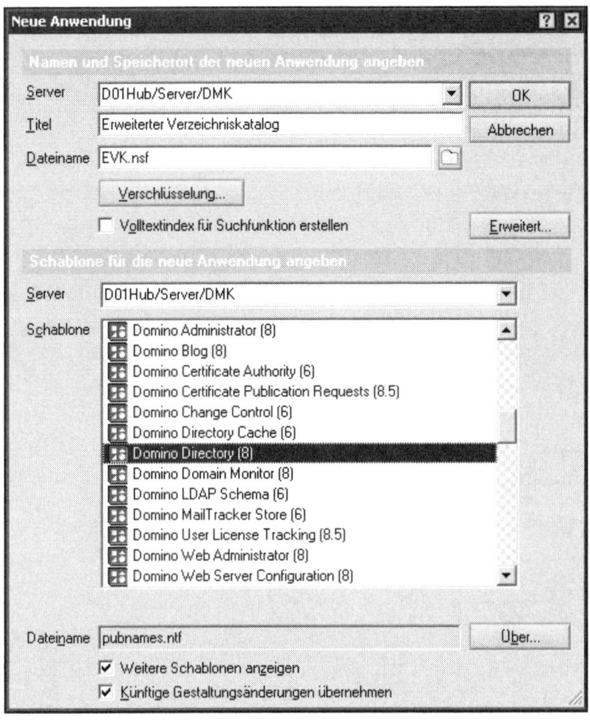

Abbildung 7.26: Erstellen eines Extended Directory Catalog

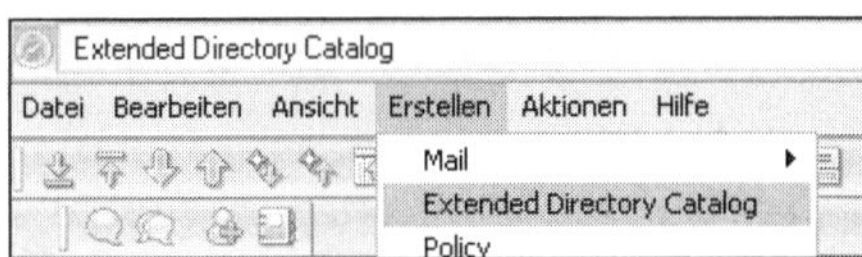

Abbildung 7.27: Erstellen des Konfigurationsdokuments zum Einbinden des Extended Directory Catalog

2. Nehmen Sie die folgenden Einstellungen im Register ALLGEMEIN/BASICS vor (siehe *Abbildung 7.28*).
3. Geben Sie Werte in das Feld AUFZUNEHMENDE VERZEICHNISSE/DIRECTORIES TO INCLUDE ein. Geben Sie die Dateinamen von sekundären Verzeichnissen ein, die Sie in den Verzeichniskatalog einbeziehen möchten. Geben Sie auch den Namen des primären Domino-Verzeichnisses (*names.nsf*) ein, wenn andere Notes-Domänen den Verzeichniskatalog verwenden sollen. Es wird empfohlen, Repliken von sekundären Verzeichnissen lokal auf dem Server zu speichern, auf dem der Quellverzeichniskatalog gespeichert ist.

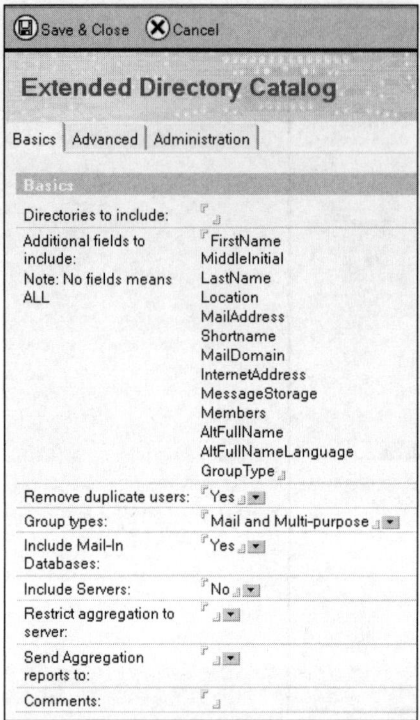

Abbildung 7.28: Konfigurationsdokument zum Einbinden des Extended Directory Catalog

Ort des sekundären Domino-Verzeichnisses	Eingabe
Lokal	Den Dateinamen, z.B. *ostnamen.nsf*
Lokal in einem verknüpften Verzeichnis	Das verknüpfte Verzeichnis, gefolgt vom Dateinamen, z.B. *verzeichnisse\ostnamen.nsf*
Im Netzwerk auf einem zugeordneten Laufwerk	Den Namen und Pfad der Datei, z.B. *u:\dirserver\names.nsf*
Im Netzwerk über Domino	Den Dateinamen mit der folgenden Syntax: *Anschlussname!!!Servername!!Dateiname,* wobei: ▶ *Anschlussname* den Namen bezeichnet, den Sie dem Anschluss zugewiesen haben. ▶ SERVERNAME den hierarchischen Namen des Servers bezeichnet, auf dem das Verzeichnis gespeichert ist. ▶ *Dateiname* den Dateinamen des Verzeichnisses auf dem Server bezeichnet. Zum Beispiel: *TCPIP!!!DirServ/HH/DMK!!Namen.nsf* Wenn ein Domino Server auf ein sekundäres Verzeichnis auf einem anderen Domino Server zugreifen möchte, müssen die beiden Domino Server gemeinsame Zertifizierer haben oder gegenzertifiziert sein.

4. Bearbeiten Sie das Feld AUFZUNEHMENDE ZUSÄTZLICHE FELDER/ADDITIONAL FIELDS TO INCLUDE, um die im Katalog enthaltenen Felder individuell anzupassen. Um alle Felder aufzunehmen, lassen Sie dieses Feld leer bzw. löschen die vorhandenen Einträge.

5. Falls notwendig, ändern Sie die Standardeinstellung für diese Felder.

Feld	Eingabe
DOPPELTE BENUTZERNAMEN ENTFERNEN/ REMOVE DUPLICATE USERS	Wählen Sie einen der folgenden Werte aus: ▶ JA/YES (Vorgabe), um doppelte Einträge für identische Namen zu entfernen und nur den ersten vom Directory Catalog gefundenen Namen beizubehalten (entsprechend der Reihenfolge, in der Sie die Verzeichnisse im Feld AUFZUNEHMENDE VERZEICHNISSE angeben). ▶ NEIN/NO, um den Benutzer bei vorhandenen Duplikaten zur Auswahl eines Namens aufzufordern.
GRUPPENTYPEN/ GROUP TYPES	Wählen Sie einen der folgenden Gruppentypen, um festzulegen, welche Gruppen im Verzeichniskatalog enthalten sein sollen: ▶ MAIL UND MEHRERE ZWECKE/MAIL AND MULTI-PURPOSE (Vorgabe), um nur diese beiden Gruppentypen aus allen im Feld AUFZUNEHMENDE VERZEICHNISSE aufgeführten Verzeichnissen hinzuzufügen. ▶ ALLE/ALL, um alle Gruppentypen aus allen im Feld AUFZUNEHMENDE VERZEICHNISSE aufgeführten Verzeichnissen hinzuzufügen. ▶ ALLE IM ERSTEN VERZEICHNIS/ALL IN FIRST DIRECTORY ONLY, um alle Gruppentypen, jedoch nur die im ersten aufgeführten Verzeichnis im Feld AUFZUNEHMENDE VERZEICHNISSE hinzuzufügen. ▶ KEINE/NONE, um alle Gruppen auszuschließen.
MAIL-IN-DATENBANKEN AUFNEHMEN/ INCLUDE MAIL-IN DATABASES	Gibt an, ob Mail-In-Datenbankdokumente aufgenommen werden sollen. Der Defaultwert ist JA/YES.
SERVER EINSCHLIESSEN/ INCLUDE SERVERS	Gibt an, ob Serverdokumente aufgenommen werden sollen. Der Defaultwert ist NEIN/NO.

6. Geben Sie im Feld AGGREGATION AUF DIESEN SERVER BESCHRÄNKEN/RESTRICT AGGREGATION TO SERVER den Namen des Servers an, den Sie für die Quellverzeichniskataloge vorbereitet haben und der den Task Dircat zum Erstellen und Aktualisieren dieses Quellverzeichniskatalogs ausführen kann. Wenn Sie dieses Feld ausfüllen und ein Benutzer versucht, den Dircat-Task auf einer Replik dieses Verzeichniskatalogs auf einem anderen Server auszuführen, gibt der Server eine entsprechende Fehlermeldung aus.

7. Falls Sie dies für wichtig erachten, geben Sie in das Feld VERZEICHNISKATALOGBERICHTE SENDEN AN/SEND AGGREGATION REPORTS TO: die Namen der Personen und/oder Gruppen ein, an die Berichte per Mail gesendet werden sollen.

8. Klicken Sie auf das Register ERWEITERT/ADVANCED (siehe *Abbildung 7.29*) und nehmen Sie die folgenden Einstellungen vor.

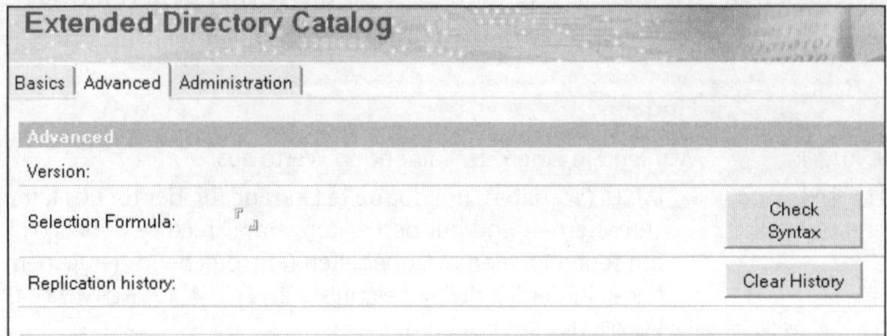

Abbildung 7.29: Konfigurationsdokument zum Einbinden des Extended Directory Catalog

Feld	Beschreibung
VERSION	Read-only-Feld für interne Zwecke, das automatisch gesetzt wird.
AUSWAHLFORMEL/ SELECTION FORMULA	(Optional) Gibt eine selektive Formel an, um anzugeben, welche Dokumente aufgenommen werden sollen.
REPLIZIERUNGSPROTOKOLL/ REPLICATION HISTORY	Zeigt das Datum und die Uhrzeit an, wann der Dircat-Dienst das letzte Mal auf die zur Aufnahme in den Verzeichniskatalog festgelegten Verzeichnisse zugegriffen hat. Klicken Sie auf den Button CLEAR HISTORY, um den Verzeichniskatalog vollständig neu aufbauen zu lassen.

9. Speichern und schließen Sie das Dokument.

Durch Klicken auf die Schaltfläche PROTOKOLL LÖSCHEN/CLEAR HISTORY im Register ERWEITERT/ADVANCED eines Konfigurationsdokuments baut der Task Dircat einen Quellverzeichniskatalog neu auf, wenn der Task erneut ausgeführt wird.

Erstellen Sie aus Performance- und Failover-Gründen mindestens eine Replik des Extended Directory Catalog auf einem anderen Server. Stellen Sie sicher, dass Verbindungsdokumente zur Verfügung stehen, die die Replizierung zwischen dem Server, auf dem der Quellverzeichniskatalog gespeichert ist, und den Servern, auf denen Sie Repliken des Verzeichniskatalogs erstellen, gewährleisten.

Verwenden Sie Directory Assistance-Dokumente zur Einbindung eines Extended Directory Catalog für die Server in Ihrer Domäne (siehe Unterkapitel *Directory Assistance-Dokument zur Einbindung eines Domino Directory oder eines Extended Directory Catalog erstellen* in *Kapitel 7.2.3, Konfiguration der Verzeichnisverwaltung*). Wenn Sie einen Extended Directory Catalog in Ihr Domino Directory integrieren, brauchen Sie keine weiteren Repliken zu erzeugen oder Directory Assistance zur Einbindung eines Extended Directory Catalog für die Server in Ihrer Domäne zu verwenden.

7.3.4 Dircat-Dienst

Führen Sie den Task Dircat zunächst aus, um den Quellverzeichniskatalog mit Daten zu füllen. Später synchronisiert der Task Dircat die Einträge im Quellverzeichniskatalog mit den Einträgen in den Domino-Verzeichnissen. Wenn Sie eines der folgenden Felder im Konfigurationsdokument für einen Verzeichniskatalog ändern, baut der Dircat-Task den Verzeichniskatalog vollkommen neu auf.

- AUFZUNEHMENDE VERZEICHNISSE/DIRECTORIES TO INCLUDE
- AUFZUNEHMENDE ZUSÄTZLICHE FELDER/ADDITIONAL FIELDS TO INCLUDE
- SORTIEREN NACH (KOMPAKTE VERZEICHNISKATALOGE)/SORT BY (CONDENSED DIRECTORY CATALOG)
- SOUNDEX VERWENDEN (KOMPAKTE VERZEICHNISKATALOGE)/USE SOUNDEX (CONDENSED DIRECTORY CATALOG)
- DOPPELTE BENUTZERNAMEN ENTFERNEN/REMOVE DUPLICATE USERS
- GRUPPENTYPEN/GROUP TYPES
- MAIL-IN-DATENBANKEN AUFNEHMEN/INCLUDE MAIL-IN DATABASES
- SERVER EINSCHLIESSEN (ERWEITERTE VERZEICHNISKATALOGE)/INCLUDE SERVERS (EXTENDED DIRECTORY CATALOG)
- AUSWAHLFORMEL/SELECTION FORMULA

Wenn Sie eines der oben aufgeführten Felder in einem Konfigurationsdokument für einen Condensed Directory Catalog ändern, baut der Dircat-Task beim nächsten Lauf den Verzeichniskatalog vollkommen neu auf.

Wenn Sie eines der oben aufgeführten Felder in einem Konfigurationsdokument für einen Extended Directory Catalog ergänzen, baut der Dircat-Task beim nächsten Lauf den Verzeichniskatalog nicht automatisch vollkommen neu auf. Dazu müssen Sie den Dircat-Task gegen den Extended Directory Catalog mit der Option -r laufen lassen oder auf die Schaltfläche CLEAR HISTORY im Konfigurationsdokument klicken. Wenn Sie das Feld DIRECTORIES TO INCLUDE im Konfigurationsdokument des Extended Directory Catalog ändern, verursacht dies lediglich einen partiellen Neuaufbau des Extended Directory Catalog.

Wenn die Replik eines von der Dircat-Task verwendeten Domino-Quellenverzeichnisses gelöscht und dann durch eine Kopie derselben Replik-ID ersetzt wird, die von einem Befehl des Betriebssystems erstellt wird, führt der Dircat-Task einen teilweisen Neuaufbau durch. Dabei werden alle Dokumente in der neuen Dateisystem-Kopie des Domino-Verzeichnisses mit den entsprechenden Inhalten des Verzeichniskatalogs verglichen, indem nach Änderungen gesucht wird. Der Dircat-Task führt auch dann einen teilweisen Neuaufbau durch, wenn der Fixup-Task beschädigte Dokumente aus einem Domino-Quellenverzeichnis löscht. Diese Dokumente werden anschließend bei der Replizierung ersetzt. Ein teilweiser Neuaufbau nimmt mehr Zeit in Anspruch als eine Aktualisierung, benötigt jedoch weniger Zeit als ein vollständiger Neuaufbau.

Führen Sie den Task Dircat immer auf dem Server aus, auf dem der Quellverzeichniskatalog gespeichert ist. Wenn Sie ihn auf mehreren Servern ausführen, treten Replizierungskonflikte auf. Verwenden Sie das Konfigurationsfeld AGGREGATION AUF DIESEN SERVER BESCHRÄNKEN, um sicherzustellen, dass der Dircat-Task nur auf einem Server ausgeführt wird. Führen Sie folgende Schritte aus, um den Task Dircat periodisch auszuführen:

1. Wählen Sie im Serverfenster links in Domino Administrator den Server aus, auf dem die Quellverzeichniskataloge gespeichert sind. Wenn das Serverfenster nicht angezeigt wird, klicken Sie auf das Serversymbol.
2. Klicken Sie in Domino Administrator auf das Register KONFIGURATION/CONFIGURATION.
3. Erweitern Sie die Ansicht VERZEICHNIS/DIRECTORY und wählen Sie DIRECTORY CATALOGER > EINSTELLUNGEN/SETTINGS (siehe *Abbildung 7.30*).
4. Geben Sie in die folgenden Felder Werte ein und klicken Sie anschließend auf SPEICHERN UND SCHLIESSEN:

Feld	Eingabe
DATEINAMEN VON VERZEICHNISKATALOGEN/ DIRECTORY CATALOG FILENAMES	Die Dateinamen der Quellverzeichniskataloge. Trennen Sie mehrere Dateinamen durch Kommata.
ZEITPLAN/ SCHEDULE	Wählen Sie AKTIVIERT/ENABLED.
ZUSAMMENFASSUNG DES VERZEICHNISKATALOGS AUSFÜHREN UM/ RUN DIRECTORY CATALOG AGGREGATOR AT	Ein Zeitraum oder eine bzw. mehrere bestimmte Uhrzeiten, zu denen der Quellverzeichniskatalog aktualisiert wird. Geben Sie ein Zeitfenster oder eine feste Uhrzeit an, um festzulegen, wann der Dircat-Task laufen soll. Mehrere unterschiedliche Zeiteinträge durch Kommata (,) trennen. Die Vorgabe lautet 08:00 bis 22:00.
WIEDERHOLUNGSINTERVALL/ REPEAT INTERVAL OF	Eine Zahl, die die Minuten zwischen den Aktualisierungen angibt, die für einen bestimmten Zeitraum geplant sind. Die Vorgabe lautet 360 Minuten (alle 6 Stunden).
WOCHENTAGE/ DAYS OF WEEK	Die Wochentage, an denen der Verzeichniskatalog aktualisiert wird.

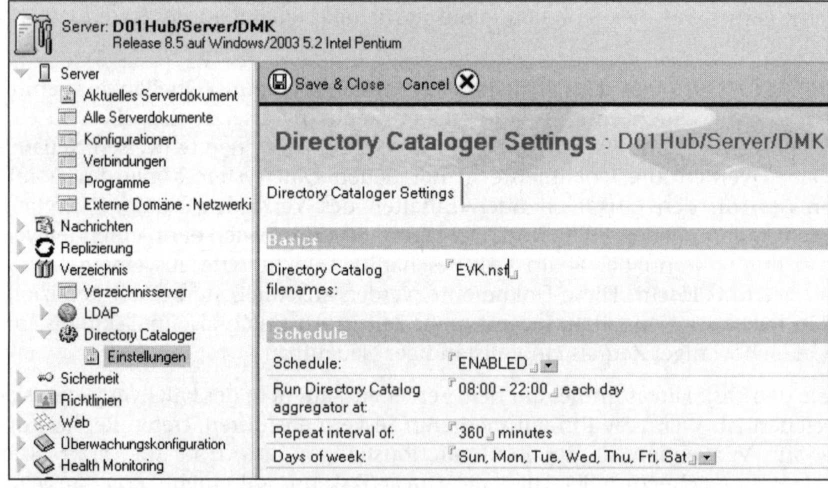

Abbildung 7.30: Einrichtung des Server-Tasks Dircat

7.4 Lightweight Directory Access Protocol

Verzeichnisse (engl.: Directories) sind Sammlungen von Daten, die einem definierten ordnenden Prinzip gehorchen. Notwendige Informationen müssen für einen schnellen und leichten Zugriff katalogisiert werden, so sind Telefonbücher beispielsweise nach Namen geordnet. Verzeichnisse in der IT werden in der Regel dazu verwendet, Benutzerdaten zentral zu sammeln und Applikationen zur Verfügung zu stellen. Diesen Datensammlungen liegt meist eine Datenbank zugrunde, in der die Daten aufgenommen werden.

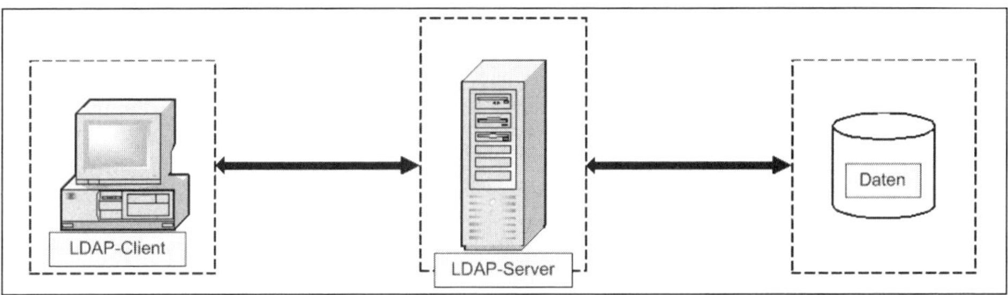

Abbildung 7.31: LDAP-Dienst

Über Netzwerkprotokolle wird nach dem *Client-Server-Prinzip* auf den Dienst, der die Daten zur Verfügung stellt, zugegriffen, um Daten aus dem Verzeichnis abzufragen oder zu aktualisieren (siehe *Abbildung 7.31*). Mehrere solcher Verzeichnisdienste existieren bereits. Hier einige Produktbeispiele: Novells eDirectory/NDS (*Novell Directory Services*), IBMs TDS (*Tivoli Directory Server*), Microsoft ADS (*Active Directoty Services*), Banyans *StreetTalk* oder OSIs *X.500*.

X.500 wurde 1988 von der *CCITT* (*Comité Consultativ International Télégraphique et Téléphonique*) spezifiziert als eine Menge offener Systeme, die gemeinsam eine Datenbank halten, in der Informationen über Objekte der realen Welt abgelegt sind. Die CCITT spezifiziert im Wesentlichen drei Protokolle:

- DAP (Directory Access Protocol), das zum Zugriff auf die Informationen dient
- DSP (Directory Service Protocol), mit dem die Kommunikation zwischen Servern durchgeführt wird
- DISP (Directory Information Shadowing Protocol)

X.500 kann als vollständig bezeichnet werden: Es gibt im Grunde nichts, was nicht in ihm gespeichert werden könnte. Das Verzeichnis stellt eine Objektdatenbank dar. Zu speichernde Informationen werden in Objektklassen beschrieben: Attributnamen, Typen und deren Wertebereich. Wesentliche Nachteile sind der hohe Implementationsaufwand und der „schwergewichtige" Zugriff. Die Kommunikation zwischen Client und Server erzeugt eine recht hohe Netzlast, die einer allgegenwärtigen Nutzung hinderlich ist. LDAP schlägt eine Brücke. So wurde im Jahr 1993 erstmals das Lightweight Directory Access Protocol, kurz *LDAP*, spezifiziert. Die Entscheidung, eine „Lightweight"-Version des DAP-Protokolls zu implementieren, führte zu einer hohen Flexibilität in den Netzwerken, sodass solche Verzeichnisse „praxistauglich" wurden. Mittlerweile existiert bereits Version 3 von LDAP, definiert in RFC 2251 („Lightweight Directory Access Protocol (v3)"). Es enthält die Beschreibung eines kompletten Protokolls, um mit TCP/IP-basierten Clients über einen vermittelnden LDAP-Server auf ein X.500-Verzeichnis zuzugreifen. Das Lightweight Directory Access Protocol ist zwar durch internationale RFCs definiert, jedoch noch kein offizieller Standard. Dennoch kann man bei LDAP von einem De-facto-Standard sprechen. LDAP bietet einen vollen Verzeichniszugriff über TCP/IP. Der Mehrwert von LDAP beschränkt sich aber nicht nur auf die Interoperabilität zwischen verschiedenen Verzeichnissen und dem Abbild von Benutzerinformationen in einem Unternehmen. Es ist mehr möglich: Durch Integration von LDAP als „Namensdienstleister" in Anmeldediensten ist auch ein „Single Sign-On" in heterogenen Umgebungen denkbar. Ein Username-/Passwort-Paar regelt den Zugriff auf sämtliche Ressourcen im jeweiligen Netz!

Die Einträge im LDAP-Verzeichnis sind als *Objekte* verpackt. Sie bestehen aus *Attributen* mit *Typen* und *Werten* und sind in einem hierarchischen Baum strukturiert. Das kennen Sie bereits aus dem hierarchischen Namenssystem von Lotus Domino.

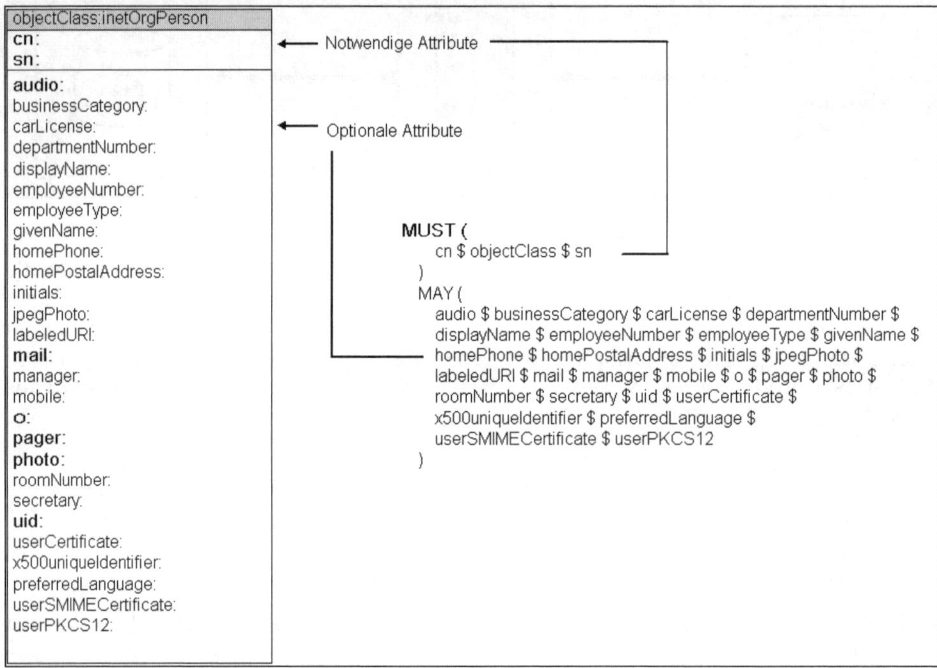

Abbildung 7.32: Attribute einer Objektklasse

Jedes LDAP-Verzeichnis hat eine bestimmte Struktur. Die Struktur wird durch das verwendete Schema vorgegeben. Ein *LDAP-Schema* definiert die jeweiligen *Objektklassen*, die festlegen, welche *Attribute* mit welchen Wertetypen erlaubt sind. Mögliche Typen sind unter anderem IA5 (ASCII)-Zeichenketten, JPEG-Fotos, Sounddatein, URLs und PGP-Schlüssel. Die Objektklasse OU (Organizational Unit) muss z.B. die Attribute CN (common name) und SN (surname), darf aber auch das Attribut TELEPHONENUMBER und weitere besitzen. Unter den meistgenutzten Objektklassen befinden sich ALIAS, COUNTRY, LOCALITY, ORGANIZATION, ORGANIZATIONAL UNIT, PERSON. Häufig genutzte Attribute sind unter anderem COMMON NAME (CN), ORGANIZATION NAME (O), ORGANIZATIONAL UNIT NAME (OU), LOCALITY NAME (L), STREET ADDRESS (SA), STATE OR PROVINCE NAME (S) und COUNTRY (C).

Die hierarchische Baumstruktur wird als *Directory Information Tree* (DIT) bezeichnet, welcher den gesamten von einem Server vorgehaltenen Namensraum abbildet (*siehe Abbildung 7.33*). Mit einem oder mehreren Attributtyp-Wert-Paaren, aus denen der sogenannte *Relative Distinguished Name* (RDN) gebildet wird, erhält ein Eintrag einen

Namen, der in der Hierarchieebene, in welcher der Eintrag eingeordnet ist, eindeutig sein muss. Durch die Aneinanderreihung der einzelnen RDNs in den verschiedenen Hierarchieebenen von einem Wurzelknoten bis hin zum RDN des Eintrags wird der sog. *Distinguished Name* (DN) gebildet, welcher ein im gesamten Datenbestand eindeutiger Name ist. Die Unterscheidung in RDN und DN ist wichtig. Wenn der DN wie ein absoluter Pfad zwischen der Wurzel eines Dateisystems und der entsprechenden Datei anmutet, so ist der RDN wie der Dateiname an sich.

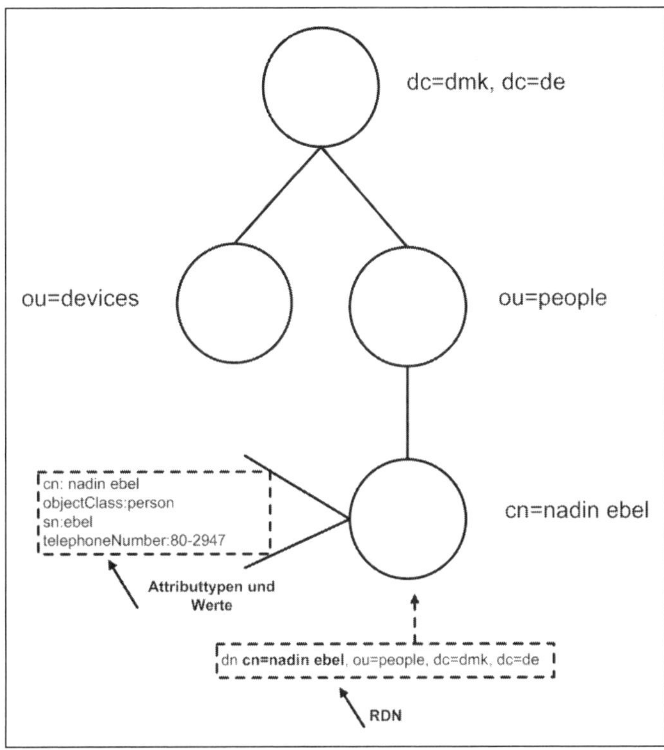

Abbildung 7.33: LDAP Directory Information Tree (DIT)

In LDAP sind verschiedene Operationen definiert, um Verzeichnisse zu durchsuchen und zu ändern. So sind unter SLDAP z.B. folgende Operationen spezifiziert:

BIND	Verbinden mit einem X.500-Verzeichnis
SEARCH	Durchsuchen eines X.500-Verzeichnisses nach bestimmten Suchkriterien
MODIFY	Ändern der Attribute und Werte eines X.500-Verzeichnisses
ADD	Hinzufügen von Einträgen in ein X.500-Verzeichnis
REMOVE	Entfernen von Einträgen aus einem X.500-Verzeichnis
ABANDON	Abbruch einer laufenden Operation

Im Folgenden wird die grundsätzliche Interaktion zwischen LDAP-Client und -Server dargestellt:

1. Der Client öffnet die Session mit einem LDAP-Server, was als „binding" bezeichnet wird. Hierbei werden Host-Name oder IP-Adresse und TCP/IP-Port-Nummer, über die der LDAP-Server kommuniziert, spezifiziert. Wenn die Verbindung hergestellt ist, muss sich der Client beim Server authentifizieren, sofern eine Authentifizierung gefordert wird. Je nachdem. ob der Client anonym oder authentifiziert zugreift, kann er auf dem LDAP-Server unterschiedliche Berechtigungen erhalten (z.B. nur lesen oder auch ändern).
2. Danach gibt der Client die Operationen an, die er vornehmen will. LDAP stellt ihm dabei Lese- und Änderungsoperationen zur Verfügung.
3. Als letzten Punkt muss der Client, nachdem er alle Anfragen erledigt hat, die Session beenden, was als „unbinding" bezeichnet wird.

Damit Applikationen leichter mit LDAP-Servern kommunizieren können, wurde ein Interface entwickelt. Dieses Interface wird als LDAP API (Application Programming Interface) bezeichnet.

7.4.1 Domino und LDAP

Lotus Domino ist in der Lage, als LDAP-Server zu fungieren, und kann so LDAP-Dienste für anfragende Clients bereitstellen. Zusätzlich zur Bereitstellung eines primären Domino-Verzeichnisses zur Abarbeitung der LDAP-Anfragen kann der LDAP-Dienst Anforderungen bezüglich eines Verzeichniskatalogs und eines sekundären Domino-Verzeichnisses abarbeiten sowie LDAP-Clients an ein Remote-LDAP-Verzeichnis weiterleiten, wenn die Abwicklung in einem Domino-Verzeichnis oder einem Verzeichniskatalog nicht erfolgreich sein sollte.

Um den LDAP-Dienst auf einem Server zu aktivieren, starten Sie den LDAP-Task auf diesem Server. Defaultmäßig läuft der LDAP-Task auf dem Administrationsserver in der Domino-Domäne. Der Schema-Daemon, der durch den LDAP-Task auf dem Administrationsserver erzeugt wird, verwendet die LDAP-Schema-Datenbank, um Schemaänderungen an die anderen Server in der Domäne, auf denen der LDAP-Task läuft, weiterzugeben. Das Schema definiert die Objekte und Attribute, die im LDAP-Verzeichnis gespeichert sind. Der LDAP-Task auf einem Administrationsserver verifiziert zudem den Verzeichnisbaum, um sicherzugehen, dass der LDAP-Dienst den LDAP-Standard-Anforderungen entspricht, sodass jeder Teil eines Namens einen Eintrag im Verzeichnis als Objektklasse wiederfindet.

Standardmäßig lauscht der LDAP-Task für LDAP-Client-Anfragen auf dem TCP/IP-Port 389 und akzeptiert sowohl anonyme Verbindungen als auch Verbindungen, die über Namens- und Kennwortauthentifizierungen zustande kommen. Anforderungen über SSL (Port 636) werden ebenfalls entgegengenommen und verarbeitet. Letzteres funktioniert neben den beiden anderen Methoden auch für X.509-Zertifikate.

Um einen Eintrag via LDAP zu finden, wird entweder in einer Ansicht oder über die Volltextsuche danach gesucht. Dies ist abhängig von den gesetzten Filterkriterien. Die Suche in einer Ansicht ist immer schneller als die Suche in einem Volltextindex. Wenn der LDAP-Dienst nach Einträgen in einem Condensed Directory Catalog sucht, wird immer die Volltextsuche verwendet.

Sie können die Verzeichnisverwaltung auf einem Server mit dem LDAP-Dienst aufsetzen, um:

- LDAP-Suchanfragen in einem sekundären Domino-Verzeichnis und einem Extended Directory Catalog abzuwickeln. Diese Verzeichnisse können lokal oder remote auf einem Server vorhanden sein, der den LDAP-Dienst gestartet hat.
- LDAP-Einträge in einem sekundären Domino-Verzeichnis und einem Extended Directory Catalog vorzunehmen.
- LDAP-Clients an ein Remote-LDAP-Verzeichnis weiterzuleiten, wenn Suchanfragen in einem sekundären Domino-Verzeichnis und einem Extended Directory Catalog nicht erfolgreich sein sollten.
- Sekundäre Domino-Verzeichnisse, Extended Directory Catalogs und/oder Remote-LDAP-Verzeichnisse für den Berechtigungsnachweis einer Authentifizierung für LDAP-Clients zu verwenden, die den LDAP-Dienst benutzen.
- Mitglieder in Gruppen der Verzeichnis-Zugriffskontrolllisten zu suchen, die über den LDAP-Dienst bedient werden. Zusätzlich zum primären Domino Directory ist dies möglich für sekundäre Domino-Verzeichnisse, Extended Directory Catalogs oder Remote-LDAP-Verzeichnisse.
- Den LDAP-Dienst daran zu hindern, LDAP-Dienstoperationen im primären Domino Directory auszuführen.

Der Domino LDAP-Dienst unterstützt die folgenden Funktionen:

- LDAP V3 und V2
- Anonymen Zugriff auf von Ihnen angegebene Felder, Namens- und Kennwortauthentifizierung, SSL- und x.509-Zertifikatsauthentifizierung, Simple Authentication and Security Layer-Protokoll (SASL)
- Auf sekundäre Domino-Verzeichnisse erweiterte LDAP-Suche neben dem primären Domino-Verzeichnis und Verzeichniskataloge
- LDAP-Client-Weitergabe an andere LDAP-Verzeichnisse
- Verwendung von LDAP-Clients zum Hinzufügen, Ändern, Vergleichen und Löschen von Verzeichniseinträgen
- Zwei Methoden der Schemaerweiterung, Schemaveröffentlichung und Schemaüberprüfung
- Auf alternativen Sprachen basierende Suche
- Verwendung eines LDAP-kompatiblen Servers eines Fremdanbieters zur Authentifizierung von Benutzern, für die im Domino-Verzeichnis auf einem Domino Server, auf dem der LDAP-Dienst ausgeführt wird, Kennwort- oder x.509-Zertifikate gespeichert sind. Weitere Informationen zum Einrichten eines Fremdanbieter-Servers entnehmen Sie der Dokumentation zum Server.
- LDAP-Suchen nach Dokumenttexten in Datenbanken, die in einem Domänenkatalog konfiguriert sind.

Zusätzlich zum LDAP-Dienst unterstützen Domino und Notes folgende Funktionen:

- Notes Client-Support für LDAP
- Befehlszeilenprogramm zum Durchsuchen von LDAP-Verzeichnissen
- Migrationswerkzeug, mit dem Sie Einträge aus einem anderen LDAP-Verzeichnis importieren und die Einträge in Domino registrieren können
- LDAP C-API-Toolkit

7.4.2 LDAP-Implementierung

Bei der Neuinstallation eines Servers können Sie während der Konfiguration auswählen, dass der Domino Server Directory Services (LDAP Services) unterstützen soll. Wählen Sie an dieser Stelle LDAP aus, wenn Sie die LDAP-Funktionalität nutzen wollen. Möchten Sie LDAP auf einem bereits aktiven Domino Server einrichten, fügen Sie LDAP als Server-Task hinzu. Sie können den Dienst aber auch manuell über die Konsole starten, neu starten oder beenden:

```
Load LDAP
Restart Task LDAP
Tell LDAP Quit
```

Sie können verhindern, dass der Administrationsserver für das Domino-Verzeichnis LDAP-Anfragen abarbeitet und dies den anderen Servern in der Domäne überlässt, auf denen Sie die den LDAP-Dienst gestartet haben. Wenn Sie dies tun, bleibt der Schema-Daemon auf dem Administrationsserver weiter aktiv und ist in der Lage, den Verzeichnisbaum in der Domäne zu verifizieren. LDAP-Client-Anfragen werden nicht akzeptiert. Um die LDAP-Ports zu deaktivieren, gehen Sie wie folgt vor:

1. Öffnen Sie das Serverdokument des Administrationsservers.
2. Klicken Sie auf SERVER BEARBEITEN/EDIT SERVER.
3. Öffnen Sie die Registerkarte ANSCHLÜSSE/PORTS > INTERNET-ANSCHLÜSSE/INTERNET PORTS > VERZEICHNIS/DIRECTORY.
4. Wählen Sie DEAKTIVIERT für die Felder SSL-ANSCHLUSSSTATUS/SSL PORT STATUS und TCP/IP-ANSCHLUSSSTATUS/TCP/IP PORT STATUS.
5. Klicken Sie auf SPEICHERN UND SCHLIESSEN/SAVE & CLOSE.
6. Wenn notwendig, warten Sie ab, bis sich die Änderungen repliziert haben, um dann die Änderungen wirksam werden zu lassen, indem Sie folgendes Kommando eingeben: `Restart Task LDAP`.

   An der Konsole wird dann die folgende Meldung ausgegeben: `LDAP Server: No ports enabled, listener not started but control task running to maintain schema.`

Wenn Sie nicht wollen, dass der LDAP-Dienst auf irgendeinem Server in der Domäne läuft, können Sie den LDAP-Dienst davon abhalten, auf dem Administrationsserver für das Domino Directory zu laufen.

1. Fügen Sie der *notes.ini* folgenden Eintrag hinzu: `DisableLDAPOnAdmin=1`.
2. Entfernen Sie den LDAP-Eintrag aus dem `ServerTasks`-Eintrag in der *notes.ini.*

Wenn Ihre Organisation mehr als ein globales Domänendokument verwendet, geben Sie diejenige an, in der der LDAP-Dienst laufen soll, um Internetadressen an LDAP-Clients weiterzugeben. Öffnen Sie dazu das globale Domänendokument und geben Sie im Feld USE AS DEFAULT GLOBAL DOMAIN die Option JA/YES an.

LDAP Data Interchange Format (LDIF)

LDIF (RFC 2849) ist ein Datenformatstandard für die Übernahme von Informationen aus einem Verzeichnis, das dem LDAP-Protokoll (Lightweight Directory Access Protocol) entspricht. Mit LDIF-Dateien können Sie Benutzer aus einem beliebigen LDAP-Verzeichnis in Notes importieren.

Jeder Eintrag in der LDIF-Datei enthält eine Zeilenfolge, mit der ein Verzeichnisobjekt und seine Attribute beschrieben werden. LDIF eignet sich so zum Exportieren und Importieren von Daten sowie beispielsweise zum Durchführen von Batchoperationen wie Hinzufügen, Erstellen und Ändern.

7.4.3 LDAP-Schema

Jeder Eintrag in einem LDAP-Verzeichnis besteht aus einem oder mehreren Attributen. Jedem Attribut sind ein Name und ein Wert zugeordnet. Dem Standard-LDAP-Attribut einer Person CN etwa wird gewöhnlich der allgemeine Name eines Eintrags (beispielsweise MANUELA SCHNEIDER) als Wert zugeordnet. Jedem Attribut ist eine Syntax zugeordnet, die das Format für den Attributwert festlegt. Attribute können entweder erforderlich oder optional sein.

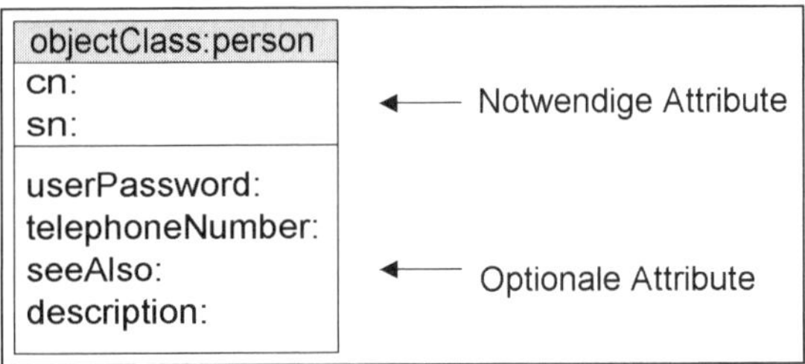

Abbildung 7.34: In einem Schema verwendete Objektklasse

Eine Gruppe verwandter Attribute, die gemeinsam ein Objekt definieren, das einen bestimmten Eintragstyp darstellt, wird als Objektklasse bezeichnet. Eine Objektklasse wird durch das spezielle Attribut OBJECTCLASS definiert (siehe *Abbildung 7.34*). So ist beispielsweise PERSON eine Standardobjektklasse, die Einträgen für Personen zugeordnet wird. Mehrere Objektklassen bilden gemeinsam eine Objektklassenstruktur, wobei Objektklassen, die in einer unteren Ebene der Struktur enthalten sind, Attribute aus Objektklassen aus einer höheren Ebene übernehmen. Die Gesamtheit der Objektklassenattribute, die für einen bestimmten LDAP-Server definiert sind, ergibt das Schema. Das vorgegebene Domino LDAP-Dienst-Schema enthält viele Standard-LDAP-Attribute und -Objektklassen sowie einige Domino-spezifische Attribute. Das Standardschema dürfte in den meisten Fällen Ihren Anforderungen genügen, Sie können es aber erweitern, wenn Sie es an unternehmensspezifische Erfordernisse anpassen müssen.

Ein für eine Domino-spezifische Objektklasse definiertes LDAP-Attribut entspricht immer einem Feld einer Maske in einem Domino-Verzeichnis. Die Namen des Attributs und des Felds müssen nicht übereinstimmen. Sie unterscheiden sich beispielsweise dann, wenn ein bereits vorhandenes Feld in Domino einen ähnlichen Zweck wie ein LDAP-Standard-Attribut erfüllt. Das LDAP-Attribut UID entspricht beispielsweise dem Domino-Feld SHORTNAME. Standardmäßig wird ein Attribut, das nicht Domino-spezifisch ist, keinem sichtbaren Feld im Domino-Verzeichnis zugeordnet.

Teilmasken, die Sie mit einem bestimmten Verfahren zum primären Domino-Verzeichnis eines LDAP-Diensts hinzufügen, werden zu Hilfsobjektklassen. Masken, die Sie hinzufügen, werden zu strukturellen Objektklassen. Wenn Sie eine Teilmaske verwenden, um eine Hilfsobjektklasse zu erstellen, enthält die strukturelle Objektklasse die Attribute der Hilfsobjektklasse, nachdem Sie die Teilmaske in eine Maske (strukturelle Objektklasse) eingefügt haben.

Schema-Daemon

Der Schema-Daemon, der durch den LDAP-Task auf dem Administrationsserver erzeugt wird, verwendet die LDAP-Schemadatenbank, um Schemaänderungen an die anderen Server in der Domäne, auf denen der LDAP-Task läuft, weiterzugeben. Dies hat zum Ziel, das Schema überall aktuell zu halten. Die LDAP-Schemadatenbank (*schema.nsf*) ist dabei eine wichtige Basis. Der Schema-Daemon läuft, sobald der LDAP-Server gestartet wird, und danach in 15-minütigen Intervallen. Er ist für folgende Aufgaben verantwortlich:

- Erstellen der Schemadatenbank (*schema.nsf*) basierend auf der Schablone *schema.ntf*
- Aufbauen des Schemas
- Verteilen des Schemas
- Replizierung der lokalen Schemadatenbank

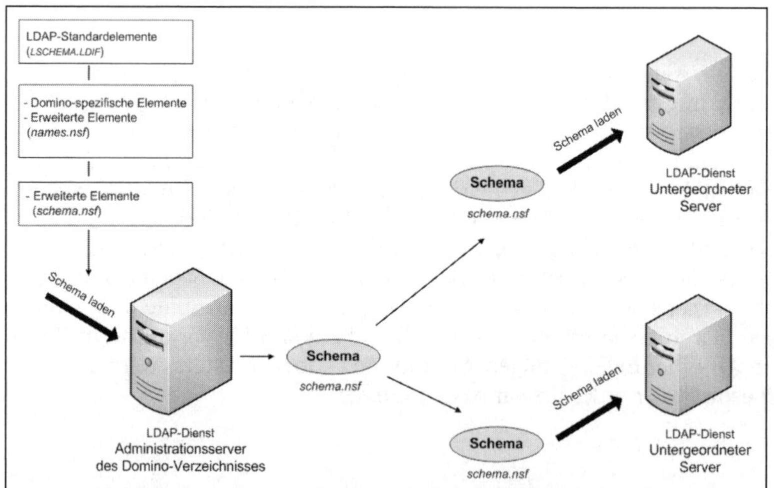

Abbildung 7.35: Der Schema-Daemon, der auf dem Administrationsserver ausgeführt wird, implementiert Schemaänderungen und leitet die Änderungen an andere (untergeordnete) Server der Domäne weiter, auf denen die LDAP-Services ausgeführt werden.

Die Datenbank Domino LDAP-Schema

Diese Datenbank enthält Informationen über das Verzeichnisschema in einem benutzerfreundlichen Format und gibt Änderungen über den Schema-Daemon wieder, die Sie bei der Erweiterung des Verzeichnisschemas vornehmen. Außerdem wird die Datenbank DOMINO LDAP-SCHEMA nach Erweiterung des Schemas über den Schema-Daemon aktualisiert. Für jeden Eintrag im Schema liefert die Datenbank DOMINO LDAP-SCHEMA die folgenden Informationen:

- LDAP-Objektklassen
- LDAP-Attributtypen
- LDAP-Syntax

Die wichtigsten Informationen in den Dokumenten, die sich in der Ansicht ALL SCHEMA DOCUMENTS finden, sind u.a. LDAP-Namen, die Objekt-ID (OID), das entsprechende Domino-Feld, das LDAP-Schema, aus dem das Attribut ursprünglich stammt, und den Syntaxtyp (siehe *Abbildung 7.36*). Um zu ermitteln, welche Masken ein Attribut verwendet, wechseln Sie in die Ansicht LDAP OBJECTCLASSES, führen eine Volltextsuche nach dem Attribut durch und überprüfen dann die Spalte NOTES-NAME in der Ansicht. Für jede Objektklasse im Schema liefert die Datenbank den LDAP-Namen, die Objekt-ID (OID), die Domino-Verzeichnismaske, die der Objektklasse entspricht, und das LDAP-Schema, aus dem die Objektklasse ursprünglich stammt. Außerdem liefert die Datenbank den Objektklassentyp (abstract, structural, auxiliary), die relativen übergeordneten und zusätzlichen Objektklassen sowie die zugeordneten erforderlichen und optionalen Attribute.

Für jede Syntax gibt die Datenbank den LDAP-Namen (und den alternativen Namen), die Objekt-ID (OID), den in Notes zugeordneten Datentyp und das Schema zurück, aus dem die Syntax ursprünglich stammt.

Das LDAP-Schema ist vor allem deshalb wichtig, weil es zwischen den unterschiedlichen LDAP-Implementierungen am Markt eine Reihe von mehr oder minder großen Unterschieden geben kann und gibt. Um ein reibungsloses Zusammenspiel zwischen diesen zu ermöglichen, ist eine Anpassung des LDAP-Schemas vonnöten. Hier kommt eines der flexibelsten Features von LDAP zum Tragen, da ein Schema erweitert werden kann. Sie können Objektklassen und Attribute ganz nach Bedarf hinzufügen, um die jeweiligen Ansprüche erfüllen zu können.

Jedes Schemaelement (Attributtypen, Objektklassen, Regeln (Syntax), Matchingrules etc.) besitzt eine weltweit eindeutige Nummer, mit der es identifiziert werden kann – die OID. Dies ist neben einem mehr oder minder sprechenden Namen die zweite Möglichkeit, ein in einem Schema definiertes Objekt zu referenzieren. Eine Objektkennung (OID) ist eine Zahl, die eine Objektklasse oder ein Attribut in einem Verzeichnisdienst eindeutig kennzeichnet. OIDs werden von Herausgabeinstanzen ausgestellt und bilden eine Hierarchie. Eine OID wird als Zeichenfolge in punktierter Dezimalschreibweise (beispielsweise „1.2.3.4“) dargestellt.

Informationen zu der Organisation, wo OIDs offiziell registriert sind und über die Sie vorgenommene Änderungen am Schema registrieren lassen können, finden Sie unter *http://developer.novell.com/wiki/index.php/Register_a_directory_OID_or_Prefix* oder *http://publib.boulder.ibm.com/infocenter/iseries/v5r3/index.jsp?topic=/rzahy/rzahyoid.htm*.

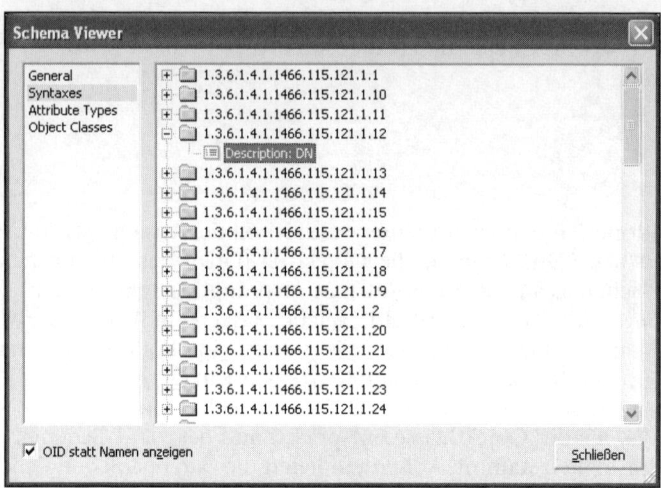

Abbildung 7.36: Darstellung von OIDs im LDAP Viewer

Ab und an wünscht sich der Administrator, dass neben dieser Anpassungsoption das ein oder andere Attribut bereits in das Domino-Schema integriert ist. Schmerzlich zu spüren war die Abwesenheit des DOMINOUNID-Attributs in früheren Domino-Versionen. Für die Zusammenarbeit zwischen den Workplace-Services und Domino als LDAP-Repository ist dieses Attribut als Bindeglied notwendig. In älteren Versionen mussten Sie zur Konfiguration das unbekannte Schlüsselfeld DOMINOUNID im Domino-Verzeichnis anlegen, zu den Masken PERSON, GROUP und SERVER\CERTIFIER hinzufügen und alle auf diesen Masken basierenden Dokumente aktualisieren. Der Domino 7 LDAP-Dienst unterstützt jetzt UNIDs (Universal Notes IDs) über 32-Zeichen-Werte des funktionalen DOMINOUNID-Attributs, welches ermöglicht, dass erweiterte LDAP-Anwendungen Dokumente im Domino-Verzeichnis auch dann eindeutig identifizieren können, wenn sich die Felder FULLNAME/LISTNAME (LDAP-DN), SHORTNAME (LDAP-UID) oder sonstige Feldwerte des Verzeichnisobjekts, die üblicherweise der Identifikation dienen, ändern. Für Anwender, die ein neues Domino-Verzeichnis ab Domino 7 einsetzen, ist dieses Attribut uneingeschränkt verfügbar. Wenn Sie jedoch Domino-Verzeichnisse früherer Versionen als Version 7 nutzen, müssen Sie folgende Schritte ausführen, um DOMINOUNID verfügbar zu machen:

1. Laden Sie das LDAP-Schema neu: `tell ldap reloadschema`.
2. Fügen Sie im Einstellungsdokument für die Domänenkonfiguration des primären Domino-Verzeichnisses (in Domino Administrator unter der Registerkarte KONFIGURATION links via VERZEICHNIS > LDAP > EINSTELLUNGEN) über die Option WÄHLEN SIE DIE FELDER, DIE ANONYME BENUTZER ÜBER LDAP ABFRAGEN KÖNNEN > ATTRIBUTTYPEN WÄHLEN > Dialogfeld AUSWAHL VON LDAP-ATTRIBUTTYPEN das Attribut DOMINOUNID

hinzu (siehe *Abbildung 7.37*). Klicken Sie dazu entweder auf STANDARDWERTE VERWENDEN, um das Attribut automatisch hinzuzufügen, oder fügen Sie DOMINOUNID manuell hinzu, indem Sie die Platzhalterklasse (*) im Dropdown-Listenfeld OBJEKTKLASSEN auswählen.

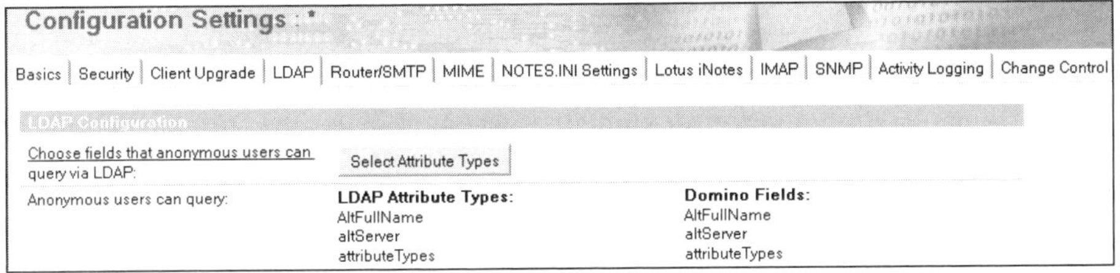

Abbildung 7.37: Bearbeiten des Einstellungsdokuments für die Domänenkonfiguration

Ein LDAP-Schema-Viewer (z.B. siehe *http://ldap.akbkhome.com/index.php*) stellt eine praktische Schnittstelle für die Untersuchung von Standard-LDAP-Schemaobjekten zur Verfügung.

LDAP Schema

- All Schema Documents
  - LDAP Object Classes
  - LDAP Attribute Types
  - LDAP Syntaxes
- Extended Documents
  - Extended Object Classes
  - Extended Attribute Types
  - Extended Syntaxes
- Pending Documents
  - Pending Object Classes
  - Pending Attribute Types
  - Pending Syntaxes
- Draft Documents
  - Draft Object Classes
  - Draft Attribute Types
  - Draft Syntaxes

New Document | Help

	LDAP OID	LDAP Name	LDAP Aliases	Notes Name
1437	▸ LDAP AttributeTypes			
84	▸ LDAP ObjectClasses			
58	▾ LDAP Syntaxes			
	1.3.6.1.4.1.1466.115.121.1.1	ACI Item		ACI Item
	1.3.6.1.4.1.1466.115.121.1.10	Certificate Pair		Certificate Pair
	1.3.6.1.4.1.1466.115.121.1.11	Country String		Country String
	1.3.6.1.4.1.1466.115.121.1.12	DN		DN
	1.3.6.1.4.1.1466.115.121.1.13	Data Quality Syntax		Data Quality Syntax
	1.3.6.1.4.1.1466.115.121.1.14	Delivery Method		Delivery Method
	1.3.6.1.4.1.1466.115.121.1.15	Directory String		Text
	1.3.6.1.4.1.1466.115.121.1.16	DIT Content Rule Description		DIT Content Rule Description
	1.3.6.1.4.1.1466.115.121.1.17	DIT Structure Rule Description		DIT Structure Rule Description
	1.3.6.1.4.1.1466.115.121.1.18	DL Submit Permission		DL Submit Permission
	1.3.6.1.4.1.1466.115.121.1.19	DSA Quality Syntax		DSA Quality Syntax
	1.3.6.1.4.1.1466.115.121.1.2	Access Point		Access Point

Abbildung 7.38: Die Schemadatenbank

Zudem haben Sie die Möglichkeit, wie bereits beschrieben, über die Schemadatenbank Informationen zu Attributen und Objektklassen einzusehen. Wählen Sie in der geöffneten Datenbank die Ansicht ALL SCHEMA DOCUMENTS > LDAP ATTRIBUTE TYPES. Öffnen Sie ein Dokument, um Informationen zu einem bestimmten Attribut anzuzeigen. Dokumente, denen in der Ansicht keine Symbole zugeordnet sind, sind im Schema definierte Attribute. Gleiches gilt bezüglich der im Schema definierten Objektklassen für die Ansicht ALL SCHEMA DOCUMENTS > LDAP OBJECT CLASSES.

Schemaüberprüfung

Standardmäßig erzwingt der LDAP-Dienst die Schemaüberprüfung. Wenn die Schemaüberprüfung erzwungen wird, fügt der LDAP-Dienst im Verzeichnis nur solche Einträge hinzu bzw. führt dort nur solche Änderungen durch, die dem Verzeichnisschema entsprechen. Durch Erzwingen der Schemaüberprüfung können Administratoren leichter den Verzeichnisinhalt verwalten. Außerdem wird dadurch der Grundstein für die Zusammenarbeit mit anderen Verzeichnissen gelegt. Wie Sie die Schemaüberprüfung für alle Server in der Domäne, auf denen der LDAP-Dienst ausgeführt wird, aktivieren oder deaktivieren, erfahren Sie im nächsten Kapitel.

7.4.4 Konfiguration von LDAP

In den meisten Fällen sind die Standardeinstellungen ausreichend. Sollte dies für Ihre Bedürfnisse nicht zutreffen, können Sie die folgenden Einstellungen vornehmen. Es gilt die Devise: Die Standardeinstellungen sind sicher, aber nicht optimal.

Im Kurzdurchlauf dargestellt sollten Sie Folgendes umsetzen, um LDAP auf einem Domino Server anzubieten:

1. Ein Domänenkonfigurationsdokument anlegen, in dem die LDAP-Einstellungen zu finden sind. Dies können Sie über den Administrator Client (Registerkarte KONFIGURATION/CONFIGURATION, links in der Navigation über VERZEICHNIS/DIRECTORY > LDAP > EINSTELLUNGEN/SETTINGS).
2. Die Standardeinstellungen übernehmen oder diese verändern.
3. Den LDAP-Port im Serverdokument aktivieren. Dabei das Thema Sicherheit nicht außer Acht lassen und die Einstellung EINSTELLUNGEN ZUM SERVERZUGRIFF ERZWINGEN/ENFORCE SERVER ACCESS SETTINGS prüfen.
4. Den LDAP-Server-Task starten: `load ldap`.

Gerade das Thema Sicherheit sollten Sie nicht außer Acht lassen. Überprüfen Sie sorgfältig die LDAP-Einstellungen wie im Folgenden beschrieben. Stellen Sie sicher, dass Sie nicht aus Versehen zu viele Informationen veröffentlichen, und reduzieren Sie die Attribute, die für anonyme Anwender sichtbar sind, z.B. nur Name und E-Mail-Adresse oder besser vielleicht gar keine Informationen für anonyme Nutzer. Möchten Sie beispielsweise nur Zugriff für Anwender zulassen, die sich am Verzeichnis bzw. Server authentifizieren müssen? Möchten Sie schreibenden Zugriff dazu ganz ausschließen?

Weitere Fragen ergeben sich darüber hinaus für das Thema Performance. Möchten Sie beispielsweise die Anzahl möglicher Wildcards begrenzen? Möchten Sie die Anzahl der Suchergebnisse beschränken?

Neu

Eine weitere Möglichkeit zur Performancesteigerung besteht in der Verwendung des neuen Attributs `dominoAccessGroups`. Üblicherweise nimmt die Suche nach den Gruppen, in denen ein Anwender Mitglied ist, eine Menge Ressourcen in Anspruch – sowohl von der menschlichen als auch von der Serverseite her. Dies gilt vor allem dann, wenn die Gruppen verschachtelt sind, da LDAP-Anwendungen üblicherweise einen Suchvorgang pro Ebene der verschachtelten Gruppe umsetzen. Diese Tätigkeit ist aber essentiell für die Zugriffssteuerung. Haben Sie Domino 8 im Einsatz, erlaubt das neue LDAP-Attribut `dominoAccessGroups` eine einzige Suchanfrage, um die gesamte Gruppenmitgliedschaft eines Anwenders darzustellen, was eine enorme Effizienzsteigerung bedeuten kann. Dies liegt darin begründet, dass unabhängig von der Anzahl der Gruppen und der verschachtelten Gruppen, zu denen das Objekt gehört, immer nur noch eine LDAP-Anforderung/-Antwort erforderlich ist.

Sie können beispielsweise den folgenden Suchfilter `(&(objectclass=groupOfNames)(member=cn=Per Muster,o=DMK))` durch einen Filter mit dem folgenden Attribut ersetzen: `cn=Per Muster,o=DMK?dominoAccessGroups?base?(objectclass=*)`. Dies reduziert Netzwerkverkehr, LDAP-Cache-Inanspruchnahme und Anwendungskomplexität.

Anschluss- und Anschlusssicherheitseinstellungen

Sie können angeben, welchen Anschluss LDAP-Clients verwenden, um den LDAP-Dienst zu nutzen sowie die Authentifizierungsmethode. Normalerweise wird der TCP/IP-Port 389 sowohl für den anonymen Zugriff als auch für die Namens- und Passwort-Authentifizierung verwendet. Wenn Sie diese Einstellungen ändern, müssen Sie den LDAP-Dienst neu starten.

Nehmen Sie die gewünschten Einstellungen im Serverdokument unterhalb der Registerkarte ANSCHLÜSSE/PORTS > INTERNET-ANSCHLÜSSE/INTERNET PORTS > VERZEICHNIS/DIRECTORY vor.

1. Wählen Sie im Domino Administrator unter der Registerkarte KONFIGURATION/CONFIGURATION > AKTUELLES SERVERDOKUMENT/CURRENT SERVER DOKUMENT und klicken Sie auf SERVER BEARBEITEN/EDIT SERVER.
2. Klicken Sie auf das Register ANSCHLÜSSE/PORTS > INTERNET-ANSCHLÜSSE/INTERNET PORTS > VERZEICHNIS/DIRECTORY.
3. Geben Sie in diese Felder Werte ein und klicken Sie anschließend auf SPEICHERN UND SCHLIESSEN/SAVE & CLOSE:

Feld	Eingabe
TCP/IP-ANSCHLUSSNUMMER/ TCP/IP PORT NUMBER	Übernehmen Sie die Standardeinstellung 389, um den Industriestandard für LDAP-Verbindungen über TCP/IP zu verwenden. Sie können auch einen anderen Anschluss angeben. Der Anschluss 389 ist jedoch in den meisten Fällen ausreichend.
TCP/IP-ANSCHLUSSSTATUS/ TCP/IP PORT STATUS	Wählen Sie einen der folgenden Werte aus: ▶ AKTIVIERT/ENABLED (Vorgabe) für Verbindungen von LDAP-Clients mit dem Server über TCP/IP ohne SSL ▶ UMLEITEN AN SSL/REDIRECT TO SSL, um LDAP-Clients, die ohne SSL eine Verbindung herstellen, anzuweisen, stattdessen SSL zu verwenden. Der LDAP-Server sendet eine Meldung an die LDAP-Clients, die diesen mitteilt, dass sie eine Verbindung über SSL herstellen müssen. ▶ DEAKTIVIERT/DISABLED, um zu verhindern, dass LDAP-Clients, die kein SSL verwenden, eine Verbindung herstellen können.
SERVERZUGRIFFSEINSTELLUNGEN ERZWINGEN/ ENFORCE SERVER ACCESS SETTINGS	Wählen Sie: ▶ JA/YES, um die Sicherheitseinstellungen bezüglich der Einstellungen SERVERZUGRIFF/ACCESS SERVER und KEIN SERVERZUGRIFF/NOT ACCESS SERVER im Serverdokument für LDAP-Clients, die via TCP/IP auf den LDAP-Dienst zugreifen, zu übernehmen. ▶ NEIN/NO (Default), um anzugeben, dass der LDAP-Dienst die diesbezüglichen Einstellungen im Serverdokument ignorieren soll.

Feld	Eingabe
OPTIONEN FÜR AUTHENTIFIZIERUNG: NAME & KENNWORT/ AUTHENTICATION OPTIONS: NAME & PASSWORD*	▶ Wenn das Feld TCP/IP-ANSCHLUSSSTATUS auf AKTIVIERT/ ENABLED gesetzt ist, wählen Sie JA/YES (Vorgabe), um LDAP-Clients die Namens- und Kennwortauthentifizierung für die Verbindung mit dem LDAP-Dienst über den TCP/IP-Anschluss zu ermöglichen. ▶ Wählen Sie NEIN/NO, um zu verhindern, dass LDAP-Clients die Namens- und Kennwortauthentifizierung verwenden.
OPTIONEN FÜR AUTHENTIFIZIERUNG: ANONYM/ AUTHENTICATION OPTIONS: ANONYMOUS*	▶ Wenn das Feld TCP/IP-ANSCHLUSSSTATUS auf AKTIVIERT/ ENABLED gesetzt ist, wählen Sie JA/YES (Vorgabe), damit LDAP-Clients eine anonyme Verbindung mit dem LDAP-Dienst über den TCP/IP-Anschluss herstellen können. ▶ Wählen Sie NEIN/NO, um zu verhindern, dass LDAP-Clients eine anonyme Verbindung herstellen. Wenn Sie anonyme Verbindungen zulassen, können Sie konfigurieren, welche Felder anonyme LDAP-Clients durchsuchen können.

* Wenn Sie eine Host-Umgebung administrieren, müssen Sie diese Einstellung in einem Internet-Site-Dokument vornehmen. In einer Nicht-Host-Umgebung können Sie dies nach Wunsch auch tun.

4. So ändern Sie die SSL-Anschlusskonfiguration:

Feld	Eingabe
SSL-ANSCHLUSSNUMMER/ SSL PORT NUMBER	Wählen Sie 636 (Vorgabe), um den Industriestandard für LDAP-Verbindungen über SSL zu verwenden. Sie können auch einen anderen Anschluss angeben, der Anschluss 636 ist jedoch in den meisten Fällen ausreichend.
SSL-ANSCHLUSSSTATUS/ SSL PORT STATUS	Wählen Sie einen der folgenden Werte aus: ▶ AKTIVIERT/ENABLED, um LDAP-Clients eine Verbindung mit dem LDAP-Server über SSL zu ermöglichen. ▶ DEAKTIVIERT/DISABLED, um Client-Verbindungen über SSL zu verhindern.
OPTIONEN FÜR AUTHENTIFIZIERUNG: CLIENT-ZERTIFIKAT/ AUTHENTICATION OPTIONS: CLIENT CERTIFICATE*	▶ Wenn SSL-ANSCHLUSSSTATUS/SSL PORT STATUS auf AKTIVIERT gesetzt ist, wählen Sie JA/YES, damit LDAP-Clients mithilfe der Client-Zertifikatsauthentifizierung eine Verbindung herstellen können. ▶ Wählen Sie NEIN/NO (Vorgabe), um zu verhindern, dass der LDAP-Dienst die Client-Zertifikatsauthentifizierung verwendet.
OPTIONEN FÜR AUTHENTIFIZIERUNG: NAME & KENNWORT/ AUTHENTICATION OPTIONS: NAME & PASSWORD*	▶ Wenn SSL-ANSCHLUSSSTATUS/SSL PORT STATUS auf AKTIVIERT/ ENABLED gesetzt ist, wählen Sie JA/YES, um LDAP-Clients die Namens- und Kennwortauthentifizierung für die Verbindung mit dem LDAP-Dienst über SSL zu ermöglichen. ▶ Wählen Sie NEIN/NO (Vorgabe), um zu verhindern, dass LDAP-Clients die Namens- und Kennwortauthentifizierung über SSL verwenden.

Feld	Eingabe
OPTIONEN FÜR AUTHENTIFIZIERUNG: ANONYM/ AUTHENTICATION OPTIONS: ANONYMOUS*	▶ Wenn SSL-ANSCHLUSSSTATUS/SSL PORT STATUS auf AKTIVIERT/ENABLED gesetzt ist, wählen Sie JA/YES (Vorgabe), damit LDAP-Clients eine anonyme Verbindung mit dem LDAP-Dienst über SSL herstellen können. ▶ Wählen Sie NEIN/NO, um anonyme SSL-Verbindungen zu verhindern. Wenn Sie anonyme Verbindungen zulassen, können Sie konfigurieren, welche Felder anonyme LDAP-Clients durchsuchen können.

* Wenn Sie eine Host-Umgebung administrieren, müssen Sie diese Einstellung in einem Internet-Site-Dokument vornehmen. In einer Nicht-Host-Umgebung können Sie dies nach Wunsch auch tun.

5. Halten Sie den LDAP-Task auf dem Server an und starten Sie ihn neu, indem Sie folgendes Kommando an der Konsole eingeben: `Restart Task LDAP`.

Volltextindizes und LDAP

Der LDAP-Dienst verwendet versteckte Ansichten im Domino Directory oder im Extended Directory Catalog, um nach Einträgen zu suchen, wenn LDAP-Anwender nach Namen oder E-Mail-Adressen in ihren Suchkriterien suchen. Wenn nach anderen Kriterien gesucht wird, verwendet der LDAP-Dienst den Volltextindex, wenn vorhanden. Das heißt, dass Sie einen Volltextindex für die Verzeichnisse erstellen müssen, in denen die Anwender nach anderen Kriterien als nach Namen und E-Mail-Adressen via LDAP suchen. LDAP benötigt immer einen Volltextindex, um Informationen in einem Condensed Directory Catalog zu finden.

Sie können den LDAP-Dienst so konfigurieren, dass der Indexer automatisch die Verzeichnisse indiziert, die der LDAP-Dienst verwendet. Um dies in einem Domino Directory oder einem Extended Directory Catalog zu aktivieren oder zu deaktivieren, gehen Sie folgendermaßen vor:

1. Klicken Sie auf die Registerkarte KONFIGURATION/CONFIGURATION für den Server, auf dem der LDAP-Dienst läuft, oder einen Server in der gleichen Domäne.
2. Erweitern Sie auf der linken Seite die Ansicht VERZEICHNIS/DIRECTORY und wählen Sie LDAP > EINSTELLUNGEN/SETTINGS aus.
   - Wenn ein Promptfenster mit der Meldung KEIN SERVERKONFIGURATIONSDOKUMENT FÜR DIESE DOMÄNE GEFUNDEN. MÖCHTEN SIE ES JETZT ERSTELLEN?/UNABLE TO LOCATE A SERVER CONFIGURATION DOCUMENT FOR THIS DOMAIN. WOULD YOU LIKE TO CREATE ONE NOW? erscheint, klicken Sie auf JA/YES.
   - Klicken Sie auf LDAP-EINSTELLUNGEN BEARBEITEN/EDIT LDAP SETTINGS.

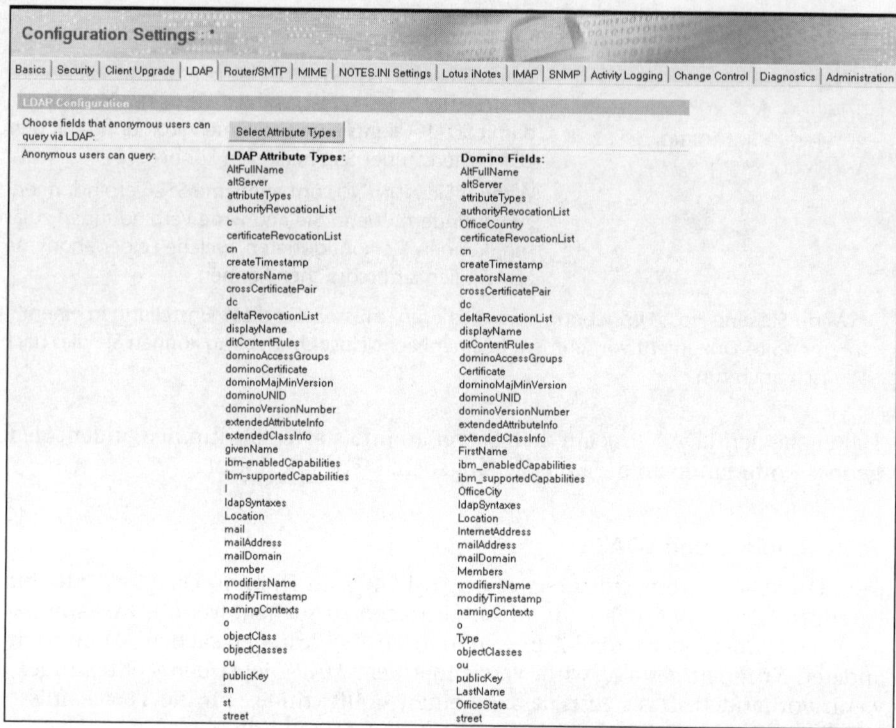

Abbildung 7.39: LDAP-Attributtypen setzen über die Einstellungen für Ihr Verzeichnis

3. Wählen Sie (weiter unten) im Feld AUTOMATISCHE VOLLTEXTINDIZIERUNG FÜR DAS DOMINO-VERZEICHNIS/AUTOMATICALLY FULL TEXT INDEX DOMINO DIRECTORY? unter der Registerkarte LDAP (siehe *Abbildung 7.40*).
   - JA/YES, um den LDAP-Dienst den Volltextindex erstellen zu lassen.
   - NEIN/NO (default), um zu verhindern, dass der LDAP-Dienst den Volltextindex aktualisiert oder erstellt. Wenn Sie diese Einstellung nutzen, um eine Deaktivierung vorzunehmen, müssen Sie den Volltextindex per Hand löschen.
4. Klicken Sie auf SPEICHERN UND SCHLIESSEN/SAVE & CLOSE.

Konfigurieren, auf welche Felder anonyme LDAP-Benutzer zugreifen können

Wenn Sie über die TCP/IP- und/oder SSL-Anschlusskonfiguration definiert haben, dass anonymer LDAP-Zugriff erlaubt ist, können Sie die folgenden Optionen nutzen, um festzulegen, nach welchen Informationen anonyme LDAP-Anwender in einem Domino-Verzeichnis oder einem Extended Directory Catalog suchen können.

- Einstellungen im Domänenkonfigurationsdokument (in Domino Administrator unter der Registerkarte KONFIGURATION/CONFIGURATION links via VERZEICHNIS/DIRECTORY > LDAP > EINSTELLUNGEN/SETTINGS)

  Verwenden Sie die Option WÄHLEN SIE DIE FELDER, DIE ANONYME BENUTZER ÜBER LDAP ABFRAGEN KÖNNEN/CHOOSE FIELDS THAT ANONYMOUS USERS CAN QUERY VIA LDAP unter der Registerkarte LDAP im Domänenkonfigurationsdokument in einem Domino Directory oder einem Extended Directory Catalog als Standardmethode, um den

Zugriff für die Suche anonymer LDAP-Anwender festzulegen. Der LDAP-Dienst verwendet die Standardeinstellungen in diesem Dokument, auch wenn Sie dieses nicht explizit angelegt haben.

- Databank ACL/Extended ACL (xACL)

  Den Zugriff über diese Option einer Datenbank zu steuern ist flexibler, als ein Domänenkonfigurationsdokument zu verwenden, das für die gesamte Domäne gilt.

	userCertificate vendorname vendorversion	UserCertificate vendorname vendorversion
Allow LDAP users write access:	○ Yes ◉ No	
Timeout:	0 seconds	
Maximum number of entries returned:	0	
Minimum characters for wildcard search:	1	
Allow Alternate Language Information processing:	○ Yes ◉ No	
Rules to follow when this directory is the primary directory, and there are multiple matches on the distinguished name being compared/modified:	◉ Don't modify any ○ Modify first match ○ Modify all matches	
Automatically Full Text Index Domino Directory?	○ Yes ◉ No	
Enforce schema?	◉ Yes ○ No	
DN Required on Bind?	○ Yes ◉ No	
Encode results in UTF8 for LDAPv2 clients?	◉ Yes ○ No	
Maximum number of referrals:	1	
Activity Logging truncation size:	4096	
Allow dereferencing of aliases on search requests?	○ Yes ◉ No	

Abbildung 7.40: LDAP-Optionen auswählen

Aktivierungen des LDAP-Schreibzugriffs

Standardmäßig erlaubt der LDAP-Dienst keinen Schreibzugriff für LDAP-Clients, um Einträge in den über LDAP zur Verfügung gestellten Verzeichnissen zu ermöglichen. Sie können dies aber für die folgenden Verzeichnistypen aktivieren:

- Primäre Domino-Verzeichnisse
- Sekundäre Domino-Verzeichnisse oder Extended Directory Catalog

Sie können den Schreibzugriff für das jeweilige Verzeichnis kontrollieren. Sie können den Schreibzugriff via LDAP nicht für einen Condensed Directory Catalog aktivieren.

1. Klicken Sie auf die Registerkarte Konfiguration/Configuration für den Server, auf dem der LDAP-Dienst läuft, oder einen Server in der gleichen Domäne.
2. Erweitern Sie auf der linken Seite die Ansicht Verzeichnis/Directory und wählen Sie LDAP > Einstellungen/Settings aus.
   - Wenn ein Promptfenster mit der Meldung Kein Serverkonfigurationsdokument für diese Domäne gefunden. Möchten Sie es jetzt erstellen?/Unable to locate a Server Configuration document for this domain. Would you like to create one now? erscheint, klicken Sie auf Ja/Yes.
   - Klicken Sie auf LDAP-Einstellungen bearbeiten/Edit LDAP Settings.
3. Klicken Sie im Feld Schreibzugriff für LDAP-Benutzer zulassen/Allow LDAP users write access auf Ja und dann auf Speichern und schliessen/Save & Close.

Handhabung doppelter Namen und Namensregeln des LDAP-Dienstes steuern

Sie können konfigurieren, wie der LDAP-Dienst reagiert, wenn er im Domino-Verzeichnis oder in mehreren Domino-Verzeichnissen einen doppelten eindeutigen Namen findet. Die von Ihnen ausgewählte Option beeinflusst, wie der Dienst reagiert, wenn er Folgendes findet:

- Einen doppelten Namen, wenn Dokumente gelöscht oder geändert werden.
- Einen doppelten Namen, wenn zwei Dokumente miteinander verglichen werden.

1. Klicken Sie auf die Registerkarte KONFIGURATION/CONFIGURATION für den Server, auf dem der LDAP-Dienst läuft, oder einen Server in der gleichen Domäne.
2. Erweitern Sie auf der linken Seite die Ansicht VERZEICHNIS/DIRECTORY und wählen Sie LDAP > EINSTELLUNGEN/SETTINGS aus.
   - Wenn ein Promptfenster mit der Meldung KEIN SERVERKONFIGURATIONSDOKUMENT FÜR DIESE DOMÄNE GEFUNDEN. MÖCHTEN SIE ES JETZT ERSTELLEN? bzw. UNABLE TO LOCATE A SERVER CONFIGURATION DOCUMENT FOR THIS DOMAIN. WOULD YOU LIKE TO CREATE ONE NOW? erscheint, klicken Sie auf JA/YES.
   - Klicken Sie auf LDAP-EINSTELLUNGEN BEARBEITEN/EDIT LDAP SETTINGS.
3. Klicken Sie im Feld REGELN FÜR DEN FALL, DASS DIESES VERZEICHNIS DAS PRIMÄRE VERZEICHNIS IST UND ES MEHRERE ÜBEREINSTIMMUNGEN MIT DEM EINDEUTIGEN NAMEN GIBT, DER VERGLICHEN BZW. GEÄNDERT WERDEN SOLL bzw. RULES TO FOLLOW WHEN THIS DIRECTORY IS THE PRIMARY DIRECTORY AND THERE ARE MULTIPLE MATCHES ON THE DISTINGUISHED NAME BEING COMPARED/MODIFIED auf JA/YES und wählen Sie dann nach SPEICHERN UND SCHLIESSEN/SAVE & CLOSE eine der folgenden Einstellungen:
   - KEINEN EINTRAG ÄNDERN/DON'T MODIFY ANY (Vorgabe), um den Vorgang zu verhindern. Der LDAP-Dienst gibt einen Fehler aus, und Sie können die doppelten Namen untersuchen.
   - ERSTEN EINTRAG ÄNDERN/MODIFY FIRST MATCH, um den Vorgang für den ersten eindeutigen Namen oder die erste Namensregel auszuführen.
   - ALLE EINTRÄGE ÄNDERN/MODIFY ALL MATCHES, um den Vorgang für alle eindeutigen Namen und Namensregeln auszuführen.

Wie der LDAP-Dienst die Suche verarbeitet

Wenn Sie die Leistung des LDAP-Dienstes verbessern möchten, können Sie durch die Auswahl von Optionen anpassen, wie der Dienst die Suche verarbeitet. Ändern Sie diese Einstellungen im primären Domino-Verzeichnis des LDAP-Dienstes.

Zeitlimit und Maximale Anzahl der ausgegebenen Einträge

Die Suche kann grundsätzlich so lange wie nötig dauern und gibt so viele Einträge aus, wie der LDAP-Dienst findet. Wenn die Leistung des LDAP-Dienstes langsam ist, können Sie die Werte für das Zeitlimit und die Werte für die maximale Anzahl ausgegebener Einträge angeben (siehe *Abbildung 7.40*). Wenn der LDAP-Client für die Steuerung dieser Werte über eine Einstellung verfügt, hat immer der niedrigere Wert Vorrang.

Minimum an Zeichen für Platzhalter-Suche

Geben Sie die Mindestanzahl an Zeichen an, die Benutzer dem ersten Platzhalter in einem Suchfilter voranstellen müssen, wenn der Platzhalter mit einer Teilzeichenfolge kombiniert wird. Die Vorgabe ist 1 Zeichen. Wenn Sie diese Zahl erhöhen, müssen

Benutzer eine genauere Teilzeichenfolge als Suchfilter eingeben. Das führt dazu, dass der LDAP-Dienst weniger Einträge suchen muss und dadurch die Suche schneller durchführen kann. Erhöhen Sie die mindestens erforderlichen Zeichen für Suchen mit Platzhaltern auf 2, wenn die Leistung des LDAP-Dienstes gering ist.

Wenn ein Filter mit einem Platzhalter, gefolgt von einer Teilzeichenfolge beginnt, entfernt der LDAP-Dienst den Platzhalter (es sei denn, die Option MINIMUM AN ZEICHEN FÜR PLATZHALTER-SUCHE/MINIMUM CHARACTERS FOR WILDCARD SEARCH ist auf 0 gesetzt) und verwendet dann die Teilzeichenfolge als Suchfilter. Ist die Option beispielsweise auf 2 gesetzt und der LDAP-Dienst erhält den Filter *sn=*br**, führt er die Suche unter Verwendung des Filters *br** aus. Wenn er jedoch den Filter **b** erhält, lehnt er die Suchanforderung ab, da dieser Suchfilter nach Entfernen des ersten Platzhalters nur noch ein Zeichen vor dem (nun) ersten Platzhalter enthält.

Die Option MINIMUM AN ZEICHEN FÜR PLATZHALTER-SUCHE/MINIMUM CHARACTERS FOR WILDCARD SEARCH gilt nicht für Suchfilter, die nur einen Platzhalter als Wert verwenden. So ist z.B. eine Suche mit dem Filter *sn=** zulässig, auch wenn die Option auf 2 gesetzt ist. Bei dieser Art von Filter wird nur nach dem Vorhandensein eines Attributs, nicht jedoch nach einem Attributwert gesucht, sodass die Suchleistung nicht in dem Maße beeinflusst wird wie bei Suchen mit Platzhaltern in Teilzeichenfolgen. Wenn Sie befürchten, dass bei einem Filter eine große Anzahl von Einträgen zurückgegeben wird, legen Sie über die Option MAXIMALE ANZAHL DER AUSGEGEBENEN EINTRÄGE die maximale Anzahl der Einträge fest, die der LDAP-Dienst zurückgeben kann.

So passen Sie an, wie der LDAP-Dienst Suchen verarbeitet:

1. Klicken Sie auf die Registerkarte KONFIGURATION/CONFIGURATION für den Server, auf dem der LDAP-Dienst läuft, oder einen Server in der gleichen Domäne.
2. Erweitern Sie auf der linken Seite die Ansicht VERZEICHNIS/DIRECTORY und wählen Sie LDAP > EINSTELLUNGEN/SETTINGS aus.
   - Wenn ein Promptfenster mit der Meldung KEIN SERVERKONFIGURATIONSDOKUMENT FÜR DIESE DOMÄNE GEFUNDEN. MÖCHTEN SIE ES JETZT ERSTELLEN?/UNABLE TO LOCATE A SERVER CONFIGURATION DOCUMENT FOR THIS DOMAIN. WOULD YOU LIKE TO CREATE ONE NOW? erscheint, klicken Sie auf JA/YES.
   - Klicken Sie auf LDAP-EINSTELLUNGEN BEARBEITEN/EDIT LDAP SETTINGS.
3. Nehmen Sie Eingaben in den folgenden Feldern vor und klicken Sie anschließend auf SPEICHERN UND SCHLIESSEN/SAVE & CLOSE.

Feld	Eingabe
ZEITLIMIT/ TIMEOUT	Die maximale Zeit, in Sekunden, die für eine LDAP-Client-Suche möglich ist. Die Vorgabe lautet 0, d.h., es gibt keine Beschränkung. Geben Sie z.B. 60 Sekunden ein.
MAXIMALE ANZAHL DER AUSGEGEBENEN EINTRÄGE/ MAXIMUM NUMBER OF ENTRIES RETURNED	Die maximale Anzahl der Verzeichniseinträge, die der LDAP-Dienst an LDAP-Clients ausgibt. Die Vorgabe lautet 0, das heißt, es gibt keine Beschränkung. Geben Sie z.B. 100 ein.
MINIMUM AN ZEICHEN FÜR PLATZHALTER-SUCHE/ MINIMUM CHARACTERS FOR WILDCARD SEARCH	Die Mindestanzahl an Zeichen, die dem ersten Platzhalter in einem Suchfilter vorangestellt sein müssen, wenn der Platzhalter mit einer Teilzeichenfolge kombiniert wird. Die Vorgabe ist 1.

Suche nach alternativen Sprachen aktivieren

Um es LDAP-Clients zu ermöglichen, Suchen in einer alternativen Sprache auszuführen (RFC 2596), können Sie Personendokumente mit Dokumenten des Typs *Alternative Sprache* verbinden. Wenn Sie ein alternatives Sprachdokument erstellen, weist der LDAP-Dienst Attributen im Personendokument ein entsprechendes Unterattribut in der alternativen Sprache zu.

Um LDAP-Suchen in alternativen Sprachen zu aktivieren, konfigurieren Sie den LDAP-Service so, dass er diese Suchen zulässt, und fügen Sie die Sprach-Tags zu den Einträgen hinzu.

1. Erweitern Sie auf der linken Seite die Ansicht VERZEICHNIS/DIRECTORY und wählen Sie LDAP > EINSTELLUNGEN/SETTINGS aus.
   - Wenn ein Promptfenster mit der Meldung KEIN SERVERKONFIGURATIONSDOKUMENT FÜR DIESE DOMÄNE GEFUNDEN. MÖCHTEN SIE ES JETZT ERSTELLEN?/UNABLE TO LOCATE A SERVER CONFIGURATION DOCUMENT FOR THIS DOMAIN. WOULD YOU LIKE TO CREATE ONE NOW? erscheint, klicken Sie auf JA/YES.
   - Klicken Sie auf LDAP-EINSTELLUNGEN BEARBEITEN/EDIT LDAP SETTINGS.
2. Klicken Sie im Feld VERARBEITUNG VON INFORMATIONEN ZU ALTERNATIVEN SPRACHEN ZULASSEN/ALLOW ALTERNATE LANGUAGE INFORMATION PROCESSING auf JA/YES.
3. Klicken Sie anschließend auf SPEICHERN UND SCHLIESSEN/SAVE & CLOSE.

Schemaüberprüfung

1. Klicken Sie auf die Registerkarte KONFIGURATION/CONFIGURATION für den Server, auf dem der LDAP-Dienst läuft, oder einen Server in der gleichen Domäne.
2. Erweitern Sie auf der linken Seite die Ansicht VERZEICHNIS/DIRECTORY und wählen Sie LDAP > EINSTELLUNGEN/SETTINGS aus.
   - Wenn ein Promptfenster mit der Meldung KEIN SERVERKONFIGURATIONSDOKUMENT FÜR DIESE DOMÄNE GEFUNDEN. MÖCHTEN SIE ES JETZT ERSTELLEN?/UNABLE TO LOCATE A SERVER CONFIGURATION DOCUMENT FOR THIS DOMAIN. WOULD YOU LIKE TO CREATE ONE NOW? erscheint, klicken Sie auf JA/YES.
   - Klicken Sie auf LDAP-EINSTELLUNGEN BEARBEITEN/EDIT LDAP SETTINGS.
3. Klicken Sie im Feld ERZWINGEN DER SCHEMAÜBERPRÜFUNG?/ENFORCE SCHEMA? auf JA/YES.
4. Klicken Sie anschließend auf SPEICHERN UND SCHLIESSEN/SAVE & CLOSE.

Weitere LDAP-Konfigurationseinstellungen finden Sie unter der Registerkarte LDAP im Konfigurationsdokument wie

- Angabe, ob der LDAP-Dienst eine Client-Anmeldung mit einem eindeutigen Namen für die Namens- und Passwort-Authentifizierung verlangt (RFCs 2251 – 2254).
- Angabe, ob der LDAP-Dienst Ergebnisse im Format UTF8 für LDAP-v2-Clients zurückgibt.
- Kontrolle über die maximale Anzahl von Verzeichnisverweisen, die ein LDAP-Dienst an einen Client zurückgeben kann.
- Kontrolle über die Größe der Informationen, die das Activity Logging für eine LDAP-Operation (Hinzufügen oder Ändern) protokollieren kann.

7.4.5 LDAP-Benutzer

Um den Domino LDAP-Dienst zu verwenden, muss jeder LDAP-Benutzer, ob Notes oder Nicht-Notes, den Client für die Verbindung mit dem LDAP-Dienst einrichten.

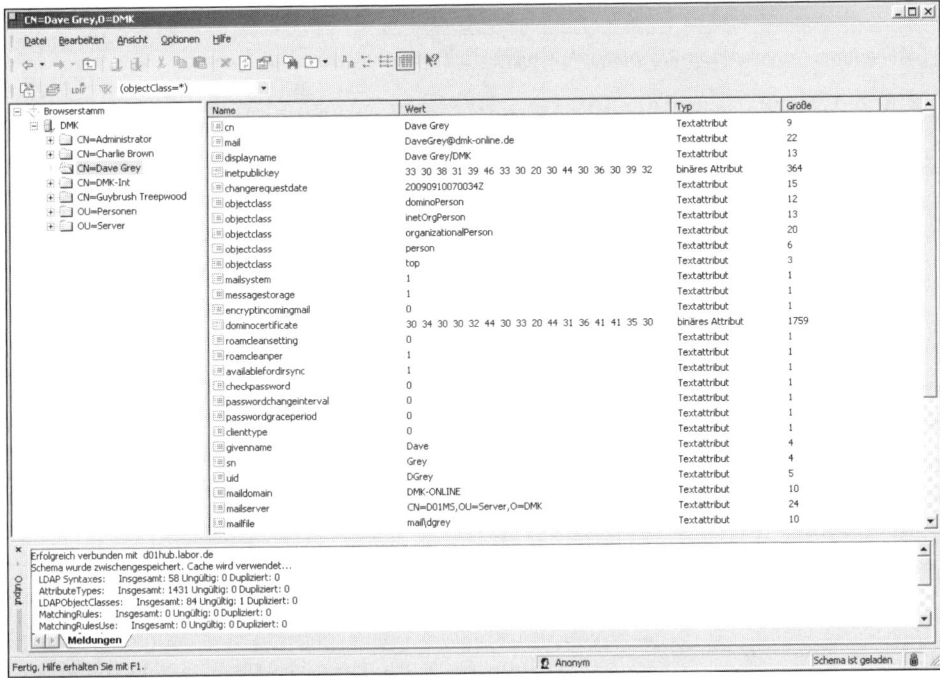

Abbildung 7.41: LDAP-Browser: Anwender im vom LDAP Domino Server bereitgestellten Verzeichnis

Nicht-Notes-LDAP-Benutzer für die Verbindung mit dem LDAP-Dienst einrichten

Um einen Nicht-Notes-LDAP-Benutzer für die Verbindung mit dem LDAP-Dienst einzurichten, geben Sie in der LDAP-Client-Konfiguration

- den Host-Namen des Domino Servers, auf dem der LDAP-Dienst ausgeführt wird (z.B. *ldap.DMK.com*), oder die IP-Adresse des Servers und
- den zu verwendenden Port (389 für TCP/IP oder 636 für SSL) an.

Notes-Benutzer für die Verbindung mit dem LDAP-Dienst einrichten

Um Notes-Benutzer so einzurichten, dass sie mit dem LDAP-Dienst automatisch eine Verbindung herstellen, erstellen oder ändern Sie eine Setup- oder Desktoprichtlinie (siehe *Abbildung 7.42*). Wenn Sie die Konfiguration von Benutzern nicht automatisieren möchten, muss jeder Notes-Benutzer, der den LDAP-Dienst verwenden möchte, ein Konto für die Verbindung mit dem Server erstellen.

1. Wenn Sie noch kein Richtliniendokument erstellt haben sollten, erstellen Sie jetzt ein Desktop- oder ein Setup-Policy-Dokument, um die Konfiguration von LDAP-Accounts zu automatisieren.
2. Öffnen Sie das Desktop- oder Setup-Policy-Dokument, das Sie verwenden möchten.

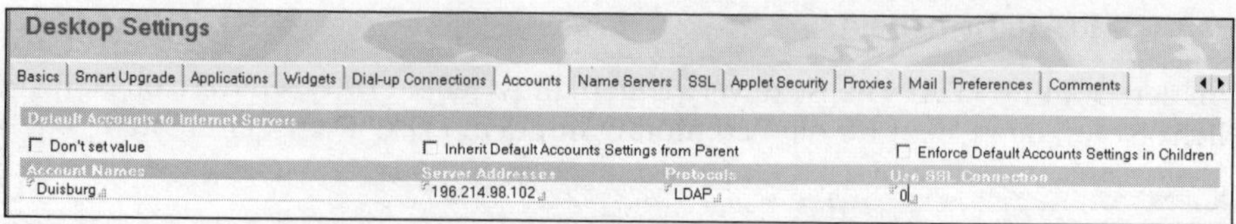

Abbildung 7.42: Desktop-Richtliniendokument zur LDAP-Kontenkonfiguration

3. Klicken Sie auf das Register KONTEN/ACCOUNTS und geben Sie Werte in die folgenden Felder ein (siehe *Abbildung 4.42*).

Feld	Eingabe
STANDARDKONTEN-EINSTELLUNGEN ERBEN/ INHERIT DEFAULT ACCOUNTS SETTINGS FROM PARENT	Aktivieren Sie diese Option, um Standardkonteneinstellungen zu erben.
STANDARDKONTENEINSTEL-LUNGEN WEITERVERERBEN/ ENFORCE DEFAULT ACCOUNTS SETTINGS IN CHILDREN	Aktivieren Sie diese Option, um Standardkonteneinstellungen weiterzuvererben.
NAMEN DER BENUTZER-KONTEN/ ACCOUNT NAMES	Ein beschreibender Name für dieses LDAP-Dienstkonto. Die Benutzer sehen diesen Namen, wenn sie aufgefordert werden, einen zu durchsuchenden LDAP-Dienst auszuwählen. Wenn Sie mehrere Konten angeben, z.B. ein Konto für einen anderen Internet-Dienst, müssen Sie die Kontonamen mit Kommata (,) voneinander trennen.
SERVER-ADRESSEN/ SERVER ADDRESSES	Der Host-Name für den Server, auf dem der LDAP-Dienst ausgeführt wird, z.B. *ldap.DMK.de.*
PROTOKOLLE/ PROTOCOLS	Geben Sie LDAP ein.
SSL-VERBINDUNG VERWENDEN/ USE SSL CONNECTION	Geben Sie 1 ein, wenn SSL verwendet werden soll. Geben Sie andernfalls 0 ein.

4. Klicken Sie anschließend auf SPEICHERN UND SCHLIESSEN/SAVE & CLOSE.

Um Notes-Benutzern die Adressierung von Mail an Benutzer zu erleichtern, die in einem Remote-LDAP-Verzeichnis registriert sind, können Sie die Verzeichnisverwaltung für das Verzeichnis des Mail- oder Verzeichnisservers der Benutzer einrichten. Die Notes-Benutzer sind damit in der Lage, durch Drücken der Taste [F9] eine Adresse für einen in einem Adressfeld oder einer Notes-Nachricht eingegebenen Namen aus dem LDAP-Verzeichnis zu übernehmen. Wenn der Notes-Benutzer die Adresse auf diese Weise nicht direkt abfragen kann, löst entweder der Notes Client die Adresse mithilfe der Verzeichnisverwaltung auf, wenn der Benutzer die Mail sendet, oder der Router verwendet die Verzeichnisverwaltung zum Auflösen der Adresse.

LDAP-Client-Authentifizierung

Um LDAP-Clients zu authentifizieren, kann der LDAP-Dienst den eindeutigen Namen und Kennwörter/Zertifikate des Clients in einem der folgenden Verzeichnisse suchen:

- Primäres Domino Directory
- Extended Directory Catalog
- Condensed Directory Catalog auf einem Server (Passwort wird gefordert)
- Sekundäres Domino Directory
- Remote-LDAP-Verzeichnis

Dem primären Domino Directory des Servers, auf dem der LDAP-Dienst läuft, wird automatisch in Bezug auf die Client-Authentifizierung vertraut. Den anderen Verzeichnissen muss diese Vertrauensstellung explizit eingeräumt werden.

7.4.6 Monitoring des LDAP-Dienstes

Um den aktuellen Status von folgenden Einstellungen anzuzeigen:

- Einstellungen für den LDAP-Dienst in Bezug auf die Daten, die im Domänenkonfigurationsdokument eingestellt werden,
- LDAP-Anschlusseinstellungen,
- LDAP Activity Logging,

geben Sie den folgenden Befehl an der Konsole des Servers ein, auf dem der LDAP-Dienst läuft: `Tell Ldap Showconfig`. Zusätzlich zu den oben aufgeführten Informationen können Sie mit dem Befehl `Tell Ldap Showconfig Debug` noch die Einstellungen kontrollieren, die über die *notes.ini* gesetzt werden. Außerdem können Sie Statistiken zum LDAP-Dienst anfordern.

7.4.7 Unterstützung der LDAP-Administration

Nachfolgend finden Sie die Liste der `Tell LDAP`-Befehle, die Sie verwenden können. Einem Teil der Befehle sind Sie bereits in dem einen oder anderen Unterkapitel begegnet.

Befehl	Ergebnis
`Tell LDAP Quit`	Stoppt die LDAP-Task auf einem Server.
`Tell LDAP reloadschema`	Wenn der Befehl auf dem Administrationsserver des Domino-Verzeichnisses ausgeführt wird, aktualisiert der Schemadämon das speicherresidente Schema des LDAP-Services mit neuen Schemaänderungen, die in den Masken des Domino-Verzeichnisses oder in der Datenbank DOMINO-LDAP-SCHEMA vorgenommen wurden. Der Schemadämon veröffentlicht dann das aktualisierte Schema in der Schemadatenbank und repliziert die Schemadatenbank anschließend auf andere Server in der Domäne, die den LDAP-Service ausführen.

Befehl	**Ergebnis**
	Wenn der Befehl auf einem untergeordneten Server in einer Domäne ausgeführt wird, auf dem der LDAP-Service ausgeführt wird, repliziert der Schemadämon die Schemadatenbank vom Administrationsserver, wenn er Änderungen an der Replik des Administrationsservers feststellt. Der Schemadämon lädt dann das aktualisierte Schema, das jetzt in der lokalen Schemadatenbank veröffentlicht ist, in den Speicher.
`Tell LDAP ResetStat * | statname`	Setzt die angegebene LDAP-Statistikvariable zurück. LDAP-Sitzungen können nicht zurückgesetzt werden.
`Tell LDAP Showconfig`	Zeigt die folgenden Informationen an (siehe *Abbildung 7.43*): ▸ Einstellungen des LDAP-Services im Register LDAP des Konfigurationsdokuments. ▸ Porteinstellungen des LDAP-Services. ▸ Status der LDAP-Aktivitätsprotokollierung (aktiviert oder deaktiviert).
`Tell LDAP Showconfig Debug`	Zeigt die aktuellen *notes.ini*-Einstellungen für den LDAP-Service sowie die Informationen an, die beim Ausführen von `Tell LDAP Showconfig` ausgegeben werden.
`Tell LDAP VerifyDIT`	Prüft, ob jede Komponente eines eindeutigen Namens in einem Verzeichnis, das in Lotus Notes sichtbar wird, über einen Eintrag im Verzeichnis verfügt, das die Komponente als Objektklasse darstellt. Wenn der LDAP-Service eine Komponente eines eindeutigen Namens findet und dieser keinen zugehörigen Objektklasseneintrag hat, erstellt er diesen für die Objektklasse in der verborgenen Ansicht ($LDAPRDNHIER). Durch das Erstellen dieses Eintrags ist sichergestellt, dass LDAP-Clients Objektklassen in einem Suchfilter bei der Suche nach einem beliebigen Eintrag im Verzeichnis verwenden können. Der Befehl bereinigt auch doppelte Einträge im Verzeichnis. Er kann auf jedes primäre, sekundäre oder zentrale Domino-Verzeichnis oder jeden erweiterten Serververzeichniskatalog ausgeführt werden, für das bzw. den der Server, auf dem der LDAP-Service ausgeführt wird, der Administrationsserver ist.

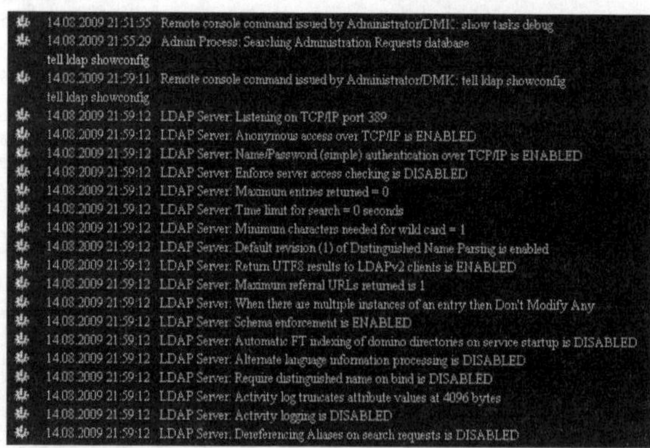

Abbildung 7.43: Ausgabe des Befehls `Tell LDAP Showconfig`

Wenn der LDAP-Service auf dem Administrationsserver für das primäre Domino-Verzeichnis gestartet wird, werden die folgenden Nachrichten an der Serverkonsole angezeigt:

```
LDAP-Server: "Überprüfen des Verzeichnisbaums auf Servername gestartet"
LDAP-Server: "Überprüfen des Verzeichnisbaums auf Servername beendet"
```

Diese Nachrichten zeigen an, dass der LDAP-Service überprüft, ob für jeden Teil eines eindeutigen Lotus Notes-Namens in einem Dokument des Verzeichnisses ein separates Dokument vorhanden ist, das den Namensteil definiert. Wenn der LDAP-Service feststellt, dass für einen Namensteil kein entsprechendes Dokument vorhanden ist, erstellt er dieses in einer verborgenen Ansicht. Wenn ein zusätzliches Dokument auf diese Weise erstellt wird, ist sichergestellt, dass LDAP-Clients stets in den untergeordneten Baumstrukturen nach Originaldokumenten suchen können. Auf diese Weise existiert eine Art Selbstprüfungsinstanz.

Wenn der eindeutige Name in einem Personendokument beispielsweise `Tom Alfred/Dortmund/DMK` lautet und für die Unterorganisation `Dortmund` kein Domino-Zertifiziererdokument vorhanden ist, erstellt der LDAP-Service das Dokument `organizationalUnit` für Dortmund. Anschließend können LDAP-Benutzer mithilfe eines Suchfilters, der die Suchbasis `ou=Dortmund,o=DMK` mit dem Unterstruktur-Abfragebereich angibt, nach dem Eintrag `cn=Tom Alfred,ou=Dortmund,o=DMK` suchen.

Wenn es sich bei dem Server, der den LDAP-Service ausführt, um einen Administrationsserver eines Domino-Verzeichnisses oder eines erweiterten Verzeichniskatalogs handelt, kann der LDAP-Service den Verzeichnisbaum überprüfen. Der LDAP-Service überprüft keine Verzeichnisbäume von Konfigurationsverzeichnissen oder von kompakten Verzeichniskatalogen.

Er kann drei Dokumenttypen erstellen, je nachdem, für welchen Teil des eindeutigen Notes-Namens das Dokument fehlt. Dokumente zur Bezeichnung der Länderkennung, der Unterorganisation und der Organisation sind möglich. Der LDAP-Service fügt in folgenden Fällen ein Dokument dieses Typs hinzu:

- Ein Notes-Benutzername ist mit einer eindeutigen Unterorganisation registriert, die nicht von einem Zertifizierer kontrolliert wird. In diesem Fall erstellt der LDAP-Service ein Dokument für die Unterorganisation.
- Ein Notes-Benutzername ist mit einer Länderkennung registriert. In diesem Fall erstellt der LDAP-Service ein Dokument mit einer Länderkennung.
- Ein Notes-Administrator erstellt ein Dokument manuell, das einen eindeutigen Notes-Namen mit einer Unterorganisation oder Organisation enthält und keinem Notes-Zertifiziererdokument entspricht. In diesem Fall erstellt der LDAP-Service ein Dokument für die Unterorganisation oder die Organisation.

Die Überprüfung des Verzeichnisbaums kann lediglich auf eindeutige Namen in Dokumenten angewendet werden, die in Notes hinzugefügt werden und sichtbar sind. Einträge, die über das LDAP-Protokoll hinzugefügt werden, verfügen stets über eine Objektklasse, die für den jeweiligen eindeutigen Namensteil definiert wird.

Sie können die Überprüfung des Verzeichnisbaums allerdings auch manuell durchführen, wenn Sie beispielsweise nach dem letzten Start des LDAP-Services Dokumente zu einem Verzeichnis hinzugefügt haben. Um die Überprüfung des Verzeichnisbaums manuell auszuführen, geben Sie den bereits bekannten Befehl an der Serverkonsole des Administrationsservers des Domino-Verzeichnisses ein: `Tell Ldap VerifyDIT`.

Directory Lint (DirLint)

Neben den Möglichkeiten, die der Befehl `VerifyDIT` speziell für die Überprüfung des LDAP-Verzeichnisbaums mit sich bringt, existiert für die Überprüfung des Domino-Verzeichnisses *Directory Lint* (DirLint).

Dieser Befehl durchsucht Verzeichnisse und Berichte nach Inkonsistenzen in der Namenshierarchie, ungültiger Syntax in den Verzeichnisnamen oder Gruppenmitgliedern, die in einem verfügbaren Verzeichnis nicht vorhanden sind. Als Ergebnis wird ein XML-Bericht generiert (siehe *Abbildung 7.44*), der mögliche Probleme hervorhebt und Vorschläge für Korrekturmaßnahmen unterbreitet. Setzen Sie dazu den Befehl `load dirlint` an der Serverkonsole ab (siehe *Abbildung 7.45*).

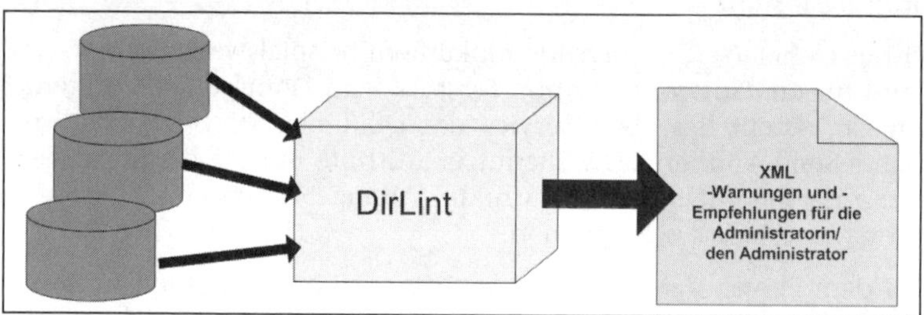

Abbildung 7.44: DirLint-Funktionsweise

DirLint scannt dann beispielsweise die Gruppenmitgliedslisten und stellt sicher, dass die Namen in einem Verzeichnis existieren. Was so einfach klingt, kann eine enorme Ersparnis an Sisyphusarbeit für den Administrator bedeuten.

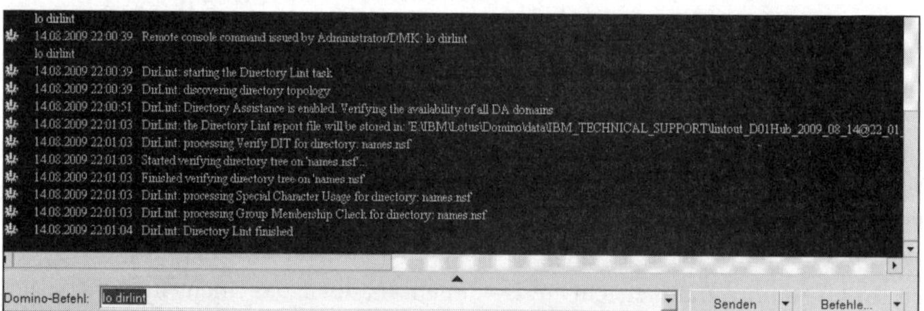

Abbildung 7.45: Ergebnis des `load dirlint`***-Befehls***

Um nach den Dokumenten zu suchen, die nach der Überprüfung des Verzeichnisbaums erstellt wurden, verwenden Sie einen LDAP-Client und geben den folgenden Suchfilter an: `"creatorsname=servername"`. Dabei ist `servername` der Name des Domino Servers, der die Dokumente erstellt hat. Geben Sie den Namen im LDAP-Format an, z.B.: `"creatorsname=cn=domino-05,o=DMK"`.

LDAP-Statistiken

Sie können spezielle Statistiken zu LDAP-Aktivitäten sowie netzwerkbezogene Statistiken zu allgemeinen Netzwerkaktivitäten des für den LDAP-Service verwendeten Ports anzeigen. Mithilfe des Befehls `Show Stat` können Sie die Statistik anzeigen. `Show Stat LDAP` (siehe *Abbildung 7.46*) zeigt an der Serverkonsole die LDAP-Statistiken an.

Jede Statistik, die in der folgenden Tabelle aufgeführt ist, beginnt mit dem Präfix „LDAP". In der Tabelle ist dieses Präfix jedoch nicht aufgeführt. Die Statistik *LDAP.Total LDAP Connections* wird beispielsweise als *Total LDAP Connections* angegeben.

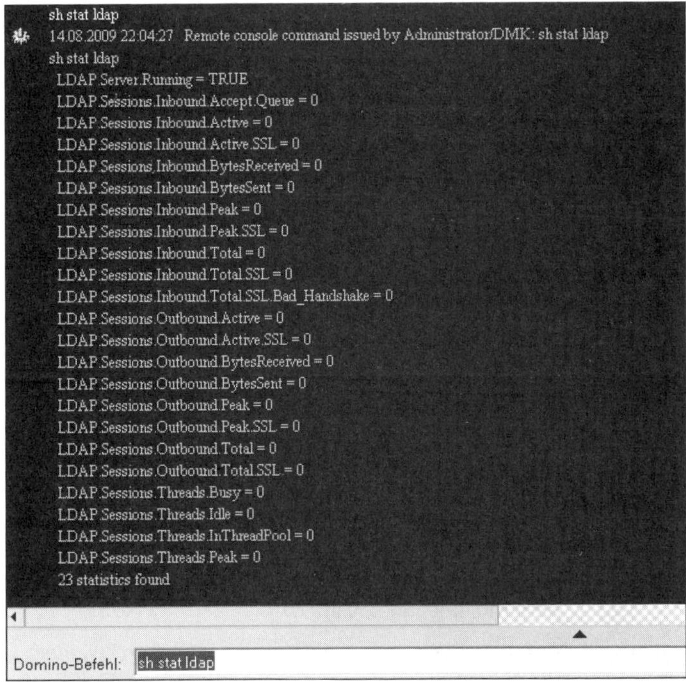

```
sh stat ldap
14.08.2009 22:04:27  Remote console command issued by Administrator/DMK: sh stat ldap
sh stat ldap
  LDAP.Server.Running = TRUE
  LDAP.Sessions.Inbound.Accept.Queue = 0
  LDAP.Sessions.Inbound.Active = 0
  LDAP.Sessions.Inbound.Active.SSL = 0
  LDAP.Sessions.Inbound.BytesReceived = 0
  LDAP.Sessions.Inbound.BytesSent = 0
  LDAP.Sessions.Inbound.Peak = 0
  LDAP.Sessions.Inbound.Peak.SSL = 0
  LDAP.Sessions.Inbound.Total = 0
  LDAP.Sessions.Inbound.Total.SSL = 0
  LDAP.Sessions.Inbound.Total.SSL.Bad_Handshake = 0
  LDAP.Sessions.Outbound.Active = 0
  LDAP.Sessions.Outbound.Active.SSL = 0
  LDAP.Sessions.Outbound.BytesReceived = 0
  LDAP.Sessions.Outbound.BytesSent = 0
  LDAP.Sessions.Outbound.Peak = 0
  LDAP.Sessions.Outbound.Peak.SSL = 0
  LDAP.Sessions.Outbound.Total = 0
  LDAP.Sessions.Outbound.Total.SSL = 0
  LDAP.Sessions.Threads.Busy = 0
  LDAP.Sessions.Threads.Idle = 0
  LDAP.Sessions.Threads.InThreadPool = 0
  LDAP.Sessions.Threads.Peak = 0
  23 statistics found
Domino-Befehl: sh stat ldap
```

Abbildung 7.46: Beispielhaftes Ergebnis des `Show Stat LDAP`***-Befehls***

Statistiken zu LDAP-Vorgängen

Die folgenden Statistiken beziehen sich auf Verbindungen, die über LDAP hergestellt werden. Sobald der LDAP-Service gestartet wird, wird auch die Statistik erstellt. Die Einsicht in die unterschiedlichen Statistiken hilft Ihnen entweder beim Troubleshooting, also bei der Fehlersuche hinsichtlich der LDAP-Funktionalität, oder beim sogenannten proaktiven Problem-Management. Dabei sind Sie in der Lage, mögliche Fehlerquellen zu identifizieren und auszuschalten, bevor eine Störung der Funktion oder gar des gesamten Servers offensichtlich wird.

Statistik	Beschreibung
Total LDAP Connections	Anzahl der LDAP-Verbindungen
Simple LDAP Connections	Anzahl der LDAP-Verbindungen, für die die Namens- und Kennwortauthentifizierung verwendet wird
Anonymous LDAP Connections	Anzahl der anonymen LDAP-Verbindungen
Strong Authentication Connections	Anzahl der LDAP-Verbindungen, für die die X.509-Client-Zertifikatsauthentifizierung verwendet wird
Failed LDAP Connections	Anzahl der fehlgeschlagenen LDAP-Verbindungen
Total LDAP Searches	Anzahl der verarbeiteten LDAP-Suchanforderungen

Statistik	Beschreibung
Longest LDAP Search time	Längste Zeitspanne, die bisher für das erfolgreiche Ausführen einer LDAP-Suchanforderung aufgewendet wurde. Die Statistik enthält keine LDAP-Suchen, die durch Auftreten eines Fehlers fehlgeschlagen sind.
Average LDAP Search time	Durchschnittliche Zeitspanne, die bisher für das erfolgreiche Ausführen einer LDAP-Suchanforderung aufgewendet wurde. Der Wert umfasst die Zeit, die für fehlgeschlagene Suchanforderungen aufgewendet wurde. Daher ist es möglich, dass der Zeitwert für *Longest LDAP Search* überschritten wird.
Longest LDAP Search request	Längste Zeitspanne für den Empfang einer LDAP-Suchanforderung
Total LDAP Modifies	Anzahl der verarbeiteten LDAP-Änderungsanforderungen
Total LDAP Compares	Anzahl der verarbeiteten LDAP-Anforderungen zum Vergleichen von Einträgen
Total LDAP Adds	Anzahl der verarbeiteten LDAP-Anforderungen zum Hinzufügen von Einträgen
Total LDAP Deletes	Anzahl der LDAP-Anforderungen zum Löschen von Einträgen
Total LDAP ModifyDNs	Anzahl der verarbeiteten LDAP-Anforderungen zum Ändern eindeutiger Namen
Total LDAP Extended Operations	Anzahl der verarbeiteten Anforderungen zum Erweitern des Schemas
Total LDAP Abandons	Anzahl der verarbeiteten Abbruchsanforderungen
Total LDAP Searches for Subschema	Anzahl der verarbeiteten Suchanforderungen für das Teilschema
Total LDAP Searches for Root DSE	Anzahl der verarbeiteten Suchanforderungen für das Root-DSE
Total LDAP Referrals returned	Anzahl der Weitergaben an Remote-LDAP-Verzeichnisse
Total LDAP Searches on Domain Catalog	Anzahl der verarbeiteten Suchanforderungen für den Domänenkatalog
Total LDAP Search Entries Returned	Anzahl der für Suchanforderungen zurückgelieferten Einträge
Total LDAP Search time	Gesamtzeit, die für das Verarbeiten von LDAP-Suchen benötigt wurde
Server.Running	Zeigt an, ob der LDAP-Service ausgeführt wird

Statistiken über die Netzwerkaktivität auf den für den LDAP-Service verwendeten Ports

Die folgenden statistischen Informationen beziehen sich auf die Netzwerkaktivitäten, die seit dem Einrichten des Domino Servers über die Ports des LDAP-Services stattgefunden haben. Diese Statistiken enthalten Informationen zu Netzwerkaktivitäten außerhalb des LDAP-Protokolls, z.B. Aktivitäten aus telnet-Anforderungen.

Statistik	Beschreibung
Sessions.Inbound.Accept.Queue	Die Anzahl der neuen Verbindungen, die darauf warten, von einem Thread-Pool bedient zu werden
Sessions.Inbound.Active	Anzahl der aktuell ausgeführten eingehenden TCP/SSL-Verbindungen
Sessions.Inbound.Active.SSL	Anzahl der aktuell ausgeführten eingehenden SSL-Verbindungen
Sessions.Inbound.BytesReceived	Anzahl der von allen eingehenden TCP/SSL-Verbindungen empfangenen Bytes
Sessions.Inbound.BytesSent	Anzahl der von allen eingehenden TCP/SSL-Verbindungen gesendeten Bytes
Sessions.Inbound.Peak	Höchstanzahl der gleichzeitig ausgeführten eingehenden TCP/SSL-Verbindungen
Sessions.Inbound.Peak.SSL	Höchstanzahl der gleichzeitig ausgeführten eingehenden SSL-Verbindungen
Sessions.Inbound.Total	Anzahl aller eingehenden TCP/SSL-Verbindungen seit dem Serverstart
Sessions.Inbound.Total.SSL	Anzahl aller eingehenden SSL-Verbindungen seit dem Serverstart
Sessions.Inbound.Total.SSL.Bad_Handshake	Die Gesamtzahl der seit dem Serverstart fehlgeschlagenen eingehenden SSL-Handshakes
Sessions.Outbound.Active	Anzahl der aktuell ausgeführten ausgehenden TCP/SSL-Verbindungen
Sessions.Outbound.Active.SSL	Anzahl der aktuell ausgeführten ausgehenden SSL-Verbindungen
Sessions.Outbound.BytesReceived	Anzahl der von allen ausgehenden TCP/SSL-Verbindungen empfangenen Bytes
Sessions.Outbound.BytesSent	Anzahl der von allen ausgehenden TCP/SSL-Verbindungen gesendeten Bytes
Sessions.Outbound.Peak	Höchstanzahl der gleichzeitig ausgeführten ausgehenden TCP/SSL-Verbindungen
Sessions.Outbound.Peak.SSL	Höchstanzahl der gleichzeitig ausgeführten ausgehenden SSL-Verbindungen
Sessions.Outbound.Total	Anzahl aller ausgehenden TCP-Verbindungen seit dem Serverstart
Sessions.Outbound.Total.SSL	Anzahl aller ausgehenden SSL-Verbindungen seit dem Serverstart
Sessions.Outbound.Total.SSL.Bad_Handshake	Die Gesamtzahl der seit dem Serverstart fehlgeschlagenen ausgehenden SSL-Handshakes
Sessions.Threads.Busy	Die Gesamtzahl der ausgeführten Threads, die E/A-Anforderungen des Netzwerks bedienen

Statistik	Beschreibung
Sessions.Threads.Idle	Die Gesamtzahl der inaktiven Threads, die darauf warten, E/A-Anforderungen des Netzwerks zu bedienen
Sessions.Threads.InThreadPool	Aktuelle Anzahl der Threads im Thread-Pool
Sessions.Threads.Peak	Höchstzahl der Threads im Thread-Pool

Statistik *LDAP.Search.Longest*

Mit diesen Statistiken können Administratoren schnell ermitteln, welche LDAP-Suchmuster die Suchgeschwindigkeit herabsetzen. Oftmals bestimmt das Suchmuster und nicht alle Suchinstanzen die Gesamtleistung einer Domino LDAP-Suche. LDAP-Anwendungen führen eine Suche durch, indem sie eine begrenzte Anzahl von Suchmustern wiederverwenden, jedoch mit anderen Werten. Die Statistik *LDAP.Search.Longest* umfasst Leistungsstatistiken, die eine ununterbrochene Erkennung langsamer LDAP-Suchmuster bieten und aufdecken, welche für LDAP-Suchen verwendeten Suchmuster am langsamsten sind.

Alle vier Gruppen von Statistiken werden parallel indiziert. Daher besitzen die Informationen zu den langsamsten Suchmustern den Statistiknamenszusatz „.01", die zu den zweitlangsamsten „.02" usw. Dadurch kommen Statistiknamen wie *LDAP.Search.Longest.Pattern.01* und *LDAP.Search.Longest.AverageTime.01* zustande.

Nachdem langsame Suchmuster identifiziert wurden (und abhängig von der LDAP-Anwendung) können Anwendungsadministratoren dann ihre LDAP-Anwendungen so anpassen, dass Suchfilter eingesetzt werden, die der Domino LDAP-Server schneller bedienen kann.

LDAP.Search.Longest.Average-Time	Gesamtsuchdauer in Millisekunden für das Suchmuster geteilt durch die Anzahl der Suchvorgänge
LDAP.Search.Longest.Count	Anzahl der Suchvorgänge (siehe *LDAPMinLongest-SearchTime*), die für das zugeordnete Muster aufgezeichnet wurden.
LDAP.Search.Longest.Entries	Anzahl der Ergebniseinträge, die durch das Suchmuster gefunden wurden
LDAP.Search.Longest.Pattern	Mit dem Suchmuster werden die einzelnen Gruppen von Statistikeinträgen voneinander getrennt. Seine Darstellung verwendet eine Kurzform einer URL für eine RFC 4516-LDAP-Suche, bei der das Präfix *ldap://hostname* weggelassen wurde und %v anstelle von Attributwerten im Filter verwendet wird. Die Syntax des Musters lautet: `[dn] ? [Attribute] ? [Geltungsbereich] ? [Filter] [? Erweiterungen]` ▶ `dn`: Gibt die Basis des LDAP-Suchmusters an. ▶ `Attribute`: Gibt an, welche Attribute aus den Ergebniseinträgen zurückgegeben werden sollen. ▶ `Geltungsbereich`: Legt den Geltungsbereich der Suche fest. Die Möglichkeiten hierfür sind „base" für eine Basisobjektsuche, „one" für eine Suche auf einer Ebene und „sub" für eine Suche in Unterbäumen. Wenn keine Option festgelegt wird, wird „sub" verwendet.

- `Filter`: Legt den Suchfilter fest, der während der Suche innerhalb des angegebenen Geltungsbereichs auf Einträge angewendet werden soll. Er weist das in RFC 4515 festgelegte Format auf, wobei allerdings anstelle von Attributwerten %v verwendet wird.
- `Erweiterungen`: kommagetrennte Liste von Typ=Wert-Paaren, die Anforderungszeitlimits usw. angibt.

`LDAPMaxLongestSearchCount` und `LDAPMinLongestSearchTime` sind zwei *notes.ini*-Variablen, mit deren Hilfe Sie konfigurieren können, wie *LDAP.Search.Longest*-Statistiken gepflegt werden.

- `LDAPMaxLongestSearchCount`: Definiert die Anzahl der Statistiken, die unterstützt werden und aktiv sind. Defaultmäßig liegt die Anzahl bei 20 (`LDAPMaxLongestSearchCount=20`). Wird die Anzahl auf 0 gesetzt, wird die Sammlung der Statistiken deaktiviert. Eine Anzahl von 50 ist das Maximum. Beim Setzen der Anzahl sollten Sie darauf achten, dass eine zu hohe Anzahl an Statistiken den Domino Server verlangsamen wird.
- `LDAPMinLongestSearchTime`: Suchanfragen, die kürzer sind als das angegebene Millisekundenintervall, werden nicht aufgezeichnet. Der Defaultwert liegt bei 100 (0,1 Sekunden). Wird der Wert auf 0 gesetzt, werden alle Suchläufe aufgezeichnet.

Verbesserung langsamer Suchanfragen

Der Domino-LDAP-Server kann folgende Suchanfragen umsetzen:

- *View Search*: Für Attribute in Ansicht-Indizes
- *Full Text Search*: Für Attribute, die nicht in Ansicht-Indizes im *pubnames.ntf* zu finden sind
- *All Search*: Für Attribute, die nicht in Ansicht-Indizes im *pubnames.ntf* zu finden sind, wenn kein Volltextindex vorhanden ist. Dabei wird jedes Dokument im Domino-Verzeichnis angefasst.

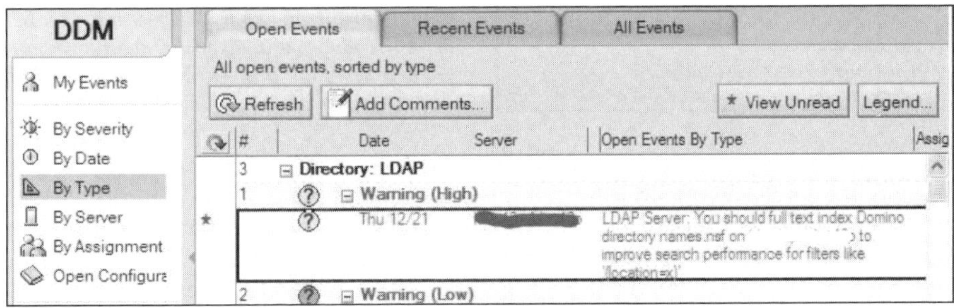

Abbildung 7.47: DDM schlägt vor, das Domino-Verzeichnis mit einem Volltextindex zu versehen.

- *Specialized Searches*: Für die Gruppenmitgliedschaft, Änderungszeit, Universal Note ID-basierte Suche etc.
- *Query Results Cached Search*: Für frühere Suchanfragen

7.5 Anwendungskatalog/Application Catalog und Domänenkatalog/Domain Catalog

Ein Anwendungskatalog (vor Domino 8: Datenbankkatalog) enthält eine Liste aller Datenbanken auf einem Server. Zum Erstellen eines Datenbankkatalogs verwenden Sie den Catalog-Server-Task. Der Catalog-Task erstellt die Katalogdatei (*catalog.nsf*) anhand der Schablone *catalog.ntf*, fügt die entsprechenden Einträge zur Katalog-ACL hinzu und füllt den Katalog mit einer Liste aller Datenbanken auf dem Server.

Um Benutzern die unternehmensweite Suche nach Datenbanken zu erleichtern oder um eine Übersicht über sämtliche Repliken für die einzelnen Datenbanken zu haben, müssen Sie einen Domänenkatalog, d.h. einen Katalog, der die Informationen aus den Anwendungskatalogen mehr als eines Servers vereint, auf einem Ihrer Server einrichten. Sie können einen Domänenkatalog unabhängig von der Implementierung der Domino-Domänensuche einrichten. Der Domänenkatalog verwendet ebenfalls die Schablone *catalog.ntf*. Die Datenbank steuert, welche Datenbanken und Dateisysteme für eine Domänensuche indiziert werden. Selbst wenn Ihre Organisation keine Domänensuche implementiert, ist der Domänenkatalog ein hilfreiches Administrationswerkzeug für Aufgaben wie z.B. das Protokollieren des Speicherorts von Datenbankrepliken.

Bei den für den Administrator für die Domänensuche interessanten Teilen des Domänenkatalogs handelt es sich um diejenigen, die anzeigen, welche Datenbanken und Dateisysteme der indizierende Server im Domänenindex aufnehmen soll, sowie die für die Indexsuche zu verwendenden Masken. Datenbankentwickler und -Manager können festlegen, dass eine Datenbank indiziert wird, indem sie die Datenbankeigenschaft IN DATENBANKÜBERGREIFENDE INDIZIERUNG AUFNEHMEN/INCLUDE IN MULTI-DATABASE INDEXING (siehe *Abbildung 7.48*) aktivieren. Administratoren können diese Einstellung unter Verwendung von Domino Administrator für mehrere Datenbanken festlegen. Diese Einstellungen werden im Domänenkatalog gespeichert, wenn der Catalog-Task ausgeführt wird.

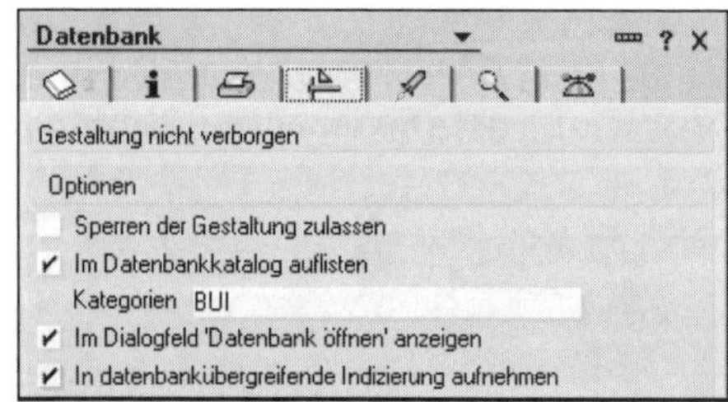

***Abbildung 7.48:* Datenbankeigenschaft für die Aktivierung der datenbankübergreifenden Indizierung. Hier heißt der Anwendungskatalog noch Datenbankkatalog. Ein Beispiel dafür, dass nicht alle Änderungen der neuen Version konsistent umgesetzt wurden.**

Sie können außerdem steuern, welche Datenbanken im Domänenindex aufgenommen werden, indem Sie die Auswahlformel für eine verborgene Ansicht ($MULTIDBINDEX) im Domänenkatalog anpassen. Administratoren geben an, welche Dateisysteme indiziert werden sollen, indem sie dem Domänenkatalog ein Dateisystemdokument für jedes Dateisystem auf einem Server hinzufügen. Da der Catalog-Task den Domänenkatalog mithilfe der Pull-Replizierung des Datenbankkatalogs auf einzelnen Servern erstellt, nimmt das Aktualisieren des Domänenkatalogs normalerweise nicht viel Zeit in Anspruch, wenn Sie auf jedem Server bereits einen Datenbankkatalog erstellt haben. Mehr Zeit nimmt jedoch der Neuaufbau der Ansichten im Domänenkatalog nach einer Aktualisierung in Anspruch.

Neben der Möglichkeit, eine Liste der auf einem bestimmten Server verfügbaren Datenbanken anzuzeigen, bieten Kataloge nützliche Informationen über Datenbanken (siehe *Abbildung 7.49*). Sie besitzen Ansichten, in denen Datenbanken nach Kategorie, Replik-ID, Server und Titel aufgeführt sind. Für jede Datenbank in einer Ansicht stellt ein Datenbankkatalogdokument den Servernamen, den Dateinamen, die Replik-ID, die Namen aller Server, Gruppen oder Benutzer für die Datenbank bereit. Des Weiteren beinhaltet das Dokument Schaltflächen, mit denen Benutzer in der Datenbank blättern bzw. diese öffnen und zu ihren Lesezeichen hinzufügen können.

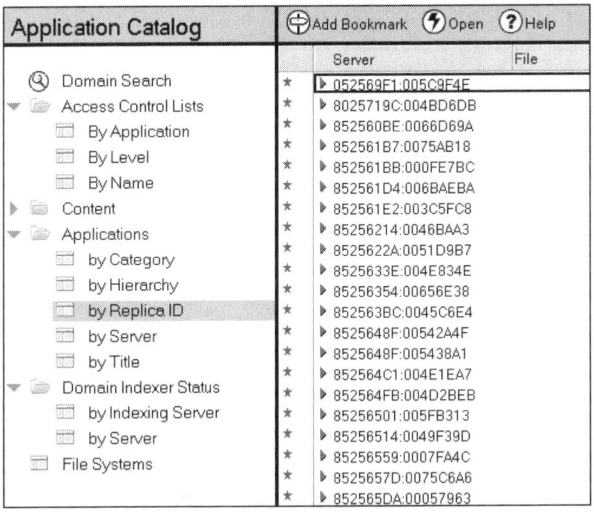

Abbildung 7.49: Der Anwendungskatalog (früher: Datenbankkatalog)

Kataloge besitzen folgende Ansichten:

Ansicht	**Beschreibung**
ZUGRIFFSKONTROLLLISTE/ ACCESS CONTROL LISTS	ACL-Informationen unterteilt in Datenbank, Zugriffsrecht und Name.
INHALT/ CONTENT	Kategorien für den Dokumentinhalt nach Autor, Kategorie und Datum.
DATENBANKEN/ DATABASES	Datenbanken nach Kategorie, Hierarchie, Replik-ID, Server und Titel.
STATUS DER DOMÄNEN-INDIZIERUNG/ DOMAIN INDEXER STATUS	Informationen zu Indexlisten und Ablagen und der Zeitpunkt der letzten Indizierung für die Datenbanken in der Domäne.
DATEISYSTEM/ FILE SYSTEMS	Dateisysteme und Server im Domain Catalog.

Datenbanken werden standardmäßig im Katalog aufgelistet. Wenn Sie die Aufnahme einer Datenbank in den Katalog verhindern möchten, deaktivieren Sie in deren Eigenschaften die Auswahl IM DATENBANKKATALOG AUFLISTE/INCLUDE IN MULTI-DATABASE INDEXING im Register GESTALTUNG/DESIGN. Für Datenbanken, die in den Datenbankkatalog aufgenommen werden sollen, können Sie in den Eigenschaften der entsprechenden

Datenbank(en) auch festlegen, ob diese Kategorien zugeordnet werden sollen (siehe *Abbildung 7.48*). So definieren Sie, wie die Datenbanken in der kategorisierten Ansicht des Katalogs angezeigt werden.

Domino führt den Catalog-Task auf jedem Server standardmäßig täglich um 01:00 Uhr aus, um einen Domänenkatalog zu erstellen bzw. zu aktualisieren. Mit dem Catalog-Task wird die Datenbank *catalog.nsf* anhand der Schablone *catalog.ntf* erstellt und eine Liste aller Datenbanken in den Katalog eingetragen. Mit dieser täglichen Aktualisierung wird sichergestellt, dass für den Fall, dass eine Datenbank auf einen anderen Server verschoben wird, der Datenbankeintrag im Katalog den neuen Speicherort enthält. Sie können jederzeit den Katalog aktualisieren, indem Sie an der Serverkonsole den folgenden Serverbefehl eingeben: `load catalog`.

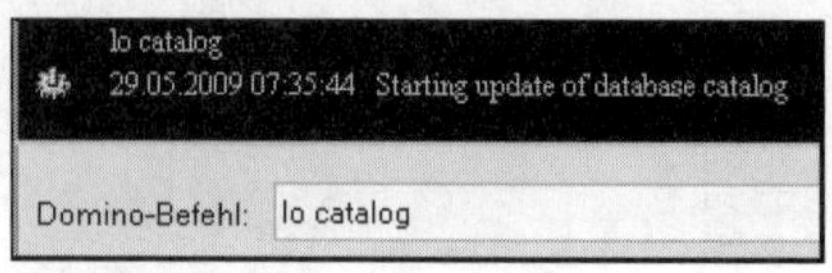

Abbildung 7.50:* *Starten des Catalog-Task

DocContent

Inhaltsübersichten erlauben den Anwendern, diese Übersichten zu durchsuchen, anstatt den Volltextindex zu verwenden. Dies funktioniert ähnlich wie Kataloge in Suchmaschinen. Dazu legen Sie über den Notes Client Metainformationen zu Notes-Dokumenten oder Internetadressen an (siehe *Abbildung 7.51*).

Zur Hinterlegung von Inhaltsinformationen zu einem Notes-Dokument gehen Sie wie folgt vor:

1. Öffnen Sie die Dokumenteigenschaften und gehen Sie auf die Registerkarte META (Pluszeichen).

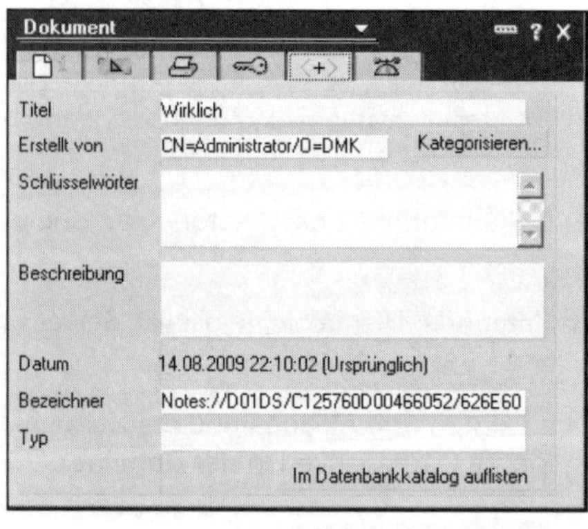

Abbildung 7.51:* *Metainformationen zu einem Dokument hinterlegen

2. Tragen Sie dort die entsprechenden Informationen ein.
   - Um das Dokument einer vorhandenen Kategorie zuzuweisen, klicken Sie auf KATEGORISIEREN/CATEGORIZE, wählen eine oder mehrere Kategorien aus und klicken auf OK.

- Um das Dokument einer neuen Kategorie zuzuweisen, geben Sie den Namen der Kategorie in das Feld SCHLÜSSELWÖRTER/KEYWORDS ein.

3. Klicken Sie auf IM DATENBANKKATALOG AUFLISTEN/POST TO CATALOG.

Zur Hinterlegung von Inhaltsinformationen zu Internetadressen gehen Sie wie folgt vor:

Öffnen Sie den Datenbankkatalog und wechseln Sie in eine Ansicht INHALT/CONTENT.

Klicken Sie auf die Aktion DOKUMENTINHALT HINZUFÜGEN/ADD DOCCONTENT.

Tragen Sie die entsprechenden Informationen ein. Speichern und schließen Sie das neue Inhaltsdokument anschließend.

Über die Domänensuche können Sie die dort hinterlegten Informationen abfragen.

7.5.1 Erstellung des Anwendungskatalogs

Sie erstellen einen Anwendungskatalog, indem Sie an der Serverkonsole den folgenden Serverbefehl eingeben: `Load catalog`.

Der Catalog-Task weist in der ACL für Administratoren und für den Server, auf dem der Katalog gespeichert ist, Managerzugriff zu. Die manuelle Erstellung eines Datenbankkatalogs kann genauso erfolgen wie die manuelle Erstellung des Domänenkatalogs. In beiden Fällen ist die manuelle Erstellung in der Regel nicht erforderlich.

7.5.2 Erstellung des Domänenkatalogs

Sie erstellen den Domänenkatalog, indem Sie den Catalog-Task auf dem Server aktivieren, der den Katalog für die Domino-Domäne hostet. Der Catalog-Task verwendet die Pull-Replizierung, um den Domänenkatalog aus den einzelnen Katalogen zu erstellen, die Sie auf den verschiedenen Servern in der Domino-Domäne erstellt haben. Sie können den Domänenkatalog mit anderen Domänenkatalogservern replizieren. Sie können den Domänenkatalog auch per Hand erstellen, was in der Regel aber nicht notwendig ist (siehe *Abbildung 7.52*). In einem solchen Ausnahmefall gehen Sie wie folgt vor:

1. Wenn Sie einen Domänenkatalog erstellen, verfügen Sie standardmäßig über Managerzugriff.
2. Wählen Sie DATEI/FILE > ANWENDUNG/APPLICATION> NEU/NEW.
3. Geben Sie einen Speicherort (Server oder lokal), einen Titel und einen Dateinamen für den Katalog ein.
4. Wählen Sie WEITERE SCHABLONEN ANZEIGEN/SHOW ADVANCED TEMPLATES im unteren Bereich des Dialogfensters NEUE ANWENDUNG/NEW APPLICATION.
5. Wählen Sie die Katalogschablone (*catalog.ntf*) aus und klicken Sie auf OK.

   Wird die Schablone in der Liste nicht aufgeführt, so klicken Sie auf die Schaltfläche SCHABLONENSERVER/TEMPLATE SERVER und wählen in der Liste den Server aus, der die erweiterten Schablonen enthält.

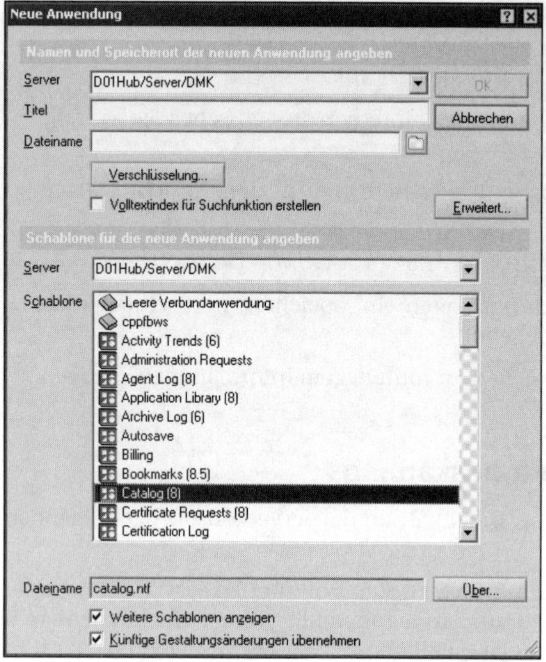

Abbildung 7.52: Manuelles Anlegen des Domänenkatalogs

Normalerweise erledigt der Domino Server die Erstellung des Domänenkatalogs über den Catalog-Task. Wählen Sie in Domino Administrator den Server aus, der Domänenkatalogserver sein soll.

1. Klicken Sie auf das Register KONFIGURATION/CONFIGURATION.
2. Erweitern Sie den Abschnitt SERVER im Ansichtsfenster.
3. Klicken Sie auf AKTUELLES SERVERDOKUMENT/CURRENT SERVER DOCUMENT.
4. Klicken Sie auf SERVER BEARBEITEN/EDIT SERVER und anschließend auf das Register SERVER-TASKS > DOMÄNENKATALOG/DOMAIN CATALOG (siehe *Abbildung 7.53*).
5. Wählen Sie im Feld DOMÄNENKATALOG/DOMAIN CATALOG den Eintrag AKTIVIERT/ENABLED.
6. Klicken Sie auf OK.

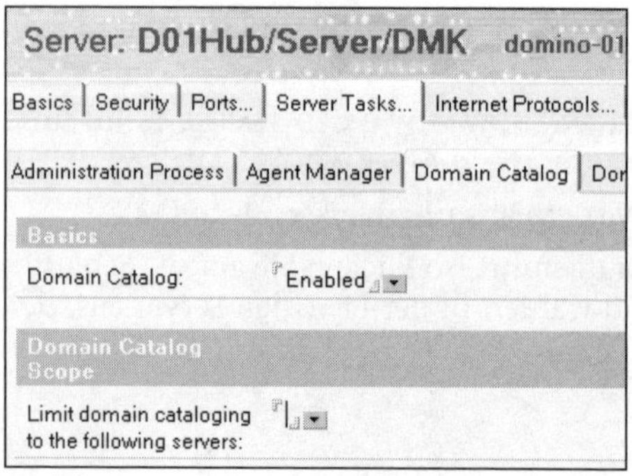

Abbildung 7.53: Konfiguration des Domain Catalog

7. Um den Abfragebereich des Domänenkatalogs zu ändern, wählen Sie die gewünschten Server im Feld NUR DATENBANKEN FOLGENDER SERVER IN DEN DOMÄNENKATALOG AUFNEHMEN/LIMIT DOMAIN WIDE INDEXING TO THE FOLLOWING SERVERS aus. Verwenden Sie Platzhalter, um alle Server zu indizieren, die mit einem bestimmten Zertifizierer zertifiziert sind. Wenn das Feld leer ist (Vorgabe), werden alle Server in den Katalog aufgenommen. Verwenden Sie dieses Feld, um den Abfragebereich des Domänenkatalogs auf regionale Standorte zu begrenzen oder um den Bereich auf mehrere Domino-Domänen zu erweitern, indem Sie mehrere Domänenkatalogserver katalogisieren.
8. Klicken Sie auf SPEICHERN UND SCHLIESSEN/SAVE AND CLOSE.

Stellen Sie sicher, dass der Catalog-Task in der Einstellung SERVERTASKSAT1 in der *notes.ini*-Datei des Servers enthalten ist, oder verwenden Sie ein anderes Verfahren (starten Sie den Catalog-Task an der Konsole oder erstellen Sie ein Programmdokument), um den Task auszuführen. Wenn der Catalog-Task zum ersten Mal ausgeführt wird, erstellt Domino die Domänenkatalogdatenbank anhand der Schablone *catalog.ntf* und fügt Einträge zur ACL hinzu, sodass die Datenbank innerhalb der Domäne korrekt repliziert. Der Administrationsprozess erstellt die Gruppe LOCALDOMAINCATALOGSERVERS im Domino-Verzeichnis und fügt den Domänenkatalogserver dieser Gruppe hinzu.

7.5.3 Aufnahme von Datenbanken

Weisen Sie einer Datenbank eine oder mehrere Kategorien zu, um festzulegen, wie die in der Ansicht DATENBANKEN NACH KATEGORIE/BY CATEGORY aufgeführten Datenbanken im Katalog gruppiert werden. Geben Sie keine Kategorien an, so ist die Ansicht DATENBANKEN NACH KATEGORIE/DATABASES BY CATEGORY leer.

1. Vergewissern Sie sich, dass Ihnen in der Datenbank-ACL mindestens Entwicklerzugriff zugewiesen ist.
2. Wählen Sie das Datenbanksymbol auf Ihrer Lesezeichenseite aus und dann DATEI/FILE > ANWENDUNG/APPLICATION > EIGENSCHAFTEN/PROPERTIES.
3. Klicken Sie auf das Register GESTALTUNG und aktivieren Sie IM DATENBANKKATALOG AUFLISTEN/LIST IN DATABASE CATALOG (siehe *Abbildung 7.48*).
4. Geben Sie in das Feld KATEGORIEN/CATEGORIES eine oder mehrere Kategorien für die Datenbank ein. Trennen Sie Kategorienamen mit Kommata oder Semikola.

Einigen Sie sich vorab, welche Datenbanken welchen Kategorien zugeordnet werden sollen, und halten Sie dieses Konzept in der Praxis konsistent. Nutzen Sie den Datenbankkatalog, um Datenbanken mit einer falsch eingerichteten Kategorie zu korrigieren.

Über die Ansicht ZUGRIFFSKONTROLLLISTEN/ACCESS CONTROL LISTS > NACH NAME/BY NAME können Sie auch die korrekte ACL Ihrer Datenbanken kontrollieren. So können Sie über den Benutzertyp DEFAULT kontrollieren, welchen Datenbanken fälschlicherweise ein zu hoher Zugriff zugeordnet wurde.

7.6 Domänensuche

Suchfunktionen sind schon lange Bestandteil von Lotus Notes Domino. Sie kennen dies bereits vom Volltextindex einer Datenbank, dessen Erstellung Sie initiieren können. Der Volltextindex und die damit verbundene Möglichkeit zur Volltextsuche beziehen sich allerdings nur auf die einzelne entsprechend konfigurierte Datenbank.

Mit der Domänensuche können Notes- und Webanwender eine vollständige Notes-Domäne nach Dokumenten, Dateien, Inhalten und Anhängen durchsuchen, die einer Suchabfrage entsprechen. Die Domänensuche basiert auf einem zentralen Domänenkatalogserver. Dieser verwendet einen Domänenkatalog, um zu steuern, welche Datenbanken und Dateisysteme indiziert werden sollen. Ergebnisse einer Domänensuche werden gemäß den Zugriffsrechten der Benutzer auf die indizierten Datenbanken bei der Domänensuche gefiltert.

Der Domänen-Indexer erstellt einen zentralen Domänenindex auf dem Domänenkatalogserver, anhand dessen alle Domänensuchabfragen ausgeführt werden. Der Domänenkatalog kann auf andere Server repliziert werden. Der Domänen-Indexer generiert die Indexdateien direkt auf dem Domänenkatalogserver. Sie werden nicht auf andere Server repliziert. Wenn Ihre Organisation über mehr als sechs bis acht Domino Server verfügt, empfiehlt Lotus dringend, einen Server als Domänenkatalogserver zu reservieren. Dieser Server sollte ausschließlich als Indizierungs- und Suchmaschine für die Domäne eingesetzt werden. Wenn Sie die Domänensuche implementieren, vergewissern Sie sich, dass der Domänenkatalogserver über die erforderliche Kapazität für die Erstellung von Indizes und die Verarbeitung von Benutzerabfragen verfügt.

Sie haben die Möglichkeit, Ihre Domänenkatalogserver als Cluster zu konfigurieren, um eine höhere Zuverlässigkeit und erhöhte Fehlertoleranz zu erzielen und die Belastung durch Benutzerabfragen gleichmäßig zu verteilen. Wenn Sie Domänensuchserver zu einem Cluster zusammengefasst haben, erstellen Sie auf jedem dieser Server eine Replik des Domänenkatalogs.

Wenn der designierte Domänenkatalogserver in den Arbeitsumgebungsdokumenten der Notes-Benutzer angegeben ist, können diese die Domänensuchen durchführen. Webclients haben Zugriff auf die meisten Domänensuchfunktionen einschließlich Suchabfragen und Ergebnismengen.

7.6.1 Aktivierung der Domänensuche

Verwenden Sie das Serverdokument, um die Domänensuche auf einem Server zu aktivieren. Definieren Sie zuerst einen Domänenkatalog, um dann einen Indizierungszeitplan zu aktivieren und einzurichten. Dadurch wird der Server als Domänenkatalogserver eingerichtet. Der Administrationsprozess erstellt die Gruppe LocalDomainCatalogServers im Domino-Verzeichnis und fügt den Domänenkatalogserver dieser Gruppe hinzu. Der Server beginnt mit der Indizierung der Domäne, wenn der Domänen-Indexer das nächste Mal gestartet wird. Dieser Zeitpunkt wird von dem Zeitplan gesteuert, der im Register Server-Tasks > Domänen-Indexer/Domain Indexer des Serverdokuments festgelegt ist. Standardmäßig wird der Indexer einmal pro Stunde ausgeführt.

So richten Sie die Domänensuche auf einem Server ein, nachdem Sie den Domänenkatalog über das Serverdokument aktiviert haben:

1. Wählen Sie in Domino Administrator den Server aus, der als Domänenkatalogserver agieren soll.
2. Klicken Sie auf das Register KONFIGURATION/CONFIGURATION.
3. Erweitern Sie den Abschnitt SERVER im Ansichtsfenster.
4. Klicken Sie auf ALLE SERVERDOKUMENTE/ALL SERVER DOCUMENTS.
5. Wählen Sie das Serverdokument für den Domänenkatalogserver aus und klicken Sie auf SERVER BEARBEITEN/EDIT SERVER.
6. Klicken Sie auf das Register SERVER-TASKS > DOMÄNEN-INDEXER/DOMAIN INDEXER (siehe *Abbildung 7.54*).
7. Klicken Sie auf den Nach-unten-Pfeil neben dem Feld DOMÄNENKATALOG/DOMAIN CATALOG.
8. Wählen Sie AKTIVIERT/ENABLED und klicken Sie auf OK.
9. Wählen Sie die Server, die im Domänenkatalog enthalten sein sollen, im Feld NUR DATENBANKEN FOLGENDER SERVER IN DEN DOMÄNENKATALOG AUFNEHMEN/LIMIT DOMAIN CATALOGING TO THE FOLLOWING SERVERS aus. Verwenden Sie Platzhalter, um alle Server zu katalogisieren, die mit einem bestimmten Zertifizierer zertifiziert sind. Wenn das Feld leer ist (Vorgabe), werden alle Server in den Katalog aufgenommen.
10. Klicken Sie auf das Register SERVER-TASKS > DOMÄNEN-INDEXER/DOMAIN INDEXER.

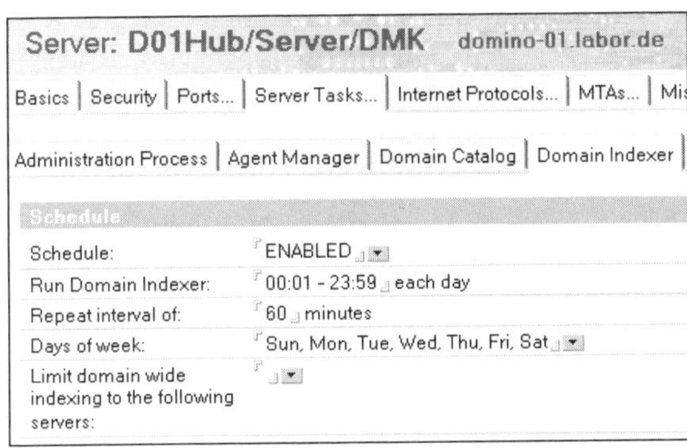

Abbildung 7.54: Konfiguration des Intervalls für die Aktualisierung der Indizes

11. Klicken Sie auf den Nach-unten-Pfeil neben dem Feld ZEITPLAN/SCHEDULE.
12. Wählen Sie AKTIVIERT/ENABLED und klicken Sie auf OK.
13. Legen Sie den Indizierungszeitplan entsprechend den Erfordernissen Ihres Systems fest.
14. Wählen Sie die Server, die im Index enthalten sein sollen, im Feld DOMÄNENWEITE INDIZIERUNG AUF FOLGENDE SERVER BESCHRÄNKEN/LIMIT DOMAIN WIDE INDEXING TO THE FOLLOWING SERVERS aus. Verwenden Sie Platzhalter, um alle Server zu indizieren, die mit einem bestimmten Zertifizierer zertifiziert sind. Wenn das Feld leer ist (Vorgabe), indiziert der Domänen-Indexer alle Datenbanken, für die die Eigenschaft IN DATENBANKÜBERGREIFENDE INDIZIERUNG AUFNEHMEN/INCLUDE IN MULTI DATABASE INDEXING aktiviert ist.
15. Wenn Sie Webclients besitzen, führen Sie die folgenden Schritte aus, damit der Domänenkatalogserver gültige URLs generieren kann und die Suchergebnisse in einem Browser angezeigt werden können.

1. Klicken Sie auf das Register INTERNET-PROTOKOLLE/INTERNET PROTOCOLS > HTTP.
2. Geben Sie als Host-Namen den vollständigen Namen des Computers ein, der als Domänenkatalogserver fungiert.
3. Klicken Sie auf das Register DOMINO WEBSERVER/WEB ENGINE.
4. Im Bereich URL-REFERENZEN FÜR DIESEN SERVER GENERIEREN/GENERATING REFERENCES TO THIS SERVER geben Sie die Informationen zum indizierenden Server an. Gehen Sie sicher, dass Sie den voll qualifizierten Host-Namen angegeben haben.
5. Im Bereich KONVERTIERUNG/ANZEIGE bzw. CONVERSION/DISPLAY geben Sie im Feld UMLEITUNG ZUR AUFLÖSUNG VON EXTERNEN VERKNÜPFUNGEN/REDIRECT TO RESOLVE EXTERNAL LINKS die Option NACH DATENBANK/BY DATABASE an.

Durch diese Auswahl kann der indizierende Server mehr URLs für die Anwender auflösen. Wenn der indizierende Server die Verknüpfung zu einer Datenbank nicht auflösen kann, wird der Domänenkatalog abgefragt, um eine Replik der Datenbank zur Verfügung zu stellen.

16. Klicken Sie auf SPEICHERN UND SCHLIESSEN/SAVE & CLOSE.
17. Starten Sie den Server neu. Der Domänen-Indexer wird zum nächsten geplanten Termin ausgeführt.

Leistung der Domänensuche steigern

Der Domänen-Indexer sucht bei jeder Ausführung im Domänenkatalog nach neuen Datenbanken, bei denen die Eigenschaft IN DATENBANKÜBERGREIFENDE INDIZIERUNG AUFNEHMEN/INCLUDE IN MULTI DATABASE INDEX aktiviert ist. Anschließend durchsucht der Indexer vorhandene Datenbanken und Dateisysteme auf Dokumente und Dateien, die seit seiner letzen Ausführung neu hinzugekommen sind oder geändert wurden, und fügt diese dem Domänenindex hinzu.

Um den spezifischen Anforderungen Ihrer Organisation Rechnung zu tragen, passen Sie die Häufigkeit an, mit der der Domänen-Indexer ausgeführt wird. Eine größere Häufigkeit führt zu einem aktuelleren Index, benötigt jedoch auch mehr CPU-Ressourcen. Standardmäßig läuft der Domänen-Indexer alle 60 Minuten. Experimentieren Sie mit verschiedenen Indizierungsintervallen, um die für Ihre Organisation besten Ergebnisse zu erzielen.

Sie können auch die Anzahl der von der Domänensuche verwendeten Indizierungsthreads erhöhen, um die Suchleistung zu verbessern. Jeder Indizierungsthread indiziert einen Speicherort. Bei einer größeren Anzahl Threads kann der Domänenkatalogserver mehrere Speicherorte gleichzeitig indizieren, verbraucht aber auch mehr CPU-Ressourcen, sodass die Antwortzeit darunter leiden kann. Mit weniger Indizierungsthreads wird die Suche aufgrund einer höheren CPU-Verfügbarkeit beschleunigt, Änderungen werden jedoch im Index weniger schnell wiedergegeben.

Standardmäßig verwendet der Domänenkatalogserver zwei Indizierungsthreads pro CPU. Auf einem Server mit zwei CPUs laufen also standardmäßig vier Indizierungsthreads bei der Indizierung. Mit der Variable `FT_DOMAIN_IDXTHDS=n` in der *notes.ini*-Datei des Domänenkatalogservers können Sie die Gesamtzahl der Threads steuern, die für diesen Server verwendet werden. Wenn Sie beispielsweise `FT_DOMAIN_IDXTHDS=8` in der *notes.ini*-Datei eines Domänenkatalogservers mit zwei CPUs hinzufügen, ändern Sie die Anzahl der Indizierungsthreads von der Vorgabe `4` auf `8`.

Definieren Sie nicht mehr als acht Threads pro Server, da ansonsten die Serverleistung nachlassen kann, auch wenn der Server über mehr als vier CPUs verfügt.

Standardmäßig werden Domänenindexdateien im Verzeichnis *ftdomain.di* im Domino Data-Verzeichnis des indizierenden Servers gespeichert. Sie können den Speicherort der Indexdateien ändern, indem Sie ein anderes Verzeichnis in der folgenden *notes.ini*-Einstellung angeben: `FT_Domain_Directory_Name=Verzeichnis`.

Domänenindex und Performance

Da der anfängliche Prozess des Erfassens von Datenbanken und Dateisystemen und das Erstellen eines Volltextindizes für eine gesamte Domino-Domäne Tage oder sogar Wochen in Anspruch nehmen kann, ist es wichtig, den Domänenindex sorgfältig zu planen, bevor der Indizierungsvorgang gestartet wird. Je sorgfältiger Sie planen, welche Datenquellen indiziert, wie sie im Domänenkatalog und in der Suchmaske kategorisiert werden sollen und wie viel Speicherplatz der Domänenindex erfordert, desto weniger Arbeit haben Sie.

Das Indizieren nicht benötigter Datenbanken hat zur Folge, dass die Suchergebnisse für den Benutzer wenig sinnvoll sind, dass unnötigerweise Speicherplatz auf dem Server belegt und zusätzliche Zeit für den Indizierungsprozess beansprucht wird. In einem solchen Fall werden, je nach Hardware und zu indizierendem Inhalt, ca. 700 MB bis 1 GB an Informationen pro Stunde indiziert werden. Sie sollten folgende Datenbanktypen möglichst nicht indizieren: Datenbanken für Administrationsanforderungen, Datenbankkataloge, Datenbankbibliotheken, Datenbanken für Ereignisbenachrichtigungen, Protokolldatenbanken, Mail-Datenbanken, Portfolio-Datenbanken und Datenbanken für Serverstatistiken.

7.6.2 Konfiguration der Domänensuche

Die Volltextindizierung einzelner Datenbanken und die Domänenindizierung sind unterschiedliche Prozesse in Lotus Notes Domino, die beide korrespondierend verwendet werden sollen. Verwenden Sie die Domänensuche für weniger aktive Datenbanken, z.B. Archive und Produktspezifikationen. Verwenden Sie die Volltextindizierung einzelner Datenbanken für aktive Datenbanken, z.B. Mail-Dateien, Diskussionsdatenbanken, Datenbanken für Problemverfolgung oder Datenbanken, die für das Generieren von Berichten verwendet werden. Sie können auch Volltextindizes für einzelne Datenbanken auf Servern mit beschränktem Benutzerzugriff verwenden oder in Fällen, wo Benutzer bereits wissen, welche Datenbanken sie durchsuchen möchten.

Dateisysteme durchsuchen

Sie können im Domänenkatalog für jeden Server in einer Domäne ein Dateisystemdokument erstellen, um anzugeben, welche Dateisystemverzeichnisse in den Domänenindex aufgenommen werden sollen. Sie können alle Dateisysteme indizieren, die auf dem Domänenkatalogserver oder in einer dem Server zugeordneten Netzwerkressource abgelegt sind, sofern der Server mindestens Lesezugriff auf das betreffende Dateisystem hat.

Wenn Sie Dateisysteme durchsuchen möchten, muss auch der Domänenkatalogserver als Domino Webserver konfiguriert sein. Hierdurch kann der Server Verknüpfungen zu Dokumenten im Dateisystem zurückgeben und diese Dokumente als Antwort auf Abfragen sowohl von Notes Clients als auch von Webclients liefern.

Um Dateisysteme in den Domänenkatalog einzufügen, müssen Sie diese einer Liste im Dateisystemdokument hinzufügen und dann den URL-Pfad dem Dateisystemverzeichnis zuordnen, damit der Domino Webserver die gefundenen Dokumente für Benutzer abrufen kann. Führen Sie die folgenden Schritte für jeden Server aus, der über Dateisysteme verfügt, die Sie indizieren möchten.

1. Starten Sie einen Domino Administrator Client oder Notes Client.
2. Wählen Sie DATEI/FILE > ANWENDUNG/APPLICATION> ÖFFNEN/OPEN.
3. Geben Sie den Namen des Domänenkatalogservers in das Feld SERVER ein und klicken Sie auf ÖFFNEN/OPEN.
4. Wählen Sie den Domänenkatalog aus und klicken Sie auf ÖFFNEN/OPEN.
5. Wählen Sie die Ansicht DATEISYSTEM/FILE SYSTEM.
6. Klicken Sie auf DATEISYSTEME HINZUFÜGEN/ADD FILE SYSTEM (siehe *Abbildung 7.55*).
7. Klicken Sie neben dem Feld LISTE DER AKTUELLEN DATEISYSTEME/CURRENT FILE SYSTEM LIST auf HINZUFÜGEN/ADD.

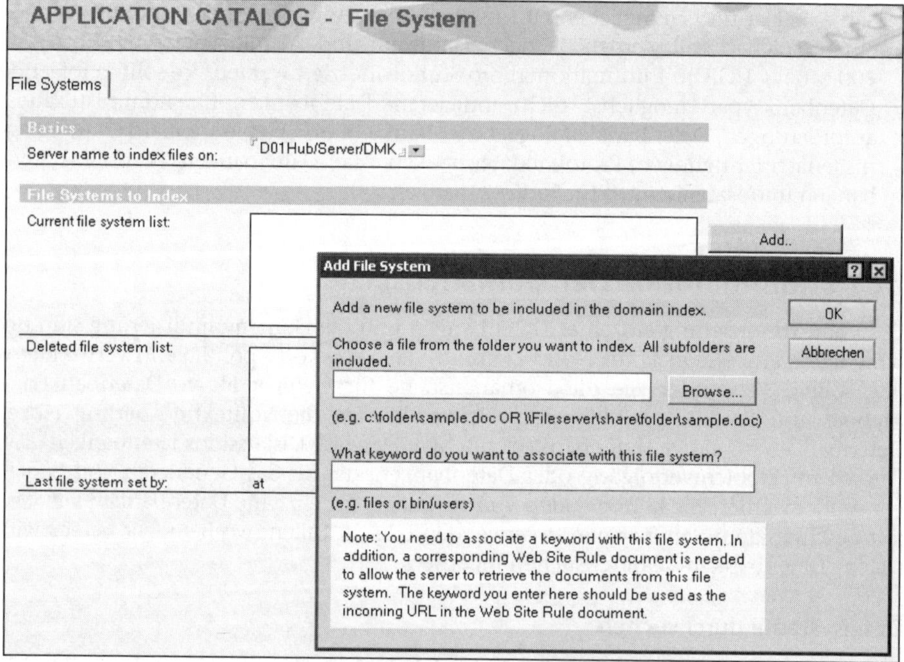

Abbildung 7.55: Aufnahme von Dateien aus dem Dateisystem in den Index

8. Geben Sie den physischen Speicherort eines Dateisystems an, z.B. *d:\lotus\domino\data\files*.

9. Geben Sie ein Schlüsselwort ein, z.B. FILES, das dem Dateisystem zugeordnet wird. (Sie müssen dieses Schlüsselwort in Schritt 13 als den Teil des URL-Pfads verwenden, der nach dem Schrägstrich folgt.)
10. Klicken Sie auf OK, um das Dateisystem zur Liste hinzuzufügen.
11. Wiederholen Sie Schritte 7 bis 10, um weitere Dateisysteme zur Liste hinzuzufügen.
12. Wenn die Liste vollständig ist, klicken Sie auf SPEICHERN UND SCHLIESSEN/SAVE & CLOSE.
13. Richten Sie ein Website-Rule-Dokument ein (siehe *Kapitel 11.4, Websiteregeln/Web Site Rules und globale Webeinstellungen*), das den eingehenden URL-Pfad (das Schlüsselwort in Schritt 9 nach dem Schrägstrich) dem Dateisystemverzeichnis zuordnet. Die Zuordnung/Umleitung ist entweder relativ zum Domino Data-Verzeichnis oder zum absoluten Pfad. Wenn Sie beispielsweise Dateien im Verzeichnis *c:\files* indizieren möchten, erstellen Sie ein Zuordnungs-/Umleitungsdokument, das den URL-Pfad/files dem Verzeichnis *c:\files* zuordnet.
14. Starten Sie den Server neu oder geben Sie den folgenden Befehl an der Serverkonsole ein, damit die Zuordnungseinstellungen wirksam werden: `tell http restart`.

Datenbanken in einen Domänenindex aufnehmen

Um eine Datenbank im Domänenindex aufzunehmen, wählen Sie IN DATENBANKÜBERGREIFENDE INDIZIERUNG AUFNEHMEN/INCLUDE IN MULTI-DATABASE INDEX im Register GESTALTUNG/DESIGN der Datenbankeigenschaften aus (siehe *Abbildung 7.56*).

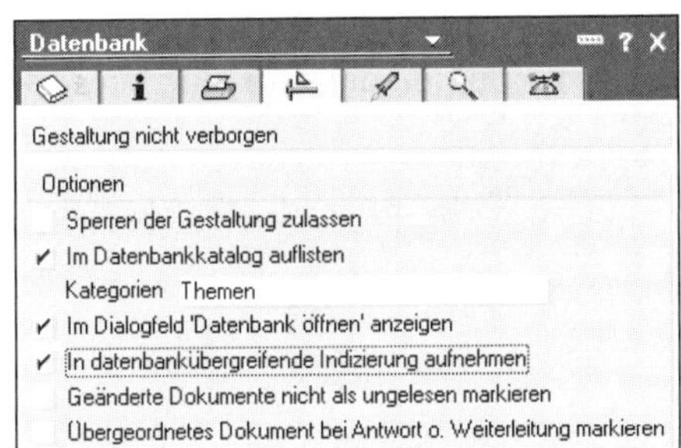

Abbildung 7.56: Option zur Aufnahme einer Datenbank in den Domänenindex festlegen

Mit dem Domino Administrator können Sie eine ganze Gruppe von Datenbanken gleichzeitig aufnehmen:

1. Wählen Sie in Domino Administrator den Server aus, der die aufzunehmenden Datenbanken enthält.
2. Klicken Sie auf das Register DATEIEN/FILES und wählen Sie die Datenbanken aus, die Sie zum Domänenkatalog hinzufügen möchten.
3. Wählen Sie rechts unter DATENBANKEN/DATABASE die Option DATENBANKÜBERGREIFENDER INDEX/MULTI-DATABASE INDEX und klicken Sie auf OK.

Folgende Aktionen finden bei der Indizierung einer Domäne statt:

- Im Datenbankkatalog werden Informationen zu allen Datenbanken zusammengestellt.
- Wenn der Domänen-Indexer ausgeführt wird, prüft er den Domänenkatalog und indiziert alle Datenbanken, deren Option IN DATENBANKÜBERGREIFENDE INDIZIERUNG AUFNEHMEN/INCLUDE IN MULTI-DATABASE INDEX aktiviert ist.

Notes Clients für die Domänensuche einrichten

Wenn ein Notes Client die Domänensuche verwendet, prüft Notes das Feld KATALOG-/DOMÄNENSUCHSERVER bzw. CATALOG/DOMAIN SEARCH SERVER im aktuellen Arbeitsumgebungsdokument des Benutzers, um zu entscheiden, zu welchem Domänenkatalogserver eine Verbindung hergestellt werden soll.

Sobald Sie einen Domänenkatalogserver für Ihre Notes-Domäne konfiguriert haben, können Sie diesbezüglich eine Setup- oder Desktop-Richtlinie erstellen oder ändern. Wenn sich vorhandene Benutzer mit ihrem Home-Server authentifizieren, prüft Lotus Notes die Richtlinieneinstellungen und aktualisiert das Arbeitsumgebungsdokument mit dem Namen des Domänensuchservers. Dadurch wird der Prozess der Einrichtung der Domänensuche für Notes Clients in der Domäne automatisiert.

Führen Sie die folgenden Schritte aus, wenn Sie die Einrichtung manuell am Client vornehmen wollen oder müssen. Beispielsweise wenn Sie eine andere Arbeitsumgebung verwenden, eine Domänensuche in einer anderen Domino-Domäne ausführen oder die Domänensuche einrichten möchten, bevor sich der Notes Client mit dem Home-Server authentifiziert.

Führen Sie die folgenden Schritte für jede Arbeitsumgebung aus, für die Sie die Domänensuche verwenden möchten:

1. Klicken Sie auf das Register SERVER/SERVERS.
2. Geben Sie im Feld KATALOG-/DOMÄNENSUCHSERVER bzw. CATALOG/DOMAIN SEARCH SERVER den Namen des indizierenden Servers ein. Wenn der Benutzer den Namen des indizierenden Servers falsch eingibt oder einen Server angibt, der kein indizierender Server ist, gibt Notes einen Fehler zurück.
3. Klicken Sie auf SPEICHERN UND SCHLIESSEN/SAVE & CLOSE.

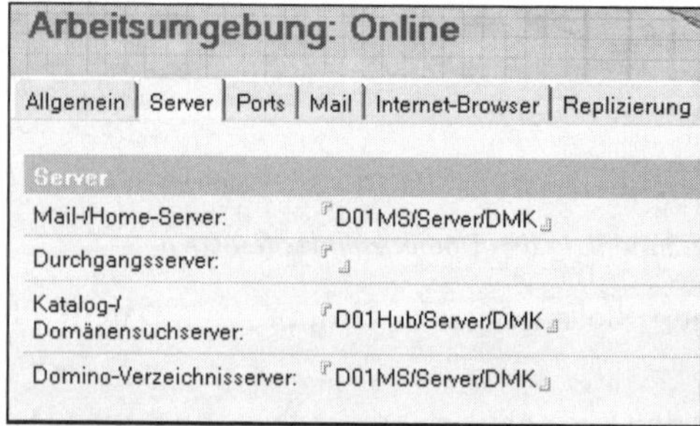

Abbildung 7.57: Angabe des Katalog- bzw. Domänensuchservers im Arbeitsumgebungsdokument

Hinweis

Wenn Benutzer den Namen eines indizierenden Servers in einer anderen als der eigenen Domino-Domäne eingeben, Sie aber den Namen des indizierenden Servers in den für sie gültigen Desktop-Richtlinieneinstellungen aufgenommen haben, wird das Feld KATALOG-/DOMÄNENSUCHSERVER auf die Richtlinieneinstellung zurückgesetzt, wenn sich die Benutzer das nächste Mal mit ihren Home-Servern authentifizieren. Um Links zu einem indizierenden Server in einer anderen Domino-Domäne beizubehalten, können Benutzer die Suchmaske dieses Servers mit einem Lesezeichen versehen, während sie eine Suche ausführen.

Webclients für die Domänensuche einrichten

Um Webanwendern die Möglichkeit zur Domänensuche zu geben, muss der indizierende Server ebenfalls ein Webserver sein. Geben Sie Ihren Webanwendern einen Link auf die Suchmaske des Domänenkatalogs an die Hand (möglicherweise als Link auf der Homepage des Servers): *http://servername/catalog.nsf?domainquery*.

Masken der Domänensuche anpassen

Die Domänensuche beinhaltet verschiedene Vorgabemasken, die zum Suchen, zur Angabe des Dateisystems, zur Gestaltung einer Inhaltsübersicht und zur Darstellung von Ergebnissen verwendet werden.

Sie können sowohl die Such- als auch die Ergebnismasken anpassen, um den Anforderungen Ihrer Organisation gerecht zu werden. Ein Anwendungsentwickler kann beispielsweise einer der Masken ein Firmenlogo hinzufügen oder die Felder neu anordnen.

Der Entwickler kann außerdem weitere Suchmasken erstellen, und Sie können mithilfe der Richtlinien in Domino Administrator Benutzer mit Lesezeichen für die neuen Masken versorgen. So könnte etwa eine Maske Benutzern die Suche ausschließlich in Personalwesen-Datenbanken gewähren, während eine andere Maske den Benutzern ermöglicht, die Suchergebnisse zu speichern, um zu einem späteren Zeitpunkt darauf zuzugreifen. Die Lesezeichen für Suchmasken werden im Ordner WEITERE LESEZEICHEN des Benutzers angezeigt.

Bei Dateisystemen, etwa bei Lotus SmartSuite- oder Microsoft Office-Dateien, werden Titel und Autor aus den Eigenschaftsfeldern des Dokuments extrahiert. Für HTML-Dateien werden die `TITLE`- und `AUTHOR`-Tags verwendet.

Bei der Gestaltung oder beim Lesen einer Domänensuchergebnismaske kann es hilfreich sein, zu wissen, wo der Domänen-Indexer die Titel findet, die in den Ergebnissen angezeigt werden. Der Indexer durchsucht jedes Dokument nach den folgenden Notes-Feldern oder -Elementen, und zwar in der Reihenfolge, in der sie aufgeführt sind (diese Felder oder Elemente können den Dokumenttitel darstellen): die Felder TITLE, SUBJECT, HEADLINE und TOPIC, den Fenstertitel (wie vom Entwickler dieser Domino-Anwendung festgelegt) und die Übersichtsdaten für die Ansicht (unter Verwendung der Vorgabemaske und der Vorgabeansicht). Wenn keines dieser Elemente gefunden wird, wird DOKUMENT HAT KEINEN TITEL in der Ergebnisliste angezeigt.

Performance

Die Berechnung der Fenstertitel für viele Dokumente erfordert viel CPU-Zeit. Diese Berechnung wird nicht durchgeführt, wenn Sie die folgende Variable in der *notes.ini*-Datei des Domänenkatalogservers setzen: `FT_No_Compwintitle=1`.

Einen Domänenkatalogserver stilllegen

Wenn Sie Ihren Domänenkatalogserver als regulären Domino Server einsetzen oder aber ihn vollständig stilllegen möchten, entfernen Sie ihn aus der entsprechenden Gruppe im Domino-Verzeichnis, bearbeiten Sie sein Serverdokument und löschen Sie einige Dateien aus seiner Verzeichnisstruktur. Gehen Sie dazu folgendermaßen vor:

1. Klicken Sie im Domino-Verzeichnis auf GRUPPEN/GROUPS im Ansichtsfenster.
2. Wählen Sie LOCALDOMAINCATALOGSERVERS aus und klicken Sie auf GRUPPE BEARBEITEN/EDIT GROUP.
3. Entfernen Sie im Feld MITGLIEDER/MEMBER im Register ALLGEMEIN/BASICS den stillzulegenden Server.
4. Klicken Sie auf SPEICHERN UND SCHLIESSEN/SAVE & CLOSE.

   Bei Aufnahme des Namens des neuen Domänenkatalogservers in die Desktoprichtlinie werden automatisch die Arbeitsumgebungsdokumente von Benutzern mit dem Namen des neuen Domänenkatalogservers aktualisiert, wenn die Benutzer auf ihre Mail-Server zugreifen.
5. Erweitern Sie den Abschnitt SERVER im Ansichtsfenster und klicken Sie auf SERVER.
6. Wählen Sie den stillzulegenden Server aus und klicken Sie auf SERVER BEARBEITEN/EDIT SERVER, um das entsprechende Serverdokument zu öffnen.
7. Klicken Sie auf das Register SERVER-TASKS > DOMÄNENKATALOG/DOMAIN CATALOG.
8. Wählen Sie im Feld DOMÄNENKATALOG/DOMAIN CATALOG die Option DEAKTIVIERT/DISABLED und klicken Sie auf OK.

   Durch das Deaktivieren des Domänenkatalogs wird automatisch der Zeitplan des Domänen-Indexers im nächsten Register deaktiviert.
9. Klicken Sie auf SPEICHERN UND SCHLIESSEN/SAVE & CLOSE.
10. Löschen Sie den Domänenkatalog (*catalog.nsf*) auf dem Server.
11. Löschen Sie das Unterverzeichnis *ftdomain.di* aus dem Domino Data-Verzeichnis des Servers.

7.6.3 Sicherheit der Domänensuche

Wenn ein Benutzer Domino-Datenbanken mit der Domänensuche durchsucht, vergleicht die Domänensuchfunktion jedes Ergebnis mit der Zugriffskontrollliste der Datenbank, in der das Ergebnis gefunden wurde. So wird geprüft, ob der Benutzer berechtigt ist, das Dokument zu lesen. Zur Durchführung dieser Prüfung enthält der Domänenkatalog eine Auflistung aller Datenbanken, die die ACLs der Datenbank beinhaltet. Wenn ein Benutzer eine Abfrage sendet, enthalten die vom indizierenden Server zurückgegebenen Ergebnisse nur Datenbankdokumente, auf die der Benutzer entsprechenden Zugriff hat.

Die Sicherheitsprüfung funktioniert folgendermaßen:

1. Domino prüft den Eintrag -DEFAULT- in der Zugriffskontrollliste der Datenbank.
   - Wenn für den Eintrag -DEFAULT- mindestens Lesezugriff eingerichtet ist, darf der Benutzer das Dokument lesen, und Domino gibt dieses Ergebnis in der Ergebnismenge zurück.

- Wenn für den Eintrag -DEFAULT- nicht mindestens Lesezugriff eingerichtet ist, prüft Domino, ob der Benutzer in der ACL mindestens über Lesezugriff verfügt. Ist dies nicht der Fall, nimmt Domino dieses Ergebnis nicht in die Ergebnismenge auf, da der Benutzer nicht zum Lesen des Dokuments berechtigt ist.

2. Wenn der Benutzer mindestens über Lesezugriff verfügt, prüft Domino, ob das Ergebnisdokument ein Leserfeld aufweist.
   - Verfügt das Dokument nicht über ein Leserfeld, so darf der Benutzer das Dokument lesen, und Domino gibt dieses Ergebnis in der Ergebnismenge zurück.
   - Verfügt das Dokument über ein Leserfeld, so prüft Domino, ob der Benutzer im Leserfeld aufgelistet ist. Ist dies nicht der Fall, nimmt Domino dieses Ergebnis nicht in die Ergebnismenge auf, da der Benutzer nicht zum Lesen des Dokuments berechtigt ist.
   - Wenn der Benutzer im Leserfeld aufgelistet ist, darf er das Dokument lesen, und Domino gibt dieses Ergebnis in der Ergebnismenge zurück.

Damit Domino eine Verknüpfung zu einem Ergebnisdokument in den Ergebnissen eines Benutzers aufnehmen kann, muss der Benutzer die erforderlichen Zugriffsrechte zum Lesen des Dokuments besitzen. Das bedeutet, dass er mindestens über Lesezugriff auf die Datenbank verfügen muss, in der sich das Dokument befindet. Außerdem muss das Leserfeld aufgeführt sein, sofern ein solches im Dokument enthalten ist.

Der Sicherheitsfilter kann nur auf Ergebnisse aus Domino-Datenbanken angewendet werden. Ob Suchläufe in Dateisystemen zu einem Ergebnis führen, hängt von der Sicherheit des Dateisystems ab: Dem Benutzer wird ein Suchergebnis auch dann zurückgegeben, wenn er nicht zur Anzeige des Dokuments berechtigt ist. Daher können die Benutzer möglicherweise nicht auf alle Suchergebnisse zugreifen. Vergewissern Sie sich, dass die Dateisystemsicherheit korrekt eingestellt ist, und indizieren Sie nur Dateisysteme, bei denen der Sicherheitsfaktor keine hohe Priorität hat.

Sicheres Suchen und Serverzugriffslisten

Wenn Sie Serverzugriffslisten innerhalb einer Domäne verwenden, um den Zugriff auf Informationen einzuschränken, müssen Sie unter Umständen die Zugriffskontrolllisten von Datenbanken auf diesen Servern prüfen und anpassen, um sicherzustellen, dass die Ergebnisse gefiltert werden. Andernfalls gibt eine Suche möglicherweise ein Ergebnis an einen Benutzer zurück, der auf das Ergebnisdokument nicht zugreifen kann. Eventuell sind Benutzer in der Lage, allein aus der Existenz eines Suchergebnisses bestimmte Schlüsse zu ziehen, was zu einer Verletzung vertraulicher Informationen führen könnte.

Prüfen Sie die Zugriffskontrolllisten für Datenbanken, die durch Serverzugriffslisten geschützt sind, um sicherzustellen, dass sie für eine ordnungsgemäße Filterung eingerichtet wurden. Gehen Sie hierfür davon aus, dass die Serverzugriffsliste nicht existiert. Ändern Sie die ACL so, dass bei fehlender Serverzugriffsliste die Datenbank entsprechend geschützt wäre. Hierdurch wird sichergestellt, dass bei der Prüfung der Datenbank-ACL durch die Domänensuche Ergebnisse herausgefiltert werden, auf die Benutzer nicht zugreifen sollen.

Stichwortverzeichnis

D

M

N

X

Z

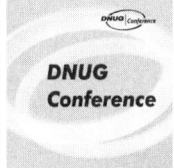